EUROPA-FACHBUCHREIHE
für wirtschaftliche Bildung

Versicherungen und Finanzen 3

von
Herbert Eichenauer, Peter Köster, Dieter Morisse, Rolf Sch

4. Auflage

VERLAG EUROPA-LEHRMITTEL · Nourney, Vollmer GmbH & Co. KG
Düsselberger Straße 23 · 42781 Haan-Gruiten

Europa-Nr.: 78254

Autoren:

Dipl.-Hdl. Herbert Eichenauer, Studiendirektor — Mannheim

Dipl.-Volksw. Peter Köster, Studiendirektor — Freiburg

Dipl.-Kfm., Dipl.-Hdl. Dieter Morisse, Studiendirektor — Berlin

Dipl.-Kfm., Dipl.-Hdl. Rolf Schmalohr, Studiendirektor — Düsseldorf

Lektorat:

Rolf Schmalohr

Das vorliegende Buch wurde auf der **Grundlage der aktuellen amtlichen Rechtschreibung** erstellt.

4. Auflage 2011

Druck 5 4 3 2 1

Alle Drucke derselben Auflage sind parallel einsetzbar, da bis auf die Behebung von Druckfehlern untereinander unverändert.

ISBN 978-3-8085-7828-5

http://www.europa-lehrmittel.de

Umschlaggestaltung: Michael Maria Kappenstein, 60385 Frankfurt
Satz und Grafiken: Reemers Publishing Services, Krefeld
Druck: B.o.s.s Druck und Medien GmbH, 47574 Goch

Vorwort

Der vorliegende Band 3 orientiert sich, wie auch die beiden anderen Bände der Buchreihe »Versicherungen und Finanzen«, an den Anforderungen des ab 1. August 2006 gültigen Rahmenlehrplans für den Ausbildungsberuf Kaufmann/Kaufrau für Versicherungen und Finanzen. Der Rahmenlehrplan gliedert die gesamten Lerninhalte in Lernfelder.

In diesem Band 3 sind die Sachinformationen und Lernsituationen zu den Lernfeldern 9, 10, 11, 14 und 15 angesprochen, die die Geschäftsprozesse der Kranken-, Haftpflicht-, Rechtsschutz-, Kraftfahrtversicherung, das Schaden- und Leistungsmanagement (für die Fachrichtung Versicherung), sowie die Finanzprodukte (entsprechend den Anforderungen für die Fachrichtung Versicherung und für die Fachrichtung Finanzen) zum Inhalt haben.

Folgende **Merkmale** prägen den Band 3:

- Die rechtlichen Grundlagen der dargestellten Versicherungszweige orientieren sich am **Bedingungswerk 2 »Proximus Versicherung« (Fassung 2008)** und den vom Berufsbildungswerk der Deutschen Versicherungswirtschaft (BWV) zur Anpassung an die Praxis vorgeschlagenen **Änderungen** (als **Fassung 2011** in diesem Lehrbuch gekennzeichnet), die als Synopse eingearbeitet sind.
- Im Anhang des Buches sind die vorgeschlagenen Änderungen der **Bedingungstexte (Fassung 2011)** und der bisherige Wortlaut **(Fassung 2008)** abgedruckt.
- Die **Lernsituationen** am Ende eines jeden Hauptabschnitts (Lernfeldes) sind am beruflichen Alltag ausgerichtet und unterstützen zusammen mit den vorangehenden Sachinformationen ein selbstgesteuertes Lernen im Sinne der Handlungsorientierung.
- **Zusätzliche Aufgaben** innerhalb der Lernfelder fördern die Nachhaltigkeit des Erlernten.
- **Hinweise auf Gesetze und Paragraphen** am Rand der Texte erleichtern die Arbeit mit den jeweiligen Rechtsquellen. Die zitierten Gesetzesparagraphen sind in der zur Lehrbuchreihe herausgegebenen Textsammlung »Wirtschaftsrecht Versicherungen und Finanzen« abgedruckt.
- Die Texte im Kleindruck enthalten wichtige **Zusatzinformationen**. Unter Einbeziehung dieser Inhalte eignet sich das Buch u. a. auch für Studierende an Berufsakademien und Fachhochschulen.
- Der »**Lernfeldkompass**« im vorderen Buchdeckel zeigt, welche Lernfelder der Rahmenlehrplan ausweist, wann diese Gegenstand der Ausbildung sind und wo die entsprechenden Sachinformationen und Lernsituationen in der Buchreihe zu finden sind.
- Band 3 ist aufgrund der gewählten Zusammenstellung der Lernfelder gleichzeitig ein **Fachbuch** und **Nachschlagewerk** zu den behandelten Versicherungszweigen und zu den Finanzprodukten.
- Ein ausführliches **Inhalts- und Sachwortverzeichnis** erleichtert das Auffinden benötigter Informationen.

Das vorliegende Buch berücksichtigt wirtschaftliche Entwicklungen und Änderungen der gesetzlichen Rahmenbedingungen bis zur Mitte des Jahres 2011. Im Hinblick auf künftige Auflagen sind die Verfasser und der Verlag für Anregungen und konstruktive Kritik dankbar (lektorat@europa-lehrmittel.de).

Haan-Gruiten, im Juli 2011

Inhaltsverzeichnis

A Private Krankenversicherung (Lernfeld 9)

1 Grundlagen ... 17

1.1 Risikoanalyse und Risikobewältigung ... 17

1.2 Grundversorgung der gesetzlichen Krankenversicherung (GKV) ... 18
1.2.1 Aufgaben der GKV ... 18
1.2.2 Versicherte Personen ... 19
1.2.3 Versicherungsverhältnis und Beiträge ... 21
1.2.4 Leistungen der GKV ... 24
1.2.5 Wahltarife in der GKV ... 31
1.2.6 Kassenwahl und Kassenwechsel ... 32
1.2.7 Sachleistungsprinzip und Kostenerstattungsprinzip ... 33
1.2.8 Gesundheitsreform 2007 ... 33
1.2.9 Gesundheitsreform 2011 ... 37

1.3 Zielgruppen der privaten Krankenversicherung (PKV) ... 38
1.3.1 Nicht versicherungspflichtige Personen in der gesetzlichen Krankenversicherung ... 38
1.3.2 Versicherungspflichtige Personen in der gesetzlichen Krankenversicherung ... 43

1.4 Bedeutung der privaten Krankenversicherung ... 45

1.5 Rechtsgrundlagen der privaten Krankenversicherung ... 46
1.5.1 Gesetzliche Grundlagen ... 46
1.5.2 Vertragliche Grundlagen ... 47

2 Versicherungsarten und Leistungen ... 52

2.1 Einteilung der Versicherungsarten ... 52

2.2 Krankheitskostenversicherung ... 53
2.2.1 Gegenstand der Versicherung ... 53
2.2.2 Leistungsarten ... 55
2.2.3 Tarifformen der Krankheitskostenversicherung ... 57
2.2.4 Selbstbeteiligungssysteme ... 65

2.3 Krankentagegeldversicherung ... 66
2.3.1 Gegenstand und Leistungen ... 66
2.3.2 Tarifformen der Krankentagegeldversicherung ... 68

2.4 Private Pflegeversicherung ... 69
2.4.1 Gegenstand der Versicherung ... 69
2.4.2 Leistungsumfang in der privaten Pflegepflichtversicherung ... 73
2.4.3 Reform der Pflegepflichtversicherung ... 78

2.5 Sonstige Versicherungsarten ... 79
2.5.1 Ambulante Zusatzversicherung ... 79
2.5.2 Krankenhaus-Zusatzversicherung ... 79
2.5.3 Krankenhaus-Tagegeldversicherung ... 79
2.5.4 Ergänzungsversicherungen zur Pflegepflichtversicherung ... 80
2.5.5 Auslandsreisekrankenversicherung ... 81
2.5.6 Kurversicherung ... 83

2.5.7 Private studentische Krankenversicherung 83
2.5.8 Anwartschaftsversicherung 84
2.5.9 Gruppenversicherung 85
2.5.10 Restschuldversicherung 86

3 Vertragsanbahnung, Risikoprüfung und Vertragsabschluss 92
3.1 Beratung und Information 92
3.2 Vertragserklärung und Widerruf 94
3.3 Risikoprüfung und -beurteilung 95
3.3.1 Risikomerkmale 95
3.3.2 Risikobewertung 97
3.3.3 Annahme- bzw. Ablehnungsentscheidung 98
3.4 Risikobegrenzungen 100
3.4.1 Begrenzung des subjektiven Risikos 100
3.4.2 Leistungsausschlüsse 101

4 Beitrag 108
4.1 Beitragskalkulation 108
4.1.1 Rechnungsgrundlagen und Beitragsbestandteile 108
4.1.2 Alterungsrückstellung 113
4.1.3 Portabilität von Alterungsrückstellungen 114
4.1.4 Überschussverwendung 116
4.1.5 Beitragsanpassung 116
4.1.6 Beitragsentlastung für ältere Versicherte 118
4.1.7 Tarifwechsel 119
4.1.8 Beitragsrückerstattung 120
4.2 Beitragsberechung 121
4.3 Steuerliche Behandlung der Beiträge zur Kranken- und Pflegepflichtversicherung 122

5 Besonderheiten des Versicherungsvertrages 132
5.1 Versicherungsbeginn und Wartezeiten 132
5.2 Geltungsbereich der Versicherung 137
5.3 Obliegenheiten in der privaten Kranken- und Pflegeversicherung 138

6 Versicherungsfall 146
6.1 Der gedehnte Versicherungsfall 146
6.2 Grundlagen der Leistungsabrechnung 148
6.2.1 Honorarabrechnungen der Ärzte, Zahnärzte und Heilpraktiker 150
6.2.2 Abrechnung der Krankenhausleistungen 154
6.3 Leistungsberechnung 163
6.4 Zusammentreffen verschiedener Kostenträger 164

7 Vertragsbeendigung 174
7.1 Übersicht und Rechtsquellen 174
7.2 Kündigungsmöglichkeiten in der Krankheitskosten-, Krankenhaustagegeld- und Krankentagegeldversicherung 175
7.3 Kündigungsmöglichkeiten in der privaten Pflegepflichtversicherung 177

8 Versicherungsaufsicht 180
8.1 Gründe und Zweck der staatlichen Versicherungsaufsicht 181
8.2 Träger und Zuständigkeiten 181
8.3 Aufgaben der Aufsichtsbehörde 184
8.3.1 Zulassung zum Versicherungsbetrieb 184
8.3.2 Laufende Beaufsichtigung 186
8.3.3 Erwartete Neuregelungen zur Versicherungsaufsicht 188

Lernsituationen zu Lernfeld 9 **190**

B Haftpflicht- und Rechtsschutzversicherung (Lernfeld 10)

1 Haftpflichtbestimmungen im Überblick 192
1.1 Rechtsquellen 192
1.2 Haftungsarten 193

2 Grundlegende Haftpflichtbestimmungen 195
2.1 Reine Verschuldenshaftung (Haftung aus unerlaubter Handlung) und Deliktsfähigkeit 195
2.1.1 Voraussetzungen der Verschuldenshaftung 195
2.1.2 Verschuldensarten 195
2.1.3 Rechtsgutverletzung gemäß § 823 Abs. 1 BGB 196
2.1.4 Rechtswidrigkeit der Handlung 197
2.1.5 Ursächlichkeit der Handlung für eingetretene Schäden 199
2.1.6 Deliktsfähigkeit 200
2.1.7 Besonderheiten im Rahmen der reinen Verschuldenshaftung 202
2.1.7.1 Haftung bei Gefälligkeitshandlungen 202
2.1.7.2 Verletzung der Verkehrssicherungspflicht 203
2.1.7.3 Verletzung eines Schutzgesetzes gemäß § 823 Abs. 2 BGB 204
2.2 Gefährdungshaftung (Haftung ohne Verschulden) 206
2.2.1 Grundgedanke und Merkmale der Gefährdungshaftung 206
2.2.2 Gesetzliche Anspruchsgrundlagen 207
2.2.2.1 Gefährdungshaftung nach dem BGB 207
2.2.2.2 Gefährdungshaftung nach Sondergesetzen 208
2.2.3 Reine Verschuldenshaftung und Gefährdungshaftung im Vergleich 211
2.3 Außervertragliche Haftung aus vermutetem Verschulden 212
2.3.1 Begriff und gesetzliche Grundlagen 212
2.3.2 Haftung des Gebäudebesitzers 213
2.3.3 Haftung für Haustiere als Nutztiere 213
2.3.4 Vermutetes Verschulden des Haftpflichtigen für fremdes Handeln 214
2.3.4.1 Haftung des Aufsichtspflichtigen für Minderjährige und sonstige Schutzbefohlene 214
2.3.4.2 Haftung des Geschäftsherrn für den Verrichtungsgehilfen 217
2.4 Amtshaftung 220
2.4.1 Staatshaftung 220
2.4.2 Beamtenhaftung 220
2.5 Gemeinsame Haftung 221
2.5.1 Gemeinschaftlich begangene unerlaubte Handlung 221
2.5.2 Gesamtschuldnerische Haftung 222

3 **Vertragshaftung (Schadenersatz aus Vertragsverletzungen)** ... 224

3.1 **Vertragliche Haftung kraft Gesetzes** ... 224
3.1.1 Haftung für eigenes Verschulden ... 224
3.1.1.1 Verschulden bei Vertragsanbahnung ... 224
3.1.1.2 Mangelhafte Vertragserfüllung (Mangelfolgeschäden) ... 224
3.1.1.3 Positive Vertragsverletzung ... 225
3.1.2 Haftung für den Erfüllungsgehilfen (vertragliche Haftung kraft Gesetzes für fremdes Handeln) ... 225
3.1.2.1 Grundlagen der Haftung ... 225
3.1.2.2 Haftung für den Erfüllungsgehilfen nach § 278 BGB und den Verrichtungsgehilfen nach § 831 BGB im Vergleich ... 226
3.1.3 Haftungserleichterungen im Rahmen »vertraglicher Haftung kraft Gesetzes« ... 228

3.2 **Durch Vertrag übernommene gesetzliche Haftpflicht** ... 228

3.3 **Rein vertragliche Haftpflicht** ... 228
3.3.1 Klauseln über verschärfte Haftung ... 228
3.3.2 Haftungsausschluss aufgrund ausdrücklicher Freizeichnung im Vertrag ... 229

3.4 **Gesamtschuldnerische Haftung im Vertragsrecht** ... 229

4 **Umfang des zu ersetzenden Schadens** ... 232

4.1 **Art des Schadenersatzes** ... 232
4.1.1 Schadenersatz durch Naturalherstellung (Naturalrestitution) ... 232
4.1.2 Schadenersatz in Geld ... 232

4.2 **Schadenersatzansprüche** ... 233
4.2.1 Materielle und immaterielle Personenschäden ... 233
4.2.2 Sachschäden ... 236
4.2.3 Reine Vermögensschäden ... 237

4.3 **Einschränkung der Leistungspflicht und Verjährung von Schadenersatzansprüchen** ... 238
4.3.1 Gesetzliche Summenbegrenzung ... 238
4.3.2 Mitwirkendes Verschulden des Geschädigten ... 238
4.3.3 Vorteilsausgleichung ... 240
4.3.4 Verjährung ... 241

5 **Risikodeckung durch Haftpflichtversicherung unter besonderer Berücksichtigung der Privat-Haftpflichtversicherung** ... 242

5.1 **Haftpflichtrisiko und Vorsorgemöglichkeiten** ... 242
5.1.1 Risikoanalyse ... 242
5.1.2 Aufgaben der Haftpflichtversicherung ... 243
5.1.3 Arten der Haftpflichtversicherung ... 244
5.1.4 Rechtsquellen der Haftpflichtversicherung ... 245

5.2 **Gegenstand der Haftpflichtversicherung** ... 246
5.2.1 Wirksamkeit der Versicherung ... 246
5.2.2 Zeitliche Festlegung des Versicherungsfalls ... 247
5.2.3 Versicherte Schadenarten ... 249
5.2.4 Ansprüche Dritter ... 251
5.2.5 Versicherte Anspruchsgrundlagen ... 251
5.2.6 Versichertes Risiko und Risikobeschreibung ... 253
5.2.7 Erhöhung und Erweiterung des versicherten Risikos ... 253

5.2.8 Vorsorgeversicherung 255

5.3 Leistungspflichten des Versicherers 262
5.3.1 Prüfung der Haftpflichtfrage 262
5.3.2 Befriedigung begründeter Ansprüche (Freistellungsansprüche) 263
5.3.3 Abwehr unbegründeter Ansprüche (Abwehranspruch) 263
5.3.4 Interessenkollision 263
5.3.5 Summenmäßige Begrenzung des Leistungsumfangs 264

5.4 Ausschlüsse nach AHB 267
5.4.1 Primäre Risikobegrenzungen 267
5.4.2 Sekundäre Risikobegrenzungen 267
5.4.2.1 Vorsätzlich herbeigeführte Versicherungsfälle 267
5.4.2.2 Vertragliche Haftpflicht aufgrund besonderer Zusagen 268
5.4.2.3 Ansprüche von Versicherungsnehmern und Mitversicherten desselben Vertrages gegen- bzw. untereinander 269
5.4.2.4 Ansprüche von Angehörigen gegen den Versicherungsnehmer (Angehörigenklausel) 270
5.4.2.5 Besitzklausel (Obhutsklausel) 271
5.4.2.6 Tätigkeits- bzw. Bearbeitungsklausel 271
5.4.2.7 Schäden an hergestellten oder gelieferten Sachen (Lieferungs- und Herstellungsklausel) 273
5.4.2.8 Auslandsschäden 273
5.4.2.9 Umwelteinwirkung auf Boden, Luft oder Wasser (UmweltHG-Risiken) 273
5.4.2.10 Übertragen von Krankheiten durch Personen oder Tiere 274
5.4.2.11 Weitere Ausschlüsse nach AHB 275

5.5 Besonderheiten der Privat-Haftpflichtversicherung 277
5.5.1 Versichertes Risiko und versicherte Personen 277
5.5.1.1 Vertragsgrundlagen 277
5.5.1.2 Mitversicherte Personen 277
5.5.1.3 Vertragsübergang bei Tod des VN 280
5.5.2 Risikobereiche des täglichen Lebens (versichertes Risiko) 280
5.5.2.1 Haushalt und Familie 280
5.5.2.2 Haus und Wohnung 282
5.5.2.3 Freizeit und Sport 287
5.5.2.4 Elektronischer Datenaustausch/Internetnutzung 288
5.5.2.5 Tiere 288
5.5.2.6 Auslandsaufenthalte 289
5.5.2.7 Gewässerschäden 289
5.5.2.8 Forderungsausfalldeckung 290
5.5.2.9 Gefälligkeitshandlung (Gefälligkeitsklausel) 291
5.5.2.10 Mitversicherung von Vermögensschäden 291
5.5.3 Ausschlüsse nach RBE-Privat 292
5.5.3.1 Ausschluss von Gefahren außerhalb des täglichen Lebens einer Privatperson . 292
5.5.3.2 Ausschluss von Kraft-, Luft- oder Wasserfahrzeugen (Benzinklauseln) 294
5.5.3.3 Kraft-, Luft- und Wasserfahrzeuge, die nicht unter die Benzinklauseln fallen . . 296

5.6 Versicherungsbeginn und Beitrag (Prämie) 305
5.6.1 Beginn des Versicherungsschutzes 305
5.6.2 Tarifmerkmale und Beitragsberechnung 305
5.6.3 Beitragsregulierung 307
5.6.4 Beitragsangleichung 307

5.7 Versicherungsfall 312
5.7.1 Obliegenheiten im Versicherungsfall 312
5.7.2 Schadenbearbeitung 313

6	**Risikobewältigung durch Rechtsschutzversicherung**	317
6.1	**Gründe für den Abschluss einer Rechtsschutzversicherung**	317
6.2	**Örtlicher Geltungsbereich**	320
7	**Inhalt der Rechtsschutzversicherung**	323
7.1	**Leistungsumfang**	323
7.1.1	Rechtsanwaltsgebühren	323
7.1.2	Gerichtskosten	325
7.1.3	Nebenkosten in Zivil- bzw. Strafsachen	327
7.1.4	Deckungssummen	328
7.1.5	Kostenschutz für eine »erforderliche« Rechtsverfolgung	328
7.1.6	Abgrenzung zur Haftpflichtversicherung	330
7.2	**Leistungsarten der Rechtsschutzversicherung**	330
7.2.1	Schadenersatz-Rechtsschutz	331
7.2.2	Rechtsschutz im Strafrecht und im strafrechtsähnlichen Bereich	331
7.2.3	Verwaltungs-Rechtsschutz in Verkehrssachen	333
7.2.4	Wohnungs- und Grundstücksrechtsschutz	333
7.2.5	Rechtsschutz in Vertrags- und Sachenrecht	334
7.2.6	Arbeits-Rechtsschutz	335
7.2.7	Sozial-Rechtsschutz vor Gerichten und in vorgerichtlichen Widerspruchsverfahren	336
7.2.8	Steuer-Rechtsschutz vor Gerichten und in vorgerichtlichen Einspruchs-und Widerspruchsverfahren	336
7.2.9	Beratungs-Rechtsschutz im Familien-, Lebenspartnerschafts- und Erbrecht	338
7.2.10	Weitere Leistungsarten	339
7.3	**Ausgeschlossene Rechtsangelegenheiten**	340
7.4	**Voraussetzungen für den Anspruch auf Rechtsschutz**	342
7.4.1	Wartezeiten für bestimmte Leistungsarten	343
7.4.2	Rechtsschutzfall (Versicherungsfall)	343
7.4.3	Schadenmeldung	345
8	**Vertragsformen der Rechtsschutzversicherung (Risikoarten)**	349
8.1	**Zusammenhang zwischen Risikoarten und Leistungsarten**	349
8.2	**Verkehrs-Rechtsschutz**	349
8.3	**Fahrer-Rechtsschutz**	352
8.4	**Privat-Rechtsschutz für Selbstständige und Privat- bzw. Berufs-Rechtsschutz für Nichtselbstständige**	353
8.5	**Privat-, Berufs- und Verkehrs-Rechtsschutz für Nichtseltändige**	355

Lernsituationen zu Lernfeld 10 359

C Kraftfahrtversicherung (Lernfeld 11)

1	**Versicherungsarten**	363
1.1	**Kraftfahrtrisiken und Bedeutung der Kraftfahrtversicherung**	363
1.1.1	Risiken im Zusammenhang mit dem Kraftfahrzeug	363
1.1.2	Wirtschaftliche Bedeutung der Kraftfahrtversicherung	364

1.2 Arten und Rechtsgrundlagen der Kraftfahrtversicherung 365
1.2.1 Versicherungsarten 365
1.2.2 Rechtsquellen 366
1.3 Geltungsbereich der Kraftfahrtversicherung 367

2 Versicherungspflicht in der Kraftfahrzeug-Haftpflichtversicherung 369
2.1 Bedeutung und Umfang der Versicherungspflicht 369
2.1.1 Versicherungspflicht für In- und Ausländer 369
2.1.2 Befreite Fahrzeughalter 370
2.1.3 Annahmezwang (Kontrahierungszwang) 371
2.1.4 Deckungssummen 373
2.1.5 Nachweis des Bestehens der Versicherung 373
2.1.5.1 Versicherungsbestätigung 373
2.1.5.2 Internationale Versicherungskarte (Grüne-Karte-System) 374
2.1.5.3 Grenzversicherungsschein 374
2.2 Vorschriften zum Schutz des Verkehrsopfers 375
2.2.1 Direkthaftung 375
2.2.2 Nachhaftung 378
2.2.3 Entschädigungsfonds 378
2.2.4 Sonstige Vorschriften 380
2.3 Zuständigkeiten und internationale Vereinbarungen für die Regulierung von Unfällen mit Ausländern 380
2.3.1 Schadenregulierung im Rahmen des Grüne Karte-Systems 381
2.3.2 Schadenregulierungsbeauftragte in den EU-Vertragsstaaten 382
2.3.3 Auskunftsstelle und Zentralruf der Autoversicherer 383
2.3.4 Entschädigungsstelle für Schäden aus Auslandsunfällen 383

3 Tarifierung und Versicherungsvertrag 390
3.1 Tarifmerkmale 390
3.1.1 Vorbetrachtung 390
3.1.2 Merkmale für die Beitragsberechnung in der Kfz-Haftpflichtversicherung (KH-Versicherung) 391
3.1.2.1 Art, Verwendung und Beschaffenheit des Fahrzeugs 392
3.1.2.2 Tarifgruppe und Schadenfreiheitsrabattsystem 394
3.1.3 Tarifaufbau in der Kaskoversicherung 398
3.1.4 Individuelle Tarifmerkmale nach AKB 2008 für PKW 401
3.2 Beitragsberechnung 403
3.2.1 Tarife, Tabellen und Verzeichnisse für die Beitragsberechnung 403
3.2.2 Beitragsberechnungen 403
3.2.3 Unterjährige Versicherungen 407
3.2.4 Versicherer- und Fahrzeugwechsel 409
3.2.5 Übernahme des Schadenverlaufs von einer anderen Person 410
3.2.6 Rückstufung im Schadensfall 411
3.3 Beginn und Dauer der Kraftfahrtversicherung 412
3.3.1 Versicherungsbeginn 412
3.3.2 Vorläufige Deckung und Versicherungsbestätigung 413
3.3.3 Vorübergehende Stilllegung (Außerbetriebsetzung) eines Kraftfahrzeuges 416
3.3.4 Vertragsdauer (Laufzeit) und Verlängerungsklausel 417

3.4 Kündigung des Versicherungsvertrages 418
3.4.1 Ordentliche Kündigung 418
3.4.2 Außerordentliche Kündigung 418

3.5 Veräußerung oder Zwangsversteigerung des Fahrzeuges 420

4 Umfang des Versicherungsschutzes der Kfz-Haftpflichtversicherung 428

4.1 Rechtsgrundlagen für den Schadenersatz (Haftungsanspruch eines Dritten) 428
4.1.1 Verschuldenshaftung 429
4.1.2 Gefährdungshaftung 429
4.1.3 Vertragliche Haftung kraft Gesetzes 432
4.1.4 Gesamtschuldnerische Haftung 432

4.2 Deckungsanspruch aus der Kfz-Haftpflichtversicherung 433
4.2.1 Abgrenzung zum Haftungsanspruch 433
4.2.2 Gebrauch des Fahrzeuges als Schadenursache 434
4.2.3 Art der gedeckten Schäden 435
4.2.4 Versicherte Personen 436
4.2.5 Einschränkungen des Versicherungsschutzes 439
4.2.5.1 Ausschlüsse 439
4.2.5.2 Pflichten beim Gebrauch des Fahrzeugs 440

4.3 Abwicklung eines Versicherungsfalles 445
4.3.1 Obliegenheiten im Versicherungsfall 445
4.3.2 Leistungen an den Geschädigten 446
4.3.2.1 Sachschäden und Folgekosten 446
4.3.2.2 Personenschäden 451
4.3.3 Leistungsfreiheit im Innenverhältnis 453

5 Umfang des Versicherungsschutzes in der Kaskoversicherung 463

5.1 Umfang der Versicherung 463
5.1.1 Teilkasko 465
5.1.2 Vollkasko 469

5.2 Ersatzleistung 470
5.2.1 Obliegenheiten im Versicherungsfall 470
5.2.2 Selbstbeteiligung 471
5.2.3 Leistung bei Totalschaden, Zerstörung oder Verlust des Fahrzeuges 471
5.2.4 Leistung bei Beschädigung des Fahrzeuges 474
5.2.5 Entschädigung für mitversicherte Teile 475
5.2.6 Nicht ersatzpflichtige Schäden 475

5.3 Leistungserweiterungen durch Vereinbarung von KaskoPlus 478
5.3.1 Voraussetzungen für den Abschluss von KaskoPlus 478
5.3.2 Leistungserweiterungen durch TeilkaskoPlus 478
5.3.3 Leistungserweiterungen durch VollkaskoPlus 478

6 Verkehrsserviceversicherung in Form des Autoschutzbriefes (AutoPlus) 484

6.1 Versicherte Personen, versicherte Fahrzeuge und versicherte Ereignisse 484

6.2 Leistungsumfang 486

7 Kfz-Unfallversicherung 489

7.1 Gegenstand der Versicherung 489

7.2 Versicherungsarten und versicherbare Leistungen 490

7.2.1 Insassenversicherung nach dem Pauschalsystem 490

7.2.2 Umfang der Leistungspflicht 491

Lernsituationen zu Lernfeld 11 .... **494**

D Schaden- und Leistungsmanagement (Lernfeld 15)

1 Risk Management 497

1.1 Gefahren und wirtschaftliche Folgen 498

1.2 Möglichkeiten zur Risikoabschätzung und Risikobewältigung 499

1.2.1 Risikoidentifikation und Risikoanalyse 500

1.2.2 Risikobewertung 501

1.2.3 Risikobewältigung 504

2 Geschäftsprozesse im Schaden- und Leistungsmanagement 508

2.1 Prozessbeispiele 508

2.1.1 Meldung eines Kleinschadens bei der Versicherungsagentur 508

2.1.2 Schadenmeldung über die Schadenhotline 508

2.1.3 Schadenbearbeitung durch einen Schadensachbearbeiter 509

2.2 Phasen der Schadenbearbeitung 510

2.3 Schadenanlage 510

2.3.1 Konventionelle bzw. elektronische Schadenakte 510

2.3.2 Deckungs- und Haftungsprüfung 511

2.3.3 Bildung einer Schadenrückstellung (Reservensetzung) 512

2.4 Schadensbearbeitung 513

2.4.1 Sachstandsermittlung und Anspruchserfassung 513

2.4.2 Betrugsprüfung 514

2.4.3 Beurteilung des Schadens und Entschädigungsberechnung 515

2.5 Besonderheiten bei der Leistungsermittlung in der Sach-, Kraftfahrt- und Unfallversicherung 516

2.5.1 Sachversicherung: Abgrenzung Hausrat/Gebäude bei der Leistungspflicht 516

2.5.2 Sachversicherung: Zusammentreffen von Hausrat- und Wohngebäudeversicherung bei bestimmten Nässeschäden 517

2.5.3 Sachversicherung: Versicherungswert und Entschädigung von Wertsachen in der Hausratversicherung 518

2.5.4 Kraftfahrtversicherung: Entschädigungsberechnung in der Kaskoversicherung 520

2.5.5 Kraftfahrtversicherung: Zusammentreffen von Schadenersatzansprüchen bei Kfz-Haftpflicht- und Kaskoversicherung 523

2.5.6 Unfallversicherung: Mitwirkungsanteil und Vorinvalidität als Einflussfaktoren auf die Leistungshöhe 526

2.6 Schadenregulierung 527

2.6.1 Information des Versicherten bzw. Anspruchstellers und Fälligkeit der Leistung 527

2.6.2 Sachverständigenverfahren 528

3 Regress ... 536
3.1 Übergang von Ersatzansprüchen nach den Bestimmungen des VVG 536
3.2 Regress in der Sachversicherung ... 538
3.2.1 Regress beim Mieter bzw. Wohnungseigentümer ... 538
3.2.2 Regressverzichtsabkommen der Feuerversicherer ... 539
3.3 Regress in der Kraftfahrtverischerung ... 541
3.3.1 Regress in der Kfz-Haftpflichtversicherung ... 541
3.3.2 Teilungsabkommen für bestimmte Kraftfahrzeug-Haftpflichtschäden 542
3.3.3 Regress des Kaskoversicherers ... 542

4 Mehrfache Versicherung durch den Versicherungsnehmer ... 545
4.1 Anzeigepflicht ... 545
4.2 Haftung bei Mehrfachversicherung ... 545
4.3 Nebenversicherung ... 548

5 Risikoverteilung durch Mit- und Rückversicherung ... 551
5.1 Mitversicherung ... 551
5.2 Rückversicherung ... 552
5.2.1 Wesen der Rückversicherung ... 552
5.2.2 Formen der Rückversicherung ... 553
5.2.3 Arten der Rückversicherung ... 553
5.2.3.1 Rückdeckung auf der Basis der Versicherungssumme (Summenrückversicherung) ... 553
5.2.3.2 Rückdeckung auf der Basis des Schadens (Schadenrückversicherung) ... 557
5.3 Sonderformen ... 558

Lernsituationen zu Lernfeld 15 (Fachrichtung Versicherung) ... **562**

E Finanzprodukte (Lernfelder 14 und 15)

1 Geldanlageberatung ... 567
1.1 Anlagemotive, Anlageformen, Besteuerung von Kapitalerträgen ... 567
1.1.1 Anlageziele ... 567
1.1.2 Anlageformen ... 571
1.1.3 Besteuerung von Kapitalerträgen (Abgeltungsteuer) ... 572
1.2 Rechtliche Aspekte der Anlageberatung und Anlegerschutz ... 579
1.2.1 Vorbetrachtung: Märkte für Kapitalanlageprodukte und gesetzliche Neuregelungen ... 579
1.2.2 Pflichten nach dem Wertpapierhandelsgesetz ... 580
1.2.3 Dokumentation der Beratung ... 584
1.2.4 Beraterhaftung ... 585
1.2.5 Prospektmängel ... 585
1.2.6 Anlegerschutz- und Funktionsverbesserungsgesetz für den Weißen Kapitalmarkt ... 585
1.2.7 Novellierung des Finanzanlagenvermittler- und Vermögensanlagerechts für den Grauen Kapitalmarkt ... 587
1.3 Beratungs- und Verkaufsgespräch ... 588

2 Konto und Zahlungsverkehr 592
2.1 Kontoarten 592
2.2 Zahlungsverkehr 595
2.2.1 Rechtliche und organisatorische Grundlagen 596
2.2.2 Bareinzahlung und Geldwäschegesetz 596
2.2.3 Überweisungen 598
2.2.4 Lastschriften 600
2.2.4.1 Arten der Lastschriftverfahren 601
2.2.4.2 Widerspruch gegen Einzugsermächtigungslastschriften 601
2.2.4.3 Rücklastschrift 602
2.2.5 Schecks 602
2.2.6 Kartenzahlungen 603
2.2.6.1 Debitkarten 604
2.2.6.2 Geldkarte 607
2.2.6.3 Kreditkarte 607
2.2.7 Online-Banking 610
2.2.7.1 Verfahren 610
2.2.7.2 Authentifizierungsmöglichkeiten (elektronische Unterschriften) 610

3 Geldanlagen auf Konten 614
3.1 Tagesgeldeinlagen 614
3.2 Termineinlagen 615
3.3 Spareinlagen 615
3.3.1 Rechtsgrundlagen und Merkmale 615
3.3.2 Verfügungen über Spareinlagen 615
3.3.3 Sondersparformen 616
3.3.4 Verzinsungen von Spareinlagen 617

4 Anlage in Wertpapieren 618
4.1 Schuldverschreibungen 618
4.1.1 Rechtsnatur von Schuldverschreibungen 619
4.1.2 Kauf und Verkauf von Schuldverschreibungen 622
4.1.3 Rendite von Schuldverschreibungen 623
4.1.4 Spezielle Risiken von Schuldverschreibungen 627
4.2 Aktien 630
4.2.1 Rechtsnatur und Arten von Aktien 630
4.2.2 Kauf und Verkauf von Aktien 634
4.2.3 Renditeberechnung bei Aktien 635
4.2.4 Spezielle Risiken bei Aktien 638
4.3 Handel mit Wertpapieren 644
4.3.1 Merkmale und Aufgaben der Wertpapierbörsen 644
4.3.2 Preisbildung an Wertpapierbörsen 646
4.3.2.1 Präsenzhandel 646
4.3.2.2 Xetra-Handel 649
4.4 Abwicklung von Kundenaufträgen 652

5 Fondssparen 654
5.1 Das Fondsprinzip 654
5.2 Gesetzliche Regelungen 656
5.2.1 Bestimmungen über die Kapitalanlagegesellschaft 656

5.2.2 Rechte des Anteilsinhabers (Käufers) ... 658
5.2.3 Aufgaben der Depotbank ... 658
5.3 Fondsarten ... 659
5.4 Kosten der Fondsanlage (für Anteilskäufer) und Wertentwicklung ... 663
5.5 Besteuerung der Erträge aus Investmentanteilen ... 667
5.6 Beurteilung der Anlage in Investmentanteilscheinen ... 668

Lernsituationen zu Lernfeld 14 ... 672

6 Verbraucherdarlehen (Verbraucherkredit) und Finanzierungsanlässe ... 674
6.1 Grundmerkmale eines Kredits ... 674
6.2 Privatkredite ... 675
6.2.1 Ratenkredit ... 675
6.2.2 Dispositionskredit ... 676
6.3 Beratungsinhalte beim Kreditgespräch ... 677
6.4 Schutzvorschriften beim Verbraucherdarlehen ... 678
6.5 Kreditsicherheiten ... 680
6.5.1 Merkmale und Grundsätze ... 680
6.5.2 Kreditsicherungsvertrag ... 681
6.5.3 Bürgschaft ... 682
6.5.4 Sicherungsabtretung ... 683
6.5.5 Pfandrecht ... 684
6.5.6 Sicherungsübereignung ... 687

7 Bausparen ... 691
7.1 Die Idee des Bausparens ... 691
7.2 Abschluss eines Bausparvertrages ... 693
7.3 Zeitlicher Ablauf eines Bausparvertrages ... 694
7.4 Zuteilungsvoraussetungen für ein Bauspardarlehen ... 695
7.5 Verwendung des Bausparvertrages nach Zuteilung ... 697
7.6 Verfügung über Bausparmittel ... 698
7.7 Bausparen und vermögenswirksame Leistungen ... 698
7.7.1 Vermögenswirksame Leistungen (VL) ... 698
7.7.2 Wohnungsbauprämie ... 700
7.7.3 Förderung nach dem Eigenheimrentengesetz (EigRentG) ... 700
7.8 Bauspartarife ... 701
7.9 Flexibilität des Bausparens ... 702

8 Finanzierung privater Immobilien ... 707
8.1 Argumente für den Erwerb einer Immobilie ... 708
8.2 Gesamtinvestitionskosten bei neu erbauten Immobilien ... 709
8.3 Finanzierungsplanung ... 710
8.4 Kreditwürdigkeitsprüfung ... 711
8.5 Staatliche Förderung wohnungswirtschaftlicher Sparformen ... 711
8.6 Beleihungswertermittlungen ... 712

8.7 Finanzierungskonzepte 719
8.7.1 Darlehensvertrag und Verbraucherschutzvorschriften 719
8.7.2 Bauspardarlehen 722
8.7.3 Einbindung von Kapitallebensversicherungen 724

8.8 Grundbuch und Grundpfandrechte 726
8.8.1 Grundstück und Grundbuch 726
8.8.2 Lasten, Beschränkungen und Grundpfandrechte 729

8.9 Versicherungsmöglichkeiten während der Bauphase 731
8.9.1 Bauleistungsversicherung 731
8.9.2 Bauherren-Haftpflichtversicherung 732
8.9.3 Feuer-Rohbauversicherung 732

Lernsituationen zu Lernfeld 15 . . . . . **735**

Anhang

Geplante, praxisorientierte Änderungen im Bedingungswerk 2 »Proximus Versicherung«, vorgelegt durch das Berufsbildungswerk der Deutschen Versicherungswirtschaft (BWV)

1 Synopse Kranken 738

2 Synopse Kraftfahrt 738

3 Synopse Haftpflicht 740

4 Synopse Rechtsschutz 742

Abkürzungsverzeichnis 748

Sachwortverzeichnis 755

A Private Krankenversicherung

Lernfeld 9: **Kunden über die Absicherung im Krankheits- und Pflegefall beraten**

Ziel:

Die Schülerinnen und Schüler ermitteln den Bedarf für unterschiedliche Zielgruppen der Privaten Kranken- und Pflegeversicherung. Sie vergleichen die Leistungen der Privaten Krankenversicherung und Gesetzlichen Krankenversicherung. Sie nehmen fallbezogene Risikoanalysen vor und legen ein entsprechendes Angebot vor. Hierfür ermitteln sie die zur Risikobeurteilung notwendigen Daten, erläutern passende Angebote und bewerten Tarifalternativen. Sie nehmen Anträge auf und berechnen Beiträge. Sie zeigen dem Kunden Möglichkeiten der Beitragsentlastung im Alter. Die Schülerinnen und Schüler beraten Kunden über Änderungen und Ergänzungen des Versicherungsschutzes, die aufgrund von Veränderungen der Lebenssituation notwendig werden. Die Schülerinnen und Schüler begründen die Notwendigkeit staatlicher Versicherungsaufsicht, erläutern deren Struktur und zeigen dem Versicherungsnehmer Möglichkeiten zur Durchsetzung seiner Interessen auf.

1 Grundlagen

1.1 Risikoanalyse und Risikobewältigung

Situation

Der Schreinermeister Klaus Fröhlich ist bisher bei einem großen Unternehmen für Fenster- und Türenbau beschäftigt. Herr Fröhlich ist Mitglied einer gesetzlichen Krankenversicherung. Er möchte sich selbstständig machen. In diesem Zusammenhang stellt er Überlegungen an, ob er künftig weiterhin in der gesetzlichen Versicherung verbleiben und diesen Versicherungsschutz ggf. durch eine private Krankenversicherung ergänzen soll oder ob der vollständige Wechsel in die private Krankenversicherung für ihn günstiger ist.

Herr Fröhlich ist verheiratet. Seine Ehefrau Karin geht einer Teilzeitbeschäftigung nach und verdient monatlich 1 500,00 €.

Krankenversicherungsschutz für alle

Seit 1. April 2007
Pflicht zur Versicherung für bisher nicht krankenversicherte Personen, die der gesetzlichen Krankenversicherung (GKV) zuzuordnen sind.

Seit 1. Juli 2007
Beitrittsrecht in den modifizierten Standardtarif für nicht krankenversicherte Personen, die der privaten Krankenversicherung (PKV) zuzuordnen sind.

Seit 1. Januar 2009
Pflicht zur Versicherung für bisher nicht krankenversicherte Personen, die der privaten Krankenversicherung (PKV) zuzuordnen sind.

Zur Risikobewältigung empfiehlt sich für Personen, die wegen ihrer beruflichen Biografie der PKV zuzuordnen sind – zum Beispiel hauptberuflich Selbstständige oder Beamte – der Abschluss einer privaten Krankenversicherung mit einem Tarif, der Leistungen für ambulante und stationäre Heilbehandlung sowie für Zahnbehandlung und Zahnersatz vorsieht. Das Risiko der Pflegebedürftigkeit wird durch den Abschluss einer privaten Pflegepflichtversicherung abgesichert. Mit dem Abschluss einer Krankentagegeldversicherung kann das Risiko des Verdienstausfalls bei Arbeitsunfähigkeit bewältigt werden.

Den Mitgliedern der gesetzlichen Krankenversicherung steht nach dem Leistungskatalog des Sozialgesetzbuches eine **Grundversorgung** zu. Für diesen Personenkreis besteht weiterer Versicherungsbedarf einerseits für Leistungen, die von der GKV in der Regel nicht erbracht werden. Diese werden über Zusatzversicherungen abgedeckt (z. B. Krankenhaus-Tagegeldversicherung, stationäre Zusatzversicherung für Ein- oder Zweibettzimmerunterbringung im Krankenhaus, Chefarztbehandlung). Andererseits besteht Versicherungsbedarf für Leistungen, die von der GKV nur **teilweise** erbracht werden. Hierfür wurden von der PKV so genannte Ergänzungstarife entwickelt (z. B. Ergänzungsleistungen für Zahnersatz).

1.2 Grundversorgung der gesetzlichen Krankenversicherung (GKV)

1.2.1 Aufgaben der GKV

Der Krankenversicherungsschutz wird in der Bundesrepublik Deutschland durch das »gegliederte Krankenversicherungssystem« gewährleistet. Träger dieses Systems sind einerseits die GKV, die in verschiedene Kassenarten (z. B. Allgemeine Ortskrankenkassen, Ersatzkassen etc.) aufgeteilt ist, und andererseits die private Krankenversicherung (PKV). Der größte Teil der Bevölkerung des Bundesgebietes, rund 90 %, gehört der GKV an.

Die Aufgaben der GKV hat der Gesetzgeber definiert:

SGB V § 1

»Die Krankenversicherung als Solidargemeinschaft hat die Aufgabe, die Gesundheit der Versicherten zu erhalten, wiederherzustellen oder ihren Gesundheitszustand zu bessern. Die Versicherten sind für ihre Gesundheit mit verantwortlich; sie sollen durch eine gesundheitsbewusste Lebensführung, durch frühzeitige Beteiligung an gesundheitlichen Vorsorgemaßnahmen sowie durch aktive Mitwirkung an Krankenbehandlung und Rehabilitation dazu beitragen, den Eintritt von Krankheit und Behinderung zu vermeiden oder ihre Folgen zu überwinden. Die Krankenkassen haben den Versicherten dabei durch Aufklärung, Beratung und Leistungen zu helfen und auf gesunde Lebensverhältnisse hinzuwirken.«

Die Aufgaben der GKV bestehen primär darin, den Mitgliedern eine **Grundversorgung für das Krankheitsrisiko** zu bieten und sie damit vor finanziellen Nachteilen zu schützen.

1.2.2 Versicherte Personen

Der versicherte Personenkreis der GKV umfasst folgende drei Gruppen von Mitgliedern:

Pflichtversicherte	Freiwillig Versicherte	Familienversicherte

a) Pflichtversicherte

Die Pflichtversicherung entsteht kraft Gesetzes und ohne Rücksicht auf den Willen des Versicherten oder den des Arbeitgebers. Die Pflichtversicherung kann weder schriftlich noch durch mündliche Absprache zwischen den Beteiligten ausgeschlossen werden. Folgende Personen sind u. a. kraft Gesetzes versicherungspflichtig:

- Arbeiter, Angestellte und zu ihrer Berufsausbildung Beschäftigte, die gegen Arbeitsentgelt beschäftigt sind. SGB V § 5

  Arbeiter und Angestellte können jedoch unter bestimmten Umständen von der GKV in die PKV wechseln (vgl. Abschn. A 1.3.1).
- Personen in der Zeit, für die sie Arbeitslosengeld oder Unterhaltsgeld nach SGB III beziehen, soweit sie nicht familienversichert sind.
- Personen in der Zeit, für die sie Arbeitslosengeld II nach SGB II beziehen, soweit sie nicht familienversichert sind.
- Landwirte, ihre mitarbeitenden Familienangehörigen und Altenteiler nach näherer Bestimmung des Zweiten Gesetzes über die Krankenversicherung der Landwirte.
- Künstler und Publizisten nach näherer Bestimmung des Künstlersozialversicherungsgesetzes.
- Personen, die in Einrichtungen der Jugendhilfe für eine Erwerbstätigkeit befähigt werden sollen.
- Teilnehmer an Leistungen zur Teilhabe am Arbeitsleben.
- Behinderte Menschen, die in anerkannten Werkstätten für behinderte Menschen oder in bestimmten Blindenwerkstätten oder für diese Einrichtungen in Heimarbeit tätig sind.
- Studenten, die an staatlichen oder staatlich anerkannten Hochschulen eingeschrieben sind, bis zum Abschluss des 14. Fachsemesters, längstens bis zur Vollendung des 30. Lebensjahres.
- Rentner der gesetzlichen Rentenversicherung, wenn sie seit der erstmaligen Aufnahme einer Erwerbstätigkeit bis zur Stellung des Rentenantrags mindestens neun Zehntel der zweiten Hälfte des Zeitraums Mitglied in der gesetzlichen Krankenversicherung waren oder im Rahmen der Familienversicherung versichert waren.
- Personen, die keinen anderweitigen Anspruch auf Absicherung im Krankheitsfall haben und zuletzt gesetzlich krankenversichert waren oder bisher nicht gesetzlich oder privat krankenversichert waren (außer hauptberuflich Selbstständige, Personen mit einem Jahresentgelt über der Jahresarbeitsentgeltgrenze, Beamte, Richter, Berufssoldaten).

b) Freiwillig Versicherte

Vorbemerkung: Aufgrund der generellen Krankenversicherungspflicht für alle ist die Bezeichnung Freiwillige Versicherung gem. § 9 SGB V so zu verstehen, dass bestimmte, nicht in der GKV versicherungspflichtige Personen, ihre generelle Versicherungspflicht durch freiwilligen Beitritt oder Verbleib in der GKV erfüllen können. Sie sind demzufolge **Versicherungsberechtigte** in der GKV.

Zur freiwilligen Versicherung sind u. a. nur berechtigt:

SGB V § 9

- Personen, die als Mitglieder aus der Versicherungspflicht ausgeschieden sind und unmittelbar vor dem Ausscheiden ununterbrochen mindestens 12 Monate oder in den letzten fünf Jahren vor dem Ausscheiden mindestens 24 Monate versichert waren.
- Personen, die aus der Familienversicherung (vgl. nachstehend) ausgeschieden sind. Diese Personen müssen ebenfalls die Vorversicherungszeit (12 Monate direkt vorher oder 24 Monate in den letzten fünf Jahren) erfüllen. Bei Kindern genügt es, wenn ein Elternteil die obige Vorversicherungszeit erfüllt hat.
- Schwerbehinderte im Sinne des § 1 des Schwerbehindertengesetzes, wenn sie, ein Elternteil oder ihr Ehegatte in den letzten fünf Jahren vor dem Beitritt mindestens drei Jahre versichert waren.
- Arbeitnehmer, deren Mitgliedschaft durch Beschäftigung im Ausland endete, wenn sie innerhalb von zwei Monaten nach Rückkehr in das Inland wieder eine Beschäftigung aufnehmen.

c) Familienversicherte

Die Familienversicherung ist ein eigenständiges Versicherungsverhältnis, aber keine Mitgliedschaft. Sie beinhaltet die beitragsfreie Versicherung bestimmter Angehöriger der Mitglieder.

Familienversichert sind der **Ehegatte** und die **Kinder** von Mitgliedern, wenn diese Familienangehörigen

§ 10 (1)

- ihren Wohnsitz oder gewöhnlichen Aufenthalt im Inland haben, nicht in der Krankenversicherung versicherungspflichtig oder freiwillig versichert sind,
- nicht versicherungsfrei oder von der Versicherungspflicht befreit sind,
- nicht hauptberuflich selbstständig erwerbstätig sind,
- kein Gesamteinkommen haben, das im Jahr 2011 den Betrag von monatlich 365,00 € (alte und neue Bundesländer) überschreitet (für geringfügig Beschäftigte gelten als Einkommensgrenze 400,00 € mtl.).

Ehegatten sind für die Dauer der Schutzfristen nach § 3 Abs. 2 und § 6 Abs. 1 des Mutterschutzgesetzes sowie der Elternzeit nicht versichert, wenn sie zuletzt vor diesen Zeiträumen nicht gesetzlich krankenversichert waren. Sie werden also nicht durch die kostenfreie Familienversicherung der Kasse des Ehegatten erfasst.

Beispiel:

Frau Eichhorn ist privat krankenversichert, Herr Eichhorn Mitglied in der GKV. Das Ehepaar erwartet Nachwuchs und Frau Eichhorn will nach der Geburt des Kindes Elternzeit nehmen. Frau Eichhorn ist während der Mutterschutzfristen und während der Elternzeit nicht bei ihrem Ehemann familienversichert. Die Aufnahme einer zulässigen Teilzeitbeschäftigung während der Elternzeit würde allerdings zur Versicherungspflicht in der GKV führen. Während der Elternzeit ist eine Teilzeitbeschäftigung bis zu 30 Stunden wöchentlich beim bisherigen Arbeitgeber zulässig.

Freiwillige Mitglieder müssen während der Elternzeit in der GKV grundsätzlich weiterhin Beiträge zahlen. Für diejenigen, die vor der Geburt des Kindes durch den Ehepartner in der gesetzlichen Krankenversicherung familienversichert waren, ändert sich nichts. Das Elterngeld wird in die Berechnung des für die Familienversicherung zulässigen Gesamteinkommens nicht einbezogen. Familienversichert ist auch der Ehepartner, der bisher als Arbeitnehmer freiwilliges Mitglied der GKV war und sich in der Elternzeit befindet, wenn die sonstigen Voraussetzungen für die Familienversicherung erfüllt sind.

Die Familienversicherung besteht für Kinder

- in der Regel bis zur Vollendung des 18. Lebensjahres,
- bis zur Vollendung des 23. Lebensjahres, wenn sie nicht erwerbstätig sind,
- bis zum 25. Lebensjahr, wenn sie sich in Schul- oder Berufsausbildung befinden oder ein freiwilliges soziales oder ökologische Jahr leisten.

Behinderte Kinder sind unter bestimmten Voraussetzungen ohne Altersgrenze familienversichert.

Kinder sind in der Familienversicherung nicht versichert, wenn der mit den Kindern verwandte Ehegatte nicht Mitglied der GKV ist und sein Gesamteinkommen regelmäßig im Monat 4 125,00 € übersteigt (Wert für das Jahr 2011) **und** regelmäßig höher als das Gesamteinkommen des Mitglieds der GKV ist.

Für Arbeitnehmer, die am 31. Dez. 2002 ausschließlich privat vollversichert waren, gelten 3 712,50 € als Einkommensgrenze.

Beispiel:

Herr Huber ist Mitglied in der GKV. Sein monatliches Gesamteinkommen beträgt 3 500,00 €. Seine Ehefrau bezieht als Abteilungsleiterin ein monatliches Gesamteinkommen in Höhe von 4 200,00 € und ist privat krankenversichert. Das gemeinsame Kind ist 15 Jahre alt und besucht ein Gymnasium.

Da das monatliche Gesamteinkommen der Mutter regelmäßig höher ist als das des Vaters, ist das Kind nicht über den Vater im Rahmen der Familienversicherung versichert, sondern muss gesondert versichert werden (privat oder als freiwilliges Mitglied in der PKV).

1.2.3 Versicherungsverhältnis und Beiträge

a) Versicherungsverhältnis und Beitragsbemessung

➤ Beginn des Versicherungsverhältnisses

Das Versicherungsverhältnis entsteht

- kraft Gesetzes für **Versicherungspflichtige,** SGB V
- durch **Beitrittserklärung** bei freiwillig Versicherten. §§ 5, 9

➤ Beitragsbemessung

Für die Beitragsberechnung werden die **beitragspflichtigen Einnahmen** des Mitglieds und der gültige **Beitragssatz** der gesetzlichen Krankenversicherung zugrunde gelegt.

Für versicherungspflichtige Beschäftigte stellt in erster Linie das Arbeitsentgelt aus der § 226
versicherungspflichtigen Beschäftigung, aber auch Renten oder Versorgungsbezüge,

eine beitragspflichtige Einnahme dar. Die beitragspflichtigen Einnahmen werden jedoch maximal bis zur **Beitragsbemessungsgrenze** berücksichtigt.

Beitragsbemessungsgrenzen und Beitragssätze ab Januar 2011

	Krankenversicherung	Pflegeversicherung
Monatliche Beitragsbemessungsgrenze (alte und neue Bundesländer)	3 712,50 €	3 712,50 €
Beitragssatz in %	15,5 %	1,95 % (+ evtl.Kinderlosenzuschlag 0,25%*)
Entgeltgrenze für Versicherungsfreiheit von geringfügigen Beschäftigungen. Nur der Arbeitgeber zahlt Beiträge an die GKV (13 %) und GRV (15 %).	400,00 €	400,00 €

* Gilt u. a. nicht für Personen vor Vollendung des 23. Lebensjahres, vor dem 1. Jan.1940 Geborene, Arbeitslosengeld II-Bezieher sowie für privat Pflegepflichtversicherte.

SGB V § 240

Für **freiwillige Mitglieder** wird die Beitragsbemessung durch die Satzung der Krankenkasse geregelt, wobei diese mindestens die Einnahmen des freiwilligen Mitglieds berücksichtigen muss, die bei einem vergleichbaren versicherungspflichtig Beschäftigten zugrunde zu legen sind.

In der **Familienversicherung** sind die mitversicherten Angehörigen beitragsfrei eingeschlossen.

b) Beitragssätze

➤ Allgemeiner Beitragssatz

§ 241

In der GKV gilt ein einheitlicher Beitragssatz, der durch Rechtsverordnung festgesetzt wird. Der allgemeine Beitragssatz beträgt ab 1. Januar 2011 15,5 %.

GKV-Beitragssatzverordnung

Dieser **allgemeine Beitragssatz** setzt sich zusammen aus

- dem **allgemeinen paritätischen** Beitragssatz von 14,6 %,
- dem **zusätzlichen** Beitragssatz von 0,9 %.

Der mit dem zusätzlichen Beitragssatz berechnete Beitragsanteil ist von den Mitgliedern der gesetzlichen Krankenkasse alleine zu zahlen, während der mit dem allgemeinen paritätischen Beitragssatz berechnete Beitrag vom Arbeitnehmer und Arbeitgeber jeweils zur Hälfte getragen wird.

Beispiel:

Herr Müller ist bei der AOK Frankfurt versichert. Der allgemeine Beitragssatz beträgt 15,5 %. Herr Müller bezieht ein monatliches Bruttoverdienst in Höhe von 3 200,00 €. Für seine gesetzliche Krankenversicherung (ohne Pflegepflichtversicherung) muss Herr Müller 7,3 % von 3 200,00 € (= 233,60 €) und 0,9 % von 3 200,00 € (= 28,80 €) aufbringen. Das entspricht einem Gesamtaufwand von 262,40 €. Der Arbeitgeber wird nur hälftig am allgemeinen paritätischen Beitragssatz von 14,6 % (also mit 7,3 %), nicht aber am zusätzlichen Beitragssatz von 0,9 % beteiligt.

Übersicht: Berechnung des Anteils von Arbeitnehmer und Arbeitgeber am Beitragssatz

2011	Allgemeiner Beitragssatz
Arbeitnehmeranteil	(15,5 – 0,9) = 14,6 : 2 = 7,3 + 0,9 = **8,2 %**
Arbeitgeberanteil	(15,5 – 0,9) = 14,6 : 2 = **7,3 %**

Der Anteil von 0,9 % wurde zur Finanzierung von Zahnersatz eingeführt. Er ist alleine vom Arbeitnehmer zu tragen.

Der Anteil der Arbeitgeber ist ab 2011 dauerhaft auf 7,3 % festgeschrieben.

➤ Kassenindividueller Zusatzbeitrag

Soweit der Finanzierungsbedarf einer Krankenkasse durch die Zuweisung aus dem Gesundheitsfonds nicht gedeckt ist, hat sie in ihrer Satzung zu bestimmen, dass von ihren Mitgliedern ein **Zusatzbeitrag** erhoben wird. Der Zusatzbeitrag ist ein einkommensunabhängiger Betrag in Euro und Cent, der vom Mitglied direkt an die Krankenkasse zu leisten ist. SGB V § 242

Andererseits kann auch eine Prämienzahlung an die Versicherten und eine Prämienverringerung in Frage kommen. Prämien für die Versicherten sind vorgesehen, wenn die Krankenkasse einen Überschuss erwirtschaftet.

Bei Erhebung eines Zusatzbeitrages und bei Prämienverringerung hat der Versicherte in der GKV ein Sonderkündigungsrecht (vgl. A 1.2.8).

➤ Ermäßigter Beitragssatz

Besteht kein Anspruch auf Krankengeld oder beschränkt die Krankenkasse aufgrund gesetzlicher Vorschriften für einzelne Mitgliedergruppen den Umfang der Leistungen, ist der Beitragssatz entsprechend zu ermäßigen. Hierzu gehören insbesondere die Beitragssätze für freiwillige Mitglieder (z. B. Selbstständige; Beitragssatz 2011: 14,9 %). § 243

Besondere Beitragssätze gibt es für Wehrdienst- und Zivildienstleistende, Studenten und Praktikanten, Bezieher von Arbeitslosengeld II, Bezieher von Renten und Bezieher von Einnahmen, die Renten der gesetzlichen Rentenversicherung vergleichbar sind.

c) Beteiligung des Arbeitgebers an den Beiträgen zur Sozialversicherung

Die Beiträge zur Kranken-, Renten-, Arbeitslosen- und Pflegeversicherung für einen **kraft Gesetzes versicherten Beschäftigten** werden vom Arbeitgeber als sog. **Gesamtsozialversicherungsbeitrag** abgeführt, jedoch jeweils zur Hälfte vom Arbeitnehmer und Arbeitgeber getragen, ausgenommen die 0,25 Prozentpunkte (Kinderlosenzuschlag) zur Pflegeversicherung (vgl. A 2.4) und 0,9 Prozentpunkte des zusätzlichen Beitragssatzes der Krankenversicherung (siehe vorstehend). SGB IV § 28 d

Freiwillig Versicherte in der GKV erhalten von ihrem Arbeitgeber einen **Beitragszuschuss**. Dies gilt auch für Beschäftigte, die versicherungsfrei oder von der Versicherungspflicht befreit sind (vgl. Exkurs in A 1.3.2) und bei einem privaten Versicherungsunternehmen eine Versicherung unterhalten, die als sog. **substitutive Krankenversicherung** (vgl. A 1.5) gilt.

1.2.4 Leistungen der GKV

SGB V § 11 ff.

Übersicht

Systematik der Leistungsarten der gesetzlichen Krankenversicherung

Leistungsart	Rechtsgrundlage
Leistungen zur Krankheitsverhütung und Prävention	§§ 20 bis 23 SGB V
• Empfängnisverhütung • Sterilisation • Schwangerschaftsabbruch	§§ 24 bis 24b SGB V
Leistungen zur Früherkennung von Krankheiten	§§ 25 bis 26 SGB V
Leistungen bei Krankheiten • Krankenbehandlung • Medizinische Rehabilitation • Krankengeld • Zahnersatz	§§ 27 bis 39 SGB V §§ 40 bis 43b SGB V §§ 44 bis 51 SGB V §§ 55 bis 57 SGB V
Fahrkosten	§ 60 SGB V
Leistungen bei Schwangerschaft und Mutterschutz	§§ 195 bis 200 RVO

a) Leistungen zur Krankheitsverhütung und Prävention

§ 20 ff. Das Gesetz schreibt vor, dass die Krankenkassen in ihren Satzungen **Leistungen** zur **primären Prävention** vorsehen. Leistungen zur Primärprävention sollen dabei den allgemeinen Gesundheitszustand verbessern und insbesondere einen Beitrag zur Verminderung sozial bedingter Ungleichheit von Gesundheitschancen erbringen. Die Krankenkassen fördern Selbsthilfegruppen und -organisationen, die sich die gesundheitliche Prävention oder Rehabilitation zum Ziel gesetzt haben.

Die Krankenkassen erbringen Leistungen im Rahmen betrieblicher Gesundheitsförderung und der Prävention gegenüber arbeitsbedingten Gesundheitsgefahren.

Ferner haben die Versicherten einen Anspruch auf Kostenübernahme für Schutzimpfungen. Ausgenommen sind nur noch solche Schutzimpfungen, die wegen eines durch einen privaten Auslandsaufenthalt erhöhten Gesundheitsrisikos erforderlich sind. Hier besteht dann ein Anspruch, wenn die Gefahr der Verschleppung einer übertragbaren Krankheit besteht.

Zur Krankheitsverhütung zählen auch Maßnahmen zur **Verhütung von Zahnerkrankungen**. Dabei wird zwischen der **Gruppenprophylaxe** (z. B. in Schulen und Kindergärten) und der **Individualprophylaxe** unterschieden.

Versicherte haben auch Anspruch auf **medizinische Vorsorgeleistungen** (z. B. Kuren). Die Krankenkasse kann aus medizinischen Gründen erforderliche ambulante Vorsorgeleistungen in anerkannten Kurorten erbringen. Diese Leistungen können mit einem Zuschuss von bis zu 13,00 € täglich unterstützt werden. Daneben ist auch die Behandlung mit Unterkunft und Verpflegung in einer Vorsorgeeinrichtung möglich. Diese Leistungen sollen für längstens drei Wochen erbracht werden. Ambulante Kuren können nicht vor Ablauf von drei Jahren erneut erbracht werden, stationäre nach Ablauf von vier Jahren.

Seit 1. April 2007 besteht ein Rechtsanspruch auf aus medizinischen Gründen erforderliche **Vorsorgeleistungen** in einer Einrichtung des Müttergenesungswerks oder einer gleichartigen Einrichtung.

b) Empfängnisverhütung, Sterilisation und Schwangerschaftsabbruch

Versicherte haben Anspruch auf ärztliche Beratung über Fragen der Empfängnisregelung. Zur ärztlichen Beratung gehören auch die erforderliche Untersuchung und die Verordnung von empfängnisregelnden Mitteln. Versicherte bis zum vollendeten 20. Lebensjahr haben Anspruch auf Versorgung mit empfängnisverhütenden Mitteln, soweit sie ärztlich verordnet werden. Bei Schwangerschaftsabbruch und Sterilisation dürfen die Krankenkassen nur dann Leistungen erbringen, wenn diese nicht rechtswidrig sind. SGB V §§ 24 a, 24 b

c) Leistungen zur Früherkennung von Krankheiten

Hierunter fallen Gesundheitsuntersuchungen und Kinderuntersuchung.

➤ Gesundheitsuntersuchung

Zur Früherkennung von Krebserkrankungen haben Frauen vom 20. Lebensjahr und Männer vom 45. Lebensjahr an einmal jährlich Anspruch auf eine Untersuchung.

Versicherte, die älter als 35 sind, haben jedes zweite Jahr Anspruch (»Check-up 35«) auf eine ärztliche Gesundheitsuntersuchung zur Früherkennung von Krankheiten, insbesondere von Herz-, Kreislauf-, Nierenerkrankung und Zuckerkrankheit. § 25

➤ Kinderuntersuchung

Versicherte Kinder haben bis zur Vollendung des 6. Lebensjahres Anspruch auf Untersuchungen sowie nach Vollendung des 10. Lebensjahres auf eine Untersuchung zur Früherkennung von Krankheiten, die ihre körperliche und geistige Entwicklung in nicht geringfügigem Maße gefährden.

Seit 1. April 2007 wirkt es sich auf die Zuzahlungspflicht der Versicherten unter Umständen negativ aus, wenn sie Vorsorgemaßnahmen nicht in Anspruch nehmen (vgl. Abschn. A 1.2.4 h).

d) Leistungen bei Krankheit

Das SGB V unterscheidet bezüglich der Leistungen nach **Krankenbehandlung**, medizinischer **Rehabilitation, Krankengeld** und **Zahnersatz**. §§ 27 ff.

➤ Krankenbehandlung

Unter die Krankenbehandlung nach SGB V fallen insbesondere:

- **Ärztliche Behandlung**

  Sie umfasst die Tätigkeit des Arztes, die zur Verhütung, Früherkennung und Behandlung von Krankheiten nach den Regeln der ärztlichen Kunst ausreichend und zweckmäßig ist.

SGB V § 73b Die ärztliche Behandlung wird durch eine **vertragsärztliche Versorgung** erbracht. Die vertragsärztliche Versorgung gliedert sich in die **hausärztliche** und **fachärztliche** Versorgung. Mit Wirkung ab 1. April 2007 wurde durch das GKV-WSG die hausärztliche Versorgung erheblich gestärkt **(hausarztzentrierte Versorgung).**

Kassenpatienten müssen einmal pro Quartal, egal ob beim Haus- oder Facharzt, 10,00 € Praxisgebühr zahlen (vgl. auch Abschn. A 1.2.4 h).

- **Zahnärztliche Behandlung**

§ 28 (2) Die zahnärztliche Behandlung umfasst die Tätigkeit des Zahnarztes, die zur **Verhütung**, **Früherkennung** und **Behandlung** von Zahn-, Mund- und Kiefererkrankungen nach den Regeln der ärztlichen Kunst ausreichend und zweckmäßig ist. Sie umfasst auch konservierend-chirurgische Leistungen und Röntgenleistungen, die im Zusammenhang mit **Zahnersatz** einschließlich Zahnkronen und Suprakonstruktionen erbracht werden.

§ 29 Versicherte haben Anspruch auf **kieferorthopädische Versorgung** in medizinisch begründeten Indikationsgruppen, bei denen eine Kiefer- oder Zahnfehlstellung vorliegt, die das Kauen, Beißen, Sprechen, Atmen erheblich beeinträchtigt oder zu beeinträchtigen droht.

Beim Zahnarzt wird für Kassenpatienten eine separate Praxisgebühr fällig. Nur die Vorsorgeuntersuchung zweimal jährlich ist kostenlos.

- **Versorgung mit Arznei-, Verband-, Heil- und Hilfsmitteln**

§ 34 Versicherte haben in der GKV Anspruch auf **Arznei-** oder **Verbandmittel,** wenn diese geeignet sind, einer drohenden Erkrankung vorzubeugen oder eine bestehende Krankheit zu lindern oder zu heilen. Sie müssen ärztlich verordnet sein.

Für bestimmte wirkstoffgleiche Arzneimittel sowie für bestimmte Verbandsmittel und Hilfsmittel sind **Festbeträge** für die Erstattung durch die im Gesetz genannten Institutionen festgelegt worden.

§ 73 d Seit dem 01. April 2007 dürfen besondere Arzneimittel (insbesondere Spezialpräparate) nur noch im Zusammenwirken mit einem Arzt für besondere Arzneimitteltherapie verordnet werden.

Für Arznei- und Verbandmittel ohne Festbetragregelung muss der Versicherte eine Zuzahlung leisten (vgl. auch A 1.2.4 h).

Heilmittel sind persönliche medizinische Leistungen wie z. B. medizinische Bäder, Krankengymnastik.

§ 32 (2) § 36, § 61 Zu den Kosten der Heilmittel haben Versicherte, die das 18. Lebensjahr vollendet haben, eine Zuzahlung zu leisten (vgl. A 1.2.4 h). **Hilfsmittel** sind vor llem technische Mittel, die körperliche Behinderungen unmittelbar mildern oder ausgleichen sollen. Bei Hilfsmitteln ist eine Eigenbeteiligung erforderlich (vgl. A 1.2.4 h). Ein Zuschuss zu einem Brillengestell wird nicht gewährt.

- **Häusliche Krankenpflege und Haushaltshilfe**

Häusliche Krankenpflege erhalten Versicherte in ihrem Haushalt oder ihrer Familie, wenn Krankenhausbehandlung nicht möglich ist oder durch die häusliche Pflege vermieden wird. Eine Haushaltshilfe ist von der Krankenkasse zu stellen, wenn die Weiterführung des Haushalts wegen einer Krankenhausbehandlung, einer häuslichen Krankenpflege oder wegen Leistungen der Rehabilitation nicht möglich ist.

- **Krankenhausbehandlung**

Die Krankenhausbehandlung kann vollstationär, teilstationär, vor- und nachstationär sowie ambulant erbracht werden.

Bei einer **vollstationären** Krankenhausbehandlung müssen Versicherte für längstens 28 Tage innerhalb eines Kalenderjahres 10,00 € je Kalendertag an das Krankenhaus zahlen. Diese Regelung gilt nicht für Personen unter dem 18. Lebensjahr.

➤ Medizinische Rehabilitationsmaßnahmen und sonstige Leistungen zur Rehabilitation

Reicht zur Krankenbehandlung oder zur medizinischen Rehabilitation die ambulante Behandlung durch einen niedergelassenen Arzt nicht aus, erbringt die Krankenkasse **ambulante Rehabilitationsleistungen.** Die ambulante Reha-Leistung kann in Einrichtungen erbracht werden, mit der ein Versorgungsvertrag besteht oder auch durch wohnortnahe Einrichtungen (sog. **mobile Reha**). SGB V § 40

Wenn auch die ambulante Rehabilitationskur nicht ausreicht, leistet die Krankenkasse **stationäre Rehabilitation** mit Unterkunft und Verpflegung in einer Rehabilitationseinrichtung.

Die Rehabilitationsleistungen sollen längstens für drei Wochen erbracht werden. Das Wiederholungsintervall beträgt vier Jahre. Bei einer Anschlussrehabilitation ist die Zuzahlung auf 28 Tage im Kalenderjahr begrenzt. Unter Anschlussrehabilitation ist eine stationäre Reha-Maßnahme zu verstehen, deren unmittelbarer Anschluss an eine Krankenhausbehandlung medizinisch notwendig ist.

Versicherte haben auch Anspruch auf aus medizinischen Gründen erforderliche Rehabilitationsleistungen in einer Einrichtung des Müttergenesungswerks oder einer gleichartigen Einrichtung in Form einer Mutter-Kind- oder Vater-Kind-Maßnahme. § 41

➤ Krankengeld

Versicherte haben Anspruch auf Krankengeld, wenn sie krankheitsbedingt arbeitsunfähig sind oder auf Kosten der Krankenkasse stationär in einem Krankenhaus, einer Vorsorge- oder bestimmten Rehabilitationseinrichtung behandelt werden müssen. Aufgrund gesetzlicher Vorschriften zahlt der Arbeitgeber bei Arbeitsunfähigkeit zunächst für sechs Wochen 100 % des Arbeitsentgeltes (ausgenommen Überstundenvergütungen) weiter. Anschließend zahlt die Krankenkasse 70 % des regelmäßig erzielten Bruttoarbeitsentgelts bis zur Beitragsbemessungsgrenze, jedoch nicht mehr als 90 % des letzten Nettoarbeitsentgelts. § 47

Vom Krankengeld sind Beiträge zur gesetzlichen Renten-, Arbeitslosen- und Pflegepflichtversicherung zu zahlen.

Die Satzung der Krankenkasse kann für freiwillig Versicherte den Anspruch auf Krankengeld ausschließen oder zu einem späteren Zeitpunkt beginnen lassen.

Das Krankengeld wird für den Fall der Arbeitsunfähigkeit wegen derselben Krankheit für längstens 78 Wochen innerhalb von je 3 Jahren gezahlt. § 48

Für Ehegatten und Kinder wird im Rahmen der Familienversicherung kein Krankengeld gezahlt.

Krankengeld kann nicht gezahlt werden, wenn Versicherte u. a. beitragspflichtiges Arbeitsentgelt beziehen oder Übergangsgeld, Mutterschaftsgeld, Verletztengeld, Arbeitslosengeld oder Arbeitslosengeld II erhalten. Hier ruht der Anspruch auf Krankengeld.

Ab 1. Januar 2009 haben in der GKV freiwillig versicherte Selbstständige keinen Anspruch mehr auf Krankengeld. Für sie gilt dann prinzipiell der neue, bundesweit einheitliche Regelbeitragssatz aller gesetzlichen Krankenkassen. Dieser Personenkreis kann ab 1. Januar 2009 einen Krankengeld-Wahltarif bei der gesetzlichen Krankenkasse in Anspruch nehmen. Der Versicherte ist jedoch bei Vereinbarung dieses Wahltarifs drei Jahre an seine Krankenkasse gebunden. (vgl. A 1.2.5)

Zahnersatz

Für die medizinisch notwendige Versorgung mit Zahnersatz einschließlich der Zahnkronen besteht Anspruch auf befundbezogene **Festzuschüsse**. Sie umfassen 50 % der jeweiligen Regelversorgung. Für eigene Bemühungen zur Gesunderhaltung der Zähne erhöhen sich die Festzuschüsse um 20 %. Die Erhöhung entfällt, wenn der Gebisszustand des Versicherten regelmäßige Zahnpflege nicht erkennen lässt und während der letzten fünf Jahre keine regelmäßige zahnärztliche Behandlung bzw. Untersuchung stattgefunden hat.

e) Fahrtkosten (Fahrkosten lt. SGB V)

SGB V § 60

Die Krankenkassen übernehmen die Fahrkosten für alle Versicherten bei Fahrten zur stationären Behandlung, bei Rettungsfahrten und bei einem Krankentransport, bei dem der Versicherte während der Fahrt eine fachliche Betreuung benötigt.

Kosten für Fahrten zu ambulanten Behandlungen werden grundsätzlich nicht übernommen. Eine Kostenübernahme ist jedoch möglich, wenn dadurch eine an sich gebotene stationäre oder teilstationäre Krankenhausbehandlung vermieden oder verkürzt wird oder für schwer in ihrer Mobilität eingeschränkte Personen (z. B. Schwerbehinderung, Pflegebedürftigkeit der Stufe II oder III). Die allgemeine Zuzahlungsregelung gilt auch für Fahrkosten (vgl. A 1.2.4 h).

f) Leistungen bei Schwangerschaft und Mutterschaft

Die Leistungen bei Schwangerschaft und Mutterschaft umfassen ärztliche Betreuung und Hebammenhilfe, Versorgung mit Arznei-, Verband- und Heilmitteln, stationäre Entbindung, häusliche Pflege, Haushaltshilfe und Mutterschaftsgeld. Zuzahlungen der Versicherten gibt es hier nicht.

Gesetzlich versicherte Frauen erhalten während der Mutterschutzfrist von ihrer Krankenkasse Mutterschaftsgeld. Die Mutterschutzfrist umfasst die Zeit von sechs Wochen vor und acht Wochen nach der Entbindung.

Das Mutterschaftsgeld beträgt höchstens 13,00 € pro Kalendertag.

g) Leistungsausschlüsse

Leistungsbeschränkungen und Leistungsausschlüsse sind vorgesehen, wenn sich der Versicherte eine Krankheit infolge einer medizinisch nicht indizierten Maßnahme zugezogen hat.

Um eine medizinisch nicht indizierte Maßnahme handelt es sich beispielsweise bei

- einer ästhetischen Operation,
- einer Tätowierung,
- einem Piercing.

In diesen Fällen hat die Krankenkasse die Versicherten in angemessener Höhe an den Krankheitskosten zu beteiligen. Außerdem ist das Krankengeld für die Dauer dieser Behandlung ganz oder teilweise zu versagen oder zurückzufordern.

Eine Beteiligung an den Krankheitskosten und die teilweise oder vollständige Rückforderung von Krankengeld sind auch vorgesehen, wenn sich der Versicherte eine Krankheit vorsätzlich oder bei einem von ihm begangenen Verbrechen oder vorsätzlichen Vergehen zugezogen hat.

§§ 52, 52a

Ferner besteht kein Anspruch auf Leistung, wenn sich jemand ins Inland begibt, um Versicherungsschutz zu erlangen.

h) Zuzahlungen der Versicherten

Die Versicherten der GKV haben für bestimmte Leistungen Zuzahlungen und Eigenbeteiligungen zu leisten. Grundsätzlich wird bei allen Leistungen eine Zuzahlung von 10 Prozent der Kosten erhoben, höchstens allerdings 10,00 €, mindestens 5,00 €. Wenn die Kosten unter 5,00 € liegen, wird der tatsächliche Preis gezahlt.

Beispiele:

(1) Ein Medikament kostet 10,00 €. Die Zuzahlung beträgt dann den Mindestanteil in Höhe von 5,00 €.

(2) Ein Medikament kostet 80,00 €. Die Zuzahlung beträgt in diesem Fall 10 Prozent vom Preis, also 8,00 €.

(3) Ein Medikament kostet 135,00 €. Die Zuzahlung ist auf maximal 10,00 € begrenzt.

Übersicht: Zuzahlungs- und Finanzierungsregelungen

SGB V § 61

Kassenleistungen	Zuzahlungen	Ausnahmen
Ärztliche Behandlung	Praxisgebühr von 10,00 € pro Quartal beim Arzt oder Zahnarzt	● Überweisungen ● Kontrollbesuche ● Vorsorge- und Früherkennungsuntersuchungen ● Person hat das 18. Lebensjahr noch nicht vollendet
Arznei- und Verbandsmittel	10 % des Preises, jedoch mindestens 5,00 € und maximal 10,00 € pro Arzneimittel. In jedem Fall sind nicht mehr als die Kosten des Mittels zu zahlen.	● Person hat das 18. Lebensjahr noch nicht vollendet. ● Hilfsmittel, die zum Verbrauch bestimmt sind (z. B. Windeln bei Inkontinenz): 10 % der Verbrauchseinheit, max. 10,00 € pro Monat
Fahrtkosten (Fahrkosten lt. SGB V)	10 % des Fahrpreises, mindestens 5,00 € und höchstens 10,00 €. Mehr als die Kosten des Fahrpreises sind nicht zu zahlen	Keine (auch nicht für Kinder und Jugendliche)
Häusliche Krankenpflege	10 % der Kosten des Mittels, zuzüglich 10,00 € je Verordnung	● Person hat das 18. Lebensjahr noch nicht vollendet
Haushaltshilfe	10 % der kalendertäglichen Kosten, jedoch höchstens 10,00 € und mindestens 5,00 €	
Heilmittel	10 % der Kosten des Mittels zuzüglich 10,00 € je Verordnung	
Hilfsmittel	10 % der Kosten für jedes Hilfsmittel (z. B. Rollstuhl, Hörgerät), jedoch mindestens 5,00 € und maximal 10,00 €. In jedem Fall sind nicht mehr als die Kosten des Mittels zu bezahlen.	
Stationäre Krankenhausbehandlung	10,00 € pro Tag	● begrenzt auf 28 Tage im Kalenderjahr ● Person hat das 18. Lebensjahr noch nicht vollendet

Kassenleistungen	Zuzahlungen	Ausnahmen
Mütter- bzw. Väterkuren	10,00 € pro Tag	● Person hat das 18. Lebensjahr noch nicht vollendet
Soziotherapie	10 % der kalendertäglichen Kosten, jedoch höchstens 10,00 € und mindestens 5,00 €	
Stationäre Vorsorge und Rehabilitation	10,00 € pro Tag	● Bei Anschlussheilbehandlungen: Begrenzung auf 28 Tage im Kalenderjahr ● Person hat das 18. Lebensjahr noch nicht vollendet
Zahnersatz	Die Eigenbeteiligung beträgt 50 % der festgesetzten Beträge für die jeweilige Regelversorgung. Die Höhe der Eigenbeteiligung vermindert sich um 20 % bzw. weitere 10 %, wenn der Versicherte in den letzten fünf bzw. 10 Jahren vor Behandlungsbeginn regelmäßig Zahnpflege betrieben hat und die Vorsorgeuntersuchungen lückenlos in Anspruch genommen hat.	● Person hat das 18. Lebensjahr noch nicht vollendet

i) Belastungsgrenze bei Zuzahlungen

SGB V § 62

Damit die soziale Balance gewahrt bleibt, sieht der Gesetzgeber im SGB V vor, dass Versicherte während jedes Kalenderjahres nur Zuzahlungen bis zur Belastungsgrenze zu leisten haben. Wird die Belastungsgrenze bereits innerhalb eines Kalenderjahres erreicht, hat die Krankenkasse eine Bescheinigung darüber zu erteilen, dass für den Rest des Kalenderjahres keine Zuzahlungen mehr zu leisten sind.

Die Belastungsgrenze beträgt 2 % der jährlichen Bruttoeinnahmen zum Lebensunterhalt. Für chronisch Kranke, die wegen derselben schwerwiegenden Krankheit in Dauerbehandlung sind, beträgt sie 1 % der jährlichen Bruttoeinnahmen zum Lebensunterhalt. Die Belastungsgrenze für chronisch Kranke erhöht sich aber für bestimmte Altersgruppen seit 1. April 2007 auf 2 % der jährlichen Bruttoeinnahmen zum Lebensunterhalt, wenn Gesundheitsuntersuchungen bzw. Früherkennungsmaßnahmen nicht in Anspruch genommen worden sind.

Zu den jährlichen Bruttoeinnahmen zum Lebensunterhalt zählen u. a. Arbeitsentgelt, Einkünfte aus selbstständiger Tätigkeit, gesetzliche und private Renten, Betriebsrenten, Einkünfte aus Kapitalvermögen sowie aus Vermietung und Verpachtung, Arbeitslosengeld, Kranken- und Übergangsgeld, Hilfen zum Lebensunterhalt. Nicht zu den Einnahmen gehören z. B. Grundrenten für Beschädigte nach Bundesversorgungsgesetz, Kindergeld, Erziehungs- bzw. Elterngeld, BaföG und Leistungen der Pflegeversicherung.

Bei der Berechnung der Bruttoeinnahmen zum Lebensunterhalt können Freibeträge für Ehegatten und für familienversicherte Kinder berücksichtigt werden. Als Freibeträge werden von den Bruttoeinnahmen im Jahr 2011 pauschal 4 599,00 € für den ersten Angehörigen, 3 066,00 € für jeden weiteren Angehörigen und 7 008,00 € (Kinderfreibetrag nach dem EStG bei gemeinsamer Veranlagung) für jedes Kind abgezogen (vgl. BSG-Urteil vom 30. Juni 2009 zur Anhebung der Kinderfreibeträge).

Beispiel:

Familie mit zwei Kindern, Ehefrau nicht erwerbstätig. Jährliche Bruttoeinnahmen aus dem Erwerbseinkommen des Ehemannes 40 000,00 €; keine chronische Erkrankungen.

Berechnung der Belastungsgrenze für 2011:

Bruttoeinnahmen	40 000,00 €
abzüglich Freibetrag Ehepartner	4 599,00 €
abzüglich Freibeträge Kinder (2 · 7 008,00 €)	14 016,00 €
= Grundlage für die Berechnung	21 385,00 €
Belastungsgrenze für 2011: 2 % von 21 385,00 € =	427,70 € pro Jahr

1.2.5 Wahltarife in der GKV

Die Krankenkassen haben vielfältige Möglichkeiten, ihren Versicherten Wahltarife anzubieten. Der Gesetzgeber sieht dabei verschiedene Arten von Wahltarifen vor. SGB V § 53

Übersicht: Wahltarife in der GKV

Tarifangebote seit 1. April 2007	Tarifangebote ab 1. Januar 2009
Die Krankenkassen **müssen** ihren Mitgliedern folgende Tarife für die Teilnahme an besonderen Versorgungsformen anbieten: – Integrierte Versorgung – Besondere ambulante ärztliche Versorgung – Strukturierte Behandlungsprogramm bei chronischen Krankheiten (DMP = Disease Management Programme) – Modellvorhaben – Hausarztzentrierte Versorgung (Hausarzttarif) Die Versicherten erhalten von den Kassen in der Regel Prämienzahlungen oder Zuzahlungsermäßigungen. Alle gesetzlich Versicherten können diese Tarife wählen.	Die Krankenkassen **müssen** folgende Tarife anbieten: – Wahltarife mit Anspruch auf Krankengeld für bestimmte Personenkreise, die in der Regelversorgung dann keinen oder einen eingeschränkten Anspruch auf Krankengeld haben (z. B. für Selbstständige, die Mitglied in einer gesetzlichen Krankenkasse sind)
Die Krankenkassen **können** folgende Tarife anbieten: – Selbstbehalttarife – Tarife für Nichtinanspruchnahme von Leistungen – Variable Kostenerstattungstarife – Tarife, die die Übernahme der Kosten für von der Regelversorgung ausgeschlossene Arzneimittel der besonderen Therapierichtungen beinhalten	Die Krankenkassen **können** folgende Tarife anbieten: – Wahltarife mit eingeschränktem Leistungsumfang für bestimmte Personenkreise, die Teilkostenerstattung gewählt haben

Für alle Tarife, welche die Krankenkasse **freiwillig** anbieten **kann**, gilt eine Mindestbindungsfrist von **drei Jahren**. Zum 1. Jan. 2011 wurde die Mindestbindungsfrist für die Wahltarife »Prämienzahlung bei Nichtinanspruchnahme von Leistungen«, »Kostenerstattung« und »Arzneimittel der besonderen Therapierichtungen« von bisher drei Jahren auf ein Jahr verkürzt. Dies bedeutet, dass sich die Versicherten für diesen

Zeitraum auf einen solchen gewählten Tarif gegenüber ihrer Krankenkasse festlegen. Ein Wechsel der Krankenkasse vor Ablauf dieser Zeit ist nur in Härtefällen möglich.

Bei den freiwillig angebotenen Wahltarifen erhalten die Mitglieder von ihrer Krankenkasse in der Regel spezielle Prämienzahlungen. Diese Prämienzahlungen sind in der Höhe begrenzt. Sie dürfen 20 % der vom Mitglied in einem Jahr getragenen Beiträge, höchstens jedoch 600,00 € nicht überschreiten.

Versicherte, die ihre Beiträge nicht selbst zahlen – wie Bezieher von Arbeitslosengeld oder Arbeitslosengeld II – können diese Tarife nicht wählen

Beispiel:
Die junge Angestellte Iris Weidmann wählt bei ihrer Krankenkasse einen Selbstbehalttarif, bei dem sie im Krankheitsfall die ersten 750,00 € selbst aufbringen muss. Ihre Krankenkasse zahlt dafür jährlich eine Prämie von 300,00 €. Sofern Frau Weidmann nur geringe Krankheitskosten selbst zu tragen hat, lohnt sich für sie der Selbstbehalttarif.

1.2.6 Kassenwahl und Kassenwechsel

SGB V § 173 Versicherungspflichtige und -berechtigte können an ihrem Wohn- oder Beschäftigungsort zwischen Orts- und Ersatzkassen frei wählen. Unter bestimmten Voraussetzungen können auch Betriebs- oder Innungskrankenkassen gewählt werden. Für die gewählten Kassen besteht **Kontrahierungszwang**.

Das Krankenkassenwahlrecht kann nach Vollendung des 15. Lebensjahres ausgeübt werden.

§ 175 (4) S. 1 Versicherungspflichtige und Versicherungsberechtigte (freiwillig Versicherte) sind an die Wahl der Krankenkasse mindestens 18 Monate gebunden.

S. 8 Die 18-monatige Bindungsfrist gilt bei freiwillig Versicherten nicht, wenn die freiwillige Mitgliedschaft in der gesetzlichen Krankenversicherung zu Gunsten einer anderweitigen Absicherung im Krankheitsfall gekündigt wird, z.B.. Abschluss einer substitutiven Krankenversicherung (vgl. A 1.5) bei einem privaten Krankenversicherungsunternehmen.

Eine **Kündigung der Mitgliedschaft** in der GKV ist zum Ablauf des übernächsten Kalendermonats möglich, gerechnet von dem Monat, in dem das Mitglied die Kündigung erklärt.

Die Krankenkasse hat dem Mitglied unverzüglich, spätestens jedoch innerhalb von zwei Wochen nach Eingang, eine Kündigungsbestätigung auszustellen.

Beispiel:
Die Kündigung geht am 24. April d. J. bei der Krankenkasse ein. Die Kündigung wird dann zum 30. Juni d. J. wirksam.

Eine Kündigung ist seit dem 1. April 2007 nur dann wirksam, wenn das Mitglied das Bestehen einer anderweitigen Absicherung im Krankheitsfall nachweist. Bei einem Kassenwechsel innerhalb der GKV geschieht dies durch Vorlage einer Mitgliedsbescheinigung, die von der neu gewählten Krankenkasse ausgestellt wird.

Erhebt die Kasse einen Zusatzbeitrag, erhöht sie ihren Zusatzbeitrag oder verringert sie ihre Prämien an die Versicherten, kann die Mitgliedschaft bis zum Eintritt dieser Maßnahme gekündigt werden **(Sonderkündigungsrecht).** Die Krankenkasse muss auf dieses Sonderkündigungsrecht einen Monat vor Wirksamwerden der Maßnahme hinweisen.

1.2.7 Sachleistungsprinzip und Kostenerstattungsprinzip

Der GKV liegt das **Sachleistungsprinzip** zugrunde. Dies bedeutet, dass die Krankenkassen ihren Versicherten die von diesen benötigten Leistungen in der Regel als Sach- oder Dienstleistungen zur Verfügung stellen und die Kosten unmittelbar mit den Leistungserbringern abrechnen. Hierzu schließen die Krankenkassen Verträge mit den Leistungserbringern (Apotheken, Ärzten, Krankenhäuser etc.).

In der GKV können seit 1. April 2004 alle Versicherten anstelle der Sach- oder Dienstleistungen aber auch **Kostenerstattung** in Anspruch nehmen. Dies ist aber nur möglich, soweit dies gesetzlich vorgeschrieben ist. Vor ihrer Wahl sind die Versicherten von ihrer Krankenkasse zu beraten. Dabei ist die Beschränkung der Wahl auf den Bereich der ambulanten Behandlung möglich. Stationäre Leistungen werden in diesem Falle als Sachleistungen erbracht. SGB V § 13 (2)

Damit der Krankenkasse durch die vom Versicherten gewählte Kostenerstattung keine zusätzlichen Kosten entstehen, ist der Umfang der Kostenerstattung auf höchstens die Vergütung beschränkt, die die Krankenkasse bei Erbringung der Sachleistung zu tragen hätte. Die Kostenerstattung kommt zudem nur für solche Leistungen in Betracht, die die Krankenkasse auch als Sach- oder Dienstleistung hätte zur Verfügung stellen müssen. Hat ein Arzt z. B. auf die Zulassung verzichtet, ist eine Kostenerstattung nicht möglich. Die Versicherten sind seit 1. Jan. 2011 an ihre Wahl der Kostenerstattung mindestens ein Kalendervierteljahr gebunden. Bis 31. Dezember 2010 betrug die Mindestbindungsfrist ein Jahr.

1.2.8 Gesundheitsreform 2007

Die Gesundheitsreform 2007 hat zum Ziel, die Qualität der Versorgung zu verbessern sowie die Wahl- und Entscheidungsmöglichkeiten der Versicherten zu erhöhen. Die Reform bezweckt ferner, dass die Beiträge der Versicherten effizienter eingesetzt und mehr Wettbewerb, Wirtschaftlichkeit, Transparenz und Solidarität sichergestellt werden.

Die Gesundheitsreform 2007 hat nicht nur weitgehende Veränderungen und Konsequenzen für die GKV, sondern auch bedeutende Auswirkungen auf die Private Krankenversicherung (PKV) mit sich gebracht, und dies, obwohl die PKV im Titel des Gesetzes überhaupt nicht erwähnt wird. Nicht alle gesetzlichen Änderungen sind zum 1. April 2007 in Kraft getreten. Wesentliche Teile des Gesetzes wurden erst zu späteren Terminen wirksam.

Die wesentlichen Änderungen der Gesundheitsreform sind im Einzelnen:

➤ Allgemeine Pflicht zur Versicherung

Mit dem GKV-Wettbewerbsstärkungsgesetz (GKV-WSG), das u. a. zu Änderungen des SGB geführt hat, wird sichergestellt, dass alle Bürgerinnen und Bürger in Deutschland einen umfassenden Gesundheitsschutz haben.

Ab dem 1. Januar 2009 ist jede Person mit Wohnsitz in Deutschland **verpflichtet**, bei einem in Deutschland zum Geschäftsbetrieb zugelassenen Versicherungsunternehmen für sich und die von ihr gesetzlich vertretenen Personen eine Krankheitskostenvollversicherung abzuschließen.

Diese Pflicht besteht nicht für Personen, die

- in der GKV versichert oder versicherungspflichtig sind oder
- Anspruch auf freie Heilfürsorge (z. B. Polizeibeamte) haben, beihilfeberechtigt (z. B. Beamte) oder vergleichbare Ansprüche haben im Umfang der jeweiligen Berechtigung.

- Anspruch auf Leistungen nach § 2 Asylbewerberleistungsgesetz haben oder
- Empfänger von Sozialhilfeleistungen sind für die Dauer des Leistungsbezugs, wenn dieser vor dem 1. Januar 2009 begonnen hat.

Wann ist die Pflicht zur Versicherung erfüllt?

VVG § 193 (3) Der Pflicht zur Versicherung wird genügt, wenn die Krankheitskostenvollversicherung eine Kostenerstattung für ambulante und stationäre Leistungen umfasst und der absolute oder prozentuale Selbstbehalt kalenderjährlich 5 000,00 € pro versicherte Person nicht übersteigt.

PKV-Versicherte, die ihren Vertrag bereits am 1. April 2007 abgeschlossen haben, erfüllen bereits die Voraussetzungen.

Welche Sanktionen drohen bei Nichterfüllen der Pflicht zur Versicherung?

§ 193 (4) Sofern die Pflicht zur Versicherung nicht rechtzeitig zum 1. Januar 2009 erfüllt wird, drohen den Versicherten Sanktionen.

Für jeden angefangenen Monat, in dem der Abschluss eines Vertrages verspätet erfolgt, ist ein Beitragszuschlag in Höhe eines Monatsbeitrags zu zahlen. Ab dem sechsten Monat der Nichtversicherung reduziert sich der Zuschlag auf ein Sechstel des Monatsbeitrags. Kann die Dauer der Nichtversicherung nicht ermittelt werden, wird von einer Nachversicherungszeit von 5 Jahren ausgegangen.

Übergangsregelungen zur Versicherungspflicht

Die Versicherungspflicht gilt gleichermaßen in der gesetzlichen wie in der privaten Krankenversicherung. Dabei treten zu unterschiedlichen Zeitpunkten folgende Regelungen in Kraft:

Regelungen für die GKV, gültig ab 1. April 2007

Alle Personen ohne Absicherung im Krankheitsfall, die keinen anderweitigen Anspruch auf Absicherung haben und die zuletzt gesetzlich krankenversichert waren, werden in die Versicherungspflicht in der GKV einbezogen. Dies betrifft z. B. auch Auslandsrückkehrer, die früher in Deutschland zuletzt gesetzlich versichert waren. Versicherungspflicht in der GKV besteht auch für Personen, die bisher weder gesetzlich noch privat krankenversichert waren und ihrem Status nach der gesetzlichen Krankenversicherung zuzuordnen sind, weil sie z. B. als Arbeitnehmer tätig waren.

Nebenberuflich Selbstständige werden der GKV zugeordnet.

Beispiel:
Herr Stolz ist selbstständiger Gewerbetreibender und im Moment nicht krankenversichert. Weil er für zwei Monate die Beiträge nicht zahlen konnte, kündigte ihm die gesetzliche Krankenkasse. Da Herr Stolz zuletzt Mitglied einer gesetzlichen Krankenkasse war, muss er wieder in der GKV versichert werden. Herr Stolz muss sich an die Krankenkasse wenden, bei der er zuletzt versichert war.

Regelungen für die PKV, gültig ab 1. Januar 2009

Ab dem 1. Januar 2009 sind alle Personen mit Wohnsitz in Deutschland, die aufgrund ihres beruflichen Status der PKV zuzuordnen sind und Personen ohne anderweitige Absicherung im Krankheitsfall, die ehemals privat versichert waren, verpflichtet, eine Krankheitskostenvollversicherung in der PKV abzuschließen. Sie erhalten das Recht, sich in einem neuen Basistarif der PKV zu versichern.

Beispiel 1:
Frau Kleinert ist geschieden. Sie lebt von Unterhalt und ist derzeit nicht krankenversichert. Während der Ehe hatte sie über ihren Ehemann einen Beihilfeanspruch und war bei einer privaten Krankenversicherung für die Restkosten versichert. Sie war noch nie in der gesetzlichen Krankenversicherung versichert. Da Frau Kleinert zuletzt privat krankenversichert war, ist die PKV zuständig. Ab dem 1. Januar 2009 besteht für sie die Pflicht, eine private Krankenversicherung in einem bestimmten Mindestumfang abzuschließen (vgl. A 2.2.3 g).

Beispiel 2:
Das Ehepaar Schönholm lebt seit 30 Jahren im Ausland. Als Rentner wollen sie nun gerne nach Deutschland zurückkehren. Hier ist entscheidend, wo das Ehepaar zuletzt in Deutschland versichert war. Ist die GKV zuständig, können sie sich dort versichern, ist die PKV zuständig, kann sich das Ehepaar dort im Basistarif versichern.

➤ Einführung eines Gesundheitsfonds

Mit der Einführung eines Gesundheitsfonds wird die Finanzierung der GKV neu gestaltet. Ab 1. Januar 2009 gilt für alle Krankenkassen ein **bundeseinheitlich** gesetzlich festgelegter Beitragssatz.

Jede Krankenkasse erhält pro Versicherten eine pauschale Zuweisung sowie ergänzende Zu- und Abschläge je nach Alter, Geschlecht und Krankheit ihrer Versicherten. Reicht den Kassen die einheitlich zugewiesene Summe nicht, können **Zusatzbeiträge** erhoben werden. Für Kinder oder den mitversicherten Partner muss kein Zusatzbeitrag entrichtet werden. Der Arbeitgeber beteiligt sich nicht am Zusatzbeitrag. Bis Ende 2010 galt eine Grenze von 1 % des Einkommens für den Zusatzbeitrag. Ab 2011 kann jede Krankenkasse individuell einen unbegrenzten einkommensunabhängigen Zusatzbeitrag erheben. Ein sozialer Ausgleich ist dabei für den Fall vorgesehen, wenn der durchschnittliche Zusatzbeitrag 2 % des Bruttoeinkommens übersteigt. Der durchschnittliche Zusatzbeitrag wird vom Bundesversicherungsamt errechnet. Er soll bis 2014 nicht höher als 16,00 € sein.

Die Wirtschaftlichkeit ihrer Krankenkasse können die Versicherten künftig daran erkennen, ob die Krankenkasse **Zusatzbeiträge** erheben muss oder ihren Mitgliedern Geld ausbezahlen kann (sog. **Prämien**). Sofern eine Krankenkasse einen Zusatzbeitrag verlangt oder einen solchen erhöhen muss oder gewährte Prämien zukünftig verringert, hat der Versicherte ein **sofortiges Sonderkündigungsrecht.** Außerdem ist ein Wechsel der Krankenkasse nach Ablauf der Bindefrist von 18 Monaten immer möglich. SGB V § 175 (4)

Die Beiträge in den Gesundheitsfonds werden von den einzelnen Krankenkassen eingezogen und dann in den Fonds abgeführt. Aus dem Fonds erhalten die Kassen für ihre Versicherten jeweils eine Grundpauschale sowie alters- und risikobezogene Zuschläge.

Zukünftig wird der Beitragseinzug gebündelt, d.h. es wird nur noch eine Einzugsstelle für die Beiträge geben.

Der Gesundheitsfonds ist auf das System der GKV beschränkt. Eine Einbeziehung der PKV in den Fonds, was ursprünglich vorgesehen war, findet nicht statt.

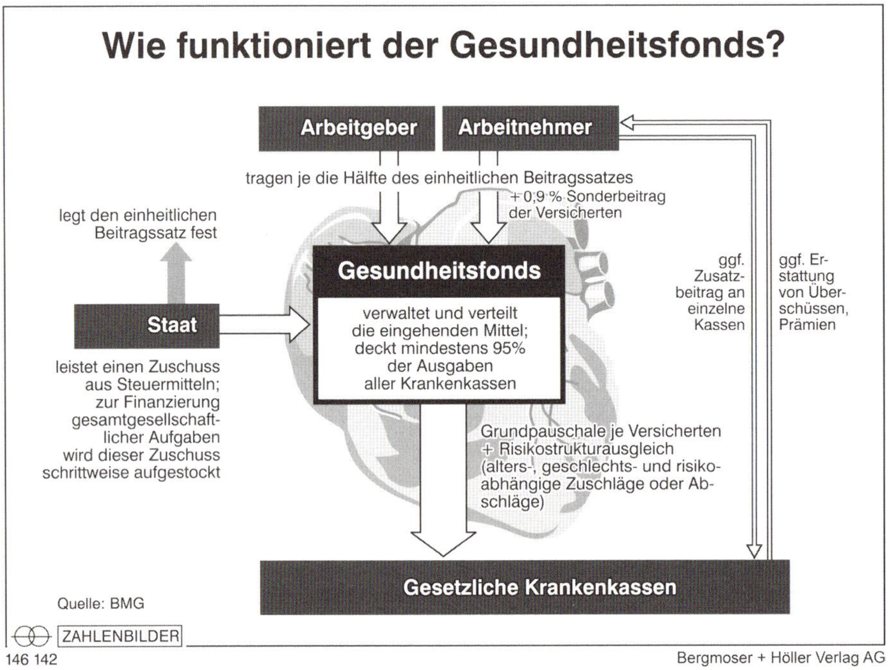

Steuerzuschüsse

Die Krankenkassen erhalten Zuschüsse in Form von Steuermitteln, damit die Finanzierung von gesamtgesellschaftlichen Aufgaben sichergestellt ist. Die Bundeszuschüsse betragen für das Jahr 2010 11,8 Mrd. Euro. Die Leistungen des Bundes erhöhen sich 2011 um 1,5 Mrd. und erreichen dann 2012 die vorgesehene Gesamtsumme von jährlich 14 Mrd. Euro. Die Zuschüsse des Bundes werden in monatlichen Teilbeträgen an den Gesundheitsfonds überwiesen.

Diese Zuschüsse dienen u.a. auch für die Mitfinanzierung von Kinderkrankheitskosten im Rahmen der kostenlosen Familienversicherung. Für die Eltern privat versicherter Kinder bedeutet dies, dass sie sich als Steuerzahler an den GKV-Leistungen für andere Kinder »beteiligen«. Für die eigenen Kinder erhalten sie jedoch keine Beitragsentlastung.

Vergütungsformen für Ärzte

Bei der Vergütung der niedergelassenen Ärzte wurde ab 2009 das bisherige Gebührenordnungssystem (GOÄ/GOZ) abgeschafft. Es wurde durch eine neue Gebührenordnung mit festen Euro-Preisen ersetzt. Die Euro-Gebührenordnung enthält Pauschalvergütungen in überschaubarer Zahl sowie Einzelvergütungen für besonders förderungswürdige Leistungen, wie z.B. Hausarztbesuche. Für Haus- und Fachärzte gelten dabei unterschiedliche Kriterien, die den Unterschieden der hausärztlichen und fachärztlichen Versorgung Rechnung tragen sollen. Die bisherige Deckelung des Ärztebudgets wurde aufgehoben.

Ziel ist es, die Vergütungssysteme zwischen GKV und PKV weitgehend zu vereinheitlichen. Unterschiede werden bei den zulässigen Steigerungssätzen bleiben (vgl. A 6.2.1).

Auswirkungen auf die PKV

Das GKV-WSG enthält im Wesentlichen folgende Änderungen, die sich direkt auf die PKV auswirken:

- Pflicht zur Versicherung für Personen, welche der PKV zuzuordnen sind.
- Erschwerter Zugang für Arbeiter und Angestellte von der GKV zur PKV aufgrund der Einführung einer Dreijahresregelung für das Überschreiten der Versicherungspflichtgrenze.
- Einführung eines neuen Basistarifs zum 1. Januar 2009 und Überführung des bisherigen Standardtarifs in den Basistarif.
- Anrechnung von Alterungsrückstellungen im Umfang des Basistarifs bei Wechsel zu einem anderen Versicherungsunternehmen.

1.2.9 Gesundheitsreform 2011

Die Gesundheitsreform 2011 basiert auf folgenden gesetzlichen Regelungen, welche zum 1. Jan. 2011 in Kraft getreten sind:

- GKV-Finanzierungsgesetz (GKV-FinG)
- Gesetz zur Neuordnung des Arzneimittelmarktes (AMNOG)

a) Regelungen durch das GKV-Finanzierungsgesetz

Das GKV-Finanzierungsgesetz enthält Regelungen, die insbesondere den Zielen dienen,

- die Finanzierungsgrundlage zu stärken,
- den Sozialausgleich gerecht zu gestalten,
- die Voraussetzungen für einen funktionsfähigen Wettbewerb zu schaffen und
- die Ausgaben zu stabilisieren.

Das GKV-Finanzierungsgesetz enthält im Wesentlichen folgende Änderungen:

- **Erhöhung des Beitragssatzes**

  Der allgemeine Beitragssatz wird zum 1. Jan. 2011 von 14,9 % auf 15,5 % erhöht
- **Arbeitgeberzuschuss**

  Der Beitragszuschuss des Arbeitgebers in der Krankenversicherung wird dauerhaft auf 7,3 % eingefroren.
- **Zusatzbeiträge**

  Ab 2011 kann jede Krankenkasse individuell einen unbegrenzten einkommensunabhängigen Zusatzbeitrag erheben
- **Änderungen bei den Wahltarifen und der Kostenerstattung der GKV**
- **Wegfall der 3-Jahresregelung für Arbeitnehmer**

  Die Wechselmöglichkeit von der GKV in die PKV wird für höherverdienende Arbeitnehmer wesentlich erleichtert (vgl. A 1.3.1)

b) Regelungen durch das Gesetz zur Neuordnung des Arzneimittelmarktes (AMNOG)

Mit diesem Gesetz sollen über die Gewährung von Rabatten Einsparungen im Arzneimittelbereich vorgenommen werden. Während bei den gesetzlich Krankenversicherten die Rabatte auf Arzneimittel von den Apotheken unmittelbar abgezogen werden, erfolgt die Einbeziehung der PKV in die Rabattansprüche über ein eigenes Abrechnungsmodell. Seit Jahresbeginn 2011 haben der Verband der Privaten Krankenversicherer e.V. und die Träger der Beihilfe das Gemeinschaftsunternehmen »Zeasar« – Zentrale Stelle zur Abrechnung von Arzneimittelrabatten GmbH - in Köln gegründet. Dieses Unternehmen wird künftig für die 43 Mitgliedsunternehmen des PKV-Verbandes (Stand 2011) und die etwa 11 000 Beihilfestellen in Deutschland die neuen Rabattansprüche gegenüber den Arzneimittelherstellern geltend machen. Die PKV wird durch das AMNOG erstmals in die Kostendämpfungsmaßnahmen des Gesetzgebers einbezogen.

1.3 Zielgruppen der privaten Krankenversicherung (PKV)

Ziel der PKV als Personenversicherung ist es, den Versicherten einen an die jeweilige Bedarfssituation angepassten Versicherungsschutz zu bieten. Seit Einführung der Pflicht zur Pflegeversicherung, die in der PKV ebenfalls erfüllt werden kann bzw. muss, ist diese bei der Bedarfsanalyse auch zu berücksichtigen.

Der **PKV** fallen damit im Rahmen ihrer Zielsetzung folgende Aufgaben zu:

Übernahme des **vollen Versicherungsschutzes** für solche Personen, die nicht gesetzlich versichert zu sein brauchen.

Übernahme eines **ergänzenden** oder **zusätzlichen Versicherungsschutzes** für gesetzlich versicherte Personen, um ihre individuellen Ansprüche zu erfüllen.

1.3.1 Nicht versicherungspflichtige Personen in der gesetzlichen Krankenversicherung

SGB V §§ 5, 6, 7

Übersicht:

Versicherungsfreiheit besteht im Wesentlichen für **folgende Personen:**

- Hauptberuflich selbstständig Erwerbstätige (Selbstständige);
- Beamte (auch in Ausbildung und im Ruhestand), Richter, Zeit- und Berufssoldaten;
- freiberuflich Tätige, z. B. niedergelassene Ärzte, selbstständige Apotheker, selbstständige Rechtsanwälte, Notare, Architekten, Steuerberater;
- Personen mit geringfügiger Beschäftigung;
- Arbeiter und Angestellte, deren regelmäßiges Jahresarbeitsentgelt die Jahresarbeitsentgeltgrenze übersteigt und in drei aufeinander folgenden Kalenderjahren überstiegen hat;
- Studenten, die während der Dauer ihres Studiums gegen Arbeitsentgelt beschäftigt sind.

Der vorstehende Personenkreis unterliegt nicht der Versicherungspflicht in der GKV und benötigt einen Versicherungsschutz, der die finanziellen Folgen von Krankheiten, aber auch Leistungen für zahnärztliche Behandlung, Hilfsmittel u. dgl. deckt. Versicherungsbedarf besteht ferner für die Deckung des Verdienstausfalls bei Arbeitsunfähigkeit infolge von Krankheit oder für die Deckung zusätzlicher Kosten eines Krankenhausaufenthaltes (z.B. Vertretung) und für das Pflegefallrisiko.

Beamte erhalten eine **Beihilfe** ihres Dienstherrn zu den entstandenen Kosten der Krankheit usw. Dieser Personenkreis benötigt einen Versicherungsschutz, der die verbleibende Differenz an den Krankheitskosten und Pflegekosten deckt (vgl. A 2.2.3 c und Exkurs in A 6.2.2).

Hinweis:

Spätestens zum 1. Januar 2009 mussten alle Personen, für die Versicherungsfreiheit in der GKV bestand, mindestens eine private Krankheitskostenvollversicherung zum sog. Basistarif (vgl. A 2.2.3 g) abschließen.

Personen, die nach Vollendung des 55. Lebensjahres versicherungspflichtig werden, sind versicherungsfrei, wenn sie in den letzten fünf Jahren vor Eintritt der Versicherungspflicht nicht gesetzlich versichert waren. Weitere Voraussetzung ist, dass diese Personen mindestens die Hälfte dieser Zeit (2 Jahre und 6 Monate) versicherungsfrei, von der Versicherungspflicht befreit oder nicht versicherungspflichtig waren. Der vorstehenden Voraussetzung steht die Ehe- oder die Lebenspartnerschaft mit einer aufgeführten Person gleich.

Die Versicherungsfreiheit wegen Vollendung des 55. Lebensjahres gilt nicht für Bezieher von Arbeitslosengeld II und für bisher nicht krankenversicherte Personen. Mit dieser Regelung soll eine Rückkehr in die gesetzliche Krankenversicherung für Personen erschwert werden, die in jungen Jahren nicht in der GKV versichert waren. SGB V § 6 (3) a

Diese gesetzliche Bestimmung hat Auswirkungen auf alle diejenigen privat krankenversicherten Personen, die z. B. wegen Wechsel von Voll- nach Teilzeitbeschäftigung, Unterschreiten der Jahresarbeitsentgeltgrenze versicherungspflichtig würden. Das gleiche gilt auch für privatversicherte Ehegatten von Beamten, Arbeitnehmer oder Selbstständigen, die z. B. durch Aufnahme einer Beschäftigung versicherungspflichtig würden.

Beispiel:

Karl Schneider (58) ist Lehrer im Beamtenverhältnis. Seine Ehefrau Hildegard (55) war bisher nicht berufstätig. Beide sind seit über 20 Jahren privat krankenversichert. Zum 1. Okt. 2011 beabsichtigt Frau Schneider eine grundsätzlich versicherungspflichtige Tätigkeit bei einer Versicherungsagentur aufzunehmen. Da Frau Schneider länger als fünf Jahre privat versichert ist, bleibt ihre Beschäftigung versicherungsfrei.

Neben den oben genannten Personen sind insbesondere solche Personen als potenzielle Kunden für eine private Krankenversicherung interessant, die während ihrer Versicherungspflicht Karriere machen und dabei mit ihrem Einkommen die Jahresarbeitsentgeltgrenze übersteigen, sodass die Versicherungspflicht in der gesetzlichen Krankenversicherung fortfällt. Diese Personen können als freiwillige Mitglieder in der gesetzlichen Krankenversicherung versichert bleiben oder sich nunmehr privat krankenversichern.

Exkurs: Fortfall der Versicherungspflicht in der gesetzlichen Krankenversicherung

Jahresarbeitsentgeltgrenze

Die **Jahresarbeitsentgeltgrenze (JAEG)** wird auch als Versicherungspflichtgrenze bezeichnet. Sie gibt an, welche Arbeitnehmer aufgrund ihres Jahreseinkommens (Jahresarbeitsentgelt) versicherungspflichtig in der gesetzlichen Krankenversicherung sind. Es gibt zwei verschiedene Jahresarbeitsentgeltgrenzen:

- Die **allgemeine JAEG** beträgt im gesamten Bundesgebiet für das Jahr 2011 **49 500,00 €**.
- Die **besondere JAEG** beträgt im Jahr 2011 **44 550,00 €.** Sie gilt für alle Arbeitnehmer, die am 31. Dezember 2002 wegen Überschreitens der an diesem Tag geltenden § 6 (7)

JAEG versicherungsfrei und bei einem privaten Krankenversicherungsunternehmen in einer substitutiven Krankenversicherung versichert waren (sog. **Altbestand**).

Sowohl die allgemeine als auch die besondere JAEG werden jährlich angepasst. Die Bundesregierung setzt die JAEG-Grenzen jährlich in einer Rechtsverordnung fest.

Von der Jahresarbeitsentgeltgrenze ist die **Beitragsbemessungsgrenze (BBG)** zu unterscheiden. Die BBG ist die Obergrenze, bis zu der die Einnahmen der Versicherten (z. B. das Arbeitsentgelt bei Arbeitnehmern) für die Beitragsberechnung herangezogen werden. Die **Beitragsbemessungsgrenze** entspricht der **besonderen JAEG** und beträgt seit dem 1. Januar 2011 monatlich 3 712,50 € (44 550,00 € jährlich). Die JAEG und die BBG wurden im Jahr 2011 erstmals seit 1949 herunter gesetzt. Verantwortlich dafür ist die Einkommensentwicklung (Rückgang der Löhne und Gehälter im Bundesdurchschnitt um 0,24 %).

Ein Wechsel von freiwillig gesetzlich Krankenversicherten in die PKV war in der Zeit vom 2. Februar 2007 bis 31. Dez. 2010 nur nach der so genannten Drei-Jahres-Regelung möglich (Innerhalb des Drei-Jahres-Zeitraums musste das regelmäßige Arbeitsentgelt in jedem Kalenderjahr über der JAEG gelegen haben).

SGB V § 6 (4)

Ab 1. Jan. 2011 gilt folgende Regelung: Arbeitnehmer werden mit Ablauf jenes Jahres versicherungsfrei, in welchem ihr Arbeitsentgelt die JAEG übersteigt und voraussichtlich auch im Folgejahr oberhalb dieser Grenze liegen wird. Rückwirkende Erhöhungen des Entgelts werden dem Kalenderjahr zugerechnet, in dem der Anspruch auf das erhöhte Entgelt entstanden ist.

Da die neuen Regelungen bereits am 31. Dezember 2010 in Kraft getreten sind, scheiden Ende des Jahres 2010 auch Arbeitnehmer aus der Versicherungspflicht aus, deren Arbeitsentgelt die JAEG von 49 950,00 € (Wert 2010) erstmalig überschritten hat und auch die JAEG im Jahr 2011 in Höhe von 49 500,00 € überschreiten wird.

Nicht erforderlich ist, dass der Arbeitnehmer in dem Jahr, in welchem sein regelmäßiges Arbeitsentgelt die JAEG übersteigt, tatsächlich auch ein Jahresgehalt in dieser Höhe erzielt hat. Es ist vielmehr ausreichend, dass sein Monatsgehalt hochgerechnet auf das Jahr die JAEG überschreitet.

Beispiel:

Fritz Keller bezieht in der Zeit von Januar bis November 2010 ein regelmäßiges Arbeitsentgelt von monatlich 3 750,00 €. Dies entspräche einem Jahresgehalt 2010 von 41 250,00 €. Im Dezember 2010 erhöht sich sein Monatsgehalt nach einer Gehaltserhöhung auf 4 175,00 €. Sein künftiges regelmäßiges Jahresentgelt beträgt somit 50 100,00 €. Insgesamt hat Fritz Keller im Jahr 2010 45 425,00 € verdient. Er liegt somit unter der JAEG für 2010 (49 950,00 €). Weil er allerdings ab Dezember 2010 ein regelmäßiges Jahresgehalt oberhalb der JAEG bezieht und auch im nächsten Jahr (JAEG 2011: 49 500,00 €) voraussichtlich beziehen wird, ist er ab dem 1. Januar 2011 versicherungsfrei und kann in die PKV wechseln.

Ab 2011 können auch Personen ohne Wartezeit in die PKV wechseln, die erstmals eine Beschäftigung aufnehmen und sofort ein Einkommen über der Versicherungspflichtgrenze erzielen. Das gleiche gilt für privat versicherte Selbstständige, die den Status der Selbstständigkeit aufgeben und in ein Arbeitsverhältnis wechseln.

Übersicht:

SGB V § 61

Personenkreis	Status	Wechselmöglichkeit
Übergangsregelung für Arbeitnehmer, deren Bezüge spätestens am 31. Dez. 2010 die JAEG überschreiten, welche die bisherige 3-Jahres-Regelung aber nicht erfüllt haben	Versicherungsfreiheit ab 1. Jan. 2011	Zum 1.Jan. 2011 (Austrittserklärung aus der GKV)
Berufseinsteiger, mit ab Beginn über der JAEG liegenden Bezügen	Versicherungsfreiheit ab Beginn des Beschäftigungsverhältnisses	Grundsätzlich sofort. Freiwillige GKV-Mitglieder müssen die Kündigungsfrist einhalten (zum Ende des übernächsten Monats)
Arbeitnehmer, die nach Arbeitgeberwechsel im neuen Beschäftigungsverhältnis ab Beginn Bezüge oberhalb der JAEG haben	Versicherungsfreiheit ab Beginn der Tätigkeit beim neuen Arbeitgeber	Grundsätzlich sofort. Freiwillige GKV-Mitglieder müssen die Kündigungsfrist einhalten (zum Ende des übernächsten Monats)
Arbeitnehmer, die unmittelbar vor Aufnahme eines Beschäftigungsverhältnisses mit Bezügen oberhalb der JAEG eine selbstständige Tätigkeit ausgeübt haben	Versicherungsfreiheit ab Beginn des Beschäftigungsverhältnisses	Kündigung einer freiwilligen GKV-Mitgliedschaft unter Einhaltung der Kündigungsfrist
Arbeitnehmer, deren Bezüge über der JAEG liegen und die bisher im Ausland tätig waren	Versicherungsfreiheit ab Beginn der Beschäftigung in Deutschland	Kündigung einer etwaigen GKV-Mitgliedschaft unter Einhaltung der Kündigungsfrist
Arbeitnehmer, die im Laufe eines Jahres in einem bestehenden Beschäftigungsverhältnis aufgrund einer Gehaltserhöhung die JAEG überschreiten	Versicherungsfreiheit mit Ablauf des Jahres der Gehaltserhöhung, sofern die JAEG des Folgejahres ebenfalls überschritten wird	Zum 1. Jan. des Folgejahres (Austrittserklärung aus der GKV)

Die Mitgliedschaft von Personen, deren Versicherungspflicht nach § 6 Abs. 4 SGB V erlischt, endet nur, wenn das Mitglied innerhalb von zwei Wochen nach Hinweis der Krankenkasse über die Austrittsmöglichkeit seinen Austritt erklärt. Wird der Austritt nicht erklärt, setzt sich die Mitgliedschaft als freiwillige Mitgliedschaft fort, es sei denn, die Voraussetzungen der freiwilligen Versicherung sind nicht erfüllt

➤ Jahresarbeitsentgelt

Ausschlaggebend für die Berechnung des Jahresentgelts sind die Empfehlungen und Rundschreiben der GKV-Spitzenverbände. Gesetzlich ist lediglich geregelt, dass Zuschläge, die mit Rücksicht auf die Familie gezahlt werden, unberücksichtigt bleiben. § 6 (1)

Für die Berechnung kann – vereinfacht – folgende Formel angewendet werden:

Berechnung des regelmäßigen Jahresarbeitsentgelts:

Monatsbezüge · 12
+ Einmalzahlungen (Urlaubs-, Weihnachtsgeld)
+ vermögenswirksame Leistungen
+ Überstundenvergütungen sowie sonstige Zulagen, soweit sie regelmäßig anfallen und pauschal vergütet werden
– Einnahmen, die kein Arbeitsentgelt sind (z. B. steuerfreie Zuschläge oder ggf. Beiträge zu einer betrieblichen Altersversorgung bis 2008)
– unregelmäßiges Arbeitsentgelt (z. B. nicht pauschal vergütete Mehrarbeit)
– Familienzuschläge
= regelmäßiges Jahresarbeitsentgelt

Anmerkung:

Vom Jahresarbeitsentgelt werden alle Einnahmen abgezogen, die **nicht** regelmäßig gezahlt werden. Als regelmäßig werden die Einnahmen bezeichnet, die dem Grunde und der Höhe nach mindestens einmal jährlich mit an Sicherheit grenzender Wahrscheinlichkeit gewährt werden. Dazu zählen alle vertraglich vereinbarten, mindestens einmal jährlich gezahlten Vergütungen mit Ausnahme von Überstundenvergütungen für tatsächlich geleistete Überstunden. Diese sind nur dann regelmäßig, wenn sie als Pauschale gezahlt werden. Bonuszahlungen und einmalige Sonderzahlungen werden auf die JAEG angerechnet.

Beispiel:

Willi Holzmann erhält von seinem Arbeitgeber im Jahr 2011 ein monatliches Arbeitsentgelt in Höhe von 3 700,00 €. Im Juli d. J. zahlt der Arbeitgeber Urlaubsgeld in Höhe von 1 500,00 €. Aus Anlass des Firmenjubiläums erhalten alle Mitarbeiter 750,00 €. Das Weihnachtsgeld wird in Form eines 13. Monatsgehalts ausgezahlt. Außerdem erhält Herr Holzmann monatlich einen Familienzuschlag in Höhe von 50,00 €.

Berechnung des Jahresarbeitsentgelts:

Monatsbezüge 3 700,00 € · 12	44 400,00 €
+ Weihnachtsgeld	3 700,00 €
+ Urlaubsgeld	1 500,00 €
+ Jubiläumszulage	750,00 €
+ Familienzuschlag 50,00 € · 12	600,00 €
= Gesamteinnahmen	50 950,00 €
– Jubiläumszulage	750,00 €
– Familienzuschlag 50,00 € · 12	600,00 €
= Jahresarbeitsentgelt	**49 600,00 €**

Von den Gesamteinnahmen muss die **Jubiläumszulage** abgezogen werden, da es sich hier um eine nicht regelmäßige Zahlung handelt. Außerdem findet der **monatliche Familienzuschlag** keine Berücksichtigung.

Dies gilt seit 1. Juli 2000 allerdings nur noch für Personen, die das 55. Lebensjahr noch nicht vollendet haben.

1.3.2 Versicherungspflichtige Personen in der gesetzlichen Krankenversicherung

Für versicherungspflichtige Personen der GKV (vgl. A 1.2) bietet die PKV Versicherungsschutzangebote (vgl. A 2.5), welche

- den Grundversicherungsschutz der GKV ergänzen (z.B. Zahnersatz),
- die Deckungslücken im Versicherungsschutz der GKV schließen sollen (z.B. durch den Abschluss einer Auslandsreisekrankenversicherung),
- **zusätzlich** zum gesetzlichen Versicherungsschutz Leistungen erbringen, welche von der GKV überhaupt nicht angeboten werden (z.B. Unterbringung im Ein- oder Zweibettzimmer bei stationärem Krankenhausaufenthalt, Chefarztbehandlung).

Exkurs: Befreiung von der Versicherungspflicht in der gesetzlichen Krankenversicherung

➤ Voraussetzungen

Arbeitnehmer können sich **auf Antrag** von der Versicherungspflicht befreien lassen, wenn sie durch folgende Tatbestände GKV-versicherungspflichtig werden: SGB V § 8

- Der bisher versicherungsfreie Arbeitnehmer wird wegen Erhöhung der Jahresarbeitsentgeltgrenze versicherungspflichtig;
- Aufnahme einer Erwerbstätigkeit während der Elternzeit;
- Wechsel von einer Vollzeitbeschäftigung in eine Teilzeitbeschäftigung, wenn sie bei Beginn der Teilzeitbeschäftigung mindestens fünf Jahre als Arbeitnehmer beschäftigt und wegen Überschreitens der Versicherungspflichtgrenze versicherungsfrei waren.

Der Antrag auf Befreiung ist innerhalb von drei Monaten nach Eintritt der Versicherungspflicht zu stellen und wirkt von Beginn der Versicherungspflicht an. Die Befreiung kann **nicht widerrufen** werden. Sie erstreckt sich nur auf den der Befreiung zugrunde liegenden Tatbestand.

Der Bezug von Geldleistungen wegen Arbeitslosigkeit führt allerdings wieder zur Versicherungspflicht. Dies gilt seit 1. Juli 2000 allerdings nur noch für Personen, die das 55. Lebensjahr noch nicht vollendet haben. Personen, die mindestens 55 Jahre alt sind und in den letzten 5 Jahren vorher PKV-versichert waren, werden nicht mehr versicherungspflichtig in der GKV.

Rentner bzw. **Rentenantragsteller** können sich ebenfalls von der Versicherungspflicht befreien lassen. Der Antrag auf Befreiung ist bei der Krankenkasse zu stellen, bei der der Rentenbezieher zuletzt versichert war. Er muss spätestens innerhalb von drei Monaten ab dem Tag der Rentenantragstellung bei der zuständigen Krankenkasse vorliegen.

Auch für **Studenten** ist auf Antrag eine Befreiung von der Versicherungspflicht möglich. Die Befreiung muss mit der Einschreibung erfolgen; in späteren Semestern kann keine Befreiung mehr vorgenommen werden.

Eine Befreiung von der Krankenversicherungspflicht ist auch bei Eintritt der **Arbeitslosigkeit** (Bezug von Arbeitslosengeld, Arbeitslosengeld II oder Unterhaltsgeld) möglich. Die Befreiung setzt voraus, dass der Arbeitslose in den letzten fünf Jahren vor dem Leistungsbezug **nicht** gesetzlich versichert war. Die Befreiung ist innerhalb von drei Monaten nach Beginn der Versicherungspflicht bei einer zuständigen Krankenkasse (z.B. AOK des Wohnortes, aber auch jede bundesweite Ersatzkasse) zu beantragen. Die Befreiung gilt für den gesamten Zeitraum einer Arbeitslosigkeit und des gleichzeitigen Bezugs von Arbeitslosengeld, Arbeitslosengeld II und Unterhaltsgeld. Sie ist für die Dauer dieses Zeitraums unwiderruflich. Die Befreiung ist allerdings nur dann möglich, wenn eine private Krankenversicherung besteht und die Leistungen der PKV nach Art und Umfang den Leistungen des SGB V entsprechen.

Bei einer Befreiung von der Versicherungspflicht übernimmt die Bundesanstalt für Arbeit die Beiträge zur PKV. Höchstens erstattet werden jedoch nur Beiträge bis zur Höhe, in der sie ohne Befreiung von der Versicherungspflicht in der GKV und in der sozialen Pflegeversicherung angefallen wären.

SGB V § 8 (1) Nr. 3

Ab 31. Dezember 2010 können sich auch Beschäftigte von der Versicherungspflicht in der GKV befreien lassen, die im Anschluss an die Zeiten des Bezugs von Elterngeld oder der Inanspruchnahme von Elternzeit oder Pflegezeit ein Beschäftigungsverhältnis aufnehmen, dessen Arbeitzeit auf maximal die Hälfte vergleichbarer Vollbeschäftigung begrenzt ist und welches bei Vollbeschäftigung mit einem Gehalt oberhalb der JAEG vergütet würde. Weitere Voraussetzung ist allerdings, dass der Arbeitnehmer seit mindestens fünf Jahren versicherungsfrei wegen Überschreitens der JAEG war. Bei diesem Zeitraum werden die Zeiten des Bezugs von Erziehungs- oder Elterngeld oder der Inanspruchnahme von Eltern- oder Pflegezeit angerechnet.

Beispiel:
Frau Klose ist seit dem 1. Jan. 2006 wegen Überschreitens der JAEG versicherungsfrei und privat krankenversichert. In der Zeit vom 1. Juli 2008 bis 30. Juni 2011 nimmt sie Elternzeit, ohne einer Beschäftigung nachzugehen. Ab 1. Juli 2011 nimmt Frau Klose eine Teilzeitbeschäftigung mit einem Umfang von 20 Wochenstunden auf. Das Jahresgehalt beträgt 25 000,00 €. Eine vergleichbare Vollbeschäftigung liegt bei 40 Stunden in der Woche. Frau Klose kann sich innerhalb von drei Monaten nach Aufnahme der Teilzeitbeschäftigung von der Versicherungspflicht befreien lassen und weiter privat versichert bleiben.

➤ Beitragszuschüsse zur Krankenversicherung für Arbeitnehmer

§ 257 (2)

Der Arbeitgeber ist verpflichtet, sich am Beitrag zur gesetzlichen Krankenversicherung seiner Arbeitnehmer zu beteiligen (vgl. A 1.2.3). Beschäftigte, die wegen Überschreitens der Jahresarbeitsentgeltgrenze versicherungsfrei oder die von der Versicherungspflicht befreit sind und eine Krankheitskosten-Vollversicherung bei einem privaten Krankenversicherungsunternehmen abgeschlossen haben, erhalten von ihrem Arbeitgeber ebenfalls einen Beitragszuschuss.

Der **Arbeitgeberzuschuss** beträgt die Hälfte des tatsächlichen PKV-Krankenversicherungsbeitrags. Die obere Grenze des Zuschusses ist ab 1. Januar 1998 auf die Hälfte des Betrages begrenzt, der sich aus dem beitragspflichtigen Arbeitsentgelt (bis maximal zur Beitragsbemessungsgrenze) und dem Beitragssatz der Krankenkasse ergibt. Maßgeblich ist dabei der Beitragssatz vom 1. Januar des Vorjahres.

Der maximale Arbeitgeberzuschuss beträgt ab 1. Jan. 2011: 271,01 €.

Der besondere Vorteil für den Privatversicherten liegt darin, dass der Arbeitgeber sich auf diese Weise an den Beiträgen für die erhöhten Leistungen der PKV, wie Ein- oder Zweibettzimmer-Unterbringung und private Behandlung, beteiligt. Dagegen muss der Versicherte in der GKV die Beiträge für eine Zusatzversicherung allein tragen.

§ 257 (2) a

Der Beitragszuschuss für eine private Krankenversicherung wird ab 1. Januar 2009 nur dann vom Arbeitgeber gezahlt, wenn das Versicherungsunternehmen

- diese Krankenversicherung nach Art der Lebensversicherung betreibt,
- einen Basistarif im Sinne des § 12 Abs. 1a VAG anbietet,
- soweit es über versicherte Personen im brancheneinheitlichen Standardtarif im Sinne von § 257 Abs. 2a SGB V in der bis zum 31. Dezember 2008 geltenden Fassung verfügt, sich verpflichtet, die in § 257 Abs. 2a SGB V in der bis zum 31. Dezember 2008 geltenden Fassung in Bezug auf den Standardtarif genannten Pflichten einzuhalten,

- sich verpflichtet, den überwiegenden Teil der Überschüsse, die sich aus dem selbst abgeschlossenen Versicherungsgeschäft ergeben, zugunsten der Versicherten zu verwenden,
- vertraglich auf das ordentliche Kündigungsrecht verzichtet,
- die Krankenversicherung nicht zusammen mit anderen Versicherungssparten betreibt, wenn das Versicherungsunternehmen seinen Sitz in Deutschland hat.

Anmerkung:

Der Arbeitnehmer muss dem Arbeitgeber jeweils nach Ablauf von drei Jahren eine Bescheinigung seines Versicherungsunternehmens vorlegen, die dokumentiert, dass die Aufsichtsbehörde dem Unternehmen bestätigt hat, dass es die Krankenversicherung nach den oben genannten Voraussetzungen betreibt **(Qualitätsbescheinigung)**.

Für die Gewährung des Beitragszuschusses der Arbeitgeber zur Pflegepflichtversicherung gelten ebenfalls eine Reihe von Sondervorschriften (vgl. A 2.4.1 f). SGB XI § 61

Exkurs: Beitragszuschuss für privat versicherte Rentner

Auch Rentner, die privat krankenversichert sind, erhalten einen Beitragszuschuss. Der Zuschuss zur PKV wird am 1. März eines Jahres neu festgesetzt und gilt vom 1. Juli des jeweiligen Kalenderjahres bis zum 30. Juni des Folgejahres. Er beträgt aber höchstens die Hälfte des tatsächlichen Betrags. Der Zuschuss zur Pflegeversicherung ist seit dem 1. April 2004 entfallen.

1.4 Bedeutung der privaten Krankenversicherung

Die PKV einschließlich Pflegeversicherung hat sich zum zweitgrößten Individualversicherer in Deutschland entwickelt. Nach dem Brutto-Beitragsaufkommen im Jahre 2009 rangieren nur die Lebensversicherung mit 85,2 Mrd. € vor der PKV mit 31,5 Mrd. €.

Anfang 2011 waren im Verband der privaten Krankenversicherer e. V. 43 Unternehmen als ordentliche Mitglieder und zwei außerordentliche Mitglieder zusammengeschlossen. Die ordentlichen Mitglieder unterscheiden sich nach der Rechtsform in:

- 24 Aktiengesellschaften (AG),
- 19 Versicherungsvereine auf Gegenseitigkeit (VVaG).

Neben den Unternehmen, die dem Verband angehören, gibt es noch kleine und kleinere Krankenversicherungsvereine, die meist nur Zusatzleistungen bieten. Sie sind häufig nur berufsständisch orientiert und haben meist lediglich regional begrenzte Bedeutung.

Im Jahr 1995 ist die **Pflegeversicherung** gesetzlich eingeführt worden. Die Pflegeversicherung ist eine Pflichtversicherung für gesetzlich und privat Krankenversicherte nach dem Grundsatz »**Pflegeversicherung folgt Krankenversicherung**« (vgl. A 2.4).

Die privaten Krankenversicherer haben am 3. Juli 2003 eine Auffanggesellschaft gegründet. Die **Medicator AG** mit Sitz in Köln steht bereit, um die Erfüllung von Versicherungsverträgen zu sichern, falls ein PKV-Unternehmen in eine finanzielle Notlage gerät. Die Medicator AG verfügt über ein Haftungskapital in Höhe von 1 Mrd. €.

Alle Mitglieder des PKV-Verbandes gehören kraft Satzung auch der Medicator AG an, deren Aktienkapital im Alleinbesitz des Verbandes ist.

1.5 Rechtsgrundlagen der privaten Krankenversicherung

1.5.1 Gesetzliche Grundlagen

Rechtsquellen für die private Krankenversicherung finden sich im Bürgerlichen Gesetzbuch **(BGB)**, im Sozialgesetzbuch **(SGB)**, im Pflege-Versicherungsgesetz **(PflegeVG)** sowie im Versicherungsvertragsgesetz **(VVG)** und im Versicherungsaufsichtsgesetz **(VAG)**, ferner im EU-Recht.

Rechtsvorschriften finden sich auch im **Steuerrecht,** da die Beiträge zu einer Krankenversicherung nach dem Einkommensteuergesetz **(EStG)** im Rahmen der **Vorsorgeaufwendungen** steuerlich bis zu einer bestimmten Höhe geltend gemacht werden können (vgl. A 4.3).

Die Vollendung des europäischen Binnenmarktes und die Einführung der Pflegepflichtversicherung haben zu bedeutenden gesetzlichen Änderungen und Neuregelungen geführt.

➤ Regelungen im VVG

VVG §§ 192 ff.

Im VVG ist die »Krankenversicherung« in Kapitel 8 geregelt. Diese speziellen Vorschriften sollen im Wesentlichen sicherstellen, dass der Versicherungsschutz der substitutiven Krankenversicherung mindestens dem der gesetzlichen Krankenversicherung entspricht.

Besonderheit: Substitutive Krankenversicherung

a) Wesen der substitutiven Krankenversicherung

SGB VI §§ 5,6,8 VAG § 12

Unter der substitutiven Krankenversicherung ist eine Versicherung zu verstehen, die ganz oder teilweise die von der gesetzlichen Sozialversicherung gewährte Deckung im Krankheitsfall ersetzt und die mindestens dem Versicherungsschutz der GKV entspricht. Die substitutive Krankenversicherung gewährt denjenigen Personen Versicherungsschutz, die nicht versicherungspflichtig sind oder die von der Versicherungspflicht befreit sind. Für diesen Personenkreis ersetzt die PKV die fehlende oder nicht in Anspruch genommene Versicherungsmöglichkeit in der GKV.

Die substitutive Krankenversicherung umfasst regelmäßig den Bereich der Krankheitskostenversicherung (vgl. A 2.2), der Krankentagegeldversicherung (vgl. A 2.3) und der privaten Pflegepflichtversicherung (vgl. A 2.4). Nicht Gegenstand der substitutiven Krankenversicherung sind Versicherungsarten, die zusätzlich zur Sozialversicherung angeboten werden (vgl. A 2.5).

b) Besondere Rechtsvorschriften

Die substitutive Krankenversicherung darf im Inland nur nach Art der Lebensversicherung betrieben werden.

Dabei ist nach Gesetz das Folgende vorgeschrieben:

- Die Beiträge sind auf versicherungsmathematischer Grundlage (Wahrscheinlichkeitstafeln) zu berechnen.
- HGB § 341 f — Die Alterungsrückstellung (vgl. A 4.1.2) ist nach HGB zu bilden.
- Das ordentliche Kündigungsrecht des VR ist im Versicherungsvertrag auszuschließen.
- Dem VN ist im Versicherungsvertrag das Recht auf Vertragsänderungen durch Wechsel in andere Tarife einzuräumen (vgl. A 4.1.5).

Diese Bestimmungen gelten entsprechend für die nichtsubstitutive Krankenversicherung, sofern sie nach Art der Lebensversicherung betrieben wird. VAG § 12 (5)

Die in- und ausländischen PKV-Unternehmen, die in Deutschland die private Krankenversicherung als substitutive Krankenversicherung anbieten, sind verpflichtet, ihre Allgemeinen Versicherungsbedingungen (AVB) vor der erstmaligen Verwendung und bei jeder späteren Änderung der Aufsichtsbehörde vorzulegen. Die Aufsichtsbehörde verlangt in der substitutiven Krankenversicherung auch die Vorlage der technischen Berechnungsgrundlagen, also der Ausgangswerte für die Beitragsberechnung. Die Tarifvorlagepflicht beschränkt sich allerdings auf inländische VU.

Die Überwachung der im VAG niedergelegten Grundsätze für die Berechnung der Beiträge und der versicherungsmathematischen Rückstellungen übernimmt ein Verantwortlicher Aktuar. § 12 (2)

c) Spartentrennungsgebot

Für die substitutive Krankenversicherung gilt in Deutschland das Spartentrennungsgebot. Der Betrieb der substitutiven Krankenversicherung muss getrennt von anderen Versicherungssparten betrieben werden. Das Spartentrennungsgebot gilt für inländische Unternehmen und für Versicherungen aus Drittstaaten, nicht jedoch für VR aus anderen EU- oder Vertragsstaaten des europäischen Wirtschaftsraumes (EWR). In Deutschland können Schaden- und Unfallversicherungsunternehmen nur die nichtsubstitutive Krankenversicherung betreiben.

➤ Regelungen im VAG

In das VAG wurden die »Richtlinien für die Aufstellung technischer Geschäftspläne in der Krankenversicherung« übernommen. Für in- und ausländische VR ist damit im Bereich der Voll- und Pflegeversicherung die Kalkulation der Beiträge im Anwartschaftsdeckungsverfahren mit der Bildung von Alterungsrückstellungen verbindlich vorgeschrieben. Ferner enthält das VAG die Spezialvorschriften für die nach Art der Lebensversicherung betriebene substitutive Krankenversicherung sowie Regelungen über den Basistarif. §§ 12 §§ 12a–f

➤ Regelungen im SGB

Die substitutive Krankenversicherung hat auch im fünften Buch des SGB Eingang gefunden. SGB V §§ 257 (2a)

Die Gesundheitsreform 2007 hat durch das GKV-WSG auch zahlreiche Änderungen für die PKV gebracht. Diese finden im fünften Buch des Sozialgesetzbuches ihren Niederschlag. Im fünften Buch des SGB finden sich auch Regelungen zur substitutiven Krankenversicherung.

Aufgrund der Vorschrift des Artikels 1 PflegeVG ist ferner das 11. Buch des SGB geschaffen worden, in dem Bestimmungen für die private Pflegepflichtversicherung enthalten sind, so z.B. die Versicherungspflicht in der Pflegepflichtversicherung für Versicherte der privaten Krankenversicherung, sowie Regelungen über den Basistarif. SGB XI § 23

1.5.2 Vertragliche Grundlagen

Die konkreten vertraglichen Grundlagen der PKV werden durch die Allgemeinen Versicherungsbedingungen (AVB) geschaffen. Die AVB bestehen in der Regel aus drei Teilen:

Teil I:Musterbedingungen des PKV-Verbandes (brancheneinheitlich)

Teil II:Tarifbedingungen (unternehmensspezifisch)

Teil III:Tarife (unternehmensspezifisch)

Der PKV-Verband empfiehlt folgende Musterbedingungen:

- Musterbedingungen für die **Krankheitskosten- und Krankenhaustagegeldversicherung** (MB/KK 2009)
- Musterbedingungen für die **Krankentagegeldversicherung** (MB/KT 2009)

Für vier Tarife der privaten Krankenversicherung gibt es brancheneinheitliche Versicherungsbedingungen:

- Allgemeine Versicherungsbedingungen **Private Studentische Krankenversicherung** (MB/PSKV 2009)
- Allgemeine Versicherungsbedingungen **Basistarif** (MB/BT 2009)
- Allgemeine Versicherungsbedingungen **Standardtarif** (MB(/ST 2009)
- Allgemeine Versicherungsbedingungen **private Pflegepflichtversicherung**.
  Die AVB bestehen bei der privaten Pflegepflichtversicherung aus:
  - Bedingungsteil MB/PPV 2009
  - Tarif PV mit den Tarifstufen PVN und PVB
    (PVN = Personen ohne Beihilfeanspruch bei Pflegebedürftigkeit)
    (PVB = Personen mit Beihilfeanspruch)
  - Anhang mit Gesetzesbestimmungen

Lernkontrollen zu A 1

Grundversorgung der GKV

1 Beschreiben Sie die wesentlichen Aufgaben der gesetzlichen Krankenversicherung (GKV).

2 Mit der Gesundheitsreform 2007 wurde eine »Versicherungspflicht für alle« eingeführt. Stellen Sie die Regelungen hierzu in ihren Grundzügen dar.

3 Welche Gruppen umfasst der versicherte Personenkreis der GKV?

4 Wer ist zur freiwilligen Versicherung in der GKV berechtigt?

5 Das Ehepaar Kunzmann bekommt im Januar 2011 erstmals Nachwuchs. Das Kind soll im Rahmen der Familienversicherung bei der Ehefrau in der gesetzlichen Krankenkasse mitversichert werden. Herr Kunzmann ist seit sechs Jahren privat krankenversichert. Er bezieht ein monatliches Bruttoentgelt in Höhe von derzeit 4 250,00 €. Seine Ehefrau Hannelore ist Mitglied einer Ersatzkasse. Ihr monatliches Bruttoeinkommen beträgt zur Zeit 3 400,00 €. Frau Kunzmann wird nach der Geburt der Tochter weiterhin einer Beschäftigung nachgehen.

- **Arbeitsauftrag**
  Analysieren Sie die Situation und beraten Sie Familie Kunzmann.

6 Welche Leistungen stehen den Versicherten der gesetzlichen Krankenversicherung nach SGB V grundsätzlich zu?

7 Erläutern Sie, was unter »Check-up 35« zu verstehen ist.

8 Welche Belastungsgrenzen gibt es bei Zuzahlungen?

9 Durch das GKV-WSG, das u.a. zu Änderungen des SGB geführt hat, erhalten die gesetzlichen Krankenkasse die Möglichkeit, für ihre Versicherten Wahltarife anzubieten. Welche Tarife müssen die Kassen ab 1. April 2007 anbieten und welche Tarife können sie anbieten?

10 Herr Klein, gesetzlich bei einer Ersatzkasse versichert, beabsichtigt zum 1. Okt. 2011 zu einer günstigeren Betriebskrankenkasse zu wechseln. Wann muss Herr Klein bei seiner bisherigen Krankenkasse spätestens kündigen?

11 Welche Personenkreise kommen für den Abschluss einer Krankheitskosten-Vollversicherung infrage?

12 Welche Bedeutung haben die Jahresarbeitsentgeltgrenze und die Beitragsbemessungsgrenze?

13 Herr Winter hat sein Hochschulstudium erfolgreich beendet. Er nimmt ab 1. Juli 2011 erstmals eine Beschäftigung auf und bezieht bei einem namhaften deutschen Softwarehaus ein Monatsgehalt in Höhe von 4 500,00 €. Prüfen Sie, ob und wann Herr Winter sich privat krankenversichern kann.

14 Frau Meister bezieht in der Zeit vom 1. Januar bis 31. August 2011 ein monatliches Entgelt in Höhe von 3 900,00 €. Am 1. September 2011 erhält sie eine Gehaltserhöhung. Das neue Monatsgehalt beträgt bis zum Jahresende 2011 jeweils 4 250,00 € monatlich. Wann kommt frühestens für Frau Meister Versicherungsfreiheit nach den gesetzlichen Regelungen in Betracht?

15 Welche Personen können sich grundsätzlich von der Versicherungspflicht in der GKV befreien lassen?

16 Herr Hollerbach bezieht ein monatliches Bruttogehalt in Höhe von 3 650,00 €. Er erhält eine Urlaubsvergütung von 1 800,00 € sowie ein 13. Monatsgehalt als Weihnachtsgratifikation. Der Arbeitgeber gewährt Herrn Hollerbach eine monatliche Zulage für vermögenswirksame Leistungen in Höhe von 40,00 € monatlich sowie einen monatlichen Familienzuschlag von 60,00 € monatlich. Herr Hollerbach erhält außerdem eine einmalige jährliche Gewinnbeteiligung in Höhe von 1 500,00 €. Berechnen Sie das regelmäßige Jahresarbeitsentgelt im Sinne des § 6 Abs. 1 Nr. 1 SGB V.

17 Unter welchen Voraussetzungen ist der Arbeitgeber verpflichtet, seinem Arbeitnehmer einen Beitragszuschuss zur privaten Krankenversicherung zu gewähren?

18 Der kaufmännische Angestellte Martin Bohrmann erscheint in der Agentur Hans Müller der Proximus Krankenversicherung AG, um beraten zu werden.

Sein Arbeitgeber hat ihm schriftlich mitgeteilt, dass er wegen Erhöhung der Jahresarbeitsentgeltgrenze zu Beginn des neuen Kalenderjahres erstmals wieder versicherungspflichtig wird. Er will wissen, wie er das verstehen soll. Schließlich habe Herr Müller ihm seinerzeit zugesichert, dass seine private Krankenversicherung bei der Proximus Krankenversicherung AG die gesetzliche Krankenversicherung ersetzen kann, zumal sie nicht nur die gleichen Leistungen wie die gesetzliche Krankenversicherung, sondern noch darüber hinausgehende Leistungen erbringe.

- **Vertragsdaten**

Martin Bohrmann, geb. 14. März 1968
Familienstand: ledig
Versicherungsbeginn: 01. Januar 2003

– Krankheitskosten-Vollversicherung			
Versicherte Leistungen:			
ambulante Heilbehandlung	(A0)	Monatsbeitrag	156,01 €
stationäre Heilbehandlung	(S1)	Monatsbeitrag	99,71 €
zahnärztliche Behandlung	(Z2)	Monatsbeitrag	60,33 €
– Krankentagegeldversicherung			
Leistung ab dem 43. Tag			
(50,00 € pro Tag)	(KT)	Monatsbeitrag	16,50 €
– Pflegepflichtversicherung	(PVN)	Monatsbeitrag	27,25 €

- **Arbeitsauftrag**

Beraten Sie Herrn Bohrmann sachgerecht und teilen Sie ihm mit, was er ggf. unternehmen muss.

19 Sie erhalten folgendes Schreiben Ihres VN Thomas Roth:

»Mein bisheriger Arbeitgeber hat aus Altersgründen seinen Betrieb aufgegeben. Deshalb werde ich ab 01. Juli d.J. arbeitslos sein. Ich muss damit rechnen, evtl. bis Ende des Jahres keine neue Arbeitsstelle zu finden. Bitte teilen Sie mir kurzfristig mit, ob ich meinen privaten Krankenversicherungsschutz jetzt aufgeben und in die gesetzliche Krankenversicherung wechseln muss. Gerne erwarte ich Ihre Antwort.«

- **Auszug aus dem Vertragsspiegel**

Name:	Thomas Roth
Familienstand:	ledig
Geburtsdatum:	24. März 1968
Vertragsbeginn:	01. Januar 2002
Tarife:	Krankheitskosten-Vollversicherung:
	ambulant (A1)
	stationär (S1)
	Zahnbehandlung und -ersatz (Z2)
	Krankentagegeldversicherung (KT)
	Pflegepflichtversicherung (PVN)
Gesamtbeitrag:	244,46 €
Zahlungsweise:	monatlich

- **Arbeitsauftrag**

Antworten Sie dem VN sachgerecht.

Rechtsquellen der PKV

20 Welche rechtlichen Bestimmungen liegen der PKV zugrunde?

21 Substitutive Krankenversicherung

a) Erklären Sie, was unter einer substitutiven Krankenversicherung zu verstehen ist.

b) Welche Versicherungsarten sind nicht Gegenstand der substitutiven Krankenversicherung?

c) Welche Regelungen sieht § 12 VAG für die nach Art der Lebensversicherung betriebene Krankenversicherung vor?

22 Aus welchen Teilen bestehen in der Regel die AVB in der PKV?

23 Für welche Tarife gibt es brancheneinheitliche Versicherungsbedingungen des PKV-Verbandes?

2 Versicherungsarten und Leistungen

2.1 Einteilung der Versicherungsarten

Übersicht: Versicherungsarten

Krankheitskosten-versicherung	**Sonstiges**
Krankentagegeld-versicherung	• Ambulante Ergänzungsversicherung • Krankenhaus-Zusatzversicherung • Krankenhaus-Tagegeldversicherung • Pflegeergänzungsversicherung • Auslandsreise-Krankenversicherung • Kurversicherung • Private studentische Krankenversicherung • Anwartschaftsversicherung • Gruppenversicherung • Restschuldversicherung
Pflegepflicht-versicherung	

Die PKV enthält sowohl Elemente der Schaden- als auch der Summenversicherung. Die **Schadenversicherung** beruht auf dem Prinzip der **konkreten Bedarfsdeckung.** In der PKV wird hauptsächlich die Krankheits**kosten**versicherung als Schadenversicherung betrieben.

MB/KT 2009 § 4 (2)

Die **Krankenhaustagegeld-** und die **Krankentagegeldversicherung** sind der **Summenversicherung** zuzuordnen, da die üblicherweise vereinbarten Leistungen dem Prinzip der **abstrakten Bedarfsdeckung** folgen. Bei beiden Versicherungsarten besteht kein Bereicherungsverbot. Nach den Versicherungsbedingungen darf allerdings das Krankentagegeld zusammen mit sonstigen Krankentage- und Krankengeldern den Tagessatz des Nettoeinkommens nicht übersteigen.

VVG § 192 (5)

Die im VVG zur Krankentagegeldversicherung gewählte Wortwahl »vereinbartes Tagegeld« einerseits und »Ersatz des Verdienstausfalls« andererseits gestattet die Ausgestaltung der Krankentagegeldversicherung nicht nur als Summenversicherung, sondern auch als Schadenversicherung.

MB/PPV 2009 § 1 (1)

Die **Pflegepflichtversicherung** geht zunächst vom Grundsatz der **konkreten Bedarfsdeckung** aus, da sie die Aufwendungen für die Pflege der Versicherten decken soll. Sie enthält aber auch Elemente einer Summenversicherung, da anstelle von Aufwendungsersatz ein Pflegegeld beantragt werden kann.

Die Angebotspalette der PKV-Unternehmen umfasst darüber hinaus eine große Anzahl weiterer Versicherungsarten (vgl. A 2.5).

2.2 Krankheitskostenversicherung

2.2.1 Gegenstand der Versicherung

Die Krankheitskostenversicherung bietet Versicherungsschutz für Krankheiten und Unfälle und andere im Vertrag genannte Ereignisse.

Als Versicherungsfall gelten: MB/KK 2009 § 1 (2)

- medizinisch notwendige Heilbehandlung einer versicherten Person wegen Krankheit oder Unfallfolgen,

  Der BGH entschied in einem Urteil, dass die medizinisch notwendige Heilbehandlung keine Beschränkung der Leistungspflicht des VR auf die kostengünstigste Behandlung bedeutet. Private Krankenversicherer müssen ihren Kunden auch teure Spezialbehandlungen in Privatkliniken bezahlen (BGH-Urteil vom 12.März 2003 AZ: IV ZR 278/01). BGH 2003

- Untersuchung und notwendige Behandlung wegen Schwangerschaft und Entbindung,
- ambulante Untersuchungen zur Früherkennung von Krankheiten nach gesetzlich eingeführten Programmen (gezielte Vorsorgeuntersuchungen),
- Tod, soweit hierfür Leistungen vereinbart sind.

Die **Tarifbedingungen** der Proximus Krankenversicherung AG sehen vor, dass die Versorgung in einem stationären Hospiz als Versicherungsfall gilt, sofern eine Krankheitskosten-Vollversicherung (siehe nachstehend unter a) besteht. MB/KK 2009 § 1 Nr. 2 b ba)

Im VVG sind die vertragstypischen Leistungen bei der Krankheitskostenversicherung gesetzlich festgeschrieben. VVG § 192

Übersicht: Vertragstypische Leistungen nach § 192 VVG

Krankheitskosten § 192 Abs. 1 – 3 VVG	**Krankenhaustagegeld** § 192 Abs. 4 VVG	**Krankentagegeld** § 192 Abs. 5 VVG
Aufwendungen für medizinisch notwendige Heilbehandlung wegen Krankheit oder Unfallfolgen und für sonstige vereinbarte Leistungen einschließlich solcher bei Schwangerschaft und Entbindung sowie für ambulante Vorsorgeuntersuchungen zur Früherkennung von Krankheiten nach gesetzlich eingeführten Programmen.	Zahlung eines Tagegeldes für jeden Kalendertag medizinisch notwendiger stationärer Behandlung zur teilweisen oder vollständigen Deckung der Differenz zwischen den Erstattungsbeträgen aus der Krankheitskostenversicherung und den tatsächlich mit dem Krankenhausaufenthalt verbundenen Kosten.	Ersatz des Verdienstausfalls, der als Folge von Krankheit oder Unfall durch Arbeitsunfähigkeit entsteht, durch Zahlung des vereinbarten Krankengeldes.
↓ **Schadenversicherung**	↓ **Summenversicherung**	↓ **Summenversicherung**

Die Krankheitskostenversicherung kann als **Krankheitskosten-Vollversicherung** und **Krankheitskosten-Teilversicherung** vereinbart sein.

a) Krankheitskosten-Vollversicherung

Eine Krankheitskosten-Vollversicherung liegt vor, wenn mindestens

- die ambulante **und**
- die stationäre Heilbehandlung

versichert sind. In der Regel sind auch die Zahnbehandlungs- und Zahnersatzkosten in den Versicherungsschutz mit eingeschlossen.

Die Krankheitskosten-Vollversicherung wendet sich damit an alle Personen, die nicht der gesetzlichen Krankenversicherungspflicht unterliegen oder von dieser befreit sind.

b) Krankheitskosten-Teilversicherung

Eine Krankheitskosten-Teilversicherung umfasst Leistungen **entweder** für ambulante **oder** stationäre Behandlung, für Zahnbehandlung oder Kurkosten. Man unterscheidet die **selbstständige** und **unselbstständige** Teilversicherung.

➤ Selbstständige Teilversicherung

Die **selbstständige Teilversicherung** kann **allein** abgeschlossen werden und kommt in der Praxis vor allem als **ambulante Ergänzungsversicherung** (vgl. A 2.5.1) und **Krankenhaus-Zusatzversicherung** (vgl. A 2.5.2) vor. Sie wird von gesetzlich versicherten Personen gewählt, um den Versicherungsschutz der GKV zu ergänzen bzw. zu erweitern.

➤ Unselbstständige Teilversicherung

Die **unselbstständige Teilversicherung** kann nur zusätzlich zu einer Versicherung nach einem selbstständigen Tarif bei demselben Unternehmen abgeschlossen werden.

Beispiele:

- Herr Maier ist bereits privat krankenversichert. Da bei seinem bisher vereinbarten Tarif für Zahnbehandlung und Zahnersatz ein in der Höhe beschränkter Leistungsanspruch besteht, schließt er einen Zusatztarif für Zahnbehandlung und Zahnersatz ab. Dieser unselbstständige Zusatztarif kann nur zusammen mit dem bereits vereinbarten Tarif bestehen.
- Herr Müller möchte bei einem PKV-Unternehmen eine Kurtagegeldversicherung abschließen. Der Außendienstmitarbeiter erklärt ihm, dass eine Kurtagegeldversicherung nur von Kunden abgeschlossen werden kann, für die gleichzeitig bei demselben Unternehmen eine Krankheitskosten-Vollversicherung besteht.

2.2.2 Leistungsarten

Übersicht: Versicherungsarten

Leistungen

Tarif für ambulante Heilbehandlung	Tarif für stationäre Heilbehandlung	Tarif für zahnärztliche Behandlung
● ärztliche Beratung ● Untersuchungen ● Vorsorgeuntersuchungen ● Laborleistungen ● Röntgenleistungen ● ambulante Operationen ● Arzneimittel ● Verbandsmittel ● Heilmittel ● Hilfsmittel ● Heilpraktikerbehandlung ● Transporte und Fahrten ● Entbindungen	● ärztliche Leistungen einschl. Operationen ● Unterbringung und Verpflegung ● Krankenhausnebenleistungen für Diagnostik und Therapie ● Leistungen der Hebamme ● Krankenhaustransporte ● Kur- und Sanatoriumsbehandlung	● zahnärztliche Leistungen ● Zahnersatz ● Kieferorthopädie ● Material- und Laborleistungen ● Implantologie

Im Versicherungsfall wird der Ersatz von Aufwendungen für Heilbehandlung und sonst vereinbarte Leistungen gewährt. MB/KK 2009 § 1 (1)

Art und Höhe der Versicherungsleistungen bestimmen sich nach dem gewählten **Tarif** und den zugehörigen **Tarifbedingungen**.

Grundsätzlich können die nachfolgenden Tarife unterschieden werden:

a) Tarif für ambulante Heilbehandlung

Die Kosten für folgende Leistungen können als erstattungsfähig vorgesehen sein:

- **Arztbehandlungen**

  Diese umfassen die ärztlichen Beratungen, Hausbesuche, Untersuchungen, ambulante Operationen, Vorsorgeuntersuchungen, Sonderleistungen (z. B. Röntgendiagnostik und -therapie).

  Aufwendungen für **psychotherapeutische Behandlungen** werden in der Regel nicht unbeschränkt übernommen.

  Beispiele aus der Praxis:

  - »Erstattungsfähig sind die Kosten für Psychotherapie bis zu 20 Sitzungen im Versicherungsjahr.«
  - »Aufwendungen für krankheitsbedingte und medizinisch notwendige Psychotherapie sind nach vorheriger schriftlicher Zusage für bis zu 30 Sitzungen bis 100 %, von der 31. Sitzung an zu 80 %, von der 61. Sitzung an zu 70 % erstattungsfähig.«

MB/KK 2009 § 4 (2) Der versicherten Person steht die Wahl unter den niedergelassenen approbierten Ärzten und Zahnärzten frei.

- **Heilpraktikerbehandlung**
- **Leistungen der Hebammen und Entbindungspfleger**
- **Schutzimpfungen**

  Hiervon sind Schutzimpfungen aus Anlass von Auslandsreisen regelmäßig ausgenommen.
- **Arzneimittel**

  Arzneimittel sind alle aus der Apotheke bezogenen Medikamente, die ärztlich verordnet und medizinisch notwendig sind.

  Nähr-, Stärkungs- und kosmetische Mittel sowie Mineralwasser und Badezusätze gelten nach den Tarifbedingungen nicht als Arzneimittel.
- **Heilmittel**

  Als Heilmittel gelten ausschließlich die Anwendungen der physikalischen Medizin.

  Beispiele:
  Bäder, Massagen, Inhalationen, Bestrahlungen, Krankengymnastik, Elektrotherapie.
- **Hilfsmittel**

  Hilfsmittel sind vor allem technische Mittel, die körperliche Behinderungen unmittelbar mildern oder ausgleichen sollen.

  Zu ihnen gehören z. B. Sehhilfen (Brillen), Hörgeräte, orthopädische Hilfsmittel, Krankenfahrstühle, Heimdialysegeräte nach entsprechender ärztlicher Verordnung.
- **Krankentransporte**

  Beim ambulanten Tarif kann die Kostenerstattung für Transporte zum oder vom nächstgelegenen Arzt vorgesehen sein.

§ 4 (6) Grundsätzlich gilt, dass die VR im vertraglichen Umfang für Untersuchungs- und Behandlungsmethoden und Arzneimittel leisten, die von der Schulmedizin überwiegend anerkannt sind. Ferner wird für Arzneimittel und Methoden geleistet, die sich in der Praxis als ebenso erfolgversprechend bewährt haben oder die angewandt werden, weil keine schulmedizinischen Arzneimittel oder Methoden zur Verfügung stehen. Der VR kann für diesen Fall die Leistungen jedoch auf den Betrag kürzen, der bei Anwendung vorhandener schulmedizinischer Arzneimittel oder Methoden angefallen wäre.

b) Tarife für stationäre Heilbehandlung

§ 4 (4) Zunächst gilt für die Krankheitskostenversicherung, dass der Versicherte die **freie Wahl** unter den öffentlichen und privaten Krankenhäusern hat, die

- unter ständiger ärztlicher Leitung stehen,
- über ausreichende diagnostische und therapeutische Möglichkeiten verfügen,
- Krankengeschichten führen.

§ 4 (5) Für Behandlungen in gemischten Anstalten muss vor Behandlungsbeginn die schriftliche Kostenzusage des VR eingeholt werden.

Gemischte Anstalten sind Krankenhäuser, die neben medizinisch notwendigen Heilbehandlungen auch Kur- bzw. Sanatoriumsbehandlungen durchführen bzw. Rekonvaleszenten (Genesende) aufnehmen.

Bei Tuberkulose-Erkrankungen (Tbc) wird in vertraglichem Umfange auch für die stationäre Behandlung in Tbc-Heilstätten und –Sanatorien geleistet.

Die Bundesanstalt für Finanzdienstleistungsaufsicht (BaFin) hat darauf hingewirkt, dass auch bei erst nachträglicher Leistungsprüfung durch den VR der Einwand fehlender vorheriger Leistungszusage in der Regel nicht erhoben wird, wenn sich eindeutig feststellen lässt, dass die stationäre Behandlung medizinisch notwendig war. Dies bedeutet, dass der VR nach erfolgter Behandlung prüft, ob eine stationäre Heilbehandlung stattfand oder ob lediglich eine Sanatoriumsbehandlung vorlag.

Liegt eine Behandlung in einer gemischten Anstalt vor, der keine vorherige Leistungszusage durch den VR vorausging, dann erstatten die Versicherungsunternehmen meistens nur ein Tagegeld für Kur- oder Sanatoriumsaufenthalt. Voraussetzung dafür ist allerdings, dass dieses Tagegeld tariflich vereinbart wurde. Weitere Leistungen (Kosten der Heilbehandlung, Unterbringung usw.) erstatten die VR nicht.

Der VR ersetzt im tariflichen Umfang die Abrechnungen für **allgemeine Krankenhausleistungen** (ärztliche Leistungen, Pflege usw.) und **Wahlleistungen** (z. B. Zwei- oder Einbettzimmer, privatärztliche Behandlung).

Zur Abrechnung der Krankenhausleistung nach der Bundespflegesatzverordnung und zur Leistungsabrechnung durch den VR, vgl. A 6.2.

c) Tarif für zahnärztliche Behandlung

Die Tarife können Leistungen vorsehen für:

- zahnärztliche Behandlung,
- Zahnersatz,
- Kieferorthopädie,
- Material- und Laborleistungen.

Bei Zahnersatz und Kieferorthopädie ist in der Regel vor Behandlungsbeginn dem VR ein Heil- und Kostenplan vorzulegen.

Besonderheit: Vereinbarung zusätzlicher Dienstleistungen in der Krankheitskostenversicherung

Das VVG sieht vor, dass zusätzliche Dienstleistungen als Inhalt der Krankheitskostenversicherung vereinbart werden **können**. Die zusätzlichen Dienstleistungen bestehen insbesondere in Service, Beratung oder Unterstützung des VN im Zusammenhang mit der Erbringung versicherter Leistungen. Sie können u. a. auch die **Direktabrechnung** mit den medizinischen Leistungserbringern (z. B. Krankenhäuser, Ärzte) umfassen. VVG § 192 (3)

Mit der gesetzlichen Änderung werden Möglichkeiten zum **Managed Care** umgesetzt. Unter Managed Care wird häufig eine Vielzahl unterschiedlicher Arten von Maßnahmen zur Kostensteuerung subsumiert, z. B. Disease Management (Behandlung schwerer chronischer Erkrankungen anhand von evidenzbasierten medizinischen Leitlinien), Case Management (umfassende Betreuung und Therapie schwerer Einzelfallerkrankungen), Klinikketten in Trägerschaft von Versicherungsunternehmen etc.

2.2.3 Tarifformen der Krankheitskostenversicherung

Umfang und Höhe der Versicherungsleistung werden einerseits durch die AVB und den gewählten Tarif mit seinen Tarifbedingungen, andererseits aber auch durch die versicherte Tarifform bestimmt.

Grundsätzlich kennt man die folgenden Tarifformen:

a) 100 %-Tarif

Der Hundertprozenttarif sieht die Erstattung aller Kosten vor.

Beispiele:

- Ambulante Heilbehandlung: 100 %ige Kostenerstattung ohne Selbstbeteiligung.
- Stationäre Heilbehandlung: 100 %ige Erstattung der Aufwendungen für ärztliche Leistungen, Pflegekosten und wunschgemäße Unterbringung im Ein- oder Zweibettzimmer.

b) Selbstbehalttarif

Der Selbstbehalttarif soll den Kunden an den Behandlungskosten beteiligen. Er wird auch als Franchisetarif bezeichnet. Der VR kürzt den Erstattungsbetrag um den vereinbarten Abzug (Selbstbehalt bzw. Abzugsfranchise).

Die Selbstbehalte können z.B. mit einem jährlichen absoluten Betrag oder einer prozentualen Selbstbeteiligung ausgestattet sein.

Beispiel:

Für Herrn Winter besteht bei der Proximus Krankenversicherung AG eine Krankheitskosten-Vollversicherung. Im ambulanten Bereich wurde der Tarif A1 vereinbart, der eine jährliche Selbstbeteiligung von 360,00 € vorsieht. Herr Winter reicht im Kalenderjahr 2011 folgende Rechnungen zur Erstattung ein:

Behandlungsdatum	Rechnungsart	Rechnungsbetrag	Erstattung
10.02.2011	Rezept	120,00 €	0,00 € ①
17.06.2011	ärztliche. Behandlung.	640,00 €	400,00 € ②
04.09.2011	Hilfsmittel, Rezept	210,00 € 40,00 €	210,00 € 40,00 €

Erläuterung:

① 120,00 € der Selbstbeteiligung von 360,00 € werden mit dem Rechnungsbetrag verrechnet. Die Erstattung beträgt 0,00 €.

② Die noch nicht verrechneten 240,00 € der Selbstbeteiligung von 360,00 € werden verrechnet, so dass nur 400,00 € vom Rechnungsbetrag erstattet werden.

Der VN erhält also erst dann eine Erstattung, wenn 360,00 € Selbstbeteiligung vollständig verrechnet worden sind.

Krankheitskosten-Vollversicherungen mit einem größeren absoluten Selbstbehalt, etwa ab 500,00 € je versicherte Person und Kalenderjahr, werden als **Großschadentarife** bezeichnet.

c) Quotentarif

Dieser Tarif sieht eine Selbstbeteiligung in prozentualer Form vor. Die versicherten Kosten werden in Höhe der vereinbarten Quote erstattet (z.B. 50 %, 30 %, 20 %). Der Quotentarif ist vornehmlich auf die Bedürfnisse der beihilfeberechtigten Personen (Beamte u.dgl.) zugeschnitten.

d) Optionstarif

Dieser Tarif sieht vor, dass dem Kunden bei Vertragsabschluss die Möglichkeit eingeräumt wird, bis zu einem bestimmten Termin den Versicherungsschutz ohne erneute Wartezeiten und Erschwernisse in einen leistungsstärkeren Tarif umzustellen. Der Optionstarif sieht als Zielgruppe ebenso vor:

- Arbeitnehmer, die noch nicht in die PKV wechseln können;
- freiwillig GKV-Versicherte, die durch Abschluss eines Wahltarifs gemäß § 53 SGB V an ihre Krankenkasse gebunden sind (vgl. A 1.2.5).

e) Beitragsentlastungstarif

Es handelt sich um eine Krankheitskostenversicherung mit einer gegenüber anderen Tarifen modifizierten Beitragszahlung. Der VN zahlt, abhängig von Eintrittsalter und Geschlecht, einen zusätzlichen Mehrbeitrag. Dieser Mehrbeitrag bringt ihm ab dem 65. Lebensjahr eine Beitragsreduzierung. Die Beitragsreduktion wird vom VR garantiert. Hinzu kommt noch eine Überschussbeteiligung, die aus der Anlage des Mehrbeitrages resultiert.

Beispiel:
Ein 30-jähriger Mann zahlt heute 8,58 € mehr an Monatsbeitrag. Dafür ermäßigt sich unter Einbezug der Überschussbeteiligung sein Monatsbeitrag ab dem 65. Lebensjahr um 50,00 € nach dem Tarif V 65 im Bedingungswerk 2 »Proximus Versicherung«.

f) Herkömmlicher Standardtarif

Der herkömmliche Standardtarif ist ein brancheneinheitlicher Tarif in der PKV und erfüllt seit seiner gesetzlichen Einführung im Jahr 1994 eine soziale Schutzfunktion. Er garantiert den aufnahmefähigen und versicherungsfähigen Privatversicherten, dass sie keinen höheren Beitrag zahlen müssen als den durchschnittlichen Höchstbeitrag in der GKV **(Höchstbeitragsgarantie)**. Ziel des Standardtarifs ist es, innerhalb der PKV auch im Alter eine hinreichende gesundheitliche Versorgung zu tragbaren Beiträgen sicherzustellen.

MB/KK 2009 § 19
SGB V § 257 (2 a)
MB/ST 2008 § 8 a

➤ Zugangsberechtigter Personenkreis

Im Standardtarif sind versicherbar:

- Personen ab Vollendung des 65. Lebensjahres und einer Vorversicherungszeit in der privaten Krankenversicherung von mindestens 10 Jahren in einem anderen Krankheitskosten-Volltarif.
- Personen ab Vollendung des 55. Lebensjahres sowie Rentner und Pensionäre bereits vor Vollendung des 55. Lebensjahres mit zehnjähriger Vorversicherungszeit in der PKV, wenn das jährliche Gesamteinkommen die Jahresarbeitsentgeltgrenze (im Jahr 2011: 49 500,00 €) nicht übersteigt.
- Beihilfeberechtigte Personen (Beamte und ihre Familienangehörige) können ab Alter 65 mit mindestens 10-jähriger Vorversicherungszeit ohne Berücksichtigung der Jahresarbeitsentgeltgrenze oder ab Alter 55 mit Berücksichtigung der Jahresarbeitsentgeltgrenze in einen **beihilfekonformen Standardtarif** wechseln (siehe weiter unten).
- Beihilfeberechtigte Personen, die nach allgemeinen Aufnahmeregeln aus Risikogründen nicht oder nur zu ungünstigen Konditionen (also gegen Risikozuschlag)

versichert werden konnten, können unabhängig von ihrem Alter, der Vorversicherungszeit und dem Einkommen und ohne Risikozuschlag in den beihilfekonformen Standardtarif wechseln. Voraussetzung ist, dass die Aufnahme

- innerhalb der ersten sechs Monate nach der Feststellung einer Behinderung nach § 4 Abs. 1 des Gesetzes zur Sicherung der Eingliederung Schwerbehinderter in Arbeit, Beruf und Gesellschaft oder
- innerhalb der ersten sechs Monate nach der Berufung in das Beamtenverhältnis beantragt wird.

Tarifstufen

Der Standardtarif wird in zwei Tarifstufen angeboten:

- Tarifstufe STN: Personen, die keinen Anspruch auf Beihilfe haben
- Tarifstufe STB: Personen mit Beihilfeanspruch

Der Versicherungsschutz in der Tarifstufe STB ist beihilfekonform, d.h. der Umfang des Versicherungsschutzes entspricht dem nicht von der Beihilfe gedeckten Anteil der Krankheitskosten. Besteht beispielsweise ein Beihilfeanspruch in Höhe von 70 %, dann ist auch nur der Abschluss eines Versicherungsschutzes möglich, der die restlichen 30 % der Krankheitskosten abdeckt (zum Beihilfeanspruch vgl. A 6.2).

Beiträge

Der Standardtarif ist mit einer Beitragsgarantie verbunden. Der Beitrag darf den in Frage kommenden Beitrag der GKV (z.B. 14,6 % + 0,9 % von 3 712,50 € = 575,44 €) nicht übersteigen. Im beihilfekonformen Standardtarif ist der Beitrag anteilig begrenzt. Bei einem 30prozentigen Versicherungsschutz beträgt der Höchstbeitrag beispielsweise 30 % des GKV-Beitrags (30 % von 575,44 € = 172,63 €). Zu berücksichtigen ist dabei noch, dass bei einem Wechsel in den Standardtarif die Alterungsrückstellung (vgl. A 4.1.2) des bisherigen Tarifs beim gleichen Unternehmen angerechnet wird.

Für Ehepaare, die beide im Standardtarif versichert sind, gibt es – ähnlich wie in der privaten Pflegepflichtversicherung – eine Beitragsbegrenzung. Liegt das Gesamteinkommen (= Summe der Einkünfte im Sinne des EStG) unter der Jahresarbeitsentgeltgrenze, dann wird der Gesamtbeitrag auf 150 % des in Frage kommenden GKV-Beitrags limitiert.

Leistungen

Die tariflichen Leistungen des Standardtarifs orientieren sich an den Leistungen der GKV. Die Leistungszusage kann nicht in vollem Umfang dem üblichen PKV-Standard entsprechen, da aufgrund der Beitragsgarantie nicht immer risikoadäquate Beiträge erhoben werden können. Eine Kostenerstattung ist grundsätzlich für folgende Leistungsbereiche vorgesehen:

Ambulante ärztliche Behandlung, Psychotherapie, Rettungsfahrten, häusliche Behandlungspflege, Arznei- und Verbandsmittel, Heilmittel, Hilfsmittel, zahnärztliche Behandlung, Zahnersatz, Kieferorthopädie und stationäre Behandlung im Krankenhaus. Wahlleistungen im Krankenhaus (Chefarztbehandlung, Unterbringung im Ein- oder Zweibettzimmer) sind im Standardtarif nicht versichert. Eine diese Wahlleistungen erfassende Zusatzversicherung zum Standardtarif ist nicht zulässig.

Die Ärzte sind verpflichtet, bei Versicherten mit Standardtarif die Leistungen zu reduzierten Gebührensätzen abzurechnen (vgl. A 6.2).

Da die Versicherungskonditionen des Standardtarifs und des Basistarifs nicht identisch sind, können Bestandskunden im Standardtarif wahlweise entweder im Standardtarif verbleiben oder einen Antrag auf Umstellung in den Basistarif stellen. MB/KK 2009 § 19

Für PKV-Altkunden (Vertragsabschluss vor dem 1. Januar 2009) wurde ausdrücklich ein dauerhaftes Wechselrecht in den Standardtarif eingeräumt.

Für Neukunden mit Vertragsabschluss ab 1. Januar 2009 bleibt der Standardtarif geschlossen.

g) Basistarif

Der Basistarif muss sowohl als 100 %-Absicherung als auch beihilfekonform angeboten werden. Zudem muss er Varianten vorsehen für Jugendliche, bei denen bis zum 21. Lebensjahr keine Alterungsrückstellungen gebildet werden. Der Basistarif stellt als Krankheitskosten-Vollversicherung eine substitutive Krankenversicherung dar. VAG § 12 (1) a

➤ Zugangsberechtigter Personenkreis

Versicherungsunternehmen sind verpflichtet, nachfolgenden Personen Versicherungsschutz im Basistarif zu gewähren: VVG § 193 (5)

- Alle freiwillig in der GKV versicherten Personen innerhalb von sechs Monaten nach Beginn der im SGB V vorgesehenen Wechselmöglichkeit als freiwilliges Mitglied.
- Alle Personen mit Wohnsitz in Deutschland, die weder in der GKV versicherungspflichtig sind, noch Anspruch auf Leistungen nach § 2 des Asylbewerberleistungsgesetzes haben, noch Empfänger von Sozialleistungen sind, noch eine Krankheitskostenvollversicherung bei einem in Deutschland zum Geschäftsbetrieb zugelassenen Krankenversicherungsunternehmen haben.
- Alle Personen mit Beihilfeanspruch, wenn sie einen die Beihilfe ergänzenden Versicherungsschutz benötigen, der die Pflicht zur Versicherung erfüllt.
- Alle Personen mit Wohnsitz in Deutschland, die nach dem 31. Dezember 2008 eine private Krankheitskosten-Vollversicherung abgeschlossen haben.

➤ Besonderheiten im Basistarif

Für die Aufnahme in den Basistarif besteht **Kontrahierungszwang**. Eine Aufnahmepflicht besteht nur dann nicht, wenn der Antragsteller schon einmal bei dem Versicherungsunternehmen versichert war und das Unternehmen den Vertrag wegen widerrechtlicher Drohung oder arglistiger Täuschung angefochten hat oder der Versicherer wegen vorsätzlicher Verletzung der vorvertraglichen Anzeigepflicht vom Versicherungsvertrag zurückgetreten ist. VAG § 12 (1b) S. 4 VVG § 193 (5)

- Im Basistarif werden keine Risikozuschläge oder Leistungsausschlüsse vereinbart.
- Die in der PKV üblichen Wartezeiten (vgl. A 5.1) von drei bzw. acht Monaten gelten im Basistarif nicht. MB/BT 2009 § 3
- Eine Risikoprüfung ist zur Durchführung des Risikoausgleichs und für den Fall eines Wechsels vom Basistarif in Normaltarife zulässig. § 204 (1)
- Der Abschluss von Zusatzversicherungen neben dem Basistarif ist im Gegensatz zum herkömmlichen Standardtarif zulässig. VAG § 12 (1a)
- Im Unterschied zur GKV wird im Basistarif für jede versicherte Person ein eigener Beitrag erhoben. Auch für Kinder und Jugendliche sind gesonderte Beiträge zu zahlen.

Wechselmöglichkeiten in den Basistarif

Bei den Wechselmöglichkeiten von einem Normaltarif in den Basistarif muss differenziert werden, ob der Wechsel innerhalb desselben Versicherungsunternehmens erfolgt oder ob der Wechsel zu einem anderen Versicherungsunternehmen vorgenommen wird.

Übersicht: Wechselmöglichkeiten

Wechselrecht innerhalb desselben VU § 204 Abs. 1 Nr. 1 VVG	**Wechselrecht in ein anderes VU** § 204 Abs. 1 Nr. 2 VVG
Aus bestehenden Tarifen kann in den Basistarif gewechselt werden, wenn – die Krankheitskostenvollversicherung nach dem 31. Dezember 2008 abgeschlossen wurde (Neugeschäft). – der VN das 55. Lebensjahr vollendet hat oder vor dem 55. Lebensjahr die Voraussetzungen für eine Rente beantragt hat oder ein Ruhegehalt nach beamtenrechtlichen Vorschriften bezieht oder hilfebedürftig nach den Vorschriften des SGB II oder SGB III ist (Bestandsgeschäft). – die bestehende Krankheitskostenvollversicherung vor dem 1. Januar 2009 abgeschlossen wurde und der Wechsel in den Basistarif vor dem 1. Juli 2009 beantragt wurde (Bestandsgeschäft). Die Alterungsrückstellung aus dem Normaltarif wird bei einem Wechsel in den Basistarif innerhalb desselben Unternehmens vollständig angerechnet.	In den Basistarif eines anderen VU können Versicherte wechseln, – deren Vertrag zum Normaltarif bereits **vor dem 1. Januar 2009** abgeschlossen wurde. Diese können unter Mitgabe von Alterungsrückstellungen wechseln, wenn die Kündigung des alten Vertrages vor dem 1. Juli 2009 erfolgt ist (der eigentliche Wechseltermin spielt dabei keine Rolle).

Bei Versicherungsverträgen, die nach dem 31. Dezember 2008 abgeschlossen worden sind, kann ein Versicherungsnehmer unter Mitnahme der Alterungsrückstellung in Höhe des Basistarifs wechseln, sofern bei dem neuen PKV-Unternehmen eine substitutive Krankenversicherung abgeschlossen wird.

VVG § 204 (1) Nr. 1

Es besteht auch die Möglichkeit vom Basistarif in einen anderen Tarif des Versicherers zu wechseln. In diesem Fall kann der VR auch den bei Vertragsschluss ermittelten Risikozuschlag verlangen.

Beiträge

Der Beitrag im Basistarif bemisst sich nach einer verbandseinheitlichen Nettoprämie. Er darf den in Frage kommenden Höchstbeitrag der GKV (aktueller Wert 2011: 575,44 €) nicht übersteigen. Für beihilfeberechtigte Personen reduziert sich der Höchstbeitrag entsprechend dem Beihilfebemessungssatz.

Der Höchstbeitrag im Basistarif ergibt sich aus der Multiplikation des allgemeinen Beitragssatzes (ab 1. Jan. 2011: 15,5 %) mit der jeweils geltenden Beitragsbemessungsgrenze (2011: 3 712,50 € monatlich). Hinzugerechnet wird ggf. der durchschnittliche Zusatzbeitrag in der gesetzlichen Krankenversicherung. Die Höhe des durchschnittlichen Zusatzbeitrags für das Jahr 2011 gibt das Bundesministerium für Gesundheit im Einvernehmen mit dem Bundesministerium der Finanzen am 3. Jan. 2011 im Bundesanzeiger bekannt.

Der Höchstbeitrag im Basistarif hat ab 1. Jan. 2011 mindestens eine Höhe von **575,44 €**. Wird ein durchschnittlicher Zusatzbeitrag im Bereich der gesetzlichen Krankenversicherung erhoben, erhöht sich der Höchstbeitrag in Höhe des durchschnittlichen Zusatzbeitrags rückwirkend zum 1. Jan. 2011.

Wenn allein durch die Zahlung des Beitrages soziale Hilfsbedürftigkeit entsteht, reduziert sich der zu zahlende Beitrag auf die Hälfte. Besteht dann immer noch Hilfebedürftigkeit, beteiligt sich der zuständige Träger (Bundesagentur für Arbeit) im erforderlichen Umfang. Die Beteiligung in Form eines Zuschusses beträgt ca. 130,00 €. VAG § 12 (1c) (4)

Das Bundessozialgericht hat am 18. Januar 2011 mit seinem Urteil entschieden, dass ein Bezieher von Arbeitslosengeld II Anspruch darauf hat, dass der Träger der Grundsicherung die Beiträge zur privaten Krankenversicherung in **voller Höhe** übernehmen muss. Dem Grundsatzurteil zufolge sind die Jobcenter verpflichtet, die Beiträge privatversicherter Hartz-IV-Empfänger bis zur Höhe des Basistarifs in vollem Umfang zu übernehmen. BSG Az.: B 4 AS 108/10 R

Der VR kann verlangen, dass Zusatzversicherungen ruhen, wenn und solange ein Versicherter auf die Halbierung des Höchstbeitrags angewiesen ist. VVG § 193 (7)

Der Basistarif stellt eine substitutive Krankenversicherung dar. Somit gilt auch bei dieser Absicherung der gesetzliche Zuschlag in Höhe von 10 %. Dieser Zuschlag ist auch bei der Höchstbeitragsgrenze zu berücksichtigen.

Selbstbehalte

Die Versicherten im Basistarif haben die Wahl zwischen unterschiedlichen Selbstbeteiligungen. Es stehen Selbstbehalte in Höhe von 300,00 €, 600,00 €, 900,00 € oder 1 200,00 € zur Verfügung. In den beihilfekonformen Tarifen sind die Selbstbehaltstufen entsprechend den versicherten Prozentsätzen festzusetzen. Die Selbstbehaltstufen können von den Versicherten mit einer Frist von drei Monaten zum Ende der Mindestbindungsfrist von drei Jahren geändert werden. Der Basistarif muss allerdings auch ohne Selbstbeteiligung angeboten werden. VAG § 12 (1) a

Die vertragliche Mindestbindungsfrist für Verträge **mit Selbstbehalt** im Basistarif beträgt **drei Jahre**. Die Selbstbehaltstufen können von den Versicherten mit einer Frist von drei Monaten zum Ende der Mindestbindungsfirst geändert werden.

Leistungsumfang

Der Basistarif entspricht ebenso wie der Standardtarif dem Leistungsumfang in der gesetzlichen Krankenversicherung. Er enthält Vertragsleistungen, die in Art, Umfang und Höhe mit den Pflichtleistungen aus dem Sozialgesetzbuch (SGB V) jeweils vergleichbar sind. Der genaue Inhalt der Leistungen wird nicht geregelt. Der Gesetzgeber hat den PKV-Verband beauftragt, Regelungen hinsichtlich Art, Umfang und Höhe der Leistungen festzulegen.

SGB V § 75 (3 b) Die Vergütung für den Basistarif kann im Einvernehmen mit den Beihilfeträgern in Verträgen zwischen dem PKV-Verband mit den Kassenärztlichen Vereinigungen oder der Kassenärztlichen Bundesvereinigung geregelt werden.

Seit 1. April 2010 haben sich PKV-Verband und Kassenärztliche Bundesvereinigung auf folgende Vergütungsmultiplikatoren für den Basistarif geeinigt:

- für Laborleistungen nach Abschnitt M und Nr. 437 der GOÄ der 0,9-fache Satz der GOÄ,
- für technische Leistungen nach Abschnitt A, E und O der 1,0-fache Satz der GOÄ und
- für alle übrigen ärztlichen Leistungen der 1,2-fache Satz der GOÄ.

Leistungen nach der Gebührenordnung für Zahnärzte (GOZ) sind von dieser Einigung nicht betroffen. Hier gilt nach gesetzlicher Vorgabe der 2,0-fachen Satz der GOZ (vgl. auch A 6.2.1).

Der Versicherungsschutz im Basistarif umfasst nur die Behandlung bei kassenärztlich bzw. kassenzahnärztlich zugelassenen Ärzten.

Der Basistarif muss für Arbeitnehmer mit Absicherung für den Verdienstausfall abgeschlossen werden; für selbstständig Tätige ist der Abschluss optional.

Der Leistungsumfang im Basistarif kann durch den Gesetzgeber gekürzt oder sogar ganz aufgehoben werden. Einige Leistungen des Basistarifs sind für die PKV neu, z. B.. Leistungen für Soziotherapie, häusliche Krankenhilfe, Haushaltshilfe, ambulante Rehabilitationen und spezielle ambulante Palliativversorgungen.

VVG § 192 (7) Im Basistarif haften VN und VR gegenüber dem Leistungserbringer **gesamtschuldnerisch**. Somit kann der Leistungserbringer seinen Anspruch direkt gegenüber dem VR geltend machen, soweit der VR aus dem Vertragsverhältnis zur Leistung verpflichtet ist.

➤ Mindestverweildauer

Für Bestandskunden (die Krankheitskosten-Vollversicherung bestand vor dem 1. Jan. 2009) sieht die Kalkulationsverordnung folgende Voraussetzungen für die anteilige Übertragung der Alterungsrückstellung vor:

KalV § 13 a (5) Sofern ein VN in den Basistarif eines anderen VU wechselt, muss er dort mindestens 18 Monate im Basistarif versichert bleiben. Nach Ablauf dieser Mindestverweildauer besteht eine weitere einmalige Möglichkeit zu einem Wechsel unter Mitnahme der Alterungsrückstellung,

- entweder aus dem Basistarif in einen Krankheitskosten-Volltarif desselben PKV-Unternehmens
- oder in den Basistarif eines anderen Unternehmens.

Bis 30. Juni 2010 betrug der Bestand an versicherten Personen im Basistarif in Deutschland 18 200 Personen (Quelle: PKV-Zahlenbericht 2009/10, S. 23).

2.2.4 Selbstbeteiligungssysteme

Aufgrund der Kostenexplosion im Gesundheitswesen und den damit verbundenen Beitragssteigerungen gewinnt die Vereinbarung von Selbstbeteiligungen an Bedeutung.

Grundsätzlich kennt man folgende Selbstbeteiligungssysteme:

- **Prozentualsystem:** Der Versicherte trägt einen bestimmten prozentualen Anteil der Krankheitskosten selbst.

Beispiel:

Für Frau Sommer besteht bei der Oststern Krankenversicherungs-AG eine Krankheitskostenvollversicherung. Für den ambulanten Bereich wurde für den Tarifteil Arzneimittel eine 20 %ige Beteiligung vereinbart. Frau Sommer reicht im Kalenderjahr 2011 folgende Rechnungen zur Erstattung ein:

Behandlungsdatum	Rechnungsart	Rechnungsbetrag	Erstattung
15.03.2011	Arzneimittel	90,00 €	72,00 €
21.08.2011	Arzneimittel	140,00 €	112,00 €
04.11.2011	Arzneimittel	72,00 €	57,60 €

Erläuterung:

Bei dieser Tarifform wird für jede Arzneimittelrechnung 20 % vom Rechnungsbetrag abgezogen. Eine Begrenzung gibt es nicht.

- **Maximalsystem:** Der VR ersetzt die Kosten nur bis zu einem bestimmten Höchstsatz.

Inzwischen werden Tarife angeboten, die einen Selbstbehalt bis zu 5 000,00 € vorsehen. Dadurch wird eine wesentliche Beitragsreduktion erreicht.

Beispiel:

Für Herrn Kraft besteht bei der Oststern Krankenversicherungs-AG eine Krankheitskostenvollversicherung. Der Tarif sieht für Zahnersatz (außer bei Unfällen) eine Maximalerstattung in den ersten drei Jahren von 1 200,00 € je Kalenderjahr vor. Herr Kraft reicht im Kalenderjahr 2011 folgende Rechnungen zur Erstattung ein:

Behandlungsdatum	Rechnungsart	Rechnungsbetrag	Erstattung
10.04.2011	Zahnersatz	850,00 €	850,00 €
17.08.2011	Zahnersatz	600,00 €	350,00 €

Erläuterung:

Bei dieser Tarifform trägt der VN den Anteil, der über eine bestimmte Höchstgrenze hinausgeht.

- **Prozentual-Maximalsystem:** Der VR ersetzt einen prozentualen Anteil der Krankheitskosten bis zu einem bestimmten Höchstbetrag.

Beispiel:

Für Frau Schmidt besteht bei der Oststern Krankenversicherungs-AG eine Krankheitskostenvollversicherung. Für den ambulanten Bereich wurde der Tarif **A 20 %** (jährliche Selbstbeteiligung 20 %, höchstens 300,00 €) vereinbart. Frau Schmidt reicht im Kalenderjahr 2011 folgende Rechnungen zur Erstattung ein:

Behandlungsdatum	Rechnungsart	Rechnungsbetrag	Erstattung	Selbstbeteiligung
14.02.2011	ärztliche Behandlung	1 000,00 €	800,00 €	200,00 €
05.06.2011	Rezept	150,00 €	120,00 €	30,00 €
10.10.2011	ärztliche Behandlung	840,00 €	770,00 €	70,00 €
17.12.2011	Rezept	80,00 €	80,00 €	0,00 €

Erläuterung:

Bei dieser Tarifform wird die prozentuale Berechnung vorgenommen und geprüft, ob die Höchstgrenze der Selbstbeteiligung (hier: 300,00 €) schon erreicht ist oder noch nicht. Ist die Höchstgrenze erreicht, werden darüber hinausgehende Rechnungsbeträge voll erstattet.

2.3 Krankentagegeldversicherung

2.3.1 Gegenstand und Leistungen

MB/KT 2009 § 1 (1) Die Krankentagegeldversicherung bietet Versicherungsschutz gegen **Verdienstausfall**, der durch Arbeitsunfähigkeit infolge von Krankheiten oder Unfällen entsteht.

§ 1 (2) Als Versicherungsfall gilt die medizinisch notwendige Heilbehandlung einer versicherten Person wegen Krankheit oder Unfallfolgen, in deren Verlauf Arbeitsunfähigkeit ärztlich festgestellt wird.

§ 1 (3) **Arbeitsunfähigkeit** im Sinne der Bedingungen liegt vor, wenn die versicherte Person ihre berufliche Tätigkeit nach medizinischem Befund vorübergehend in keiner Weise ausüben kann, sie auch nicht ausübt und keiner anderweitigen Erwerbstätigkeit nachgeht.

Bedarfsgruppen

Arbeitnehmer
- Ausgleich des Verdienstausfalls

Selbstständige
- Bestreitung der Kosten für den eigenen Lebensunterhalt
- Bestreitung der Kosten für eine Vertretung

Versicherungspflichtige Arbeitnehmer erhalten im Krankheitsfalle nach Ablauf der 6-wöchigen Gehaltszahlung ein Krankengeld von ihrer Krankenkasse (vgl. A 1.2.4).

Für die Dauer der Arbeitsunfähigkeit wird das tariflich vereinbarte Tagegeld gezahlt. Das Krankentagegeld darf zusammen mit sonstigen Krankentage- und Krankengeldern das auf den Kalendertag umgerechnete, aus der beruflichen Tätigkeit herrührende Nettoeinkommen nicht übersteigen. Die Höhe des Monatsnettoeinkommens ergibt sich aus dem Durchschnittswert der letzten 12 Monate vor der Antragstellung. MB/KT 2009 § 4 (2) VVG § 192 (5)

Der VN ist verpflichtet, dem VR unverzüglich eine nicht nur vorübergehende Minderung des aus der Berufstätigkeit herrührenden Nettoeinkommens mitzuteilen. MB/KT 2009 § 4 (3)

Erhöht sich das Nettoeinkommen aus der beruflichen Tätigkeit, so kann das Krankentagegeld im Verhältnis der Steigerung des Nettoeinkommens auf Antrag höher versichert werden. Die Tarifbedingungen zahlreicher VU sehen vor, dass dem VN spätestens alle drei Jahre Gelegenheit gegeben wird, das vereinbarte Krankentagegeld entsprechend der allgemeinen Einkommensentwicklung der letzten Jahre zu erhöhen.

Für die Geltendmachung des Tagegeldanspruchs ist eine Arbeitsunfähigkeitsbescheinigung des Arztes vorzulegen.

Der Bundesgerichtshof hat in einem Urteil entschieden, dass der Privatpatient keinen Anspruch auf Leistung aus der Krankentagegeld-Versicherung hat, wenn er die Vorlage eines ärztliches Attests verweigert. BGH Az.: IV ZR 110/99

Exkurs: Berechnung des Krankengeldbedarfs (Versorgungslücke)

Beispiel 1: Herr Kuhn, verheiratet, ein Kind, Angestellter aus Stuttgart, bezieht ein durchschnittliches monatliches Bruttogehalt von 4 800,00 €. Netto erhält er 3 060,00 €.

Beispiel 2: Frau Kellermann, verheiratet, ein Kind, Angestellte eines Supermarktes in Köln, verdient durchschnittlich monatlich 2 450,00 € brutto. Das Nettogehalt beträgt 1 690,00 €.

Berechnungsgrundlagen	**Beispiel 1**	**Beispiel 2**
Beitragsbemessungsgrenze (BBG) 2011	3 712,50 €	3 712,50 €
Monatlicher Bruttoverdienst	4 800,00 €	2 450,00 €
Monatlicher Nettoverdienst	3 060,00 €	1 690,00 €
● 70 % vom mtl. Bruttogehalt	3 360,00 €	1 715,00 €
● 70 % von der BBG (3 712,50 €)	2 598,75 €	2 598,75 €
● 90 % vom mtl. Nettogehalt	2 754,00 €	1 521,00 €
Der niedrigste der drei genannten Beträge gilt als Berechnungsgrundlage	2 598,75 €	1 521,00 €
– 12,425 % Sozialversicherungsbeiträge (2011)	322,89 €	188,98 €
= ausgezahltes Krankengeld	2 275,86 €	1 332,02 €
Krankengeldlücke:		
Monatlicher Nettoverdienst	3 060,00 €	1 690,00 €
– ausgezahltes Krankengeld	2 275,86 €	1 332,02 €
= monatliche Verdienstlücke	784,14 €	357,98 €
1/30 davon = tägliche Lücke	26,14 €	11,93 €
Zusätzlicher Krankengeldbedarf täglich	30,00 €	15,00 €

Erläuterung:

Die GKV zahlt 70 % des Bruttoarbeitsentgeltes bis zur Beitragsbemessungsgrenze, maximal 90 % des letzten Nettoentgeltes. Der Versicherte muss vom Krankengeld die Beiträge zur gesetzlichen Rentenversicherung und zur Arbeitslosenversicherung sowie zur Pflegepflichtversicherung zu 50 % tragen. Die andere Hälfte übernimmt die GKV (Rentenversicherung 19,9 % + Arbeitslosenversicherung 3,0 % + Pflegeversicherung 1,95 %* = 24,85 %; davon die Hälfte = 12,425 %). Der Berechnung liegen die Beitragssätze des Jahres 2011 zugrunde. Der gesetzliche Versicherte ist während des Bezugs von Krankengeld beitragsfrei krankenversichert.

* Für Kinderlose 1,95 % zusätzlich 0,25 %, die Kinderlose allein zahlen müssen.

Der privat Krankenversicherte muss die gesamten Beiträge zur PKV, Pflegepflichtversicherung und gesetzlichen Rentenversicherung selbst aufbringen. Die Arbeitslosenversicherungsbeiträge werden von der PKV pauschal abgeführt.

Bei **Selbstständigen** gilt als Arbeitseinkommen der Gewinn (Umsatz abzüglich Betriebsausgaben) gemäß § 2 Abs. 2 Nr. 1 EStG. Da das Einkommen aus selbstständiger Tätigkeit häufig starken Schwankungen ausgesetzt ist, sollte hier eine jährliche Überprüfung des Krankentagegeldbedarfs vorgenommen werden und bei Bedarf eine Anpassung beim PKV-Unternehmen erfolgen.

SGB V § 44 (2)

Zum 1. Januar 2009 haben Selbstständige ihren Anspruch auf Krankengeld verloren, wenn sie freiwillig versichert sind.

Für privat versicherte Arbeitnehmer empfiehlt sich der Abschluss einer Krankentagegeldversicherung in Höhe ihres Nettoeinkommens.

VVG § 195 (1)

Bei der Krankentagegeldversicherung kann vereinbart werden, dass die Versicherung mit Vollendung des 65. Lebensjahres der versicherten Person endet. Mit Rücksicht auf selbstständig und freiberuflich Beschäftigte sieht das Gesetz zu Gunsten des VN eine Verlängerungsoption bis zur Vollendung des 70. Lebensjahres ohne Risikoprüfung und Wartezeiten vor.

2.3.2 Tarifformen der Krankentagegeldversicherung

Man unterscheidet zwischen **Tagegeldtarifen** für **Selbstständige** und für **Arbeitnehmer**. Da Arbeitnehmern im Krankheitsfall für sechs Wochen das Gehalt bzw. der Lohn nach den Bestimmungen des **Entgeltfortzahlungsgesetzes** gezahlt wird, können sie erst nach einer Karenzzeit von 42 Tagen Tagegeldleistungen erhalten. Selbstständige erlangen einen Tagegeldanspruch in Abhängigkeit vom gewählten Tarif z. B. nach 3, 7 oder 14 Karenztagen.

Unter **Karenztagen** versteht man die leistungsfreien Tage in der Krankentagegeldversicherung. Die Karenztage zählen ab ärztlicher Feststellung der Arbeitsunfähigkeit.

Beispiel:

Der kaufmännische Angestellte Müller hat mit seinem VR ein Krankentagegeld von 40,00 €/Tag vereinbart. Herr Müller wird am 10. Okt. d. J. ins Krankenhaus eingeliefert. Die Entlassung erfolgt am 03. Nov. d. J. Der Hausarzt behandelt ihn anschließend weiter und schreibt ihn ab 21. Dez. d. J. gesund.

Leistung:

10. Okt.–20. Nov. = 42 Tage Karenzzeit

21. Nov.–20. Dez. = 30 Tage Anspruch auf Krankentagegeld

30 Tage · 40,00 €/Tag = 1 200,00 € Versicherungsleistung

Exkurs: Entgeltfortzahlung für Arbeitnehmer

Im Krankheitsfall und bei Maßnahmen der medizinischen Versorgung oder Rehabilitation ist der Arbeitgeber verpflichtet, das Arbeitsentgelt noch für maximal 6 Wochen zu zahlen. Die Entgeltfortzahlung beträgt 100 % des Arbeitsentgeltes.

Überstundenvergütungen werden bei der Bemessung der Entgeltfortzahlung nicht berücksichtigt.

Anspruch auf Fortzahlung des Arbeitsentgelts für 6 Wochen haben

Arbeitnehmer,

wenn sie

1. wegen unverschuldeter Arbeitsunfähigkeit durch Krankheit
   oder
2. wegen Teilnahme an einer stationären Leistung zur medizinischen Vorsorge bzw. Rehabilitation
   oder
3. wegen nicht rechtswidriger Sterilisation
   oder
4. wegen rechtswidrigem, aber straffreien oder nicht rechtswidrigem Schwangerschaftsabbruch

an der Arbeitsleistung gehindert sind.

Für Beamte, Richter, Berufs- und Zeitsoldaten und gleichgestellte Personen gelten Regelungen außerhalb des Entgeltfortzahlungsgesetzes. Diese Personen haben Anspruch auf Fortzahlung ihrer Dienstbezüge ohne zeitliche Begrenzung nach beamtenrechtlichen Regelungen.

2.4 Private Pflegeversicherung

2.4.1 Gegenstand der Versicherung

a) Vorbetrachtung

Die Lebenserwartung der Bevölkerung in Deutschland ist permanent gestiegen, sodass eine große Zunahme der über 75-Jährigen zu verzeichnen ist. Personen ab diesem Alter sind in erhöhtem Maße vom Risiko der Pflegebedürftigkeit betroffen. Diese Situation machte eine Pflegepflichtversicherung dringend erforderlich. Am 1. Januar 1995 trat das »Gesetz zur sozialen Absicherung des Risikos der Pflegebedürftigkeit« **(Pflege-Versicherungsgesetz)** in Kraft, das die Pflegepflichtversicherung brachte.

Träger der Pflegepflichtversicherung sind die **soziale Pflegeversicherung** und **private Versicherungsunternehmen**.

b) Begriff der Pflegebedürftigkeit

Versicherungsfall ist die Pflegebedürftigkeit einer versicherten Person.

MB/PPV 2009 § 1 (2)

> »Pflegebedürftig sind Personen, die wegen einer körperlichen, geistigen oder seelischen Krankheit oder Behinderung für die gewöhnlichen und regelmäßig wiederkehrenden Verrichtungen im Ablauf des täglichen Lebens auf Dauer, voraussichtlich für mindestens sechs Monate, ... in erheblichem oder höherem Maße der Hilfe bedürfen.«

SGB XI § 14 — Diese Definition entspricht im Kern dem im Sozialgesetzbuch XI definierten Begriff der Pflegebedürftigkeit.

§ 14 (1) — Krankheiten und Behinderungen im Sinne des Sozialgesetzbuches sind:

- Verluste, Lähmungen oder andere Funktionsstörungen am Stütz- und Bewegungsapparat;
- Funktionsstörungen der inneren Organe oder Sinnesorgane;
- Störungen des Zentralnervensystems wie Antriebs-, Gedächtnis- oder Orientierungsstörungen sowie endogene Psychosen oder Neurosen oder geistige Behinderungen.

c) Versicherbare Personen in der privaten Pflegepflichtversicherung

Der Gesetzgeber ist davon ausgegangen, dass grundsätzlich Pflege- und Krankenversicherung bei demselben VR bestehen sollen, um Kompetenzstreitigkeiten zu vermeiden. In der Pflegepflichtversicherung gilt deshalb der Grundsatz »**Pflegeversicherung folgt Krankenversicherung**«. Von diesem Grundprinzip ist teilweise durch die Einräumung von Befreiungs- und Wahlmöglichkeiten abgewichen worden.

Im Einzelnen gilt:

§ 20

- **Versicherungspflichtige Mitglieder der gesetzlichen Krankenversicherung** sind zugleich in der sozialen Pflegeversicherung versicherungspflichtig. Sie scheiden daher als potenzielle Kunden für die private Pflegepflichtversicherung aus.

  Versicherungspflicht in der sozialen Pflegeversicherung besteht auch noch für im Gesetz näher bezeichnete sonstige Personen, wie z. B. bestimmte Versorgungsempfänger, Soldaten auf Zeit. Hat ein Zeitsoldat allerdings eine private Anwartschaftsversicherung (vgl. A 2.5.8), muss nach dem Grundsatz »Pflegeversicherung folgt Krankenversicherung« ein privater Pflegeversicherungsvertrag abgeschlossen werden.

§ 22 (1)

- **Freiwillige Mitglieder der gesetzlichen Krankenversicherung** sind grundsätzlich ebenfalls in der sozialen Pflegeversicherung versicherungspflichtig. Auf Antrag können sie jedoch befreit werden, wenn sie nachweisen, dass für sie und ggf. ihre Familienangehörigen bei einem privaten Versicherungsunternehmen eine gleichwertige Pflegeversicherung besteht.

  Die Befreiung kann von Personen, die nach dem 1. Januar 1995 freiwilliges Mitglied der GKV geworden sind, nur innerhalb von **drei Monaten** beantragt werden und wirkt dann ab Beginn der Versicherungspflicht.

  Zu den freiwilligen Mitgliedern der GKV gehören vor allem Angestellte und Arbeiter, deren Versicherungspflicht in der gesetzlichen **Krankenversicherung** dadurch fortgefallen ist, dass ihr Jahresarbeitsentgelt die Versicherungspflichtgrenze überstiegen hat. Dieser Personenkreis kommt daher sowohl für eine private Krankenversicherung als auch eine private Pflegepflichtversicherung infrage.

- **Personen, die bei einem privaten Krankenversicherungsunternehmen versichert sind** und Anspruch auf allgemeine Krankenhausleistungen haben (also keine bloße Krankenhaustagegeld-, Reisekranken- oder Zusatzversicherung unterhalten), sind verpflichtet, eine **private** Pflegepflichtversicherung abzuschließen und aufrechtzuerhalten. Durch diese Regelung wird der überwiegende Teil der privat versicherten Personen von der Pflegepflichtversicherung erfasst. SGB XI § 23 (1)

  Der versicherungspflichtig Gewordene kann die private Pflegepflichtversicherung auch bei einem anderen privaten Versicherungsunternehmen abschließen. Das Wahlrecht ist innerhalb von **sechs Monaten** auszuüben, wobei die Frist mit dem Eintritt der individuellen Versicherungspflicht beginnt.

- **Beihilfeberechtigte Personen** (z. B. Beamte), die nicht zugleich freiwillige Mitglieder der gesetzlichen Krankenversicherung sind, sind zum Abschluss einer anteiligen beihilfekonformen Pflegepflichtversicherung bei einem privaten VR verpflichtet. Regelmäßig unterhält dieser Personenkreis auch eine private Krankenversicherung nach dem Quotentarif, der die nicht durch Beihilfe gedeckten Krankheitskosten versichert.

  Sofern die beihilfeberechtigte Person **freiwilliges Mitglied** in der gesetzlichen Krankenversicherung ist, kommen die für diesen Personenkreis geltenden Bestimmungen zur Anwendung (Mitgliedschaft in der sozialen Pflegeversicherung oder Befreiung hiervon bei Nachweis einer entsprechenden privaten Pflegepflichtversicherung).

- **Personen, die weder gesetzlich noch privat krankenversichert sind,** unterliegen nicht der Versicherungspflicht in der Pflegeversicherung. Sie kommen daher ebenfalls als potenzielle Kunden für die privaten Anbieter infrage.

  Da ab 1. Januar 2009 Versicherungspflicht für alle Personen besteht, wird ab diesem Zeitpunkt eine Person entweder in der sozialen oder der privaten Pflegepflichtversicherung versichert sein.

d) Gesetzliche Regelungen für die private Pflegepflichtversicherung

Die Pflegepflichtversicherung wird von allen PKV-Unternehmen betrieben, die eine Krankheitskostenversicherung anbieten. Um die Belange der versicherungspflichtigen Personen sicherzustellen, hat der Gesetzgeber für alle Verträge, die nach der Einführung der Pflegepflichtversicherung am 01. Januar 1995 abgeschlossen werden, folgende Bedingungen festgelegt: § 110 (3)

- **Kontrahierungszwang**

  Anträge auf Abschluss einer Pflegeversicherung von versicherungspflichtigen Personen dürfen nicht zurückgewiesen werden.

- **kein Ausschluss von Vorerkrankungen** der Versicherten
- **keine Staffelung der Beiträge** nach Geschlecht

  Risikozuschläge sind in der privaten Pflegepflichtversicherung erlaubt.

- **keine längeren Wartezeiten** als in der sozialen Pflegeversicherung
- **keine Beitragshöhe, die den Höchstbetrag der sozialen Pflegeversicherung übersteigt**

  Diese Bestimmung gilt allerdings nur, wenn der VN über eine Vorversicherungszeit von mindestens fünf Jahren in der privaten Pflegeversicherung oder privaten Krankenversicherung verfügt.

- **beitragsfreie Mitversicherung der Kinder des VN**

  Für die beitragsfreie Mitversicherung gelten dieselben Voraussetzungen wie in der Familienversicherung im Rahmen der sozialen Pflegeversicherung.

SGB XI § 110 (4) **Rücktritts- und Kündigungsrechte** des VR sind ausgeschlossen, solange der Kontrahierungszwang besteht. Der VR kann z. B. nicht kündigen, wenn der VN mit der Beitragszahlung in Verzug ist. VN mit einem Rückstand von sechs Monatsbeiträgen sind zu melden.

MB/PPV 2009 § 8 (8) Der Gesetzgeber hat durch eine **Bußgeldvorschrift** die Möglichkeit geschaffen, den VN zur Erfüllung seiner Vertragspflichten und damit zur Aufrechterhaltung seines Versicherungsschutzes anzuhalten. Diese Bußgeldvorschrift hat Einzug in die MB/PPV 2009 gefunden (Bußgeld bis zu 2 500,00 € durch die zuständige Verwaltungsbehörde).

f) Beiträge

Die Beiträge in der **privaten Pflegepflichtversicherung** richten sich nicht nach dem Einkommen, wie in der sozialen Pflegeversicherung, sondern werden risikogerecht kalkuliert und sind nach dem Alter gestaffelt, wobei die vorgenannten gesetzlichen Bestimmungen beachtet werden müssen.

Aus Teilen der Beiträge wird eine Rückstellung für das steigende Pflegerisiko im Alter gebildet (vgl. A 4.1.2).

- **Tarifstufen**

  Folgende Tarifstufen werden in der privaten Pflegepflichtversicherung unterschieden:
  - Tarif PVN: Tarif für nicht beihilfeberechtigte Personen
  - Tarif PVB: Tarif für Personen mit Beihilfeanspruch

- **Höchstbeiträge**

  In der privaten Pflegepflichtversicherung sind **Höchstbeiträge** zu beachten, die der Gesetzgeber festgelegt hat. Diese werden von der **Jahresarbeitsentgeltgrenze** in der gesetzlichen Krankenversicherung abgeleitet.

Übersicht: Höchstbeiträge Pflegepflichtversicherung 2011

	Tarifstufen	
	PVN	**PVB**
Höchstbetrag	72,40 €	28,96 €
Ehegattenkappung – pro Person – Gesamtbetrag	 54,30 € 108,60 €	 21,72 € 43,44 €
Arbeitgeberzuschuss *) im Bundesland Sachsen	36,20 € 17,63 €*)	– –

Der Höchstbeitrag in der Tarifstufe PVN entspricht dem Höchstbeitrag der sozialen Pflegeversicherung (1,95 % aus der Beitragsbemessungsgrenze). Der Beitragszuschlag für Kinderlose von 0,25 % gilt laut Bundesverfassungsgericht nicht für die private Pflegepflichtversicherung, weil hier durch die Eigenvorsorge per Alterungsrückstellung kaum Einkommensumverteilung zwischen den Generationen erfolgt. In der Tarifstufe PVB ist der Höchstbeitrag auf 40 % des Höchstbeitrages in der sozialen Pflegeversicherung begrenzt.

Anspruch auf den jeweiligen Höchstbeitrag haben alle Versicherten, für die zum Einführungstermin der Pflegepflichtversicherung am 01. Januar 1995 eine Versicherung mit Anspruch auf allgemeine Krankenhausleistungen bestanden hat, ferner alle Personen, die zum 01. Januar 1995 Anspruch auf Beihilfe bzw. freie Heilfürsorge hatten.

§ 8 (5) Sofern die private Pflegepflichtversicherung erst nach dem 01. Januar 1995 abgeschlossen wurde, gilt die Begrenzung auf den Höchstbeitrag erst, wenn der VN eine Vorversicherungszeit von mindestens fünf Jahren in der privaten Pflege- oder Krankenversicherung nachweisen kann. Ggf. ist also bis zum Ablauf von fünf Jahren ein über dem Höchstbeitrag liegender Beitrag gemäß Tarif (vgl. A 4.2) zu zahlen.

- **Ehegattenhöchstbetrag**

  Für Ehepaare gilt ein Ehegattenhöchstbeitrag **(Beitragsbegrenzung für Ehegatten)**, der auf 150 % des Gesamtbeitrages für **beide** Ehegatten limitiert ist.

  Anspruch auf den Ehegattenhöchstbeitrag haben Ehepaare, die **beide** privat pflegepflichtversichert sind und bei denen ein Ehepartner kein Einkommen bezieht, das die Geringfügigkeitsgrenze (2011: 365,00 €) übersteigt. Bei geringfügig Beschäftigten (auch im Privathaushalt) gilt die Grenze von 400,00 €.

  Der VR ist unverzüglich zu informieren, wenn die Geringfügigkeitsgrenze durch weiteres Einkommen überstiegen wird. Unabhängig davon kann der VR Nachweise bzw. eine Erklärung verlangen, dass die Voraussetzungen der Beitragsbegrenzung für Ehegatten noch gegeben sind.

  Die Höchstbeiträge und den Ehegattenhöchstbeitrag haben alle Versicherten ab dem von der privaten Versicherungswirtschaft kalkulierten Grenzalter von rund 59 Jahren zu entrichten. Die jüngeren Versicherten zahlen entsprechend ihrem geringeren Versichertenrisiko niedriger Beiträge.

- **Beitragsfreie Mitversicherung von Kindern**

  Kinder sind bis zum 18. Lebensjahr beitragsfrei in der privaten Pflegepflichtversicherung mitversichert, wenn mindestens ein Elternteil privat pflegepflichtversichert ist und das Kind keine eigenen Einkünfte bezieht, die die Geringfügigkeitsgrenze übersteigen. Die Beitragsfreiheit gilt bis zum 25. Lebensjahr, sofern das Kind noch in der Schul- oder Berufsausbildung steht.

Arbeitnehmer, die eine private Pflegepflichtversicherung abgeschlossen haben, erhalten von ihrem Arbeitgeber auf Antrag einen **Beitragszuschuss**, der dem Arbeitgeberanteil für einen Pflichtversicherten, höchstens jedoch 50 Prozent des zu zahlenden Beitrages, entspricht.

Im Jahr 2011 beträgt der Arbeitgeberzuschuss höchstens 36,20 €.

In Sachsen gilt ein anderer Höchstbetrag für den Arbeitgeberzuschuss, da der Arbeitnehmer 1,475 Prozentpunkte und der Arbeitgeber 0,475 Prozentpunkte vom Beitragssatz von 1,95 % trägt (2011: 17,63 €).

In der **sozialen Pflegeversicherung** beträgt der Beitragssatz seit dem 01. Juli 2008 bundeseinheitlich 1,95 %. Der Beitrag wird vom Einkommen, max. von der Beitragsbemessungsgrenze in der GKV, berechnet.

Durch das Kinder-Berücksichtigungsgesetz (KiBG) müssen seit dem 1. Januar 2005 kinderlose Mitglieder ab Vollendung des 23. Lebensjahres in der gesetzlichen Pflegepflichtversicherung einen um 0,25 Prozentpunkte höheren Beitragssatz zahlen. Kinderlose Mitglieder, die vor dem 1. Januar 1940 geboren sind und Bezieher von Arbeitslosengeld II sind von diesem Zuschlag ausgenommen. Der Beitragszuschlag wird vom Mitglied alleine getragen, eine Beteiligung des Arbeitgebers findet nicht statt. Für die lebenslange Befreiung von diesem Zuschlag ist bereits ein Kind ausreichend. Dabei spielt es keine Rolle, ob das Kind noch bei den Eltern lebt oder nicht. Der Zusatzbeitrag von 0,25 Prozentpunkten ist für die private Pflegepflichtversicherung nicht zu entrichten.

2.4.2 Leistungsumfang in der privaten Pflegepflichtversicherung

a) Leistungsarten

Die Vertragsleistungen der privaten Pflegepflichtversicherung müssen den Leistungen der sozialen Pflegeversicherung nach Art und Umfang gleichwertig sein. Der Unterschied besteht allerdings darin, dass privat Versicherte **keine Sachleistung**, sondern eine der Höhe nach gleiche **Kostenerstattung** erhalten.

Im Einzelnen sind Leistungen als Ersatz für folgende Aufwendungen vorgesehen:

MB/PPV 2009 § 4 A

➤ Häusliche Pflegehilfe oder Pflegegeld

Die häusliche Pflegehilfe muss durch geeignete und anerkannte Pflegekräfte erbracht werden. Anstelle von Aufwendungsersatz für die häusliche Pflegehilfe kann auch ein Pflegegeld beantragt werden, wenn der Pflegebedürftige die erforderliche Pflege und hauswirtschaftliche Grundversorgung durch eine Pflegeperson (z. B. Familienangehörige, Freunde) in geeigneter Weise selbst sicherstellt.

➤ Pflegehilfsmittel und technische Hilfen

Sie werden vorrangig leihweise überlassen und die Aufwendungen hierfür ersetzt, wenn ihre Leihe begründet ist. Soweit eine Leihe nicht möglich ist, werden die Anschaffungskosten bei einer Zuzahlung von 10 %, max. 25,00 €, erstattet.

§ 4 B

➤ Teilstationäre Pflege

Sie umfasst die Pflege in Pflegeheimen entweder nur tagsüber oder nur nachts und kommt infrage, wenn häusliche Pflege nicht in ausreichendem Maße sichergestellt werden kann.

§ 4 C

➤ Kurzzeitpflege

Hierunter versteht man die Pflege in einer vollstationären Einrichtung bis zu vier Wochen pro Kalenderjahr. Sie ist für die Fälle gedacht, in denen eine häusliche oder teilstationäre Pflege nicht ausreicht, um eine Übergangszeit nach stationärer Behandlung oder eine sonstige Krisensituation zu überbrücken.

§ 4 D

➤ Vollstationäre Pflege

Sie ist angezeigt, wenn eine häusliche oder teilstationäre Pflege nicht möglich ist oder wegen der Besonderheit des Pflegefalles nicht in Betracht kommt.

§ 4 E

➤ Soziale Sicherung der Pflegepersonen

Der VR zahlt für diese Personen unter bestimmten Voraussetzungen Beiträge zur gesetzlichen Rentenversicherung, da sie während der Pflege keiner anderen Erwerbstätigkeit mit Aufbau eines Rentenanspruchs nachgehen können.

§ 4 F

➤ Leistungen bei Pflegezeit der Pflegeperson

Für Pflegepersonen, die als Beschäftigte von der Arbeitsleistung vollständig freigestellt werden oder deren Beschäftigung durch Reduzierung der Arbeitszeit zu einer geringfügigen Beschäftigung wird, zahlt der VR Zuschüsse zur Kranken- und Pflegepflichtversicherung sowie Beiträge zur Arbeitslosenversicherung.

§ 4 G

➤ Pflegekurse für Angehörige und ehrenamtliche Pflegepersonen

Diese Personen können zur Verbesserung ihrer Pflegefertigkeit kostenfrei Pflegekurse besuchen, die der VR in der Regel organisiert.

Leistungen für Pflegebedürftigkeit mit erheblichem allgemeinen Betreuungsbedarf

Die Leistungen für Menschen mit erheblich eingeschränkter Alltagskompetenz im ambulanten Bereich werden verbessert. Das gilt zum Beispiel für Demenzkranke, geistig Behinderte und psychisch Kranke. Diese Menschen erhalten zukünftig je nach Betreuungsbedarf Leistungen bis zu 100,00 € monatlich (Grundbetrag) bzw. bis zu 200,00 € monatlich (erhöhter Betrag) an Zuschüssen. Erstmals erhalten auch Personen mit erheblich eingeschränkter Alltagskompetenz, die noch nicht eine Pflegestufe erreichen, diese Leistungen. MB/PPV 2009 § 4 H

Individuelle Pflegeberatung

§ 4 I

Personen, die Leistungen nach dem Pflegeversicherungsgesetz (Pflegebedürftige, Ratsuchende im Vorfeld von Pflegebedürftigkeit, pflegende Angehörige, demenziell Erkrankte und ihre Familien) erhalten, haben ab 1. Januar 2009 einen kostenlosen Anspruch auf individuelle Beratung und Hilfestellung durch eine Pflegeberaterin oder einen Pflegeberater.

Für diese Pflegeberatung hat der PKV-Verband ein eigenständiges Konzept entwickelt und eine eigene Gesellschaft, die **COMPASS** Private Pflegeberatung GmbH, ins Leben gerufen.

Das Beratungsangebot der privaten Pflegepflichtversicherung unterscheidet sich in zentralen Punkten von dem Beratungsangebot der sozialen Pflegeversicherung. Die PKV bietet für ihre Versicherten eine individuelle und aufsuchende Pflegeberatung, während bei der sozialen Pflegeversicherung die Beratungsleistung in so genannten Pflegestützpunkten an festen Standorten durchgeführt werden soll.

b) Pflegestufen

Die Höhe der Leistungen für häusliche Pflege oder Pflegegeld und für teilstationäre Pflege richten sich nach der Pflegestufe, die der vom privaten Pflegeversicherer bestellte **ärztliche Dienst** beim Pflegebedürftigen feststellt.

§ 1 (6)

Pflegestufe	Hilfebedarf	Zeitaufwand (Tagesdurchschnitt)
I erheblich pflegebedürftig	– bei wenigstens 2 Verrichtungen mindestens 1-mal täglich – zusätzlich in der Woche Hilfen bei der hauswirtschaftlichen Versorgung	1,5 Stunden
II Schwer pflegebedürftig	– mindestens 3-mal täglich zu verschiedenen Tageszeiten – zusätzlich in der Woche Hilfen bei der hauswirtschaftlichen Versorgung	3 Stunden
III schwerstpflegebedürftig	– rund um die Uhr, auch nachts – zusätzlich in der Woche Hilfen bei der hauswirtschaftlichen Versorgung	5 Stunden

MB/PPV 2009 § 1 (5)

Als gewöhnlich und regelmäßig wiederkehrende Verrichtungen bei der Pflegebedürftigkeit zählen:

- Körperpflege: Waschen, Duschen, Baden, Zahnpflege, Kämmen, Rasieren, Darm- und Blasenentleerung.
- Ernährung: Zubereitung des Essens oder Nahrungsaufnahmen.
- Mobilität: Das selbstständige Aufstehen und Zubettgehen, An- und Auskleiden, Gehen, Stehen, Treppensteigen und das Verlassen und Wiederaufsuchen der Wohnung.
- Hauswirtschaftliche Versorgung: Einkaufen, Kochen, Wohnungspflege, Geschirr spülen, Wäsche waschen, Kleidung wechseln, Heizen.

Die Feststellung der Pflegebedürftigkeit wird durch den ärztlichen Dienst der privaten Pflegepflichtversicherung, die **MEDICPROOF** Gesellschaft für medizinische Gutachten mbH, vorgenommen. Sie übernimmt die Begutachtung der privat versicherten Antragsteller.

Die Internetadresse lautet:

www.medicproof.de

Beispiel:
Frau Schmitt ist durch multiple Sklerose an den Rollstuhl gebunden.

Herr Schmitt hilft seiner Frau im Bereich der Körperpflege (Waschen, Zahnpflege, Toilettengang), der Mobilität (Aufstehen, Zubettgehen, An- und Auskleiden, Rollstuhl) und der hauswirtschaftlichen Versorgung (Einkaufen, Kochen usw.). Für diese Verrichtungen benötigt er durchschnittlich vier Stunden am Tag. Frau Schmitt wird als schwer pflegebedürftig in Pflegestufe II eingruppiert.

c) Leistungsumfang

Im Einzelnen werden in der Pflegepflichtversicherung seit dem 1. Jan. 2011 folgende Leistungen in Abhängigkeit von den verschiedenen Pflegestufen gewährt:

SGB XI §§ 36 ff. MB/PPV 2009 § 4

Leistungsart	Pflegestufe I	Pflegestufe II	Pflegestufe III
Häusliche Pflege			
• Sachleistungen monatlich bis:	440,00 €	1 040,00 €	1 510,00 € (1 918,00 € Härtefall)
• Pflegegeld (anstelle Sachleistungen) monatlich bis:	225,00 €	430,00 €	685,00 €
• Pflegehilfsmittel zum Verbrauch monatlich:	31,00 €	31,00 €	31,00 €
• technische Hilfsmittel	leihweise oder Erstattung. 10 %ige Selbstbeteiligung je Hilfsmittel, max. 25,00 €		
• Verbesserung des Wohnungsumfeldes:	Zuschüsse bis zu 2 557,00 € pro Maßnahme (Berücksichtigung einer angemessenen Selbstbeteiligung)		
• häusliche Pflege bei Verhinderung der Pflegeperson – durch nahe Angehörige – durch sonstige Personen	bis 225,00 € im Jahr Die Erstattung ist im Einzelfall auf 1 510,00 € im Jahr begrenzt.	bis 430,00 € im Jahr	bis 685,00 € im Jahr

Leistungsart	Pflegestufe I	Pflegestufe II	Pflegestufe III
Häusliche Pflege (Fortsetzung)			
• soziale Sicherung der Pflegepersonen	Beiträge zur gesetzlichen Rentenversicherung Schutz in der gesetzlichen Unfallversicherung		
Teilstationäre Pflege			
• Kostenerstattung monatlich bis:	440,00 €	1 040,00 €	1 510,00 €
Kurzzeitpflege stationär			
	bis zu 1 510,00 € jährlich		
Vollstationäre Pflege			
• Pflegeaufwendungen monatlich bis:	1 023,00 €	1 279,00 €	1 510,00 € (1 825,00 € Härtefall)
• Pflege in vollstationären Einrichtungen der Behindertenhilfe	10 % des Heimentgelts, höchstens 256,00 € monatlich		
	Die Aufwendungen für Unterkunft und Verpflegung müssen die Pflegebedürftigen selbst tragen.		

Bei beihilfeberechtigten Personen kürzt sich die Leistung um den von der Beihilfe erstatteten Betrag.

Leistungen für die häusliche (ambulante) Pflege werden seit dem 01. April 1995 gewährt. Für die vollstationäre Pflege erfolgt eine Leistung seit 01. Juli 1996.

Beispiel für ambulante Pflegeleistung:

Herr Hinz leidet an der Alzheimerschen Krankheit und ist schwerstpflegebedürftig (Pflegestufe III). Die Pflege wird täglich in seiner Wohnung von der ökumenischen Diakoniestation durchgeführt. Für die Pflege werden monatlich 1 800,00 € berechnet. Der VR übernimmt in diesem Fall 1 510,00 € der Kosten.

d) Kombination von Aufwendungsersatz und anteiligem Pflegegeld

Wird der Aufwendungsersatz von der versicherten Person nur teilweise in Anspruch genommen, erhält sie daneben noch ein anteiliges Pflegegeld. Der Anteil berechnet sich nach dem Verhältnis zwischen dem jeweiligen Höchstbetrag für den Aufwendungsersatz und dem tatsächlich in Anspruch genommenen Leistungsbetrag. Entsprechend diesem Verhältnis besteht ein Anspruch auf ein anteiliges Pflegegeld.

MB/PPV 2009 § 4 (5)

An die Entscheidung, in welchem Verhältnis die versicherte Person Pflegegeld und Aufwendungsersatz in Anspruch nehmen will, ist die Person für die Dauer von sechs Monaten gebunden.

Beispiel:

Eine versicherte Person der Pflegestufe I nimmt Aufwendungsersatz in Höhe von 264,00 € in Anspruch. Der ihr zustehende Höchstbetrag für Sachleistungen beläuft sich auf 440,00 €. Somit hat sie den Betrag zu 60 % ausgeschöpft. Vom Pflegegeld (das anstelle von Sachleistungen gewährt wird) in Höhe von 225,00 € stehen ihr noch 40 %, also 90,00 € zu.

2.4.3 Reform der Pflegepflichtversicherung

Die Reform der Pflegepflichtversicherung wurde bereits am 1. Juli 2008 durch das Pflege-Weiterentwicklungsgesetz eingeleitet. Im Mittelpunkt der Reform steht die stufenweise Verbesserung der Leistungen, welche bis 2012 eine schrittweise Anhebung der ambulanten Sachleistungen, des Pflegegeldes, der Leistungen zur Tagespflege sowie der stationären Leistungen vorsieht. Diese Leistungen unterliegen einem schleichenden Werteverfall und müssen auch zukünftig weiter angepasst werden.

Die Reform der Pflegeversicherung will ferner den Grundsatz »ambulant vor stationär« stärken.

Ab 1. Januar 2012 werden die finanziellen Pflegeleistungen wie folgt festgesetzt:

Leistungsart	Pflegestufe I	Pflegestufe II	Pflegestufe III
Häusliche Pflege ● Sachleistungen ● Pflegegeld	 450,00 € 235,00 €	 1 100,00 € 440,00 €	 1 550,00 € 700,00 €
Kurzzeitpflege	bis zu 1 550,00 € jährlich		
Vollstationäre Pflege	1 023,00 €	1 279,00 €	1 550,00 € 1 918,00 € (Härtefall)

Das Pflege-Weiterentwicklungsgesetz sieht unter anderem folgende weitere Änderungen vor:

- Ausweitung der Leistungen auf Menschen mit eingeschränkter Alltagskompetenz (z. B. Demenzkranke) durch Zahlung eines Betreuungsbetrages bereits in »Pflegestufe 0«.
- Leistungsdynamisierungen, d. h. künftig werden in einem dreijährigen Rhythmus die Pflegeleistungen dynamisiert.
- Förderung der Pflege durch Angehörige durch das Pflegezeitgesetz (sozial abgesicherte Freistellung von der Arbeit).
- Auch in der privaten Pflegepflichtversicherung werden soziale Regelungen zur Tragung der Beiträge bei niedrigen Einkommen analog zum Basistarif in der PKV geschaffen.
- Die Portabilität der Alterungsrückstellungen (vgl. A 4.1.3) wird auch für die private Pflegepflichtversicherung ab 1. Januar 2009 für Neu- und Bestandsfälle eingeführt
- Zur Stärkung der Eigenvorsorge wird den Pflegekassen der GKV die Möglichkeit eingeräumt, private Pflege-Zusatzversicherungen zu vermitteln.

Die weiteren Reformbestrebungen der Bundesregierung sehen für das Jahr 2012 die Einführung einer kapitalgedeckten Pflegezusatzversicherung vor. Die Versicherten sollen dann verpflichtet werden, per Zusatzpolice eine Kapitalreserve aufzubauen, um die Pflegeversicherung für den demographischen Wandel sicher zu machen.

Ferner könnte es künftig statt der drei Pflegestufen fünf Bedarfsklassen geben, mit denen auch körperlich gesunde, aber geistig verwirrte Personen, erfasst werden.

Experten sind sich einig, dass auch die künftige staatliche Pflegeversicherung nur einen Teilschutz bieten kann, welcher durch private Pflegezusatzversicherungen ergänzt werden muss. Dies hat die Bundesregierung auch in ihrem Koalitionsvertrag festgeschrieben: »Alle Bemühungen um eine finanzielle Absicherung des Pflegerisikos im Rahmen der Pflegeversicherung entbinden den Einzelnen aber nicht davon, seine Eigenverantwortung und Eigeninitiative zur Absicherung des Pflegerisikos und zur Gestaltung der Pflege wahrzunehmen.«

2.5 Sonstige Versicherungsarten

2.5.1 Ambulante Zusatzversicherung

Wegen der Kostenexplosion im Gesundheitswesen sind die Leistungen der GKV erheblich reduziert und die Eigenbeteiligungen der gesetzlich Versicherten wesentlich erhöht worden. Für die GKV-Versicherten bietet die PKV deshalb in verstärktem Umfang ambulante Ergänzungsversicherungen an, mit denen die Einschränkungen aufgefangen werden können. Die Leistungsbereiche der **ambulanten Ergänzungsversicherung** sind vorwiegend:

Zahnärztliche Behandlung, Zahnersatz und Kronen, Brillen, Heilmittel, Auslandsreiseversicherungsschutz.

Bei Ergänzungsversicherungen werden nach Vorleistung durch die GKV die verbleibenden Aufwendungen je nach Tarif in unterschiedlicher Höhe durch die PKV übernommen.

2.5.2 Krankenhaus-Zusatzversicherung

Die Krankenhaus-Zusatzversicherung deckt die von der GKV nicht getragenen Kosten bei der Inanspruchnahme von Wahlleistungen im Krankenhaus.

Beispiel:
Herr Müller ist gesetzlich pflichtversichert. Um über den Grundschutz der gesetzlichen Krankenversicherung hinaus versichert zu sein, schließt er einen Zusatztarif für stationäre Heilbehandlung bei einem privaten Krankenversicherer ab. Im Krankenhaus kann er sich nun als privat versicherte Person behandeln lassen, da seine Zusatzversicherung die von der GKV nicht getragenen Kosten im Rahmen des vereinbarten Tarifs übernimmt.

2.5.3 Krankenhaus-Tagegeldversicherung

a) Gegenstand der Versicherung

Bei einer **Krankenhaus-Tagegeldversicherung** (KHT-Versicherung) wird für jeden Tag einer medizinisch notwendigen **stationären** Behandlung ohne Kostennachweis ein Festbetrag (= versicherter Tagessatz) geleistet.

Gründe für den Abschluss einer KHT-Versicherung:

- Deckung von Krankenhauskosten, die nicht durch eine Krankheitskostenversicherung gedeckt sind
- Kosten einer Haushaltshilfe (ferner: Kinderbetreuungskosten)
- Kosten eines Stellvertreters im eigenen Betrieb
- Fahrtkosten von Angehörigen für Krankenbesuche
- Kosten der Rekonvaleszenz
- Kostentragung für zusätzlichen Bedarf (z. B. Sonderwünsche wie Telefon, Fernsehapparat usw. im Krankenhaus)
- Deckung des Eigenanteils von 10,00 € täglich für maximal 28 Tage im Kalenderjahr bei gesetzlich Krankenversicherten (vgl. A 1.2.4)

b) Leistung

Für jeden Tag der stationären Behandlung wird ein fester Betrag fällig, wobei der erste und der letzte Tag jeweils als ein Tag gelten. Ein Kostennachweis ist nicht erforderlich.

Beispiel:

Frau Maier befindet sich vom 20. Okt. d.J. bis zum 07. Nov. d.J. zur stationären Behandlung im Krankenhaus. Sie hat eine Krankenhaus-Tagegeldversicherung in Höhe von 25,00 €/Tag abgeschlossen.

Leistung: 20. Okt.–07. Nov. = 19 Tage

19 Tage · 25,00 €/Tag = 475,00 € Versicherungsleistung

BSG Az: B4 AS 90/10R

Nach einer Entscheidung des Bundessozialgerichts vom 18. Januar 2011 dürfen Zahlungen aus einer Krankenhaustagegeld-Versicherung grundsätzlich auf Leistungen der Grundsicherung für Arbeitssuchende (z.B. Bezieher von Arbeitslosengeld II) nach dem SGB II anrechnet werden.

2.5.4 Ergänzungsversicherungen zur Pflegepflichtversicherung

Beispiel:

Herr Kreuzer ist nach mehreren Schlaganfällen dauerhaft auf fremde Hilfe angewiesen. Da eine ambulante Pflege nicht möglich ist, muss er stationär in einem Pflegeheim untergebracht werden. Vom medizinischen Dienst wird Herr Kreuzer in die Pflegestufe III eingruppiert. Das Pflegeheim Katharinenstift berechnet folgenden Tagessatz:

Pflege-Tagessatz:	74,78 €
Unterkunft, Verpflegung:	26,76 €
Investitionsanteil:	14,36 €
Gesamttagessatz:	115,90 €

Für den Monat Januar 2011 muss Herr Kreuzer 3 592,90 € für die stationäre Unterbringung aufwenden. Zu diesen Aufwendungen müssen noch Kosten für persönliche Bedürfnisse wie Kleidung, Friseur, zusätzliche Getränke hinzugerechnet werden. Zur Begleichung dieser Kosten reichen die eigene Rente und die Grundleistung der er sozialen Pflegepflichtversicherung in Höhe von 1 470,00 € bei weitem nicht aus.

Die soziale und die private Pflegepflichtversicherungen stellen lediglich eine Grundversorgung dar. Wie das obige Beispiel darstellt, sind die tatsächlichen Kosten bei Pflegebedürftigkeit erheblich höher. Deshalb bieten die privaten Krankenversicherer Ergänzungsversicherungen zur privaten und zur sozialen Pflegepflichtversicherung für privat und gesetzlich versicherte Personen an. Mit dieser Versicherung können die Leistungsansprüche über die gesetzliche Grundversorgung hinaus erweitert und somit an die individuellen Bedürfnisse angepasst werden.

VVG § 192 (6) AVB/EPV 2008

In der Praxis werden diese Ergänzungsversicherungen in den beiden folgenden Varianten angeboten, die auch das VVG vorsieht:

➤ **Pflegetagegeldversicherung**

Die Pflegetagegeldversicherung zahlt ein Tagegeld für jeden Tag der festgestellten Pflegebedürftigkeit nach Ablauf einer tariflichen Karenzzeit, und zwar ohne dass die tatsächlichen Kosten nachgewiesen werden müssen.

Das Tagegeld wird in der Regel auch nach den drei Pflegestufen gestaffelt geleistet. Es sind Tagesgeldsätze zwischen 10,00 € und 150,00 € (in 5,00 €-Schritten) möglich

Versicherungsfähig sind jedoch nur Personen bis zu einem Alter zwischen 65 und 70 Jahren.

Beispiel:

Pflegestufe	Tagegeld in % des versicherten Tagessatzes
I	30 %
II	60 %
III	100 %

Beim Abschluss von z. B. 50,00 € pro Tag sind folgende Leistungen fällig: Stufe I 15,00 €, Stufe II 30,00 € und Stufe III 50,00 € Tagesgeld.

➤ Pflegekostenversicherung

Diese Versicherung sieht eine Aufstockung der Leistungen der privaten bzw. sozialen Pflegepflichtversicherung vor. Nach Ausschöpfung der Höchstsätze der Pflegepflichtversicherung werden verbleibende Aufwendungen bis zu einer bestimmten Höhe übernommen.

Die Pflegekostenversicherung ersetzt z. B. bis zu 50 % der nach Vorleistung der Pflichtversicherung verbliebenen Pflegekosten.

Das Aufnahmehöchstalter für diese Zusatztarife beträgt je nach VR und Tarif zwischen 50 und 65 Jahre.

Steuerzahler haben die Möglichkeit, die Pflegekosten (abzüglich der Leistungen aus der Pflegeversicherung) als **außergewöhnliche Belastung** geltend zu machen.

2.5.5 Auslandsreisekrankenversicherung

a) Zweck

Zweck der **Auslandsreisekrankenversicherung** ist die Absicherung der Kosten einer Heilbehandlung von Krankheiten oder Unfallfolgen bei **vorübergehendem Auslandsaufenthalt** bis zur Dauer von etwa **fünf** Jahren.

Die Auslandsreisekrankenversicherung dient der Absicherung für private und berufliche Auslandsaufenthalte.

Krank im Ausland

Vier junge Hamburger wollten nach bestandenem Abitur Amerika erobern. Für die Dauer eines halben Jahres schlossen sie eine private Reise-Krankenversicherung ab. In Houston (Texas) wurde einer von ihnen bei grünem Fußgängerlicht von einem Motorrad erfasst.
Schwere Gehirnquetschungen machten einen mehrere Wochen dauernden Aufenthalt auf der Intensivstation notwendig. Nach zwei Monaten Krankenhausbehandlung konnte er in Begleitung seiner Angehörigen und einer Krankenschwester nach Deutschland geflogen werden. Der Verkehrssünder auf dem Motorrad war allerdings nicht versichert, und die Behandlungs- und Rückflugkosten von 112 500,00 € konnte er selbst nicht aufbringen.
Die in Deutschland zuständige gesetzliche Krankenkasse lehnte eine Kostenübernahme ab: Transportkosten darf sie nämlich nicht tragen. Und mit den USA gibt es kein Sozialversicherungsabkommen.
So beglich die Rechnung die private Reise-Krankenversicherung.

b) Gründe für den Abschluss

- **Ergänzung des gesetzlichen Krankenversicherungsschutzes**

  Die GKV erbringt nur Leistungen, wenn das Aufenthaltsland der Europäischen Union (EU) angehört oder ein Sozialversicherungsabkommen mit der Bundesrepublik abgeschlossen hat. Aufwendungen für einen notwendigen medizinischen Krankenrücktransport in die Bundesrepublik Deutschland werden von der GKV grundsätzlich nicht übernommen.

- **Ergänzung des privaten Krankenversicherungsschutzes**

  In der PKV erstreckt sich der Versicherungsschutz auf Europa. Bei außereuropäischem Aufenthalt ist der Versicherungsschutz eingeschränkt oder sogar ausgeschlossen (vgl. A 5.2).

  Für privat Versicherte kann der Abschluss einer Auslandsreisekrankenversicherung zudem sinnvoll sein, um

  - im Ausland keinen Selbstbehalt zu haben,
  - trotz einer Erkrankung im Ausland die Beitragsrückerstattung der Vollversicherung beanspruchen zu können (vgl. A 4.1.8),
  - Ersatz für die Aufwendungen eines medizinisch notwendigen Rücktransports zu erhalten, der im versicherten Tarif evtl. nicht enthalten ist.

- **Berufsbedingter Auslandsaufenthalt**

  Für Auslandsaufenthalte beruflicher Art empfiehlt es sich, dass der Arbeitgeber für seine Mitarbeiter eine Auslandsreisekrankenversicherung abschließt (z. B. in Form von Gruppenversicherungen), da der Versicherungsschutz aus der GKV bzw. PKV evtl. nicht besteht oder nur unzureichend ist.

c) Arten und Leistungen

Arten von Auslandsreisekrankenversicherungen		
Bezeichnung	**Aufenthaltsdauer**	**Umfang**
Kurzfristige Auslandsreise-krankenversicherung	bis zu 6 Wochen	Die Versicherung bezieht sich auf eine einzige Reise, die während der Vertragslaufzeit stattfindet. Der Beitrag setzt sich meist aus Einzelprämien pro Reisetag zusammen.
Mittelfristige Auslandsreise-krankenversicherung	bis zu 12 Monaten	Diese Vertragsvariante deckt alle Auslandsreisen ab, die der Versicherte während der einjährigen Laufzeit unternimmt. Die Höchstdauer pro Reise ist meist auf 42 Tage begrenzt.
Langfristige Auslandsreise-krankenversicherung	1–5 Jahre	Diese Vertragsform ist für Personen vorgesehen, die sich aus beruflichen Gründen oder wegen ihrer Ausbildung längere Zeit im Ausland aufhalten.

Die Auslandsreisekrankenversicherungen umfassen in der Regel folgende Leistungen: Ambulante und stationäre Heilbehandlungen, schmerzstillende Zahnbehandlungen, einfache Zahnfüllungen und Reparaturen von Zahnersatz, Transport zum nächsten Krankenhaus oder Notarzt durch Rettungsdienste, medizinisch notwendiger Rücktransport in die Heimat, Überführungskosten im Todesfall bis zu 12 000,00 € oder Bestattungskosten im Ausland.

Der Versicherungsschutz ist in der Regel in folgenden Fällen ausgeschlossen:

- bei Vorerkrankungen,
- bei Behandlungen im Ausland, die der alleinige Grund oder einer der Gründe für die Auslandsreise waren,
- bei Behandlungen, die bereits vor der Reise begonnen wurden und währenddessen fortgeführt werden müssen (außer, wenn die Reise wegen des Todes des Ehegatten oder eines Verwandten ersten Grades unternommen wurde),
- Kosten für Untersuchung und Behandlung, die bei Schwangerschaft auftreten (außer bei akuten Schwangerschaftskomplikationen und Fehlgeburten).

In der Auslandsreise-Krankenversicherung sind grundsätzlich alle Personen versicherbar, die einen ständigen Wohnsitz in Deutschland haben. Üblicherweise umfasst die Auslandsreise-Krankenversicherung keinen Versicherungsschutz für Reisen von in Deutschland wohnenden Ausländern in ihr Heimatland. Allerdings versichern die meisten PKV-Unternehmen auch Angehörige eines EU-Staates bzw. Personen, die außer der deutschen Staatsangehörigkeit ebenfalls die Staatsangehörigkeit des jeweiligen Reiselandes besitzen.

Die meisten VR bieten ihren Auslands-Krankenversicherungsschutz nur Personen bis zu einem bestimmten Höchstalter (60–75 Jahre) an.

2.5.6 Kurversicherung

Die Kosten des Aufenthaltes in einer Heilstätte oder einem Sanatorium werden von der PKV nicht generell erstattet. Leistungen für Heilstätten- oder Sanatoriumsaufenthalt, mit Ausnahme von Tuberkulose-Erkrankungen (Tbc), werden grundsätzlich nur erbracht, wenn der Tarif entsprechende Leistungen auch vorsieht. Die VR bieten deshalb Spezialtarife an, die meistens nur als **unselbstständige Teilversicherung** (Zusatzversicherung) abgeschlossen werden können.

Die Kurversicherung wird in Form einer **Kurkostenversicherung** oder einer **Kurtagegeldversicherung** angeboten. Die Leistungen in der Kurkostenversicherung sind i. d. R. auf Höchstsätze pro Tag beschränkt. Bei der Kurtagegeldversicherung erfolgt die Zahlung des vereinbarten Tagessatzes. Bei beiden Formen ist die Dauer der Zahlung zeitlich beschränkt (z. B. auf 28 Tage).

2.5.7 Private studentische Krankenversicherung

Für alle Studenten, die an staatlichen oder staatlich anerkannten Hochschulen eingeschrieben sind, besteht bis zum Abschluss des 14. Fachsemesters, längstens bis zur Vollendung des 30. Lebensjahres, Versicherungspflicht. SGB V § 5 (1) Ziff. 9

Eine Versicherungspflicht ist nicht gegeben, solange der Student über die Familienversicherung der GKV bei seinen Eltern kostenlos mitversichert ist. Das ist in der Regel bis zur Vollendung des 25. Lebensjahres der Fall. § 10 (2) Nr. 3

Studenten haben die Möglichkeit, sich innerhalb von drei Monaten nach Eintritt der Versicherungspflicht (= erstmalige Einschreibung als Student) befreien zu lassen. § 8 (1) Ziff. 5

Eine erneute Befreiungsmöglichkeit mit Beginn des nächsten Semesters ist ausgeschlossen. Die Befreiung gilt für die Dauer der Versicherungspflicht als Student. Sie kann nicht widerrufen werden.

Für Studenten, die von der Versicherungspflicht befreit oder die nicht mehr versicherungspflichtig sind, bieten die privaten Krankenversicherungsunternehmen mit dem

Tarif PSKV (Private studentische Krankenversicherung) einen **Gemeinschaftstarif** an. Dieser sieht allerdings nur einen **Mindestversicherungsschutz** vor. Der Tarif bietet im Rahmen bestimmter Leistungshöchstsätze Versicherungsschutz für ambulante und stationäre Heilbehandlung sowie für Zahnbehandlung und Zahnersatz.

Die Versicherung nach dem PSKV-Tarif endet spätestens mit der Vollendung des 34. Lebensjahres. Der Monatsbeitrag ist bei allen Versicherungsunternehmen gleich.

Bei Wegfall der Versicherungsfähigkeit, also bei Aufgabe des Studiums oder bei Vollendung des 34. Lebensjahres, kann i. d. R. in Höhe des bisherigen Versicherungsschutzes ohne Risikoprüfung eine Umstellung in eine Krankheitskosten-Vollversicherung vorgenommen werden. Die Versicherungszeit nach dem Tarif PSKV wird auf die Wartezeiten angerechnet (vgl. A 5.1).

BAföG-Empfänger erhalten vom Amt für Ausbildungsförderung einen Zuschuss zum Krankenversicherungsbeitrag, wenn sie das Bestehen eines Krankenversicherungsschutzes nachweisen. Auch für den PKV-Schutz wird dieser Zuschuss gewährt. Er beträgt 62,00 €, der Zuschuss zur Pflegepflichtversicherung 11,00 €.

2.5.8 Anwartschaftsversicherung

Eine **Anwartschaftsversicherung** dient der Wahrung von Rechten in Zeiten, in denen der Versicherte einen Anspruch auf tarifliche **Leistungen nicht benötigt.** Dies ist beispielsweise der Fall, wenn der Versicherte vorübergehend anderweitige Leistungsansprüche hat.

Beispiel:
Der Versicherte hat Anspruch auf freie Heilfürsorge während der Ableistung des Wehrdienstes. Nach Ablauf des Wehrdienstes kann er sofort wieder in die PKV wechseln.

Einen vorübergehend entbehrlichen Krankenversicherungsschutz aufzuheben und bei erneutem Bedarf einen neuen zu begründen ist aus folgenden Gründen nicht ratsam:

- Berücksichtigung von Wartezeiten
- erneute Gesundheitsprüfung
- höheres Eintrittsalter und damit höherer Beitrag

Durch eine Anwartschafts- oder Ruhensversicherung werden diese Nachteile vermieden.

Arten von Anwartschaftsversicherungen	
Große Anwartschaftsversicherung	**Kleine Anwartschaftsversicherung**
• Bei Umwandlung in den gewünschten Tarif wird das ursprüngliche Eintrittsalter (= Eintrittsalter, das zu Beginn der Anwartschaftszeit gültig war) der Beitragsberechnung zugrunde gelegt. • Der Anwartschaftsbeitrag enthält einen Sparbeitrag zum Aufbau einer Alterungsrückstellung. • Höhere Anwartschaftsbeiträge.	• Bei Umwandlung in den gewünschten Tarif wird das Eintrittsalter zum Zeitpunkt der Umwandlung zugrunde gelegt. • Es wird keine Alterungsrückstellung gebildet. • Geringere Anwartschaftsbeiträge.

Für den Abschluss einer Anwartschaftsversicherung kommen insbesondere folgende Personenkreise infrage:

- Personen mit Anspruch auf freie Heilfürsorge, die zu einem vorhersehbaren Zeitpunkt erlischt bzw. sich verringert (z. B. bei Berufsoldaten, Soldaten auf Zeit, Wehrdienstpflichtigen, Angehörigen des Bundesgrenzschutzes, der Polizei und zum Teil der Feuerwehr).

Beispiel:
Herr Keller ist Berufsoffizier bei der Bundeswehr. Während seiner aktiven Dienstzeit benötigt er keinen Krankheitskostenversicherung, da er Anspruch auf freie Heilfürsorge hat. Nach Beendigung der aktiven Dienstzeit entfällt die freie Heilfürsorge. Herr Keller hat dann einen Beihilfeanspruch als Versorgungsempfänger. Zur Abdeckung der Differenz zwischen Beihilfe und tatsächlichem Kostenaufwand muss Herr Keller dann eine Krankheitskosten-Vollversicherung nach dem Quotentarif abschließen.

- Versicherungspflichtige Personen ohne Befreiungsmöglichkeit und Personen mit Anspruch auf Familienversicherung, die in absehbarer Zeit die Möglichkeit haben werden, sich privat zu versichern.
- Bereits versicherte Personen, die sich in einer außergewöhnlichen Notlage (z. B. Arbeitslosigkeit) befinden.
- Bereits versicherte Personen, die einen längeren Auslandsaufenthalt antreten.

Mit der Anwartschaftsversicherung erwirbt der Kunde folgende Ansprüche:

- Es erfolgt bei Umwandlung keine erneute Risikoprüfung.
- Die Dauer der Anwartschaftsversicherung wird auf die Wartezeiten der gewählten Tarife angerechnet.

Während der Dauer der **Anwartschaftsversicherung besteht kein Leistungsanspruch**.

Der Beitrag für Anwartschaftsversicherungen errechnet sich in Prozentsätzen vom jeweiligen Tarifbeitrag. Die Prozentsätze sind abhängig vom Tarif, vom Geschlecht und von der zurückgelegten Versicherungsdauer.

Sonderform: Ruhensversicherung

Bei **Arbeitslosigkeit** kann die Versicherung bis zu 3 Jahren ruhen. Für die ersten sechs Monate der Arbeitslosigkeit sind keine Ruhensbeiträge zu zahlen. Anschließend zahlt der VN Anwartschaftsbeiträge.

Diese können auch durch einen monatlichen Beitragszuschlag nach dem Ende der Ruhenszeit nacherhoben werden.

Eine **Ruhensvereinbarung** kann auch für folgende Fälle getroffen werden:

- vorübergehender Auslandsaufenthalt
- wirtschaftliche Notlage

2.5.9 Gruppenversicherung

Die Gruppenversicherung bietet Versicherungsschutz für eine größere Anzahl gleichartig Versicherter (z. B. die Mitarbeiter eines Betriebes), die in einem Vertrag zusammengeschlossen sind.

Voraussetzungen für den Abschluss von Gruppenversicherungsverträgen sind:

- Der zu versichernde Personenkreis muss nach objektiven Merkmalen exakt umschrieben sein.

Beispiel:
Die leitenden Mitarbeiter der Firma Südweststahl GmbH.

- Es muss eine Mindestzahl von Mitarbeitern versichert werden.
- Falls der Arbeitgeber den Beitrag nicht im Lohnabzugsverfahren einzieht, muss Abrufmöglichkeit im Wege des Lastschriftverfahrens von einem Konto des Mitarbeiters gegeben sein. Den Abruf veranlasst der VR.

Gruppenversicherungsverträge können z.B. abgeschlossen werden mit
- Arbeitgeber für deren Arbeitnehmer, wenn eine objektiv abgrenzbare Mitarbeitergruppe versichert wird mit mindestens 20 Mitgliedern und mindestens 90 % Teilnahme aus der Arbeitnehmergruppe.
- Vereinigungen von Freiberufler bzw. Vereinigungen von Selbstständigen, z.B. Journalistenverbände, Ärztekammern, Rechtsanwaltskammern.

Gruppenversicherungsverträge bezwecken in erster Linie die Ersparnis von Verwaltungskosten, aber auch die Vereinfachung oder gar den Verzicht auf Gesundheitsprüfungen und Wartezeiten.

Die BaFin überwacht die Gestaltung von Gruppenversicherungsverträgen und überprüft die zugesicherten Vergünstigungen. Die Vergünstigungen können beispielsweise in Gewährung von Nachlässen von 5 % auf den Tarifbeitrag für Einzelversicherungen als Ausgleich für die geringeren Verwaltungskosten oder in der Mitversicherung von Familienangehörigen bestehen.

2.5.10 Restschuldversicherung

Die **Restschuldversicherung** ist eine besondere Form der Krankentagegeldversicherung. Die Bedeutung der Restschuldversicherung liegt in der **Absicherung** von **Kredit-,** insbesondere von **Abzahlungsgeschäften**. Durch sie soll sichergestellt sein, dass auch im Krankheitsfall die eingegangenen Rückzahlungsverpflichtungen erfüllt werden können. Leistungen werden i. d. R. ab dem 31. Tag der Arbeitsunfähigkeit in Höhe von 1/30 der monatlich fälligen und versicherten Rückzahlungsrate gewährt.

Lernkontrollen zu A 2

Versicherungsarten, Tarifformen und Leistungen

1 Erläutern Sie, inwieweit die PKV Schadenversicherung bzw. Summenversicherung ist, und geben Sie Tarifbeispiele.

2 Herr Wohlfahrt ist seit 12 Jahren als Angestellter ununterbrochen in der GKV pflichtversichert. Da sein Einkommen die Jahresarbeitsentgeltgrenze überschritten hat, trägt er sich mit dem Gedanken, die gesetzliche Versicherung zu kündigen und eine private Krankenversicherung abzuschließen.

Herr Wohlfahrt bittet um ein Beratungsgespräch. Am Telefon schildert er Ihnen bereits, dass seine Ehefrau nicht berufstätig ist und sein 16-jähriger Sohn Holger gerade die Realschule absolviert habe und jetzt die Berufsfachschule für Wirtschaft besuchen wird.

Arbeitsauftrag

a) Nehmen Sie eine Bedarfsanalyse für Familie Wohlfahrt vor, wenn der Versicherungsschutz aus der gesetzlichen Krankenversicherung fortfällt.

b) Welche Versicherungsarten und Tarifformen der privaten Krankenversicherung werden Sie Familie Wohlfahrt vorschlagen?

Anmerkung: Lassen Sie die Pflegepflichtversicherung zunächst noch außer Acht (vgl. hierzu Aufgabe 16).

3 Frau Schmitz soll aufgrund von Magen-Darm-Beschwerden in das Städtische Krankenhaus eingewiesen werden, weil sie dort nach Ansicht ihres Hausarztes am besten aufgehoben ist. Sie würde lieber im Krankenhaus an ihrem ständigen Urlaubsort behandelt werden. Kann sie als privat versicherte Person dieses Krankenhaus auswählen?

4 Erläutern Sie, was unter Managed Care zu verstehen ist und nennen Sie zwei Beispiele.

5 Herr Müller muss sich einer Kniegelenksoperation unterziehen. Er wählt eine orthopädische Fachklinik aus, in welcher er auch gleichzeitig die anschließende Kur- und Sanatoriumsbehandlung durchführen lassen kann. Was muss Herr Müller in diesem Fall beachten? Beraten Sie ihn.

6 Grenzen Sie Heil- und Hilfsmittel voneinander ab.

7 Herr Maier (ledig) ist als Beamter beim Landesamt für Umwelt tätig.

a) Ist Herr Maier ein potenzieller Kunde für die private Krankenversicherung (mit Begründung)?

b) Welchen Versicherungsschutz der privaten Krankenversicherung würden Sie ihm empfehlen und in welchem Umfang?

Anmerkung: Lassen Sie die Pflegepflichtversicherung zunächst noch außer Acht (vgl. hierzu Aufgabe 16).

8 Erläutern Sie, was unter Beitragsentlastungstarifen zu verstehen ist.

9 Zum 1. Januar 2009 wurde der neue Basistarif eingeführt. Beschreiben Sie den wesentlichen Unterschied zwischen dem Basistarif und dem Standardtarif.

10 Welche Personenkreise müssen generell im neuen Basistarif ab 1. Januar 2009 von den Unternehmen der PKV aufgenommen werden?

11 Herr Kleinert teilt der Proximus Krankenversicherungs-AG mit, dass er Anfang 2009 nach mehrjähriger freiberuflicher Tätigkeit im Ausland wieder nach Deutschland zurückkehren wird. Er will im neuen Basistarif versichert werden. Herr Kleinert war vor seinem Auslandsaufenthalt in Deutschland nicht krankenversichert. Prüfen Sie, ob die Proximus Krankenversicherung AG Herrn Kleinert in den Basistarif aufnehmen muss (mit Begründung).

12 Welche Besonderheiten kennzeichnen den Basistarif beim Vertragsabschluss?

13 Sie erhalten folgendes Schreiben:

Erika Müller
Domgasse 20
68950 Mannheim

Mannheim, 30. Juni . . .

Sehr geehrte Damen,
sehr geehrte Herren,

ich habe im Mai diesen Jahres an der Universität Mannheim mein Studium der Wirtschaftspädagogik mit bestandenem Examen abgeschlossen. Meine Bewerbung für das Lehramt an Beruflichen Schulen im Bundesland Baden-Württemberg war erfolgreich. Das Regierungspräsidium Karlsruhe hat mir heute schriftlich mitgeteilt, dass ich ab dem kommenden Schuljahr eine Referendarstelle an einer nordbadischen Schule zugeteilt bekomme. Meinen Dienst als Beamtin auf Widerruf werde ich am 14. September d. J. antreten.

Während meiner Studienzeit war ich im Rahmen der Familienversicherung gesetzlich krankenversichert. Ich interesssiere mich nun für den Abschluss einer privaten Krankenversicherung. Wie sollte der private Krankenversicherungsschutz gestaltet sein?

Für eine baldige Antwort wäre ich Ihnen sehr dankbar.

Mit freundlichen Grüßen

Erika Müller

- **Arbeitsauftrag**

Unterbreiten Sie Frau Müller schriftlich ein Versicherungsschutzangebot.

Anmerkung: Lassen Sie die Pflegepflichtversicherung zunächst noch außer Acht (vgl. hierzu Aufgabe 16).

14 Die kaufmännische Angestellte Nina Möller ist von der Versicherungspflicht befreit und beabsichtigt, im Rahmen der privaten Krankenversicherung auch eine Krankentagegeldversicherung abzuschließen. Frau Möller erhält die gesetzlich vorgesehene Gehaltsfortzahlung im Krankheitsfall gemäß Tarifvertrag zu 100 %.

Die Proximus Krankenversicherung AG bietet verschiedene Tarife an.

- **Fragestellungen**

a) Welchen Tarif kann Frau Möller wählen (mit Begründung)?

b) Was muss beachtet werden, wenn die Höhe des zu versichernden Krankentagegeldes bestimmt wird?

15 Herr Klingler ist als leitender Angestellter bei einem großen Automobilhersteller in Stuttgart beschäftigt. Herr Klingler bezieht ein monatliches Bruttoentgelt in Höhe von 5 275,00 €, sein Nettogehalt beträgt 3 350,00 €. Herr Klingler beabsichtigt, eine Krankentagegeldversicherung abzuschließen. Berechnen Sie seinen täglichen Tagegeldbedarf.

Private Pflegepflichtversicherung

16 In den Aufgaben 2, 7 und 13 ist die private Pflegeversicherung noch ausgelassen worden.

Prüfen Sie bitte, ob und ggf. welche private Pflegeversicherung in den genannten Situationen anzubieten ist.

17 Herr Völker hat sich selbstständig gemacht und eine Internet-Consultinggesellschaft gegründet. Er ist freiwilliges Mitglied in der GKV und interessiert sich nun für den Abschluss einer privaten Krankenversicherung. Die Pflegeversicherung, in der er derzeit gezwungenermaßen ist, hält er persönlich für überflüssig und würde beim Abschluss der privaten Krankenversicherung gerne darauf verzichten.

- **Arbeitsauftrag**

Beraten und informieren Sie Herrn Völker sachgerecht.

18 Welche Bedeutung hat der Kontrahierungszwang in der Pflegepflichtversicherung?

19 Herr Fuchs, 68, leidet seit einiger Zeit an Gelenkverschleiß. Seine Tochter Isolde hilft ihm täglich beim An- und Auskleiden und beim Waschen. Sie putzt und wäscht für ihn und geht dreimal wöchentlich für ihn einkaufen. Dafür wendet sie täglich durchschnittlich 90 Minuten auf.

a) Durch wen wird die Feststellung der Pflegebedürftigkeit vorgenommen?

b) In welche Pflegestufe ist Herr Fuchs einzugruppieren?

c) Welche Leistungen kann Herr Fuchs beanspruchen?

20 Der VN Hans Sauer, Lehrer am Einstein-Gymnasium, erhält im Dezember 2010 folgende Mitteilung über die Erhöhung seiner Beiträge zur privaten Pflegepflichtversicherung:

Versicherte Person	Tarif	Monatsbeitrag
Hans Sauer	PVB	21,72 €
Renate Sauer	PVB	21,72 €

Erläutern Sie Herrn Sauer die Beitragsberechnung in der privaten Pflegepflichtversicherung und gehen Sie auch auf die Höhe der Beiträge ein.

21 Herr Sauer interessiert sich für den so genannten Ehegattenhöchstbeitrag in der privaten Pflegepflichtversicherung. Informieren sie Herrn Sauer über diesen Höchstbeitrag und erläutern Sie ihm, welche Voraussetzungen für die Begrenzung der Beiträge für Ehegatten erfüllt sein müssen.

22 Unter welchen Voraussetzungen sind Kinder beitragsfrei in der privaten Pflegepflichtversicherung der Eltern mitversichert?

23 Ein Pflegebedürftiger der Pflegestufe II erhält Aufwendungsersatz in Höhe von 728,00 €. Wie viel € Pflegegeld stehen dem Pflegebedürftigen in diesem Fall maximal noch zu?

Sonstige Versicherungsarten

24 Um den unterschiedlichen Bedürfnissen der Kunden gerecht zu werden, bietet die PKV eine Vielzahl von Tarifen an. Welchen Tarif würden Sie den nachstehend genannten Interessenten jeweils empfehlen, wenn die anderweitig nicht gedeckten Krankheitskosten und ein eventueller Verdienstausfall abgedeckt werden sollen?

a) Angestellter, verheiratet, ein Kind (10 Jahre), Einkommen monatlich 4 250,00 €, Ehefrau ebenfalls als Angestellte berufstätig, Einkommen monatlich 2 760,00 €.

b) Handwerksmeister (selbstständig), verheiratet, ein Kind (10 Jahre), Einkommen 77 000,00 € jährlich, Ehefrau nicht berufstätig.

25 Herr Wohlfarth (vgl. Aufgabe 2) hat seinerzeit für sich und seine Familienmitglieder die beabsichtigte private Krankenversicherung abgeschlossen. Heute teilt er nun mit:

»Mein Sohn beendet in Kürze seine Schulzeit an der Höheren Berufsfachschule für Wirtschaft und wird dann eine Ausbildung zum Bankkaufmann beginnen. Auch meine Ehefrau beabsichtigt, wieder ins Berufsleben zurückzukehren. Ein guter Bekannter unserer Familie hat ihr eine Vollzeitstelle als Einkäuferin in seiner Firma angeboten.

Bitte teilen Sie mir mit, ob sich dadurch irgendwelche Auswirkungen für unsere private Krankenversicherung ergeben und was ggf. unternommen werden kann, damit die Vorteile der privaten Krankenversicherung, die sie seinerzeit aufgeführt haben, für meine Familienmitglieder erhalten bleiben.«

- **Auszug aus dem Vertragsspiegel**

Beraten und informieren Sie Herrn Wohlfarth sachgerecht.

Versicherte Personen:

Eduard Wohlfarth, geb. 10. Januar 1962

Marlies Wohlfarth, geborene Dengler, geb. 31. Mai 1964

Holger Wohlfarth, geb. 27. September 1992

Versicherte Leistungen:

Tarife A0, S1, Z1

Pflegepflichtversicherung nach Tarif PVN

- **Arbeitsauftrag**

Analysieren Sie die neue Situation und beraten Sie die Familie Wohlfarth.

26 Welchen Zweck erfüllt eine private Pflegezusatzversicherung?

27 Frau Ellermeier plant eine private USA-Reise mit einer Aufenthaltsdauer von drei Monaten. Sie ist bei Ihrem Unternehmen privat krankenversichert. Frau Ellermeier will wissen, ob sie als privat Versicherte trotzdem eine Auslandsreisekrankenversicherung abschließen muss, um in den Vereinigten Staaten ausreichenden Versicherungsschutz zu haben.

- **Auszug aus dem Vertragsspiegel**

Versicherte Person: Erna Ellermeier, geb. 17. April 1978

Versicherungsbeginn: 01. Januar 2007

Tarife: ambulant: Tarif A1, stationär: Tarif S2, Zahnleistungen: Tarif Z3
Private Pflegepflichtversicherung

Beitragsrückerstattung:4 Monatsbeiträge (Tarife A1 und S2)

3 Monatsbeiträge (Tarif Z3)

- **Arbeitsauftrag**

Beraten Sie Frau Ellermeier sachgerecht.

28 Herr Kaufmann teilt Ihnen telefonisch mit, dass er von seiner Firma für drei Jahre als Projektingenieur in Südkorea eingesetzt wird. Für die Dauer des Auslandsaufenthaltes übernimmt sein Arbeitgeber den vollen Krankenversicherungsschutz.

Durch Bildschirmabfrage stellen Sie folgende Vertragsdaten fest:

Versicherungsnehmer-Daten	Vers.-Beginn	Tarife
Willi Kaufmann Landstr. 150 80120 München geb. 10. Aug. 1957 Diplom-Ingenieur	01. Jan. 2000	ambulant: Tarif A0 stationär: Tarif S2 Zahnleistungen: Tarif Z3 Krankentagegeld: Tarif KT Pflegepflichtversicherung: Tarif PVN

- **Arbeitsauftrag**

  Welche vertraglichen Maßnahmen schlagen Sie Herrn Kaufmann vor, damit er nach Ablauf seines Auslandsaufenthaltes wie bisher ohne Nachteile versichert ist?

29 Frau Schmidt ist gesetzlich krankenversichert.

Warum ist der Abschluss einer Auslandsreisekrankenversicherung für Frau Schmidt zu empfehlen?

30 Geben Sie zwei Gründe an, die für den Abschluss einer Krankenhaustagegeldversicherung sprechen.

31 Beschreiben Sie die wesentlichen Unterschiede zwischen der großen und der kleinen Anwartschaftsversicherung.

32 Sie sind Mitarbeiter/-in der Agentur Kruse bei der Proximus Krankenversicherung AG. Herr Wolf ruft Sie an. Er ist Angestellter bei der Stadtverwaltung und teilt Ihnen mit, dass er ab 01. Januar 2011 als Berufssoldat zur Bundeswehr wechselt. Er interessiert sich für eine private Krankenversicherung. Seine Frau Isolde ist nicht beruftätig, da sie den dreijährigen Sohn Michael betreut. Bisher waren beide familienversichert. Herr Wolf möchte wissen, was er in dieser Situation tun muss.

- **Arbeitsauftrag**

  Beraten Sie Herrn Wolf und seine Frau.

33 Welche Vorteile können durch den Abschluss eines Gruppenversicherungsvertrages erzielt werden?

34 Weshalb ist der Abschluss einer Kurversicherung empfehlenswert?

35 Welche Regelung sieht der Gesetzgeber für die Krankenversicherungspflicht von Studenten vor?

36 Wozu dient eine Restschuldversicherung?

3 Vertragsanbahnung, Risikoprüfung und Vertragsabschluss

Situation

Ihr Kunde Peter Neuhaus, 32 Jahre, ledig, leitender Angestellter in einer Maschinenfabrik, denkt über den Wechsel von der gesetzlichen in die private Krankenversicherung nach. Mit diesem Anliegen erscheint er in der Agentur und möchte beraten werden und ggf. den auf seine Bedürfnisse abgestimmten Versicherungsschutz beantragen.

3.1 Beratung und Information

Übersicht: Pflichten bei Beratung und Information

Bestandteile des Beratungsgesprächs

- Pflicht zur **Befragung** nach Wünschen und Bedürfnissen
- **Beratung** hinsichtlich der Bedarfsdeckung durch Versicherung
- **Begründung** der Ratschläge
- **Dokumentation**

Informationspflichten

- **Erstinformation**
- **Informationspflichten bei allen Versicherungszweigen**
- **Zusätzliche Informationspflichten** bei der Krankenversicherung
- **Produktinformationsblatt**

➤ Beratungsgespräch

VVG § 61 (1) Im Rahmen des Beratungsgesprächs ist der Versicherungsvermittler zunächst gesetzlich verpflichtet, eine **Befragung** unter angemessener Berücksichtigung der Schwierigkeit der Versicherung und der Person sowie Situation des Versicherungsnehmers durchzuführen. Im Rahmen der Befragung sind insbesondere die Wünsche und Bedürfnisse des Kunden sowie die Versicherungslücken zu ermitteln.

Bei der anschließenden **Beratung** ist eine sachgerechte Auswahl (Versicherungsform, Tarif usw.) auf Basis der Befragung zu treffen.

§ 60 (1) Ein Versicherungsmakler ist verpflichtet, seinem Rat eine hinreichende Zahl von auf dem Markt angebotenen Versicherungsverträgen oder von Versicherern zugrunde zu legen, es sei denn, er weist zuvor auf eine eingeschränkte Versicherer- und Vertragsauswahl hin.

Der Versicherungsvermittler muss eine **Begründung** für jeden zu einer Versicherung erteilten Rat angeben.

Befragung, Beratung und Begründung sind zu protokollieren und dem Versicherungsnehmer als **Dokumentation** in Textform auszuhändigen.

§ 61 (2) Durch gesonderte schriftliche Erklärung kann der VN auf die Beratung und Dokumentation verzichten, wobei er allerdings auf die nachteilige Auswirkung für den Fall eines Schadenersatzanspruchs hinzuweisen ist.

➤ Informationspflichten

Die **Erstinformation** ist erforderlich, wenn es sich um einen Neukunden handelt oder Änderungen eingetreten sind. Der Versicherungsvertreter hat mitzuteilen, für welche Versicherer er seine Tätigkeit ausübt und ob er für diese ausschließlich tätig ist. VVG § 60 (2) S. 2

Ein Versicherungsmakler, der auf eine eingeschränkte Versicherer- und Vertragsauswahl hinweist, muss mitteilen, auf welcher Markt- und Informationsgrundlage er seine Leistungen erbringt. Ferner muss er die Namen der seinem Rat zugrunde gelegten Versicherer angeben. S. 1

Die **Informationspflichten bei allen Versicherungszweigen** sind in § 1 der VVG-Informationspflichtenverordnung (VVG-InfoV) geregelt. VVG-InfoV § 1

Hierzu zählen u. a.:

- Genaue Angaben über den Versicherer (Name, Anschrift, Rechtsform, Sitz, Handelsregister, Registernummer, Hauptgeschäftstätigkeit);
- Name und Anschrift der Aufsichtsbehörde;
- Angaben über das Bestehen einer Sicherungseinrichtung;
- Wesentliche Informationen zum Versicherungsvertrag (Art, Umfang, Fälligkeit und Erfüllung der Leistung; AVB und Tarifbedingungen; anwendbares Recht; Prämienbestandteile und Gesamtprämie, Grundlagen der Berechnung, ggf. zusätzlich anfallende Kosten; Zahlungsweise, Fälligkeit; Beginn der Versicherung, Bindefrist, Widerrufsrecht und Rechtsfolgen; Angaben zur Laufzeit und Beendigung des Vertrages; außergerichtliche Beschwerdestelle).

Bei einer substitutiven Krankenversicherung nach § 195 (1) VVG werden u. a. folgende **zusätzlichen Informationspflichten** gefordert: § 3

- Höhe der Kosten für die Vermittlung und den Abschluss des Vertrages;
- Angaben über die Auswirkungen steigender Krankheitskosten auf die zukünftige Beitragsentwicklung (vgl. A 4.1.5);
- Hinweise auf die Möglichkeiten zur Beitragsbegrenzung im Alter, insbesondere auf die Möglichkeit eines Wechsels in den Basistarif oder in andere Tarife gem. § 204 VVG und der Vereinbarung von Leistungsausschlüssen (vgl. A 4.1.6);
- Hinweis, dass ein Wechsel von der privaten in die gesetzliche Krankenversicherung in fortgeschrittenem Alter in der Regel ausgeschlossen ist;
- eine Übersicht über die Beitragsentwicklung in den letzten zehn Jahren

Es wird hierfür unterstellt, dass der Kunde den Vertrag zu den gleichen Bedingungen bereits vor 10 Jahren zum damals gültigen Beitraggeschlossen hätte, so dass er die vergangene Beitragsentwicklung ersehen kann. Besteht der gewünschte Tarif noch keine 10 Jahre, ist auf den kürzeren Zeitraum abzustellen und der Kunde darauf hinzuweisen.

Dem Kunden ist in ein **Produktinformationsblatt** auszuhändigen, dass in übersichtlicher und verständlicher Form die für den Abschluss oder die Erfüllung des Vertrages erforderlichen Informationen enthält. § 4

In der Praxis ist dem Antragsteller für eine private Krankenversicherung ferner ein **amtliches Informationsblatt der BaFin** gegen Empfangsbestätigung auszuhändigen, das u. a. über die verschiedenen Prinzipien der gesetzlichen Krankenversicherung (z. B. Solidaritätsprinzip, Umlageverfahren) sowie der privaten Krankenversicherung (z. B. Anwartschaftsdeckungsverfahren) informiert.

3.2 Vertragserklärung und Widerruf

Im Zusammenhang mit der Vertragserklärung werden zwei Modelle unterschieden:

➤ Antragsmodell

Beim Antragsmodell werden dem Kunden vor dessen Unterschrift unter dem Antrag alle notwendigen Vertragsinformationen ausgehändigt, damit er diese zuvor zur Kenntnis nehmen kann.

Der unterschriebene Versicherungsantrag (die Vertragserklärung des VN) ist eine Willenserklärung im rechtlichen Sinne. Der VR stellt daraufhin die Police aus. Sofern der VN nicht von dem i. d. R. gegebenen Widerrufsrecht (siehe weiter unten) Gebrauch macht, kommt der Vertrag zustande.

➤ Invitatiomodell

Beim Invitatiomodell (lat. Invitatio = Einladung; hier verstanden als »Aufforderung zur Abgabe eines Angebotes«) stellt der Kunde nach der Beratung keinen Antrag im Rechtssinne, sondern fordert den VR auf, ihm ein verbindliches Angebot zu unterbreiten. Der VR fertigt daraufhin die Police aus und sendet diese dem Kunden mit allen notwendigen Informationen als Angebot (Antrag) zu.

Der VN kann den Antrag durch entsprechende schriftliche Erklärung oder konkludent durch Zahlung des Erstbeitrages (= Vertragserklärung des VN) annehmen.

➤ Widerruf

VVG § 8

Der VN kann seine Vertragserklärung unter den Voraussetzungen des § 8 VVG innerhalb einer Frist von zwei Wochen ohne Begründung in Textform widerrufen. Im **Antragsmodell** beginnt die Frist, wenn dem VN der Versicherungsschein und die Vertragsbestimmungen einschließlich AVB sowie der weiteren geforderten Informationen zugegangen sind und er über das Widerrufsrecht und die Rechtsfolgen belehrt worden ist.

Beim **Invitatiomodell** beginnt die Frist ggf. deutlich später, da die Vertragserklärung des VN erst mit ausdrücklicher Annahme des Angebotes oder Zahlung des Erstbeitrages erfolgt.

Besonderheit: Beschwerdestelle für Versicherungsnehmer (Ombudsmann)

Allen PKV-Kunden steht seit 1. Oktober 2001 neben der Bundesanstalt für Finanzdienstleistungsaufsicht (BaFin) und den ordentlichen Gerichten eine dritte Stelle zur Verfügung, an die sich im Streitfall wenden können. Für die Bearbeitung von Beschwerden zur privaten Kranken- und Pflegeversicherung wurde der PKV-Ombudsmann eingerichtet. Er hat zwischen beteiligten Streitparteien zu vermitteln und möglichst entsprechende Lösungsvorschläge zu unterbreiten. Der PKV-Ombudsmann kann jedoch nur Empfehlungen aussprechen. Die PKV-Unternehmen sind an diese Empfehlungen nicht gebunden. Aufgabe des Ombudsmannes ist es, für eine möglichst schnelle, außergerichtliche und tragbare Einigung zwischen den Beteiligten zu sorgen und damit zu einer möglichst hohen Zufriedenheit der PKV-Kunden beizutragen.

PKV-Ombudsmann ist seit 1. Jan. 2011 Dr. Klaus-Theo Schröder. Er hat seinen Sitz in der Berliner PKV-Geschäftsstelle: Leipziger Str. 104, 10117 Berlin. Über das Internet ist der Ombudsmann wie folgt zu erreichen:

http://www.pkv-ombudsmann.de

Fall aus der Praxis:

»Streichung eines Risikozuschlags«

Ein Versicherungsnehmer zahlte seit Vertragsbeginn einen Risikozuschlag für eine Schilddrüsenüberfunktion. 20 Jahre später wies er nach, dass dieses Risiko keine Rolle mehr spielt und verlangte die Streichung des Zuschlags. Da mittlerweile aber andere, teils schwere Erkrankungen aufgetreten waren, behielt der Versicherer den Risikozuschlag wegen des verschlechterten Gesamtgesundheitszustands bei. Der Ombudsmann empfahl, den Risikozuschlag auf null herabzusetzen. Es sei nicht zulässig, den ursprünglich für die Schilddrüsenüberfunktion vereinbarten Risikozuschlag auf später auftretende Erkrankungen zu übertragen. Der Versicherer folgte dieser Empfehlung.

Quelle: PKV Publik Nr. 4/2007

3.3 Risikoprüfung und -beurteilung

3.3.1 Risikomerkmale

Beispiel: Auszug aus dem Antragsformular der Proximus Krankenversicherung AG

Fragen zur Gesundheit

»«»« Alle Fragen sind ausführlich zu beantworten. Geben Sie auch Beschwerden, Krankheiten und Unfallfolgen an, die Sie als unwesentlich ansehen. Striche gelten nicht als Antwort. Antworten Sie auf einem Beiblatt unter Angabe der Personenziffer und weisen Sie in der Beitrittsklärung/im Antrag auf dieses Blatt hin. Falls Sie dem Vermittler gegenüber gewisse Angaben nicht machen möchten, ist es erforderlich, bitte weisen Sie dann in der Beitrittsklärung/im Antrag auf diese beabsichtigte gesonderte Mitteilung hin.

Werden die gestellten Fragen, soweit sie für die Übernahme der Gefahr erheblich sind, nicht wahrheitsgemäß oder nicht vollständig beantwortet, können wir den Vertrag unter Einhaltung einer Frist von einem Monat kündigen, es sei denn, Sie haben die Verletzung der Anzeigepflicht nicht zu vertreten. Bei Vorsatz oder grober Fahrlässigkeit können wir sogar von dem Vertrag zurücktreten. Sie haben dann von Anfang an keinen Versicherungsschutz, es sei denn, durch die Verletzung der Anzeigepflicht ist uns kein Nachteil entstanden. Unser Rücktritts- und Kündigungsrecht ist – außer bei Vorsatz – ausgeschlossen; wenn wir den Vertrag auch bei Kenntnis der nicht angezeigten Umstände, wenn auch zu anderen Bedingungen, geschlossen hätten. Die anderen Bedingungen werden auf unser Verlangen rückwirkend Vertragsbestandteil. Es sei denn, Sie haben die Verletzung der Anzeigepflicht nicht zu vertreten.

Für bereits versicherte Personen brauchen Gesundheitsstörungen und Behandlungen in den letzten fünf Jahren, die durch anlässlich eines bestehenden Versicherungsvertrages eingereichte Rechnungen oder ärztliche Bescheinigungen lückenlos bekannt sind, nicht angegeben zu werden.

		Person A nein	Person A ja	Person B nein	Person B ja
1.	Hat in den letzten 5 Jahren ein Krankenhaus-, Heilstätten-, Kur- oder Sanatoriumsaufenthalt stattgefunden?	☐	☒	☒	☐
2.	Haben in den letzten 5 Jahren Operationen (auch ambulant) stattgefunden?	☐	☒	☒	☐
3.	Wurde in den letzten 5 Jahren eine Psychotherapie oder Suchtbehandlung durchgeführt?	☒	☐	☒	☐
4.	Bestanden in den letzten 3 Jahren oder bestehen gegenwärtig Krankheiten, Beschwerden, Unfallfolgen, sonstige Gesundheitsstörungen oder haben Untersuchungen/Behandlungen stattgefunden?	☐	☒	☒	☐
5.	Werden Arzneimittel (z. B. Tabletten, Salben) angewendet? Wenn ja, welche und aufgrund welcher Diagnose?	☐	☒	☒	☐
6.	Ist eine ambulante/stationäre Behandlung oder Untersuchung angeraten oder beabsichtigt?	☐	☒	☒	☐
7.	Wurde jemals eine HIV-Infektion festgestellt (z. B. durch einen AIDS-Test)?	☒	☐	☒	☐
8.	Besteht eine Fehlsichtigkeit von 8 Dioptrien oder mehr?	☒	☐	☒	☐
9.	Besteht ein körperlicher/organischer Fehler, ein chronisches Leiden, eine Wehrdienstbeschädigung, eine Minderung der Erwerbstätigkeit / Grad der Behinderung? Wenn ja, bitte Bescheid beifügen.	☒	☐ _%	☒	☐ _%
10.	Besteht Schwangerschaft?	☒	☐	☒	☐
11.	Größe und Gewicht ... cm/kg	184/80		172/68	
	Fragen 12-14 nur beantworten, wenn Tarife mit zahnärztlichen Leistungen beantragt werden				
12.	Hat in den letzten 3 Jahren ein Zahnarztbesuch stattgefunden?	☐	☒	☐	☒
13.	Findet zur Zeit eine Zahnbehandlung, die Anfertigung oder Erneuerung von Zahnersatz, eine Parodontosebehandlung oder eine Kiefer-(Zahn-)Regulierung statt, oder sind solche Maßnahmen beabsichtigt oder angeraten worden?	☒	☐	☒	☐
14.	Fehlen Zähne, die noch nicht ersetzt sind (außer Milch- und Weisheitszähnen sowie Zähnen, bei denen die Lücken durch benachbarte Zähne geschlossen wurden)?	☒	☐	☐	☒
	Wenn ja, Anzahl			2	

Nähere Angaben zu den Gesundheitsfragen 1–9 und 13, werden mit »ja« beantwortet:

Person	zu Frage	Art der Krankheit, Arzneimittel, Verletzung, Beschwerden, Untersuchung (was wurde festgestellt?); Höhe der Dioptrienwerte? Frage 13: Welche Maßnahmen	Behandlungen/Beschwerden von – bis	Name, Anschrift, der Ärzte, Krankenhäuser, wer kann Auskunft geben?	Seit wann behandlungsbeschwerden?
1	2	Meniskusoperation ausgeheilt	1.6. – 16.6.07	St. Vincent KH, Musterstadt	08/2007
1	4	Hyperurikämie (Gicht)	18.8.08 – heute	Dr. Radel, Musterstadt	–
1	5	Zyloric wegen Gicht		Dr. Radel, Musterstadt	–
1	6	Behandlung wegen Gicht			

Sofern Angaben zu Behandlung/Beschwerden gemacht worden sind, bitte nachstehend NAme und Anschrift des Hausarztes oder des Arztes, der am besten über die gesundheitlichen Verhältnisse orientiert ist, angeben:

F. Besondere Vereinbarung (bedürfen der schriftlichen Bestätigung durch die Gesellschaft) bzw. **Bemerkungen**

Die Risikoprüfung ist ein wesentlicher Bestandteil der Antragsbearbeitung. Durch sie wird festgestellt, ob und zu welchen Bedingungen eine zu versichernde Person in den Kreis der Versichertengemeinschaft aufgenommen werden kann. In der Pflegeversicherung mit Kontrahierungszwang ist bei erschwerten Risiken zu prüfen, welcher Risikozuschlag erforderlich ist.

Die Risikomerkmale werden durch Auswertung der Angaben des Antragstellers insbesondere zu den Gesundheitsfragen erfasst. Im Bedarfsfall fordert der VR noch Berichte der behandelnden Ärzte an. Hierzu ist er berechtigt, da der VN bei Antragstellung sein Einverständnis gegeben hat (Erklärung über die Entbindung von der Schweigepflicht).

Man unterscheidet objektive und subjektive Risikomerkmale.

➤ Objektive Risikomerkmale

Das objektive Risiko wird von äußeren und inneren Faktoren bestimmt.

Merkmale des objektiven Risikos	
Äußere Faktoren	**Innere Faktoren**
– Geschlecht – Alter – Beruf – Familienstand – Wohnort – Klima	– Habitus (Erscheinungsbild) – Konstitution (Beschaffenheit, Zustand) – Disposition (Veranlagung, Krankheitsbereitschaft) – Heredität (Erblichkeit) – Status präsens (augenblicklicher Zustand) – Anamnese (Krankheitsvorgeschichte)

➤ Subjektive Risikomerkmale

Unter dem subjektiven Risiko werden diejenigen Merkmale verstanden, die im Wesentlichen vom persönlichen Verhalten der versicherten Person bzw. eines Dritten abhängen. Subjektive Risikomerkmale ergeben sich aus den **Charaktereigenschaften** des Versicherten, z.B. Überempfindlichkeit, Übervorsichtigkeit, persönliche Einstellung zur Leistungsinanspruchnahme, überhöhte Ansprüche, Lebensweise, Einflussversuch auf den Arzt.

Merkmale des subjektiven Risikos	
Natürliches Risiko	**Unnatürliches Risiko**
= Risiko, das in der Natur des Versicherten liegt oder von Dritten ausgeht.	= Risiko, das zum Teil Betrug darstellt oder an Betrug grenzt.
unmittelbar (vom Versicherten ausgehend) – Überempfindlichkeit – Übervorsichtigkeit – Unvorsichtigkeit – keine Kenntnis von Hausmitteln – unzureichende häusliche Pflege – Einflussversuche auf Arzt, Krankenhaus – Vergesslichkeit bei der Beachtung von Obliegenheiten – fehlende Aufklärung des Rechnungsausstellers über die Vermögenslage	**unmittelbar** (vom Versicherten ausgehend) – »Medikamentitis« – gefälschte Belege – Vortäuschung von Krankheiten

Merkmale des subjektiven Risikos	
Natürliches Risiko	**Unnatürliches Risiko**
mittelbar (von Dritten ausgehend) – Unerfahrenheit in Heilmethoden, Rezepturen – Übervorsichtigkeit in der Behandlung – leichte Beeinflussbarkeit des Arztes durch Patienten – unerprobte Heilbehandlung und Heilmittel – Falscheinschätzung der Finanzkraft des Patienten	**mittelbar** (von Dritten ausgehend) – Mithilfe beim Verschweigen von Vorerkrankungen – Vielgeschäftigkeit – falsche Berechnung – Quittierung nicht gelieferter Medikamente – Tarnung einer Kur als Krankenhausbehandlung

3.3.2 Risikobewertung

Die Bewertung des **objektiven Risikos** erfolgt durch:

- Spezialwissen der Risikoprüfer,
- Risikotabellen (unternehmenseigene Statistiken),
- Hamburger oder Kölner Systematik der Krankheiten,
- Auskünfte beratender Gesellschaftsärzte,
- Expertensysteme.

Die **Kölner Systematik** bzw. die Hamburger Systematik sind Krankheitsartenverzeichnisse, in denen die einzelnen Krankheitsarten nach der Dauer ihrer durchschnittlichen Risikoerheblichkeit eingeordnet werden. Sie teilen Krankheiten in risikounerhebliche und risikoerhebliche auf.

Im Bedingungswerk 2 »Proximus Versicherung« befindet sich zur Feststellung von Risikoerheblichkeiten ein Diagnoseverzeichnis sowie eine spezielle Risikoliste. Das Diagnoseverzeichnis enthält verschiedene Diagnoseschlüssel mit den entsprechenden Diagnosen.

Beispiel:

Schlüssel	Diagnose
1501	Bronchialasthma
2101	Gicht (Hyperurikämie)
3801	Bluthochdruck
4401	Grippaler Infekt
6801	Gallenblasenentzündung
9302	Geschwulst

Die Risikoliste enthält Diagnoseschlüssel, Diagnosen, Rezidivfristen, Texte für Erschwerungen, Risikozuschläge in Prozentsätzen, fallweise besondere Vermerke zur Beurteilung (z.B. für Zustände vor und nach Operationen) und Bearbeitungshinweise (z.B. Rückfragen beim gesellschaftsärztlichen Dienst).

Unter **Rezidivfrist** versteht man den Zeitraum innerhalb dessen das Wiederauftreten einer Krankheit wahrscheinlich ist. Je kürzer eine Krankheit vor Beginn der Versicherung bestanden hat, um so größer ist die Gefahr, dass es aufgrund dieser Erkrankung zu weiteren Behandlungen kommt.

Die Bewertung des objektiven Risikos erfolgt mit Hilfe einer Risikoliste. Diese Liste soll es ermöglichen, Risikoerheblichkeiten festzustellen. Sie bildet die Entscheidungsgrundlage für die Annahme oder Ablehnung des Antrags.

Die Problematik des **subjektiven Risikos** liegt darin, dass es durch die Fragen im Antrag nicht erfasst werden kann. Es wird daher durch risikobegrenzende Maßnahmen eingekreist (vgl. A 3.4.1).

3.3.3 Annahme- bzw. Ablehnungsentscheidung

Nach Abschluss der Risikobeurteilung entscheidet der VR über den Antrag des Versicherungsnehmers.

Es ergeben sich folgende Alternativen:

1. Annahme des Antrags ohne Einschränkungen (Ziffer 0 in der Risikoliste)
2. Annahme des Antrags mit Einschränkungen
   a) Versicherungsmedizinische Zuschläge (Buchstaben RZ in der Risikoliste)
   b) Leistungsausschlüsse für einzelne Krankheiten (Buchstaben LA in der Risikoliste)
   c) Krankheitsbezogener Selbstbehalt (KSB)
   Dieser kann vereinbart werden, wenn der VN den versicherungsmedizinischen Zuschlag nicht akzeptiert.
3. Ablehnung des Antrags (Buchstabe A in der Risikoliste)
4. Zurückstellung des Antrags (dies kommt in juristischem Sinne einer Ablehnung gleich)

Beispiele:

Fall 1: Frau Henkel hat bei den Gesundheitsfragen eine Hautkrebserkrankung angegeben.

Fall 2: Herr Müller hat im Antragsformular chronische Gichtbeschwerden vermerkt.

Fall 3: Frau Maier gibt eine Diabeteserkrankung an.

Fall 4: Im Antrag von Frau Oberfeld sind Rheumabeschwerden vermerkt.

Fall 5: Herr Feldmann hat einen grippalen Infekt im Antragsformular angegeben.

Fall 6: Herr Zimmermann teilt dem Versicherungsvertreter bei der Antragsaufnahme mit, dass er vor einem Jahr an einem Zwölffingerdarmgeschwür operiert wurde und seither beschwerdefrei ist.

Die Risikoprüfung führt in diesen Fällen mit Hilfe der Risikoliste gemäß den Annahmerichtlinien zu folgenden Entscheidungen:

Fall 1:

1001 A Krebs

Der Antrag ist abzulehnen, wenn im Diagnoseschlüssel der Buchstabe A vermerkt ist.

Fall 2:

2101 5 Gicht
A: Gicht und Folgen
N = 100 % RZ
U = 100 % RZ

Die Ziffer 5 gibt die Rezidivfrist an. Sie besagt, dass fünf behandlungs- und beschwerdefreie Jahre seit der letzten Behandlung bzw. der dem letzten Auftreten der Beschwerden verstrichen sein müssen, bevor eine Antragsaufnahme ohne Erschwerungen erfolgen kann.

Buchstabe N = Neu- und Nachversicherung

Buchstabe U = Umwandlung

In beiden Fällen wird ein Risikozuschlag von 100 % verlangt. Wenn der vom VN angegebene Zeitraum kleiner als die in der Risikoliste angegebene Rezidivfrist ist, muss immer eine Erschwerung vereinbart werden.

Fall 3:

1801 D Zuckerkrankheit
A: Diabetes und Folgen
N = LA
U = 120 % RZ

Der Buchstabe »D« bringt zum Ausdruck, dass für die Dauer des Versicherungsvertrages eine Erschwerung zu fordern ist.

Bei Neu- und Nachversicherungen erfolgt ein Leistungsausschluss, bei einer Umwandlung ein Risikozuschlag von 120 %.

Fall 4:

7901 (5) Rheumatismus
A: Rheuma und Folgen
N = 180 % RZ
U = 180 % RZ

Eine in Klammer stehende Ziffer besagt, dass **unabhängig** von der behandlungs- und beschwerdefrei verlaufenden Zeit ein Risikozuschlag erforderlich ist. Die Dauer des Risikozuschlags in Höhe von 180 % beträgt in diesem Fall **fünf** aufeinander folgende behandlungs- und beschwerdefreie Versicherungsjahre.

Fall 5:

4401 0 Grippaler Infekt

Bei Angabe einer Rezidivfrist von »0« sind keine Erschwerungen erforderlich.

Fall 6:

5201 5/3 Zwölffingerdarmgeschwür
A: Geschwürkrankheiten des Darmes und Folgen
Nicht operiert:
N = 60 % RZ
U = 60 % RZ

Operiert:
N = 30 % RZ
U = 30 % RZ

Die Angabe 5/3 gibt jeweils die Rezidivfrist vor und nach der Operation an. Da Herr Zimmermann am Zwöffingerdarmgeschwür operiert wurde beträgt die Rezidivfrist 3 Jahre. Da er ein Jahr beschwerdefrei ist, wird die Rezidivfrist um ein Jahr vermindert. Sie beträgt demnach nur noch 2 Jahre. Herr Zimmermann erhält somit für zwei Jahre einen Risikozuschlag von 30 %.

LG Coburg Az: 32 S 13111/00

Bisher war es stets umstritten, ob ein vereinbarter Risikozuschlag auf Dauer festgeschrieben ist, obwohl sich der gefahrerhebliche Umstand gebessert hat oder beseitigt ist (die Krankheit z. B. ausgeheilt ist). Das Landgericht Coburg hat neuerdings der Klage eines Versicherten auf Herabsetzung seines Versicherungsbeitrags stattgegeben. Nach dem Gerichtsurteil kann der Versicherte die Herabsetzung des Beitrags verlangen, wenn die den Beitragszuschlag begründende Erkrankung ihre Risiko erhöhende Bedeutung verliert. Dem VN muss in diesem Fall allerdings der Beweis gelingen, dass er kein erhöhtes Erkrankungsrisiko mehr aufweist. Die Coburger Richter befanden, dass es Sache des Versicherungsnehmers sei, der Krankenversicherung gegenüber eine Ausheilung darzutun und zu belegen. In vorliegendem Fall litt der Versicherte bei Abschluss des Versicherungsvertrages unter degenerativen Veränderungen der Wirbelsäule. Aufgrund dieser Erkrankung erhob der VR einen dauerhaften Risikozuschlag. Einige Jahre später konnte der Versicherte aufgrund eines medizinischen Sachverständigengutachtens nachweisen, dass lediglich noch altersentsprechende Veränderungen der Wirbelsäule vorlagen. Die Coburger Richter befanden daher, dass ab diesem Zeitpunkt mangels Risikoerhöhung auch der Risikozuschlag entfallen müsse.

3.4 Risikobegrenzungen

3.4.1 Begrenzung des subjektiven Risikos

Den Versicherern stehen verschiedene Möglichkeiten zur Verfügung, das subjektive Risiko zu begrenzen.

➤ Gesetzliche Möglichkeiten

VVG §§ 19 ff.

Der VR hat bei Verletzung der vorvertraglichen Anzeigepflicht ein Rücktritts- oder Anfechtungsrecht.

➤ Vertragliche Vereinbarungen

Zu den vertraglichen Vereinbarungen, die auch als Risikobegrenzungsklauseln bezeichnet werden, gehören die Obliegenheiten des Versicherungsnehmers (vgl. A 5.3).

➤ Tarifliche Bedingungen

Einschränkungsmöglichkeiten für das subjektive Risiko bieten auch entsprechende Tarifgestaltungen. Die Ausschaltung von sog. Bagatellfällen kann beispielsweise durch Selbstbehalt- und Franchise-Tarife erfolgen. Auch Höchstsätze für bestimmte Leistungspositionen **(Maximalsystem)** oder eine prozentuale Begrenzung der Leistungen **(Prozentualsystem)** sind geeignete Einschränkungsmöglichkeiten. Eine **Beitragsrückerstattung** für den Fall der Nichtinanspruchnahme von Versicherungsleistungen während eines bestimmten Zeitraumes (i. d. R. ein Kalenderjahr) kann ebenso geeignet sein, Bagatellschäden auszuschalten. Sie stellt eine Belohnung für »sparsame« VN dar.

3.4.2 Leistungsausschlüsse

Die Leistungsausschlüsse stellen das stärkste Mittel der Risikobegrenzung dar. Sie mindern den Versicherungsschutz in entscheidendem Ausmaß.

Nach den Musterbedingungen ist die Leistungspflicht z. B. in folgenden Fällen ausgeschlossen:

➤ nach MB/KK 2009 und MB/KT 2009

MB/KK 2009 MB/KT 2009 § 5 VVG § 201

- Versicherungsfälle, die durch **Kriegsereignisse** verursacht oder deren Ursachen als **Wehrdienstbeschädigungen** anerkannt und nicht ausdrücklich in den Versicherungsschutz mit eingeschlossen sind;
- Krankheiten oder Unfälle, die durch **Vorsatz** herbeigeführt wurden;
- Entziehungsmaßnahmen einschließlich Entziehungskuren;

  Leistungspflichtig ist der VR nur für die auf einer Sucht beruhenden Erkrankungen einschließlich der sog. Entgiftung.

  Für eine erstmalige Entziehungsmaßnahme, für die anderweitig ein Anspruch auf Kostenerstattung oder Sachleistung nicht geltend gemacht werden kann, werden die tariflichen Leistungen häufig nach den Tarifbedingungen gewährt, wenn der VR dies vor Beginn der Maßnahme schriftlich zugesagt hat.
- Ausschluss bestimmter Behandler;

  Behandlung durch Ärzte, Zahnärzte, Heilpraktiker und in Krankenanstalten, deren Rechnungen der VR aus wichtigem Grunde von der Erstattung ausgeschlossen hat, wenn der Versicherungsfall nach der Benachrichtigung des VN über den Leistungsausschluss eintritt (»Schwarze Liste«).
- **Kur- und Sanatoriumsbehandlung** sowie für **Rehabilitationsmaßnahmen** der gesetzlichen Rehabilitationsträger, wenn der Tarif nichts anderes vorsieht;

  Nach den Tarifbedingungen im Bedingungswerk 2 »Proximus Versicherung« werden Aufwendungen für die medizinisch notwendige Weiterbehandlung nach einem Aufenthalt im Akutkrankenhaus (nicht aus Ergänzungsversicherungen zur gesetzlichen Krankenversicherung) erstattet, wenn und soweit dies der VR vorher schriftlich zugesagt hat. Leistungsvoraussetzung ist ferner, dass die Behandlung binnen 14 Tagen nach der Entlassung aus dem Krankenhaus beginnt.
- ambulante Heilbehandlung (MB/KK 2009) bzw. Aufenthalt (MB/KT 2009) in einem **Heilbad** oder Kurort;

  Ausnahmen:
  - Die versicherte Person hat dort ihren ständigen Wohnsitz.
  - Es wird eine aufenthaltsunabhängige Heilbehandlung wegen Krankheit oder Unfall erforderlich (MB/KK 2009).
  - Es tritt Arbeitsunfähigkeit durch eine aufenthaltsunabhängige Erkrankung oder durch Unfall ein und die Rückkehr ist nach medizinischem Befund ausgeschlossen (MB/KT 2009).

➤ ferner nach MB/KK 2009

MB/KK 2009 § 5

- **Behandlung** durch **Ehegatten, Eltern** oder Kinder;

  Nachgewiesene Sachkosten werden aber tarifmäßig erstattet.
- Unterbringung aufgrund von **Pflegebedürftigkeit** oder Verwahrung;

  Die Wissenschaftlichkeitsklausel, die noch als Leistungsausschluss in den MB/KK 76 formuliert war, wurde vom BGH in einer Entscheidung vom 23. Juni 1993 für unwirksam erklärt, da sie nicht der Inhaltskontrolle nach dem AGB-Gesetz, das zwischenzeitlich ins BGB eingearbeitet wurde, entsprach.

VVG § 192 (2) MB/KK 2009 § 5 (2)

Exkurs: Übermaßvergütung

VVG und MB/KK 2009 sehen vor, dass der VR insoweit nicht leistungspflichtig ist, als die getätigten Aufwendungen in einem **auffälligen Missverhältnis** zu den erbrachten Leistungen stehen. Damit wird klargestellt, dass der Begriff der medizinischen Notwendigkeit als solcher keine Kostengesichtspunkte beinhaltet.

BGH 2003

Was unter einem »auffälligen Missverhältnis« zu verstehen ist, wird in der Norm nicht definiert. Deshalb wird auch künftig auf die bisherige Rechtsprechung zurückgegriffen werden müssen (vgl. BGH-Entscheidung vom 12. März 2003 zum so genannten »Alpha-Klinik-Urteil«). Ein auffälliges Missverhältnis wird man demnach bejahen können, wenn zwei medizinisch gleichwertige Behandlungen kostenmäßig um ein Vielfaches auseinander liegen.

Ein auffälliges Missverhältnis liegt i.d.R. vor, wenn der Preisunterschied mehr als 100 % beträgt.

Bei stationärer Behandlung in einer Privatklinik dürfen deren Preise nur mit anderen nicht der BPflV unterworfenen Privatkliniken, nicht aber mit Plankrankenhäusern verglichen werden, deren Vergütungen dem KHG und der BPflV unterliegen.

MB/KT 2009 § 5

➤ ferner nach MB/KT 2009

- Versicherungsfälle, die auf eine **durch Alkoholgenuss bedingte Bewusstseinsstörung** zurückzuführen sind;
- Versicherungsfälle, die ausschließlich auf **Schwangerschaft, Schwangerschaftsabbruch, Fehlgeburt** und **Entbindung** beruhen;
- während der Mutterschutzzeiten;
- bei Auslandsaufenthalten;

  Ausnahme: Die versicherte Person befindet sich dort in medizinisch notwendiger stationärer Heilbehandlung.

MB/PPV 2009 § 5

➤ nach MB/PPV 2009

- während der Zeit eines **Auslandsaufenthaltes**;
- **soweit anderweitige Leistungsansprüche bestehen** (z. B. nach dem Bundesversorgungsgesetz);
- bei vollstationärer **Heilbehandlung im Krankenhaus,** stationären **Rehabilitationsmaßnahmen, Kur- und Sanatoriumsbehandlungen, Unterbringung** aufgrund richterlicher Anordnung, soweit diese nicht auf Pflegebedürftigkeit beruht;
- Aufwendungen für Pflegehilfsmittel und technische Hilfen, **soweit andere Leistungsträger** (z. B. Krankenversicherer) für diese Hilfsmittel **zu leisten haben**.

Lernkontrollen zu A 3

Antrag

1 Im Zusammenhang mit der Vertragserklärung werden zwei Modelle unterschieden.
   a) Erläutern Sie die beiden Modelle.
   b) Stellen Sie das Widerrufsrecht des VN nach VVG dar.
   c) Welche vorvertraglichen Pflichten hat der VR?

2 Herr Julius Ohnesorg, selbstständiger Handelsvertreter, stellt und unterschreibt am 10. Jan. d.J. einen Antrag auf Abschluss einer Krankheitskosten-Vollversicherung bei der Proximus Krankenversicherung AG. Herr Ohnesorg erhält vom Außendienstmitarbeiter Stockinger die Versicherungsbedingungen (MB/KK 2009) mit allen erforderlichen Unterlagen. Die schriftliche Belehrung über das Widerrufsrecht wird von Herrn Ohnesorg am gleichen Tag durch Unterschrift bestätigt. Am 21. Jan. d.J. erhält Herr Ohnesorg ein günstigeres Angebot von einem anderen Versicherungsunternehmen. Er widerruft deshalb schriftlich seinen Antrag und sendet diesen am 27. Jan. d.J. (Datum des Poststempels) dem VR zu. Dem VR geht die Widerrufserklärung am 29. Jan. d.J. zu.

   Muss der Versicherer den Widerruf akzeptieren (mit Begründung)?

3 Sie sind Mitarbeiter/-in der Generalagentur Heumann der Proximus Krankenversicherung AG. Am 7. Februar d.J. hat Ihnen Ihr Kunde, Herr Seifert, einen vollständig ausgefüllten Antrag auf Abschluss einer Krankheitskosten-Vollversicherung einschließlich Pflegepflichtversicherung zugeschickt. Als Versicherungsbeginn ist der 01. März d.J. eingetragen. Dem Antrag ist eine Bescheinigung über die bisherige Versicherungszeit in der gesetzlichen Krankenversicherung (1. Januar 1991 bis 31. Dezember v.J.) beigefügt. Nachdem Sie mehrfach ohne Erfolg versucht haben, mit Herrn Seifert Kontakt aufzunehmen, reichen Sie den Antrag an die Hauptverwaltung mit dem Hinweis weiter, dass als Versicherungsbeginn der 1. Januar d.J. dokumentiert werden soll. Am 17. Februar d.J. erhält Herr Seifert die Police, die den neuen Versicherungsbeginn enthält. Am 28. Februar d.J. teilt Ihnen Herr Seifert schriftlich mit, dass er mit der vorgenommenen Änderung nicht einverstanden ist.

   Arbeitsauftrag

   1. Erläutern Sie die Rechtslage, wenn der Versicherungsschein keine weiteren Hinweise enthält.
   2. Aus welchen Gründen sollten Sie, unabhängig von der Rechtslage, Herrn Seifert empfehlen, als Versicherungsbeginn den 1. Januar d.J. anzuerkennen?

Risiko

4 Bei der Risikobeurteilung wird zwischen dem objektiven und dem subjektiven Risiko unterschieden.
   a) Erläutern Sie die Unterschiede dieser beiden Risikobegriffe am Beispiel der PKV.
   b) Welche Möglichkeiten hat der VR, das objektive Risiko zu erfassen und zu begrenzen?
   c) Wodurch versucht die PKV, das subjektive Risiko zu beeinflussen?
   d) Geben Sie Beispiele für das natürliche und unnatürliche subjektive Risiko.

5 In der PKV kommt der Risikoprüfung eine ähnlich hohe Bedeutung zu wie in der Lebensversicherung.

a) Wann liegt für die PKV ein »erschwertes Risiko« vor?

b) Nennen Sie vier Möglichkeiten für den VR, das Risiko zu begrenzen.

6 Ein VN ist drogenabhängig. Der Arzt ordnet eine Entziehungsmaßnahme an. Prüfen Sie die Leistungspflicht des VR für die Kosten der Entziehungsmaßnahme nach MB/KK 2009.

7 Welche Regelung sehen die MB/KK 2009 für die Leistungspflicht des VR bei der Behandlung durch Ehegatten und Kinder vor?

8 Sie sind Mitarbeiter der Antragsabteilung der Proximus Krankenversicherung AG und erhalten von einer Bezirksdirektion den Antrag des VN Walter Holzer. Herr Holzer beantragt eine Krankheitskosten-Vollversicherung mit ambulanten, stationären und zahnärztlichen Leistungen. Die Gesundheitsfragen hat Herr Holzer ordnungsgemäß beantwortet.

Bei der Risikoprüfung stellen Sie folgende Erkrankungen und Beschwerden fest:

- Koronare Durchblutungsstörungen (die Beschwerden werden seit drei Jahren vom Hausarzt behandelt)
- akute Mandelentzündung
- Kreislaufbeschwerden (seit zwei Jahren in ärztlicher Behandlung)

Arbeitsauftrag

Entscheiden Sie über die Annahme des Antrages. Benutzen Sie als Grundlage für Ihre Entscheidung die Risikoliste im Bedingungswerk 2 »Proximus Versicherung«. Teilen Sie Ihre Entscheidung dem VN in Form eines Briefes mit.

9 Der Außendienstmitarbeiter der Proximus Krankenversicherung AG, Herr Kümmerle, bittet Sie um telefonische Auskunft. Ein 36-jähriger Kunde hat im Antrag für eine Krankheitskosten-Vollversicherung bei den Gesundheitsfragen eine chronische Nierenentzündung sowie eine Gichterkrankung (Hyperurikämie) angegeben. Auf Nachfrage konnte Herr Kümmerle feststellen, dass der Kunde sich seit mehreren Jahren bei einem Urologen in Behandlung befindet.

Arbeitsauftrag

Beurteilen Sie das Gesundheitsrisiko mit Hilfe der Risikoliste im Bedingungswerk 2 »Proximus Versicherung« und teilen Sie Ihre Entscheidung Herrn Kümmerle schriftlich mit.

10 Als Mitarbeiter der Antragsabteilung liegt Ihnen der Antrag von Frau Anna Kress zur Risikoprüfung vor.

Frau Anna Kress, 48 Jahre, beantragt am 01. Okt. d. J. eine Zusatzversicherung für die stationäre Behandlung im Krankenhaus und eine Krankenhaus-Tagegeldversicherung (Krankenhaustagegeld 30,00 €).

Die Gesundheitsangaben liefern auszugsweise folgende Daten:

- **Gesundheitsangaben**

Hat jemals stationäre Krankenhaus-, Heilstätten- oder Sanatoriumsbehandlung stattgefunden? Wo? (Name und Ort)	Ja Orthopädische Klinik Heidelberg
Behandelnde Ärzte (Name und Anschrift)	Chefarzt Prof. Dr. med. Franz Meister
Von wann bis wann?	20. Juli v. J. – 25. Sept. v. J.
Weshalb?	Hüftgelenksathrose (OP)
Mit Operation?	Ja
Traten Folgeerscheinungen auf?	Ja
Wann? Welche?	Allgemeine Gehbehinderung
Größe:	168 cm
Gewicht:	72 kg

- **Arbeitsauftrag**

  Entscheiden Sie über die Annahme des Antrags. Begründen Sie Ihre Entscheidung.

11 Sie sind Mitarbeiter/-in der Antragsabteilung der Proximus Krankenversicherung AG. Ihnen liegt am 1. Dezember 2010 ein Antrag von Herrn Kellermann auf Abschluss einer Krankheitskostenvollversicherung vor. Herr Kellermann ist derzeit noch gesetzlich krankenversichert. Dem Antrag entnehmen Sie folgende Informationen:

Auszug aus den Gesundheitsangaben:

Nr.	Gesundheitsangaben	Nein	Ja
1	Ist es in den letzten 5 Jahren zu Krankenhaus-, Heilstätten-, Kur- oder Sanatoriumsbehandlungen gekommen?		X
1.1	Mit Operation?		X
1.2	Mit anschließender Strahlenbehandlung auch ambulant?	X	
2	Bestanden in den letzten 3 Jahren oder bestehen gegenwärtig Krankheiten, Unfallfolgen, Beschwerden oder sonstige Gesundheitsstörungen?		X
3	Werden Arzneimittel (z. B. Tabletten, Salben), Heilmittel (z. B. Massagen/Bestrahlungen) angewendet?		X
4	Ist eine ambulante/stationäre Untersuchung oder Behandlung, eine Zahnprothetik oder Kieferorthopädie beabsichtigt oder angeraten?	X	
5	Wurde jemals eine HIV-Infektion festgestellt?	X	
6	Besteht ein körperlicher/organischer Fehler, ein chronisches Leiden, eine Wehrdienstbeschädigung, eine Minderung der Erwerbstätigkeit?	X	
7	Besteht Schwangerschaft?	X	
8	Fehlen natürliche Zähne (außer Milch- und Weisheitszähne)?	X	

Erläuterungen zu den Gesundheitsfragen:

Zu Frage	Art der Erkrankung	Behandelt von – bis	Name, Anschrift der Ärzte, Krankenhäuser	Sind weitere Behandlungen vorgesehen
1	Armbruch beim Handball	06.09.2006 – 09.11.2006	Sportklinik Heidelberg	Nein
1.1	Operation einer Knochenabsplitterung (Metallteile wurden entfernt)	06.09.2006	Sportklinik Heidelberg	Nein
2	Akute Mandelentzündung	Sommer 2010	Hausarzt Dr. Baltes, Heddesheim	Nein
2	Krampfadern an den Beinen	Zuletzt untersucht 07/2009	Dr. Krämer, Mannheim	Nein
2/3	Kreislaufbeschwerden	04 – 10/2004	Hausarzt Dr. Baltes Heddesheim	Nein

Prüfen Sie die Gesundheitsfragen und beurteilen Sie anhand der **Annahmerichtlinien** der Proximus Krankenversicherung AG die Auswirkungen auf die Annahme des Antrags. Begründen Sie Ihre Entscheidungen.

12 Sie sind Mitarbeiter/-in der Antragsabteilung der Proximus Krankenversicherung AG. Ihnen liegt folgender Auszug eines Antrags zur Risikoprüfung vor:

Proximus
Versicherung

Antrag zur Krankenversicherung

- Auszug -

Angaben zum Antragsteller/Beitretenden

Vorname(n)/Zuname: Klaus Müller			
Titel	z. Zt. ausgeübter Beruf: Controller		Geb.-Tag/Mon./Jahr: 04.02.1970
Straße und Hausnummer: Holzstr. 12	PLZ: 80538	Wohnort: München	
Geschäfts-/Arbeitgebername: BMW-AG		☒ Arbeitnehmer	☐ Selbstständiger
Straße und Hausnummer: Petuelring 130	PLZ: 80788	Wohnort: München	
☐ Beihilfeberechtigt als (z.B. Beamter) seit	Telefon (privat): 222666	Telefon (geschäftl.)	Fax
☐ Firmen-/Vereins-/Verbandsgeschäft · Eingang GS · Namensdatei geprüft	Versicherungs-Nr.	Eingang VEA	Policenverfügung

Ich beantrage den Abschluss einer Krankheitskosten-/Krankenhaustagegeld-/Krankentagegeld-/Pflegeversicherung für:

Person 1

Vorname(n)/(Zuname, falls abweichend von Antragstellerin/Antragsteller)	Geschlecht	Eintrittsalter	Nationalität	verheiratet
Klaus				
Geb.-Tag/Mon./Jahr: 04.02.1970	☒m ☐w	40	D	☐n ☒ja
Beginn am: 01.02.2011				
Krankenvollversicherung				

Person 2

Vorname(n)/(Zuname, falls abweichend von Antragstellerin/Antragsteller)	Geschlecht	Eintrittsalter	Nationalität	verheiratet
Gabriela				
Geb.-Tag/Mon./Jahr: 06.11.1974	☐m ☒w	34	D	☐n ☒ja
Beginn am: 01.02.2011				
stationäre Ergänzungsversicherung				

Fragen zur Gesundheit ... (siehe Proximus Bedingungswerk S. 244)

Körpergröße/Gewicht (Person 1)	Körpergröße/Gewicht (Person 2)
182 cm/85 kg	168 cm/64 kg

Pers.	zu Frage	Art der Krankheit, Medikamente, Verletzung, Beschwerden, Untersuchung, (welche bzw. was wurde festgestellt):	Behandelt von	bis	Name, Anschrift der Ärzte, Krankenhäuser bzw. wer kann Auskunft geben:	Sind weitere Behandlungen vorgesehen?
1	2	Gallenstein - Op	6/	6/	KH Großhadern	nein
	1	Kreislaufbeschwerden	5/0	5/0	Dr. Huber; Hausarzt	nein
	2	Grippaler Infekt, Antibiotika	7/	7/	Dr. Huber; Hausarzt	nein
2	2	Kropf nicht op., Medikamente	9/0	heute	Dr. Huber; Hausarzt	ja
	2	Durchblutungsstörungen, coronare	11/0	lfd.	Dr. Huber; Hausarzt	Ja

Beurteilen Sie das Risiko.

4 Beitrag

4.1 Beitragskalkulation

4.1.1 Rechnungsgrundlagen und Beitragsbestandteile

Die Beitragskalkulation in der PKV erfolgt nach dem Äquivalenzprinzip. Für die Beitragskalkulation bedeutet dies:

- Die Beitragshöhe hängt vom Umfang der versicherten Leistungen ab.
- Die Beiträge werden vom Lebensalter beeinflusst, da mit steigendem Lebensalter höhere Gesundheitsleistungen anfallen.
- Der Gesundheitszustand bei Versicherungsbeginn beeinflusst die Beitragshöhe.
- Die Tarife werden für Männer und Frauen jeweils unterschiedlich kalkuliert.

Durch das Allgemeine Gleichbehandlungsgesetz (AGG) wird auf die geschlechtsspezifische Beitragskalkulation entscheidend Einfluss genommen.

Jeder einzelne Tarif eines Unternehmens muss sich selbst tragen, d. h., die Verpflichtung, die der VR aufgrund des Leistungsversprechens des jeweiligen Tarifs übernimmt, muss jederzeit mittels des Beitrags erfüllbar sein.

Beitragszusammensetzung
Tarifbeiträge für ambulante Heilbehandlung (ohne Selbstbeteiligung)
in der Krankheitskostenversicherung, männlicher Versicherter, Eintrittsalter: 40 Jahre

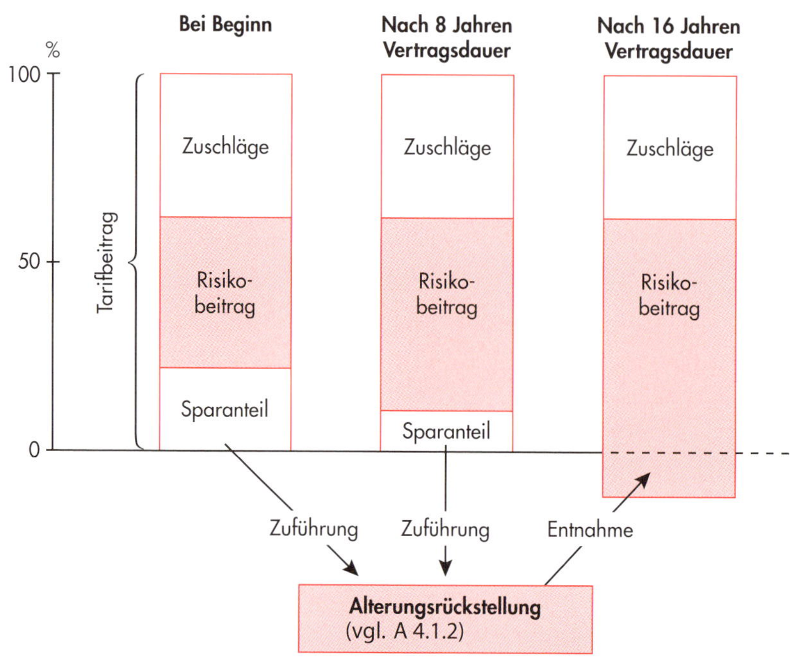

Grundlage der Beitragskalkulation bildet die Verordnung über die versicherungsmathematischen Methoden zur Prämienkalkulation und zur Berechnung der Alterungsrückstellung in der privaten Krankenversicherung (**Kalkulationsverordnung** – KalV) vom 18. November 1996. Nach den Vorschriften dieser Verordnung hat die Beitragsberechnung nach den anerkannten Regeln der Versicherungsmathematik unter Verwendung der maßgeblichen Rechnungsgrundlagen zu erfolgen. KalV § 10

Rechnungsgrundlagen

Für die Beitragskalkulation sind folgende Rechnungsgrundlagen maßgebend. § 2

Rechnungsgrundlagen	Erläuterung
Rechnungszins	Der Rechnungszins darf 3,5 % nicht überschreiten.
Ausscheideordnung	Diese enthält die Annahmen zur Sterbewahrscheinlichkeit auf der Grundlage von Sterbetafeln, die unter dem Gesichtspunkt vorsichtiger Risikoeinschätzung festzulegen sind.
Kopfschäden	Kopfschäden sind die auf einen Versicherten entfallenden durchschnittlichen Versicherungsleistungen pro Jahr, die für jeden Tarif in Abhängigkeit vom Geschlecht und Alter des Versicherten zu ermitteln sind.
Sicherheitszuschlag	Dieser dient zum Ausgleich zusätzlicher Schwankungen und Fehleinschätzungen in der Kalkulation.
Sonstige Zuschläge	Dazu gehören die unmittelbaren und mittelbaren Abschlusskosten, die Schadenregulierungskosten, die sonstigen Verwaltungskosten, der Zuschlag für eine erfolgsunabhängige Beitragsrückerstattung und der Zuschlag für den Standardtarif.
Übertrittswahrscheinlichkeiten	Diese dienen zur Berechnung des Übertragungswertes für die Anrechnung der erworbenen Rechte aus der Alterungsrückstellung

Beitragsbestandteile

Die Faktoren der Rechnungsgrundlagen bilden die Grundlage der Beitragskalkulation. Der Beitrag setzt sich im einzelnen aus folgenden Bestandteilen zusammen:

Bestandteile	Zweck
Risikobeitrag	Erstattung der Versicherungsleistungen; Kopfschäden
+ Sparbeitrag	Bildung der Alterungsrückstellung (3,5 % Rechnungszins)
= Nettobeitrag	
+ Kostenzuschlag	Deckung der allgemeinen Verwaltungskosten sowie Absicherung der Abschluss- und Regulierungskosten (als altersabhängige Stückkosten)
+ Sicherheitszuschlag	Der Sicherheitszuschlag muss mindestens 5 % des Bruttobeitrags betragen. Er darf nicht bereits in anderen Rechnungsgrundlagen enthalten sein.
+ Zuschlag für den Standardtarif	Zuschlag für ältere Versicherte (nur für Tarife mit Optionsrecht in den Standardtarif)
+ Zuschlag für den Basistarif	Zuschlag zur Finanzierung der im Basistarif geltenden Beitragsbegrenzungen
= Bruttobeitrag	

Bestandteile	Zweck
+ Vorsorgezuschlag	Gesetzlicher Zuschlag in Höhe von 10 % des Bruttobeitrags (unterschiedliche Regelung für Neu- und Bestandskunden)
+ evtl. individueller Risikozuschlag	Absicherung der vermehrten Leistungen wegen Vorerkrankungen bei einzelnen Versicherten
+ evtl. Auslandszuschlag	Berücksichtigung von Besonderheiten im Ausland (Abdeckung höherer Kosten)
= zu zahlender Beitrag	

Für folgende Tarife wird kein Sparanteil gebildet: Tarife für Kinder und Jugendliche, Ausbildungstarife (Private studentische Krankenversicherung, Ärzte im Praktikum, Beamtenanwärter, Referendare), Tarife für Zahnbehandlung/Zahnersatz und Tarife für Auslandsreisekrankenversicherungen.

Da für Kinder und Jugendliche keine Alterungsrückstellungen gebildet werden, ist eine Umstufung des Tarifbeitrags bei der Altersgrenze 15/16 bzw. 20/21 Jahre erforderlich.

SGB V § 257 (2a) VAG § 12 (1c)

Der **Standardtarif** für ältere Versicherte und der **Basistarif** sehen keine geschlechtsneutrale Kalkulation von.

Allgemeines Gleichbehandlungsgesetz (AGG)

Das Allgemeine Gleichbehandlungsgesetz ist am 18. August 2006 in Kraft getreten. Ziel dieses Gesetzes ist es, Diskriminierungen zu verhindern. Wegen einer Behinderung, des Alters, der sexuellen Identität und der Religion oder Weltanschauung ist eine unterschiedliche Behandlung nur dann zulässig, wenn diese auf anerkannten Prinzipien risikoadäquater Kalkulation beruht.

AGG § 20 (2)

Für Versicherungsunternehmen schreibt das Gesetz ausdrücklich vor, dass eine unterschiedliche Behandlung wegen des Geschlechts bei Prämien oder Leistungen nur zulässig ist, wenn dessen Berücksichtigung bei einer auf relevanten und genauen versicherungsmathematischen und statistischen Daten beruhenden Risikobewertung ein bestimmender Faktor ist. Kosten im Zusammenhang mit Schwangerschaft und Mutterschaft dürfen auf keinen Fall zu unterschiedlichen Prämien oder Leistungen führen.

Eine unterschiedliche Behandlung wegen Krankheit ist nach wie vor erlaubt, da dieses Merkmal nicht zu den Diskriminierungsgrundsätzen gemäß § 1 AGG gehört.

Gemäß § 33 Abs. 4 Satz 1 AGG ist die geschlechtsneutrale Verteilung der Kosten für Schwangerschaft und Mutterschaft zunächst nur für solche Versicherungsverträge bindend, die ab dem 22. Dezember 2007 abgeschlossen werden. Satz 2 derselben Vorschrift fordert allerdings die Ausdehnung dieser Regelung auch auf den Bestand, sobald die Verträge geändert werden.

Vor dem Europäischen Gerichtshof (EuGH) ist derzeit ein Verfahren anhängig, in dem geprüft wird, ob geschlechtsspezifische Tarife für Männer und Frauen generell diskriminierend sind und damit gegen die Gleichbehandlungsrichtlinie der EU verstoßen. Eine Entscheidung des EuGH wird für Mitte 2011 erwartet.

Gesetzlicher Vorsorgezuschlag

Der gesetzliche Vorsorgezuschlag soll dazu dienen, die Beiträge ab dem 65. Lebensjahr stabil zu halten. Der Zuschlag ist für alle Krankheitskosten-Tarife in der substitutiven Krankenversicherung zu zahlen. Er beträgt 10 % des Bruttobeitrages und wird für Neukunden seit 1. Januar 2000 erhoben. Der Vorsorgezuschlag ist nicht für Risikozuschläge zu zahlen. Er fällt zwischen dem 22. und 60. Lebensjahr an. Mit Erreichen des

61. Lebensjahres entfällt der Zuschlag. Bei Arbeitnehmern wird der Vorsorgezuschlag im Rahmen der gesetzlichen Höchstgrenzen vom Arbeitgeber bezuschusst.

Der Zuschlag wird nicht für Krankentagegeld-, Krankenhaustagegeld- und Kurtagegeldversicherungen, Anwartschaftsversicherungen, Ausbildungstarife, Pflegetagegeld- und Pflegepflichtversicherungen erhoben.

Regelungen für Neu- und Bestandskunden:

Neugeschäft (§ 12 Abs. 4 a VAG)	Altbestand (§ 12 e VAG)
• Alle Verträge, die nach dem 31. Dez. 1999 abgeschlossen wurden: 10 % Zuschlag auf den Bruttobeitrag (ohne Risikozuschläge). • Der Zuschlag wird auch für nach dem 1. Jan. 2000 innerhalb der PKV wechselnde Personen erhoben sowie bei Nachversicherungen von Personen nach diesem Termin bzw. Umstellungen von Teil- in Vollversicherungen.	• Alle Verträge, die am 1. Jan. 2000 bereits bestanden: Ab 1. Jan. 2000 stieg der Bruttobeitrag um jährlich 2 %, bis im Jahr 2005 der volle Vorsorgezuschlag von 10 % erreicht war. • Den Versicherten stand ein Widerspruchsrecht zu. Sie konnten innerhalb von drei Monaten nach Zugang der Mitteilung auf Dauer dem Zuschlag widersprechen. Das Widerspruchsrecht galt einmalig bis zum 31. März 2001.

➤ Besonderheiten der Beitragskalkulation in der substitutiven Krankenversicherung

Die Beitragskalkulation erfolgt in der substitutiven Krankenversicherung nach Maßgabe der Vorschriften des VAG. Der VR darf daher nur einen nach aufsichtsrechtlichen Vorschriften kalkulierten Beitrag verlangen. Dem VR ist jedoch die Möglichkeit gegeben, mit Rücksicht auf ein erhöhtes Risiko einen angemessenen Risikozuschlag oder einen Leistungsausschluss zu vereinbaren.

VAG § 12
VVG § 203
MB/KK 2009 § 8 a

Die PKV hatte 1995 erstmals eine eigene Sterbetafel entwickelt. Zum 1. Januar 2001 wurde diese von der Sterbetafel PKV 2001 abgelöst. Zwischenzeitlich liegt die PKV-Sterbetafel 2011 (PKV-2011) vor.

Der Sterbetafel 2011 liegen biometrische Daten der Jahre 1999 bis 2008 zugrunde. Mit ihr wurde eine Projektion auf das Jahr 2015 vorgenommen.

Die Lebenserwartung Neugeborener liegt nach der PKV-Sterbetafel 2011 bei 87,34 Jahren für Frauen bzw. 83,97 Jahren für Männer.

Die BaFin geht davon aus, dass die Unternehmen die neue Sterbetafel ab dem 1. Januar 2008 bei der Einführung neuer Tarife und bei Prämienanpassungen für den Neuzugang sowie den Bestand einführen, sofern nicht Besonderheiten des Bestandes bzw. von Teilbeständen noch vorsichtigere Annahmen erfordern.

In der substitutiven Krankenversicherung ist für in- und ausländische VR die Kalkulation der Beiträge im **Anwartschaftsdeckungsverfahren** verbindlich vorgeschrieben, seitdem im Jahr 1994 die »Richtlinien für die Aufstellung technischer Geschäftspläne in der Krankenversicherung« in das VAG übernommen wurden. Beim Anwartschaftsdeckungsverfahren baut jeder Versicherte selbst seine **Alterungsrückstellung** auf (vgl. A 4.1.2).

Die wagnisgerechte Beitragskalkulation erfolgt in der PKV durch Aufteilung der Versichertengemeinschaft in homogene Risikogruppen. Nach den Kriterien Geschlecht,

Alter und Tarif wird für Männer und Frauen pro Lebensalter ein Beitrag kalkuliert. Eine Wagnisverschiebung ist nicht zulässig. So darf z. B. die Übertragung von Teilen des Frauenwagnisses auf Beiträge der Männer nicht vorgenommen werden. Die Unzulässigkeit der Wagnisverschiebung gilt umgekehrt auch für die Beiträge der Männer und der Kinder. Statistisch wurde bei den Frauen ein größeres Wagnis ermittelt, was sich bei jüngeren Frauen in höheren Beiträgen niederschlägt. Hauptgründe für die höheren Beiträge sind nicht nur die Mehrkosten für **Geburt** und **Schwangerschaft,** sondern insbesondere

- die längere Lebenserwartung,
- der höhere Arzneimittelkonsum,
- die häufigeren Arztbesuche,
- Kosten für typische Frauenkrankheiten.

VAG § 12 (2)

Wird die substitutive Krankenversicherung betrieben, muss ein **Verantwortlicher Aktuar** bestellt werden.

HGB § 341 f

Dieser hat sicherzustellen, dass bei der Berechnung der Prämien und der mathematischen Rückstellungen die versicherungsmathematischen Methoden eingehalten und die Grundsätze des HGB und VAG beachtet werden. Die Aufgaben des Aktuars in der PKV sind insbesondere:

VAG § 12 ff.

- statistische Ermittlung von Sterbewahrscheinlichkeiten, Kopfschadenreihen und Stornowahrscheinlichkeiten;
- Tarifierung und Prämienkalkulation aufgrund versicherungsmathematischer Methoden (Risiko-, Netto-, Bruttobeitrag);
- versicherungstechnische Durchführung von Tarifänderungen (Beitragsanpassungen, individuelle Umstellungen);
- Ermittlung der versicherungstechnischen Rückstellungen, z. B. Alterungsrückstellung, Rückstellung für Beitragsrückerstattung;
- Durchführung der Nachkalkulation.

§ 12 (4) S. 2

Nach dem VAG dürfen die Beiträge für das Neugeschäft nicht niedriger sein als die Beiträge, die sich im Altbestand für gleichaltrige Versicherte ohne Berücksichtigung ihrer Alterungsrückstellung ergeben würde.

Beitragskalkulation in der privaten Pflegepflichtversicherung

Während die soziale Pflegeversicherung das Umlageverfahren kennt, erfolgt die Beitragskalkulation in der privaten Pflegepflichtversicherung nach dem Anwartschaftsdeckungsverfahren. Die Beiträge werden nach dem Alter des Versicherten bei Eintritt in die Versicherung festgesetzt und enthalten einen Sparanteil für die Bildung der Alterungsrückstellung. Sie sind im Gegensatz zur privaten Krankenversicherung aber für Männer und Frauen gleich hoch.

SGB XI § 110

Aufgrund der Versicherungspflicht seit dem 01. Jan. 1995 gelten folgende besonderen Regelungen:

Für Bestandskunden, die versicherungspflichtig wurden, ist der Beitrag von Anfang an auf den Höchstbeitrag in der sozialen Pflegeversicherung begrenzt, die Kinder sind beitragsfrei eingeschlossen, und Ehegatten ohne eigenes Einkommen erhalten einen »Beitragsrabatt«.

Aufgrund gesetzlicher Vorschriften sind für die Pflegebedürftigen der versicherungspflichtig gewordenen Bestandskunden sofort Leistungen zu erbringen.

Durch diese Vorschriften entstehen den PKV-Unternehmen Beitragsausfälle, die durch den übrigen Bestand getragen werden. Die Zusammensetzung der Altersstruktur und der Anteil mitversicherter Kinder und Ehegatten fallen bei den verschiedenen Unternehmen sehr unterschiedlich aus und führen deshalb zu ungleichen Risikostrukturen. Das SGB XI schreibt aus diesem Grund einen brancheneinheitlichen Risikoausgleich vor. Die PKV-Unternehmen, die eine Pflegepflichtversicherung betreiben, sind deshalb einem Pool beigetreten, der den finanziellen Ausgleich der unterschiedlichen Risikostrukturen durchführt. Auf der Basis gemeinsamer Kalkulationsgrundlagen wird von diesem Pool ein für alle Unternehmen einheitlicher Nettobeitrag kalkuliert. Beitragsunterschiede beschränken sich daher zunächst auf die Verwaltungskostenzuschläge, die von jedem Unternehmen selbst festgesetzt werden.

Übersicht

Einflüsse auf die Beitragskalkulation in der privaten Pflegepflichtversicherung

	Versicherungsbeginn zum 1. Jan. 1995	**Versicherungsbeginn nach 1. Jan. 1995**
keine Staffelung der Prämien nach Gesundheitszustand	X	
keine Staffelung der Prämien nach Geschlecht	X	X
keine Prämienhöhe, die den Höchstbeitrag der sozialen Pflegeversicherung übersteigt	X	X (erst nach 5 Jahren Versicherung)
beitragsfreie Mitversicherung der Kinder	X	X
Prämienbegrenzung für Ehepaare mit 1 Geringverdiener bei 150 % des Höchstbeitrages der sozialen Pflegeversicherung	X	

4.1.2 Alterungsrückstellung

Das VAG schreibt vor, dass in der PKV, die nach Art der Lebensversicherung betrieben wird, eine Alterungsrückstellung nach § 341 f HGB zu bilden ist. Die Berechnung der Alterungsrückstellung muss auf der Grundlage aufsichtsrechtlicher Bestimmungen für die Berechnung der Prämien erfolgen.

VAG § 12 (1) 2
HGB § 341 f (3)

Die Alterungsrückstellung hat folgenden Zweck:

Mit zunehmendem Alter der versicherten Person nimmt die Anzahl der Versicherungsfälle zu. Entsprechend müsste der VR einen steigenden Risikobeitrag erheben. Statt dessen wird der zu zahlende Risikobeitrag um einen »Sparbeitrag« erhöht. Deshalb ist zu Beginn der Versicherung ein höherer Beitrag zu entrichten, als aufgrund der Versicherungsfälle in diesem Lebensalter erforderlich wäre. Dieser zu Beginn der Versicherung nicht benötigte Beitragsteil wird als Alterungsrückstellung verzinslich angesammelt und für spätere Leistungen bereitgestellt.

Der gesetzliche Vorsorgezuschlag (vgl. A 4.1.1) wird den Versicherten in voller Höhe als zusätzliche Alterungsrückstellung gutgeschrieben und verzinslich angesammelt.

Im Alter, wenn die Versicherungsfälle zunehmen, werden die Fehlbeträge aufgrund des dann zu niedrigen Beitrages aus der Alterungsrückstellung entnommen. Zum rechnerisch kalkulierten Vertragsende (= Tod des Versicherten lt. Sterbetafel) ist die Alterungsrückstellung abgebaut.

Den Verlauf der Alterungsrückstellung zeigt die folgende Skizze:

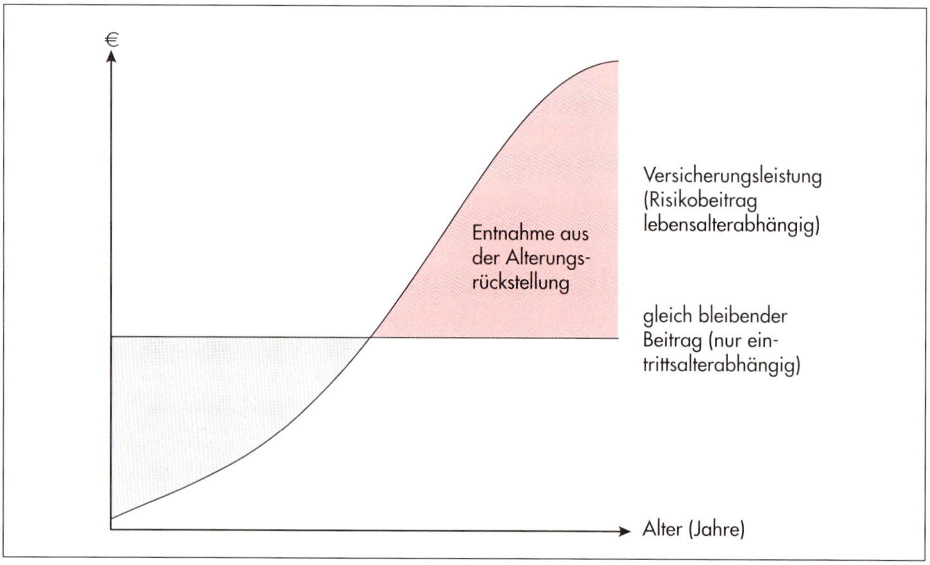

Da es in der PKV – im Gegensatz zur Lebensversicherung – keinen Rückkaufswert aus der Alterungsrückstellung gibt, wird beim Ausscheiden versicherter Personen deren Alterungsrückstellung frei. Diese frei werdende Alterungsrückstellung stellt keinen Gewinn für das Unternehmen dar, sondern sie wird im Umfang der rechnungsmäßigen Ausscheideordnung an die verbleibenden Versicherten »vererbt«.

4.1.3 Portabilität von Alterungsrückstellungen

Grundsatz

BGH 1999 IV ZR 192/98

Dem Versicherten steht kein Recht auf Auszahlung seiner angesammelten Alterungsrückstellung zu. Dies hat der BGH in einem Urteil entschieden. Auch die Übertragung der Rückstellung bei Übertritt zu einem anderen PKV-Unternehmen war bisher nicht möglich.

Durch die Gesundheitsreform 2007 haben sich für die Weitergabe (Portabilität) von Alterungsrückstellungen jedoch Änderungen ergeben. Dabei muss differenziert werden zwischen einem Wechsel innerhalb des gleichen Unternehmens und dem Wechsel zu einem anderen Unternehmen der PKV.

Wechsel innerhalb desselben Unternehmens

VVG § 204

Wechselt der Versicherungsnehmer innerhalb desselben Unternehmens in einen anderen Tarif, ergeben sich keine Änderungen zur bisherigen Rechtslage. Die Alterungsrückstellung aus dem bisherigen Tarif wird **voll** angerechnet.

Die Alterungsrückstellung aus dem Normaltarif wird bei einem **Wechsel in den Basistarif** desselben Unternehmens vollständig angerechnet. Dabei sind die Besonderheiten hinsichtlich des begrenzten Wechselrechts zu beachten, d. h. aus bestehenden Tarifen kann in den Basistarif gewechselt werden, wenn

- die Krankheitskostenvollversicherung nach dem 1. Januar 2009 abgeschlossen wurde (Neugeschäft),

- der VN das 55. Lebensjahr vollendet oder vor dem 55. Lebensjahr Rentenansprüche hat bzw. als Beamter ein Ruhegehalt bezieht (Bestand),
- die bestehende Krankheitskostenvollversicherung bereits vor dem 31. Dezember 2008 abgeschlossen wurde und der Wechsel in den Basistarif innerhalb von sechs Monaten ab dem 1. Januar 2009 beantragt wird (Bestand).

Wechsel zu einem anderen Unternehmen

Im Falle des Wechsels zu einem anderen PKV-Unternehmen muss differenziert werden, wann der Versicherungsschutz begründet wurde.

Krankenversicherungsschutz besteht vor dem 1. Januar 2009	Krankenversicherungsschutz besteht ab dem 1. Januar 2009
Die Versicherten erhalten einmalig die Gelegenheit, unter Übertragung von Alterungsrückstellungen in Höhe des Basistarifs in den Basistarif eines anderen Unternehmens zu wechseln, wenn die Kündigung des Vertrages zwischen dem 1. Januar und dem 30. Juni 2009 erfolgt.	Die kalkulierten Alterungsrückstellungen werden in Höhe des Teils der Versicherung, dessen Leistungen dem Basistarif entsprechen, an den neuen VR übertragen. Es werden also Alterungsrückstellungen in der Höhe übertragen, wie sie sich ergeben hätten, wenn der Versicherte von Beginn an im Basistarif versichert gewesen wäre, jedoch nicht mehr, als nach dem alten Tarif zu übertragen gewesen wäre. (KalV §§ 12, 13a)

Wechselt der Versicherte unter Anrechnung von Alterungsrückstellungen das Versicherungsunternehmen, kann der Versicherte bei seinem bisherigen VR eine Zusatzversicherung nehmen, auf die verbleibende Teile der Alterungsrückstellung, die nicht in den Basistarif übertragen worden sind, angerechnet werden. VVG § 204

Beispiel:

Der VN Ludwig Roth ist seit 1996 bei der Südstern Krankenversicherung AG versichert. Am 31. März 2009 (= im Zeitraum vom 1. Januar bis 30. Juni 2009) kündigt der VN seinen Versicherungsvertrag zum Ende des Versicherungsjahres und wechselt zur Proximus Krankenversicherung AG. Bei diesem Wechsel werden Alterungsrückstellungen übertragen, wie sie sich ergeben hätten, wenn der VN von Beginn an (ab 1996) im Basistarif versichert gewesen wäre. Die tatsächlich aus seinen Beiträgen aufgebauten Alterungsrückstellungen bei der Südstern Krankenversicherung AG liegen oberhalb der mitgegebenen Alterungsrückstellungen. Der VN kann in diesem Fall bei der Südstern Krankenversicherung AG eine Zusatzversicherung nehmen, in welcher der Differenzbetrag als Alterungsrückstellung angerechnet wird.

Der Versicherungsnehmer kann auf das Recht zur Portabilität nicht verzichten.

Nach § 204 Abs. 1 Nr. 2 VVG erhalten Versicherungsnehmer und versicherte Personen das Recht, einen gekündigten Versicherungsvertrag in Form einer Anwartschaftsversicherung unter Anrechnung der aus dem Vertrag erworbenen Rechte und der Alterungsrückstellung fortzuführen.

Die Portabilität der Alterungsrückstellungen wird im Rahmen des Übertragungswertes erfolgen. Der Übertragungswert errechnet sich aus der Summe der Alterungsrückstellungen und aus dem 10 %-Zuschlag. Dieser Wert darf maximal die Höhe einer Alterungsrückstellung erreichen, die sich ergeben hätte, wenn der Versicherte von Beginn an im Basistarif versichert gewesen wäre.

Damit die Ermittlung des Übertragungswertes, insbesondere bei langjährig Versicherten, umgesetzt werden kann, wird die **Referenzaltermethode** angewandt. Ausgehend vom Alter 35 werden dabei entsprechend der Laufzeit des Vertrages Zu- oder Abschläge berechnet.

4.1.4 Überschussverwendung

Die VR müssen bei der Berechnung der Beiträge und der Alterungsrückstellung einen Rechnungszins von maximal 3,5 % berücksichtigen. Da die Unternehmen der PKV i. d. R. Zinserträge erzielen, die über 3,5 % hinausgehen, entstehen sogenannte Überzinsen (außerrechnungsmäßige Zinsen). Der Gesetzgeber hat festgelegt, dass 90 % der Überzinsen der Alterungsrückstellung direkt gutzuschreiben sind.

VAG § 12 a

Beispiel:

Bei einem rechnungsmäßigen Zins von 3,5 % und einen tatsächlich erwirtschafteten Zins in Höhe von 7,0 % beträgt der Überzins 3,5 %.

90 % von 3,5 %, also 3,15 % Prozentpunkte sind zu berücksichtigen.

Die ordnungsgemäße Bildung der Alterungsrückstellung muss vom verantwortlichen Aktuar unter der Bilanz bestätigt werden. Über die Verwendung der Überschüsse ist eine Abstimmung mit dem Treuhänder erforderlich.

Die Überschussverwendung hat zum Ziel:

- Direktgutschrift zur Beitragsstabilisierung ab Alter 65
- Beitragssenkung ab Alter 80
- restlicher Betrag als erfolgsunabhängige Beitragsrückerstattung für ältere Versicherte

4.1.5 Beitragsanpassung

MB/KK 2009 MB/KT 2009 MB/PPV 2009 § 8 a (2)

Die Beitragskalkulation der PKV basiert auf einer rein statischen Betrachtung. Es wird unterstellt, dass über das kalkulierte Maß hinaus keine Änderungen der Rechnungsgrundlagen stattfinden. Nach dem **Äquivalenzprinzip** werden somit für die Dauer des Versicherungsverhältnisses gleich bleibende Beiträge ermittelt. Dies bedeutet, dass die kalkulierten Beiträge von der mit dem Alter zunehmenden Krankheitswahrscheinlichkeit unabhängig sind. Die PKV hat deshalb in ihren Musterbedingungen verankert, dass eine Beitragserhöhung des VR wegen des Älterwerdens der versicherten Person während der Dauer des Versicherungsverhältnisses ausgeschlossen ist, sofern nach Gesetz oder Geschäftsplan eine Alterungsrückstellung zu bilden ist.

VVG § 203

Die enormen Kostensteigerungen im Gesundheitswesen, die sich insbesondere in den letzten Jahren ergeben haben, führen aber dazu, dass die künftige Leistungserwartung höher ist als die ursprünglich kalkulierte. Die vorhandenen Alterungsrückstellungen reichen nicht mehr aus, um die künftigen Leistungen im zugesagten Umfang zu erbringen. Aus diesem Grund wird eine ständige **Nachversicherung** erforderlich. Die Beiträge müssen angepasst und neu festgesetzt werden.

Die gesetzlichen Vorschriften zur Beitragsanpassung finden sich im VVG und im VAG. VAG § 12 b

Auf vertraglicher Basis wurden in den Musterbedingungen entsprechende Regelungen getroffen. MB/KK 2009 MB/KT 2009 MB/PPV 2009 § 8 b VVG § 203

Eine Beitragsanpassung ist nach VVG möglich, wenn

- der tatsächliche Schadenbedarf nicht nur vorübergehend höher ist als die technische Berechnungsgrundlage,
- das ordentliche Kündigungsrecht des VR gesetzlich oder vertraglich ausgeschlossen ist,
- ein unabhängiger Treuhänder die Berechnungsgrundlagen überprüft und der Beitragsanpassung zugestimmt hat und
- eine Beitragsanpassungsklausel Vertragsbestandteil ist.

Das VAG trägt nun auch der Tatsache steigender Kosten im Gesundheitswesen Rechnung. Das Gesetz bestimmt, dass eine Beitragsanpassung auch möglich ist, wenn sich die Verhältnisse im Gesundheitswesen geändert haben. Auch in diesem Fall ist die Zustimmung eines unabhängigen Treuhänders erforderlich, damit Versicherungs- und Tarifbestimmungen verändert werden können. VAG § 12 b

Beitrags- und Leistungsanpassungen sind seit 1994 von der Zustimmung eines unabhängigen Treuhänders abhängig.

Die VR haben die Beitragsanpassungsklausel in ihre AVB übernommen. Sie haben überwiegend folgenden Wortlaut:

»Im Rahmen der vertraglichen Leistungszusage können sich die Leistungen des Versicherers z. B. wegen steigender Heilbehandlungskosten oder einer häufigeren Inanspruchnahme medizinischer Leistungen ändern. Dementsprechend vergleicht der Versicherer zumindest jährlich für jeden Tarif die erforderlichen mit den in den technischen Berechnungsgrundlagen kalkulierten Versicherungsleistungen und Sterbewahrscheinlichkeiten. Ergibt diese Gegenüberstellung eine Abweichung von mehr als dem tariflich festgelegten Vomhundertsatz, werden alle Beiträge dieses Tarifs vom Versicherer überprüft und, soweit erforderlich, mit Zustimmung des Treuhänders angepasst . . .« MB/KK 2009 § 8 b (1)

Die Tarifbedingungen bestimmen dann z. B., dass der tariflich festgelegte Prozentsatz 10 % beträgt.

Bei einer Veränderung von mehr als 5 Prozent können alle Tarifbeiträge überprüft und, soweit erforderlich, nach Zustimmung des Treuhänders angepasst werden.

Die Beitragsanpassungen werden zu Beginn des zweiten Monats wirksam, der auf die Benachrichtigung des VN folgt, soweit nichts anderes vereinbart ist. VVG § 203 (5)

Das VAG verpflichtet die Krankenversicherer im Rahmen der Verbraucherinformation, die Versicherten anlässlich einer Beitragserhöhung über die Möglichkeit eines Tarifwechsels nach § 204 VVG zu informieren. Bei Versicherten, die das 60. Lebensjahr vollendet haben, ist der VN auf Tarife, die gleiche Leistungsbereiche enthalten wie die bisher vereinbarten Tarife und bei denen eine Umstufung zu einer Beitragsreduzierung führen würde, hinzuweisen. Es dürfen jedoch nicht mehr als zehn Tarife genannt werden. Ebenso ist in der Verbraucherinformation ein Hinweis auf die Möglichkeit des Wechsels in den Standardtarif anzugeben. Es sind sowohl die Voraussetzungen für den Wechsel, wie auch der Beitrag, der im Standardtarif zu zahlen wäre, anzugeben. VAG Anlage D Abschn. II Nr. 4

4.1.6 Beitragsentlastung für ältere Versicherte

Ständige Beitragsanpassungen aufgrund von Kostensteigerungen haben überproportional steigende Beiträge zur Folge. Die Beitragserhöhungen treffen in erster Linie die älteren Versicherten. Die PKV und der Gesetzgeber haben deshalb gemeinsam Maßnahmen für eine Beitragsentlastung im Alter ergriffen. Im Einzelnen handelt es sich um folgende Maßnahmen:

➤ Anwartschaft auf Beitragsermäßigung im Alter

VAG § 12 a

In der nach Art der Lebensversicherung betriebenen Krankheitskosten- und freiwilligen Pflegekrankenversicherung erfolgt nach gesetzlicher Vorschrift eine Aufstockung der Alterungsrückstellung. Damit wird die Finanzierung einer Anwartschaft auf Beitragsentlastung im Alter vorgenommen. Diese Aufstockung wird beitragsneutral aus erwirtschafteten Überschüssen finanziert (vgl. A 4.1.4).

➤ Vorsorgezuschlag

§ 12 (4 a)

Ziel dieses Zuschlages ist es, die Beiträge ab dem 65. Lebensjahr stabil zu halten. Sofern der Versicherte entsprechend lang bei seinem PKV-Unternehmen krankenversichert war, kann der Beitrag eventuell konstant gehalten werden. Eine Beitragsreduzierung ist ab dem 80. Lebensjahr möglich, eine Minderung der Beiträge vor diesem Zeitpunkt ist vom Gesetzgeber allerdings nicht vorgesehen.

➤ Fixe Kostenzuschläge

Die Zuschläge für Verwaltungskosten wurden von einer beitragsproportionalen Umlage auf eine Stückkostenverteilung umgestellt. Diese Maßnahme führt zu einer Entlastung der älteren Versicherten, ist jedoch mit einer Belastung der jungen Versicherten verbunden.

Beispiel:
Ein junger Versicherter mit 100,00 € Monatsbeitrag zahlte früher 10,00 € Kostenanteil, und ein älterer Versicherter mit 300,00 € zahlte 30,00 € Kostenanteil. Durch die Umstellung auf Stückkosten werden beiden Versicherten je 20,00 € in Rechnung gestellt. Für den jungen Kunden wird damit der Beitrag um 10,00 € teurer. Der ältere Kunde hingegen zahlt 10,00 € weniger.

➤ Standardtarif

Für ältere Versicherte wurde der Standardtarif eingeführt. Dieser Tarif kann Personen zugestanden werden, die das 55. Lebensjahr vollendet haben und über eine Vorversicherungszeit von mindestens 10 Jahren in der PKV verfügen. Voraussetzung dafür ist allerdings, dass das jährliche Gesamteinkommen des Versicherten die Jahresarbeitsentgeltgrenze nicht übersteigt. Der Beitrag für den Standardtarif darf den Höchstbeitrag der GKV nicht übersteigen. Für Neukunden ab dem Jahr 2009 übernimmt der Basistarif die soziale Schutzfunktion im Alter.

➤ Basistarif

Nach dem 30. Juni 2009 können Bestandsversicherte in den Basistarif ihres eigenen Unternehmens wechseln, wenn sie

- das 55. Lebensjahr vollendet haben oder
- eine Rente der gesetzlichen Rentenversicherung beziehen oder

- ein Ruhegehalt nach beamtenrechtlichen oder vergleichbaren Vorschriften beziehen oder
- hilfsbedürftig im Sinne des Sozialrechts sind.

Beitragsentlastungstarife

Mit speziellen Tarifen bietet die PKV jungen Versicherten die Möglichkeit zur Beitragsentlastung im Alter. Bei diesen Tarifen wird in jüngeren Jahren ein geringfügig höherer Beitrag gezahlt, der dann ab dem 65. Lebensjahr zu einer garantierten Beitragsentlastung führt. Durch die bis zum Rentenalter zusätzlich angefallenen Überschüsse aufgrund der Überschussbeteiligung kann die Beitragsentlastung noch weiter verstärkt werden.

4.1.7 Tarifwechsel

Die Unternehmen der PKV reagieren auf Veränderungen im Gesundheitswesen oft mit der Eröffnung neuer Tarife, die ein zeitgemäßes und damit verändertes Leistungsangebot vorsehen. Diese Maßnahme führt dazu, dass die Alttarife geschlossen und keine weiteren Versicherten (»guten Risiken«) mehr zugeführt werden, sodass es zu einer »Vergreisung« dieser Tarife kommt. Die Folge sind ständige Kostensteigerungen und damit Beitragserhöhungen.

Im VVG wurde in Anlehnung an das VAG für diese Fälle eine Tarifwechselmöglichkeit für den VN geschaffen. Die entsprechende Vorschrift haben die VR auch in ihre Musterbedingungen übernommen.

VVG § 204 VAG § 12 (1) Nr. 4 MB/KK 2009 § 1 (6)

Dem VN wird die Möglichkeit eingeräumt, in einen anderen Tarif des VR mit gleichartigem Versicherungsschutz wechseln zu können, ohne dass der VR den Antrag ablehnen kann. Beim Tarifwechsel müssen die aus dem Vertrag erworbenen Rechte und die Alterungsrückstellung angerechnet werden.

Das Bundesverwaltungsgericht hat am 23. Juni 2010 entschieden, dass der VR nicht berechtigt ist, von dem VN beim Wechsel von einem bestehenden in einen neuen Tarif, bei dem die Leistungen nicht höher oder umfassender sind als im bisherigen Tarif, einen allgemeinen Zuschlag (»Tarifstrukturzuschlag«) zur Grundprämie zu erheben. Für die Einstufung im neuen Tarif ist allein der Gesundheitszustand maßgeblich, der beim ersten Beitritt zu einem Tarif des Versicherers festgestellt worden ist.

BVerwG Az: 8 C 42.09

Der VR kann nur bei höherwertigem neuem Versicherungsschutz für die Mehrleistung Risikozuschläge verlangen bzw. Wartezeiten oder Leistungsausschlüsse vorsehen.

Der Begriff »höhere Leistung« ist z. B. in folgenden Fällen erfüllt:

- Fortfall oder Herabsetzung von Selbstbehalten
- höherer Erstattungssatz (z. B. in einem Zahntarif)
- Begrenzung eines prozentualen Selbstbehalts auf einen Jahreshöchstbetrag
- Erstattung bisher nicht oder nur eingeschränkt ersatzpflichtiger Wahlleistungen bei stationärer Behandlung im Krankenhaus (z. B. Unterbringung im Einbettzimmer, Chefarztbehandlung).

Der VN kann, wenn die Voraussetzungen gegeben sind, auch den Wechsel in den Standardtarif (vgl. A 2.2.3 f) verlangen.

MB/KK 2009 § 19

Für ab dem 1. Januar 2009 abgeschlossene Verträge ist das nicht mehr möglich.

MB/KK 2009 § 20

Der VN kann verlangen, dass versicherte Personen seines Vertrages in den Basistarif mit Höchstbeitragsgarantie und Beitragsminderung bei Hilfebedürftigkeit wechseln können. Voraussetzung für diesen Wechsel ist:

- der erstmalige Abschluss der bestehenden Krankheitskostenvollversicherung erfolgte ab dem 1. Januar 2009 oder
- die versicherte Person hat das 55. Lebensjahr vollendet oder
- die versicherte Person hat das 55. Lebensjahr noch nicht vollendet; sie erfüllt aber die Voraussetzungen für den Anspruch auf Rente der gesetzlichen Rentenversicherung oder für ein Ruhegehalt nach beamtenrechtlichen Vorschriften.

VVG § 204 (3)

Soweit die Krankenversicherung nach Art der Lebensversicherung betrieben wird, haben die Versicherungsnehmer und die versicherte Person das Recht, einen gekündigten Versicherungsvertrag in Form einer Anwartschaftsversicherung fortzuführen.

4.1.8 Beitragsrückerstattung

Unter Beitragsrückerstattung (BRE) oder Beitragsrückgewähr versteht man die Rückzahlung von Beiträgen oder Beitragsteilen bei Nichtinanspruchnahme von Leistungen. Es wird zwischen erfolgsunabhängiger und erfolgsabhängiger Beitragsrückerstattung unterschieden:

➤ Erfolgsunabhängige Beitragsrückerstattung

Die erfolgsunabhängige BRE ist eine Versicherungsleistung, die nicht vom Überschuss des Unternehmens abhängig ist. Der Versicherte hat einen garantierten Anspruch, der unabhängig vom jeweiligen Geschäftsergebnis des Unternehmens ist. Dieser Form der BRE wird in der Praxis kaum eine Bedeutung beigemessen. Sie müsste bei der Beitragskalkulation in Form von Zuschlägen berücksichtigt werden und würde damit vom VN direkt finanziert.

➤ Erfolgsabhängige Beitragsrückerstattung

Die erfolgsabhängige BRE ist eine Beteiligung am erwirtschafteten Überschuss des Unternehmens. Sie wird nur dann gewährt, wenn der betreffende Tarif oder die zu einem Gewinnverband zusammengeschlossenen Tarife im abgelaufenen Versicherungsjahr einen Überschuss erzielt haben. Überschüsse entstehen in der PKV durch:

- überrechnungsmäßige Zinserträge (Zinserträge > 3,5 %),
- niedrige Verwaltungs- und Betriebskosten,
- nicht verbrauchte Teile der Sicherheitszuschläge,
- geringere Aufwendungen für Versicherungsleistungen als kalkuliert (günstiger Schadenverlauf).

Die erfolgsabhängige BRE kommt in der Praxis überwiegend in folgenden zwei Formen vor:

- Barauszahlung in Höhe von einem bis sechs Monatsbeiträgen.
- Verwendung von Überschüssen als Einmalbeitrag zur Beitragssenkung oder zur Abwendung bzw. Minderung von notwendigen Beitragserhöhungen. Diese Überschüsse werden nicht ausgezahlt, sondern einer Deckungsrückstellung zugeführt.

MB/KK 2009 § 8 c

Die Auszahlung einer erfolgsabhängigen Beitragsrückerstattung ist an bestimmte Voraussetzungen geknüpft. Die Musterbedingungen sehen folgende Anspruchsvoraussetzungen vor:

- Für das abgelaufene Geschäftsjahr wurden keine Versicherungsleistungen durch den Versicherten nach einem teilnehmenden Tarif bezogen (Schadenfreiheit des Vertrages bzw. des Tarifs).
- Die Versicherung muss während des gesamten zurückliegenden Geschäftsjahres in dem betreffenden Tarifverband ununterbrochen bestanden haben.
- Die Versicherung muss am 30. Juni des auf das Anspruchsjahr folgenden Jahres noch bestehen. Der Anspruch bleibt erhalten, wenn die Versicherung nach dem abgelaufenen Geschäftsjahr, aber vor dem 30. Juni des folgenden Jahres, durch Eintritt der Versicherungspflicht in der GKV oder durch Tod endet.
- Eine Beitragsrückerstattung erfolgt nicht vor dem 1. Juli des Folgejahres.
- Die Beitragsrückerstattung kann nach der Anzahl der aufeinander folgenden Jahre, in denen die vorgenannten Voraussetzungen erfüllt worden sind, gestaffelt werden. MB/KK 2009 § 8 c (3)

Welche Tarife und Tarifkombinationen an der Beitragsrückerstattung durch Auszahlung oder Gutschrift teilnehmen und in welcher Höhe, wird vom VR jährlich festgelegt.

➤ Zweck der Beitragsrückerstattung

Die BRE soll verhindern, dass so genannte »Bagatellrechnungen« zur Erstattung vorgelegt werden. Sie stellt einen Anreiz für die Versicherten dar, Kostenbelege zu sammeln und erst dann vorzulegen, wenn der Erstattungsbetrag die Summe der BRE übersteigt. Dadurch wird für das VU eine Senkung der Verwaltungskosten bewirkt, da weniger Erstattungsanträge bearbeitet werden müssen. Die BRE stellt zudem als positive Selbstbeteiligung einen Beitrag zur Kostendämpfung dar.

Eine Beitragsrückerstattung ist in der **Pflegepflichtversicherung** nicht vorgesehen. Die Überschüsse werden zur Finanzierung von Leistungsverbesserungen oder zur Beitragssenkung verwendet.

4.2 Beitragsberechung

Die PKV erhebt risikogerechte Beiträge nach dem Äquivalenzprinzip. Der Beitrag ist grundsätzlich dem individuellen Krankheitsrisiko angepasst. Grundlage für die Berechnung der Beiträge bilden die folgenden Merkmale:

- Tarif bzw. Umfang des Versicherungsschutzes
- Alter der versicherten Person bei Vertragsbeginn
- Geschlecht der versicherten Person
- individuelle Risikofaktoren, z. B. Vorerkrankungen, Gesundheitszustand

Ab 2008 werden die Beiträge für Männer aufgrund des Gleichbehandlungsgesetzes höher, während sich die Beiträge für Frauen reduzieren. In welchem Umfang und ob für Männer und Frauen zukünftig die gleichen Tarife gelten werden, ist noch nicht entschieden. Infolge der unterschiedlichen Lebenserwartung beider Geschlechter dürfte auch weiterhin eine unterschiedliche Behandlung bei den Beiträgen nach § 20 Abs. 2 AGG zulässig sein.

Beispiel:

Herr Wagner, 34 Jahre, Dipl.-Ingenieur, macht sich selbstständig und eröffnet in wenigen Wochen ein eigenes Büro für Statik und Tragwerksplanung. Ehefrau Isolde, 32 Jahre, ist nicht berufstätig. Das Ehepaar Wagner wünscht den Abschluss einer privaten Krankenversicherung, die folgenden Versicherungsumfang enthalten soll:

- ambulante Heilbehandlung mit jeweils 360,00 € Selbstbeteiligung,
- stationäre Heilbehandlung im Einbettzimmer mit privatärztlicher Behandlung,
- zahnärztliche Behandlung mit 100 % Erstattung bei Zahnbehandlung und 85 % bei Zahnersatz, Zahnkronen und Kieferorthopädie,
- Krankenhaustagegeld 50,00 € pro Tag und Person,
- Krankentagegeld 50,00 € pro Tag für Herrn Wagner ab dem 15. Tag,
- private Pflegepflichtversicherung.

Risikozuschläge fallen bei Herrn und Frau Wagner nicht an.

Ermitteln Sie den monatlichen Gesamtbeitrag für das Ehepaar Wagner.

Lösung:

		Frau Wagner	**Herr Wagner**
ambulante Heilbehandlung, Tarif A1		218,45 €	133,56 €
+ stationäre Heilbehandlung, Tarif S1		110,68 €	81,79 €
+ zahnärztliche Behandlung, Tarif Z3		96,60 €	80,94 €
+ Krankenhaustagegeld, Tarif KHT		13,50 €	11,30 €
+ Krankentagegeld, Tarif KT		–	51,10 €
+ private Pflegepflichtversicherung, Tarif PVN		25,15 €	26,52 €
Summe:		464,38 €	385,21 €
Gesamtbeitrag:	849,59 €		

4.3 Steuerliche Behandlung der Beiträge zur Kranken- und Pflegepflichtversicherung

Bürgerentlastungsgesetz Krankenversicherung

Das »Gesetz zur verbesserten steuerlichen Berücksichtigung von Vorsorgeaufwendungen« (Bürgerentlastungsgesetz Krankenversicherung) hat zu einer Änderung des § 10 EStG geführt. Ab 1. Januar 2010 werden alle Aufwendungen steuerlich berücksichtigt, soweit diese dazu dienen, ein Leistungsniveau abzusichern, das im Wesentlichen der gesetzlichen Kranken- und der sozialen Pflegepflichtversicherung entspricht. Nicht absetzbar sind Beiträge für so genannte »Mehrleistungen«, z. B. Heilpraktiker, Ein- oder Zweibettzimmer, Chefarzt, Tagegelder).

Gesetzlich und privat Kranken- und Pflegepflichtversichert werden dabei steuerlich **gleich behandelt.**

➤ Steuerlich abzugsfähige Aufwendungen

Absetzbar sind:

a) Bestimmte Beiträge zur gesetzlichen oder privaten Kranken- und Pflegepflichtversicherung

- Beiträge zur gesetzlichen Krankenversicherung und sozialen Pflegepflichtversicherung ohne Krankengeldanteil, aber gegebenenfalls einschließlich eines durch eine Krankenkasse erhobenen Zusatzbeitrags. Beiträge, welchen einen Anspruch auf Krankengeld enthalten, werden pauschal um 4 % gekürzt. EStG § 10 (1) Nr. 3
- Beiträge zur privaten Krankenversicherung in Höhe der Kosten für eine so genannte Basisversorgung (= die dem Leistungskatalog der gesetzlichen Versicherungen entsprechende Grundversorgung) sowie Beiträge zur privaten Pflegepflichtversicherung. Nr. 3 a

Steuerfreie Arbeitgeberzuschüsse zur Basisabsicherung sowie Beitragsrückerstattungen können nicht als Sonderausgaben abgezogen werden.

b) Weitere sonstige Vorsorgeaufwendungen

Diese sind:

- Über die Grundversorgung hinausgehende Kosten der Kranken- und Pflegeversicherung (z.B. Wahlleistungen, Pflegezusatzversicherungen)
- Beiträge für Erwerbs-, Berufs- und Dienstunfähigkeitsversicherungen
- Beiträge für Unfallversicherungen
- Beiträge zu Haftpflichtversicherungen
- Beiträge für Risiko-Lebensversicherungen
- Beiträge für Lebensversicherungen (Abschluss vor dem 1. Januar 2005 und Laufzeit mind. 12 Jahre)

➤ Höchstbeträge ab 2010

Berufsstand	Familienstand	Höchstbetrag
Arbeitnehmer	Ledig	1 900,00 €
Arbeitnehmer	Verheiratet	2 800,00 €
Selbstständige	Ledig	2 800,00 €
Selbstständige	Verheiratet	5 600,00 €

- Die unter a) aufgeführten Beiträge sind auch über den Höchstbetrag hinaus als Sonderausgaben einsetzbar.
- Ist der Höchstbetrag durch die unter a) genannten Kranken- und Pflegepflichtversicherungsbeiträge (auf dem Niveau der Grundversorgung) überschritten, sind grundsätzlich keine weiteren sonstigen Vorsorgeaufwendungen absetzbar.
- Ist der Höchstbetrag unterschritten, können die Höchstbeträge mit den unter b) angeführten Beiträgen »aufgefüllt« werden.
- Es besteht weiterhin die so genannte »Günstigerprüfung« (voraussichtlich bis zum Jahr 2019), d.h. das Finanzamt prüft amtsseitig zur Vermeidung einer Schlechterstellung gegenüber dem bis 31. Dezember 2004 geltenden Recht, ob und wo ein höherer Betrag für den Steuerpflichtigen günstiger ist.

➤ Abzugsfähigkeit von privaten Kranken- und Pflegepflichtversicherungsbeiträgen

Beiträge zu Krankheitskostenvollversicherungen sind mit dem Beitragsanteil steuerlich abzugsfähig, der den gesetzlichen Leistungen entspricht. Beiträge zur Pflegepflichtversicherung sind zu 100 % ansetzbar.

Aufgrund der vielfältigen Tarifkonstellation in der privaten Krankenversicherung bestehen für die Abzugsfähigkeit der Krankenversicherungsbeiträge grundsätzlich drei Möglichkeiten:

- Enthält ein Tarif ausschließlich Grund- oder Basisleistungen auf dem Niveau der GKV (SGB V), dann sind die Beiträge hierfür steuerlich zu 100 % abzugsfähig.
- Enthält ein Tarif ausschließlich so genannte Mehrleistungen (z.B. Wahlleistungen, Krankenhaustagegelder), dann sind die Beiträge hierfür steuerlich nicht abzugsfähig
- Enthält ein Tarif sowohl Grund- als auch Mehrleistungen, muss eine prozentuale Aufteilung des abzugsfähigen Beitragsanteils vorgenommen werden. Die Ermittlung der entsprechenden Beitragsteile ist in der »Krankenversicherungsbeitragsanteil-Ermittlungsverordnung« (KVBEVO) geregelt und erfolgt durch einheitliche prozentuale Abschläge.

Gesamter Krankenversicherungsbeitrag ohne Tagegeld Es erfolgt eine prozentuale Aufteilung		
Mehrleistungen	→	Steuerlich nicht abzugsfähig
Grundleistungen (Leistungsniveau GKV)	→	Steuerlich voll abzugsfähig

➤ Ermittlung des abzugsfähigen Beitragsanteils

Die Aufteilung der PKV-Beiträge in steuerlich begünstige Grundleistungen und nicht begünstige Mehrleistungen erfolgt tarifbezogen. Das Verfahren ist in der KVBEVO geregelt und wird nach folgenden gesetzlich festgelegten Punktwerten vorgenommen:

Grundleistungen:	**Punktwert**
● Ambulante Leistungen	54,60
● Stationäre Leistungen	15,11
● Zahnleistungen	9,88
Mehrleistungen:	**Punktwert**
● Heilpraktiker	1,69
● Einbett-Zimmer	3,64
● Chefarzt oder Zweibett-Zimmer	9,24
● Zahnersatz / Implantate	5,58
● Kieferorthopädie	0,26

Der steuerlich nicht abzugsfähige Beitragsanteil wird nach folgender Formel berechnet:

KVBEVO § 3 (1)

Nicht abziehbarer Beitragsanteil = (Punktsumme Mehrleistungen / Punktsumme aller Leistungen) · tatsächlicher Beitrag

Bei der Berechnung sind die in der KVBEVO vorgeschriebenen Nachkommastellen zu beachten.

Beispiel:

Herr Müller zahlt für seinen versicherten Krankheitskosten-Volltarif bei der Proximus Krankenversicherung AG einen Jahresbeitrag in Höhe von 2 400,00 €. Der Tarif umfasst folgende Leistungen

- Ambulante Basisleistungen (54,60 Punkte)
- Stationäre Basisleistungen (15,11 Punkte)
- Zahnärztliche Basisleistungen (9,88 Punkte)
- Einbettzimmer (3,64 Punkte)

Für die Pflegepflichtversicherung zahlt Herr Müller im Jahr 696,00 €.

Punktwert der Grundleistungen (54,60 + 15,11 + 9,88) = 79,59 Punkte
Punktwert der Mehrleistungen: 3,64 Punkte
Punktwert aller Leistungen: 83,23 Punkte

Rechenschritte:
(3,64 / 83,23) = 0,0437342 (gerundet auf 4 Nachkommastellen = **0,04373**)
0,04373 · 2 400,00 € = 104,952 (gerundet auf 2 Nachkommastellen = **104,95 €**)

Herr Müller kann von den Aufwendungen für seine private Krankenversicherung einen Betrag in Höhe von 2 295,05 € (2 400,00 € – 104,95 €) steuerlich geltend machen. Den Differenzbetrag von 104,95 € kann er als sonstige weitere Vorsorgeaufwendungen geltend machen, soweit diese nicht bereits anderweitig ausgeschöpft sind.

Den Jahresbeitrag für die Pflegepflichtversicherung kann Herr Müller in vollem Umfang steuerlich geltend machen.

➤ Beispiele zur Berechnung der sonstigen Vorsorgeaufwendungen

Beispiel 1:

Frau Keller ist privat krankenversichert. Sie finanziert als Selbstständige ihre Krankenversicherung alleine und zahlt im Jahr 2010 einen Krankenversicherungsbetrag von 2 400,00 €, von dem 10 % der Finanzierung von Komfortleistungen (Mehrleistungen) dienen. Auf die Basiskrankenversicherung entfällt somit eine Beitragsanteil von 2 160,00 €. Für die private Pflegepflichtversicherung hat sie 200,00 € gezahlt und weitere sonstige Vorsorgeaufwendungen in Höhe von 200,00 € getätigt.

Beiträge zur PKV	2 400,00 €	
Beiträge zur Pflegeversicherung	200,00 €	
Weitere sonstige Vorsorgeaufwendungen	200,00 €	
Summe	2 800,00 €	
höchstens		2 800,00 €
mindestens jedoch: Basiskrankenversicherung	2 160,00 €	
Pflegepflichtversicherung	200,00 €	2 360,00 €
Anzusetzen ist der höhere Betrag, somit		2 800,00 €

Beispiel 2:

Angenommen Frau Keller zahlt 4 000,00 €. Alle anderen Werte aus Beispiel 1 bleiben gleich.

Beiträge zur PKV	4 000,00 €	
Beiträge zur Pflegeversicherung	200,00 €	
Weitere sonstige Vorsorgeaufwendungen	200,00 €	
Summe	4 400,00 €	
höchstens		2 800,00 €
mindestens jedoch: Basiskrankenversicherung	3 600,00 €	
Pflegepflichtversicherung	200,00 €	3 800,00 €
Anzusetzen ist der höhere Betrag, somit		3 800,00 €

Beispiel 2 zeigt, dass Basiskrankenversicherung und Pflegepflichtversicherung in voller Höhe absetzbar sind, auch wenn die Höchstbeträge überschritten sind.

Lernkontrollen zu A 4

Beitragskalkulation

1 Welche Bedeutung hat das Äquivalenzprinzip für die Beitragskalkulation in der privaten Krankenversicherung?

2 Welche Rechnungsgrundlagen sind für die Beitragskalkulation in der PKV maßgebend?

3 Erläutern Sie den Begriff »Kopfschäden«.

4 Aus welchen Bestandteilen setzt sich der Beitrag in der PKV zusammen?

5 Am 18. August 2006 ist das Allgemeine Gleichbehandlungsgesetz in Kraft getreten.

a) Was ist die Zielsetzung dieses Gesetzes?

b) Welche Auswirkungen ergeben sich aufgrund dieses Gesetzes für die PKV?

6 Die Versicherungsnehmerin Elke Diehl ruft bei Ihnen an und möchte wissen, warum in ihrem Beitrag ein gesetzlicher Vorsorgezuschlag enthalten ist. Für Frau Diehl besteht seit 1. Januar 2002 eine Krankheitskostenvollversicherung bei der Proximus Krankenversicherung AG.

Beraten Sie Frau Diehl.

7 Die PKV kennt den Begriff der Alterungsrückstellung. Was versteht man hierunter und welcher Zweck wird mit ihr verfolgt?

8 Der Kunde Felix Neumann hat im Dezember 2011 bei der Proximus Krankenversicherung AG angerufen. Er teilt Ihnen folgenden Sachverhalt mit:

»Ich habe vor fünf Jahren bei Ihnen eine Krankheitskostenvollversicherung abgeschlossen. Nun trage ich mich mit dem Gedanken, die Verträge zu kündigen. Ich habe in der Presse gelesen, dass ich jetzt meine erworbene Alterungsrückstellung auf einen Vertrag bei einem anderen Versicherer übertragen kann. Bitte informieren Sie mich über diese neue Möglichkeit.«

Beraten Sie Herrn Neumann über die Portabilität von Alterungsrückstellungen.

9 Welche Aufgaben hat der verantwortliche Aktuar in der PKV?

10 Beschreiben Sie die Besonderheiten der Beitragskalkulation in der privaten Pflegepflichtversicherung.

11 Wie ist die Überschussverwendung in der PKV geregelt und welche Ziele sind mit dieser Regelung verbunden?

12 Der VN Volker Hirsch erhält am 10. Januar d. J. von der Proximus Krankenversicherung AG eine »*Mitteilung über die Änderung der Beiträge ab 01. März d. J.*«. Herr Hirsch ist über die Erhöhung der Beiträge verärgert, zumal ihm bei Abschluss des Vertrages gesagt wurde, dass der VR einen gleich bleibenden Beitrag erhebt. Er wünscht eine Begründung und überlegt bereits, zu einem anderen privaten Krankenversicherer zu wechseln.

● **Arbeitsauftrag**

a) Erläutern Sie Herrn Hirsch die Rechtsgrundlage und Notwendigkeit der Beitragsanpassung.

b) Mit welchen Nachteilen müsste Herr Hirsch bei einem Wechsel zu einem anderen PKV-Unternehmen rechnen? Beraten Sie Herrn Hirsch.

c) Könnte Herr Hirsch auch den Wechsel in einen anderen Tarif der Proximus Krankenversicherung AG verlangen (mit Begründung)?

13 Welche Voraussetzungen müssen nach VVG erfüllt sein, damit die PKV-Unternehmen Beitragsanpassungen vornehmen können?

14 Schildern Sie verschiedene Maßnahmen der VR zur Beitragsentlastung für ältere Versicherte.

15 Frau Kunz (40 Jahre) erhält von der Proximus Krankenversicherung AG eine schriftliche Mitteilung über die Beitragsrückerstattung, die auszugsweise folgenden Inhalt hat:

»*Unser Unternehmen hat sich entschlossen, für das vergangene Kalenderjahr und auch für dieses Kalenderjahr die Beitragsrückerstattung auf vier Monatsbeiträge für die Haupttarife zu erhöhen. Sie können die Beitragsrückerstattung nutzen, wenn Sie*

– für ein Kalenderjahr keine Leistungen beanspruchen,

– die Beiträge vollständig entrichtet haben und

– Ihr bisheriger Versicherungsschutz weiterbesteht.«

Für Frau Kunz besteht eine Krankheitskosten-Vollversicherung (mit folgenden Tarifen: A1, S2 und Z1) und eine Pflegepflichtversicherung. Der Monatsbeitrag zur Krankheitskosten-Vollversicherung beträgt derzeit 417,28 € und zur Pflegepflichtversicherung derzeit 31,52 €.

● **Arbeitsauftrag**

a) Was bezweckt der VR, wenn er die Beitragsrückerstattung erhöht?

b) Bis zu welchem Betrag lohnt es sich für Frau Kunz, keine Belege beim VR einzureichen?

16 Sie sind Mitarbeiter/-in der Vertragsabteilung der Proximus Krankenversicherung AG. Herr Andreas Metzger ruft Sie am 4. April 2011 verärgert an und teilt Ihnen sein Unverständnis darüber mit, dass er für das Jahr 2010 trotz verbindlicher Mitteilung aus dem Vorjahr keine Beitragsrückerstattung erhalten hat. Er hätte viele kleinere Rechnungen selbst beglichen und nicht bei der Proximus Krankenversicherung AG eingereicht.

Sie rufen am Computer den Vertragsspiegel von Herrn Metzger auf.

Vertragsspiegel Krankenversicherung

	Name	Vorname	Geburtsdatum	Beruf	A = Angestellte/-r, AR = Arbeiter/-in, S = Selbstständig, B = Beamtin/-er
Vers.-Nehmer	Metzger	Andreas	04.07.1972	Dipl-Ingenieur	A
Ehepartner					
Kinder					
Anschrift	Bautzener Str. 20, 09116 Chemnitz				

Versicherungsnachweis:				
Vers.-Nummer	1218234	vom:		
Bedingungen	MB/KK mit Tarifbedingungen, MB/KT, PPV			
Beginn	01.04.2000			
Ablauf	31.12.2010 Grund: Kündigung wegen VR-Wechsel			
Zahlungsweise	monatlich			
Beitrag / Rate	248,60 €			
Fälligkeit	-			
Beitragskonto	ausgeglichen			
Versicherte Personen:	**VN**	Ehepartner	Kind 1	Kind 2
Pflegepflichtversicherung Beitrag	22,75 €			
Vollkosten	ja			
Teilkosten				
Tarif – Stationär	S1			
Ambulant / Selbstbeteiligung	A1			
Zahn / Selbstbeteiligung	Z2			
Krankenhaustagegeld	30 €			
Krankentagegeld	60 €			
Sonstige Tarife				
Schadenquote der letzten 5 Jahre:				

Leistungsfälle

Datum	Beschreibung	Besondere Hinweise	Betrag
03.05.2008	Zahnbehandlung		320,00 €
04.09.2009	Zahnersatz		940,00 €

- **Arbeitsauftrag**

  Antworten Sie Herrn Metzger.

Beitragsberechung

Verwenden Sie bei den folgenden Aufgaben den Tarif aus dem Bedingungswerk 2 »Proximus Versicherung« (Fassung 2008). Für die Pflegepflichtversicherung ist der dortige Tarif auf S. 160 zu verwenden.

17 Das Ehepaar Halm beabsichtigt einen Wechsel von der gesetzlichen zur privaten Krankenversicherung. Herr Halm, 36 Jahre, ist Marketingleiter in einem Automobilunternehmen. Ehefrau Renate, 33 Jahre, ist nicht berufstätig. Das Ehepaar Halm wünscht den Abschluss einer Krankheitskosten-Vollversicherung mit Pflegepflichtversicherung sowie Tagegeldversicherungen jeweils mit folgendem Leistungsumfang:

- ambulante Heilbehandlung ohne Selbstbeteiligung für Herrn Halm,
- ambulante Heilbehandlung mit 580,00 € Selbstbeteiligung für Frau Halm,
- stationäre Behandlung (Unterbringung im Einbettzimmer, privatärztliche Behandlung),
- zahnärztliche Behandlung (100 % Erstattung bei Zahnbehandlung, 75 % bei Zahnersatz, Zahnkronen und Kieferorthopädie),
- Krankenhaustagegeld in Höhe von 30,00 € pro Tag,
- Krankentagegeld 50,00 € pro Tag für Herrn Halm ab der 7. Woche.

Berechnen Sie den monatlichen Gesamtbeitrag, den das Ehepaar Halm zu zahlen hat.

18 Herr Schulze, 28 Jahre alt, ledig, ist als Beamter beim Finanzamt tätig. Er schließt eine private Krankenversicherung gemäß Quotentarif ab. Von seinem Dienstherrn erhält er eine Beihilfe in Höhe von 50 %.

a) Berechnen Sie den monatlichen Beitrag für Herrn Schulze (ohne Pflegepflichtversicherung), wenn er eine 100 %ige Deckung der Kosten für ambulante, stationäre und zahnärztliche Behandlung erreichen will.

b) Nach welchem Tarif wird die Pflegepflichtversicherung berechnet?

c) Wie hoch ist der monatliche Beitrag für die Pflegepflichtversicherung?

19 Frau Volk, 32 Jahre, geschieden, ist Inhaberin eines Friseurgeschäfts. Sie beabsichtigt, für sich und ihre zehnjährige Tochter Lena eine private Krankenversicherung abzuschließen. Der private Versicherungsschutz soll folgende Leistungen umfassen:

- ambulante Heilbehandlung mit 360,00 € Selbstbeteiligung, Kinder 180,00 €,
- stationäre Heilbehandlung (Unterbringung im Mehrbettzimmer, mit privatärztlicher Behandlung),
- zahnärztliche Behandlung mit 100 % Erstattung bei Zahnbehandlung und 50 % bei Zahnersatz, Zahnkronen und Kieferorthopädie,
- Krankenhaustagegeld 25,00 € pro Tag für Frau Volk,
- Krankentagegeld 60,00 € pro Tag ab dem 8. Tag,
- private Pflegepflichtversicherung.

Für Tochter Lena erhebt der Versicherer wegen eines Allergieleidens einen Risikozuschlag in Höhe von 30 % für ambulante Heilbehandlung.

Welchen monatlichen Gesamtbeitrag hat Frau Volk zu entrichten?

20 Der Gymnasiallehrer Hans Korb (Beamter), 36 Jahre, verheiratet, zwei Kinder, ist mit seinem privaten Krankenversicherer unzufrieden und beabsichtigt einen Wechsel des Versicherers. Ehefrau Helga, 31 Jahre, ist Grundschullehrerin und zur Zeit beurlaubt. Die Kinder Max und Doris sind 8 und 10 Jahre alt.

Der Beihilfeanspruch von Herrn Korb beträgt jeweils 70 % für ihn und seine Ehefrau und je 80 % für die Kinder.

a) Erstellen Sie ein Angebot für Familie Korb, wenn eine 100 %ige Deckung der Kosten für ärztliche, stationäre und zahnärztliche Behandlung erreicht werden soll. Der Beitrag zur privaten Pflegepflichtversicherung soll nicht Gegenstand dieses Angebots sein.

b) Welchen Beitrag muss Familie Korb für die private Pflegepflichtversicherung aufwenden, wenn Frau Korb kein Einkommen bezieht und der in Rede stehende private Krankenversicherungsvertrag schon bei Einführung der Pflegepflichtversicherung bestanden hat?

c) Wie würde sich der Gesamtbeitrag für Familie Korb ändern, wenn Frau Korb nach den Sommerferien wieder ihren Schuldienst antritt? Der Beihilfeanspruch reduziert sich damit für Frau Korb auf 50 %.

21 Herr Haas, 30 Jahre, verheiratet, ist als Angestellter Mitglied in der gesetzlichen Krankenversicherung. Er möchte für sich und Ehefrau Beate (25 Jahre) eine Zusatzversicherung abschließen, die bei einem stationären Krankenhausaufenthalt die Kosten für Ein- oder Zweibettzimmer, übernimmt. Außerdem soll für beide ein Krankenhaustagegeld in Höhe von 40,00 € pro Tag eingeschlossen werden.

a) Berechnen Sie den zu zahlenden monatlichen Gesamtbeitrag.

b) Herr Haas wünscht eine jährliche Zahlung der Beiträge. Wie hoch ist der Jahresbeitrag, wenn der VR einen Beitragsnachlass in Höhe von 3 % gewährt?

22 Das monatliche Bruttogehalt des technischen Angestellten Willi Hopf beträgt 4 350,00 €. Es liegt seit mehreren Jahren über der Jahresarbeitsentgeltgrenze. Herr Hopf, ledig, 35 Jahre alt, überlegt, ob sich ein Wechsel in die private Krankenversicherung finanziell lohnt. Derzeit ist Herr Hopf freiwilliges Mitglied einer Ersatzkasse.

a) Nach einem Beratungsgespräch wünscht Herr Hopf ein Angebot für die private Krankenversicherung. Das Angebot soll folgende Versicherungsleistungen enthalten:

- ambulante Heilbehandlung ohne Selbstbeteiligung,
- stationäre Heilbehandlung (Unterbringung im Einbettzimmer mit privatärztlicher Behandlung),
- zahnärztliche Behandlung (100 % Erstattung bei Zahnbehandlung, 85 % bei Zahnersatz, Zahnkronen und Kieferorthopädie),
- Krankentagegeld 50,00 € pro Tag ab der 7. Woche.

b) Prüfen Sie rechnerisch, ob sich aus rein finanziellen Überlegungen ein Wechsel von der gesetzlichen zur privaten Kranken- und Pflegepflichtversicherung für Herrn Hopf lohnt. Benötigte Rechengrößen der Sozialversicherung: siehe inneren Buchdeckel hinten.

c) In welcher Höhe könnte Herr Hopf mit einem Zuschuss seines Arbeitgebers für den Beitrag zur privaten Kranken- und Pflegeversicherung rechnen (mit Begründung)?

23 Frau Hollerbach, 40 Jahre, hat als Rechtsanwältin eine eigene Kanzlei eröffnet. Sie benötigt eine private Krankenversicherung für ambulante, stationäre und zahnärztliche Behandlung. Bei den Kosten für ambulante Heilbehandlung will sie sich mit 900,00 € jährlich selbst beteiligen. Die Krankenhausbehandlung soll die Kosten im Zweibettzimmer mit privatärztlicher Behandlung umfassen. Die Kosten für Zahnbehandlung sollen zu 100 % gedeckt sein, während Frau Hollerbach die Kosten für Zahnersatz und Kieferorthopädie zur Hälfte selbst tragen will. Das Versicherungsangebot soll auch ein Krankentagegeld ab dem 15. Tag in Höhe von 65,00 € täglich beinhalten. Die private Pflegepflichtversicherung ist zu berücksichtigen.

a) Bestimmen Sie die entsprechenden Tarife für ambulante, stationäre und zahnärztliche Behandlung sowie den Krankheitskostentarif.

b) Welchen Beitrag hat Frau Hollerbach monatlich für ihre private Kranken- und Pflegepflichtversicherung aufzuwenden?

24 Sie sind Mitarbeiter/-in der Antragsabteilung der Agentur Kruse der Proximus Krankenversicherung AG und besuchen ihre Kundin, Frau Erika Schott. Seit 1. Januar 2011 ist sie selbstständig und möchte von der GKV zur privaten Krankenversicherung wechseln. Frau Schott wünscht eine Krankheitskosten-Vollversicherung mit Krankenhaustagegeld von 30,00 € und einem Tagegeld von 40,00 € ab dem 22. Tag. Frau Schott ist 30 Jahre alt und möchte für ihren Versicherungsschutz einen möglichst niedrigen Beitrag bezahlen.

- **Arbeitsauftrag**

  Unterbreiten Sie Frau Schott ein Angebot einschließlich Beitragsberechnung (kein Standardtarif).

25 Nach einer Mailing-Aktion meldet sich Herr Weidenauer bei Ihnen und bittet Sie um ein Beratungsgespräch. Bei der telefonischen Terminvereinbarung erfahren Sie, dass Herr Weidenauer seine Familie für den Fall eines Krankenhausaufenthaltes privat absichern möchte. Außerdem möchte Herr Weidenauer für sein Kind eine Krankenhaustagegeldversicherung von 60,00 € pro Tag abschließen. Bei der ersten Kontaktaufnahme notieren Sie sich folgende Daten:

Herr Heinrich Weidenauer, 28 Jahre, kfm. Angestellter

Bruttoverdienst: 2 850,00 €

Frau Elfriede Weidenauer, 26 Jahre, Hausfrau

Tochter Erika Weidenauer, 4 Jahre

Arbeitsauftrag:

Erstellen Sie für Familie Weidenauer ein Angebot.

5 Besonderheiten des Versicherungsvertrages

5.1 Versicherungsbeginn und Wartezeiten

➤ Wartezeiten nach den Musterbedingungen

MB/KK 2009 MB/KT 2009 MB/PPV 2009 § 2

Der Versicherungsschutz beginnt mit dem im Versicherungsschein bezeichneten Zeitpunkt (Versicherungsbeginn), jedoch

- nach MB/KK 2009 und MB/KT 2009 nicht vor Abschluss des Versicherungsvertrages und nicht vor Ablauf von Wartezeiten,
- nach MB/PPV 2009 nicht vor Zahlung des ersten Beitrags und nicht vor Ablauf der Wartezeit.

Übersicht: Regelungen zur Wartezeit in den Musterbedingungen

Versicherungsart **Wartezeiten (Arten/Dauer)**	**Krankheitskosten- und Krankenhaustagegeldversicherung MB/KK 2009**	**Krankentagegeldversicherung MB/KT 2009**	**Pflegepflichtversicherung MB/PPV 2009**
Allgemeine Wartezeit:	3 Monate	3 Monate	5 Jahre
Besondere Wartezeit:	8 Monate für: ● Psychotherapie ● Zahnbehandlung ● Zahnersatz ● Kieferorthopädie ● Entbindung	8 Monate für: ● Psychotherapie ● Zahnbehandlung ● Zahnersatz ● Kieferorthopädie	
Wegfall der allgemeinen Wartezeit:	● Unfall ● Ehegattenmitversicherung	● Unfall	
Wegfall der allgemeinen und besonderen Wartezeit:	● Mitversicherung von Kindern ab Geburt		● Kinderregelung
Wartezeiterlass (allgemeine und besondere Wartezeit):	● Ärztliche Untersuchung	● Ärztliche Untersuchung	
Anrechnung von Wartezeiten:	● Übertritt aus der GKV/freie Heilfürsorge	● Übertritt aus der GKV/freie Heilfürsorge	● Übertritt aus sozialer Pflegeversicherung

Den Zeitpunkt, zu dem der Versicherungsvertrag abgeschlossen wird, bezeichnet man als **formellen Versicherungsbeginn**.

Den im Versicherungsschein als Versicherungsbeginn bezeichneten Zeitpunkt nennt man **technischen Versicherungsbeginn**.

In den MB/PPV 2009 wird der Begriff »technischer Versicherungsbeginn« sogar ausdrücklich verwendet.

Den Beginn des Versicherungsschutzes bezeichnet man als **materiellen Versicherungsbeginn**.

Nach den MB/KK 2009 und MB/KT 2009 kommt es, im Gegensatz zu den MB/PPV 2009, für den materiellen Versicherungsbeginn nicht darauf an, dass der erste Beitrag gezahlt wurde. Insofern ist das Einlösungsprinzip nach § 37 (2) VVG durch die vertragliche Vereinbarung in den Versicherungsbedingungen aufgehoben.

Durch die Vereinbarung von Wartezeiten wird der materielle Versicherungsbeginn, also der Beginn des Versicherungsschutzes, praktisch hinausgeschoben, sofern nicht ihr Wegfall, ihr Erlass oder eine Anrechnung von Wartezeiten vorgesehen ist.

Das VVG überlässt die Vereinbarung von Wartezeiten grundsätzlich dem VR, sieht jedoch Höchstdauern vor. VVG § 197

Zweck der Wartezeit

Durch die Vereinbarung einer Wartezeit soll der Gefahr vorgebeugt werden, dass der Vertrag erst nach Eintritt eines Versicherungsfalles abgeschlossen wird, um dann sogleich Leistungen beanspruchen zu können. Aus den Beitragseinnahmen während der leistungsfreien Zeit kann der VR teilweise die an den Vermittler zu zahlende Abschlussprovision decken.

Allgemeine und besondere Wartezeit nach MB/KK 2009 und MB/KT 2009

Die allgemeine Wartezeit beträgt **drei Monate,** während für Psychotherapie, Zahnbehandlung, Zahnersatz und Kieferorthopädie (nach MB/KK 2009 zusätzlich für Entbindung) eine besondere Wartezeit von **8 Monaten** gilt.

Die besondere Wartezeit ist vorgesehen, da die genannten Versicherungsfälle längere Zeit latent (versteckt) bleiben können. Insofern dient die besondere Wartezeit der Absonderung und Beobachtung.

Beispiel: Wartezeit und Versicherungsbeginn

Datum	Vorgang	Versicherungsbeginnarten
10. Febr.	Antragstellung durch den VN	
15. März	Zugang der inhaltsgleichen Police beim VN	Formeller Beginn
01. April	Versicherungsbeginn lt. Police	Technischer Beginn Materieller Beginn bei Erlass oder Wegfall der Wartezeit
20. April	Zahlung des Einlösungsbeitrages	
01. Juli	Ablauf der allgemeinen Wartezeit	Materieller Beginn nach allgemeiner Wartezeit
01. Dez.	Ablauf der besonderen Wartezeit	Materieller Beginn nach besonderer Wartezeit

Die Wartezeit ist in den MB/KK und MB/KT als **Karenzzeit** (= leistungsfreie Zeit) ausgebildet, d. h., für einen Versicherungsfall, der innerhalb der Wartezeit eintritt, muss der VR während der Wartezeit nicht eintreten; nach Ablauf der Wartezeit muss er jedoch Leistungen erbringen, wenn der Versicherungsfall (z. B. eine in der Wartezeit ausgebrochene Krankheit) noch andauert.

MB/PPV 2009 § 3 SGB XI § 33

Wartezeit nach MB/PPV 2009

Die Wartezeit beträgt bei erstmaliger Stellung eines Leistungsantrages ab dem 01. Januar 2000 fünf Jahre, wobei das Versicherungsverhältnis innerhalb der letzten 10 Jahre vor Stellung des Leistungsantrages mindestens 5 Jahre bestanden haben muss.

VVG § 197 c (1)

Von der Pflege**pflicht**versicherung ist die Pflege**kranken**versicherung, die als Pflegezusatzversicherung vereinbart wird, zu unterscheiden. Dort darf die Wartezeit drei Jahre nicht überschreiten.

Wegfall der Wartezeit

MB/KK 2009 MB/KT 2009 § 3 (2)

- Die allgemeine Wartezeit entfällt in der Krankheitskosten-, Krankenhaus- und Krankentagegeldversicherung bei **Unfällen**.

  Der Unfallbegriff ist in den Musterbedingungen nicht näher definiert. Er umfasst aber, soweit er nicht ausdrücklich in den Tarifbedingungen der einzelnen VR bestimmt ist, auf jeden Fall die Unfalldefinition der AUB 2008. Danach liegt ein Unfall vor, »wenn der Versicherte durch ein plötzlich von außen auf seinen Körper wirkendes Ereignis unfreiwillig eine Gesundheitsschädigung erleidet« (vgl. Band 2, D 7.3).

MB/KK 2009 § 3 (2)

- Die allgemeine Wartezeit entfällt in der Krankheitskosten- und Krankenhaustagegeldversicherung für den **Ehegatten** einer mindestens seit drei Monaten versicherten Person, sofern eine gleichartige Versicherung innerhalb von zwei Monaten nach der Eheschließung beantragt wird.

§ 2 (2)

- Alle Wartezeiten entfallen in der Krankheitskosten- und Krankenhaustagegeldversicherung für das **Kind** einer mindestens drei Monate versicherten Person, wenn das Neugeborene zur Versicherung rückwirkend vom Beginn des Geburtsmonats an innerhalb zweier Monate nach der Geburt angemeldet wird und der Versicherungsschutz nicht höher oder umfassender als der des versicherten Elternteils ist.

Übersicht: Regelungen zur Wartezeit in den Musterbedingungen

Anmeldung von Neugeborenen	Anmeldung von minderjährigen Adoptivkindern
Voraussetzungen: ● Ein Elternteil muss mindestens drei Monate seit Geburt beim Versicherer versichert sein. ● Anmeldung zur Versicherung innerhalb von zwei Monaten nach dem Tage der Geburt, ● rückwirkend zum Ersten des Geburtsmonats. ● Der Versicherungsschutz darf nicht höher oder umfassender sein als der eines versicherten Elternteils.	**Voraussetzungen:** ● Ein Adoptiv-Elternteil muss mindestens drei Monate seit der Adoption beim VR versichert sein. ● Anmeldung zur Versicherung innerhalb von zwei Monaten nach dem Tage der Adoption, ● rückwirkend zum Ersten des Adoptionsmonats. ● Der Versicherungsschutz darf nicht höher oder umfassender sein als der eines versicherten Adoptiv-Elternteils.
Risikoprüfung/Risikozuschlag: ● ohne Risikoprüfung ● ohne Risikozuschlag	**Risikoprüfung/Risikozuschlag:** ● mit Risikoprüfung ● mit Risikozuschlag, begrenzt auf 100 %

Sind die Voraussetzungen für die Mitversicherung eines Neugeborenen ohne Wartezeiten erfüllt, dann besteht auch Versicherungsschutz für Geburtsschäden sowie für angeborene Krankheiten und Gebrechen. Der VR ist verpflichtet, das Kind ohne Risikozuschläge zu versichern (Kontrahierungszwang). VVG § 198 (1)

Der VR ist auch zur Versicherung von Adoptivkindern verpflichtet, soweit diese im Zeitpunkt der Adoption noch minderjährig sind. Sofern ein erhöhtes Risiko bei Adoptivkindern vorliegt, ist die Vereinbarung eines Risikozuschlages bis zur einfachen Beitragshöhe zulässig. § 198 (2) MB/KK 2009 § 2 (3)

Bei der Kindernachversicherung gilt der Kontrahierungszwang nicht für die Auslands- und Reisekrankenversicherung, soweit für das angeborene oder das Adoptivkind anderweitiger privater oder gesetzlicher Krankenversicherungsschutz im Inland oder Ausland besteht. VVG § 198 (4)

Nach MB/PPV 2009 beginnt der Versicherungsschutz für Neugeborene unmittelbar nach der Geburt, wenn am Tage der Geburt für ein Elternteil die bedingungsgemäß vorgesehene Wartezeit erfüllt ist. Im gleichen Sinne wird die Adoption eines Kindes behandelt, wenn das Kind noch minderjährig ist. MB/PPV 2009 § 2 (2), (3)

Hinweis:

Einige PKV-Unternehmen haben bei der Krankheitskosten-, Krankenhaustagegeld-, Krankentagegeld- und Pflegezusatzversicherung auf Wartezeiten gänzlich verzichtet. Andere verkürzen die für bestimmte Fälle (z. B. Zahnbehandlung) vorgesehene besondere Wartezeit auf die Dauer der allgemeinen Wartezeit.

➤ Erlass der Wartezeit

In der Krankheitskosten-, Krankenhaustagegeld- und Krankentagegeldversicherung können **alle** Wartezeiten bei Tarifen entfallen, die den Wartezeiterlass aufgrund besonderer Vereinbarungen vorsehen, wenn ein ärztliches Zeugnis über den Gesundheitszustand vorgelegt wird. MB/KK 2009 MB/KT 2009 § 3 (4)

Hinweis:

In den Musterbedingungen heißt es, dass die Wartezeiten (allgemeine und besondere) erlassen werden können. Einige VR erlassen nur die allgemeine, andere aber die allgemeine und besondere Wartezeit. Dies ist in den jeweiligen nicht brancheneinheitlichen Tarifbedingungen geregelt.

Beispiele:

① »Die allgemeine Wartzeit kann erlassen werden, wenn dies auf einem besonderen Vordruck des Versicherers beantragt und der darin geforderte ärztliche Untersuchungsbericht vorgelegt wird.«

② »Ich beantrage den Erlass der allgemeinen und besonderen Wartezeiten aufgrund einer ärztlichen Untersuchung. Die Untersuchungskosten übernehme ich. Geht der Untersuchungsbefund nicht innerhalb von 21 Tagen nach Antragstellung ein, dann gilt der Antrag auf Abschluss einer Versicherung mit bedingungsgemäßen Wartezeiten.«

➤ Anrechnung von Wartezeiten

Beim Wechsel von der gesetzlichen zur privaten Krankenversicherung wird die Vorversicherungszeit in der gesetzlichen Krankenversicherung bzw. die Dauer eines Anspruchs auf Heilfürsorge bei Beschäftigung im öffentlichen Dienst auf die Warte- MB/KK 2009 MB/KT 2009 § 3 (5) MB/PPV 2009 § 3 (4) zeiten angerechnet. Diese Regelung gilt für die Krankheitskosten-, Krankenhaustagegeld-, Krankentagegeld- und Pflegepflichtversicherung.

Voraussetzungen für eine Anrechnung sind:

nach MB/KK 2009, MB/KT 2009 und MB/PPV 2009, dass

- die ununterbrochene Vorversicherungszeit in der GKV nachgewiesen wird;

ferner nach MB/KK 2009 und MB/KT 2009, dass

- der Versicherungsschutz in der PKV in unmittelbarem Anschluss an den Versicherungsschutz in der GKV beginnt;
- der Antrag beim VR innerhalb von zwei Monaten nach Ende der Vorversicherung gestellt wird.

VVG § 197 (2)

Ab 1. Januar 2009 wird nicht nur Personen beim Übertritt aus der GKV die dort ununterbrochen zurückgelegte Versicherungszeit auf die Wartezeit angerechnet, sondern auch denjenigen Personen, die aus einem anderen Vertrag über eine Krankheitskostenversicherung ausgeschieden sind. Voraussetzung ist auch hier, dass die Versicherung spätestens zwei Monate nach Beendigung der Vorversicherung zum unmittelbaren Anschluss beantragt wird.

MB/KK 2009 § 2 (1)

Liegt beim **unmittelbaren Übertritt** von der GKV bzw. freien Heilfürsorge der formelle Beginn nach dem technischen Beginn und tritt nach dem technischen, jedoch vor dem formellen Beginn ein Versicherungsfall ein, so besteht Leistungspflicht des Versicherers **(Rückwärtsversicherung)**.

Beispiel:

Herr Müller wechselt nach 10-jähriger Mitgliedschaft in der GKV zur PKV. Er beantragt am 10. Jan. d. J. eine Krankheitskosten-Vollversicherung. Versicherungsbeginn ist der 01. Jan. d.J. Der Zugang der inhaltsgleichen Police erfolgt am 28. Jan. d.J. Herr Müller hat in diesem Fall Versicherungsschutz ab dem 01. Jan. d. J., obwohl der formelle Beginn nach dem technischen Beginn liegt. Der technische Beginn ist hier also auch zugleich der materielle Beginn.

Bei Austritt aus der GKV bis zum 14. eines Monats **muss** der Beginn der Versicherung der Erste des laufenden Monats sein. Bei Austritt ab dem 15. eines Monats **kann** der Beginn der Erste des laufenden oder der Erste des folgenden Monats sein.

Der VR benötigt zur Anrechnung der Vorversicherungszeit auf die Wartezeit eine Bescheinigung der gesetzlichen Versicherung mit Angabe von Beginn und Ende der Mitgliedschaft für jede zu versichernde Person.

Bei einer ununterbrochen zurückgelegten Vorversicherungszeit von weniger als 3 bzw. 8 Monaten (allgemeine bzw. besondere Wartezeiten) kann auch nur die »verkürzte« Zeit auf die Wartezeiten angerechnet werden.

Beispiele:

① GKV versichert vom 01. Nov. des Vorjahres bis 31. Dez. des Vorjahres
PKV versichert ab 01. Jan. d. J.

- restliche allgemeine Wartezeit: 01. Jan. d. J. – 31. Jan. d. J.
- restliche besondere Wartezeit: 01. Jan. d. J. – 30. Juni d. J.

Begründung: Die Mitgliedschaft bei der GKV bestand insgesamt nur zwei Monate.

② GKV versichert vom 01. Jan. des Vorjahres – 31. Dez. des Vorjahres
PKV versichert ab 01. Jan. d. J.

- allgemeine und besondere Wartezeiten entfallen.

5.2 Geltungsbereich der Versicherung

a) Krankheitskosten- und Krankenhaustagegeldversicherung

➤ Geltungsbereich nach MB/KK 2009

Nach den MB/KK 2009 besteht voller Versicherungsschutz in **Europa.** Bei **vorübergehendem** Aufenthalt im außereuropäischen Ausland hat der Versicherte bis zu einem Monat vollen Versicherungsschutz. Darüber hinaus verlängert sich der Versicherungsschutz um weitere zwei Monate, wenn die versicherte Person im außereuropäischen Ausland während des ersten Aufenthaltsmonats akut erkrankt oder einen Unfall erleidet, die notwendige Behandlung ausgedehnt werden muss und keine Transportfähigkeit besteht. MB/KK 2009 § 1 (4)

➤ Tarifliche Erweiterung des Geltungsbereiches

Die unternehmenseigenen Tarifbedingungen sehen zum Teil bereits eine generelle Weltgeltung für den vorübergehenden Auslandsaufenthalt vor, die aber nicht mehr gilt, wenn der VN aus dem Tätigkeitsgebiet des Versicherers wegzieht. § 15 (3)

Beispiel:

Auszug aus den Tarifbedingungen eines Versicherers

»Der Versicherungsschutz erstreckt sich, ohne dass es einer besonderen Vereinbarung bedarf, auf weltweite Heilbehandlung (vergleiche aber hierzu auch § 15 (3) MB/KK 2009).«

Auszug aus den Tarifbedingungen im Bedingungswerk 2 »Proximus Versicherung« TB 4.1 zu § 1 (4)

»Abweichend von Abs. 4 erstreckt sich der Versicherungsschutz ohne besondere Vereinbarung auch auf Heilbehandlungen während eines länger als einen Monat dauernden Aufenthaltes im außereuropäischen Ausland.«

b) Krankentagegeldversicherung

➤ Geltungsbereich nach MB/KT 2009

In der Krankentagegeldversicherung wird Versicherungsschutz grundsätzlich nur in **Deutschland** gewährt. Bei Aufenthalt im europäischen Ausland besteht Deckungs- MB/KT 2009 § 1 (6) schutz nur für im Ausland akut eingetretene Krankheiten und Unfälle. In diesen Fällen wird das Krankentagegeld für die Dauer einer medizinisch notwendigen stationären Heilbehandlung in einem öffentlichen Krankenhaus gezahlt.

➤ Tarifliche Erweiterung des Geltungsbereiches

Für den Aufenthalt im außereuropäischen Ausland können besondere Vereinbarungen getroffen werden.

Beispiele aus den Tarifbedingungen verschiedener VR:

- »Der Versicherungsschutz kann über den Rahmen des § 1 (6) MB/KT hinaus auf das europäische und außereuropäische Ausland ausgedehnt werden. Hierzu ist eine vorherige schriftliche Vereinbarung, gegebenenfalls auch über besondere Bedingungen, erforderlich.«
- »Für **Arbeitnehmer** besteht Versicherungsschutz in Europa. Bei Aufenthalt im außereuropäischen Ausland besteht Anspruch auf Leistungen nur bei stationärer Behandlung in einem öffentlichen Krankenhaus, wenn die Krankheit akut eingetreten ist oder die stationäre Behandlung auf einen Unfall zurückzuführen ist.«
- »Für **Selbstständige** erstreckt sich der Versicherungsschutz auf Deutschland. Für akut eingetretene Krankheiten und Unfälle wird in Europa und im außereuropäischen Ausland nur für die Zeit einer stationären Behandlung in einem öffentlichen Krankenhaus geleistet.«

c) Private Pflegepflichtversicherung

MB/PPV 2009 § 1 (13)

Der Versicherungsschutz erstreckt sich grundsätzlich auf die Pflege in der Bundesrepublik Deutschland.

In der Pflegezusatzversicherung kann er durch Vereinbarung auch auf das Ausland ausgedehnt werden.

5.3 Obliegenheiten in der privaten Kranken- und Pflegeversicherung

MB/KK 2009 MB/KT 2009 MB/PPV 2009 § 9

Vertraglich hat der VN insbesondere folgende Obliegenheiten zu erfüllen:

a) Obliegenheiten nach Eintritt des Versicherungsfalles

➤ Krankheitskosten- und Krankenhaustagegeldversicherung

- In der Krankheitskosten- und Krankenhaustagegeldversicherung ist jede Krankenhausbehandlung binnen 10 Tagen nach ihrem Beginn anzuzeigen.

  Die meisten VR haben in ihren Tarifbedingungen auf die Anzeigepflicht verzichtet.
- Die versicherte Person hat nach Möglichkeit für die Minderung des Schadens zu sorgen. Sie hat alle Handlungen zu unterlassen, die der Genesung hinderlich sein können.

➤ Pflegepflichtversicherung

- In der Pflegepflichtversicherung ist nach Eintritt des Versicherungsfalles jede Krankenhausbehandlung, stationäre medizinische Rehabilitationsmaßnahme, Kur- oder Sanatoriumsbehandlung, jede Unterbringung aufgrund richterlicher

Anordnung und das Bestehen eines Anspruchs auf häusliche Krankenpflege aus der GKV anzuzeigen.

- Eintritt, Wegfall und Minderung der Pflegebedürftigkeit sind in der Pflegepflichtversicherung dem VR unverzüglich schriftlich anzuzeigen.
- Der VN hat auf Verlangen des Versicherers jede Auskunft zu erteilen, die zur Feststellung des Versicherungsfalles oder der Leistungspflicht des Versicherers und ihres Umfangs erforderlich ist.
- Der VN hat die Aufnahme einer Erwerbstätigkeit durch beitragsfrei mitversicherte Kinder unverzüglich anzuzeigen. MB/PPV 2009 § 9 (4)
- Die versicherte Person ist nach den Musterbedingungen verpflichtet, sich nach einem Versicherungsfall auf Verlangen des Versicherers durch einen vom VR beauftragten Arzt untersuchen zu lassen.

  Da der Untersuchungsauftrag vom VR ausgeht und die Untersuchung im Rahmen seiner Regulierungspflichten durchgeführt wird, hat der VR die entstehenden Kosten zu tragen.

b) Obliegenheit vor Eintritt des Versicherungsfalles

- Wenn für eine versicherte Person bei einem weiteren VR eine **Krankheitskostenversicherung** abgeschlossen wird, muss der VN den VR unverzüglich unterrichten.

  Der VR kann zwar den Abschluss einer weiteren Krankheitskostenversicherung durch den VN nicht verhindern. Er will aber vom Abschluss weiterer Krankheitskostenversicherungen in Kenntnis gesetzt werden, damit er im Falle einer möglichen Mehrfachversicherung (Doppelversicherung) seine Rechte geltend machen kann.
- Eine weitere **Krankenhaustagegeld-, Krankentagegeld** oder **Pflegezusatzversicherung** darf nur mit Einwilligung des Versicherers abgeschlossen werden. Der Abschluss einer weiteren **Pflegepflichtversicherung** bei einem anderen VR ist nicht zulässig.

  Mit dieser Obliegenheit soll das subjektive Risiko eingegrenzt werden. Durch den Abschluss weiterer Tagegeldversicherungen wächst die subjektive Bereitschaft des Versicherungsnehmers, den Versicherungsfall herbeizuführen bzw. ihn auszudehnen. Statistiken haben gezeigt, dass mit steigendem Tagessatz sowohl die Schadenhäufigkeit als auch die Dauer des einzelnen Versicherungsfalles zunehmen.
- In der **Krankentagegeldversicherung** ist jeder Berufswechsel der versicherten Person dem VR unverzüglich anzuzeigen.

c) Gesetzliche Obliegenheiten

Neben den oben beschriebenen vertraglichen Obliegenheiten sind in der PKV auch die gesetzlichen Obliegenheiten des VVG zu beachten. Besondere Bedeutung kommt innerhalb der PKV der vorvertraglichen Anzeigepflicht zu.

Die Frist für die Geltendmachung der Rechte des Versicherers beträgt für diesen Fall **drei Jahre**. VVG § 194 (1) S. 4

Für die Krankenversicherung ist eine Kündigung bei unverschuldeter Verletzung der Anzeigepflicht nicht möglich, da § 194 Abs. 1 Satz 3 die Anwendung von § 19 Abs. 3 Satz 2 und Abs. 4 VVG für den Fall schuldloser Verletzung der vorvertraglichen Anzeigepflicht ausdrücklich ausschließt. S. 3

d) Folgen von Obliegenheitsverletzungen

Bestimmt der Vertrag, dass der VR bei Verletzung einer vom VN zu erfüllenden **vertraglichen** Obliegenheit nicht zur Leistung verpflichtet ist, ist er leistungsfrei, wenn der VVG § 28 (2)

VN die Obliegenheit vorsätzlich verletzt hat. Im Fall einer grob fahrlässigen Verletzung der Obliegenheit ist der VR berechtigt, seine Leistung in einem der Schwere des Verschuldens des VN entsprechenden Verhältnis zu kürzen (Quotelung). Die Beweislast für das Nichtvorliegen einer groben Fahrlässigkeit trägt der VN.

Lernkontrollen zu A 5

Versicherungsbeginn und Wartezeiten

1 Erläutern Sie die drei Versicherungsbeginnarten in der PKV.

2 Im VVG und in allen Musterbedingungen der PKV ist von »Wartezeiten« die Rede.

a) Welchen Zweck haben diese Wartezeiten?

b) Welche Wartezeiten sind nach MB/KK 2009 und MB/KT 2009 zu unterscheiden?

3 Frau Marianne Schmidt, selbstständige Immobilienmaklerin, stellt am 20. Jan. d.J. einen Antrag auf Abschluss einer Krankheitskosten-Vollversicherung. Frau Schmidt erhält vom Außendienstmitarbeiter Kümmerle am gleichen Tag das Beratungsprotokoll sowie die Versicherungsbedingungen mit Verbraucherinformationen und wird ordnungsgemäß belehrt. Nach der Belehrung unterschreibt sie den Antrag. Der Antrag geht dem VR per Post am 23. Jan. d.J. zu. Als Versicherungsbeginn wird der 01. März. d.J. vereinbart. Der Zugang des Versicherungsscheins erfolgt am 22. Febr. d.J. Der Erstbeitrag wird von Frau Schmidt pünktlich am 25. Febr. d.J. bezahlt. Leistungsausschlüsse wurden keine vereinbart. Es gelten die bedingungsgemäß vorgesehenen Wartezeiten.

a) Wann beginnt der Versicherungsvertrag nach MB/KK 2009? Zeigen Sie dies anhand der drei Arten des Versicherungsbeginns. Gehen Sie dabei auch auf die einzelnen Daten ein.

b) Frau Schmidt rutscht beim Schneeräumen vor ihrer eigenen Haustür plötzlich auf einer vereisten Stelle aus und bricht sich das rechte Bein. Prüfen Sie die Leistungspflicht des VR,

b1) wenn sich der Unfall am 27. Febr. d.J. ereignet;

b2) wenn der Vorfall am 05. März d.J. passiert.

c) Wegen einer akuten Mandelentzündung muss Frau Schmidt am 10. Juni d.J. einen Hals-, Nasen- und Ohrenarzt aufsuchen. Kann Sie die Kostenerstattung durch den VR erwarten?

d) Am 08. Okt. d.J. begibt sich Frau Schmidt in zahnärztliche Behandlung und lässt sich drei Zähne mit Goldkronen überziehen. Die Behandlung ist am 29. Okt. d.J. abgeschlossen. Besteht Leistungspflicht für den VR?

4 Der 30-jährige Emil Baum, lediger Industriemeister bei einem Kfz-Hersteller, wechselt von der GKV zur PKV. Unter welchen Voraussetzungen wird bei Herrn Baum die Versicherungszeit in der GKV auf die Wartezeiten angerechnet?

5 Herr Dr. Fuchs, leitender Angestellter, wendet sich telefonisch an Sie und teilt Ihnen mit, dass er in wenigen Wochen seine österreichische Freundin Renate Wolf heiraten wird. Die künftige Ehefrau wird auch nach der Eheschließung keiner Erwerbstätigkeit nachgehen. Herr Dr. Fuchs wünscht, dass Frau Wolf, die an einer Hautallergie leidet, den Versicherungsschutz erhalten soll, den auch er bei der Proximus Krankenversicherung AG genießt.

- **Die Bildschirmabfrage zeigt auszugsweise folgende Daten:**

Versicherungsnehmer:	Dr. Fritz Fuchs
Versicherungsbeginn:	01. Juli 2011
Versicherte Leistungen Tarif	
Ambulante Heilbehandlung	A1
Stationäre Heilbehandlung	S1
Zahnbehandlung/Zahnersatz	Z1
Krankentagegeld	KT
Pflegepflichtversicherung	PVN

- **Arbeitsauftrag**

  Beraten Sie Herrn Dr. Fuchs sachgerecht.

6 Wann beginnt der Versicherungsschutz bei Neugeborenen und welche Voraussetzungen müssen dazu erfüllt sein?

7 Sie sind Mitarbeiter/-in der Vertragsabteilung der Proximus Krankenversicherung AG und erhalten Ende November d. J. einen Anruf Ihres Kunden Dieter Herz. Er teilt ihnen mit, dass seine Frau in ca. drei Wochen ein Kind zur Welt bringt. Er möchte von Ihnen wissen, unter welchen Voraussetzungen das Kind in die private Krankenversicherung aufgenommen werden kann. Er wünscht für das Kind den gleichen Versicherungsschutz wie für seine Ehefrau Elke.

Ihnen liegen folgende Vertragsdaten vor:

Vertragsspiegel Krankenversicherung

	Name	Vorname	Geburtsdatum	Beruf	A = Angestellte/-r, AR = Arbeiter/-in S = Selbstständig B = Beamtin/-er
Vers.-Nehmer	Herz	Dieter	10.03.1978	Informatiker	A
Ehepartner	Herz	Elke	08.06.1982	Techn. Angestellte	A
Kinder					
Anschrift	Nordstr. 27, 20500 Hamburg				

Versicherungsnachweis:	
Vers.-Nummer	22 874 13
Bedingungen	MB/KK 2009 mit Tarifbedingungen
Beginn	01.01.2006
Ablauf	
Zahlungsweise	monatlich
Beitragskonto	ausgeglichen

Versicherte Personen:		VN	Ehepartner	Kind 1	Kind 2
Pflegepflichtversicherung Beitrag		25,82 €	23,31 €		
Vollkosten		ja	ja		
Teilkosten					
Tarif	Stationär	S1	S2		
	Ambulant / Selbstbeteiligung	A1	A2		
	Zahn / Selbstbeteiligung	Z1	Z2		
	Krankenhaustagegeld	50,00 €	50,00 €		
	Krankentagegeld	90,00 €	80,00 €		

Aufgabe

Beraten Sie Herrn Herz.

8 Frau König hat eine Krankheitskosten-Vollversicherung bei Ihrem Unternehmen abgeschlossen. Versicherungsbeginn ist der 01. Jan. d. J. Die Beitragszahlung erfolgt am 04. Jan. d.J. Dem Vertrag liegen die MB/KK 2009 zugrunde. Es gelten die bedingungsgemäß vorgesehenen Wartezeiten. Leistungsausschlüsse wurden nicht vereinbart.

Am 25. Sept. d.J. bringt Frau König im Krankenhaus ihre Tochter Sarah zur Welt. Die Ärzte stellen bei der Erstuntersuchung des Kindes eine Neurodermitis fest.

Fragestellungen

a) Muss der VR den stationären Aufenthalt von Frau König erstatten? Begründen Sie Ihre Entscheidung.

b) Frau König möchte ihre Tochter Sarah bei Ihrem PKV-Unternehmen mitversichern. Muss der VR den Antrag annehmen? Prüfen Sie die Voraussetzungen einer solchen Mitversicherung.

Geltungsbereich der Versicherung

9 Beschreiben Sie den Geltungsbereich einer Krankheitskosten-Vollversicherung und einer Krankentagegeldversicherung nach den jeweiligen Musterbedingungen.

10 Welchen Geltungsbereich umfasst der Versicherungsschutz in der privaten Pflegepflichtversicherung?

11 Für Herrn und Frau Renner besteht bei der Proximus Krankenversicherung AG seit zwei Jahren eine Krankheitskosten-Vollversicherung, der die MB/KK 2009 zugrunde liegen.

Gemeinsam mit seiner Frau unternimmt Herr Renner eine achtwöchige Fernreise nach Indien. In der ersten Urlaubswoche muss Frau Renner, nachdem sie in einen rostigen Nagel getreten ist, ambulant behandelt werden. Eine Fischvergiftung zwingt Herrn Renner in der vorletzten Urlaubswoche zu einem fünftägigen stationären Krankenhausaufenthalt. Die Rechnungen für beide Leistungsfälle wurden von Herrn Renner vor Ort beglichen. Er möchte wissen, ob diese Rechnungen erstattet werden.

Eine Auslandsreisekrankenversicherung besteht für Familie Renner nicht.

Arbeitsauftrag

Prüfen Sie die Leistungspflicht des VR nach MB/KK 2009. Begründen Sie Ihre Entscheidung.

12 Sie sind Mitarbeiter/-in der Vertragsabteilung der Proximus Krankenversicherung AG. Sie haben vom Versicherungsnehmer Holger Obermeier folgende Anfrage vorliegen:

Sehr geehrte Damen, sehr geehrte Herren,
ich werde mich in der nächsten Zeit im Ausland aufhalten. Zuerst bin ich drei Wochen zu einer Wandertour in Griechenland und im direkten Anschluss mache ich eine dreimonatige Trekkingtour durch die Anden Südamerikas. Habe ich während dieser Zeit Versicherungsschutz?

Vertragsspiegel Krankenversicherung

	Name	Vorname	Geburtsdatum	Beruf	A = Angestellte/-r, AR = Arbeiter/-in, S = Selbstständig, B = Beamtin/-er
Vers.-Nehmer	Obermeier	Holger	12.06.1978	Marketingleiter	A
Ehepartner					
Kinder					
Anschrift	Fichtestraße 2, 30625 Hannover				

Versicherungsnachweis:					
Vers.-Nummer		22 813468	vom:	01.05.2009	
Bedingungen		Proximus MB/KK, MB/KT, MB/PPV			
Beginn		01.05.2009			
Ablauf		zum Ende des jeweiligen Kalenderjahres			
Zahlungsweise		monatlich			
Beitrag / Rate		254,15 €			
Beitragskonto		ausgeglichen			
Versicherte Personen:		VN	Ehepartner	Kind 1	Kind 2
Pflegepflichtversicherung Beitrag		PVN			
Vollkosten					
Teilkosten		-			
Tarif	Stationär	S2			
	Ambulant / Selbstbeteiligung	A2			
	Zahn / Selbstbeteiligung	Z2			
	Krankenhaustagegeld	30,00 €			
	Krankentagegeld	40,00 €			

Aufgabe

Bereiten Sie stichwortartig ein Antwortschreiben an Herrn Obermeier vor.

Obliegenheiten

13 Der VN hat eine stationäre Krankenhausbehandlung nicht angezeigt. Welche Folgen können sich aus dieser Obliegenheitsverletzung für ihn ergeben?

14 Bei der Bearbeitung eines Leistungsfalles stellen Sie am 05. Oktober 2011 fest, dass der VN Manfred Luchs bei der Antragstellung im Dezember 2007 ein Magen-Darm-Leiden schuldhaft nicht angezeigt hat. Eine arglistige Täuschung kann jedoch Herrn Luchs nicht unterstellt werden.

Kann der VR vom Vertrag zurücktreten (mit Begründung)?

15 Warum muss in der Krankentagegeldversicherung jeder Berufswechsel dem VR unverzüglich angezeigt werden?

16 Wann führt die Verletzung von vertraglichen Obliegenheiten, die vom VN nach Eintritt des Versicherungsfalles zu erfüllen sind, zur Leistungsfreiheit des VR?

6 Versicherungsfall

6.1 Der gedehnte Versicherungsfall

a) Wesen des gedehnten Versicherungsfalls

MB/KK 2009 MB/KT 2009 § 1 (2) MB/PPV 2009 § 1 (2), (9)

Im Gegensatz zu anderen Versicherungszweigen, in denen der Versicherungsfall als zeitlich punktuelles Ereignis eintritt (z. B. Lebensversicherung, Unfallversicherung), erstreckt sich der Versicherungsfall in der privaten Kranken- und Pflegeversicherung über einen längeren Zeitraum. Man spricht deshalb vom **gedehnten Versicherungsfall**.

Eine Ausnahme gilt für die Ereignisse Entbindung und Tod, die nach den MB/KK 2009 auch als Versicherungsfälle gelten.

- **Krankheitskosten- und Krankenhaustagegeldversicherung**

  Der Versicherungsfall beginnt mit der Heilbehandlung. Er endet, wenn nach medizinischem Befund eine Behandlungsbedürftigkeit nicht mehr vorliegt.

- **Krankentagegeldversicherung**

  Der Versicherungsfall beginnt mit der Heilbehandlung und endet, wenn nach medizinischem Befund keine Arbeitsunfähigkeit und keine Behandlungsbedürftigkeit mehr besteht.

- **Private Pflegeversicherung**

  Der Versicherungsfall beginnt mit der ärztlichen Feststellung der Pflegebedürftigkeit. Er endet, wenn die Pflegebedürftigkeit nicht mehr besteht.

  In der privaten Pflegeversicherung muss die versicherte Person für mindestens sechs Monate in erheblichem oder höherem Maße der Hilfe bedürfen, damit ein Versicherungsfall vorliegt.

Die Bedeutung des gedehnten Versicherungsfalles besteht darin, dass der VR trotz Wartezeit teilweise leistungspflichtig werden kann. Das ist dann gegeben, wenn der Versicherungsfall in der Wartezeit eingetreten ist und über das Ende der Wartezeit hinaus andauert.

Beispiel:

Krankheitskosten-Vollversicherung mit Versicherungsbeginn am 01. April d. J. Die allgemeine Wartezeit kommt zur Anwendung.

Fall A: Heilbehandlung in der Zeit vom 26. März – 09. April d. J. grippaler Infekt

Fall B: Heilbehandlung in der Zeit vom 20. Mai – 10. Aug. d. J. Magen-Darm-Beschwerden

Fall C: Heilbehandlung in der Zeit vom 12. Juli. – 04. Sept. d. J. Herzrhythmusbeschwerden

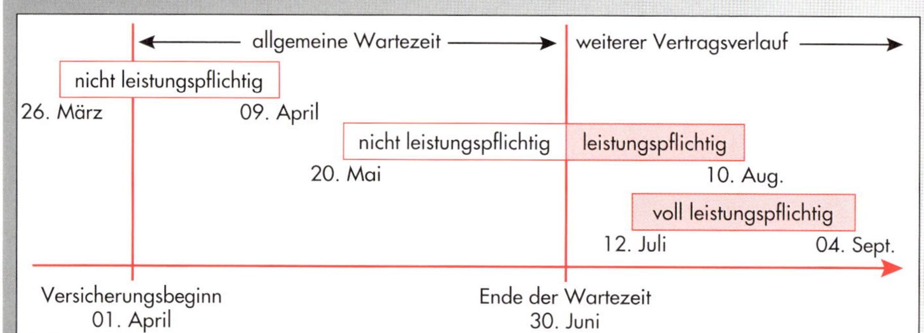

Behandlung A: VR ist nicht leistungspflichtig (26. März – 09. April d. J.)

Behandlung B: VR ist teilweise leistungspflichtig (01. Juli – 10. Aug. d. J.)

Behandlung C: VR ist voll leistungspflichtig (12. Juli – 04. Sept. d. J.)

Kommt die allgemeine Wartezeit in obigem Beispiel **nicht** zur Anwendung (z. B. aufgrund eines Wartezeiterlasses oder einer Wartezeitanrechnung), dann tritt folgende Leistungspflicht des VR ein:

Behandlung A: VR ist teilweise leistungspflichtig (01. April – 09. April d. J.)

Behandlung B: VR ist voll leistungspflichtig (20. Mai – 10. Aug. d. J.)

Behandlung C: VR ist voll leistungspflichtig (12. Juli – 04. Sept. d. J.)

Die Wartezeit hat die Funktion einer **Karenzzeit**, also einer leistungsfreien Zeit. Versicherungsfälle, die über den Ablauf der Wartezeit andauern, sind daher für diesen Teil erstattungspflichtig.

b) Vertragsstörungen beim gedehnten Versicherungsfall

Die Bedeutung des gedehnten Versicherungsfalles wird deutlich beim Zahlungsverzug, bei außerordentlicher Kündigung aus dem Zahlungsverzug und bei Vertragsbeendigung durch Rücktritt wegen Verletzung der vorvertraglichen Anzeigepflicht (sog. Vertragsstörungen).

VVG § 38 (2), (3) § 19 (2)

Beispiel:

VN Kremer hat eine Krankheitskostenvollversicherung, mit der die gesetzliche Versicherungspflicht erfüllt wird. Er ist mit der Zahlung von zwei Monatbeiträgen im Verzug.

Die Folgen des Prämienzahlungsverzugs für eine Krankheitskostenvollversicherung, mit der die Versicherungspflicht nach § 193 Abs. 3 VVG erfüllt wird, sind wie folgt geregelt:

§ 193 (6) MB/KK 2009 § 8 (6)

- Der VR muss den VN mahnen, sobald dieser mit einem Betrag in Rückstand ist, der **zwei Monatsbeiträgen** entspricht.
- Ist der Rückstand **zwei Wochen** nach der Mahnung noch höher als ein Monatsbeitrag, stellt der VR dem VN gegenüber das **Ruhen des Leistungsanspruchs** fest.
- Das Ruhen tritt drei Tage, nachdem diese Mitteilung dem VR zugegangen ist, ein. Voraussetzung ist, dass der VN in der Mahnung auf die Rechtsfolgen hingewiesen worden ist.
- Während der Ruhenszeit besteht nur ein **eingeschränkter Leistungsanspruch für die Behandlung akuter Erkrankungen und Schmerzzustände sowie für Schwangerschaft und Mutterschaft.**
- Für jeden angefangenen Monat des Rückstandes kann der VR einen **Säumniszuschlag** von 1 % des Rückstandes verlangen.
- Das Ruhen der Leistung endet, wenn alle rückständigen Beiträge – auch für die Ruhenszeit – gezahlt sind oder Hilfebedürftigkeit im Sinne des Grundsicherungsgesetzes eintritt.
- Sind die ausstehenden Beitragsrückstände und Säumniszuschläge nicht innerhalb eines Jahres nach Beginn des Ruhens beglichen, wird die Versicherung im **Basistarif** fortgesetzt. (Die Fortsetzung des Vertrages im Basistarif stellt faktisch einen »erzwungenen Tarifwechsel« dar.)

Hinweis:

Der eingeschränkte Leistungsanspruch während des Ruhens der Versicherung wegen ausstehender Beitragszahlung ist im VVG nicht korrekt ausformuliert. Als »Notfallbehandlung« werden die Versicherer dem VN lediglich Grundleistungen, vergleichbar im GKV-Leistungsumfang, gewähren. Das Risiko säumiger Zahler wird künftig für den Versicherer wesentlich höher.

Für **alle anderen Krankenversicherungsverträge**, welche nicht der Pflicht zur Versicherung unterliegen, gelten die Regelungen zum Prämienverzug nach §§ 37, 38 VVG.

Beispiel:

Der Versicherer mahnt den VN Kremer ordnungsgemäß nach § 193 (6) VVG:

03. März d. J.	Zugang der Mahnung beim VN
17. März d. J.	VR stellt das Ruhen der Leistung fest
20. März d. J.	Zugang der Ruhensmitteilung beim VN
23. März d. J.	Beginn der Ruhenszeit
10. April d. J.	Beitragszahlung einschl. aller Rückstände und Säumniszuschläge durch den VN

Versicherungsfälle:

(1)	04. März – 22. März d. J.	akute Herz-Rhythmus-Beschwerden (mehrere Behandlungsfälle)
(2)	24. März – 30. März d. J.	Rheumabeschwerden; kein Notfall

Lösung:

(1) Für Versicherungsfälle, die vor Beginn der Ruhenszeit eintreten, ist der VR in **vollem Umfang** leistungspflichtig.

(2) Für Versicherungsfälle, die während der Ruhenszeit eintreten, ist der VR **nicht** leistungspflichtig, außer bei akuten Notfallbehandlungen.

6.2 Grundlagen der Leistungsabrechnung

Der VR erbringt die tarifliche Leistung, wenn der VN die durch einen Versicherungsfall entstandenen Aufwendungen nachweist. Der Nachweis ist durch Belege zu erbringen, die bestimmten Anforderungen genügen müssen.

Die Belege der Heilbehandler müssen folgende Bestandteile enthalten:

- Name der behandelten Person
- Bezeichnung der behandelten Krankheiten
- Angabe der angewendeten Gebührenordnung
- jeweilige Gebührensätze und Steigerungssätze
- Datum der Erbringung der Leistung (Behandlungszeitraum)

Bei stationärer Behandlung sind die Art der Unterkunft (Ein-, Zwei- oder Mehrbettzimmer) und die Fallpauschalen nachzuweisen. Auf den Rezepten muss der Preis für die bezogenen Arzneimittel durch Stempelaufdruck der Apotheke mit Datumsangabe quittiert sein.

Rezepte sind zusammen mit der dazugehörigen Arztrechnung, Rechnungen über Heil- und Hilfsmittel (z. B. Massagen, Brillen) zusammen mit der Verordnung einzureichen.

Für die Erstattung müssen die Originalbelege eingereicht werden. Einige VR verzichten mittlerweile auch auf die Vorlage von Originalbelegen und akzeptieren Kopien. Die eingereichten Kostenbelege werden meistens vom VR elektronisch archiviert. Aus diesem Grund vernichten die VR die Originalbelege nach einer Aufbewahrungsfrist von i. d. R. 3 Monaten.

Sofern sich ein anderer Kostenträger an den Kosten beteiligt hat, genügen Zweitschriften, auf denen der andere Kostenträger den Erstattungsbetrag vermerkt hat.

Rechnungen für Krankheitskosten, die in Nicht-Euro-Währung entstanden und ausgestellt sind, werden zum Kurs des Tages, an dem die Belege beim VR eingehen, in Euro umgerechnet. Der Umrechnungskurs ist dabei stets der Devisenkurs. MB/KK 2009 § 6 (4)

Als Kurs des Tages gilt nach den Tarifbedingungen im Bedingungswerk 2 »Proximus Versicherung« für gehandelte Währungen der amtliche Devisenkurs, Frankfurt/Main, für nicht gehandelte Währungen der Kurs gemäß »Währungen der Welt«, Veröffentlichungen der Deutschen Bundesbank, Frankfurt/Main, nach jeweils neuestem Stand, es sei denn, die versicherte Person weist durch Bankbeleg nach, dass sie die zur Bezahlung der Rechnungen notwendigen Devisen zu einem ungünstigeren Kurs erworben hat. TB 4.1 zu § 6 (4)

6.2.1 Honorarabrechnungen der Ärzte, Zahnärzte und Heilpraktiker

Beispiel: Arztrechnung

Dr. med. Willi Holzmann
Dr. med. Hans Fell
Ärzte für Chirurgie
Entenweg 125
12345 Musterstadt

Musterstadt, 12. März 2011

Herrn
Martin Mustermann
Kastanienstraße 35
12345 Musterstadt

Rechnung 5590/09

Patient: Martin Mustermann, geb. am 19. Juni 1984

Für unsere ärztlichen Bemühungen erlauben wir uns entsprechend der GOÄ zu berechnen:

Diagnose: Frakturen Mittelfußknochen, I – III links
Unfall vom 10. Jan. 11, Erstbehandlung Krankenhaus Mittelstadt

Datum	GOÄ-Nr.	Leistungsbezeichnung	Faktor	Gebühr	Anzahl	Betrag
20. Jan. 11	1	Beratung bei Tage, auch telefonisch	2,30	4,66	1	10,72
	7	vollständige körperl. Untersuchung	2,30	9,33	1	21,46
	5030	Röntgen, jeweils 2 Ebenen	1,80	20,98	1	37,76
30. Jan. 11	5030	Röntgen, jeweils 2 Ebenen	1,80	20,98	1	37,76
07. Feb. 11	247	Änderung des Gipsverbandes	2,30	6,41	1	14,74
12. Feb. 11	246	Abnahme d. zirkulären Gipsverbandes	2,30	8,74	1	20,10
	5030	Röntgen, jeweils 2 Ebenen	1,80	20,98	1	37,76
21. Feb. 11	1	Beratung bei Tage, auch telefonisch	2,30	4,66	1	10,72
07. Mär. 11	5030	Röntgen, jeweils 2 Ebenen	1,80	20,98	1	37,76
		Rechnungsbetrag			€	228,78

Wir bitten um Überweisung des Rechnungsbetrages auf eines der folgenden Konten:
Volksbank Musterstadt Nr. 111 111 (BLZ 999 000 99)
Sparkasse Musterstadt Nr. 222 111 (BLZ 999 100 99)
Gemäß § 12 GOÄ wird das Arzthonorar mit Erteilung dieser Rechnung fällig. Zur Vermeidung unnötiger Kosten bitten wir Sie, den angegebenen spätesten Zahlungstermin zu beachten.
Zahlbar bis spätestens: 15. April 2011

GOÄ vom 01. Jan. 2002
GOZ vom 01. Jan. 2002
GebüH von 1985

Die erstattungsfähigen Honorare der Heilbehandler sind in **Gebührenordnungen** bzw. **Gebührenverzeichnissen** festgelegt. Für Privatpatienten gelten die

- Gebührenordnung für Ärzte **(GOÄ)**,
- Gebührenordnung für Zahnärzte **(GOZ)** und das
- Gebührenverzeichnis für Heilpraktiker **(GebüH)**.

GOÄ und GOZ sind mit Zustimmung des Bundesrates erlassene Rechtsverordnungen. Diese Gebührenverordnungen sind die Abrechnungsgrundlagen für alle Privatversicherten. Ärzte und Zahnärzte sind bei der Abrechnung ihrer beruflichen Leistungen an diese Gebührenordnungen gebunden.

Eine Novellierung der GOZ ist geplant. Mit einer Überarbeitung der GOÄ rechnet der PKV-Verband frühestens im Jahr 2011. Die Vergütungssysteme zwischen GKV und PKV sollen weitgehend vereinheitlicht werden. Unterschiede werden jedoch bei den zulässigen Steigerungssätzen bleiben.

Gebührensätze

Auszug GOÄ 2002			
Nr.	**Leistung**	**Punktzahl**	**Gebühr in €**
1	Beratung – auch mittels Fernsprecher	80	4,66
3	Eingehende, das gewöhnliche Maß übersteigende Beratung	150	8,74
5	Systembezogene Untersuchung	80	4,66
6	Vollständige körperliche Untersuchung mindestens eines derfolgenden Organsysteme: alle Augenabschnitte, der gesamte HNO-Bereich, das stomatognathe System, die Nieren und ableitenden Harnwege oder Untersuchung zur Erhebung eines vollständigen Gefäßstatus – gegebenenfalls einschließlich Dokumentation	100	5,83
11	Digitaluntersuchung des Mastdarms und/oder der Prostata	60	3,50
45	Visite im Krankenhaus	70	4,08
70	Kurze Bescheinigung, Arbeitsunfähigkeitsbescheinigung	40	2,33
250	Blutentnahme aus der Vene	40	2,33
410	Ultraschalluntersuchung eines Organs	200	11,66
453	Vollnarkose	210	12,24
676	Magenuntersuchung unter Sichtkontrolle (Gastroskopie)	800	46,63
1200	Subjektive Refraktionsbestimmung mit sphärischen Gläsern	59	3,44
1500	Ausschälung und Resektion beider Gaumenmandeln mit den Kapseln (Tonsillektomie)	739	43,07
1845	Implantation einer Niere	4990	290,85
2000	Erstversorgung einer kleinen Wunde	70	4,08
2125	Kopf-Hals-Resektion am Hüftgelenk	2220	129,40
3184	Lebertransplantation	7500	437,15
3285	Operation eines Leisten- oder Schenkelbruchs	1290	75,19
3300	Arthroskopie – gegebenenfalls mit Probeexzision	500	29,14

Die Bemessung der Gebühren beruht auf einem System von Punktzahlen für die einzelnen im Gebührenverzeichnis der GOÄ und GOZ aufgeführten Leistungen. Der einfache Gebührensatz wird nach folgendem Schema berechnet:

Gebühr = Punktzahl der Leistung · Punktwert (= 0,0582873 €)

Beispiel:
Gebühr für eine Beratung, auch telefonisch
Leistungsziffer 1 nach GOÄ = 80 Punkte
Gebühr = 80 · 0,0582873 € = 4,66 €

➤ Gebührenrahmen

GOÄ § 5 GOZ § 5

Die jeweilige Gebühr darf für die Rechnungsstellung mit einem bestimmten **Steigerungsfaktor** mulitpliziert werden. Gebühr und Steigerungsfaktor bilden den **Gebührenrahmen**.

1. Persönliche ärztliche Leistungen

- **Regelspanne** 1- bis 2,3fach ← Regelhöchstsatz/Schwellenwert
- Begründungspflicht → 2,4- bis 3,5fach
- ↑ Höchstsatz

2. Medizinisch-technische Leistungen (GOÄ Abschnitte A, E und O)

- **Regelspanne** 1- bis 1,8fach ← Regelhöchstsatz/Schwellenwert
- Begründungspflicht → 1,9- bis 2,5fach
- ↑ Höchstsatz

3. Laboratoriumsuntersuchungen (GOÄ Nr. 437 und Abschnitt M)

- **Regelspanne** 1- bis 1,15fach ← Regelhöchstsatz/Schwellenwert
- Begründungspflicht → 1,16- bis 1,3fach
- ↑ Höchstsatz

4. Wahlärztliche Leistung, die nicht vom Wahlarzt oder dessen Stellvertreter persönlich erbracht wird

- **Regelspanne** 1- bis 1,8fach ← Regelhöchstsatz/Schwellenwert
- Begründungspflicht → 1,9- bis 2,3fach
- ↑ Höchstsatz

GOÄ § 5 (2)

Für die Festsetzung sind die Schwierigkeit und der Zeitaufwand der einzelnen Leistung sowie der Umstände bei der Ausführung nach billigem Ermessen zu bestimmen. Ein Überschreiten des Regelhöchstsatzes (2,3-, 1,15- bzw. 1,8facher Steigerungsfaktor) ist nur dann zulässig, wenn Besonderheiten dies rechtfertigen (z. B. besonders schwierige Leistungen, außergewöhnlicher Zeitaufwand oder andere besondere Umstände, die bei der Ausführung erheblich über das gewöhnliche Maß hinausgehen). Für diesen Fall darf z.B. die Gebühr für eine persönliche ärztliche Leistung bis zum 3,5fachen gesteigert werden.

Der Arzt muss ein Überschreiten der Regelspanne verständlich und nachvollziehbar schriftlich begründen. GOÄ § 12 (3)

Eine von der Gebührenordnung abweichende Höhe der Vergütung kann jederzeit zwischen Arzt und Patient durch eine gesonderte Vereinbarung festgelegt werden. Eine solche Vereinbarung muss vor Erbringen der Leistung schriftlich getroffen werden. Die Vereinbarung darf keine anderen Erklärungen einschließen und muss aus Gründen des Patientenschutzes ausdrücklich die Feststellung enthalten, dass eine Erstattung der Vergütung durch Erstattungsstellen (PKV, Beihilfe) möglicherweise nicht in vollem Umfang gewährleistet ist. § 2 (2)

➤ Gebührenbemessung beim Standard- und Basistarif

Für den Standardtarif und den Basistarif bestehen eigene Vergütungsrichtlinien. Die Vergütungsregelungen für den Standardtarif sind im SGB V geregelt. SGB V § 75 (3 a) S. 2

Für den Basistarif haben die Kassenärztliche Bundesvereinigung und der PKV-Verband eine eigenständige Vereinbarung getroffen, welche die Vergütung der Leistungen in diesem Tarif für die Zeit vom 1. April 2010 bis vorerst 31. Dezember 2012 regelt.

Honoraranspruch/Steigerungssätze ab 1. April 2010

Leistungen der GOÄ nach	Standardtarif (Alt-Versicherte)	Basistarif
	Beschränkung auf höchstens das	
Abschnitt M sowie Nr. 437	1,16-fache des Gebührensatzes der GOÄ	0,9-fache des Gebührensatzes der GOÄ
Abschnitt A, E und O	1,38-fache des Gebührensatzes der GOÄ	1,0-fache des Gebührensatzes der GOÄ
übrige Leistungen	1,8-fache des Gebührensatzes der GOÄ	1,2-fache des Gebührensatzes der GOÄ
Leistungen der Zahnärzte nach GOZ	2,0-fache des Gebührensatzes der GOZ	2,0-fache des Gebührensatzes der GOZ

An diese Begrenzungen sind ausschließlich Ärzte und Zahnärzte mit einer kassenärztlichen Zulassung gebunden. Damit soll die Sicherstellung der Versorgung der Patienten im Basistarif gewährleistet werden.

Ärzte und Zahnärzte, die **ausschließlich privatärztlich** tätig sind, sind an diese Verpflichtung nicht gebunden. Sie können frei innerhalb der Gebührenordnungen liquidieren und damit auch höhere Gebührensätze abrechnen.

Der PKV-Versicherte muss **vor** der Behandlung dem jeweiligen Arzt mitteilen, in welchem Tarif er versichert ist. Tut er dies nicht, ist der Arzt berechtigt, eine privatärztliche Rechnung entsprechend der GOÄ zu stellen.

Besonderheit: Abrechnung (Liquidation) über eine privatärztliche Verrechnungsstelle

Die Privatpatienten erhalten die Rechnung in der Regel nicht direkt vom Arzt, sondern von einer privatärztlichen Verrechnungsstelle. Der Arzt hat in diesem Fall die Abrechnungsunterlagen an die Verrechnungsstelle übergeben und die daraus resultierenden

Honorarforderungen abgetreten. Nach der Rechtsprechung des BGH verstoßen die Ärzte damit gegen die ärztliche Schweigepflicht. Der BGH hat deshalb entschieden, dass für die Abrechnung über eine privatärztliche Verrechnungsstelle das ausdrückliche Einverständnis des Patienten vorliegen muss.

MB/KK 2009 § 6 (6)

Ansprüche auf Versicherungsleistungen können weder abgetreten noch verpfändet werden. Das Abtretungsverbot gilt dann nicht, wenn eine Klinik-Card ausgegeben wurde.

6.2.2 Abrechnung der Krankenhausleistungen

Die vollstationären und teilstationären Leistungen der Krankenhäuser werden nach der Bundespflegesatzverordnung und dem Krankenhausentgeltgesetz vergütet.

Krankenhausleistungen umfassen dabei grundsätzlich die allgemeinen Krankenhausleistungen (ärztliche Leistungen, Pflege, Versorgung mit Arznei-, Heil- und Hilfsmitteln sowie Unterkunft und Verpflegung) und die Wahlleistungen. Die Entgelte für allgemeine Krankenhausleistungen richten sich nach den gesetzlichen Vorgaben des Fallpauschalengesetzes.

Zu den Krankenhausleistungen zählen nicht die Leistungen der Belegärzte sowie der Beleghebammen und der Entbindungspfleger.

a) Abrechnung der Krankenhausleistungen

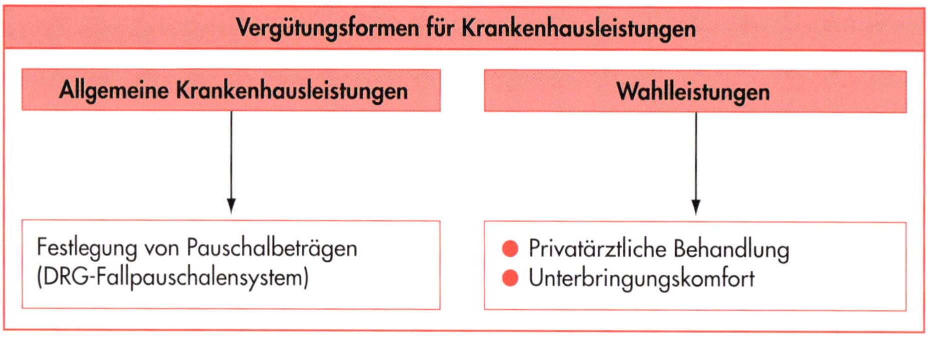

Alle Krankenhäuser (Ausnahme: Reha-Kliniken, psychiatrische Kliniken, bestimmte Privatkliniken) sind verpflichtet, ihre Leistungen nach dem DRG-Fallpauschalensystem abzurechnen (Diagnostics Related Groups = diagnosebezogene Preise).

Im DRG-System werden die allgemeinen Krankenhausleistungen anhand der Hauptdiagnosen, der Nebendiagnosen und der Prozeduren (Operationen, aufwändige diagnostische und therapeutische Maßnahmen) berechnet. Ebenso spielen Alter, das Geschlecht, die Verweildauer und der Entlassungsgrund eine wichtige Rolle für die Zuweisung der DRG.

Die genauen Definitionen der einzelnen DRGs sind im jeweils aktuell gültigen DRG-Klassifikationssystem (DRG-Definitionshandbuch) festgelegt.

Die jeweilige DRG ist mit einem entsprechenden Relativgewicht berechnet, welches im Rahmen der DRG-Systempflege jährlich variieren kann. Diesem Relativgewicht ist ein in Euro ausgedrückter Basisfallwert (festgesetzter Wert einer Bezugsleistung) zugeordnet. Die Basisfallwerte wurden früher für jedes Krankenhaus individuell ermittelt. Mittlerweile bestehen für jedes Krankenhaus eines Bundeslandes einheitliche

Basisfallwerte. Der Basisfallwert für das Land Baden-Württemberg beträgt z. B. im Jahr 2011 2 985,50 €.

Aus der Multiplikation von Relativgewicht und Basisfallwert ergibt sich der Preis für den Behandlungsfall.

Für das Jahr 2011 werden die bundeseinheitlichen Fallpauschalen durch die Anlage 1 der Vereinbarung zum Fallpauschalensystem für Krankenhäuser für das Jahr 2011 (FPV 2011) vorgegeben.

Fallpauschalen sind für alle Benutzer des Krankenhauses einheitlich, also für Privatpatienten in gleicher Höhe wie für Kassenpatienten.

Beispiel:

Basisfallwert für das Kreiskrankenhaus Musterstadt 2011: 2 985,50 €

DRG	DRG-Definition	Relativgewicht	Basisfallwert	Erlös
B79Z	Schädelfrakturen	0,611	2 985,50 €	1 824,14 €

DRG	DRG-Definition	Relativgewicht	Basisfallwert	Erlös
I04Z	Revision und Ersatz des Kniegelenks mit komplizierter Diagnose oder Arthrose	3,999	2 985,50 €	11 939,11 €

Welche DRG bei dem Krankheitsbild eines Patienten für die Abrechnung heranzuziehen ist, lässt sich jeweils nicht vorhersagen. Es kommt darauf an, welche Diagnose(n) beim stationären Aufenthalt gestellt und welche diagnostischen bzw. therapeutischen Leistungen im Fortgang des Behandlungsgeschehens konkret erbracht werden.

Der nach der oben beschriebenen DRG-Systematik zu ermittelnde Preis setzt voraus, dass DRG-spezifische Grenzen für die Verweildauer im Krankenhaus nicht über- oder unterschritten werden. Bei Über- oder Unterschreiten dieser Verweildauern werden durch die Verordnung zum Fallpauschalensystem für Krankenhäuser (KFPV) vorgegebene Zu- oder Abschläge fällig. KFPV §§ 1, 2

Zusätzlich zu den Fallpauschalen sind nach Krankenhausentgeltgesetz (KHEntG) Zusatzentgelte abrechenbar, z. B. »Modulare Endoprothese Knie«................2 720 €.

Im Fallpauschalenkatalog ist für jede DRG eine obere Grenzverweildauer ausgewiesen. Überschreitet die Verweildauer eines Patienten diese Grenze, so kann das Krankenhaus zusätzlich zur Fallpauschale für jeden weiteren Belegungstag ein tagesbezogenes ergänzendes Entgelt berechnet werden. KHEntG § 7

Für Behandlungsfälle, die noch nicht vom Fallpauschalenkatalog erfasst sind und noch nicht mit Fallpauschalen und Zusatzentgelten sachgerecht vergütet werden, können auf der Ebene des einzelnen Krankenhauses fall- oder tagesbezogene sonstige Entgelte vereinbart werden. § 6 (1)

Für teilstationäre Behandlungen sind keine DRG-Fallpauschalen vorgesehen, für sie müssen krankenhausindividuell Entgelte vereinbart werden, die sowohl fall- als auch tagesbezogen sein können.

Da die Psychiatrie, Psychosomatik und psychotherapeutische Medizin bislang vom DRG-System ausgenommen wurden, sind für diese Bereiche weiterhin Pflegesätze zu vereinbaren.

Beispiel: Rechnung mit DRG-Fallpauschale

Klinikum
Friedrichshafen GmbH

IK-Nr.: 260840493
Patientenverwaltung
Telefon: 07541/96-0
Telefax: 07541/96-1107

Klinikum Friedrichshafen GmbH, Röntgenstr. 2, 88048 Friedrichshafen

Herrn
Manfred Schmitt
Steinstr. 20
88048 Friedrichshafen

Bitte bei Zahlung angeben!
Debitoren-Nr.: 410007
Fall-Nr.: 160024932
Rechnungs-Nr.: 1600016339
Rechnungsdatum: 18.07.2011

Rechnung

Status:	**Endrechnung für stationären Aufenthalt**				
Fallnummer:	**160024932**	Aufnahmedatum:	16.07.2011	Uhrzeit:	09:50
Patient:	Schmitt, **Manfred**	Geboren am: 03.1.1980			
Versich.-Nr.:	**555222/1**	Vers.-Status	KVK gültig bis:		
Anschrift:	Steinstr. 20, 88048 Friedrichshafen				
Entlassart:	**reguläre Entlassung**		Entlassungsdatum: 18.07.2011		
Entlasszeit:	08:35				
Diagnose	ICD10-Code: K36 (Rezidivierende Blinddarmentzündung)				

Datum	Tarif	Ziffer	§ 301	Bezeichnung	Menge	€/Einheit	€/Gesamt
16.07.–17.07.11	DRG	G23C	7010G23C	Appendektomie außer bei Peritonitis, ohne äußerst schwere oder schwere CC	1	1 887,97	1 887,97
16.07.–17.07.11	S2	2	45000002	Zeitbettzimmer Kat. 2	2	27,40	54,80
16.07.–16.07.11	FPDRG	DRGZU	48000001	DRG Systemzuschlag	1	0,90	0,90
16.07.–16.07.11	FPDRG	GBAZUS	47100001	Zuschlag GBA	1	0,40	0,40
16.07.–16.07.11	FPDRG	QSPAU	46008000	Qualitätssicherungszuschlag	1	1,33	1,33
16.07.–16.07.11	HAUS	AIP	47100006	AIP Systemzuschlag	1	1 887,97	32,10
16.07.–16.07.11	HAUS	AUSZ	75108002	AUSZ Systemzuschlag	1	83,67	83,67
16.07.–16.07.11	HAUS	SCHW	47100007	Schwerpunkt und Zentren	1	1 887,97	10,01
				Rechnungsbetrag			**2 071,18**

Bitte überweisen Sie den Rechnungsbetrag von 2 071,18 € innerhalb von 14 Tagen.
Bankverbindung: Sparkasse Bodensee, Nr. 45678900, BLZ 690 500 01

Erläuterungen:

- Zuschlag für Ausbildungsstätten und Ausbildungsvergütungen

  Gemäß § 17a KHG berechnet das Krankenhaus einen krankenhausindividuellen Zuschlag je voll- und teilstationärem Fall zur Finanzierung von Ausbildungsstätten und Ausbildungsvergütungen.

- Qualitätssicherungszuschläge

  Für jede abgerechnete Fallpauschale (DRG) eines vollstationär aufgenommenen Patienten erfolgt nach dem Krankenhausfinanzierungsgesetz (KHG) die Berechnung eines Qualitätssicherungszuschlags. KHG § 17 b (1)

- DRG-Systemzuschlag

  Zur Finanzierung der Entwicklung und Pflege des in Deutschland einzuführenden pauschalierenden Entgeltsystems für voll- und teilstationäre Krankenhausleistungen auf der Grundlage von DRGs berechnet das Krankenhaus einen DRG-Systemzuschlag in Höhe von 0,90 € je Krankenhausfall. § 17 b (5)

- Systemzuschlag für den Gemeinsamen Bundesausschuss (GBA) SGB §§ 91, 239 a

  Für alle ab dem 1.1.2007 aufgenommenen Patienten wird ein GBA-Zuschlag in Höhe von 0,40 € je voll- oder teilstationärem Fall berechnet.

- Zuschlag zur Verbesserung der Arbeitszeitbedingungen im Krankenhaus

  Zur Finanzierung von Maßnahmen für die Verbesserung der Arbeitszeitbedingungen für die Mitarbeiterinnen und Mitarbeiter im Krankenhaus ist dieses berechtigt, einen Zuschlag von 1,23 % bezogen auf die abgerechnete DRG zu erheben.

b) Wahlleistungen

Neben den allgemeinen Krankenhausleistungen dürfen weiterhin **Wahlleistungen** gesondert berechnet werden, wenn diese vor ihrer Erbringung schriftlich vereinbart wurden. Die Vereinbarung wird in der Regel im Aufnahmeformular des Krankenhauses festgehalten. BPflV § 22 (1), (2)

Wahlleistungen erstrecken sich auf

- privatärztliche Behandlung (durch Chefarzt und liquidationsberechtigte Ärzte),
- Unterbringungskomfort (z. B. Ein- und Zweibettzimmer, besondere Verpflegung).

Beide Wahlleistungen können grundsätzlich auch getrennt voneinander gewählt werden. Werden wahlärztliche Leistungen vereinbart, so erstrecken sich diese auf alle an den Behandlungen des Patienten beteiligten leitenden Ärzte. Eine Beschränkung auf bestimmte Ärzte ist nicht möglich. § 22 (3)

Beispiel: Krankenhausrechnung mit Wahlleistungen

HERZ- UND GEFÄSS-KLINIK GMBH BAD NEUSTADT

Herz- und Gefäß-Klinik GmbH · Postadresse 79616 Bad Neustadt a. d. Saale
Herrn
Walter Wohlauf
Ringstraße 27

43433 Ringstadt

79616 Bad Neustadt a. d. Saale
Salzburger Leite 1
Telefax 0 97 71/9 74 67
Telefon 0 97 71/66-0

Bei Zahlungen bitte angeben:
BUCHUNGSZEICHEN
4008270 · 1019816
Rechn.-Datum: 24. Jan. 2011

IK-Nr.: 260960923

Aufnahme-Nr.: 05783003
Aufn.-Datum: 05. Jan.11 14.45 Uhr
Entl.-Datum: 12. Jan.11 10.00 Uhr
verlegt in ein anderes Krankenhaus

Endrechnung
für stationären Aufenthalt

Patient: Walter Wohlauf, geb. 12. Okt. 1960

Art der Leistung	Datum	Anz.	Tarif/€	Gesamt/€
Zweibettzimmer	05. Jan. – 05. Jan.11	1	47,00	47,00
Einbettzimmer	06. Jan. – 12. Jan.11	7	72,00	504,00
Fallpauschale Herzoperation	05. Jan.11	1	12 302,81	12 302,81
Sonderentgelt Herzklappe *345232 PRO-MEDICA (Selbstkosten)*	05. Jan.11	1	2 859,05	2 859,05

Von Ihnen zu zahlender Betrag: **15 709,86**

Krankenhäuser können Ein- und Zweibettzimmer nur dann als Wahlleistungen anbieten, wenn diese kein Bestandteil der allgemeinen Krankenhausleistungen sind.

Bei Inanspruchnahme von Wahlleistungen erhält der Patient jeweils Rechnungen vom Krankenhaus und von den behandelnden, liquidationsberechtigten Ärzten. Das Gleiche gilt, wenn belegärztliche Behandlung stattgefunden hat.

Belegärzte sind niedergelassene und andere nicht am Krankenhaus angestellte Ärzte, die berechtigt sind, ihre Patienten im Krankenhaus zu behandeln, ohne hierfür vom Krankenhaus eine Vergütung zu erhalten.

GOÄ § 6 a

Für die Berechnung wahlärztlicher Leistungen finden die Vorschriften der Gebührenordnung für Ärzte (GOÄ) in der jeweils gültigen Fassung Anwendung. Bei vollstationären, teilstationären sowie vor- und nachstationären wahlärztlichen Leistungen muss eine Gebührenminderung erfolgen. Diese beträgt:

- 25 % bei wahlärztlichen Leistungen,
- 15 % bei belegärztlichen Leistungen und Leistungen anderer niedergelassener Ärzte.

Exkurs 1: Kostenbeteiligung durch Beihilfe

Der Personenkreis der Beamten unterliegt nicht der Pflichtkrankenversicherung. Als Ergänzung ihrer Eigenvorsorge erhalten die Beamten im Rahmen der Fürsorgepflicht des Dienstherrn (Bundes-, Landes-, Kommunalbehörden) eine finanzielle Unterstützung. Diese finanzielle Unterstützung wird als Beihilfe bezeichnet. Sie wird für folgende Aufwendungen gewährt:

- im Krankheitsfall,
- im Geburtsfall,
- im Todesfall,
- bei Schwangerschaft und Entbindung,
- bei Maßnahmen der Früherkennung von Krankheiten,
- bei Zahnbehandlungen,
- in bestimmten Fällen für Heilmaßnahmen bei kieferorthopädischer Behandlung,
- bei Behandlungen im Ausland,
- bei Pflegebedürftigkeit.

➤ Beteiligung an Krankheits- und sonstigen Kosten

Die Beihilfe ist grundsätzlich personenbezogen. Sie wird in prozentual unterschiedlicher Höhe gewährt. Die Beihilfevorschriften des Bundes (BBhV) sehen folgende Bemessungssätze (Beihilfesätze) vor: BBhV § 46 (2)

- 50 % für den Beihilfeberechtigten selbst
- 70 % für den Beihilfeberechtigten mit 2 oder mehr berücksichtigungsfähigen Kindern
- 70 % für den Versorgungsempfänger
- 70 % für den berücksichtigungsfähigen Ehegatten
- 80 % für jedes berücksichtigungsfähige Kind

Sind mehrere Personen gleichzeitig beihilfeberechtigt (z. B. Ehemann und Ehefrau), dann beträgt der Bemessungssatz nur **bei einem** von ihnen zu bestimmenden Berechtigten 70 %. Die Bestimmung ist unwiderruflich.

Beispiel:
Ehepaar mit zwei Kindern. Beide Ehegatten sind Beamte und damit beihilfeberechtigt. Die Familie kann folgende Beihilfesätze beanspruchen: Ehemann 70 %, Ehefrau 50 %, Kinder jeweils 80 %.

In zahlreichen Bundesländern gelten für die jeweiligen Landesbeamten eigene Beihilfevorschriften (z. B. Baden-Württemberg). Einige Bundesländer haben die Beihilfevorschriften des Bundes exakt übernommen.

Keine Beihilfe erhält der Beihilfeberechtigte zu den Aufwendungen, die für den Ehegatten entstanden sind, wenn der Gesamtbetrag der Einkünfte (§ 2 Abs. 3 EStG) des Ehegatten im vorletzten Kalenderjahr vor der Stellung des Beihilfeantrages 17 000,00 € übersteigt, es sei denn, dass dem Ehegatten trotz ausreichender und rechtzeitiger Krankenversicherung wegen angeborener Leiden oder bestimmter Krankheiten aufgrund eines individuellen Ausschlusses keine Versicherungsleistungen gewährt werden oder dass die Leistungen hierfür auf Dauer eingestellt worden sind. § 4 (1)

Kinder gehören nur dann zu den berücksichtigungsfähigen Angehörigen, wenn sie nicht selbst (z. B. als Beamtenanwärter) beihilfeberechtigt und beim Familienzuschlag »berücksichtigungsfähig« sind, d. h. wenn dem Beihilfeberechtigten für ein Kind Kindergeld zusteht. Für Kinder, die das 18. Lebensjahr vollendet haben, wird Kindergeld nur unter bestimmten Voraussetzungen (z. B. keine Einkünfte des Kindes über 8 004,00 € jährlich / Wert für 2011) gewährt. Außerdem sind Höchstaltersbeschränkungen zu beachten.

Die **Bemessungssätze (Beihilfesätze)** beziehen sich jeweils auf die beihilfefähigen Aufwendungen.

Beispiel:

Der beihilfeberechtigte Ehemann (Beihilfesatz: 70 %) erhält eine Arztrechnung für ambulante Heilbehandlung in Höhe von 516,00 €. Die Aufwendungen sind in voller Höhe beihilfefähig. Der Ehemann erhält von seinem Dienstherrn eine Beihilfe in Höhe von 361,20 € (= 70 % von 516,00 €).

Der private Versicherungsschutz für Beamte ist so zu gestalten, dass er unter Berücksichtigung der Beihilfe grundsätzlich die Aufwendungen genau deckt (= 100 %-Grenze). Quotentarife (Prozenttarife) sind daher für die Beamten besonders geeignet.

VVG § 199 (2) Den Versicherten mit Beihilfeanspruch wird die Möglichkeit eingeräumt, den Versicherungsschutz im Rahmen der bestehenden Krankheitskostentarife bei einer Veränderung oder bei Wegfall des Beihilfeanspruchs den geänderten Verhältnissen anzupassen. Wird der Antrag innerhalb von sechs Monaten nach der Änderung gestellt, muss der VR den angepassten Versicherungsschutz ohne erneute Risikoprüfung oder

§ 199 (3) Wartezeiten gewähren. Diese Regelung gilt nicht bei Gewährung von Versicherungsschutz im Basistarif.

Der BGH hat sich in seinem Urteil vom 20. Dezember 2006 mit der Anpassung des Versicherungsschutzes nach Änderung oder Wegfall der Beihilfeberechtigung auseinander gesetzt. In dem Urteil wurde festgestellt, dass für die Aufstockung des Versicherungsschutzes das aktuelle Lebensalter der versicherten Person und nicht deren Eintrittsalter zugrunde zu legen ist (z.B. Aufstockung des Versicherungsschutzes von 30 % auf 50 %).

➤ Beteiligung an den Kosten bei Pflegebedürftigkeit

SGB XI § 23 (3) Personen, die nach beamtenrechtlichen Vorschriften oder Grundsätzen Anspruch auf Beihilfe haben, sind verpflichtet, eine beihilfekonforme private Pflegeversicherung abzuschließen.

Bei der häuslichen Pflege durch geeignete Pflegekräfte sind Aufwendungen für Pflegeeinsätze je Kalendermonat bis zu folgendem Gesamtwert beihilfefähig:

Pflegestufe I	440,00 €
Pflegestufe II	1 040,00 €
Pflegestufe III	1 510,00 €

BBhV § 38 (1) Als Pflegeeinsatz gilt die Tätigkeit, welche die geeignete Pflegekraft bei der Körperpflege, der Ernährung oder der Mobilität und der hauswirtschaftlichen Versorgung jeweils zusammenhängend erbringt.

Anspruch auf Beihilfe besteht auch dann ungekürzt, wenn die häusliche Pflege keinen vollen Kalendermonat umfasst.

Nach § 89 SGB XI sind die Vergütungen der ambulanten Pflegeleistungen und der hauswirtschaftlichen Versorgung für alle Pflegebedürftigen nach einheitlichen Grundsätzen zu vereinbaren.

Beispiel:

Herr Keilmann ist in der privaten Pflegepflichtversicherung versicherter Versorgungsempfänger der Pflegestufe II. Sein Beihilfeanspruch beträgt 70 %. Im Februar 2011 erfolgen 60 Pflegeeinsätze zur Grundpflege (Vergütung je Pflegeeinsatz: 20,00 €), an zehn Tagen verbunden mit hauswirtschaftlicher Versorgung (Vergütung je Einsatz: 6,00 €).

Grundpflege hauswirtschaftliche Versorgung	60 · 20,00 € 10 · 6,00 €	1 200,00 € 60,00 €
Gesamtkosten		1 260,00 €
Beihilfefähiger Höchstbetrag		1 040,00 €
Beihilfe	70 %	728,00 €
Leistung der privaten Pflegepflichtversicherung	30 % von 1 040,00 €	312,00 €
Gesamtleistung		1 040,00 €

Für Herrn Keilmann entsteht eine **Deckungslücke von 220,00 €** (1 260,00 € – 1 040,00 €).

Hinweis: Aufwendungen für die häusliche Krankenpflege sind gesondert beihilfefähig. BBhV § 27

Bei einer häuslichen Pflege durch nicht erwerbsmäßige Personen (z.B. Angehörige, Freunde, Nachbarn) wird eine Pauschalbeihilfe gewährt. Diese beträgt ab 2010:

- in Pflegestufe I 225,00 €
- in Pflegestufe II 430,00 €
- in Pflegestufe III 685,00 €

Das aus der privaten Pflegepflichtversicherung zustehende Pflegegeld wird jeweils auf die Pauschalbeihilfe angerechnet.

Erfolgt die Pflege nicht für den gesamten Kalendermonat, wird der pauschale Höchstsatz entsprechend gemindert, wobei der Kalendermonat mit 30 Tagen anzusetzen ist. § 38 (4)

Beispiel:

Herr Müller, Beamter im Ruhestand, Beihilfesatz 70 %, Pflegestufe I, wird an 20 Pflegetagen im Monat durch nahe Angehörige betreut. Der Beihilfeanspruch errechnet sich wie folgt:

Pauschalbetrag: 225,00 € : 30 Tage = 7,50 € Pauschalbetrag pro Tag

Anteiliger Pauschalbetrag: 7,50 € · 20 Tage =	150,00 €
– Pflegegeld aus PPV (30 % von 150,00 €)	45,00 €
Beihilfeanspruch	105,00 €

Sofern die Pflegeleistung teilweise von Berufspflegekräften und teilweise durch andere geeignete Pflegepersonen (z.B. Ehepartner, Kinder oder Verwandte) erbracht wird, erfolgt nur eine anteilige Gewährung der Beihilfe (Kombination von Pflegeleistungen).

Beispiel:

Frau Hofmann ist Versorgungsempfängerin und privat pflegepflichtversichert. Sie nimmt im Jahr 2011 als Pflegebedürftige der Stufe II zu jeweils 50 % die Pflege durch Berufspflegekräfte (520,00 € von 1 040,00 €) und das Pflegegeld (215,00 € von 430,00 €) in Anspruch. Die hälftige Höchstgrenze (30 Pflegeeinsätze) wird nicht überschritten.

a) Leistungen der privaten Pflegepflichtversicherung

• zu den Aufwendungen der Berufspflegekraft 30 % von 520,00 €	=	156,00 €
• zum Pflegegeld 30 % von 215,00 €	=	64,50 €
Gesamt		220,50 €

b) Leistungen der Beihilfe

• zu den Aufwendungen der Berufspflegekraft 70 % von 520,00 €	=	364,00 €
• Pauschalbeihilfe 215,00 € abzüglich 64,50 € der privaten Pflegevers.	=	150,50 €
Gesamt		514,50 €

Exkurs 2: Anspruch auf freie Heilfürsorge

Die freie Heilfürsorge ist eine spezielle Form der Fürsorge des Dienstherrn gegenüber bestimmten Beamten. Sie wird in der Regel für Personen gewährt, deren Tätigkeit besonders gefahrgeneigt ist (z. B. Polizisten, Beamte des Bundesgrenzschutzes, Berufs- und Zeitsoldaten, Beamte der Feuerwehren).

Während der aktiven Dienstzeit beinhaltet die freie Heilfürsorge die Übernahme aller Leistungen einer medizinisch notwendigen Heilbehandlung (100 %ige Kostenerstattung der erstattungsfähigen Aufwendungen). Die freie Heilfürsorge wird nur für den Berechtigten selbst gewährt. Für seine berücksichtigungsfähigen Angehörigen (Ehefrau, Kinder) erhält er Beihilfe entsprechend den jeweils geltenden Beihilfevorschriften (Bundes- oder Landesvorschriften).

Personen, die Anspruch auf freie Heilfürsorge haben, sind nicht in der sozialen Pflegeversicherung versicherungspflichtig. Deshalb sind sie dazu verpflichtet, eine private Pflegepflichtversicherung abzuschließen.

Nach dem Ausscheiden aus dem aktiven Dienst erlischt der Anspruch auf freie Heilfürsorge und an deren Stelle tritt ein Beihilfeanspruch in Höhe von 70 %. Aus diesem Grund empfiehlt es sich, dass die Betroffenen schon während ihres Anspruchs auf Heilfürsorge eine Anwartschaftsversicherung für die später benötigten Quotentarife abschließen (vgl. A 2.5.8).

Beispiel:

Herr Kurz ist Polizist in Stuttgart. Er erhält durch seinen Dienstherrn (Land Baden-Württemberg) freie Heilfürsorge. Ehefrau Gerlinde ist nicht berufstätig. Ihr steht somit ein Beihilfeanspruch von 70 % zu. Für seine beiden Kinder Klaus (10 Jahre) und Anna (8 Jahre) hat Herr Kurz einen Beihilfeanspruch von jeweils 80 %. Sobald Herr Kurz aus dem aktiven Dienst ausscheidet erlischt der Anspruch auf freie Heilfürsorge. Er erhält dann einen Beihilfeanspruch von 70 %.

6.3 Leistungsberechnung

Aufgabe der Leistungsbearbeitung in der PKV ist die Prüfung der Leistungspflicht des VR und die Ermittlung der Versicherungsleistung (Leistungsberechnung). Bei der Prüfung der Leistungspflicht sind insbesondere folgende Aspekte des Versicherungsverhältnisses dem Grunde nach zu prüfen:

- versicherte Personen
- Versicherungsbeginn
- Wartezeiten
- Karenzzeiten
- Verletzung gesetzlicher und vertraglicher Obliegenheiten (z. B. Verletzung der vorvertraglichen Anzeigepflicht)
- generelle und individuelle Leistungsausschlüsse
- Beitragszahlung (z. B. Zahlungsverzug)

Für die Leistungsberechnung sind zur Ermittlung der Erstattungsbeträge u. a. die gewählten Tarifarten, vereinbarte Selbstbehalte und die Prüfung der Belege (z. B. hinsichtlich GOÄ, GOZ, BPflV) zu berücksichtigen.

Beispiel:

Der selbstständige Handwerksmeister Hans Möller ist seit 01. Jan. d. J. (technischer Beginn) privat krankenversichert. Für Herrn Möller besteht eine Krankheitskosten-Vollversicherung (Tarife: A0, S1, Z3), eine Krankentagegeldversicherung in Höhe von 70,00 € pro Tag (ab dem 15. Tag der Arbeitsunfähigkeit), eine Krankenhaustagegeldversicherung von 50,00 €/Tag und die Pflegepflichtversicherung.

Leistungsausschlüsse sind keine vereinbart. Dem Vertrag liegen die bedingungsgemäß vorgesehenen Wartezeiten zugrunde.

Herr Möller reicht am Ende des ersten Versicherungsjahres folgende Belege ordnungsgemäß beim VR ein:

- Ambulante Heilbehandlung 28. März – 08. April d. J.
  Diagnose: grippaler Infekt — 204,70 €
  Behandlungstage: 28. März d. J. 120,40 €
  08. April d. J. 84,30 €
- Rezept vom 28. März d. J. — 64,80 €
- Zahnbehandlung am 24. Juni d. J. — 214,35 €
- Stationäre Behandlung vom 10. Juli – 20. Juli d. J.
  Diagnose: Leistenbruch, einseitig
  Krankenhausrechnung mit Einbettzimmerzuschlag — 4 837,20 €
  Rechnung über wahlärztliche Leistungen — 1 250,40 €
- Arbeitsunfähigkeitsbescheinigung vom 10. Juli – 04. Aug. d. J.
- Rezept vom 24. Juli d. J. — 215,45 €
- Zahnbehandlung am 30. Okt. d. J. — 375,75 €
- Massagen aufgrund ärztlicher Verordnung — 500,00 €

Ermitteln Sie die Erstattungsleistung des VR.

Lösung:

Erstattungsleistung für Herrn Möller

Tarifleistung	**Betrag**	**Erstattung**	
Ambulante Behandlung			
– ärztliche Behandlung	84,30 €		
– Rezept	215,45 €		
– Massagen (Heilmittel)	500,00 €	799,75 €	①
Stationäre Behandlung			
– Krankenhausrechnung	4 837,20 €		
– wahlärztliche Leistungen	1 250,40 €	6 087,60 €	
Zahnärztliche Behandlung			
– Zahnbehandlung		375,75 €	②
Krankenhaustagegeld vom 10. Juli – 20. Juli d. J.			
– 11 Tage · 50,00 €		550,00 €	③
Krankentagegeld vom 24. Juli – 04. Aug. d. J.			
– 12 Tage · 70,00 €		840,00 €	④
Erstattungsleistung insgesamt:		8 653,10 €	

Erläuterungen:

① Die Kosten für die ambulante Heilbehandlung vom 28. März d.J. und das Rezept vom 28. März d.J. fallen in die allgemeine Wartezeit von drei Monaten und werden daher nicht erstattet.

② Die Zahnbehandlung vom 24. Juni d.J. ist nicht erstattungsfähig. Die besondere Wartezeit von 8 Monaten ist hier noch nicht abgelaufen.

③ Beim Krankenhaustagegeld zählen der Aufnahmetag und der Entlassungstag jeweils als ein Tag.

④ Das Krankentagegeld wird nach Ablauf der vereinbarten 14 Karenztage für die gesamte Dauer der Arbeitsunfähigkeit gezahlt. Dabei gelten der erste Tag nach der Karenzzeit und der letzte Tag der Arbeitsunfähigkeit als jeweils ein Tag.

VVG § 192 (3)

Die Versicherer können zusätzliche Dienstleistungen vereinbaren. Diese bestehen insbesondere in Service, Beratung oder Unterstützung des Versicherungsnehmers im Zusammenhang mit der Erbringung versicherter Leistungen. Sie können unter anderem auch die Direktabrechnung mit den Leistungserbringern umfassen.

6.4 Zusammentreffen verschiedener Kostenträger

In der PKV kann es vorkommen, dass der VN Ansprüche gegen mehrere bzw. verschiedene Kostenträger geltend machen kann. Dabei sind grundsätzlich folgende Konstellationen zu unterscheiden:

➤ PKV und PKV

Der VN hat seinen Krankenversicherungsrisiko bei mehreren PKV-Unternehmen gedeckt. In diesem Fall besteht die Gefahr der Mehrfachversicherung nach § 78 VVG und der Bereicherung nach § 200 VVG. Wenn der VN Krankheitskostenversicherungen abgeschlossen hat, die wenigstens teilweise deckungsgleichen Versicherungsschutz beinhalten, dann ist die Leistungspflicht wie folgt geregelt:

Der VN kann grundsätzlich wählen, bei welchem VR er die Rechnungen einreicht. Er erhält dann die tarifliche Entschädigung, maximal jedoch eine Entschädigung in Höhe der tatsächlich entstandenen Kosten. Der zuletzt in Anspruch genommene VR wird dann im Rahmen seiner tariflichen Leistung den restlichen Betrag, maximal bis zur Kostenspitze, übernehmen.

Beispiel:
Herr Kramer hat zwei Krankheitskostenversicherungen bei dem VR A und VR B abgeschlossen. Er reicht im Leistungsfall zunächst die Originalbelege bei VR A ein und erhält die tarifliche Leistung. Anschließend reicht er die Rechnungskopien mit einem Vorleistungsvermerk bei VR B ein. Herr Kramer bekommt in der Summe jedoch nicht mehr als die tatsächlich entstandenen Kosten.

VVG § 78 (2)

Die VR haben auf den im VVG vorgesehen internen Ausgleich untereinander verzichtet, um den relativ hoben Bearbeitungsaufwand zu vermeiden.

PKV und GKV

Der VN hat meistens einen Grundversicherungsschutz bei der GKV und lediglich eine oder mehrere Ergänzungs- bzw. Zusatzversicherungen bei der PKV (z.B. Chefarztbehandlung, Ein- oder Zweibettzimmer im stationären Bereich bzw. ambulante oder zahnärztliche Zusatzversicherungen). Dieser Versicherungsschutz kann grundsätzlich unabhängig von der Vorleistung der GKV in Anspruch genommen werden.

Beispiel:
Frau Maier ist gesetzlich krankenversichert. Sie hat bei der Proximus Krankenversicherung AG eine Zusatzversicherung für stationäre Heilbehandlung abgeschlossen. Im Leistungsfall erhält Frau Maier nach Vorleistung der gesetzlichen Krankenversicherung die noch nicht gedeckten Aufwendungen ersetzt. Die GKV zahlt somit die Krankenhauskosten, während die PKV die Kosten für die Chefarztbehandlung und die Zuschläge für Ein- bzw. Zweibettzimmer (Wahlleistungen) übernimmt.

Falls die versicherte Person wegen desselben Versicherungsfalls einen Anspruch gegen mehrere erstattungspflichtige VR besitzt, sieht das VVG ein Bereicherungsverbot vor. Diese Regelung ist z.B.. dann von Bedeutung, wenn zu einer Grundversicherung in der GKV ein Zusatztarif in der PKV besteht. Die gesamte Leistung der unterschiedlichen VR darf die Gesamtaufwendungen nicht übersteigen. § 200

PKV und private Unfallversicherung

Die PKV ist gemäß einem Rundschreiben der BaFin vorleistungspflichtig, wenn der Versicherte einen Unfall erleidet und die AUB Leistungen hierfür vorsehen. Die PKV hat jedoch Regressmöglichkeiten, sofern ein Drittverschulden nachgewiesen werden kann.

PKV und gesetzliche Unfallversicherung

Wenn der VN durch einen Arbeits- oder Wegeunfall geschädigt wird, dann ist die gesetzliche Unfallversicherung (Berufsgenossenschaft) vorleistungspflichtig.

MB/KK 2009 § 5 (3)

PKV und Haftpflichtversicherung

Zwischen den vertraglichen Ansprüchen gegenüber der PKV und dem Schadenverursacher (bzw. dessen Haftpflichtversicherung) besteht Gleichrangigkeit. Tritt die PKV in Vorleistung, dann kann sie Regress beim Schadenverursacher bzw. dessen Haftpflichtversicherung nehmen. Es findet ein Übergang von Ersatzansprüchen nach § 86 VVG statt. Dies gilt jedoch nicht für die Krankenhaustagegeldversicherung. Hierbei handelt es sich um eine Summenversicherung, in der ein gesetzlicher Forderungsübergang nicht stattfindet.

Lernkontrollen zu A 6

Der gedehnte Versicherungsfall

1 Herr Müller hat zum 01. Jan. d.J. eine Krankheitskosten-Vollversicherung abgeschlossen. Er fühlt sich am 20. April d.J. unwohl (Halsbeschwerden) und geht am 22. April d.J. zum Arzt. Dieser bestellt Herrn Müller nochmals am 26. April d.J. zur Nachuntersuchung und schließt die Behandlung einer festgestellten Mandelentzündung bei einem weiteren Besuch am 30. April d.J. erfolgreich ab.

a) Was gilt in der PKV als Versicherungsfall?

b) Inwieweit liegt nach dem o.a. Sachverhalt ein »gedehnter Versicherungsfall« vor? Belegen Sie Ihre Antwort auch mit Kalenderdaten.

Leistungsabrechnung

Behandlungsfälle

2 Für Herrn Werner Mai besteht bei der Proximus Krankenversicherung AG eine Krankheitskosten-Vollversicherung. Herr Mai reicht einen Erstattungsantrag mit den folgenden sechs Belegen ein:

Beleg Nr. 1

ambulante ärztliche Behandlungen: 12. Juli bis 16. Juli d. J.

Diagnose: akute Magenschleimhautentzündung

Beleg Nr. 2

stationärer Krankenhausaufenthalt: 29. März bis 04. April d. J.

Diagnose: operative Entfernung der Mandeln

Beleg Nr. 3

ambulante ärztliche Behandlungen: 04. Febr. bis 17. Febr. d. J.

Diagnose: Unterarmfraktur durch Unfall

Beleg Nr. 4

Zahnbehandlung: 12. Mai bis 20. Mai d. J.

kieferorthopädische Behandlung: 25. Mai d. J.

Beleg Nr. 5

ambulante ärztliche Behandlungen: 19. April bis 26. April d. J.

Diagnose: Bluthochdruck

Beleg Nr. 6

ambulante ärztliche Behandlungen: 18. Juni bis 30. Juni d. J.

Diagnose: grippaler Infekt

- **Auszug aus dem Vertragsspiegel**

Der Versicherungsakte entnehmen Sie folgende Daten:
- Versicherungsbeginn: 01. Jan. d. J.
- Vertragsgrundlage: MB/KK 2009
- Leistungsausschluss für Herz-Kreislauf- und Gefäßerkrankungen und deren Folgen

- **Arbeitsauftrag**

Prüfen Sie die Leistungspflicht des VR. Begründen Sie Ihre Entscheidung.

3 Als Mitarbeiter der Leistungsabteilung erhalten Sie einen Erstattungsantrag von Frau Elvira Horn.

Folgende Belege werden mit dem Erstattungsantrag eingereicht:

Beleg Nr. 1

ambulante ärztliche Behandlungen: 30. Sept. bis 05. Okt. d. J.

Diagnose: Mandelentzündung

Beleg Nr. 2

ambulante ärztliche Behandlungen: 08. Okt. bis 21. Okt. d. J.

Diagnose: Venenentzündung

Beleg Nr. 3

ambulante ärztliche Behandlungen: 12. Okt. bis 25. Okt. d. J.

Diagnose: Schwangerschaftsbeschwerden

Beleg Nr. 4

ambulante ärztliche Behandlung: 02. Nov. d. J.

Diagnose: Zerrung im Handgelenk

Beleg Nr. 5

zahnärztliche Behandlungen: 18. Okt. bis 13. Nov. d. J.

Frau Horn ist bei Ihrem Unternehmen seit mehreren Jahren krankheitskostenvollversichert. Sie stellen fest, dass Frau Horn mit der Zahlung von zwei Monatsbeiträgen im Verzug war.

- **Auszug aus dem Vertragsspiegel**

03. Okt. d. J.	Zugang der Mahnung nach § 193 (6) VVG beim VN
17. Okt. d. J.	VR stellt das Ruhen der Leistung fest
20. Okt. d. J.	Zugang der Ruhensmitteilung beim VN
23. Okt. d. J.	Beginn der Ruhenszeit
05. Nov. d. J.	VN zahlt sämtliche Beiträge einschl. aller Säumniszuschläge

- **Arbeitsauftrag**

Prüfen Sie die Leistungspflicht des VR dem Grunde nach.

4 Die GOÄ unterscheidet zwischen persönlichen Leistungen des Arztes und technischen Leistungen, die oft von Hilfskräften ausgeführt werden.

a) Welche Bandbreiten gibt es für die entsprechenden Gebührenbereiche?

b) Welche Bedeutung hat der so genannte Schwellenwert und wie hoch ist er jeweils?

c) Unter welchen Voraussetzungen dürfen die Regelhöchstsätze überschritten werden?

5 Sie sind Mitarbeiter/-in der Leistungsabteilung der Proximus Krankenversicherung AG. Am 14. November 2010 geht bei Ihnen folgende Aufstellung Ihres Versicherungsnehmers Bernd Müller ein:

1. Apothekenquittung vom 24. September 2010 über ein Kräuterbad 8,86 €.
2. Ambulante Behandlung am 22. Oktober 2010 während einer Dienstreise in San Fransisco, 48 US-Dollar (Diagnose: Magen-Darm-Infekt).
3. Ambulante Behandlung in der Zeit vom 12. Mai 2010 bis 10. Juni 2010 wegen einer starken Prellung der rechten Hand, 164,00 €.
4. Zahnarztrechnung vom 14. Dezember 2007 über eine Zahnbehandlung in Höhe von 865,00 € für die Zeit vom 24. November bis 29. November 2007.

Die Beträge stimmen mit den Originalrechnungen überein und entsprechen den Vorschriften der GOÄ und GOZ. Bernd Müller hat seit 1. März 2004 bei Ihnen eine Krankheitskostenvollversicherung.

- **Arbeitsauftrag**

  Notieren Sie, was Sie bei der Bearbeitung der jeweiligen Belege beachten müssen.

6 Sie sind Mitarbeiter/-in der Leistungsabteilung der Proximus Krankenversicherung AG und zuständig für die Ermittlung von Leistungsansprüchen der Versicherungsnehmer. Herr Sommer reicht Ihnen eine Zahnersatzrechnung über insgesamt 7 300,00 € ein (Aufteilung 1 100,00 € für konservierende, 2 270,00 € für prothetische und 150,00 € für kieferorthopädische Leistungen; Material- und Laborkosten für prothetische Leistungen 3 100,00 € und 680,00 € für Zahnbehandlung). Die Material- und Laborkosten werden jeweils den konservierenden und prothetischen Leistungen zugeordnet. Für Herrn Sommer besteht seit vier Jahren bei der Proximus Krankenversicherung AG eine Krankheitskostenvollversicherung mit folgenden Tarifen: A1, S1, Z2 und PVN.

- **Arbeitsauftrag**

  Zeigen Sie Herrn Sommer auf, wie sich der Erstattungsbetrag zusammensetzt.

7 Sie sind Mitarbeiter/-in der Leistungsabteilung der Proximus Krankenversicherung AG und erhalten von Ihrem Kunden, Herrn Peter Pauls, folgende Arztrechnung:

Prof. Dr. med. Peter Hensel 02.02.2011
Ärztehaus Göttingen
Hausbergstraße 14
37050 Göttingen

Herrn
Peter Pauls
Fiedlerstraße 13
37065 Göttingen

Für ärztliche Leistungen erlaube ich mir **62,71 €** zu berechnen:

20. Oktober 2010	Beratung	4,66 €	2,3	10,72 €
	Untersuchung	5,83 €	3,0	17,49 €
21. Oktober 2010	Blutentnahme	2,33 €	1,8	4,19 €
	Injektion	2,33 €	4,5	10,49 €
	Untersuchung	5,83 €	3,4	19,82 €
Rechnungsbetrag				62,71 €

Prof. Dr. med. Peter Hensel

Arbeitsauftrag

Prüfen Sie die Rechnung und beurteilen Sie die Leistungspflicht des Versicherers.

8 Erläutern Sie, was unter Wahlleistungen zu verstehen ist.

9 Was versteht man unter »Belegärzten«?

10 Welche Gebührenminderungen sind bei Arztrechnungen im stationären Bereich vorzunehmen?

11 Herr Münch ist Bundesbeamter. Er erhält von seinem Dienstherrn eine Beihilfe.

a) Erläutern Sie den Begriff Beihilfe.

b) Welche Bemessungssätze (Beihilfesätze) sehen die Beihilfevorschriften des Bundes vor?

12 Der Bundesbeamte Fritz Schrader ist verheiratet und hat zwei Kinder im Alter von 10 und 12 Jahren. Frau Schrader ist nicht berufstätig.

a) Welchen Krankheitskostentarif empfehlen Sie Herrn Schrader und seiner Familie?

b) Welche Beihilfesätze stehen der Familie Schrader nach den Beihilfevorschriften des Bundes zu?

13 Der kaufmännische Angestellte Hans Muntermann hat bei der Proximus Krankenversicherung AG eine Krankheitskostenvollversicherung (Tarife: A1, S2, Z2, PVN) abgeschlossen. Versicherungsbeginn ist der 01. Jan. d. J. Aufgrund einer ärztlichen Untersuchung wird die allgemeine Wartezeit erlassen. Der Vertrag beinhaltet einen Risikozuschlag von 20 % für Herz-, Kreislauf- und Gefäßerkrankungen und deren Folgen. Für Herrn Muntermann besteht zudem eine Krankenhaustagegeldversicherung in Höhe von 50,00 €/Tag.

Herr Muntermann reicht der Krankenversicherung am 30. Sept. d.J. folgende Belege ein:

- ärztliche Behandlung am 15. Febr. d. J.
  Diagnose: Mandelentzündung 140,60 €
- Rezept vom 15. Febr. d. J. 124,80 €
- ärztliche Behandlungen vom 10. März–03. April d. J.
  Diagnose: Herzrhythmusstörungen 570,90 €
- Rechnung des Stadtkrankenhauses für stationäre Heilbehandlung vom 10. Juli–13. Aug. d. J.
  Diagnose: Hüftgelenkoperation 5 374,10 €
- zahnärztliche Behandlungen vom 20. Mai–15. Juni d. J. 1 240,60 €
- Krankengymnastik aufgrund ärztlicher Verordnung 15. Aug.–20. Sept. d. J. 750,00 €

Berechnen Sie die Erstattungsleistung des Versicherers.

14 Der Gymnasiallehrer Hans Hahn, Beamter, hat für sich und seine Familie einen Quotentarif abgeschlossen, der die Differenz zwischen Beihilfe und Krankheitsaufwendungen voll abdeckt. Herr Hahn erhält für sich und seine Ehefrau Renate von seinem Dienstherrn eine Beihilfe in Höhe von je 70 %. Für die beiden Kinder Florian und Nina steht ihm ein Beihilfeanspruch von 80 % pro Kind zu.

Herr Hahn reicht seinem Versicherer folgende Rechnungen zur Erstattung ein:

Kostenart	Ehemann	Ehefrau	Florian	Nina
Arzneimittel	40,20 €	80,10 €	140,10 €	–
ambulante Behandlung	340,50 €	620,40 €	410,20 €	120,40 €
Zahnbehandlung	140,80 €	–	250,70 €	315,70 €
Hilfsmittel	–	–	–	200,00 €

Erstellen Sie die Leistungsabrechnung des Versicherers.

15 Die selbstständige Friseurmeisterin Inge Wedel hat eine Krankheitskosten-Vollversicherung abgeschlossen, die für ambulante Leistungen eine Kostenerstattung von 80 % bis 2 000,00 € vorsieht, darüber hinaus 100 % Erstattung pro Kalenderjahr. Frau Wedel hat bisher im Kalenderjahr bereits Rechnungen in Höhe von 1 390,20 € bei ihrem Versicherer eingereicht.

Welche Kostenerstattung leistet der Versicherer, wenn Frau Wedel im gleichen Kalenderjahr eine weitere Rechnung für ambulante Heilbehandlung in Höhe von 770,30 € vorlegt?

16 Der selbstständige Architekt Fritz Schulze ist seit dem 01. Jan. d.J. (technischer Beginn) privat krankenversichert. Für ihn besteht eine Krankheitskosten-Vollversicherung (Tarife: A1, S1, Z3, PVN). Es gelten die bedingungsgemäß vorgesehenen Wartezeiten.

Beim Skifahren Anfang Januar im schweizerischen Wintersportort Davos erleidet Herr Schulze einen komplizierten Beinbruch, der einen stationären Krankenhausaufenthalt vom 10. Jan. bis 24. Jan. d.J. am Urlaubsort notwendig macht.

Die Rechnung des Bezirkskrankenhauses Davos lautet über 3 000,00 CHF. Rechnungsdatum: 24. Jan. d. J.

Herr Schulze reicht diese Rechnung am 10. April d.J. bei seinem VR ein. Wie hoch ist die Entschädigungsleistung des VR unter Zugrundelegung des Referenzkurses einer Bank (Kurs: 1 € = 1,6021 CHF)?

17 Frau Kreutzer ist Pflichtmitglied in der gesetzlichen Krankenversicherung. Im Rahmen einer Zusatzversicherung besteht für sie bei einem privaten Krankenversicherer eine Krankenhaustagegeldversicherung von 30,00 €/Tag und eine Krankentagegeldversicherung ab dem 43. Tag der Arbeitsunfähigkeit in Höhe von 20,00 € pro Tag.

Frau Kreutzer ist vom 20. Aug. bis 03. Nov. d. J. wegen einer rätselhaften Virusinfektion erkrankt. Eine Arbeitsunfähigkeitsbescheinigung des Hausarztes liegt vor. In der Zeit vom 05. Sept. bis 19. Sept. d. J. befand sich Frau Kreutzer zudem in stationärer Behandlung.

Wie hoch ist die Versicherungsleistung durch den VR?

18 Sie sind Mitarbeiter/-in der Leistungsabteilung der Proximus Krankenversicherung AG. Am 17. April 2011 gingen folgende Rechnungen von Frau Göbel ein:

a) Ambulante Behandlung im Krankenhaus 06.09.2010
Diagnose: Schulterzerrung (selbstverschuldeter Unfall beim Skifahren)

b) Stationärer Aufenthalt vom 28.09.2010 bis 03.10.2010
Diagnose: Blinddarmentzündung – Appendektomie

c) Zahnbehandlung vom 12.11.2010 – 24.11.2010
Zahnersatz vom 26.11.2010 – 30.11.2010

d) Ambulante ärztliche Behandlung vom 27.10.2010 – 02.11.2010
Diagnose: Bluthochdruck

e) Ambulante ärztliche Behandlung vom 10.11.2010. – 18.11.2010
Diagnose: akute Bronchitis

f) Ambulante ärztliche Behandlung vom 20.12.2010 – 31.12.2010
Diagnose: »Hexenschuss« (Lumbago)

Alle Rechnungen sind ordnungsgemäß erstellt und entsprechen den Vorschriften der GOÄ.

Ihnen liegen folgende Vertragsdaten vor:

	Name	Vorname	Geburtsdatum	Beruf	A = Angestellte/-r, AR = Arbeiter/-in S = Selbstständig B = Beamtin/-er
Vers.-Nehmer	Göbel	Sieglinde	06.05.1971	Verlagskauffrau	A
Ehepartner					
Kinder					
Anschrift	An der Burg 3, 30625 Hannover				
Versicherungsnachweis:					

Vers.-Nummer		44668800	vom:	16.03.2008	
Bedingungen		MB/KK, MB/KT, MB/PPV			
Beginn		01.07.2008 3 Jahre Vorversicherung bei AOK nachgewiesen			
Ablauf		zum Ende des jeweiligen Kalenderjahres			
Zahlungsweise		monatlich			
Beitrag / Rate		253,35 €			
Beitragskonto		ausgeglichen			
Versicherte Personen:		VN	Ehepartner	Kind 1	Kind 2
Pflegepflichtversicherung Beitrag		ja			
Vollkosten		ja			
Tarif	Stationär	S1			
	Ambulant / Selbstbeteiligung	A2			
	Zahn / Selbstbeteiligung	Z3			
	Krankenhaustagegeld	25 €			
	Krankentagegeld ab 43. Tag	100 €			

Im Neuaufnahmeantrag vom Mai 2008 waren keine Vorerkrankungen angegeben.

Eine Arztrückfrage ergab, dass sich Frau Göbel wegen Bluthochdrucks seit 2006 und wegen Blinddarmreizungen seit März 2008 laufend in Behandlung befand. Frau Göbel hatte dies bei der Antragstellung nicht angegeben. Es wurden bis heute noch keine Rechnungen dafür eingereicht.

- **Arbeitsauftrag**

  Beurteilen Sie die Rechtslage und erläutern Sie die Konsequenzen.

Pflegefälle

Zum Leistungsumfang siehe auch A 2.4.2 c

19 Frau Sommer ist privat pflegepflichtversichert (Tarif PVN). Sie wird nach einem Schlaganfall pflegebedürftig und in Pflegestufe I eingestuft. Die häusliche Pflege erfolgt durch die ökumenische Sozialstation am Wohnort. Frau Sommer erhält von der Sozialstation eine Rechnung für den Zeitraum 01. Mai–31. Mai d.J. in Höhe von 444,50 €.

Welche Leistung erbringt die private Pflegeversicherung?

20 Ein allein lebender Ruhestandsbeamter (Beihilfesatz 70 %) erleidet einen Schlaganfall und wird pflegebedürftig nach Pflegestufe II. Die häusliche Pflege wird von einer anerkannten Pflegeeinrichtung wahrgenommen.

a) Welche Leistung erbringt die Pflegeversicherung für den Monat April, wenn der anerkannte Pfleger einen Tagessatz von 37,50 € berechnet?

b) Wie hoch ist die Leistung der Pflegeversicherung im Monat April, wenn der Pfleger nur 28,00 € pro Tag berechnen würde?

21 Sebastian Hofmann leidet unter einer spastischen Lähmung. Er wird als Schwerstpflegebedürftiger in Pflegestufe III eingestuft. Sein Vater Karl Hofmann ist Lehrer im Beamtenverhältnis. Herr Hofmann hat Anspruch auf Beihilfe für seinen Sohn Sebastian in Höhe von 80 %. Die häusliche Pflege übernimmt Herr Hofmann gemeinsam mit seiner Ehefrau Marianne, soweit sich der Sohn nicht im Internat für spastisch gelähmte Jugendliche befindet.

a) Berechnen Sie die Höhe des Pflegegeldes aus der privaten Pflegepflichtversicherung, wenn die häusliche Pflege durch die Eltern an 12 Kalendertagen im Monat erfolgt.

b) Auf welchen Betrag wird die Beihilfe für Sebastian festgesetzt?

22 Ein verheirateter Architekt wird pflegebedürftig nach Pflegestufe III. Seine als Krankenschwester ausgebildete Ehefrau wird die häusliche Pflege übernehmen. Als technisches Hilfsmittel wird ein Bettlift zum Preise von 700,00 € benötigt, der nicht ausgeliehen werden kann. Welche Leistungen kann der Architekt aus der privaten Pflegepflichtversicherung erwarten?

23 Sie sind Mitarbeiter/-in der Leistungsabteilung der Proximus Krankenversicherung AG (Bereich private Pflegeversicherung). Sie erhalten von Ihrer Versicherungsnehmerin, Frau Scherer, eine Anfrage zu Leistungen der Pflegepflichtversicherung. Frau Scherer leidet an chronischen Angstzuständen, die gemäß den vorliegenden Unterlagen nach ärztlichem Gutachten nachgewiesen wurden. Deshalb braucht sie ständig eine ihr vertraute Person in ihrer Nähe, auch nachts, sonst kann sie diese Angstzustände nicht ertragen. Wenn sie allein ist, treten Panikattacken auf und es muss sofort der Notarzt gerufen werden. Es erfolgt dann umgehend eine Klinikeinweisung. Ansonsten ist Frau Scherer gesund und es zeigen sich keine weiteren Funktionsbeeinträchtigungen.

- **Arbeitsauftrag**

  Bearbeiten Sie die Anfrage und begründen Sie Ihre Entscheidung.

24 Sie sind Mitarbeiter/-in der Leistungsabteilung der Proximus Krankenversicherung AG. Sie erhalten eine Nachricht Ihres Kunden Werner Baffer.

Werner Baffer ist Beamter im Ruhestand, alleinstehend. Er erlitt einen schweren Schlaganfall. Dadurch wird er pflegebedürftig und der medizinische Dienst bescheinigt ihm die Pflegestufe II. Er wird zu Hause durch Pflegekräfte einer anerkannten Einrichtung gepflegt. Nun möchte Herr Baffer wissen, wie viel seine private Pflegepflichtversicherung monatlich zahlt, da die Pflegekraft pro Tag 38,50 € berechnet.

- **Arbeitsauftrag**

  Erklären Sie Herrn Baffer die Höhe der Leistung.

7 Vertragsbeendigung

7.1 Übersicht und Rechtsquellen

Regelungen	MB/KK 2009	MB/KT 2009	MB/PPV 2009	VVG
Kündigung				
– durch VN	§ 13	§ 13	§ 13	§ 205
– durch VR	§ 14	§ 14	§ 14	§ 206
Rücktritt				
– schuldhafte Verletzung der vorvertraglichen Anzeigepflicht	–	–	–	§ 19
– Nichtzahlung des Erstbeitrages	–	–	–	§ 37
Anfechtung	–	–	–	§ 22
Sonstige Gründe				
– Tod des VN oder einer versicherten Person*	§ 15 (1)–(2)	§ 15 d	§ 15 (1)–(2)	§ 207 (1)
– Wegfall einer tariflichen Voraussetzung für die Versicherungsfähigkeit	–	§ 15 a	–	–
– Eintritt der Berufsunfähigkeit	–	§ 15 b	–	–
– Bezug von Altersrente/Vollendung des 65. Lebensjahres	–	§ 15 c	–	–
– Ablauf der Versicherungsdauer (nur bei kurzfristigen Verträgen)	–	–	–	–

* Bei Tod des VN können die mitversicherten Personen das Versicherungsverhältnis durch Benennung des künftigen VN binnen zweier Monate nach dem Tod des bisherigen VN fortsetzen.

VVG § 207 (2) Kündigt der VN das Versicherungsverhältnis gilt dies entsprechend. Die Kündigung ist nur wirksam, wenn die versicherte Person von der Kündigungserklärung Kenntnis erlangt hat.

Exkurs: Fortsetzung des Versicherungsverhältnisses bei Umzug ins Ausland

§ 207 (3) Die bisher als unverbindliche Empfehlung in § 15 Abs. 3 MB/KK 2009 enthaltene Fortsetzung des Versicherungsverhältnisses bei Wohnsitzverlegung in einen Mitgliedsstaat des Europäischen Wirtschaftsraumes ist jetzt gesetzlich verankert worden. Der Abschluss einer entsprechenden Vereinbarung ist nicht mehr erforderlich. Die Erstattungspflicht des VR wird begrenzt auf die im Inland zu erbringenden Leistungen.

7.2 Kündigungsmöglichkeiten in der Krankheitskosten-, Krankenhaustagegeld- und Krankentagegeldversicherung

a) Kündigung durch den VN

MB/KK 2009 MB/KT 2009 § 13 VVG § 205 (1)

Ordentliche Kündigung

Vorbehaltlich einer vereinbarten Mindestversicherungsdauer bei der Krankheitskosten- und bei der Krankenhaustagegeldversicherung kann der VN ein Krankenversicherungsverhältnis, das für die Dauer von mehr als einem Jahr eingegangen ist, zum Ende des ersten Jahres oder jedes darauf folgenden Jahres unter Einhaltung einer Frist von drei Monaten kündigen. Die Kündigung kann auf einzelne versicherte Personen oder Tarife beschränkt werden.

Der VN kann eine substitutive Krankenversicherung nach § 193 (3) S. 1 VVG nur dann kündigen, wenn er bei einem anderen Versicherer für die versicherte Person einen neuen Vertrag abschließt, der dieser Pflicht genügt. Die Kündigung wird erst wirksam, wenn der VN nachweist, dass die versicherte Person bei einem neuen Versicherer ohne Unterbrechung versichert ist.

Außerordentliche Kündigung

Der VN hat in folgenden Fällen ein außerordentliches Kündigungsrecht:

- Wird eine versicherte Person kraft Gesetzes kranken- oder pflegeversicherungspflichtig, kann der VN binnen **drei Monaten** nach Eintritt der Versicherungspflicht eine Krankheitskosten-, eine Krankentagegeld- oder eine Pflegekrankenversicherung sowie eine für diese Versicherungen bestehende Anwartschaftsversicherung rückwirkend zum Eintritt der Versicherungspflicht kündigen. Die Kündigung ist unwirksam, wenn der VN dem VR den Eintritt der Versicherungspflicht nicht innerhalb von zwei Monaten nachweist, nachdem der VR ihn hierzu in Textform aufgefordert hat. Diese Rechtsfolge tritt nicht ein, wenn der VN die Versäumung der Frist nicht zu vertreten hat. Macht der VN von seinem Kündigungsrecht Gebrauch, steht dem VR die Prämie nur bis zu diesem Zeitpunkt zu. Die gleiche Regelung gilt für den Übertritt in die Familienversicherung und den Eintritt des Anspruchs auf freie Heilfürsorge. § 205 (2)
- In der Krankheitskosten- und Krankenhaustagegeldversicherung kann der VN bei altersbedingter Umtarifierung kündigen, wenn sich dadurch der Beitrag erhöht.

  Eine Umtarifierung entsteht in der Regel beim Wechsel vom Jugendlichen- zum Erwachsenenbeitrag.
- Wenn der VR für bestehende Versicherungsverhältnisse die **Beiträge erhöht** oder die **Leistungen vermindert,** kann das Versicherungsverhältnis hinsichtlich der betroffenen versicherten Person innerhalb eines Monats nach Zugang der Änderungsmitteilung zum Zeitpunkt des Wirksamwerdens der Änderung gekündigt werden.

  Wird der Beitrag aufgrund einer Beitragsanpassungsklausel erhöht, gilt das Recht zur Kündigung ebenfalls.
- Wenn der VR von der Möglichkeit Gebrauch macht, die Kündigung auf einzelne Personen oder Tarife zu beschränken oder die Anfechtung oder den Rücktritt nur für einzelne versicherte Personen oder Tarife zu erklären, hat der VN das Recht, innerhalb von zwei Wochen nach Zugang dieser Erklärung die Aufhebung des übrigen Teils der Versicherung zum Schluss des Monats zu verlangen, in dem ihm

die Erklärung des Versicherers zugegangen ist. Bei Kündigung kann der VN die Aufhebung zu dem Zeitpunkt verlangen, in dem sie wirksam wird.

Die Kündigung des VN ist nur wirksam, wenn alle von diesem Vertrag betroffenen versicherten Personen von der Kündigung Kenntnis erlangt haben. Wenn der VN das Versicherungsverhältnis insgesamt oder für einzelne Personen kündigt, dann haben die versicherten Personen das Recht, das Versicherungsverhältnis unter Benennung eines künftigen VN fortzusetzen. Die Erklärung muss innerhalb von zwei Monaten nach der Kündigung abgegeben werden.

MB/KK 2009 MK/KT 2009 § 14 VVG § 206 (1), (2), (4)

b) Kündigung durch den VR

➤ Ordentliche Kündigung

- Jede Kündigung einer Krankheitskostenversicherung, welche eine Pflicht nach § 193 Abs. 3 Satz 1 VVG erfüllt, ist durch den Versicherer ausgeschlossen.
- Die ordentliche Kündigung einer Krankheitskosten-, Krankentagegeld- und einer Pflegekrankenversicherung durch den Versicherer ist ausgeschlossen, wenn die Versicherung ganz oder teilweise den im gesetzlichen Sozialversicherungssystem vorgesehenen Kranken- oder Pflegeversicherungsschutz ersetzen kann.
- Die ordentliche Kündigung ist ferner ausgeschlossen für eine Krankenhaus-Tagegeldversicherung, die neben einer Krankheitskostenvollversicherung besteht.
- Eine Krankentagegeldversicherung, für die kein gesetzlicher Anspruch auf einen Beitragszuschuss des Arbeitgebers besteht, kann der VR in den ersten drei Jahren unter Einhaltung einer Frist von drei Monaten zum Ende eines jeden Versicherungsjahres kündigen.
- Liegen bei einer Krankenhaustagegeldversicherung oder einer Krankheitskostenteilversicherung die Voraussetzungen des § 206 Abs. 1 VVG nicht vor, kann der VR das Versicherungsverhältnis nur innerhalb der ersten drei Versicherungsjahre zum Ende eines Versicherungsjahres kündigen. Die Kündigungsfrist beträgt drei Monate.
- Die ordentliche Kündigung eines Gruppenversicherungsvertrages, der Schutz gegen das Risiko Krankheit enthält, ist durch den VR zulässig, wenn die versicherten Personen die Krankenversicherung unter Anrechnung der aus dem Vertrag erworbenen Rechte und der Alterungsrückstellung zu den Bedingungen der Einzelversicherung fortsetzen können.

➤ Außerordentliche Kündigung wegen Zahlungsverzuges

Für alle Kranken- und Pflegeversicherungsverträge, welche **nicht** der Pflicht zur Versicherung nach § 193 Abs. 3 Satz 1 VVG unterliegen, gilt folgende Regelung:

§ 206 (3) Wird eine Krankheitskostenversicherung oder eine Pflegekrankenversicherung vom VR wegen Zahlungsverzugs des VN wirksam gekündigt, sind die versicherten Personen berechtigt, die Fortsetzung des Versicherungsverhältnisses unter Benennung des künftigen VN zu erklären. Die Prämie ist ab Fortsetzung des Versicherungsverhältnisses zu leisten. Die versicherten Personen sind vom VR über die Kündigung und die Rechtsfolgen zu informieren. Das Kündigungsrecht endet zwei Monate nach dem Zeitpunkt, zu dem die versicherte Person Kenntnis von diesem Recht erlangt hat.

7.3 Kündigungsmöglichkeiten in der privaten Pflegepflichtversicherung

a) Kündigung durch den VN

MB/PPV 2009 § 13

- Wird eine versicherte Person in der sozialen Pflegeversicherung versicherungspflichtig, so kann der VN die private Pflegepflichtversicherung dieser Person binnen zwei Monaten seit Eintritt der Versicherungspflicht rückwirkend zu deren Beginn kündigen. Später kann der VN die private Pflegepflichtversicherung der betroffenen Person nur zum Ende des Monats kündigen, in dem er den Eintritt der Versicherungspflicht nachweist.
- Endet für eine Person die private Krankenversicherung, auf die die Pflegepflichtversicherung gefolgt ist (vgl. A 2.4.1), so kann letztere mit Dreimonatsfrist zum Ende des Versicherungsjahres gekündigt werden.

  Der VN muss innerhalb von sechs Monaten den Abschluss einer anderen privaten Pflegepflichtversicherung nachweisen, da ansonsten eine Meldung an das Bundesversicherungsamt zu erstatten ist.
- Ein Kündigungsrecht besteht ferner bei einer Beitragserhöhung durch Umtarifierung oder Beitragsanpassung oder Leistungsminderung. Der Abschluss einer neuen privaten Pflegepflichtversicherung ist nachzuweisen.

b) Kündigung durch den VR

§ 14

Eine Beendigung der privaten Pflegepflichtversicherung durch Kündigung seitens des VR ist nicht möglich, solange der Kontrahierungszwang (vgl. A 2.4.1 d) nach SGB XI besteht. SGB XI § 110 (1)

Lernkontrollen zu A 7

Vertragsbeendigung

1 Sie sind Mitarbeiter der Proximus Krankenversicherung AG und dort in der Vertragsabteilung tätig. Am 15. November 2010 hat Ihr Unternehmen allen Kunden schriftlich mitgeteilt, dass die Beiträge für ihre Krankenheitskosten-Vollversicherung mit Wirkung vom 01. Januar 2011 um 12 % erhöht werden müssen. Der VN Fritz Klein ist über eine derartige Beitragserhöhung verärgert. Er teilt Ihnen daher telefonisch mit, dass er seine seit über zehn Jahren bestehende Krankheitskosten-Vollversicherung mit sofortiger Wirkung kündigen will.

- **Arbeitsauftrag**

a) Prüfen Sie, ob Herr Klein den bestehenden Vertrag bei Ihrem Unternehmen kündigen kann. Begründen Sie Ihre Aussage.

b) Welche Nachteile wären mit einer Kündigung verbunden?

2 Sie erhalten das folgende Schreiben Ihres VN Walter Müller am 14. März d. J.:

»Sehr geehrte Damen und Herren,

hiermit kündige ich meine private Krankenversicherung und die Versicherung meiner Ehefrau zum Ende des vergangenen Jahres, da ich mit Beginn des neuen Jahres wieder versicherungspflichtig geworden bin. Ich gehe davon aus, dass meine Ehefrau zukünftig bei mir in der gesetzlichen Krankenversicherung mitversichert ist.

Bitte überweisen Sie die durch Lastschrift einbehaltenen Monatsbeiträge für Januar, Februar und März wieder auf mein Konto zurück.«

- **Vertragsspiegel**

Vertrag des VN Walter Müller, kfm. Angestellter:
Krankheitskosten-Vollversicherung (Tarife: A1, S2, Z3)
Krankentagegeld 60,00 € ab dem 43. Tag
Pflegepflichtversicherung PVN
Vertrag der Versicherungsnehmerin Kerstin Müller, Beamtin:
Krankheitskosten-Vollversicherung (Tarife: 50AZ, 50S)
Pflegepflichtversicherung PVB

- **Arbeitsauftrag**

Verfassen Sie das Antwortschreiben. Gehen Sie auf die Kündigung ein und zeigen Sie auf, ob und wie der private Krankenversicherungsschutz fortgeführt werden kann.

3 Sie sind Mitarbeiter/-in der Vertragsabteilung der Proximus Krankenversicherung AG. In Ihrer Eingangspost befindet sich folgendes Schreiben:

> *Sandra Krämer* 23. November 2010
>
> *Proximus Krankenversicherung AG*
> *Hofgartenstr. 13-15*
> *80345 München*
>
> *Sehr geehrte Damen,*
> *sehr geehrte Herren,*
>
> *hiermit kündige ich meinen Vertrag zum nächstmöglichen Termin.*
>
> *Mit freundlichen Grüßen*
> *Sandra Krämer*

Dem Bildschirm entnehmen Sie folgende Daten:

> VN/VP: Sandra Krämer, geb. 07. Juni 1974
> VP: Volker Krämer, geb. 29. Nov. 1972
> Vollversicherung, KHT, KT, PPV seit 1. Jan. 2006
> Beitragserhöhung in Vollversicherung angekündigt zum 1. Jan. 2011; Zugang beim VN am 12. Nov. 2010
> Die Kundin konnte trotz intensiver Bemühungen des Außendienstmitarbeiters von einer Bestandserhaltung nicht überzeugt werden.

- **Arbeitsauftrag**
  Prüfen und bearbeiten Sie das Kündigungsschreiben (mit Begründungen).

4 Ein Versicherungsnehmer beabsichtigt, seine private Pflegepflichtversicherung zu kündigen. Unter welchen Voraussetzungen ist eine solche Kündigung möglich?

5 Welche rechtlichen Möglichkeiten hat der VR, wenn der VN die vorvertragliche Anzeigepflicht schuldhaft verletzt hat?

6 Kann der VR unter Umständen einen bestehenden Vertrag auch anfechten? Begründen Sie Ihre Aussage.

7 Sie sind Mitarbeiter/-in der Vertragsabteilung der Proximus Krankenversicherung AG. Ihnen liegt folgender Sachverhalt vor:

> Frau Kleinschmitt teilt Ihnen am 08. März 2011 mit, dass ihr Ehemann Volker am 04. März 2011 plötzlich verstorben ist. Frau Kleinschmitt will nun wissen, welche Auswirkungen sich durch den Tod ihres Ehemannes auf das Versicherungsverhältnis mit der Proximus Krankenversicherung AG ergeben.
>
> Aufgrund der Bildschirmabfrage stellen Sie fest, dass Herr Kleinschmitt Versicherungsnehmer war und seine Ehefrau Sonja versicherte Person. Für beide Personen bestehen jeweils folgende Tarife: A1, S1, Z2, PVN, KHT 30,00 €. Versicherungsbeginn ist der 01. Juli 1988. Der Beitrag wurde von Herrn Kleinschmitt ordnungsgemäß entrichtet

Arbeitsauftrag:

Notieren Sie sich in Stichworten, was Sie Frau Kleinschmitt in einer schriftlichen Mitteilung antworten werden.

8 Versicherungsaufsicht

Übersicht

Bundesanstalt für Finanzdienstleistungsaufsicht (BaFin)		
Bankenaufsicht	**Versicherungsaufsicht**	**Wertpapieraufsicht/ Asset-Management**
● **Ziel:** Erhaltung der Funktionsfähigkeit des Kreditgewerbes ● **Mittel:** – Erlaubnis zum Geschäftsbetrieb, – laufende Aufsicht – Meldepflichten	● **Ziele:** – Wahrung der Belange der Versicherten – Jederzeitige Erfüllbarkeit der Versicherungsverträge ● **Phasen der Aufsicht:** – Erlaubnis zum Geschäftsbetrieb – Laufende Aufsicht (Missbrauchsaufsicht)	● **Ziel:** Funktionsfähigkeit deutscher Wertpapiere- und Derivatemärkte ● **Aufgaben:** – Verfolgung von Insidergeschäften – Überwachungsfunktionen (z. B. Verhaltensregeln gegen Kunden, Übernahmeverfahren) – Aufsicht über Finanzdienstleister und Investmentbereiche – Zulassung und Überwachung von Hedge Fonds

Seit 1901 existiert in Deutschland für das Versicherungswesen eine Staatsaufsicht. Sie bestand bis 1994 als materielle Staatsaufsicht und hat sich mit der Einführung des EU-Binnenmarktes in eine **Missbrauchsaufsicht** gewandelt.

Die wichtigsten Änderungen mit Wirkung vom 29. Juli 1994 sind geradezu als Systemeinbrüche zu bewerten, vor allem die Abschaffung von Vorabkontrollen bzw. -genehmigungen von AVBen und Tarifen, da diese im EU-Binnenmarkt als wettbewerbshindernd galten.

Am 1. Mai 2002 wurden die früheren Aufsichtsämter für das Kreditwesen (BAKred), das Versicherungswesen (BAV) und den Wertpapierhandel (BAWe) zur **Bundesanstalt für Finanzdienstleistungsaufsicht (BaFin)** vereinigt. Der Gesetzgeber folgte damit in aufsichtsmäßiger Hinsicht der Entwicklung am Finanzmarkt; denn Banken, Finanzdienstleistungsinstitute und Versicherungsunternehmen hatten bereits verstärkt Allfinanzkonzepte aufgrund von Kundenwünschen entwickelt und entsprechende Produkte angeboten.

Ziele der Allfinanzaufsicht

- Funktionsfähigkeit des Finanzsektor
- Solvenzsicherung bei Banken, Finanzdienstleistungs- und Versicherungsunternehmen
- Schutz der Kunden, Versicherungsnehmer und Anleger

Gegenstand der weiteren Betrachtung im Rahmen dieses Lehrbuches ist die **Versicherungsaufsicht**.

Die Versicherungsaufsicht beginnt mit der Prüfung der Zulassungsvoraussetzungen und setzt sich nach erfolgter Zulassung in einer laufenden Überwachung der gesamten Geschäftsführung fort, in die nötigenfalls sogar unmittelbar eingegriffen werden kann.

Rechtsgrundlage für diesen Zweig der staatlichen Gewerbeaufsicht ist das **Versicherungsaufsichtsgesetz (VAG)**.

8.1 Gründe und Zweck der staatlichen Versicherungsaufsicht

Die Versicherungswirtschaft ist gegenüber anderen Versicherungsbereichen durch eine Reihe von Besonderheiten gekennzeichnet. Aufgrund der Erfahrung im Laufe der Entwicklung des Versicherungswesens und aus Zweckmäßigkeitsüberlegungen liegt eine Einschränkung des allgemeinen Prinzips der Gewerbefreiheit nahe. Dafür lassen sich vor allem zwei Gründe anführen:

- Versicherungsschutz bedeutet Versprechen auf Gefahrentragung. Die Versicherungsleistung bleibt damit zunächst unsichtbar, während der VN seinerseits die Beiträge im Voraus zu entrichten hat. Er muss sich daher darauf verlassen können, dass das VU im Schadensfall auch leisten kann. Ob das VU aber hierzu allen Erfordernissen genügt, wird der VN – insbesondere im Hinblick auf die besondere Kompliziertheit der Versicherungstechnik sowie der Bilanzierung und Rechnungslegung – kaum beurteilen können. Selbst ein Fachmann hat häufig Mühe, wenn er sich ein wirklich fundiertes Urteil über den finanziellen Status, die Bonität und Qualität eines VU bilden will. Hinzu kommt, dass das VU auch Dritten (Bezugsberechtigte, Geschädigte) gegenüber leistungspflichtig ist, die selbst keinen Einfluss auf die Wahl des VU haben.
- Der Kapitaleinsatz eines VU betrifft überwiegend Sicherheitsmittel (Rückstellung, Rücklagen). Die Gefahr, dass das Versicherungsangebot über die eigene Leistungsfähigkeit hinaus ausgedehnt wird – insbesondere durch Beitragsunterbietung bis zur Beitragsschleuderei –, ist damit sehr groß. Die Insolvenz eines VR hätte aber über den Einzelfall hinaus einen Vertrauensschwund für das gesamte Versicherungswesen zur Folge. Es würden sich daraus auch erhebliche Nachteile für die Gesamtwirtschaft ergeben, insbesondere, wenn man die hohe volkswirtschaftliche Bedeutung und den sozialen Charakter des Versicherungswesens berücksichtigt.

Gründe und Zweck der Versicherungsaufsicht lassen sich daher wie folgt zusammenfassen:

»Unsichtbarkeit« und nahezu unbegrenzte »Vermehrbarkeit« des Versicherungsangebots machen eine übergeordnete Kontrollinstanz erforderlich. Ihre Aufgabe ist es,

- unsolide Gründungen von Versicherungsunternehmen zu verhindern, VAG
- die dauernde Erfüllbarkeit von Versicherungsverträgen sicherzustellen, § 8 (1) Nr. 3
- für eine Betriebsführung zu sorgen, die die Belange der Versicherten ausreichend absichert (Verbraucherschutz) bzw. zumindest eine unangemessene Benachteiligung der Versicherten verhütet,
- ein volkswirtschaftlich bedeutsames Kapitalsammelbecken zu kontrollieren.

8.2 Träger und Zuständigkeiten

a) Träger der Aufsicht

Träger der Versicherungsaufsicht auf Bundesebene ist die Bundesanstalt für Finanzdienstleistungsaufsicht (BaFin) mit zwei Dienstsitzen (Bonn und Frankfurt/Main).

VAG § 90 Die BaFin ist eine dem Bundesfinanzminister nachgeordnete selbstständige Bundesbehörde, an deren Spitze ein Präsident steht.

§ 92 Zu erwähnen sind hier insbesondere die fünf Fachabteilungen (fach- und spartenübergreifende Aufgaben, Aufsicht über die einzelnen Versicherungssparten). Zur Mitwirkung bei der Aufsicht ist ein Beirat berufen. Dem Beirat gehören Vertreter der einzelnen Versicherungszweige, der Versicherungsvermittler, der Versicherungsangestellten, der Versicherungswissenschaft, aber auch sachkundige VN aus fast allen Berufskreisen an (Industrie, Handel, Handwerk usw.). Der Beirat ist ehrenamtlich tätig und soll die Aufsichtsbehörde u.a. bei der Vorbereitung wichtiger Beschlüsse gutachterlich beraten.

Die BaFin ist zuständige Aufsichtsbehörde für

- private VU (Versicherungs-AG, VVaG),
- öffentlich-rechtliche Wettbewerbsanstalten, die über den Bereich eines einzelnen Bundeslandes hinaus tätig sind,
- Pensionskassen und Pensionsfonds.

Träger der Versicherungsaufsicht auf Landesebene ist die jeweils dazu bestimmte Landesbehörde, die in der Regel dem Wirtschaftsministerium untersteht. Sie ist zuständig für

- öffentlich-rechtliche Wettbewerbsanstalten, deren Tätigkeit sich auf ein Bundesland beschränkt **(= ursprüngliche Zuständigkeit)**,
- private VU, die wegen ihrer geringen wirtschaftlichen Bedeutung (z.B. kleine VVaG) der Landesbehörde zur Aufsicht übertragen worden sind **(= abgeleitete Zuständigkeit)**.

b) Aufsichtstatbestände

➤ Inländische Versicherungsunternehmen

- Der **uneingeschränkten Aufsicht** unterliegen alle inländischen Erst-VR, d.h. Unternehmen, die den Betrieb von Versicherungsgeschäften zum Gegenstand haben und nicht Träger der Sozialversicherung sind.

  § 1 (3) Sehr kleine VVaG können, wenn eine Aufsicht zur Wahrung der Versichertenbelange von der Art der betriebenen Geschäfte nicht erforderlich erscheint, von der Aufsicht zum Teil oder ganz freigestellt werden. Aufsichtsfrei sind auch die Unterstützungseinrichtungen und Unterstützungsvereine der Berufsverbände, da sie keinen Rechtsanspruch auf Leistungen einräumen. Das Gleiche gilt für gewisse örtlich begrenzt tätige VU, die gegen pauschales Entgelt Naturalersatz leisten (z.B. Wartungsverträge).

- Von der Versicherungsaufsicht weitgehend ausgenommen **(beschränkte Aufsicht)** sind die inländischen Rückversicherungsaktiengesellschaften, weil die Internationalität dieses Zweigs nicht eingeengt werden soll. Außerdem stehen sich hier geschäftsgewandte Partner gegenüber, die keines besonderen Schutzes, wie das für Verbraucherrisiken notwendig ist, bedürfen.

  Während ausländische VU, die nur die Rückversicherung betreiben, überhaupt nicht der Aufsicht unterliegen, sind die inländischen Rück-VR einer beschränkten Aufsicht unterworfen. Sie werden hinsichtlich ihrer finanziellen Leistungsfähigkeit (Rechnungslegung) überwacht, um etwaige Gefährdungen von Erstversicherern rechtzeitig erkennen zu können.

➤ Versicherungsunternehmen eines Drittstaates

§ 105 ff. VU eines Drittstaates bedürfen der Erlaubnis, wenn sie im Inland das Erstversicherungsgeschäft betreiben wollen. Sie haben hier eine Niederlassung zu errichten und für diese einen Hauptbevollmächtigten zu bestellen.

Drittstaat im Sinne des VAG ist jeder Staat, der nicht Mitgliedsstaat der Europäischen Union oder Vertragsstaat des Abkommens über den Europäischen Wirtschaftsraum ist.

Versicherungsunternehmen eines Herkunftsmitgliedstaates

VU aus Herkunftsmitgliedstaaten können seit Mitte 1994 unmittelbar grenzüberschreitend direkt vom Sitzland aus in Deutschland tätig werden, ohne hier eine Zweigniederlassung unterhalten zu müssen (freier Dienstleistungsverkehr). VAG § 110 a ff.

Herkunftsmitgliedstaat im Sinne des VAG ist jeder Mitgliedstaat der Europäischen Union sowie jeder Vertragsstaat des EWR-Abkommens.

- Die **Zulassung zum Geschäftsbetrieb** für den gesamten EU-Binnenmarkt erfolgt durch die **Aufsichtsbehörde des Sitzlandes** (Aufsicht des Herkunftslandes). Mit der Zulassung in einem EU-Mitgliedstaat erwirbt das VU automatisch das Recht, in allen europäischen Mitgliedstaaten tätig zu werden **(sog. single-licence-Prinzip)**.
- Im Bereich der »**finanziellen Aufsicht**« gilt das Sitzlandprinzip auch uneingeschränkt für die **laufende Beaufsichtigung**, denn die Finanzaufsicht ist weitgehend harmonisiert. § 111 c

  Der VN, der z. B. bei einem dänischen VR eine Versicherung abschließt, vertraut sich damit auch der Güte der finanziellen Aufsicht durch die dänische Aufsichtsbehörde an, die letztendlich über die dauernde Erfüllbarkeit der Versicherungsverträge wacht.
- Nur für die »**rechtliche Aufsicht**« behalten die Mitgliedsstaaten ihre Regelbefugnis auch für VU aus anderen EU-Ländern. Jedoch dürfen diesen VU nur solche Vorschriften entgegengehalten werden, die im »Allgemein-Interesse« geboten sind. Dabei sind von allgemeinem Interesse »Missstände, die die Belange der Versicherten gefährden«. § 111 b § 81

Beispiel:
Der Aufsichtsbehörde gehen wiederholt VN-Beschwerden über das Regulierungsverhalten eines französischen Krankenversicherers in Deutschland zu. Immer wieder wurde hier die Abwicklung der Leistungsabrechnungen verzögert.

Sollte tatsächlich ein Verstoß gegen Inlandsrecht (BGB, VVG) vorliegen, wird die Aufsichtsbehörde den französischen VR auffordern, dies abzustellen.

Eine zwangsweise Durchsetzung wäre jedoch grundsätzlich nur mit Hilfe der französischen Aufsichtsbehörde **(Sitzlandprinzip)** möglich.

8.3 Aufgaben der Aufsichtsbehörde

8.3.1 Zulassung zum Versicherungsbetrieb

Übersicht

Kriterien für die Zulassung eines inländischen VU

- Zuverlässigkeit und Eignung des Vorstandes
- Rechtsform: AG einschl. SE, VVaG, öffentlich-rechtliche Anstalt
- Spartentrennung für Lebensversicherung und Krankenversicherung
- Ordnungsgemäßer Geschäftsplan
  - Beschreibung von Risiken
  - Satzung
  - Ergebnisabführungs- und Funktionsausgliederungsverträge
  - Genügend Eigenkapital (Solvabilität)

VAG § 5

Wer das Versicherungsgeschäft betreiben will, bedarf hierzu einer Erlaubnis durch die Aufsichtsbehörde (Konzessionssystem). Die Erlaubnis wird auf Antrag – i. d. R. für jede Sparte gesondert – erteilt.

a) Vorlage eines genehmigungspflichtigen Geschäftsplans

§ 5 (2)

Mit dem Antrag ist der Geschäftsplan einzureichen. Aus ihm müssen sich der **Gegenstand des Unternehmens**, die **Organisationsstruktur**, das **Geschäftsgebiet** sowie die **Darstellung der Verhältnisse** ergeben, **wonach die künftigen Verpflichtungen dauernd erfüllbar sind**.

Der Geschäftsplan setzt sich aus mehreren Teilen zusammen.

- **Rechtlicher Teil:** Dazu gehört vor allem die Satzung des VU, soweit sie sich nicht auf AVB bezieht.
- **Versicherungstechnischer Teil**: Hier ist anzugeben, welche Versicherungssparten betrieben und welche Risiken einer Versicherungssparte gedeckt werden sollen (Tätigkeitsplan).

  Nicht genehmigungs- noch anmeldepflichtig sind dagegen die Tarife und die Rechnungsgrundlagen für die Beitragskalkulation.

§ 53 c (2) Nr. 2 KapAusV § 1 ff.

- **Finanzieller Teil:** Die VU sind verpflichtet, zur Sicherstellung der dauernden Erfüllbarkeit der Verträge Eigenmittel (Solvabilität) in Höhe des Mindestgarantiefonds (absoluter Mindestbetrag) bereitzustellen.

  Die Höhe des in der EU einheitlich geregelten Mindestgarantiefonds ist für Versicherungszweige, je nach ihrer »Gefährlichkeit« und dem Umfang der übernommenen Risiken, unterschiedlich festgesetzt.

  Außerdem hat das VU Schätzungen für die ersten drei Geschäftsjahre vorzulegen. Dies betrifft die Beitragserträge, die Schadenaufwendungen und die Liquiditätslage.

➤ **Zusätzlich zum Geschäftsplan sind folgende nicht genehmigungspflichtige Unterlagen mit dem Antrag einzureichen:**

- Angaben über die **beabsichtigte Rückversicherung** VAG § 5 (5)
- Schätzung der Aufwendungen für den Aufbau der Verwaltung und des Vertreternetzes sowie der Nachweis der erforderlichen Finanzierungsmittel **(Organisationsfonds)**
- **Die AVBen für Pflichtversicherungen** (insbesondere die KH-Versicherung) und die Krankenversicherung, soweit sie die gesetzliche Krankenversicherung ersetzt **(substitutive Krankenversicherung)**

  Mit der Vorlage sind die AVBen aber durch das VU schon einsetzbar. Sie sind also nur noch anmeldepflichtig, aber nicht mehr genehmigungspflichtig, was sicherlich auch entbehrlich ist, weil der VN jetzt durch spezielle gesetzliche Regelungen geschützt wird. Es kommt also nur noch darauf an, dass deren Einhaltung durch die BaFin sichergestellt wird **(»Missstandsaufsicht«)**.
- Die **Grundsätze** für die **Berechnung der Beiträge** und technischen **Rückstellungen** (insbesondere der Alterungsrückstellung) in der »substitutiven Krankenversicherung« § 12 a § 81 c, d SGB V § 257

  Ebenso wie in der Lebensversicherung besteht auch in der Krankenversicherung eine Gewinnbeteiligungspflicht zugunsten des VN. Soll die substitutive Krankenversicherung arbeitgeberzuschussfähig sein, muss sich das VU der Aufsichtsbehörde gegenüber verpflichten, dass die Prämien für Versicherte ab 65 Jahren den Höchstbeitrag in der GKV nicht übersteigen.
- Angaben über die **Geschäftsleiter** und die Inhaber bedeutender Beteiligungen VAG § 104

  Die Aufsicht hat deren Zuverlässigkeit zu prüfen. Geschäftsleiter müssen außerdem fachlich geeignet sein.
- Angaben über den **Verantwortlichen Aktuar**, der in der Lebensversicherung und substitutiven Krankenversicherung als »Vorposten der Aufsicht« die ordnungsgemäße Berechnung der Prämien und technischen Rückstellungen sicherzustellen und im Interesse der Versicherten auch die Finanzlage des VU zu prüfen hat. § 11 a § 12 (2)

  Der Aktuar ersetzt damit im Wesentlichen die frühere aufsichtsbehördliche Tarifgenehmigung. Hinsichtlich seiner Zuverlässigkeit und fachlichen Eignung unterliegt er ähnlich wie der »unabhängige Treuhänder«, der vor allem in der Lebens- und Krankenversicherung bei der Änderung von Beiträgen und Gewinnbeteiligungen mitwirkt, aufsichtsbehördlicher Kontrolle. Der verantwortliche Aktuar kann Vorstandsmitglied oder Angestellter des VU sein. Er muss also nicht wie der unabhängige Treuhänder eine unternehmensexterne Person sein.

b) Versagungsgründe

Nach der Prüfung des Antrags, des Geschäftsplans und der zusätzlichen Unterlagen erteilt die Aufsichtsbehörde die Erlaubnis – u. U. mit Auflagen – für das Gebiet aller EU-Länder. Die Erlaubnis wird dagegen versagt, wenn

- eine nicht **zulassungsfähige** Unternehmungsform vorliegt. § 7 (1)

  Zulässig sind nur die Unternehmungsformen, die ein Höchstmaß an Sicherheit gegenüber den VN bieten. Dies trifft auf die AG einschl. der Europäischen Gesellschaft (SE), den VVaG und die öffentlich-rechtliche Anstalt bzw. Körperschaft zu.
- wenn neben den Versicherungsgeschäften ohne scharfe **juristische Trennung versicherungsfremde Geschäfte** betrieben werden (z. B. Bankgeschäfte). § 7 (2)

  Zulässig sind ausdrücklich derivate Finanzgeschäfte (Termin- und Optionsgeschäfte), wenn sie der Absicherung gegen Kurs- oder Zinsänderungsrisiken bei vorhandenen Vermögenswerten oder dem späteren Erwerb von Wertpapieren dienen.
- in der Lebens- und substitutiven Krankenversicherung das Prinzip der **Spartentrennung** nicht sichergestellt ist. § 8 (1 a) § 106 c

Die Lebensversicherung ist durch Sparvorgänge (Deckungsrückstellung) und Gewinnbeteiligungssysteme gekennzeichnet. Würde sie zusammen mit der risikoreicheren Schadenversicherung betrieben, deren Schadenquote erfahrungsgemäß starken Schwankungen unterworfen ist, bestünde Gefahr, dass Verluste insbesondere in der Sachversicherung mit den – zwangsläufig beachtlichen – Überschüssen in der Lebensversicherung aufgerechnet werden. Auch mit der Krankenversicherung lässt die deutsche Versicherungsaufsicht vorerst noch keine Spartenkombination zu; denn hier geht es um die **Sicherung der Altersrückstellung**, die aus höheren Beitragszahlungen in jungen Jahren für das mit dem Alter zunehmende Krankheitsrisiko zu bilden ist.

Die Spartentrennung in der Kredit- bzw. Kautions- und in der Rechtsschutzversicherung ist mit Wirkung vom 01. Juli 1990 aufgehoben worden. Diese Versicherungszweige können seitdem auch im Kompositverband betrieben werden. Der Gefahr einer möglichen Interessenkollision, wenn die Rechtsschutzversicherung des Geschädigten und die Haftpflichtversicherung des Schädigers bei der gleichen Gesellschaft bestehen, wird jetzt in anderer Weise begegnet. Ein VU, das die Rechtsschutzversicherung mit anderen Sparten betreibt, hat die Leistungsbearbeitung in der Rechtsschutzversicherung einem besonderen rechtlich selbstständigen Schadenabwicklungsunternehmen zu übertragen.

VAG § 8 (1)

- die **Unternehmensleiter nicht zuverlässig und fachlich geeignet** sind.
- ein **schädlicher Einfluss von Großaktionären auf das VU** zu befürchten ist.

  Zugrunde liegt hier auch die Besorgnis, das VU könnte für eigene Interessen missbraucht werden.
- der Geschäftsplan die **Zahlungsfähigkeit** und die **Belange der Versicherten** nicht ausreichend sicherstellt.

8.3.2 Laufende Beaufsichtigung

Übersicht

Laufende Aufsicht	
Finanzaufsicht (Dauernde Erfüllbarkeit der Verträge)	**Rechtsaufsicht** (Wahrung der Belange der Versicherten)
• Versicherungstechnische Rückstellungen und ausreichende Beiträge • Risikogerechte Kapitalanlagen • Solvabilität (Eigenmittelausstattung) • Einhaltung kaufmännischer Grundsätze • Geschäftsplan • Angemessenheit der Rückversicherung • Risikomanagement	• Gesetzesverstöße • Geschäftsplan • Überschussbeteiligung • Gleichbehandlungsgrundsatz • Aufklärung des VN • Unlauterer Wettbewerb • Korrekte Schadenregulierung • Bestandsübertragungen • Unerlaubter Geschäftsbetrieb • Kompetente Versicherungsvermittlung

a) Aufsichtsbereiche

§ 81 (1) Die Zugangskontrolle wird ergänzt durch ständige **Beaufsichtigung** des gesamten Geschäftsbetriebes des VU. Dabei unterscheidet das Gesetz zwischen einer **rechtlichen Aufsicht allgemein** und einer **Finanzaufsicht im Besonderen**.

§ 81 c (2) Für Verträge, die vor dem 29. Juli 1994 abgeschlossen wurden (Altbestand), gelten die alten Geschäftspläne mit genehmigten AVB und Tarifen (Lebens-, Kranken- und KH-Versicherung) weiter, d. h., die Aufsicht hat hier auch noch ihre früheren Befugnisse. Für die Lebensversicherung ist dies sogar ausdrücklich im Gesetz klargestellt worden (Kontrolle der »Rückgewährquote«).

Gegenstand der **Rechtsaufsicht** ist die ordnungsgemäße Durchführung des Geschäftsbetriebes, d.h. die **Einhaltung aller einschlägigen gesetzlichen Vorschriften** (VAG, VVG, PflVG, KfzPflVV, HGB, BGB, UWG, Geldwäschegesetz) **inkl. der rechtlichen Grundlagen des Geschäftsplans**.

Es bedarf der besonderen Genehmigung durch die Aufsicht, wenn der Geschäftsplan geändert werden soll. Dies gilt nicht für Satzungsänderungen, die nur eine Kapitalerhöhung zum Gegenstand haben. Genehmigungspflichtig ist auch die Übertragung des Versicherungsbestandes (d. h., sämtliche abgeschlossenen, noch nicht abgewickelten Versicherungsverträge werden auf ein anderes VU übertragen). VAG § 13 (1) § 14

- **Die Aufsicht geht »Beschwerden« eines einzelnen VN nach**. Sie prüft, ob sich der betreffende VR gesetzes- bzw. geschäftsplanmäßig verhalten hat bzw. die Rechtsprechung – etwa die zum Nutzungsausfall in der Haftpflichtversicherung – berücksichtigt hat.

  Allerdings kann die Aufsichtsbehörde keinen privatrechtlichen Rechtsstreit entscheiden, sondern nur Feststellungen darüber treffen, ob ein zum Eingreifen zwingender Missstand vorliegt. Für die **Schlichtung von Streitigkeiten** mit dem VU kann sich der VN (Verbraucher) auch an den Verein »Versicherungsombudsmann e. V.« mit Sitz in Berlin wenden (vgl. Abschn. A 3.2). Private Rechtsstreitigkeiten sind ansonsten den ordentlichen Gerichten vorbehalten (z.B. der Streit, ob ein Vertrag tatsächlich zustande gekommen ist oder ob eine Obliegenheit grob fahrlässig verletzt wurde).

- **Im Rahmen von Amtsprüfungen lässt sich die Aufsichtsbehörde auch AVBen vorlegen** (unsystematische AVB-Kontrolle im laufenden Geschäftsbetrieb).

  Bei einer solchen Prüfung hat das VU überhaupt alle Druckstücke, die im Verkehr mit dem VN verwendet werden, vorzulegen. Die Aufsicht kontrolliert hier z. B., ob das VU seinen umfangreichen Belehrungspflichten nachgekommen ist.

- **Die Aufsicht überwacht die Einhaltung der besonderen Wettbewerbsregeln**, die in der Versicherungswirtschaft oft über die Bestimmungen des UWG hinausgehen. WettbRili

  Dazu gehört z.B. das Auspannungsverbot (Verbot, den VN dazu zu veranlassen, Versicherungsverträge vorzeitig aufzulösen).

- **Außerdem sind auch noch einige Sondertatbestände aufsichtsbehördlicher Kontrolle unterstellt**. Das VAG nennt hier das **Verbot von Sondervergütungen an die VN** (besonders das Provisionsabgabeverbot) und das **Verbot von Begünstigungsverträgen**. VAG § 81 (2) S. 4

  Begünstigungen sind unzulässig, wenn sachlich nicht gerechtfertigte Preisnachlässe gewährt werden. In ähnlicher Richtung wirkt auch das Gleichbehandlungsprinzip in der Lebens- und substitutiven Krankenversicherung, d. h., »bei gleichen Voraussetzungen dürfen Beiträge und Leistungen nur nach gleichen Grundsätzen bemessen werden«. Allerdings stehen diese aufsichtsrechtlichen Prinzipien in gewissem Widerspruch zum Prinzip des Wettbewerbs. § 11 (2)

- Verboten ist auch die Verbindung von Darlehens- und Versicherungsgeschäften, wenn die Versicherungssumme den Darlehensbetrag übersteigt.

Im Rahmen der **Finanzaufsicht** hat die Aufsichtsbehörde auf die **wirtschaftliche Sicherstellung der dauernden Erfüllbarkeit aller Verpflichtungen aus den Versicherungsverträgen** zu achten, insbesondere auf

- die **Bildung ausreichender versicherungstechnischer Rückstellungen** und deren **Anlage in entsprechend geeigneten Vermögenswerten**.

  In der Kranken- und Lebensversicherung sind die Versicherten auch in angemessenem Umfang am technischen Überschuss zu beteiligen. § 81 c, d

- die **Einhaltung der kaufmännischen Grundsätze** (ordnungsgemäße Verwaltung bzw. Rechnungslegung).

  Deshalb sind nicht nur die Jahresabschlüsse unverzüglich einzureichen. Die Aufsicht fordert auch Zwischenberichte (interne Rechnungslegung) an und legt dazu Form und Fristen fest.

Regelmäßig haben die VU über ihre gesamten Vermögensanlagen zu berichten, aufgegliedert in Neuanlagen und Bestände. Grundstückskäufe sind sogar sofort anzuzeigen.

- die Solvabilität der VU und die Einhaltung der übrigen finanziellen Grundlagen des Geschäftsplans **(Solvabilitätskontrolle)**.

VAG § 53 c, (1) (2) Nr. 1

Im laufenden Geschäftsbetrieb sind über den »Mindestgarantiefonds« (absolute Kapitalausstattung) hinaus »Eigenmittel« mindestens in Höhe der »Solvabilitätsspanne« (relative Kapitalausstattung) zu bilden. Diese bemisst sich nach dem gesamten Geschäftsumfang des VU. **Ein Drittel der Solvabilitätsspanne gilt hierbei als Garantiefonds**.

b) Eingriffsbefugnisse der Aufsichtsbehörde

KapAusV § 81 (2)

Werden Missstände sichtbar, ist die Aufsichtsbehörde zu entsprechenden Eingriffen berechtigt. Sie kann

- alle **Anordnungen treffen**, die geeignet und erforderlich sind, den Geschäftsbetrieb mit den gesetzlichen Vorschriften und dem Geschäftsplan in Einklang zu halten bzw. entsprechende Missstände zu vermeiden bzw. zu beseitigen.
- **Änderungen des Geschäftsplans verlangen**, und zwar auch mit Wirkung für bestehende Versicherungsverträge, wenn es zur Wahrung der Belange der Versicherten erforderlich ist.

VAG § 81 (2 a)

- **einen Sonderbeauftragten einsetzen**, der die Geschäftsleitung ganz oder teilweise ersetzt, solange die Belange der Versicherten nicht auf andere Weise gewahrt werden können.

§ 87 (2) § 81 b

- **die Erlaubnis zum Geschäftsbetrieb widerrufen,**
  z. B. wenn die Eigenmittel eines VU geringer sind als die Solvabilitätsspanne und das VU außerstande ist, Maßnahmen eines zuvor genehmigten Finanzierungsplans zur Wiederherstellung gesunder Finanzverhältnisse fristgerecht durchzuführen.

§ 88

- **Insolvenzantrag stellen.**

8.3.3 Erwartete Neuregelungen zur Versicherungsaufsicht

Bis zum 1. November 2012 müssen alle Mitgliedsstaaten der EU über neue Aufsichtsgesetze verfügen.

> »Leitmotiv sollte eine wirksame Aufsicht sein. Eine Verkürzung der Aufsicht auf eine reine Solvenzaufsicht wäre dabei gemessen an dem in der beabsichtigten Richtlinie formulierten Ziel des Verbraucherschutzes zu wenig.«
>
> Quelle: Dr. Peter Präve, Versicherungswirtschaft Heft 17/2007

Im neuen Aufsichtsrecht sollen auf jeden Fall folgende Elemente erhalten bleiben:

- der Spartentrennungsgrundsatz,
- das Verbot versicherungsfremder Geschäfte,
- Sondervorschriften für die substitutive Krankenversicherung.

Ziel des neuen Aufsichtsrechts ist es, den Schutz der Versicherten deutlich zu stärken und die Wettbewerbsfähigkeit der Unternehmen zu erhöhen. Im Wesentlichen ist vorgesehen, dass sich die Solvabilitätsanforderungen nach der Risikobereitschaft und der Art des Managements ausrichten sollen. Dies soll durch interne Kontrollen erfolgen.

Zielsetzung der Neuregelung ist die Begrenzung der Insolvenzwahrscheinlichkeit.

Lernkontrollen zu A 8

Gründe, Zweck, Träger der Aufsicht

1 Erläutern Sie zwei Gründe für die Notwendigkeit staatlicher Aufsicht.

2 Welches Gesetz regelt die Versicherungsaufsicht?

3 Welche privaten Versicherungsunternehmen

a) unterliegen nicht der Versicherungsaufsicht?

b) werden nur in geringem Umfang (nur Rechnungslegung) beaufsichtigt?

Geben Sie jeweils nur eine kurze Begründung an.

4 Prüfen Sie, ob und inwieweit auch ausländische Erst-VR, die in Deutschland tätig werden wollen, der deutschen Aufsicht unterliegen.

5 a) Welche Behörden sind Träger der Versicherungsaufsicht?

b) Für welche VR sind sie jeweils zuständig?

Aufgaben der Aufsichtsbehörde

6 Es soll ein Versicherungsunternehmen gegründet werden.

a) Welche Unternehmensformen sind generell möglich?

b) Welche Unternehmensformen können Sie als Privatmann nicht gründen?

c) Was prüft die Aufsichtsbehörde im Rahmen der Erteilung der Erlaubnis zum Geschäftsbetrieb?

d) Aus welchen Gründen kann die Zulassung zum Geschäftsbetrieb verweigert werden?

7 a) Welche aufsichtsrechtlichen Besonderheiten gelten auch künftig für die Lebens- und Krankenversicherung?

b) Führen Sie Gründe für diese aufsichtsrechtliche Sonderstellung an.

8 Wenn Sie die bereits bestehenden Versicherungsunternehmen betrachten, können Sie feststellen, dass in der Versicherungswirtschaft verhältnismäßig viele Konzerne tätig sind. Ein Hauptgrund hierfür dürfte die so genannte »Spartentrennung« sein.

a) Was versteht man allgemein unter Spartentrennung?

b) Nennen Sie zwei Beispiele für eine Spartentrennung.

c) Wie wird die Forderung nach Spartentrennung begründet?

d) Warum haben die VR versucht, die Spartentrennung durch Konzernbildung, verbundene Unternehmen, Kooperationsverträge usw. zu überwinden?

9 a) Was überprüft die Aufsichtsbehörde im Rahmen ihrer laufenden Aufsicht?

b) Warum kommt der Finanzaufsicht eine besonders große Bedeutung zu?

10 Welche Möglichkeiten hat die Aufsichtsbehörde, um die Interessen der VN zu wahren bzw. Missstände bei Versicherern zu beseitigen?

Lernsituationen zu Lernfeld 9: Kunden über die Absicherung im Krankheits- und Pflegefall beraten

Lernsituation 1:

»Lohnt sich für mich der Wechsel zur privaten Krankenversicherung?«

Der Diplom-Informatiker Felix Kramer wurde am 1. Januar 2011 zum Abteilungsleiter befördert. Mit der Beförderung war gleichzeitig eine erheblich Gehaltserhöhung verbunden. Das neue Bruttogehalt von Herrn Kramer beträgt 4 400,00 € ab Januar 2011. Herr Kramer ist verheiratet und hat eine zweijährige Tochter. Ehefrau Helga Kramer arbeitet als Erzieherin im städtischen Kindergarten. Sie ist teilzeitbeschäftigt.

Herr Kramer, der bisher bei einer gesetzlichen Krankenkasse versichert war, erwägt den Wechsel zur privaten Krankenversicherung. Er bittet um ein Beratungsgespräch.

Kundendaten:

Bei dem Beratungsgespräch erfassen Sie zunächst folgende persönlichen Daten der Familie Kramer:

Name	Felix Kramer	Helga Kramer	Birgit Kramer
Geburtsdaten:	24. März 1977	21. März 1984	19. April 2008
Bruttoentgelt (monatlich)	4.400 €	1.450 €	–
Mitglied GKV (Ersatzkasse) seit:	1.Januar 1996	1. Mai 2001	19. April 2008
Gesundheitliche Beschwerden:	Heuschnupfen	keine	keine
Gewünschter PKV-Beginn:	1. Januar 2011	1. Januar 2011	1. Januar 2011

Arbeitsauftrag

1. Nehmen Sie eine Bedarfsanalyse vor und erstellen Sie ein Angebot.
2. Klären Sie Herrn Kramer über den Arbeitgeberzuschuss zur PKV auf.
3. Informieren Sie Herrn Kramer über seine Verbraucherrechte.
4. Erläutern Sie Herrn Kramer, wann und unter welcher Voraussetzung der Wechsel zur PKV grundsätzlich möglich ist, ferner die Bedeutung von Wartezeiten und die Möglichkeit einer eventuellen Anrechnung.

Lernsituation 2:

»Muss mein Versicherungsschutz angepasst werden?«

Für den Realschullehrer (Beamter) Emil Winter, seine Ehefrau Monika und die beiden Kinder Sandra und Christian besteht bei der Proximus Krankenversicherung AG seit vielen Jahren eine private Krankenversicherung mit beihilfekonformen Tarifen (Quotentarifen). Frau Winter ist nicht berufstätig. Herr Winter erhält von seinem Dienstherrn für sich und seine Ehefrau jeweils 70 % Beihilfe, den Kindern steht ein Beihilfeanspruch von 80 % je Kind zu.

Herr Winter teilt Ihnen in einem Schreiben mit, dass seine Ehefrau Monika in zwei Monaten eine Teilzeitbeschäftigung aufnehmen und dabei ein monatliches Bruttoentgelt von ca. 1 200,00 € erhalten wird. Dem Schreiben können Sie auch entnehmen, dass Tochter Sandra vor wenigen Tagen ihr Abitur bestanden hat und in etwa drei Monaten ein Studium in Berlin beginnen wird.

Vertragsdaten:

Lfd. Nr.	Name, Vorname Geburtsdatum Versicherungsbeginn	Tarif	Beitrag
01	Winter, Emil 24.März 1958 1. Aug.1982	30AZ 30S Pflegepflichtversicherung (PVB) Krankenhaustagegeld KHT (30 €/Tag)	85,71 € 48,98 € 16,37 € 10,08 €
02	Winter, Monika 21. März 1959 1. Jan. 1984	30AZ 30S Pflegepflichtversicherung (PVB) Krankenhaustagegeld KHT (30 €/Tag)	95,39 € 44,90 € 15,29 € 10,56 €
03	Winter, Sandra 19. Juni 1992 1. Juni 1992	20AZ 20S Pflegepflichtversicherung (PVB)	21,02 € 4,09 € 0,00 €
04	Winter, Christian 19. April 1996 1. April 1996	20AZ 20S Pflegepflichtversicherung (PVB)	21,02 € 4,09 € 0,00 €

● **Arbeitsauftrag**

Prüfen Sie, wie der Versicherungsschutz an die neuen Gegebenheiten anzupassen ist und unterbreiten Sie einen Anpassungsvorschlag.

B Haftpflicht- und Rechtsschutzversicherung

Lernfeld 10: Privatkunden gegen Schadenersatzforderungen absichern und die Durchsetzung ihrer Rechte ermöglichen

Ziel:

Die Schülerinnen und Schüler informieren sich über Inhalte des Haftpflichtrechts und erläutern dem Privatkunden Risikosituationen, die zu privatrechtlichen Schadenersatzansprüchen führen können. Sie bieten bedarfsgerechten Versicherungsschutz an. In der Rechtsschutzversicherung ermitteln sie für Privatkunden den Versicherungsbedarf und erstellen Angebotsalternativen. Sie nehmen Anträge auf und berechnen die Beiträge. Sie beraten bei Risikoänderungen und empfehlen zweckmäßige Vertragsanpassungen. Im Schadenfall prüfen sie die Haftung und Deckung.

1 Haftpflichtbestimmungen im Überblick

1.1 Rechtsquellen

Haftpflicht bedeutet Verpflichtung zum Schadenersatz, d. h., der Schädiger haftet unter bestimmten Voraussetzungen mit seinem Vermögen und Einkommen für einen Schaden, den er einem anderen **(Fremdschädigung)** zugefügt hat.

Sind Schädiger und Geschädigter identisch **(Eigenschaden)**, so können keine Haftpflichtansprüche gestellt werden.

Ob und in welchem Umfang in einzelnen Schadenfällen zu haften ist, richtet sich nach dem **Haftpflichtrecht**. Die **Haftpflichtbestimmungen des Bürgerlichen Gesetzbuches** (BGB) bilden die **Grundlage des deutschen Haftpflichtrechts**. Weitere Haftpflichtbestimmungen finden sich in **Spezialgesetzen**, wie z. B. dem Straßenverkehrsgesetz (StVG), dem Umwelthaftungsgesetz (UmweltHG); dem Wasserhaushaltsgesetz (WHG), dem Produkthaftungsgesetz (ProdHG).

1.2 Haftungsarten

Übersicht

Deliktshaftung

- **Verschuldenshaftung**
  - Reine Verschuldenshaftung *(§ 823 Abs. 1 BGB)*
  - Haftung aus vermutetem Verschulden *(z. B. § 836 BGB)*
- **Gefährdungshaftung**
  - Nach dem BGB *(z. B. § 833 S. 1 BGB)*
  - Nach Spezialgesetzen *(z. B. § 7 StVG)*

Vertragshaftung

- Vertragliche Haftung kraft Gesetzes *(§ 280 Abs. 1 BGB)*
- Durch Vertrag übernommene gesetzliche Haftpflicht
- Reine Vertragshaftung

Beispiel:
Heinz Berger ist mit seinem Pkw auf dem Weg von der Werkstatt, wo eine neue Auspuffanlage montiert wurde, nach Hause. Nach ca. drei Kilometer Fahrt fällt der Endschalldämpfer der neuen Auspuffanlage vom Wagen auf die Straße. Ein nachfolgender Pkw kann nicht mehr rechtzeitig abbremsen und fährt gegen das Teil. Die vordere Schürze unter der Stoßstange sowie der Unterboden werden beschädigt. Der Eigentümer des Fahrzeuges verlangt Schadenersatz von Herrn Berger.

Grundsätzlich lassen sich die **gesetzlich geregelten Schadenersatzansprüche** wie folgt voneinander abgrenzen:

- Schadenersatz aus **Deliktshaftung** (außervertragliche Haftung)
- Schadenersatz aus **Vertragshaftung** bei Vertragsverletzungen

Unabhängig von den gesetzlichen Bestimmungen kann ein **Haftpflichtanspruch auch aufgrund vertraglicher Vereinbarung** gegeben sein (sog. **reine Vertragshaftung** bzw. rein vertragliche Haftpflicht).

Im Beispielsfall werden die Geschädigten ihre Schadenersatzansprüche mit folgenden Rechtsgrundlagen begründen:

Deliktshaftung

- Der Eigentümer des beschädigten Fahrzeugs hat einen Schadenersatzanspruch gegen Heinz Berger aus der **Gefährdungshaftung** nach § 7 StVG (vgl. Abschn. B 2.2); denn der Betrieb eines Kraftfahrzeuges stellt einen Gefährdungstatbestand dar, der zur Schadenersatzverpflichtung führen kann, auch wenn kein Verschulden vorliegt.
- Kann der Eigentümer des beschädigten Fahrzeugs Herrn Berger nachweisen, dass er den Mangel an seinem Fahrzeug, z.B. durch erhebliche Klopfgeräusche, bemerkt hat und trotzdem weiter gefahren ist, kommt ferner die **reine Verschuldenshaftung** nach § 823 (1) BGB infrage (vgl. B 2.1).
- Hat ein Geselle der Werkstatt die Auspuffanlage montiert, kann der Werkstattbesitzer evtl. auch aus der **Haftung für vermutetes Verschulden** nach § 831 BGB (Haftung für den Verrichtungsgehilfen) in Anspruch genommen werden (vgl. B 2.3.4.2).

Vertragshaftung

- Heinz Berger kann wegen des schlecht erfüllten Werkvertrages vom Werkstattbesitzer Schadenersatz nach den Bestimmungen über die **vertragliche Haftung kraft Gesetzes** verlangen; wobei der Werkstattbesitzer nicht nur für eigenes Verschulden sondern auch für das Verschulden seiner Mitarbeiter bei der Vertragserfüllung einstehen muss (Haftung für den Erfüllungsgehilfen).
- Sofern die Werkstatt eine Garantie auf die ausgeführte Reparatur übernommen hat, kommt auch noch eine reine Vertragshaftung in Betracht.

Das Beispiel zeigt, dass deliktische und vertragliche Haftungsansprüche nebeneinander bestehen können. Der Haftpflichtige hat den Schaden zwar nur einmal zu ersetzen, insbesondere für die Beweisführung ist es aber nicht unerheblich, ob der Anspruch aus Delikts- oder Vertragshaftung geltend gemacht wird.

2 Grundlegende Haftpflichtbestimmungen

2.1 Reine Verschuldenshaftung (Haftung aus unerlaubter Handlung) und Deliktsfähigkeit

2.1.1 Voraussetzungen der Verschuldenshaftung

Die grundlegende Bestimmung der **Verschuldenshaftung** enthält § 823 Abs. 1 BGB:

> »Wer vorsätzlich oder fahrlässig das Leben, den Körper, die Gesundheit, die Freiheit, das Eigentum oder ein sonstiges Recht eines anderen widerrechtlich verletzt, ist dem anderen zum Ersatz des daraus entstehenden Schadens verpflichtet.«

BGB
§ 823 (1)

Übersicht

Der Ersatzanspruch eines Geschädigten setzt folgende Tatbestände voraus:

- Der Schädiger hat **schuldhaft** (vorsätzlich/fahrlässig) gehandelt. Verschulden setzt auch »Deliktsfähigkeit« voraus (vgl. B 2.1.6).
- Ein **geschütztes Rechtsgut** wurde verletzt (Personen-/Sachschaden).
- Die schädigende Handlung muss **rechtswidrig** gewesen sein.
- Die Verletzungshandlung war **ursächlich** für den Schaden.

► Der Geschädigte hat nachzuweisen, dass die Voraussetzungen der Verschuldenshaftung gegeben sind (**Beweislast**).

Eine **umgekehrte Beweislast** im Rahmen der Verschuldenshaftung gilt bei der Verletzung von Schutzgesetzen nach § 823 Abs. 2 BGB (vgl. B 2.1.7.3) und der Haftung aus vermutetem Verschulden (vgl. B 2.3).

2.1.2 Verschuldensarten

Schadenersatzpflichten wegen unerlaubter Handlung treten nur ein, wenn der Verantwortliche **schuldhaft**, d. h. vorsätzlich oder fahrlässig, gehandelt hat.

► Vorsatz

Vorsätzlich handelt,

- wer bewusst und gewollt schädigt **(bewusster Vorsatz)** bzw.
- wer bei seinem rechtswidrigen Tun oder Unterlassen zumindest irgendeinen Schaden voraussieht und diesen billigend in Kauf nimmt **(bedingter Vorsatz)**.

Beispiel:
Ein auf dem Hause beschäftigter Dachdecker wirft einen unbrauchbaren Dachziegel vom Dach,

- um seinen Kollegen, mit dem er Streit hat, zu treffen = **bewusster Vorsatz** (»er will schädigen!«).
- obwohl er einen anderen Kollegen auf der Straße sieht. Er hat zwar nicht die Absicht, ihn zu verletzen, nimmt aber die Möglichkeit seiner Verletzung in Kauf = **bedingter Vorsatz** (»na, wenn schon!«).

Fahrlässigkeit

- **Leichte Fahrlässigkeit**

  Wer die im Verkehr **erforderliche** (nicht die übliche) **Sorgfalt außer Acht lässt**, handelt fahrlässig, weil er das Verhalten eines gewissenhaften Durchschnittsmenschen vermissen lässt.

  Manchmal sind auch die Fähigkeiten eines bestimmten Berufsstandes entscheidend. So hat z.B. der Kaufmann im Rahmen seines Handelsgewerbes eine strengere Sorgfaltspflicht zu beachten als eine beliebige Privatperson.

  Beispiel: Fahrlässigkeit (»leichte Fahrlässigkeit«)
  Dem Dachdecker fällt ein Dachziegel aus der Hand, weil er ihn nicht fest genug angefasst hat.

- **Grobe Fahrlässigkeit**

  Wer die im Verkehr **erforderliche** (nicht die übliche) **Sorgfalt in ungewöhnlich hohem Maße verletzt**, handelt grob fahrlässig, weil er einfachste, in der gegebenen Situation jedermann ohne weiteres einleuchtende Überlegungen und Sicherheitsvorkehrungen missachtet.

  Beispiel: Grobe Fahrlässigkeit (»rücksichtsloses Verhalten«)
  Der Dachdecker wirft die alten Dachziegel in den Vorgarten des Hauses, ohne den Garten zuvor für diesen Zweck abgesperrt zu haben.

Bedeutung des Verschuldensgrades im Haftpflichtrecht

Lediglich bei der Festsetzung eines Schmerzensgeldes und in den Fällen des Mitverschuldens des Geschädigten berücksichtigt die Rechtsprechung den Verschuldensgrad (vgl. B 4.2.1, B 4.3.2). Sonst haben Vorsatz und Fahrlässigkeit im Deliktshaftungsrecht (unerlaubte Handlung) die gleichen Folgen. Der Schädiger haftet, und zwar unbegrenzt (Verschuldenshaftung).

Im Rahmen der Haftung aus Gefälligkeiten und der Vertragshaftung sind im Zusammenhang mit dem Verschuldensgrad gewisse **Haftungserleichterungen** vorgesehen (vgl. B 2.1.7.1 und B 3.1.3).

2.1.3 Rechtsgutverletzung gemäß § 823 Abs. 1 BGB

Für die Anwendung der o. a. Vorschrift ist ferner erforderlich, dass ein **Persönlichkeitsrecht** (Leben, Körper, Gesundheit, Freiheit), das **Eigentumsrecht** oder ein **sonstiges Recht** von der Schädigung betroffen ist. Man bezeichnet diese Rechte als **absolute Rechte**.

a) Verletzung von Persönlichkeitsrechten

Beispiele:

- Tötung eines Menschen bei einem Verkehrsunfall (Leben)
- Verletzung eines Menschen (Körper, Gesundheit)
- Fesseln, Einsperren, Bewachen durch bissigen Hund (Freiheit)

Darüber hinaus wurde durch die Rechtsprechung in Anlehnung an die Verfassungsgrundsätze der Menschenwürde und des Rechts auf freie Entfaltung der Persönlichkeit ein **Allgemeines Persönlichkeitsrecht** herausgebildet.

BGH 1958
05. März 1963

Bei der Verletzung des »Allgemeinen Persönlichkeitsrechts« handelt es sich im Wesentlichen um Ehrverletzungen (z.B. Verwendung der Fotografie einer Sängerin für Zahnprothesen) bzw. um ein unbefugtes Eindringen in die Privatsphäre (heimliche Bild- oder Tonaufzeichnungen). Soweit durch derartige Handlungen **Vermögensschäden** hervorgerufen werden, besteht u.U. auch für diese ein Schadenersatzanspruch in Geld. Daneben kann auch ein angemessenes Schmerzensgeld verlangt werden (vgl. B 4.2.1).

b) Verletzung des Eigentumsrechts

Das Eigentumsrecht kann

- durch Beschädigung, Zerstörung, Eigentumsentzug (z.B. Veräußerung durch den Nichteigentümer) oder
- durch eine sonstige Störung des Sachgebrauchs/Beeinträchtigung der Nutzungsfähigkeit (z.B. Belästigung durch einen benachbarten Gewerbebetrieb, Luft aus dem Reifen lassen) verletzt werden.

c) Verletzung von sonstigen Rechten

Dazu zählen neben dem Namensrecht (Diplom, Wappen, Firma) auch das Besitz-, Patent- und Urheberrecht.

Schließlich hat die Rechtsprechung als sonstiges Recht das »**Recht am eingerichteten und ausgeübten Gewerbebetrieb**« anerkannt. Verletzt wird dieses Recht durch einen unmittelbaren, betriebsbezogenen Eingriff (z.B. Versperren der freien Zufahrt zum Betrieb durch Falschparken oder durch Demonstration/wilden Streik).

OLG Düsseldorf 1961

Das **Vermögen** einer Person **als solches** ist kein »sonstiges Recht«. Fällt beispielsweise in einem Betrieb der Strom aus, weil ein Bagger bei Straßenarbeiten das Hauptstromkabel durchtrennt hat, entsteht ein Schaden durch Produktionsausfall. Nach dem BGB würde es sich um einen **reinen Vermögensschaden** (vgl. B 4.2.3) handeln, denn der Betrieb hat keinen Sachschaden erlitten, und es wurde auch **nicht unmittelbar** und betriebsbezogen in das Recht am Gewerbebetrieb eingegriffen.

► Vermögensschäden sind nur dann nach § 823 Abs. 1 BGB ersatzpflichtig, wenn sie sich als **unmittelbare Folge** der Verletzung eines absoluten Rechtsgutes ergeben **(Vermögensfolgeschäden)**.

2.1.4 Rechtswidrigkeit der Handlung

Entscheidend für die Schadenersatzpflicht aus einer unerlaubten Handlung ist auch, dass der Schädiger den Schaden **widerrechtlich** verursacht hat. Grundsätzlich ist jede Schädigung eines anderen widerrechtlich.

Ausnahmen (Rechtfertigungsgründe):

BGH NJW 1978

➤ Einwilligung des Verletzten (Rechtsprechung)

Beispiel: Ärztlicher Eingriff

Ein Patient unterzieht sich einer Magenoperation. Der Arzt hat ihn aber zuvor über die typischen Gefahren des Eingriffs ausreichend aufgeklärt, weil die Einwilligungserklärung auf zutreffenden Vorstellungen des Patienten beruhen muss.

LG Marburg 1988

Beispiel: Sportverletzungen

Der Fußballspieler oder Boxer begibt sich freiwillig in Gefahr. Er hat deshalb auch mögliche Folgen selbst zu tragen, soweit nicht ein schwerwiegender Regelverstoß (vorsätzliches oder grob fahrlässiges Foul des Dritten) vorliegt.

BGB §§ 677/683

➤ Handeln im Interesse eines Dritten (Geschäftsführung ohne Auftrag)

Wer z.B. das Türschloss zur Nachbarwohnung aufbricht, weil dort ein Wasserrohr geplatzt ist und der Nachbar sich in Urlaub befindet, muss das Türschloss nicht ersetzen.

Richter mit Herz für Lärmgeschädigten

KARLSRUHE (dpa). Gegen lautstarke Rockmusik, die vom Nachbargrundstück herüberdröhnt, darf ein lärmgestresster Anlieger als letztes Mittel zum Messer greifen und die Kabel der Verstärkeranlage durchtrennen. Dieses Recht bescheinigte das Oberlandesgericht Karlsruhe einem Mann, der in einem an sein Grundstück angrenzenden Biergarten im Wege der Selbsthilfe für Ruhe gesorgt hatte. In dem Urteil wiesen die Richter die Schadenersatzklage des verantwortlichen Gastwirts ab. Trotz behördlicher Genehmigung für die Musik habe der Nachbarschutz Vorrang.

§ 227

➤ Notwehr

Das ist diejenige Verteidigung, welche erforderlich ist, um einen gegenwärtigen, rechtswidrigen Angriff von sich oder einem anderen abzuwehren.

§ 228

➤ Verteidigungsnotstand

Eine fremde Sache wird beschädigt oder zerstört, weil von ihr eine drohende Gefahr ausgeht.

Beispiel:

Wehrt ein Radfahrer einen Hund durch Fußtritt ab, der ihn kläffend angreift, so handelt der Radfahrer nicht rechtswidrig. Wird der Hund dabei verletzt, ist der Radfahrer nicht schadenersatzpflichtig.

Der Hund wird in diesem Zusammenhang als Sache behandelt.

Trotz aller Rechtfertigungsgründe muss grundsätzlich die Verhältnismäßigkeit der Mittel gewahrt bleiben. Beim Angriff eines kleinen Hundes, der mit einem Fußtritt abgewehrt werden könnte, wäre der Einsatz einer Schusswaffe beispielsweise unverhältnismäßig **(Notwehrexzess)**.

Abgrenzung

Angriffsnotstand liegt vor, wenn auf eine Sache zugegriffen wurde, von der selbst keine Gefahr ausgeht, die aber zur Abwehr einer Gefahr benötigt wird. BGB § 904

Reißt jemand z. B. eine Latte von einem Zaun, um einen Hund abzuwehren, so hat der Betreffende nicht rechtswidrig gehandelt. Dennoch ist er gegenüber dem Eigentümer des Zaunes schadenersatzpflichtig, zwar nicht nach § 823 BGB, wohl aber nach § 904 BGB.

➤ Selbsthilfe

Hierzu gehört auch die Vereitelung eines Fluchtversuchs (z. B. des Zechprellers) mit Schadenfolge. Selbsthilfe ist allerdings nur ausnahmsweise zulässig, wenn ein Anspruch sonst nicht mehr durchgesetzt werden könnte. §§ 229, 230

Besonderheit: Zurechenbare Handlung

Eine Person kann ein **absolutes Recht** eines anderen durch eine Handlung verletzen.

Wird jemand bei einem Streit durch einen unerwarteten Stoß derart gegen eine Schaufensterscheibe gestoßen, dass diese bricht, so hat nicht er bewusst und damit zurechenbar gehandelt, sondern derjenige, der ihn gestoßen hat.

Als **zurechenbare** (schadenersatzpflichtige) **Handlung** kommt aber nicht nur ein aktives **Tun** des Schädigers in Betracht. Auch Nichtstun **(Unterlassen)** kann Schaden verursachen und zum Schadenersatz verpflichten, wenn jemand ein an sich gebotenes Handeln zur Schadenabwendung unterlässt (vgl. B 2.1.7.2).

Wer Freunde zu einer Gartenparty eingeladen hat, kann u. U. aus diesem vorangegangenen Tun gehalten sein, sie am anschließenden Autofahren unter Alkoholeinfluss zu hindern. BGH NJW 1980

2.1.5 Ursächlichkeit der Handlung für eingetretene Schäden

Voraussetzung des Schadenersatzanspruchs ist weiter, dass zwischen dem Haftungsgrund (z. B. Handlung des Schädigers) und dem entstandenen Schaden ein ursächlicher (kausaler) Zusammenhang besteht.

Die Voraussetzung der Ursächlichkeit besteht im Übrigen für das gesamte Haftpflichtrecht.

Beispiele:

1. Wegen mangelhafter Instandhaltung löst sich von einem Balkon eines Gebäudes ein Geländerprofil **(Einwirkung einer Sache)**. Der Fußgänger B blickt nach oben, erkennt die Gefahr und springt vor Schreck auf die Straße. Er gerät unter ein Auto und wird schwer verletzt **(Folgeschaden)**.
2. Weil sein Pkw von X beschädigt wurde, fährt Y mit der Bahn und wird bei einem Zugunglück schwer verletzt **(Folgeschaden)**.

Kausalität

Sowohl in Beispiel 1 als auch in Beispiel 2 besteht zwischen dem Schaden und der Schadenursache ein ursächlicher Zusammenhang. Das eine hätte sich ohne das andere nicht ereignet **(naturwissenschaftliche Kausalität)**.

Adäquate Kausalität

Trotzdem besteht wohl nur im Beispiel 1 eine Schadenersatzpflicht des Schädigers, da im Zivilrecht nur für **adäquat** verursachte Schäden gehaftet wird **(juristische Kausalität)**.

Viele Fußgänger würden beim Herabfallen von Gebäudeteilen, ohne sich umzuschauen, erschreckt auf die Fahrbahn ausweichen. Dieser Zusammenhang liegt innerhalb der Lebenserfahrung; er ist adäquat-ursächlich.

Nach der juristischen Kausalität ist ein ursächlicher Zusammenhang nur gegeben, wenn die vom Schädiger vollzogene Handlung nach der allgemeinen Lebenserfahrung generell geeignet war, den infrage stehenden Schaden herbeizuführen **(adäquate Kausalität)**.

BGH NJW 1986

Besonders eigenartige und nach der Lebenserfahrung ganz unwahrscheinliche Umstände bleiben außer Betracht.

Im Beispiel 2 dürfte die Schadenfolge außerhalb aller Lebenserfahrung liegen.

Wenn jemand mit einem Zug statt mit einem Auto ein Ziel zu erreichen versucht, so ist es nach menschlichem Ermessen oder dem »gewöhnlichen Lauf der Dinge« keine mögliche Folge, dass er dann ausgerechnet mit dem Zug verunglückt.

2.1.6 Deliktsfähigkeit

Verschulden setzt Deliktsfähigkeit (= Schuldfähigkeit) voraus. Erst mit Vollendung des 18. Lebensjahres haftet grundsätzlich jeder für seine Handlungen.

Deliktsunfähigkeit

BGB §§ 827, 828 (1)

Generell deliktsunfähig, also nicht schadenersatzpflichtig, sind **Kinder unter 7 Jahren.** Das Gleiche gilt für **Geisteskranke** und **Bewusstlose**, aber nicht, wenn der Zustand durch Alkohol/Drogen verschuldet herbeigeführt wurde.

Beispiel:
A wird bewusstlos, stürzt auf die Fahrbahn und zwingt einen Autofahrer zum Ausweichen. Der stößt mit einem entgegenkommenden Pkw zusammen.

§ 827 (3)

A ist hier genauso wenig schadenersatzpflichtig wie ein noch nicht 7-jähriges Kind, vorausgesetzt, die Bewusstlosigkeit ist hier nicht auf (selbst verschuldete) Trunkenheit zurückzuführen, andernfalls wäre A »in gleicher Weise verantwortlich, wie wenn ihm Fahrlässigkeit zur Last fiele«.

Bedingte Deliktsfähigkeit

§ 828 (3)

Bedingt deliktsfähig sind **Minderjährige vom 7. bis zum 18. Lebensjahr,** d.h., der Minderjährige haftet nur dann für einen angerichteten Schaden, wenn er bei Begehung der schädigenden Handlung **die zur Erkenntnis der Verantwortlichkeit erforderliche Einsicht** hat. Die Frage der erforderlichen Einsicht muss allerdings im Einzelfall geprüft werden, wobei individuelle Beurteilung und Erfahrungssätze zugrunde gelegt werden.

Beispiel:
Zwei Minderjährige (8 und 15 Jahre) verbrannten in der Nähe eines Sägewerks in einem selbst angelegten Feuer herumliegende Baumrinden. Bevor der 15-jährige die Feuerstelle später verließ, der 8-jährige war inzwischen nach Hause gegangen, trat er das Feuer aus, das jedoch weiterglomm. Ein Windstoß entfachte einen folgenschweren Brand. Es kam zu einem Schaden von mehreren hunderttausend Euro, da das Sägewerk total niederbrannte. Der Feuer-VR entschädigte und verlangte von den Minderjährigen Ersatz.

Ob hier der 8-Jährige das Einsichtsvermögen in sein fehlerhaftes Verhalten besaß, ist fraglich. Bei normaler geistiger Entwicklung ist das aber auch in diesem Alter durchaus zu bejahen. Dagegen wusste der 15-Jährige – altersbedingt mit seiner höheren Verstandesreife – zweifellos von der Gefährlichkeit seines Tuns. Er hat auch mögliche schlimme Folgen erkannt, schließlich hat er versucht, das Feuer auszutreten. Es wird also kaum mangelnde Einsichtsfähigkeit unterstellt werden können. Der Minderjährige haftet deshalb in voller Höhe (unbegrenzte Verschuldenshaftung). Besitzt er keine Vermögenswerte und ist er nicht haftpflichtversichert (über die Eltern), so ist der Schadenersatz aus künftigen Verdienst- und Vermögenswerten zu erbringen.

Das Beispiel zeigt, dass die unbegrenzte Haftung zu einer Existenzvernichtung des Minderjährigen führen kann. Das OLG Celle sah sich deshalb in einem ähnlichen Fall, in dem keine Haftpflichtversicherung schützte, der Geschädigte aber feuerversichert war, dazu veranlasst, eine Haftung des Minderjährigen dann als zu hart zu erachten, wenn dem Minderjährigen lediglich »leichte Fahrlässigkeit« vorzuwerfen ist. Ein Erwachsener könnte sich schließlich gegen Haftpflicht versichern, Minderjährigen fehlten die Mittel und die Einsicht dazu. Da das BGB in § 828 (2) eine solche Differenzierung nicht vorsieht, steht es nach Ansicht des OLG im Widerspruch zu wesentlichen Grundrechten. Deshalb wurde das Bundesverfassungsgericht angerufen. OLG Celle 1989

➤ Heraufsetzen der Deliktsfähigkeit für Kinderunfälle im Straßen- und Bahnverkehr

Kinder sind erst ab dem vollendeten 10. Lebensjahr für Schäden verantwortlich, die sie bei der Teilnahme am motorisierten Straßen- und Bahnverkehr verursachen. Hier gilt auch für die Sieben- bis Zehnjährigen ein grundsätzlicher Ausschluss der Eigenhaftung und des Mitverschuldens (vgl. B 4.3.2), soweit sie nicht vorsätzlich gehandelt haben. BGB § 828 (2) § 254

Damit wird neueren Erkenntnissen der Entwicklungspsychologie Rechnung getragen, nach denen Kinder frühestens ab Vollendung des 10. Lebensjahres imstande sind, die besonderen Gefahren des motorisierten Straßenverkehrs zu erkennen oder sich den Erkenntnissen entsprechend zu verhalten, insbesondere weil die Fähigkeit zur richtigen Einschätzung von Entfernungen und Geschwindigkeiten fehlt sowie kindliche Eigenheiten einem verkehrsgerechten Verhalten entgegenstehen.

Vorsatztaten sind aber bewusst in der Haftung belassen worden, weil sie nichts damit zu tun haben, dass das Kind im Straßenverkehr überfordert sein könnte. Deshalb ist der Neunjährige, der z. B. von einer Autobahnbrücke Steine auf fahrende Autos wirft, nicht Opfer eines altersbedingten Defizits bei der Teilnahme am Straßenverkehr.

➤ Billigkeitshaftung

Hat ein nicht Deliktsfähiger eine unerlaubte Handlung begangen, so haftet er u. U. auf Schadenersatz aus Billigkeit. Voraussetzung ist. § 829

- dass der Geschädigte keinen Ersatzanspruch gegen einen aufsichtspflichtigen Dritten hat (vgl. B 2.3.4.1) und
- dass dem Schadenstifter nicht die Mittel entzogen werden, deren er zu seinem angemessenen Unterhalt bedarf.

Beispiel:
Verletzt ein 5-jähriges vermögendes Kind beim Spielen ein anderes Kind so schwer, dass dieses Kind einseitig erblindet, so muss der Fünfjährige aus seinem Vermögen eine Entschädigung leisten, wenn kein Ersatz von einem aufsichtspflichtigen Dritten erlangt werden kann und das verletzte Kind selbst mittellos ist.

BGH 1958

Vermögen bedeutet hier nicht: Vermögen der Eltern; auch eine bestehende Haftpflichtversicherung ist nicht entscheidend für den Anspruch an sich, höchstens für die Frage der Bewertung der Anspruchshöhe.

Exkurs: Abgrenzung der Deliktsfähigkeit von der Straffähigkeit

Die Deliktsfähigkeit befasst sich nur mit den zivilrechtlichen Folgen einer Schädigung (Wiedergutmachung des Schadens z. B. durch Geldersatz). Die Bestrafung für die widerrechtliche Handlung ist dagegen eine Frage der Straffähigkeit. Strafrechtliche Folgen sind z. B. Freiheitsstrafe/Geldbuße.

- **Straffähigkeit** setzt das 18. Lebensjahr voraus.

JGG § 1 ff.

- **Bedingt straffähig** ist, wer zur Tatzeit über 14 Jahre, aber noch nicht 18 Jahre alt ist. Der bedingt Straffähige ist dann strafrechtlich verantwortlich und wird nach dem Jugendstrafrecht bestraft, wenn er fähig ist, das Unrecht seiner Tat einzusehen.
- **Strafunfähig** ist, wer zur Tatzeit noch keine 14 Jahre alt war.

Eine fahrlässige Sachbeschädigung, wie im obigen Beispiel des total abgebrannten Sägewerks, ist jedoch generell nicht strafbar.

2.1.7 Besonderheiten im Rahmen der reinen Verschuldenshaftung

2.1.7.1 Haftung bei Gefälligkeitshandlungen

Keine Haftung bei bloßer Gefälligkeit

HANDELSBLATT, 4. Juni 2002
dpa KOBLENZ. Wer aus Gefälligkeit in einem unbewohnten Haus gelegentlich Reinigungsarbeiten vornimmt und dabei vergisst, den Hauptwasserhahn wieder zu schließen, haftet nicht bei einem Wasserschaden. Nach einem am Montag bekannt gewordenen Urteil des Oberlandesgerichts (OLG) Koblenz, muss auch in einem vorübergehend leer stehenden Haus nicht mit defekten Wasserleitungen gerechnet werden. Eine zwingende Veranlassung, den Haupthahn regelmäßig bei Verlassen des Hauses wieder zu schließen, bestehe daher nicht (Az.: 5 U 570 / 01).
Das Gericht wies die Schadensersatzklage zweier Hauseigentümerinnen ab. Die beiden Frauen hatten ihre Mutter verklagt, die in dem leer stehenden Haus gelegentlich Reinigungsarbeiten vornahm. Bei einem der Besuche vergaß die Mutter, im Anschluss an die Reinigung den Hauptwasserhahn wieder zu schließen. Auf Grund eines Leitungsdefektes entstand im Haus ein Schaden von rund 83 000 DM (42 437,23 €).

Durch diverse Gerichtsurteile sind Haftungserleichterungen »aufgrund eines **stillschweigenden Haftungsverzichts bei Gefälligkeiten**« bestätigt worden.

BGH NJW 1980

Unter **Gefälligkeiten** versteht man die unentgeltliche Gewährung von Dienstleistungen oder sonstigen Vorteilen, auf die der Leistungsempfänger keinen Anspruch hat. Dazu gehört beispielsweise die Mithilfe des Freundes bei einem Umzug oder eines Verwandten bei häuslichen Arbeiten, das Beaufsichtigen von Nachbarskindern oder die Mitnahme eines Fahrgastes im Auto. Da es hier an einem Rechtsbindungswillen fehlt, entfällt eine Vertragshaftpflicht, und **die Deliktshaftung beschränkt sich auf Vorsatz und grobe Fahrlässigkeit**. Schließlich wäre es auch unbillig, dass denjenigen ein Haftpflichtrisiko schon bei jeder Art von Fahrlässigkeit trifft, der unentgeltlich und unter Inkaufnahme von Unannehmlichkeiten jemandem einen Gefallen erweist.

2.1.7.2 Verletzung der Verkehrssicherungspflicht

Besondere Bedeutung hat die in der Rechtssprechung – i. V. mit § 823 Abs. 1 BGB – entwickelte **Allgemeine Verkehrssicherungspflicht**, die heute als **Gewohnheitsrecht** allgemein anerkannt wird.

► Jeder, der durch sein **Tun** oder **Unterlassen** eine **Gefahrenquelle geschaffen hat**, ist dazu verpflichtet, **Sicherungsvorkehrungen** zu treffen, die zur Abwendung eines Schadens von Personen und Sachen erforderlich sind.

Verkehrssicherungspflichtig sind insbesondere alle, die Straßen, Verkehrsmittel, Grundstücke oder Räume dem Verkehr eröffnen, also z. B. die Inhaber gewerblicher oder landwirtschaftlicher Betriebe, Hausbesitzer, Wohnungs- und Ladenmieter, politische Gemeinden. Verkehrssicherungspflichtig ist darüber hinaus jeder Teilnehmer am Straßenverkehr.

Gemeinde haftet für Schlaglöcher

ap MÜNCHEN. Ein Autofahrer, dessen Fahrzeug durch ein Schlagloch beschädigt wird, kann die Gemeinde wegen Verletzung der Verkehrssicherungspflicht haftbar machen. Wie der ADAC unter Berufung auf das Landgericht Augsburg mitteilte, tritt dieser Fall ein, wenn die Gemeinde keine Warnschilder an einer verkehrsreichen Straße mit erheblichen Frostaufbrüchen aufgestellt hatte (AZ: LG Augsburg 1 0 5288/90 Zfs 12/91, 404).

Was der Pflichtige im Einzelfall zu tun hat, um Schäden von Dritten fernzuhalten, regelt sich danach, was nach den jeweiligen Umständen vernünftigerweise zumutbar ist, wobei der typische Verkehr an der konkreten Örtlichkeit maßgebend ist.

Beispiele:

- Der Bauunternehmer muss Baugruben absichern, z. B. durch Umzäunung und Aufstellung von Warnschildern.
- Der Mietshausbesitzer hat für eine ordentliche Treppenhausbeleuchtung, für ausreichende Treppengeländer, in schneereichen Gebieten für Schneefanggitter (zumindest Warnschilder) und grundsätzlich für die Reinigung der Geh- und Zugangswege zu den Wohnungen (winterliche Streupflicht) zu sorgen.
- Die Gemeindeverwaltung hat Ortsstraßen, Wege, Brücken und sonstige Einrichtungen in verkehrssicherem Zustand zu halten (u. a. winterlicher Streu- und Räumungspflicht, Beseitigung von bzw. Warnungen vor Schlaglöchern usw.)

Erforderliche Sicherheitsvorkehrungen sind teilweise durch Schutzgesetze (vgl. nachstehend) auferlegt, wie z. B. die winterliche Streu- und Räumungspflicht durch örtliche Polizeivorschriften. Der Schadenersatzanspruch kann dann auch mit der Verletzung eines Schutzgesetzes begründet werden.

2.1.7.3 Verletzung eines Schutzgesetzes gemäß § 823 Abs. 2 BGB

BGB § 823 (2)

Diese Vorschrift dehnt die Schadenersatzpflicht auf eine **rechtswidrige** und **schuldhafte** Verletzung von Schutzgesetzen aus. Schutzgesetze sind alle geschriebenen oder ungeschriebenen Rechtsnormen – Gesetz, Verordnung, Satzung u. a. – des privaten oder öffentlichen Rechts, die zum Schutz des Einzelnen oder eines Personenkreises erlassen worden sind.

a) Als solche Schutzgesetze sind u. a. anzusehen:

- Bestimmungen des StGB (Strafgesetzbuch), wie § 223 StGB (Körperverletzungen) und § 309 StGB (fahrlässige Brandstiftung),
- Bestimmungen der StVO und des StVG (Straßenverkehrsverordnung bzw. -gesetz), wie z. B. § 21 StVG »Fahren ohne Führerschein«,
- Bestimmungen zum Verbraucherschutz (Nahrungsmittel-, Arzneimittel-, Gerätesicherungsgesetz),
- Gemeindesatzungen bzw. Polizeiverordnung über das Streuen bei Glatteis, die Reinigung der Bürgersteige bzw. Straßen oder z. B. das Fahrverbot für Radfahrer in der städtischen Fußgängerzone.

Beispiel:
A, dem ein entsprechendes Fahrverbot bekannt ist, fährt in der Fußgängerzone von Freiburg Fahrrad. Obwohl er äußerst vorsichtig gefahren ist, wird er dem Fußgänger B Schadenersatz leisten müssen, wenn er diesen in der Fußgängerzone verletzt.

b) Abgrenzung zur Verletzung eines Rechtsgutes nach § 823 Abs. 1 BGB

§ 823 Abs. 2 BGB schreibt zwar vor, dass auch bei einem Schutzgesetzverstoß der Schädiger nur dann schadenersatzpflichtig ist, wenn er zumindest fahrlässig gehandelt hat.

BGH VersR85

Wie das o. a. Beispiel aber zeigt, genügt es, wenn sich die Fahrlässigkeit nur auf die Übertretung des Schutzgesetzes bezieht. Außerdem ist das Verschulden bei einem objektiv vorliegenden Verstoß nach Richterrecht zugunsten des Geschädigten vermutbar, d. h., hier muss der Schädiger seine Schuldlosigkeit nachweisen (**umgekehrte Beweislast**), um von einer Schadenersatzpflicht freizukommen.

Von § 823 (2) BGB werden auch reine Vermögensschäden erfasst (vgl. B 4.2.3).

Lernkontrollen zu B 2.1

Reine Verschuldenshaftung

1 Die Verschuldenshaftung ist durch bestimmte Merkmale gekennzeichnet.
   a) Nennen Sie die Voraussetzungen der Verschuldenshaftung nach § 823 Abs. 1 BGB.
   b) Worin liegt der Unterschied zwischen
      – Vorsatz und bedingtem Vorsatz,
      – grober Fahrlässigkeit und leichter Fahrlässigkeit?
   c) Welche Rechtsgüter fallen unter die in § 823 Abs. 1 BGB genannten sonstigen Rechte?

d) Was kann die Widerrechtlichkeit einer Handlung ausschließen?

e) In welchen Fällen kann die Notwehrlage zu einer Schadenersatzpflicht führen?

f) Wann kann man von einem adäquaten Kausalzusammenhang sprechen?

2 Frau Edelgard Burgener ist leidenschaftliche Blumenliebhaberin. Für den Balkon ihrer Mietwohnung hat sie Blumenkästen mit Halterungen gekauft und nach beiliegender Montageanleitung angebracht. Da sie handwerklich weniger geschickt ist, unterläuft ihr ein Montagefehler, den sie aber nicht bemerkt.

Beim nächsten Sturm löst sich ein Blumenkasten und fällt auf das vor dem Haus geparkte Auto des Herrn Zurbriggen.

Prüfen Sie, ob die Voraussetzungen der Verschuldenshaftung gegeben sind und Herr Zurbriggen seinen Schaden von Frau Burgener ersetzt verlangen kann.

3 A stürzt bei Schneeglätte vor dem Grundstück des B so schwer, dass er sich einen Oberschenkelhalsbruch zuzieht.

Mit welcher Begründung bzw. mit welcher Rechtsgrundlage (zwei alternative Rechtsgrundlagen nennen und erläutern) kann A den B haftpflichtig machen?

Deliktsfähigkeit

4 Grenzen Sie die Deliktsfähigkeit von der Straffähigkeit ab.

5 Prüfen Sie für die folgenden Fälle, ob der Schädiger (das Kind) haftbar gemacht werden kann. Eine mögliche Haftung der Eltern ist erst später zu prüfen.

a) Die 5-jährige Tochter von Herrn Müller ist zum Geburtstag ihrer Freundin eingeladen. Bei einem Spiel ist sie etwas zu ausgelassen und beschädigt eine Stehlampe.

b) Ein 14-Jähriger, der seinen Eltern als Rüpel bekannt ist, verbringt jeden Nachmittag allein. Bei einem seiner Streifzüge wirft er Scheiben eines Hauses ein.

c) Wie wäre der Fall b) zu beurteilen, wenn es sich um einen Sechsjährigen handeln würde?

6 Der 4-jährige Heiner nimmt während eines Hotelaufenthaltes mit seinen Eltern an der Hotelrezeption unbemerkt eine Schachtel Streichhölzer an sich, die dort aus Werbezwecken zur Mitnahme ausliegen. An die Streichhölzer konnte er nur durch ein unbeobachtet gebliebenes Klettern auf die Theke der Rezeption gelangen. Nachdem er von seinen Eltern zu Bett gebracht worden ist, zündet er die Hölzer. Dabei gerät das Bettzeug in Brand. Das Feuer breitet sich aus und Heiner rennt schreiend aus dem Hotelzimmer. Andere Hotelgäste und die von der Hotelbar herbeigeeilten Eltern von Heiner können das Feuer mit den bereitstehenden Hotelfeuerlöschern unter Kontrolle bringen.

a) Trifft Heiner ein Verschulden und kann er für diesen Fall vom Hotelier für den entstandenen Schaden in Anspruch genommen werden?

b) Wie würden Sie die Haftungsfrage beurteilen, wenn Heiner aufgrund einer Vorwegschenkung bereits einen Anteil am elterlichen Betrieb besitzt?
Anmerkung: Eine mögliche Haftung der Eltern ist erst später zu prüfen.

7 Der betrunkene A gerät auf nächtlichem Heimweg ins Wanken und fällt in eine Schaufensterscheibe.

Ist A schadenersatzpflichtig?

8 Hans hat zu seinem Geburtstag endlich den lang ersehnten Fußball geschenkt bekommen. Sofort läuft er los, um ihn seinem Freund im Nachbarhaus zu zeigen. Vor der Haustür rutscht ihm der Ball aus den Händen und rollt zwischen zwei parkenden Autos auf die Strasse. Hans läuft hinterher um ihn zu holen. Herr Krause, der seinen Pkw nicht mehr rechtzeitig bremsen kann, weicht aus, um Hans nicht zu überfahren. Bei dem Ausweichmanöver wird ein parkendes Autos beschädigt.

Muss der 8-jährige Hans für den Schaden aufkommen (mit Begründung)?

2.2 Gefährdungshaftung (Haftung ohne Verschulden)

2.2.1 Grundgedanke und Merkmale der Gefährdungshaftung

Als eine der wichtigsten Ausnahmen vom Prinzip der Verschuldenshaftung kennt das deutsche Zivilrecht die Gefährdungshaftung.

► Die Gefährdungshaftung basiert auf der Überlegung, dass derjenige, der für die Allgemeinheit eine besondere, wenn auch erlaubte, Gefahrenlage schafft und daraus seinen Nutzen zieht, einer verschärften – d.h. hier verschuldensunabhängigen – Haftung unterliegt.

Beispiele:

1. Franz Müller hält schon seit Jahren einen Hund, den die Nachbarskinder häufig spazieren führen. Beim ungeschickten Anleinen beißt der Hund ein Kind in die Hand.
2. Bei einer Autofahrt verliert Franz Müller von seinem Auto eine Radkappe. Sie prallt gegen eine Hauswand und beschädigt diese.
3. Der Öltank im Einfamilienhaus von Franz Müller ist undicht geworden, so dass Öl ins Grundwasser gelangen konnte.

In allen drei Fällen haftet Franz Müller aus der geschaffenen Gefahrenlage, da die Haftung ausdrücklich gesetzlich vorgesehen ist.

➤ Merkmale der Gefährdungshaftung

- Die Gefährdungshaftung tritt nur bei Bestehen einer **besonderen gesetzlichen Regelung** ein. Es besteht also kein allgemeines Prinzip des Einstehenmüssens für »gefährliche Anlagen und Tätigkeiten«.
- Die Haftung ist unabhängig von rechtswidrig-schuldhafter Schadenverursachung.

  Durch die Gefährdungshaftung wird für den Geschädigten das finanzielle Risiko im Schadenersatzprozess erheblich geringer; man denke nur an die Beweisschwierigkeiten bei Kfz-Unfällen bzw. bei Gesundheitsschäden durch Arzneimittel (»Contergan-Fall«). Contergan war ein Schlafmittel, das zu Missbildungen bei Neugeborenen geführt hat.
- Zurechnungsgrund ist allein die **Verwirklichung des typischen Risikos** beim Betreiben einer »gefährlichen Anlage«, beim Ausüben einer »gefährlichen Tätigkeit« oder beim Vertrieb »gefährlicher Produkte«.
- Es liegt ein nachgewiesener **Personen- und/oder Sachschaden** (Rechtsgutverletzung) vor.
- Es muss ein **ursächlicher Zusammenhang** zwischen Gefährdungstatbestand und Schaden bestehen.

- Die **Verantwortlichkeit** trifft denjenigen, in dessen Interesse die Gefährdung zugelassen wurde und der in der Regel auch die Gefahr beherrscht. Dieser kann sich nur **bei höherer Gewalt**, z. B. Naturereignissen, Sabotage durch Betriebsfremde **entlasten**, z. B. nach dem Straßenverkehrsgesetz (StVG) oder im Rahmen der Anlagehaftung nach dem Wasserhaushaltsgesetz (WHG).

  Bei Unfällen zwischen motorisierten Verkehrsteilnehmern besteht die Verpflichtung zum Schadenersatz aber nach § 17 StVG nicht, wenn der Nachweis eines unabwendbaren Ereignisses geführt werden kann (vgl. C 4.1.2 c). Sieht das Gesetz dagegen keine Entlastungsmöglichkeit vor (Atomgesetz, Einwirkungshaftung nach Wasserhaushaltsgesetz, Arzneimittelgesetz), spricht man von der sog. **Erfolgs- bzw. Verursachungshaftung**. Der Verantwortliche kann sich dann nicht einmal durch den Nachweis, der Schaden sei auf **höhere Gewalt** zurückzuführen, entlasten.

> ► Im Gegensatz zur Verschuldenshaftung haftet der Verantwortliche im Rahmen der Gefährdungshaftung aber häufig nur begrenzt.

➤ Umfang der Haftung

- **Schmerzensgeldansprüche** (immaterielle Schäden) können grundsätzlich bei einem nachgewiesenen Personenschaden – auch im Rahmen der Gefährdungshaftung nach Sondergesetzen – geltend gemacht werden (vgl. B 4.2.1). BGB § 253 (2)
- **Reine Vermögensschäden** werden dagegen ausnahmslos nicht ersetzt (vgl. B 4.2.3), wohl aber Vermögensschäden als Folge von Personen- bzw. Sachschäden.
- **Höchsthaftungssummen** sind häufig in den gesetzlichen Regelungen vorgesehen.

  Dies gilt nicht für das Tierhalter- und das Gewässerschadenrisiko. Hier ist die Haftung wie im Bereich der Verschuldenshaftung unbegrenzt.

2.2.2 Gesetzliche Anspruchsgrundlagen

2.2.2.1 Gefährdungshaftung nach dem BGB

➤ Haftung des Tierhalters für Luxustiere

Die Haftung des Tierhalters ist zunächst eine reine **Gefährdungshaftung**. Danach haftet der Tierhalter für sog. **Luxustiere** § 833 S. 1

- verschuldensunabhängig für Personen- und Sachschäden,
- die durch spezifische Tiergefahren entstehen, namentlich durch Scheuen, Durchgehen, Ausschlagen und Beißen, auch wenn dies durch äußere Reize veranlasst ist.

Als Luxustier bezeichnet man ein wildes Tier oder Haustier, das nicht als Nutztier (vgl. Abschn. B 2.3.3) gehalten wird.

> **Beispiel:**
> Herr Höfler ist Hundeliebhaber und besitzt einen Bernhardiner, der häufig mit den Kindern spielt. Als der Hund auf ein fremdes Kind zuläuft, weicht dieses erschrocken zurück, stürzt und verletzt sich erheblich.

Der Schaden beruht auf einem spezifischen (unberechenbaren) Tierverhalten, wofür der Tierhalter schadenersatzpflichtig ist, unabhängig von einem Verschulden. Ihn befreit auch nicht der Nachweis, dass das Tier absolut ungefährlich ist. Es kommt hier allein darauf an, dass der Sturz die Folge des durch den Hund verursachten Zurückweichens war.

OLG Nürnberg 1991

Die Angst und das Verhalten des Kindes im Beispielsfall beruht auf der Lebenserfahrung, dass frei herumlaufende große Hunde Menschen gefährlich werden können und deshalb keine Gewähr besteht, unbehelligt und ungefährdet weitergehen zu können.

Nicht in Betracht kommt das Tier als mechanisches Hindernis. Stürzt ein Radfahrer über einen auf der Straße liegenden überfahrenen Hund, bleibt es bei der reinen Verschuldenshaftung gemäß § 823 BGB.

Bei der Tierhaltereigenschaft kommt es im Übrigen nicht auf die Eigentumsverhältnisse an. **Tierhalter** ist vielmehr, wer das Tier im eigenen Interesse, nicht nur vorübergehend, unterhält.

Wer die Aufsicht über ein Tier für den Tierhalter durch Vertrag übernimmt, ist **Tierhüter** (z.B. der Mieter, Entleiher und Verwahrer, nicht der Angestellte). Der Tierhüter haftet grundsätzlich nur nach dem vermuteten Verschulden (vgl. B 2.3).

➤ Haftung des Beherbergungsgastwirts (Hoteliers)

BGB § 701 ff.

Der Hotelier haftet für Verlust, Zerstörung oder Beschädigung der von den Gästen eingebrachten Sachen. Voraussetzung ist aber die gewerbsmäßige Beherbergung.

Es besteht also keine verschuldensunabhängige Haftung des Gastwirts für das Abhandenkommen der Garderobe, wenn der Gast nur die Schank- und Speiselokalität in Anspruch nimmt. Die Ersatzpflicht erstreckt sich auch nicht auf das eingebrachte Fahrzeug und auf die darin befindlichen Sachen oder auf lebende Tiere; wohl aber auf Sachen, die dem Gast nicht gehören (z.B. der Musterkoffer des Vertreters).

- Der Hotelier haftet nicht, soweit der Schaden auf einem Verhalten des Gastes/einer Begleitperson bzw. auf einem Fehler in der Beschaffenheit der eingebrachten Sachen beruht.

  §§ 702, 702 a

  Haftungsausschluss auch bei »höherer Gewalt«.

- Es wird bis zum Hundertfachen des Übernachtungspreises gehaftet, mindestens aber bis 600,00 € und höchstens bis 3 500,00 €.

  Für Bargeld, Wertpapiere und Schmuck wird bis max. 800,00 € gehaftet.

2.2.2.2 Gefährdungshaftung nach Sondergesetzen

➤ Straßenverkehrsgesetz (StVG)

StVG § 7 f.

Haftung des Kraftfahrzeughalters für alle Schäden beim **Betrieb des Kraftfahrzeugs** (vgl. C 4.1.2).

➤ Wasserhaushaltsgesetz (WHG)

WHG § 22

Haftung für Schäden durch Verseuchung (Abwässer, Heizöl, Treibstoff und andere Chemikalien) von natürlichen Gewässern einschließlich des Grundwassers.

Es sind hier zwei Formen der Haftung zu unterscheiden:

- **Einwirkungshaftung:** Sie hat besondere Bedeutung für die Ableitung industrieller Abwässer.

  Selbst bei erlaubter Einleitung von Abwässern in ein natürliches Gewässer haftet derjenige, der die Ableitung vornimmt, ohne Rücksicht auf etwaiges Verschulden für dadurch entstehende Schäden.

- **Anlagenhaftung:** Sie betrifft die Grundwasserschädigung insbesondere durch Inhaber von Tankanlagen, -wagen, -schiffen und Pipelines für den Fall der Leckage (Entweichen gewässerschädlicher Stoffe).

  Dazu gehört auch die Heizölanlage des Privatmannes.

➤ Umwelthaftungsgesetz (UmweltHG)

Die Ersatzpflicht gilt für Umwelt-HG § 1

- Betreiber (Eigentümer, Pächter, Leasingnehmer) bestimmter Anlagen (aufgelistet in Anhang I des Gesetzes),

> **Beispiele:**
> - Anlagen zur Wärmeerzeugung, Bergbau
> - Anlagen zur Herstellung von Kunstharzen
> - Anlagen zur fabrikmäßigen Herstellung von Arzneimitteln

- Umwelteinwirkung aus diesen Anlagen (Boden-, Luft-, Wasserverschmutzung). Die **Haftung** gilt nicht nur für Störfälle sondern auch **für Schäden des genehmigten Normalbetriebes.**

  Das UmweltHG ist also nicht wie das WHG allein auf Gewässerschäden begrenzt.

Der nach BGB erforderliche Kausalitätsbeweis ist bei Umweltschäden praktisch kaum führbar. Nach dem UmweltHG wird deshalb zugunsten des Geschädigten vermutet, dass der Betreiber einer Anlage der Schadenverursacher ist, wenn diese geeignet ist, den nachgewiesenen Personen- bzw. Sachschaden zu verursachen **(Verursachungsvermutung)**. § 6

- Es besteht aber keine Haftung für Sachschäden, die unwesentlich sind oder nach den örtlichen Verhältnissen zumutbare Beeinträchtigungen darstellen, sofern die Anlage bestimmungsmäßig betrieben wurde. Das Gleiche gilt für Schäden, die keinem individualisierbaren Schädiger zugeordnet werden können (z. B. Waldsterben).
- Die Ersatzpflicht beträgt maximal 85 Mio. € jeweils für Personen- und Sachschäden. § 15

Exkurs: Umweltschadensgesetz

Während das Umwelthaftungsgesetz **privatrechtliche** Schadenersatzansprüche Dritter (z.B. Schadenersatzansprüche für einen erlittenen Gesundheitsschaden) regelt, befasst sich das Umweltschadensgesetz mit **öffentlich-rechtlichen** Ansprüchen bei Schädigung von geschützten Tier- und Pflanzenarten, von Gewässern oder von Böden (ökologischer Schaden). USchadG § 2

Im Gegensatz zum Umwelthaftungsgesetz muss die Behörde allerdings den vollen Beweis für einen Umweltschaden erbringen, da keine Ursachenvermutung zu Lasten des Betreibers erfolgt. § 3 (4)

> **Beispiele:**
> Infolge von Lötarbeiten gerät der Dachstuhl eines alten Gebäudes in Brand. Dadurch wird eine dort lebende, geschützte Fledermausart vertrieben. Die Behörde verlangt vom Verursacher die Wiederansiedlung der Fledermausart.

Das Umweltschadensgesetz dient der Vermeidung von drohenden Umweltschäden und der Sanierung von erfolgten Umweltschäden. Nur die **berufliche Tätigkeit** wird vom Umweltschadensgesetz erfasst. Dabei haftet derjenige **verschuldensunabhängig**, der durch Betrieb bestimmter genehmigungspflichtiger Anlagen (z.B. Anlagen für die Bearbeitung von Metallen) Umweltschä- §§ 5, 6

USchadG § 3 (1) den verursacht hat. Alle anderen, die keine berufliche Tätigkeit mit diesen bestimmten Anlagen ausüben, haften nur bei Verschulden.

➤ Produkthaftungsgesetz (ProdHaftG) aufgrund einer EU-Richtlinie

ProdHaftG § 1 Gegenstand ist die **verschuldensunabhängige Haftung** des Herstellers für Sicherheitsmängel (nicht nur für Gewährleistungsmängel im Rahmen der Herstellergarantie), wenn fehlerhafte Produkte, die dem privaten Gebrauch bzw. Verbrauch dienen, nach dem 01. Januar 1990 in den Verkehr gebracht wurden.

Beispiel:
Wegen eines Materialfehlers platzt ein Autoreifen bei hoher Geschwindigkeit und es entsteht ein Sach- und Personenschaden. Der Reifenhersteller muss nicht nur für die Gewährleistungsmängel im Rahmen der Herstellergarantie eintreten (dieses Recht nach dem BGB kann beim Verkäufer des Reifens geltend gemacht werden) sondern ist für den gesamten Schaden wegen des Sicherheitsmangels nach dem ProdHaftG ersatzpflichtig.

Dem Hersteller sind gleichgestellt: Zulieferer von Teilprodukten, Importeure von Waren aus Nicht-EU-Ländern und jeder Lieferant von anonymen Produkten. Das ProdHaftG bezieht sich nicht auf unverarbeitete landwirtschaftliche Naturprodukte und auf Arzneimittel für den Menschen. Jeder Einzelne aus der Haftungskette haftet auf Ersatz des gesamten Schadens.

Besonderheiten

- Der Geschädigte muss nur den Fehler (Sicherheitsmängel), den Schaden und den ursächlichen Zusammenhang zwischen beiden beweisen. Der Hersteller muss dagegen nachweisen, dass der Fehler nicht bei der Herstellung entstanden ist (Beweislastumkehr für den Fehlerbereich).
- Es besteht keine Haftung für sog. **Entwicklungsrisiken**, also für Fehler, die nach dem Stand der Wissenschaft und der Technik in dem Zeitpunkt, in dem der Hersteller das Produkt in den Verkehr brachte, nicht erkannt werden konnten.

  Mit dieser Regelung sollte eine Beeinträchtigung der Innovationsbereitschaft der Wirtschaft verhindert werden. Dagegen besteht eine Einstandspflicht für Konstruktionsfehler (mangelhafte Bremsen eines Kfz), Fabrikationsfehler (sog. Produktionsausreißer), Instruktionsfehler (unzureichende Belehrung über die Benutzung eines Haushaltsgeräts in der Gebrauchsanweisung) und Produktbeobachtungsfehler (Unterlassung der ständigen Kontrolle von Kfz auf ihre Verkehrssicherheit).
- § 10 Im Hinblick auf mögliche Serienschäden beträgt die Höchsthaftungssumme für Personenschäden (incl. Schmerzensgeld) immerhin 85 Mio. €.
- § 11 Soweit eine (»andere«) Sache – als das fehlerhafte Produkt selbst – beschädigt wurde, wird auch ein Sachschaden ersetzt. Bis zu einer Höhe von 500,00 € hat der Geschädigte den Schaden selbst zu tragen, darüber hinaus haftet der Verursacher unbegrenzt.
- § 13 Generell erlischt der Anspruch 10 Jahre nach dem Zeitpunkt, in dem der Hersteller das Produkt, das den Schaden verursacht hat, in Verkehr gebracht hat.
  (Abgrenzung: Verjährung des Anspruchs; vgl. B 4.3.4)

➤ Haftung beim Betrieb anderer Fahrzeuge und von gefährlichen Anlagen

Dies gilt für

- HPflG §§ 1,2 Schienen- und Schwebebahnunfälle sowie für Elektrizitäts- und Gasanlagen nach dem Haftpflichtgesetz (HPflG),
- LuftVG § 33 Luftfahrzeughalter nach dem Luftverkehrsgesetz (LuftVG),
- AtG § 25 ff. Atomanlagen und Besitzer radioaktiven Materials nach Atomgesetz (AtG), z. B. in Bestrahlungs- und Messgeräten (Krankenhäuser, Industrie).

2.2.3 Reine Verschuldenshaftung und Gefährdungshaftung im Vergleich

Vergleich	Reine Verschuldenshaftung	Gefährdungshaftung
Haftungsvoraussetzung	– Rechtsgut- oder Schutzgesetzverletzung (Schaden) – widerrechtliches Tun oder Unterlassen – adäquater Kausalzusammenhang – Verschulden/Deliktsfähigkeit	– Gefährdungstatbestand (Besitz, Betrieb, Gebrauch) – Rechtsgutverletzung (Schaden) – adäquater Kausalzusammenhang
Beweislast	– Geschädigter muss alle Haftungsvoraussetzungen nachweisen, § 823 (1) BGB – Beweislastumkehr bei Schutzgesetzverletzung, § 823 (2) BGB. Der Schädiger muss beweisen, dass sein Verhalten nicht schuldhaft bzw. ursächlich für den Schaden war (Richterrecht).	– Da unabhängig vom Verschulden gehaftet wird, besteht nur in wenigen Fällen (bei höherer Gewalt) eine Entlastungsmöglichkeit für den Haftpflichtigen: § 7 (2) StVG, § 701 (3) BGB § 22 (2) WHG, § 4 UmweltHG. – Geschädigter muss nur »Beteiligung und Rechtsgutverletzung« nachweisen, »Ursachenvermutung« nach WHG.
Haftungshöhe	unbegrenzte Haftung, § 249 BGB	in einigen Fällen begrenzte Haftung, z. B. § 12 StVG, §§ 10, 11 ProdHaftG
Schadensarten	– Personenschäden (incl. Schmerzensgeld) – Sachschäden – »reine Vermögensschäden« nur im Rahmen von § 823 (2) und § 826 BGB	– Personenschäden (incl. Schmerzensgeld) – Sachschäden

Lernkontrollen zu B 2.2

Gefährdungshaftung

1 Welche Merkmale kennzeichnen die Gefährdungshaftung und wie sieht die Beweislastregelung im Gegensatz zur Verschuldenshaftung aus?

2 A kauft für seine 6-jährige Tochter Elke beim Spielzeughändler B eine Wipp-Wopp-Schaukel des Herstellers C. Nach 9 Monaten verletzt sich Elke schwer, als sie infolge des Bruchs der Schaukelsitzhalterung zu Boden fällt. Sie muss für mehrere Wochen stationär behandelt werden. Ein von A beauftragter Sachverständiger stellt fest, dass die Haltbolzen des Schaukelsitzes auch für eine Kinderschaukel zu schwach dimensioniert waren und es daher zwangsläufig zum Bruch der Bolzen kommen musste. Der Hersteller zweifelt die Feststellungen des Sachverständigen an und verweigert jede Schadenersatzleistung.

Prüfen Sie die Erfolgsaussichten einer Klage Elkes auf Schadenersatz (Krankenhauskosten und Schmerzensgeld) gegen den Hersteller.

Anmerkung: Die möglichen Schadenersatzansprüche gegen B aus Vertrag sind erst später zu prüfen.

3 Entscheiden Sie jeweils die Frage der Haftung in den folgenden beiden Fällen:

a) Herr Fritz ist Liebhaber russischer Windhunde. Eines Tages will er mit seinem Hund Boris ausgehen. Als er gerade die Gartentür öffnet, stürzt der Hund auf die Straße und bringt einen Radfahrer zu Fall, der sich schwere Kopfverletzungen zuzieht.

b) Trotz aller Vorsicht entflieht ein Löwe eines umherziehenden Zirkus aus dem gut gesicherten Käfig und richtet Schaden an.

4 Im Rahmen des Umwelthaftungsgesetzes spielt der Begriff »Verursachungsvermutung« eine Rolle. Erläutern Sie diesen Begriff anhand eines Beispiels.

5 Ein Hotelier wird von einem Feriengast schadenersatzpflichtig gemacht. Prüfen Sie die Rechtslage in folgenden Fällen:

a) Diebstahl einer wertvollen Lederjacke aus dem Hotelzimmer. Das Zimmer war nach der Tagesreinigung nicht mehr vom Personal abgeschlossen worden.

b) Beschädigung eines im Hotelhof abgestellten Pkw. Der Schaden war offensichtlich von einem anderen Gast, der aber nicht zu ermitteln ist, verursacht worden.

6 Herr Krause, Besitzer eines Einfamilienhauses, ist der Meinung, dass er auf eine Gewässerschaden- HV verzichten könne. Sein Öltank werde laufend durch die zuverlässige Lieferfirma überprüft, sodass er schuldlos wäre, wenn es im Zusammenhang mit dem Öltank zu einem Gewässerschaden käme.

Nehmen Sie zu dieser Ansicht Stellung.

2.3 Außervertragliche Haftung aus vermutetem Verschulden

2.3.1 Begriff und gesetzliche Grundlagen

a) Begriff des »vermuteten Verschuldens«

Grundsätzlich hat der Geschädigte alle Voraussetzungen seines Anspruchs – eben auch das Verschulden – zu beweisen. Aber gerade der subjektive Tatbestand des Verschuldens ist häufig nur schwer zu beweisen. Deshalb hat der Gesetzgeber in einer Reihe von Fällen, in denen es ihm richtiger erschien, dem Geschädigten die Durchsetzung seiner Ansprüche zu erleichtern bzw. die Haftung des Verantwortlichen zu verschärfen, die **Beweislast** anders verteilt. Durch entsprechende Formulierungen in diesen Vorschriften hat der Gesetzgeber bestimmt, dass es nicht Sache des Geschädigten ist, das Verschulden des Schädigers zu beweisen, sondern dass dieses Verschulden, wenn die übrigen Voraussetzungen eines Schadenersatzanspruchs vorliegen, bis zum Beweis des Gegenteils vermutet wird, d. h., der **Schädiger** selbst **muss** haftungsbefreiend beweisen, dass sein Verhalten **nicht schuldhaft** (sorgfaltswidrig) bzw. nicht ursächlich für den Schaden war.

b) Rechtsgrundlagen des vermuteten Verschuldens

Übersicht

Für die Haftpflichtversicherung bedeutsam sind die Vorschriften über die

- Haftung des **Gebäudebesitzers** und des **Nutztierhalters** (Haftung für eigenes Handeln) BGB § 836
- Haftung des **Aufsichtspflichtigen** (insbesondere der Eltern) und des **Geschäftsherrn** für seinen Verrichtungsgehilfen (Haftung für fremdes Handeln) §§ 832, 831
- Haftung des Führers eines Kfz oder Anhängers StVG § 18

2.3.2 Haftung des Gebäudebesitzers

Nach § 836 BGB haftet der Besitzer eines Bauwerkes für Personen- und Sachschäden, die durch Einsturz oder Ablösung von Bauteilen entstehen. Sein Verschulden wird vermutet, soweit der Geschädigte nachgewiesen hat, dass der Bau mangelhaft errichtet bzw. unterhalten wurde. BGB §§ 836,837 § 838 BGH NJW 1977

Bauwerke i.S. dieser Vorschrift sind u.a. auch Baugerüste, Grabsteine, Zäune, Mauern.

In gleicher Weise haftpflichtig sind u.a. auch der frühere Gebäudebesitzer sowie der Gebäudeunterhaltungspflichtige (z.B. der Hausverwalter).

Beispiel:
Während eines Sturms löst sich ein Dachziegel eines Gebäudes und fällt auf den Pkw eines Nachbarn.

War hier das Dach des Hauses mangelhaft errichtet bzw. unterhalten worden, sodass es dem heftigen Sturm nicht standhielt, kann der Nachbar Ersatz des ursächlich an seinem Pkw entstandenen Schadens verlangen **(vermutetes Verschulden)**.

Kann jedoch der Hausbesitzer nachweisen, dass er regelmäßig oder z.B. kurz vor dem Schadenereignis das Dach durch einen zuverlässigen Fachmann überprüfen und ausbessern ließ und dass der Mangel dennoch unbemerkt blieb, tritt keine Ersatzpflicht ein **(Beweis des mangelnden Verschuldens)**. LG Offenburg 2001

Gebäudeteile sind u.a. auch: Fensterläden, Dachziegel, Fernsehantennen; nicht dagegen Dachlawinen, von der Dachrinne abbrechende Eiszapfen bzw. herabstürzende Blumentöpfe. Es bleibt hier bei der allgemeinen Verschuldenshaftung wegen der Verletzung von Verkehrssicherungspflichten gemäß § 823 (1) BGB (vgl. B 2.1.7.2).

2.3.3 Haftung für Haustiere als Nutztiere

➤ Haftung für Nutztiere

Die Gefährdungshaftung des § 833 S. 1 BGB für Luxustiere wird abgemildert in eine Haftung für **vermutetes Verschulden**, wenn der Schaden durch ein Haustier verursacht wird, das dem Berufe, der Erwerbstätigkeit oder dem Unterhalte des Tierhalters zu dienen bestimmt ist.

Man spricht dann von so genannten Nutztieren. BGB § 833 S. 2

Zu den Nutztieren gehören nach der Rechtsprechung u.a. das Zuchtvieh (Kühe, Schweine usw.), die Tiere des Viehhändlers und des gewerbsmäßigen Pferdezüchters, das Pferd des Jockeys, der Jagdhund des Försters (nicht des Privatjägers), der Blindenhund, der Wachhund, soweit letzterer nicht nur dem persönlichen Schutz bzw. der Bewachung eines Privathauses dient.

Gezähmte wilde Tiere, auch wenn sie dem Unterhalt des Tierhalters dienen, z.B. dressierte Affen, sind keine Haustiere, sondern Luxustiere i.S. des § 833 Satz 1 BGB.

Beispiel:
Das Pferd eines gewerblichen Züchters scheut aufgrund der Alarmsignale mehrerer Feuerwehrautos und überrennt einen Radfahrer. Es entsteht erheblicher Personen- und Sachschaden.

Da es sich hier um ein Haustier handelt, das gleichzeitig als Nutztier dient, haftet der Tierhalter nur nach dem vermutbaren Verschulden, d.h., er haftet, soweit er nicht nachweisen kann,

- dass er die im Verkehr erforderliche Sorgfalt beobachtet hat
  (vereinfacht ausgedrückt: Er haftet nicht, wenn er seine Aufsichtspflicht erfüllt hat.)
- oder dass der Schaden auch bei Anwendung dieser Sorgfalt entstanden wäre.

2.3.4 Vermutetes Verschulden des Haftpflichtigen für fremdes Handeln

Übersicht

	Zum Vergleich:
Haftung für fremdes Handeln	***Haftung für eigenes Handeln***
im Rahmen der **Deliktshaftung**	
● Haftung für **eigenes vermutbares Verschulden** – bei der Auswahl von Verrichtungsgehilfen (§ 831 BGB) – bei der Beaufsichtigung von Schutzbefohlenen (§ 832 BGB)	● *Haftung für **eigene unerlaubte Handlung** (§ 823 BGB)*
im Rahmen der **vertraglichen Haftung kraft Gesetzes** (vgl. B 3.1)	
● Haftung für **fremdes Verschulden,** und zwar das des **Erfüllungsgehilfen** (§ 278 BGB)	● *Haftung für **eigenes schuldhaftes Handeln** (§ 276 BGB)*

Grundsätzlich ist jeder nur für sein eigenes Handeln verantwortlich. Ausnahmsweise kommt jedoch auch eine Haftung für Schäden in Betracht, die von anderen Personen (fremdes Handeln) verursacht wurden.

Dabei wird vermutet, dass den Haftpflichtigen auch ein Verschulden trifft, sodass es zur Schädigung durch eine andere Person kommen konnte.

2.3.4.1 Haftung des Aufsichtspflichtigen für Minderjährige und sonstige Schutzbefohlene

BGB § 832 Wer seine Aufsichtspflicht über einen Aufsichtsbedürftigen verletzt, haftet für den Schaden, den diese Person einem Dritten widerrechtlich zufügt.

Aufsichtsbedürftig ist der Minderjährige sowie geistig oder körperlich Gebrechliche.

➤ Entstehung der Aufsichtspflicht

Die Aufsichtspflicht beruht auf

- **Gesetz:** Eltern, Betreuer, Lehrer, Ausbildender

  Wenn Lehrer an öffentlichen Schulen ihre Aufsichtspflicht verletzen, haften sie aus Amtspflichtverletzung nach § 839 BGB (vgl. B 2.4).

  oder

- **Vertrag:** Kindermädchen, Internatsleiter usw.

  Personen, die nur vorübergehend die Aufsicht für die Eltern ausüben, haften nicht nach § 832 BGB, wenn sie (z. B. die Großeltern) die Aufsicht nur aus Gefälligkeit übernehmen und der Wille zu einer vertragsrechtlichen Bindung fehlt. Allerdings kommt eine Haftung nach § 823 BGB infrage.

➤ Verletzung der Aufsichtspflicht

Die Eltern haften nicht in jedem Fall für ihre Kinder, wie oft fälschlicherweise angenommen wird. Aufsichtspflichtige haften nur für eigenes Verschulden. Ihr Verschulden wird aber in zweifacher Hinsicht vermutet:

- Es wurde der Aufsichtspflicht nicht genügt.
- Die ungenügende Aufsicht hatte den Schaden zur Folge.

Beispiel:
Der 6-jährige A und der 15-jährige B veranstalten mit ihren Fahrrädern auf einem öffentlichen Parkplatz Slalomfahrten. Bei einem Sturz des A wird ein geparkter Pkw beschädigt.

Kann sich der Aufsichtspflichtige von dem Schuldvorwurf nicht entlasten bzw. beweisen, dass der Schaden auch bei ordentlicher Aufsichtsführung entstanden wäre, so haftet er dem Geschädigten.

Unabhängig von einer Haftung des Aufsichtspflichtigen kann auch der deliktsfähige Minderjährige schadenersatzpflichtig sein. Ist dies der Fall, so haften die Eltern und der Minderjährige als Gesamtschuldner (vgl. B 2.5.2).

Die Rechtsprechung stellt strenge Anforderungen an die Aufsichtspflicht. Was jeweils an Aufsicht notwendig ist, hängt von den Umständen des konkreten Einzelfalls ab,

- insbesondere vom Alter, den Charaktereigenschaften (z. B. der Neigung des Minderjährigen zur Schädigung anderer, etwa durch üble Streiche), der geistigen Entwicklung und dem Bildungsgrad des Aufsichtsbedürftigen;

  Eine Verletzung der Aufsichtspflicht liegt vor, wenn ein 4-jähriges Kind, das in einem geparkten Kfz an einer Bundesstraße allein zurückgelassen wird, später die Handbremse löst und dadurch einen Unfall verursacht. OLG Oldenburg 1971

- aber auch von der Art der Gefahr, wie das Benutzen von gefährlichem Spielzeug (z. B. Pfeil und Bogen) oder der Besitz gefährlicher Gegenstände (z. B. Streichhölzer).

  Ein 12-Jähriger kaufte sich ohne Wissen der Eltern einen Wurfpfeil. Wochen später auf einem Spielplatz passierte es. Ein anderer Junge entriss dem 12-Jährigen den Wurfpfeil und traf dabei ein Mädchen so unglücklich, dass es ein Auge verlor. Haftpflichtig waren hier nicht die Eltern des Jungen, der geworfen hatte, sondern die Eltern des 12-Jährigen, denn sie hätten nicht dulden dürfen, dass ihr Junge mit derart gefährlichem Spielzeug umgeht. Eltern müssen eben einen groben Überblick darüber haben, was, womit und mit wem die Kinder spielen. BGH VersR 66

Grenzen der Aufsichtspflicht

Der Umfang der Aufsichtspflicht hängt schließlich auch davon ab, was den Aufsichtspflichtigen in ihren jeweiligen Verhältnissen zugemutet werden kann.

LG Osnabrück 1959

Von einer Mutter, die mit ihren beiden Kindern im Alter von zwei bzw. drei Jahren einkaufen geht, kann nicht verlangt werden, dass sie die Kinder ständig an der Hand hält. Es genügt, wenn die Kinder in ihrem Einwirkungsbereich sind.

Gerichtlich ist auch geklärt, dass Kinder im Alter von 8 Jahren unbeobachtet im Freien spielen dürfen, wenn sie entsprechend belehrt, gefährliche Spiele verboten und die Einhaltung des Verbotes auch immer wieder überprüft wurde. Je älter, je einsichtiger die Kinder sind bzw. je höher der Erziehungserfolg ist, desto geringer sind auch die Anforderungen an die Aufsichtspflicht.

»Aufsichtspflicht hat Grenzen«

FRANKFURT/MAIN (dpa). Die Aufsichtspflicht der Eltern über ihre Kinder hat Grenzen. Sie muss sich daran orientieren, »was den Eltern zugemutet werden kann«. Mit dieser Begründung hat das Amtsgericht Frankfurt eine Schadenersatzklage gegen einen Vater abgewiesen, dessen sechsjährige Tochter beim Radfahren ein parkendes Auto beschädigt hatte (Az.: 31 C 3755/99–13). Der Kläger wollte den Schaden von 1100 Euro voll ersetzt haben, weil der Vater angeblich seiner Aufsichtspflicht nicht nachgekommen war. Das Gericht dagegen entschied, der Vater habe den vernünftigerweise zu stellenden Anforderungen genügt. Die Sechsjährige sei eine »sichere und vorsichtige Radfahrerin«, die schon oft allein mit dem Rad unterwegs gewesen sei, ohne jemals Schaden anzurichten. Gegen das Fahrzeug des Klägers sei das Mädchen versehentlich gefahren. Ein solcher Unfall sei für den Vater, der sich in der Nähe befand und das Kind gelegentlich beobachtete, nicht vorhersehbar gewesen, entschieden die Richter. Der Vater habe nicht gegen die Aufsichtspflicht verstoßen.

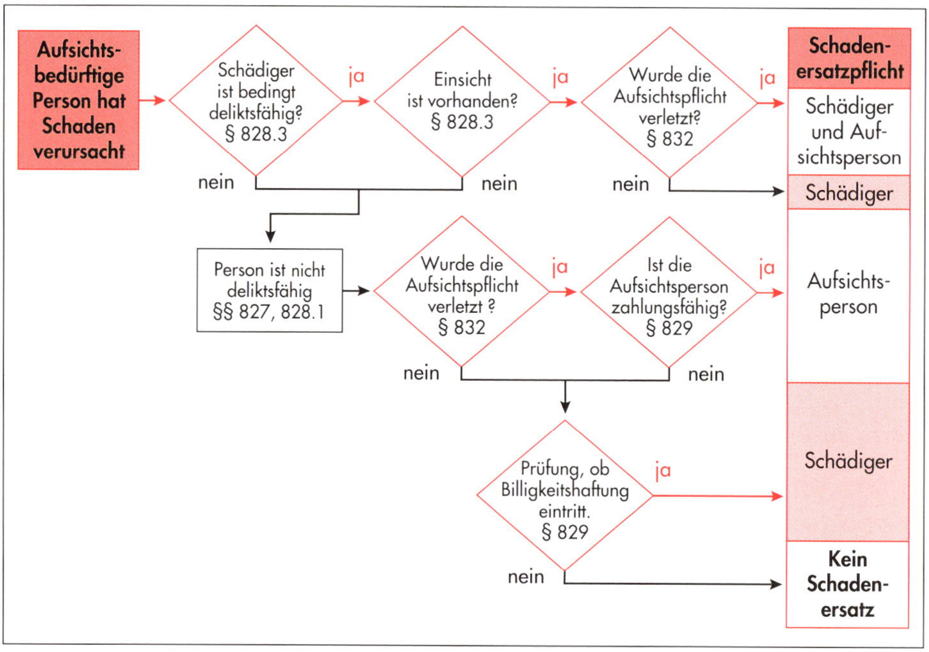

2.3.4.2 Haftung des Geschäftsherrn für den Verrichtungsgehilfen

Im Bereich der Deliktshaftung musste der Gesetzgeber auch bedenken, dass Hilfspersonen eingeschaltet werden und Dritte von diesen Hilfspersonen geschädigt werden können. Die entsprechende rechtliche Vorsorge hat er in § 831 BGB formuliert:

> »Wer einen anderen zu einer Verrichtung bestellt, ist zum Ersatze des Schadens verpflichtet, den der andere in Ausführung der Verrichtung einem Dritten widerrechtlich zufügt . . .«

BGB § 831

Beispiel:
Der selbstständige Dachdeckermeister D beauftragt seinen Gesellen G, das Dach des Hauseigentümers H auszubessern. Bei den Reparaturarbeiten rutscht dem Gesellen ein Stapel Dachziegel aus der Hand und fällt auf die Straße. Dort verursacht er den Sturz eines Radfahrers. Der Geselle hatte es unterlassen, den unmittelbar am Haus vorbeiführenden Bürgersteig zu sperren. Sein Chef, der Dachdeckermeister, hatte ihm zuvor auch keine näheren Arbeitsanweisungen erteilt. Im Übrigen war der Geselle erst vor einigen Tagen eingestellt worden, ohne dass D als Chef Zeugnisse verlangt oder Erkundigungen eingeholt hätte.

Der Dachdeckermeister D ist hier **Geschäftsherr** und sein Geselle G die zur Verrichtung bestellte Person **(Verrichtungsgehilfe)**. Der geschädigte Radfahrer ist der **Dritte**. Dieser Dritte kann den Dachdeckermeister D als Geschäftsherrn schadenersatzpflichtig machen, obwohl D im vorliegenden Fall keine vertraglichen Schutzpflichten dem Geschädigten gegenüber zu erfüllen hat. Als Geschäftsherr haftet D hier außervertraglich aus unerlaubter Handlung.

➤ Voraussetzungen einer außervertraglichen Haftung für fremdes Handeln gemäß § 831 Abs. 1 Satz 1 BGB

- Der Schädiger muss in einem Abhängigkeitsverhältnis (weisungsgebunden) zur Verrichtung bestellt worden sein.

  Das trifft grundsätzlich auf alle Arbeitnehmer im Rahmen ihres Arbeitsverhältnisses zu.
- Der Gehilfe muss eine unerlaubte Handlung i. S. von § 823 BGB begangen haben, d. h., ein geschütztes Rechtsgut muss widerrechtlich verletzt worden sein.
- Die unerlaubte Handlung muss »in Ausführung der Verrichtung« begangen worden sein.

  Wurde der Schaden dagegen nur »gelegentlich« der Ausführung der Verrichtung zugefügt, also ohne inneren Zusammenhang mit der übertragenen Verrichtung, so entfällt eine Haftung nach § 831 BGB. Entnimmt der Geselle z. B. Tannenzapfen aus der Dachrinne, um damit seinen Kollegen auf der Straße zu bewerfen, und verletzt er dabei einen Radfahrer, so haftet hier nur der Geselle aus § 823 BGB und nicht der Geschäftsherr aus § 831 BGB.

➤ Ausschluss der außervertraglichen Haftung für fremdes Handeln (Entlastungsbeweis)

Gemäß § 831 Abs. 1 Satz 2 BGB kann der Geschäftsherr die Verschuldensvermutung im Satz 1 dieser Vorschrift haftungsbefreiend widerlegen **(Entlastungsbeweis)**, indem er nachweist,

- dass er den Verrichtungsgehilfen sorgfältig ausgewählt und gegebenenfalls mit geeigneten Geräten versehen sowie ordnungsgemäß unterwiesen und laufend überwacht hat oder
- dass der Schaden auch bei Anwendung dieser im Verkehr erforderlichen Sorgfaltspflichten entstanden wäre.

Der Geschäftsherr haftet also nur für sein eigenes vermutetes Verschulden bei der Auswahl und Überwachung der Gehilfen, wenn er dieses Verschulden nicht widerlegen kann.

Haftung des Verrichtungsgehilfen

Der Verrichtungsgehilfe (hier: der Geselle) ist für den von ihm angerichteten Schaden nach § 823 BGB ersatzpflichtig. Der Geschädigte könnte sich also statt an den Geschäftsherrn an den Verrichtungsgehilfen wenden (sog. **konkurrierende Ansprüche**).

Den Gesellen wird der Geschädigte in jedem Falle in Anspruch nehmen müssen, wenn der Geschäftsherr den Entlastungsbeweis führen und sich so von der Haftung befreien kann.

Lernkontrollen zu B 2.3

Gesetzliche Haftung aus vermutetem Verschulden

1 Erklären Sie die Haftpflicht aus »vermutetem Verschulden« und nennen Sie gesetzliche Bestimmungen, die eine solche Haftung vorsehen.

2 Bei den Frühjahrsstürmen dieses Jahres fällt ein Baugerüst der Firma X, das sich am Haus des Herrn M befindet, auf den nagelneuen Pkw des Herrn O, der als Mieter des Herrn M in dessen Haus wohnt. Das Auto wird dabei schwer beschädigt.

Wie ist die Rechtslage?

3 Änderung des Sachverhalts: Während des Winters wird das Auto des Herrn O durch eine Dachlawine, die sich vom Haus des Herrn M gelöst hat, beschädigt.

4 Durch die von Frau Burgener nicht ordnungsgemäß angebrachten Blumenkästen am Balkon ihrer Mietwohnung wurde bekanntlich das Auto des Herrn Zurbriggen beschädigt (vgl. Lernkontrollen zu Abschn. B 2.1, Aufgabe 2).

Da Frau Burgener keine Haftpflichtversicherung hat und sie als Rentnerin mit geringer Rente den Schaden auch vermutlich nicht bezahlen kann, wendet sich Herr Zurbriggen an den Vermieter des Hauses mit der Begründung, er hafte für Schäden durch Teile, die sich von seinem Gebäude lösen.

Prüfen Sie, ob der Vermieter als Eigentümer des Hauses schadenersatzpflichtig ist unter der Voraussetzung,

a) dass er die Anbringung der Blumenkästen durch Frau Burgener gestattet hat,

b) dass er von der Anbringung der Blumenkästen nichts wusste.

c) Fallvariation: Wie würden Sie die Haftungsfrage beurteilen, wenn der Schaden dadurch entstanden ist, dass das Balkongeländer unter der nicht außergewöhnlichen Last der Blumenkästen abbrechen und dadurch ein Blumenkasten herunterfallen konnte?

5 Entscheiden Sie jeweils die Frage der Haftung in den folgenden Fällen:

a) Bauer Arnold treibt seine Kühe von der Weide in den Stall. Dabei beschädigt die Herde ein Auto.

b) Das Gehöft des Bauern Arnold wird vom Schäferhund Barko bewacht, der an seine Hundehütte im Innenhof angekettet ist. Als ein Staubsaugervertreter das Gehöft betritt und dabei zu nahe an der Hundehütte vorbeigeht, stürzt Barko heraus und beißt ihn ins Bein.

c) Die Tochter des Bauern Arnold hat zum Geburtstag einen verspielten Pudel bekommen. Bei der Postzustellung springt der Pudel den Briefträger von hinten an. Dieser weiß noch nichts von dem Pudel und glaubt deshalb, Barko sei los. Fluchtartig läuft er zu seinem Postauto und stolpert dabei so unglücklich, dass er sich ein Fußgelenk bricht.

6 In den Lernkontrollen zu Abschnitt B 2.1 (Aufgaben 5 a–c, Aufgabe 6) wurden Schäden durch Kinder beschrieben. Prüfen Sie zu diesen Fällen, ob die Eltern der jeweiligen Kinder haftbar gemacht werden können.

7 Der 6-jährige Gerrit spielt auf dem Kinderspielplatz eines Ausflugsrestaurants, während seine Eltern auf der Sonnenterrasse sitzen und ein angeregtes Gespräch mit den Tischnachbarn führen. Gleichwohl behält die Mutter von Gerrit ihr Kind im Auge.

Gerrits Aufmerksamkeit wird auf das Messer eines 10-jährigen Jungen gelenkt, der neben dem Spielplatz Messerwürfe auf einen Baumstamm durchführt. Das will Gerrit auch einmal versuchen und rennt plötzlich auf das zum wiederholten Male geworfene Messer zu und zieht es aus der Baumrinde. Als er bemerkt, dass der 10-Jährige auf ihn zueilt, um es ihm abzunehmen, wirft er es wahllos fort. Das Messer prallt auf die Motorhaube einer geparkten Luxuslimousine und verursacht einen beträchtlichen Lackschaden. Die inzwischen herbeigeeilte Mutter konnte den Schaden nicht verhindern.

Prüfen Sie, ob der Eigentümer der Luxuslimousine

a) den 6-jährigen Gerrit,

b) die Eltern von Gerrit,

c) den 10-jährigen Jungen, der ohne seine Eltern unterwegs ist,

d) die Eltern des 10-jährigen Jungen

haftbar machen kann.

8 Was versteht man unter der Exkulpationsmöglichkeit des Geschäftsherrn und unter welcher Voraussetzung kann von dieser Möglichkeit Gebrauch gemacht werden?

9 Schreinermeister Holz hat vor wenigen Tagen mit dem Gesellen Span einen Arbeitsvertrag abgeschlossen. Span hatte zuvor eine Schreinerlehre in einer anderen Schreinerei absolviert. Im Lehrabschlusszeugnis seines Lehrherrn ist vermerkt, dass Span handwerklich sehr geschickt ist und tadellose Gewerke erstellt. Sein Arbeitsplatz und sein Arbeitsumfeld seien jedoch häufig ungeordnet vorgefunden worden, was auch den Unfallverhütungsvorschriften zuwiderlaufe. Hier solle er sich in Zukunft mehr Selbstdisziplin auferlegen.

Am Montagmorgen seiner zweiten Arbeitswoche als Geselle wird Span von Meister Holz zu einer Baustelle geschickt. Er soll dort Dachlatten als Unterkonstruktion für den Einbau von Holzdecken anbringen. Holz ermahnt den Gesellen, auf der Baustelle entsprechende Ordnung zu halten und seinen Arbeitsbereich wegen anderer dort tätiger Handwerker abzusichern, was Span auch verspricht.

Auf der Baustelle beginnt Span mit dem Ablängen der Dachlatten und diese stapeln sich bald kreuz und quer. Eine der Dachlatten rutscht dabei von dem enstandenen Haufen genau in dem Moment in den Eingangsbereich, als der Installateurmeister Rohr ein besonders teures Porzellanwaschbecken hereinträgt. Rohr stolpert über die Dachlatte, wobei ihm das Porzellanwaschbecken aus der Hand rutscht und auf dem Boden zerschellt.

a) Prüfen Sie, nach welcher Rechtsgrundlage Installateurmeister Rohr den Gesellen Span in Anspruch nehmen kann. Gehen Sie dabei auch auf alle Voraussetzungen der Haftungsbestimmung ein.

b) Auf welche Rechtsgrundlage müsste sich der Installateurmeister stützen, wenn er den Schreinermeister Holz in Anspruch nehmen wollte? Prüfen Sie auch die Erfolgsaussichten, wenn er sich auf diese Rechtsgrundlage berufen wird.

2.4 Amtshaftung

Bei fehlerhaftem Handeln staatlicher Organe bzw. Bediensteter ist zu klären, ob der Staat, der Bedienstete oder beide haften.

BGB § 839

In § 839 BGB ist die Amtshaftung als unerlaubte Handlung geregelt.

- Bei schuldhafter Amtspflichtverletzung haftet der Beamte einem Dritten gegenüber, wenn mit der Amtspflicht auch dessen Interessen wahrzunehmen waren.
- Hat der Beamte nicht vorsätzlich, sondern nur fahrlässig gehandelt, so haftet er **subsidiär**, also nur dann, wenn der Geschädigte nicht in anderer Weise Ersatz erlangen kann (z. B. von einer Privat- oder Sozialversicherung).

2.4.1 Staatshaftung

GG Art.34

§ 839 BGB muss im Zusammenhang mit Artikel 34 GG gesehen werden. Handelt es sich nämlich um eine **hoheitliche Tätigkeit** des Beamten, z. B. die Tätigkeit eines Lehrers, so haftet nach dieser Grundgesetzvorschrift der Staat allein.

Beispiel:
Ein Chemielehrer verletzt einen Schüler bei einem Experiment.

Bei Vorsatz und grober Fahrlässigkeit ist der Dienstherr zum Rückgriff berechtigt.

Die Staatshaftung greift auch ein, wenn der Angestellte im öffentlichen Dienst hoheitliche Tätigkeiten wahrnimmt und dabei Pflichtverletzungen begeht.

Die Staatshaftung entfällt allerdings, wenn der Beamte (Angestellte), wie oben schon ausgeführt, nur subsidiär haftet oder der Geschädigte es schuldhaft unterlässt, den Schaden – z. B. einen Vermögensschaden infolge einer nicht erteilten Baugenehmigung – durch Einlegung eines Rechtsmittels abzuwenden.

2.4.2 Beamtenhaftung

BGB § 839

Hat der Beamte i. S. des Beamtenrechts »nicht öffentlich-rechtlich« sondern privatrechtlich für seinen Dienstherrn gehandelt (sog. **fiskalische** Tätigkeit), z. B. bei Vermietung eines gemeindeeigenen Hauses, und dabei eine unerlaubte Handlung begangen, z. B. eine Sorgfaltspflichtverletzung, so haftet er jetzt auch persönlich nach § 839 BGB.

In gleicher Weise wie der private Geschäftsherr haftet daneben auch der öffentliche Dienstherr. Wegen der Entlastungsmöglichkeit bei der Geschäftsherrenhaftung hat die Rechtsprechung die Erfüllung von Verkehrssicherungspflichten auf öffentlichen Straßen, Plätzen und in öffentlichen Gebäuden, also Tätigkeiten, die genauso von Privatpersonen vorgenommen werden könnten, trotz ihres »fiskalischen Charakters« immer wieder den Staatshaftungsfällen (§ 34 GG) zugeordnet.

Lernkontrollen zu B 2.4

Amtshaftung

1 Unterscheiden Sie hoheitliche und fiskalische Tätigkeit eines Beamten.

2 Im Sportunterricht steht Bockspringen an. Mit jedem Durchgang wird die Höhe gesteigert. Mit Spannung erwarten die Mitschüler den nächsten Sprung der pummeligen 14-jährigen Daniela, zumal der Lehrer darauf besteht, dass jeder mindestens einen Sprungversuch über die jeweils neue Höhe wagt. Am Sprungbock stehen Mitschüler, die ggf. Hilfestellung leisten sollen. Bei ihrem Sprung über die neue Höhe bleibt Daniela am Bock hängen und fällt dann rückwärts auf den Hinterkopf. Die zur Hilfestellung eingeteilten Schüler konnten das Gewicht von Daniela beim Fall nicht halten. Mit einer Gehirnerschütterung muss sie in ein Krankenhaus eingeliefert werden.

Prüfen Sie, wer für den Schaden haftbar gemacht werden kann.

2.5 Gemeinsame Haftung

2.5.1 Gemeinschaftlich begangene unerlaubte Handlung

a) Mittäterhaftung

Nach § 830 BGB wird jeder Mittäter für den vollen Schaden haftbar gemacht, wenn die unerlaubte Handlung gemeinschaftlich (d. h. im bewussten und gewollten Zusammenwirken) begangen wurde. Dabei kommt es nicht darauf an, in welchem Ausmaß der einzelne Mittäter zum Schaden beigetragen hat. BGB § 830 (1) S. 1

Anstifter und Gehilfe werden einem Mittäter gleichgestellt. § 830 (2)

Beispiel:

A, B und C verabreden sich, um mit Z abzurechnen. C steht »Schmiere«, während A den Z festhält und B ihm schwere Körperverletzungen zufügt.

A, B und C haben vollen Schadenersatz zu leisten.

b) Beteiligtenhaftung

Häufig haben mehrere Personen unabhängig voneinander, aber innerhalb eines örtlichen und zeitlichen Zusammenhangs, rechtswidrig und schuldhaft bei gefährlichen Handlungen mitgewirkt. Führt dies zu einer Schädigung, so haftet nach § 830 BGB jeder der Beteiligten ebenfalls für den ganzen Schaden, falls nicht zu ermitteln ist, wer von ihnen den Schaden durch seine Handlung verursacht hat. Die Unaufklärbarkeit des Geschehens soll also nicht zulasten des Geschädigten gehen. § 830 (1) S. 2

Beispiel:

Ein Passant wird durch eine Rakete verletzt, abgefeuert aus einer Gruppe von Personen, die sämtlich Feuerwerkskörper abgebrannt haben. Der Schadenverursacher kann nicht ermittelt werden.

Jeder der am Feuerwerk Beteiligten haftet auf vollen Schadenersatz. Der geschädigte Passant muss lediglich nachweisen, dass der in Anspruch Genommene an der gefährlichen Handlung beteiligt war. Die Ursächlichkeit für den Schaden wird dann vermutet. War allerdings der Geschädigte nicht als Passant, sondern als Beteiligter beim Abbrennen von Feuerwerk verletzt worden, so könnte er den Schaden möglicherweise selbst verursacht haben; dann greift aber auch die Beweiserleichterung nach § 830 BGB nicht ein.

Die Haftung aus § 830 BGB entfällt für den Beteiligten, wenn er nachweisen kann, dass sein Handeln für den entstandenen Schaden nicht ursächlich war, da er im Schadenzeitpunkt keine Feuerwerkskörper mehr besaß.

2.5.2 Gesamtschuldnerische Haftung

a) Gesamtschuldnerische Haftung im Deliktsrecht

BGB §§ 840, 421 ff.

Sind dem Geschädigten mehrere Personen aus Deliktshaftung ersatzpflichtig, so haften diese als **Gesamtschuldner**. Das kann nicht nur für die Mittäter- und Beteiligtenhaftung, sondern auch in den folgenden Fällen gegeben sein:

- Der Verantwortliche haftet für fremdes Handeln.

  So kann der Geschäftsherr neben dem Gehilfen gesamtschuldnerisch für den angerichteten Schaden haften. Der Beaufsichtigte kann neben dem Aufsichtspflichtigen haften.

- Neben der Verschuldenshaftung kommt auch eine Gefährdungshaftung in Betracht.

  Der Kfz-Fahrer kann neben dem Halter, der Tierhüter kann neben dem Tierhalter haften.

➤ Rechtsverhältnis zwischen den Gesamtschuldnern und dem Geschädigten (Außenverhältnis)

Haften mehrere als Gesamtschuldner, so ist jeder zum Ersatz des gesamten Schadens verpflichtet. Der Geschädigte kann also, völlig nach seinem Belieben, die Leistung von dem einen oder anderen verlangen, und zwar ganz oder zum Teil.

Bis zur völligen Schuldentilgung bleiben sämtliche Schuldner zur Zahlung verpflichtet. Insgesamt kann der Geschädigte natürlich nur einmal seinen gesamten Schaden ersetzt bekommen.

➤ Rechtsverhältnis der Gesamtschuldner untereinander (Innenverhältnis)

§ 426 (2)

Die Gesamtschuldner sind nach § 426 BGB (Allgemeines Schuldrecht) im Verhältnis zueinander zu gleichen Anteilen verpflichtet, soweit nicht eine spezielle gesetzliche oder eine vertragliche Regelung etwas anderes bestimmt.

Ersetzt einer der Gesamtschuldner den gesamten Schaden, so geht die Forderung des Geschädigten (Gläubiger) gegen die übrigen Schuldner auf ihn über, d.h., er kann von den anderen einen entsprechenden Ausgleich verlangen (**Ausgleichspflicht** der Gesamtschuldner **im Innenverhältnis**).

b) Gesamtschuldnerische Haftung im Vertragsrecht

Siehe hierzu Abschnitt B 3.4.

Lernkontrollen zu B 2.5

Gemeinsame Haftung

1 Unterscheiden Sie die Mittäterhaftung von der Beteiligtenhaftung.

2 A und B und C machen eine Schneeballschlacht. Im Rahmen des Kampfgeschehens trifft ein Schneeball, in den ein Stein geraten ist, den Passanten G (= Geschädigter) so unglücklich am Kopf, dass dieser ins Krankenhaus muss (schwere Gehirnerschütterung); gleichzeitig zerbricht die Brille des G. Leider kann nicht festgestellt werden, wer den unglücklichen Schneeball geworfen hat.

a) Prüfen Sie die Haftungsfrage (Anspruchsgrundlagen nennen und tatbestandsmäßig prüfen).

b) Der Geschädigte hat einen konkreten Schaden in Höhe von 2 400,00 € nachgewiesen.

- Kann er diese Summe allein von B verlangen?
- Nehmen Sie an, B hätte die 2 400,00 € dem G erstattet. Kann er jetzt A und C in Regress nehmen? Wenn ja, mit welchem Betrag?

3 Vertragshaftung (Schadenersatz aus Vertragsverletzungen)

Vorbemerkung:

BGB §§ 433 ff., 535 ff., 611 ff., 631 ff. § 241 (2)

Personen, die zueinander in einem Vertragsverhältnis stehen (z. B. Kauf-, Miet-, Dienst-, Werkvertrag), schulden sich

- nicht nur die eigentliche Vertragsleistung **(Hauptpflicht)**, z. B. die Übereignung einer Sache (Kaufvertrag),
- sondern auch gegenseitige Rücksichtnahme und Vermeidung jeglicher Schädigung bei der Vertragserfüllung **(Nebenpflichten)**.

So muss z. B. der Verkäufer einer komplizierten Maschine den Käufer sachgemäß einweisen, damit dieser nicht durch Bedienungsfehler einen Materialausfall erleidet (»Aufklärungspflicht«).

Soweit sich der Schuldner für die Erfüllung der vertraglichen Verpflichtungen eines Gehilfen bedient, kann auch eine Haftung für das Handeln dieser Person infrage kommen (vgl. B 2.3.4.2 und B 3.1.2).

3.1 Vertragliche Haftung kraft Gesetzes

3.1.1 Haftung für eigenes Verschulden

§ 276

Die Verantwortlichkeit des Schuldners ist generell in § 276 BGB geregelt. Danach hat der Schuldner Vorsatz und Fahrlässigkeit zu vertreten, wenn eine strengere oder mildere Haftung weder bestimmt noch aus dem sonstigen Inhalt des Schuldverhältnisses zu entnehmen ist.

3.1.1.1 Verschulden bei Vertragsanbahnung

§ 311 (2) i. V. mit § 241 (2)

Schon die bloße Aufnahme von geschäftlichem Kontakt – z. B. das Betreten des Ladengeschäfts – begründet ein vertragsähnliches Vertrauensverhältnis. Jeder Teil hat im Rahmen dieses **vorvertraglichen Schuldverhältnisses** darauf zu achten, dass dem anderen nicht schuldhaft ein Schaden – z. B. durch Glätte des Fußbodens im Ladengeschäft – entsteht. Die hier zu beachtenden besonderen Fürsorge-, Aufklärungs- und Schutzpflichten treffen den potenziellen Vertragspartner unabhängig davon, ob es später zum Vertragsabschluss kommt oder nicht (Verschulden bei Vertragsanbahnung, sog. **culpa in contrahendo = c.i.c.**)

3.1.1.2 Mangelhafte Vertragserfüllung (Mangelfolgeschäden)

Beispiel: Vermieterhaftung

Trotz der Reklamation des Mieters, ein schadhaftes Dach auszubessern, unternimmt der Vermieter nichts. Bei einem Gewittersturm dringen größere Wassermengen in die Wohnung und beschädigen die Wohnungseinrichtung des Mieters **(Sachschaden)**.

§§ 536, 536 a

Der Schadenersatzanspruch des Mieters gegen den Vermieter ist für diesen Fall ausdrücklich im BGB geregelt.

Über die zu gewährende Mietminderung hinaus haftet hier der Vermieter auch für die Folgeschäden des schadhaften Daches (Beschädigung der Wohnungseinrichtung).

Weitere wichtige Beispiele sind die **Haftung für Mangelfolgeschäden** aus Werkvertrag bzw. Kaufvertrag und die **Haftung für den Erfüllungsgehilfen** (vgl. B 3.1.2). BGB § 634 Nr. 4 § 437 Nr. 3

3.1.1.3 Positive Vertragsverletzung

Für den Fall der **Schlechterfüllung** eines Vertrages sieht das BGB aber häufig – anders als im o.a. Beispiel zur Vermieterhaftung – keinen speziellen Ersatzanspruch für die Mangelfolgeschäden vor. Deshalb haftet hier der Vertragspartner aus **positiver Vertragsverletzung** (PVV). Dieser zentrale Haftungstatbestand der »Pflichtverletzung« setzt aber immer ein – wenn auch vermutbares – Verschulden des Vertragspartners voraus **(Verschuldenshaftung)**. § 241 (2) i. V. mit § 280 (1)

Beispiel: Schadenersatz wegen »positiver Vertragsverletzung«
A erteilt dem Rechtanwalt B das Mandat, für ihn eine Zahlungsforderung gegen C einzuklagen. Aus Nachlässigkeit verlegt B die Schuldurkunde, die ihm A zu treuen Händen übergeben hatte. Weil dieses wichtige Beweisstück fehlt, wird die Zahlungsklage gegen C abgewiesen **(Vermögensschaden)**.

Kann im vorliegenden Fall der Rechtsanwalt nicht selbst haftungsbefreiend beweisen, dass sein Verhalten nicht schuldhaft (sorgfaltswidrig) war, ist er schadenersatzpflichtig. § 280 (1) S. 2

Die **positive Vertragsverletzung** ist hauptsächlich auf folgende Fallgruppen anwendbar, ohne dass dies bei Vertragsabschluss ausdrücklich erwähnt werden muss:

- Verletzung vertraglicher Schutz- und Aufklärungspflichten **(Nebenpflichten)**,
- Ersatz von »Mangelfolgeschäden« bei **Schlechterfüllung der Hauptpflicht**.

3.1.2 Haftung für den Erfüllungsgehilfen (vertragliche Haftung kraft Gesetzes für fremdes Handeln)

3.1.2.1 Grundlagen der Haftung

Wer eine vertragliche Leistung schuldet, wird diese als Unternehmer i. d. R. nicht persönlich erbringen. Der Unternehmer bedient sich dabei vielmehr anderer Personen, so genannter Erfüllungsgehilfen. Das sind vor allem seine Mitarbeiter als Arbeitnehmer. Es kann sich aber auch um Personen handeln, die in keinem Abhängigkeitsverhältnis zu ihm stehen (z.B. Spediteure, Architekten bzw. Subunternehmer). Fügt einer dieser Mitarbeiter dem Vertragspartner des Unternehmers im Rahmen der Vertragserfüllung schuldhaft einen Schaden zu, so haftet der Unternehmer als Vertragsschuldner für seinen Erfüllungsgehilfen genau so, als hätte er selbst den Schaden verursacht. §§ 278,276

Beispiel:
Der selbstständige Dachdeckermeister D wird vom Hauseigentümer H gebeten, das Dach auszubessern (Werklieferungsvertrag). Beauftragt jetzt D seinen Gesellen G, die versprochene Werkvertragsleistung zu erbringen, so handelt G als Erfüllungsgehilfe. Infolge Unachtsamkeit rutscht dem Gesellen G ein Stapel Dachziegel auf die Dachverglasung der Terrasse. § 631 ff.

Der Hauseigentümer H kann den Dachdeckermeister D wegen Verletzung vertraglicher Schutzpflichten i. V. mit § 278 BGB in Anspruch nehmen. § 241 (2) § 280 (1)

➤ Voraussetzungen einer Haftung für fremdes Handeln nach § 278 BGB

- Bestehen eines Vertragsverhältnisses zwischen dem Geschädigten und dem Anspruchsgegner.

BGB § 311 (2)

Das Gleiche gilt für ein »Verschulden bei Vertragsanbahnungen (c.i.c.)«. Eine solche Vertragsanbahnung liegt z. B. vor, wenn der Geselle des Dachdeckermeisters den Hauseigentümer aufsucht, um das zu reparierende Dach wegen eines Kostenvoranschlages zu besichtigen. Anlässlich der Besichtigung zerstört er eine Dachfensterscheibe.

- Dieser Vertrag muss verletzt worden sein.

§ 280 (1)

Für die Haftpflichtversicherung von Bedeutung ist hier die Verletzung von Nebenpflichten, die zu einer Schädigung des Vertragspartners führen, sodass ein Anspruch aus positiver Vertragsverletzung (PVV) besteht.

- Die Vertragsverletzung beruht auf einem (vermuteten) Verschulden des Erfüllungsgehilfen.
- Die schädigende Handlung muss in Erfüllung vertraglicher Pflichten erfolgt sein.

Für den Dachdecker besteht daher keine Haftung, wenn der Gehilfe eine »bei Gelegenheit der Vertragserfüllung« selbstständig verübte, unerlaubte Handlung begeht; z. B. in der Mittagspause im Garten des Hauseigentümers aus Unachtsamkeit einen Gartentisch beschädigt. Hier haftet nur der Gehilfe aus unerlaubter Handlung.

➤ Persönliche Haftung des Erfüllungsgehilfen

Der Erfüllungsgehilfe (hier: der Geselle) ist für den von ihm angerichteten Schaden nach § 823 BGB ersatzpflichtig. Der Geschädigte könnte sich also statt an den Vertragspartner auch an den Erfüllungsgehilfen wenden (sog. **konkurrierende Ansprüche**).

3.1.2.2 Haftung für den Erfüllungsgehilfen nach § 278 BGB und den Verrichtungsgehilfen nach § 831 BGB im Vergleich

Beispiel:

Zwischen dem Dachdeckermeister D und dem Hauseigentümer H wurde bekanntlich ein Werklieferungsvertrag geschlossen, wonach das Dach des Hauseigentümers H zu reparieren war (vgl. Beispiele in B 2.3.4.2 und B 3.1.2.1).

D beauftragte daraufhin seinen Gesellen, der im Beispiel zu B 2.3.4.2 als sog. Verrichtungsgehilfe einen unbeteiligten Dritten (den Radfahrer) und im Beispiel zu B 3.1.2.1 als Erfüllungsgehilfe den Hauseigentümer (Vertragspartner) schädigte.

Erläuterungen zum Schaubild auf der nächsten Seite:

① Zwischen dem Dachdeckermeister D (Vertragspartner) und dem Hauseigentümer H (Vertragspartner) besteht ein Werklieferungsvertrag.

② D beauftragt mit der Ausführung der Reparaturarbeiten seinen Gesellen G, der weisungsgebunden ist (Abhängigkeitsverhältnis).

(3a) G schädigt bei der Vertragserfüllung als Erfüllungsgehilfe den Hauseigentümer H.

(3b) Der Hauseigentümer H kann den Dachdeckermeister D aus Vertragsverletzung in Anspruch nehmen, da er für seinen Erfüllungsgehilfen haftet.

(4a) G schädigt bei Ausführung der Verrichtung als Verrichtungsgehilfe einen Unbeteiligten (Dritten). G gilt als Verrichtungsgehilfe, da keine vertragliche Beziehung zum Dritten besteht.

(4b) Der Dritte (Radfahrer) kann den Geschäftsherrn D nach den Bestimmungen über die Haftung für den Verrichtungsgehilfen in Anspruch nehmen. D kann sich jedoch ggf. entlasten.

Schaubild zum Beispiel

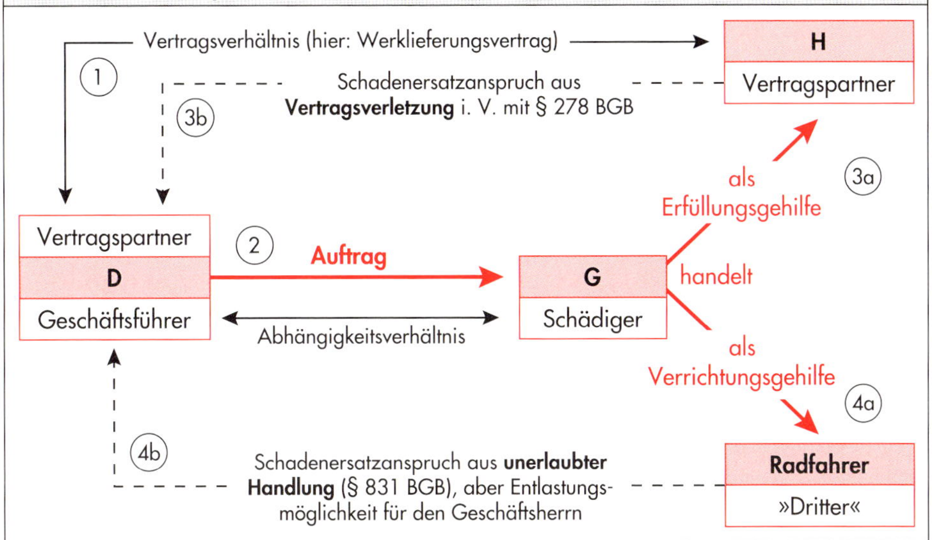

D = Dachdeckermeister **G** = Geselle **H** = Hauseigentümer

Es bleibt anzumerken, dass der geschädigte H auch das Recht hat, den Geschäftsherrn aus der **Verrichtungsgehilfenhaftung** nach § 831 BGB in Anspruch zu nehmen (**konkurrierender Anspruch** zur Haftung für den Erfüllungsgehilfen nach § 278 BGB).

Der große Vorteil einer Vertragsklage i. V. mit § 278 BGB ist darin zu sehen, dass der Geschäftsherr keinen Entlastungsbeweis führen kann; er haftet nun einmal für fremdes Verschulden, unabhängig von einem eigenen Verschulden.

Ferner könnten der geschädigte H und der geschädigte Radfahrer den Gesellen G auch unmittelbar aus der **reinen Verschuldenshaftung** in Anspruch nehmen **(konkurrierender Anspruch)**.

Abgrenzung	Erfüllungsgehilfe § 278 BGB	Verrichtungsgehilfe § 831 BGB
Anwendungsbereich	**Ein Vertragsverhältnis zwischen dem Geschädigten und dem haftpflichtigen Ansprucheggner**	
	ist erforderlich, und der Vertrag ist durch Gehilfen verletzt worden.	nicht erforderlich (Haftung aus unerlaubter Handlung/Deliktshaftung).
	Anspruchskonkurrenz, soweit die »unerlaubte Handlung« gleichzeitig eine Vertragsverletzung ist. **Die schädigende Handlung des Gehilfen muss**	
	bei Erfüllung vertraglicher Pflichten oder bei »Vertragsanbahnung« erfolgt sein.	in »Ausführung der Verrichtung« widerrechtlich erfolgt sein.

Abgrenzung	Erfüllungsgehilfe § 278 BGB	Verrichtungsgehilfe § 831 BGB
Haftungsgrundlage	**Haftung für fremdes Handeln**	
	und sogar für fremdes Verschulden, nämlich das des Gehilfen, weil er sich dessen zur Vertragserfüllung bedient hat.	aber eigenes Verschulden bei der Auswahl und Überwachung des Gehilfen. § 831 BGB ist im Gegensatz zu § 278 BGB eine selbstständige Anspruchsgrundlage.
Haftungsbefreiung durch Entlastungsbeweis	Keine Entlastungsmöglichkeit, da eigenes Verschulden unerheblich.	Das eigene Verschulden des Geschäftsherrn wird zwar vermutet, er kann dies aber u. U. widerlegen.
Gehilfe (Begriff) des Schädigers	**Ein weisungsgebundenes Abhängigkeitsverhältnis zum haftpflichtigen**	
	Vertragsschuldner ist nicht erforderlich (z. B. Subunternehmer).	Geschäftsherrn ist erforderlich (Arbeitnehmer).
Haftungsumfang	**Bei reinen Vermögensschäden**	
	Haftung	keine Haftung

3.1.3 Haftungserleichterungen im Rahmen »vertraglicher Haftung kraft Gesetzes«

BGB §§ 521, 599, 690, 277

Der Schenker und Verleiher haftet z. B. nicht für leichte Fahrlässigkeit, der unentgeltliche Verwahrer nur für das Maß an Sorgfalt, das er in eigener Angelegenheit anzuwenden pflegt (individuelle Fahrlässigkeit).

3.2 Durch Vertrag übernommene gesetzliche Haftpflicht

Hier wälzt der eigentlich Verantwortliche die gesetzliche Haftpflicht auf einen Dritten ab. Überträgt z. B. ein Hauseigentümer die Streupflicht auf ein Straßenreinigungsunternehmen, dann ist letztlich das Unternehmen haftbar, wenn ein Schaden eintritt.

Natürlich wird sich der Geschädigte in der Regel direkt an den Hauseigentümer wenden, dieser wird dann aber auf den Dritten, das Reinigungsunternehmen, zurückgreifen.

3.3 Rein vertragliche Haftpflicht

3.3.1 Klauseln über verschärfte Haftung

Hier wird durch Vertrag eine Haftung übernommen, die **über die gesetzliche Haftpflicht hinausgeht**. So kann in einem Werkvertrag mit einem Tiefbauunternehmer ausdrücklich vereinbart worden sein, dass dieser dem Auftraggeber und jedem Dritten gegenüber für alle Schäden – im Zusammenhang mit den Straßenbauarbeiten – **ohne Rücksicht auf die Verschuldensfrage** zu haften hat.

Vertragsverletzungen führen häufig zu »reinen Vermögensschäden« (vgl. B 4.2.3), die sich aber im Einzelnen oft nur schwer nachweisen lassen. Auch aus diesem Grund bestehen marktstarke Vertragsgläubiger immer wieder darauf, dass vor Vertragsabschluss eine **Vertragsstrafe** vereinbart wird, die zugleich den Schadenersatzanspruch von vornherein pauschalisieren soll. Die Vertragsstrafe ist verwirkt, d. h. zu zahlen,

- wenn der Schuldner in Verzug kommt (z. B. der Sänger tritt im Konzert nicht auf) bzw.
- wenn die geschuldete Leistung in einem Unterlassen besteht, sobald der Schuldner eine Zuwiderhandlung begeht (z. B. der deutsche Lizenznehmer eines französischen Textilherstellers exportiert vertragswidrig in den nordamerikanischen Wirtschaftsraum).

3.3.2 Haftungsausschluss aufgrund ausdrücklicher Freizeichnung im Vertrag

BGB § 276 (2)

Häufig werden durch Vertragsklauseln vertragliche und außervertragliche Schadenersatzansprüche ausgeschlossen.

- Allerdings kann niemand seine Haftung für eigenes vorsätzliches Handeln ausschließen, wohl aber für vorsätzliches Handeln seiner Gehilfen. § § 276 (3), 278
- Zum Schutz des Endverbrauchers setzt hier das BGB aber noch engere Grenzen für die »Allgemeinen Geschäftsbedingungen« (AGB). Danach kann die Haftung weder für eigene grobe Fahrlässigkeit noch für grob fahrlässiges oder vorsätzliches Verhalten der Gehilfen in »Allgemeinen Geschäftsbedingungen« wirksam ausgeschlossen werden. Die Haftung für **Körperverletzungen** darf überhaupt nicht beschränkt werden. § 309 Nr. 7

3.4 Gesamtschuldnerische Haftung im Vertragsrecht

Verpflichten sich mehrere Personen durch Vertrag **gemeinschaftlich** zu einer Leistung, so haften auch sie im Zweifel als Gesamtschuldner.

Beispiele:

- Mehrere Architekten, die sich zu einer Architektengemeinschaft zusammengeschlossen haben, haften dem Bauherrn (Vertragspartner) gesamtschuldnerisch, wenn das errichtete Bauwerk später einen Baumangel aufweist, der auf einem Planungsfehler der Architektengemeinschaft beruht (Haftung aus Vertragsverletzung).
- Ein Mieterehepaar haftet dem Vermieter für Mietsachschäden (Nebenpflichtverletzung) in gleicher Weise als Gesamtschuldner wie für eventuelle Mietrückstände (Hauptpflichtverletzung).

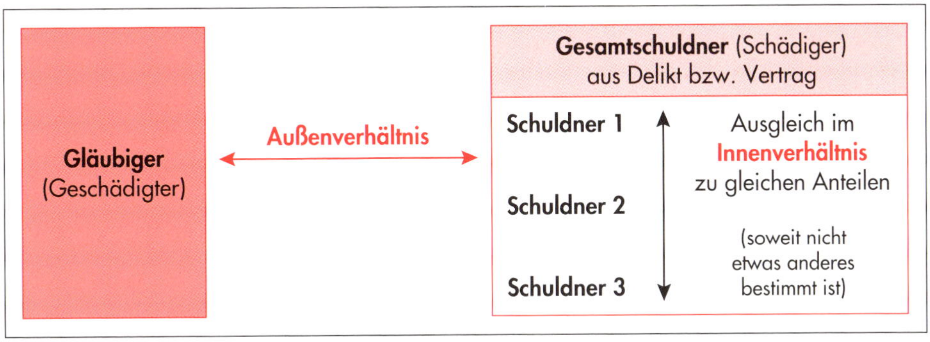

Lernkontrollen zu B 3

Vertragshaftung

1 Grenzen Sie die Vertragshaftung kraft Gesetzes und die rein vertragliche Haftpflicht voneinander ab.

2 Prüfen Sie, ob in den folgenden alternativen Fällen Schadenersatzansprüche aus

① Vertragshaftung

② Deliktshaftung

gegen den Betreiber des nachstehend erwähnten Sportgeschäftes geltend gemacht werden können:

a) Felix Bumann betrachtet während seines Winterurlaubs die vor einem Sportgeschäft ausgestellten Skijacken, denn er möchte sich eine neue Jacke kaufen. Dabei wird er von einem umherfliegenden Schneeball, den ein Unbekannter geworfen hat, am Kopf getroffen. Seine Brille geht zu Bruch.

b) Beim Betreten des Sportgeschäfts rutscht er im Eingangsbereich auf Schneematsch, der inzwischen zu Eis gefroren ist, aus. Durch den Sturz wird das Glas seiner wertvollen Armbanduhr zerstört.

c) Während er sich bei der Anprobe mit einer Skijacke im Spiegel betrachtet, wird sein Handy in der Umkleidekabine aus seiner alten Jacke gestohlen.

d) Nachdem Felix Bumann bezahlt hat, wird er noch im Geschäft von umfallenden Skiern, die dort achtlos von einem Kunden abgestellt waren, am Arm getroffen. Eine der scharfen Skikanten reißt ein Loch in seine neue Jacke, die er nach dem Kauf gleich anbehalten hat.

3 Prüfen Sie, ob die in Aufgabe 2 der Lernkontrollen zu B 2.2 geschädigte Elke Ansprüche aus Vertragshaftung gegen den Spielzeughändler B geltend machen kann.

4 Ein Steuerberater versäumt es, zugunsten seines Mandanten eine Sonderabschreibung in der Steuererklärung geltend zu machen. Ein Jahr nach Abgabe der Steuererklärung wird der Fehler entdeckt.

Prüfen Sie, ob der Steuerberater dem Mandanten gegenüber schadenersatzpflichtig ist (mit Begründung).

5 Bei einsetzendem Tauwetter löst sich ein am Hoteldach hängender Eiszapfen und trifft einen Gast, der gerade das Hotel verlässt. Der Gast muss mit einer schweren Gehirnerschütterung ins Krankenhaus eingeliefert werden.

Prüfen Sie, ob und ggf. nach welcher Rechtsgrundlage der Hotelier haftbar gemacht werden kann.

Haftung für den Erfüllungsgehilfen

6 Geselle Span soll bei der Witwe Schmitz einige beschädigte Holztreppenstufen austauschen. Von einer feucht-fröhlichen Geburtstagsfeier am Vorabend ist er noch leicht benommen, was sein Meister Holz aber nicht bemerkt.

Bei der Witwe angekommen, fängt er sofort an, die beschädigten Treppenstufen herauszubrechen. Dabei rutscht ihm sein Hammer aus der Hand und trifft die zuschauende Witwe Schmitz am Kopf. Sie muss mit einer schweren Platzwunde und Verdacht auf Gehirnerschütterung ins Krankenhaus eingeliefert werden.

Nachdem Span sich von dem Schreck erholt hat, passt er in einem weiteren Arbeitsgang die neuen Treppenstufen ein, ohne sie jedoch schon zu befestigen. Dann geht er zu seinem Kleinlastwagen und macht Pause.

Ahnungslos betritt derweil ein Besucher das Haus und benutzt die Treppe. Eine der unbefestigten Treppenstufen rutscht dabei heraus, wodurch der Besucher zu Fall kommt. Er bleibt unverletzt, sein mitgeführter Stockschirm geht jedoch zu Bruch.

Prüfen Sie, ob und nach welcher Rechtsgrundlage die beiden Geschädigten für den jeweils erlittenen Schaden

a) den Gesellen Span,

b) den Meister Holz

in Anspruch nehmen können.

7 Das Haus des Herrn Brause soll einen neuen Außenanstrich bekommen. Malermeister Bunt, Inhaber eines Malergeschäfts, soll den Auftrag ausführen. Herr Bunt schickt seine Gesellen Rot, Grün und Blau.

a) Beim Aufstellen des Gerüstes zertrümmert Blau mit einer Stange eine Fensterscheibe im Wert von 250,00 €.

Kann jetzt Herr Brause außer vom Gesellen Blau (Schädiger) auch vom Malermeister Bunt Schadenersatz verlangen?

b) Grün entwendet durch ein offenes Fenster aus dem Haus des Herrn Brause eine wertvolle Uhr. Kann Herr Brause vom Malermeister Bunt Schadenersatz verlangen?

c) Rot schüttet, als er auf dem Gerüst steht, aus Versehen einen Eimer mit Farbe um. Frau Klug, die gerade auf dem Gehweg vorbei kommt, wird von oben bis unten übergossen. Die Kleidung, die Schuhe und die Perücke sind vollkommen unbrauchbar.

Kann Frau Klug außer von dem Gesellen Rot (Schädiger) auch vom Malermeister Bunt Schadenersatz verlangen?

d) In der Mittagspause spielen die drei Gesellen vor dem Haus des Herrn Brause Fußball. Dabei schießt Rot bei Brauses Nachbarn Schwarze seine Fensterscheibe ein. Kann Schwarze vom Malermeister Bunt Schadenersatz verlangen?

4 Umfang des zu ersetzenden Schadens

4.1 Art des Schadenersatzes

4.1.1 Schadenersatz durch Naturalherstellung (Naturalrestitution)

BGB § 249 (1)

»Wer zum Schadenersatz verpflichtet ist, hat den Zustand herzustellen, der bestehen würde, wenn der zum Ersatz verpflichtende Umstand nicht eingetreten wäre.«

Beispiele:

- Reparatur eines beschädigten Autos, dessen Lack der Schädiger zerkratzt hatte.
- Wiederbeschaffung von zerbrochenem Seriengeschirr, das fallen gelassen wurde.
- Bei Ehrverletzung Widerruf der ehrenrührigen Äußerung.

Grundsätzlich hat der Haftpflichtige, abgesehen von einigen Fällen der Gefährdungshaftung (vgl. B 2.2) und des Mitverschuldens (vgl. B 4.3.2) den Schaden in vollem Umfang und **unbegrenzt** zu ersetzen.

4.1.2 Schadenersatz in Geld

§ 249 (2)

»Ist wegen Verletzung einer Person oder Beschädigung einer Sache Schadenersatz zu leisten, so kann der Geschädigte statt der Herstellung den dazu erforderlichen Geldbetrag verlangen.«

Der Geschädigte muss sich also nicht auf Naturalleistung durch den Schädiger bzw. den Ersatzpflichtigen einlassen.

Schließlich hat er ein Interesse daran, sich bei einer Körper- bzw. Gesundheitsverletzung seinen Arzt selbst auszusuchen. Ist eine Sache zerstört oder nur beschädigt worden, so ist es der Geschädigte selbst, der sich die Ersatzsache beschaffen, die Reparatur veranlassen oder die Sache in beschädigtem Zustand weiterbenutzen und den für die Reparatur erforderlichen Geldbetrag vorerst aufheben möchte.

§ 251 Die Entschädigung in Geld bildet daher die Regel, zumal der Naturalersatz häufig gar nicht möglich ist (z. B. wenn ein Gemälde als nicht vertretbare Sache zerstört wurde).

4.2 Schadenersatzansprüche

4.2.1 Materielle und immaterielle Personenschäden

a) Materielle Personen- und Personenfolgeschäden

Wird ein Mensch verletzt, sonst in seiner Gesundheit geschädigt oder gar getötet, so liegt ein Personenschaden vor.

Beispiel 1:
Ein selbstständiger Steuerberater wird bei einem Verkehrsunfall aufgrund einer Vorfahrtsverletzung eines anderen Verkehrsteilnehmers schwer verletzt. Der Verletzte muss auf Dauer mit einer erheblichen Gehbehinderung rechnen. Seine nicht berufstätige Ehefrau auf dem Beifahrersitz wurde bei dem Unfall getötet, sein Sohn ebenfalls schwer verletzt. Der Pkw des Steuerberaters wurde total zerstört.

➤ Ansprüche des Verletzten aus unmittelbarem Personenschaden

Heilkosten: Dazu gehören die Geldaufwendungen, die zur Wiederherstellung der Gesundheit des Verletzten erforderlich sind, wie Arzt-, Arznei-, Krankenhaus-, Krankentransport-, Kur- und Heilgymnastikkosten sowie die Aufwendungen naher Verwandter zum Besuch des Verletzten im Krankenhaus.

➤ Ansprüche des Verletzten aus mittelbarem Personenfolgeschaden (Vermögensschaden)

- **Verdienstausfall** während der Erwerbsunfähigkeit BGB § 252

  Bei Selbstständigen kommt nur die tatsächlich erlittene Einbuße in Betracht. So sind z. B. die Kosten für eine Ersatzkraft nur dann ersatzpflichtig, wenn sie tatsächlich angefallen sind. Erwerbstätigkeit ist auch die Arbeit des Ehegatten im Haushalt. Einer verletzten Hausfrau gewährt daher die Rechtsprechung wegen Ausfalls ihrer Arbeitskraft im Genesungszeitraum einen eigenen Schadenersatzanspruch.

- Kosten für **Nachteile im Erwerb und Fortkommen** § 842

  Außer dem gegenwärtigen und künftigen Verdienstausfall sind auch Nachteile für das Fortkommen des Verletzten zu ersetzen, also der Schaden, der sich aus der Erschwerung der Verdienstmöglichkeiten ergibt, wie z. B. die Einschränkung beruflicher Aufstiegsmöglichkeiten und die Ausübung einer schlechter bezahlten Tätigkeit nach Beendigung der bisherigen Erwerbsfähigkeit.

- **Geldrente** für Dauerfolgen

  Die Geldrente richtet sich nach den bisherigen und mit Wahrscheinlichkeit künftig zu erwartenden Einkünften des Verletzten. Eine Kapitalabfindung wird in der Praxis häufig vereinbart, kann aber nach Gesetz einseitig vom Geschädigten nur aus wichtigem Grund verlangt werden, z. B. Aufbau einer neuen Existenz.

- Ersatz der **Aufwendungen für vermehrte Bedürfnisse** nach Abschluss des eigentlichen Heilverfahrens (u. a. Diät, Heilmittel, Pflegekraft). § 843

➤ Anspruch Dritter

Schadenersatz kann nur der unmittelbar Geschädigte verlangen, nicht dagegen der nur »mittelbar Geschädigte« (Dritte), der infolge einer Verletzung des unmittelbar Geschädigten – für sich gesehen – nur einen reinen Vermögensschaden erlitten hat (keine Rechtsgutsverletzung i. S. von § 823 BGB; vgl. B 2.1.3).

Beispiel 2:
Einem Mandanten des Steuerberaters entgeht ein steuerlicher Vorteil, da der Steuerberater unfallbedingt für den Mandanten eine Einspruchsfrist beim Finanzamt nicht wahrnehmen konnte.

Die Ausdehnung der Schadenersatzpflicht auf »mittelbar Geschädigte« würde auch für die Haftpflichtversicherung ein unkalkulierbares Risiko darstellen.

Ausnahmsweise wird im Deliktsrecht ein **Drittschaden** in bestimmten Fällen ersetzt:

BGB § 844 (1) BGH 1989

- **Beerdigungskosten** im Falle der Tötung

  Dazu gehören auch die Kosten für Trauerkleidung, Überführung, Todesanzeigen usw.; nicht dagegen der verlorene Reisepreis für eine abgesagte Fernreise wegen Trauerfalls. Hier kann nur eine Reiserücktrittskosten-Versicherung die finanziellen Verluste mindern.

BGB § 844 (2)

- **Unterhaltsrente** für alle, die durch Tötung einen gesetzlichen Unterhaltsanpruch verlieren (Waisen, Witwe, Eltern).

  Im o.a. Beispiel hat der Steuerberater einen solchen Anspruch, weil der haushaltsführende Ehepartner getötet wurde.

§ 845

- **Entgangene Dienste** aufgrund gesetzlicher, nicht vertraglicher Dienstleistungspflicht.

  So haben die Eltern, denen bei Verletzung bzw. Tötung eines ihrer Kinder unentgeltliche Dienste im elterlichen Hauswesen oder Geschäft entgehen, einen Schadenersatzanspruch; nicht dagegen der Arbeitgeber, dessen Produktion behindert wird, weil ein wichtiger Mitarbeiter (vertragliche Dienstpflicht) bei einem Verkehrsunfall verletzt wird. Hier bleibt es bei der Regel, dass der nur mittelbar Geschädigte, hier der Arbeitgeber, keinen Schadenersatzanspruch hat.

b) Geldersatz für immaterielle Schäden (»Schmerzensgeld«)

§ 253 (1), (2)

Grundsätzlich sieht das Gesetz nur den Ersatz des Vermögensschadens (materiellen Schadens) vor. Gemäß § 253 BGB wird für einen Schaden, der kein Vermögensschaden ist (immaterieller Schaden), eine Entschädigung in Geld nicht gewährt.

Von diesem Grundsatz macht der Gesetzgeber beim sog. Schmerzensgeld eine Ausnahme.

Es besteht ein allgemeiner Anspruch auf Schmerzensgeld bei der **Verletzung von Körper, Gesundheit, Freiheit und sexueller Selbstbestimmung,** wenn
- die Verletzung vorsätzlich herbeigeführt wurde oder
- der Schaden unter Berücksichtigung seiner Art und Dauer nicht unerheblich ist.

➤ Anspruch auf Schmerzensgeld

Schmerzensgeld kann in den Fällen der Verschuldens-, Gefährdungs- und Vertragshaftung verlangt werden. Es muss sich aber um eine **Verletzung eines Rechtsgutes** handeln. Dazu gehört auch die Verletzung des allgemeinen Persönlichkeitsrechts (Ehrverletzung) oder des Rechts am eigenen Bild.

Hier wird ein Anspruch auf Entschädigung in Geld vor allem deshalb anerkannt, da ein Schadenersatz durch Naturalrestitution (z.B. durch öffentlichen Widerruf) den Verletzten häufig nur erneut beeinträchtigen würde.

Nach der Rechtsprechung werden sogar Schmerzensgeldansprüche wegen seelischer Erschütterung nach dem Unfalltod eines nahen Angehörigen (»besonders schwere psychische Belastungen«) anerkannt, obwohl hier der Anspruchsteller selbst nicht der unmittelbar Geschädigte ist – also selbst keine Körperverletzung erlitten hat. OLG Ffm 1995

Kein Schmerzensgeld besteht dagegen bei einem Arbeitsunfall. § 106 SGB VII nimmt dem verletzten Arbeitnehmer oder Schüler den privatrechtlichen Anspruch gegen den Arbeitgeber, Arbeitskollegen oder die Schule und gewährt ihm dafür einen Anspruch aus Sozialversicherung. Dieser umfasst kein Schmerzensgeld.

Funktionen des Schmerzensgeldes

Das Schmerzensgeld hat eine Doppelfunktion:

- **Ausgleichsfunktion.** Es soll dem Verletzten einen Ausgleich für erlittene Schmerzen gewähren und zwar auch dann, wenn der Schädiger nicht schuldhaft gehandelt hat (Gefährdungshaftung).

  Dabei sind Größe, Heftigkeit und Dauer der Schmerzen, Leiden, Entstellungen und psychische Beeinträchtigungen wichtige Kriterien für die Höhe des Anspruchs. BGH NJW 1976

  Neben den körperlichen Auswirkungen (Primärverletzungen, Zahl und Schwere der Operationen, Dauer der stationären ambulanten Heilbehandlungen, Zeitraum der Arbeitsunfähigkeit und Höhe des Dauerschadens) kommt es auch auf psychische Veränderungen und damit allgemein auf jeden Verlust an Lebensfreude an, z. B. verminderte Heiratschancen, Einschränkung bei der Berufswahl und der sportlichen Betätigung.

Schmerzensgeld für Kapellmeister

rtr FRANKFURT. Das Frankfurter Landgericht hat einem Kapellmeister, dessen Foto von einem Auftritt in der New Yorker Steubenparade ein Frankfurter Kaufhaus in einem Werbeprospekt benutzt hatte, 1 000,00 € Schmerzensgeld zugesprochen. In dem Urteil heißt es, die genehmigungslose Abbildung des stabschwingenden Kapellmeisters stelle einen Verstoß gegen das Recht am eigenen Bild dar. Ein neutraler Beobachter müsse annehmen, der Mann habe sich gegen Geld zu Werbezwecken vermarkten lassen (Aktenzeichen 2/3 S 7/91).

- **Genugtuungsfunktion.** Es soll aber auch eine Genugtuung darstellen, die der Schädiger dem Verletzten allerdings nur dann schuldet, wenn er ihm vorsätzlich oder fahrlässig Schaden zugefügt hat.

Kein Schmerzensgeld bei unerheblichen Verletzungen

Der Schmerzensgeldanspruch setzt kein Verschulden des Schädigers voraus. Deshalb ist er begrenzt auf Schäden, die unter Berücksichtigung ihrer Art und Dauer nicht unerheblich sind.

Ausdrücklich ausgenommen sind daher wirklich unerhebliche Verletzungen mit geringen und vorübergehendem Einfluss auf das Allgemeinbefinden, wie Kopfschmerzen, Schürf- bzw. Schnittwunden, Prellungen und leichte HWS-Verletzungen ersten Grades usw. Ohne starre Vorgabe einer Geldsumme ist hier an Schäden gedacht, die zu Schmerzensgeldfestsetzungen von unter 500,00 € führen würden.

Vorsatztaten sind von dieser Einschränkung nicht betroffen, weil bei ihnen die Genugtuungsfunktion im Vordergrund steht. Es ist auch kaum vorstellbar, dass bei ihnen ein Schmerzensgeldbetrag weniger als 500,00 € ausmachen könnte.

Höhe des Schmerzensgeldes

Im übrigen kommt es bei der Bemessung des Schmerzensgeldes nicht nur auf Art und Ausmaß der Beeinträchtigung auf Seiten des Verletzten an, sondern auch auf

- Verschulden des Schädigers (unter Berücksichtigung eines eventuellen Mitverschuldens des Geschädigten) und den Verschuldungsgrad,
- den Anlass der Verletzung,
- die wirtschaftlichen Verhältnisse der Beteiligten.

  Hier wird auch das Bestehen einer Haftpflichtversicherung berücksichtigt. Eine verzögerte Schadenregulierung des VR kann sogar schmerzensgelderhöhend sein.

Die Bemessung der Schmerzensgeldhöhe im konkreten Fall gehört zu den schwierigsten richterlichen Aufgaben. In der Praxis spielen Auflistungen von Gerichtsentscheidungen eine große Rolle. Sie enthalten Angaben über die Art der Verletzung und den zuerkannten Schmerzensgeldbetrag.

Beispiele:

Gehirnerschütterung	500,00	bis	2000,00 €
Armbruch	500,00	bis	3000,00 €
Verlust eines Armes	5000,00	bis	12000,00 €
Verlust eines Beins	30000,00	bis	50000,00 €
Schädelbruch	4000,00	bis	70000,00 €
Querschnittlähmung			150000,00 €

BGB §§ 1922, 253 — Der Schmerzensgeldanspruch ist vererblich und auch dann auf die Erben übergegangen, wenn ein vertragliches Anerkenntnis des Schädigers bzw. seines Versicherers oder eine Klageerhebung bei Tod des Verletzten nicht bzw. noch nicht vorliegt.

4.2.2 Sachschäden

§ 249 — Bei Sachschäden wird nach Beschädigung bzw. Zerstörung der Sache unterschieden.

a) Unmittelbare Sachschäden

Hierzu gehören

- die »erforderlichen« **Reparaturkosten bei Beschädigung,**
- der **Wertersatz bei Zerstörung** oder wenn eine Reparatur aus technischen bzw. wirtschaftlichen Gründen nicht mehr in Betracht kommt (so genannter **Totalschaden).** Als Wertersatz wird in der Regel nur der **Zeitwert** erstattet. Das ist der Wert der Sache unmittelbar vor Eintritt des Schadensfalls (so genannter **Wiederbeschaffungswert** beim Kauf einer gleichwertigen, gebrauchten Sache).

  Der für die Reparatur/Wiederbeschaffung erforderliche Geldbetrag (Schadenersatz) schließt die Umsatzsteuer mit ein, wenn und soweit sie tatsächlich angefallen ist.

b) Vermögensfolgeschäden

Wertminderung

Auch nach der Reparatur der beschädigten Sache bleibt häufig eine **Wertminderung** zurück,

- weil die Reparatur nicht völlig den früheren Zustand herbeiführen konnte **(technischer Minderwert)** oder
- weil trotz technisch ordnungsgemäßer Reparatur aber wegen des Verdachts verborgener Mängel (Unfallwagen) der Verkaufswert gemindert ist **(merkantiler Minderwert).** BGH 1981

Soweit kein Totalschaden vorliegt, kann der Geschädigte für beide Varianten der Wertminderung unabhängig von einer Reparatur einen angemessenen Ausgleich verlangen. BGB § 251(2)

Nutzungsausfall

Ist eine Sache beschädigt worden, so müssen auch diejenigen Nachteile ersetzt werden, die sich daraus ergeben, dass der Geschädigte die Sache während der Dauer ihrer Reparatur oder bis zum Zeitpunkt der Ersatzbeschaffung nicht nutzen kann. Dazu gehören der **entgangene Gewinn** infolge Einnahmeausfalls bei der Zerstörung einer Maschine sowie die **Mietkosten eines Ersatzgegenstandes.** BGH VersR 1964, 1986 BGB § 252 S. 2

Verzichtet der Geschädigte dagegen auf das Anmieten eines Ersatzgegenstandes, so kann er zum Ausgleich für die ihm entgangenen Gebrauchsvorteile einen **Nutzungsausfall** verlangen.

Zehn Mark Tagegeld fürs Fahrrad

Auf zehn Mark (5,11 €) täglich hat das Amtsgericht Müllheim (Az.: 3 C 499/89) den Anspruch eines Fahrradfahrers festgesetzt, der auf sein Gefährt nach einem unverschuldeten Unfall wegen einer Reparatur vorübergehend verzichten muss. Anspruch auf Nutzungsausfall besteht jedoch nur, wenn der Betroffene sein Rad auch regelmäßig benutzt.

Die Rechtsprechung erkennt diesen Anspruch aber nur für den Fall an, dass der Schaden an einem Wirtschaftsgut entstanden ist, auf dessen ständige Verfügbarkeit der Geschädige typischerweise angewiesen ist. Das trifft in der Regel auf die Nichtbenutzbarkeit eines Kfz und eines Wohnhauses zu, nicht aber auf »Luxusgüter«, wie z.B. die Nichtbenutzbarkeit eines Pelzmantels oder eines Wohnwagens, weil hier keine Beeinträchtigung eines Vermögensinteresses, sondern höchstens eines nicht ersatzfähigen Liebhaberinteresses (immaterieller Schaden) vorliegt. BGH 1987 1975 1980

4.2.3 Reine Vermögensschäden

Nun gibt es auch Schäden, bei denen weder ein Mensch verletzt oder getötet noch eine Sache beschädigt, zerstört oder abhanden gekommen ist (so genannte reine Vermögensschäden).

Reine Vermögensschäden sind häufig die Folge einer Vertragsverletzung.

Beispiele:

1. Ein Hotelbesitzer hat sich verpflichtet, den Gast zu wecken. Dies wird vergessen, und der Gast, der sich auf einer Geschäftsreise befand, versäumt einen wichtigen Termin.
2. Aufgrund einer fehlerhaften Kreditauskunft seiner Hausbank (Vertragspartner) gewährt der Geschäftsmann A dem Geschäftsmann B einen größeren Warenkredit. Kurz darauf gerät B in Insolvenz.

Die Ersatzpflicht für reine Vermögensschäden kann regelmäßig nur im Rahmen eines Vertragsverhältnisses (Vertragshaftung) verlangt werden. BGB §§ 249, 252

Deshalb haftet der Vertragspartner dem Geschädigten in Beispiel 1 und 2, soweit ein Verschulden vorliegt, aus »positiver Vertragsverletzung«.

Bei Vorliegen eines Delikts (Deliktshaftung) sind reine Vermögensschäden grundsätzlich nicht ersatzpflichtig, weil der Grundtatbestand einer unerlaubten Handlung (§ 823 Abs. 1 BGB) eine Rechtsgutverletzung (Personen- und/oder Sachschäden) voraussetzt.

BGB § 823 (2) Wird dagegen gleichzeitig ein Schutzgesetz verletzt, so hat der Verantwortliche auch reine Vermögensschäden zu ersetzen.

Beispiel:
Ein Ladeninhaber lässt sein Geschäft unter Verstoß gegen das Ladenschlussgesetz an mehreren Tagen in der Woche bis gegen Mitternacht geöffnet. Dadurch hat ein Konkurrent nachweislich erhebliche Umsatzrückgänge zu verzeichnen.

Das Ladenschlussgesetz ist auch ein Schutzgesetz.

4.3 Einschränkung der Leistungspflicht und Verjährung von Schadenersatzansprüchen

4.3.1 Gesetzliche Summenbegrenzung

Schon in den Ausführungen zur Gefährdungshaftung (vgl. Abschn. B 2.2) wurde dargelegt, dass die strengen Regelungen zur Gefährdungshaftung als Gegengewicht häufig eine Haftungsbegrenzung vorsehen, z. B.

- StVG § 12 — in § 12 StVG durch Festlegung von »Höchsthaftungssummen« für Personen und Sachschäden (5 Mio. €/1 Mio. €) oder
- BGB § 702 — in § 702 BGB, der die Haftung des Hoteliers für eingebrachte Sachen von Beherbergungsgästen auf max. 3 500,00 €, für Geld, Wertpapiere und Kostbarkeiten auf max. 800,00 € begrenzt (vertragliche Haftung kraft Gesetzes).

4.3.2 Mitwirkendes Verschulden des Geschädigten

§ 254 Häufig trägt der Geschädigte selbst zur Entstehung bzw. zum Umfang seines Schadens bei. Die Mitverantwortlichkeit führt dann zu einer Verteilung des Schadens nach bestimmten Quoten, die eine Kürzung des Schadenersatzanspruchs, u. U. sogar den Wegfall der Ersatzpflicht des Schädigers, zur Folge hat. Maßgebend ist eine – oft sehr schwierige – Abwägung aller Umstände des Einzelfalls.

➤ Mitwirkung des Geschädigten bei Entstehung des Schadens

§ 254 (1) § 254 (1) BGB nennt als wichtigstes Entscheidungskriterium für eine Kürzung des Ersatzanspruchs das Maß der beiderseitigen Verursachung.

Nicht angeschnallt auf dem Rücksitz: Haftungsbeteiligung

Wer sich auf dem Rücksitz nicht anschnallt und bei einem Unfall verletzt wird, verliert seinen Anspruch auf Ersatz des vollen Schadens. In einem entsprechenden Urteil erschien dem LG Hanau eine Mithaftungsquote von 30 % gegenüber dem Unfallverursacher als angemessen. (KVDB 3/92)

- Auch das **Verhalten des Geschädigten** muss schuldhaft sein (sog. **Mitverschulden**), was natürlich der Schädiger zu beweisen hat.

Beispiele:

- Ein ungeübter Skifahrer hält sich auf einer Rennstrecke auf, an der er aufgrund seines Verhaltens mit einem Unfall rechnen muss.
- Der Fahrer eines Kfz stellt sein Fahrzeug vor dem Hause ab, von dessen Dach Schneemassen überhängen und die Gefahr einer Dachlawine droht.
- Nichttragen eines Sturzhelms bei Motorradfahrern bzw. Nichtanlegen von Sicherheitsgurten im Kfz.

In all diesen Fällen hat der Geschädigte die zur Wahrung eigener Interessen verkehrserforderliche Sorgfalt verletzt und dadurch die Gefahr seiner Schädigung selbst geschaffen bzw. mit erhöht.

Ein nach § 254 BGB zu beurteilender Fall liegt auch dort vor, wo jemand sich bewusst in eine Situation hineinbegibt, deren besondere Gefahren für ihn erkennbar sind; z. B. wenn jemand sich in einem Kfz mitnehmen lässt, dessen Fahrer »deutlich erkennbar« fahruntüchtig ist (Handeln auf eigene Gefahr). Ähnlich verhält es sich, wenn die Verletzung bei der Teilnahme an einem Fußballspiel durch das regelwidrige Verhalten eines anderen Spielers verursacht worden ist (vgl. B 2.1.4). LG Konstanz 1992

- Auch die **Mitverursachung durch Betriebsgefahren** ist zu berücksichtigen, ohne dass den Geschädigten ein Verschulden treffen muss (vgl. B 2.2). HaftpflG § 13

Beispiel:

Ein unvorsichtiger Fußgänger hat es verschuldet, dass ein Kfz-Fahrer mit seinem Pkw einen Schaden erlitt. Der Fußgänger ist schadenersatzpflichtig, doch die Betriebsgefahr des Kfz mindert zum Nachteil des Kfz-Fahrers die Schadenersatzpflicht. StVG § 7

➤ Unterlassene Warnung sowie Schadenabwendung bzw. -minderung

- Das mitwirkende Verschulden des Geschädigten kann sich auch darauf beschränken, dass er es unterlassen hat, den Schädiger auf die Gefahr eines ungewöhnlich hohen Schadens aufmerksam zu machen, die der Schädiger weder kannte noch kennen musste. BGB § 254 (2)

Beispiel:

A gibt ein altes Bild zum Einrahmen und weist nicht auf dessen hohen Wert hin. Beim Einrahmen beschädigt der Beauftragte (Vertragspartner) das Bild erheblich.

§ 254 BGB ist also nicht nur auf Schadenersatzansprüche aus unerlaubter Handlung und Gefährdungshaftung, sondern auch auf Schadenersatzansprüche aus Vertragshaftung anzuwenden.

- Der Geschädigte bzw. sein gesetzlicher Vertreter hat es nach Eintritt des Schadens unterlassen, den Schaden durch zumutbare Maßnahmen abzuwenden oder zu mindern.

Beispiel:

- Unterlassen einer ärztlichen Behandlung nach Verletzung
- Verweigerung einer gefährlichen Operation
- Verzögerte Reparaturvergabe bei beschädigtem Kfz

➤ Direktabzug des Mithaftungsanteils eines gesetzlichen Vertreters oder Erfüllungsgehilfen bei Ersatzansprüchen aus Vertragshaftung

Beispiel:
Ein sechsjähriges Kind ist vom Balkon der elterlichen Wohnung gestürzt und hat sich hierbei erheblich verletzt. Vertreten durch die Eltern als gesetzliche Vertreter macht es Schadenersatzansprüche gegen den Wohnungsvermieter geltend, weil die Balkonbrüstung entgegen den baupolizeilichen Vorschriften zu niedrig und damit die Mietsache mit einem für den Schaden ursächlichen Fehler behaftet war (Vertragshaftung kraft Gesetzes).

Der Vermieter wird hier mit Erfolg einwenden können, dass sich das sechsjährige Kind ein Mitverschulden der Eltern aus Aufsichtspflichtverletzung anrechnen lassen muss.

Im Rahmen der Deliktshaftung ist ein Direktabzug nicht möglich. Der Schädiger haftet hier dem Aufsichtsbedürftigen für den vollen Schaden gesamtschuldnerisch neben den Eltern.

4.3.3 Vorteilsausgleichung

BGB § 255

Auch ein Vorteilsausgleich kann den Ersatzanspruch mindern. Dadurch soll vermieden werden, dass der Geschädigte durch die Schadenersatzleistung besser gestellt wird, als er vor dem Schadensfall gestanden hat.

➤ Grundsatz

Sind Vorteile bei der Schadenberechnung zu berücksichtigen, so beschränkt sich die Ersatzpflicht auf die Differenz zwischen Schaden und Vorteil.

Beispiel:
Einsparung von Kosten für häusliche Verpflegung während eines fremdverschuldeten Krankenhausaufenthalts.

➤ Abzug »neu für alt«

AG Landshut 1989

Er kommt aber nur in Betracht, wenn der Geschädigte durch die Ersatzleistung eine »messbare Vermögensverbesserung« erhalten hat und ein Abzug daher zumutbar ist (vgl. C 4.3.2.1 b). Bei Wertersatz einer nicht reparaturfähigen Sache (technischer bzw. wirtschaftlicher Totalschaden) wird i.d.R. der Restwert der zerstörten Sache auf die Schadenersatzforderung angerechnet.

➤ Der Wertausgleich darf den Schädiger nicht in unverdienter Weise begünstigen.

Nicht anzurechnen sind daher eine Entschädigung aus einer Lebens-, Unfall- oder Tagegeldversicherung (Summenversicherung).

VVG § 86

Erhält der Geschädigte Leistungen aus der Sozialversicherung, aus einem Beamten- oder Arbeitsverhältnis (insbesondere Lohnfortzahlung) oder aus einer Schadenversicherung (u.a. Feuer-, ED- oder Kaskoversicherung), so findet deshalb kein »Vorteilsausgleich« statt, weil sein Ersatzanspruch gegen den Schädiger auf den Versicherungsträger, den Staat, Arbeitgeber oder die Versicherungsgesellschaft von Gesetzes wegen übergeht (gesetzlicher Forderungsübergang).

4.3.4 Verjährung

Schadenersatzansprüche aus unerlaubter Handlung, Gefährdungshaftung (StVG, ProdHG) und Vertragsverhältnissen verjähren in **3 Jahren**. Die Frist beginnt mit dem Schluss des Jahres, in dem

BGB §§ 195, 199

- der Anspruch entstanden ist (objektives Kriterium: **Schadeneintritt**) und
- der Geschädigte von den den Anspruch begründenden Umständen und der Person des Schädigers Kenntnis erlangt oder ohne grobe Fahrlässigkeit hätte erlangen müssen (subjektives Kriterium: **Kenntnis**).

ProdHG § 12

StVG § 14

Da der Schaden erst lange Zeit nach dem maßgebenden Ereignis eintreten kann, sieht das Gesetz Maximalfristen vor. So verjähren Schadenersatzansprüche unabhängig vom Zeitpunkt des Schadeneintritts spätestens nach **30 Jahren** ab Beginn der **Handlung** bzw. der Pflichtverletzung.

Schadenersatzansprüche, die nicht auf einer Verletzung des Körpers, der Gesundheit oder der Freiheit beruhen (also vor allem Sachschäden) verjähren allerdings auch bei Fehlen des subjektiven Elements »Kenntnis« spätestens 10 Jahre nach Schadeneintritt.

Beispiel:

A erleidet am 12. Dez. 2010 einen Unfall mit seinem Motorrad. Am 10. März 2011 stellt sich heraus, dass der Unfall im Wesentlichen auf eine mangelhafte Reparatur zurückzuführen ist, die der Motorradhändler B am 10. Nov. 2010 durchgeführt hatte. Erst Jahre später ergeben sich aus den Verletzungen, die A bei dem Unfall am 12. Dez. 2010 erlitten hatte, schwere irreversible Gesundheitsschäden.

10. Nov. 2010	12. Dez. 2010	10. März 2011	31. Dez. 2011	31. Dez. 2014	12. Dez. 2021	10. Nov. 2040
Handlung *Pflichtverletzung*	**Schadeneintritt**	**Kenntnis**	Beginn *der regelmäßigen Verjährungsfrist*	Ende	max. 10 Jahre	max. 30 Jahre

Während der Verhandlung über den Schadenersatz ist die Verjährung gehemmt, z. B. wenn A und B zwischen dem 05. April 2011 und dem 05. Mai 2011 über die Höhe des Anspruchs und ein etwaiges Mitverschulden des A verhandelt haben.

Lernkontrollen zu B 4

Umfang des zu ersetzenden Schadens

1 Der Radfahrer A hatte die Fußgängerin B angefahren. Dabei wurde der wertvolle Mantel der B erheblich beschädigt.

Im Rahmen der Schadenregulierung erweist sich der Mantel als

- noch reparaturfähig (Reparaturdauer 4 Wochen),
- nicht reparaturfähig.

Erläutern Sie anhand dieses Beispiels die Begriffe Nutzungsausfall und Vorteilsausgleich.

2 Welche Funktionen hat die Rechtsprechung dem Schmerzensgeld zugedacht?

3 Kann der Anspruch auf Schmerzensgeld übertragen oder vererbt werden?

5 Risikodeckung durch Haftpflichtversicherung unter besonderer Berücksichtigung der Privat-Haftpflichtversicherung

5.1 Haftpflichtrisiko und Vorsorgemöglichkeiten

5.1.1 Risikoanalyse

Situation

Die vier Familienmitglieder der Familie Lübben haben grundverschiedene Hobbys:

Elmar Lübben, 48 Jahre und Architekt von Beruf, ist leidenschaftlicher Jäger. Seine 46-jährige Ehefrau Helga ist als Lehrerin tätig und spielt in ihrer Freizeit gerne Golf. Sohn Markus, 20 Jahre, ist Student. Ihn zieht es in die Lüfte, denn er geht dem Segelflugsport nach. Tochter Melanie, 16 Jahre, ist in ihrer Freizeit mit an Sicherheit grenzender Wahrscheinlichkeit auf dem Reiterhof anzutreffen.

Schließlich ist da noch der Mischlingshund Rex, den alle Familienmitglieder ins Herz geschlossen haben.

Bei einer Familienfeier mit Verwandten kommt man auf die verschiedenen Hobbys und auch den Hund zu sprechen und im weiteren Verlauf der Unterhaltung steht die Frage an, was passiert, wenn eines der Familienmitglieder durch Ausübung seines Hobbys einen anderen schädigt oder wenn Rex einmal zubeißt. »Wir wollen hoffen, dass nichts passiert«, meint Elmar Lübben, »und schließlich haben wir ja auch noch eine Privat-Haftpflichtversicherung.«

Unter den Verwandten befindet sich der 18-jährige Sven, der gerade eine Ausbildung zum Kaufmann für Versicherungen und Finanzen angetreten hat. »Vorsicht!«, meint er. »Genau weiß ich es noch nicht, aber ich habe gehört, dass die Privat-Haftpflichtversicherung wohl viele, aber nicht alle Risiken des täglichen Lebens deckt. Bestimmte Risiken müssen zusätzlich versichert werden. Unsere Vertreter fragen deshalb auch die Kunden stets nach Beruf, Hobbys, Immobilienbesitz usw.«

Man kommt schließlich überein, dass Sven den Besuch eines Vertreters seines Ausbildungsbetriebes veranlassen soll, damit die Haftpflichtrisiken der Familie abgeklärt und ggf. zusätzlich versichert werden.

In den vorangegangenen Ausführungen wurde festgestellt, dass der Schädiger unter bestimmten Voraussetzungen unbegrenzt für einen Schaden, den er einem anderen zugefügt hat, haftet. Vorhandenes Vermögen und das Einkommen reichen ggf. nicht aus, den angerichteten Schaden zu begleichen. Dann ist der finanzielle Ruin vorprogrammiert.

Der Eigenvorsorge sind deshalb Grenzen gesetzt. Das Haftpflichtrisiko ließe sich allenfalls noch dadurch begrenzen, dass man auf bestimmte Tätigkeiten (Hobbys) oder bestimmte Gefährdungstatbestände (z. B. Halten eines Hundes) verzichtet. Kann oder will man dies nicht, gibt es zu einer Haftpflichtversicherung (HV), die im Rahmen der vereinbarten Deckungssummen die persönlichen Haftpflichtrisiken deckt, keine Alternative. Die richtige Risikodeckung durch eine Haftpflichtversicherung setzt allerdings voraus, dass das persönliche Risiko zuvor richtig analysiert und der Deckungsumfang entsprechend vereinbart wird.

5.1.2 Aufgaben der Haftpflichtversicherung

➤ Haftpflichtversicherung als Vermögensversicherung

Aufgabe der Haftpflichtversicherung ist es, den Versicherten von Schadenersatzansprüchen **freizustellen** für Schäden, die er **Dritten** in seiner **versicherten Eigenschaft**, z. B. als Privatperson, zugefügt hat.

Die Haftpflichtversicherung dient damit

- der Deckung des **konkreten Bedarfs** im Schadenfall,

  Unter diesem Gesichtspunkt stellt sie sich als Schadenversicherung dar.
- dem Schutz des **gesamten jeweiligen Vermögens** des Versicherten.

  Im Haftpflichtfall wird nicht eine Sache des Versicherten geschädigt, sondern sein **Vermögen**. Vor dieser Vermögensschädigung schützt die Haftpflichtversicherung. Für den Versicherten ist sie deshalb eine Vermögensversicherung.

Nach **wirtschaftlichen Gesichtspunkten** ist die Haftpflichtversicherung eine **Passivenversicherung**, weil sie den VN davor schützt, dass ihm durch den Schadenersatzanspruch des Geschädigten Verbindlichkeiten (Passiven) erwachsen.

➤ Haftung und Deckung

Da im Rahmen der Haftpflichtversicherung zwischen **zwei** verschiedenen Rechtsverhältnissen zu unterscheiden ist, d. h. die **Rechtsbeziehung** zwischen

- dem **Schädiger** (VN) und dem **Geschädigten** einerseits und
- dem **Schädiger** (VN) und dem **VR** andererseits,

ist hier auch regelmäßig von drei Beteiligten auszugehen:

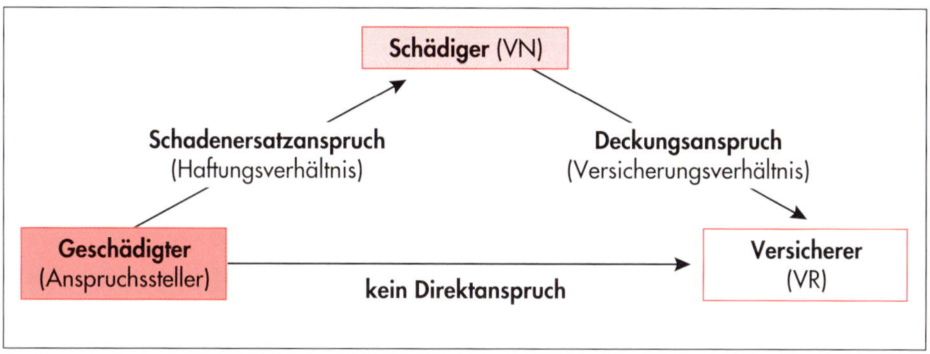

- Da nicht jeder gegen den VN gerichtete Schadenersatzanspruch dem Grunde und der Höhe nach durch den Versicherungsvertrag Deckungsschutz genießt, wird der VR im Schadenfall zunächst die **Deckungsfrage** prüfen. Nur wenn **Deckung besteht, hat sich der VR auch mit dem Haftpflichtanspruch** (Schadenersatzanspruch) **zu befassen**.
- Der Geschädigte hat **keinen direkten Anspruch** gegenüber dem Haftpflicht-VR, ausgenommen in bestimmten Fällen, z. B. Kraftfahrzeug-Haftpflichtversicherung, mit der die Versicherungspflicht nach dem PflVG erfüllt wird. Verhandelt der VR im Schadenfall mit dem Geschädigten, der keinen Direktanspruch hat, über Grund und Höhe des Anspruchs, so tut er das als **Vertreter des VN**. VVG § 115 (1)

5.1.3 Arten der Haftpflichtversicherung

a) Allgemeine Haftpflichtversicherungen

In der Haftpflichtsparte gibt es **keine Standard-,** sondern eine ganze Anzahl spezieller **Haftpflichtversicherungen,** und zwar für ganz bestimmte, im Vertrag genau bezeichnete Gefahrenbereiche.

Traditionell wird die Kfz-Haftpflichtversicherung als besonderer Versicherungszweig betrieben, während alle übrigen Arten von Haftpflichtversicherungen unter der Sammelbezeichnung **Allgemeine Haftpflichtversicherungen** geführt werden. Diese umfasst alle Arten der **privaten, beruflichen** und **geschäftlichen** Haftpflichtversicherung, u. a. die

- **Privat-HV** (Privatpersonen),
- **Berufs-HV** (u. a. Ärzte, Rechtsanwälte, Richter, Lehrer),
- **Betriebs-HV** (Gewerbetreibende, z. B. Handwerksbetriebe),
- **Produkt-HV** (Zusatzdeckung für Industrie und Handel),
- **Umwelt-HV** (betrifft sämtliche UmweltHG-Risiken im gewerblich-beruflichen Bereich),
- **Haus- und Grundbesitzer-HV,**
- **Hundehalter-HV,**
- **Gewässerschaden-HV** (u. a. für Inhaber eines Öltanks).

Oft werden verschiedene Haftpflichtrisiken in einer Police (z. B. das Berufshaftpflichtrisiko oder Tierhalterrisiko zusammen mit dem Privathaftpflichtrisiko) versichert.

b) Pflicht-Haftpflichtversicherung

Die Haftpflichtversicherung hat nicht nur Bedeutung für den Versicherten. Sie ist ebenso wichtig für den ersatzberechtigten Geschädigten. Oft genug kann dieser deshalb keinen Ersatz erhalten, weil der für den Schaden Verantwortliche finanziell nicht in der Lage ist, Schadenersatz zu leisten. Ist aber der Schadenstifter gegen Haftpflicht versichert, so kann sich der Geschädigte darauf verlassen, dass seine Ersatzansprüche, soweit sie berechtigt sind, auch tatsächlich erfüllt werden. Deshalb hat der Gesetzgeber für einige **besonders gefahrenbringende Tätigkeiten** und für **bestimmte Berufsausübungen** den Abschluss einer Haftpflichtversicherung sogar gesetzlich vorgeschrieben.

Beispiele: Pflicht-Haftpflichtversicherungen

- **Kraftverkehrs-HV** durch den Kfz-Halter (§ 1 PflVG)
- **Luftfahrzeug-HV** (§ § 2 und 43 LuftVG)
- **Jagd-HV für den Jäger** (§ 17 BJagdG)
- **Haftpflichtversicherung für den Arzneimittelhersteller** (§ 94 ArzneimittelG)
- **Berufs-HV** kraft Gesetzes für **Wirtschaftsprüfer, Steuerberater, bestimmte Versicherungsvermittler** bzw. kraft Standesrechts für **Ärzte, Zahnärzte und Anwälte**

Die standesrechtlichen Anordnungen begründen jedoch keine gesetzliche Haftpflichtversicherung.

5.1.4 Rechtsquellen der Haftpflichtversicherung

a) Rechtsgrundlagen allgemein

➤ Gesetzliche Grundlagen

Neben den **allgemeinen** gesetzlichen Grundlagen im **BGB** befinden sich **spezielle** Regelungen im **VVG**:

- Allgemeiner Teil (§§ 1–73 VVG)
- Vorschriften für die **gesamte Schadenversicherung** (§§ 74–87 VVG)
- **Haftpflichtversicherung einschließlich Vorschriften für die Pflichtversicherung** (§§ 100–124 VVG)

➤ Vertragliche Grundlagen

- Allgemeine Versicherungsbedingungen für die Haftpflichtversicherung **(AHB)**
- Risikobeschreibungen, Besondere Bedingungen und Erläuterungen für die Haftpflichtversicherung **(RBE).**
- Besondere Bedingungen für die Mitversicherung von Vermögensschäden – der Haftpflichtversicherung **(BBVerm)**
- **Policierte Individualvereinbarungen** (Versicherungsschein und Nachträge), z. B. Versicherung von Haftpflichtansprüchen, die nach AHB als nicht versichert gelten (abdingbare Ausschlüsse).

b) Rechtsgrundlagen einer Privat-Haftpflichtversicherung

Für eine Privat-HV gelten grundsätzlich auch die genannten gesetzlichen Grundlagen und die AHB.

Je nach Umfang des vereinbarten Versicherungsschutzes gelten ferner die jeweils zutreffenden Abschnitte der **Risikobeschreibungen, Besonderen Bedingungen und Erläuterungen für die Haftpflichtversicherung von privaten Haftpflichtrisiken (RBE-Privat).** RBE-Privat

Die RBE-Privat kennen folgende Abschnitte:

- A. Privat-Haftpflichtversicherung
- B. Hundehalter-Haftpflichtversicherung
- C. Reit- und Zugtierhalter-Haftpflichtversicherung
- D. Haus- und Grundbesitzer-Haftpflichtversicherung
- E. Bauherren-Haftpflichtversicherung
- F. Gewässerschaden-Haftpflichtversicherung
- G. Allgemeine Vertragsbestimmungen

5.2 Gegenstand der Haftpflichtversicherung

AHB Ziff. 1.1

Übersicht

Folgende Fallmerkmale kennzeichnen den Gegenstand der Haftpflichtversicherung:

- Während der Wirksamkeit der Versicherung tritt ein Schadenereignis ein (vgl. B 5.2.1).
- Als Zeitpunkt des Schadenereignisses gilt i. d. R. der Schadeneintritt, bei bestimmten Verträgen jedoch der Verstoß, der zum Schaden führt (vgl. B 5.2.2).
- Das Ereignis hat einen Personen- oder Sachschaden zur Folge (vgl. B 5.2.3).
- Der VN wird für diese Folgen von einem Dritten auf Schadenersatz in Anspruch genommen (vgl. B 5.2.4).
- Anspruchsgrundlage ist eine gesetzliche Haftpflichtbestimmung privatrechtlichen Inhalts (vgl. B 5.2.5).

5.2.1 Wirksamkeit der Versicherung

Ziff. 8

In der allgemeinen Haftpflichtversicherung sind nur solche **Schadenereignisse** gedeckt, die während der **Wirksamkeit der Versicherung** eingetreten sind.

- Der Versicherungsschutz muss materiell begonnen haben, d. h., der VN muss den Erst- oder Einmalbezug rechtzeitig gezahlt haben (vgl. B 5.6.1).

Ziff. 9.1
VVG
§ 33 (1)
§ 8

Die Zahlung ist rechtzeitig, wenn sie nach Zugang des Versicherungsscheins und nach Ablauf von zwei Wochen **unverzüglich** erfolgt. Der Versicherungsschutz beginnt dann zu dem im Versicherungsschein angegebenen Zeitpunkt, ggf. also auch rückwirkend, wenn der Versicherungsschein erst nach diesem Beginn zugestellt wurde (sog. **erweiterte Einlösungsklausel**).

Die Rechtzeitigkeit einer Zahlung nach Ablauf von zwei Wochen ist im VVG geregelt und steht im Zusammenhang mit dem zweiwöchigen Widerrufsrecht.

Es darf erwartet werden, dass die neue VVG-Regelung zukünftig Eingang in die AHB findet.

AHB Ziff. 16 ff.

- Der Versicherungsschutz darf zum Zeitpunkt des **Schadenereignisses** weder beendet (z. B. durch Kündigung zum Ablauf) noch unterbrochen worden sein (z. B. durch Verletzung einer Obliegenheit).

Dagegen ist es **unerheblich**, ob noch zum Zeitpunkt der erstmaligen **Anspruchererhebung durch den geschädigten Dritten** Versicherungsschutz besteht.

Beispiel:
Ein VN hat seine Haftpflichtversicherung zum 31. März d. J. gekündigt. Am 10. April d. J., also nach Beendigung des Vertragsverhältnisses, meldet er noch einen Schaden, der sich allerdings vor dem 31. März d. J. (Ablauftermin) ereignet hat.

Der VR ist leistungspflichtig, weil das **Schadenereignis in der Zeit der Wirksamkeit der Versicherung** eingetreten ist.

5.2.2 Zeitliche Festlegung des Versicherungsfalls

a) Schadenereignis (»Ereignistheorie«)

Jedes Schadenereignis ist die Folge eines Verstoßes. Für die Deckungspflicht des VR ist von Bedeutung, dass das **Schadenereignis**, also der Schaden selbst, während der Versicherungsdauer eintritt. AHB Ziff. 1.1

Beispiel:

Ein auf dem Bürgersteig fahrender Radfahrer, der seine Privat-Haftpflichtversicherung zum 31. Dezember d. J. gekündigt hat, fährt am letzten Tag des Jahres eine alte Dame an (Verstoß). Die Dame erleidet einen komplizierten Knöchelbruch (Ereignis) und muss zweimal operiert werden.

Da das Ereignis noch in den Vertragszeitraum fällt, ist der VR verpflichtet, den Schaden zu ersetzen.

Es ist **nicht** erforderlich, dass auch der **Verstoß**, also die ursächlich schädigende Handlung des Versicherten (Kausalereignis), sich während der Versicherungsdauer ereignet hat.

Beispiel (Betriebs- HV):

Der VN, Inhaber eines Lampengeschäfts, hat am 10. Febr. d. J. eine schwere Deckenleuchte an einen Kunden verkauft und am selben Tag in dessen Wohnung montiert. Da der VN fahrlässigerweise zu schwache Deckendübel verwendet hat, fällt die Lampe am 20. Aug. d. J. herab und beschädigt einen wertvollen Wohnzimmertisch.

Bis zum 31. März d. J. war der VN bei der Venus-Versicherung betriebshaftpflichtversichert. Seit dem 01. April d. J. steht er bei der Jupiter-Versicherung unter Vertrag.

Obwohl sich der **Verstoß** (fehlerhafte Montage am 10. Febr. d. J.) **vor Abschluss des neuen Versicherungsvertrags** ereignet hat, haftet hier dennoch der **neue VR** (Jupiter-Versicherung), da das **Schadenereignis** selbst (Beschädigung des Wohnzimmertisches am 20. Aug. d. J.) **in die Wirksamkeit des neuen Vertrages** fällt **(Schadenereignistheorie).**

Das denkbare zeitliche Auseinanderfallen von Verstoß und Ereignis hat folgende Wirkungen in bezug auf den Versicherungsvertrag:

(1) Der Verstoß liegt vor Vertragsbeginn, das Ereignis tritt während der Vertragsdauer ein: Der VR übernimmt eine **Vorhaftung** für ein Risiko, dass bei Vertragsabschluss schon latent vorhanden ist (**Sofortversicherung**).

(2) Der Verstoß liegt im Vertragszeitraum, das Ereignis tritt nach Beendigung des Versicherungsvertrages ein (z. B. Wegfall des versicherten Risikos, da der Betrieb aufgegeben wurde).
Es ergibt sich eine Deckungslücke, die nur durch den Abschluss einer **Nachhaftungsversicherung** geschlossen werden kann.

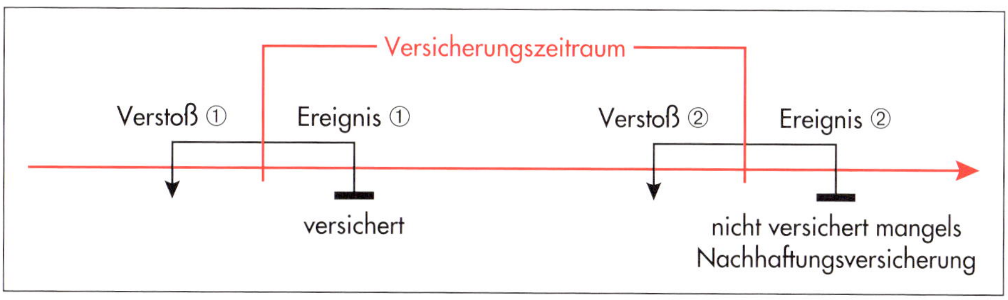

Die VR haben sich deshalb der BaFin gegenüber dazu verpflichtet, in den Fällen der Vertragsauflösung wegen Betriebsaufgabe (Betriebs-HV) den VN auf die Möglichkeit des Abschlusses einer **Nachhaftungsversicherung** hinzuweisen. In allen anderen Fällen (z.B. VR- oder Eigentümerwechsel) wird diese Deckung natürlich nicht geboten.

b) Kausalereignis (»Verstoßtheorie«)

In einigen speziellen Formen der Berufs-HV gilt allerdings der **Verstoß als Versicherungsfall,** z.B. in der Architekten- und in der Vermögenschaden-HV für bestimmte beratende Berufe (u.a. Steuerberater und Rechtsanwälte).

Beispiel: Vermögensschaden-HV eines Steuerberaters

Am 20. Febr. d. J. hat ein Steuerberater seinen Klienten über Abschreibungsmöglichkeiten falsch beraten. Der Klient hat daraufhin in seiner Steuererklärung, die er am 20. Juni d. J. beim Finanzamt eingereicht hat, ein zu hohes steuerpflichtiges Einkommen erklärt.

Während der Zeitpunkt des Verstoßes eindeutig ist (20. Febr. d. J.), kann der Zeitpunkt des Schadeneintritts zweifelhaft sein.

Es könnte die Abgabe der Steuererklärung, der Zugang des Steuerbescheides oder der Ablauf der Widerspruchsfrist als Zeitpunkt des Schadeneintritts infrage kommen. Der Versicherungsschutz umfasst die Folgen aller vorkommenden Verstöße vom Vertragsbeginn bis zum Vertragsende. Das gilt auch, wenn das durch den Verstoß bedingte spätere Schadenereignis erst nach Beendigung des Versicherungsvertrages eintritt **(Zukunftssicherung).**

Der Grund für die von der Ereignistheorie abweichende Regelung ist auch darin zu suchen, dass der Zeitpunkt des Schadenereignisses (z.B. Baumängel als Spätschäden in der Architektenversicherung) häufig wesentlich schwerer zu bestimmen ist als der Zeitpunkt der ursächlich-schädigenden Handlung (z.B. Planungsfehler des Architekten).

Da bei der Anwendung der Verstoßtheorie zwar **eine Nachhaftung** des Versicherers, aber **keine Vorhaftung** besteht, sehen die AVB der Vermögensschaden-HV die Möglichkeit einer **Rückwärtsversicherung** vor. Voraussetzung für eine Rückwärtsversicherung ist aber, dass die Verstöße den VN bis zum Vertragsabschluss nicht bekannt waren.

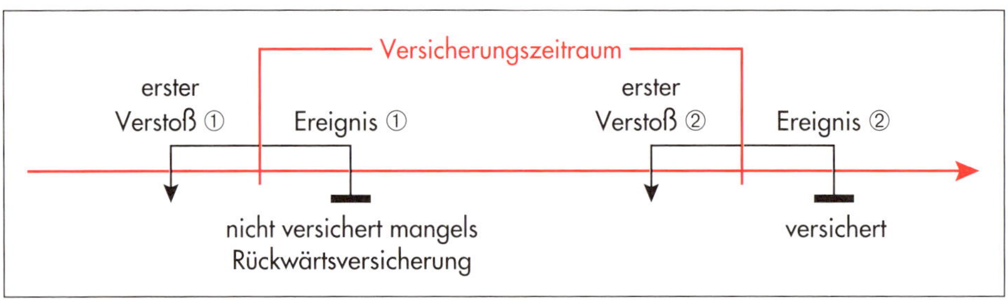

Die Nachhaftung ist in der Regel zeitlich beschränkt, z.B. in der Architekten-HV auf Verstöße, die dem VR nicht später als 5 Jahre nach Ablauf des Versicherungsvertrages gemeldet werden. Soll diese Meldefrist verlängert werden, bedarf es einer entsprechenden Zusatzvereinbarung.

c) Erste Feststellung eines Versicherungsfalls (»Manifestationstheorie«)

In der Umwelt-HV gilt die nachprüfbar **erste Feststellung** eines Personen-, Sach- oder Vermögensschadens (Manifestation) während der Vertragsdauer als Versicherungsfall.

Beispiel:
Der VN registriert seit geraumer Zeit einen erheblichen Ölverbrauch seiner Heizungsanlage. Der herbeigerufene Installateur kann keinen Defekt an der Heizung feststellen und man beschließt deshalb, den Erdöltank zu untersuchen. Dabei wird festgestellt, dass Erdöl aussickern konnte und das Erdreich erheblich verseucht wurde.

Die Manifestationstheorie berücksichtigt, dass der Zeitpunkt des Schadenereignisses bei Umweltschäden häufig nicht oder nur ungenau ermittelt werden kann.

5.2.3 Versicherte Schadenarten

a) Ansprüche aus Personen- und Sachschäden

In Anlehnung an das Haftpflichtrecht erstreckt sich der Gegenstand der Haftpflichtversicherung – nach AHB – ausdrücklich nur auf folgende Schadenarten: AHB Ziff. 1.1

➤ Tötung, Verletzung oder Gesundheitsschädigung von Menschen (Personenschaden)

Dazu gehören auch psychische Folgen eines Schadenereignisses und Schmerzensgeldansprüche aufgrund einer Gesundheitsschädigung, nicht dagegen Ansprüche aus Verletzung des über § 823 BGB geschützten Persönlichkeitsrechts (Verleumdung, Beleidigung), bei dem nicht gleichzeitig eine Gesundheitsstörung vorliegt.

➤ Beschädigung und Vernichtung von Sachen (Sachschaden)

Dabei muss nicht die Substanz der Sache beeinträchtigt worden sein. Es genügt eine wesentliche Minderung ihrer Gebrauchsfähigkeit bzw. ihres wirtschaftlichen Wertes. Deshalb ist ein mit Farbe bespritztes Kleidungsstück ebenso sachbeschädigt wie ein Pkw-Reifen, aus dem die Luft durch Öffnen des Ventils herausgelassen wurde.

Dagegen liegt kein Sachschaden vor, soweit eine Sache von vornherein mangelhaft hergestellt wird, denn der Sachschadenbegriff setzt generell eine schon fertige Sache voraus.

➤ Vermögensfolgeschäden als Folge von Personen- oder Sachschäden

Sie sind als **sog. unechte Vermögensschäden** nach AHB im Rahmen der vereinbarten Deckungssummen ohne weitere Begrenzung immer **mitversichert**.

Beispiele:
- Verdienstausfall im Zusammenhang mit einem Personenschaden
- Mietwagenkosten im Zusammenhang mit einem Sachschaden

b) Reine Vermögensschäden

AHB Ziff. 2

Vermögensschäden, die sich weder auf Personenschäden noch auf Sachschäden zurückführen lassen, sind nach AHB nicht generell mitversichert (vgl. B 4.2.3).

Beispiel:
Das Gepäck, das dem abreisenden Gast zu einem bestimmten Zug gebracht werden sollte, war nicht zur Stelle. Ohne Gepäck war die termingebundene Reise zwecklos. Dem Gast entgeht ein Geschäftsabschluss.

RBE-Privat Pos. A Ziff. 2.3 Pos. F Ziff. 1.1 i.V.m. BBVerm RBE-Privat Pos. G Ziff. 3.1

Nach dem Bedingungswerk 2 »Proximus Versicherung« besteht Deckung für reine Vermögensschäden

- in der Privat-Haftpflichtversicherung,
- unter Einschluss der Besonderen Bedingungen für die Mitversicherung von Vermögensschäden in der Haftpflichtversicherung (BBVerm),
- in der Gewässerschaden-Haftpflichtversicherung. Hier werden Vermögensschäden wie Sachschäden behandelt.

Vermögensschäden können aber auch durch ein eigenständiges Grundbedingungswerk (AVB) versichert sein, das also nicht generell zusammen mit den AHB in einem Versicherungsvertrag vereinbart wird. Dies gilt vor allem für Versicherungen, die bestimmten freien Berufen wie Rechtsanwälten, Notaren, Steuerberatern usw. als eigenständige Vermögensschaden-HV angeboten wird.

c) Abhandenkommen von Sachen

AHB Ziff. 2.2

Der Verlust einer Sache wäre als Vermögensschaden einzuordnen, wenn nicht die AHB das Abhandenkommen von Sachen als eigene Schadenart ausdrücklich ausgeschlossen hätten. Soll daher auch dieses Risiko mitversichert sein, so bedarf es immer einer zusätzlichen Vereinbarung.

Der Sinn der Regelung, dass Versicherungsschutz wegen Abhandenkommens von Sachen nur auf besondere Vereinbarung hin geboten wird, liegt darin, dass der VR nicht mit den Problemen unklarer Ersatzverpflichtungen des VN aus der Haftung für Abhandenkommen von Sachen belastet werden will.

Allerdings ist eine Sache nur dann abhanden gekommen, wenn der Besitz an ihr zwar entzogen, sie aber dennoch tatsächlich irgendwo unversehrt vorhanden ist und auch grundsätzlich wiedererlangt werden kann. Ist die abhanden gekommene Sache dagegen beschädigt oder in ihrer Gebrauchsfähigkeit beeinträchtigt worden, so liegt ein schon nach AHB generell versicherter Sachschaden vor.

Beispiel:
Auf einem Passagierschiff stößt der VN versehentlich die Videokamera (den Goldring) eines Mitreisenden ins Wasser.

Hinsichtlich der Videokamera liegt ein versicherter Sachschaden vor, denn hier ist auch die Gebrauchsfähigkeit der Sache (empfindliches elektronisches Gerät) beeinträchtigt worden. Anders beim Goldring, soweit bestritten wird, dass ein Abhandenkommen dieser Art schon aus wirtschaftlicher Sicht einer Substanzvernichtung nahe kommt.

RBE-Privat Pos. A Ziff. 3.7

In der Privat-HV wiederum sind **Schlüsselverlustschäden**, für die der VN z.B. von seinem Vermieter haftbar gemacht werden könnte, häufig mitversichert; in den sog. Komfort- bzw. Kompakttarifen sogar ohne Beitragszuschlag.

Sind dagegen die Schlüssel des geschädigten Dritten durch einen gleichzeitig eingetretenen (vom VN verschuldeten) Personen- oder Sachschaden abhanden gekommen, so ist der Schlüsselverlust schon als Vermögensfolgeschaden – also ohne besondere Vereinbarung –nach AHB immer gedeckt.

● **Personen- und Sach-schaden**	Tod, Verletzung u. Gesundheitsschädigung, Sachsubstanz- u. Gebrauchsbeeinträchtigung inkl. jeweilige Vermögensfolgeschäden = unechte Vermögensschäden	**generell versichert**
● **Vermögens-schaden**	weder durch einen Personen- noch durch Sach-schaden entstanden	**i. d. R. nur aufgrund einer besonderen Vereinba-rung mit-versichert**
● **Abhanden-kommen von Sachen**	unfreiwilliger Besitzverlust einer Sache, die noch unversehrt vorhanden und auch grund-sätzlich wiedererlangbar ist	

5.2.4 Ansprüche Dritter

In den AHB wird besonders erwähnt, dass nur Ansprüche Dritter Gegenstand der Haftpflichtversicherung sein können. AHB Ziff. 1.1

Als geschädigte Dritte kommen in der Regel nur »betriebsfremde Personen« in Frage.

Beispiel:
A beschädigt mit seinem Fahrrad eine Hausfassade. Der Dritte kann hier der Hauseigentümer (Anspruch aus Eigentum), der Mieter des Hauses (Anspruch aus Besitz), aber auch jede andere Person sein, die aus irgendeinem Rechtsgrund verfügungsberechtigt ist, z. B. der Verwalter einer Hauseigentümergemeinschaft.

Ist dagegen A selbst Eigentümer des Hauses, gibt es keinen Dritten. Das gilt auch, wenn A als Eigentümer einer Eigentumswohnung nur Miteigentümer des Hauses ist, d. h., der Schaden am Gemeinschaftseigentum (Hausfassade) ist in Höhe seines Miteigentumsanteils ein nicht gedeckter Eigenschaden (vgl. B 5.5.2.2).
Der Versicherte kann sich schließlich nicht selbst in Anspruch nehmen. So genannte **Eigenschäden** sind in der Haftpflichtversicherung grundsätzlich **nicht gedeckt.**

Eine Ausnahme hiervon kennt die Versicherung der Haftpflicht aus Gewässerschäden – Anlagenrisiko. Bei austretendem Heizöl entstehen oft Schäden an unbeweglichen Sachen des VN. Mauerwerk und Fundament des eigenen Hauses werden von Heizöl durchtränkt. Da eine eigenständige Ölschadensachversicherung am Markt nicht angeboten wird, sind diese Schäden mitversichert. Dies gilt selbst dann, wenn noch kein Gewässerschaden eingetreten ist. RBE-Privat Pos. F Ziff. 7.1

5.2.5 Versicherte Anspruchsgrundlagen

a) »Gesetzliche Haftpflicht«

Gemäß § 1 AHB sind nur Schadenersatzansprüche versichert, die auf »gesetzlicher Haftpflicht« beruhen. Zur **gesetzlichen Haftpflicht** gehört AHB Ziff. 1.1

- die **Deliktshaftung** (Verschuldenshaftung/Gefährdungshaftung),
- die **Vertragshaftung**, soweit diese auf **gesetzliche Schadenersatzansprüche** gerichtet ist.

  Im Rahmen der Privat-Haftpflichtversicherung sind solche Haftungsansprüche z. B. aus dem mitversicherten Risiko »Vermietung einer Einliegerwohnung und/oder von Räumen zu Wohnzwecken innerhalb der selbstbewohnten Wohnung bzw. des selbstbewohnten Einfamilienhauses« denkbar. RBE-Privat Pos. A Ziff. 3.2 (2)

Deckungsschutz nach AHB	keine Deckung nach AHB

Gesetzliche Haftpflicht aus
– Gefährdungshaftung
– Verschuldenshaftung aus leichter und grober Fahrlässigkeit
  – Deliktshaftung § 823 ff. BGB
  – Vertragshaftung, soweit haftungsrechtliche Schadenersatzansprüche bestehen, insbesondere aus »Positiver Vertragsverletzung« (PVV), »Verschulden bei Vertragsabschluss« (culpa in contrahendo/ c.i.c.)
	– Haftpflicht, die auf vorsätzlichem Verschulden beruht (Vorsatz ist nicht versicherbar)
	– vertragliche Haftung aufgrund »besonderer Zusagen« (aber versicherbar)
	– vertragliche Erfüllungsansprüche

b) Gesetzliche Haftpflicht »privatrechtlichen« Inhalts

AHB Ziff. 1.1

Weiter ergibt sich aus den AHB, dass der VR Versicherungsschutz nur gegen Schadenersatzansprüche privatrechtlichen Inhalts bietet. Die Betonung »privatrechtlichen Inhalts« steht im Gegensatz zu öffentlich-rechtlichen Bestimmungen. Damit sind **Ansprüche aus Vorschriften des öffentlichen Rechts nicht Gegenstand der Haftpflichtversicherung**.

Das öffentliche Recht regelt die Rechtsbeziehungen zwischen Bürger und Staat, soweit der Staat aus »hoheitlicher Tätigkeit« handelt. Zum öffentlichen Recht gehören deshalb das Strafrecht, das Ordnungsrecht (Polizeirecht), das Abgabenrecht (Steuern) usw.

Beispiel:
Ein versicherter Hauseigentümer hat vergessen, seine winterliche Streupflicht (örtliche Polizeiverordnung) wahrzunehmen. Vor seinem Haus stürzt ein Passant wegen Glatteis und verletzt sich.

Die versicherungsrechtlichen Ansprüche des Passanten (Personen- und Sachschaden) sind durch die Privat-HV bzw. Grundbesitzer-HV gedeckt. **Nicht gedeckt sind** dagegen

- die **Geldstrafe,** zu der der VN wegen fahrlässiger Körperverletzung verurteilt werden könnte,
- das **Bußgeld** wegen Verletzung der Streupflicht bei Straßenglätte.

Auch **Aufwandsersatzansprüche der Polizei zur Abwehr einer Gefahr** für die öffentliche Sicherheit und Ordnung **sind nicht versichert, da sie auf öffentlich-rechtlichen Vorschriften beruhen.**

Beispiel:
Für schon verkaufte Konserven aus der Herstellung des VN ordnet die Behörde wegen einer drohenden Lebensmittelvergiftung den sofortigen Rückruf an. Die Behörde verlangt vom VN die Erstattung der angefallenen Kosten. Diese sind nicht durch die Betriebs-HV gedeckt.

Dagegen sind Regressansprüche des Staates gegen seine Beamten (Dienst-HV) durchaus versicherbar.

5.2.6 Versichertes Risiko und Risikobeschreibung

Übersicht

Der Versicherungsschutz umfasst die gesetzliche Haftpflicht

aus den	aus den	aus den nach Vertragsabschluss neu entstehenden Risiken (mit Ausnahmen und Summenbegrenzungen)
● im Versicherungsschein, ● in den Nachträgen angegebenen Risiken des VN	● Erhöhungen ● Erweiterungen des versicherten Risikos (mit Ausnahmen)	
= versichertes Risiko	**= Ergänzungsversicherung**	**= Vorsorgeversicherung**

Die Haftpflichtversicherung beschränkt sich darauf, **entsprechend dem individuellen Risiko des einzelnen VN nur ganz bestimmte Risiken oder Risikobereiche zu versichern.**

Würde sie nämlich alle im Leben denkbaren Haftpflichtrisiken pauschal und unbegrenzt decken, wäre sie für den VR nur schwer kalkulierbar, für den VN kaum bezahlbar und in diesem Umfang überhaupt nicht erforderlich. Der VN muss deshalb von Anfang an deutlich machen, für welche Risiken er aus dem Katalog der versicherbaren Wagnisse Deckung sucht, damit diese eindeutig im Versicherungsschein beschrieben werden können.

Beispiele:

- Ein Angestellter möchte die Risiken des täglichen Lebens abdecken. Er benötigt dazu lediglich eine Privat-HV, wenn er z. B. weder einen Hund, eine Ölheizung noch ein Segelboot besitzt.
- Ein Arzt möchte die privaten Haftpflichtrisiken ebenso versichert wissen wie das sich aus seiner Tätigkeit ergebende Berufsrisiko. Er benötigt eine Privat-HV und eine Berufs-HV.

Die Beschreibung des individuellen Versicherungsbedarfs ist neben den Versicherungsbedingungen die wichtigste Grundlage eines jeden einzelnen Haftpflichtversicherungsvertrages. Sie erfolgt **im Versicherungsschein und seinen Nachträgen** und basiert auf den Fragen und Antworten des **Antragsvordrucks.** Der VN hat dabei anzugeben, für welche Risiken er Versicherungsschutz sucht. AHB Ziff. 3.1 (1)

5.2.7 Erhöhung und Erweiterung des versicherten Risikos

In der Haftpflichtversicherung ist das versicherte Risiko umfangsmäßig ständigen Schwankungen unterworfen. Folglich kann auch die **Risikobeschreibung aufgrund der Antragstellung** lediglich eine Momentaufnahme sein, die sich im Laufe der Zeit sehr schnell ändern kann. Ziff. 3.1 (2)

Daher sehen die AHB im Vergleich zu den entsprechenden VVG-Vorschriften (Gefahrenerhöhung) eine Besserstellung des VN vor. Nach VVG hat der VN, bevor er eine Gefahrenerhöhung vornimmt, eine entsprechende Einwilligung des VR einzuholen. Dies ist **nach AHB nicht erforderlich, weil sie hier generell von vornherein versichert ist.** VVG § 23 (1)

Der **Versicherungsschutz nach AHB erstreckt sich** damit **automatisch und ohne vorherige Anmeldung auch auf die gesetzliche Haftpflicht aus »Erhöhungen und Erweiterungen« des versicherten Risikos,** soweit sie nicht im Halten oder Führen von Luft-, Kraft- oder Wasserfahrzeugen (abgesehen von Ruderbooten) bestehen.

RBE-Privat Pos. G Ziff. 1, 2

Ein genereller Ausschluss des dem Kraftfahrt-VR vorbehaltenen Kfz-Risikos aus dem Deckungsbereich der privaten Haftpflichtrisiken ist auch in den »**RBE-Privat**« zu finden (sog. **Benzinklauseln**).

a) Risikoerhöhung

Unter Risikoerhöhung ist die **Vergrößerung der bereits versicherten Gefahr** zu verstehen, d.h., die Wahrscheinlichkeit, dass ein Schaden eintreten kann, ist größer geworden (»qualitative« Risikoveränderung). Das hinzukommende Risiko muss jedoch für das im Versicherungsschein beschriebene und versicherte Risiko noch »**typisch**« sein.

Beispiele: Betriebs HV und Berufs-HV

- Der VN ist als Hochbauunternehmer versichert. Es werden jetzt auch Abbrucharbeiten durchgeführt, die in engem Zusammenhang mit dem Hochbau stehen **(sachbezogene Erhöhung).**
- Ein selbstständiger Schreinermeister (Möbelschreiner) nimmt neuerdings auch den Einbau von Wandschränken in Wohnhäusern (»auf fremden Grundstücken«) vor, oder ein Arzt für Allgemeinmedizin wird jetzt als Facharzt für Chirurgie zugelassen **(personenbezogene Erhöhung).**

Die AHB stellen den VN nicht zuletzt deshalb besser im Vergleich zur VVG-Regelung, weil sich der VN der vielseitigen Gefahrenerhöhungen häufig gar nicht bewusst wird. Nach VVG müsste der Versicherungsschutz folgerichtig sehr oft eingeschränkt oder versagt werden, weil der VN es versäumt hat, vor Erhöhung der Risikolage die Einwilligung des VR einzuholen. Damit wäre aber auch der Haftpflicht-Versicherungsschutz weitgehend entwertet.

b) Risikoerweiterung

Wird die **Anzahl der bereits versicherten Risiken um ein gleiches Risiko vermehrt,** so handelt es sich um eine »quantitative« (mengenmäßige) Risikoänderung.

Beispiele: Betriebs-HV und Tierhalter-HV

- In einem Betrieb werden 20 Personen beschäftigt, während bei Vertragsabschluss nur 10 Mitarbeiter vorhanden waren.
- Es werden jetzt zwei Hunde gehalten anstatt nur eines Tieres.

Im Gegensatz zur Sachversicherung, wo der Umfang des Versicherungsschutzes im Wesentlichen durch die Festlegung der Versicherungssumme begrenzt ist, bildet die Deckungssumme in der Haftpflichtversicherung lediglich eine Höchstgrenze für die Ersatzleistung im einzelnen Versicherungsfall. Die Haftpflichtversicherung kennt daher auch nicht die Möglichkeit der Anrechnung einer Unterversicherung. Deshalb kann und darf eine Risikoerweiterung hier auch nicht zu der Konsequenz führen, dass im Schadensfall – trotz ausreichender Deckungssumme – wie in der Sachversicherung nur eine Verhältnisentschädigung erfolgt, weil zum Zeitpunkt des Schadeneintritts weniger Risiken gemeldet wurden, als tatsächlich vorhanden waren. Bei den zum Teil laufenden Veränderungen – in der Betriebs-HV z.B. der beschäftigten Personen – wäre eine jeweilige Anzeige eines jeden einzelnen Risikozugangs auch völlig unwirtschaftlich und unzumutbar für den VN.

Besonderheit: Risikoveränderungen in der reinen Privat-HV

Für die Privat-HV haben Risikoerhöhung/-erweiterung kaum praktische Bedeutung:

- Risikoerhöhungen nicht, weil nahezu alle nur denkbaren Eigenschaften und Tätigkeiten der Privatperson mitversichert sind,
- Risikoerweiterungen nicht, weil sie i. d. R. beitragsfrei mitversichert sind, ohne dass der VR benachrichtigt werden muss z. B. wenn der VN heiratet (kein »Single-Tarif«), Kinder hinzukommen, eine Zweitwohnung bezogen wird.

c) Obliegenheiten des Versicherungsnehmers

Der VN muss die Risikoveränderung dem VR **anzeigen.** Dies kann auch nachträglich geschehen, muss aber **binnen Monatsfrist** erfolgen, **nachdem er vom VR dazu aufgefordert wurde.** Diese Aufforderung erfolgt in der Regel in Verbindung mit der Beitragsrechnung. Daraufhin wird der VR den Beitrag **rückwirkend** entsprechend der Risikoveränderung, und zwar **ab dem Veränderungszeitpunkt**, richtigstellen (sog. **Beitragsregulierung,** vgl. 5.6.3). AHB Ziff. 13.1 Ziff. 13.2

d) Rechtsfolgen einer Anzeigepflichtverletzung

- Schuldhaft **unrichtige Änderungsanzeigen** zum Nachteil des VR können eine Vertragsstrafe in dreifacher Höhe des festgestellten Beitragsunterschiedes nach sich ziehen. Im Schadenfall führen sie aber nicht zur Leistungsfreiheit des VR. Ziff. 13.1
- Die unterlassene (verspätete) **Änderungsanzeige** berechtigt den VR, einen »fiktiven« **Nachbeitrag in Höhe des schon gezahlten Jahresbeitrags** zu erheben. Holt der VN daraufhin innerhalb von zwei Monaten die erforderliche Anzeige nach, so hat der VR den etwa zu viel gezahlten Betrag des fiktiven Nachbeitrags zurückzuerstatten. Ziff. 13.3

5.2.8 Vorsorgeversicherung

a) Neue Risiken

Damit Lücken im Versicherungsschutz erst gar nicht auftreten bzw. möglichst einfach geschlossen werden können, sehen die AHB, ferner die RBE-Privat, eine weitere für den VN vorteilhafte Besonderheit vor. Entsteht **nach Abschluss der Versicherung** bzw. einer späteren Anzeigeaufforderung ein völlig **neues Risiko**, das anders als die Risikoerhöhung bzw. -erweiterung nicht mehr in das Bild der bestehenden Risikobeschreibung passt, gewähren die AHB zunächst auch hierfür sofortigen Versicherungsschutz **(Vorsorgeversicherung)**. Ziff. 3.1 (3) Ziff. 4

Die Vorsorgeversicherung soll den VN vor unangenehmen Überraschungen bewahren, denn gewöhnlich denkt der VN nicht sofort daran, für ein neues Risiko eine entsprechende Haftpflichtversicherung abzuschließen.

Beispiele: Privat-HV

Ein VN in der Eigenschaft als Privatperson

- vermietet sein bisher selbst genutztes Einfamilienhaus (Grundbesitzer-HV),
- nimmt größere Umbauarbeiten (Baukosten z. B. größer als 50 000,00 €) an seinem selbst genutzten Einfamilienhaus vor (Bauherren-HV),
- kauft sich einen Hund oder ein Pferd (Tierhalter-HV).

Der VN kauft beispielsweise einen Hund. Das Tierhalterrisiko war bisher nicht versichert. Bis zum Abschluss der jetzt zusätzlich notwendigen Tierhalter-HV sind Schadensfälle, die das Tier anrichtet, im Rahmen der Vorsorgeversicherung mitversichert. Ist dagegen ein zweiter Hund gekauft worden, so liegt hinsichtlich der schon bestehenden Tierhalter-HV nur eine Risikoerweiterung vor.

AHB Ziff. 27.1 S. 2 RBE-Privat Pos. G Ziff. 4

Im Gegensatz zu den AHB sehen die RBE-Privat ferner vor, dass das neue Risiko auch in der Person eines Mitversicherten entstehen kann.

Beispiel:
Die im Vertrag des Vaters (VN) wegen Erststudiums noch mitversicherte volljährige Tochter legt sich am Studienort einen Hund zu.

Nach den AHB ist dieses neue, von einer mitversicherten Person eingebrachte Risiko, durch die Vorsorgeversicherung nicht gedeckt, wohl aber nach den RBE-Privat (Proximus 2 – Fassung 2008).

Neue Risiken sind solche, die in keinem inneren Zusammenhang mehr mit dem bereits versicherten Risiko stehen. Es handelt sich also um Risiken, für die das im Versicherungsschein beschriebene Risiko **nicht mehr typisch** ist.

b) Ausgestaltung des vorläufigen Versicherungsschutzes

Der Versicherungsschutz in den o. a. Beispielen beginnt jeweils **sofort mit Eintritt** des neuen Risikos.

- Der VN ist allerdings verpflichtet, **binnen Monatsfrist nach Aufforderung** durch den VR (meist geschieht das auf der Beitragsrechnung) das neue Risiko **anzuzeigen**.

  AHB Ziff. 4.1

  Unterlässt der VN die rechtzeitige Anzeige oder kommt es innerhalb Monatsfrist nach Eingang der Anzeige beim VR nicht zu einer Beitragsvereinbarung, so fällt der Versicherungsschutz für das neue Risiko **rückwirkend** vom Gefahreneintritt ab wieder fort.

  Der VR ist verpflichtet, seine Beitragsvorschläge – in der Regel der Tarifbeitrag – so rechtzeitig dem VN vorzulegen, dass dieser in der Lage ist, das Angebot zu prüfen und noch rechtzeitig innerhalb der Monatsfrist anzunehmen.

- Tritt der Versicherungsfall vor Anzeige des neuen Risikos ein, so muss der **VN beweisen,** dass das neue Risiko erst **nach Vertragsabschluss und in einem Zeitpunkt eingetreten ist, in dem die Anzeigefrist noch nicht verstrichen war.**

  Es ist deshalb eine besonders wichtige Aufgabe des Außendienstes, den Zeitpunkt, zu dem das neue Risiko entstanden ist, in jedem Einzelfall korrekt festzustellen. Nur dadurch lässt sich vermeiden, dass der VN ein neues Risiko jahrelang nicht anzeigt und es im Schadensfall als gerade erst eingetreten ausgibt, um in unredlicher Weise die Vorsorgeversicherung in Anspruch nehmen zu können.

c) Begrenzung des Versicherungsschutzes der Vorsorgeversicherung

➤ Deckungssummen nach AHB

Ziff. 4.2

Da der VR bei der Vorsorgeversicherung ein unbekanntes Risiko trägt, das er weder nach Zahl noch nach Art übersehen kann, sind die Deckungssummen niedriger als die des Hauptvertrages:

- **Personenschäden sind in der Regel bis zu 500 000,00 €** mitversichert (Bedingungswerk 2 »Proximus Versicherung«: 1 Mio. €)
- **Sachschäden sind in der Regel bis zu 150 000,00 €** mitversichert (Bedingungswerk 2 »Proximus Versicherung«: 500 000,00 €)
- **Vermögensschäden (soweit vereinbart) bis 20 000,00 €**

Im Versicherungsschein können geringere Versicherungssummen festgesetzt sein. Außerdem ist der **rückwirkende Versicherungsschutz** ab Gefahreneintritt **bis zur Beitragsvereinbarung nicht mehr kostenlos;** denn der VR kann jetzt für die Vorsorgeversicherung einen **angemessenen** Beitrag verlangen. Erst mit Einschluss des neuen Risikos – bzw. Abschluss der entsprechenden Haftpflichtversicherung (z.B. Bauherren-HV) – kommt die Deckungssumme des Gesamt- bzw. entsprechenden Hauptvertrages zur Anwendung. Der VN kann ein neues Risiko aber auch bei einem anderen VR unterbringen. AHB Ziff. 4.1 (2)

➤ Deckungssummen nach den RBE-Privat

Die im Versicherungsschein (Hauptvertrag) genannten Versicherungssummen (z.B. für Personen und Sachschäden 3 Mio. pauschal) gelten von vornherein auch für die Vorsorgeversicherung. Eine Summenbegrenzung auf den Betrag von 1 Mio. € für Personenschäden und 0,5 Mio. für Sachschäden – wie in den AHB – ist hier nicht vorgesehen. RBE-Privat Pos. G Ziff. 4

➤ Risikoausschlüsse

Gewisse Risiken sind von der Vorsorgeeinrichtung ausgenommen;

- **nach AHB u. a.:** AHB
  - aus dem Eigentum, Besitz, Halten oder Führen eines Kraft-, Luft- oder Wasserfahrzeugs, soweit diese Fahrzeuge zulassungs-, führerschein- oder versicherungspflichtig sind, Ziff. 4.3
  - versicherungstechnisch einmalig kurzfristige Risiken, z. B. die Teilnahme an Ausstellungen. Ziff. 4.3

> **Beispiel:**
> Der privathaftpflichtversicherte Student kauft sich ein Segelboot. 14 Tage später verursacht er auf einer Segeltour einen Haftpflichtschaden. Der Schadenfall ist nicht über die Vorsorgeversicherung aus der Privat-HV gedeckt. Nur der rechtzeitige Abschluss einer Wassersport-HV hätte hier für Versicherungsschutz gesorgt. RBE-Privat Pos. G Ziff. 2, 2.3

Es bleibt anzumerken, dass der gelegentliche Gebrauch von fremden Wassersportfahrzeugen (mit Motoren) in der Privat-HV mitversichert ist.

- **nach den RBE-Privat:**
  - Bei der Versicherung der Haftpflicht aus »Gewässerschäden – Anlagenrisiko« ist das »Anlagenrisiko« ausdrücklich von der Vorsorgeversicherung ausgeschlossen. Daher fällt das Tank-Haftpflichtrisiko einer gerade erst errichteten Ölheizung nicht unter die Vorsorgeversicherung. Pos. F Ziff. 5
  - Das neue Risiko ist nicht – wie in den AHB vorgesehen – im Rahmen des bestehenden Vertrages versichert, sondern **sofort im Rahmen der RBE des neuen Risikos**. Das kann – wie das folgende Beispiel zeigt – auch mit einer Einschränkung des Versicherungsumfangs verbunden sein. Pos. G Ziff. 4

> **Beispiel:**
> Der VN meldet seiner Privat-HV einen Mietsachschaden am Inventar einer angemieteten Ferienwohnung in Oberbayern. Sein kürzlich erworbener Hund hatte dort den Wohnzimmerschrank erheblich zerkratzt. Eine Hundehalter-Haftpflichtversicherung besteht noch nicht. Da sich auch der Versicherungsumfang aus der Vorsorgeversicherung schon nach den RBE des neuen Risikos richtet, ist der gemeldete Schaden nicht versichert.

RBE-Privat Pos. B Ziff. 3

Dies ist damit zu begründen, dass die Hundehalter-Haftpflichtversicherung – im Gegensatz zu der bestehenden Privat-HV – keine Mitversicherung von »**Mietsachschäden am Inventar der Reiseunterkunft**« vorsieht.

	Versicherungsschutz für das (nach Vertragsabschluss) neu entstehende private Haftpflichtrisiko (siehe auch Ziff. 27.1 AHB)	
	Vorsorgeversicherung für	**keine** Vorsorgeversicherung für
Pos. A Ziff. 12	– das Tierhalterrisiko nach Anschaffung eines **Hundes/Pferdes** bis zum rechtzeitigen Abschluss einer **Tierhalter-Haftpflichtversicherung**	das Halten/Führen – eines **eigenen Segelbootes** – eines **eigenen** oder **fremden Motorbootes**[1] (RBE-Privat, Pos. G Ziff. 4 i.V.m. Pos. G Ziff. 2) VS-Schutz besteht in den beiden Fällen nur im Rahmen einer **Wassersport-Haftpflichtversicherung**
Pos. B, C Ziff. 5 Pos. D Ziff. 6 Pos. E Ziff. 3	– das **Gebäuderisiko** (bauliche Instandhaltung usw.) bei **Vermietung eines Einfamilienhauses**, einer **Eigentumswohnung** bzw. bei **Anschaffung/ Vermietung eines Zwei- bzw. Mehrfamilienhauses** bis zum rechtzeitigen Abschluss einer **Grundbesitzer-Haftpflichtversicherung**	
Pos. G Ziff. 4	Die Bestimmungen über die Vorsorgeversicherung – gelten **auch** ((Proximus 2 – Fassung 2008) bzw. – gelten **nicht** (Proximus 2 – Fassung 2011), wenn das neue Risiko nur in der Person eines Mitversicherten entsteht (z.B. die mitversicherte Tochter studiert in München und hat gerade einen Hund gekauft oder vermietet jetzt ihre Einzimmer-Eigentumswohnung, weil sie den Studienort gewechselt hat (Tierhalter- bzw. Grundbesitzerhaftpflichtrisiko)).	– Betreiben eines **Heizöltanks** nach Errichtung einer Ölheizung (RBE-Privat, Pos. F Ziff. 5) VS-Schutz besteht erst nach Abschluss einer **Gewässerschaden-Haftpflichtversicherung** – Jagdhaftpflicht – Risiko
Pos. G Ziff. 4 i.v.m. Pos. A Ziff. 3.2 (3)	– das **Bauherrenrisiko (auch als kurzfristiges Risiko) bei einer Bausumme von mehr als 50 000,00 €** bis zum rechtzeitigen Abschluss einer **Bauherren-Haftpflichtversicherung**	– kurzfristige Risiken (die **kürzer als ein Jahr bestehen**[2]) (AHB, Ziff. 4.3 (4)) VS-Schutz hierfür wird ausschließlich durch **besonderen Vertrag** gewährt

1 Mitversichert ist nur der »gelegentliche Gebrauch« von **fremden Motor**-Wassersportfahrzeugen (Motorstärke <= 55 KW).

2 Eine andere Auffassung würde wohl regelmäßig zulasten des VR gehen, da der VN ein kurzfristiges Risiko, das bis zur nächsten Beitragsaufforderung schon wieder erloschen ist, nur dann nachträglich anzeigen würde,wenn sich ein Haftpflichtschaden ereignet hat.

Vergleich	Risikoerhöhung/-erweiterung	Vorsorgeversicherung
Art des Risikos	nur *Änderung* des *bereits* versicherten Risikos (AHB Ziff. 3.2)	»neues Risiko«; nicht typisch für das versicherte Risiko
Versicherungsschutz	*endgültig* und *bedingungslos* auch bei unrichtiger bzw. unterlassener Anzeige; das hinzugekommene Risiko ist *nicht bei einem anderen VR versicherbar*	*vorläufiger* Schutz, der bei *nicht fristgerechter Anzeige* und entsprechender *Nachtragsversicherung* innerhalb eines weiteren Monats (»Beitragsvereinbarung«) *rückwirkend wieder entfällt*
Beginn der Beitragspflicht	*rückwirkende »Beitragsregulierung«* ab Gefahreneintritt (Nachbeitrag)	*angemessener* Beitrag für das neue Risiko (Beitragsvereinbarung)
Deckungssummen	*unveränderte* Deckungssummen	– AHB, Ziff. 4.2: Deckungssummen nur 1 Mio./500 000 € (Bedingungswerk 2 »Proximus Versicherung«) – RBE-Privat, Pos. G Ziff. 4: unveränderte Deckungssummen
Ausschlüsse	das Führen und Halten von *Luft-, Kraft- und Wasserfahrzeugen,* die der Versicherungs- oder Deckungsvorsorgepflicht unterliegen	*weitere* Ausschlüsse u. a. Betrieb von Bahnen aller Art usw.

AHB Ziff. 4
RBE-Privat Pos. A Ziff. 12
Pos. G Ziff. 4

Lernkontrollen zu B 5.1 und B 5.2

Risikoanalyse und Risikobewältigung

1 Begründen Sie, warum eine Haftpflichtversicherung für die Bewältigung von Haftpflichtrisiken besonders geeignet ist.

2 Familie Brings besteht aus 5 Personen.

Heinz Brings betreibt einen Metallbaubetrieb und beschäftigt 3 Gesellen. Seine Ehefrau Inge ist als Pflegerin für eine Pflegeeinrichtung tätig. Ehrenamtlich führt sie die Kasse des Fördervereins an der Schule ihrer ältesten Tochter. Sohn Olaf studiert. Sein besonderes Hobby ist sein Motorrad. Tocher Ilona besucht das Gymnasium. Sie ist im Sportverein bei der Abteilung Bogenschießen angemeldet. Das Nesthäkchen Nina spielt häufig mit ihrem Hund und fährt leidenschaftlich gern mit ihrem Fahrrad.

Arbeitsauftrag

Analysieren Sie mögliche Haftpflichtrisiken, denen die Familienmitglieder aufgrund ihrer Tätigkeit bzw. Hobbys in besonderem Maße ausgesetzt sind.

Gegenstand der Haftpflichtversicherung

Zeitliche Festlegung des Versicherungsfalles

3 Sie sind Mitarbeiter in der Agentur Hilmar Krause der Proximus Versicherung AG und nehmen den Anruf des Kunden Alfred Dahlke entgegen. Herr Dahlke schildert:

Am heutigen Tag (15. Dez. 2011) sandte mir Frau Lilo Kampmann eine Arztrechnung über 680,00 € zu und forderte mich auf, den Betrag an sie zu überweisen. Bereits am 15. Juli 2011 sei sie von einer herabstürzenden Jalousie in ihrer Mietwohnung am Kopf getroffen worden und habe dabei beträchtliche Schnittwunden erlitten, die mehrfach ärztlich behandelt werden mussten. Da ich die Jalousien im Auftrag des Vermieters vor eineinhalb Jahren (10. Febr. 2010) angebracht habe und mir ein Montagefehler bei der heruntergefallenen Jalousie unterlaufen sei, müsse ich für den Schaden aufkommen.

Herr Dahlke möchte wissen, ob er Versicherungsschutz für dieses Ereignis hat.

- **Auszug aus dem Vertragsspiegel**

Betriebs-Haftpflichtversicherung
Versicherungsbeginn: 01. April 2010
Versicherungsdauer: 3 Jahre
Kündigung wegen Beitragszahlungsverzug zum 30. Nov. 2011

- **Arbeitsauftrag**

Antworten Sie Herrn Dahlke.

4 a) Ein Rechtsanwalt versäumt versehentlich, innerhalb einer bestimmten Frist Berufung einzulegen. Dadurch bleibt seinem Mandanten der nächste Rechtszug verschlossen. Dem Mandanten entgeht dadurch die Möglichkeit, ein für sehr wahrscheinlich gehaltenes Urteil zu seinen Gunsten im Berufungsverfahren zu erstreiten. Der Vermögensschaden wird mit 5 000,00 € beziffert.

Wann trat hier nach den AVB für die Vermögensschaden-HV der Versicherungsfall ein?

b) Ein Architekt hat seine seit 10 Jahren bestehende Vermögensschaden-HV zum Jahresende gekündigt. Im darauf folgenden Jahr stürzen Teile eines Hausdaches wegen eines Planungsfehlers des Architekten, den dieser vor zwei Jahren gemacht hat, ein.

Muss die bereits gekündigte Vermögensschaden-HV für diesen Schaden noch eintreten?

c) Warum hat man im Rahmen der Vermögensschaden-HV, die für bestimmte beratende Berufe vorgesehen ist, das Kausalereignis (die ursächlich-schädigende Handlung) zum Versicherungsfall erklärt?

d) Erläutern Sie, inwieweit im Rahmen der Haftpflichtversicherung eine Nachhaftungsversicherung bzw. eine Rückwärtsversicherung sinnvoll ist.

5 Was versteht man unter Manifestationstheorie und wo wird sie angewendet?

Versicherte Schadenarten

6 a) Auf welche Ansprüche des geschädigten Dritten erstreckt sich der Versicherungsschutz des VN nach AHB?

b) Worin liegt der Unterschied zwischen einem echten und einem unechten Vermögensschaden?

7 Welche Schadenart ist angesprochen?

a) Der geschädigte Dritte muss aufgrund der erlittenen Verletzungen für zwei Wochen ins Krankenhaus. Neben den Krankenhauskosten entsteht ihm ein beträchtlicher Einnahmeausfall in seinem Geschäft.

b) Ein Rechtsanwalt versäumt einen Termin, wodurch gegen seinen Mandanten ein Versäumnisurteil ergeht.

c) Ein Lkw fährt in den Wagen eines Vertreters. Der Vertreter muss sich einen Leihwagen mieten. Wegen der Unfallaufnahme geht ihm ein Versicherungsabschluss verloren, da er nicht rechtzeitig zum vereinbarten Beratungstermin erscheinen konnte.

Versicherte Anspruchsgrundlagen

8 Warum sind rein vertragliche Schadenersatzansprüche grundsätzlich – also mangels besonderer Vereinbarung – nicht versicherbar?

9 Prüfen Sie jeweils, ob der Haftpflicht-VR nach AHB Versicherungsschutz gewährt.

a) A hatte zum 04. Juni d. J. einen Schiffsmotor zu liefern. Wegen Auftragshäufung kommt er in Verzug und muss gemäß §§ 280, 325 BGB Schadenersatz wegen verspäteter Lieferung in Höhe von 2 500,00 € leisten.

b) Der vom Schreiner gelieferte und aufgestellte Wandschrank bricht einen Tag später zusammen. Dabei zerbricht Geschirr im Wert von 150,00 €. Der Aufwand für Nachbesserungsarbeiten am Schrank beträgt 100,00 € (§ 635 BGB).

Erhöhung und Erweiterung des versicherten Risikos

10 Bei einer anzeigepflichtigen Risikoveränderung unterscheidet man zwischen Risikoerhöhung und Risikoerweiterung.

Erklären Sie die beiden Begriffe und bilden Sie für jede der beiden Risikoveränderungen ein Beispiel.

11 Liegt in den folgenden Fällen eine Risikoveränderung und wenn ja eine Risikoerhöhung oder eine Risikoerweiterung vor?

a) Ein Betrieb führt neue Produktionsmethoden ein.

b) Ein Betrieb stellt zusätzliches Personal ein.

c) Ein praktischer Arzt ändert seine berufliche Tätigkeit und geht in die Chirurgie.

d) Ein Betriebsinhaber verlegt seinen Betrieb in eine andere Straße.

e) Infolge Sanierungsmaßnahmen verdoppeln sich die Mieteinnahmen. Der VN hat eine Haus- und Grundbesitzer-HV.

12 Ein Schlossermeister gab bei Antragstellung an, dass er lediglich Aufträge für ein Kaufhaus ausführt. Nach mehr als zwei Jahren beginnt er auch als Bauschlosser zu arbeiten, zeigt dies seinem VR jedoch nicht an. Die letzte Folgebeitragsrechnung hat er vor vier Wochen erhalten und sofort bezahlt. Zwei Wochen nach Zahlung kam es infolge von Funkenflug bei Schweißarbeiten zu einem Brand auf einem 40 m von der Arbeitsstätte entfernten Grundstück.

Leistet die Betriebs-HV des Schlossermeisters?

13 Mit welchen Rechtsfolgen muss der VN rechnen, wenn er trotz Aufforderung duch den VR eine Erhöhung bzw. Erweiterung des Risikos

a) unrichtig anzeigt,

b) überhaupt nicht anzeigt?

Vorsorgeversicherung

14 Welche Risiken erfasst die Vorsorgeversicherung gemäß Ziffer 4 AHB?

15 Nennen Sie zwei Ausschlüsse und die Begrenzungssummen im Rahmen der Vorsorgeversicherung?

16 Der nur privat-haftpflichtversicherte Student Karl kauft sich ein Segelboot. Hat er Versicherungsschutz aus der Privat-HV, wenn er z. B. einen Surfer rammt?

5.3 Leistungspflichten des Versicherers

AHB Ziff. 5.1
VVG § 100

Übersicht

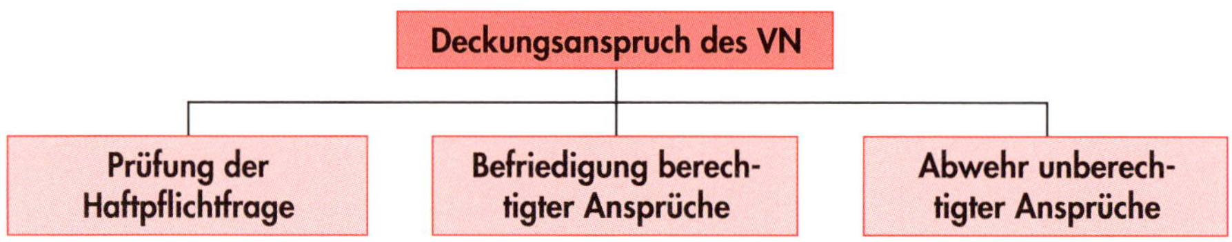

5.3.1 Prüfung der Haftpflichtfrage

Beispiel:
Der Nachbar eines privat-haftpflichtversicherten Vaters fordert von diesem Schadenersatz mit der Begründung, der 5-jährige Sohn habe beim Fahrradfahren auf der Straße sein geparktes Auto gestreift und einen Lackschaden verursacht. Er begründet den Schadenersatzanspruch mit der Aufsichtsverletzung durch den Vater.

Es ist zu untersuchen, ob der Versicherte dem Geschädigten gegenüber überhaupt haftet.

Hierfür bedarf es der Feststellung des Tatbestandes mit Beweissicherung.

Dazu gehören Auskünfte von Geschädigten, Zeugen, ggf. von Polizei, Sachverständigen (Ärzte- oder Ingenieurgutachten) usw. oder eine Besichtigung der beschädigten Sache bzw. des Schadenortes.

Eventuell muss der Ausgang eines strafrechtlichen Verfahrens gegen den Versicherten abgewartet werden.

Ist eine Haftung des Versicherten gegeben (z. B. aus Aufsichtspflichtverletzung nach § 832 BGB), so bleibt noch zu prüfen, ob die Ansprüche des Geschädigten auch der Höhe nach berechtigt sind. Hier kann u. a. ein **Mitverschulden** (vgl. B 4.3.2) des **Geschädigten** zu einer Minderung der Ersatzleistung führen.

Der Versicherte hat den VR so weit wie möglich zu unterstützen.

5.3.2 Befriedigung begründeter Ansprüche (Freistellungsansprüche)

Eine weitere Leistung des VR ist die Befriedigung berechtigter Ansprüche.

Die Entschädigung erfolgt meist direkt an den Geschädigten. Dazu ist der VR berechtigt, denn die Leistungspflicht des VR ist auf Befreiung gerichtet.

Der **Befreiungsanspruch** des VN wandelt sich allerdings in einen **Zahlungsanspruch** um,

- wenn der VN den Dritten schon entschädigt hat, weil er dies ohne offenbare Unbilligkeit nicht verweigern konnte, oder
- weil der VN vielleicht ein Aufrechnungsrecht gegenüber dem Geschädigten wegen einer Gegenforderung geltend machen kann.

5.3.3 Abwehr unbegründeter Ansprüche (Abwehranspruch)

Die Prüfung des Haftpflichtfalles durch den VR kann aber auch ergeben, dass der VN nicht haftpflichtig ist, der Geschädigte seine Ansprüche also zu Unrecht erhebt. Dann wehrt der VR unbegründete Ansprüche ab. Insoweit hat die Haftpflichtversicherung auch eine Rechtsschutzfunktion (**passiver Rechtsschutz** im Gegensatz zum aktiven Rechtsschutz der Rechtsschutzversicherung).

Wird der VN vom Anspruchsteller daraufhin verklagt, so führt der VR den Rechtsstreit auf eigene Kosten und im Namen des VN. AHB Ziff. 5.2 S.2

Deshalb hat der VN dem VR die Prozessführung zu überlassen, einem vom VR bestellten Anwalt Vollmacht zu erteilen und die nötigen Aufklärungen zu geben.

Bei ungünstigem Prozessausgang hat der VR außer der Entschädigung des Anspruchstellers auch die Kosten des Rechtsstreits zu tragen.

In einem etwaigen Strafverfahren trägt der Haftpflicht-VR die Kosten eines Strafverteidigers, falls er dessen Stellung gewünscht oder genehmigt hat. Ziff. 5.3

5.3.4 Interessenkollision

Gelegentlich kommt es zu Meinungsverschiedenheiten zwischen dem VN und dem VR über die Ansprüche eines geschädigten Dritten:

➤ Persönliche Beziehungen des VN zum Geschädigten

Aufgrund bestimmter persönlicher Beziehungen zum Antragsteller (Nachbarn, Freunde, gute Kunden) wünscht der VN, dass der VR einen erhobenen Schadenersatzanspruch bezahlt, der zwar unter die Deckung fällt, für den der VN nach den **gesetzlichen** Haftpflichtbestimmungen aber nicht haftet.

Beispiele aus der Privat-HV:

- Aus Gefälligkeit hat der VN seinem Freund beim Umzug geholfen. Dabei hat er ein Möbelstück beschädigt.
  Nach ständiger Rechtsprechung haftet der VN bei »Gefälligkeiten« nicht für ein »nur leichtfertiges Verschulden« (leichte Fahrlässigkeit).
- Die sechsjährige Tochter des VN zerreisst beim Fangenspielen das Kleid der Nachbarstochter.
  Die sechsjährige Tochter ist deliktsunfähig, und eine Aufsichtspflichtverletzung wird nicht festgestellt.
  Nach Gesetz bzw. Rechtsprechung ist der VN in beiden Fällen nicht haftpflichtig.

➤ Widerstandsklausel

Der VN ist an der Abwehr der erhobenen Ansprüche interessiert, obwohl der VR zu dem Ergebnis gelangt ist, der Fall sei zu entschädigen.

Beispiel:
Ein Arzt verlangt von seinem Haftpflicht-VR, die erhobenen Ansprüche des Geschädigten mit allen Mitteln abzuwehren, weil er eine Beeinträchtigung seines beruflichen Ansehens bzw. Verlust seiner Patienten befürchtet.

AHB Ziff. 6.8

Hier kommt die »Widerstandsklausel« zur Anwendung:

Falls ein vom VR mit dem geschädigten Dritten vereinbarter Schadenausgleich an dem Verhalten des VN scheitert, hat der VR für den durch diese Weigerung etwa künftig entstehenden Mehraufwand nicht aufzukommen.

5.3.5 Summenmäßige Begrenzung des Leistungsumfangs

a) Deckungssummen

➤ Deckungssumme je Schadenereignis

Ziff. 6.1

In der Privat-HV (u.a. auch in der Haus- und Grundbesitzer-HV und in der Tierhalter-HV) betragen die marktüblichen Deckungssummen wahlweise und je nach Tarif zwischen 1 Mio. € und 5 Mio. € (z.B. Bedingungswerk 2 »Proximus Versicherung«, Tarif Kompakt, Alternative A: 2 Mio., Alternative B: 3 Mio. € pauschal für Personen- und Sachschäden). Für die in diesen Versicherungen regelmäßig mitversicherten Vermögensschäden werden meist niedrigere Deckungssummen vereinbart (z.B. Proximus-Bedingungen 100 000,00 €). Die Deckungssummen stellen eine Höchstgrenze der Versicherungsleistungen je Schadenereignis dar.

Deshalb bleibt es gleichgültig, ob eine oder mehrere Personen entschädigt werden müssen oder ob die Ansprüche gegen einen oder mehrere Versicherte desselben Vertrages geltend gemacht werden.

Schäden unterhalb der Höchstgrenze müssen voll (»auf erstes Risiko«) reguliert werden.

Nach § 823 ff. BGB (**Verschuldenshaftung**) haftet der VN in jedem Fall **unbeschränkt**, deshalb müssen die Deckungssummen ausreichend hoch bemessen sein.

Maximierung der Deckungssumme

Um der Gefahr zu entgehen, gerade bei besonders schadenträchtigen Risiken schon während eines Versicherungsjahres mehrmals mit der Höchstersatzleistung eintreten zu müssen, sehen die AHB eine »Maximierungsmöglichkeit« für die Jahresleistung vor. Mangels besonderer Vereinbarung ist die Gesamtleistung des VR auf das Zweifache der Deckungssumme für alle Versicherungsfälle eines Versicherungsjahres beschränkt. AHB Ziff. 6.2

Die Deckungssummenmaximierung dient einerseits den Interessen des Rück-VR, macht aber andererseits das Risiko für den Erst-VR erst überschaubar und damit auch beitragsmäßig kalkulierbar.

Serienschadenklausel

Hinsichtlich der Deckungssumme gelten Ziff. 6.3

- mehrere zeitlich zusammenhängende Schäden aus derselben Ursache (**Ursachenklausel**)

  oder

- mehrere Schäden aus Lieferung der gleichen mangelhaften Ware (**Warenklausel**) als ein Schadenereignis.

Mit dieser Klausel wollen sich die Haftpflicht-VR gegen die – je nach Risiko – erheblichen Gefahren von sog. Serienschäden schützen.

b) Kosten des Rechtsstreits

Die Aufwendungen des Versicherers für Kosten werden nicht als Leistung auf die VS angerechnet. Ziff. 6.5

Von den **Prozesskosten** sind die **Regulierungskosten** zu unterscheiden (z. B. Gebühren, Kosten für Gutachten usw.).

Nur wenn schon die Haftpflichtansprüche die Deckungssumme übersteigen, muss sich der VN anteilig auch an den Prozesskosten beteiligen, denn diese werden bekanntlich auch nach dem Streitwert im Klageantrag bemessen.

Die **Regulierungskosten** werden vom VR voll übernommen.

Beispiel:

Deckungssumme = 2 Mio. € pauschal für Personen- und Sachschäden

1. Sachschaden 480 000,00 €, Prozesskosten 30 000,00 €, Regulierungskosten 1 000,00 €
   Die Gesamtleistung des VR beträgt 511 000,00 € (Vollkostenübernahme, da Sachschaden unter Deckungssumme liegt).
2. Sachschaden 2,2 Mio. €, Prozesskosten 52 800,00 €, Regulierungskosten 1 000,00 €
   Die Gesamtleistung des VR beträgt 2 049 000,00 € (max. 2 Mio. € Deckungssumme, 48 000,00 € Teil-Kostenübernahme, 1 000,00 € Regulierungskosten).

Berechnung des Prozesskostenanteils, den der VR bei Überschreitung der Deckungssumme durch den Schaden (Haftpflichtanspruch 2,2 Mio. €) übernimmt:

Prozesskosten 52 800,00 € · 2,0 Mio. €/2,2 Mio. € = 48 000,00 €

c) Selbstbehalt

AHB Ziff. 6.4

Es kann auch vereinbart werden, dass der VN bei jedem Schadenereignis einen Teil des Haftpflichtschadens selbst zu tragen hat. Selbstbehalte – auch Selbstbeteiligung genannt – sind in der Privat-HV inzwischen nicht mehr unüblich (z. B. 250,00 €), in der Betriebs-HV dagegen schon lange die Regel (z. B. bei Kabelschäden, bei Feuer- und Explosionssachschäden aus Anlass von Schweiß- und Schneidearbeiten).

Der VN soll zu vorbeugendem, schadenverhütendem Verhalten motiviert werden. Außerdem kann der VN Bagatellschäden selbst verkraften, ganz im Sinne eines kostengünstigen Versicherungsschutzes zur Abdeckung existenzbedrohender Haftpflichtrisiken.

Lernkontrollen zu B 5.3

Leistungspflichten des Versicherers

1 Sie sind Mitarbeiter in einer Versicherungsagentur der Proximus Versicherung AG und nehmen den Anruf des privat haftpflichtversicherten Kunden Franz Assmann entgegen.

Der Kunde schildert, dass sein 8 Jahre alter Sohn Michael mit Freunden auf der Straße Fußball gespielt habe. Dabei sei der Ball gegen die Schaufensterscheibe des Lebensmittelgeschäftes von Frau Hermes geprallt. Die Scheibe soll dadurch einen Sprung davongetragen haben.

Frau Hermes verlangt nun von ihm Schadenersatz, da sie unter den mitspielenden Kindern seinen Sohn Michael erkannt hat. Die Kinder wiederum behaupten, dass der Sprung schon in der Scheibe gewesen sei, als sie mit dem Spiel begonnen hätten. Im Übrigen sei der Ball nur leicht geschlagen gewesen und die Scheibe auch nur im spitzen Winkel getroffen worden. Ein derartiger Schaden hätte so gar nicht eintreten können.

● **Arbeitsauftrag**

a) Erläutern Sie die Haftung im vorliegenden Fall.

b) Der VN hat einen »Rechtsschutz-« und einen »Befreiungsanspruch« gegen den VR.

Erläutern Sie dem VN diese Ansprüche.

2 Ein VN plant weitere Umbaumaßnahmen an seinem Einfamilienhaus, deren Umfang nur so groß ist, dass Versicherungsschutz als »Bauherr« aus seiner Privat-HV grundsätzlich besteht. Aufgrund der Erfahrung mit seinem besonders streitsüchtigen Nachbarn befürchtet er, dass dieser wieder Schadenersatzansprüche stellen könnte, die sich bisher aber immer als unberechtigt herausgestellt haben. Er möchte sich deshalb im Vorfeld beraten lassen, was er beachten muss, damit es möglichst nicht zu erfolgreichen Schadenersatzansprüchen des Nachbarn kommt, und will wissen, ob der VR diese Beratung durchführen kann oder die Kosten einer Beratung durch einen Rechtsbeistand übernimmt.

5.4 Ausschlüsse nach AHB

5.4.1 Primäre Risikobegrenzungen

Gerade in der Haftpflichtversicherung kann Versicherungsschutz ohne jede Einschränkung nicht angeboten werden. Dies ist schon mit Rücksicht auf eine kalkulierbare und für den VN tragbaren Beitrag erforderlich. Eine erste Begrenzung des Versicherungsumfangs ergibt sich schon aus Ziffer 1.1 AHB.

Danach sind **nur solche** Haftpflichtansprüche gedeckt **(primäre Risikobegrenzung)**, AHB Ziff. 1.1

- die auf **gesetzlichem Schadenersatz privatrechtlichen Inhalts** beruhen,
- die sich auf Personen- und Sachschäden und daraus resultierende unechte Vermögensschäden beschränken und
- die vor allem **typisch** für das **im Versicherungsschein beschriebene Risiko** sind.

Die AHB stellen in diesem Zusammenhang klar, dass u. a. für folgende Ansprüche, auch wenn es sich um gesetzliche Ansprüche handelt, kein Versicherungsschutz besteht: Ziff. 1.2

- Erfüllung von Verträgen, Nacherfüllung, Rücktritt, Minderung, Schadenersatz statt Leistung
- Ausfall der Nutzung des Vertragsgegenstandes, Ausbleiben des mit der Vertragsleistung geschuldeten Erfolges
- Ersatz vergeblicher Aufwendungen im Vertrauen auf ordnungsgemäße Vertragserfüllung
- Ersatzleistungen, die an die Stelle der Erfüllungsleistung treten

Beispiel:

Der VN liefert seinem Kunden einen mangelhaften Montagekleber. Weil der vom Kunden verarbeitete Kleber nicht die zugesicherte Tragkraft besitzt, stürzt eine aufgeklebte Holzdecke herab. Es besteht kein Versicherungsschutz für die Ersatzlieferung (mangelfreier Kleber), ebenso nicht für zusätzliche Kosten des Kunden (Mehrarbeit, nicht mehr verwendbare Holzpaneele).

Wird durch die herabstürzende Holzdecke eine Person verletzt, Möbel bzw. der Parkettboden beschädigt, so ist dieser Mangelfolgeschaden versichert (vgl. B 3.1.1.3: »positive Vertragsverletzung«).

Diese hier beispielhaft zitierten und die in den AHB noch weiter aufgeführten Ansprüche stehen im Zusammenhang mit den Gewährleistungsansprüchen, wenn die Hauptpflicht nicht ordnungsgemäß erfüllt wurde. Die ordnungsgemäße Erfüllung der Hauptpflicht aber ist eine Vertragspflicht und kann deshalb nicht Gegenstand der Haftpflichtversicherung sein **(Erfüllungsausschlussklauseln).**

5.4.2 Sekundäre Risikobegrenzungen

Während sich die primären Risikobegrenzungen, wie aufgezeigt, bereits aus dem Gegenstand der Haftpflichtversicherung ergeben, sind die sekundären Risikobegrenzungen in Ziffer 7 der AHB unter der Bezeichnung **Ausschlüsse** zusammengefasst.

5.4.2.1 Vorsätzlich herbeigeführte Versicherungsfälle

- Versicherungsansprüche aller Personen, die einen Schaden vorsätzlich herbeigeführt haben, bleiben von der Deckung ausgenommen. Ziff. 7.1

Der Vorsatz des Versicherten muss sich sowohl auf die Handlung selbst als auch auf die eingetretenen Folgen erstrecken.

Allerdings genügt insofern ein »bedingter Vorsatz«. Dieser lässt sich aber von der (bewussten) »Fahrlässigkeit« häufig nur schwer abgrenzen.

Beispiel:

Bei einer tätlichen Auseinandersetzung schlägt der VN seinen Gegner. Dieser fällt dadurch so unglücklich zu Boden, dass er sich beim Sturz einen Kniebandriss zuzieht. Für den fahrlässig verursachten Kniebandriss ist der VR deckungspflichtig.

OLG Köln 1989

»Bedingt vorsätzlich« verursacht sind nach der Rechtsprechung nur die Schäden, die im Rahmen des ohne weiteres Vorhersehbaren liegen. Dies gilt im vorliegenden Fall für Verletzungen im Gesicht und am Kopf, aber auch für Prellungen an Arm und Rücken, die sich der Geschädigte durch den Sturz zugezogen hat (= »bedingter Vorsatz«), nicht dagegen für die im konkreten Fall durch eine ruckartige Bewegung verursachte ungewöhnliche Kniegelenkverletzung (= bewusste »Fahrlässigkeit«).

AHB Ziff. 7.2

- Die Ausschlussklausel führt weiter aus, dass bei Lieferung/Herstellung von Produkten oder Arbeiten die positive Kenntnis von der Mangelhaftigkeit oder Schädlichkeit der Produkte dem Vorsatz gleichgestellt ist. Diese Erweiterung des AHB-Vorsatzausschlusses soll der Beweiserleichterung dienen.

5.4.2.2 Vertragliche Haftpflicht aufgrund besonderer Zusagen

Ziff. 7.3

- Trifft der VN von sich aus, ohne Abstimmung mit dem VR, Vereinbarungen, die eine Haftpflicht über den gesetzlichen Rahmen hinaus auslösen **(freiwillige Schadenvereinbarungen)**, kann er dafür nicht oder zumindest nicht ohne weiteres eine Haftpflichtdeckung erhalten.

Beispiel: »reine« vertragliche Haftpflicht

Der Vermieter eines Geschäftshauses setzt im Mietvertrag fest, dass der Mieter für jede Art der Verschlechterung oder Zerstörung der Mietsachen zu haften hat **(Klausel über verschärfte Haftung)**.

Nach Gesetz haftet der Mieter weder für Zufall noch für höhere Gewalt, sondern nur für schuldhafte Verletzung seiner Mieterpflichten.

- Nach AHB sind grundsätzlich auch solche Haftpflichtverbindlichkeiten ausgeschlossen, die allein aus so genannten Haftpflichtübernahmeverträgen hergeleitet werden.

Beispiel: durch Vertrag übernommene gesetzliche Haftpflicht

Durch Mietvertrag wälzt der Vermieter einer Festhalle seine Verkehrssicherungspflichten auf den Mieter ab. Gleichzeitig verpflichtet sich der Mieter, etwaige Ansprüche aus der Vernachlässigung der Verkehrssicherungspflichten (§ 823 BGB) auch insoweit zu übernehmen, als die Ansprüche gegen den Eigentümer der Halle gerichtet werden **(Haftpflichtübernahmevertrag)**.

RBE-Privat Pos. A Ziff. 3.3

Nach **RBE-Privat** ist allerdings die überlicherweise vom Mieter durch Vertrag übernommene gesetzliche Haftpflicht des Hauseigentümers bei Verletzung der Verkehrssicherungspflicht (z. B. Streupflicht) mitversichert. Durch die RBE-Privat wird der Versicherungsschutz insoweit gegenüber den AHB wieder erweitert.

5.4.2.3 Ansprüche von Versicherungsnehmern und Mitversicherten desselben Vertrages gegen- bzw. untereinander

Ausgeschlossen sind Haftpflichtansprüche

- des VN selbst oder z. B. seines Betreuers gegen die Mitversicherten,
- der Mitversicherten gegen den VN gemäß RBE-Privat,
- zwischen mehreren Versicherungsnehmern desselben Versicherungsvertrages,
- zwischen mehreren Mitversicherten desselben Versicherungsvertrages.

RBE-Privat Pos. A Zu Ziff. 1.3 bis 1.6 AHB Ziff. 7.4

In der Privat-HV sind beispielsweise Ehegatten und Kinder mitversicherte Personen. In der Betriebs-HV sind mehrere VN denkbar, wenn z. B. mehrere Tochterunternehmen einer Konzernmutter in einer Betriebs-HV-Police versichert werden.

> Nur im Zusammenhang mit der Vermietung einer Einliegerwohnung und/oder von Räumen innerhalb der selbst bewohnten Wohnung bzw. des selbst bewohnten Einfamilienhauses sehen die RBE-Privat allerdings vor, dass gesetzliche Haftpflichtansprüche von Versicherten untereinander eingeschlossen sind.
> Das gilt auch, wenn Garagen bzw. Kfz Stellflächen zusammen mit der Immobilie vermietet wurden.

RBE-Privat Pos. A Ziff. 3.2 (2) S. 4

Exkurs: Ansprüche zwischen den Versicherten in der Betriebs-Haftpflichtversicherung

Eine Ausnahme zum Ausschluss von gegenseitigen Ansprüchen zwischen Versicherten desselben Versicherungsvertrages besteht in der Betriebs-HV.

Die Übersicht zeigt zunächst die versicherten Personen.

VVG § 102

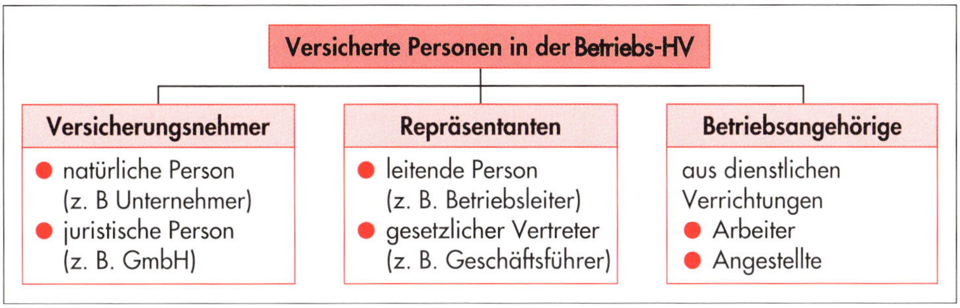

Bei Anspruchserhebung des Arbeitnehmers gegen den Arbeitgeber hat der Arbeitgeber als VN durch die Betriebs-HV Versicherungsschutz (ausgenommen bei Vorsatz), obwohl Arbeitnehmer in der Betriebs-HV (hinsichtlich ihrer persönlichen Haftpflicht) mitversicherte Personen sind.

Allerdings dürfen Bestimmungen des SGB dem nicht entgegenstehen.

Beispiele:

- Der Lagerarbeiter einer Großhandlung beschädigt mit dem Gabelstapler ein Kundenfahrzeug (Arbeitnehmer als Schädiger).
- Der gleiche Arbeiter erleidet später einen Unfall, weil der Arbeitgeber/Arbeitskollege in offenkundiger Weise gegen Sicherheitsvorschriften verstoßen hatte. Bei dem Unfall werden auch die Kleidung des Arbeiters und seine Armbanduhr beschädigt (Arbeitnehmer als Geschädigter).

SGB VII § 110 (1) Hinsichtlich des Personenschadens ist der Arbeitgeber/Arbeitskollege von der Haftung befreit. Leistungspflichtig ist die Berufsgenossenschaft. Diese kann aber den Arbeitgeber/Arbeitskollegen in Regress nehmen, soweit dieser den Arbeitsunfall grob fahrlässig (oder vorsätzlich) verschuldet hat.

Die Berufsgenossenschaft leistet keine Schmerzensgeldzahlung, d.h., nur bei einem vorsätzlich herbeigeführten Arbeitsunfall kann der Geschädigte diese erlangen, weil dann der Arbeitgeber/Arbeitskollege nicht von der Haftung befreit ist, aber auch keinen Versicherungsschutz hat.

Der Betriebshaftpflicht-VR deckt hier sowohl die Schadenersatzansprüche des geschädigten Kunden als auch die des geschädigten Arbeitnehmers (Sachschäden) bzw. die Regressansprüche der Berufsgenossenschaft.

AHB Ziff. 7.5 (1)

5.4.2.4 Ansprüche von Angehörigen gegen den Versicherungsnehmer (Angehörigenklausel)

Die Haftpflichtansprüche solcher Angehörigen gegen den VN sind ausgeschlossen,

- wenn sie mit ihm in **häuslicher Gemeinschaft** leben oder
- in demselben Haftpflichtversicherungsvertrag **mitversichert** sind.

(1) S. 2 Als **Angehörige** gelten z.B. Ehegatten, Eltern und Kinder, nicht aber z.B. Schwager, Schwägerin, Neffen und Nichten. Deren Ansprüche sind gedeckt, auch wenn sie in häuslicher Gemeinschaft mit dem VN leben.

Auch der geschiedene Ehepartner (unverheirateter Lebenspartner) ist kein Angehöriger im Sinne der AHB.

Unter »häuslicher Gemeinschaft« ist das nicht nur vorübergehende Zusammenleben in einer Haushaltsgemeinschaft zu verstehen.

Wenn die Eltern mit ihrem verheirateten Sohn in einem Hause wohnen, aber beide eine getrennte komplette Wohnung haben, dann liegt keine häusliche Gemeinschaft vor. Das Gleiche gilt für den von vornherein auf bestimmte Zeit geplanten Besuch von auswärtigen Angehörigen (Eltern, Geschwister, Kinder, Enkelkinder).

RBE-Privat Pos. A Ziff. 1

> In der Privat-HV sind Ehegatten und Kinder **mitversicherte Personen**.

Die Ausschlussklausel erstreckt sich auch auf Haftpflichtansprüche gegen den VN:

AHB Ziff. 7.5 (2)

- von seinen gesetzlichen Vertretern, wenn der VN geschäftsunfähig oder beschränkt geschäftsfähig ist sowie von Betreuern, wenn der VN eine betreute Person ist,

Ziff. 7.5 (3)

- von Personen, die anstelle des VN für ihn handeln (= gesetzliche Vertreter von natürlichen und juristischen Personen, z.B. Geschäftsführer einer GmbH),

Beispiele:

- Der geschäftsführende Alleingesellschafter einer Bau-GmbH verursacht als Privatperson einen Schaden. Geschädigter ist die GmbH (juristische Person). Es besteht keine Deckung aus der Privat-HV des Gesellschafters.
- Auf dem Firmenparkplatz wird der Privat-Pkw des geschäftsführenden Alleingesellschafters (natürliche Person) von einer Baumaschine der GmbH angefahren. Es besteht keine Deckung aus der Betriebs-HV der GmbH.

Ziff. (4)

- von seinen unbeschränkt persönlich haftenden Gesellschaftern, wenn der VN eine OHG, KG oder GbR ist,

Ziff. (5), (6)

- von seinen Partnern einer eingetragenen Lebensgemeinschaft als VN, ferner von Liquidatoren, Zwangs- und Insolvenzverwaltern des VN-Vermögens.

5.4.2.5 Besitzklausel (Obhutsklausel)

Danach bezieht sich der Versicherungsschutz nicht auf Haftpflichtansprüche wegen Schäden an fremden Sachen, die der Versicherte AHB Ziff. 7.6

- gemietet, gepachtet, geliehen oder kraft eines besonderen Verwahrungsvertrages in Besitz **(Besitzklausel)** BGB §§ 535, 581, 598, 688

> **Beispiel: Leihvertrag (unentgeltliche Gebrauchsüberlassung)**
> Der VN fährt mit einem geliehenen Fahrrad gegen ein Auto. Der Schaden am Fahrrad ist nicht ersatzpflichtig. Der Schaden am Auto ist durch die Privat-HV gedeckt.

- oder durch verbotene Eigenmacht erlangt hat.

> **Beispiel: Besitz aufgrund verbotener Eigenmacht** BGB § 858
> Vor einem Mehrfamilienhaus stehen diverse Fahrräder. Ohne den Eigentümer zu fragen, nimmt sich der VN eines dieser Fahrräder, um zur nahe gelegenen Postagentur zu fahren. Dabei wird das Fahrrad beschädigt. Für den Schaden am Fahrrad besteht keine Deckung aus der Privat-HV.

Der Ausschluss durch die Besitz- bzw. Obhutsklausel gewinnt besondere Bedeutung im Zusammenhang mit Leasinggeschäften. Firmen mieten (leasen) ihre Betriebseinrichtung zur Stärkung ihrer Liquidität in der Bilanz. Für Schäden an solchen gemieteten Sachen, die vom VN oder seinen Angestellten verursacht werden, besteht also allein nach AHB kein Versicherungsschutz aus der Haftpflichtversicherung.

> Durch die RBE-Privat werden bestimmte Mietsachschäden in den Versicherungsschutz der Privat-Haftpflichtversicherung wieder eingeschlossen. RBE-Privat Pos. A Ziff. 3.5, 3.6

5.4.2.6 Tätigkeits- bzw. Bearbeitungsklausel

Ausgeschlossen sind auch Haftpflichtschäden, die an **fremden** Sachen **durch eine gewerbliche oder berufliche Tätigkeit** des VN an oder **mit diesen Sachen** (z. B. durch Bearbeitung, Reparatur, Beförderung, Prüfung) entstanden sind. AHB Ziff. 7.7

Sinn und Zweck dieses Ausschlusses ist, dass das eigentliche Unternehmerrisiko nicht auf den VR überwälzt werden soll. Es gilt auch das Schlagwort: »Pfuscharbeit ist nicht versicherbar«.

Für die Anwendung der Tätigkeitsklausel müssen folgende Tatbestandsmerkmale verwirklicht sein:

- **Der VN muss beruflich oder gewerblich tätig geworden sein.**

> **Beispiel:**
> Ein Kfz-Mechaniker arbeitet beruflich, wenn er einen Oldtimer repariert, und zwar auch dann, wenn er unentgeltlich für einen Freund tätig wird. Beschädigt er dabei das Auto des Freundes, so hat er keinen Versicherungsschutz.

- **Die Tätigkeit muss an oder mit der fremden Sache vorgenommen worden sein.**

Beispiele:

- Nicht nur die Fernsehantenne, die auf dem Dach des Kundenhauses überprüft und gegebenenfalls repariert werden soll, ist Gegenstand der beruflichen Tätigkeit eines Fernsehmonteurs.
- Das Gleiche gilt auch für die fremde Sache (Leiter), die ihm dabei als Werkzeug dient.
- Auch das Dach wird zum Ausschlussobjekt, wenn er dieses z.B. durch falsches Anlegen der Leiter beschädigt. Dies gilt nicht für Schäden, die allein dadurch entstehen, dass er das Dach begeht.

- **Der Ausschluss gilt auch für Sachen, die »räumlich in unmittelbarer Beziehung zur Bearbeitungssache stehen«, sodass sie durch die »Tätigkeit« zwangsläufig in Mitleidenschaft gezogen werden.**

Beispiele:

- Lässt der Maler beim Weißen einer Zimmerdecke einen Schrank ungeschützt im Zimmer stehen, ist auch der Schrank »bearbeitete« Sache, weil sich die Einwirkung (Farbspritzer) wegen der räumlichen Nähe nicht vermeiden lässt (objektives Merkmal) und weil der Maler dies auch wissen muss (subjektives Merkmal).
- War der Schrank dagegen schon im Hausflur abgestellt und der Maler stößt beim Verlassen des Hauses versehentlich mit seinen schweren Farbtöpfen gegen den Schrank, so ist der dadurch entstandene Schaden gedeckt, weil der Maler zu diesem Zeitpunkt nicht mehr an oder mit dem Schrank tätig war.

- **Es muss sich um eine »Tätigkeit« handeln. Diese ist nur dann gegeben, wenn der VN »bewusst« und »gewollt« und nicht bloß zufällig auf die betreffende Sache einwirkt.**

Beispiel:

Bohrt der VN als Schreiner Dübellöcher für das Anbringen eines Regals in eine Wand, auf der Steckdosen sichtbar sind und trifft er dabei eine Stromleitung, ist der Schaden nicht gedeckt, da bewusst und gewollt auf die Wand mit ihren Stromleitungen eingewirkt wurde.

Hat der VN mit einem Prüfgerät die Wand zuvor untersucht und trifft er eine Stromleitung, die das Gerät zuvor nicht erkannt hat, wäre der Schaden gedeckt, da jetzt nur eine zufällige Einwirkung vorliegt.

Während bei beweglichen Sachen die ganze Sache Gegenstand des Ausschlusses ist, gilt bei **Schäden an unbeweglichen Sachen** (Immobilien) »dieser Ausschluss nur insoweit, als die Sache oder Teile davon unmittelbarer Gegenstand der Tätigkeit waren«.

Beispiel:

Wird bei Dacharbeiten durch einen zufällig herunterfallenden Ziegel die Balkonverglasung beschädigt, so ist dieser Schaden gedeckt, obwohl die Balkonverglasung wesentlicher Bestandteil des Hauses ist **(unbewegliche Sachen)**.

5.4.2.7 Schäden an hergestellten oder gelieferten Sachen (Lieferungs- und Herstellungsklausel)

Gewährleistungsansprüche werden schon durch die Erfüllungsausschlussklausel von der Deckung ausgenommen. Mit der »Lieferungs- und Herstellungsklausel« werden auch solche Schäden von der Deckung ausgenommen, die **an den vom VN herstellten oder gelieferten Sachen** (Arbeiten) erst später – nach Übergabe an den Abnehmer – entstehen. Die Schäden sind vom VN zu vertreten, weil ihre Ursache »in der Herstellung bzw. Lieferung« liegt.

Beispiel:
Der VN (Maschinenhersteller) hat seinem Kunden eine Spezialmaschine geliefert, deren Gebrauchsanweisung unzutreffende Angaben enthält. Der Kunde, der sich an die Gebrauchsanweisung hält, lässt daher die Maschine mit zu hoher Drehzahl arbeiten. Die bis dahin einwandfreie Maschine wird dadurch beschädigt. Die Ersatzansprüche des Kunden (Reparaturkosten/Nutzungsausfall) wegen mangelhafter Beratung/Information (positive Vertragsverletzung) sind nicht durch die Betriebs-HV gedeckt.

Obwohl es sich hier – im Gegensatz zur Erfüllungsausschlussklausel – um Haftpflichtansprüche handelt, sollen auch diese nicht versichert sein, weil das Schadenrisiko am Lieferobjekt genauso wie die Vertragserfüllungsansprüche bei mangelhafter Lieferung dem Unternehmerrisiko zuzuordnen ist. Dieses muss außerhalb der Haftpflichtversicherung bleiben.

Sachschäden, die **nicht »an«, sondern »durch«** vom VN mangelhaft gelieferte Waren oder Arbeiten an **anderen Sachen** entstehen, werden aber auch von dieser Ausschlussklausel nicht betroffen.

5.4.2.8 Auslandsschäden

Im Grunde handelt es sich hier um eine **primäre Risikoabgrenzung,** die den **örtlichen Geltungsbereich** der Haftpflichtversicherung **auf Deutschland begrenzt**. AHB Ziff 7.9

Sie schränkt damit die Deckung gegenüber der Kraftfahrtversicherung erheblich ein (vgl. C 1.3). Weltweit gedeckt – in der Betriebs-HV – sind allerdings Regressansprüche der Berufsgenossenschaft, wenn diese bei einem Arbeitsunfall im Ausland (z. B. bei Montagearbeiten eines deutschen Industrieanlagenbauers in Brasilien) leistungspflichtig wurde und daraufhin den Arbeitgeber/Arbeitskollegen in Regress nimmt, weil dieser den Arbeitsunfall grob fahrlässig verschuldet hat (vgl. Exkurs in B 5.4.2.3). SGB VII § 110

Zum Inhalt des Ausschlusses ist zu beachten, dass die **Auslandsklausel** auf den **Ort des Schadenereignisses** abstellt.

Nach RBE-Privat ist die gesetzliche Haftpflicht aus Versicherungsfällen, die sich bei einem vorübergehenden Auslandsaufenthalt bis zu einem Jahr ereignen, gedeckt. RBE-Privat Pos. A Ziff. 7

5.4.2.9 Umwelteinwirkung auf Boden, Luft oder Wasser (UmweltHG-Risiken)

Schäden durch Umwelteinwirkung und alle sich daraus ergebenden Folgeschäden (auch Personenschäden) sind vom Deckungsbereich der AHB ausgenommen (**sog. Umwelt-Nullstellung**). AHB Ziff. 7.10

Beispiel:
Beim Brand eines Tanklagers entsteht eine Ruß- bzw. Giftgaswolke, die auf einem benachbarten Wohngebiet niedergeht. Mehrere Anwohner erleiden Hautverätzungen, Hausfassaden werden durch Ruß verunreinigt. Außerdem versickern größere Mengen gewässerschädliche Stoffe durch das Erdreich ins Grundwasser.

Es liegt eine anlagenspezifische Umwelteinwirkung vor, da das Umweltmedium Luft (bzw. Boden/Wasser) hier Transportfunktion hat. Dafür besteht Deckungsschutz nur auf der Grundlage der Bedingungen einer speziell vereinbarten Umwelt-Haftpflichtversicherung, die im Übrigen auch Allmählichkeitssachschäden und z. T. auch reine Vermögensschäden einbezieht.

Die »Umwelt-Nullstellung« gilt nicht für:

- **Produkthaftpflichtrisiken,** soweit es sich nicht um anlagenspezifische Umwelt-Produktrisiken handelt;
- **private Risiken,** was insbesondere die Privat-HV, die Tierhalter-HV, die Haus- und Grundbesitzer-HV, Wassersport-HV, Jagd-HV und Bauherren-HV betrifft.

Ausgeschlossen sind auch die öffentlich-rechtlichen Ansprüche gemäß Umweltschadensgesetz (vgl. Abschn. B 2.2.2.2), die gegen den VN wegen Umweltschäden – im Rahmen beruflicher Tätigkeit (Landwirte, Gewerbetreibende usw.) – geltend gemacht werden. Deckungsschutz bietet hier aber die Umweltschadensversicherung, die neben einer Betriebshaftpflichtversicherung und Umwelthaftpflichtversicherung als eigenständiger »Baustein« angeboten wird.

5.4.2.10 Übertragen von Krankheiten durch Personen oder Tiere

AHB Ziff. 7.18

Ausnahmsweise besteht hier nur bei **leichter Fahrlässigkeit** Deckung, weil nach dieser Bestimmung die **grobe Fahrlässigkeit** dem **Vorsatz** gleichgestellt wird. Dies führt in folgenden Fällen zum Deckungsausschluss:

- Dem VN ist bekannt, dass er an einer ansteckenden Krankheit (Typhus, Aids) leidet. Durch grob fahrlässiges Verhalten wird **die Krankheit des VN auf andere Personen übertragen (Personenschaden)**.

  Mitversichert wäre ein Sachschaden: Die Krankheit des VN wird auf ein Tier übertragen.

- Durch ein grob fahrlässiges Verhalten des VN wird eine **Krankheit von Tieren des VN auf fremde Tiere übertragen**. Der VN ist Halter, Eigentümer bzw. Veräußerer der kranken Tiere **(Sachschaden)**.

Beispiel:
Der VN veräußert einen Hund, der an Tollwut erkrankt ist, ohne den Erwerber davon in Kenntnis zu setzen (bedingter Vorsatz/grobe Fahrlässigkeit). Kurz darauf erkrankt ein anderes Tier des Erwerbers an Tollwut. Die Haftpflichtansprüche des Erwerbers aus positiver Vertragsverletzung (Mangelfolgeschäden) sind nicht gedeckt.

Mitversichert wäre dagegen ein Personenschaden. Das erkrankte Tier infiziert einen Menschen, was u. a. bei Tollwut durchaus möglich ist.

Grob fahrlässige Übertragung von Krankheiten	
nicht gedeckt	bei Übertragung von **Person auf Person/Tier auf Tier**
gedeckt	bei Übertragung von **Person auf Tier/Tier auf Person**

5.4.2.11 Weitere Ausschlüsse nach AHB

Die AHB kennen noch weitere spezielle Ausschlüsse, die nachstehend aufgezählt sind: AHB Ziff. 7.11 – 7.17

Hierzu zählen Haftpflichtansprüche wegen **Schäden**

- durch Asbest, asbesthaltige Substanzen oder Erzeugnisse,
- durch energiereiche ionisierende Strahlen (z. B. Röntgenstrahlen),
- durch gentechnische Arbeiten oder Veränderungen,
- die im Zusammenhang mit dem Austausch, der Übermittlung und der Bereitstellung elektronischer Daten stehen (z. B. Datenlöschung, fehlerhaftes Speichern),

> Die RBE-Privat schließen in diesem Zusammenhang die gesetzliche Haftpflicht wegen bestimmter Schäden wieder ein.

RBE-Privat Pos. A Ziff. 4.5

- aus Persönlichkeits- oder Namensrechtsverletzungen
- aus Anfeindung, Schikane, Belästigung, Ungleichbehandlung oder sonstige Diskriminierungen,

> Die RBE-Privat schließen allerdings Schadenersatzansprüche aus Diskriminierungstatbeständen – im Zusammenhang mit der Vermietung von Wohnraum bzw. Anstellung von Hauspersonal – in den Versicherungsschutz wieder ein.

Pos. A Ziff. 3.2 (2) Ziff. 2.3

ferner Haftpflichtansprüche aus **Sachschäden** und alle sich daraus ergebenden **Vermögensschäden** durch

- Abwasser (ausgenommen häusliche Abwässer),
- Senkungen von Grundstücken oder Erdrutschungen,
- Überschwemmungen stehender oder fließender Gewässer.

> Die RBE-Privat schließen im Zusammenhang mit den Risiken aus Haus und Wohnung die Haftpflichtansprüche wegen Sachsschäden durch Abwässer aus dem Rückstau des Straßenkanals wieder ein.

Ziff. 3.4

Lernkontrollen zu B 5.4

Ausschlüsse nach den AHB

1 Nennen und erläutern Sie die wichtigsten Ausschlüsse nach AHB.

2 Besteht in den folgenden Fällen Versicherungsschutz nach AHB oder liegt ein Ausschlusstatbestand nach Ziffer 7 AHB vor?

a) Durch Hochwasser wird die nahe am Fluss gelegene Lagerhalle des Mieters unterspült. Der Vermieter lässt den Hochwasserschaden beseitigen und legt die Rechnung seinem Mieter mit der Begründung vor, dass er laut Mietvertrag für Schäden aller Art haften muss. Der Mieter hat eine Betriebs-Haftpflichtversicherung.

b) Ein Elektromonteur verlegt ein defektes Unterputzkabel. Dies stellt sich allerdings erst nach Abschluss der Verputz- und Tapezierarbeiten heraus. Um das Kabel, das keinen Strom führt, freizulegen, muss der Monteur die Tapete und den Putz entfernen (beschädigen). Weitere Kosten entstehen mit der Neuverputzung und der abermaligen Verlegung der Tapeten. Der Elektromonteur hat eine Betriebs-HV.

c) Malermeister Bunt hat von seiner Mutter, die am Stadtrand wohnt, den Auftrag zur Renovierung ihres Schlafzimmers erhalten. Versehentlich fällt dem Malermeister ein Farbtopf um und die Farbe fließt unter der Abdeckung durch auf den Teppichboden.

d) Fallvariation zu c): Ist die Betriebs-HV leistungspflichtig, wenn die Mutter ein Zimmer im Einfamilienhaus des Malermeisters bewohnt und der Schaden bei der Renovierung dieses Zimmers entstanden ist?

e) Eine Dachlawine löst sich vom Betriebsgebäude einer GmbH und beschädigt das Kfz des Herrn Müller. Müller ist geschäftsführender Gesellschafter der GmbH.

f) Ein Bauhilfsarbeiter fällt bei der Arbeit vom Gerüst. Das Gerüst entsprach nicht den Sicherheitsbestimmungen der Berufsgenossenschaft. Es entsteht Personen- und Sachschaden (beschädigte Armbanduhr). Der Arbeitnehmer fordert u. a. auch Schmerzensgeld.

g) Ein Mitarbeiter bedient die gemietete Maschine falsch. Der Schaden an der Maschine beträgt 2 000,00 €.

h) Der Monteur eines beauftragten Installationsbetriebes steht im Badezimmer einer Kundenwohnung auf dem Wannenrand, um eine Holzdecke zu befestigen. Der Hammer fällt ihm in die Badewanne und beschädigt die Wanne. Es entstehen Reparaturkosten in Höhe von 200,00 €.

i) Wie wäre die Frage unter i) zu beantworten, wenn der Monteur eine Trittleiter benutzt hätte und der herunterfallende Hammer auch hier die Badewanne beschädigt hätte?

j) Im Hof eines Großhandelslagers soll ein fremder LKW beladen werden. Dabei wird mit dem Gabelstapler ein Scheinwerfer des Lkw beschädigt.

k) Ein Friseur (VN) verletzt beim Haarfärben die Kopfhaut einer Kundin.

l) Bei Dachdeckerarbeiten fällt ein Ziegel nach unten und beschädigt die Verglasung eines Wintergartens.

m) Die Nähmaschine eines Kunden, die sich beim VN zur Reparatur befindet, wird von der Putzfrau versehentlich vom Regal gestoßen.

n) Der Versicherungsnehmer Harald Piel wird von einem in der Schweiz wohnhaften Kunden in Anspruch genommen, da er einen fehlerhaften Regler montiert und geliefert haben soll. Der VN will wissen, ob seine Betriebs-HV zur Abwehr der nach seiner Ansicht unbegründeten Ansprüche Deckung gewährt.

o) Ein Reinigungsbetrieb hat die Terrasse des Kunden mit einem scharfen Reinigungsmittel eingesprüht und anschließend mit einem Hochdruckreiniger gereinigt. Das abfließende Reinigungswasser ist teilweise auf den Rasen gelaufen und hat diesen verbrannt. Muss die Betriebs-HV des Reinigungsbetriebes für diesen Schaden eintreten?

p) Der Betriebsinhaber schleppt sich wegen Auftragshäufung mit einer Grippe in den Betrieb. Einen Kunden beruhigt er mit den Worten, er habe gestern nur zu viel getrunken und sei deshalb heute schlapp. Drei Tage später muss der Kunde mit hohem Fieber ins Krankenhaus, da er sich angesteckt hat. Der Kunde möchte die Krankenhauskosten vom Betriebsinhaber ersetzt verlangen. Ist die Betriebs-HV des Betriebsinhabers leistungspflichtig?

5.5 Besonderheiten der Privat-Haftpflichtversicherung

5.5.1 Versichertes Risiko und versicherte Personen

Übersicht

Versichertes Risiko und versicherte Personen

Versichert ist die gesetzliche Haftpflicht des VN als Privatperson

Risikobereiche:

- Haushalt und Familie
- Haus und Wohnung
- Freizeit und Sport
- Elektronischer Datenaustausch/Internetnutzung
- Tiere
- Auslandsaufenthalte
- Gewässerschäden
- Bestimmte Kraft-, Luft- und Wasserfahrzeuge

Gleichartig mitversichert sind

- Ehegatte
- eingetragene Lebenspartner
- Lebensgefährten
- Kinder
  - unverheiratet
  - in Schul- und Berufsausbildung

Falls ausdrücklich vereinbart:

- alleinstehende pflegebedürftige Angehörige

Mitversichert sind ferner bestimmte weitere Personen (z.B. in ihrer Tätigkeit für den Haushalt des VN)

5.5.1.1 Vertragsgrundlagen

Die Privat-HV ist ein besonders häufig anzutreffender Vertragstyp im Rahmen der Allgemeinen Haftpflichtversicherung. Sie hat für jedermann Bedeutung, denn die meisten Haftpflichtrisiken des **täglichen Lebens** fallen in ihren Deckungsbereich.

Vertragsgrundlagen sind das VVG, die AHB und die RBE-Privat. Durch Sonderbedingungen oder durch Zusatzbedingungen kann der Versicherungsschutz noch erweitert werden. RBE-Privat

Das versicherte Risiko umfasst die gesetzliche Haftpflicht (Deliktshaftung/Haftung aus positiver Vertragsverletzung) des VN und der mitversicherten Personen.

5.5.1.2 Mitversicherte Personen

Alle mitversicherten Personen haben den gleichen Versicherungsschutz wie der VN selbst. Gedeckt ist ihre **persönliche Haftpflicht**, wenn sie Dritte schädigen und dafür auf Schadenersatz in Anspruch genommen werden. Pos. A Ziff. 1

Die mitversicherten Personen lassen sich im wesentlichen unterschieden nach

- Personen, die dem VN nahe stehen (z. B. Familienangehörige),
- weitere Personen im Zusammenhang mit Haushalt und Familie.

a) Personen die dem VN nahe stehen

Vorbemerkung:

Falls die Privat-HV für Einzelpersonen beantragt wurde, besteht kein Versicherungsschutz für die nachstehend aufgeführten Personen.

Bei Änderung der persönlichen Verhältnisse (Heirat, Lebenspartnerschaft usw.) besteht je nach VR Versicherungsschutz im Rahmen der Vorsorgeversicherung. Die Proximusbedingungen schließen dies allerdings aus.

- **Ehegatten**

RBE-Privat Pos. A Ziff. 1.1

  - Der Ehegatte ist automatisch mitversichert, sobald die standesamtliche Trauung vollzogen ist.
  - Leben Ehegatten getrennt, so genießen beide dennoch aus dem gleichen Vertrag Versicherungsschutz. Erst mit der Ehescheidung erlischt der Versicherungsschutz für den mitversicherten Ehegatten, der ab diesem Zeitpunkt rechtzeitig über eine eigene Privat-HV verfügen sollte.

- **Eingetragene Lebenspartner**
- **Lebensgefährten**

Ziff. 1.3

Der Lebensgefährte des VN ist wie der Ehepartner über einen Vertrag versichert, soweit beide unverheiratet sind und der Lebensgefährte unter der Anschrift des VN amtlich gemeldet ist.

Ziff. 1.4

- **Unverheiratete Kinder (auch Stief-, Pflege- und Adoptivkinder)**

- Kinder geschiedener Eltern sind weiter mitversichert, und zwar auch dann, wenn das Sorgerecht nicht dem VN übertragen wurde.
- Pflegekinder sind Minderjährige unter 16 Jahren, die sich dauernd oder nur für einen Teil des Tages, **jedoch regelmäßig** außerhalb des Elternhauses in Familienpflege (hier im Haushalt des VN) befinden.

Zu Ziff. 1.3 – 1.6 S. 4

- Kinder sind auch dann bei den Eltern mitversichert, wenn sie nicht bei den Eltern leben.
- Kinder des Lebensgefährten des VN sind ebenfalls mitversichert, solange die Voraussetzungen für die Mitversicherung von Lebensgefährten und Kindern erfüllt sind.
- Heiratet ein Kind, so endet die Mitversicherung mit der standesamtlichen Trauung.

Die Mitversicherung von Kindern endet auch, wenn sie eine eingetragene Lebenspartnerschaft eingehen.

- **Volljährige unverheiratete Kinder** sind mitversichert, solange sie sich noch in einer **Schul-** (nicht Abendschule) oder in einer innerhalb von 12 Monaten daran anschließenden **Berufsausbildung** (nicht Fortbildung) befinden.

Damit soll sichergestellt werden, dass Kinder solange mitversichert sind, wie sie im Rahmen eines durchgängigen, zusammenhängenden Ausbildungsweges noch in der notwendigen Ausbildungsphase zu einem Beruf stehen und deshalb noch nicht die Finanzierung einer eigenen Versicherung von ihnen erwartet werden kann.

AG Wiesbaden 1990

Die Schwelle eines bestimmten Höchstlebensalters kennt die Privat-HV also nicht.

  - Die Mitversicherung endet z. B. mit Bestehen der Prüfung als Kaufmann/Kauffrau für Versicherungen und Finanzen (erste Ausbildung).
  - Eine zweite Ausbildung, die sich innerhalb von 12 Monaten an die Erstausbildung anschließt, ist ebenfalls mitversichert.

– Wehr- bzw. Zivildienst (einschließlich des freiwilligen zusätzlichen Wehrdienstes) oder ein freiwilliges soziales bzw. ökologisches Jahr während oder im Anschluss an die Berufsausbildung unterbrechen den Versicherungsschutz nicht. Unterbrochen wird er aber bei Soldaten auf Zeit.

- **Alleinstehende, unverheiratete, pflegebedürftige Angehörige** i. S. v. Ziff. 7.5 (1) AHB

  sind mitversichert, solange diese im gemeinsamen Haushalt mit dem VN leben und Pflegebedürftigkeit von mindestens Pflegestufe I festgestellt wurde. RBE-Privat Pos. A Ziff. 1.5

Mitversicherung volljähriger Jugendlicher über die elterliche PHV

– Für volljährige Kinder, die wegen einer Behinderung auf Anordnung des Vormundschaftsgerichtes betreut werden, bleibt der Versicherungsschutz ebenfalls bestehen, solange sie im Haushalt mit dem VN leben.

Besonderheit: Mehrfachversicherung bei Ehe- bzw. Lebenspartnern VVG § 78

In der Regel haben beide Ehepartner (Lebenspartner) mit ihrer Heirat (Beginn ihrer häuslichen Gemeinschaft) bereits eine eigene Privat-HV. Wegen der Mitversicherung (Mitversicherungsmöglichkeit) des jeweiligen anderen Ehegatten (Lebenspartners) entsteht dann eine Mehrfachversicherung, deren Aufhebung in der Weise herbeigeführt werden kann, dass der VR, bei dem die Police mit dem älteren Abschlussdatum besteht (»Prinzip der älteren Rechte«), entsprechend informiert und um Veranlassung der Auflösung der jüngeren Police beim anderen VR gebeten wird. Hierzu ist dem älteren VR der Name und das Geburtsdatum des nun mitversicherten Partners sowie die Gesellschaft und die Versicherungsnummer der jüngeren Police anzugeben. AHB Ziff. 22.3 S. 2
Die Aufhebung wird zu dem Zeitpunkt wirksam, zu dem die Erklärung, mit der sie verlangt wird, dem VR zugeht.

---

b) Weitere Personen (siehe auch B 5.5.2.1)

RBE-Privat Pos. A Ziff. 2.4 Ziff. 2.5

- Im Haushalt des VN beschäftigte Personen (Reinemachefrau, Haushaltshilfe, Babysitter) gegenüber Dritten aus dieser Tätigkeit,
- Personen, die die in den RBE-Privat bezeichneten Wohnungen, Häuser, Gärten des VN betreuen oder im Winter den Streudienst übernehmen, sei es aufgrund eines Arbeitsvertrages (z. B. Gärtner) oder aus reiner Gefälligkeit.

Versichert ist auch hier die persönliche Haftpflicht dieser Personen, wenn sie im Rahmen der angeführten Tätigkeiten von Dritten auf Schadenersatz in Anspruch genommen werden.

5.5.1.3 Vertragsübergang bei Tod des VN

Ziff. 9

Obwohl die Privat-HV personenbezogen ist, erlischt der Vertrag nicht automatisch mit dem Tod des VN (Wagniswegfall), sondern besteht für den mitversicherten Ehegatten oder eingetragenen Lebenspartner bzw. mitversicherten Lebensgefährten und die bisher schon mitversicherten Kinder bis zur nächsten Beitragsfälligkeit fort.

Begleicht der Ehegatte, Lebenspartner oder Lebensgefährte die nächste Beitragsrechnung, wird er VN.

5.5.2 Risikobereiche des täglichen Lebens (versichertes Risiko)

Von der Deckung der Privat-HV wird die gesamte **private Sphäre** erfasst. Gedeckt sind somit alle Vorgänge in der Freizeit (z. B. Kinobesuch, Tanzen, Bastelarbeiten), beim Einkauf, bei privaten Ausflügen, als Gastgeber oder Gast.

Zur Klarstellung des Deckungsumfangs sind die RBE-Privat in Bereiche eingeteilt und der entsprechende Versicherungsschutz dargestellt.

5.5.2.1 Haushalt und Familie

Generell mitversichert ist danach die gesetzliche Haftpflicht des Versicherten

Ziff. 2.1 2.6

- als **Aufsichtspflichtiger über** Minderjährige (§ 832 BGB),

  und zwar sowohl für **eigene Kinder** als auch für **bis zu fünf zur Betreuung übernommene Kinder.** Bei mehr als fünf Kindern entfällt die Mitversicherung. Es gelten dann die Bestimmungen zur Vorsorgeversicherung.

  - Mitversichert sind Haftpflichtansprüche der zu betreuenden fremden Kinder,
  - nicht versichert ist dagegen die persönliche Haftpflicht dieser fremden Kinder sowie die Haftpflicht wegen Abhandenkommens von Sachen der betreuten Kinder.

Beispiel:

Beim Kindergeburtstag wird die Jacke eines fremden Kindes durch das ausgelassene Toben des 5-jährigen Geburtstagskindes beschädigt. Die Mutter des Geburtstagskindes ist zuvor nicht eingeschritten, da sie ihrem Kind den Spaß beim Toben am Geburtstag gönnen wollte.

Besonderheit: Schäden durch deliktsunfähige Kinder

Häufig besteht bei Schäden durch Kinder keine Ersatzpflicht, da der Schädiger noch deliktsunfähig ist und eine Aufsichtspflichtverletzung auch nicht gegeben ist. RBE-Privat Pos. A Ziff. 2.8 (1)

Auf Wunsch des VN bietet der VR in solchen Fällen Versicherungsschutz, wobei die Höchstersatzleistung 5 000,00 € je Versicherungsfall, begrenzt auf 10 000,00 € für alle Versicherungsfälle eines Jahres, beträgt (sog. **Kinderschadensklausel**).

Beispiel:
Das 5-jährige Geburtstagskind ist aus Unachtsamkeit gestolpert und hat versucht, sich an der Jacke eines anderen Kindes festzuhalten, die dabei zerreißt. Eine Aufsichtspflichtverletzung liegt nicht vor und das Geburtstagskind ist wegen fehlender Deliktfähigkeit nicht zum Schadenersatz verpflichtet.

Da in solchen Fällen erfahrungsgemäß der VN den Schaden dennoch ersetzen will, bietet die Privat-Haftpflichtversicherung den dargestellten Versicherungsschutz.

Die Kinderschadensklausel findet dann keine Anwendung, soweit

- einer anderer VR (z. B. Sozialversicherungsträger) leistungspflichtig ist,
- der Geschädigte selbst aufsichtspflichtig war,
- der Geschädigte von einem anderen Aufsichtspflichtigen Schadenersatz erlangen kann.

- als gerichtlich **bestellter Betreuer** von Angehörigen gem. AHB (zum Kreis der Angehörigen, vgl. Abschn. B 5.4.2.4); Ziff. 2.2
- als **Dienstherr** von Hauspersonal (§ 831 BGB oder § 278 BGB i. V. m. § 280 BGB). Ziff. 2.3

Beispiel:
Die Putzfrau beschädigt beim Reinigen des Zimmers des Untermieters dessen Fernsehgerät. Der VN wird als Dienstherr (§ 831 BGB) oder als Vertragspartner des Geschädigten (Mietvertrag: §§ 278, 280 BGB) schadenersatzpflichtig gemacht.

Der Versicherungsschutz gilt auch für Personen, die aus Arbeitsvertrag oder gefälligkeitshalber Wohnung, Haus und Garten betreuen oder den Streudienst versehen.

Beispiele:
Die hilfsbereite Nachbarin

(1) gießt während der Urlaubsreise des VN die Balkonblumen und lässt dabei versehentlich die Gießkanne herunterfallen, die einen Passanten an der Schulter trifft und verletzt;

(2) bringt den vierjährigen Sohn des VN zum Kindergarten und vernachlässigt dabei ihre Aufsichtspflicht, sodass ein Radfahrer durch das unbedachte Verhalten des Kindes zu Schaden kommt.

Die Privat-HV des VN leistet außerdem,

- wenn auch die in den Beispielen genannten Personen (Putzfrau bzw. die Nachbarin) für den o.a. Schaden von Dritten auf Schadenersatz in Anspruch genommen werden, Ziff. 2.4 Ziff. 2.5
- wenn die Putzfrau als Hausangestellte selbst geschädigt ist, weil sie sich an der schadhaften Haushaltsleiter ihr Kleid zerreißt. Allerdings sind **Personenschäden**, bei denen es sich um Arbeitsunfälle i. S. des SGB VII handelt, nicht gedeckt, z.B. wenn die Putzfrau im Haushalt des VN durch einen schadhaften Staubsauger Verbrennungen erleidet. RBE-Privat Zu Pos. A 2.2 bis 2.5

RBE-Privat Pos. A Ziff. 2.3

- abweichend von Ziff. 7.17 AHB, wenn gegen den VN als Arbeitgeber Schadenersatzansprüche aus Diskriminierungstatbeständen erhoben werden (z.B. Benachteiligung wegen ethnischer Herkunft, sexueller Identität usw.). Ein solcher Anspruch könnte z.B. von einer abgewiesenen Bewerberin bei der Einstellung von Hauspersonal auf der Grundlage des Allgemeinen Gleichbehandlungsgesetzes geltend gemacht werden (Höchstersatzleistung je Versicherungsfall und Versicherungsjahr innerhalb der Versicherungssumme des Vertrages 50 000,00 €).

Ziff. 2.7

- Abweichend von Ziff. 7.6 AHB sind Schäden an ärztlich verordneten medizinischen Hilfsmitteln mitversichert, wenn diese von Krankenkassen, Diakoniestationen usw. für therapeutische oder diagnostische Zwecke (z. B. Blutdruckmessgeräte, Inhaliergeräte usw.) dem VN zur Verfügung gestellt wurden. Die Ersatzleistung beträgt für Sachschäden bis 5 000,00 € (max. 10 000,00 € je Versicherungsjahr).

SGB VII § 104 § 110 (1a)

Besonderheit: Ansprüche von Hausangestellten gegenüber dem VN als Dienstherr

Erleiden Hausangestellte bei ihrer Tätigkeit Gesundheitsschäden infolge eines Unfalls sind grundsätzlich die Gemeinde-Unfallversicherungsverbände für die Gewährung von Leistungen zuständig. Dort hat der Dienstherr die Hausangestellte nach der Einstellung anzumelden.
Versichert – in der Privat-HV des Dienstherrn – sind jedoch die etwaigen Regressansprüche der Gemeindeunfallversicherung, außer bei Schwarzarbeit.

5.5.2.2 Haus und Wohnung

RBE-Privat Pos. A Ziff. 3.1

Ausschnittweise mitversichert sind hier einige **Sonderrisiken**, die sonst nur durch eine spezielle Haftpflichtversicherung versichert werden können. Die RBE-Privat erwähnen ausdrücklich folgende Risiken:

- **Haftpflichtrisiko als Inhaber** (Mieter, Eigentümer, Sondereigentümer)

einer oder **mehrerer** **Wohnungen** inkl. Ferien- u. Wochenendwohnungen	**eines Einfamilienhauses**
eines oder **mehrerer** **Ferienhäuser** und Wochenendhäuser	

sofern diese

- sich in **Europa** befinden (und in den außereuropäischen Gebieten, die zum Geltungsbereich des Vertrages über die Europäische Union gehören),
- vom VN ausschließlich zu **Wohnzwecken** genutzt werden.

Eingeschlossen ist die gesetzliche Haftpflicht

- aus dem Miteigentum an zu einem Einfamilienhauses sowie zu Wochenend-/Ferienhäusern gehörenden **Gemeinschaftsanlagen** (z.B. Wäschetrockenplatz).
  Bei Schädigung des Gemeinschaftseigentums durch den VN bzw. Mitversicherte erstreckt sich die Ersatzpflicht des VR, wie auch beim Wohnungseigentum (Wohnungseigentümergemeinschaft), **nicht** auf den Miteigentumsanteil.
- für **zugehörige** Garagen, Carports, KFZ-Stellplätzen, Gärten sowie **eines Schrebergartens** (= einzeln gelegener Kleingarten)
  Verletzt sich beispielsweise ein Spaziergänger oder Besucher am schadhaften Zaun des Schrebergartens, ist der Haftpflichtanspruch gegen den VN durch die Privat-HV gedeckt.

Besonderheit: Haftpflichtansprüche bei Wohnungseigentümergemeinschaft

Bei Eigentumswohnungen wird zwischen dem Miteigentumsanteil (hierunter fallen Gemeinschaftsflächen und – anlagen, die im gemeinschaftlichen Eigentum der Wohnungseigentümergemeinschaft stehen) und dem Sondereigentum (hierunter fällt die Wohnung des jeweiligen Wohnungseigentümers) unterschieden.

Beschädigt der VN als Mitglied der Wohnungseigentümergemeinschaft das Gemeinschaftseigentum, sind die Haftpflichtansprüche der übrigen Gemeinschaft anteilig in Höhe ihrer Miteigentumsanteile gedeckt. Lediglich der Miteigentumsanteil des VN bleibt bei der Entschädigungsberechnung unberücksichtigt.

Beispiel:

Laut Kostenvoranschlag beträgt die Reparatur der durch den VN beschädigten Hausfassade 600,00 €. Die Wohnungseigentümergemeinschaft besteht aus drei Parteien, deren Miteigentumsanteil je ⅓ des Gemeinschaftseigentums beträgt. Der VR wird der Reparaturkosten zu ⅔ (= 400,00 €) entschädigen und den Miteigentumsanteil des VN von ⅓ unberücksichtigt lassen, da in Höhe des Anteils von 200,00 € ein nicht versicherter Eigenschaden vorliegt.

Im Übrigen sind bei Wohnungseigentum nur die Gefahren, die vom Sondereigentum ausgehen, durch die Privat-HV gedeckt. Rutscht z. B. der Besucher nicht in der Wohnung des VN (Sondereigentum) sondern im Treppenhaus (Gemeinschaftseigentum) auf zu glattem Boden aus, so ist dieser Schaden nur über eine spezielle Haus- und Grundbesitzer-HV gedeckt, die von der Hausverwaltung (Gemeinschaft der Wohnungseigentümer) abzuschließen ist.

Versicherungsschutz für das Haftpflichtrisiko eines **unbebauten Grundstücks** bietet nur die gesondert abzuschließende Haus- und Grundbesitzer-HV. RBE-Privat Pos. D

Als Haus- und Grundbesitzer (Eigentümer, Mieter) ist die **Haftung aus vermutetem Verschulden** (z. B. fahrlässige Außerachtlassung der baulichen Instandhaltung) und die **Haftung wegen Verletzung von Verkehrssicherungspflichten** (z. B. fahrlässiges Unterlassen der winterlichen Streupflicht) mitversichert. Pos. A Ziff. 3.2 (1)

Besonderheit: Nachhaftung des früheren Besitzers nach § 836 Abs. 2 BGB

Unter bestimmten Voraussetzungen haftet der frühere Besitzer eines Grundstückes noch ein Jahr für Schäden, die durch Einsturz eines Gebäudes oder Ablösung von Gebäudeteilen entstehen. Ziff. 3.2 (4)

Dieses Risiko ist nach den RBE-Privat gedeckt, wenn die Versicherung bis zum Besitzwechsel bestand.

- **Vermieterhaftpflichtrisiko**

Versichert ist das Vermieterhaftpflichtrisiko (Delikts- und Vertragshaftung) aus der **Vermietung einer Einliegerwohnung** und/oder **von Räumen** innerhalb

- des selbstbewohnten (eigenen oder gemieteten) Einfamilienhauses, Ziff. 3.2 (2)
  Eine Einliegerwohnung ist hier gegenüber der »Hauptwohnung« von geringerer Bedeutung (z. B. geringere Wohnfläche oder Zugang nur durch die »Hauptwohnung«).
- der selbstbewohnten (eigenen oder gemieteten) Wohnung.

Darüber hinaus besteht abweichend **von den AHB** Versicherungsschutz bei der **Vermietung von Wohnraum**, sofern Schadenersatzansprüche gestellt werden:

RBE-Privat Pos. A Ziff. 3.2 (2) S. 3, 4

- aus Diskriminierungstatbeständen (vgl. B 5.5.2.1/ VN als Dienstherr von Hauspersonal);
- von mitversicherten **Angehörigen**.

> **Beispiel:**
> Die pflegebedürftige, alleinstehende Mutter des VN ist in der ihr vermieteten Einliegerwohnung im Einfamilienhaus des VN auf dem schlecht verlegten Teppichboden ausgerutscht. Sie hat einen Oberschenkelhalsbruch erlitten und wendet sich wegen der entstandenen Behandlungskosten an ihren Sohn.

Nur aufgrund **besonderer Vereinbarung** besteht Versicherungsschutz für das Haftpflichtrisiko

Pos. A Ziff. 3.8

- als Inhaber von vermietetem **Sondereigentum** (Wohnungs- und Teileigentum);
- aus der gelegentlichen Vermietung mitversicherter Ferienhäuser bzw. -wohnungen
  (hier wieder jeweils auch aus der »Mit-Vermietung« von dazugehörigen Garagen, Carports und Kfz-Stellplätzen);
- aus der »Nur-Vermietung« von Garagen, Carports und Kfz-Stellplätzen, die zu einer mitversicherten Immobilie gehören;
- aus der Vermietung von Räumen zu **gewerblichen Zwecken**.
  Das ergibt sich zwar nicht aus den RBE-Privat in Proximus 2 (Fassung 2008), wohl aber aus dem dort abgedruckten zugehörigen Tarif. Hier ist das Risiko aus der Vermietung von gewerblichen Räumen als Zusatzrisiko zur Privat-HV versicherbar.

- **Haftpflichtrisiko als Bauherr und Bauunternehmer**

Ziff. 3.2 (3)

Versichert ist dieses Haftpflichtrisiko bis zu einer Bausumme von 50 000,00 € je Bauvorhaben.

Wird dieser Betrag überschritten, so entfällt die Mitversicherung. Es gelten dann die Bestimmungen zur Vorsorgeversicherung hinsichtlich der dann abzuschließenden Bauherren-HV.

Nicht nur den Bauunternehmer, sondern auch den Bauherrn treffen als Veranlasser einer Baumaßnahme Verkehrsicherungspflichten (Absperrung, Lagerung von Bauschutt). Hinzu kommen Überwachungs- und Auswahlpflichten. Das Bauherrenrisiko steht selbstständig neben dem Bauplanungs- und Bauleitungsrisiko des Architekten und dem Bauausführungsrisiko der Bauunternehmer bzw. Handwerker. Ein erhöhtes Risiko besteht für den VR, wenn der Bauherr selbst Hand bei den Bauarbeiten anlegt und insoweit dann auch Bauunternehmer ist.

Ziff. 3.2 (6)

- **Haftpflichtrisiko des Nießbrauchers**, dem der VN den Nießbrauch **am versicherten Grundstück eingeräumt hat**, d.h. das Recht sämtliche Nutzungen – auch Mieteinnahmen – aus dem mit dem Nießbrauchrecht belasteten Grundstück zu ziehen.

> **Beispiel:**
> Das elterliche Einfamilienhaus war aus steuerlichen Gründen auf den Sohn übertragen worden. Per Nießbrauch haben sich die Eltern aber gleichzeitig ein lebenslanges und unentgeltliches Wohnrecht an der versicherten Immobilie vorbehalten. Die Privat-HV des Sohnes leistet, wenn die Eltern z.B. wegen Verletzung von Verkehrssicherungspflichten schadenersatzpflichtig werden.

Dies gilt nicht für

- Schadenersatzansprüche des Nießbrauchers gegen den VN (im Beispiel: Haftpflichtansprüche der Eltern gegen den Sohn),

- Schadenersatzansprüche, für die aus einem anderen fremden Haftpflichtversicherungsvertrag Deckung besteht (z.B. aus einer Haus- und Grundbesitzer-HV, die der Nießbraucher abgeschlossen hat).

- **Haftpflichtrisiken** aus dem Besitz und der Unterhaltung **einer Photovoltaikanlage** (PVA). Weil in der PVA mittels Solarzellen ein Teil der Sonnenstrahlung in elektrische Energie umgewandelt wird, ist das Haftpflichtrisiko aus der Abgabe von Energie an Dritte mitversichert. Der Versicherungsschutz entfällt, soweit für die PVA eine Gewerbeanmeldung erfolgt bzw. erforderlich ist. RBE-Privat Pos. A Ziff. 3.2 (7)

- **Haftpflichtrisiko aus der als Mieter, Entleiher, Pächter oder Leasingnehmer durch Vertrag übernommenen gesetzlichen Haftpflicht**

  In der Praxis ist es üblich, dass Vermieter, Verleiher, Verpächter oder Leasinggeber ihre gesetzliche Haftpflicht, die im Zusammenhang mit dem Rechtsobjekt des Vertrages (z. B. Haus) steht, auf ihre Vertragspartner durch vertragliche Vereinbarung übertragen. Ziff. 3.3

  Beispiel:
  Im Mietvertrag zu einer Parterrewohnung ist vereinbart, dass der Mieter die Streupflicht des Vermieters (sog. Verkehrssicherungspflicht) übernimmt.

  Abweichend von Ziff. 7.3 AHB ist dieses Risiko durch die RBE-Privat gedeckt.

- **Abwässerschäden**

  Gedeckt sind Haftpflichtansprüche wegen Sachschäden durch häusliche Abwässer und durch Abwässer aus dem Rückstau des Straßenkanals, sowie alle sich daraus ergebenden Vermögensschäden. Ziff. 3.4

  Beispiel:
  Nach starken Witterungsniederschlägen verschmutzen austretende Abwässer aus der Toilette eines Einfamilienhauses den Hausrat des Mieters, der ein Zimmer gemietet hat. Bei der Schadenermittlung wurde festgestellt, dass die Rückstauklappe defekt war.

- **Mietsachschäden**

  Abweichend von Ziff. 7.6 AHB sind bestimmte Mietsachschäden durch die RBE-Privat gedeckt. Ziff. 3.5 (1)

  Mitversichert ist die gesetzliche Haftpflicht aus der **Beschädigung von gemieteten Wohnräumen** (wozu natürlich auch Einfamilien- oder Ferienhäuser zählen) und sonstigen, zu privaten Zwecken, gemieteten Räumen in Gebäuden (z. B. Keller, Wasch- und Trockenräume).

  Versichert sind allerdings **nur Schäden an Gebäudebestandteilen**. Das sind Sachen die mit dem Gebäude fest verbunden sind, wie z. B. Waschbecken, Wandkacheln, Fußbodenfliesen, eingeklebten Teppichböden, Einbauschränken, Türen, Fenstern, Zimmerdecken, Marmorbänken usw.

Der **Versicherungsschutz** für die Schäden an Gebäudebestandteilen **ist zusätzlich begrenzt**:

RBE-Privat Pos. A Ziff. 3.5 (3)

- Der VR leistet (unabhängig von der vereinbarten Deckungssumme) maximal 500 000,00 € je Schadenereignis. Die maximale Gesamtleistung je Versicherungsjahr beträgt 1 Mio. €.

Ziff. 3.5 (1)

- Es sind nur Schäden an solchen **Gebäudebestandteilen** versichert, die sich **in den Räumen der Mietwohnung** befinden.
- Grundsätzlich ausgeschlossen bleiben auch folgende Haftpflichtschäden, obwohl sie Gebäudebestandteile in gemieteten Räumen betreffen:

Ziff. 3.5 (2)

vorhersehbare Schäden	Sie entstehen durch normale Abnutzung, Verschleiß oder auch auch durch übermäßige Beanspruchung. Renovierungsarbeiten sollen schließlich nicht von der Privat-HV übernommen werden. **Beispiel:** Der Mieter reißt aufgeklebte Teppichfliesen ab und beschädigt hierbei den Fußboden (übermäßige Beanspruchung).
Schäden an technischen Geräten	Dazu gehören Heizungs-, Maschinen-, Kessel-, Warmwasserbereitungsanlagen, Elektro- und Gasgeräte.
Glasbruchschäden, für die der VN eine Glasversicherung abschließen kann	Versichert ist also die zerstörte Fensterscheibe im Hotelzimmer und in der vorübergehend angemieteten Ferienwohnung. Glasschäden in der Mietwohnung sind nicht gedeckt, weil sich hier der VN durch eine spezielle Glasversicherung schützen kann.

- Grundsätzlich nicht versichert sind alle Schäden an **beweglichen Sachen**, wie z. B. an einem lose verlegten Teppichboden, an Mobiliar, also Stühlen, Tischen, Schränken usw., in der vom Vermieter möblierten Mietwohnung.

- **Mietsachschäden am Inventar der Reiseunterkunft**

Ziff. 3.6

Mitversichert sind auch Schäden an beweglichen Sachen in Hotelzimmern, gemieteten Ferienwohnungen und Ferienhäusern und allen sich daraus ergebenden Vermögensschäden. Die Höchstersatzleistung beträgt für Sachschäden 50 000,00 € je Versicherungsfall, begrenzt auf 100 000,00 € für alle Versicherungsfälle eines Versicherungsjahres.

Ziff. 3.7

- **Schäden durch Schlüsselverlust**

Mitversichert ist auch das Haftpflichtrisiko aus dem Abhandenkommen von **privat** oder **ehrenamtlich** überlassenen **fremden** Schlüsseln (auch General- oder Hauptschlüsseln sowie elektronischen Zugangsberechtigungskarten u. elektronischen Türöffnern).

  - Proximus 2 (Fassung 2008): Nicht aber im Rahmen einer Berufsausübung übergebene Schlüssel.
  - Proximus 2 (Fassung 2011): Wie marktüblich sind hier auch beruflich/dienstlich überlassene Schlüssel mitversichert; dies gilt aber nicht für Schlüssel aus selbständiger/freiberuflicher Tätigkeit.

Für das Schlüsselverlustrisiko im Rahmen dienstlicher Tätigkeit besteht in der Regel Deckungsschutz in einer Dienst-HV. Im Bedingungswerk 2 »Proximus Versicherung« wird als Zusatzdeckung zur Privat-HV die Amts-HV angeboten, die in der Regel auch das Schlüsselverlustrisiko mitversichert.

Deckungsumfang »Schlüsselverlust«	
versichert	**nicht versichert**
• **Kosten für den Austausch** bzw. die Änderung des Schlosses/der Schließanlage incl. Schlüsseländerung/-ersatz • u. U. gewaltsames Öffnen von Schlössern (**Notschloss**) • u. U. **Objektschutz** bis zu 14 Tagen	• Verlust von **anderen** Schlüsseln zu beweglichen Sachen (z. B. Tresor-, Möbel- und Kfz-Schlüssel) • Verlust von Schlüsseln, die der VN im Rahmen einer **selbstständigen** oder **freiberuflichen Tätigkeit** verwendet. • Haftungsausschluss für **Folgeschäden** durch Schlüsselverlust (z. B. Einbruch)
Höchstersatzleistung 15 000,00 € je Schadenereignis Gesamtleistung eines Versicherungsjahres maximal 30 000,00 € (Abhandenkommen von Schlüsseln privat/ehrenamtlich)	

RBE-Privat Pos. A Ziff. 3.7

5.5.2.3 Freizeit und Sport

Im Rahmen dieses Bereiches erwähnen die RBE-Privat ausdrücklich die gesetzliche Haftpflicht Ziff. 4

- **als Radfahrer** Ziff. 4.1
- **aus der Ausübung von Sport**

  Ausgenommen hiervon sind Jagd, Teilnahme an Pferde- und Radrennen, für die eine Radsportlizenz notwendig ist, sowie die Vorbereitung hierzu (Training). Ziff. 4.2

  Bei der Ausübung von Wassersport ist auch die Benutzung bestimmter Wassersportfahrzeuge mitversichert. Pos. G Ziff. 2, 2.3

Hinweis:

Einzelheiten zum Versicherungsschutz beim Gebrauch von Wasser-, Luft- und Kraftfahrzeugen sind im Zusammenhang mit den Benzinklauseln (vgl. B 5.5.3.3) übersichtsartig dargestellt.

- **aus Besitz und Gebrauch von privat genutzten Windsurfbrettern** Ziff. 4.3
- aus dem **erlaubten** privaten **Waffenbesitz** und aus dem erlaubten und unerlaubten **Gebrauch von Waffen** (Hieb-, Stoß- und Schusswaffen) sowie Munition und Geschossen; z. B. wenn sich beim Reinigen eines Sportgewehrs versehentlich eine noch im Lauf befindliche Kugel löst und einen Sportkameraden verletzt. Ziff. 4.4

  Nicht versichert sind Haftpflichtschäden

  - aus dem Besitz/Gebrauch zu Jagdzwecken (Jagd-HV);

    Bei der speziellen Jagd-HV ist nicht nur die Jagdtätigkeit und der erlaubten Besitz und Gebrauch von Schusswaffen mitversichert, sondern auch das Halten und Führen von bis zu zwei Jagdhunden, sodass der Jäger hierfür auch keine Tierhalter-HV benötigt.

  - wenn mit der Waffe eine strafbare Handlung begangen wird.

    Wird der Versicherte dem Strafmaß nach nicht wegen Vorsatzes, sondern nur wegen Fahrlässigkeit verurteilt, z. B. wegen Fehleinschätzung einer Notwehrsituation (Notwehrexzess, Putativnotwehr), so besteht Versicherungsschutz.

5.5.2.4 Elektronischer Datenaustausch/Internetnutzung

RBE-Privat Pos. A Ziff. 4.5.1

> Abweichend von Ziffer 7.15 AHB und Pos. 2 (8) der BBVerm ist durch die RBE-Privat die gesetzliche Haftpflicht des VN wegen bestimmter Schäden aus dem Austausch, der Übermittlung und der Bereitstellung elektronischer Daten per Email oder Datenträger gedeckt.

Gedeckt sind Schäden infolge:

- **Datenveränderung**

(1) Hierunter fällt die Löschung, Unterdrückung, Unbrauchbarmachung oder Veränderung von Daten bei Dritten durch **Computerviren** und andere **Schadenprogramme**, die auf dem Computer des VN wirksam sind.

> **Beispiel:**
> Der VN versendet eine Email mit Datei im Anhang. Diese Datei ist virenbefallen, was der VN nicht bemerkt und setzt den Computer des Emailempfängers außer Betrieb, als sie geöffnet wird.

(2) - **Datenveränderung aus sonstigen Gründen sowie der Nichterfassung und fehlerhaften Speicherung von Daten bei Dritten**

(3) - **Störung des Zugangs Dritter zum elektronischen Datenaustausch**

Ziff. 4.5.2 Für den Versicherungsschutz hat der VN die Obliegenheit, auf seinem Computer Sicherungsvorkehrungen (z. B. Virenscanner, Firewall) zu treffen oder durch Dritte treffen zu lassen – Sicherungstechniken, die dem Standard der Technik entsprechen.

Ziff. 4.5.3 Die VS beträgt 1 Mio. €. Sie stellt zugleich die Höchstersatzleistung für alle Versicherungsfälle eines Versicherungsjahres dar.

Ziff. 4.5.6 bzw. Ziff. 4.5.5 Kein Versicherungsschutz besteht nach Proximus 2 (Fassung 2008 und 2011), wenn der VN bzw. Versicherte durch sein bewusstes Verhalten die Schädigung beim Dritten ermöglicht hat, z. B. durch Hacker-Attacken, Weiterversand von Spammails, Teilnahme an rechtswidrigen Online-Tauschbörsen.

Ziff. 5

5.5.2.5 Tiere

Für diesen Bereich wird folgender Versicherungsschutz durch die RBE-Privat klargestellt:

- **Haftpflichtrisiko als Tierhalter/-eigentümer oder Tierhüter**

Ziff. 5.1 Versichert ist dieses Haftpflichtrisiko, wenn es sich um zahme Haustiere, gezähmte Kleintiere und Bienen handelt.

Nicht mitversichert sind Hunde, Pferde, Rinder, sonstige Reit- und Zuchttiere, wilde Tiere und grundsätzlich gewerblich oder landwirtschaftlich genutzte Tiere. Für diese Tiere ist der Abschluss einer speziellen Tierhalter-HV erforderlich. Nicht versicherbar sind aber Hunde, die in den einzelnen Landesgesetzen/Landeshundeverordnungen als »gefährliche Hunde« eingestuft sind (Proximus 2 – Fassung 2011).

Ziff. 5.3 Versichert ist darüberhinaus speziell das Haftpflichtrisiko des Hüters **fremder** Hunde (nicht jedoch von Hunden, die von mitversicherten Personen gehalten werden) soweit dies nur gelegentlich – also nicht gewerblich – erfolgt.

> **Beispiel:**
> Der VN nimmt für die Dauer eines Urlaubs den Hund des Nachbarn in seine Obhut. Unbeaufsichtigt kann der Hund das Grundstück des VN verlassen und bringt auf der Strasse einen Fahrradfahrer zu Fall.

Nicht versichert sind Haftpflichtansprüche des Tierhalters bzw. -eigentümers gegenüber dem Tierhüter, d. h. wird bei dem o. a. Unfall auch das Tier schwer verletzt, so ist das kein Haftpflichtrisiko für die Privat-HV des Tierhüters. Die Privat-HV des Tierhüters ist aber für die Haftpflichtansprüche des verletzten Fahrradfahrers zuständig, soweit der Tierhalter keine Tierhalter-HV unterhält. Hat dieser dagegen eine Tierhalter-HV, so ist diese vorleistungspflichtig; denn der Tierhüter ist im Rahmen der Tierhalter-HV mitversicherte Person.

- **Haftpflichtrisiko als Reiter**

  Versichert ist das Haftpflichtrisiko bei Benutzung fremder Pferde zu privaten Zwecken. RBE-Privat Pos. A Ziff. 5.2

  Beispiel:

  Im Sommerurlaub hat der VN für seine 16-jährige Tochter ein Pferd gemietet. Beim Ritt durch den Ferienort scheut das Pferd und beschädigt ein Kfz.

  Der Kfz-Schaden ist gedeckt. Hätte sich auch das Mietpferd verletzt, so wäre dieser Haftpflichtschaden nicht gedeckt (Obhutsschaden, Besitzklausel, vgl. B 5.4.2.5).

  Besteht eine Tierhalter-HV des Pferdehalters, ist diese wieder vorleistungspflichtig, da die Privat-HV hier subsidiär haftet. Zu Ziff. 5.2 u. 5.3

5.5.2.6 Auslandsaufenthalte

Abweichend von Ziffer 7.9 AHB bieten die RBE-Privat auch eine Auslandsdeckung.

Gedeckt sind: Pos. A Ziff. 7

- **Auslandsaufenthalte innerhalb Europas** und in den außereuropäischen Gebieten, die zum Geltungsbereich der Europäischen Union gehören;
- **vorübergehende Auslandsaufenthalte außerhalb des genannten Bereichs bis zu einem Jahr.**
  Mitversichert ist die gesetzliche Haftpflicht aus der dortigen vorübergehenden Benutzung oder Anmietung von Wohnungen und Häusern.

  Schäden in USA/Kanada: Aufwendungen für Kosten werden – abweichend von den AHB – praxisüblich auf die VS angerechnet. Nicht nur bei Schäden aus Internetnutzung usw. (Proximus 2 – Fassung 2008: AHB Ziff. 4.5.4). AHB Ziff. 6.5

5.5.2.7 Gewässerschäden

Ebenfalls versichert durch die RBE-Privat ist das WHG-Risiko, wobei Vermögensschäden wie Sachschäden behandelt werden. RBE-Privat Ziff. 8

Vom Versicherungsschutz ausgeschlossen bleibt dagegen das Anlagenrisiko. Darunter fallen Haftpflichtschäden durch gewässerschädliche Stoffe, die aus Anlagen stammen, deren Inhaber der VN ist. Pos. G Ziff. 3

a) Anlagenrisiko – Abgrenzung

»**Kleingebinde**« gelten nicht als Anlagen. Versichert sind daher Fässer, Kanister, Dosen, Flaschen usw. bis 60 l bzw. kg und einem Gesamtfassungsvermögen der vorhandenen Kleingebinde bis 600 l bzw. kg. Ziff. 3.2

Beispiel:

Der VN fährt einen 10-Liter Kanister mit hochkonzentriertem Pflanzenschutzmittel über den Hof seines Hauses. Direkt über dem Kanaldeckel fällt der Kanister vom Schubkarren und zerbricht. Auslaufendes Pflanzenschutzmittel (kein CKW- bzw. PCB-haltiger Stoff) gerät in den Kanal und von dort in einen nahe gelegenen Bach. Ein Fischsterben (Sachschaden) und eine Gewässerverseuchung (reiner Vermögensschaden) ist die Folge.

b) WHG-»Restrisiko«

RBE-Privat Pos. G Ziff. 3

Im Leben eines Privatmanns sind aber noch andere Gefahrenumstände denkbar, die zu Gewässerschäden führen können **(Zufallsschäden)**. So kann z.B. Heizöl in das Grundwasser gelangen, weil der VN als unvorsichtiger Fußgänger den Unfall eines Tanklastzuges verursacht hat. Gerade für dieses **WHG-Restrisiko** bietet dann aber die Privat-HV Versicherungsschutz.

Versicherungsschutz wird aber auch für das »Anlagerisiko« angeboten und zwar sowohl für oberirdische als auch für unterirdische Behälter. Dazu ist aber eine spezielle Gewässerschaden-HV abzuschließen.

Ziff. 3.1

Tritt dann z. B. Öl aus der Heizungs- bzw. Tankanlage eines Eigenheimbesitzers aus – auch der Mieter eines Einfamilienhauses kann »Inhaber« sein – und wird dadurch z. B. das Grundwasser verseucht, gewährt die Gewässerschaden-HV Deckungsschutz. Die Privat-HV bietet hier nicht einmal vorläufigen Versicherungsschutz über die »Vorsorgeversicherung«. Jedem Tankinhaber, der gewässerschädliche Stoffe lagert, ist daher der Abschluss einer Gewässerschaden-HV unbedingt zu empfehlen, vor allem deshalb, weil ihn nach § 22 WHG eine unbegrenzte verschuldensunabhängige Gefährdungshaftung trifft.

5.5.2.8 Forderungsausfalldeckung

Pos. A Ziff. 10

Mit dieser besonders zu vereinbarenden Zusatzdeckung gewährt der VR Versicherungsschutz für den Fall, dass der VN/die mitversicherte Person einen Schaden durch einen Dritten erleidet und die Schadenersatzforderung nicht durchgesetzt werden kann, weil der Schädiger keine Privat-HV besitzt und auch nicht über ein ausreichendes Vermögen verfügt.

Beispiel:
Der VN wird als Fußgänger in der Innenstadt von Freiburg (Fußgängerzone) von einem Fahrradfahrer angefahren und schwer verletzt (Personenschaden und Vermögensfolgeschäden 3 200,00 €). Ein rechtskräftiges Schuldanerkenntnis des Schädigers liegt vor. Eine Zwangsversteigerung aus diesem Titel ist aber erfolglos geblieben, da der arbeitslose Schädiger völlig mittellos ist. Der Schädiger hat dazu auch eine »eidesstattliche Versicherung« vor Gericht abgegeben.

Merkmale der Forderungsausfallversicherung:

- Ziff. 10.2.1 — Inhalt und Umfang der versicherten Schadenersatzansprüche richten sich nach dem Deckungsumfang der eigenen Privat-HV des VN. Mietsachschäden sind allerdings nicht versichert.
- Ziff. 10.1.1 — Nicht Gegenstand der Ausfalldeckung sind Schäden durch Schädiger **ohne** festen Wohnsitz in Europa oder einem der außereuropäischen Gebiete, die zum Geltungsbereich des Vertrages über die Europäische Union gehören.
- Ziff. 10.1.3 — Voraussetzung für eine Entschädigung ist eine erfolglose Zwangsvollstreckung, was einen rechtskräftigen, vollstreckbaren Titel (Urteil/Vollstreckungsbescheid) gegen den Schädiger oder ein rechtskräftiges Schuldanerkenntnis vor einem Notar voraussetzt.
- Ziff. 10.5 — Der VR leistet keine Entschädigung, soweit eine für den VN bzw. die mitversicherte Person bestehende Schadenversicherung (z. B. Krankenversicherung) zu zahlen hat oder wenn ein Träger der Sozialversicherung eintrittspflichtig ist (Subsidiarität).
- Ziff. 10.2.2 — Der titulierte Schadenersatzanspruch muss mindestens 2 500,00 € betragen (Schwellenwert).

5.5.2.9 Gefälligkeitshandlung (Gefälligkeitsklausel)

Der VR leistet mit einer entsprechenden Summenbegrenzung bei sog. Gefälligkeitsschäden. Er verzichtet hier auf den Einwand eines stillschweigenden Haftungsverzichts für einfache Fahrlässigkeit und leistet an den Geschädigten, wenn es der Schädiger ausdrücklich wünscht. RBE-Privat Pos. A Ziff. 11

5.5.2.10 Mitversicherung von Vermögensschäden

Der Gegenstand der Haftpflicht bezieht sich nach AHB ausdrücklich nur auf Personen- und Sachschäden und nicht auf Vermögensschäden, soweit diese nicht Folge eines vorangegangenen Personen- oder Sachschadens sind. Die RBE-Privat beziehen die reinen Vermögensschäden in den Versicherungsschutz ein (nach dem Tarif im Bedingungswerk 2 »Proximus Versicherung«), obwohl ihre Mitversicherung gerade in der Privat-HV kaum größere Bedeutung für den VN in der Praxis hat. Grundlage für die Mitversicherung von Vermögensschäden sind die BBVerm (siehe Bemerkungen zu den RBE-Privat).

Zwei wesentliche Gründe lassen sich dafür anführen:

- Der erste Grund ist im Deliktsrecht zu suchen. Dort ist nach § 823 Abs. 1 BGB (Haftpflichtanspruch) nur die Verletzung absoluter Rechtsgüter als ersatzpflichtiger Tatbestand normiert worden. Eine Haftung des Schädigers bleibt also im wesentlichen auf Personen- und Sachschäden beschränkt.

  Der eigentliche Sinn der Vermögensschadendeckung in der Privat-HV ist damit vorrangig im Abwehrschutz (passiver Rechtsschutz) zu sehen.

  Beispiel:
  Der VN hat für die Trockenlegung einer feuchten Kelleraußenwand eine Lkw-Ladung Rheinkies beim Baustoffhändler bestellt. Da dieser vom VN wohl falsch informiert wurde, wird die Kiesladung später direkt vor der Garage des Nachbarn abgeladen. Der Nachbar verpasste daraufhin einen USA-Flug, weil er sein Fahrzeug nicht aus der Garage fahren konnte. Er verklagte den VN auf 5 000,00 € Schadenersatz.

  Da »reine« Vermögensschäden mitversichert sind, muss sich jetzt der VR mit dem Haftpflichtfall befassen und dem VN Deckungsschutz gewähren. Der VR wird aber mit Hinweis auf die Rechtslage nach § 823 Abs. 1 BGB den Schadenersatzanspruch des Nachbarn abwehren.

- Ein zweiter Grund ist im Versicherungsschutz (Deckungsanspruch) zu sehen. Denn dieser ist für »reine« Vermögensschäden durch eine besondere Summenbegrenzung von 100 000,00 € (siehe Tarif im Bedingungswerk 2 »Proximus Versicherung«) und durch eine größere Anzahl von Ausschlüssen erheblich eingeschränkt worden.

  Beispiele:

  Ausgeschlossen sind Schadenersatzansprüche aufgrund BBVerm Ziff. 2

  - ständiger Imissionen (Geruche, Rauch usw.) aus dem Nachbarrecht (§ 906 BGB),
  - einer Verletzung von gewerblichen Schutz- bzw. Urheberrechten,
  - vorsätzlichem Abweichen von gesetzlichen oder behördlichen Vorschriften,
  - Nichteinhaltung von Terminen und Fristen.

5.5.3 Ausschlüsse nach RBE-Privat

5.5.3.1 Ausschluss von Gefahren außerhalb des täglichen Lebens einer Privatperson

Versichert ist im Rahmen der Allgemeinen Versicherungsbedingungen für die Haftpflichtversicherung (AHB) und der Risikobeschreibungen, Besonderen Bedingungen und Erläuterungen für die Haftpflichtversicherung von privaten Haftpflichtrisiken (RBE-Privat)

RBE-Privat Pos. A Ziff. 1

die gesetzliche Haftpflicht des VN **aus den Gefahren des täglichen Lebens** als **Privatperson**

und **nicht aus den Gefahren eines Betriebes oder Berufes**.

Nicht versichert ist die gesetzliche Haftpflicht des VN aus

(1) den **Gefahren eines Dienstes**, **Amtes** (auch Ehrenamtes), einer **verantwortlichen Betätigung in Vereinigungen** aller Art

(2) oder einer **ungewöhnlichen** und **gefährlichen Beschäftigung**.

Übersicht

Ausschlüsse in der Privat-HV

Gefahren aus
- Betrieb
- Beruf
- Dienst
- Amt/Ehrenamt
- Beschäftigung ungewöhnlicher und gefährlicher Art

Benzinklausel
- Kraftfahrzeuge
- Luftfahrzeuge bestimmter Art
- Wasserfahrzeuge bestimmter Art

➤ Gefahren eines Betriebes, Berufes, Dienstes

Hier handelt es sich vor allem um solche Gefahren, gegen die der Betroffene durch den Abschluss einer Berufs-, Betriebs- oder Dienst-HV abgesichert werden kann.

- Ein Haftpflichtschaden, der während der Arbeitszeit innerhalb und außerhalb des Betriebes entsteht, fällt in den Schutzbereich der Betriebs-HV, wenn gleichzeitig ein innerer Zusammenhang zwischen der schadenverursachenden Handlung und betrieblicher Tätigkeit besteht.

Beispiel: Betriebliche Tätigkeit

Eine Büroangestellte wird vom Büroleiter beauftragt, Briefmarken bei der Post zu besorgen. Im Rahmen dieser betriebsbedingten Besorgung verursacht sie als Radfahrerin einen Verkehrsunfall.

Die Privat-HV ist nicht leistungspflichtig. Das Schadenereignis (Unfall) ist nicht nur während der Arbeitszeit eingetreten, sondern es steht auch in einem inneren Zusammenhang zu einem betrieblichen Auftrag (betriebliche Tätigkeit). Deshalb hat die Betriebs-HV Versicherungsschutz zu gewähren und nicht die Privat-HV. Auch der Umstand, dass die Gefahren des Straßenverkehrs hier keine typischen Berufsgefahren sind, der Schaden sich also ohne weiteres auch im privaten Bereich hätte zutragen können, ändert nichts an diesem Ergebnis. Hätte allerdings der o. a. Besorgung kein betrieblicher Auftrag zugrunde gelegen (private Tätigkeit), würde ein entsprechender Haftpflichtschaden von der Privat-HV zu regulieren sein, und zwar ungeachtet der Tatsache, dass der Schaden sich während der Arbeitszeit ereignet hat.

- Ein Haftpflichtschaden fällt auch dann nicht unter den Versicherungsschutz der Privat-HV, wenn der Betroffene (VN) in der Freizeit, außerhalb des Betriebes bzw. des betrieblichen Interesses, eine auf Dauer angelegte, zumeist gegen Engelt geplante **berufliche Tätigkeit** ausübt.

Beispiel: Berufliche Tätigkeit

Ein Büroangestellter, der sich in der Freizeit als Hobbygärtner betätigt, führt regelmäßig gegen Entgelt für private Auftraggeber Gartenarbeiten aus (Beschneiden von Bäumen, Hecken und Büschen) und bestreitet damit auch seinen Lebensunterhalt. Mit der Heckenschere verletzt er einen Passanten.

Wäre er allerdings nur gelegentlich und aus Gefälligkeit für andere tätig geworden, läge private Tätigkeit vor. Dazu ist anzumerken, dass die Entgegennahme von Entgelt allein nicht ausreicht für eine sachgerechte Abgrenzung von betrieblicher und privater Tätigkeit, denn für eine Freizeit- bzw. Hobbytätigkeit von praktischem Wert kann durchaus auch eine Aufwandsentschädigung erwartet werden.

Ist die schadenursächliche Tätigkeit dem hauptberuflichen Tätigkeitsbereich des VN zuzuordnen, so kann schon gelegentliches, gegen Entgelt geplantes Tätigwerden zum Deckungsauschluss führen.

Auch hier kommt es aber immer auf den Einzelfall an. Wer ungeplant und aus akutem Anlass einem anderen mit seinen beruflichen Fertigkeiten unentgeltlich Hilfe leistet, kann grundsätzlich davon ausgehen, dass er eine private, von der Privat-HV versicherte Tätigkeit ausübt.

- **Dienst** ist eine Tätigkeit, die mit beruflicher Tätigkeit vergleichbar ist, nach dem Sprachgebrauch aber nicht unter den Begriff **Beruf** fällt. Unter Dienst in diesem Sinne ist z. B. der Wehr- und Ersatzdienst zu verstehen.

Beispiel: Dienstliche Tätigkeit

Der Ersatzdienst leistende Sohn des VN wird von seiner Dienststelle (z. B. Caritas) zur Altenpflege eingeteilt. In der Wohnung einer Pflegebedürftigen verursacht er einen Schaden.

➤ Gefahren eines Amtes bzw. Ehrenamtes/einer verantwortlichen Tätigkeit in Vereinigungen aller Art

Sie sind ebenfalls vom Versicherungsschutz der Privat-HV ausgenommen.

- Eine **Amtshaftung** kommt bei fehlerhaftem Handeln staatlicher Organe bzw. Bediensteter (Beamte, Angestellte) infrage.
- Ein **Ehrenamt** ist ein nebenberuflich (gegen Aufwandsentschädigung) ausgeübtes öffentliches Amt, vor allem in der Rechtsprechung (u. a. Handelsrichter) und in der öffentlichen Verwaltung (u. a. IHK-Präsident).

Beispiel: Haftpflichtschaden aus ehrenamtlicher Tätigkeit

Zu Beginn der IHK-Prüfung stellt ein Prüfer seinen Aktenkoffer auf den Tisch des Prüfungszimmers, um daraus die Berichtshefte zu entnehmen. Dabei beschädigt er die Brille eines Prüferkollegen.

- Die **verantwortliche Vereinstätigkeit** (also »in gehobener Position«) ist durch eine spezielle Vereins-HV abzusichern.

Wenn der Vorsitzende eines Sportvereins einen 14-jährigen Jungen damit beauftragt, den Sportplatzrasen zu mähen, hat er in seiner Eigenschaft als Vereinsvertreter keinen Versicherungsschutz durch die Privat-HV.

Unter den Begriff Vereinigungen fällt im Übrigen jede Art Zusammenschluss von gleich gesinnten Personen zur Verfolgung eines gemeinsamen Zwecks (z. B. Selbsthilfegruppen, Studentenverbindungen), also nicht nur der eingetragene Verein (e. V.) mit seiner relativ straffen, rechtsverbindlichen Organisation.

➤ Gefahren aus ungewöhnlicher und gefährlicher Beschäftigung

Eine Tätigkeit ist dann ungewöhnlich und gefährlich, wenn sie aus dem Rahmen üblicher Betätigungen des täglichen Lebens fällt und eine erhöhte Gefährdung Dritter mit sich bringt.

Bei der **Haftung für fremdes Handeln** verliert allerdings nur der Schadenverursacher den Versicherungsschutz, nicht etwa die haftpflichtversicherten Eltern, die wegen Aufsichtspflichtverletzung in Anspruch genommen werden.

LG Paderborn 1990

Beispiel:
Das Fällen von Bäumen von nicht unbeträchtlicher Größe und Höhe in unmittelbarer Nähe von Gebäuden stellt nach der Rechtsprechung eine ungewöhnliche und gefährliche Beschäftigung dar.

Zu beachten ist allerdings, dass der Versicherungsschutz nur dann entfällt,

- wenn beide Voraussetzungen der Ausschlussklausel erfüllt sind (ungewöhnlich **und** gefährlich) und
- wenn die schadenstiftende Handlung unter Berücksichtigung der begleitenden Umstände, aber auch im Hinblick auf die Person des Handelnden allgemein, als ungewöhnlich und gefährlich einzustufen ist.

OLG Hamm OLG Nürnberg 1989

Das Abbrennen von landesüblichen Feuerwerkskörpern zu Silvester oder das elektrische Schweißen bei Reparaturarbeiten an einem Kfz gilt allgemein nicht als ungewöhnlich und gefährlich.

5.5.3.2 Ausschluss von Kraft-, Luft- oder Wasserfahrzeugen (Benzinklauseln)

RBE-Privat Pos. G Ziff. (1), (2)

Die RBE-Privat unterscheiden bei den Kraft-, Luft- und Wasserfahrzeugen nach solchen, die unter die Benzinklauseln fallen und solchen, die nicht darunter fallen. Die unter die Benzinklauseln fallenden Fahrzeuge sind wegen ihres großen Schadenrisikos von der Privat-HV ausgeschlossen. Sie sind auch nicht Gegenstand der Vorsorgeversicherung. Außerdem sollen Überschneidungen zur Kfz-HV vermieden werden.

Pos. F 9

In der **großen Benzinklausel** wird klargestellt, dass **Schäden**, die der VN, ein Mitversicherter oder eine von ihnen bestellte oder beauftragte Person **durch den Gebrauch** der genannten Fahrzeuge verursacht, nicht versichert sind.

Pos. A 6 B 4, C 4, D 5

Die Große Benzinklausel wird in RBE-Privat Pos. G. 1 erläutert. In der zugehörigen Anmerkung wird noch einmal festgehalten, dass sie für den Abschnitt F. Gewässerschäden-HV gilt.

In der **kleinen Benzinklausel** wird klargestellt, dass die **Haftpflicht des Eigentümers, Besitzers, Halters** oder **Führers** eines der genannten Fahrzeuge nicht versichert ist.

Die Kleine Benzinklausel wird in RBE-Privat Pos. G. 2 erläutert. In der zugehörigen Anmerkung wird noch einmal festgehalten, dass sie u. a. für die Abschnitte A. Privat-HV, B. Hundehalter-HV, C. Reit- und Zugtierhalter-HV, D. Haus- und Grundbesitzer-HV gilt.

➤ Ausschlusstatbestand »Gebrauch von Kraftfahrzeugen«

- Der **Begriff** der Kraftfahrzeuge umfasst auch Krafträder, Motorroller und Mopeds; denn ein Kraftfahrzeug ist jedes Landfahrzeug, das durch Maschinenkraft bewegt wird, ohne an Bahngleise gebunden zu sein. Vom Ausschluss werden auch Kfz-Anhänger erfasst.

- Zum **Fahrzeuggebrauch** gehört aber nicht nur das Fahren des Kfz. Auch andere **typische Tätigkeiten** der in der Kfz-HV versicherten Personen, wie z. B. die Fahrzeugwäsche bzw. -reparatur und das Be- und Entladen des Kfz, sind i. S. der Benzinklausel dem Fahrzeuggebrauch zuzuordnen.

  Der Versicherungsschutz durch die Privat-HV ist zu bejahen, wenn die schadenstiftende Gebrauchshandlung **nicht dem versicherten Personenkreis** der Kfz-HV zuzurechnen ist, sondern beispielsweise dem **gelegentlichen Beifahrer**, der weder Halter, Eigentümer, Fahrer, Besitzer des Kfz bzw. VN der entsprechenden Kfz-HV ist.

Beispiele: Leistungsfälle zulasten der Kfz-HV bzw. Privat-HV

Der VN einer Privat-HV und Kfz-HV entnimmt durch die Heckklappe seines Kfz ein Paar Ski eines Mitinsassen und beschädigt dabei ein anderes Kfz. Hier ist die Kfz-HV zuständig, da die Gebrauchshandlung (Entladen der Ski durch eine in der Kfz-HV mitversicherten Person) für den Schaden ursächlich ist.

Nicht der VN, sondern der gelegentliche Beifahrer entlädt die Ski und verursacht den Entladeschaden. Jetzt ist die Privat-HV des Beifahrers für die Schadenregulierung zuständig, weil der Schadenverursacher nicht zu den mitversicherten Personen der Kfz-HV gehört.

Besonderheit: Versicherungsschutz für Be- und Entladeschäden bis max. 500,00 €

Abweichend von der Kleinen Benzinklausel in Pos. G. 2.1.1 RBE-Privat ist die gesetzliche Haftpflicht beim Be- und Entladen eines Kfz auch dann mitversichert, wenn die schadenstiftende Gebrauchshandlung dem **versicherten Personenkreis der Kfz-HV** zuzurechnen ist. Voraussetzung ist allerdings, dass hier der Schaden 500,00 € nicht übersteigt. Nicht versichert bleiben für diese Personen die Schäden am Ladegut.

RBE-Privat Pos. A Ziff. 6

In der Kfz-HV ist der VR verpflichtet, den VN bei Kleinschäden bis 500,00 € auf die Selbstregulierungsmöglichkeit hinzuweisen, damit die Rückstufung in eine ungünstigere Schadenfreiheitsklasse vermieden wird. Durch den Risikoeinschluss für Be-und Entladeschäden in der Privat-HV bis 500,00 € wird diese Deckungslücke bei Selbstregulierung in der Kfz-HV geschlossen.

➤ Ausschlusstatbestand »Gebrauch von Luft- und Wasserfahrzeugen«

Die Anwendbarkeit der Benzinklausel ist hier von besonderer Bedeutung, weil z. B. für Motorboote keine Pflicht zum Abschluss einer speziellen Haftpflichtversicherung besteht. Für diese Risiken sollte eine spezielle Sportboot-HV abgeschlossen werden.

Pos. G Ziff. 2, 2.3

Nicht mitversichert (auch nicht über die kostenlose Vorsorgeversicherung) ist die Haftpflicht als Eigentümer, Halter oder Fahrer (Besitzer) bei Gebrauch eines

- eigenen Segelbootes – unabhängig von der Größe der Segelfläche,
- eigenen und fremden Wassersportfahrzeuges mit Motor, Hilfs- und Außenbordmotor oder Treibsatz.

5.5.3.3 Kraft-, Luft- und Wasserfahrzeuge, die nicht unter die Benzinklauseln fallen

RBE-Privat Pos. G Ziff. 2

Der Gebrauch folgender Kraft-, Luft – oder Wasserfahrzeuge ist nach RBE-Privat versichert:

Selbstfahrende **Landfahrzeuge**	**Flugmodelle**, **Ballone** und **Drachen**	**Wasserfahrzeuge**
– nur auf nicht-öffentlichen Wegen verkehrende Fahrzeuge und Anhänger (unabhängig von einer Höchstgeschwindigkeit) – ferngesteuerte Modellfahrzeuge – nicht versicherungspflichtige: Kraftfahrzeuge mit einer bauartbedingten Höchstgeschwindigkeit von max. 6 km/h (z.B. Krankenfahrstühle/Kinder-Kfz); selbstfahrende Arbeitsmaschinen und Stapler mit einer bauartbedingten Höchstgeschwindigkeit von max. 20 km/h (z.B. Aufsitzrasenmäher/-schneeräumer)	soweit – unbemannt – weder durch Motoren noch durch Treibsätze angetrieben – das Fluggewicht 5 kg nicht übersteigt	– Ruder-/Tret-/Kanus-/Falt-/Schlauchboote – Bretter zum Wellenreiten, Windsurfbretter – ferngelenkte Modellschiffe – fremde Segelboote soweit ohne Motor

Hinweis:

Der **gelegentliche Gebrauch** von **fremden Wassersportfahrzeugen mit Motor**, die an sich unter die Benzinklauseln fallen (z. B. Motorboot, Segelboot mit Hilfsmotor) ist ausnahmsweise mitversichert, soweit für das Führen keine behördliche Erlaubnis erforderlich ist.

Durch diesen im Rahmen der Privat-HV gewährten Versicherungsschutz soll der VN bzw. Mitversicherte vor unangenehmen Überraschungen bewahrt werden, wenn er sich z. B. am Urlaubsort einmal die selbstgesteuerte Fahrt mit einem Motorboot gönnen will.

Lernkontrollen zu B 5.5

Mitversicherte Personen

1 Der 19-jährige Sohn hat gerade das Abitur gemacht. Prüfen und begründen Sie, ob er in den folgenden alternativen Fällen noch über die elterliche Privat-HV mitversichert ist oder nicht.

a) Er dient im Augenblick als Zeitsoldat in der Bundeswehr, anschließend wird er Medizin studieren.

b) Er jobbt während einer sechsmonatigen Wartezeit auf das Medizinstudium als Kfz-Fahrer und kann erst dann sein Studium beginnen.

c) Er studiert Volkswirtschaftslehre, macht sein Examen und beginnt dann eine Lehre als Kaufmann für Versicherungen und Finanzen.

d) Er absolviert **anschließend** mit Erfolg eine Bankkaufmannslehre und geht dann zur Bundeswehr (Grundwehrdienst).

e) Er beginnt ein Medizinstudium, bricht dieses kurz darauf ab, um eine Lehre als Kaufmann für Versicherungen und Finanzen zu beginnen.

f) Er beginnt ein Medizinstudium, heiratet nach dem zweiten Semester und bricht sechs Semester später sein Studium ab.

2 Die 16-jährige Tochter des VN bricht ihre Lehre ab, arbeitet von da ab als Küchenhilfe und heiratet kurz nach ihrem 17. Geburtstag.

3 Die Putzhilfe des VN schüttelt Teppiche aus. Dabei fällt ihr ein Teppich über die Balkonbrüstung direkt auf einen Passanten. Dieser wird dabei so unglücklich zu Boden gerissen, dass ihm die Brille zerbricht. Ist der Privathaftpflicht-VR der Putzhilfe oder der des VN deckungspflichtig (mit Begründung)?

4 Folgende Schadensfälle liegen vor. Prüfen Sie im Zusammenhang mit der »Angehörigenklausel« die Deckungspflicht des Privathaftpflicht-VR. Begründen Sie jeweils Ihre Lösung.

Ein VN wohnt in Freiburg im 3. Stock eines Vierfamilienhauses.

a) Der Onkel aus München kommt zu Besuch, rutscht auf einem Läufer in der Wohnung des VN aus, stürzt und bricht sich dabei das linke Bein.

b) Beim Besuch seines Bruders, der die Erdgeschosswohnung desselben Vierfamilienhauses in Freiburg bewohnt, fällt dem VN aus Unachtsamkeit eine wertvolle chinesische Vase zu Boden.

c) Die arbeitslose 40-jährige Tochter des VN hat ihre Wohnung in Offenburg aufgegeben und ist vor mehr als einem Jahr zu ihren Eltern gezogen. Dort stößt die Mutter aus Unachtsamkeit gegen den Fotoapparat der Tochter. Dieser fällt vom Tisch und wird beschädigt.

d) Der verheiratete Sohn des VN, der beim Vater einen mehrwöchigen Urlaub verbringt, erleidet in der Wohnung des Vaters einen komplizierten Oberschenkelhalsbruch, weil ein vom Vater unsachgemäß reparierter Stuhl unter ihm zusammenbricht.

e) Beurteilen Sie die Rechtslage im Fall d), wenn der Sohn noch nicht verheiratet ist und als 20-jähriger Student gerade seine Semesterferien beim Vater verbringt.

Gefahren des täglichen Lebens

5 Prüfen Sie jeweils die Deckungspflicht des Privathaftpflicht-VR:

a) In total betrunkenem Zustand beschädigt der VN als Radfahrer ein parkendes Auto.

b) Die Versicherungsnehmerin Schröter hat eine Herdplatte versehentlich nicht ausgeschaltet, wodurch ein Küchenbrand entstehen konnte. Eine Hausbewohnerin verlangt Schadenersatz, da Teile ihres Hausrates durch eingedrungenen Ruß beschädigt wurden.

c) Der VN ist Polizist und beschädigt auf seiner Dienststelle durch Falschbedienung das Faxgerät.

d) Bei der Sitzung des örtlichen Sportvereins wirft ein Vereinsmitglied versehentlich sein Bierglas um. Die Anzugjacke des neben ihm sitzenden Vereinsvorsitzenden muss chemisch gereinigt werden.

e) Aus Verärgerung über seinen Nachbarn schneidet der VN dessen blühenden Rosenstrauch komplett ab.

6 Der Agenturinhaber bittet seinen Auszubildenden, zwei Packungen gemahlenen Kaffee im Lebensmittelgeschäft zu besorgen, da eine Besprechung anstehe und er vergessen habe, neuen Kaffee mitzubringen.

Der Auszubildende schwingt sich auf sein Fahrrad und fährt dabei verbotswidrig durch die Fußgängerzone. Als ein Fußgänger plötzlich seine Gehrichtung ändert, kann er nicht mehr ausweichen. Der Fußgänger stürzt durch den Anprall und verletzt sich.

a) Leistet die Privat-Haftpflichtversicherung der Eltern des Auszubildenden?

b) Wie würden Sie den Fall beurteilen, wenn der Auszubildende den Kaffee während der Dienstzeit nicht für den Agenturinhaber, sondern für seine Freundin beschaffen wollte?

7 Stehen auch die nebenberuflichen Tätigkeiten des VN, z. B. als Eisverkäufer, Meinungsforscher, Zeitungsausträger usw., unter Versicherungsschutz seiner Privat-HV?

8 Der VN besaß einen Betonmischer, den er seinem Bekannten Berthold leihweise zur Verfügung stellte. Beim Reinigen der Maschine kam dieser mit dem an der Maschine befindlichen Stecker, der schadhaft war und unter Strom stand, in Berührung. Berthold erhielt einen tödlichen elektrischen Schlag.

Ist der Privathaftpflicht-VR des VN deckungspflichtig?

Haushalt und Familie

9 Bei einem Kindergeburtstag zerreißt ein Kind einem anderen Kind bei einem ausgelassenen Fangspiel das Kleid. Die Mutter des Geburtstagskindes hatte kurzfristig den Raum verlassen, da es an der Haustür geklingelt hatte.

Muss die Privat-Haftpflichtversicherung der Gastgeberfamilie den Schaden ersetzen, wenn die Eltern des geschädigten Kindes Schadenersatzansprüche gegen die Gastgeber geltend machen?

10 Unser VN hat seit 2 Jahren Frau Müller als Putzhilfe. Schon seit einiger Zeit hatte Frau Müller unseren VN gebeten, die schadhafte Haushaltsleiter reparieren zu lassen. Nach einer wenig erfolgreichen Reparatur durch unseren VN bricht die Leiter zusammen, als Frau Müller gerade die Fenster putzen wollte. Durch den Sturz erleidet Frau Müller eine Gehirnerschütterung, gleichzeitig wird ihre Armbanduhr beschädigt und ihr Kleid zerrissen. Sachschaden 250,00 €, Personenschaden 1 000,00 €. Prüfen Sie die Haftpflicht- und Deckungsfrage.

11 Den so genannten Frühjahrsputz führen die Putzfrau und die Ehefrau des Versicherungsnehmers gemeinsam durch. Dabei fällt der Ehefrau ein ätzend wirkendes Reinigungsmittel um. Die Putzfrau bekommt Spritzer in die Augen und auf ihre Kleidung. Sie muss wegen einer möglichen Augenverletzung sofort den Arzt aufsuchen. An ihrer Kleidung haben sich hässliche Flecken gebildet, die nicht mehr entfernt werden können.

a) Muss die Privat-Haftpflichtversicherung des VN den Schaden der Putzfrau ersetzen?

b) Besteht Versicherungsschutz aus der Privat-Haftpflichtversicherung des VN, wenn die Putzfrau das ätzende Reinigungsmittel umgeworfen und ein zufällig im Haushalt des VN anwesender Handwerker die genannten Schäden erlitten hätte?

Haus und Wohnung

12 Vom Einfamilienhaus des VN, das er selbst bewohnt, löst sich ein Dachziegel. Er fällt auf die Straße und zerschellt. Ein Passant wird von den Splittern getroffen und am Bein verletzt.

Ist der Schaden durch die Privat-HV gedeckt?

13 Der VN bewohnt mehrere Wohnungen, von denen zwei auch sein Eigentum sind und eine (Ferienwohnung in Südfrankreich) angemietet ist.

a) Sind sämtliche Haftpflichtrisiken, von denen unser VN als Wohnungsinhaber auszugehen hat, über die Privat-HV gedeckt?

b) Gilt ein Einfamilienhaus in der Schweiz als mitversichert?

14 Der Eigentümer eines Einfamilienhauses mit vermieteter Einliegerwohnung ist seiner Schneeräumungspflicht nicht nachgekommen. Ein Passant stürzt und verletzt sich erheblich. Prüfen Sie die Deckungspflicht des Privathaftpflicht-VR.

15 Der Inhaber einer selbst bewohnten Eigentumswohnung in einem Dreifamilienhaus (Bruchteileigentum ⅓) beschädigt beim Einzug mit sperrigen Möbeln das Treppenhaus. Der Hausverwalter verlangt von ihm 300,00 € Reparaturschadenersatz. Prüfen Sie die Deckungspflicht des Privathaftpflicht-VR.

16 Der VN wird als »Bauherr« in Anspruch genommen. Das Verputzgerüst an seinem Einfamilienhaus war nicht mit Warnlampen gesichert, obwohl es z. T. auf dem Bürgersteig stand. In der Dunkelheit verletzte sich ein Passant, weil er gegen eine Gerüststange gelaufen war.

a) Prüfen Sie die Deckungspflicht des Privathaftpflicht-VR.

b) Fallvariation: Gehen Sie davon aus, dass der VN im Rahmen von Eigenarbeiten (jetzt also auch als »Bauunternehmer«) das Gerüst selbst aufgestellt hatte.

17 Prüfen Sie die Deckungspflicht des Privathaftpflicht-VR.

a) Ein VN brachte in seiner Mietwohnung an einer holzverkleideten Wohnzimmerwand ein Bild an. Beim Einschlagen des Bilderhakens traf er offensichtlich eine Wasser führende Leitung, da sich später herausstellt, dass durch diese Leitung – im Bereich des Bilderhakens – immer wieder Wassertropfen austraten, die im Verlauf von Monaten die gesamte Wand durchfeuchteten.

b) Ein privathaftpflichtversicherter VN wird auf einer Ägyptenreise von einem Mitreisenden gebeten, dessen Fotoapparat zu überprüfen, weil ganz offensichtlich der Auslöser klemmt. Da der VN technisch sehr geschickt ist, kann er das Gerät mit Erfolg reparieren. Es rutscht ihm jedoch noch vor Rückgabe aus den Händen, fällt zu Boden und wird erheblich beschädigt.

c) Ein Besucher war auf dem Zugang zum selbst bewohnten Einfamilienhaus eines VN gestürzt. Im Rahmen der Schadenabwicklung durch die Privat-HV wurde festgestellt, dass der Plattenbelag so schadhaft war, dass beim Begehen des Plattenbelages immer wieder Personen zu Fall kamen. Der VR forderte deshalb den VN dazu auf, diese gefahrendrohenden Umstände zu beseitigen. Zwei Monate später stürzt aus gleichen Gründen der Briefträger. Erst danach wurde der Plattenbelag neu verlegt.

d) Der VN hat den Schlüssel verloren. Wegen der Gefahr des Missbrauchs durch den Finder verlangt der Vermieter des VN die Änderung des Schlosses und Ersatz für die entsprechende Anzahl der Schlüssel.

18 Im Rahmen eines Beratungsgespräches in den Räumen der Versicherungs agentur erfahren Sie von Herrn Peter Brüning, dass er in ein gemietetes Einfamilienhaus umgezogen sei. Die bisher von ihm bewohnte Eigentumswohnung in Heidelberg hätte er für 400,00 € monatlich vermietet. Seine Lebenspartnerin und deren Kinder Annette (8 Jahre) und Ralf (6 Jahre) sowie deren Dackel seien zu ihm gezogen.

Mit Erstaunen müssen Sie feststellen, dass weder Herr Brüning noch seine Lebenspartnerin eine Privat-Haftpflichtversicherung haben.

- **Arbeitsauftrag**

Analysieren Sie die Haftpflichtrisiken der genannten Personen und bieten Sie einen risikogerechten Haftpflichtversicherungsschutz an. Gehen Sie dabei auch auf die Vertragsgestaltung ein.

19 Sie sind Mitarbeiter/-in einer Agentur der Proximus Versicherung AG. Ihnen liegt folgende Schadenschilderung des Kunden Dieter Müller vor:

»Während ich mich mit meiner Frau in der Hotelhalle aufhielt, waren unsere beiden Kinder, Uwe, 6 Jahre und Hans, 11 Jahre, bei einem Spiel im Hotelzimmer offensichtlich etwas zu ausgelassen. Dabei wurde eine Stehlampe beschädigt und die Kathedralglasfüllung der Badezimmertür zerstört. Eines der beiden Kinder hatte einen schweren Skischuh durch das Zimmer geworfen und unglücklicherweise die Badezimmertür getroffen. Der Schaden ereignete sich anlässlich unseres Winterurlaubs im Allgäu (Schadentag 05. Jan. 2008). Die entsprechenden Reparaturrechnungen lege ich diesem Schreiben bei.«

- **Auszug aus dem Vertragsspiegel**

VN: Dieter Müller, 79102 Freiburg

Versicherungsvertrag: Privat-HV, Deckungssumme 2 Mio. € pauschal

Zusatzdeckung: Mietsachschäden am Inventar der Reiseunterkunft

- **Fragestellungen**

Begründen Sie jeweils Ihre Antworten.

a) Kann der Geschädigte (Hotel Nebelhorn, Immenstadt) von den Eltern der beiden Kinder (Schädiger) Schadenersatz verlangen?

b) Ist der 6-jährige Uwe bzw. der 11-jährige Hans schadenersatzpflichtig?

c) Ist Ihre Gesellschaft, die Proximus Versicherung, leistungspflichtig?

Freizeit und Sport

20 Prüfen Sie, ob der Privat-Haftpflicht-VR leistungspflichtig ist:

a) Beim Boxkampftraining verletzt der VN den Zuschauer A.

b) Beim wöchentlichen »Kollegenfußball« verletzt der VN den Spieler B. Prüfen Sie hier auch die Haftpflichtfrage.

c) Der VN verletzt mit einem Kleinkalibergewehr seinen Neffen.

d) Der VN ist Niederwildjäger und glaubt, ein Kaninchen im hohen Gras entdeckt zu haben. Er drückt ab und trifft die Katze einer älteren Dame. Diese verlangt Schadenersatz.

21 Im Sommerurlaub hat sich die 16-jährige Nicole mit Zustimmung des Vaters ein Pferd gemietet. Leistet die Privat-Haftpflichtversicherung für folgende Schäden?

a) Beim Ritt durch den Ferienort scheut das Pferd und beschädigt ein parkendes Auto.

b) Auch das Pferd ist schwer verletzt.

22 Besteht in der Privat-HV für den VN Versicherungsschutz, wenn mit bzw. durch folgende Objekte Dritten Schaden zugefügt wird?

a) Kanarienvogel

b) Pythonschlange

c) eigenes Shetlandpony

d) Siamkatze

e) Bienenvolk

f) Hühner für Eigenbedarf

g) Schweine für Zucht und Verkauf

h) Schoßhündchen (Pekinese)

23 Die Ehefrau des VN hat den Hund des Nachbarn in Obhut genommen, da der Nachbar zu einer Untersuchung ins Krankenhaus muss. Der von der Schule heimkehrende Sohn, der von der Anwesenheit des Hundes noch nichts weiß, schließt das Gartentor nicht richtig hinter sich zu, sodass der Hund entweichen und einen Passanten beißen kann.

a) Leistet die Privat-Haftpflichtversicherung des VN?

b) Besteht Versicherungsschutz für die Familie, wenn der Hundebesitzer eine Tierhalter-Haftpflichtversicherung hat?

24 Bei einem Sportwettkampf eines Vereins wird ein Zuschauer durch einen Sportler verletzt. Es wird festgestellt, dass ein mit der Absperrung beauftragtes Vereinsmitglied vergessen hatte, den Wettkampfbereich abzusperren. Leistet die Privat-Haftpflichtversicherung

a) des Sportlers,

b) des beauftragten Vereinsmitglieds,

c) des verantwortlichen Vorstandsmitglieds

für den Fall, dass jeder von ihnen für den Schaden haftpflichtig gemacht werden kann?

Tiere

25 Prüfen Sie die Deckungspflicht des Privathaftpflicht-VR.

a) Die Kinder von Herrn Krause bringen einen streunenden Hund mit nach Hause, der nach ein paar Tagen der Liebling der Familie wird. Ein halbes Jahr später tötet der Hund aus Eifersucht das Zwergkaninchen des Nachbarn, mit dem die Kinder spielen.

b) Erläutern Sie die deckungsrechtliche Frage zu Fall a), wenn die Familie Krause mit dem zugelaufenen Hund jetzt über 2 Hunde verfügt. Für den Boxer Barko, den die Krauses schon seit 10 Jahren bei sich haben, besteht schon seit längerer Zeit eine Hunde-HV.

c) Wäre die Frage der Leistungspflicht der Privat-HV anders zu beurteilen, wenn Krauses Katze das Zwergkaninchen des Nachbarn getötet hätte?

26 Sie sind Mitarbeiter/-in in einer Agentur der Proximus Versicherung AG und sollen eine Haftungs- und Deckungsprüfung zu der folgenden Schadenmeldung des VN Heinz Krause vom 15. April d. J. vornehmen:

»Ich habe mir am 04. März d. J. einen Hund gekauft. Als ich diesen am 10. April d. J. in der Nähe meines Hauses ausführte, riss sich der Hund – aufgeschreckt durch die Fehlzündung eines Motorrades – plötzlich los, sprang auf die Straße und brachte einen Fahrradfahrer zu Fall. Beim Sturz verletzte sich dieser und zerriss sich die gerade erst erworbene neue Hose. Da der Geschädigte wegen seiner Verletzungen an Arm und Beinen keine Ansprüche geltend machte, fühlte ich mich verpflichtet, seinen Schadenersatzanspruch bezüglich der zerrissenen Hose sofort zu regulieren. Ich bitte Sie, den von mir geleisteten Schadenersatz gemäß Kassenbeleg (Kauf einer neuen Hose über 80,00 e) zu erstatten.

- **Auszug aus dem Vertragsspiegel**

Privat-HV, Deckungssumme 2 Mio. € pauschal
Versicherungsbeginn: 01. April 2004, kein Beitragsrückstand

- **Fragestellungen**

a) Aufgrund welcher Gesetzesbestimmung kann der geschädigte Fahrradfahrer seinen Entschädigungsanspruch gegenüber Herrn Krause geltend machen?

b) Könnte der Geschädigte wegen seiner Verletzungen evtl. auch ein Schmerzensgeld beanspruchen (mit Begründung)?

c) Wird Ihre Gesellschaft den von Herrn Krause geleisteten Schadenersatz übernehmen müssen (mit Begründung)?

Kraft-, Luft- und Wasserfahrzeuge

27 Besteht in der Privat-HV für den VN Versicherungsschutz, wenn mit bzw. durch folgende Objekte Dritten Schaden zugefügt wird?

a) Fahrrad mit Hilfsmotor

b) Gokart (motorgetrieben)

c) Seifenkiste

d) gemietetes Segelboot

e) eigenes Surfbrett

f) Ruderboot

g) ferngesteuertes Flugmodell

h) Segelflugmodell

28 Der VN Siepen und seine Ehefrau sind mit dem befreundeten Ehepaar Tondorf im Wagen von Herrn Siepen zu einer Kurzreise unterwegs.

Am Zielort angekommen, kümmert sich Herr Siepen, der gefahren ist, um die Hotelunterkunft, während Herr Tondorf bereits die Koffer auslädt. Dabei stößt er mit einem der Koffer gegen ein anderes Auto und verursacht einen Lackschaden.

a) Ist die Privat-Haftpflichtversicherung von Herrn Tondorf eintrittspflichtig?

b) Fallvariation: Herr Tondorf kümmert sich um die Hotelunterkunft und Herr Siepen lädt die Koffer aus und verursacht dabei den beschrieben Schaden. Ist die Privat-Haftpflichtversicherung von Herrn Siepen eintrittspflichtig?

29 Prüfen Sie die Deckungspflicht des Privathaftpflicht-VR.

a) Der VN verschuldet als Autoinsasse beim Öffnen der Autotür den Unfall eines Radfahrers.

b) Beim Segeln auf dem Schluchsee im Schwarzwald verletzt der VN, der das Segelboot bei starkem Wind nicht mehr beherrscht, den Schwimmer A.

c) Unser VN ist begeisterter Modellflieger. Beim Absturz seines Modellflugzeugs wird der Spaziergänger A verletzt.

30 An einem freien Wochenende nahm Herr Schulze am PKW seiner Verlobten gefälligkeitshalber Reparaturen vor. Dazu gehörten auch Schweißarbeiten im Bereich des Unterbodens und an den Kotflügeln. Durch unsachgemäße Ausübung dieser Tätigkeit geriet der PKW in Brand. Das Feuer vernichtete auch die Halle des Bauunternehmers Krause, in der die Reparaturarbeiten durchgeführt werden durften. Regressforderung des Feuer-VR 100 000,00 €.

Prüfen Sie die Deckungspflicht des Privathaftpflicht-VR unter der Voraussetzung, dass Herr Schulze folgenden Beruf ausübt:

a) Gebrauchtwagenhändler

b) Kfz-Schlosser

c) Fallvariation: Wie wäre die Deckungsfrage zu beurteilen, wenn die Verlobte selbst die Schweißarbeiten vorgenommen hätte?

Risiko- und Schadenfälle aus allen Bereichen der Privat-HV

31 Prüfen Sie die Deckungspflicht des Privathaftpflicht-VR:

a) Während seines Spanienurlaubs zerstört/beschädigt der VN das Fenster, den Teppichboden, die Bettdecke in seinem Hotelzimmer und eine große Standvase im Frühstücksraum des Hotels.

b) Der 15-jährige Sohn des VN zertrümmert grob fahrlässig eine Fensterscheibe in der gemieteten Wohnung.

c) Dem VN fällt eine geliehene Bohrmaschine auf den gefliesten Küchenboden der gemieteten Wohnung. Zwei Fliesen und die Bohrmaschine sind beschädigt.

d) Der VN beschädigt den Heißwasserzubereiter und die Badewanne in seiner Mietwohnung.

e) Die Kinder unseres VN spielten auf der Terrasse des gemieteten Einfamilienhauses Fußball. Dabei werden die Terrassenüberdachung und die Sichtschutzwand zum Nachbarhaus bzw. das Terrassengeländer beschädigt.

f) Der Schlüssel war beim Versuch des VN, die Wohnungstür seiner Mietwohnung zu öffnen, im Türschloss abgebrochen.

g) Nach Auszug aus seiner Mietwohnung macht der Vermieter den VN für die beschädigte Küchentür verantwortlich. Offensichtlich hatte die Katze (der Hund) des VN diese während der Mietzeit derart verkratzt, dass sie jetzt ersetzt werden muss.

h) Der VN setzt seine Waschmaschine in Betrieb und verlässt seine Wohnung. Infolge eines defekten Abwasserschlauches dringt Wasser in die darunter liegende Wohnung und beschädigt dort die Decken- und Wandverkleidung sowie einen wertvollen Eichenschrank.

32 Prüfen Sie in den folgenden Fällen zuerst die Haftpflichtfrage und, soweit erforderlich, auch die Deckungsfrage.

a) Der achtjährige Sohn des VN schoss mit einem Kleinkalibergewehr ein Ölfass (50 Liter) des Nachbarn leck. Es entstand ein nicht unerheblicher Gewässerschaden.

b) Der Öltank im Keller des VN lief aus. Der Gewässerschaden lag über 250 000,00 €.

33 Als Mitarbeiter in einem Versicherungsmaklerbüro erhalten Sie von einem langjährigen Kunden folgendes Schreiben:

Walter Schenk
Stadtstraße 6
79109 Freiburg

Versicherungsmakler Neuhaus
Feldbergstr. 2
79199 Kirchzarten

Freiburg, den 12. Juni 20..

Privathaftpflicht – Vertragsnummer 471.2302

Sehr geehrter Herr Neuhaus,

durch den plötzlichen Tod meines Vaters und das damit angetretene elterliche Erbe, hat sich meine Lebenssituation doch so geändert, dass mein Haftpflichtversicherungsschutz jetzt vielleicht nicht mehr ausreichend ist. Ich will von diesen Veränderungen kurz berichten.

Durch das angetretene Erbe standen mir jetzt die finanziellen Mittel zur Verfügung, um im nahen Hinterzarten – im Hochschwarzwald – ein sehr schönes Anwesen zusammen mit einem weiteren Grundstück zu erwerben. Beide Grundstücke haben einen umfangreichen alten Baumbestand, dafür aber auch eine Länge von mehr als 50 m zur Straßenfront. Auf den öffentlichen Gehwegen vor den Grundstücken sind im Winter regelmäßig einige Schneemassen zu bewältigen und um mir diese Arbeit zu erleichtern, habe ich mir gestern ein selbstfahrendes Schneeräumgerät – auf dem man sitzen kann – gekauft.

In vier Wochen werde ich in mein Traumhaus umziehen, vorerst sind dort aber noch größere Umbauten vorzunehmen, wozu auch der Einbau einer Ölzentralheizung gehört. Meine jetzt noch von mir bewohnte Eigentumswohnung in Freiburg soll dann vermietet werden, das gilt übrigens auch für meine Garage, die ich erst im letzten Jahr in unmittelbarer Nähe – in einer anderen Eigentumswohnanlage – dazu erworben habe.

Mir gehört jetzt auch eine Ferienwohnung am Genfer See. Diese hatte mein Vater vor zwei Jahren gekauft. Wenn ich dort jetzt häufiger meinen Sommerurlaub verbringe, möchte ich für mich und meinen Sohn jeweils ein Surfbrett kaufen. Mein Sohn hat in der Tat eine Belohnung verdient, denn er hat gerade – sehr erfolgreich – sein Studium abgeschlossen.

Bitte teilen Sie mir mit, ob ich noch ausreichend versichert bin, bzw. welchen zuätzlichen Haftpflichtversicherungsschutz ich jetzt benötige.

Mit freundlichen Grüßen

Walter Schenk

Arbeitsauftrag

Sie sollen das Kundenschreiben in Stichworten beantworten. Für den Kunden betreut das Maklerbüro mehrere Verträge, im Haftpflichtbereich allerdings bisher nur eine Privat-Haftpflichtversicherung (Kompakttarif: 3 Mio. € pauschal nach Alternative B).

5.6 Versicherungsbeginn und Beitrag (Prämie)

5.6.1 Beginn des Versicherungsschutzes

Der Versicherungsschutz beginnt zu dem im Versicherungsschein angegebenen Zeitpunkt, wenn der VN den ersten oder einmaligen Beitrag **rechtzeitig** zahlt. AHB Ziff. 8

Die Zahlung ist **rechtzeitig**, wenn sie nach Zugang des Versicherungsscheins und Ablauf von zwei Wochen **unverzüglich** erfolgt. Der Versicherungsschutz beginnt dann zu dem im Versicherungsschein angegebenen Zeitpunkt, ggf. also auch rückwirkend, wenn der Versicherungsschein erst nach diesem Beginn zugestellt wurde (sog. **erweiterte Einlösungsklausel**). Ziff. 9.1

Die Rechtzeitigkeit einer Zahlung nach Ablauf von zwei Wochen ist im VVG geregelt und steht im Zusammenhang mit dem zweiwöchigen Widerrufsrecht. VVG §§ 33 (1), § 8

5.6.2 Tarifmerkmale und Beitragsberechnung

In der Haftpflichtversicherung wird der Beitrag selten in Promille- oder Prozentsätzen der VS berechnet.

Das lässt sich mit dem besonderen Charakter der Haftpflichtversicherung begründen. Sie kennt nämlich im Gegensatz zu anderen Versicherungszweigen keinen VW, und die VS stellt auch nicht den Risikoumfang dar, sondern nur dessen Höchstgrenze.

Der Beitrag bemisst sich nach anderen, sehr verschiedenen Merkmalen. Die wichtigsten Tarifmerkmale bzw. Bezugsgrößen sind

- Tarifart,z. B. Kompakttarif, Singletarif und Mitversicherung weiterer Haftpflichtrisiken **(Privat-HV),**
- Bruttojahresmietwert, Anzahl/Wohnungen im Mehrfamilienhaus **(Haus- und Grundbesitzer-HV),**
- Lohn-/Gehalts-/Umsatzsumme oder Anzahl der Mitarbeiter **(Betriebs-HV),**
- Bausumme **(Bauherren-HV),**
- Mitgliederzahl **(Vereins-HV).**

Die nachstehenden Beispiele zeigen die Beitragsberechnungen für

- eine Bauherren-HV (Beispiel 1),
- eine Haus- und Grundbesitzer-HV (Beispiel 2)

anhand des Tarifes E bzw. D im Bedingungswerk 2 »Proximus Versicherung«.

Beispiel 1: Bauherren-HV

Das Einfamilienhaus der Familie Faller soll um einen Anbau und zwei Garagen erweitert werden. Die gesamten Baukosten schätzt der Architekt auf 140 000,00 €. Der Wert der Eigenleistung beträgt dabei 40 000,00 €. Herr Faller, ein pensionierter Bauingenieur, möchte nach Fertigstellung der Rohbauarbeiten auch die Bauleitung für den Ausbau (Wert 95 000,00 €) übernehmen. Herr Faller hat ein Angebot für eine Bauherren-HV mit einjähriger Dauer angefordert (Deckungssumme 3 Mio. € pauschal). Es ist der fällige Einmalbeitrag inkl. 19 % Versicherungsteuer zu berechnen.

Lösung:

Bausumme bis 250 000,00 €		89,20 €
Zuschläge für **Bauen mit eigener Leistung:**		
● Bauausführung		
(pro 1 000,00 € Wert der Eigenleistung 1,09 €)	40 000 zu 1,09 %	43,60 €
● Bauleitung der Ausbauarbeiten		
Beitrag für das anteilige Grundrisiko von 95 000,00 €		44,50 €
50% Zuschlag auf diesen Beitrag für die Übernahme der Bauleitung (Nur dieser Zuschlag wird zusätzlich berechnet. Das Grundrisiko (95 000,00 €) ist ja schon in der gesamten versicherten Bausumme (hier: bis 250 000,00 €) erfasst.)		22,25 €
Versicherungsentgelt		155,05 €
+ 19 % VersSt		29,46 €
Einmalbeitrag für die Bauherren-HV		184,51 €

Beispiel 2: Haus- und Grundbesitzer-HV

Hans Hoch ist Eigentümer eines Wohn- und Geschäftshauses. Im Haus befinden sich eine Apotheke, eine Arztpraxis und 10 Wohnungen. Die Wohn- und Nutzfläche/Monatsmieten betragen für

- die Arztpraxis mit 125 qm — 1 000,00 €
- die Apotheke mit 150 qm — 1 350,00 €
- 4 Wohnungen mit jeweils 85 qm — je 510,00 €
- 6 Wohnungen mit jeweils 110 qm — je 638,00 €

Herr Hoch wünscht folgende Deckungssummen je Versicherungsfall:

- für Personen- und Sachschaden — 3 Mio. €
- für Vermögensschäden — 100 000,00 €

Es ist der Jahresbeitrag einschließlich 19 % VersSt für eine dreijährige Versicherungsdauer zu berechnen.

Lösung: Berechnung nach **Wohn- und Nutzfläche**

4 Wohnungen à 85 qm und 6 Wohnungen à 110 qm =	1 000 qm
1 Ladenlokal à 150 qm und 1 Arztpraxis à 125 qm =	275 qm
Wohn- und Nutzfläche insgesamt	1 275 qm

Anzuwenden ist der Beitrag lt. Tarif für ein »bebautes Grundstück über 850 qm Wohn- und Nutzfläche«	
0,26 € · 1 275 qm (Mindestbeitrag 250,00 €)	331,50 €
./. 10 % Dauernachlass	33,15 €
Versicherungsentgelt	298,35 €
+ 19 % VersSt	56,69 €
Jahresbeitrag einschließlich VersSt	355,04 €

5.6.3 Beitragsregulierung

Da sich diese Tarifierungsmerkmale im Laufe des Versicherungsjahres ändern können, muss auch der jeweilige Beitrag ab Risikoänderung neu berechnet werden, denn der VN hat bei Erhöhung und Erweiterung des vorhandenen Risikos sofort Versicherungsschutz im Umfang des Vertrages (vgl. B 5.2.7). AHB Ziff. 13

Dagegen wird der Minderbeitrag wegen teilweisen Risikowegfalls, die im Übrigen den aktuellen tariflichen Mindestbeitrag nicht unterschreiten darf, erst vom Zeitpunkt des Eingangs der Änderungsanzeige beim VR an berechnet.

Beispiel:
Ein Gaststätteninhaber hat am 01. Jan. eines Jahres – zu Beginn der Versicherungsperiode seiner Betriebs-HV – 5 Mitarbeiter. Der Beitrag beträgt damit insgesamt 300,00 € (Beitrag je Mitarbeiter 60,00 €). Am 25. Jan. des nächsten Jahres teilt der Gastwirt seiner Betriebs-HV auf dem Beitragsregulierungsbogen mit, dass er seit dem 01. Okt. des letzten Jahres 7 Mitarbeiter beschäftigt. Für die 2 zusätzlichen Mitarbeiter steht dem VR – vom Zeitpunkt der Risikoänderung an – ein zeitanteiliger Nachbeitrag in Höhe von 30,00 € zu (2 · $\frac{3}{12}$ von 60,00 €).

Sollte der VN dagegen

- nach wie vor nur 5 Mitarbeiter gemeldet haben (eine schuldhaft unrichtige Angabe kann dann vermutet werden), wäre der VR – nach Kenntnis dieses Umstands – berechtigt, einen Strafbeitrag in dreifacher Höhe (Nachbeitrag 90,00 €) zu fordern;
- nach Erhalt des Regulierungsbogens überhaupt gar keine Anzeige gemacht haben, könnte der VR einen Nachbeitrag in Höhe des schon gezahlten Jahresbeitrags verlangen (im o. a. Beispiel 300,00 €).

5.6.4 Beitragsangleichung

Von der Beitragsregulierung ist die Beitragsangleichung zu unterscheiden. Eine Beitragsangleichung ist vor allem bei Festbeiträgen erforderlich, weil der VR auch bei gleichem Risikoumfang für denselben Schaden Jahr für Jahr höhere Ersatzleistungen zu erbringen hat. Ziff. 15

Die Haftpflichtversicherung kennt keine Unterversicherung. Sie muss im Rahmen der Deckungssummen immer zum augenblicklichen Tagespreis entschädigen. Eine preisgebundene Versicherungsleistung verlangt aber auch einen preisabhängigen Beitrag.

Seit 1965 enthalten die AHB deshalb eine sog. **Beitragsangleichungsklausel**:

- Danach sind die VR berechtigt, die Jahresfolgebeiträge zu erhöhen, wenn der **branchendurchschnittliche Schadenaufwand** je Versicherungsfall (ermittelt anhand der Schaden- und Regulierungsaufwendungen aller Haftpflicht-VR) im vergangenen Kalenderjahr gegenüber dem vorvergangenen Jahr **um mindestens 5 %** angestiegen ist.

  Hat sich dagegen der Branchendurchschnittsaufwand im abgelaufenen Kalenderjahr vermindert, so sind die VR verpflichtet, die Beiträge um den entsprechenden Prozentsatz zu mindern.

$$\text{Branchendurchschnittlicher Schadenaufwand} = \frac{\text{Summe der Schaden- und Regulierungsaufwendungen aller VR}}{\text{Anzahl der Versicherungsfälle aller VR}}$$

- Der Prozentsatz, um den sich der branchendurchschnittliche Schadenaufwand je Versicherungsfall erhöht (ermäßigt) hat, wird von einem unabhängiger Treuhänder jeweils zum 01. Juli eines Jahres ermittelt und auf die nächstniedrigere durch 5 teilbare ganze Zahl abgerundet.

Beispiel:
Ein Veränderungsprozentsatz des branchendurchschnittlichen Schadenaufwandes von z. B. 11,3 % berechtigt den VR zu einer Beitragsangleichung von 10 %.

- Eine **Sonderregelung** besteht für VR, deren **unternehmenseigener Steigerungsprozentsatz** wegen günstiger Schadenverläufe **in jedem der letzten 5 Kalenderjahre** geringer war als der vom Treuhänder jeweils für diese Jahre ermittelte Branchendurchschnittssatz. Diese VR dürfen ihre Folgejahresbeiträge nur um den unternehmenseigenen – für den VN günstigeren – Steigerungsprozentsatz des letzten Jahres erhöhen.
- Wenn eine Beitragsangleichung entfällt, weil der Änderungsprozentsatz unter 5 % liegt, ist ein Vortrag auf das Folgejahr möglich.

Beispiel:
Branchendurchschnittlicher Aufwand im fiktiven Jahr 0 und Jahr 1

①	Jahr 0: 600,00 €	Jahr 1: 639,00 €	= + 6,5 %	⇒	5% Erhöhung des Folgejahresbeitrages
②	Jahr 0: 600,00 €	Jahr 1: 615,00 €	= + 2,5 %	⇒	Vortrag in Folgejahre

- Die Beitragsangleichung gilt für die vom 01. Juli an fälligen Folgejahresbeiträge. Sie wird dem VN zusammen mit dem Prozentsatz der Erhöhung über die Beitragsrechnung bekannt gegeben. Dabei hat der VR den VN auf sein Kündigungsrecht hinzuweisen.

AHB Ziff. 18

► Der VN kann innerhalb eines Monats nach Eingang der Mitteilung des VR mit sofortiger Wirkung, frühestens jedoch zum Zeitpunkt des Wirksamwerdens der Erhöhung das Versicherungsverhältnis kündigen.

Lernkontrollen zu B 5.6

Versicherungsbeginn und Beitrag

Verwenden Sie bei den folgenden Aufgaben den Tarif im Bedingungswerk 2 »Proximus Versicherung« oder den Tarif eines Versicherers, soweit dies erforderlich ist.

1 Andreas Offermann hat Ende vergangenen Monats eine Privat-HV bei der Proximus Versicherung beantragt. Die Versicherung soll am 01. des jetzigen Monats beginnen. Am 13. dieses Monats streift er mit seinem Fahrrad einen geparkten Pkw. Es entsteht ein Lackschaden an der Beifahrertür. Der Geschädigte will einen Kostenvoranschlag einholen, hat sich aber bis heute noch nicht wieder gemeldet. Einen Tag nach dem Missgeschick mit seinem Fahrrad erhält Andreas Offermann die Police der Proximus Versicherung. Er zahlt sofort den Beitrag an einem Bankschalter ein.

Herr Offermann möchte wissen, ob die Proximus Versicherung für den entstandenen Schaden bereits eintritt.

- **Vertragsspiegel (Auszug)**

Privat-Haftpflichtversicherung
Deckungssumme: 3 Mio. € pauschal
Versicherungsbeginn: 01. April 2008
Versicherungsdauer: 3 Jahre
Jahresbeitrag ohne VersSt: 98,00 €
Antragstellung: 28. März d. J.
Zusendung der Police: 14. April d. J.
Eingang des Erstbeitrags: 15. April d. J.

- **Arbeitsauftrag**

Antworten Sie Herrn Offermann.

2 Der Antrag für eine Privat-Haftpflichtversicherung wird am 09. März d. J. gestellt. Als Versicherungsbeginn wird der 01. April d. J. beantragt. Am 15. April d. J. erhält der VN die Police zusammen mit den Versicherungsbedingungen und der Verbraucherinformation.

Der VN zahlt umgehend den Beitrag per Banküberweisung.

a) Bestimmen Sie die Versicherungsbeginnarten (mit Datum und Begründung).

b) Am 19. April d. J. erhält der VN ein günstigeres Versicherungsschutzangebot. Kann er den abgeschlossenen Vertrag noch rückgängig machen (mit Begründung)?

3 Frau Kett ist Eigentümerin eines 8-Familien-Wohnhauses. Das Haus teilt sich wie folgt auf: 6 Wohnungen haben eine Wohnfläche von 80 m², die zwei Wohnungen im Dachgeschoss haben eine Wohnfläche von jeweils 50 m². Pro m² und Monat verlangt Frau Kett einen Mietpreis von 4,80 € einschließlich aller Nebenkosten.

Welchen Beitrag einschließlich VersSt muss Frau Kett für eine Haus- und Grundbesitzer-Haftpflichtversicherung mit 3-jähriger Vertragsdauer bezahlen, wenn Sie eine Deckungssumme von 3 Mio. € für Personen- und Sachschäden und 100 000,00 € für Vermögensschäden abschließen möchte?

4 Herr Schäfer bittet um ein Versicherungsschutzangebot für eine 3-jährige Vertragsdauer.

Er hat sich auf dem Land ein Einfamilienhaus gekauft, das von seinem Schäferhund Rex bewacht wird. Das Gebäude hat zwei Garagen, von denen eine an den Nachbar für 20,00 € monatlich vermietet wird.

- **Arbeitsauftrag**

Erstellen Sie folgende alternativen Versicherungsschutzangebote für die Privat-HV mit Sonderrisiko Vermietung von Garagen und für die Tierhalter-HV:

a) Deckungssumme 2 000 000,00 € für Personen- und Sachschäden und 100 000,00 € für Vermögensschäden

b) Deckungssumme 3 000 000,00 € für Personen- und Sachschäden und 100 000,00 € für Vermögensschäden

5

Herr Herold hat bisher eine Privat-HV mit einer Deckungssumme von 2 000 000,00 € für Personen- und Sachschäden und 100 000,00 € für Vermögensschäden und wünscht eine Beratung, wie der Versicherungsschutz sinnvoll erweitert werden kann.

Er hat von seinem Onkel ein Wohnhaus mit 5 Wohnungen und ein unbebautes Grundstück von 900 Quadratmetern geerbt.

Durch Rückfragen erfahren Sie, dass der Mietpreis einschließlich aller Nebenkosten für die Mieter bei 5,80 € monatlich pro Quadratmeter liegt und jede Wohnung 70 qm groß ist. Im Keller liegt ein Öltank mit 10 000 Liter Fassungsvermögen.

Arbeitsauftrag

Erstellen Sie ein Versicherungsschutzangebot zur Deckung der Haftpflichtrisiken aus dem Erbe und berechnen Sie den hierfür zu zahlenden Beitrag unter Berücksichtigung der bisherigen Deckungssumme bei einer 3-jährigen Vertragsdauer.

6

Ruth Batt (24 Jahre) hat gerade ihr Studium beendet. Zum bestandenen Examen hat ihr der Vater eine Eigentumswohnung in einem 3-Familienwohnhaus gekauft. In diese ist die junge Frau vor 4 Wochen mit ihrem Lebenspartner Hans Kuster (29 Jahre) eingezogen.

Im Verlauf eines Beratungsgesprächs erfahren Sie von Frau Batt, dass sie über keine eigene Privat-HV verfügt, und dass die Privat-HV ihres Lebenspartner nach fristgerechter Kündigung zum Monatsende auslaufen würde. Weiterhin will sie wissen, ob die Versicherung gegen Haus- und Grundbesitzerhaftpflicht zusätzlich erforderlich ist.

Arbeitsauftrag

Unterbreiten und erläutern Sie Frau Batt ein sinnvolles Haftpflicht-Versicherungsangebot.

Berechnen Sie hierfür auch jeweils den zu zahlenden Jahresbeitrag einschließlich VersSt bei einer Deckungssumme von 3 000 000,00 € für Personen- und Sachschäden und 100 000,00 € für Vermögensschäden.

Bieten Sie eine 3-jährige Versicherungsdauer an.

7 Frau Kruse hat im Büro der Versicherungsagentur Hilmar Krause angerufen und um Beratung gebeten.

Beim Beratungsgespräch erfahren Sie, dass Frau Kruse mittlerweile verheiratet ist und einen vierjährigen Sohn hat.

Außerdem hat Frau Kruse in Freiburg ein Einfamilienhaus gekauft. Nach einigen Renovierungsarbeiten und dem Einbau einer Ölzentralheizung mit einem 6 000 Liter Kellertank ist die Familie vor einem Jahr umgezogen. Im Sommer will man noch eine Doppelgarage an das Haus anbauen, von der eine Garage vorerst vermietet werden soll.

Frau Kruse arbeitet heute noch halbtags. Da der Sohn seit einem knappen Jahr in den Kindergarten geht und die Familie seit einem Jahr eine Haushaltshilfe beschäftigt, hat Frau Kruse wieder mehr Zeit für ihre Hobbies. Frau Kruse ist Pferdeliebhaberin. Im örtlichen Reitverein ist sie seit 2 Jahren im Vorstand. Außerdem reitet sie seit 6 Monaten wieder regelmäßig bei Pferderennen ein Tier des Reitervereins. Seit knapp 2 Monaten hat Frau Kruse nun auch ein eigenes Pferd, das sie aber nur für den privaten Ausritt nutzt.

- **Vertragsspiegel (Auszug)**

Versicherungsnehmerin: Silke Kruse, geb. 05. Okt. 1975, 79010 Freiburg, Rosenweg 3

Beruf: medizinisch-technische Angestellte

Versicherungsvertrag: Privat-HV ohne Sonderrisiken, Deckungssumme 2 Mio. € pauschal

Versicherungsbeginn: 01. Juli 2001

Jahresbeitrag ohne VersSt: 93,00 €

- **Arbeitsauftrag**

a) Beraten Sie Frau Kruse umfassend zu ihrem Versicherungsschutz in der Privat-HV.

b) Ermitteln Sie den Nachbeitrag, den Frau Kruse zahlen muss, wenn mit Wirkung zum 01. März d. J. bei unveränderter Versicherungsperiode zunächst nur die Deckungssumme ihrer Privat-HV auf 3 Mio. € pauschal (VS nach Alternative B) erhöht werden soll (kein Dauernachlass).

8 Fortsetzung der 7. Aufgabe

Gleichzeitig mit der Erhöhung der Deckungssumme in der Privat-HV zum 01. März d. J. hat Frau Kruse eine Tierhalter-HV (Versicherungsperiode 01. März–01. März) für ihr Reitpferd abgeschlossen.

Am 02. Mai d. J. kauft sich Frau Kruse zusätzlich ein Turnierpferd für den Dressursport. Eine Mitteilung an den VR unterbleibt. Eine Woche später, mit Datum 09. Mai d. J. erhält Frau Kruse die Beitragsrechnung für die Privat-HV für das kommende Jahr mit einer Mitteilung über eine Beitragserhöhung von 5 % ab dem 01. Juli d. J.

Verärgert über diese Maßnahme kündigt sie mit Schreiben vom 14. Juni d. J. ihre Privat-HV.

Arbeitsauftrag

a) Beurteilen Sie den Versicherungsschutz für das Turnierpferd in der Tierhalter-HV.

b) Klären Sie Frau Kruse darüber auf, wie es zu einer Beitragsangleichung in der Haftpflichtversicherung kommt.

c) Prüfen Sie, ob die Kündigung von Frau Kruse rechtswirksam ist.

5.7 Versicherungsfall

5.7.1 Obliegenheiten im Versicherungsfall

Tritt der Versicherungsfall ein, also ein Schadenereignis nach AHB, treffen den VN mehrere Obliegenheiten.

a) Anzeigepflichten

AHB Ziff. 25

Der Versicherungsfall ist dem VR **unverzüglich** (Proximus 2 – Fassung 2008) bzw. **innerhalb einer Woche** (Proximus 2 – Fassung 2011) schriftlich anzuzeigen.

Anzeigepflichtig ist jedes Schadenereignis, das mit einiger Wahrscheinlichkeit Ansprüche Dritter zur Folge haben könnte.

Erhebt der Geschädigte Ansprüche gegenüber dem VN, ist dies zusätzlich anzuzeigen.

Es ist unbeachtlich, ob der VN die Ansprüche für begründet hält oder nicht. Eine Anzeigepflichtverletzung liegt auch vor, wenn die rechtzeitige Anzeige deshalb unterblieb, weil der VN nach Schadeneintritt erst einmal (fälschlicherweise) davon ausging, dass aufgrund einer Ausschlussbestimmung keine Deckung bestehen würde.

Außerdem sind alle **gerichtlichen Schritte**, die gegen den VN (Mitversicherter) unternommen werden, **unverzüglich anzuzeigen**, u. a. bei

- Einleitung eines Ermittlungsverfahrens, Erlass eines Strafbefehls,
- gerichtlicher Geltendmachung des Anspruchs durch den Geschädigten (Klage-, Mahnbescheidsantrag), Prozesskostenhilfeantrag,
- gerichtlicher Streitverkündung, Arrest, einstweiliger Verfügung, Anordnung eines Beweissicherungsverfahrens.

Gegen Mahnbescheide oder Verfügungen von Verwaltungsbehörden auf Schadenersatz hat der VN fristgemäß Widerspruch zu erheben bzw. die erforderlichen Rechtsbehelfe zu ergreifen.

b) Schadenminderungspflicht

Wie in allen Schadenversicherungen ist der VN auch hier verpflichtet, alles zur Abwendung und zur Minderung des Schadens zu tun. Dazu gehört auch die Unterstützung des VR zur Abwehr unberechtigter Ansprüche und Befriedigung berechtigter Ansprüche (Auskunfts- und Belegpflicht).

Der VN muss selbst dann den Hergang wahrheitsgemäß schildern, wenn er sich dabei dem Vorwurf einer strafbaren Handlung oder der Strafverfolgung aussetzt.

c) Schadenanerkenntnis- und Befriedigungsverbot, Vollmachtsregelung

Dem VN ist untersagt, ohne vorherige Zustimmung des VR einen Anspruch teilweise oder ganz anzuerkennen oder gar zu befriedigen. Ein eigenmächtiges Handeln des VN könnte sonst die Verhandlungsposition des VR bei der Schadenregulierung von vornherein verschlechtern.

Kein Anerkenntnis liegt vor, wenn der VN dem Geschädigten gegenüber erklärt, dass er für den Schaden in Höhe seiner gesetzlichen Verpflichtung aufkommt.

Das Verbot entfällt, wenn der VN nachweisen kann, dass nach den Umständen des Schadenereignisses die Anerkennung/Befriedigung des Anspruchs »nicht ohne offenbare Unbilligkeit« verweigert werden konnte.

Dies ist sicherlich ein seltener Ausnahmefall, der dann in Betracht kommt, wenn die Frage der Haftung objektiv (nicht nur irrtümlich aus der Sicht des VN) völlig eindeutig ist und der Geschädigte sich in einer Notlage befindet.

Im Haftpflichtprozess hat der VN dem VR die Prozessführung zu überlassen. Der VR und dessen Anwalt gelten auch als bevollmächtigt, alle wesentlichen Erklärungen zur Haftungsfrage namens des VN abzugeben.

Schon mit Abschluss des Versicherungsvertrages hat der VN aufgrund der AHB diese Vollmachten erteilt. Deshalb handelt es sich bei der »Vollmachtsregelung« eigentlich um keine Obliegenheit, die ja grundsätzlich ein »Tun oder Unterlassen« des VN fordern würde.

d) Verletzungsfolgen

Verletzt der VN eine im oder nach dem Versicherungsfall zu erfüllende Obliegenheit AHB Ziff. 26

- nur **leicht fahrlässig** ist der VR dennoch zur Leistung verpflichtet;
- **vorsätzlich** ist der VR leistungsfrei;
- **grob fahrlässig** ist der VR berechtigt, seine Leistung entsprechend der Schwere des Verschuldens zu kürzen. Beweist der VN, dass keine grobe Fahrlässigkeit vorliegt , behält er den Versicherungsschutz.

Der Versicherungsschutz bleibt auch dann bestehen,

- wenn der VN nachweist, dass die Obliegenheitsverletzung nicht ursächlich war, weder für den Eintritt oder die Feststellung des Versicherungsfalls noch für die Feststellung oder den Umfang der Versicherungsleistung. Hat der VN die Obliegenheit arglistig verletzt, entfällt diese Entlastungsmöglichkeit.
- wenn der VR bei Verletzung einer nach Eintritt des Versicherungsfalls bestehenden Auskunfts- oder Aufklärungsobliegenheit des VN, diesen nicht zuvor auf die Rechtsfolgen hingewiesen hat und zwar durch gesonderte Mitteilung in Textform.

5.7.2 Schadenbearbeitung

Die Schadenbearbeitung erfolgt auf der Grundlage der vom VN auszufüllenden Schadenanzeige.

➤ Deckungsprüfung

Im Rahmen dieser Prüfung, die das jeweilige Innenverhältnis zwischen VN und VR betrifft, sind folgende Fragen zu klären:

- Ist das schadenverursachende **Risiko versichert**?

  Hier ist zu prüfen, ob die »Antragserklärung« mit den tatsächlich gegebenen Risikoverhältnissen übereinstimmt (Risikobeschreibung, -veränderung, evtl. Vorsorgeversicherung).
- Wurde der **Beitrag rechtzeitig bezahlt** (Erstbeitrag, Folgebeitrag)?
- Liegt das **Schadenereignis innerhalb des Vertragszeitraums**?
- Fällt das Schadenereignis unter einen **Ausschlusstatbestand** aufgrund der RBE-Privat bzw. aufgrund der AHB?
- Hat der VN bzw. der Versicherte **Obliegenheiten** verletzt?

Prüfung der Haftpflichtfrage

Sie betrifft das Außenverhältnis zwischen VN und Anspruchsteller.

Führt die Deckungsprüfung allerdings zu dem Ergebnis, dass der VN für das schadenverursachende Risiko keinen Versicherungsschutz erhält, befasst sich der VR überhaupt nicht mit der Haftpflichtfrage, also auch nicht mit der Abwehr unbegründeter Ansprüche.

Sonstige Prüfungen

Nach Feststellung des Haftungsgrunds und der Haftungshöhe wird noch geprüft:

- **Überschreitet** der Haftpflichtschaden die **Deckungssumme** oder einen **Selbstbehalt** des VN?
- Bestehen **Regressmöglichkeiten**, weil mehrere Personen, also nicht nur der VN, gesamtschuldnerisch haften?
- Ist der Schaden laut **Teilungsabkommen** abzuwickeln?

Bei einem **Vergleich** findet die Regulierung ihren Abschluss durch Unterzeichnung einer Abfindungserklärung durch den Geschädigten.

Lernkontrollen zu B 5.7

Versicherungsfall

1 Die 67-jährige Witwe Agnes Lenders schreibt:

> Sehr geehrte Damen und Herren,
>
> meine Nachbarin behauptet, auf dem Gehweg vor dem Grundstück meines Einfamilienhauses ausgerutscht zu sein, da ich den Schnee nicht richtig weggeräumt haben soll. Sie verlangt ein Schmerzensgeld von 300,00 € für eine Prellung, die sie erlitten haben will, sowie die Reinigungskosten von 40,00 € für ihre Kleidung. Wenn ich nicht innerhalb von 8 Tagen zahle, würden wir uns vor Gericht wiedersehen, hat sie mir noch zugerufen.
>
> Ich habe noch nie mit dem Gericht zu tun gehabt und bin völlig ratlos; denn mein Bürgersteig war ordentlich gereinigt. Leider habe ich dafür keine Zeugen. Bitte teilen Sie mir mit, ob Sie mir helfen können und was Sie hierfür ggf. unternehmen.
>
> Mit freundlichen Grüßen
>
> *Agnes Lenders*

- **Vertragsspiegel (Auszug)**

Privat-Haftpflichtversicherung
Versicherungsnehmerin: Agnes Lenders
Deckungssumme: 2 Mio. € pauschal nach Alternative A
Versicherungsbeginn: 01. April 2007
Versicherungsdauer: 3 Jahre
Zusatzdeckungen: keine
Anzahl der bisherigen Schäden: keine

- **Arbeitsauftrag**

Antworten Sie Frau Lenders. Schildern Sie ihr insbesondere das weitere Vorgehen, damit sie beruhigt wird.

2 Sie sind Mitarbeiter/-in in der Versicherungsagentur Hilmar Krause der Proximus Versicherung und haben Ihren ersten Arbeitstag nach dem Urlaub.

Während Ihres Urlaubs sind die nachstehenden Schadenmeldungen durch die übrigen Mitarbeiter der Agentur noch unbearbeitet geblieben. Sie erhalten den Auftrag, die Haftungs- und Deckungsprüfung vorzunehmen und die Kunden vorab telefonisch zu informieren. Es bestehen keine Beitragsrückstände zu den Privat-HV-Verträgen der nachstehenden Kunden.

VN Alfred Hanke schreibt:

»Unser Sohn Michael, der zzt. in Köln studiert und dort in einem Studentenwohnheim wohnt, hat während eines Besuches unsere Stehlampe versehentlich umgeworfen, als er seinen Koffer mit schmutziger Wäsche hereintrug. Der Schirm der Stehlampe ist zerbrochen. Die Quittung des Lampengeschäftes über 90,00 € für einen neuen Lampenschirm ist beigefügt. Ich bitte, den Betrag zu ersetzen.«

Versicherungsnehmerin Katja Schmülling teilt mit:

»Meine Putzfrau hat die Fenster im 1. Obergeschoss unseres Hauses gereinigt und dabei den Putzeimer auf die äußere Fensterbank gestellt.

Beim Reinigen der Oberlichter ist sie versehentlich mit dem Fuß gegen den Putzeimer gestoßen. Dieser fiel auf die Straße und übergoss die gerade vorbeikommende Passantin Frau Margot Grünter. Frau Grünter hat folgende Schadenersatzansprüche gestellt:

Reinigungskosten für ihre Bekleidung:	40,00 €
Kosten des Friseurs:	60,00 €
Schmerzensgeld wegen des erlittenen Schrecks:	100,00 €«

Versicherungsnehmer Dieter Langen schickt das folgende Fax:

»Die Katze meiner 8-jährigen Tochter Carolin soll nach Angaben unseres Nachbarn, Herrn Max Weber, zwei seiner im Garten frei herumlaufenden Perlhühner getötet haben. Er verlangt 100,00 € Schadenersatz. Bitte informieren Sie mich, ob der Schaden gedeckt ist. Für diesen Fall möchte ich Sie gleichzeitig bitten, den Versicherungsfall direkt mit Herrn Weber abzuwickeln. Seine Anschrift lautet: An den Hecken 5, Kleinkirchen.«

Versicherungsnehmer Hans Hansen schreibt:

»Während unseres Sommerurlaubs an der Nordsee haben meine Familie und ich einen Tagesausflug mit dem Schiff zur Hallig Hooge gemacht. An der Anlegestelle mieteten wir uns Fahrräder, um die Hallig zu erkunden. Unser 8-jähriger Sohn war kaum zu halten und ist stets vorausgefahren. Wir haben ihn gewähren lassen, da die Radwege ungefährlich schienen. Leider hat er eine Fußgängerin angefahren, die gestürzt ist und sich das Handgelenk gebrochen hat. Bitte teilen Sie mir mit, ob Versicherungsschutz besteht.«

- **Arbeitsauftrag**

  Stellen Sie stichwortartig zusammen, was Sie den Kunden am Telefon mitteilen.

6 Risikobewältigung durch Rechtsschutzversicherung

6.1 Gründe für den Abschluss einer Rechtsschutzversicherung

Situation

Heinz Frey hatte im letzten Jahr einen Verkehrsunfall mit Personen- und Sachschaden. Wegen der Haftungsfrage kommt es schließlich zu einem Prozess, der über zwei Instanzen läuft. Dabei geht es um Schadenersatzansprüche in Höhe von 5 240,00 €. Am Ende betragen die Anwalts- und Gerichtskosten 6 506,00 € ohne die noch anfallenden Gebühren für Zeugen und Sachverständige.

Im entscheidenden Urteil der zweiten Instanz wurde Heinz Frey eine Mitschuld von 40 % am Unfall angelastet. Er muss also 2 602,40 € der Anwalts- und Gerichtskosten sowie den entsprechenden Anteil an den Gebühren für Zeugen und Sachverständige zahlen. Vom Unfallgegner bzw. dessen Versicherung kann er andererseits 60 % seines Schadenersatzanspruches von 5 240,00 €, also 3 144,00 € Schadenersatz verlangen.

Als Fazit muss er feststellen, dass er zwar einen Teilerfolg vor Gericht erzielen konnte, der ihm jedoch finanziell nicht allzu viel eingebracht hat. Hätte er eine Rechtsschutzversicherung gehabt, dann wären die in beiden Instanzen angefallenen Kosten gedeckt gewesen.

Jedes Jahr stehen Millionen von Bundesbürgern vor Gericht, werden Millionen von Straf- und Bußgeldverfahren verhandelt.

- Dies liegt nicht zuletzt an den zunehmenden Rechtsstreitigkeiten, insbesondere in den Bereichen des **Miet-, Arbeits- und Sozialrechts**.
- Fast alles, was Menschen tun oder unterlassen, unterliegt heute der Rechtsordnung oder rechtlichen Beurteilung.
- Gleichzeitig werden nicht nur die Rechtsprechungsurteile, sondern auch die **Gesetze, Rechtsverordnungen und Durchführungsbestimmungen immer zahlreicher, unüberschaubarer und komplizierter**. Ohne juristischen Beistand kann daher der einzelne Bürger sein Rechtsinteresse kaum mehr wahren.
- Hinzu kommt, dass nach deutschem Recht derjenige, der in einem Zivilprozess verliert, die gesamten Kosten des Rechtsstreits, also **auch die Kosten der Gegenpartei**, zu tragen hat.
- Schließlich sind im Rechtsbereich, wie in anderen Dienstleistungsbereichen auch, die Kosten in den letzten Jahren **unverhältnismäßig stark gestiegen**; z. T. liegt das Prozesskostenrisiko, insbesondere bei Inanspruchnahme mehrerer Instanzen, höher als der Streitwert.

Die nachstehende Tabelle gibt auszugsweise die Gerichtskosten und Rechtsanwaltsgebühren in Zivilprozessen und die Kosten von Strafprozessen und Bußgeldverfahren wieder.

Für Prozesse vor z. B. Verwaltungs-oder Arbeitsgerichten gelten andere Gebühren oder Kosten.

Gerichtskosten und Rechtsanwaltsgebühren in Zivilprozessen (streitwertabhängig) (im Zivilprozess »streitet« Bürger gegen Bürger – also »Gleichgestellte«)			
Streitwert	**1. Instanz**: Klage vor **Amts-** oder **Landgericht**	**2. Instanz**: Berufung vor **Land-** oder **Oberlandesgericht**	Gesamtkosten 1., 2. + 3. (Revision vor dem BGH) **Instanz**
		Berufung erst ab Streitwert	Revision findet statt, wenn das Berufungsgericht oder – auf Beschwerde gegen die Nichtzulassung – das Revisionsgericht die Revision zulässt.
600,00 €	633,00 €	750,00 €	
2 000,00 €	1 550,00 €	3 270,00 €	
5 000,00 €	3 650,00 €	5 520,00 €	15 080,00 €
10 000,00 €	4 250,00 €	10 150,00 €	22 960,00 €
30 000,00 €	6 520,00 €	15 190,00 €	

Gesamtkosten der verlierenden Partei: eigener Anwalt, Gerichtskosten, gegnerischer Anwalt. Hinzu kommen weitere Kosten, wenn das Gericht Sachverständige oder Zeugen vernimmt. Vom **Landgericht** aufwärts besteht **Anwaltszwang**, d. h., nur ein vor dem jeweiligen Gericht zugelassener Rechtsanwalt kann den Prozess führen.

Kosten von Strafprozessen und Bußgeldverfahren

Die Kosten eines durchschnittlichen Bußgeldverfahrens betragen ca. 600,00 €. In Strafverfahren können allein nach der Bundes-Rechtsanwaltsgebührenordnung

– in der 1. Instanz inkl. Ermittlungsverfahren	bis zu 1 170,00 €	je nach Schwere des Vorwurfs **(Rahmengebühren)**
– in der 2. Instanz (Berufung)	bis zu 790,00 €	
– in der 3. Instanz (Revision)	bis zu 790,00 €	

Rechtsanwaltsgebühren anfallen.

Einige Beispiele mögen das Kostenrisiko eines Prozesses noch einmal verdeutlichen:

Kostenbeispiel 1: Zivilprozess

Nach dem Verkehrsunfall war eine Einigung zwischen den Parteien wegen des entstandenen Personenschadens nicht möglich. Deshalb kam es zu einer Klage wegen Verdienstausfall und Schmerzensgeld. Streitwert insgesamt 5 000,00 €.

Der Prozess, in dem ein Urteil gesprochen wird, ist allein in der 1. Instanz mit einem Kostenrisiko von fast 3 700,00 € (hier genau: **3 657,13 €**) belastet.

Anwaltsgebühren:	**1 125,15 €**	**Gerichtsauslagen:**	**1 070,00 €**
Prozessgebühr	301,00 €	Schreibgebühren	10,00 €
Verhandlungsgebühr	301,00 €	Porto, Telefon usw.	30,00 €
Beweisgebühr	301,00 €	Ortsbesichtigung	0,00 €
+ Auslagen	20,00 €	Zeugenkosten	180,00 €
47 Fotokopien	22,50 €	Sachverständiger	850,00 €
19 % MwSt	179,65 €		
gegnerische Kosten :	**1 098,98 €**	**Gerichtskosten:**	**363,00 €**
		3 Gebühren (3 · 121,00 €)	

Sollte einer der beiden Parteien mit dem Urteilsspruch nicht einverstanden sein und in die Berufung gehen, übersteigen die Gesamtkosten des Verfahrens den Streitwert beträchtlich. In der 2. Instanz erhöhen sich nämlich die Gerichtskosten um 50 % und die Anwaltsgebühren um 30 %.

Faustregel: Bei einem Streitwert bis 10 000,00 € beträgt das Kostenrisiko eines Zivilprozesses (durch zwei Instanzen) mindestens die Höhe des Streitwertes.

(Streitwert = Kostenrisiko)

Zur Entlastung der Amtsgerichte ist für geringfügige Rechtsstreitigkeiten jetzt eine außergerichtliche Streitschlichtung zwingend vorgeschrieben und zwar bei Streitwerten unter 800,00 €, soweit nicht schon ein gerichtliches Mahnverfahren vorausgegangen war. Das außergerichtliche Einigungsverfahren kostet 125,00 €, wenn die Parteien sich einigen; 100,00 €, wenn sie vor Gericht weiter streiten wollen.

Kostenbeispiel 2: Strafprozess

Ein Autofahrer, der einen Fußgänger am Zebrastreifen angefahren hat, wird wegen fahrlässiger Körperverletzung zu 40 Tagessätzen Geldstrafe verurteilt. Neben der Strafe hat er allein in der 1. Instanz nahezu 2 500,00 € (hier genau: **2 453,75 €**) an Kosten zu bezahlen.

Verteidigergebühren:	**672,35 €**	**Gerichtsauslagen:**	**1 055,00 €**
Vorverfahren*	177,50 €	Schreibgebühren	5,00 €
Hauptverfahren*	355,00 €	Porto, Telefon	30,00 €
+ Auslagen	15,00 €	Ortsbesichtigung	0,00 €
35 Fotokopien	17,50 €	Zeugenkosten	150,00 €
19 % MwSt.	107,35 €	Sachverständiger	870,00 €
Nebenklagekosten:	**685,40 €**	**Gerichtskosten:**	**41,00 €**
Anwalt des Nebenklägers	655,40 €		
Auslagen des Nebenklägers	30,00 €		

* Bei schweren Fällen oder mehreren Verletzten können durchaus höhere Gebühren liquidiert werden; bei fahrlässiger Tötung bis zur Höchstgebühr von 330,00 € bzw. 660,00 €.

Faustregel: Ein einfacher Strafprozess kostet allein in der 1. Instanz ca. 2 500,00 €.

Kostenbeispiel 3: Verwaltungsgerichtsprozess

Vor dem Verwaltungsgericht wird um den Führerschein gekämpft. Da hierbei üblicherweise der Gegenstandswert von den Gerichten mit 4 000,00 € festgelegt wird, fallen bei einem Prozess über zwei Instanzen Gerichts- und Anwaltskosten in Höhe von 2 790,50 € an.

Kostenbeispiel 4: Arbeitsgerichtsprozess (vgl. B 7.2.6)

Ein Arbeitnehmer wehrt sich gegen die Kündigung durch seinen Arbeitgeber, da er diese nicht für gerechtfertigt hält. Das Gericht setzt den Streitwert auf das Dreifache seines Monatsgehaltes von 2 500,00 €, also auf 7 500,00 €, fest. Die Gerichts- und Anwaltskosten in zwei Instanzen betragen 5 852,60 €.

Kostenbeispiel 5: Prozess im Ausland

Eine deutsche Urlauberin wird beschuldigt, in Österreich einen Unfall mit Körperverletzung eines Dritten verschuldet zu haben. Sie lässt sich von einem österreichischen Anwalt vertreten und wird vor Gericht freigesprochen. Der Anwalt berechnet den in Österreich üblichen Erfolgszuschlag von 50 % und stellt 540,00 € Kosten in Rechnung.

Im Ausland ist es teilweise sogar üblich, dass das Anwaltshonorar von den Parteien selbst getragen wird, auch wenn man den Prozess gewinnt. Führt man sich ferner vor Augen, dass gerade bei Zivilprozessen die Kosten vom Streitwert und nicht von der Schwere des Falles abhängen, wird deutlich, dass der Prozess mit einem enormen Kostenrisiko verbunden ist. Für diese **Risikobewältigung** empfiehlt sich eine auf die persönlichen Bedürfnisse abgestellte Rechtsschutzversicherung (vgl. Abschn. B 8).

ZPO § 114

Damit auch Personen mit geringem Einkommen zu ihrem Recht kommen können, kennt man die **Prozesskostenhilfe** und die **Beratungshilfe**. Staatliche »**Prozesskostenhilfe**« (das so genannte Armenrecht) setzt Bedürftigkeit voraus. Das Gleiche gilt für die »**Beratungshilfe**«. Außerdem erhalten die Anwälte niedrigere Gebühren, zu denen nicht jeder Anwalt bereit ist, tätig zu werden. Die Prozesskostenhilfe ist später ratenweise zurückzuzahlen. Bei verlorenem Prozess sind die gegnerischen Anwaltskosten immer selbst zu tragen.

6.2 Geltungsbereich der Rechtsschutzversicherung

➤ Örtlicher Geltungsbereich

Versicherungsschutz besteht (örtlicher Geltungsbereich), soweit

ARB 2008 § 6 (1)

- die **Wahrnehmung der rechtlichen Interessen** in Europa (geografisches Europa), in den außereuropäischen Anliegerstaaten des Mittelmeeres, auf den Kanarischen Inseln oder auf Madeira **(politisches Europa)** erfolgt und
- **ein Gericht** oder **eine Behörde in diesem Geltungsbereich** gesetzlich zuständig ist oder zuständig wäre, wenn ein gerichtliches oder behördliches Verfahren eingeleitet werden würde.

Zu den außereuropäischen Anliegerstaaten des Mittelmeeres gehören die Türkei, Syrien, der Libanon, Israel, Ägypten, Libyen, Tunesien, Algerien und Marokko.

Da es darauf ankommt, wo der Anspruch zu verfolgen ist, ist es unerheblich, wo der Versicherungsfall eingetreten ist.

Beispiel:

Der VN bucht bei einem Reiseveranstalter in Zürich eine Reise nach Brasilien. Dort kommt aufgrund einer Fehlleistung der Reiseleitung das Gepäck des VN abhanden. Vertragsrechtsschutz wird hier gewährt, weil der Gerichtstand (Zürich/Schweiz) im örtlichen Geltungsbereich liegt, obwohl der Rechtsschutzfall selbst außerhalb des Geltungsbereiches eingetreten ist.

➤ Erweiterung des Geltungsbereiches

§ 6 (2)

Für die Wahrnehmung rechtlicher Interessen außerhalb des örtlichen Geltungsbereiches besteht Kostendeckung bis zu einem Höchstbetrag von 100 000,00 €, vorausgesetzt der Rechtsschutzfall

- ist dort während eines längstens 12 Wochen dauernden Auslandsaufenthaltes eingetreten;

- steht nicht im Zusammenhang mit dem Erwerb oder der Veräußerung von dinglichen Rechten oder Teilnutzungsrechten (Timesharing) an Grundstücken, Gebäuden oder Gebäudeteilen.

  Soweit Vertragsrechtsschutz vereinbart ist, besteht weltweit Versicherungsschutz bei privaten Verträgen, die über das Internet abgeschlossen wurden.

Einschränkung des Geltungsbereiches

- Steuer-, Sozial-, Ehe-, Unterhalts-, Opfer- und Verwaltungsrechtsschutz in nicht verkehrsrechtlichen Angelegenheiten wird jeweils nur vor deutschen Gerichten gewährt. § 2 e, f, l-n, r
- Beratungsrechtsschutz im Familien-, Lebenspartnerschafts- und Erbrecht wird nur für einen in Deutschland zugelassenen Rechtsanwalt gewährt. § 2 k, q

Lernkontrollen zu B 6

Gründe für den Abschluss einer Rechtsschutzversicherung

1 Frau Helga Gill hat einen Neuwagen für 30 000,00 € gekauft, offensichtlich aber eine »Montagsproduktion« erwischt. Bekannte spotten bereits, dass sie das Fahrzeug zur Verleihung der »Silbernen Zitrone« vorschlagen soll, mit der ein großer Automobilclub die schlechteste Produktion eines Autoherstellers auszeichnet.

Frau Gill ist die Nachbesserungen leid und trägt sich mit dem Gedanken, die Rücknahme des Autos durch den Händler gerichtlich zu erzwingen.

Zeigen Sie Frau Gill auf, welches Prozesskostenrisiko sie trägt und mit welchen Kosten sie voraussichtlich allein für Anwalt und Gericht rechnen muss, wenn der Prozess über zwei Instanzen geführt wird.

2 Was versteht man unter Prozesskostenhilfe und wann wird sie gewährt?

3 Sie sind Mitarbeiter/-in in einer Agentur der Proximus Versicherung AG und haben gerade den Kunden Hartmut Mühlhaus zur Kraftfahrtversicherung beraten und einen Antrag auf Abschluss einer Kfz-Haftpflichtversicherung mit Vollkaskoversicherung aufgenommen.

Zur Abrundung des beantragten Versicherungsschutzes bieten Sie ihm auch eine Verkehrs-Rechtsschutzversicherung an. Herr Mühlhaus winkt jedoch mit folgenden Begründungen ab:

Er hat sich im Rahmen seines Wirtschaftsstudiums eingehend mit dem Vertrags- und Sachenrecht auseinander setzen müssen. Bei evtl. Streitigkeiten mit Werkstätten und Autohäusern könne er sich deshalb allein vertreten.

Einen möglichen Unfall mit seinem Fahrzeug will er trotz unfallfreien Fahrens seit 25 Jahren nicht ausschließen. Aber, so wendet er ein, es sei ihm doch gerade erklärt worden, dass die Haftpflichtversicherung eine passive Rechtsschutzfunktion habe. Und für den möglicherweise selbst verschuldeten Unfall habe er doch die Vollkaskoversicherung vereinbart.

»Wofür dann noch die Verkehrs-Rechtsschutzversicherung?«, will er wissen.

- **Arbeitsauftrag**

  Analysieren Sie die Risikosituation des Herrn Mühlhaus und führen Sie Gründe an, die den Abschluss der Verkehrs-Rechtsschutzversicherung doch noch geboten erscheinen lassen.

4

Die Eheleute Thiele tragen sich mit dem Gedanken, eine Rechtsschutzversicherung abzuschließen, nachdem sie erfahren durften, welche Kosten einem Bekannten aufgrund eines Prozesses entstanden sind. Sie möchten jedoch zuvor beraten werden, welchen Risikosituationen sie möglicherweise ausgesetzt sind, für die eine Rechtsschutzversicherung lohnt.

Erwin Thiele (47 Jahre) ist Bankangestellter, seine Ehefrau Christa (45 Jahre) Sekretärin. Beide besitzen einen Führerschein und fahren gerne Rad. Sie besitzen eine Eigentumswohnung mit Garage im Zentrum der Stadt und haben einen weiteren Stellplatz in einer Tiefgarage angemietet.

● **Arbeitsauftrag**

Zeigen Sie den Eheleuten mögliche Risiken auf, für die ein Rechtsschutz sinnvoll ist.

Örtlicher Geltungsbereich

5

Ein Kunde der Agentur ruft Sie kurz vor Reiseantritt an. Er will nach Singapur reisen und vorab grundsätzlich wissen, ob eine Rechtsschutzversicherung Kostenschutz bietet, wenn er

- mit der durch den deutschen Reiseveranstalter bereitgestellten Hotelunterkunft nicht zufrieden ist,
- Wareneinkäufe in Singapur tätigt, bei denen er später Mängel feststellt,
- in Singapur wegen eines angeblichen Vergehens beschuldigt wird.

● **Arbeitsauftrag**

Informieren Sie den Kunden sachgerecht.

7 Inhalt der Rechtsschutzversicherung

7.1 Leistungsumfang

Übersicht

Die Rechtsschutzversicherung deckt

- Vergütung der Rechtsanwälte
- Gebühren und Auslagen der Gerichte und Gerichtsvollzieher
- Kosten für technische Sachverständige
- gerichtlich festgesetzte Sachverständigen- und gerichtlich festgesetzte Zeugengebühren
- Reisekosten, wenn Erscheinen vor ausländischem Gericht angeordnet ist
- Strafkaution bis zu 60 000,00 €, um im Ausland Haftverschonung zu erreichen
- Kosten der Prozessgegner
- Kosten der gegnerischen Nebenkläger

Nach Eintritt des Versicherungsfalles erbringt der Rechtsschutz-VR die für die Wahrnehmung der rechtlichen Interessen des VN (bzw. des Versicherten) erforderlichen Leistungen, soweit sie »erforderlich« und – im Zivilprozess – nicht von der Gegenseite zu erhalten sind. An versicherten Leistungen kommen in Betracht: ARB 2008 § 1

7.1.1 Rechtsanwaltsgebühren

a) Gesetzliche Vergütung eines am Gerichtsort zugelassenen Rechtsanwalts

Da das Rechtsberatungsgesetz den Rechtsschutzversicherer daran hindert, die rechtlichen Interessen seines VN (Versicherten) selbst wahrzunehmen, hat der VR

- soweit dies der VN nicht schon selbst getan hat, im Namen des VN einen von diesem frei ausgewählten **Rechtsanwalt zu beauftragen** oder § 17 (4)
- ersatzweise einen Rechtsanwalt zu bestimmen, wenn es der VN verlangt.

  Hierzu ist der VR unter Umständen sogar verpflichtet, wenn der VN ein Rechtsproblem zwar gemeldet, aber keinen Anwalt benannt hat und die alsbaldige Anwaltsbeauftragung im Interesse des VN geboten erscheint, weil z. B. der VN in Rechtsangelegenheiten unkundig ist und es deshalb offensichtlich übersieht, dass eine für die Erhaltung seiner Ansprüche wesentliche Frist zu verstreichen droht (Fürsorgepflicht des VR). § 17 (3)

Der VR erstattet Anwaltskosten grundsätzlich nur im Rahmen des Rechtsanwaltsvergütungsgesetzes (RVG), rechnet aber i. d. R. direkt mit dem beauftragten Anwalt ab und leistet an diesen auch notwendige Vorschüsse, soweit sie vom Anwalt gefordert werden. § 5 (1)

- In Zivilsachen sind die Anwaltsgebühren in der Regel von der Höhe des Streitwerts abhängig.
- Für Strafsachen bestehen Rahmengebühren, die auch die Schwere des Vorwurfs berücksichtigen.

In den Fällen, in denen das RVG für die anwaltliche Beratung/Ausarbeitung eines Gutachtens keine der Höhe nach bestimmte Gebühr festsetzt, trägt der VR je Rechtsschutzfall die übliche Vergütung, max. jedoch 250,00 €, und für ein erstes Beratungsgespräch max. 190,00 €.

Der VR ist für die Tätigkeit des Rechtsanwalts nicht verantwortlich. Er ist auch nicht dem Anwalt, sondern dem VN gegenüber zur Gebührenzahlung verpflichtet. Dies gilt auch dann, wenn der Anwalt nach Beauftragung durch den VN eine Deckungszusage beim VR eingeholt hat.

ARB 2008 § 5 (5) a

Das Mandatsverhältnis entsteht schließlich zwischen VN und Anwalt. Deshalb hat auch der VN dem Anwalt die notwendigen Vollmachten zu erteilen und die für die Wahrnehmung seiner Interessen erforderlichen Unterlagen zur Verfügung zu stellen.

Der Versicherte kann, ohne dass die Mehrkosten vom VR zu ersetzen sind,

- auch eine von der gesetzlichen Gebühr abweichende **höhere Vergütung mit dem Anwalt vereinbaren** und
- einen **Prozessanwalt wählen, der nicht am Ort des zuständigen Gerichts wohnt** bzw. bei dessen Gericht zugelassen ist.

Allerdings werden die Interessen des VN von einem ortsansässigen Anwalt meist besser, kaum aber jemals schlechter wahrgenommen als von einem ortsfremden Anwalt.

Beispiel:

Hat ein VN, der in Köln wohnt, in Ulm einen schweren Verkehrsunfall verschuldet, so findet das Strafverfahren in Ulm (Ort des zuständigen Gerichts) statt. Schon wegen der notwendigen Einsichtnahme in die Ermittlungsakten der Staatsanwaltschaft sollte sich der VN jetzt einen in Ulm ansässigen Strafverteidiger wählen. Dieser kennt auch das dortige Gericht und seine Gepflogenheiten.

Bei KFZ-Unfällen im europäischen Ausland übernimmt der VR auch die Kosten eines inländischen Anwalts für die Regulierung mit dem Schadenregulierungsbeauftragten im Inland und zwar auch dann, wenn die Regulierung im Inland erfolglos verläuft und deshalb noch eine Rechtsverfolgung im Ausland notwendig wird.

b) Korrespondenzanwalt

§ 5 (1) a

- **Rechtsschutzfall im Inland**

  Wenn der zuständige Gerichtsort mehr als 100 km Luftlinie vom Wohnort des VN entfernt ist, übernimmt der VR in **zivil- und verwaltungsrechtlichen Angelegenheiten in erster Instanz** auch die Kosten eines Korrespondenzanwaltes. Dieser hat den am Prozessgericht zugelassenen Anwalt (Prozessanwalt) einzuschalten. Im Übrigen führt er lediglich die Korrespondenz zwischen dem Prozessbevollmächtigten und dem VN.

  Er übermittelt, was an Informationen und Beweisen zwischen dem VN und dem Prozessanwalt auszutauschen ist, und erhält dafür eine »Verkehrsanwaltsgebühr«.

  Statt der Kosten eines Korrespondenzanwalts übernimmt der VR in gleicher Höhe Reisekosten und Abwesenheitsgelder des für den VN tätigen Rechtsanwaltes.

§ 5 (1) b

- **Rechtsschutzfall im Ausland**

  Analog zur Regelung für Inlandsfälle übernimmt der VR – in angemessener Höhe – auch Korrespondenzanwaltskosten, wenn das zuständige Gericht im Ausland liegt. Der VN ist z.B. Beteiligter an einem Verkehrsunfall – im Gegensatz zu den Inlandsfällen besteht jetzt sogar Kostenschutz für die **vorgerichtliche Wahrnehmung rechtlicher Interessen** und für den Bereich des **Strafrechtsschutzes**.

  Vom Korrespondenzanwalt ist ein Anwaltswechsel zu unterscheiden. Die Mehrkosten eines Anwaltswechsels in derselben Instanz und derselben Sache hat der VR nur bei objektiver Notwendigkeit (z.B. Tod des tätigen Rechtsanwalts) zu übernehmen, denn die ARB sprechen im § 5 eindeutig von der Übernahme der Kosten »eines« Rechtsanwaltes.

7.1.2 Gerichtskosten

ARB 2008 § 5 (1) c

Ist ein Gericht mit der Rechtsangelegenheit befasst, entstehen weitere Kosten. Ihr Gesamtumfang bestimmt sich insbesondere danach, wie viele Instanzen (z. B. Amtsgericht, Landgericht usw.) mit der Rechtsangelegenheit bemüht worden sind.

a) Gerichtsgebühren nach dem Gerichtskostengesetz

Der VR ist auch hier wieder zur Übernahme von geforderten Vorschusszahlungen verpflichtet.

- In Zivilsachen richten sich die Kosten nach der Höhe des Streitwerts.
- Im Strafverfahren setzt das Gericht seine Kosten nach der Höhe der Strafe fest.

Übersicht: Die deutsche Gerichtsbarkeit unterscheidet mehrere Gerichtsarten mit bis zu 3 Instanzen

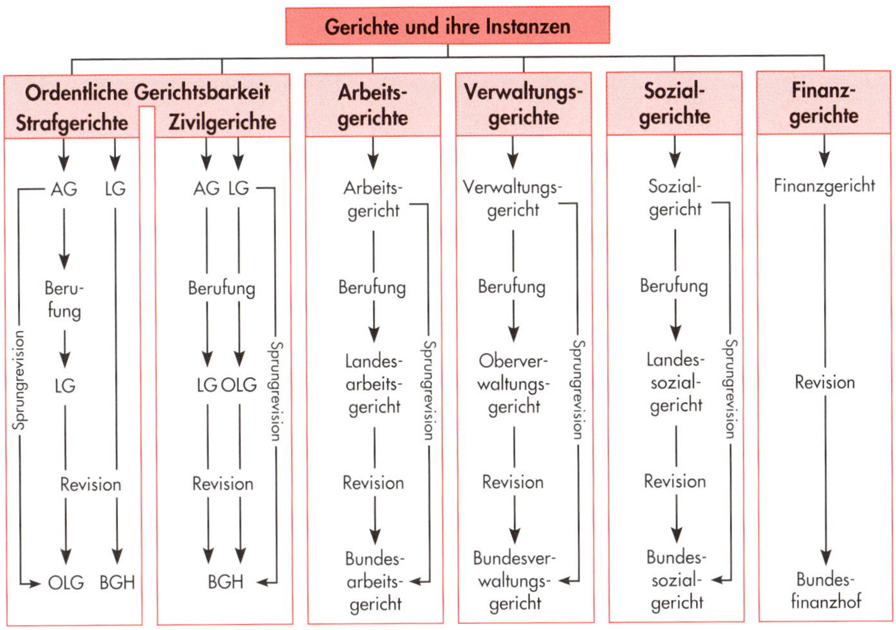

Strafgerichte: hier ist 1. Instanz das Amtsgericht (AG): Über leichte Fälle entscheidet der Einzelrichter, das Schöffengericht hingegen über die mittlere Kriminalität, wenn keine höhere Strafe als 4 Jahre Freiheitsstrafe zu erwarten ist. In allen übrigen Fällen erfolgt Anklage vor dem Landgericht (LG).

Zivilgerichte: Das AG ist regelmäßig in Zivilsachen für Verfahren mit einem Streitwert bis 5 000,00 € zuständig. Liegt der Streitwert höher, wird der Rechtsstreit gleich vor dem Landgericht verhandelt.

Die Kosten erhöhen sich erheblich, wenn Berufung eingelegt wird.

Allerdings ist jede kostenerhöhende Maßnahme – auch schon die Klageerhebung – zuvor mit dem VR abzustimmen (Obliegenheiten nach dem Versicherungsfall).

Es liegt eine Obliegenheitsverletzung mit entsprechenden Rechtsfolgen vor, wenn der VN oder dessen Anwalt ohne Information des VR ein Mahn- und Klageverfahren einleitet.

b) Entschädigung für Zeugen und Sachverständige, soweit diese vom Gericht herangezogen werden

Diese Kosten, die von der Gerichtskasse zunächst vorgelegt werden, lassen sich von vornherein kaum schätzen.

c) Gerichtsvollzieherkosten

Sie entstehen z. B. bei Zwangsvollstreckung in das Vermögen der im Prozess unterlegenen gegnerischen Partei, wenn diese sich als zahlungsunfähig erweist.

Der VR übernimmt auch Kosten (Gebühren) in

ARB 2008 § 5 (1) d, (1) e

- Schieds- und Schlichtungsverfahren, und zwar bis zur Höhe der Gebühren, die im Fall der Anrufung eines zuständigen staatlichen Gerichts erster Instanz entstehen.
- Verfahren vor Verwaltungsbehörden. Hier handelt es sich insbesondere um Führerscheinangelegenheiten. Der VR übernimmt die Gebühren und Auslagen einschließlich der Entschädigung für Zeugen und Sachverständige, die von der Verwaltungsbehörde (z. B. Straßenverkehrsamt) herangezogen werden, sowie die Kosten der Vollstreckung im Verwaltungswege.

Abgrenzung: Zivil- und Strafverfahren

Zivil- und Strafverfahren sind grundsätzlich zwei getrennte Verfahren, auch wenn sie aus einem Vorfall entstehen.

Beide Verfahren gehören zur »ordentlichen Gerichtsbarkeit« (Instanzenaufbau: Amts-, Land-, Oberlandesgericht, Bundesgerichtshof/AG, LG, OLG, BGH).

Zivilverfahren (Zivilprozess)	**Strafverfahren** (Strafprozess)
Verfahren insbesondere zur Geltendmachung von **Schadenersatzansprüchen aller Art,** Streitigkeiten aus Kauf-, Werk-, Mietvertrag (z.B. Kündigung) – **BGB.**	Polizeiliches oder gerichtliches Verfahren wegen eines **Verstoßes gegen Strafbestimmungen,** z. B. wegen Verletzung von Verkehrsvorschriften oder wegen schwerer Körperverletzung – **StGB.**
● Verfahren **aufgrund eines Klageantrages des VN/Versicherten** beim zuständigen Zivilgericht (AG/LG) **(Bürger ⟷ Bürger/Beklagter)** ● Kostenvorschuss, Zustellung der Klageschrift an den Beklagten ● **mündliche Verhandlung** (evtl. Beweisverfahren) Grundsätze: **Verhandlungsgrundsatz,** d. h., die Parteien bestimmen, welche Tatsachen vorgebracht werden **(»Parteibetrieb«).**	Verfahren vor dem zuständigen Strafgericht (AG, LG, evtl. OLG) aufgrund ● **einer Anklage des Staatsanwalts (Staat ⟷ Bürger/Angeklagter)** ● Einspruch des beschuldigten VN/Versicherten gegen einen Strafbefehl bzw. Bußgeldbescheid Grundsätze: **Ermittlungsgrundsatz, Untersuchungsgrundsatz,** d. h., das Gericht hat alle rechtserheblichen Tatsachen zu ermitteln **(»Amtsbetrieb«).**
Beendigung des Verfahrens durch ● **richterliches Urteil,** ● Beschluss der Parteien **(Verzicht, Anerkenntnis, Vergleich).**	Beendigung des **Hauptverfahrens:** In der Regel durch **richterliches Urteil** oder **Freispruch.**

7.1.3 Nebenkosten in Zivil- bzw. Strafsachen

a) Außergerichtliche Gutachterkosten eines »technischen Sachverständigen«

ARB 2008 § 5 (1) f

Der VR trägt die übliche Vergütung eines **öffentlich bestellten** technischen Sachverständigen oder einer **rechtsfähigen technischen Sachverständigenorganisation** (z.B. DEKRA), wenn allein schon der Anwalt oder der Versicherte ein solches Gutachten für erforderlich hält, und zwar für die

- Verteidigung in **verkehrsrechtlichen Straf- und Ordnungswidrigkeitenverfahren** und
- Wahrnehmung rechtlicher Interessen des Versicherten **(Vertragsstreitigkeiten)** bei Autokauf und -reparatur (Motorfahrzeuge zu Lande).

b) Verfahren im Ausland

➤ Kosten eines Sachverständigen bei Unfällen im Ausland

Sie werden ersetzt, soweit ein Sachverständigengutachten für die Geltendmachung von Ersatzansprüchen wegen Beschädigung des Kfz des VN (Motorfahrzeug zu Lande) erforderlich ist.

➤ Reisekosten (einschließlich Tagegeld und Übernachtungskosten)

§ 5 (1) g

Sie werden ersetzt, wenn in Auslandsprozessen das Erscheinen des Versicherten entweder als Beschuldigter oder Partei vorgeschrieben und zur Vermeidung von Rechtsnachteilen erforderlich ist (Kostenerstattung bis zur Höhe der gesetzlich festgelegten Sätze für Geschäftsreisen von deutschen Rechtsanwälten).

In Inlandsprozessen werden diese Kosten allerdings nur dann übernommen, wenn der VN mehr als 100 km Luftlinie vom Gerichtsort entfernt wohnt.

➤ Übersetzungskosten

§ 5 (5) a

Sie werden ersetzt, wenn in einem ausländischen Verfahren schriftliche Unterlagen in die dortige Gerichtssprache übertragen werden müssen; aber auch für die Übersetzung von Schriftstücken ins Deutsche.

Wird der VN/ein Mitversicherter im Ausland verhaftet bzw. mit Haft bedroht, werden die Kosten eines Dolmetschers übernommen.

c) Kautionen bei Strafverfahren

Sie müssen vom Versicherten aufgewendet werden, um von Strafverfolgungsmaßnahmen vorläufig verschont zu bleiben. § 5 (5) b

Der VN ist aber zur Rückzahlung der Kaution verpflichtet (zinsloses Darlehen), soweit sie als Strafe, Geldbuße oder als Sicherheit für die Durchsetzung der gegen den VN erhobenen Schadenersatzansprüche einbehalten wird.

d) Gegnerische Kosten im Straf- bzw. Zivilverfahren

➤ Kosten des gegnerischen Nebenklägers im Strafverfahren

BGH 1985

Nach einem Entscheid des BGH aus dem Jahr 1985 hat der VR diese Kosten auch dann zu erstatten, wenn der Versicherte diese, ohne dazu verurteilt worden zu sein – also freiwillig –, übernimmt, um eine Einstellung des Strafverfahrens zu erreichen.

ARB 2008 § 5 (1) h

➤ Kosten der gegnerischen Partei im Zivilverfahren

Diese Kosten sind aber nur insoweit versichert, als der VN zu deren Erstattung verpflichtet ist. Dies wird in der Kostenentscheidung bzw. dem Urteilsspruch des Gerichts festgelegt.

§ 5 (3) b

Daraus folgt: Kosten für Vergleiche und andere gütliche Regelungen sind vom Versicherungsschutz ausgeschlossen, wenn sie nicht dem Verhältnis des »Obsiegens zum Unterliegen« entsprechen oder soweit sie sich in diesen Fällen auf die Einbeziehung nicht streitiger Gegenstände beziehen. Der VN soll nicht versucht sein, auf Kosten des VR ungerechtfertigte Kosten zu übernehmen, um sich damit einen günstigen Vergleich zu erkaufen.

Beispiel:
Der VN erhebt Klage über 4 000,00 €. Er schließt im Prozess einen Vergleich über 2 000,00 €. Übernimmt er noch sämtliche Kosten, also auch die des Gegners, werden diese nur zur Hälfte vom VR ersetzt; denn nur dies entspricht dem Verhältnis des »Obsiegens zum Unterliegen«.

7.1.4 Deckungssummen

Die gesamten Rechtsschutzkosten trägt der VR in jedem Versicherungsfall bis zur vereinbarten Deckungssumme, die nach dem Tarif im Bedingungswerk 2 »Proximus Versicherung« 200 000,00 € beträgt.

Für Strafkautionen im In- und Ausland werden zusätzlich bis zu 60 000,00 € zur Verfügung gestellt.

Abgesehen vom Verkehrs- und Fahrer-RS (vgl. B 8.2 und B 8.3) kann auch eine Selbstbeteiligung vereinbart werden. Sie beträgt bei Privatrisiken 100,00 € je Rechtsschutzfall.

Dabei ist aber zu beachten:

Mehrere zeitlich und ursächlich zusammenhängende Versicherungsfälle gelten als ein Versicherungsfall.

Beispiele:
- Mehrere Arbeitnehmer führen wegen einer Werksstilllegung gegen ihren rechtsschutzversicherten Arbeitgeber (VN/Firmenrechtsschutz) einen Kündigungsschutzprozess.
- Nach einem Verkehrsunfall mit dem Pkw führen der VN (Verkehrsrechtsschutz) und später auch die verletzten Insassen als mitversicherte Personen Schadenersatzprozesse gegen den Unfallgegner.

Die Versicherungsleistungen werden jeweils zusammengerechnet, da in beiden Beispielen nur ein Versicherungsfall vorliegt.

7.1.5 Kostenschutz für eine »erforderliche« Rechtsverfolgung

➤ Prüfung der Erfolgsaussicht

Im Interesse der Versichertengemeinschaft darf die Rechtsschutzversicherung kein »Blankoscheck« für mutwilliges Prozessieren sein.

Beantragt der VN **Kostenschutz für eine Rechtsverfolgung**, so ist der VR nur dann leistungspflichtig, **wenn die Wahrnehmung der rechtlichen Interessen des VN erforderlich** ist. Die Erforderlichkeit ist dann gegeben (ARB 2008), wenn ARB 2008 § 1

- **kein grobes Missverhältnis** zwischen voraussichtlichem Kostenaufwand und angestrebtem Erfolg besteht (kostengeschützt sind also nur solche Streitigkeiten, die der VN auch ohne Rechtsschutzversicherung durchsetzen würde), § 18 (1) a
- die Rechtsverfolgung **hinreichende Aussicht auf Erfolg hat**.

Beispiel: Hinreichende Erfolgsaussichten für einen Rechtsstreit

Ein defekter Fernsehapparat soll vom Händler wieder zurückgenommen werden. Aufgrund der Sachdarstellung des VN und der vorhandenen Unterlagen erscheint der Rechtsstandpunkt, den der VN einnimmt, zumindest vertretbar. In tatsächlicher Hinsicht ist dem VN auch eine entsprechende Beweisführung möglich. Es ist deshalb Kostenschutz zu gewähren.

Fehlende Erfolgsaussichten sind allerdings kein Leistungsverweigerungsgrund im strafrechtlichen und strafrechtsähnlichen Bereich – also nicht bei den Leistungsarten »Disziplinar- und Standes- bzw. Ordnungswidrigkeiten-Rechtsschutz« – auch nicht im »Beratungsrechtsschutz« (vgl. B 7.2). § 18 (1) b

Stichentscheid/Schiedsgutachterverfahren

Lehnt der VR Kostenschutz in einem Rechtsfall ab, kann der VN nach Proximus 2 (Fassung 2008 und 2011) das **Stichentscheid-Verfahren** verlangen. Der für ihn tätige oder noch zu beauftragende Anwalt hat dann – auf Kosten des VR – darüber zu entscheiden, ob die Leistungsverweigerung des VR ganz oder teilweise unberechtigt war. § 18

Der Stichentscheid muss den Streitstoff darstellen, auf die Beweissituation eingehen, sich mit Gegenargumenten auseinandersetzen und erkennen lassen, in welchen Punkten der Anwalt die Auffassung des VR für unrichtig hält. Ein ausreichend begründeter Stichentscheid ist für beide Parteien bindend, es sei denn, er weicht offenbar erheblich von der Sach- und Rechtslage ab. Wählt der VN das Stichentscheid-Verfahren, so hat er den Anwalt vollständig und wahrheitsgemäß über die Sachlage zu unterrichten und dem Anwalt auch Beweise zu liefern. Da das Verfahren dennoch erheblich leichter für den VN umzusetzen und für ihn ohne Kostenrisiko ist, hat es sich in der Rechtsschutzpraxis inzwischen durchgesetzt.

Der VN kann aber auch das **Schiedsgutachter-Verfahren** verlangen (§ 18 (2)–(4) ARB 2008 in Proximus 2 – Fassung 2008; in der Fassung 2011 nicht mehr vorgesehen). Schiedsgutachter ist stets ein erfahrener Rechtsanwalt, der vom Präsidenten der zuständigen Rechtsanwaltskammer benannt wird. Die Entscheidung des Schiedsgutachters ist für den VR bindend.

Mit Ablehnung des Rechtsschutzes hat der VR den VN auf die Möglichkeit dieses Verfahrens hinzuweisen. Ferner ist der VN aufzufordern, binnen Monatsfrist alle hierfür benötigten Unterlagen dem VR einzureichen. Verlangt der VN daraufhin, dass dieses Verfahren durchgeführt wird (Wahrnehmungsfrist 1 Monat seit der Rechtsschutzablehnung), so hat der VR dieses Verfahren innerhalb eines Monats einzuleiten. Der VR hat die Verfahrenskosten zu tragen, wenn der Schiedsgutachter feststellt, dass die Leistungsverweigerung des VR ganz oder teilweise unberechtigt war; andernfalls trägt der VN seine eigenen Kosten und die des Schiedsgutachters. § 18 (5)

Mediationsverfahren

Dieses Verfahren ist aufgrund einer EU-Richtlinie entstanden und in Proximus 2 (Fassung 2008) noch nicht vorgesehen. In der Fassung 2011 ist die Darstellung der entsprechenden Sonderbedingungen (hier abgedruckt im Buchanhang) vorgesehen.

7.1.6 Abgrenzung zur Haftpflichtversicherung

Die Rechtsschutzversicherung ist, wie die Haftpflichtversicherung, eine **Schadenversicherung** (konkrete Bedarfsdeckung). Sie hat die durch den Versicherungsfall entstandenen Kosten **(Vermögensschaden)** zu ersetzen.

Gerade mit der **Haftpflichtversicherung** kommt es aber leicht zu einer Verwechslung, denn die Haftpflichtversicherung hat nicht nur begründete Haftpflichtansprüche Dritter durch Schadenersatzzahlung zu befriedigen; sie hat solche Ansprüche auch abzuwehren, wenn diese unberechtigt sind. Insofern gewährt auch die Haftpflichtversicherung Rechtsschutz **(sog. passiver Rechtsschutz)**. Sie befasst sich dabei aber nur mit ihren »eigenen« Rechtsangelegenheiten, denn es ist ihr Interesse, den Drittanspruch abzuwehren (vgl. B 5.3.3).

Die **Rechtsschutzversicherung** ist dagegen mit »fremden« Rechtsangelegenheiten betraut. Sie ist daher auch in erster Linie **Kostenversicherung** und gewährt in zweifacher Weise Rechtsschutz:

- **aktiven Rechtsschutz** (wenn Ansprüche geltend zu machen sind, z. B. gegenüber dem Dritten als Schädiger/Rechtsverfolgungskosten) und
- **passiven Rechtsschutz** (wenn Drittansprüche abzuwehren sind/Rechtsverteidigungskosten), soweit es sich **nicht** um Schadenersatz-Rechtsschutz der Haftpflichtversicherung handelt.

Da es beim Straf-Rechtsschutz auch nicht darauf ankommt, ob die Rechtsverfolgung hinreichend Aussicht auf Erfolg bietet, geht dieser auch erheblich weiter als die vom Haftpflichtversicherer für das Strafverfahren im Ausnahmefall in Aussicht gestellte Kostenübernahme (Ziff. 5.3 AHB).

ARB 2008 § 1

Allerdings muss es sich um die **Wahrung rechtlicher** und nicht rein wirtschaftlicher Interessen handeln.

Beispiel: rein wirtschaftliches Interesse

Der VN beauftragt einen Rechtsanwalt, die Stundung einer unstreitig fälligen Geldforderung zu erreichen. Hier besteht in der Regel kein Versicherungsschutz.

7.2 Leistungsarten der Rechtsschutzversicherung

§ 2

Übersicht

- Schadenersatz-Rechtsschutz
- Straf-Rechtsschutz
- Ordnungswidrigkeiten-Rechtsschutz
- Disziplinar- und Standes-Rechtsschutz
- Verwaltungs-Rechtsschutz
- Wohnungs- und Grundstücks-Rechtsschutz
- Rechtsschutz im Vertrags- und Sachenrecht
- Arbeits-Rechtsschutz
- Sozial-Rechtsschutz
- Steuer-Rechtsschutz vor Gerichten
- Beratungs-Rechtsschutz im Familien- und Erbrecht
- Weitere Leistungsarten

Welche Leistungsarten versichert sind, bestimmt sich nach dem vereinbarten (versicherten) Rechtsschutzpaket (vgl. B 8).

7.2.1 Schadenersatz-Rechtsschutz

Schadenersatz-Rechtsschutz ist notwendig, wenn der VN (mitversicherte Personen) aufgrund **gesetzlicher** Haftpflichtbestimmungen (§§ 823 ff. BGB; §§ 7, 18 StVG usw.) eigene Ansprüche wegen **Personen-, Sachschäden** oder **Schmerzensgeld gerichtlich** oder **außergerichtlich** durchsetzen möchte **(aktiver Rechtsschutz)**. Die Geltendmachung erfolgt im sog. **Zivilprozess** (Zivilverfahren). ARB 2008 § 2 a

Beispiel:
Der Unfallgegner bzw. dessen VR will nach einem von ihm verursachten Verkehrsunfall weder für die dem VN entstandenen Heilbehandlungs- und Kfz-Reparaturkosten noch für dessen Verdienst- und Nutzungsausfall aufkommen. Ebenso weigert er sich, Schmerzensgeld zu bezahlen. Der Fall geht durch mehrere Gerichtsinstanzen (Zivilprozess), weil die Haftpflichtfrage wegen eines eventuellen Mitverschuldens des VN streitig war.

Anspruchsgegner können nicht nur natürliche sondern auch juristische Personen sein (z. B. das Land Bayern im Rahmen einer Amtshaftung oder die Volkswagen AG im Rahmen des ProdHaftG).

Nicht Gegenstand des Schadenersatzrechtsschutzes ist

- die Abwehr von Schadenersatzansprüchen (passiver Rechtsschutz der Haftpflichtversicherung),
- die Geltendmachung von Schadenersatz wegen Verletzung von
  - Verträgen (auch Arbeitsverträgen) und dinglichen Rechten an beweglichen Sachen,
    (vgl. dazu den Arbeits-RS und den RS im Vertrags- und Sachenrecht)
  - dinglichen Rechten an Grundstücken, Gebäuden und Gebäudeteilen
    (vgl. dazu den Wohnungs- und Grundstücks-RS).

Die ARB 2008 bieten jetzt auch »**RS für Opfer von Gewalttaten**« an. Er hilft dem VN als Opfer bestimmter Gewalttaten (z. B. Vergewaltigung, schwere Körperverletzung, erpresserischer Menschenraub). Hier geht es nicht um die zivilrechtlichen Schadenersatzansprüche, sondern um das Verletzteninteresse – vor allem als Nebenkläger – an einer strafrechlichen Verfolgung des Täters (vgl. 7.2.10).

7.2.2 Rechtsschutz im Strafrecht und im strafrechtsähnlichen Bereich

a) Straf-Rechtsschutz

Straf-Rechtsschutz wird übernommen für die Verteidigung wegen des **Vorwurfs** § 2 i

- **eines verkehrsrechtlichen Vergehens**; wird allerdings rechtskräftig (durch unanfechtbare Gerichtsentscheidung) festgestellt, dass der VN das Vergehen vorsätzlich begangen hat (z. B. unerlaubtes Entfernen vom Unfallort, Nötigung im Straßenverkehr), ist er verpflichtet, dem VR die Kosten zu erstatten, die dieser für die Verteidigung wegen des Vorwurfs eines vorsätzlichen Vergehens getragen hat.
- eines **sonstigen Vergehens**, dessen vorsätzliche wie auch fahrlässige Begehung strafbar ist, solange dem VN ein fahrlässiges Verhalten vorgeworfen wird.

Die Verhandlung erfolgt im sog. **Strafprozess** (Strafverfahren).

Beispiel:
Nach einem Fußballspiel wird der VN in eine Schlägerei mit den Fans des Gegners verwickelt und muss mit einem Strafverfahren wegen Körperverletzung rechnen. Wird er wegen Fahrlässigkeit angeklagt und verurteilt, besteht Versicherungsschutz von Anfang bis Ende des Verfahrens. Wird er dagegen wegen Vorsatzes angeklagt, dann aber wegen Fahrlässigkeit verurteilt, so besteht zunächst – anders als bei Verkehrsdelikten – kein Versicherungsschutz, dann aber nachträglich für das ganze Verfahren.

Kein Versicherungsschutz besteht bei dem Vorwurf **eines Verbrechens**. Das ist eine Straftat, die im Unterschied zu einem **Vergehen**, mit einer Mindestfreiheitsstrafe von 1 Jahr oder darüber bedroht ist. Der Versicherungsschutz entfällt aber auch bei dem Vorwurf eines Vergehens, soweit die vorgeworfene Straftat nur vorsätzlich begangen werden konnte (Diebstahl, Betrug, Unterschlagung, Beleidigung usw.). Nach der Rechtsprechung gilt dies auch für die Ordnungswidrigkeit »Telefonieren am Steuer«.

OLG Berlin 2006

Wird dem VN z.B. Ladendiebstahl zum Vorwurf gemacht, weil er im Gedränge eines Großkaufhauses einen Kassenzettel verloren hat, so muss der VR selbst dann keinen Kostenschutz gewähren (etwa für entstandene Anwaltskosten, um diesen Vorwurf zu entkräften), wenn die Staatsanwaltschaft wegen fehlender Beweise keine Anklage erhebt oder der VN in der Hauptverhandlung freigesprochen wird.

b) Ordnungswidrigkeiten-Rechtsschutz

ARB 2008 § 2 j, § 3 (3) e

Das Ordnungswidrigkeitenrecht erfasst Rechtsverstöße, die nicht als Straftat, sondern als kleine alltägliche Verstöße gelten und deshalb nur durch die Verwaltungsbehörde mit einem Verwarnungs- oder Bußgeld geahndet werden. Auf Einspruch erfolgt dann eine gerichtliche Überprüfung. **Allerdings schließen die ARB 2008 alle Bußgeldverfahren wegen des Vorwurfes eines Halt- oder Parkverstoßes vom Rechtsschutz aus**.

Hier ist nicht zwischen einer **verkehrsrechtlichen** und einer **sonstigen** Ordnungswidrigkeit zu unterscheiden. Denn in beiden Fällen besteht uneingeschränkter Versicherungsschutz für die Rechtsschutzkosten und zwar unabhängig von der Tatsache, ob der VN vorsätzlich oder fahrlässig gehandelt hat.

Beispiele:
- Der VN erhält einen Bußgeldbescheid und eine Eintragung in der Flensburger Verkehrssünderdatei, weil er eine Geschwindigkeitsbegrenzung missachtet hat (verkehrsrechtliche Ordnungswidrigkeit).
- Der VN erhält einen unanfechtbaren Bußgeldbescheid wegen unrechtmäßiger Abfallbeseitigung (sonstige Ordnungswidrigkeit).

Für beide Beispiele gilt: Legt der VN gegen den Bußgeldbescheid Einspruch ein, weil ihm das Strafmaß z.B. zu hoch erscheint, so erhält er für das nachfolgende Verfahren vor dem Amtsgericht Rechtsschutz unabhängig vom Schuldvorwurf und Ausgang des Verfahrens.

Das heißt aber auch, wer bewusst ein Ordnungswidrigkeitsverfahren in Kauf nimmt (vorsätzliche Tatbegehung), ist hinsichtlich des versicherten Rechtsschutzes besser gestellt als derjenige, gegen den aufgrund eines gleichartigen Verstoßes ein Strafverfahren eingeleitet wird.

§ 2 h

c) Disziplinar- und Standes-Rechtsschutz

Versicherungsschutz besteht für die Verteidigung in Disziplinar- und Standesrechtsverfahren.

Beispiel: Disziplinarverfahren

Einem Lehrer wird ein Dienstvergehen unterstellt. Er soll seine Aufsichtspflicht während eines Schulausflugs verletzt haben.

Der Disziplinarrechtsschutz betrifft vor allem Beamte, denen Dienstvergehen (schuldhafte Verletzung der typischen, mit dem Beamtenstatus verbundenen Pflichten) zum Vorwurf gemacht werden und die mit Verweis, Geldbuße, Gehaltskürzung, Versetzung, Entfernung aus dem Dienst geahndet werden können.

Standesrechtsverfahren bzw. Berufs- und Ehrengerichtsverfahren sind insbesondere bei Ärzten, Steuerberatern und Rechtsanwälten vorgesehen.

7.2.3 Verwaltungs-Rechtsschutz in Verkehrssachen

ARB 2008 § 2 g

Versichert ist die Wahrnehmung rechtlicher Interessen

- **in verkehrsrechtlichen Angelegenheiten**
  - vor **Verwaltungsbehörden**
    u. a. wegen einer Fahrtenbuchauflage oder wegen Verkehrserziehungsmaßnahmen (z. B. wegen einer veranlassten Nachschulung für Führerscheinneulinge);
  - vor **Verwaltungsgerichten**
    wegen Entzugs, Einschränkungen und Wiedererlangung der Fahrerlaubnis;
- **in nicht verkehrsrechtlichen Angelegenheiten** vor **deutschen Verwaltungsgerichten,** z. B. Streit um Zulassung zum Studium, Zeugnisnoten, soweit der Versicherungsschutz nicht schon in anderen Leistungsarten, z. B. im Steuerrechtsschutz, enthalten ist. § 2 r

  Hier gewähren die ARB (§ 2 g in Proximus 2 – Fassung 2011 im Gegensatz zur Fassung 2008) auch schon Rechtsschutz für die Interessenwahrnehmung in vorgerichtlichen Widerspruchsverfahren.

7.2.4 Wohnungs- und Grundstücksrechtsschutz

§ 2 c

Kostenschutz besteht für die Wahrnehmung rechlicher Interessen aus

- Miet-, Pacht-, sonstigen Nutzungsverhältnissen (schuldrechtliche Wohnrechte) und
- dinglichen Rechten (Eigentum, Besitz),

die Grundstücke, Gebäude oder Gebäudeteile zum Gegenstand haben.

Der Wohnungs- und Grundstücks-Rechtsschutz wegen dinglicher Rechte betrifft vor allem nachbarrechtliche Auseinandersetzungen insbesondere wegen Grenzüberbau, Lärm- und Geruchsbelästigung, aber auch Streitigkeiten mit Mitbewohnern bzw. Miteigentümern und mit dem Verwalter bei Eigentumswohnungen.

Beispiel:

- Der Mieter setzt sich gegen eine ihm ungerecht erscheinende Kündigung zur Wehr.
- Der Nachbar hält die Bebauungsgrenze nicht ein.

Das Verhältnis zwischen Mieter und Vermieter ist eine »schuldrechtliche Beziehung« (Person – Person). Grundlage ist der Mietvertrag. Es wird Vertragserfüllung geschuldet. Das Verhältnis zwischen Nachbarn ist in der Regel keine schuldrechtliche Beziehung. Wenn der Nachbar aber zu nah auf die Grundstücksgrenze baut, ist ein dingliches Recht, das Eigentum des VN (Person – Sache), gefährdet. Der VN hat Kostenschutz für die notwendigen verwaltungsgerichtlichen Schritte gegen den nachbarlichen Bauantrag.

ARB 2008 § 2c, § 29 (1)

Beim »**Rechtsschutz für Eigentümer und Mieter von Wohnungen und Grundstücken**« ist zu beachten, dass jede Wohneinheit (z.B. das Einfamilienhaus, die Einliegerwohnung, die zusätzliche Eigentumswohnung) gesondert zu versichern ist. Es ist auch danach zu unterscheiden – weil prämienrelevant –, ob es sich um eine selbstbewohnte oder um eine vermietete Wohneinheit handelt. Außerdem ist im Versicherungsschein zu dokumentieren, in welcher Eigenschaft (Eigentümer, Vermieter, Mieter usw.) für den VN Versicherungsschutz bestehen soll.

Beispiel:

Der VN bewohnt sein Einfamilienhaus mit vermieteter Einliegerwohnung. Ferner gehört ihm eine Eigentumswohnung die er vermietet hat. Die Jahresbruttomiete für die Eigentumswohnung beträgt 10 800,00 €.

Nach dem Proximus-Tarif (Haus- und Wohnungsrechtsschutz) setzt sich die Gesamtprämie über 610,80 € ohne VersSt (jeweils mit 100,00 € SB, 3 Jahre Laufzeit wie folgt zusammen: Für das selbstbewohnte Einfamilienhaus (als Einzelrisiko) 84,00 €; für die vermietete Einliegerwohnung 84,00 €; für die Eigentumswohnung über 3 000,00 € Jahresbruttomiete 442,80 € (4,10 % von 10 800,00 €).

Anmerkung:

Die Einliegerwohnung ist hier mit dem Beitrag für eine selbstgenutzte Wohneinheit zu tarifieren, da der VN sein Einfamilienhaus auch selbst bewohnt und mit Haus- und Wohnungs-Rechtsschutz versichert hat.

- Garagen und Kraftfahrzeug-Abstellplätze, die zu einer versicherten Wohneinheit gehören, sind grundsätzlich mitversichert.
- Bei einigen Versicherern ist auch die selbstgenutzte, im Eigentum des VN stehende Zweitwohnung beitragsfrei mitversichert.

§ 2 d

7.2.5 Rechtsschutz in Vertrags- und Sachenrecht

Unter dem sog. Vertragsrechtsschutz versteht man sowohl den **aktiven als auch den passiven Rechtsschutz** bei der Wahrnehmung rechtlicher Interessen:

a) aus privatrechtlichen Schuldverhältnissen,

insbesondere

- Kauf-, Werk(Reparatur)-, Dienst-, Beförderungs-, Darlehens-, Reiseverträgen,
- Mietverträgen über **bewegliche** Sachen und
- auch aus Streitigkeiten mit »anderen« Versicherern,

soweit der Versicherungsschutz nicht in den Leistungsarten Schadenersatz-, Arbeits- bzw. Wohnungs- und Grundstücks-Rechtsschutz enthalten ist.

Der Vertragsrechtsschutz bezieht sich nicht nur auf schuldrechtliche Verträge, sondern auch auf sonstige schuldrechtliche Streitigkeiten privatrechtlicher Natur (u.a. Geschäftsführung ohne Auftrag, ungerechtfertigte Bereicherung).

Beispiel:

- Eine neue Waschmaschine funktioniert nach der dritten Reparatur immer noch nicht. Der Verkäufer lehnt die Rücknahme des Gerätes ab.
- Nach einem Wohnungsbrand weigert sich der Hausratversicherer, den Schaden in voller Höhe zu ersetzen.

In beiden Fällen beauftragt der VN einen Rechtsanwalt.

b) wegen dinglicher Rechte (Eigentum, Besitz, Nießbrauch, Vorkaufsrecht, Pfandrecht) an beweglichen Sachen (Sachenrecht).

Beispiel:
Dem VN wurde auf offener Straße die Filmkamera entrissen. Einige Tage später entdeckt er die Kamera in einem Secondhand-Shop. Der Besitzer verweigert die Rückgabe.

Bezieht sich der Rechtsschutz auf eine unbewegliche Sache, also ein Grundstück, dann besteht Deckung nur im Wohnungs- und Grundstücks-Rechtsschutz.

7.2.6 Arbeits-Rechtsschutz

ARB 2008 § 2 b

Der Arbeits-Rechtschutz gewährt **Rechtsschutz** für **außergerichtliche** und **gerichtliche** Streitigkeiten aus einem Arbeitsverhältnis; insbesondere im Zusammenhang mit Arbeitsentgeltfragen, Urlaubsansprüchen, der Zeugniserteilung, dem Arbeitsschutz, Schadenersatzfragen, der Altersversorgung und der Kündigung eines Arbeitsverhältnisses. Es besteht aktiver und passiver Rechtsschutz. Die Versicherung kommt für den Arbeitnehmer (Privat- und Berufsrechtsschutz für Nichtselbstständige), aber auch für den Arbeitgeber (Firmen-Rechtsschutz) in Betracht.

Der Arbeits-RS umfasst auch Streitigkeiten des VN mit seinen Arbeitskollegen.

Beispiel:
Der VN erhält eine Kündigung seines Arbeitgebers. Er erhebt Kündigungsschutzklage beim zuständigen Arbeitsgericht mit der Begründung, die Kündigung sei »sozial ungerechtfertigt«. Der VN gewinnt den Prozess. Da jede Partei die eigenen Anwaltskosten selbst zu tragen hat (Besonderheiten eines Arbeitsgerichtsprozesses in der ersten Instanz), ist hier der Kostenschutz des Rechtsschutz-VR besonders wichtig.

Auch öffentlich-rechtliche Dienstverhältnisse (darunter fallen auch Berufs- und Zeitsoldaten, nicht jedoch Wehrpflichtige) sind unter Rechtsschutz gestellt. Hier geht es u. a. um Ansprüche wegen Versagung einer Beihilfe im Krankheitsfall, Entlassung aus dem Beamtenverhältnis, Falschberechnung des Ruhegeldes/der Dienstjahre. Zuständig für diese Streitigkeiten sind Verwaltungsbehörden und – gerichte.

Ausgeschlossen vom Arbeits-RS sind dagegen Anstellungsverhältnisse gesetzlicher Vertreter von juristischen Personen – also z. B. der Vorstände einer AG – und das gesamte kollektive Arbeits- und Dienstrecht – z. B. Streitigkeiten zwischen einem Arbeitgeber und dem Betriebsrat in dessen Funktion als Betriebsrat (vgl. B 7.3).

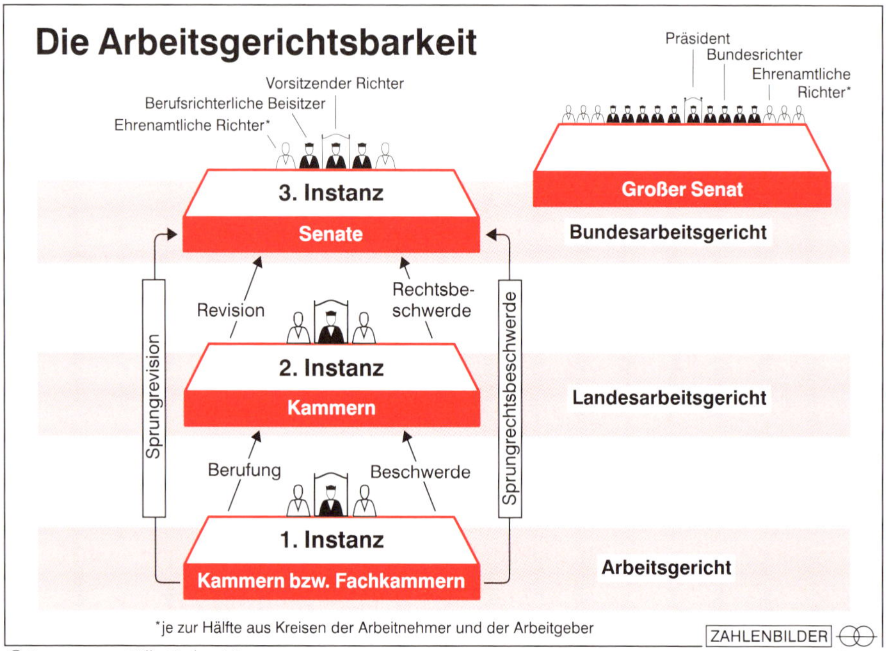

 129 160

ARB 2008 § 2 f § 2 p (bzw. f in Fass. 2011)

7.2.7 Sozial-Rechtsschutz vor Gerichten und in vorgerichtlichen Widerspruchsverfahren

Der Sozial-Rechtsschutz vor Gerichten bezieht sich zunächst nur auf **gerichtliche** Auseinandersetzungen (aktiver und passiver Rechtsschutz) vor **deutschen Sozialgerichten**, wenn es um Auseinandersetzungen mit einem **Sozialversicherungsträger** geht (s. auch Abbildung auf der nächsten Seite).

Beispiele:

- Nach einem Arbeitsunfall streitet sich der VN mit der Berufsgenossenschaft über die Höhe der von der gesetzlichen Unfallversicherung zu zahlenden Rente.
- Das zuständige Arbeitsamt verweigert Arbeitslosenunterstützung.

§ 2 p (bzw. f) Für die Interessenwahrnehmung in vorgerichtlichen Widerspruchsverfahren (Widersprucheinlegung) gewähren die ARB 2008 ebenfalls Rechtsschutz.

§ 2 e

7.2.8 Steuer-Rechtsschutz vor Gerichten und in vorgerichtlichen Einspruchs-und Widerspruchsverfahren

Auch für **Prozesse** vor **Finanz-** und **Verwaltungsgerichten** und in Bußgeldverfahren aus dem Bereich des **deutschen** Steuer- und sonstigen Abgaberechts besteht Rechtsschutz, aber mit folgenden Einschränkungen:

Kein Steuer-RS besteht (vgl. B 7.3)

§ 3 (2) i
- in Angelegenheiten der Bewertung von Grundstücken, Gebäuden oder Gebäudeteilen;

- im Zusammenhang mit Erschließungs- und sonstigen Anliegerabgaben (z. B. zur Deckung des Aufwandes für den Bau von Straßen, Grünanlagen, Kinderspielplätzen u. a.).

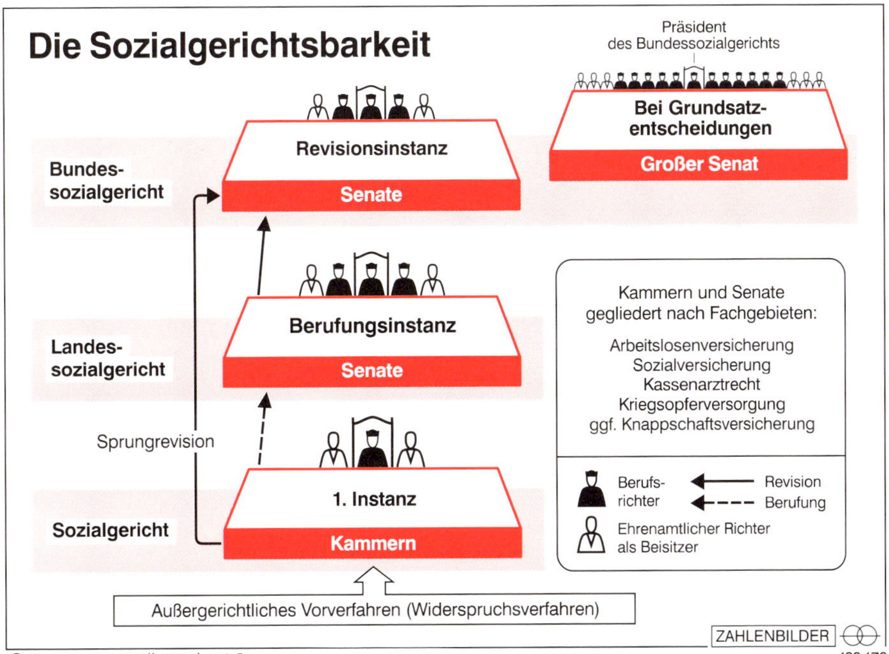

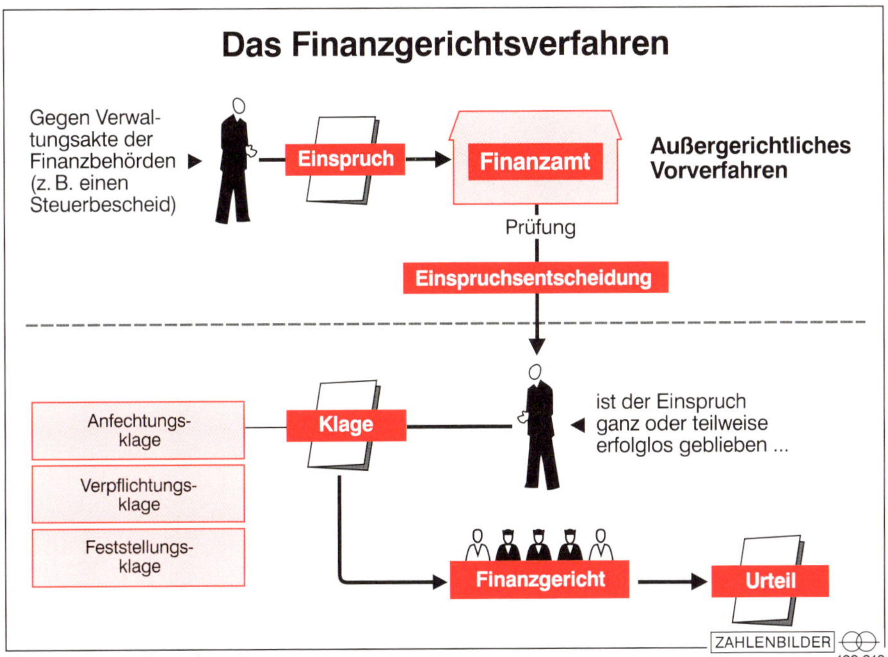

Der Steuer-RS erstreckt sich auch auf den »betrieblichen Bereich«.

Beispiel: Steuer-Rechtsschutz

Kosten für im Ausland absolvierte Fortbildungsmaßnahmen werden in der Einkommensteuererklärung des VN nicht als Werbungskosten anerkannt. Auch ein Einspruch bleibt erfolglos. Der VN erhebt Klage vor dem zuständigen Finanzgericht.

Im Prozess vor dem Finanzgericht können für den Kläger auch Steuerberater auftreten.

Da hier zunächst nur gerichtliche Streitigkeiten unter Versicherungsschutz stehen, besteht grundsätzlich kein Rechtsschutz für vorgerichtliche Interessenwahrnehmung, wie z. B. die Steuerberatung. Nach den ARB 2008 besteht aber Versicherungsschutz für die Interessenwahrnehmung in vorgerichtlichen Ein-/Widerspruchsverfahren.

ARB 2008 § 2 k

7.2.9 Beratungs-Rechtsschutz im Familien-, Lebenspartnerschafts- und Erbrecht

Die Wahrnehmung rechtlicher Interessen aus dem Bereich des **deutschen** und **ausländischen Familien- und Erbrechts** ist zwar **grundsätzlich nicht versichert**, doch als Baustein für einzelne Vertragsarten werden hier wenigstens die Kosten einer **Beratung** oder einer **Auskunft** durch einen in Deutschland zugelassenen Rechtsanwalt vom Beratungs-Rechtsschutz übernommen.

Dabei gelten **folgende Einschränkungen**:

- Rat oder Auskunft dürfen nicht mit anderen gebührenpflichtigen Tätigkeiten zusammenhängen, z. B. mit einer **Prozessführung** in einem Scheidungsprozess oder in einem Erbstreit.

  In den Leistungsarten »RS in Ehe- und Unterhaltssachen« übernimmt der VR auch die Prozesskosten vor deutschen Familiengerichten (vgl. Abschn. 7.2.10).

§ 2 q (bzw. k in Fass. 2011)

- Wird der beratende Anwalt über die Beratung hinaus außergerichtlich tätig, wie z. B. beim Abfassen von Eheverträgen, Führen des Schriftwechsels, besteht kein Kostenschutz in unterhaltsrechtlichen Angelegenheiten. In den übrigen Fällen erstattet der VR nur Kosten bis zu 250,00 € je Rechtsschutzfall; eine evtl. vereinbarte Selbstbeteiligung entfällt für diese Leistung **(erweiterter Beratungs-RS im Familien-, Lebenspartnerschafts- und Erbrecht).**
- Der Versicherungsschutz wird **erst mit der Veränderung der Rechtslage des VN wirksam**. Kosten für rein informative Anfragen werden also nicht erstattet.

  Die Rechtslage ist dann verändert, wenn Rechte oder Verbindlichkeiten des VN in zeitlichem und ursächlichem Zusammenhang mit dem Ereignis neu begründet, belastet, übertragen, inhaltlich geändert oder aufgehoben werden.

Beispiel: Familienrecht

Der VN und seine Ehefrau beschließen nach Ehestreitigkeiten, von nun an in der Ehewohung getrennt zu leben. Der VN lässt sich vom Rechtsanwalt darüber beraten, was beim Getrenntleben in rechtlicher Hinsicht zu beachten sei (z. B. Unterhalt während des Getrenntlebens). Bei dieser Gelegenheit lässt er sich auch in Bezug auf eine mögliche Ehescheidung (z. B. Versorgungsausgleich bei Ehescheidung) eingehend beraten.

Beispiele: Erbrecht
- Testamentsanfechtung
- Annahme oder Ausschlagung einer Erbschaft
- Geltendmachung des Pflichtteils

Im Beispiel zum Familienrecht hat der Rechtsschutz-VR lediglich die Anwaltskosten für die Beratung hinsichtlich des Getrenntlebens und nicht hinsichtlich einer Ehescheidung zu tragen. Wenn zum Zeitpunkt der Beratung kein Anspruch auf Ehescheidung, etwa wegen »unzumutbarer Härte« oder »Ablauf der vorgeschriebenen Trennungszeit«, bestand, hat sich eben **nicht die Rechtslage in Bezug auf eine Ehescheidung geändert**.

7.2.10 Weitere Leistungsarten

Mit den ARB 2008 wird noch für folgende (spezielle) Leistungsarten Deckungsschutz gewährt:

- **Rechtsschutz vor deutschen Familiengerichten** für die Wahrnehmung rechtlicher Interessen in
  - **Ehesachen** (Proximus 2 – Fassung 2008) ARB 2008 § 2 l

    RS in familienrechtlichen Angelegenheiten wegen Getrenntlebens, Scheidung oder Scheidungsfolgesachen, z. B. Streit um Rentenansprüche, um das Sorgerecht.
  - **Unterhaltssachen** (Proximus 2 – Fassung 2008) § 2 m

    RS in familienrechtlichen Streitigkeiten wegen gesetzlicher Unterhaltspflichten (Durchsetzung eigener und Abwehr fremder Unterhaltsansprüche).

  Je Rechtsschutzfall beträgt die VS max. 30 000,00 € mit einer Selbstbeteiligung von jeweils 500,00 €
- **Rechtsschutz für Opfer von Gewalttaten**
  Der Versicherte ist Opfer einer verübten Gewaltstraftat. Der VR gewährt ihm aktiven Straf-RS gegen den Täter im Ermittlungs-/Strafverfahren vor deutschen Gerichten. § 2 n

  Beispiel: schwerer Raub, versuchter Totschlag
  Der VN wird auf dem Weg zum Bahnhof überfallen und dabei schwer verletzt. Der Täter wird nach intensiver Fahndung festgenommen. Mit Hilfe seines Rechtsanwalts kann der VN im Strafprozess als Nebenkläger/Zeuge auftreten, d.h. insbesondere Fragen und Anträge stellen und Erklärungen abgeben. Der VN kann so dazu beitragen, dass der Täter zu einer angemessenen Freiheitsstrafe verurteilt wird.

  Hat der VN im o. a. Beispiel dauerhafte Körperschäden erlitten, erhält er auch Versorgungs-RS (RS für die außergerichtliche Geltendmachung von Ansprüchen nach dem SGB und dem Opferentschädigungsgesetz/OEG)
- **Daten-RS vor Gerichten**
  für die Abwehr von Ansprüchen Betroffener nach dem BDSG auf Auskunft, Berichtigung, Löschung, Sperrung personenbezogener Daten, die der VN in seiner Eigenschaft **als Selbstständiger** verarbeitet hat. § 2 s (bzw. o in Fass. 2011)

7.3 Ausgeschlossene Rechtsangelegenheiten

ARB 2008 § 3 (1) a, b

Auch in der Rechtsschutzversicherung gilt der **obligatorische Ausschluss** für Versicherungsfälle, die u. a. mit **Krieg, feindseligen oder terroristischen Handlungen, Aufruhr, inneren Unruhen, Streiks, Erdbeben oder Nuklear- bzw. genetischen Schäden** in ursächlichem Zusammenhang stehen.

Nicht ausgeschlossen sind genetische Schäden aufgrund medizinischer Behandlung (Apparatemedizin).

Um einer möglichst großen Anzahl von Versicherten einen wirksamen, aber auch beitragsgünstigen Rechtsschutz zu bieten, sind darüber hinaus auch

- **schwer kalkulierbare** und **extrem kostenintensive Risiken, bei denen die Schadenfälle vorprogrammiert sind**, und
- **rechtliche Randgebiete**, die nur für eine Minderheit von Interesse sind, vom Rechtsschutz ausgeschlossen.

In der Praxis betrifft das vor allem:

§ 3 (1) d

➤ Streitigkeiten als Bauherr (»Baurisiko«)

Hier handelt es sich um den brisantesten Ausschluss, der damit begründet wird, dass Streitigkeiten des **Bauherrn** mit Architekten, Handwerkern, Bauträgern und Baubehörden, die in ursächlichem Zusammenhang mit der Planung, Errichtung oder **genehmigungspflichtigen** und oder **anzeigepflichtigen baulichen** Veränderungen eines Gebäudes stehen, nach der Lebenserfahrung regelmäßig vorprogrammiert sind (subjektives Risiko).

Bauherr ist, wer als Eigentümer oder Besitzer ein Gebäude bzw. Gebäudeteil errichten oder baulich verändern lässt.

Der Baurisikoausschluss erstreckt sich aber auch auf Streitigkeiten in ursächlichem Zusammenhang mit

- dem Erwerb eines **Neubaus** (Haus oder Eigentumswohnung) im Rahmen des mit der Bauträgergesellschaft abgeschlossenen Kaufvertrages;
  Auch die Geltendmachung von Mängel**folgeschäden**, wie z.B. Nässeschäden infolge Dachundichtigkeiten oder Gesundheitsschäden aufgrund giftiger Holzschutzmittel fallen unter den Baurisikoausschluss.
- dem Erwerb bzw. der Veräußerung eines zu Bauzwecken bestimmten Grundstücks;
- der **Finanzierung** eines Grundstückserwerbs oder eines Bauvorhabens;
  z.B. besteht kein Rechtsschutz für einen Rechtsstreit zwischen dem VN und seiner Bank über die Rückabwicklung eines Darlehensvertrages nach dem Haustürwiderrufsgesetz, wenn das Darlehen in unmittelbarem Zusammenhang mit dem Kauf und zur Finanzierung einer noch nicht errichteten Eigentumswohnung aufgenommen wurde (OLG München 2000).
- der **einmaligen Entrichtung von Anliegergebühren** (z. B. Kanalanschlussgebühren).

Rechtsschutz besteht dagegen für Streitigkeiten aus:

- dem Kauf eines sog. Altbaues (auch dann, wenn Baumängel Gegenstand der Auseinandersetzung sind) oder eines unbebauten Grundstücks, dessen Bebauung auch bei Abschluss des Kaufvertrages nicht beabsichtigt ist;

- nicht genehmigungs- bzw. anzeigepflichtigen Baumaßnahmen geringeren Umfanges, wie z. B. die Neueindeckung eines Daches, die Anbringung eines zusätzlichen Heizkörpers, die Verlegung von Wasseranschlüssen usw.;
- Bausparverträgen, die ohne beabsichtigten Kauf eines Grundstückes, Gebäudes oder Gebäudeteiles lediglich wegen staatlicher Förderung abgeschlossen wurden.

➤ Außervertragliche Schadensersatz- und Unterlassungssprüche

ARB 2008 § 3 (2) a

- **Abwehr** von **Schadenersatz**ansprüchen;
  denn der »passive Rechtsschutz« ist Aufgabe der Haftpflichtversicherung (vgl. B 7.1.6)
- **Abwehr** und **Geltendmachung** von **Unterlassungs**ansprüchen,
  es sei denn, dass diese auf einer Verletzung eines **dinglichen Rechtes an Grundstücken** bzw. **Gebäuden** beruhen (vgl. B 7.2.4), wie z.B. Unterlassungsansprüche wegen Lärm- bzw. Geruchsbelästigung, die von einem Nachbargrundstück ausgehen. Diese sind versichert.

➤ Recht der Handelsgesellschaften

§ 3 (2) c

Rechtsstreitigkeiten dieser Gesellschaften sind derart umfangreich, dass häufig dort angestellte Anwälte tätig werden (interne Rechtsverhältnisse im Betrieb des VN).

Nicht unter den Ausschluss fällt das Recht der BGB-Gesellschaft, der stillen Gesellschaft und der Genossenschaft (das Recht der Genossen untereinander).

➤ Urheberrecht und Patentrecht und die sonstigen gewerblichen Schutzrechte

§ 3 (2) d

Hier werden nicht selten jahrelang mit aufwendigen Gutachten und enormen Kosten Prozesse geführt. Unter das Patentrecht fallen auch Rechtsstreitigkeiten über Arbeitnehmererfindungen.

➤ Spekulationsgeschäfte

§ 3 (2) f aa)

- **Spiel- u. Wettverträge** i. S. v. §§ 762, 763 BGB z. B. Streitigkeiten unter Mitgliedern einer Wettgemeinschaft
- **Gewinnzusagen** (Streitigkeiten, weil die Gewinnzusage nicht eingehalten wird)
- **Termin-** und vergleichbare **spekulative** Anlagegeschäfte
  Nicht nur vertragliche sondern auch deliktische Ansprüche – gerade im Zusammenhang mit Spekulationsgeschäften – fallen unter den Risikoausschluss.

Beispiel:

Ein Anleger, der glaubhaft machen kann, dass er von einem betrügerischen Anbieter am »Grauen Kapitalmarkt« – etwa im Rahmen eines Warentermingeschäfts – geschädigt wurde (vgl. §§ 823 ff. BGB), muss die Anwalts- und Prozesskosten selbst tragen, wenn er eine Schadenersatzklage gegen den Warenterminhai führen will. Sein Rechtsschutzversicherer übernimmt hier jedenfalls keine Kostendeckung.

ARB 2008 § 3 (2) f bb) ➤ **Anschaffung** und **Veräußerung** von **Effekten** (z.B. Aktien, Investmentfonds, Anleihen) sowie **Beteiligung an Kapitalanlagemodellen,** auf welche die Grundsätze der **Prospekthaftung** anwendbar sind

Beispiele:
Streitigkeiten
- mit der Bank wegen Falschberatung beim Kauf, Verkauf von Aktien, Anleihen usw.
- mit einem geschlossenen Immobilienfonds (vgl. E 5.3) wegen falscher Angaben im Fondsprospekt
- mit einer AG wegen falscher Angaben im Börsenprospekt (bei der Ausgabe junger Aktien)

Bei einer Schadenersatzklage gegen die Bank, den Fondsinitiator, die börsennotierte AG besteht in den o. a. Beispielen kein Deckungsschutz mehr. Dieser erweiterte Risikoausschluss ist wegen der vielen Anlegerklagen zusätzlich in die ARB 2008 aufgenommen worden, – vor allem aber nachdem mehrere Gerichte und schließlich auch der BGH entschieden haben, dass der Erwerb bzw. Verkauf von Aktien grundsätzlich weder ein Termingeschäft ist noch ein damit vergleichbares Spekulationsgeschäft.

§ 3 (2) g ➤ **Familien-, Lebenspartnerschafts- und Erbrecht**

Soweit die Rechtsschutzkosten über die Beratungskosten in den Leistungsarten gemäß § 2 k und § 2 q ARB 2008 hinausgehen.

Versichert sind jedoch speziell Ehescheidungs- und Unterhaltsklagen, z.B. Klagen um das Sorgerecht oder um Rentenansprüche (vgl. B 7.2.10).

§ 3 (2) h ➤ **Streitigkeiten aus dem Rechtsschutz-Versicherungsvertrag gegen den VR**

Soweit »Vertragsrechtsschutz« vereinbart ist, sind aber Streitigkeiten mit anderen Versicherern gedeckt.

§ 3 (3) d ➤ **Planfeststellungs-, Enteignungs- und Flurbereinigungsverfahren**

Sowie alle im Baugesetzbuch geregelten Verfahren (z. B. Umlegungsverfahren).

§ 3 (3) e ➤ **Wahrnehmung rechtlicher Interessen aus Halt- oder Parkverstößen**

In Ordnungswidrigkeiten- und Verwaltungsverfahren muss der VR also nicht für Bagatellschäden bei Halt- oder Parkverstößen eintreten.

§ 3 (4) a ➤ **Streitigkeiten von Mitversicherten untereinander sowie von mitversicherten Personen gegen den VN**

Dies gilt nicht im Rechtschutz für Ehesachen gemäß § 2 l ARB 2008.

§ 2 l Will sich z.B. eine mitversicherte Ehefrau bei einem Rechtsanwalt über Unterhaltsansprüche und die Voraussetzung einer Scheidung informieren (Beratungsrechtsschutz), kann der VR ihres Mannes nicht den Versicherungsschutz verweigern.

§ 3 (5) ➤ **Vorsätzliche und rechtswidrige Herbeiführung von Rechtsschutzfällen**

Beispiel:
Ein Arbeitnehmer erhält eine fristlose Kündigung, weil er Firmengelder unterschlagen hat.

Dieser Ausschluss gilt nicht im Ordnungswidrigkeiten-, Ehesachen-, Opfer- und Beratungsrechtschutz.

7.4 Voraussetzungen für den Anspruch auf Rechtsschutz

7.4.1 Wartezeiten für bestimmte Leistungsarten

Wer einen Rechtsstreit auf sich zukommen sieht, ist natürlich versucht, noch schnell eine Rechtsschutzversicherung abzuschließen. Um dieses subjektive Risiko zu verhindern, sehen die ARB für einige Leistungsarten eine sog. Wartezeit von 3 Monaten vor.

Die Wartezeit hat zur Folge, dass die Leistungspflicht des VR nur für einen Rechtsschutzfall begründet wird, der nach Ablauf dieser 3 Monate eintritt. Die Frist läuft ab dem im Versicherungsschein genannten Beginn (technischer Beginn).

ARB 2008 § 4 (1)

Drei Monate Wartezeit	Keine Wartezeit besteht bei:
– Arbeits-RS – Wohnungs-und Grundstücks-RS – Verwaltungs-RS* in nichtverkehrsrechtlichen Angelegenheiten	– Schadenersatz-RS – RS im Vertrags- und Sachenrecht – Steuer- und Sozial-RS vor Gerichten – Verwaltungs-RS in Verkehrssachen – Disziplinar- und Standes-RS – Straf- und Ordnungswidrigkeiten-RS – Beratungs-RS – erweiterter Beratungs-RS* – RS für Opfer von Gewalttaten – Daten-RS für Selbstständige, Firmen, Vereine
1 Jahr Wartezeit	
– RS in Unterhaltssachen*	
3 Jahre Wartezeit	
– RS in Ehesachen*	

- Auf die Wartezeit wird regelmäßig verzichtet, wenn der VN eine Vorversicherung der betreffenden Risiken nachweist und die neue Versicherung unmittelbar anschließt. Das gilt auch für den Fall, dass die Risiken bisher in einem Vertrag der Eltern des VN mitversichert waren.
- Bei Neuverträgen ohne Vorversicherung sind die o. a. Wartezeiten zu beachten.

* Dieser Rechtsschutz entfällt in Proximus 2 (Fassung 2011)

7.4.2 Rechtsschutzfall (Versicherungsfall)

Voraussetzung für die Deckung ist der Eintritt eines Rechtsschutzfalls (Versicherungsfall), d.h. eines Ereignisses, das

- vom RS-Vertrag des VN umfasst wird/zu den versicherten Leistungsarten gehört, § 2
- nicht unter einen Risikoausschluss fällt, § 3
- während der Vertragslaufzeit (nach Ablauf der Wartezeit) eintritt, § 4 (1)
- von Anfang an den VN oder mitversicherte Personen persönlich betrifft; denn Ansprüche, die erst nach Eintritt eines Ereignisses, das einen Rechtsschutzfall auslösen könnte, auf den VN übergegangen sind (z.B. durch Forderungsabtretung), sind vom Versicherungsschutz ebenso ausgeschlossen wie fremde Ansprüche, die der VN im eigenen Namen geltend macht und für die er dann Rechtsschutz begehrt. § 3 (4) c, d

Je nach Leistungsart werden unterschiedliche Ereignisse als Rechtsschutzfall angenommen.

a) Schadenersatz-Rechtsschutz

ARB 2008 4 (1) a

Der Rechtsschutzfall ist der Eintritt des (ersten) **Schadenereignisses**, das dem Anspruch zugrunde liegt (vgl. B 7.2.1).

Beispiel:

Am 16. Febr. d. J. wurden bei Dachdeckerarbeiten Dachziegel unzureichend befestigt. Am 10. Okt. d. J. wird der VN von einem herabfallenden Dachziegel verletzt. Am 20. Dez. d. J. macht der VN Schadenersatzansprüche geltend. Rechtsschutzfall ist hier allein der Zeitpunkt der Verletzung am 10. Okt. d. J. (Schadenereignis).

b) Beratungs-Rechtsschutz und Rechtsschutz für Ehesachen

§ 4 (1) b

Rechtsschutzfall ist das **Ereignis, das die Rechtslage** des VN im Familien- und Erbrecht ändert, die einen Rechtsrat oder eine Rechtsauskunft erforderlich macht (vgl. B 7.2.9).

Beispiel:

Beratung bei Tod des Vaters (Erblassers), wodurch eine Erbeinsetzung des VN bzw. Mitversicherten in Betracht kommt. Rechtsschutzfall ist der Zeitpunkt, zu dem der Vater verstorben ist.

§ 4 (1) c

c) Rechtsschutz für die übrigen Leistungsarten

- In allen übrigen Leistungsarten gilt der Rechtsschutzfall dann als eingetreten, wenn der **VN** bzw. mitversicherte Personen, **der Gegner oder ein Dritter begonnen hat bzw. begonnen haben soll, gegen eine Rechtsvorschrift** (z. B. Strafvorschrift) **oder eine Rechtspflicht** (z. B. vertragliche Verpflichtung) **zu verstoßen**.

Beispiel: Ordnungswidrigkeiten-Rechtsschutz

Der VN erhält einen Bußgeldbescheid wegen Geschwindigkeitsübertretung. Er fühlt sich zu Unrecht bestraft und legt deshalb Einspruch ein. Als Rechtsschutzfall gilt der Zeitpunkt, in dem der VN gegen die Verkehrsvorschrift verstoßen hat.

§ 4 (2)

- Allerdings ist **bei mehreren Verstößen der erste adäquat ursächliche Verstoß maßgeblich**, wobei nicht nur tatsächliche, sondern auch behauptete Verstöße eine Rolle spielen. **Nur solche Verstöße bleiben** hier **außer Betracht, die länger als ein Jahr vor Versicherungsbeginn zurückliegen**.

Beispiel: Arbeits-Rechtsschutz

Der VN hat 4 Monate nach Versicherungsbeginn von seinem Arbeitgeber eine Kündigung erhalten. Kündigungsgrund ist die Behauptung des Arbeitgebers, der Arbeitnehmer habe mehrmals gegen seine Arbeitspflicht verstoßen. Da der erste dieser Verstöße 2 Monate vor Versicherungsbeginn passiert sein soll, besteht für eine eventuelle Kündigungsschutzklage des VN kein Rechtsschutz.

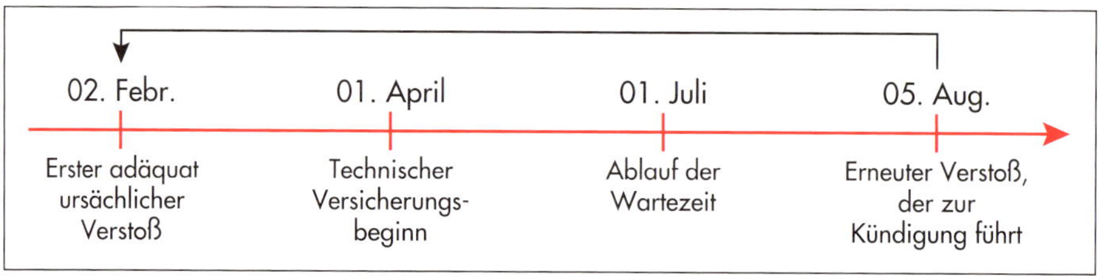

Bei **Dauerverstößen** kommt es auf den Beginn des Verstoßes an. Wurde z.B. eine Hecke zu nahe an eine Grundstücksgrenze gepflanzt, liegt der Verstoßbeginn in der Bepflanzung und nicht in der hiervon (später) ausgehenden Beeinträchtigung, die dann zu nachbarrechtlichen Streitigkeiten führt (Wohnungs-und Grundstücks-RS).

- Hat eine **Willenserklärung/Rechtshandlung den Verstoß ausgelöst**, so muss auch diese **nach Beginn des Versicherungsschutzes vorgenommen** worden sein. Andernfalls entfällt auch hier der Rechtsschutz. ARB 2008 § 4 (3) a

Beispiel: Sozialversicherungs-Rechtsschutz

Der VN stellt 2 Monate vor Versicherungsbeginn einen Antrag auf Erwerbminderungsrente. Vier Monate später – also nach Ablauf der Wartezeit – erhält er einen Ablehnungsbescheid (Verstoß). Der VN hat keinen Anspruch auf Rechtsschutz, da hier der Rentenantrag (Willenserklärung vor Versicherungsbeginn) den Verstoß ausgelöst hat.

War der VN zu dem Zeitpunkt, als er die Erwerbsrente beantragt hat, bei einem anderen VR (Vorversicherer) versichert und bestand seitdem lückenlos Versicherungsschutz, dann besteht Versicherungsschutz aus dem neuen Vertrag. Der Rechtsschutz wird hier allerdings nur in dem Umfang gewährt, wie ihn der Vorversicherer gewährt hätte – höchstens jedoch im Umfang des neuen Vertrages . § 4 a (1) a, (2)

- Im **Steuer-RS vor Gerichten** und **im vorgerichtlichen Ein-/bzw. Widerspruchsverfahren** besteht kein Rechtsschutz, wenn die für die Festsetzung der Steuer oder Abgabe maßgeblichen Voraussetzungen bereits **vor** Versicherungsbeginn eingetreten sind oder eingetreten sein sollen. § 4 (4)

Beispiel:

Für den VN besteht ab 01. Aug. d.J. eine Rechtsschutzversicherung nach § 26 ARB. Im Juni d.J. hatte er ein Computerseminar besucht. Erkennt das Finanzamt die Seminarkosten in der Einkommensteuererklärung für das betreffende Jahr, die im Folgejahr abgegeben wird, nicht als Werbungskosten an, so besteht für eine Klage beim Finanzgericht kein Rechtsschutz, weil die entsprechenden Aufwendungen vor Versicherungsbeginn, also vor dem 01. Aug. d.J. angefallen sind.

Die Tatsache, dass die Steuererklärung erst im Folgejahr abgegeben und der Steuerbescheid ebenfalls erst im Folgejahr erteilt wurde, ist hier unerheblich.

Soweit sich auch hier wieder ein lückenloser Versicherungsschutz aus einer entsprechenden Vorversicherung ergibt, besteht aber im o. a. Beispiel Versicherungsschutz aus dem neuen Vertrag.

7.4.3 Schadenmeldung

Jede Meldung eines Rechtsschutzfalles sollte **sofort** an den VR erfolgen. Die **Nachmeldefrist** für Rechtsschutzfälle, die erst nach Beendigung des Versicherungsvertrages als solche erkennbar werden (Spätschäden), beträgt **3 Jahre**. § 4 (3) b

Da es sich hier um eine Ausschlussfrist und nicht um eine Obliegenheit handelt, besteht hier auch dann kein Versicherungsschutz, wenn der VN unverschuldet den Rechtsschutzfall verspätet – d.h. nach Ablauf der 3-Jahresfrist – meldet.

Versicherungsschutz besteht allerdings, wenn der Rechtsschutzfall in die Vertragslaufzeit eines Vorversicherers fällt und der Anspruch auf Rechtsschutz später als 3 Jahre nach Ende der Vertragslaufzeit des Vorversicherers gegenüber dem neuen VR geltend gemacht wird. Dies gilt allerdings nur dann, wenn der VN die (Schaden)meldung beim Vorversicherer nicht vorsätzlich oder grob fahrlässig versäumt hat und bezüglich des betroffenen Risikos lückenloser Versicherungsschutz bestand.

Beispiel: Vertrags-Rechtsschutz

Ein VN hatte am 10. Jan. d.J. einen Schreiner mit der Anfertigung eines Bücherregals beauftragt. Am 20. April d. J., also 2 Monate nach Lieferung (19. Febr. d.J.), bricht das Regal wegen eines Konstruktionsfehlers zusammen. Da der Schreiner die Mangelhaftigkeit seiner Leistung bestreitet, geht der VN am 15. Mai d.J. zum Rechtsanwalt (nach einer entsprechenden Deckungszusage seines RS-VR).

Der Rechtsschutzvertrag war eineinhalb Monate zuvor zum 01. April d. J. nach 3-jähriger Laufzeit fristgerecht gekündigt worden.

Rechtsschutz ist zu gewähren, da

- der Rechtsschutzfall (Zeitpunkt der Lieferung) innerhalb der Vertragslaufzeit liegt und
- der Anspruch auf Rechtsschutz (Schadenmeldung nach Kenntnis des Rechtsschutzfalls) innerhalb der 3-Jahresfrist – nach Beendigung des Vertrages – geltend gemacht wurde.

Lernkontrollen zu B 7

Leistungsumfang

1 Gerichtsbarkeit

a) Erläutern Sie den Instanzenaufbau im Rahmen der ordentlichen Gerichtsbarkeit (Zivil- und Strafgerichtsbarkeit).

b) Nennen Sie zwei weitere Gerichtsbarkeiten neben der Zivil- und Strafgerichtsbarkeit.

2 Ein VN aus Düsseldorf führt einen Schadenersatzprozess vor dem Landgericht Stuttgart. Prozessanwalt ist ein Stuttgarter Rechtsanwalt. Dieser Rechtsanwalt korrespondiert während des Prozessverlaufes mit dem Düsseldorfer Rechtsanwalt des VN, der mit dem Rechtsstreit auch vertraut ist.

a) Wer wählt den Anwalt aus und beauftragt ihn?

b) Welche Kosten übernimmt der Rechtsschutz-VR, wenn der VN im Prozess unterliegt?

c) Unter welchen Gegebenheiten übernimmt der VR auch Sachverständigengebühren?

3 Bis zu welcher Höhe wird Kostenersatz durch den Rechtsschutz-VR gewährt?

4 Einem VN wird die Kostenübernahme durch seinen Rechtsschutz-VR abgelehnt, da keine hinreichende Erfolgsaussicht für den Rechtsstreit bestehen soll.

Erläutern Sie, was der VN jetzt unternehmen kann.

5 Stellen Sie dar, unter welchen Voraussetzungen die Kosten eines Korrespondenzanwaltes für einen inländischen bzw. ausländischen Rechtsschutzfall übernommen werden.

6 Auch die Haftpflichtversicherung gewährt Rechtsschutz. Wo liegt hier der Unterschied zur Rechtsschutzversicherung?

Leistungsarten

7 Der VN hat eine Rechtsschutzversicherung vereinbart, die den Arbeits-Rechtsschutz einschließt. Er bittet um Versicherungsschutz in folgender Angelegenheit:

Der Arbeitgeber hat ihn schon zum wiederholten Mal auf seine Leistungsbereitschaft und seine Leistungsmängel angesprochen und man erwarte eine noch größere Leistungsbereitschaft von ihm. Der VN fühlt sich außerstande, die nach seiner Meinung übertriebenen Anforderungen zu erfüllen. Deswegen droht ihm jetzt sein Arbeitgeber mit der fristlosen Kündigung. Muss der Versicherer dem VN Rechtsschutz gewähren?

8 Der VN wird wegen einer Straftat angeklagt. In der ersten Instanz wird er wegen Vorsatzes und im anschließenden Berufungsverfahren wird er wegen Fahrlässigkeit verurteilt.

Prüfen Sie, unter welchen Gegebenheiten dem VN hier Rechtsschutz (1. und/oder 2. Instanz) zu gewähren ist.

9 Frau Bertram ruft entsetzt in der Agentur der Proximus Versicherung AG an und schildert folgenden Vorgang:

Sie hat in einem Drogeriemarkt diverse Artikel eingekauft und an der Kasse bezahlt. Beim Verlassen des Geschäftes wurde sie vom Hausdetektiv beschuldigt, Artikel an der Kasse vorbeigeschleust zu haben. Tatsächlich fand man bei der Taschenkontrolle einen Lippenstift, der auf dem Kassenbon nicht registriert war, von dem Frau Bertram aber angibt, dass er schon bei Betreten des Ladens in ihrer Tasche gewesen sei. Da ihr nun ein Verfahren wegen Ladendiebstahls droht, möchte sie wissen, ob die Rechtsschutzversicherung hierfür grundsätzlich Deckung gewährt.

- **Arbeitsauftrag**

Geben Sie Frau Bertram die gewünschte Auskunft.

10 Erklären Sie einem Versicherungskunden den Beratungs-Rechtsschutz.

Ausgeschlossene Rechtsangelegenheiten

11 Ein VN hat ein älteres Zweifamilienhaus gekauft und möchte jetzt größere Umbauarbeiten durchführen.

Prüfen Sie, ob die ARB 2008 grundsätzlich Rechtsschutz

a) für eventuelle Rechtsstreitigkeiten mit dem Verkäufer des Hauses bzw. den Bauhandwerkern (Gewährleistungsansprüche),

b) dem Nachbarn (Lärmbelästigung),

c) dem Mieter (Mietrückstand),

d) der Bausparkasse (Nichtgewährung eines Zwischenkredits)

vorsehen, wenn die jeweiligen Leistungsarten versichert wurden.

Voraussetzungen für den Anspruch auf Rechtsschutz

12 a) Der VN will einen Gebrauchtwagen erwerben. Vorsorglich lässt er seinen Rechtsanwalt den Kfz-Kaufvertrag entwerfen, um späteren Rechtsstreitigkeiten vorzubeugen.

Besteht Kostenschutz, wenn u. a. die Leistungsarten Rechtsschutz im Vertrags- und Sachenrecht sowie Beratungs-Rechtsschutz im Familien- und Erbrecht versichert wurden?

b) Wegen eines Verkehrsunfalls am 30. März d. J. macht der VN am 05. April d. J. Schadenersatzansprüche gegen den Unfallgegner geltend.
Muss der Rechtsschutz-VR die Kosten des Verfahrens übernehmen, obwohl der Vertrag am 01. April d. J. endete?

c) Für bestimmte Versicherungsfälle (Leistungsarten) ist eine Wartezeit von 3 Monaten vorgesehen. Nennen Sie diese Leistungsarten und führen Sie Gründe an, warum der VR hier Wartezeiten vorsieht.

13 Frau Winter interessiert sich für eine Rechtsschutzversicherung. Sie hat gehört, dass es Wartezeiten geben soll, und möchte vorab wissen, wann sie mit einer Leistung in folgenden denkbaren Fällen nach Abschluss des Versicherungsvertrages rechnen kann:

a) Sie kauft ein Radio, das sich als defekt herausstellt und vom Händler nicht umgetauscht wird.

b) Sie begeht einen Verkehrsverstoß und muss mit dem Entzug des Führerscheins rechnen.

c) Sie ist mit dem Steuerbescheid ihres Finanzamtes nicht einverstanden.

d) Ihr Pkw wird durch einen Dritten beschädigt, der die Zahlung verweigert.

e) Ihr droht ein Bußgeld wegen Geschwindigkeitsüberschreitung.

f) Mit dem Nachbarn gibt es Streitigkeiten wegen herüberhängender Äste.

g) Ihr Arbeitgeber kündigt das Arbeitsverhältnis aufgrund einer Rationalisierungsmaßnahme.

h) Ihr geschiedener Ehemann verweigert ihr weitere Unterhaltszahlungen. Sie reicht deshalb Unterhaltsklage ein.

8 Vertragsformen der Rechtsschutzversicherung (Risikoarten)

8.1 Zusammenhang zwischen Risikoarten und Leistungsarten

Der 4. Abschnitt der ARB 2008 behandelt die **Formen des Versicherungsschutzes** (auch **Risikoarten** genannt) der **Rechtsschutzversicherung**, die auf einzelne Gruppen von Versicherungsnehmern bedarfsorientiert zugeschnitten sind (z. B. Fahrer-Rechtsschutz). Weil es eine allumfassende Rechtsschutzversicherung aus **kalkulatorischen Gründen** nicht geben kann, bezieht sich der Versicherungsschutz in den einzelnen Risikoarten immer nur auf **bestimmte Rechtsbereiche (Leistungsarten)**, die ein **Rechtsschutzpaket** bilden. Nur für diese Rechtsbereiche ist dann die Verfolgung von Rechten versichert (z. B. Straf-Rechtsschutz).

Nach der Systematik des bedarfsorientierten **Versicherungsschutzes** wird dem VN durch die einzelne Risikoart nur in »**bestimmten Eigenschaften**« Versicherungsschutz gewährt, z. B. ARB 2008 § 21 ff.

- **im Privat-Rechtsschutz** für Selbstständige als »Privatmann, Freiberufler . . .« § 23
- **im Verkehrs-Rechtsschutz** als »Kraftfahrer, Fußgänger . . .« § 21
- **im Firmen-Rechtsschutz** als »Gewerbetreibender, Arbeitgeber . . .« § 24

In den einzelnen **Risikoarten** sind jeweils unterschiedliche, dem Risiko angemessene **Leistungsarten** zusammengefasst worden.

Eine **Übersicht** über die **Risikoarten** (Rechtsschutzpakete) und ihre **Leistungsarten** (Bausteine) bietet das **Schaubild auf der nächsten Seite**.

Natürlich sind im Rahmen der »Vertragsfreiheit« auch vom üblichen Marktangebot abweichende Kombinationen möglich. Das erschwert allerdings die Tarifierung und die Vergleichbarkeit der Risikoarten – insbesondere wenn noch individuelle Ein- und Ausschlüsse hinzukommen.

Obwohl der Markt aufgrund der sich ständig verändernden Bedarfsstruktur flexibel immer wieder neue **Risikoarten** entwickelt hat, haben sich vor allem im Privatkundengeschäft die nachstehend dargestellten Risikoarten besonders bewährt.

8.2 Verkehrs-Rechtsschutz

a) Versicherte Fahrzeuge § 21 (1)

- Versichert sind alle bei Vertragsabschluss und während der Vertragsdauer **auf den VN zugelassenen,** amtlich registrierten oder auf seinen Namen mit einem Versicherungskennzeichen versehenen **Motorfahrzeuge zu Lande** (Kraftfahrzeuge) sowie Anhänger, und zwar
  - **Kfz jeglicher Art** (Pkws/Kombis, Krafträder, Mofas/Mopeds, usw.) oder
  - nur Kfz **gleicher** Art, z. B. nur alle Pkws/Kombis oder nur alle Motorräder. § 21 (2)

  Geleaste Kraftfahrzeuge sind mitversichert, soweit sie auf den VN zugelassen sind.

- Versichert ist **auch ein** »zum vorübergehenden Gebrauch **gemietetes Selbstfahrer-Vermietfahrzeug**« (VN als Mieter) zu Lande sowie Anhänger.

  Der VN mietet z.B. für eine Urlaubsfahrt ein Wohnmobil. Bei der Rückgabe gibt es Streit wegen angeblicher Beschädigungen. Es besteht Verkehrs-RS, obwohl das Kfz nicht auf den VN zugelassen war.

Leistungsarten (Bausteine) / Risikoarten (Rechtsschutzpakete) ARB 2005	Schadenersatz-Rechtsschutz	Straf-Rechtsschutz	Ordnungswidrigkeiten-Rechtsschutz	Disziplinar- und Standes-Rechtsschutz	Verwaltungs-Rechtsschutz – in Verkehrssachen	– in nicht verkehrsrechtl. Angelegenheiten	Arbeits-Rechtsschutz	Sozialgerichts-Rechtsschutz	Steuer-Rechtsschutz § 2 e) + o)	Beratungs-Rechtsschutz § 2 k) + q)	Rechtsschutz im Vertrags- und Sachenrecht	Wohnungs- und Grundstücks-Rechtsschutz	RS in Ehe-/Unterhaltssachen	Opfer-RS
Verkehrs-RS (§ 21 Abs. 1 oder 2) Verkehrs-RS (Fahrzeug-RS) (§ 21 Abs. 3)	●	●	●		●				●		●			
Fahrer-RS (§ 22)	●	●	●		●				●					
Privat-RS für Selbstständige (§ 23)	●	●	●	●		●	●	●	●	●	●	■ § 29	○	●
RS für Firmen und Vereine (§ 24)	●	●	●	●			●	●	●					
Privat- und Berufs-RS für Nichtselbstständige (§ 25)	●	●	●	●		●	●	●	●	●	●	■ § 29	○	●
Privat-, Berufs- und Verkehrs-RS für Nichtselbstständige (§ 26)	●	●	●	●	●	●	●	●	●	●	●	■ § 29	○	●
Landwirtschafts- und Verkehrs-RS (§ 27)	●	●	●	●	●	□	●	●	●	●	●	■ § 29	○	●
Privat-, Berufs- und Verkehrs-RS für Selbstständige (§ 28)	●	●	●	●	●	□	●	●	●	●	●	■ § 29	○	●
RS für Eigentümer und Mieter von Wohnungen und Grundstücken (§ 29 Haus-u. Wohnungs-RS)									●			●		

● Grundsangebot

■ im Grundangebot enthalten nur soweit es sich um landwirtschaftliche (§ 27) bzw. selbstgenutzte (§ 28) Grundstücke, Gebäude oder Gebäudeteileteile handelt
– im »Landwirtschaft- und Verkehrs-RS« sind die land- oder forstwirtschaftlich genutzten Grundstücke, Gebäude oder Gebäudeteile versichert
– im »Privat-, Berufs- und Verkerhs-RS für Selbstständige« ist auch eine selbst genutzte Gewerbeeinheit mitversichert

○ Ergänzungsangebot

□ Verwaltungs-RS vor Gerichten in nicht verkehrsrechtlichen Angelegenheiten besteht hier nur im privaten Bereich

b) Versicherter Personenkreis

Versicherungsschutz besteht grundsätzlich

- für den **VN** als Eigentümer, Halter, Fahrer und Insasse der versicherten Fahrzeuge,
- für den **VN** als Erwerber der o.a. Fahrzeuge (Vertragsrechtsschutz) und
- für **alle berechtigten Fahrer bzw. Insassen** (z.B. Ehefrau und Kinder) der versicherten Fahrzeuge.

ARB 2008 § 21 (8) Der Versicherungsschutz kann ganz oder zum Teil versagt werden, wenn der Fahrer bei Eintritt des Rechtsschutzfalles nicht die notwendige Fahrerlaubnis hatte (Führerscheinklausel) oder zum Führen des Fahrzeugs nicht berechtigt war. Das Gleiche gilt, wenn das Fahrzeug nicht zugelassen (amtlich registriert) war bzw. kein gültiges Versicherungskennzeichen hatte. Versicherte Personen, die von diesen Umständen ohne Verschulden oder nur leicht fahrlässig keine Kenntnis hatten, behalten ihren Versicherungsschutz. Grob fahrlässige Unkenntnis berechtigt den VR allerdings, die Versicherungsleistung in einem der Schwere des Verschuldens entsprechenden Verhältnis zu kürzen soweit die versicherte Person nicht nachweist, dass ihre Unkenntnis nicht grobfahrlässig war. Der Versicherungsschutz bleibt auch bestehen, wenn die versicherte Person oder der Fahrer nachweist, dass die Obliegenheitsverletzung weder für die Feststellung oder den Eintritt des Rechtsschutzfalles noch für die Feststellung oder den Umfang der Versicherungsleistung ursächlich war.

c) Beitragsberechnung

Die Beitragsberechnung erfolgt nach Art und Anzahl der jeweils versicherten Fahrzeuge. Der Beitrag wird pro Fahrzeug berechnet. Daher hat der VN nachträglich angeschaffte Fahrzeuge der versicherten Art innerhalb eines Monats nach Aufforderung durch den VR nachzumelden (sog. **Vorsorge- oder Bestandsversicherung**). ARB 2008 § 11 (3)

Verletzt der VN diese Pflicht, kann der VR den Vertrag innerhalb eines Monats mit Monatsfrist kündigen. Der VR ist leistungsfrei, wenn die Mitteilung vorsätzlich unrichtig bzw. vorsätzlich nicht fristgerecht erfolgt war und der Rechtsschutzfall später als einen Monat nach dem Zeitpunkt eintritt, in dem die Angaben dem VR hätten zugehen müssen, es sei denn, dem VR war der Eintritt des Umstandes zu diesem Zeitpunkt schon bekannt. Bei grob fahrlässiger Obliegenheitsverletzung, von der sich der VN nicht entlasten kann, hängt der Umfang des Versicherungsschutzes wieder von der Schwere des Verschuldens ab.
Der VN hat gleichwohl Versicherungsschutz, wenn zum Zeitpunkt des Rechtsschutzfalles die Kündigungsfrist des VR abgelaufen war und der VR nicht gekündigt hatte.

Alternativ kann der VN aber auch den »Verkehrs-RS für Nichtselbstständige« (siehe Proximus-Tarif S. 445) beantragen. Das bietet sich an, wenn auch auf den Lebenspartner und die minderjährigen Kinder Landfahrzeuge zugelassen sind, für die ebenfalls Verkehrsrechtsschutz bestehen soll. Die Fahrzeuge werden dann pauschal zu einem Festpreis versichert (vgl. Verkehrs-RS gem. § 26 ARB 2008). Klausel 4 i. V. mit ARB 2008 § 21

d) Zusätzlicher Versicherungsschutz für den VN

Der VN hat auch Rechtsschutz (mit Ausnahme des Rechtsschutzes im Vertrags- und Sachenrecht) als ARB 2008 § 21 (7)

- **Fahrer fremder Motorfahrzeuge aller Art** (auch zu Wasser oder in der Luft),
- **Fußgänger, Radfahrer oder Fahrgast bei der Teilnahme am öffentlichen Verkehr**.

Einige VR schließen hier auch den Lebenspartner und die minderjährigen Kinder ein.

e) Versicherte Leistungsarten

§ 21 (4), (5)

- **Schadenersatzrechtsschutz** (vgl. B 7.2.1)
- **Rechtsschutz im Vertrags- und Sachenrecht** (kann ausgeschlossen werden), z. B. Kauf- und Reparaturverträge über ein Fahrzeug, Verwahrungsverträge aus der Unterstellung des Fahrzeuges in einer Garage, sämtliche Kraftfahrtversicherungsverträge (vgl. B 7.2.5)

  Vertrags- RS besteht unabhängig davon, ob ein KFZ, das der VN zu kaufen beabsichtigt, auf ihn zugelassen wird oder nicht. § 21 (6)
- **Straf- und Ordnungswidrigkeitenrechtsschutz** (vgl. B 7.2.2)
- **Verwaltungsrechtsschutz in Verkehrssachen** (vgl. B 7.2.3)
- **Steuerrechtsschutz vor Gerichten (Kfz-Steuer);** z. B. Streitigkeiten über die Steuervergünstigung für Schwerbehinderte (vgl. B 7.2.8)

Zu beachten ist, dass sich der Verkehrsrechtsschutz – vom sog. Fußgänger- bzw. Radfahrer-RS einmal abgesehen – nur auf den Gebrauch von Motorfahrzeugen bezieht und dass von daher die einzelnen Leistungsarten nur in dieser Eigenschaft des VN Versicherungsschutz gewähren.

Wird der VN z.B. beim Beladen seines Kfz angefahren und verletzt, dann hat er für die Durchsetzung seiner Haftpflichtansprüche Schadenersatz-RS. Aufgrund der Erweiterung der ARB 2008 um den »Fußgänger- bzw. Radfahrer-RS« gilt das auch für einen ähnlichen Unfall bei einem Spaziergang oder während einer Radtour, aber nicht bei Benutzung anderer Fortbewegungsmittel, wie z.B. beim Skifahren.

Besonderheit: Fahrzeug-Rechtsschutz

In Abweichung von § 21 Abs. 1 ARB 2008 kann auch der sog. Fahrzeug-Rechtsschutz vereinbart werden.

ARB 2008 § 21(3) **Der Fahrzeug-Rechtsschutz** betrifft nur die Versicherung **einzelner**, im Versicherungsschein mit Kennzeichen dokumentierter Fahrzeuge (**Objektbezogenheit**), die allerdings **nicht** auf den VN zugelassen sein müssen. Diese Rechtsschutzvariante des Verkehrsbereichs bietet sich dann an, wenn nicht alle auf den VN zugelassenen Fahrzeuge versichert werden sollen. Das kommt insbesondere für einen betrieblichen Fuhrpark infrage oder für ein Fahrzeug, das dem VN zwar gehört, aber nicht auf ihn zugelassen ist.

> **Beispiel**:
> Der Wagen ist auf die Tochter zugelassen, der Vater ist aber der VN und der Eigentümer (sog. Haltergemeinschaften).

Hier sind Motorfahrzeuge jeglicher Art zu Lande, zu Wasser und in der Luft versicherbar. Das entsprechende Kennzeichen des Fahrzeugs ist im Versicherungsantrag anzugeben. Eine Vorsorgeversicherung für nachträglich angeschaffte Fahrzeuge gibt es hier nicht.

§ 21 (10) Bei Veräußerung eines versicherten Fahrzeugs oder sonstigem Wagniswegfall erstreckt sich der Rechtsschutz nur auf das Folgefahrzeug; der VN hat den Fahrzeugwechsel innerhalb von 2 Monaten anzuzeigen und das Folgefahrzeug zu bezeichnen. Wird das Folgefahrzeug bereits vor Veräußerung des alten Fahrzeugs erworben, bleibt dieses bis zu einem Monat ab Erwerb des Folgefahrzeugs beitragsfrei versichert.

Versicherter Personenkreis: Neben dem VN (in der Regel Eigentümer oder Halter des versicherten Fahrzeuges) sind Mieter, Entleiher, Leasingnehmer, berechtigte Fahrer und berechtigte Insasse des Fahrzeuges mitversichert. Der VN ist auch hier als Fahrer fremder Fahrzeuge, als Fußgänger, als Radfahrer und als Fahrgast versichert.

---

§ 21 (9) Hat der VN seit mindestens 6 Monaten kein Fahrzeug mehr, bleibt Verkehrs-RS als sonstiger Teilnehmer am öffentlichen Verkehr bestehen, soweit der VN nicht ausdrücklich auch
§ 11 (2) dessen Aufhebung verlangt. Er kann aber auch eine Beitragsherabsetzung fordern.

8.3 Fahrer-Rechtsschutz

§ 22 (1) Der Fahrer-Rechtsschutz schützt den VN bei Teilnahme am öffentlichen Verkehr in seiner Eigenschaft als

- Fahrer **fremder** Motorfahrzeuge aller Art (auch zu Wasser oder in der Luft),

  Verkehrs-RS besteht hier weder für mitfahrende Personen noch für den Halter oder Eigentümer des benutzten Fahrzeuges.

- Fußgänger, Radfahrer, Fahrgast.

Diese Versicherungsform bietet sich an, wenn der VN nur Versicherungsschutz als Fahrer **fremder** Fahrzeuge, z. B. Firmenfahrzeuge, benötigt, weil für das benutzte Fahrzeug kein Versicherungsschutz besteht.

- Fremd heißt in diesem Zusammenhang: Das Fahrzeug gehört weder dem VN, noch ist es auf seinen Namen zugelassen, amtlich registriert oder mit einem Versicherungskennzeichen versehen.
- Der Fahrer-Rechtsschutz kann auch vom Arbeitgeber abgeschlossen werden, und zwar für sämtliche im Versicherungsschein genannten Arbeitnehmer als Kraftfahrer für berufsbedingte Fahrten mit den Firmenfahrzeugen. ARB 2008 § 22 (2)

Versichert sind die **Leistungsarten** (vgl. B 7.2)

- **Schadenersatz-Rechtsschutz**, ausgenommen Schäden am verwendeten Fahrzeug,
- **Straf-Rechtsschutz** und **Ordnungswidrigkeiten-Rechtsschutz**, § 22 (3)
- **Verwaltungs-Rechtsschutz** in Verkehrssachen,
- **Steuer-Rechtsschutz** vor Gerichten.

Wird auf den VN während der Laufzeit des Vertrages ein Motorfahrzeug **zu Lande** zugelassen bzw. auf seinem Namen mit einem Versicherungskennzeichen versehen, wandelt sich die Fahrer-Rechtsschutzversicherung ab Zulassungsdatum in eine Fahrzeug-Rechtsschutzversicherung um (sog. **Vorsorgeversicherung**). Die Wahrnehmung rechtlicher Interessen im Zusammenhang mit dem Erwerb dieses Fahrzeuges ist dabei eingeschlossen. § 22 (4)

Zusammen mit der nächsten Beitragsrechnung wird der VN üblicherweise aufgefordert, Veränderungen anzuzeigen. Kommt der VN dieser Aufforderung nicht innerhalb eines Monats nach, besteht kein Versicherungsschutz für das erworbene Fahrzeug. § 11 (3)

Der Versicherungsschutz kann ganz oder zum Teil auch versagt werden, wenn der Fahrer bei Eintritt des Rechtsschutzfalles nicht die vorgeschriebene Fahrerlaubnis hatte, zum Führen des Fahrzeuges nicht berechtigt oder das Fahrzeug nicht zugelassen bzw. mit einem Versicherungskennzeichen versehen war. § 22 (5)

8.4 Privat-Rechtsschutz für Selbstständige und Privat- bzw. Berufs-Rechtsschutz für Nichtselbstständige

§§ 23, 25

a) Abgrenzung der beiden Vertragsarten

- Bei Ausübung selbstständiger Tätigkeiten mit einem Gesamtumsatz von mehr als 10 000,00 € im Kalenderjahr ist »Privat-Rechtsschutz für Selbstständige« abzuschließen (Privat-RS für Selbstständige/lt. Proximus-Tarif). § 25 (1) § 23
- Bei Ausübung nichtselbstständiger Tätigkeiten bzw. selbstständiger Tätigkeiten mit einem Gesamtumsatz bis zu 10 000,00 € im Kalenderjahr kommt »Privat- und Berufs-Rechtsschutz für Nichtselbstständige« in Betracht. Er ist der optimale Rechtsschutz für Nichtselbstständige ohne **Führerschein und Auto** (Kompakt-RS für Nichtselbstständige ohne Verkehrs-RS/lt. Proximus-Tarif).

Erzielt der VN und/oder sein mitversicherter Lebenspartner aus selbstständigen Tätigkeiten mehr als 10 000,00 € Gesamtjahresumsatz, wandelt sich der »Privat- bzw. Berufs-Rechtsschutz für Nichtselbstständige« in einen Vertrag über »Privatrechtsschutz für Selbstständige« um. Entfällt hingegen beim VN und/oder seinem mitversicherten Lebenspartner jegliche selbstständige Tätigkeit oder vermindert sich der Gesamtjahresumsatz auf 10 000,00 € und weniger, vollzieht sich die Umwandlung umgekehrt. § 23 (5) § 25 (5)

ARB 2008
§ 23 (1), (2)
§ 25 (1), (2)

b) Versicherte Personen

Neben dem VN sind mitversichert:

- der **eheliche, eingetragene** oder mit ihm in häuslicher Gemeinschaft zusammenlebende **sonstige Lebensparter**, soweit dieser **am Wohnsitz des VN amtlich gemeldet ist,**
- **die minderjährigen Kinder** (auch Adoptiv-, Pflege- und Stiefkinder),
- die **unverheirateten**, nicht in einer eingetragenen oder sonstiger Lebenspartnerschaft lebenden **volljährigen Kinder** (und zwar ohne Altersgrenze), jedoch längstens bis zu dem Zeitpunkt, in dem sie erstmalig eine auf Dauer angelegte berufliche Tätigkeit ausüben und hierfür ein leistungsbezogenes Entgelt erhalten.

c) Versicherte Leistungsarten (jeweils ohne Verkehrs-RS)

- **Schadenersatz-Rechtsschutz** (vgl. B 7.2.1)
- **Arbeits-Rechtsschutz** nur als Arbeitnehmer (vgl. B 7.2.6)

  Wenn weder der VN noch eine mitversicherte Person berufstätig ist (z. B. Pensionäre), kann »RS für Nichtberufstätige« (nach dem Tarif im Bedingungswerk 2 »Proximus Versicherung«) beantragt werden (Privat- und Berufs-RS ohne Arbeits-RS).

  § 25 (6) a Für die Wahrnehmung rechtlicher Interessen aus dem Bereich der betrieblichen Altersversorgung sowie des Beihilferechts besteht dennoch weiterhin Versicherungsschutz für Rentner und Pensionäre.

§ 25 (6) b
- **Wohnungs- und Grundstücks-Rechtsschutz** in der Eigenschaft als Eigentümer, Mieter oder Nutzungsberechtigter einer im Versicherungsschein bezeichneten selbst bewohnten Wohneinheit inkl. der ihr zuzurechnenden Garagen oder Kfz-Abstellplätze. Diese Leistungsart kann auf Antrag des VN aber auch ausgeschlossen werden.
- **Rechtsschutz im Vertrags- und Sachenrecht** (vgl. B 7.2.5)

  Wer keinen RS im Vertrags -und Sachenrecht wünscht, kann den » Basis-RS ohne Verkehrs-RS« für Nichtselbständige bzw. den »Basis-RS für Selbstständige« abschließen (Proximus-Tarif).

§ 23 (3)
§ 25 (3)
- **Steuer-Rechtsschutz vor Gerichten** (vgl. B 7.2.8)
- **Sozial-Rechtsschutz** (vgl. B 7.2.7)
- **Straf-, Ordnungswidrigkeiten und Disziplinar- bzw. Standes-Rechtsschutz** (vgl. B 7.2.2)
- **Beratungs-Rechtsschutz im Familien-, Lebenspartnerschafts- und Erbrecht** (vgl. B 7.2.9)
- **Rechtsschutz für Opfer von Gewaltstraftaten**
- **Verwaltungs-Rechtsschutz vor Gerichten** in nicht verkehrsrechtlichen Angelegenheiten

§ 25 (7) **Rechtsschutz in Ehesachen** und/oder **Rechtsschutz in Unterhaltssachen** kann auf Antrag zusätzlich mit eingeschlossen werden. Dieser Rechtsschutz wird in Proximus 2 (Fassung 2011) nicht angeboten.

d) Berufs-Rechtsschutz

§ 23 (1) b
§ 25 (1)

Beide Vertragsarten umfassen den **privaten** und **nur bei Ausübung einer nichtselbstständigen** Tätigkeit (Arbeitnehmer) auch den **beruflichen** Bereich des Versicherten.

Beispiel:
Der Versicherte wird angezeigt, dass er als Bauvorarbeiter Unfallverhütungsvorschriften nicht beachtet habe. Im Rahmen des Strafrechtsschutzes übernimmt der VR jetzt auch die Verteidigungskosten im Ermittlungs- bzw. sich anschließenden Bußgeldverfahren.

Risiken aus jeglicher selbstständiger Tätigkeit, auch wenn sie nur nebenberuflich ausgeübt wird, sind vom Berufs-Rechtsschutz in den o. a. Vertragsarten ausgeschlossen. Für solche Risiken wäre eine Berufs-Rechtsschutzversicherung für Selbstständige bzw. Firmen-Rechtsschutzversicherung gem. § 24 ARB 2008 abzuschließen. ARB 2008 § 23 (1) § 25 (1)

Als selbstständige Tätigkeit gilt auch die Verwaltung eigenen Vermögens unter Einsatz von Fremdmitteln und zwar unabhängig davon ob diese berufsmäßig erfolgt. § 23 (4)

8.5 Privat-, Berufs- und Verkehrs-Rechtsschutz für Nichtselbstständige

§§ 26 (1), 23, 25

Als gebräuchlichste Rechtsschutzkombination für die motorisierte Familie **umfasst dieses Rechtsschutzpaket in einem Vertrag** für die ganze Familie:

- den **Verkehrs-Rechtsschutz** (vgl. B 8.2),
- den **Privat- und Berufs-Rechtsschutz** für Nichtselbstständige (vgl. B 8.4).

Da der VN mit seiner Familie in der Regel zumindest auch Mieter oder Eigentümer einer selbstbewohnten Wohneinheit ist, ist auch hier das Grundangebot (ARB 2008) um den »Wohnungs- und Grundstücks-RS« erweitert worden (vgl. B 7.2.4). Es bedarf keiner besonderen Vereinbarung für diesen Risikoeinschluss. § 26 (4) 1 b

---

Besonderheiten: Verkehrs-RS

Versichert sind jetzt alle Motorfahrzeuge **zu Lande** (sowie Anhänger), zu Wasser oder in der Luft, die auf den VN und die mitversicherten Personen (vgl. B 8.4) während der Vertragsdauer zugelassen sind (Familienfahrzeuge). Das Gleiche gilt für Kraftfahrzeuge, die auf ihren Namen mit einem Versicherungskennzeichen versehen oder die von diesem Personenkreis als Selbstfahrer-Vermietfahrzeug (zum vorübergehenden Gebrauch) gemietet sind. § 26 (2)

Erweiterter Versicherungsschutz (ARB 2008)

- Auch Kraftfahrzeuge, die auf volljährige Kinder zugelassen werden, sind jetzt mitversichert und zwar unabhängig vom Alter der Kinder. Nach wie vor sind aber volljährige Kinder
  - nur bis zu dem Zeitpunkt mitversichert, in dem sie erstmalig (auf Dauer) berufstätig werden und hierfür ein leistungsbezogenes Entgelt erhalten,
  - unverheiratet sind und auch nicht in einer eingetragenen oder sonstigen Lebenspartnerschaft leben.
- Motorfahrzeuge jeglicher Art sind jetzt mitversichert – also nicht nur die in § 21 (1) ARB 2008 genannten Landfahrzeuge der mitversicherten Personen, sondern auch die auf sie zugelassenen Wasser- und Luftfahrzeuge.

Beispiel:
Der 26-jährige Sohn des VN – Ausbildung zum Bankkaufmann im 3. Ausbildungsjahr nach einem abgebrochenem Jurastudium – wird auf seinem Motorrad von einem Autofahrer angefahren. Auch wenn das Motorrad nicht auf den VN sondern auf den Sohn zugelassen ist, besteht Versicherungsschutz bei der Durchsetzung entsprechender Haftpflichtansprüche gegenüber dem Autofahrer. Der Sohn – obwohl volljährig – ist mit seinem Fahrzeug grundsätzlich in vollem Umfang mitversichert, wenn die o.a. Voraussetzungen erfüllt sind.

Beitragsberechnung:

Die Erkenntnis, dass die von diesem Personenkreis gehaltenen Motorlandfahrzeuge – zu denken ist in erster Linie an Pkws und Krafträder – eine bestimmte Höchstzahl nicht überschreiten, macht hier sogar die Kalkulation eines günstigen Pauschalbeitrags ohne Beitragsberechnung pro Fahrzeug, also auch ohne Meldepflicht bei Neuzulassung, möglich.

Vertragsumwandlung:

ARB 2008 § 26 (6)

- Haben der VN und/oder der mitversicherte Lebenspartner eine selbstständige Tätigkeit mit einem Gesamtumsatz von mehr als 10 000,00 € im letzten Kalenderjahr, **wandelt sich** der Versicherungsschutz ab Eintritt der Umstände in einen **Verkehrs-Rechtsschutz** – jedoch nur für die auf den VN zugelassenen, amtlich registrierten oder auf seinen Namen mit einem Versicherungskennzeichen versehenen Fahrzeuge – **und einen Privat-Rechtsschutz für Selbstständige um**.

§ 26 (7)

- Haben der VN und mitversicherte Personen seit mindestens 6 Monaten kein Land-, Wasser-, Luftmotorfahrzeug mehr, kann der VN verlangen, dass der Versicherungsschutz in einen **Privat- und Berufs-RS für Nichtselbständige** gem. § 25 ARB umgewandelt wird. Dies tritt automatisch ein, wenn außerdem keine Fahrerlaubnis mehr besteht, weder für den VN noch für mitversicherte Personen.

Lernkontrollen zu B 8

Verkehrs-Rechtsschutz

1 Welche Personen (neben dem VN) und welche Lebensbereiche für diese Personen sind im Rahmen der Verkehrs-Rechtsschutzversicherung versichert?

2 Herr Pesch wird von seiner Frau gebeten, sie wegen Kreislaufschwäche zum Arzt zu fahren. Seine Frau weiß noch nicht, dass er vor zwei Tagen nach einem ausgedehnten Altstadtbummel mit Kollegen in eine Verkehrskontrolle der Polizei geraten ist und an Ort und Stelle seinen Führerschein wegen zu viel Blutalkohol abgeben musste. Da Herr Pesch seine Frau in ihrem Krankheitszustand mit dieser Angelegenheit nicht auch noch belasten will, entschließt er sich, ihrem Wunsch nachzukommen. Er fährt besonders vorsichtig und kann dennoch nicht verhindern, dass ihn ein anderes Fahrzeug schuldhaft rammt. Dabei werden er und seine Frau verletzt sowie ihr Fahrzeug erheblich beschädigt.

Herr Pesch hat eine Verkehrs-Rechtsschutzversicherung.

Prüfen Sie, ob Herrn und Frau Pesch Deckung zur Durchsetzung ihrer Ansprüche gewährt werden kann.

3 Herr Müller wird von Herrn Herzog täglich in dessen Fahrzeug mit zur Arbeitsstelle genommen. Sie geraten in einen Unfall, bei dem Herr Müller erheblich verletzt wird.

Kann Herr Müller zur Durchsetzung seiner Ansprüche gegen den Unfallgegner bzw. dessen Versicherung die Verkehrs-Rechtsschutzversicherung des Herrn Herzog in Anspruch nehmen?

4 Wie würden Sie den vorgenannten Fall beurteilen, wenn Herr Herzog keine, Herr Müller dagegen eine Verkehrs-Rechtsschutzversicherung hätte?

5 Herr Sundermann hat einen Pkw und schließt deshalb im Juni eine Verkehrs-Rechtsschutzversicherung ab. Im Juli kauft er sich noch ein Motorrad, mit dem er bereits am nächsten Tag einen Verkehrsunfall erleidet.

a) Hat der VN für diesen Unfall aus seiner Verkehrs-Rechtsschutzversicherung Versicherungsschutz?

b) Besteht Versicherungsschutz, wenn sich der Unfall im August des nächsten Jahres, also 1 Jahr und 2 Monate nach Abschluss der Rechtsschutzversicherung, ereignet hat und der Beitrag für die zweite Versicherungsperiode gezahlt ist?

Sonstige Risikoarten

6 Der VN schafft sich ein Zweitfahrzeug an.

Welche Behandlung erfährt diese Risikoerweiterung in den Risikoarten Verkehrs-Rechtsschutz bzw. Privat-, Berufs- und Verkehrs-Rechtsschutz für Nichtselbstständige?

7 Sie sind Mitarbeiter/-in in einer Agentur der Proximus Rechtsschutzversicherung.

Herr Kienbaum ruft Sie an und berichtet, dass er sich selbstständig gemacht und eine Handelsvertretung eröffnet hat.

Er will wissen, ob durch diesen Berufswechsel der Deckungsumfang in seiner Rechtsschutzversicherung verändert wird oder ob er evtl. ganz wegfällt.

- **Auszug aus dem Vertragsspiegel**

VN: Peter Klienbaum

Beruf: Handlungsreisender

Versicherungsbeginn: 01. Aug. 2009 (3-Jahresvertrag)

Versicherte Risikoart: Privat-, Berufs- und Verkehrs-RS für Nicht-selbstständige (Kompakt-RS)

Fahrzeug: PKW Kennzeichen: FR-M 3980

Jahresbeitrag: 183,00 € (mit 100,00 € SB)

- **Arbeitsauftrag**

Geben Sie dem VN die sachgerechte Auskunft (ggf. mit Beitragsberechnung).

8 Fortsetzung zu Aufgabe 7:

4 Monate später ruft Sie Herr Kienbaum an und teilt Ihnen mit, dass er sich vor 14 Tagen einen neuen PKW gekauft hat, der auch schon auf ihn zugelassen ist. Das Kennzeichen lautet FR-KV 45. Herr Kienbaum erklärt Ihnen weiterhin, dass er den bisherigen (versicherten) PKW FR-M 3980 in der nächsten Woche wahrscheinlich verkaufen kann. Da dies aber noch ungewiss ist, möchte er auf jeden Fall wissen, ob für beide PKW Verkehrs-RS besteht bzw. welches Fahrzeug jetzt überhaupt versichert ist.

- **Arbeitsauftrag**

Informieren Sie Herrn Kienbaum entsprechend.

9 Sie sind Mitarbeiter/-in in einer Agentur der Proximus Versicherung AG und erhalten das folgende Schreiben des Kunden Georg Polke zur Bearbeitung:

Sehr geehrte Damen und Herren,

ich lebe seit 8 Monaten mit Frau Driver in häuslicher Gemeinschaft. In ca. 2 Jahren wollen wir auch heiraten. Frau Driver hat erst vor einem halben Jahr eine sehr preisgünstige Privat-, Berufs- und Verkehrs-Rechtsschutzversicherung für Nichtselbstständige bei der Maxim-Versicherung mit einer Laufzeit von 5 Jahren abgeschlossen.

Frau Driver behauptet als meine Lebenspartnerin, dass ich durch das eheähnliche Verhältnis jetzt bei ihr mitversichert sei. Sie hat mir deshalb geraten, meine dadurch überflüssig gewordene Rechtsschutzversicherung zu kündigen.

Ich kündige deshalb meine Rechtsschutzversicherung zum nächstmöglichen Termin.

Da ich erst kürzlich die Jahresprämie entrichtet habe, rechne ich mit einer entsprechenden Prämienrückerstattung.

Mit freundlichen Grüßen

G. Polke

Auszug aus dem Vertragsspiegel

VN: Georg Polke, Angestellter, 2 Kinder (Olaf, 10 Jahre, Franz, 14 Jahre)

Privat-, Berufs- und Verkehrs-Rechtsschutz für Nichtselbstständige (Normaltarif, Kompakt-RS)

Versicherungsbeginn: 01. April 2009, Versicherungsdauer: 3 Jahre

Jahresbeitrag 183,00 € (mit 100,00 € Selbstbeteiligung im Versicherungsfall)

Arbeitsauftrag

Erörtern Sie dem Kunden die Rechtslage.

Lernsituationen zu Lernfeld 10: Kunden gegen Schadenersatzforderungen absichern und die Durchsetzung ihrer Rechte ermöglichen

Lernsituation 1:

»Ein Vormittag im Außendienst der Agentur«

Sie sind Mitarbeiter in der Versicherungsagentur Hilmar Krause der Proximus Versicherung AG und vertreten den erkrankten Kollegen Müller, der für den Bereich Haftpflicht- und Rechtsschutzversicherung zuständig ist.

Am heutigen Vormittag stehen Beratungen bei zwei Kunden an, die um einen Besuch gebeten haben, da sie sich für den Abschluss einer Haftpflicht- bzw. Rechtsschutzversicherung interessieren.

Erster Kundenbesuch

Der Kunde Max Faller hat in einer Veröffentlichung einer Verbraucherzeitschrift gelesen, dass die Proximus Versicherung, auch im Bereich der Haftpflichtversicherung günstige Tarife anbietet.

Beim Besuch werden Sie schon am Eingangstor von einem Schäferhund beschnuppert. In dem Gespräch erfahren Sie, dass dies der Hund des Nachbarn ist, den Frau Faller tagsüber beaufsichtigt. Außerdem teilt Ihnen Herr Faller mit, dass der 20-jährige Sohn Uwe gerade seine Ausbildung zum Industriekaufmann erfolgreich abgeschlossen hat. In 14 Tagen wird er ein freiwilliges Jahr bei der Caritas ableisten. Anke, die älteste Tocher (22 Jahre), studiert Wirtschaftswissenschaft im 2. Semester in Köln. Sie wird demnächst mehrere Semester in den USA studieren.

Herr Faller vermietet seit 2 Monaten im Untergeschoss seines Einfamilienhauses, welches mit einer Ölheizung beheizt wird, eine Einliegerwohnung, die ihm Mieteinnahmen von 450,00 € pro Monat einbringt. Die Ölheizung hat einen 10 000 Liter Kellertank.

Bisher hat Herr Faller bei einem Konkurrenzunternehmen eine Privat-HV ohne Einschlüsse von Sonderrisiken.

- **Auszug aus dem Vertragsspiegel bei der Proximus Versicherung**

Kunde:
Max Faller, geb. 22. Dez. 1969, verheiratet, 2 Kinder

Beruf:
kaufmännischer Angestellter

Versicherungsvertrag:
Kfz-Haftpflichtversicherung, Teilkasko mit 300,00 € Selbstbeteiligung

- **Arbeitsauftrag**

a) Erläutern Sie Herrn Faller an entsprechenden Schadenbeispielen, dass für ihn bzw. seine Familie zusätzlicher Absicherungsbedarf im Haftpflichtbereich besteht.

b) Unterbreiten und erläutern Sie Herrn Faller ein sinnvolles Angebot mit Beitragsberechnung.

Zweiter Kundenbesuch

Gegen 10 Uhr am Vormittag besuchen Sie die Kundin Maria Krüger.

Frau Krüger, verwitwet, ist an einer Rechtsschutzversicherung interessiert. Im Verlauf des Beratungsgespräches erfahren Sie, dass Frau Krüger keinen Führerschein hat und weder sie noch ihre 3 Kinder (Lisa, 12 Jahre, Rolf, 15 Jahre, Hans, 19 Jahre) ein Kfz besitzen. Allerdings hat ihr Sohn Hans, der in Berlin studiert, in der letzten Woche den Führerschein der Klasse 3 erworben. Er wird jetzt regelmäßig das Kfz seiner Freundin benutzen. Frau Krüger bewohnt mit ihren Kindern eine erst vor kurzem erworbene große Eigentumswohnung. Ein Zimmer der Wohnung hat Frau Krüger an ihren Neffen vermietet, der zzt. in Offenburg studiert. Frau Krüger ist Hausfrau. Sie will aber später wieder berufstätig sein.

- **Auszug aus dem Vertragsspiegel**

Versicherungsnehmerin: Maria Krüger, Offenburg, Rosenweg 6
Haftpflichtversicherungen:
– Privat-HV (Grundrisiko)
– Grundbesitzer-HV (unbebautes Grundstück bis 2 000 m^2)
Deckungssummen: jeweils 2 Mio. € pauschal

- **Arbeitsauftrag**

  Beraten Sie Frau Krüger und erläutern Sie ihr und ihrem Sohn ein risikogerechtes Rechtsschutz-Versicherungsangebot.

  Berechnen Sie auch ggf. die zu zahlenden Jahresbeiträge für ihre beiden Angebote.

Lernsituation 2:

»Nachmittags in den Büroräumen der Agentur«

Erster Arbeitsauftrag

Nach ihrer Rückkehr von den Kundenbesuchen werden Sie gleich vom Agenturinhaber Krause empfangen. Er gibt Ihnen das folgende Schreiben des langjährigen Kunden Ralf Zimmermann und bittet Sie, die geschilderten Versicherungsfälle zu prüfen. Am Abend will er dann mit Ihnen zusammen den Kunden aufsuchen und beraten.

Sehr geehrte Damen und Herren,

unser letzter Urlaub war leider übersät von Missgeschicken. Es ist mir peinlich, eine solche Fülle von Schadenereignissen melden zu müssen. Dennoch bitte ich um wohlwollende Prüfung und Regulierung:

Meine Ehefrau, unser 7-jähriger Sohn Markus sowie unser 6-jähriger Neffe Heiner und ich haben den diesjährigen Winterurlaub in Saas Fee/Schweiz verbracht. Den Neffen haben wir mitgenommen, damit unser Sohn einen Spielkameraden hat.

Bei der ersten Rast auf dem Autobahnrastplatz Hunsrück hat unser Neffe im Autobahnrestaurant einen Stapel Porzellanteller umgeworfen, als er versuchte, den obersten Teller herunterzunehmen. Viel zu spät haben wir erkannt, dass er sich am Tellerstapel bedienen wollte, und konnten den Schaden deshalb nicht mehr verhindern. Dem Pächter des Restaurants haben wir an Ort und Stelle die von ihm verlangten 100,00 € Schadenersatz gezahlt.

Im Restaurant unseres Hotels hat sich der nächste Zwischenfall ereignet. Diesmal war mein Sohn der Schadenstifter. Er hat im Wachs der Tischkerze rumgestochert und diese dabei umgeworfen. Die Damast-Tischdecke hat einen Sengschaden davongetragen. Der Hotelier hat 40,00 CHF Schadenersatz auf meine Hotelrechnung gesetzt.

Am nächsten Tag erreichte dann die Pechsträhne ihren Höhepunkt:

Bei der Skiabfahrt durch das sog. Kanonenrohr, die als besonders schwierig gilt, habe ich die Kontrolle über meine Skier verloren und einen anderen Skifahrer, der englischer Staatsbürger ist, umgefahren. Der geschädigte Engländer musste von der Bergrettung mit einem Schlitten wegen Verdachts auf Wirbelsäulenverletzung ins Tal gebracht werden. Glücklicherweise hat sich die Vermutung nicht bestätigt. Nach Auskunft der Bergrettung und des behandelnden Arztes muss ich jedoch mit Kosten in Höhe von insgesamt 4 000,00 CHF rechnen. Wahrscheinlich wird der geschädigte Engländer auch noch einen Verdienstausfall und Schmerzensgeld geltend machen.

Zur gleichen Zeit ist meiner Frau das Snowboard des Kindes eines Hotelgastes abhanden gekommen. Der Hotelgast hatte meine Frau gefragt, ob sie das Snowboard freundlicherweise mit ins Hotel nehmen könne, da er zusammen mit seinem Sohn noch einen verloren gegangenen Handschuh auf der Piste suchen wolle. Meine Frau hat zugestimmt, auf dem Weg zum Hotel jedoch ein Sportgeschäft aufgesucht und deshalb das Snowboard kurz vor der Tür abgestellt. Als sie zurückkehrte, war es leider verschwunden. Für die Beschaffung eines neuen Snowboards am Urlaubsort haben wir 380,00 CHF ausgelegt.

Bitte teilen Sie mir schnellstmöglich mit, ob ich mit einem Schadenersatz aus meiner Privat-Haftpflichtversicherung rechnen kann.

Mit freundlichen Grüßen

R. Zimmermann

Auszug aus dem Vertragsspiegel

Privat- und Sporthaftpflichtversicherung
Versicherungsnehmer: Ralf Zimmermann
Holunderweg 5
41199 Mönchengladbach

Deckungssumme: 2 Mio. € pauschal

Versicherungsbeginn: 01. Jan. 2009

Versicherungsdauer: 3 Jahre

Jahresbeitrag ohne VersSt: 98,00 €

Zusatzdeckungen: keine

Anzahl der bisherigen Schäden: keine

Arbeitsauftrag

Prüfen Sie, ob und inwieweit Versicherungsschutz besteht. Stellen Sie Ihre Entscheidungen stichwortartig dar.

Zweiter Arbeitsauftrag

Herr Krause ist mit dem Ergebnis des ersten Arbeitsauftrages sehr zufrieden, zumal sie Herrn Müller nur vertreten und die Haftpflicht- sowie Rechtsschutzversicherung für sie großenteils Neuland ist.

Er traut Ihnen deshalb zu, auch das nachfolgende Kundenschreiben sachgerecht zu bearbeiten.

Frau Jutta Lenzen schreibt:

> Sehr geehrte Damen und Herren,
>
> mein Ehemann soll über eine gerade auf »Rot« wechselnde Ampel gefahren sein. Dies wird von zwei Polizeibeamten, die aus einem Zivilfahrzeug heraus das Verkehrsgeschehen kontrollierten, ausgesagt. Mein Mann hat zwischenzeitlich einen Anhörungsbogen erhalten. Er ist jedoch der Auffassung, dass ihn keine Schuld trifft, da er wegen eines rechts geparkten Lkws und links neben ihm fahrenden Lkws die Ampeln erst in buchstäblich letzter Minute sehen konnte. Als er erkannte, dass sie bereits auf Gelb standen, hat er nicht mehr gewagt zu bremsen, da er einen möglichen Aufprall des hinter ihm fahrenden Fahrzeuges befürchtete.
>
> Mit freundlichen Grüßen
>
> *Jutta Lenzen*

- **Auszug aus dem Vertragsspiegel**

> Verkehrs-Rechtsschutzversicherung
> Versicherungsnehmerin: Jutta Lenzen
> Kfz-Haftpflichtversicherung mit Teilkasko
> Versicherungsnehmerin: Jutta Lenzen
> Kfz-Haftpflichtversicherung mit Vollkasko
> Versicherungsnehmer: Martin Lenzen

- **Arbeitsauftrag**

Prüfen Sie die Sach- und Rechtslage und stellen Sie stichwortartig für die Rückantwort zusammen, unter welcher Voraussetzung die Rechtsschutzversicherung eintritt und welche Leistungen Frau Lenzen dann erwarten darf.

C Kraftfahrtversicherung

Lernfeld 11: Kunden beim Abschluss von Kraftfahrtversicherungen beraten und Verträge bearbeiten

Ziel:

Die Schülerinnen und Schüler informieren sich über Zweck und Umfang der Pflichtversicherung für Kraftfahrzeuge und analysieren die Risiken, die mit dem Führen und Halten eines Kraftfahrzeugs verbunden sind. Sie erläutern dem Privatkunden den Umfang des Versicherungsschutzes in der Kraftfahrthaftpflicht-, Fahrzeug- und Verkehrsserviceversicherung. Sie gehen dabei auch auf internationale Vereinbarungen zur gegenseitigen Regulierungshilfe ein und wenden fremdsprachige Fachbegriffe an. Sie bieten bedarfsgerechten Versicherungsschutz an, nehmen Anträge auf und ermitteln und beurteilen die für die Beitragsberechnung erforderlichen Risikomerkmale. Sie beraten bei Risiko- und Vertragsänderungen und empfehlen zweckmäßige Vertragsanpassungen. Im Versicherungsfall nehmen sie die Deckungs- und gegebenenfalls die Haftungsprüfung vor, erläutern und begründen dem Kunden ihre Entscheidung. Zur Beratung setzen die Schülerinnen und Schüler zielgerichtet Informations- und Kommunikationssysteme ein und präsentieren ihre Ergebnisse.

1 Versicherungsarten

1.1 Kraftfahrtrisiken und Bedeutung der Kraftfahrtversicherung

1.1.1 Risiken im Zusammenhang mit dem Kraftfahrzeug

Situation

Aus dem Polizeibericht:

Zu einem schweren Verkehrsunfall kam es gestern kurz vor 14 Uhr in Höhe der Ortslage Hoisten. Ein 21-jähriger Neusser befuhr, aus Richtung Grevenbroich kommend, die Landstraße 142 mit seinem nagelneuen Sportwagen. Am Ende einer scharfen Rechtskurve geriet er wegen Straßennässe nach links von der Fahrbahn ab und prallte direkt in einen entgegenkommenden Pkw, in dem ein 19-jähriger Düsseldorfer saß. Bei dem Zusammenstoß wurden beide Fahrer in ihren Fahrzeugen eingeklemmt. Erst mit Hilfe der Feuerwehr und dem Einsatz eines Rüstwagens konnten die Schwerverletzen befreit und in das Krankenhaus von Grevenbroich eingeliefert werden. Beide Fahrer erlitten komplizierte Brüche und Prellungen, schweben aber nicht mehr in Lebensgefahr. Die Fahrzeuge sind nur noch schrottreif. Der Sachschaden wird auf insgesamt 35 000,00 € geschätzt.

Im Jahr 2010 ereigneten sich in Deutschland 2398414 registrierte Verkehrsunfälle. Dabei verunglückten 288287 Personen, darunter 3651 tödlich. Zwar ist die Zahl der Verkehrstoten seit 1970 mit 19193 Unfalltoten insbesondere durch Aufklärung, Ausbau des Straßennetzes und sicherere Fahrzeuge ständig gesunken; aber jeder Schaden ist noch immer mit menschlichem Leid verbunden. Dieses Leid wächst mit der Schwere des Unfalls und ist mit Geld kaum wieder gutzumachen.

Im Beispielsfall ist der Fahrer des Sportwagens als Alleinverursacher des Unfalls anzusehen; denn seine Fahrtgeschwindigkeit war offensichtlich nicht den Straßenverhältnissen angepasst. Er muss deshalb zunächst für den Schaden des 19-jährigen Geschädigten aufkommen. Da ein Schädiger häufig nicht die finanziellen Mittel besitzt, den von ihm angerichteten Schaden zu begleichen, hat der Gesetzgeber die Versicherungspflicht für bestimmte Kraftfahrzeughalter vorgesehen (vgl. C 2.1.1). Der Geschädigte kann also mit dem Ersatz seines Schadens durch die Kfz-Haftpflichtversicherung des Schädigers rechnen.

Auch der Unfallverursacher erleidet im Beispielsfall einen erheblichen Schaden. Auf der einen Seite können die erlittenen Verletzungen weitere Folgen (z.B. dauernde Einschränkung der Leistungsfähigkeit und damit Verdienstausfall) bewirken, auf der anderen Seite ist ein erheblicher Sachwertverlust festzuhalten. Gegen diese Risiken kann durch entsprechende Versicherungen im Rahmen der Kraftfahrtversicherung ebenfalls in bestimmtem Umfang vorgebeugt werden.

1.1.2 Wirtschaftliche Bedeutung der Kraftfahrtversicherung

Die Kraftfahrtversicherung ist wie kein anderer Versicherungszweig mit der wirtschaftlichen Entwicklung unserer Volkswirtschaft verbunden.

Motorisierung der weiblichen und männlichen Bevölkerung bis 2030

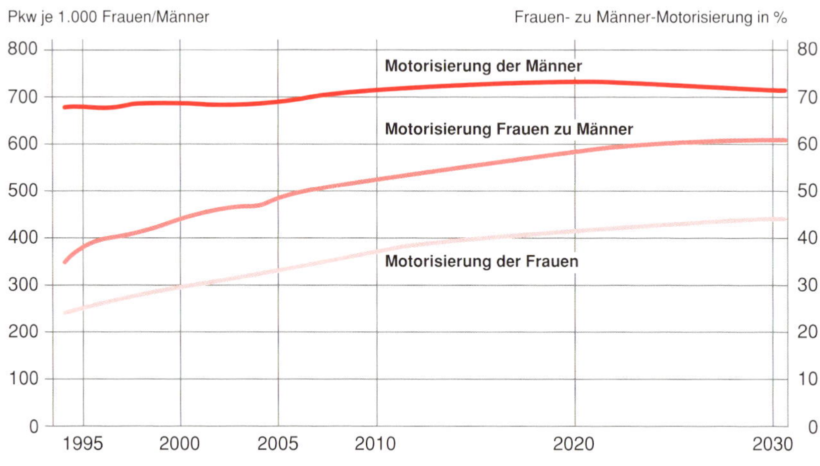

Quelle: Shell Pkw-Szenarien bis 2030

Im Jahr 2009 waren ca. 56,86 Millionen Fahrzeuge aller Art haftpflichtversichert. Die Kaskoversicherung (Fahrzeugversicherung) verzeichnete ca. 25,23 Millionen dieser Fahrzeuge zusätzlich als vollkasko- und ca. 17,3 Millionen als teilkaskoversichert.

Die Beitragseinnahmen in der gesamten Kraftfahrtversicherung betrugen 2009 rund 20,06 Mrd. €. Dem standen Schadenaufwendungen von ca. 19,4 Mrd. € gegenüber. Durchschnittlich mussten für jeden Haftpflichtschaden 3594,00 € aufgebracht werden.

An Entschädigungsleistungen wurden in der Kaskoversicherung (Voll- und Teilkasko) ca. 2,19 Mio. € aufgewendet. Der Diebstahl eines Porsche schlug durchschnittlich mit 47 000,00 € und der eines Opel mit 3 500,00 € zu Buche.

1.2 Arten und Rechtsgrundlagen der Kraftfahrtversicherung

1.2.1 Versicherungsarten

Übersicht

Kraftfahrtversicherung

Kfz-Haftpflichtversicherung

Die **Kfz**-Haftpflichtversicherung bezieht sich auf die gesetzliche Haftpflicht des Fahrzeughalters und der mitversicherten Personen im Zusammenhang mit dem Gebrauch des Kraftfahrzeuges (vgl. C 4). Sie ist eine Pflichtversicherung (vgl. C 2).

Kaskoversicherung

Die **Kasko**versicherung hat die Beschädigung, Zerstörung und den Verlust des versicherten Kraftfahrzeuges und mitversicherter Fahrzeug- und Zubehörteile zum Inhalt (vgl. C 5) Der Umfang des Versicherungsschutzes bestimmt sich danach, ob Vollkasko oder Teilkasko mit bzw. ohne Selbstbeteiligung vereinbart wurde.
Leistungserweiterungen können durch die Vereinbarung von KaskoPlus (vgl. C 5.3) vereinbart werden.

Kfz-Unfallversicherung

Die Kfz-Unfallversicherung kann vereinbart werden nach dem Pauschalsystem für berechtigte Insassen, als FahrerPlus-Versicherung für den berechtigten Fahrer oder als InsassenPlus-Versicherung, die eine Kombination aus den beiden vorgenannten Unfallversicherungsarten darstellt (vgl. C 7.2).

Autoschutzbrief (AutoPlus)

Der VR erbringt bei bestimmten Ereignissen (z. B. Fahrzeugpanne) Leistungen als Service oder als Ersatz für vom VN aufgewandte Kosten (vgl. C 6).

Die AKB 2008 (vgl. Abschn. C 1.2.2 b) führen unter der Bezeichnung **Kfz-Versicherung** die folgenden Versicherungsarten:

- **Kfz-Haftpflichtversicherung**
- **Kaskoversicherung inkl. KaskoPlus**
- **Autoschutzbrief (AutoPlus)**
- **Kfz-Unfallversicherung**
- **FahrerPlus-Versicherung**
- **InsassenPlus-Versicherung**

Die **Kaskoversicherung** wird nach Vollkasko und Teilkasko unterschieden.

Die verschiedenen Arten der Kfz-Versicherung können einzeln oder in einem Vertrag gemeinsam versichert werden. Die Antragsformulare sehen regelmäßig die Möglichkeit vor, gleichzeitig auch eine Verkehrs-Rechtsschutzversicherung (vgl. B 8.2) zu beantragen. Das Versicherungspaket wird dann häufig unter einer gemeinsamen Bezeichnung, wie z. B. Auto-Rundum-Versicherung, geführt.

AKB 2008 Einleitung S. 2

Nach den AKB 2008 werden die Versicherungsarten der Kfz-Versicherung als jeweils rechtlich selbstständige Verträge abgeschlossen.

1.2.2 Rechtsquellen

Die Kraftfahrtversicherung ist von einer Vielzahl rechtlicher Bestimmungen begleitet, die auf gesetzlicher und vertraglicher Grundlage beruhen.

a) Rechtsgrundlagen gesetzlicher Art

➤ Normen des Privatrechts

Für das Vertragsrecht der Kraftfahrtversicherung gelten in erster Linie die Normen des **VVG** und die allgemeinen Bestimmungen des **BGB**, soweit nicht andere Regelungen, z. B. vertragliche Vereinbarungen, vorrangig anzuwenden sind.

➤ Normen des öffentlichen Rechts

Für die Kfz-Haftpflichtversicherung kommen darüber hinaus als Normen des **öffentlichen Rechtes** zur Anwendung:

- **Pflichtversicherungsgesetz (PflVG)**

  Das PflVG regelt zunächst die Pflicht zum Abschluss einer **Kfz-Haftpflichtversicherung** für bestimmte Kraftfahrzeughalter (vgl. C 2.1.1).

  Im Rahmen der Kfz-Haftpflichtversicherung sind aufgrund europarechtlicher Vorschriften bestimmte Mindeststandards zum Schutz von potentiellen Kfz-Unfall-Geschädigten einzuhalten. Diese Mindestanforderungen sind ebenfalls im PflVG geregelt.

  Um beispielsweise die Schwierigkeiten bei einem Verkehrsunfall im Ausland zu minimieren, sieht das PflVG u.a. vor:

  - die Einrichtung von Auskunftsstellen in den Mitgliedsstaaten (vgl. C 2.3.3),
  - Fristsetzung für die Schadenregulierung (vgl. C 2.2.1),
  - die Schadenregulierung durch Entschädigungsstellen bei Nichteinhaltung dieser Frist (vgl. C 2.3.5).

- **Kraftfahrzeug-Pflichtversicherungsverordnung (KfzPflVV)**

  Aufgrund einer Ermächtigung im PflVG ist die Kraftfahrzeug-Pflichtversicherungsverordnung (KfzPflVV) ergangen, in der die durch das PflVG vorgegebenen Standards konkretisiert werden. Die Versicherungsbedingungen zur Kfz-Haftpflichtversicherung im Rahmen der Pflichtversicherung müssen mindestens diese Standards einhalten.

- **Ausländer-Pflichtversicherungsgesetz (AuslPflVG)**

  Das AuslPflVG regelt u. a. die Versicherungspflicht für bestimmte ausländische Fahrzeuge, die im Inland keinen regelmäßigen Standort haben (vgl. C 2.1.1).

b) Rechtsgrundlagen vertraglicher Art

Hierzu zählen vor allem:

- **Allgemeine Bedingungen für die Kfz-Versicherung (AKB 2008)**

  Die Bestimmungen der AKB 2008 sind nicht nach Paragraphen, sondern nach Buchstaben und innerhalb der Buchstaben nach Zahlen geordnet.

  Beispiel:
  - J Merkmale zur Beitragsberechnung
  - J.3 Individuelle Tarifmerkmale
  - J.3.1 Pkw

  Hinweis:

  Die Abschnitte dieses Lehrbuches sind ebenfalls nach Buchstaben und innerhalb der Buchstaben nach Zahlen geordnet. Damit es nicht zu Verwechslungen kommt, wenn auf andere Inhalte des Lehrbuches oder auf AKB-Bestimmungen Bezug genommen wird, ist durchgehend folgende Darstellung gewählt:

  Beispiel für den Bezug auf eine AKB-Bestimmung:

  A.1.1.5 AKB 2008

  Man beachte, dass gem. AKB 2008 zwischen Buchstabe und Ziffer einer Bestimmung ein Punkt steht und das Bedingungswerk (AKB 2008) gleichzeitig genannt ist.

  Beispiel für den Bezug auf einen Inhalt des Lehrbuches:

  (vgl. C 4.2.4) bzw. (siehe C 4.2.4)

  Hinter dem Buchstaben des jeweiligen Abschnittes befindet sich kein Punkt.

  Für die **Kaskoversicherung und Kfz-Unfallversicherung** gelten keine rechtlichen Besonderheiten gegenüber anderen Sparten der Schadenversicherung.

- **Liste der mitversicherten Fahrzeug- und Zubehörteile**
- **Erklärungen auf dem Antrag**

  Hierzu zählt beispielsweise die Bestätigung, dass das Produktinformationsblatt sowie die Informationen nach § 1 VVG-InfoV einschließlich der AKB 2008 und das Merkblatt zur Datenverarbeitung ausgehändigt wurden.

  Eine vertragsrechtliche Besonderheit kennen die AKB 2008 nach K.3, K.6, K.7 und N.1. Tarifänderungen, gesetzliche Änderungen des Leistungsumfanges, Strukturänderungen und Bedingungsanpassungen gelten nicht nur für neue, sondern auch für bestehende Verträge. Der VN ist über die Änderungen zu informieren und hinsichtlich seines außerordentlichen Kündigungsrechtes, sofern dieses für den konkreten Änderungsfall vorgesehen ist, zu belehren.

1.3 Geltungsbereich der Kraftfahrtversicherung

Für die **Kfz-Haftpflichtversicherung** enthält die KfzPflVV eine gesetzliche Bestimmung zum Geltungsbereich und zur Höhe des Versicherungsschutzes. Danach ist Versicherungsschutz in **Europa sowie in den außereuropäischen Gebieten, die zum Geltungs-** KfzPflVV §1(1)

bereich des Vertrages über die europäische Wirtschaftsgemeinschaft gehören (z. B. Kanarische Inseln), in der Höhe zu gewähren, die in dem jeweiligen Land gesetzlich vorgesehen ist, mindestens jedoch in der in Deutschland vorgesehenen Höhe (vgl. C 2.1.4 – Deckungssummen).

Der räumliche Geltungsbereich kann durch vertragliche Vereinbarung ausgedehnt werden. Die vorstehenden Bestimmungen über die Höhe des Versicherungsschutzes sind dabei zu beachten.

Diese Bestimmung der KfzPflVV für die Kfz-Haftpflichtversicherung ist in den AKB 2008 mit der sprachlichen Änderung »....die zum **Geltungsbereich der Europäischen Union** gehören« sowohl für

AKB 2008 A.1.4.1 – die Kfz-Haftpflichtversicherung,

als auch für

A.2.6.1 – Kaskoversicherung inkl. KaskoPlus,

A.3.4.1 – den Autoschutzbrief,

A.4.3.1 – die Kfz-Unfallversicherung,

A.5.4.1 – die FahrerPlus-Versicherung.

übernommen worden.

A.1.4.3, A.2.6.3, A.3.4.3, A.4.3.3, A.5.4.3

In der Kfz-Haftpflichtversicherung kann der Versicherungsschutz durch gesonderte Vereinbarung auch auf weitere Gebiete ausgedehnt werden, während der Geltungsbereich in den übrigen Zweigen der Kfz-Versicherung durch gesonderte Vereinbarung sowohl erweitert als auch eingeschränkt werden kann.

Aufgrund dieser Bestimmung kann ein VR mit dem VN beispielsweise vereinbaren, dass kein Kaskoversicherungsschutz in bestimmten Staaten (z. B. Russland) besteht.

Lernkontrollen zu C 1

Rechtsquellen

1 Welche Bedeutung haben das PflVG und die KfzPflVV für die Kraftfahrtversicherung?

Geltungsbereich der Kraftfahrtversicherung

2 Der Student Gerd Daniels erscheint in einer Agentur der Proximus Versicherung AG. Er will eine zweimonatige Marokkorundreise mit seinem Pkw während der Semesterferien unternehmen und wissen, ob seine Kfz-Versicherung ausreichenden Versicherungsschutz bietet.

Auszug aus dem Vertragsspiegel

Kfz-Haftpflichtversicherung mit unbegrenzter Deckung

Teilkasko mit 150,00 € Selbstbeteiligung

Besondere Vereinbarungen: keine

Arbeitsauftrag

Beraten Sie den Versicherungsnehmer hinsichtlich seiner Versicherungsschutzinteressen.

2 Versicherungspflicht in der Kraftfahrzeug-Haftpflichtversicherung

2.1 Bedeutung und Umfang der Versicherungspflicht

Übersicht

Versicherungspflicht

- Leitgedanke
  - Schutz des Verkehrsopfers siehe C 2.1.1
- für Inländer (PflVG) / für Ausländer (AuslPflVG)
  - wenn versicherungspflichtiges Fahrzeug auf öffentlichen Wegen und Plätzen verwendet wird
- Mindestdeckung C 2.1.4
  - 7 500 000 € für Personenschäden
  - 1 000 000 € für Sachschäden
  - 50 000 € für Vermögensschäden
- Annahmezwang für die Versicherung bestimmter Kfz C 2.1.3
  - Ausnahmen nur in den gesetzlich vorgesehenen Fällen
- Nachweis des Versicherungsschutzes C 2.1.5
  - bei Zulassung im Inland nach dem eVB-Verfahren
  - bei Einreise durch Grüne Versicherungskarte oder Grenzversicherungsschein

2.1.1 Versicherungspflicht für In- und Ausländer

PflVG § 1

Der **Halter** eines Kraftfahrzeuges oder Anhängers mit regelmäßigem Standort im Inland ist verpflichtet, für sich, den **Eigentümer** und den **Fahrer** eine Haftpflichtversicherung, zur Deckung durch den Gebrauch des Fahrzeugs verursachten Personenschäden, Sachschäden und sonstigen Vermögensschaden abzuschließen und aufrechtzuerhalten, wenn das Fahrzeug auf öffentlichen Wegen oder Plätzen (§ 1 des Straßenverkehrsgesetzes) verwendet wird.

Ziel dieser Vorschrift ist es, den geschädigten Dritten, das sog. **Verkehrsopfer**, vor den wirtschaftlichen Folgen nach einem Unfall zu schützen. Unter »Verwendung des privatrechtlichen Instituts der Haftpflichtversicherung« (so die amtliche Begründung zum PflVG) wird der im PflVG verankerte Grundsatz des Schutzes der Verkehrsopfer erreicht.

AuslPflVG § 1 (1) §§ 2–6

Für ausländische Kraftfahrzeuge und Kraftfahrzeuganhänger, die im Inland keinen regelmäßigen Standort haben, bestimmt das »Gesetz über ausländische Kraftfahrzeuge und Kraftfahrzeuganhänger« **(Ausländer-Pflichtversicherungsgesetz),** dass diese auf öffentlichen Straßen oder Plätzen im Geltungsbereich des Gesetzes nur gebraucht werden dürfen, wenn ebenfalls eine Haftpflichtversicherung für den Halter, den Eigentümer und den Fahrer (Führer des Fahrzeuges lt. AuslPflVG) zur Deckung verursachter Personen- und Sachschäden besteht. Der Umfang des Versicherungsschutzes muss dem nach den AKB entsprechen.

Das Verkehrsopfer ist bei Schädigung durch ein ausländisches Fahrzeug also nicht schlechter gestellt als bei Ansprüchen gegen einen Inländer. Das Ausländer-Pflichtversicherungsgesetz wurde notwendig, da der Versicherungsschutz der ausländischen Haftpflichtversicherung häufig nicht dem Versicherungsschutz nach den AKB entsprach und es auch schwierig war, Ansprüche gegen einen Halter oder VR im Ausland durchzusetzen.

BGH 1954	● **Halter**	eines Kraftfahrzeuges (Kraffahrzeughalter) ist nach der Rechtsprechung derjenige, der das Fahrzeug für eigene Rechnung in Gebrauch hat und über das Fahrzeug die solchen Gebrauch voraussetzende Verfügungsgewalt besitzt.
	● **Eigentümer**	ist, wer die rechtliche Verfügungsgewalt über das Fahrzeug besitzt.
BGH 1962	● **Fahrer**	ist nach der Rechtsprechung derjenige, der das Kraftfahrzeug im Zeitpunkt des Unfalles tatsächlich steuert oder im Zeitpunkt des Schadenereignisses das Kfz in eigener Verantwortung führt, d. h. diejenigen Verrichtungen ausübt, die erforderlich sind, damit die bestimmungsgemäßen Triebkräfte auf das Fahrzeug zur Fortbewegung einwirken.

Nähere Einzelheiten zum versicherten Personenkreis sind in C 4.2.4 dargestellt.

2.1.2 Befreite Fahrzeughalter

PflVG § 2

Nicht versicherungspflichtig sind

- die Bundesrepublik Deutschland,
- die Länder,
- die Gemeinden mit mehr als 100 000 Einwohnern,
- die Gemeindeverbände sowie Zweckverbände, denen ausschließlich Körperschaften des öffentlichen Rechts angehören,

  Hierbei handelt es sich um Zusammenschlüsse für die Erfüllung überregionaler Aufgaben, z. B. Wasserversorgung.
- juristische Personen, die für Schäden aus der Kraftfahrzeughaltung von einem Haftpflichtschadenausgleich Deckung erhalten.

VAG § 1 (3) Nr. 3

Dabei handelt es sich um freiwillige Zusammenschlüsse von Gemeinden und Gemeindeverbänden mit dem Zweck, die Schäden ihrer Mitglieder durch Umlegung auszugleichen. Sie bilden insofern eine Gefahrengemeinschaft, unterliegen aber nicht der Versicherungsaufsicht.

► Der Gesetzgeber geht davon aus, dass die genannten Halter aufgrund ihrer Finanzkraft in der Lage sind, berechtigte Schadenersatzforderungen der durch sie geschädigten Verkehrsopfer selbst auszugleichen.

Die vorgenannten befreiten Fahrzeughalter können jederzeit eine den Vorschriften des Pflichtversicherungsgesetzes entsprechende Haftpflichtversicherung abschließen. Ohne eine derartige Versicherung haben sie für Schäden in gleicher Weise und in gleichem Umfang einzutreten wie ein VR bei Bestehen einer entsprechenden Haftpflichtversicherung. PflVG § 2 (2)

Von der Versicherungspflicht befreit sind ferner die Halter von § 2 (1) Nr. 6

- Kraftfahrzeugen, deren durch die Bauart bestimmte Höchstgeschwindigkeit 6 Kilometer je Stunde nicht übersteigt,
- selbstfahrende Arbeitsmaschinen, deren Höchstgeschwindigkeit 20 Kilometer je Stunde nicht übersteigt, wenn sie den Vorschriften über das Zulassungsverfahren nicht unterliegen,
- Anhängern, die den Vorschriften über das Zulassungsverfahren nicht unterliegen.

► Der Gesetzgeber geht davon aus, dass diese **Fahrzeuge** aufgrund ihrer Bauart allenfalls einen **begrenzten Schaden** anrichten können, den der Halter selbst zu tragen vermag.

2.1.3 Annahmezwang (Kontrahierungszwang)

a) Bestimmungen im Pflichtversicherungsgesetz

Die in § 1 PflVG vorgeschriebene Haftpflichtversicherung kann nur bei einem im Inland zum Betrieb der Kfz-Haftpflichtversicherung befugten VU genommen werden. Die befugten VU sind verpflichtet, nach den gesetzlichen Vorschriften (siehe weiter unten) Versicherung gegen Haftpflicht zu gewähren. Das Gesetz sieht ferner einen Annahme- bzw. Kontrahierungszwang in bestimmten Fällen vor. § 5 (1), (2)

➤ Annahmezwang

Anträge auf Abschluss einer Kfz-Haftpflichtversicherung für

- **Zweiräder,**
- **Personen- und Kombinationskraftwagen bis zu 1 t Nutzlast**

gelten nach Ablauf von zwei Wochen seit Antragstellung zu den für den Geschäftsbetrieb des VU maßgebenden Grundsätzen und zum allgemeinen Unternehmenstarif als angenommen, wenn nicht einer der folgenden Fälle vorliegt:

- Der VR kann einen gesetzlich vorgesehenen **Ablehnungsgrund** geltend machen und hat daraufhin den Antrag innerhalb einer Frist von zwei Wochen, gerechnet ab Antragseingang, dem Antragsteller gegenüber schriftlich abgelehnt.
- Der VR unterbreitet wegen einer **nachweisbar höheren Gefahr** innerhalb der vorgenannten Frist ein vom allgemeinen Unternehmenstarif abweichendes schriftliches Angebot.

  Als höhere Gefahr gelten insbesondere:

  - Antragsteller, denen vom Vorversicherer gekündigt wurde;
  - Antragsteller, die aufgrund der Vielzahl von Vorschäden in der Malusklasse (vgl. C 3.2.6) eingestuft sind.

  Ist der Antragsteller mit dem Angebot nicht einverstanden, besteht für den VR auch kein Kontrahierungszwang.
- Das normalerweise unter den Annahmezwang fallende Kraftfahrzeug soll als **Taxi, Personenmietwagen** oder **Selbstfahrervermietfahrzeug** verwendet werden.

Die bei Stillschweigen entstehende Annahme nach Ablauf von zwei Wochen seit Antragstellung bezeichnet man auch als **Annahmefiktion**.

Der Annahmezwang zum allgemeinen Unternehmenstarif schränkt nicht die Möglichkeit ein, einen risikogerechten Beitrag zu verlangen, da der VR bei einer nachweisbar höheren Gefahr ein schriftliches Angebot unterbreiten kann und auch die übrigen gewerblichen Risiken (Lkw, Omnibusse usw.) von vornherein nicht unter den Kontrahierungszwang fallen.

Die Annahmefiktion beschränkt sich nur auf eine Haftpflichtversicherung im Rahmen der gesetzlich vorgeschriebenen Pflichtversicherung. War eine über die Mindestdeckung hinausgehende Haftpflichtversicherung beantragt oder der Antrag mit einem Antrag auf Abschluss einer Kasko- und/oder Unfallversicherung verbunden, so kann der VR frei entscheiden, ob er den beantragten erweiterten Versicherungsschutz gewähren oder ablehnen will.

➤ Ablehnungsgründe

PflVG § 5 (4)

Der Antrag auf Abschluss einer Haftpflichtversicherung nach dem PflVG darf nur abgelehnt werden,

- wenn sachliche oder örtliche Beschränkungen im Geschäftsplan des Versicherungsunternehmens dem Abschluss des Vertrages entgegenstehen,

  Die Beschränkung gilt vor allem für berufsständische VU, die lt. Satzung nur bestimmte Personen versichern (z.B. Fahrlehrer), und öffentlich-rechtliche VR, deren Geschäftsgebiet regional begrenzt ist.

- wenn der Antragsteller bereits bei dem VU als Kfz-Halter versichert war und das VU ein Recht hatte, das Vertragsverhältnis vorzeitig aufzulösen.

Beispiele:
- Der VR hat den bisherigen Vertrag nach § 22 VVG wegen arglistiger Täuschung angefochten.
- Der VN ist seiner Beitragszahlungspflicht zum bisherigen Vertrag nicht nachgekommen, woraufhin der VR von seinem Rücktrittsrecht nach C 3.3 AKB 2008 (bei Nichtzahlung des Erstbeitrages) bzw. Kündigungsrecht nach C 4.4 AKB 2008 (bei Nichtzahlung des Folgebeitrages) Gebrauch gemacht hat.
- Der VR hat das bisherige Vertragsverhältnis nach einem Schadensfall gem. G.3.3 AKB 2008 gekündigt.

b) Bestimmungen im Ausländer-Pflichtversicherungsgesetz

AuslPflVG § 2 (1)

Die Haftpflichtversicherung für ein versicherungspflichtiges ausländisches Fahrzeug kann bei einem inländischen VR und unter gewissen Voraussetzungen auch bei einem ausländischen VR genommen werden.

§ 3 (2)

Das AuslPflVG kennt ebenfalls die aus dem PflVG bekannte Annahmefiktion und die Möglichkeit zur Annahmeverweigerung in bestimmten Fällen.

Ausländische VR aus einem EU-Staat können in Deutschland die Kfz-Haftpflichtversicherung anbieten, wenn sie bestimmte Anforderungen (Erlaubnis nach dem Sitzlandprinzip, Vorlage der Versicherungsbedingungen, Benennung eines Schadenrepräsentanten) erfüllen, und sind dann den inländischen Versicherern gleichgestellt.

Ansonsten wird die Versicherung bei einem ausländischen VR für das Inland akzeptiert, wenn ein inländischer VR oder der Gesamtverband der Versicherungswirtschaft (GDV) die Pflichten eines Haftpflichtversicherers für den ausländischen VR übernimmt.

2.1.4 Deckungssummen

➤ Mindestdeckung

Nach der KfzPflVV hat die Kfz-Haftpflichtversicherung (Kfz-HV) mindestens folgende Deckungen zu gewähren: KfzPflVV § 1(1)

- **Innerhalb der zum Geltungsbereich der Kfz-HV geltenden Länder**

  Deckung in der Höhe, die in dem jeweiligen Land gesetzlich vorgeschrieben ist, mindestens jedoch in der in Deutschland vorgeschriebenen Höhe.

- **Innerhalb Deutschlands**

  Deckung in Höhe der vorgeschriebenen Mindestversicherungssummen. Sie betragen derzeit: Anlage zu PflVG § 4 (2)

  - für Personenschäden 7,5 Mio. €,
  - für Sachschäden 1 Mio. €,
  - für reine Vermögensschäden 50 000,00 €.

Reine Vermögensschäden sind Schäden, die weder mittelbar noch unmittelbar aus einem Personen- oder Sachschaden hergeleitet werden können.

Für Fahrzeuge, die der Beförderung von Personen dienen und mehr als 9 Sitze (ohne den Fahrersitz) aufweisen, erhöhen sich die vorgenannten Mindestsummen nach Maßgabe der Anlage zu § 4 (2) PflVG.

Die Mindestversicherungssummen können bei einer Änderung der wirtschaftlichen Verhältnisse durch Rechtsverordnung korrigiert werden. PflVG § 4 (2)

In der Praxis bieten die VU alternativ zu den Mindestversicherungssummen z. B. eine Haftpflichtversicherung mit 100 Mio. € Deckung – max. 8 Mio. € pro Verletzter (sog. **unbegrenzte Deckung**).

2.1.5 Nachweis des Bestehens der Versicherung

2.1.5.1 Versicherungsbestätigung

Der VR ist verpflichtet, dem VN mit Beginn des Versicherungsschutzes eine Versicherungsbestätigung auszuhändigen. Praktisch erfolgt diese Versicherungsbestätigung auf elektronischem Weg **(eVB-Verfahren)** nach den Vorschriften der FZV (vgl. C 3.3.2). Der Kunde erhält vom VR eine Versicherungsbestätigungsnummer **(VB-Nummer)**, unter der die in einer Datenbank hinterlegte elektronische Versicherungsbestätigung durch die Zulassungsbehörde sichtbar gemacht werden kann. Die Aushändigung der VB-Nummer kann von der Zahlung des Erstbeitrages abhängig gemacht werden. § 5 (6) S. 2

Die Versicherungsbestätigung wird meist kurzfristig benötigt, um das Kfz beim Straßenverkehrsamt zulassen zu können. Mit der Antragstellung für den benötigten Versicherungsschutz erwartet der Antragsteller daher, dass ihm der beantragte Versicherungsschutz sofort bestätigt wird. Da der VR trotz Kontrahierungszwang prüfen will, ob eine nachweisbar höhere Gefahr oder einer der aufgezeigten Antragsablehnungsgründe vorliegt, wird regelmäßig nur eine **vorläufige Deckungszusage** erteilt und dieser vorläufige Versicherungsschutz durch die VB-Nummer bestätigt (zu Einzelheiten vgl. C 3.3.2).

Der VR ist nicht verpflichtet, eine vorläufige Deckung zu erteilen.

2.1.5.2 Internationale Versicherungskarte (Grüne-Karte-System)

Die Kraftfahrt-VR der meisten europäischen Länder und anderer Staaten haben sich dem sog. **Grüne-Karte-System** angeschlossen. Danach stellen die VR als Haftpflichtdeckungsnachweis internationale Versicherungskarten (Grüne Karte) für die Kraftfahrer ihres Landes aus und erkennen die grünen internationalen Versicherungskarten des anderen Landes als entsprechenden Nachweis an.

Das System der Internationalen Versicherungskarte wurde im Jahre 1949 auf der Basis des Londoner Abkommens eingerichtet. Dem Grüne-Karte-System gehören heute 45 Staaten an.

Anstelle der Internationalen Karte erkennen die EU-Länder und bestimmte andere Länder das amtliche Kennzeichen der Fahrzeuge aus diesen Ländern auch als Nachweis über das Bestehen der Versicherung an. Zur Schadensregulierung im Rahmen des Grüne-Karte-Systems, vgl. C 2.3.1.

Die Internetadresse lautet:

www.gruene-karte.de

2.1.5.3 Grenzversicherungsschein

Ausländische Kraftfahrer ohne anerkannten Haftpflichtdeckungsnachweis (z.B. ohne grüne Karte) müssen eine Grenzversicherung abschließen. Sie erhalten einen Grenzversicherungsschein (Farbe Rosa) zusammen mit einer für alle EU-Staaten sowie die Schweiz gültig geschriebenen grünen Karte als Versicherungsnachweis.

In Deutschland hat der Grenzversicherungsschein allenfalls noch Bedeutung für Kfz, die auf dem Seeweg ankommen.

Kraftfahrzeuge aus Drittländern schließen bereits an den EU-Außengrenzen, die sich nach Osten verschoben haben, Kraftfahrzeug-Haftpflichtversicherungsverträge ab, die im gesamten Europäischen Wirtschaftsraum gültig sind. Für die Einreise nach Deutschland brauchen die Fahrzeuge dann keinen separaten Versicherungsschutz mehr.

Beispiel:
Ein russischer Staatsbürger muss auf dem Weg nach Deutschland bereits an der polnischen Grenze eine Kfz-Haftpflichtversicherung abschließen, die dann im gesamten Europäischen Wirtschaftsraum gilt.

2.2 Vorschriften zum Schutz des Verkehrsopfers

2.2.1 Direkthaftung

➤ Direktanspruch des geschädigten Dritten

»Der Dritte kann seinen Anspruch auf Schadenersatz auch gegen den Versicherer geltend machen, VVG § 115

1. wenn es sich um eine Haftpflichtversicherung zur Erfüllung einer nach dem Pflichtversicherungsgesetz bestehenden Versicherungspflicht handelt oder
2. wenn über das Vermögen des Versicherungsnehmers das Insolvenzverfahren eröffnet oder der Eröffnungsantrag mangels Masse abgewiesen worden ist oder ein vorläufiger Insolvenzverwalter bestellt worden ist oder
3. wenn der Aufenthalt des Versicherungsnehmers unbekannt ist.

Der Versicherer hat den Schadenersatz in Geld zu leisten. Der Versicherer und der ersatzpflichtige Versicherungsnehmer haften als Gesamtschuldner.«

Der geschädigte Dritte hat aufgrund dieser Vorschrift in den genannten Fällen einen unmittelbaren Rechtsanspruch auf Schadenersatz gegen den VR. bzw. den Schadenregulierungsbeauftragten (sog. **Direktanspruch**).

Exkurs: Schadenregulierungsbeauftragter und Schadenrepräsentant

Für die Regulierung von Schadensfällen, die sich außerhalb des Wohnsitzlandes des Geschädigten, aber innerhalb der EU-Mitgliedstaaten einschließlich der EWR-Länder sowie der Schweiz ereignet haben, sind aufgrund einer EU-Richtlinie **Regulierungsstellen** in den betreffenden Ländern geschaffen worden. Für den Geschädigten besteht so die Möglichkeit, in seinem Wohnsitzland den Schadensfall bei dem für seinen Wohnsitz zuständigen Vertreter **(Schadenregulierungsbeauftragten)** des ausländischen Haftpflichtversicherers anzumelden und von diesem die Schadenbearbeitung vornehmen zu lassen.

Zu Einzelheiten, vgl. C 2.3.2

Vom Schadenregulierungsbeauftragten ist der **Schadenrepräsentant** zu unterscheiden. VR aus den EU-Mitgliedsstaaten, die in Deutschland im Dienstleistungsverkehr die Kfz-Haftpflichtversicherung für Kraftfahrzeuge und Anhänger mit regelmäßigem Standort im Inland betreiben, sind verpflichtet, einen im Inland ansässigen oder niedergelassenen Vertreter zu bestellen. Ansprüche gegen den VR können auch gegen diesen Vertreter (sog. **Schadenrepräsentant**) geltend gemacht werden. PflVG § 8 (2)

Der VR (wozu ggf. auch der Schadenrepräsentant als sein Vertreter zählt) bzw. der Schadenregulierungsbeauftragte wird aufgrund des Direktanspruchs so behandelt, als hätte er den Schaden verursacht. Dies ist für den Geschädigten besonders vorteilhaft, wenn zwar das unfallverursachende Fahrzeug, nicht aber dessen Fahrer bekannt ist.

Übersicht

1. Direktanspruch des geschädigten Dritten

Versicherter Schädiger

Haftungsanspruch (Geschädigter Dritter → Versicherter Schädiger)

Deckungsanspruch (Versicherter Schädiger → Kraftfahrzeug-Haftpflichtversicherer)

Geschädigter Dritter — Direktanspruch → **Kraftfahrzeug-Haftpflichtversicherer**

2. Direkthaftung und Nachhaftung des Versicherers

Vertragszeitraum

Ende des Vertrages (z. B. nach Kündigung)

→ **Deckungsanspruch** des Versicherten

Anzeige bei der Zulassungsstelle
Beginn der Nachhaftung
1 Monat
Ende der Nachhaftung

→ evtl. **Regressanspruch** des Versicherers gegen Versicherten

→ **Direkthaftung und Leistungspflicht** des Versicherers gegenüber Geschädigten

Versicherer ist bei weiteren Schäden leistungsfrei

3. »Verkehrsopferhilfe«

Schädigung

Entschädigung durch den Fonds:

- durch nicht versichertes Fahrzeug
- durch Vorsatz des Versicherten

→ Entschädigung, als ob eine Haftpflichtversicherung nach dem PflVG bestehen würde

- durch nicht zu ermittelndes Fahrzeug

→
- Fremdsachschäden über 500,00 €
- Personenschäden
- Schmerzensgeld bei schweren Verletzungen

Der Entschädigungsfonds tritt nur ein, soweit anderweitig kein Ersatz erlangt werden kann. Er haftet ferner bei Insolvenzen.

Dritter ist jeder, der durch den Versicherungsfall einen Anspruch erwirbt, der unter den Versicherungsschutz der Kfz-Haftpflichtversicherung fällt. Das kann neben dem geschädigten Dritten auch der VN oder eine andere mitversicherte Person sein.

> »Der Versicherer oder der Schadenregulierungsbeauftragte haben dem Dritten unverzüglich, spätestens innerhalb von drei Monaten, ein mit Gründen versehenes Schadenersatzangebot vorzulegen, wenn die Eintrittspflicht unstreitig ist und der Schaden beziffert wurde, oder eine mit Gründen versehene Antwort auf die in dem Antrag enthaltenen Darlegungen zu erteilen, sofern die Eintrittspflicht bestritten wird oder nicht eindeutig feststeht oder der Schaden nicht vollständig beziffert worden ist. Die Frist beginnt mit dem Zugang des Antrags bei dem Versicherer oder dem Schadenregulierungsbeauftragten.« PflVG § 3a

Hat der Geschädigte seinen Anspruch beim VR bzw. Schadenregulierungsbeauftragten geltend gemacht und wird ein Regulierungsangebot nicht innerhalb einer **Frist von drei Monaten** vorgelegt, ist der Anspruch des Geschädigten mit dem Zinssatz nach § 288 Abs. 1 Satz 2 BGB zu verzinsen. § 3a Nr. 2

VR und ersatzpflichtiger VN haften als **Gesamtschuldner**. Der VR kann ebenso wie der Versicherte dem Anspruchsteller alle Einwendungen entgegenhalten, die die Schadenersatzpflicht mindern oder ausschließen (z.B. Mitverschulden). Im Verhältnis der Gesamtschuldner gilt § 116 VVG. VVG § 115 (1) S. 4

Verklagt der Geschädigte den VR auf Zahlung, wird im Rechtsstreit über den Haftpflichtanspruch gegen den VN und/oder einen Mitversicherten und über die Einstandspflicht des Versicherers gegenüber dem Geschädigten entschieden. Insoweit ist aufgrund der Gesamtschuldnerschaft das Trennungsprinzip (vgl. C 4.2.1) aufgehoben.

➤ Ansprüche des Geschädigten bei »krankem Versicherungsverhältnis«

Die Eintrittspflicht des Versicherers gegenüber dem geschädigten Dritten (der Direktanspruch) bleibt auch dann bestehen, wenn der VR dem VN bzw. Versicherten den Deckungsanspruch ganz oder teilweise verweigern kann (sog. **krankes Versicherungsverhältnis**). § 117 (1)

Beispiel:
Der VN hat den Beitrag nicht bezahlt und auch die qualifizierte Mahnung des Versicherers unbeachtet gelassen. Beides hat er zu vertreten. Einen Tag nach Ablauf der Mahnfrist verursacht der VN schuldhaft einen Unfall. Der VR ist im Innenverhältnis leistungsfrei, da der Versicherungsschutz nach Ablauf der Mahnfrist erloschen ist. Aufgrund des Direktanspruchs muss er aber im Außenverhältnis an den geschädigten Dritten leisten.

Die Eintrittspflicht gegenüber dem geschädigten Dritten besteht nur bis zur Höhe der Mindestversicherungssumme und entfällt, soweit Schadenersatz von einem anderen Schaden-VR oder einem Sozialversicherungsträger erlangt werden kann (**Subsidiarität**). § 117 (3)

Diese Subsidiaritätsregel, also die Möglichkeit, dass der geschädigte Dritte an einen anderen Ersatzpflichtigen verwiesen werden kann, besteht nicht, wenn die Leistungsfreiheit des Versicherers auf einem der folgenden Fälle beruht: PflVG § 3

- Das Fahrzeug entsprach nicht den Bau- und Betriebsvorschriften der StVZO.
- Es wurde von einem unberechtigten Fahrer geführt.
- Es wurde von einem Fahrer ohne die vorgeschriebene Fahrerlaubnis geführt.

Die Fälle der teilweisen oder vollständigen Verweigerung des Deckungsanspruches im Innenverhältnis nach einer Obliegenheitsverletzung, die vor dem Versicherungsfall zu erfüllen war, und die Regressmöglichkeiten des VR aufgrund der Leistungspflicht an den geschädigten Dritten sind in den Abschnitten C 4.3.3 bzw. D 2.6.4 dargestellt.

2.2.2 Nachhaftung

VVG § 117 (2)

Der VR kann dem Dritten gegenüber auch dann noch leistungspflichtig sein, wenn das Versicherungsverhältnis nicht mehr besteht (sog. Nachhaftung). Die Nachhaftung entfällt nur für die Schadenereignisse, die später als einen Monat nach dem Zeitpunkt eingetreten sind, in dem der VR der Zulassungsstelle die Beendigung des Versicherungsverhältnisses ordnungsgemäß mitgeteilt hat.

Beispiel:
Am 10. April d. J. hat der VN durch den VR die fristlose Kündigung wegen Nichtzahlung des Folgebeitrags erhalten. Am 13. April d. J. geht der Zulassungsstelle die entsprechende Benachrichtigung zu. Für Schadenereignisse, die bis zum 13. Mai d. J. eintreten, gilt die Pflicht zur Nachhaftung. Danach ist der VR endgültig von der Leistungspflicht befreit.

FZV § 25

Der VR kann der Zulassungsstelle Anzeige erstatten, sobald der Versicherungsschutz für ein zugelassenes Fahrzeug erloschen ist. Die Zulassungsstelle hat den VR wiederum durch Bescheid zu unterrichten, wann die Anzeige zugegangen ist und was sie ggf. für eine Stilllegung des Fahrzeuges veranlasst hat. Der Nachweis über den Zugang der Anzeige ist für die Nachhaftung des Versicherers von Bedeutung.

Auch während der Nachhaftungsdauer kann der VR ggf. den Anspruch des geschädigten Dritten wegen Subsidiarität verweigern.

AKB 2008 C 6

Soweit der VR gegenüber einem Dritten trotz Beendigung des Vertrages aus der Nachhaftung verpflichtet ist, hat er gegen den VN Anspruch auf den Beitrag für den Zeitraum der Nachhaftung. Unabhängig davon kann der VR noch den Ersatz der Aufwendungen aus der Nachhaftung verlangen.

► Die Vorschriften über die Direkthaftung und die Nachhaftung finden keine Anwendung, wenn der Schaden vorsätzlich widerrechtlich herbeigeführt worden ist.

2.2.3 Entschädigungsfonds

a) Eintrittspflichten bei Schädigung im Inland

PflVG § 12

Der Entschädigungsfonds ist eine weitere im Pflichtversicherungsgesetz vorgesehene Maßnahme zum Schutze des Verkehrsopfers. Er hat u. a. für folgende **Schäden** aus Kraftfahrzeugunfällen einzutreten:

- Schäden durch nicht zu ermittelnde Fahrzeuge
- Schäden durch pflichtwidrig nicht versicherte Fahrzeuge
- Schäden durch Fahrzeuge nach § 2 (1) Nr. 6 PflVG, wenn der Fahrzeughalter von der Versicherungspflicht befreit ist
- Vorsätzliche, widerrechtliche Schädigung durch den Versicherten
- Der Kraftfahrzeug-Haftpflichtversicherer des Verursachers ist zahlungsunfähig.

Die genauen Leistungsvoraussetzungen und der -umfang sind in § 12 PflVG sowie in den §§ 10 und 11 der Verordnung über den Entschädigungsfonds für Schäden aus Kraftfahrzeugunfällen (KfzUnfEntschV) geregelt.

Die Aufgaben des Entschädigungsfonds sind durch Rechtsverordnung dem rechtsfähigen Verein »**Verkehrsopferhilfe e.V.**«, Hamburg, übertragen worden. Der Verein untersteht der Aufsicht des Bundesministeriums der Justiz.

Liegt einer der genannten Fälle vor, kann der Geschädigte oder ein sonstiger Berechtigter den Entschädigungsfonds unmittelbar in Anspruch nehmen, jedoch nur unter der Voraussetzung, dass er weder vom Halter, Eigentümer oder Fahrer des Fahrzeuges noch von einem Schaden-VR oder einem Verband (z. B. aufgrund des »Grüne-Karte-Systems«) Ersatz erlangen kann. § 12 PflVG kennt noch weitere Fälle der Leistungsfreiheit des Fonds, z. B. wenn der Schaden durch Leistungen der Sozialversicherung ausgeglichen wird.

Kann das schädigende Fahrzeug **nicht ermittelt werden**, besteht nur dann ein Anspruch auf Ersatz von Sachschäden am Fahrzeug des Ersatzberechtigten bei einem Eigenanteil von 500,00 €, wenn der Entschädigungsfonds aufgrund desselben Ereignisses zur Leistung wegen Tötung oder erheblicher Verletzung des Ersatzberechtigten oder eines Insassen des Fahrzeuges verpflichtet ist. Für sonstige Sachschäden beschränkt sich die Leistungspflicht auf den 500,00 € übersteigenden Betrag. PflVG § 12 (2) S. 2, S. 3

Kein Anspruch gegen den Entschädigungsfonds besteht bei Beschädigung von Einrichtungen des Luft-, Bahn- und Straßenverkehrs (einschl. Binnenwasserstraßen) sowie bei Beschädigung von Einrichtungen der Energieversorgung und Telekommunikation. § 12 (1) S. 5

Beispiel:

Der Anspruchsteller macht nach Fahrerflucht durch den Unfallgegner gegen den Entschädigungsfonds geltend:

Eigener Sachschaden	2 500,00 €
Fremdsachschäden an einem anderen Pkw	3 100,00 €
Schaden an der Leitplanke lt. Autobahnmeisterei	750,00 €
Schmerzensgeld wegen Prellungen	100,00 €

Der Entschädigungsfonds wird nur den 500,00 € übersteigenden Fremdsachschaden an dem anderen Pkw, also 2 600,00 €, zahlen. Der Schaden an der Leitplanke wird nicht ersetzt, da es sich um eine Einrichtung des Straßenverkehrs handelt. Ebenso ist die Verweigerung eines Schmerzensgeldes im Beispielsfall nicht grob unbillig.

Wäre dagegen im Beispielsfall der Anspruchsteller oder ein Fahrzeuginsasse erheblich verletzt oder eine Person getötet worden, könnte neben dem Ersatz des Personenschadens und einem evtl. Schmerzensgeld auch der Sachschaden am Fahrzeug über 500,00 €, also 2 000,00 €, geltend gemacht werden.

Die Ersatzpflicht des Entschädigungsfonds bei Fahrerfluchtfällen musste eingeschränkt werden, um betrügerischen Manipulationen entgegenzuwirken. Durch eine Kaskoversicherung ist der eigene Sachschaden versicherbar, sodass die Notwendigkeit zum Schutze des Verkehrsopfers in diesem Punkt nicht erforderlich ist.

In den übrigen Fällen bestimmt sich die Leistung des Entschädigungsfonds nach den Vorschriften des Pflichtversicherungsgesetzes, wie sie auch für einen Haftpflicht-VR gelten.

b) Insolvenz eines leistungspflichtigen Versicherers

PflVG § 12 (1) Nr. 4

Seit Einführung des EU-Binnenmarktes ist der Entschädigungsfonds auch zuständig, wenn die BaFin (bzw. die zuständige Aufsichtsbehörde bei Versicherern aus einem Mitgliedsstaat der EU oder Vertragsstaates des Abkommens über den EWR) den Antrag auf Eröffnung eines Insolvenzverfahrens über das Vermögen des leistungspflichtigen Versicherers stellt.

Bis zu diesem Zeitpunkt war der von den Versicherern freiwillig gegründete Insolvenzsicherungsverein »Solidarhilfe« zuständig, der jedoch nicht fortgeführt wurde, da die VR befürchteten, Insolvenzen infolge von Dumpingpreisen der Konkurrenz mitfinanzieren zu müssen.

§ 12 (1) S. 2
§ 12 (6) S. 4

Verkehrsopfer aus Insolvenzfällen können im Gegensatz zu anderen Geschädigten vom Entschädigungsfonds nicht zunächst an den Halter, Eigentümer oder Fahrer des unfallverursachenden Fahrzeugs zwecks Schadenersatz verwiesen werden, sondern sie sind unmittelbar zu entschädigen. Ferner ist der Regressanspruch des Fonds gegen den VN und mitversicherte Personen auf je 2 500,00 € beschränkt.

c) Sonstige Eintrittspflichten

Der Verein Verkehrsopferhilfe ist unter bestimmten Voraussetzungen auch als **Entschädigungsstelle für Schäden aus Auslandsunfällen** zuständig. Nähere Einzelheiten sind in Abschnitt C 2.3.4 im Zusammenhang mit den Zuständigkeiten und internationalen Vereinbarungen für die Regulierung von Unfällen mit Ausländern dargestellt.

2.2.4 Sonstige Vorschriften

AuslPflVG § 6 (1)

Die aufgezeigten Bestimmungen im Rahmen der Direkthaftung finden auch bei der Ausländerpflichtversicherung Anwendung. Für den Geschädigten hat dies den Vorteil, dass er die für die Schadenregulierung zuständige inländische Stelle unmittelbar in Anspruch nehmen kann.

§ 6 (2)

Die Vorschriften über die Nachhaftung stellen sich im Ausländer-Pflichtversicherungsgesetz für den Geschädigten noch günstiger dar als im PflVG.

2.3 Zuständigkeiten und internationale Vereinbarungen für die Regulierung von Unfällen mit Ausländern

Übersicht: Zuständigkeit für die Regulierung der Ansprüche eines Deutschen bei einem Kfz-Unfall mit einem Ausländer

Schadenort	Schädiger	Versicherung des Schädigers (bzw. Nachweis)	Zuständige Stelle
Inland	Ausländer	Internationale Grüne Versicherungskarte	Deutsches Büro Grüne Karte
Inland	Ausländer	Anerkanntes amtliches Kennzeichen	Deutsches Büro Grüne Karte
Inland	Ausländer	Rosa Grenzversicherungsschein	Gemeinschaft der Grenzversicherer

Übersicht: Zuständigkeit für die Regulierung der Ansprüche eines Deutschen bei einem Kfz-Unfall mit einem Ausländer

Schadenort	Schädiger	Versicherung des Schädigers (bzw. Nachweis)	Zuständige Stelle
Ausland (EU-Vertragsstaat)	Ausländer	Versicherungsschein oder amtlich anerkanntes Kennzeichen	Schadenregulierungsbeauftragter (SB) des ausländischen VR in Deutschland
Ausland (EU-Vertragsstaat)	Ausländer	Der zuständige SB hat auf die Schadenmeldung hin innerhalb von 3 Monaten keine mit Gründen versehene Antwort erteilt.	Verkehrsopferhilfe, hier: als Entschädigungsstelle für Schäden aus Auslandsunfällen
Ausland (EU-Vertragsstaat)	Kann nicht ermittelt werden		Verkehrsopferhilfe, hier: als Entschädigungsstelle für Schäden aus Auslandsunfällen
Ausland (kein EU-Vertragsstaat)	Ausländer (gewöhnlicher Standort des Fahrzeugs nicht in einem EU-Land)	Versicherungsschein	Der Geschädigte muss seine Ansprüche beim ausländischen VR selbst geltend machen.
Ausland (kein EU-Vertragsstaat)	Kann nicht ermittelt werden		Verkehrsopferhilfe, hier: als Entschädigungsstelle für Schäden aus Auslandsunfällen Voraussetzung: Der Entschädigungsfonds des Auslandes schließt Deutsche vom Ersatzanspruch aus.

2.3.1 Schadenregulierung im Rahmen des Grüne Karte-Systems

Im Rahmen des Grüne-Karte-Systems haben die Kraftfahrt-VR eines jeden Landes ein Landesbüro gegründet, dem sie als Mitglied angehören. In Deutschland lautet die Kontaktadresse dieses Büros:

Deutsches Büro Grüne Karte e. V.
Postfach 101402
20009 Hamburg
Tel.: 0 40/33 44 00.

Bei diesem Büro können **Kfz-Haftpflichtschadenfälle in Deutschland,** die durch ein im Ausland zugelassenes Kraftfahrzeug verursacht wurden, angemeldet werden, wenn eine der folgenden Voraussetzungen vorliegt:

- Es besteht Deckungsschutz für Deutschland auf der Basis des **amtlichen Autokennzeichens.** Das gilt derzeit für Fahrzeuge aus den Mitgliedsstaaten der EU einschließlich Andorra, Norwegen, Irland, Kroatien und der Schweiz (Stand Juli 2011)

- Für das beteiligte ausländische Kraftfahrzeug war eine **Internationale Versicherungskarte** ausgestellt.

Liegt eine der genannten Voraussetzungen vor, übernimmt das Deutsche Büro Grüne-Karte e.V. (DBGK) die Pflichten eines Haftpflichtversicherers für ausländische Kfz. Es kann dann wie ein Haftpflichtversicherer in Anspruch genommen und auch direkt verklagt werden. Man spricht in diesem Zusammenhang von der **Passivlegitimation.**

In der Mehrzahl der Fälle beauftragt das DBKG einen VR oder ein Schadenregulierungsbüro mit der Schadenregulierung. Passivlegitimiert bleibt jedoch weiterhin das DBKG.

Beispiel:
Ein Tourist aus Serbien mit gültiger grüner Karte für die Bundesrepublik Deutschland verursacht auf der deutschen Autobahn einen Auffahrunfall. Der Geschädigte kann sich mit seinem Schadenersatzanspruch direkt an das »Deutsche Büro Grüne Karte e. V.« wenden.

2.3.2 Schadenregulierungsbeauftragte in den EU-Vertragsstaaten

VAG § 7 b

Aufgrund einer EU-Richtlinie, die in die Gesetzgebung Eingang gefunden hat, müssen die Kfz-Haftpflichtversicherer in allen anderen EU-Vertragsstaaten einen Schadenregulierungsbeauftragten benennen. Ziel der Vorschrift ist es, dass der durch einen EU-Ausländer Geschädigte seinen Schadenersatzanspruch im Heimatland geltend machen kann.

Der Schadenregulierungsbeauftragte hat immer dann Ansprüche auf Ersatz von Personen- und Sachschäden zu bearbeiten und zu regulieren, wenn

- sich der Unfall in einem anderen Mitgliedsstaat als dem Wohnsitzmitgliedstaat des Geschädigten ereignet hat

  und

- der Schaden durch die Nutzung eines Fahrzeugs verursacht wurde, das in einem Mitgliedsstaat versichert ist und dort seinen gewöhnlichen Standort hat.

Beispiel:
Ein deutscher Autofahrer schädigt schuldhaft einen französischen Autofahrer, der in Deutschland oder in einem anderen Mitgliedsstaat der EU bzw. in einem Vertragsstaat gemäß Abkommen über den EWR unterwegs ist. Der französische Autofahrer kann sich mit seinem Schadenersatzanspruch unmittelbar an den Schadenregulierungsbeauftragen des deutschen Versicherers in Frankreich wenden. Er kann also den Schadenersatzanspruch in seinem Heimatland geltend machen.

Aufgrund der EU-Richtlinie müssen die angesprochenen ausländischen Staaten ebenfalls sicherstellen, dass ihre Kfz-Haftpflichtversicherer auch in Deutschland einen Schadenregulierungsbeauftragten einsetzen.

Schädigt beispielsweise ein französischer Autofahrer schuldhaft einen deutschen Autofahrer, der in Deutschland oder einem Mitgliedsstaat der EU bzw. einem Vertragsstaat gemäß Abkommen über den EWR unterwegs ist, so kann sich der geschädigte deutsche Autofahrer an den Schadenregulierungsbeauftragten des französischen Versicherers in Deutschland wenden. Ggf. ist auch die Entschädigungsstelle für Schäden aus Auslandsunfällen zuständig (vgl. C 2.3.4).

2.3.3 Auskunftsstelle und Zentralruf der Autoversicherer

Es wurde vereinbart und in deutsches Recht umgesetzt, dass eine Auskunftsstelle einzurichten ist, die es dem Geschädigten ermöglicht, seine Schadenersatzansprüche im Zusammenhang mit der Teilnahme am Straßenverkehr geltend zu machen. Die Auskunftsstelle ist bei der Beschaffung von Auskünften behilflich, soweit sie aus einem Mitgliedsstaat der EU oder einem Staat gemäß Abkommen über den EWR gewonnen werden können. PflVG § 8 (2) S. 3

Seit dem 1. Januar 2007 hilft diese Auskunftsstelle auch bei Unfällen mit anderen ausländischen Verkehrsteilnehmern in Deutschland.

In Deutschland werden die Aufgaben und Befugnisse der Auskunftsstelle von der GDV Dienstleistungs-GmbH & Co. KG – »Zentralruf der Autoversicherer« in Hamburg wahrgenommen.

Unter der Rufnummer 01 80/25 0 26 können sich Geschädigte, die ihren Wohnsitz in der Bundesrepublik Deutschland haben, an den **Zentralruf der Autoversicherer** wenden, wenn der Unfall durch ein Fahrzeug verursacht worden sein soll, das seinen gewöhnlichen Standort in der Bundesrepublik Deutschland hat oder wenn sich der Unfall in der Bundesrepublik Deutschland ereignet hat.

Beispiel:

Ein deutscher Autofahrer wird in Deutschland von einem niederländischen Autofahrer geschädigt. Der deutsche Autofahrer kann den Zentralruf der Autoversicherer in Anspruch nehmen, um insbesondere Name und Anschrift des Versicherers des schädigenden Fahrzeugs sowie dessen in der Bundesrepublik Deutschland bestellten Schadenregulierungsbeauftragen zu erfahren.

Auch eine **Mailanfrage** oder **Faxanfrage** über das Internet ist möglich:

http://www.zentralruf.de/index.html

Vom Zentralruf der Autoversicherer ist **Notfon D**, der »Notrufservice rund um die Uhr« zu unterscheiden. Notfon D wird ebenfalls von der GDV-Dienstleistungs-GmbH & Co. KG betrieben und bietet über die Notrufsäulen an den deutschen Autobahnen oder unter der Rufnummer 08 00/ 6 68 36 63 bzw. 08 00 NOTFON D einen Unfall- und Pannenservice an.

Weitere Einzelheiten können über das Internet abgerufen werden:

http://www.NotfonD.de

2.3.4 Entschädigungsstelle für Schäden aus Auslandsunfällen

PflVG § 12 a

Der Verein für Verkehrsopferhilfe nimmt neben den in Abschnitt C 2.2.3 bereits beschriebenen Schadenregulierungen auch die im PflVG dargestellten Aufgaben der Entschädigungsstelle für Schäden aus Auslandsunfällen wahr.

a) Entschädigungsstelle für Schäden aus Auslandsunfällen in einem EU-Mitgliedsstaat bzw. Staat gem. Abkommen über den EWR

Mit Wirkung ab 1. Januar 2003 ist eine Entschädigungsstelle im Rahmen des Entschädigungsfonds eingerichtet worden, die unter folgenden Voraussetzungen leistet: § 12 a

- Der Geschädigte mit Wohnsitz in der Bundesrepublik Deutschland hat im Ausland durch den Gebrauch eines Kraftfahrzeuges einen Personen- oder Sachschaden erlitten.

- Der Anspruch wurde beim Versicherungsunternehmen des Fahrzeugs, das den Unfall verursacht hat oder bei dem zuständigen Schadenregulierungsbeauftragten (vgl. C 2.3.3) geltend gemacht.
- Das Versicherungsunternehmen bzw. der Schadenregulierungsbeauftragte hat innerhalb von drei Monaten keine mit Gründen versehene Antwort erteilt.

Die Entschädigungsstelle ist auch zuständig, wenn das Versicherungsunternehmen noch keinen Schadenregulierungsbeauftragten für die Bundesrepublik Deutschland bestellt hat oder das Fahrzeug oder das ersatzpflichtige Versicherungsunternehmen nicht innerhalb von zwei Monaten nach dem Unfall ermittelt werden können.

Ein Antrag auf Erstattung ist nicht zulässig, wenn der Geschädigte unmittelbar gegen das Versicherungsunternehmen gerichtliche Schritte eingeleitet hat.

b) Leistungen bei Schädigung im übrigen Ausland (kein EU-Mitgliedsstaat bzw. Land gem. Abkommen über den EWR)

KfzUnf EntschV § 10

Der Entschädigungsfonds leistet auch bei der Schädigung eines Deutschen im vorgenannten Ausland unter folgenden Voraussetzungen Ersatz für den erlittenen Personenschaden:

- Das schädigende Fahrzeug kann nicht ermittelt werden.
- Die für Fälle dieser Art zuständige Stelle im Ausland schließt Deutsche vom Ersatzanspruch aus.

Besonderheit: Leistungen des Entschädigungsfonds an ausländische Staatsangehörige

§ 11

Ein ausländischer Staatsangehöriger, der in Deutschland seinen Lebensmittelpunkt hat, erhält die gleichen Leistungen aus dem Entschädigungsfonds wie ein Deutscher. Bei Ausländern ohne festen Wohnsitz (Urlaubern usw.) werden Leistungen nur bei Vorliegen der **Gegenseitigkeit** erbracht, d.h., der Entschädigungsfonds tritt dann ein, wenn im Heimatland des Ausländers auch für einen Deutschen entsprechend eingetreten würde.

Die vorgenannten Regelungen sind auf dem Verordnungsweg gem. § 14 PflVG entstanden.

Lernkontrollen zu C 2

Bedeutung und Umfang der Versicherungspflicht

1 Warum und wann ist der Halter eines Kraftfahrzeuges verpflichtet, eine Haftpflichtversicherung abzuschließen?

2 Welche Bestimmungen und Regelungen gelten für ausländische Kraftfahrzeuge ohne regelmäßigen Standort im Inland?

3 Das PflVG befreit bestimmte inländische Kraftfahrzeughalter von der Versicherungspflicht. Wer ist befreit und womit lässt sich diese Befreiung begründen?

4 Kontrahierungszwang

a) Was versteht man hierunter und womit kann er begründet werden?

b) In welchen Fällen lässt das PflVG Ausnahmen vom Kontrahierungszwang zu?

5

Die Kundin, Frau Tanja Günther, erscheint im Büro der Versicherungsagentur Hilmar Krause und bittet um eine Versicherungsbestätigung, da sie ihren Pkw zulassen will.

Folgende sofortige Deckung wird beantragt und auf dem Antrag auch bestätigt:

Kfz-Haftpflichtversicherung: unbegrenzte Deckung

Kaskoversicherung: Vollkasko einschließlich Teilkasko mit jeweils 150,00 € Selbstbeteiligung

Im Rahmen der Antragsbearbeitung wird festgestellt, dass Frau Günther den Versicherungsschein zur Kraftfahrtversicherung beim Vorversicherer nicht eingelöst hat und dieser daraufhin vom Versicherungsvertrag zurückgetreten ist. Die Nichteinlösung von Versicherungsscheinen zur Kraftfahrtversicherung hat Frau Günther auch schon bei anderen Kraftfahrtversicherern praktiziert.

- **Arbeitsauftrag**

  Ihre Versicherungsgesellschaft ist aufgrund der Vorfälle an einer Kundenbeziehung mit Frau Günther nicht interessiert. Sie sollen die rechtlichen Möglichkeiten prüfen und die daraus folgenden Schritte der Antragsbearbeitung aufzeigen.

6 Welche Mindestversicherungssummen für Personen-, Sach- und Vermögensschäden muss der Halter eines Fahrzeuges in der Kfz-Haftpflichtversicherung abschließen?

7 Ein ausländischer Tourist möchte mit seinem Kraftfahrzeug in die Bundesrepublik einreisen. Welche Nachweise sind anerkannt, die das Bestehen einer Haftpflichtversicherung belegen?

8 Herr Mehmet Kacül erscheint morgens im Büro der Agentur und ist verzweifelt. Er schildert, dass er einen Lastkraftwagen mit einer Nutzlast bis zu 3,5 t gekauft habe, den er heute noch beim Straßenverkehrsamt zulassen wolle, da er am nächsten Tag mit diversen Gegenständen in seine türkische Heimat fahren möchte. Sein bisheriger Versicherer habe seinen Antrag auf Kfz-Haftpflichtversicherung zurückgewiesen und die Versicherungsbestätigung verweigert, da er im letzten Jahr zwei Schäden in der Teilkaskoversicherung gehabt habe und ihm deshalb die Versicherung gekündigt worden sei. In der Kfz-Haftpflichtversicherung habe er während seines jetzt bereits zehnjährigen Aufenthalt in Deutschland erst einen Schaden bei diesem Versicherer gehabt. Die bisherige Kfz-Haftpflichtversicherung sei mit der Verschrottung seines letzten Fahrzeuges beendet worden.

Weiter berichtet Herr Kacül, dass er auch den Vertreter eines weiteren Versicherers aufgesucht habe. Dieser sei unsicher, ob er aufgrund des Antrages für einen 3,5-t-Lkw vorläufigen Versicherungsschutz gewähren und die VB-Nummer aushändigen dürfe, und er wolle daher erst bei der Direktion anfragen. Wegen des Betriebsausflugs der zuständigen Fachabteilung könne er die Auskunft erst am nächsten Tag bekommen.

- **Fragestellungen**

a) Ist der frühere VR des Herrn Kacül berechtigt, den Kfz-Haftpflichtversicherungsantrag wegen des schlechten Versicherungsverlaufs in der Kaskoversicherung zurückzuweisen?

b) Steht das Verhalten des Vertreters der zweiten angesprochenen Versicherung im Einklang mit den Bestimmungen des Pflichtversicherungsgesetzes?

c) Welche Möglichkeit sehen Sie, die gewünschte Versicherungsbestätigung (VB-Nummer) auszuhändigen, wobei den Interessen des Herrn Kacül als auch denen Ihrer Gesellschaft gedient ist?

Schutz des Verkehrsopfers

9 Der Schutz des geschädigten Dritten hat im PflVG große Bedeutung. Nennen Sie drei Tatbestände im PflVG, mit denen der Gesetzgeber diesen Schutz verwirklicht.

10 Felix Krull ist auf sonntäglicher Spazierfahrt durch Berlin unterwegs. Auf der Straße »Unter den Linden« schenkt er seine Aufmerksamkeit mehr den Passantinnen als dem Verkehr. Er übersieht, dass sein Vordermann bremsen muss und fährt mit voller Wucht auf.

a) Hat der Geschädigte ein Recht, Krull für den Schaden in Anspruch zu nehmen, obgleich dieser versichert ist?

b) Hat der Geschädigte ein Recht, sich für den Schadenersatz an die Versicherung des Krull zu wenden, wenn Krull den Schaden selbst begleichen will?

11 Beurteilen Sie den Versicherungsschutz zu Fall 10, wenn Felix Krull am 10. Mai d. J. nach § 38 VVG vergeblich gemahnt worden war und der Unfall am 01. Juni d. J. geschah.

a) Hat Felix Krull für den Unfall noch Versicherungsschutz?

b) Muss der VR dem geschädigten Dritten noch haften, wenn Felix Krull der Versicherungsschutz versagt werden kann?

c) Wie wäre der Fall zu beurteilen, wenn Felix Krull vorsätzlich aufgefahren wäre, da er sich über das auffälligere Auto des so Geschädigten geärgert hat?

12 Sie erhalten das folgende Schreiben der Frau Agnes Haning:

> Sehr geehrte Damen und Herren,
>
> Ihr VN, Herr Hermann Laack, hat am 28. Febr. d.J. beim forschen Zurücksetzen aus einer Parklücke mein neben ihm geparktes Fahrzeug gestreift und auf der halben Breite beschädigt. Das Ausbeulen und Lackieren wird nach Auskunft meiner Werkstatt ca. 900,00 € kosten. Ihr VN hat mir bereits am Unfallort erklärt, dass er momentan stark verschuldet sei und deshalb keinerlei Schadenersatz leisten könne. Er nannte mir Ihre Gesellschaft, wo er versichert sein will. Bitte teilen Sie mir mit, ob dies zutrifft und ob Sie den Schaden begleichen werden, damit ich meiner Werkstatt einen Reparaturauftrag erteilen kann.
>
> Mit freundlichen Grüßen
>
> *Agnes Haning*

- **Auszug aus dem Vertragsspiegel**

> VN: Hermann Laack
>
> Versicherungsperiode: 15. Dez.–15. Dez.
>
> Vertragsart: Kfz-Haftpflichtversicherung mit 100 Mio € Deckung
>
> Sonstiges: Qualifizierte Mahnung mit Kündigung wegen Nichtzahlung des Jahresbeitrages am 05. Jan. d.J., Mitteilung an die Zulassungsbehörde über das Erlöschen des Versicherungsschutzes am 25. Jan. d.J. per Fax.

- **Arbeitsauftrag**

  Prüfen Sie, ob die Geschädigte aus der Versicherung des Herrn Laack oder ggf. anderweitig Ersatz erlangen kann, und antworten Sie der Geschädigten.

13 Angenommen, der in Aufgabe 10 und 11 angesprochene Unfall habe sich nicht am 01. Juni d.J., sondern am 01. Juli d.J. ereignet. Der VR hat am 27. Mai d.J. der Zulassungsbehörde mitgeteilt, dass der Versicherungsschutz für Felix Krull erloschen sei.

a) Für welchen Zeitraum bleibt der VR im Rahmen der Nachhaftung dem Geschädigten gegenüber leistungspflichtig und wann beginnt dieser Zeitraum?

b) Bis zu welchen Beträgen haftet der VR im Rahmen der Nachhaftung?

c) Die Nachhaftung wird als subsidiär bezeichnet. Was heißt das?

d) Aufgrund welcher Bestimmung wird der durch Felix Krull geschädigte Dritte in jedem Falle seinen Schaden gedeckt wissen?

14

> Sie sind Mitarbeiter in der Schadenabteilung und sollen prüfen, ob Deckung für den nachstehenden Schadensfall besteht:
>
> Unser VN hat beim Einparken das geparkte Fahrzeug der Melanie Heyder beschädigt und dann Fahrerflucht begangen. Aufgrund von Zeugenaussagen konnte unser VN polizeilich ermittelt werden.
>
> Die Geschädigte macht 600,00 € Reparaturkosten durch Vorlage der Reparaturrechnung geltend.

- **Auszug aus dem Vertragsspiegel**

VN: Alfred Dumm, 44579 Castrop-Rauxel
Kfz-Haftpflichtversicherung mit gesetzlichen Mindestdeckungssummen
Versicherungsbeginn: 01. Febr. d. J.
Zahlungsweise: vierteljährlich
Fälligkeit 01. Mai d. J. noch unbezahlt
Qualifizierte Mahnung am 20. Mai d. J.
Benachrichtigung des Straßenverkehrsamtes am 06. Juni d. J.
Schadentag: 10. Juli d. J.

- **Arbeitsauftrag**

Prüfen Sie, ob Frau Heyder mit dem Ersatz ihres Schaden aufgrund der Bestimmungen des Pflichtversicherungsgesetzes rechnen kann.

15 Ihr VN Hartmut Nußbaum, der bei Ihnen eine Kfz-Haftpflichtversicherung unterhält, sucht Ihren Rat. Er wurde in einen Unfall verwickelt, bei dem der Unfallverursacher Fahrerflucht begangen hat, und er will nun wissen, wer für den Schaden aufkommt.

Zum Sachverhalt teilt er Folgendes mit:

»Ich befuhr die Rotterdamer Straße in Richtung Flughafen, als aus der mir entgegenkommenden Fahrzeugkolonne ein Fahrzeug plötzlich ausscherte und zum Überholen ansetzte. Ich wich erheblich nach rechts aus, um einen Zusammenstoß zu verhinden. Dabei geriet ich mit meinem Fahrzeug in einen Vorgarten, beschädigt die Anlage und kam schließlich vor der Hauswand zum Stehen. Mein Fahrzeug erlitt einen erheblichen Achs- und Blechschaden. Wegen Verdachts auf HWS-Distorsion muss ich für eine Woche eine sog. Halskrawatte tragen. Der eigentliche Unfallverursacher ist weitergefahren, ohne sich um meinen Schaden zu kümmern. Für den Unfallhergang gibt es mehrere Zeugen, doch keiner hat die Autonummer richtig erkannt. Die Zeugen haben nur Teile des Kennzeichens erfasst. Die benachrichtigte Polizei ist zuversichtlich, den Fahrzeughalter aufgrund der Teilangaben vielleicht doch noch ausfindig machen zu können.«

- **Arbeitsauftrag**

Analysieren Sie die Situation und beraten Sie den VN,

a) an wen er sich aufgrund der momentanen Situation wenden muss;
b) welche Schäden gedeckt sind, wenn der Unfallgegner nicht ermittelt wird;
c) wie er sich verhalten soll, wenn der Unfallgegner ermittelt wird.

Internationale Vereinbarungen zur gegenseitigen Regulierungshilfe

16 Ein spanischer Autofahrer schädigt mit seinem Auto einen deutschen Autofahrer in Österreich.

Der Spanier kann seine Versicherung nicht benennen.

Was kann der deutsche Autofahrer bezüglich der Schadenregulierung unternehmen?

17 Prüfen Sie, ob der Entschädigungsfonds in folgenden Fällen leistet:

a) Der Geschädigte befindet sich im Ausland und wird dort angefahren. Der Unfallverursacher kann entkommen.

b) Wie a), das Fahrzeug des Geschädigten wird auch in Mitleidenschaft gezogen.

c) Das Auto eines Gastarbeiters, der schon seit sechs Jahren in Deutschland lebt, wird von einem nicht versicherten Fahrzeug, das ein angetrunkener Fahrer lenkt, nachts am Straßenrand gerammt und erheblich beschädigt. Der Fahrer kann ermittelt werden.

d) Wie c), jedoch handelt es sich bei dem Gastarbeiter um einen sog. Wanderarbeiter, der sich nur vorübergehend in Deutschland aufhält und dessen Heimatland keinen Entschädigungsfonds kennt.

3 Tarifierung und Versicherungsvertrag

3.1 Tarifmerkmale

Situation

Thorsten Franzen (26 Jahre), kaufmännischer Angestellter in einer Privatbank, wohnhaft in Frankfurt, hat seinen ersten Pkw (VW Golf IV 1.9 TDI) gebraucht erworben, den er und gelegentlich auch seine gleichaltrige Lebenspartnerin, die mit ihm in häuslicher Gemeinschaft lebt, nutzen wollen. Er wendet sich an die Proximus-Agentur Andreas Schulten, um die notwendige Versicherung abzuschließen.

Nachdem die persönlichen Daten aufgenommen wurden, erfährt Thorsten Franzen im weiteren Beratungsgespräch, dass für die Risikoerfassung und Tarifierung eine Reihe von Merkmalen maßgebend sind. »Auf den ersten Blick ist es sicherlich sehr kompliziert«, sagt der Versicherungsagent Schulten, »aber letztlich geht es darum, den risikogerechten Beitrag zu ermitteln und dafür hat die Versicherungswirtschaft dieses Tarifierungssystem entwickelt. Alles was beachtet werden muss, steht ausführlich in den AKB 2008, die ich Ihnen u. a. mitgeben werde.«

3.1.1 Vorbetrachtung

Die Gestaltung der Beiträge und Tarifstrukturen in der Kraftfahrtversicherung ist seit der Einführung des EU-Binnenmarktes im Jahr 1994 in das Ermessen der VR gestellt.

Die Unternehmen können jetzt die für erforderlich gehaltenen Beiträge zugrunde legen und sind bei der Gestaltung der Tarifstrukturen völlig frei. Theoretisch kann jedes Unternehmen festsetzen:

- eigene Schadenfreiheitssysteme,
- eigene Regionalstrukturen,
- Sondertarife für bestimmte Berufsgruppen,
- sonstige geeignete Risikomerkmale.

VAG § 81 e

Es ist jedoch verboten, spezielle Ausländertarife zu führen.

Trotz der Freiheiten haben die Versicherer die früher einheitliche Tarifgestaltung im Kern beibehalten. Der Wettbewerb vollzieht sich im Wesentlichen durch die Gewährung unterschiedlicher Rabatte.

Mit Einführung der AKB 2008 sind die Grundsätze für die Tarifierung in diesen enthalten. Zuvor waren diese in einem eigenen Regelungswerk, den sog. Tarifbestimmungen, dargestellt.

Die AKB 2008 gliedern die Bestimmungen zur Tarifierung wie folgt:

AKB 2008 I J K L

- Schadenfreiheitsrabatt-System
- Merkmale zur Beitragsberechnung
- Beitragsänderung aufgrund tariflicher Maßnahmen
- Beitragsänderung aufgrund eines bei Ihnen eingetretenen Umstandes

Der Anhang der AKB besteht aus den folgenden **Tabellen,** die für die Tarifierung benötigt werden:

- **Anhang 1:** Tabellen zum Schadenfreiheitsrabatt-System
- **Anhang 2:** Tabellen zu den Typklassen
- **Anhang 3:** Tabellen zu den Regionalklassen
- **Anhang 4:** Art und Verwendung von Fahrzeugen

Der neben den AKB 2008 existierende **Tarif** zur Kraftfahrtversicherung stellt den sog. **Beitragsteil** dar.

3.1.2 Merkmale für die Beitragsberechnung in der Kfz-Haftpflichtversicherung (KH-Versicherung)

Die **AKB 2008** kennen folgende Merkmale für die Beitragsberechnung:

- Art, Verwendung und Beschaffenheit des Fahrzeugs AKB 2008 J.1
- Tarifgruppen R und N J.2
- Schadenfreiheitsrabatt-System I
- Individuelle Tarifmerkmale in der KH- und Kaskoversicherung, getrennt nach J.3
  - Pkw
  - Krafträder, Leichtkrafträder und -roller
  - Campingfahrzeuge
  - Kleinkrafträder, dreirädrige Kfz/Trikes, Güterkraftfahrzeuge im Werkverkehr, Lieferwagen

In **Theorie** und **Praxis** wird auch nach objektiven und subjektiven **Risikomerkmalen** oder harten und weichen **Tarifmerkmalen** unterschieden:

- **Objektive Risikomerkmale** beziehen sich auf das versicherte Fahrzeug, z. B. Fahrzeugart, Typklasse, Fahrzeugalter.
- **Subjektive Risikomerkmale** sind alle personenbezogenen Merkmale, wie z. B. Wohnort, Beruf, Schadenfreiheit, Alter des Fahrers.
- **Harte Tarifmerkmale** sind solche, die schon bei Vertragsabschluss nachprüfbar sind, wie z. B. Fahrzeugtyp, Fahrzeugalter.
- **Weiche Tarifmerkmale** sind i. d. R. erst später, häufig nach einem Schadensfall, überprüfbar, wie z. B. Jahresfahrleistung, Fahrerkreis.

3.1.2.1 Art, Verwendung und Beschaffenheit des Fahrzeugs

Situation (1. Fortsetzung)

Zunächst fragt Versicherungsagent Schulten noch einmal vorsorglich nach, ob der Wagen auch wirklich nicht gelegentlich vermietet werden soll. Thorsten Franzen verneint diese Frage, woraufhin Herr Schulten ihm erklärt, dass das Fahrzeug als »Pkw« gemäß Anhang 4 Nummer 15 zu den AKB 2008 versichert werden kann und als Wagniskennziffer 112 geführt wird. Dann klärt er ihn dahingehend auf, dass jede andere Verwendung (z.B. die Vermietung) eine Verletzung des vereinbarten Fahrzeuggebrauchs und damit eine Obliegenheitsverletzung darstellt, die zur Leistungsfreiheit führen kann.

Im nächsten Schritt entnimmt Herr Schulten aus den Fahrzeugpapieren des Golf TDI die Schlüsselnummer für Hersteller (hier: 0603) und Typ (hier: 639). Im Typklassenverzeichnis Pkw ist aufgeführt, dass dieser Pkw in der Kraftfahrzeug-Haftpflichtversicherung der Typklasse 17 zugeordnet ist.

»Damit ist geklärt, wie die Versicherer das Risiko ihres Golf TDI im Straßenverkehr einstufen«, meint Herr Schulten. »Mit Typklasse 17 liegen Sie auf einem Mittelplatz. Da gibt es Fahrzeuge, die wesentlich unfallträchtiger sind aber auch solche, die wesentlich günstiger eingestuft werden. Das macht sich bei der Höhe des Versicherungsbeitrages bemerkbar.«

Übersicht: Beitragsrelevante Merkmale in der KH-Versicherung (Teil 1)

Risikomerkmal	Tarifmerkmal für eine Pkw-Tarifierung
• Art des Kfz und Verwendungszweck (bauartbezogene Merkmale) • Fahrzeugtyp bzw. Leistungsmerkmal	• Wagniskennziffer 112 (Personenkraftwagen) • Typklasse (gem. Typklassenverzeichnis)

a) Art des Kfz und Verwendungszweck

Die Art und Verwendung von Fahrzeugen (z. B. Busse, Campingfahrzeuge, Güterfahrzeuge, Pkw, Taxen) mit entsprechender Erläuterung ist in alphabetischer Reihenfolge in Anhang 4 zu den AKB 2008 dargestellt.

Beispiel:

Nr. 15: Pkw

Pkw sind als Personenkraftwagen, Kombinationskraftwagen oder Fahrzeuge zur Personenbeförderung mit höchstens acht Sitzplätzen außer dem Fahrersitz (Klasse M1) zugelassene Kraftfahrzeuge, mit Ausnahme von Mietwagen, Taxen und Selbstfahrervermietfahrzeugen.

Im Tarif zur Kraftfahrtversicherung werden die Wagnisse mit gleichartigen Gefahrenmerkmalen zu Wagnisgruppen zusammengefasst. Eine **Wagniskennziffer** (WKZ) kennzeichnet die jeweilige Gruppe.

Auszug aus der Tabelle der Wagniskennziffern:	
Ausprägung	**Bedeutung**
001	Kleinkrafträder
007	Leichtmofa
112	**Personenkraftwagen**
162	Selbstfahrervermietfahrzeuge Pkw
251	Lastkraftwagen mit zulässiger Gesamtmasse bis 3,5 t (Lieferwagen nach neuer Definition) im gewerblichen Güterverkehr
541	Wohnwagenanhänger
707	Hub- und Gabelstapler

b) Fahrzeugtyp bzw. Leistungsmerkmal (sog. Beschaffenheit)

Nach den AKB 2008 gilt:

- **Pkw und Selbstfahrervermiet-Pkw** werden nach dem **Fahrzeugtyp** unterschieden.

  Die VR haben das Unfallgeschehen ausgewertet und dabei hat sich die Vermutung bestätigt, dass Fahrzeuge derselben kW-(PS)-Staffelung zum Teil sehr verschiedene Schadenverläufe haben. Nicht die Motorleistung, sondern der jeweilige Fahrzeugtyp und der diesen Typ bevorzugende Fahrer sind ursächlich für die Schadenbedarfsunterschiede zwischen den verschiedenen Marken mit gleicher Motorstärke.

  Fahrzeuge desselben Herstellers und mit gleichem Aufbau bilden einen Fahrzeugtyp. Die einzelnen Fahrzeugtypen werden, ihrem jeweiligen Schadenverlauf in der KH-Versicherung entsprechend, in **Typklassen** eingestuft. Die jeweilige Typklasse für die Beitragsberechnung kann aus dem **Typklassenverzeichnis** entnommen werden.

Beispiele:
(aus dem Typenverzeichnis im Bedingungswerk 2 »Proximus Vesicherung«)

Fahrzeugtyp	Hersteller-Nummer	Typschlüssel-nummer	Typklasse KH
Opel Corsa-C (1.0) (43 kW/58 PS, 973 ccm)	0035	394	13
BMW R50 (Mini 1.6) (66 kW/90 PS, 1598 ccm)	0005	718	14

Ein unabhängiger Treuhänder ermittelt jährlich, ob und in welchem Umfang sich der Schadenbedarf eines Fahrzeugtyps im Verhältnis zu dem aller Fahrzeugtypen erhöht oder verringert hat. Ändert sich der Schadenbedarf, kann dies zu einer Zuordnung in eine andere Typklasse und damit zu einer Beitragsänderung führen, die im nächsten Versicherungsjahr wirksam wird. AKB 2008 K.1

Die **Klassengrenzen** sind tabellarisch in Anhang 2 zu den AKB 2008 aufgeführt.

Beispiel:
Typklasse 17 Schadenbedarfs-Indexwert von 97,7 bis unter 103,7

AKB 2008 K.5, G.2.7 Erhöht sich der Beitrag aufgrund einer Änderung der Typklasse, hat der VN ein außerordentliches Kündigungsrecht. Die Beitragserhöhung ist spätestens einen Monat vor dem Wirksamwerden mitzuteilen und der VN auf das Kündigungsrecht hinzuweisen.

- **Lkw** werden nach dem Leistungsmerkmal **Nutzlast** bemessen
- **Omnibusse** werden nach dem Leistungsmerkmal **Platzzahl** bemessen
- **Leichtkrafträder** werden nach dem Leistungsmerkmal **Hubraum** bemessen

3.1.2.2 Tarifgruppe und Schadenfreiheitsrabattsystem

Situation (2. Fortsetzung)

»Auch Ihr Wohnort und Ihr bisheriges Fahrverhalten im Straßenverkehr sind Risikomerkmale in der KH-Versicherung, die wir für die Tarifierung erfassen müssen,« fährt Herr Schulten im Beratungsgespräch fort.

Er ermittelt dann, dass Thorsten Franzen der Tarifgruppe R zuzuordnen ist und dass sein Wohnort Frankfurt zur Regionalklasse 7 zählt. Aus dem Führerschein ersieht er, dass Thorsten Franzen bereits seit 4 Jahren im Besitz einer Fahrerlaubnis ist. »Da können wir Sie schon in eine Schadenfreiheitsklasse, nämlich in die Schadenfreiheitsklasse SF ½ einstufen,« meint Herr Schulten hierzu. »Bei Personen, die seit mindestens 3 Jahren einen Führerschein haben, darf eine gewisse Fahrpraxis und damit ein geringeres Unfallrisiko erwartet werden.«

Übersicht: Beitragsrelevante Merkmale in der KH-Versicherung (Teil 2)

Risikomerkmal	Tarifmerkmal für eine Pkw-Tarifierung
• PKW/übrige Fahrzeuge • Wohnort/Firmensitz • Schadenverlauf	• Tarifgruppe R • Regionalklasse • Schadenfreiheitsklasse bzw. Schadensklasse

a) Tarifgruppen

Die AKB 2008 unterscheiden im Bedingungswerk 2 »Proximus Versicherung« folgende Tarifgruppen:

➤ **Tarifgruppe R**

J.2 Die Tarifgruppe R gilt für Versicherungsverträge von **Pkw.**

➤ **Tarifgruppe N**

Diese Tarifgruppe gilt für Nicht-Pkw oder Anhänger (sog. **übrige Fahrzeuge**).

Exkurs: Weitere Tarifgruppen in der Praxis

Die AKB 2008 sehen bei den individuellen Tarifmerkmalen auch die Branche als ein Tarifierungsmerkmal an; denn die Höhe des Beitrags richtet sich bei der Versicherung bestimmter Fahrzeuge auch nach dem beruflichen Umfeld des VN.

Unterschieden wird beispielsweise, wenn ein Pkw versichert werden soll,

- nach der Branche des Arbeitgebers bei nicht selbstständigen Arbeitnehmern, AKB 2008 J.3.1.11
- nach der Branche des angemeldeten Gewerbes bei freiberuflich Tätigen oder juristischen Personen.

In der Praxis kennt man hierfür die Tarifgruppen A, B und D. Diese Tarifgruppen sind im Tarif zur Kraftfahrtversicherung des Bedingungswerkes 2 »Proximus Versicherung« nicht berücksichtigt.

➤ Tarifgruppe A

Die Tarifgruppe A wird für Versicherungsverträge von Pkw landwirtschaftlicher Betriebe eingeräumt, wenn der VN diesen Betrieb selbst bewirtschaftet und Mitglied einer landwirtschaftlichen Berufsgenossenschaft oder Gartenbaugenossenschaft ist.

Der Betrieb muss eine Mindestgröße haben:

- landwirtschaftlicher Betrieb ½ ha
- Gartenbaubetrieb 2 ha

Unter bestimmten Voraussetzungen wird die Tarifgruppe A auch ehemaligen landwirtschaftlichen Unternehmern und nicht berufstätigen Witwen/Witwern des genannten Personenkreises gewährt.

➤ Tarifgruppe B

Die Tarifgruppe B gilt für die Versicherungsverträge von Gebietskörperschaften, Körperschaften, Anstalten und Stiftungen des deutschen öffentlichen Rechts, juristische Personen des Privatrechts mit öffentlichen Aufgaben usw. sowie deren Bediensteten (u. U. auch Pensionäre und Rentner).

➤ Tarifgruppe D

Die Tarifgruppe D gilt für Versicherungsverträge bestimmter juristischer Personen des Privatrechts (z. B. bestimmte Versorgungsunternehmen für Wasser, Gas, Elektrizität; bestimmte private Krankenanstalten, bestimmte Wohnungsunternehmen).

Die Tarifgruppe gilt auch unter bestimmten Voraussetzungen für die Versicherungsverträge von Kraftfahrzeugen der Mitarbeiter, Auszubildenden und Ruheständler der genannten juristischen Personen des Privatrechts sowie deren Familienangehörigen.

b) Wohnort/Firmensitz

Statistische Untersuchungen haben gezeigt, dass der Schadenverlauf regional unterschiedlich ist. Großstädte weisen einen größeren Schadenbedarf auf als ländliche Regionen. Der Kraftfahrttarif für Pkw kennt daher innerhalb seiner Tarifgruppen regional differenzierte Beitragssätze in Form sog. **Regionalklassen**.

Es wird dabei nach Regionalklassen für die KH-, die Teilkasko- und die Vollkaskoversicherung unterschieden (siehe auch C 3.1.3 d).

Die jeweils anzuwendende Regionalklasse richtet sich nach dem Bezirk, in welchem das versicherte Fahrzeug aufgrund des Wohnsitzes des VN zugelassen ist, und kann aus dem **Verzeichnis der amtlichen Kennzeichen mit den Zuordnungen der Zulassungsbezirke zu den Regionalklassen** entnommen werden.

Beispiele:
(aus dem Regionalklassenverzeichnis im Bedingungswerk 2 »Proximus Vesicherung«)

Amtl. Kennzeichen	Zulassungsbezirk	Haftpflicht R/A/B
B	Berlin	11
E	Essen	8
OE	Olpe	3

Für die KH-Versicherung werden 12 Regionalklassen unterschieden, in die der jeweilige **Zulassungsbezirk** entsprechend seinem **Schadenbedarfsindexwert** zugeordnet wird.

AKB 2008 K.2 Ein unabhängiger Treuhänder ermittelt jährlich, ob und in welchem Umfang sich der Schadenbedarf eines Zulassungsbezirks im Verhältnis zu allen Zulassungsbezirken erhöht oder verringert hat. Ändert sich der Schadenbedarf, kann dies zu einer Zuordnung in eine andere Regionalklasse und damit zu einer Beitragsänderung führen, die im nächsten Versicherungsjahr wirksam wird.
Die **Klassengrenzen** sind tabellarisch in Anhang 3 zu den AKB 2008 aufgeführt.

Beispiel:

Regionalklasse 7	Schadenbedarfs-Indexwert von 100,8 bis unter 103,9

K.5, G.2.7 Erhöht sich der Beitrag aufgrund einer Änderung der Regionalklasse, hat der VN ein außerordentliches Kündigungsrecht. Die Beitragserhöhung ist spätestens einen Monat vor dem Wirksamwerden mitzuteilen und der VN auf das Kündigungsrecht hinzuweisen. Das Kündigungsrecht ist nicht an das Überschreiten einer bestimmten Schwelle, d. h. einer bestimmten Beitragserhöhung geknüpft. In der Praxis spricht man daher auch von der **Kündigungsschwelle »Null«.**

G.2.8 Anstatt zu kündigen kann der VN bei einer Beitragserhöhung auch eine Tarifumstellung verlangen.

c) Schadenfreiheitsrabatt-System

➤ Schadenverlauf

I.1 Die Beitragshöhe richtet sich ferner nach der Anzahl der schadenfreien Jahre bzw. der Anzahl der Vorschäden (sog. **Schadenverlauf**). Aus der **Tabelle der Schadenfreiheitsklassen** (SF-Klassen) gem. Anhang 1 zu den AKB 2008 kann der jeweilige **Beitragssatz in Prozent** abgelesen werden, der letztlich vom Tarifbeitrag (100 %) zu zahlen ist.

Beispiel:
Ein VN wird in SF-Klasse 10 (10 Jahre schadenfreier und ununterbrochener Versicherungsverlauf) geführt. Der Beitragssatz beträgt dann 45 %, d. h. es sind nur 45 % des Tarifbeitrages zu zahlen.

Ein Vertrag wird in die nächsthöhere Schadenfreiheitsklasse eingestuft, wenn er in einem Kalenderjahr ununterbrochen bestanden hat und schadenfrei gewesen ist.

Als **schadenfrei** gilt ein Vertrag, wenn innerhalb eines Kalenderjahres kein Schaden gemeldet wurde, für den Entschädigungsleistungen erbracht oder Rückstellungen gebildet worden sind. Ansonsten gilt er als **schadenbelastet**. AKB 2008 I.4

Für bestimmte Wagnisse, z. B. Anfänger, Zweitwagen, kennen die AKB 2008 besondere Einstufungsregelungen (siehe nachstehend).

➤ Einstufungshinweise für die Ersteinstufung von Pkw, Krafträder mit amtlichen Kennzeichen und Campingfahrzeugen

Anfängerwagnisse werden in die **Klasse 0** eingestuft. I.2.1 1.2.2.1

Die Klasse **SF ½** wird in folgenden Fällen eingeräumt:

- Der Versicherungsschutz soll für einen Zweitwagen gelten. Das Erstfahrzeug wird in der SF-Klasse ½ geführt (**Zweitwagenregelung**).
- Auf den mit in häuslicher Gemeinschaft lebenden Ehe- oder Lebenspartner ist ein Pkw zugelassen, der mindestens in der SF-Klasse ½ geführt wird.
- Ein Elternteil des VN hat ein Fahrzeug bei der Gesellschaft versichert, das mindestens in die SF-Klasse ½ eingestuft ist.
- Der VN hatte in den letzten zwei Jahren bei dem VR ein Fahrzeug mit Versicherungskennzeichenpflicht und schadenfreiem Verlauf versichert.
- Der VN als Anfänger ist seit mindestens drei Jahren im Besitz einer gültigen Fahrerlaubnis, die in einem Staat mit Vollmitgliedschaft in der EU erworben wurde (**Führerscheinregelung**).

  Wird die Dauer von 3 Jahren erst nach Vertragsabschluss erreicht, erfolgt bei schadenfreiem Verlauf auf Antrag die Einstufung von Klasse 0 nach SF½ ab diesem Zeitpunkt.
- Der Versicherungsvertrag hat in der Zeit vom 02. Jan. bis zum 01. Juli mit Klasse 0 begonnen und während des Kalenderjahres mindestens 6 Monate bestanden. Bei Schadenfreiheit erfolgt ab nächstem Kalenderjahr die Einstufung in die SF-Klasse ½ (**Halbjahresregelung**). I. 3.3

Hinweis: Weitere Sondereinstufungen und Besserstufungen nach AKB 2008

Die AKB 2008 kennen neben der Sondereinstufung in die SF-Klasse ½ auch noch die Sondereinstufungen in die SF-Klassen 1, 2 und 3, wenn bestimmte Voraussetzungen erfüllt sind. I.2.2.2 I.2.2.3 I.2.2.4

Ebenfalls kann eine weitere Besserstufung in Frage kommen. I.3.3

➤ Rückdatierung

Um schneller ein volles unfallfreies Kalenderjahr angerechnet zu bekommen, kann sich eine technische **Rückdatierung** anbieten.

Beispiel: I.3.3 S. 1

Der VN beantragt am 04. Jan. d. J. den Versicherungsschutz und beginnt mit Klasse 0 (Beitragssatz 230 %). Legt man den technischen Versicherungsbeginn auf den 31. Dez. des Vorjahres, kann bei Schadenfreiheit im laufenden Kalenderjahr bereits ab dem nächsten Kalenderjahr die Einstufung in die SF-Klasse 1 (Beitragssatz 100 %) vorgenommen werden.

Ohne diese Rückdatierung würde der Vertrag im nächsten Kalenderjahr nur in die Klasse SF ½ eingestuft.

3.1.3 Tarifaufbau in der Kaskoversicherung

Situation (3. Fortsetzung)

»Wie Sie sicherlich wissen, würde für die Zulassung des Kraftfahrzeuges der Nachweis genügen, dass KH-Versicherungsschutz besteht; denn damit sind die Ansprüche geschädigter Dritter gedeckt«, fährt Herr Schulten im Beratungsgespräch fort. »Aber Ihr Schaden ist nicht versichert, wenn Sie beispielsweise einen Unfall verschulden. Dafür haben wir aber auch Versicherungsschutzangebote. Zunächst möchte ich Ihnen zeigen, was eine Kaskoversicherung kostet. Die Tarifierung wird im Wesentlichen nach den gleichen Merkmalen wie bei der Kfz-Haftpflichtversicherung vorgenommen.«

Übersicht: Beitragsrelevante Merkmale in der Kaskoversicherung

Risikomerkmal	Tarifmerkmal für eine Pkw-Tarifierung
• PKW/übrige Fahrzeuge	• Tarifgruppe R
• Fahrzeugtyp	• Typklasse
• Wohnort/Firmensitz	• Regionalklasse
• Schadenverlauf	• Schadenfreiheitsklasse

Vorbemerkung:

Die Kaskoversicherung wird als Teilkasko und Vollkasko angeboten. Sie ist in Abschnitt C 5 ausführlich dargestellt.

Leistungserweiterungen bietet die KaskoPlus.

Aus der nachstehenden Übersicht können die versicherten Gefahren entnommen werden.

Übersicht

Kaskoversicherung

- Schäden durch Unfall
- Schäden durch mut- oder böswillige Handlungen betriebsfremder Personen

Teilkasko

- Brand, Explosion
- Entwendung, Raub, Unterschlagung
- Sturm, Hagel, Blitzschlag, Überschwemmung
- Zusammenstoß mit Tieren
- Glasbruch
- Kurzschlussschäden an der Verkabelung
- Marderbiss

→ **Vollkasko** ←

Bei Abschluss einer Vollkaskoversicherung sind die versicherten Gefahren der Teilkaskoversicherung grundsätzlich mitversichert.

a) Grundsätze für die Beitragsfestsetzung

Die AKB 2008 kennen auch für die Kaskoversicherung von Pkw, wie in der KH-Versicherung, die Tarifierungs- bzw. Risikomerkmale

- Tarifgruppe,
- Fahrzeugtyp,
- Regionalklasse,
- Schadenverlauf.

b) Tarifgruppe

Pkw werden für die Beitragsberechnung der **Tarifgruppe R** zugeordnet. AKB 2008 J.2

Unter den bereits in Abschnitt C 3.1.2.2 genannten Voraussetzungen ist in der Praxis auch eine Zuordnung zur **Tarifgruppe B** üblich. Diese Tarifgruppe ist, wie bereits festgestellt, im Tarif zur Kraftfahrtversicherung des Bedingungswerkes 2 »Proximus Versicherung« nicht berücksichtigt.

c) Fahrzeugtyp

Situation (4. Fortsetzung)

Versicherungsagent Schulten erläutert Thorsten Franzen, dass sein Golf TDI bei Vereinbarung von Vollkasko der Typklasse 19 und bei Vereinbarung von Teilkasko sogar der höchsten Typklasse, nämlich Typklasse 33, zugeordnet wird, da Golf TDI häufig gestohlen werden.

Fahrzeuge desselben Herstellers und mit gleichem Aufbau bilden, wie in der KH-Versicherung, einen Fahrzeugtyp. Maßgeblich für die Zuordnung sind in erster Linie die Eintragungen im Kraftfahrzeugschein. Die Fahrzeugtypen werden getrennt nach Vollkasko und Teilkasko zu **Typklassen** zusammengefasst, denen Beiträge zugeordnet werden **(Beitragsklassen)**. Jede Typklasse entspricht einer Beitragsklasse. Alle Beitragsklassen bilden den Typklassentarif für Pkw.

Das Tarifwerk für die Fahrzeugversicherung unterscheidet 25 Typklassen (Typklassen 10–34), in der Vollkasko und 24 Typklassen (Typklassen 10–33) in der Teilkasko, während die KH-Versicherung nur 16 Typklassen (Typklasse 10–25) kennt. Die für ein Fahrzeug geltende Typklasse für die Vollkasko- und Teilkaskoversicherung ergibt sich aus dem Typklassenverzeichnis, das von einem unabhängigen Treuhänder geführt wird. AKB 2008 Anhang 2

Beispiele:
(aus dem Typklassenverzeichnis Pkw im Bedingungswerk 2 »Proximus Versicherung«)

Fahrzeugtyp	Herstellernummer	Typschlüsselnummer	Typklasse VK	Typklasse TK	*Zum Vergleich Typklasse KH*
Opel Corsa-C (1.0) (43 kW/58 PS, 973 ccm)	0035	394	11	18	*13*
BMW R50 (Mini 1.6) (66 kW/90 PS, 1598 ccm)	0005	718	13	26	*14*

Die Ermittlung des Schadenbedarfs eines Fahrzeugtyps und die Zuordnung zu einer Typklasse erfolgt nach den gleichen Grundsätzen wie in der KH-Versicherung.

Der Typklassentarif führt zu einem risikogerechten Beitrag in Bezug auf die objektiven Gefahrenmerkmale Reparaturkosten und Diebstahlsgefahr in der Kaskoversicherung.

d) Wohnort/Firmensitz

Situation (5. Fortsetzung)

Thorsten Franzen erfährt, dass die Kaskoversicherung andere Regionalklassen als die KH-Versicherung kennt. Sein Wohnort Frankfurt zählt in der Vollkaskoversicherung zur Regionalklasse 6 und in der Teilkaskoversicherung zur Regionalklasse 5.

Auch in der Kaskoversicherung für Pkw ist der Schadenverlauf spürbar unterschiedlich. Die Kaskoversicherung hat daher, wie die KH-Versicherung, eine eigene Regionalklasseneinteilung, wobei die anzuwendende Regionalkasse sich nach dem Zulassungsbezirk bestimmt, in dem der VN seinen Wohnsitz hat.

Die AKB 2008, Anhang 3, im Bedingungswerk 2 »Proximus Versicherung« unterscheiden für Vollkasko jeweils 9 Regionalklassen (1–9) und für Teilkasko 16 Regionalklassen (1–16).

Die Ermittlung des Indexwertes des Schadenbedarfs eines Zulassungsbezirks und die Zuordnung zu einer Regionalklasse erfolgt nach den gleichen Grundsätzen wie in der KH-Versicherung.

e) Schadenverlauf

AKB 2008 Anhang 1

Die Schadenfreiheitsklassen der KH-Versicherung gelten auch für die Vollkasko. Für die Teilkasko ist ein **Schadenfreiheitsrabatt** nicht vorgesehen.

I.2.1

Sind die Voraussetzungen für die Einstufung in eine **Schadenfreiheitsklasse** nicht gegeben, wird der Versicherungsvertrag grundsätzlich in die **Klasse 0** (Beitragssatz 230 %) eingestuft.

Die Regelungen in den AKB 2008

- zur Einstufung in eine Schadenfreiheitsklasse,
- zur Rückstufung,
- zu Verträgen, die in der Zeit vom 02. Jan. d. J. bis 01. Juli d. J. beginnen,
- zum Versicherer- und Fahrzeugwechsel,
- zur Unterbrechung des Versicherungsvertrages

decken sich weitgehend mit den Regelungen für die KH-Versicherung.

Auf folgende **Unterschiede zur KH-Versicherung** sei hingewiesen:

- Ein Schaden in der Teilkaskoversicherung beeinträchtigt nicht die Schadenfreiheit in der Vollkaskoversicherung.
- Beim Abschluss einer Vollkaskoversicherung für einen Pkw wird die in der Kfz-Haftpflichtversicherung erreichte SF-Klasse zugrunde gelegt, wenn die beantragte Versicherungsdauer mindestens ein Jahr beträgt und kein Ausschlussgrund für die Übernahme eines Schadenverlaufs nach I.2.3.2 AKB 2008 vorliegt.

f) Selbstbeteiligung

Durch Vereinbarung einer Selbstbeteiligung (z. B. 1 000,00 € oder 500,00 € in der Vollkaskoversicherung, 500,00 € oder 150,00 € in der Teilkaskoversicherung) kann ein günstigerer Beitrag erreicht werden.

3.1.4 Individuelle Tarifmerkmale nach AKB 2008 für PKW

Situation (6. Fortsetzung)

Thorsten Franzen entschließt sich, eine Vollkaskoversicherung mit 500,00 € Selbstbeteiligung, die gleichzeitig eine Teilkaskoversicherung mit 150,00 € Selbstbeteiligung umfasst, neben der KH-Versicherung mit Auto-Schutzbrief zu beantragen. Jetzt können die infrage kommenden Zuschläge und Rabatte aufgrund zusätzlicher Tarifmerkmale, getrennt nach der KH-Versicherung mit Auto-Schutzbrief und der Vollkaskoversicherung, festgestellt werden.

Für Fahrzeugalter zwischen 3 und 7 Jahren, und darunter fällt der Gebrauchtwagen von Thorsten Franzen, kommt ein Fahrzeugalter-Nachlass bzw. -Zuschlag nicht infrage.

Im Beratungsgespräch wird ermittelt, dass Thorsten Franzen ca. 17 000 km pro Jahr fahren wird. Hierfür muss er sowohl in der KH-Versicherung mit Auto-Schutzbrief als auch in der Vollkaskoversicherung jeweils einen entsprechenden Fahrleistungszuschlag von 5 % zum Beitrag hinnehmen. Andererseits kann er sich jeweils über einen Garagen-Nachlass und einen Partner-Nachlass von 10 % in der KH-Versicherung mit Auto-Schutzbrief und 5 % in der Vollkaskoversicherung freuen.

Die AKB 2008 sehen für Pkw folgende individuelle Tarifmerkmale vor: AKB 2008 J.3.1

- Ein- oder Zweifamilienhaus/Eigentumswohnung/Garage
- Fahrleistung
- Fahrzeugnutzung
- Fahrzeugalter bei Erwerb
- Abweichender Halter
- Branche
- Fahrzeugnutzung in der FahrerPlus-Versicherung

Nicht alle diese individuellen Tarifmerkmale nach AKB 2008 sind im zugehörigen Tarif zur Kraftfahrtversicherung des Bedingungswerkes 2 »Proximus Versicherung« berücksichtigt, so dass die nachstehenden Ausführungen allgemeingültig nach Zuschlägen und Nachlässen getrennt sind.

a) Zuschläge

➤ Fahrzeugalter

Viele VR berücksichtigen in ihren Tarifen seit dem 01. Jan. 1996 auch das Fahrzeugalter als Tarifierungsmerkmal für Pkw, da die Statistik gezeigt hat, dass Fahrer älterer Fahrzeuge häufiger in Unfälle verwickelt sind als Fahrer neuer Autos.

Soweit das Fahrzeugalter berücksichtigt wird, kennt die Praxis entweder einen Tarif, der in verschiedene Gruppen, je nach dem Alter des Pkw, gegliedert ist, oder es wird ein Zuschlag auf den Tarifbeitrag erhoben.

Beispiel:

(aus dem Tarif zur Kraftfahrtversicherung im Bedingungswerk 2 »Proximus Versicherung«)

Für Pkw über 12 bis 20 Jahre wird in der KH-Versicherung ein Zuschlag von 8 % und in der Teilkaskoversicherung von 10 % erhoben.

➤ Fahrleistungs-Zuschlag

Beispiel:
(aus dem Tarif zur Kraftfahrtversicherung im Bedingungswerk 2 »Proximus Versicherung«)
Fahrleistung über 25 000 bis 30 000 km: Zuschlag von jeweils 15% zur KH-Versicherung, Vollkasko- oder Teilkaskoversicherung.

➤ Sonstige Zuschläge

Für Pkw in Klasse 0 oder SF ½ ist teilweise ein Zuschlag von 25 % vorgesehen.

Beispiel aus der Praxis:
Ein Zuschlag von 25 % wird unter folgenden Voraussetzungen erhoben:
- regelmäßig verschiedene Fahrzeugführer
- VN ist nicht Erstbesitzer, und das Fahrzeug ist älter als 8 Jahre

b) Nachlässe

Die Bedingungs- und Tariffreigabe im Rahmen der EU-Liberalisierung hat zu einer Vielfalt von Rabatten geführt.

Die nachstehenden Rabatte werden teilweise gleichzeitig zugestanden.

➤ Wenigfahrer und/oder Einzelfahrer

Manche VR versuchen das individuelle Risiko des Kunden durch einen Beitragsnachlass zu berücksichtigen, wenn es günstig ist.

Unter den Stichworten **Wenigfahrer** und/oder **Einzelfahrer** ist ein Nachlass vorgesehen, wenn bestimmte Voraussetzungen erfüllt sind.

Beispiel:
(aus dem Tarif zur Kraftfahrtversicherung im Bedingungswerk 2 »Proximus Versicherung«)
Autofahrer, die mit ihrem Fahrzeug weniger als 9000 km im Jahr fahren, erhalten einen Rabatt von jeweils 15 % auf die Beiträge zur KH- und Vollkasko- bzw. Teilkaskoversicherung.

➤ Sonstige Rabattierungsmerkmale

Die Praxis kennt noch weitere günstige Risikomerkmale, für die einzelne VR einen Rabatt gewähren.

Beispiele:
(aus dem Tarif zur Kraftfahrtversicherung im Bedingungswerk 2 »Proximus Versicherung«)
- Fahrzeugalter-Nachlass
- Partner-Nachlass

Die gegenwärtige Rabattpraxis zeigt, dass der Markt für die Kraftfahrtversicherung hart umkämpft ist, wird doch die Kraftfahrtversicherung als Basis für den Ausbau der Kundenverbindung durch weitere Versicherungsverträge angesehen.

3.2 Beitragsberechnung

3.2.1 Tarife, Tabellen und Verzeichnisse für die Beitragsberechnung

Die Beitragsberechnung zur KH-Versicherung und zur Kaskoversicherung (Vollkasko bzw. Teilkasko) für Pkws erfolgt bei der Kundenberatung in der Praxis zunehmend unter Einsatz von Computern (Notebook oder Laptop), die ein Beratungsprogramm mit sämtlichen Tarifdaten bereithalten. Im Prinzip benötigt man nur noch Angaben zum Fahrzeughalter (Beruf, Wohnort, Tag der Ausstellung des Führerscheins) und bestimmte Fahrzeugdaten aus dem Fahrzeugbrief oder -schein (Herstellernummer, Typschlüsselnummer, Tag der Erstzulassung).

Sofern ein Beratungsprogramm nicht zum Einsatz kommt, müssen folgende Unterlagen zur Verfügung stehen:

- Tarif für die KH-Versicherung
- Tarif für die Vollkasko- bzw. Teilkaskoversicherung
- ggf. Nachweis, dass die Tarifgruppe B oder A in der KH-Versicherung bzw. B in der Vollkaskoversicherung angewendet werden kann
- Verzeichnis der amtlichen Kennzeichen mit den dazugehörigen Regionalklassen
- Typklassenverzeichnis
- Tabelle der Schadenfreiheitsklassen mit ihren jeweiligen Beitragssätzen in Prozent
- ggf. Tabelle der Rückstufung im Schadensfall

3.2.2 Beitragsberechnungen

a) Beitragsberechnung für einen Pkw

Übersicht

Für die Beitragsberechnung sind folgende risikorelevante Angaben im Antrag auszuwerten

- Art des Fahrzeuges (hier: Pkw)
- Typklasse des Pkw
- Verwendung des Fahrzeuges (z. B. ohne Vermietung)
- Beruf/Branche des Antragstellers
- Wohnort bzw. Firmensitz des Antragstellers
- Schadenverlauf
- Dauer des Führescheinbesitzes
- Weitere Angaben, sofern der Tarif des jeweiligen VR Rabatte bzw. Zuschläge für bestimmte Pkw-Risiken vorsieht

Hinweis:
AKB 2008 und Tarif zur Kraftfahrtversicherung im Bedingungswerk 2 »Proximus Versicherung«

Den nachstehenden Ausführungen liegen die »AKB 2008« und der »Tarif zur Kraftfahrtversicherung« aus dem Bedingungswerk 2 »Proximus Versicherung« (Fassung 2008) zugrunde.

Das Risikomerkmal Branche nach AKB 2008 (vgl. z. B. J.3.1.11) ist im vorgenannten Tarif nicht berücksichtigt und bleibt daher außer Acht.

Situation (7. Fortsetzung)

Nachdem alle Tarifmerkmale erfasst und der Umfang des gewünschten Versicherungsschutzes abgesprochen ist kann der Beitrag berechnet werden.

Thorsten Franzen wünscht folgenden Versicherungsschutz:

- KH-Versicherung mit 100 Mio. € Deckung (sog. unbegrenzte Deckung),
- Vollkasko mit 500,00 € Selbstbeteiligung,
- Teilkasko mit 150,00 € Selbstbeteiligung,
- Auto-Schutzbrief.

Es wird vierteljährliche Beitragszahlung gewünscht.

Lösung:

KH-Versicherung mit unbegrenzter Deckung und Auto-Schutzbrief

Jährlicher Beitrag (100 %) Tarifgruppe R ohne VersSt für Typklasse 17 in Regionalklasse 7		910,73 €	①
Einstufung in SF ½ (= 140 %)		1 275,02 €	②
+ Fahrleistungszuschlag 5 % (über 15 000 km bis 20 000 km)			
– Garagen-Nachlass 10 %			
– Partner-Nachlass 10 %	= –15 % (additiv)	191,25 €	③
		1 083,77 €	

Vollkasko mit 500,00 € Selbstbeteiligung einschließlich Teilkasko mit 150,00 € Selbstbeteiligung

Jährlicher Beitrag (100 %) Tarifgruppe R ohne VersSt für Typklasse 19 in Regionalklasse 6		1 031,68 €	④
Einstufung in SF ½ (= 140 %)		1 444,35 €	⑤
+ Fahrleistungszuschlag 5 % (über 15 000 km bis 20 000 km)			
– Garagen-Nachlass 5 %			
– Partner-Nachlass 5 %	= –5 % (additiv)	72,22 €	
		1 372,13 €	

Berechnung des vierteljährlichen Beitrages

KH-Versicherung	1 083,77 €	
Vollkaskoversicherung	1 372,13 €	
	2 455,90 €	
+ 5 % Ratenzuschlag	122,80 €	⑥
	2 578,70 €	
: 4 (1/4-j. Zahlungsweise)	644,68 €	
+ 19 % VersSt	122,49 €	⑦
Erstbeitrag	**767,17 €**	

Erläuterungen:

① Anhand der Angaben im Fahrzeugschein (Herstellernummer, Typschlüsselnummer) wurde die Typklasse **für die KH-Versicherung** im Typklassenverzeichnis festgestellt (hier: Typklasse 17).

Für Versicherungsverträge von Pkw gelten die Beiträge der Tarifgruppe R.

Anhand des Kennzeichens (hier: **F** für Frankfurt) wurde aus dem **Verzeichnis der amtlichen Kennzeichen mit den Zuordnungen der Zulassungsbezirke zu den Regionalklassen** die Regionalklasse des Zulassungsbezirks **für die KH-Versicherung** ermittelt (hier: Regionalklasse 7).

Aus dem KH-Tarif kann der 100 %-Beitrag ohne Versicherungssteuer (VersSt) unter Typklasse 17, Regionalklasse 7 (R7) abgelesen werden (hier: 910,73 €). Dieser Beitrag schließt den **Auto-Schutzbrief** ein.

② Aufgrund der Führerscheinregelung (gültige Fahrerlaubnis seit mindestens 3 Jahren) nach I. 2.2.1 e) AKB 2008 konnte die **Einstufung** in die Schadenfreiheitsklasse SF ½ mit einem Beitragssatz von 140 % gemäß Tabelle in Anhang 1 zu den AKB 2008 erfolgen.

③ Die Sätze für Zuschläge und Nachlässe in Prozent werden nach Proximus 2 (Fassung 2008) **additiv** (also zusammengefasst) berücksichtigt.

In **Proximus 2 (Fassung 2011)** ist vorgesehen, Zuschläge und Nachlässe **multiplikativ** (d.h., nacheinander vom jeweils vorhergehenden Zwischenergebnis) zu berechnen.

④ Der 100 %-Beitrag zur Vollkaskoversicherung wird, analog dem Beitrag zur KH-Versicherung, anhand der Typklasse (hier: Typklasse 19) und der Regionalklasse (hier: Regionalklasse 6) **für die Vollkaskoversicherung** ermittelt. Bei der Beitragsermittlung ist die vereinbarte Selbstbeteiligung in der Vollkaskoversicherung von 500,00 € und der Teilkaskoversicherung von 150,00 € zu beachten.

⑤ In SF ½ gilt ebenfalls ein Beitragssatz von 140 % (s. Tabelle in Anhang 1 zu den AKB 2008). Zuschläge und Nachlässe werden auch für die Vollkaskoversicherung gemäß den Tarifhinweisen berechnet.

⑥ Auf den errechneten Jahresbeitrag wird der vierteljährliche Ratenzuschlag von 5 % addiert und das Ergebnis dann durch 4 dividiert. Das Ergebnis stellt den vierteljährlichen Beitrag ohne VersSt dar.

⑦ Die VersSt beträgt 19 % in der Kraftfahrtversicherung.

Ratenzuschläge:

Für ½ -jährliche Zahlungsweise wird ein Zuschlag von 3 %, bei ¼ -jährlicher Zahlungsweise ein solcher von 5 % und bei 1/12-jährlicher Zahlungsweise ein solcher von 5 % erhoben (siehe Tarif zur Kraftfahrtversicherung im Bedingungswerk 2 »Proximus Versicherung«).

Die monatliche Zahlung ist nur möglich, wenn der VR ermächtigt wird, die Beiträge im Rahmen des Lastschriftverfahrens vom Konto des VN abzubuchen. AKB 2008 C.1.2

Bei Verträgen für Fahrzeuge mit Saisonkennzeichen kann nur die jährliche und monatliche Zahlweise vereinbart werden. C.1.3

Zahlungsweise	½ -jährlich	¼ -jährlich	1/12-jährlich
Ratenzuschlag	3 %	5 %	5 %

b) Beitragsberechnung für ein Kraftrad

Beispiel:

Martin Müller, Student, hat ein Kleinkraftrad (50 ccm) erworben. Er wünscht die unbegrenzte Haftpflichtdeckung über 100 Mio. € sowie eine Vollkasko- und Teilkaskoversicherung mit jeweils 150,00 € Selbstbeteiligung.

Wie hoch ist der jährliche Beitrag bei Einstufung in die Klasse 0?

Lösung:

Haftpflicht		
Jährlicher Beitrag (Klasse 0 = 100 %, Wagniskennziffer 001)	159,52 €	①
Kaskoversicherung		
Jährlicher Beitrag (Klasse 0 = 100 %, Wagniskennziffer 001)	1 213,31 €	②
Beitrag ohne VersSt	1 372,83 €	
+ 19 % VersSt	260,84 €	
Beitrag insgesamt	1 633,67 €	

Erläuterungen:

① Für Krafträder gelten die Beiträge der Tarifgruppe N.
Gemäß Tabelle in Anhang 1 zu den AKB 2008 beträgt für Zweiräder der Beitragssatz 100 % in der Klasse 0.

② Für die Kaskoversicherung gilt nach Anhang 1 zu den AKB 2008 ebenfalls die Tarifgruppe N und ein Beitragssatz von 100 % in der Klasse 0.

c) Beitragsberechnung für ein Wohnmobil

Beispiel:

Martina Schmitz, Designerin, hat ein 5 Jahre altes Wohnmobil zum Preis von 15 000,00 € erworben. Sie beantragt die Haftpflichtdeckung über 100 Mio. € mit angebündelter Schutzbriefleistung sowie eine Vollkaskoversicherung mit 300,00 € Selbstbeteiligung einschließlich Teilkaskoversicherung ohne Selbstbeteiligung.

Wie hoch ist der jährliche Beitrag bei Einstufung in die Klasse 0?

Lösung:

Haftpflicht + Schutzbrief		
Jährlicher Beitrag (Klasse 0 = 100 %, Wagniskennziffer 127)	560,23 €	①
Kaskoversicherung		
Ermittlung des Neuwertes		
15 000,00 € · Faktor 1,9 = 28 500,00 € ②		
3,105 % von 28 500,00 €	884,93 €	③
+ 15 % Zuschlag für Teilkasko ohne Selbstbeteiligung	132,74 €	④
Beitrag ohne VersSt	1 577,90 €	
+ 19 % VersSt	299,80 €	
Beitrag insgesamt	1 877,70 €	

Erläuterungen:

① Für Campingkraftfahrzeuge/Wohnmobile gelten die Beiträge der Tarifgruppe N. Gemäß Tabelle in Anhang 1 zu den AKB 2008 beträgt der Beitragssatz 100 % in der Klasse 0.

② Grundlage für die Beitragsberechnung in der Kaskoversicherung ist der Neuwert. Bei 5 Jahre alten Fahrzeugen ist hierfür der Kaupreis mit dem Faktor 1,9 zu multiplizieren.

③ Laut Tarif beträgt der Beitrag in der Kaskoversicherung 3,105 % vom Neuwert bei einer Selbstbeteiligung von 300,00 € für Voll- und 150,00 € für Teilkaskoschäden.

④ Da in der Teilkaskoversicherung keine Selbstbeteiligung gewünscht wird, ist lt. Tarif ein Zuschlag von 15 % auf den Beitrag für Vollkasko einschl. Teilkasko mit 150,00 € Selbstbeteiligung zu erheben.

3.2.3 Unterjährige Versicherungen

Beträgt die Versicherungsdauer weniger als 1 Jahr, so berechnet der VR einen Teilbeitrag des Jahresbeitrages. Die Berechnung kann nach zwei Methoden erfolgen:

- Abrechnung nach Kurztarif
- Abrechnung entsprechend der tatsächlich abgelaufenen Zeit (p. r. t. = pro rata temporis)

a) Kurztarif für die Kraftfahrtversicherung

Der Kurztarif ist eine Tabelle, die angibt, wie viel Prozent des Jahresbeitrages für eine Versicherung zu entrichten sind, die **von vornherein** über eine kürzere Dauer als ein Jahr abgeschlossen wird. AKB 2008 C.2.1

Dauer der Versicherung	Beitrag in % des Jahresbeitrages
bis zu 1 Monat	15
bis zu 2 Monaten	25
bis zu 3 Monaten	30
bis zu 4 Monaten	40
bis zu 5 Monaten	50
bis zu 6 Monaten	60
bis zu 7 Monaten	70
bis zu 8 Monaten	75
bis zu 9 Monaten	80
bis zu 10 Monaten	90
bis zu 12 Monaten	100

Beispiel:

Eine Kfz-Haftpflichtversicherung für ein Leichtkraftrad wird für die Zeit vom 1. April d.J. bis zum 15. Oktober d.J. abgeschlossen. Der Jahresbeitrag laut Tarif beträgt 410,24 € ohne VersSt.

Wie hoch ist der Beitrag nach Kurztarif ohne VersSt?

Lösung:

Versicherungsdauer: 01. April d.J.–15. Okt. d.J. = 6 Monate und 14 Tage

Beitrag nach Kurztarif:

70 % des Jahresbeitrages ohne VersSt	287,17 €	①
+ 19 % VersSt	54,56 €	
Beitrag insgesamt	341,73 €	

Erläuterung:

① Da die Versicherungsdauer über 6 Monate, aber unter 7 Monaten beträgt, muss der VN 70 % des Jahresbeitrages zuzüglich VersSt bezahlen.

b) Abrechnung pro rata temporis (p. r. t.)

AKB 2008 C.2.2

Beträgt die Dauer nur deshalb weniger als ein Jahr, weil der Vertrag nicht am 01. Jan. eines Kalenderjahres beginnt, wird der Beitrag **anteilig nach der Zeit (p. r. t.)** des gewährten Versicherungsschutzes berechnet.

Beendet der VN allerdings einen solchen Vertrag durch **Kündigung zum Ablauf,** wird der Beitrag nach **Kurztarif** berechnet.

Beispiel:

Der VN beantragt eine Kfz-Haftpflichtversicherung mit Teilkaskoversicherung, die am 15. April d. J. angenommen wird. Der Jahresbeitrag ohne VersSt beläuft sich auf genau 1 000,00 €. Im Vertrag ist die automatische Verlängerung nach G.1.2 AKB 2008 vorgesehen. Damit die Versicherungsjahre zum 1. Jan. eines jeden Jahres beginnen können, stellt der VR zunächst nur einen zeitanteiligen Beitrag für die Zeit vom 15. April d. J. bis 31. Dez. d. J. in Höhe von 708,33 € zzgl. VersSt in Rechnung.

$$\text{p.r.t.} = 1\,000 \cdot \frac{255}{360} = 708{,}33\ €$$

Ende November d. J. kündigt der VN die Versicherung zum 31. Dez. d. J., da er zu einem günstigeren Anbieter wechseln will. Der VR behandelt den Vertrag jetzt so, als sei er von vornherein über die kurze Dauer abgeschlossen worden und ermittelt nach Kurztarif einen Beitrag von 80 % des Jahresbeitrages = 800,00 € ohne VersSt. Der VN muss die Differenz zwischen 708,33 € und 800,00 € zzgl. VersSt nachzahlen.

Ansonsten sehen die AKB 2008 bei

- **Kündigung vor Ablauf des Versicherungsjahres**

Beispiele:

Kündigung nach einem Schadenereignis

Kündigung bei Beitragserhöhung

Kündigung bei Nichtzahlung des Folgebeitrages

- **Wagniswegfall**

vor, dass dem VR nur der anteilige, auf die Zeit des Versicherungsschutzes entfallende Beitrag zusteht. Ggf. ist der zuviel gezahlte Beitrag (sog. **Rückbeitrag**) durch den VR zu erstatten.

Die möglichen Kündigungsanlässe sind in G.2 und G.3 der AKB 2008 aufgezählt und ausführlich in Abschnitt C 3.4 dargestellt.

3.2.4 Versicherer- und Fahrzeugwechsel

a) Versichererwechsel

AKB 2008 I.6.1.6 PflVG § 5 (7)

Bei einem **Versichererwechsel** wird der Schadenverlauf (Dauer und Schadenfreiheit des bisherigen Versicherungsvertrages sowie die Anzahl der Schäden) berücksichtigt. Der bisherige VR hat eine sog. **Versichererwechselbescheinigung** auszustellen.

Folgende Auskünfte können u. a. nach den AKB 2008 für die Übernahme eines Schadenverlaufs vom Vorversicherer eingeholt werden: AKB 2008 I.8.1

- Art und Verwendung des Fahrzeugs
- Beginn und Ende des Vertrages
- Schadenverlauf in der Kfz-Haftpflichtversicherung und Kaskoversicherung
- Anzahl der schadenfreien Kalenderjahre (Schadenfreiheitsrabattstatus)
- Versicherungsschutzunterbrechungen, die sich noch nicht auf die letzte Neueinstufung ausgewirkt haben
- Auflösung bestimmter Schadenrückstellungen, ohne dass Zahlungen geleistet worden sind

Bei der Übertragung von Schadenfreiheitsrabatten werden nur die tatsächlichen schadenfreien Zeiten berücksichtigt. Sondereinstufungen (ausgenommen Einstufungen in die SF-Klasse ½ nach I.2.2.1 AKB 2008) und Einstufungen aufgrund des Rabattretters nach I.3.5 AKB 2008 werden vom Vorversicherer für den Versichererwechsel nicht bestätigt. I.8.2

Beispiel:
Der VN möchte mit seinem Zweitwagen zu einem anderen VR wechseln und wünscht, dass der Schadenfreiheitsrabatt des Zweitwagens, der aufgrund einer Sondereinstufung nach I.2.2.3 in Klasse SF 2 eingestuft ist, auf den neuen VR übertragen wird. Der bisherige VR wird nur die tatsächlich schadenfreie Zeit mit dem Zweitwagen dem neuen VR bestätigen und letzterer daraufhin das Fahrzeug entsprechend einstufen.

b) Fahrzeugwechsel

Die AKB sehen grundsätzlich vor, dass bei einem Fahrzeugwechsel der bisherige Schadenverlauf für die Einstufung des neuen Fahrzeugs übernommen wird. I.6

➤ Ersatz des alten Pkw durch einen neuen Pkw

Der Schadenverlauf des alten Vertrages wird – auch wenn er bei einem anderen VR bestanden hat – übernommen. I.6.1.1

AKB 2008 I.6.2.2 Es müssen allerdings gleiche Risikoverhältnisse vorliegen. Das ist beispielsweise nicht der Fall, wenn das neue Fahrzeug als Taxi eingesetzt werden soll.

➤ Wechsel zwischen verschiedenen Fahrzeugarten

I.6.2.4 Der bisherige Schadenverlauf wird berücksichtigt, wenn das bisherige Fahrzeug einer höheren oder derselben Fahrzeuggruppe angehört, wie das neue Fahrzeug.

Beispiele:

Der VN ist sechs Kalenderjahre lang ununterbrochen mit seinem Motorrad versichert und unfallfrei gefahren. Er steigt jetzt auf einen Pkw um. Beide Fahrzeuge gehören der unteren Fahrzeuggruppe nach AKB 2008 an, so dass der bisherige Schadenverlauf übernommen werden kann.

Berücksichtigt werden die schadenfrei gefahrenen Jahre und nicht die Schadenfreiheitsklasse.

Im Beispielsfall hat der Motorradfahrer bei 6 schadenfreien Jahren nach dem Rabattsystem für Motorräder in der KH-Versicherung die Klasse SF 6 mit einem Beitragssatz von 40 % erreicht. Versichert er jetzt anstelle des Motorrades den Pkw, wird er aufgrund des Rabattsystems für Pkw in die Klasse SF 6 mit einem Beitragssatz von 55 % eingestuft.

Die Beachtung der sich ggf. ergebenden unterschiedlichen Beitragssätze ist datentechnisch problemlos möglich, da die VR das sog. **Rabattgrundjahr** speichern. Das Rabattgrundjahr ist das erste Kalenderjahr, das als schadenfrei gilt. Datentechnisch wird dieses Jahr übertragen.

Hinweis: Zentrale Malus-Datei

Da Vorschäden bei Versichererwechsel häufig verschwiegen werden, wird beim Gesamtverband der Versicherungswirtschaft (GDV) eine zentrale Malus-Datei für stornierte Verträge aus den Schadenklassen S und M geführt.

3.2.5 Übernahme des Schadenverlaufs von einer anderen Person

I.6.1.5 Die Möglichkeit nach AKB 2008, dem gewünschten Versicherungsvertrag eines Antragstellers den Schadenverlauf von einer anderen Person zugrunde zu legen (in der Praxis auch als „Anrechnung der Schadenfreiheit aus Verträgen Dritter" bezeichnet), resultiert daraus, dass ein Fahrzeug häufig von zwei oder mehr Personen genutzt wird und diese eine bestimmte SF-Klasse gemeinsam erreicht haben.

I.6.2.5 Um dem Missbrauch vorzubeugen, müssen nach den AKB 2008 bestimmte Voraussetzungen erfüllt sein:

Hierzu zählen u. a.:

- Es muss sich bei der anderen Person um den Ehepartner, ein Elternteil, ein eigenes Kind oder eine Person handeln, die mit in der häuslichen Gemeinschaft lebt.
- Es muss glaubhaft gemacht werden, dass das Fahrzeug der anderen Person häufig vom Antragsteller gefahren wurde.

Beispiel:

Der Sohn als Antragsteller (Führerscheinbesitz seit 5 Jahren) möchte den Schadenverlauf der Kfz-Versicherung seines Vaters (sog. andere Person nach AKB 2008) übernehmen. Der Vater hat die Klasse SF 10 erreicht.

Die Übertragung ist wegen der Vater-Kind-Beziehung zunächst grundsätzlich möglich.

Allerdings muss

- Vater und Sohn durch schriftliche Erklärung glaubhaft machen, dass der Sohn das Fahrzeug überwiegend gefahren hat und dies nicht mehr als 12 Monate zurückliegt,
- der Besitz einer Fahrerlaubnis während dieser Zeit durch den Sohn nachgewiesen werden,
- der Vater mit der Übernahme durch den Sohn einverstanden sein und damit seinen Schadenfreiheitsrabatt in vollem Umfange aufgeben.

Ist die andere Person verstorben, genügt die Erklärung des Antragstellers. Bei Ehegatten kann auch diese entfallen.

Im Beispielsfall kann der Sohn **während des laufenden Jahres** aufgrund der Dauer seines Führerscheinbesitzes in SF-Klasse 4 eingestuft werden, da er so behandelt wird, als wenn er ab Führerscheinausstellung versichert gewesen wäre (von Klasse 0 in Klasse SF 1 **nach** dem ersten vollen und schadenfreien Kalenderjahr usw.).

Führer-schein	**volles Jahr**	**volles Jahr**	**volles Jahr**	**volles Jahr**	**lfd. Jahr**
am 15. Okt.	Klasse 0	SF 1	SF 2	SF 3	SF 4

3.2.6 Rückstufung im Schadensfall

Die Rückstufung erfolgt, wenn der VR aufgrund einer Schadenmeldung eine Zahlung geleistet oder eine Rückstellung gebildet hat.

Die Schadenhöhe spielt für die Rückstufung keine Rolle.

Die Rückstufung erfolgt nicht linear, wie die Besserstufung infolge eines weiteren schadenfreien Kalenderjahres, sondern häufig über mehrere SF-Klassen, wie aus den Rückstufungstabellen in Anhang 1 zu den AKB 2008 ersichtlich ist. Dies wirkt sich besonders aus, wenn zwei oder mehr Schäden in einem Kalenderjahr gemeldet werden.

Beispiel: Rückstufung in der KH-Versicherung für Pkw im Schadensfall

(1) Rückstufung aus Klasse SF 6 (55 %) bei einem Schaden in Klasse SF 3 (70 %), bei zwei Schäden in Klasse SF ½ (140 %)

(2) Rückstufung aus Klasse SF 1 (100 %) bei einem Schaden in Klasse S (155 %), bei zwei Schäden in Klasse M (245 %)

Die Klassen S und M werden als **Malusklassen** bezeichnet.

Für Zweiräder, Campingfahrzeuge/Wohnmobile und sonstige Fahrzeuge (z. B. Lieferwagen, Lkw) gelten andere Rückstufungsregelungen und Beitragssätze.

Besonderheit: Rettung des Schadenfreiheitsrabatts

AKB 2008 I.3.5

1. Wurden 25 oder mehr schadenfreie Jahre erreicht, wird beim ersten Schaden von Klasse SF 25 (30 %) nach Klasse SF 22 zurückgestuft, in der der Beitragssatz ebenfalls 30 % beträgt (sog. **Rabattretter** nach AKB 2008).

I.5.1.1

2. **Freiwillige Rückzahlung der Entschädigungsleistung**

   In der KH-Versicherung kann der VN eine durch den VR erbrachte Entschädigungsleistung **freiwillig** zurückzahlen, um den Vertrag wieder schadenfrei zu stellen. Bei Entschädigungsleistungen unter 500,00 € ist der VR verpflichtet, den VN auf diese Möglichkeit hinzuweisen.

3. **Vermeidung der Rückstufung gegen Zahlung eines Beitragszuschlages bei manchen Versicherern**

   Gegen Zahlung eines Beitragszuschlages bieten manche VR den sog. Pkw-Systemschutz an. Danach bleiben teilweise bis zu drei Schäden während der Vertragslaufzeit bei der Festlegung der Beitragshöhe unberücksichtigt.

3.3 Beginn und Dauer der Kraftfahrtversicherung

3.3.1 Versicherungsbeginn

a) Beginn des Versicherungsschutzes (materieller Beginn)

VVG § 37 (2) AKB 2008 C.3.2

In der Kraftfahrtversicherung gilt grundsätzlich das **strenge Einlösungsprinzip**, d. h., der Beginn des Versicherungsschutzes (Gefahrtragung durch den VR) ist von der Einlösung des Versicherungsscheines abhängig.

B

Vom materiellen Beginn ist der **formelle Beginn** (Zeitpunkt des Vertragsabschlusses) zu unterscheiden. In den AKB 2008 wird ausdrücklich festgestellt, dass der Vertrag durch Annahme des Antrages zustande kommt und diese regelmäßig durch Zusendung des Versicherungsscheins erfolgt. In der Praxis ist allerdings häufig auch der Abschluss nach dem **Invitatiomodell** üblich (vgl. hierzu Band 2, A 3.4.2). Hierbei gilt der Versicherungsschein rechtlich als Antrag des Versicherers, den der VN regelmäßig durch Zahlung des Erstbeitrages schlüssig annimmt.

Meistens benötigt der Antragsteller jedoch für das Zulassungsverfahren Versicherungsschutz, bevor der Versicherungsschein vorliegt und eingelöst werden kann. Für diesen Fall ist die Möglichkeit der **vorläufigen Deckungszusage** vorgesehen (vgl. C 3.3.2).

KfzPflVV § 1 (2) BGB §§ 187, 188

In der **Kfz-Haftpflichtversicherung** richten sich Beginn und Ende des Versicherungsschutzes gemäß KfzPflVV nach den Bestimmungen des Bürgerlichen Gesetzbuches. Deckung besteht danach von 0 Uhr des Tages, an dem die Versicherung materiell beginnt, bis 24 Uhr des Tages, an dem die Versicherung materiell endet. Auf diese Weise wird sichergestellt, dass keine zeitlichen Lücken im Versicherungsschutz entstehen.

Die Antragsformulare der VR sehen üblicherweise durch Festeindruck der Uhrzeit vor, dass diese Regelung auch für die **Kaskoversicherung und Kfz-Unfallversicherung** gelten soll.

Für den Beginn und das Ende einer **vorläufigen Deckung** in der Kfz-Haftpflichtversicherung sieht die KfzPflVV eine eigenständige Regelung vor (vgl. C 3.3.2).

3.3.2 Vorläufige Deckung und Versicherungsbestätigung

a) Notwendigkeit einer vorläufigen Deckung

Wie bereits an früherer Stelle festgestellt (vgl. C 2.1.5.1), verlangt die Zulassungsstelle für die Zulassung eines Kfz eine Versicherungsbestätigung und der Antragsteller einer Kfz-Haftpflichtversicherung erwartet deshalb, dass ihm diese sofort ausgehändigt wird. Da der VR das Risiko jedoch zunächst prüfen will, wird regelmäßig nur eine vorläufige Deckung erteilt.

Die BaFin hat die VR angewiesen, den vorläufigen Versicherungsschutz grundsätzlich nur nach bzw. bei gleichzeitiger Antragsaufnahme zu bestätigen. Von dieser Weisung kann bei einer Bestätigung für das Ersatz- oder Zweitfahrzeug des Versicherungsnehmers abgewichen werden.

b) Wesen der vorläufigen Deckungszusage

Die vorläufige Deckungszusage begründet einen rechtlich selbstständigen Vertrag **(Trennungstheorie)** neben dem gewünschten Kfz-Versicherungsvertrag, auch **Hauptvertrag** genannt.

Händigt der VR die Versicherungsbestätigung aus oder nennt der die Versicherungsbestätigungs-Nummer beim eVB-Verfahren (vgl. nachstehend unter e)), so gilt diese nach den AKB **ausschließlich** für die **Kfz-Haftpflichtversicherung** und den **Autoschutzbrief,** soweit mit beantragt. AKB 2008 B.2.1

Die Rechtsprechung verlangt, dass der VN bei Antragstellung ausdrücklich darauf hingewiesen wird. BGH 1986

Soll die **vorläufige Deckung auch für die anderen Arten der Kfz-Versicherung** gelten, muss dies beantragt und vom VR ausdrücklich bestätigt werden. Ansonsten beginnt der Versicherungsschutz für diese weiteren Arten der Kfz-Versicherung erst mit der Einlösung des Versicherungsscheins.

Im Zusammenhang mit der vorläufigen Deckung kann nach VVG vereinbart werden, dass die AVB und die Verbraucherinformationen nur nach Aufforderung, spätestens aber mit dem Versicherungsschein zu übermitteln sind. Beantragt der VN allerdings gleichzeitig auch den gewünschten Kfz-Versicherungsvertrag, was in der Praxis überwiegend der Fall ist, muss der VR allerdings aus diesem Grunde die Informationspflichten nach dem VVG erfüllen. VVG § 49 (1) § 7

Nicht anwendbar ist die Vorschrift des § 49 (1) VVG bei Verträgen über eine vorläufige Deckung, die im Fernabsatz geschlossen werden. Regelmäßig werden deshalb die Informationsunterlagen im Internet zum Download angeboten. BGB § 312 e

c) Beginn der vorläufigen Deckung (des vorläufigen Versicherungsschutzes nach AKB 2008)

Der materielle Beginn der vorläufige Deckung bestimmt sich nach der Vereinbarung der Parteien. In den meisten Fällen wird der Beginn der vorläufige Deckung auf den Tag der Zulassung abgestellt und entsprechend in der Versicherungsbestätigung vermerkt bzw. im eVB-Verfahren übermittelt. AKB 2008 B.2.1

Die KfzPflVV sieht vor, dass der vorläufige Deckungsschutz einer **Versicherungsbestätigung**, die vom VR für die Vorlage bei der behördlichen Zulassungsstelle ausgestellt wird, ab einer der folgenden Zeitpunkte bis zur Einlösung des Versicherungsscheines zu gewähren ist: KfzPflVV § 9

- für ein erstmals bzw. wieder zuzulassendes Fahrzeug ab dem Zeitpunkt der behördlichen Zulassung,
- für ein zugelassenes Fahrzeug ab der Einreichung der Versicherungsbestätigung bei der Zulassungsstelle.

VVG § 51 (1) AKB 2008 B.2.4

Der Beginn des Versicherungsschutzes kann von der Zahlung des Beitrags (Prämie) abhängig gemacht werden. Der VN ist durch gesonderte Mitteilung in Textform oder durch einen auffälligen Hinweis im Versicherungsschein auf diese Voraussetzung aufmerksam zu machen.

d) Übergang der vorläufigen Deckung in den endgültigen Versicherungsschutz

In den **AKB 2008** nach den **GDV-Musterbedingungen** und in den **AKB 2008** nach **Proximus 2 (Fassung 2011)** heißt es in B.2.3:

> »Sobald Sie den ersten oder einmaligen Beitrag ..... gezahlt haben, geht der vorläufige in den endgültigen Versicherungsschutz über.«

AKB 2008 B.2.3, C.3.1 VVG § 52 (1) S. 1

Die vorläufige Deckung endet nach diesen Bedingungsversionen mit der Einlösung des Versicherungsscheines, da zu diesem Zeitpunkt der materielle Versicherungsschutz aus der beantragten Versicherung beginnt **(Einlösungsprinzip)**. Für die Einlösung des Versicherungsscheins sehen die AKB 2008 die unverzügliche Zahlung (innerhalb von 14 Tagen bzw. zwei Wochen) vor.

In den **AKB 2008 Bedingungswerk 2 »Proximus Versicherung« (Fassung 2008)** heißt es in B.2.3:

> »Sobald Sie den Versicherungsschein erhalten haben, geht der vorläufige in den endgültigen Versicherungsschutz über.«

Nach dieser Bedingungsversion stellt der Zugang des Versicherungsscheins unabhängig von einer Beitragszahlung des VN den materiellen Beginn des Hauptvertrages dar. Es wird bedingungsgemäß darauf verzichtet, den Beginn des Versicherungsschutzes aus dem Hauptvertrag von der Zahlung der Prämie abhängig zu machen.

Wird die erste oder einmalige Prämie nicht unverzüglich nach C.1.1 AKB 2008 gezahlt, sehen beide Bedingungsversionen gleichlautend den rückwirkenden Wegfall des vorläufigen Versicherungsschutzes vor, wenn der VN die nicht rechtzeitige Zahlung zu vertreten hat (siehe nachstehend).

e) Wegfall des vorläufigen Versicherungsschutzes

➤ Nichteinlösung des Versicherungsscheins

AKB 2008 B.2.5

Wird der Versicherungsschein, mit dem der Versicherungsschutz aus dem Hauptvertrag beginnen soll, nicht unverzüglich (d. h. innerhalb von 14 Tagen) eingelöst, gilt Folgendes:

Der **vorläufige Versicherungsschutz** aus der vorläufigen Deckung **tritt rückwirkend außer Kraft,** wenn der VN die nicht rechtzeitige Zahlung nach C.3.2 AKB 2008 **zu vertreten** hat.

Beispiel:

Am 5. Mai d. J. wurde der Antrag auf Kfz-Haftpflichtversicherung aufgenommen und eine vorläufige Deckung erteilt, ohne dass diese von einer Prämienzahlung abhängig gemacht wurde.

Am 14. Mai d. J. erhält der VN den Versicherungsschein mit der Aufforderung, den ersten Beitrag unverzüglich, d. h. innerhalb von 14 Tagen, zu zahlen. Die Zahlungsaufforderung enthält einen ausdrücklichen Hinweis auf die Rechtsfolgen einer nicht rechtzeitigen Zahlung.

Der VN lässt die Zahlungsaufforderung unbeachtet und verreist für 20 Tage. Am 18. Tag seines Urlaubs verschuldet er einen Verkehrsunfall.

Da der VN die nicht rechtzeitige Zahlung zu vertreten hat, ist der vorläufige Versicherungsschutz rückwirkend zum 5. Mai außer Kraft getreten. Damit ist auch der im Bedingungswerk 2 »Proximus Versicherung« vorgesehene Übergang des vorläufigen in den endgültigen Versicherungsschutz bei Zugang des Versicherungsscheins hinfällig geworden, da es bei Nichtbestehen eines vorläufigen Versicherungsschutzes aufgrund des rückwirkenden Fortfalls keinen Versicherungsschutzübergang geben konnte. Der VR wird den Versicherungsfall aufgrund der Bestimmungen über die Nachhaftung (vgl. C 2.2.2) regulieren und dann den VN hierfür in Anspruch nehmen.

➤ Sonstige Beendigungsgründe

Die vorläufige Deckung kann vom VN und VR jederzeit **gekündigt** werden. Die Kündigung des VN wird sofort nach Zugang beim VR wirksam. Kündigt der VR, endet der vorläufige Versicherungsschutz erst nach Ablauf von zwei Wochen ab Zugang der Kündigung beim VN. VVG § 52 (4) AKB 2008 B.2.6, G.2.2, G.3.2

Widerruft der VN den Versicherungsvertrag (Hauptvertrag) nach § 8 VVG, endet der vorläufige Versicherungsschutz mit dem Zugang der Widerrufserklärung.

Der Vertrag über die vorläufige Deckung selbst kann nicht widerrufen werden, es sei denn, es sei denn, er gilt als Fernabsatzvertrag nach § 312 b BGB. VVG § 8 (3) Nr. 2

f) Elektronische Versicherungsbestätigung für die Zulassung (eVB-Verfahren)

Für die amtliche Zulassung eines Kraftfahrzeuges bzw. Anhängers zum Straßenverkehr ist eine Versicherungsbestätigung nach den Vorschriften der Fahrzeug-Zulassungsverordung (FZV) notwendig. Sie gilt als Nachweis für das Bestehen einer dem PflVG entsprechenden Kfz-Haftpflichtversicherung. FZV § 23 (1)

Die Versicherungsbestätigung ist grundsätzlich vom Versicherer an die Zulassungsbehörde elektronisch zu übermitteln oder zum Abruf durch die Zulassungsbehörde bereitzuhalten, wenn diese hierfür einen Zugang eingerichtet hat. FZV § 23 (3) S. 1

In der Praxis erhält der VN von seinem VR eine siebenstellige alpha-numerische Versicherungsbestätigungsnummer (VB-Nummer) und hinterlegt die Versicherungsbestätigung mit zugehörigen Kfz-Daten bei der »Zentralen Stelle« der GDV Dienstleistungs-GmbH & Co. KG. Die Zulassungsbehörde wiederum greift bei Vorlage der VB-Nummer über diese auf die gespeicherten Daten zu und überträgt sie in ihr System. Umgekehrt wird der VR auf elektronischem Wege über die Zuteilung des Kennzeichens und später ggf. über Anschriftenänderungen, Außerbetriebsetzungen usw. informiert.

Wird die Versicherungsbestätigung nicht elektronisch vom VR an die Zulassungsbehörde übermittelt oder zum Abruf bereitgehalten, hat der VR sie dem VN nach vorgeschriebenem Muster zu erteilen. S. 5

Besonderheiten

● **Saisonkennzeichen**

Sie gelten für einen bestimmten Zeitabschnitt im Jahr, z. B. von April bis Oktober. Im Versicherungsantrag ist der gewünschte Versicherungszeitraum anzugeben und die Versicherungsbestätigung wird entsprechend erteilt. AKB 2008 H.2.1

Bei einer Zulassung von mindestens 6 Monaten wird für die Beitragsfestsetzung der bisher erreichte Schadenfreiheitsrabatt zugrunde gelegt. Der VN wird bei schadenfreiem Verlauf ab dem folgenden Jahr in die nächstbessere SF-Klasse eingestuft. I.3.2

- **Kurzzeit-Kennzeichen**
  Es dient zur **einmaligen** Verwendung (z.B. bei Überführungsfahrten) und seine Gültigkeit sowie der hierfür bestätigte Versicherungsschutz enden automatisch nach 5 Tagen.

Vom Kurzzeit-Kennzeichen (schwarze Schrift auf weißem Grund mit Angabe des Ablaufdatums im rechten Randbereich) ist das **rote Kennzeichen** (rote Schrift auf weißem Grund) zu unterscheiden. Das rote Kennzeichen dient zur **wiederholten** Verwendung insbesondere durch Handel und Handwerk für z.B. Probefahrten.

3.3.3 Vorübergehende Stilllegung (Außerbetriebsetzung) eines Kraftfahrzeuges

a) Vorübergehende Abmeldung und Versicherungsschutz

AKB 2008 H.1.1 Wird das Fahrzeug bei der Zulassungsstelle vorübergehend abgemeldet, so berührt dies den Versicherungsvertrag grundsätzlich nicht.

H.1.2 H.1.9 Teilt die Zulassungsstelle dem VR die Außerbetriebsetzung mit und beträgt diese nicht weniger als zwei Wochen, geht der Vertrag für maximal 18 Monate in eine beitragsfreie **Ruheversicherung** über. Der beitragsfreie Versicherungsschutz beschränkt sich allerdings nur auf die Kfz-Haftpflichtversicherung und die Teilkaskoversicherung, sofern
H.1.8 Teilkasko oder Vollkasko zuvor im Vertrag vereinbart waren. Bei Wiederanmeldung lebt der ursprüngliche Versicherungsschutz wieder auf.

H.2.2 Auch bei einem **Saisonkennzeichen** besteht während der Stilllegungszeit Versicherungsschutz im Rahmen der **Ruheversicherung.**

H.1.7 Bei der **Ruheversicherung** sind folgende **Pflichten** zu beachten:

- Das Fahrzeug ist in einem Einstellraum (z. B. Sammelgarage) oder einem umfriedeten Abstellplatz (z.B. abgeschlossener Hof) dauerhaft abzustellen.
- Das Fahrzeug darf außerhalb des Einstellraumes bzw. -platzes nicht gebraucht oder nicht nur vorübergehend abgestellt werden, es sei denn, dass die Nutzung ohne Wissen und Willen des Versicherungsnehmers erfolgt und er sie auch nicht grob fahrlässig ermöglicht hat.

Beispiel:
Der VN hat das abgemeldete Fahrzeug ordnungsgemäß verschlossen in einer Garage abgestellt. Ein Dieb bricht die Garage auf, entwendet das Fahrzeug und verursacht einen Unfall, wobei eine dritte Person geschädigt wird. Der VR hat dem VN den Versicherungsschutz zu gewähren, kann jedoch beim Dieb im Rahmen der Möglichkeiten Regress nehmen.

H 1.8 S. 2 Die Wiederanmeldung des Fahrzeuges ist dem VR unverzüglich anzuzeigen.

b) Wiedereinstufung in die Schadenfreiheitsklassen (Übernahme des Schadenverlaufs) nach Unterbrechung des Versicherungsschutzes

I. 6.3.1 Die AKB 2008 im Bedingungswerk 2 »Proximus Versicherung« sehen vor, dass bei Unterbrechungen von länger als 6 Monaten bis zu 7 Jahren der bisherige Schadenverlauf übernommen wird, eine Rückstufung also nicht erfolgt, wenn der VN nachweist, dass er während des gesamten Unterbrechungszeitraumes im Besitz einer gültigen

Fahrerlaubnis war. Der Versicherungsvertrag verbleibt also in der SF-Klasse oder Schadenklasse, die vor der Unterbrechung gilt.

Beträgt die Unterbrechung mehr als 7 Jahre, wird der Schadenverlauf nicht übernommen. Für den neuen Vertrag gelten dann die Regeln für die Ersteinstufung.

3.3.4 Vertragsdauer (Laufzeit) und Verlängerungsklausel

a) Laufzeit

Die Laufzeit des Versicherungsvertrages ergibt sich aus dem Versicherungsschein. AKB 2008 G.1.1

Eine Kfz-Haftpflichtversicherung endet nach den Bestimmungen des PflVG spätestens: PflVG § 5 (5) S. 1

- wenn sie am Ersten eines Monats begonnen hat, ein Jahr nach diesem Zeitpunkt,
- wenn sie zu einem anderen Zeitpunkt begonnen hat, an dem nach Ablauf eines Jahres folgenden Monatsersten.

Beispiele:

(1)	Versicherungsbeginn:	01. Jan. d. J.,
	Versicherungsablauf:	01. Jan. des Folgejahres
(2)	Versicherungsbeginn:	03. Jan. d. J.,
	Versicherungsablauf:	01. Febr. des Folgejahres

Die im Gesetz vorgesehene einjährige Vertragsdauer kann also praktisch bis zu einem Monat verlängert sein.

In der Praxis ist jedoch regelmäßig zunächst ein sog. **Rumpfjahr** üblich. Danach beträgt die Laufzeit eines während des laufenden Kalenderjahres abgeschlossenen Vertrages zunächst weniger als ein Jahr, da als Beginn der neuen Versicherungsperiode üblicherweise der 1. Januar gewählt wird.

Die AKB 2008 im Bedingungswerk 2 »Proximus Versicherung« stellen ebenfalls auf den 01.01. eines Jahres als Beginn der Versicherungsperiode ab. AKB 2008 Einleitung S. 5

b) Automatische Verlängerung

Das Versicherungsverhältnis verlängert sich jeweils um ein Jahr, wenn es nicht spätestens **einen Monat** vor Ablauf schriftlich gekündigt wird (s. weiter unten). AKB 2008 G.1.2

Die Verlängerungsklausel gilt nicht für Fahrzeuge (z. B. Mofas), die ein Versicherungskennzeichen führen. Der Vertrag endet mit dem Ablauf des Verkehrsjahres, das vom 1. März bis Ende Februar des Folgejahres läuft. G.1.3

Das **PflVG** und die AKB 2008 sehen vor, dass die Verlängerungsklausel auch für das Rumpfjahr gilt (sog. **Rumpfjahresregelung**), d.h. der Vertrag verlängert sich automatisch nach Ablauf des Rumpfjahres um ein volles Jahr, sofern er nicht fristgerecht gekündigt wird. PflVG § 5 (5) 5.3 AKB 2008 G.1.2 S. 2

Beispiel:
Beantragter Versicherungsbeginn 10. Juli d. J.
Beginn der nächsten Versicherungsperiode 01. Jan. des Folgejahres
Sofern keine Kündigung bis zum 30. Nov. d. J. erfolgt, verlängert sich der Vertrag automatisch ab dem 01. Jan. des Folgejahres um ein weiteres Jahr.

Es bedarf keiner besonderen Kündigung, wenn von vornherein feststeht, dass der Vertrag nur für einen kürzeren Zeitraum als ein Jahr, der fest vereinbart wurde, bestehen soll.

c) Ausdehnung der genannten Regelungen auf die gesamte Kfz-Versicherung

Die AKB 2008 dehnen die genannten Regelungen des PflVG auf die **gesamte Kfz-Versicherung** aus, sodass die einjährige Vertragsdauer, die Verlängerungsklausel, die Rumpfjahresregelung und die Kündigungsfrist von einem Monat auch für die Kaskoversicherung und die Kfz-Unfallversicherung gelten.

3.4 Kündigung des Versicherungsvertrages

AKB 2008 G.5

Vorbemerkung: Form und Zugang der Kündigung nach AKB 2008

Jede Kündigung muss **schriftlich** erfolgen. Wirksamkeitsvoraussetzung ist, dass sie innerhalb der jeweiligen Frist zugeht. Die vom VN erklärte Kündigung muss unterschrieben sein.

Eine Kündigung des VN beispielsweise per Email entspricht nicht diesem Formerfordernis.

3.4.1 Ordentliche Kündigung

G.2.1. G.3.1 Der Versicherungsvertrag kann sowohl vom VN als auch vom VR spätestens einen Monat vor Ablauf der Vertragsdauer, die in der Regel ein Jahr beträgt, schriftlich gekündigt werden **(Kündigung zum Ablauf)**.

Die meisten Kfz-Versicherungsverträge laufen zum 1. Jan. eines jeden Jahres ab. Will beispielsweise ein VN mit einem solchen Vertragsablauf den VR wechseln, muss seine Kündigung spätestens am 30. Nov. beim VR eingegangen sein.

Versicherungen, auf die die **Rumpfjahresregelung** zutrifft, können ebenfalls zum Ablauf gekündigt werden (vgl. C 3.3.4).

Verträge, die von vornherein auf eine kürzere Dauer als ein Jahr abgeschlossen werden (z. B. kurzfristige Kaskoversicherung während der Urlaubsreise), enden durch bloßen Zeitablauf.

3.4.2 Außerordentliche Kündigung

➤ Kündigung nach einem Schadenereignis durch VN oder VR

Durch diese außerordentliche Kündigungsmöglichkeit kann sich der VN vom Vertrag lösen, wenn er mit der Schadenabwicklung unzufrieden ist. Dem VR wird die Möglichkeit geboten, sich von einem VN mit ungünstigem Schadenverlauf zu trennen.

AKB 2008 G.4 Die Kündigung kann sich sowohl auf den gesamten Vertrag als auch auf einzelne Versicherungsarten (Vertragsteile) beziehen. Wird nur ein einzelner Vertragsteil (ausgenommen Autoschutzbrief) durch den VN oder VR gekündigt und teilt die andere Vertragspartei mit, dass sie mit der Fortsetzung der ungekündigten Vertragsteile nicht einverstanden ist, gilt die gesamte Kfz-Versicherung nach Ablauf von zwei Wochen nach dieser Mitteilung als gekündigt.

Die Kündigung von VN oder VR muss dem jeweils anderen Vertragspartner innerhalb eines Monats nach Beendigung der Entschädigungsverhandlungen zugehen. Für die Kfz-Haftpflichtversicherung gilt diese Frist- und Zugangsbestimmung erst, nachdem der VR seine Leistungspflicht anerkannt oder zu Unrecht abgelehnt oder dem VN die Weisung erteilt hat, es mit dem Anspruchsteller auf einen Rechtsstreit ankommen zu lassen. Ergeht ein rechtskräftiges Urteil, ist die Kündigung noch einen Monat lang danach möglich. AKB 2008 G.2.3 G.3.3

Der VN kann bestimmen, ob seine Kündigung sofort oder zu einem späteren Zeitpunkt wirksam werden soll. Spätester Zeitpunkt ist jedoch der Schluss des laufenden Versicherungsjahres. Die Kündigung des VR wird einen Monat nach ihrem Zugang beim VN wirksam. Dem VR steht bei einer Kündigung nur der Beitrag bis zum Wirksamwerden der Kündigung zu. Kündigt der VN zum Ablauf und hat der Vertrag kein volles Kalenderjahr bestanden, erfolgt die Abrechnung nach Kurztarif. G.2.4 G.3.3 G.6

➤ Kündigungsrecht des VN bei einer Beitragsänderung aufgrund tariflicher Maßnahmen

Erhöht sich der Beitrag, weil sich

- die Typklasse bei der Versicherung von Pkw oder Selbstfahrervermiet-Pkw ändert oder K.1
- die Regionalklasse bei der Versicherung von Pkw ändert K.2
  oder
- der Tarif an die Schaden- und Kostenentwicklung angepasst wurde, K.3

kann der VN den Vertrag innerhalb eines Monats nach Zugang der Mitteilung des VR über die Beitragserhöhung kündigen. Die Kündigung ist sofort, frühestens jedoch zum Zeitpunkt der Beitragserhöhung wirksam. K.5, G.2.7

➤ Kündigungsrecht des VN bei Veränderung der Tarifstruktur oder bei Bedingungsänderung

Der VR ist berechtigt, sowohl

- die Tarifstruktur (z. B. Bestimmungen für SF-Klassen, Regionalklassen) K.7
  als auch
- die Versicherungsbedingungen N

unter bestimmten Voraussetzungen für bestehende Verträge zu ändern.

Der VN kann den Vertrag bei einer Änderung der Tarifstruktur innerhalb eines Monats und bei einer Bedingungsänderung innerhalb von sechs Wochen nach Zugang der entsprechenden Änderungsmitteilung des VR kündigen. Die Kündigung ist sofort, frühestens jedoch zum Änderungszeitpunkt wirksam. K.5 G.2.10, G.2.11

➤ Sonstige Beendigungsgründe

Die AKB 2008 kennen ferner noch die folgenden Möglichkeiten einer außerordentlichen Kündigung: G.2.2, G.3.2

- Kündigung des vorläufigen Versicherungsschutzes durch den VN oder den VR (vgl. C 3.3.2 e)) G.3.5 G.3.6 G.3.7
- Kündigung des VR, wenn eine Pflicht bei Gebrauch des Fahrzeugs verletzt wird. G.3.4

- Kündigung des VR bei geänderter Verwendung des Fahrzeuges
- Kündigung bei Veräußerung oder Zwangsversteigerung des Fahrzeuges (vgl. nachfolgend C 3.5)
- Kündigung wegen Nichtzahlung des Folgebeitrages

3.5 Veräußerung oder Zwangsversteigerung des Fahrzeuges

Übergang der Versicherung

VVG §§ 95, 99 AKB 2008 G.7, G.2.5

Bei Veräußerung oder Zwangsversicherung des versicherten Fahrzeuges tritt der Erwerber in die Rechte und Pflichten des Versicherungsnehmers aus dem Versicherungsvertrag ein. Dies gilt nicht für die Kfz-Unfallversicherung, die FahrerPlus- und die InsassenPlus-Versicherung.

BGB § 929

Die Veräußerung wird mit der Einigung und Übergabe des Fahrzeugs vollzogen, auf den Zeitpunkt der Ummeldung des Kraftfahrzeuges bei der Zulassungsstelle kommt es nicht an. Die Sicherungsübereignung, bei der bekanntlich nur das Eigentum zur Sicherheit für einen Kredit übertragen wird, stellt keine Veräußerung im Sinne der AKB 2008 dar.

Anzeigepflicht

AKB 2008 G.7.4

VN und Erwerber sind verpflichtet, die Veräußerung des Fahrzeuges dem VR anzuzeigen. Unterbleibt die Anzeige, kann dies ggf. zum Verlust des Versicherungsschutzes nach § 97 VVG führen.

Kündigung des Vertrages

VVG § 96 AKB 2008 G.7.5

VR und Erwerber haben ein **außerordentliches Kündigungsrecht**, das innerhalb eines Monats nach Kenntniserlangung von der Veräußerung bzw. vom Bestehen der Versicherung ausgeübt werden muss. Der Veräußerer hat kein außerordentliches Kündigungsrecht.

G.3.7 G.2.5

Der VR kann nur mit Frist von einem Monat kündigen, während der Erwerber mit sofortiger Wirkung oder zum Schluss des laufenden Versicherungsjahres bzw. zum Ende einer vereinbarten kürzeren Vertragsdauer kündigen kann.

Der Erwerber muss sein Kündigungsrecht innerhalb eines Monats nach Erwerb oder Kenntniserlangung über das Bestehen der Versicherung ausüben.

G.2.6

Schließt der Erwerber des Kfz eine neue Kfz-Haftpflichtversicherung bei einem anderen VR ab und legt der Zulassungsbehörde eine entsprechende Versicherungsbestätigung vor, gilt das alte Versicherungsverhältnis mit Beginn des neuen Versicherungsverhältnisses als gekündigt. Diese Regelung ist auch mit der Neufassung des VVG in das PflVG eingegangen.

PflVG § 3b

VVG § 96 (3), AKB 2008 G.7.5

Der Veräußerer ist im Fall der Kündigung des Versicherungsverhältnisses durch den VR oder den Erwerber zur Zahlung des Beitrages verpflichtet.

Lernkontrollen zu C 3

Tarifmerkmale

1 Welche objektiven und subjektiven Risikomerkmale werden bei der Tarifierung im Rahmen der Kfz-Haftpflichtversicherung unterschieden?

2 Wann wird die Tarifgruppe R und wann die Tarifgruppe N angewendet?

3 Die Kraftfahrt-VR unterhalten gemeinsam eine Malusdatei.

a) Wo wird diese Datei geführt?

b) Wie erhält diese Datei ihre Daten und wozu dient sie?

Beitragsberechnung

Beitragsberechnung für einen Pkw

> Verwenden Sie bei den folgenden Aufgaben den Tarif und die AKB 2008 aus dem Bedingungswerk 2 »Proximus Versicherung«.

4 Berechnen Sie den Beitrag nach Tarifgruppe R für folgende Kraftfahrtversicherungen:

a) KH-Versicherung + Auto-Schutzbrief mit 100 Mio. € Deckung, Teilkaskoversicherung mit 150,00 € Selbstbeteiligung, Typklasse 17 in der KH-Versicherung, Typklasse 21 in der Teilkaskoversicherung, Wohnort in Regionalklasse 3 (KH-Versicherung und Teilkaskoversicherung), schadenfrei seit 25 Jahren, Garagen-Nachlass, jährliche Zahlungsweise.

b) Wie hoch wäre der Beitrag zu vorgenannter Versicherung, wenn der VN in Schadenklasse M geführt würde?

c) KH-Versicherung mit 100 Mio € Deckung, kein Auto-Schutzbrief, Teilkaskoversicherung ohne Selbstbeteiligung

KH: Typklasse 14; Teilkasko: Typklasse 21

Fahrzeughalter: Angelika Mertens, Quedlinburg (QLB), Führerscheinbesitz seit 22 Jahren, 18 schadenfreie Kalenderjahre, keine Nachlässe oder Zuschläge, vierteljährliche Zahlungsweise.

d) Fahrzeugdaten: BMW 520i, Herstellernummer 0005, Typschlüsselnummer 690. Das Fahrzeug ist 2 Jahre alt. Fahrzeughalter: Birgit Dahmen, 28 Jahre, Schwerin (SN), 3 schadenfreie Kalenderjahre, abgeschlossene Garage, Jahresfahrleistung über 30 000 km, jährliche Zahlungsweise.

Die Kundin wünscht folgende Vergleichsangebote:

Angebot 1: KH-Versicherung mit 100 Mio. € Deckung + Auto-Schutzbrief, Vollkaskoversicherung mit 500,00 € Selbstbeteiligung, Teilkaskoversicherung ohne Selbstbeteiligung.

Angebot 2: KH-Versicherung mit 100 Mio. € Deckung ohne Auto-Schutzbrief, Voll- und Teilkaskoversicherung mit jeweils 1 000,00 € Selbstbeteiligung.

Angebot 3: KH-Versicherung mit 100 Mio. € Deckung ohne Auto-Schutzbrief, Teilkaskoversicherung mit 150,00 € Selbstbeteiligung.

5 Herr Franz Althoff, 21 Jahre, aus Straubing-Bogen wird in einer Agentur der Proximus Versicherung AG vorstellig. Er erzählt, dass seine Tippgemeinschaft im Lotto gewonnen und er sich daraufhin sofort einen Ferrari 365 GT/BB bestellt hat. Den Wagen möchte er bestens versichert wissen und bittet daher um ein Versicherungsschutzangebot. Herr Althoff hat bisher noch kein Kfz versichert.

Im Verlauf des Gespräches erfahren Sie, dass Herr Althoff seit 2 Jahren im Besitz einer Fahrerlaubnis ist. Das Fahrzeug wird ständig in einer Garage abgestellt sein und soll nur bei schönem Wetter für Spazierfahrten von ihm alleine genutzt werden. Herr Althoff schätzt, dass er ca. 15 000 Kilometer im Jahr fahren wird.

Die Direktion bestimmt, dass das Fahrzeug in die jeweils höchste KH- und VK- bzw. TK-Typklasse einzustufen ist.

● **Arbeitsauftrag**

Unterbreiten Sie einen Versicherungsvorschlag und berechnen Sie den Beitrag für eine halbjährliche Zahlungsweise.

6 Die Ehefrau unseres in SF 1 geführten VN ist 22 Jahre alt und seit 18 Monaten im Besitz einer gültigen Fahrerlaubnis. Sie beantragt für ihren neuen Pkw (Typklasse 18 in KH) eine KH-Versicherung mit 100 Mio. € Deckung + Auto-Schutzbrief ab 10. Sept. d. J.

a) Wie hoch ist der jährliche Beitrag in der Regionalklasse 3?

b) Wann erfolgt die Einstufung in die nächsthöhere Schadenfreiheitsklasse, wenn der Vertrag ununterbrochen und schadenfrei besteht?

7 Michaela Schmidt hat am 10. Febr. d. J. ihr erstes Fahrzeug gekauft und bereits ein Versicherungsschutzangebot für eine KH-Versicherung ohne Auto-Schutzbrief bei der EuroStar-Versicherung eingeholt. Sie möchte für Vergleichszwecke wissen, was sie bei der Proximus Versicherung AG zu zahlen hätte.

Aus dem Ihnen vorgelegten Angebot der EuroStar-Versicherung entnehmen Sie folgende Daten für die Beitragsberechnung:

Besitz einer gültigen Fahrerlaubnis seit 2 Jahren

Fahrzeugtyp: Pkw, Typklasse 23 in KH

Regionalklasse 6

● **Fragestellung**

a) Wie hoch ist der erste vierteljährliche Beitrag bei Ersteinstufung, wenn kein Zuschlag, Rabatt oder Nachlass zu berücksichtigen ist?

b) Wann wird der Vertrag in die nächsthöhere Schadenfreiheitsklasse eingestuft, wenn er ununterbrochen und schadenfrei besteht?

c) Welche Erweiterung des Versicherungsschutzes würden Sie Michaela Schmidt in jedem Falle empfehlen (keine Beitragsberechnung)?

Unterjährige Versicherungen

8 Welcher Beitrag ergibt sich nach dem Kurztarif einschließlich VersSt?

	Versicherungszweig	Dauer	Jahrestarifbeitrag ohne VersSt
a)	KH-Versicherung	12. April d. J.–27. Juni d. J.	391,60 €
b)	Kaskoversicherung	20. März d. J.–22. Nov. d. J.	571,20 €

9 Herr Meier unternimmt vom 10. Juni d. J. bis 25. Juli d. J. mit dem Auto eine Skandinavienreise. Bei seinem Kraftfahrthaftpflicht-VR beantragt er deswegen eine kurzfristige Vollkaskoversicherung (Jahrestarifbeitrag 1 280,00 € ohne VersSt).

Wie hoch ist der Beitrag für diesen Vertrag nach Kurztarif einschließlich VersSt?

10 Mit Wirkung vom 21. April d. J. lehnt der VR die Annahme eines Kfz-Haftpflichtantrages für einen Lastkraftwagen gemäß § 5 PflVG ab und kündigt die am 15. April d. J. gewährte vorläufige Deckungszusage zum 05. Mai d. J.
Berechnen Sie den p. r. t.-Beitrag bei einem Jahrestarifbeitrag von 1 162,30 € ohne VersSt.

Anmerkung: Der Kontrahierungszwang in der KH-Versicherung gilt nur bei Anträgen auf Abschluss eines Haftpflichtversicherungsvertrages für Zweiräder, Pkws und Kombinationskraftwagen bis zu 1 t Nutzlast (PflVG § 5 (3)).

11 Für eine Kfz-Haftpflichtversicherung zahlt ein VN einen Jahresbeitrag von 461,50 € ohne VersSt (Versicherungsperiode 01. Juli d. J.–01. Juli n. J.). Aufgrund eines Totalschadens wird der Vertrag zum 10. Dez. d. J. aufgehoben.

Wie viel € erhält der VN einschließlich VersSt zurück, wenn der VR p. r. t. abrechnet?

Versicherer- und Fahrzeugwechsel

12 Der VN (Wohnort in Regionalklasse 3 der KH-Versicherung) veräußert seinen Pkw (Typklasse 25 in der KH-Versicherung) am 15. April d. J.

Der Versicherungsvertrag (KH-Versicherung + Auto-Schutzbrief) wird zzt. in der Schadenfreiheitsklasse 7 geführt (Versicherungsperiode 01. Jan.–01. Jan., keine Zuschläge/Nachlässe, jährliche Zahlungsweise).

Am 27. Febr. n. J. lässt er einen neuen Pkw (Typklasse 24 in der KH-Versicherung) auf sich zu.

a) In welche Schadenfreiheitsklasse wird er mit dem neuen Pkw eingestuft?

b) Berechnen Sie den neuen KH-Jahresbeitrag einschl. Auto-Schutzbrief und VersSt.

c) Welchen Betrag hat der VN unter Verrechnung des Rückbeitrages (p. r. t.) als Einlösungsbeitrag zu zahlen, wenn der Beginn auf den 27. Febr. d. J. festgesetzt wird und die Versicherungsperiode künftig am 01.01. eines Jahres beginnt?

Anmerkung:

Beachten Sie auch I.6.3.1 b AKB 2008. Der VN hat nicht den Nachweis erbracht, dass er während der Dauer der Unterbrechung im Besitz einer gültigen Fahrerlaubnis war.

Anrechnung der Schadenfreiheit aus Verträgen Dritter

13 Ein Enkel möchte den Schadenfreiheitsrabatt seines Großvaters übernehmen, da dieser kein Fahrzeug mehr führen will. Stellen Sie dar, unter welchen Voraussetzungen und inwieweit eine Übertragung möglich ist.

Rückstufung im Schadensfall

14 Einem KH-Vertrag liegen folgende Daten zugrunde: Pkw, Typklasse 14, Regionalklasse 8 in KH, 6 schadenfreie Jahre, jährliche Zahlungsweise.

Im laufenden Kalenderjahr verursacht der VN schuldhaft drei Verkehrsunfälle, die der VR reguliert.

Berechnen Sie den jährlichen Beitrag (KH-Versicherung ohne Auto-Schutzbrief) für das laufende und für das folgende Jahr, wobei kein Zuschlag oder Nachlass zu berücksichtigen ist.

15 Ein Anfänger in der KH-Versicherung (kein Auto-Schutzbrief), der seit 3½ Jahren den Führerschein besitzt und mit seinem Pkw (Typklasse 18 in KH, Regionalklasse 9) seit dem 10. Mai d. J. mit einem Garagenrabatt von 10 % versichert ist, beschädigt beim Einparken ein anderes Fahrzeug.

Bis zu welcher Schadenhöhe würden Sie dem Anfänger empfehlen, den Schaden nicht seinem VR zu melden, sondern selber zu regulieren?

16 Die Kundin aus Aufgabe 4 d) verschuldet zwei Unfälle im laufenden Kalenderjahr und sie nimmt jedes Mal für die Schadenregulierung sowohl die KH-Versicherung als auch die Vollkaskoversicherung in Anspruch.

In welche SF-Klassen wird sie in der KH-Versicherung und in der Kaskoversicherung eingestuft, wenn sie die Versicherung gemäß Angebot 1 in Aufgabe 4 d) wahrgenommen hat?

17 Der VN Theo Schäfer erscheint in einer Agentur der Proximus Versicherung AG, nachdem ihm die Direktion mitgeteilt hat, dass er wegen eines Schadensfalls beitragsmäßig zurückgestuft worden ist.

Er gibt an, dass er wegen der nach seiner Ansicht nicht eindeutigen Schuldfrage seinerzeit ausdrücklich bestimmt hat, dass die Proximus jegliche Schadenersatzansprüche zurückweisen und auf keinen Fall irgendeine Zahlung leisten soll, zumal der Schaden nur gering sei.

- **Fragestellung**

a) Hat sich die Proximus Versicherung AG korrekt verhalten, wenn sie eine Zahlung an den Anspruchsteller geleistet hat?

b) Wozu ist die Proximus Versicherung AG in jedem Falle verpflichtet und was kann der VN ggf. unternehmen, um den bisherigen Schadenfreiheitsrabatt zu erhalten?

Beginn und Dauer der Kraftfahrtversicherung

Vorläufige Deckung und Versicherungsbestätigung

18 Herr Zander erwirbt von Herrn Klemp am 10. Sept. d.J. dessen gebrauchten Pkw. Am 12. Sept. d.J. beantragt Herr Zander eine Kfz-Haftpflichtversicherung und eine Teilkaskoversicherung bei einer Agentur der Proximus Versicherung. Der Vertreter erfüllt die gesetzlich geforderten Informationspflichten und händigt ihm eine sog. VB-Nummer aus, die Herr Zander noch am gleichen Tag bei der Zulassungsbehörde vorlegt, um das Fahrzeug umzumelden.

Am 04. Okt. d.J. sendet die Proximus Versicherung AG den Versicherungsschein mit Belehrungen nach § 52 und § 8 VVG ab, welche am 05. Okt. d.J. Herrn Zander mit der Post zugestellt wird. Am 24. Nov. d.J. verschuldet Herr Zander einen Verkehrsunfall. Dies nimmt er zum Anlass, den Einlösungsbeitrag zu zahlen. Die Zahlung wird dem Konto des Versicherers am 26. Nov. d.J. gutgeschrieben.

Fragestellung

a) Wann ist der beantragte Versicherungsvertrag zustande gekommen?

b) Ab wann (Datum, Uhrzeit) hat Herr Zander aus der Kfz-Haftpflichtversicherung Versicherungsschutz?

c) Ab wann besteht Versicherungsschutz aus der Teilkaskoversicherung?

d) Besteht Versicherungsschutz für einen am 24. Nov. d.J. von Herrn Zander schuldhaft verursachten Verkehrsunfall?

19 Unsere Versicherungskundin Daniela Bürkle trägt sich mit dem Gedanken, ein Cabriolet für die Sommermonate zu kaufen und mit einem Saisonkennzeichen zuzulassen.

Sie ruft in der Agentur an und möchte vorab folgende Fragen geklärt haben:

a) Wird die Versicherung für ein Saisonkennzeichen bei schadenfreiem Verlauf auch jedes Jahr in die nächsthöhere SF-Klasse eingestuft?

b) Besteht auch Versicherungsschutz außerhalb der Saison, wenn das Fahrzeug beispielsweise gestohlen wird und der Dieb einen Unfall verursacht?

Fragestellung

Beantworten Sie die Fragen der Kundin sachgerecht.

Vorübergehende Stilllegung

20 Während der Wintermonate hat ein VN sein Cabriolet bei der Zulassungsbehörde vorübergehend abgemeldet.

a) Welche Auswirkung hat diese Abmeldung auf den Versicherungsvertrag?

b) Der VN hat das abgemeldete Fahrzeug in einer kaum befahrenen Sackgasse abgestellt. Dort wird es von einem Unbekannten aufgebrochen und für eine Spritztour benutzt, wobei sich ein Unfall ereignet. Da der Unbekannte sich nach dem Unfall sofort entfernt, verlangt der Geschädigte Schadenersatz vom VN.

Hat der VN Versicherungsschutz?

21 Ein VN wird wegen unfallfreien Fahrens in der Schadenfreiheitsklasse SF 7 geführt.

Das Fahrzeug wird am 10. März d.J. wegen eines Auslandsaufenthaltes vorübergehend stillgelegt. In welcher SF-Klasse wird das Fahrzeug in diesem und im nächsten Jahr geführt, wenn die Wiederzulassung

a) am 20. Aug. d.J.,

b) am 30. Sept. n.J.

erfolgt? Der VN weist nicht nach, dass er während der Dauer der Unterbrechung im Besitz einer gültigen Fahrerlaubnis war.

22 Wie wäre der Fall in Aufgabe 21 zu beurteilen, wenn der VN genau nach 8 Jahren im März des betreffenden Jahres zurückkehrt und dann das Fahrzeug wieder zulassen will?

Er weist nach, dass er während des Unterbrechungszeitraumes im Besitz einer gültigen Fahrerlaubnis war.

23 Sie sind Mitarbeiter in der Vertragsabteilung Kraftfahrtversicherung der Proximus Versicherung AG und erhalten am 15. Dezember d.J. das nachstehend auszugsweise wiedergegebene Schreiben:

»Wegen eines berufsbedingten Auslandsaufenthaltes von 10 Monaten habe ich meinen Pkw abgemeldet. Ich bitte den Kraftfahrzeug-Versicherungsvertrag mit sofortiger Wirkung aufzuheben. Bitte erstatten Sie den zu viel gezahlten Beitrag.«

- **Auszug aus dem Vertragsspiegel**

Versicherungsnehmer: Albert Dammer

Versicherungsbeginn: 01. März 2008

Versicherungsablauf: 01. Januar des nächsten Jahres

Versicherungsarten:

Kfz-Haftpflichtversicherung mit 100 Mio. € Deckung und Autoschutzbrief

Tarifgruppe R, Typklasse 14, Regionalklasse 3, SF 8, Jahresbeitrag 338,89 € ohne VersSt

Teilkasko mit 150,00 € Selbstbeteiligung

Typklasse 21, Regionalklasse 1, Jahresbeitrag 72,15 € ohne VersSt.

- **Arbeitsauftrag**

Stellen Sie stichwortartig zusammen, was Sie dem VN in einem Schreiben sachgerecht antworten werden.

Beendigung des Versicherungsvertrages

24 Prüfen Sie, ob in den folgenden Fällen die Kündigung des Versicherungsvertrages durch den VN zulässig ist:

a) Der Wohnort des VN wird ab der nächsten Beitragsfälligkeit in einer anderen Regionalklasse geführt, wodurch sich der Beitrag vermindert.

b) Der VN hat es versäumt, seinen Vertrag mit einjähriger Vertragsdauer rechtzeitig zum Ablauf der Vertragsdauer zu kündigen. Da er zu Beginn des Versicherungsjahres einen Fahrzeugschaden hatte, der vom VR nur teilreguliert wurde, teilt er deshalb jetzt mit, dass die Kfz-Haftpflichtversicherung und Kaskoversicherung zum Ende des Versicherungsjahres aufgrund des Schadensfalls als gekündigt anzusehen seien.

c) Der VR teilt dem VN rechtzeitig mit, dass sich sein Beitrag aufgrund einer Neukalkulation der Tarife in der Kfz-Haftpflichtversicherung erhöht. Der VN nimmt dies zum Anlass diese Versicherung und auch Kaskoversicherung zu kündigen, da er anderweitig für die letztgenannte Vertragsart einen günstigeren Versicherungsschutz erwerben kann.

Veräußerung des Fahrzeuges

25 Sie sind in einer Agentur der Proximus Versicherung AG tätig und nehmen den Anruf des Kunden Jörg Dallmeier entgegen.

Herr Dallmeier schildert Ihnen am Telefon, dass ihm wegen eines Verkehrsvergehens der Führerschein für 18 Monate entzogen worden sei und er deshalb seinen Pkw am letzten Samstag, dem 10. September d. J., verkauft habe. Der Käufer hat im Kaufvertrag schriftlich bestätigt, dass er das Fahrzeug unverzüglich ummelden und sich bei seinem Versicherer eine Versicherungsbestätigung beschaffen werde. Herr Dallmeier möchte beraten werden, was mit seiner Versicherung geschehen soll.

- **Auszug aus dem Vertragsspiegel**

Kfz-Haftpflichtversicherung mit 100 Mio. € Deckung und Autoschutzbrief
Vollkaskoversicherung mit 1 000,00 € Selbstbeteiligung einschließlich
Teilkaskoversicherung mit 150,00 € Selbstbeteiligung
Kfz-Unfallversicherung nach dem Pauschalsystem
Versicherungsbeginn: 13. März des letzten Jahres
Versicherungsablauf: 01. Januar des nächsten Jahres

- **Arbeitsauftrag**

Klären Sie Herrn Dallmeier über die Rechtslage auf und zeigen Sie ihm auf, was mit seiner Versicherung geschieht.

4 Umfang des Versicherungsschutzes der Kfz-Haftpflichtversicherung

Übersicht

Versicherungsschutz in der Kfz-Haftpflichtversicherung

Die **Kfz-Haftpflichtversicherung** stellt

- den **VN** und die **mitversicherten Personen** (vgl. C 4.2.4)

von **Schadenersatzansprüchen** frei, wenn durch

- den **Gebrauch** des Fahrzeuges (vgl. C 4.2.2)

AKB 2008 A.1.1 KfzPflVV § 2

  - **Personen** verletzt oder getötet werden,
  - **Sachen** beschädigt oder zerstört werden oder abhanden kommen,
  - Vermögensschäden verursacht werden, die weder mit einem Personenschaden noch mit einem Sachschaden mittelbar oder unmittelbar zusammenhängen (**reine Vermögensschäden**)

und deswegen (vgl. C 4.2.3) gegen den Versicherten oder den VR

- **Schadenersatzansprüche**
  - nach dem BGB oder
  - nach dem StVG oder aufgrund
  - anderer gesetzlicher Haftpflichtbestimmungen
- des **Privatrechts** (vgl. C 4.1)

geltend gemacht werden.

4.1 Rechtsgrundlagen für den Schadenersatz (Haftungsanspruch eines Dritten)

➤ Vorbemerkung

Das versicherte Wagnis in der Kfz-Haftpflichtversicherung besteht in der Gefahr, einem Dritten gegenüber schadenersatzpflichtig zu werden, d.h., einem **Haftungsanspruch** ausgesetzt zu sein. Tritt dieser Fall ein, wird der **Deckungsanspruch** (vgl. C 4.2) des Versicherungsnehmers bzw. der mitversicherten Personen gegen den VR im Rahmen des Versicherungsvertrages ausgelöst.

➤ Haftungsarten im Überblick

Schadenersatzansprüche in der Kfz-Haftpflichtversicherung beruhen überwiegend auf den gesetzlichen Haftpflichtbestimmungen der

- **Verschuldenshaftung** (siehe auch B 2.1),
- **Gefährdungshaftung** (siehe auch B 2.2),

Als Anspruchsgrundlagen können auch infrage kommen:

- **Vertragliche Haftung kraft Gesetzes** (siehe auch B 3.1),
- **Gesamtschuldnerische Haftung** (siehe auch B 2.5.2).

Da sich der Versicherungsschutz, wie an früherer Stelle aufgezeigt, auch auf das Ausland erstrecken kann, können die Schadenersatzansprüche auch auf ausländischem Recht beruhen.

4.1.1 Verschuldenshaftung

Beispiel:
Beim Verlassen seines Fahrzeuges beachtet ein Autofahrer nicht den fließenden Verkehr. Ein Radfahrer fährt gegen die sich öffnende Autotür, wodurch die Vordergabel verbogen wird.

Die **Voraussetzungen der Verschuldenshaftung** (vgl. B 2.1.1)

- **Vorsatz** oder **Fahrlässigkeit** (hier: Fahrlässigkeit), BGB §§ 823 ff.
- **Widerrechtlichkeit** (hier: Eigentumsverletzung),
- **Kausalität** und **Adäquanz** (hier: Das Öffnen der Tür ist ursächlich; der Schaden »angemessen«.),
- **Verantwortlichkeit** (hier: Der Autofahrer ist deliktfähig.)

sind gegeben.

Bei der Verschuldenshaftung hat der Geschädigte die Beweislast, dass den Schädiger ein Verschulden trifft.

Die **Höhe** der Verschuldenshaftung ist **unbegrenzt**. § 249 (1)

4.1.2 Gefährdungshaftung

»Wird bei dem Betrieb eines Kraftfahrzeugs oder eines Anhängers, der dazu bestimmt ist, von einem Kraftfahrzeug mitgeführt zu werden, ein Mensch getötet, der Körper oder die Gesundheit eines Menschen verletzt oder eine Sache beschädigt, so ist der Halter verpflichtet, dem Verletzten den daraus entstehenden Schaden zu ersetzen.« StVG § 7 (1)

»Die Ersatzpflicht ist ausgeschlossen, wenn der Unfall durch höhere Gewalt verursacht wird.« § 7 (2)

a) Betriebsgefahr

Beispiel 1:
Der Fahrer F ist mit dem geliehenen Fahrzeug des Kraftfahrzeughalters H unterwegs, als plötzlich ein Reifen platzt. Der Wagen gerät ins Schleudern und streift das am Fahrzeugrand geparkte Fahrzeug des G. Der Geschädigte G verlangt Schadenersatz von H.

Beispiel 2:
Ein Kleinkind reißt sich von der Hand der Mutter los und läuft zwischen geparkten Fahrzeugen hindurch auf die Straße. Es wird von einem Autofahrer erfasst, der trotz umsichtiger Fahrweise das Kind wegen der geparkten Fahrzeuge nicht sehen konnte.

Beispiel 3:
Ein rücksichtslos fahrender Radfahrer fährt bei Rot über die Ampel. Er wird von einem Pkw erfasst und verletzt. Das Fahrrad wird zerstört.

In allen drei Fällen haftet der jeweilige Kraftfahrzeughalter, da der Schaden beim Betrieb des Fahrzeuges geschah (**Betriebsgefahr**). Allerdings wird sich beim dritten Beispiel der Fahrradfahrer ein Mitverschulden anrechnen lassen müssen (Quotelung).

- Bei Vorliegen von **höherer Gewalt** entfällt die Haftung aus Betriebsgefahr (siehe unter b).
- Beim Schadenausgleich zwischen Haltern von Kraftfahrzeugen besteht die Möglichkeit, einen haftungsbefreienden **Unabwendbarkeitsnachweis** zu führen (siehe unter c).

Mit »**Betrieb**« ist gemeint, dass sich das Fahrzeug im sog. Verkehrsraum befindet, wobei es nicht darauf ankommt, dass die Motorkraft auf das Fahrzeug einwirkt. Betrieb ist also auch gegeben beim Parken, Ein- und Aussteigen, Be- und Entladen oder beim Anschieben. Der Betrieb endet, wenn das Fahrzeug auf einem privaten Gelände oder in der Garage abgestellt wird.

Der Geschädigte hat bei der Gefährdungshaftung lediglich zu beweisen, dass der in Anspruch Genommene für den Schaden einzutreten hat. Auf ein Verschulden des Halters kommt es nicht an.

Die **Gefährdungshaftung** im Straßenverkehr gilt auch **zugunsten der Fahrzeuginsassen**. Der Fahrzeughalter haftet im Rahmen der Gefährdungshaftung für Schäden seiner Mitfahrer ebenso wie für Geschädigte außerhalb des Fahrzeugs.

Nach § 7 StVG haftet auch der **Halter eines Anhängers** ebenso wie der des Zugfahrzeuges. Damit ist sichergestellt, dass der Geschädigte nicht leer ausgeht, wenn der Halter des Zugfahrzeuges nicht ermittelt werden kann oder das Zugfahrzeug und der Anhänger jeweils einen anderen Eigentümer haben.

Beispiel:
A verleiht seinen Anhänger an B. Während der Fahrt löst sich der Anhänger vom Zugfahrzeug und beschädigt das Fahrzeug des C. C kann A aus der Gefährdungshaftung in Anspruch nehmen. Stellt sich heraus, dass der Schaden durch das Zugfahrzeug oder dessen Fahrer verursacht wurde, so kann der Halter des Anhängers bei ihm Regress nehmen.

b) Höhere Gewalt

BGHZ 7, 338 (339)

Der BGH definiert höhere Gewalt als »ein betriebsfremdes, von außen durch elementare Naturkräfte oder durch Handlungen dritter Personen herbeigeführtes Ereignis, das nach menschlicher Einsicht und Erfahrung unvorhersehbar war, mit wirtschaftlich erträglichen Mitteln auch durch äußerste nach der Sachlage vernünftigerweise zu erwartende Sorgfalt nicht verhütet oder unschädlich gemacht werden konnte und auch nicht wegen seiner Häufigkeit in Kauf zu nehmen ist.«

Beispiele:
- Sabotageakt, der weder voraussehbar noch vermeidbar ist
- Naturereignis (z. B. Erdrutsch)

Im Straßenverkehrsrecht führt das Vorliegen von höherer Gewalt zum Ausschluss der Gefährdungshaftung für den Halter, der ansonsten verschuldensunabhängig für die bei dem Betrieb seines Kraftfahrzeuges verursachten Schäden haftet. StVG § 7 (2)

Beispiel:
Infolge einer plötzlichen Überschwemmung wird ein fahrender Pkw unlenkbar und verletzt einen Passanten.

c) Unabwendbarkeitsnachweis beim Schadenausgleich zwischen Kraftfahrzeughaltern

Sind in einen Unfall nur Kraftfahrzeuge verwickelt, entfällt die Haftung aus Betriebsgefahr für denjenigen Kraftfahrzeughalter, der für das Ereignis den Unabwendbarkeitsnachweis führen kann. § 17 (3) S. 1

Dies gilt auch, wenn der Schaden durch ein Kraftfahrzeug und einen Anhänger, durch ein Kraftfahrzeug und ein Tier oder durch ein Kraftfahrzeug und eine Eisenbahn verursacht wird.

Als unabwendbar gilt ein Ereignis nur dann, wenn sowohl der Halter als auch der Führer des Fahrzeugs **jede nach den Umständen des Falles gebotene Sorgfalt** beobachtet hat. Fehler in der Beschaffenheit des Fahrzeuges oder Versagen seiner Einrichtungen (z. B. Bremsen) gelten nicht als unabwendbares Ereignis. § 17 (3) S. 2

An die Unabwendbarkeit werden hohe Anforderungen gestellt. Das Verhalten eines perfekten **Idealfahrers** mit Umsicht und optimaler Reaktion dient als Maßstab.

Beispiel:
Der Kfz-Halter bremst vor einer auf rot wechselnden Ampel vorschriftsmäßig ab. Der nachfolgende Autofahrer übersieht den Vorgang und fährt auf. Für den bremsenden Kfz-Halter stellt sich der Unfall als unabwendbares Ereignis dar, so dass er auf keinen Fall vom auffahrenden Autofahrer aus der Gefährdungshaftung (Betriebsgefahr, die von seinem Kfz ausgeht) in Anspruch genommen werden kann.

Der sich »perfekt« verhaltende Autofahrer muss bei Schädigung durch einen anderen Autofahrer, anders als bei einem Unfall mit einem nicht motorisierten Verkehrsteilnehmer, nicht befürchten, wegen der Betriebsgefahr mit einer Haftungsquote belastet zu werden.

d) Höchstbeträge für den Schadenersatz (Straßenverkehrshaftung)

Die **Ersatzpflicht** ist im Rahmen der Gefährdungshaftung **summenmäßig begrenzt.** StVG § 12 (1)

Sachschäden

- eine Sache oder mehrere Sachen bis 1 Mio. €

Personenschäden

- ein Geschädigter oder mehrere Geschädigte bis 5 Mio. €

- bei gewerblicher Personen-beförderung von mehr als 8 Personen — Erhöhung um weitere 600 000 € je geschädigte Person

StVG § 11 S. 2

Im Rahmen der **Gefährdungshaftung** besteht **auch Anspruch auf Schmerzensgeld**.

Der Schmerzensgeldanspruch besteht nicht bei nicht vorsätzlich zugefügten **leichten** Verletzungen **(Bagatellgrenze).**

Besonderheit: Haftung nach dem Umweltschadensgesetz (USchadG)

Nach dem am 14. Nov. 2007 in Kraft getretenen USchadG können Unfallverursacher auch mit **öffentlich-rechtlichen Ansprüchen** konfrontiert werden, wenn sie bei Ausübung einer **beruflichen** Tätigkeit einen Umweltschaden (Schädigung von Tieren, Pflanzen, Gewässern oder Böden) verursachen (vgl. Exkurs in B 2.2.2.2). Bis dahin musste z. B. für die Zerstörung des Lebensraums von Pflanzen oder Tieren nicht gezahlt werden, wenn keine privaten Interessen verletzt waren.

Da die Kfz-Haftpflichtversicherung lt. AKB 2008 i. d. R. nur Schadenersatzansprüche privatrechtlichen Inhalts deckt (vgl. C 4.1), besteht hier ggf. eine Deckungslücke.

4.1.3 Vertragliche Haftung kraft Gesetzes

Neben den genannten gesetzlichen Haftpflichtbestimmungen kann eine **vertragliche Haftung kraft Gesetzes** als Rechtsgrundlage für den Schadenersatzanspruch infrage kommen.

Beispiel:
Durch die Unachtsamkeit des Taxifahrers wird das Taxi in einen Unfall verwickelt und der beförderte Passagier dabei verletzt.

Der Passagier kann seine Schadenersatzansprüche über die Verschuldens- und Gefährdungshaftung hinaus noch mit der Schlechterfüllung des Beförderungsvertrages (sog. positive Vertragsverletzung, die zur vertraglichen Haftung kraft Gesetzes führt) begründen (vgl. B 3.1).

Ausgeschlossen sind von der Versicherung rein vertragliche Schadenersatzansprüche (siehe auch A.1.5.8 AKB 2008).

4.1.4 Gesamtschuldnerische Haftung

BGB § 830 (1)

»Haben **mehrere** durch eine **gemeinschaftlich** begangene **unerlaubte Handlung** einen Schaden verursacht, so ist **jeder für den Schaden verantwortlich.** Das gleiche gilt, wenn sich nicht ermitteln läßt, wer von mehreren Beteiligten den Schaden durch seine Handlung verursacht hat.«

Beispiel:
Zwei Fahrzeuge stoßen in einer engen Kurve zusammen. In einem der Fahrzeuge wird eine dritte Person verletzt.

Der Verletzte kann seine Ansprüche gegen einen der beiden Fahrer geltend machen, wenn beide das gleiche Fehlverhalten trifft oder wenn nicht festgestellt werden kann, wer für den Unfall verantwortlich ist.

Die Bestimmung kann dann von Bedeutung sein, wenn mehrere Fahrzeuge in einen Unfall verwickelt werden und die Schuldfrage nicht eindeutig zu klären ist.

Bei **Massenunfällen** (20 und mehr beteiligte Fahrzeuge) ist ein vereinfachtes Regulierungsverfahren im Interesse der Beteiligten vorgesehen, wenn der Unfallablauf nicht rekonstruierbar ist. Die Beteiligten wenden nämlich häufig ein, dass sie auf den Vordermann geschoben worden seien oder dass das Maß des Schadenumfangs beim Vordermann erst durch den Aufprall eines weiteren Fahrzeuges auf den Auffahrenden entstanden sei. Der Fahrzeugschaden wird dann wie folgt quotiert:

- nur Frontschaden 25 %,
- nur Heckschaden 100 %,
- Schaden an Front und Heck 66 ⅔ %.

  Der Schadenverlauf wird nicht belastet, also keine Rückstufung in eine andere SF-Klasse.

Ab **50 beteiligten Fahrzeugen** wird eine **gemeinsame Regulierungsaktion** durchgeführt.

Die Betroffenen müssen ihre Schadenersatzansprüche beim Gesamtverband der Versicherungswirtschaft (GDV) anmelden. Der Verband beauftragt einige VU mit der Regulierung der Schäden, wobei im Einzelfall geprüft wird, inwieweit ein Mitverschulden (z. B. nicht angelegter Sicherheitsgurt) vorliegt. Die Entschädigungszahlungen werden anschließend auf die VR der beteiligten Fahrzeughalter umgelegt.

4.2 Deckungsanspruch aus der Kfz-Haftpflichtversicherung

4.2.1 Abgrenzung zum Haftungsanspruch

Ob ein geltend gemachter Haftungsanspruch begründet ist, richtet sich nach den Bestimmungen der verschiedenen Haftpflichtgesetze und muss ggf. in einem **Haftpflichtprozess** festgestellt werden.

Im Rahmen des Versicherungsvertrages ist zu entscheiden, ob der geltend gemachte Haftpflichtanspruch des Dritten unter das versicherte Wagnis fällt, d. h., ob der **Deckungsanspruch** hierfür besteht. Ggf. wird hierüber in einem **Deckungsprozess** entschieden.

Haftpflichtanspruch und **Deckungsanspruch** bilden daher zwei selbstständige Problemkreise (sog. **Trennungsprinzip**).

Beispiele:

1. Der Versicherte hat beim Einparken durch Unachtsamkeit das Fahrzeug eines Dritten beschädigt. Der **Haftpflichtanspruch** des Dritten kann nach den Vorschriften über die Verschuldens- und Gefährdungshaftung geltend gemacht werden und ist begründet. Der Versicherte hat aufgrund dieses Vorfalles einen **Deckungsanspruch** gegen seinen VR, da der geltend gemachte Anspruch unter das versicherte Wagnis fällt. Insofern ist der Versicherte von den Ansprüchen des Dritten befreit.
2. Ein Verkehrsteilnehmer ist auf das Fahrzeug des Versicherten aufgefahren, als dieser verkehrsbedingt abgebremst hat. Der Auffahrende wendet ein, dass der Bremsvorgang zu abrupt gewesen sei, und macht ein Mitverschulden des Versicherten geltend. Aufgrund seines **Deckungsanspruches** hat der VR den Versicherten von einem **unbegründeten Haftungsanspruch** freizuhalten. Ggf. wird der Auffahrende einen **Haftungsprozess** anstreben.
3. Der Versicherte hat eine leere Getränkedose achtlos aus dem Auto geworfen und dabei einen Passanten getroffen und verletzt. Der Passant begründet seinen **Haftungsanspruch** mit der Verschuldenshaftung. Der VR wird dem VN den **Deckungsanspruch** versagen, da das Ereignis nicht unter das versicherte Wagnis fällt. Ggf. wird der Versicherte einen **Deckungsprozess** anstreben.

Der Deckungsanspruch richtet sich nicht auf Zahlung an den VN, sondern auf Befreiung von den Ansprüchen des Dritten (sog. **Befreiungs-** bzw. **Freihaltungsanspruch**).

AKB 2008 A.1.1.2 A.1.1.3

Der VR hat bei begründeten Schadenersatzansprüchen zu leisten und unbegründete Schadenersatzansprüche abzuwehren.

Würde der Anspruchsteller in Beispiel 2 den Versicherten verklagen, hätte der VR alles in die Wege zu leiten, um solche Ansprüche abzuwehren **(Abwehrpflicht des Versicherers).** Hierzu gehört auch, dass er dem Versicherten Rechtsschutz gewährt (sog. **passive**
E.2.3 **Rechtsschutzfunktion der Haftpflichtversicherung).** Allerdings muss der Versicherte im Fall eines Rechtsstreits die Prozessführung dem VR überlassen.

A.1.1.4 Der VR gilt im Übrigen als bevollmächtigt, alle ihm zur Befriedigung oder Abwehr der Ansprüche zweckmäßig erscheinenden Erklärungen im Namen der versicherten Person abzugeben.

4.2.2 Gebrauch des Fahrzeuges als Schadenursache

A.1.1.1 Der Schaden muss **durch den Gebrauch** des Fahrzeugs entstanden sein. Der Begriff »Gebrauch« geht weiter als der Begriff »Betrieb« in § 7 StVG.
Der Begriff »Gebrauch« schließt den »Betrieb« ein, umfasst darüber hinaus aber auch Vorgänge wie z. B. die Wagenwäsche, das Beladen, die Inspektion oder die Reparatur.

Mit dem Wort »durch« wird zum Ausdruck gebracht, dass eine vorausgegangene Gebrauchshandlung als Ursache für den Schadeneintritt infrage kommt. Dabei können auch noch Schäden gedeckt sein, die in größerem zeitlichem Abstand vom Fahrzeuggebrauch eintreten.

Beispiel:
Das Fahrzeug wird ohne ausreichende Sicherung durch die Feststellbremse auf abschüssiger Straße abgestellt. Es setzt sich nach einiger Zeit in Bewegung und rollt auf ein anderes geparktes Fahrzeug. Zwischen dem Gebrauch des Fahrzeuges und dem Schadenereignis besteht noch ein innerer Zusammenhang.

Nicht unter den Versicherungsschutz fallen Schäden, die nur bei der Gelegenheit des Fahrzeuggebrauchs entstehen.

Beispiel:
Der Fahrer verursacht, nachdem er aus seinem Fahrzeug ausgestiegen ist, durch unachtsames Überqueren der belebten Fahrbahn einen Zusammenstoß zwischen anderen Fahrzeugen.

Der Unfall steht mit dem vorausgegangenen Fahrzeuggebrauch in keinem Zusammenhang.

4.2.3 Art der gedeckten Schäden

Die Haftpflichtversicherung umfasst Personen-, Sach- und Vermögensschäden. Zu den **Personenschäden** zählt auch das sog. Schmerzensgeld, das ggf. beansprucht werden kann. AKB 2008 A.1.1.1

Als **Sachschaden** gilt laut ausdrücklicher Vorschrift auch das Abhandenkommen von Sachen bei einem Schadenereignis.

Beispiel:
Dem bewusstlosen Verletzten wird bei der Hilfeleistung nach einem Unfall die Brieftasche entwendet.

Nach ständiger Rechtsprechung umfasst der Sachschaden auch den Nutzungsausfall der beschädigten Sache, die Mietwagenkosten während der Reparaturdauer und den merkantilen Minderwert (vgl. C 4.3.2.1 zum Umfang der Ersatzpflicht).

Reine Vermögensschäden kommen in der Kfz-Versicherung fast ausschließlich als unbegründete Ansprüche vor, die der VR im Rahmen des Befreiungsanspruches des Versicherten abzuwehren hat.

Beispiel:
Ein unbeteiligter Autofahrer wendet ein, durch Vollsperrung der Fahrbahn nach einem Verkehrsunfall einen wichtigen Geschäftstermin versäumt und dadurch einen Vermögensschaden erlitten zu haben.

Besonderheit: Mallorca-Deckung

Manche VR bieten in ihren AKB 2008 eine sog. Mallorca-Deckung. Danach besteht Versicherungsschutz, wenn der VN im Ausland mit einem Mietwagen einen Unfall schuldhaft verursacht und für den Mietwagen kein ausreichender Versicherungsschutz besteht.

4.2.4 Versicherte Personen

Die Bestimmungen zur Kfz-Haftpflichtversicherung unterscheiden zwischen dem **VN** und den **mitversicherten Personen**.

a) Versicherungsnehmer

Der VN ist der Vertragspartner des Versicherers und damit berechtigt, Willenserklärungen entgegenzunehmen und abzugeben sowie vertragliche Vereinbarungen zu treffen. Andererseits ist er zur Beitragszahlung verpflichtet und neben den mitversicherten Personen für die Erfüllung der Obliegenheiten verantwortlich.

AKB 2008 F.2

Die Ausübung der Rechte der mitversicherten Personen (siehe unter b) steht nur dem VN zu, soweit nichts anderes geregelt ist (z. B. die Geltendmachung von eigenen Schadenersatzansprüchen der mitversicherten Personen).

b) Mitversicherte Personen

A.1.2

KfzPflVV § 2 (2)

Mitversicherte Personen nach der KfzPflVV sind:

- der Halter,
- der Eigentümer des Fahrzeugs,
- der Fahrer des Fahrzeugs,
- bestimmte Beifahrer,
- Arbeitgeber oder öffentlicher Dienstherr des Versicherungsnehmers, wenn das versicherte Fahrzeug mit Zustimmung des Versicherungsnehmers für dienstliche Zwecke gebraucht wird,

Die **AKB 2008** erweitern diesen Personenkreis um

- den Halter, Eigentümer, Fahrer, Beifahrer und Omnibusschaffner eines nach A.1.1.5 AKB 2008 mitversicherten Fahrzeugs;

  Hierunter fallen u. a. mit dem versicherten Fahrzeug verbundene Anhänger oder damit abgeschleppte Fahrzeuge, soweit kein eigener Haftpflichtversicherungsschutz besteht.
- berechtigte Insassen unter bestimmten Voraussetzungen.

➤ Halter

Nach § 1 PflVG ist der Halter (zur Definition des Halters vgl. C 2.1.1) versicherungspflichtig und daher im Regelfall auch der VN. Dass der Halter in den AKB und in der KfzPflVV als mitversicherte Person geführt wird, wirkt daher wie ein Widerspruch. Die Bedeutung liegt darin, dass der Halter auch dann mitversichert ist, wenn die Versicherung für das Fahrzeug nicht vom Halter, sondern ausnahmsweise vom Eigentümer des Fahrzeugs oder irgendeiner dritten Person abgeschlossen worden ist.

Beispiel:
Die studierende Tochter hat das Fahrzeug ausschließlich am Studienort für eigene Rechnung in Gebrauch. Der Vater hat als Eigentümer des Fahrzeuges den Kfz-Haftpflichtversicherungsvertrag abgeschlossen.

OLG Hamm 16. Juli 1975

Für die Haltereigenschaft ist nicht entscheidend, dass das Fahrzeug auf die jeweilige Person zugelassen ist. Die Überlassung des Kraftfahrzeuges an einen anderen zur selbstständigen Nutzung für unbestimmte Zeit bewirkt den Verlust der Haltereigenschaft. Im Beispielsfall ist die Haltereigenschaft daher auf die Tochter übergegangen.

Bei einer Fahrzeugvermietung bleibt der Vermieter hingegen der Halter, da das Mietverhältnis regelmäßig befristet ist.

➤ Eigentümer

Nach deutschem Recht entsteht aus dem Eigentum an sich noch keine Schadenersatzverpflichtung. Vielmehr gilt die Haftung des Halters bzw. Fahrers. Ein Eigentümer, der nicht zugleich Halter oder Fahrer ist, kann allenfalls dann zur Haftung herangezogen werden, wenn durch sein schuldhaftes Verhalten im Zusammenhang mit dem Eigentum andere geschädigt werden.

Beispiel:
Dem Eigentümer ist bekannt, dass die Bremsen des Fahrzeuges defekt sind. Er stellt den Mangel nicht ab, sondern gestattet die Nutzung des Fahrzeuges durch einen Dritten, der dadurch einen Unfall verursacht.

Eine Haftung des Eigentümers kann auch dann entstehen, wenn er durch sein Verhalten einem anderen die unbefugte Nutzung des Eigentums ermöglicht.

Beispiel:
Der Vater hängt den Autoschlüssel weiterhin achtlos an der Garderobe auf, obgleich sein minderjähriger Sohn schon einmal den Schlüssel weggenommen und eine Spritztour gemacht hat. Bei der neuerlichen Schwarzfahrt (zum Begriff vgl. C 4.2.5.2) kommt es zu einem Unfall.

Wer Eigentümer ist, richtet sich nach den allgemeinen Bestimmungen des Bürgerlichen Rechts (zur Definition des Eigentümers vgl. C 2.1.1). Der Käufer eines unter Eigentumsvorbehalt erworbenen Kraftfahrzeuges ist noch nicht versicherter Eigentümer im Sinne der AKB und der KfzPflVV, wohl aber der Sicherungsnehmer bei der Sicherungsübereignung.

➤ Fahrer

Die Haftpflichtversicherung erfasst nicht nur den berechtigten Fahrer (zur Definition des Fahrers vgl. C 2.1.1), sondern auch den unberechtigten Fahrer, der das Fahrzeug ohne Wissen und Willen des Halters zu einer Schwarzfahrt nutzt. Bei einer Schwarzfahrt besteht die Verpflichtung zur Leistung jedoch nur dem VN, dem Halter und dem Eigentümer gegenüber. Das Verkehrsopfer ist durch diese Regelung bei einem unberechtigten Fahrer also in jedem Falle geschützt.

AKB 2008 D.1.3 i.V.m. D.3.1

Beispiel:
Ein Dieb verunglückt mit dem gestohlenen Wagen und entfernt sich dann vom Unfallort. Der Geschädigte nimmt daraufhin den Halter im Rahmen der Gefährdungshaftung in Anspruch. Der VR ist dem Halter gegenüber eintrittspflichtig.

Wäre die Nutzung durch den unberechtigten Fahrer nicht versichert, würde das Verkehrsopfer bei einem mittellosen Halter unter Umständen leer ausgehen. Das wiederum würde dem Grundgedanken der Pflichtversicherung, das Verkehrsopfer zu schützen, widersprechen.

Der leistungspflichtige VR kann jedoch beim unberechtigten Fahrer Regress nehmen.

➤ Beifahrer

Versicherte Beifahrer sind solche Personen, die im Rahmen ihres Arbeitsverhältnisses zum VN oder Halter den berechtigten Fahrer zu einer Ablösung oder zur Vornahme von Lade- und Hilfsarbeiten begleiten. Das Arbeitsverhältnis muss die Tätigkeit als

Beifahrer vorsehen, wobei die Beifahrertätigkeit nicht Haupttätigkeit sein muss. Der gelegentliche Begleiter ist nach den AKB 2008 nicht mitversichert, sondern als Insasse anzusehen.

Beispiel:
Im Rahmen seines Arbeitsverhältnisses hat ein Lagerarbeiter zugleich Beifahrerfunktionen auszuführen, um beim Be- und Entladen den Fahrer zu unterstützen.

Der Lagerarbeiter ist hier als mitversicherter Beifahrer nach den AKB 2008 und der KfzPflVV anzusehen. Würde er nur für einen erkrankten Beifahrer einspringen, wäre er kein Beifahrer im Sinne der AKB 2008 und der KfzPflVV und nicht versichert.

➤ Omnibusschaffner

Auch der Omnibusschaffner muss, wie der zuvor betrachtete Beifahrer, in einem Arbeitsverhältnis zum VN bzw. Halter stehen, das diese Tätigkeit als Berufsausübung vorsieht. Nur dann gilt er als mitversicherte Person.

➤ Arbeitgeber bzw. öffentlicher Dienstherr

Sie gelten als mitversicherte Personen, wenn das versicherte Fahrzeug für dienstliche Zwecke gebraucht wird.

Exkurs: Ersatzansprüche von weiteren Insassen gegen eine mitversicherte Person

1. **Der geschädigte Insasse ist selbst keine mitversicherte Person in der Kfz-Haftpflichtversicherung.**

   Hat der berechtigte Fahrer (VN bzw. mitversicherte Person) den Unfall schuldhaft verursacht, kann der geschädigte Insasse seinen Haftungsanspruch gegen den Fahrer geltend machen, der seinerseits als VN bzw. mitversicherte Person einen Deckungsanspruch gegen den Kfz-Haftpflichtversicherer hat.

   Beispiel:
   Verschuldet der Ehemann einen Unfall, bei dem die Ehefrau verletzt wird, erhält sie vom Haftpflicht-VR des Ehemannes vollen Ersatz für ihre Schäden (z. B. Verdienstausfall, Pflegekosten, Unterhalt, Schmerzensgeld).

   Seit dem 1. August 2002 gilt ferner die Gefährdungshaftung (vgl. C 4.1.2 a) zugunsten der Fahrzeuginsassen. Der Fahrzeughalter haftet im Rahmen der Gefährdungshaftung für Schäden der Mitfahrer (Insassen) ebenso wie für Geschädigte außerhalb seines Fahrzeuges.

   Der geschädigte Insasse kann seine Ansprüche aus der Verschuldens- bzw. Gefährdungshaftung aber auch direkt beim Kfz-Haftpflichtversicherer anmelden (Direktanspruch).

   AKB 2008 A.1.5.5 — Die Kfz-Haftpflichtversicherung leistet jedoch nicht für mit dem Fahrzeug beförderte Sachen, die beschädigt bzw. zerstört werden oder abhanden kommen. Ausgenommen sind solche Sachen, die Insassen üblicherweise mit sich führen (z. B. Kleidung, Brille). Bei gewerbsmäßiger Beförderung sind auch noch die mitgeführten Gegenstände des persönlichen Bedarfs (z. B. Reisegepäck) versichert (vgl. C 4.2.5.1).

2. **Der geschädigte Insasse ist zugleich eine mitversicherte Person in der Kfz-Haftpflichtversicherung.**

   A.1.5.6 — Soweit es sich bei dem geschädigten Insassen um den VN, Halter oder Eigentümer des Fahrzeugs (mitversicherte Personen) handelt, gewährt die Kfz-Haftpflichtversicherung dem Ersatzpflichtigen nur Versicherungsschutz hinsichtlich des Personenschadens, den der Insasse erleidet (vgl. C 4.2.5.1).

4.2.5 Einschränkungen des Versicherungsschutzes

4.2.5.1 Ausschlüsse

In der KfzPflVV ist geregelt, welche Ersatzansprüche, neben der nach VVG ohnehin schon ausgeschlossenen Entschädigung vorsätzlich herbeigeführter Versicherungsfälle, noch ausgeschlossen werden dürfen. Diese Anschlüsse haben Eingang in die AKB 2008 gefunden.

- **Vorsatz**

  Vorsätzlich widerrechtlich herbeigeführte Versicherungsfälle sind nicht versichert. Das gilt auch für den bedingten Vorsatz, der gegeben ist, wenn man billigend die Möglichkeit in Kauf nimmt, dass durch eigenes Handeln ein anderer geschädigt wird. VVG § 103 AKB 2008 A.1.5.1

  Beispiel:
  Bei der Parkplatzsuche fährt der Versicherte auf einen anderen Parkwilligen los, um sich die freie Parklücke zu erkämpfen. Der andere Parkwillige kann nicht schnell genug zurückweichen und es kommt zur Kollision.

  Das vorsätzliche Handeln eines Versicherten bedeutet nicht, dass die übrigen Mitversicherten ihren Befreiungsanspruch gegen den VR verlieren. Hat der Fahrer vorsätzlich gehandelt und nimmt der Geschädigte den Halter in Anspruch, hat dieser Versicherungsschutz.

- **Genehmigte Rennen (s. auch § 4 Nr. 4 KfzPflVV)**

  Die Teilnahme an behördlich genehmigten Fahrtveranstaltungen oder den dazugehörigen Übungsfahrten, bei denen es auf die Erzielung einer Höchstgeschwindigkeit ankommt, ist vom Versicherungsschutz ausgeschlossen. A.1.5.2

- **Schäden durch Kernenergie (s. auch § 4 Nr. 6 KfzPflVV)** A.1.5.9

- **Vertragliche Ansprüche**

  Der durch Vertrag oder besondere Zusage über die gesetzliche Haftpflicht hinausgehende Teil ist vom Versicherungsschutz ausgeschlossen. A.1.5.8

- **Schadenersatzanspruch gegen mitversicherte Person (s. auch § 4 Nr. 1 KfzPflVV)**

  Haftpflichtansprüche des Versicherungsnehmers, Halters oder Eigentümers gegen mitversicherte Personen sind von der Versicherung ausgeschlossen, soweit es sich um Sach- oder Vermögensschäden handelt (siehe auch Exkurs in C 4.2.4). A.1.5.6

  Beispiel:
  Bei einer Probefahrt verursacht der Kaufinteressent einen Unfall, wobei der Halter als Beifahrer verletzt und das Auto erheblich beschädigt wird.

  Der Personenschaden des Halters fällt unter den Versicherungsschutz, während der Sachschaden nicht durch die Kfz-Haftpflichtversicherung gedeckt ist.

- **Beschädigung, Zerstörung oder Abhandenkommen des haftpflichtversicherten Fahrzeugs (s. auch § 4 Nr. 2 KfzPflVV)** AKB 2000 A.1.5.3

> **Beispiel:**
> Der mitversicherte Fahrer kann keinen Schadenersatz aus der Haftpflichtversicherung des Halters erlangen, wenn er das Fahrzeug des Halters schuldhaft beschädigt.

- **Beschädigung von Anhängern und abgeschleppten Fahrzeugen**

AKB 2008 A.1.5.4

Durch diesen Ausschluss wird der nach A.1.5.3 AKB 2008 schon für haftpflichtversicherte Fahrzeuge vorgesehene Ausschluss auf Anhänger und abgeschleppte Fahrzeuge ausgedehnt.

Der Ausschluss gilt nicht, wenn das Fahrzeug wegen Betriebsunfähigkeit **im Rahmen** erster Hilfeleistung nicht gewerbsmäßig abgeschleppt und dabei beschädigt wird.

> **Beispiel:**
> Auf einer gemeinsamen Urlaubsfahrt mit zwei Fahrzeugen bleibt eines der Fahrzeuge auf der Autobahn liegen. Der Fahrer des zweiten Fahrzeuges schleppt das Fahrzeug zum nächsten Rastplatz ab. Dort begeht er einen Lenkfehler, wodurch das abgeschleppte Fahrzeug gegen ein Hinweisschild gezogen wird.

- **Beschädigung von beförderten Sachen (s. auch § 4 Nr. 3 KfzPflVV)**

A.1.5.5

Hiervon sind jene Sachen ausgenommen, die beförderte Insassen üblicherweise mit sich führen (siehe auch Exkurs in C 4.2.4).

Dient die Fahrt überwiegend der Personenbeförderung, sind die mitgeführten Gegenstände des persönlichen Bedarfs versichert.

A.1.5.7

- **Nichteinhaltung von Liefer- und Beförderungsfristen (s. auch § 4 Nr. 5 KfzPflVV)**

> **Beispiel:**
> Ein Auslieferungsfahrer verursacht einen Unfall, so dass die anzuliefernde Ware nicht rechtzeitig ankommt. Der Belieferte macht einen Verspätungsschaden geltend. Es besteht hierfür kein Versicherungsschutz aus der Kfz-Haftpflichtversicherung.

4.2.5.2 Pflichten beim Gebrauch des Fahrzeugs

D.1 – D.2

KfzPflVV § 5

Vorbemerkung:

Die **Pflichten beim Gebrauch des Kfz** nach AKB 2008 zählen zu den **Obliegenheiten vor dem Versicherungsfall** nach der KfzPflVV.

Obliegenheiten sind Verhaltensnormen, die in der Kfz-Versicherung vom VN und den mitversicherten Personen zu erfüllen sind, um die Ansprüche aus dem Versicherungsvertrag nicht zu gefährden **(Voraussetzungstheorie).**

Wird in der Kfz-Haftpflichtversicherung gegen eine Obliegenheit verstoßen und führt dieser Verstoß zu einem Unfall gilt in der Regel:

- Der geschädigte Dritte (das sog. Verkehrsopfer) wird aufgrund seines Direktanspruchs durch den Kfz-Haftpflichtversicherer entschädigt (vgl. C 2.2.1 und C 4.3.2).
- Soweit der VR im Innenverhältnis (also gegenüber dem VN und/oder einer mitversicherten Person) leistungsfrei geworden ist, fordert er im Rahmen des Regresses die an den geschädigten Dritten erbrachte Leistung vom VN und/oder Versicherten ganz oder teilweise zurück (vgl. C 4.3.3 und D 3.3.1).

a) Vertragliche Obliegenheiten

Für den Bereich der Kfz-Haftpflichtversicherung ist durch die KfzPflVV geregelt, welche Obliegenheiten vor Eintritt des Versicherungsfalles vertraglich vereinbart werden können. Im VVG sind darüber hinaus die Voraussetzungen der Leistungsfreiheit des VR bei einer Obliegenheitsverletzung geregelt. KfzPflVV § 5 VVG § 28

Die genannten gesetzlichen Regelungen haben ihren Niederschlag in den AKB 2008 gefunden. AKB 2008 D.1 – D.3

➤ Verwendungsklausel (s. auch § 5 (1) Nr. 1 KfzPflVV)

Das Fahrzeug darf nur zu dem im Versicherungsschein angegebenen Zweck verwendet werden. D.1.1

Beispiel:

Ein für den Privatgebrauch versichertes Wohnmobil wird entgeltlich vermietet. Es wird gegen die vorgenannte Obliegenheit verstoßen. Verursacht der Mieter einen Verkehrsunfall, leistet der VR jedoch an den geschädigten Dritten. Hat der Mieter von der Obliegenheitsverletzung Kenntnis, kann der VR auch bei ihm Rückgriff nehmen.

Das Fahrzeug darf auch nicht entgegen im Antrag gemachter Angaben zur Gefahrgutbeförderung benutzt werden. D.1.2

➤ Schwarzfahrerklausel (s. auch § 5 (1) Nr. 3 KfzPflVV)

Das Fahrzeug darf nur von einem **berechtigten Fahrer** gebraucht werden.

Wird das Fahrzeug ohne Wissen und Willen des Halters benutzt, besteht für den **unberechtigten Fahrer** (z.B. den Dieb) kein Versicherungsschutz. Er trägt darüber hinaus die Gefährdungshaftung für den Halter. Der Halter bleibt zum Schadenersatz verpflichtet, wenn er die Benutzung des Fahrzeugs durch sein Verschulden ermöglicht hat. D.1.3

➤ Führerscheinklausel (s. auch § 5 (1) Nr. 4 KfzPflVV)

Der Fahrer hat auf öffentlichen Wegen oder Plätzen nur dann Versicherungsschutz, wenn er im Besitz der vorgeschriebenen Fahrerlaubnis ist. D.1.4

Ein Fahrer, dessen Führerschein beschlagnahmt ist, hat die Fahrerlaubnis im Sinne der Führerscheinklausel nicht mehr. Ein Fahrverbot hingegen berührt die Fahrerlaubnis nicht, sondern hindert nur ihre Ausübung. Im Ergebnis ist das Fahrverbot jedoch der Beschlagnahme gleichzusetzen. BGH 1981

Will der VN beispielsweise das Fahrzeug einem ihm unbekannten Kaufinteressenten für eine Probefahrt überlassen, muss er zuvor prüfen, ob der Kaufinteressent eine gültige Fahrerlaubnis besitzt.

Durfte der VN, Halter oder Eigentümer das Vorliegen der Fahrerlaubnis beim Fahrer ohne Verschulden annehmen, bleibt der VR ihnen gegenüber leistungspflichtig.

Beispiel:

Der angestellte Chauffeur erscheint am Morgen mit Fahrzeug zum Dienst, obgleich in der Nacht sein Führerschein wegen Trunkenheit beschlagnahmt wurde.

➤ Trunkenheitsklausel bzw. Alkohol- und Rauschmittelklausel (s. auch § 5 (1) Nr. 5 KfzPflVV)

AKB 2008 D.2.1 Nach dieser Obliegenheit besteht die Verpflichtung, das Fahrzeug nicht zu führen oder führen zu lassen, wenn der Fahrer infolge des Genusses alkoholischer Getränke oder anderer berauschender Mittel dazu nicht sicher in der Lage ist.

Die Formulierung lehnt sich an § 316 StGB an, der von der Rechtsprechung umfassend kommentiert ist, sodass keine Probleme hinsichtlich der Tatbestandsbeurteilung zu erwarten sind. Ein Blutalkoholgehalt von 1,1 ‰ und mehr erfüllt in jedem Falle den Tatbestand der Obliegenheitsverletzung, sie kann jedoch schon bei einem Alkoholgehalt von 0,3 ‰ gegeben sein.

➤ Rennklausel (s. auch § 5 (1) Nr. 2 KfzPflVV)

D.2.2 Diese Obliegenheit betrifft die Benutzung des Fahrzeuges **für behördlich nicht genehmigte Fahrtveranstaltungen** einschließlich Übungsfahrten, bei denen es auf die Erzielung einer Höchstgeschwindigkeit ankommt.

In der Kfz-Haftpflichtversicherung **sind genehmigte Fahrtveranstaltungen** oder die dazugehörigen Übungsfahrten, bei denen es auf die Erzielung einer Höchstgeschwindigkeit ankommt, ohnehin vom Versicherungsschutz ausgeschlossen (vgl. Genehmigte Rennen in C 4.2.5.1), da der Veranstalter eine Haftpflichtversicherung haben muss, die Deckung bietet.

➤ Ruheversicherungsklausel

H.1.7 Bei einer Außerbetriebsetzung des Fahrzeugs ist der VN verpflichtet, im Rahmen der Ruheversicherung das Fahrzeug in einem Einstellraum oder auf einem umfriedeten Abstellplatz abzustellen und nicht zu gebrauchen (vgl. auch C 3.3.3).

➤ Anzeige der Veräußerung

G.7.4 Veräußerer (VN) und Erwerber sind nach den AKB 2008 verpflichtet, die Veräußerung des Fahrzeugs dem VR unverzüglich anzuzeigen, damit dieser prüfen kann,

- ob er den Erwerber als neuen Vertragspartner anerkennen will,
- ob eine nachweisbar höhere Gefahr vorliegt,
- ob ein Ablehnungsgrund nach dem PflVG geltend gemacht werden kann.

b) Gesetzliche Obliegenheiten

➤ Vorvertragliche Anzeigepflicht

Bei Verletzung der vorvertraglichen Anzeigepflicht bestimmen sich die Rechtsfolgen nach den §§ 19–22 VVG.

L.4.3 – L.4.6 In der Kfz-Versicherung stehen die meisten Falschangaben jedoch im Zusammenhang mit den Merkmalen für die Beitragsberechnung (z. B. Fahrerkreis, jährliche Fahrleistung). In diesem Fällen bestimmen sich die Sanktionen nicht nach dem VVG sondern nach den AKB 2008.

Neben der Beitragskorrektur wird zusätzlich eine Vertragsstrafe eingefordert, wenn schuldhaft unzutreffende Angaben gemacht oder Änderungen schuldhaft nicht angezeigt wurden.

Gefahrerhöhung

Der BGH hat nach einer grundlegenden Entscheidung den Begriff der Gefahrerhöhung wie folgt definiert:

> »Unter Gefahrerhöhung können nur solche Gefährdungsvorgänge verstanden werden, die einen neuen Zustand erhöhter Gefahr schaffen, wobei dieser mindestens von der Dauer sein muss, dass er die Grundlage eines neuen, natürlichen Gefahrenverlaufs bilden kann.« BGH 1952

Beispiel:
Bei der Inspektion wird festgestellt, dass die Bremsen des Fahrzeuges nur noch eine verminderte Bremswirkung haben. Der Halter holt das Fahrzeug unrepariert aus der Werkstatt ab mit der Begründung, es verschrotten zu wollen. Tatsächlich aber benutzt er es ohne Reparatur weiter. Wegen der defekten Bremsen hat er schon bald darauf einen Auffahrunfall.

Die Rechtsfolgen ergeben sich aus §§ 23 ff. VVG, da der Zustand des Fahrzeuges eine Gefahrerhöhung und damit den Verstoß gegen eine gesetzliche Obliegenheit darstellt. VVG §§ 23 ff. Die Abholung aus der Werkstatt kann ggf. noch als unerhebliche Gefahrerhöhung nach § 27 VVG angesehen werden, da sie kein »Dauerzustand« ist. Die weitere Nutzung erfüllt jedoch den Begriff der Gefahrerhöhung. Im Beispielsfall wäre der Halter darüber hinaus verpflichtet gewesen, dem VR die Gefahrerhöhung unverzüglich anzuzeigen, nachdem er von ihr Kenntnis erlangt hatte.

Die Rechtsfolgen nach VVG bei einer Gefahrerhöhung sind in Band 2 der Buchreihe, Abschnitt B 4.1, dargestellt.

Zusammenfassung und Übersicht

Umfang des Versicherungsschutzes

	Erläuterungen:
Der **Gebrauch des Kfz**	Der Gebrauch umfasst neben »Betrieb« auch Vorgänge wie Wagenwäsche, Inspektion usw.
führt zur **Schädigung eines Dritten.**	● Personenschäden ● Sachschäden ● Reine Vermögensschäden } sind gedeckt
Dieser hat einen **Haftungsanspruch**	Wichtige gesetzl. Haftpflichtbestimmungen: ● Verschuldenshaftung ● Gefährdungshaftung (Betriebsgefahr) ● Gesamtschuldnerische Haftung insbesondere bei Massenunfällen
gegen **VN bzw. mitversicherte Personen.**	● Halter, Eigentümer, Fahrer ● Beifahrer, Omnibusschaffner, Arbeitgeber sind unter bestimmten Voraussetzungen mitversichert
Diese haben einen **Deckungsanspruch**	VR befreit vom Haftungsanspruch ● durch Befriedigung begründeter Ansprüche im Rahmen des Vertrages (Deckungssummen), ● durch Abwehr unbegründeter Ansprüche (passive Rechtsschutzfunktion).
unter folgenden **Voraussetzungen:**	● Unfall im Geltungsbereich der Versicherung ● kein genehmigtes Rennen ● kein Vorsatz ● kein Sach- oder Vermögensschaden einer mitversicherten Person ● Obliegenheiten sind erfüllt

4.3 Abwicklung eines Versicherungsfalles

Als Versicherungsfall gilt in der Kfz-Haftpflichtversicherung das Ereignis, das Schadenersatzansprüche gegen den VN (bzw. die mitversicherten Personen) zur Folge haben kann. AKB 2008 A.1.1.1

4.3.1 Obliegenheiten im Versicherungsfall

a) Anzeigepflichten

- Der Versicherungsfall ist dem VR vom Versicherten **innerhalb einer Woche** schriftlich anzuzeigen **(Schadenanzeige).** E.1.1

  Die Anzeigepflicht besteht nicht, soweit der Versicherte einen Schadensfall selbst regulieren will, um eine Rückstufung in eine ungünstigere SF-Klasse zu vermeiden. Die **Kleinschaden-Grenze** liegt bei 500,00 €. Der Schaden kann bis zum Ende des Kalenderjahres nachgemeldet werden, wenn die Selbstregulierung nicht gelingt oder ein weiterer Schaden im gleichen Kalenderjahr zur Regulierung gemeldet worden ist. Schäden, die sich im Dezember ereignen, können bis zum 31. Januar des folgenden Jahres nachgemeldet werden. E.1.3 E.1.4

- Wird gegen den Versicherten ein Ermittlungsverfahren eingeleitet oder ein Strafbefehl oder ein Bußgeldbescheid erlassen, besteht **unverzügliche** Anzeigepflicht, auch wenn der Versicherungsfall bereits angezeigt ist. E.1.2
- Macht der Geschädigte seinen Anspruch gegenüber dem VN geltend, muss dies dem VR **innerhalb einer Woche** gemeldet werden. E.2.1
- Eine weitere **unverzügliche** Anzeigepflicht entsteht, wenn der Geschädigte zivilgerichtliche Maßnahmen einleitet (z.B. Mahnbescheid, Klage). E.2.2

  Gegen einen Mahnbescheid, Arrest und eine einstweilige Verfügung muss der Versicherte ggf. den erforderlichen Rechtsbehelf (z.B. Widerspruch gegen einen Mahnbescheid) einlegen, wenn eine Weisung des Versicherers zwei Tage vor Fristablauf noch nicht vorliegt. E.2.4

- Aufgrund seines Direktanspruches ist auch der geschädigte Dritte verpflichtet, seinen Anspruch innerhalb von zwei Wochen nach dem Schadenereignis dem VR in Textform anzuzeigen. Durch die Fristversäumnis geht der Anspruch im Regelfall jedoch nicht verloren. VVG § 119 (1), (2)

b) Aufklärungs- und Schadenminderungspflicht

Der Versicherte ist verpflichtet, alles zu tun, was zur Aufklärung des Tatbestandes und zur Minderung des Schadens beitragen kann. Die Weisungen des Versicherers sind zu befolgen. Zur Aufklärungspflicht zählt insbesondere, das Formular für die Schadenanzeige vollständig und wahrheitsgemäß auszufüllen. Der Versicherte muss an der Unfallstelle zunächst verbleiben, damit er mit seinen Aussagen zur Aufklärung des Unfallherganges beitragen kann und damit die notwendigen Feststellungen zur Person, zur Unfallbeteiligung usw. getroffen werden können. AKB 2008 E.1.5 E.1.6

Wird z.B. ein geparktes Fahrzeug beschädigt und ist der Geschädigte nicht anwesend, hat der Schädiger nach Ablauf einer angemessenen Wartezeit eine nahe gelegene Polizeidienststelle zu informieren, damit der Geschädigte ermittelt werden kann. Eine Nachricht an der Windschutzscheibe genügt nicht sondern gilt als unerlaubtes Entfernen vom Unfallort.

Auch der Genuss von Alkohol und die dadurch drohende Strafverfolgung rechtfertigen nicht, sich unerlaubt vom Unfallort zu entfernen, da die Fahruntüchtigkeit eine generell aufklärungsbedürftige Tatsache ist. Ebenfalls stellt der Nachtrunk eine Verletzung der Aufklärungspflicht dar, wenn dadurch die Feststellung des Blutalkoholspiegels im Unfallzeitpunkt erschwert oder unmöglich gemacht werden soll. Der VR ist in jedem Falle über die getrunkene Alkoholmenge aufzuklären.

Weitere Beispiele für die Verletzung der Aufklärungspflicht:

- Angabe eines falschen Fahrers,
- falsche Angaben zum Unfallhergang,
- Verschweigen einer Schwarzfahrt.

4.3.2 Leistungen an den Geschädigten

Im Folgenden wird davon ausgegangen, dass den Geschädigten ein die Ersatzpflicht einschränkendes mitwirkendes Verschulden nicht trifft.

Der Geschädigte hat grundsätzlich einen Anspruch darauf, so gestellt zu werden, als ob das schädigende Ereignis nicht eingetreten wäre.

VVG § 115 (1) S. 3

Macht der Geschädigte seinen Anspruch auf Ersatz des Schadens gegen den VR geltend, hat dieser den Schadenersatz in Geld zu leisten.

4.3.2.1 Sachschäden und Folgekosten

a) Totalschaden am Fahrzeug

Ein Totalschaden liegt in folgenden Fällen vor:

- Die Reparatur ist technisch nicht mehr möglich **(sog. technischer Totalschaden).**

  Der Geschädigte kann den **Wiederbeschaffungswert** für ein gleichwertiges Fahrzeug fordern.

  Der technische Totalschaden hat praktisch nur geringe Bedeutung, da aufgrund der heutigen Reparaturtechniken nahezu jeder Fahrzeugschaden repariert werden kann.

  Wiederbeschaffungswert ist der Wert, der für ein vergleichbares Fahrzeug mit Werkstattgarantie anfällt. Er liegt zwischen 15 % und 25 % über dem Zeitwert, also dem Betrag, der beim Verkauf des unbeschädigten Fahrzeugs erzielt worden wäre.

- Die Reparatur ist wirtschaftlich nicht zu vertreten, da die Reparaturkosten den Wert des Wagens **wesentlich** übersteigen **(sog. wirtschaftlicher Totalschaden).**

  Die Rechtsprechung bejaht im Kfz-Schadensbereich einen wirtschaftlichen Totalschaden erst dann, wenn der Schadensbetrag (Reparaturkosten einschließlich einer Wertminderung) mehr als 130 % des **Wiederbeschaffungswertes** beträgt.

  Beispiel:
  Nach einem Unfall lässt der Geschädigte seinen 7 Jahre alten Pkw in einer Fachwerkstatt reparieren und legt eine Reparaturkostenrechnung in Höhe von 5 900,00 € vor. Der Wiederbeschaffungswert eines gleichwertigen Ersatzfahrzeuges (Gebrauchtwagen) beträgt 5 000,00 €.

  Da die 130 %-Grenze noch nicht überschritten wird, kann der Geschädigte hier, soweit er reparieren lässt, auf der Basis der nachgewiesenen höheren Reparaturkosten abrechnen. Ansonsten steht ihm nur ein Wertersatzanspruch auf der Basis der wirtschaftlicheren Ersatzbeschaffung zu.

BGH 1972

Zeigt sich erst während der Instandsetzung, dass die Reparatur unwirtschaftlich ist, muss der höhere Betrag ersetzt werden. Insoweit trägt der ersatzpflichtige VR das »**Prognoserisiko**«.

Lässt der Geschädigte reparieren, obgleich die Überschreitung der 130 %-Grenze vorher bekannt ist, steht ihm nur der Wiederbeschaffungswert (evtl. gekürzt um den Restwert) und nicht noch die 30 % zu. BGH 1991

Beispiel:

Der Sachverständige ermittelt:

Wiederbeschaffungswert	9 000,00 €
Restwert	1 500,00 €
Reparaturkosten	13 000,00 €

Der Geschädigte lässt das Fahrzeug reparieren, erhält aber nur 7 500,00 € (Wiederbeschaffungswert 9 000,00 € – Restwert 1 500,00 €); denn:

- die Reparaturkosten betragen mehr als 130 % des Wiederbeschaffungswertes,
- ein vergleichbares Fahrzeug hätte für nur 9 000,00 € angeschafft werden können,
- das verunfallte Fahrzeug hätte beim Verkauf noch 1 500,00 € aufgrund des Restwertes erbracht.

- Das beschädigte Fahrzeug war fast neu, und es sind erhebliche Schäden entstanden **(sog. unechter Totalschaden).**

  Die Abrechnung auf **Neuwagenbasis** (Entschädigung zum **Neupreis**) ist nach der Rechtsprechung möglich, wenn BGH 1981 OLG Zweibrücken 2004
  - ein erheblicher Schaden vorliegt (das ist nicht der Fall, wenn beschädigte Teile spurlos ausgewechselt werden können),
  - das Fahrzeug nicht älter als einen Monat ist,
  - die Laufleistung nicht mehr als 1 000 km beträgt.

Ein Restwert (Wert des Autowracks) wird bei Abrechnung auf Totalschadenbasis berücksichtigt, d. h. er wird vom Wiederbeschaffungswert abgezogen.

Hinsichtlich der Höhe des Restwertes kommt es häufig zu Meinungsverschiedenheiten zwischen dem Geschädigten und dem VR. Dies hat zu Urteilen durch den BGH geführt:

- Bietet der VR eine konkrete Verwertungsmöglichkeit an, die für den Geschädigten nicht mit Kosten oder zusätzlichem Aufwand verbunden ist, muss der Geschädigte dies annehmen und darf das Fahrzeug nicht einfach zum Restwert lt. Sachverständigengutachten verkaufen. BGH 2000
- Der Geschädigte muss vor Veräußerung des Unfallfahrzeugs keine Marktforschung betreiben sondern darf auf den im Sachverständigengutachten festgestellten Restwert vertrauen. 2005
- Der Geschädigte muss sich nicht den Restwert anrechnen lassen, den vom VR eingeschaltete Restwertaufkäufer bieten und der normalerweise am Markt nicht zu erzielen wäre. 2007

b) Reparatur des Fahrzeuges

Die Reparatur des Fahrzeuges kommt immer dann in Frage, wenn kein technischer oder wirtschaftlicher Totalschaden vorliegt.

Der Geschädigte kann wählen zwischen:

- Reparatur in einer Fachwerkstatt **(konkrete Abrechnung)**
- Abrechnung nach Sachverständigengutachten **(fiktive Abrechnung)**

Reparatur in einer Fachwerkstatt (konkrete Abrechnung)

Der Geschädigte kann die Reparaturwerkstatt selbst auswählen und darf darauf vertrauen, dass die vom Sachverständigen festgestellten Reparaturkosten den tatsächlichen Reparaturkosten entsprechen.

Geringe Differenzen zwischen Gutachten und späterer Werkstattrechnung sind unerheblich. Ansonsten muss eine Abstimmung zwischen Sachverständigen und Werkstatt erfolgen.

Führt die Reparatur zu einer Wertverbesserung, z.B. weil Verschleißteile durch neue Teile ersetzt wurden, wird ein Abzug »**neu für alt**« vorgenommen (vgl. Vorteilsausgleichung in B 4.3.3).

Lässt der Geschädigte ein Fahrzeug reparieren, bei dem die Reparaturkosten den Fahrzeugwert (Wiederbeschaffungswert) lt. Gutachten um 30 % übersteigen, wird auf Basis des wirtschaftlichen Totalschadens (siehe unter a)) abgerechnet.

Abrechnung nach Sachverständigengutachten (fiktive Abrechnung)

Auch wenn das Fahrzeug nicht repariert wird, hat der Geschädigte Anspruch auf Reparaturkostenbasis, jedoch ohne Mehrwertsteuer (siehe weiter unten). Bei einer Teilreparatur oder Reparatur in Eigenregie hat der Geschädigte Anspruch auf die vom Sachverständigen geschätzten Reparaturkosten ohne Mehrwertsteuer und auf die im Zusammenhang mit der Teilreparatur und der Ersatzteilbeschaffung bezahlte Mehrwertsteuer.

Beispiel:

Der Sachverständige ermittelt:

Ersatzteile für die Reparatur	1 500,00 €
Lohnkosten für die Reparatur	3 000,00 €
Kosten für die Lackierung	1 200,00 €
Reparaturkosten insgesamt ohne 19 % MwSt.	5 700,00 €
Reparaturkosten insgesamt mit 19 % MwSt.	6 783,00 €

Der Geschädigte ist Kfz-Mechaniker. Er beschafft die Ersatzteile, führt dann die Reparatur in Eigenregie durch und lässt das Fahrzeug schließlich lackieren. Er kann folgende Ausgaben belegen:

Ersatzteile einschl. 19 % MwSt:	1 785,00 €
Lackierkosten einschl. 19 % MwSt	1 428,00 €

Der VR wird entschädigen:

Reparaturkosten ohne Mehrwertsteuer	5 700,00 €
MwSt-Anteil bei den Ersatzteilen	285,00 €
MwSt-Anteil bei den Lackierkosten	228,00 €
Summe der Entschädigung	6 213,00 €

Besonderheit: Regelungen zum Mehrwertsteuerersatz

Der Schadenersatzanspruch des Geschädigten schließt die auf die Reparaturkosten anfallende **Mehrwertsteuer** nur dann ein, wenn und soweit sie tatsächlich angefallen ist. Bei Reparatur durch eine Werkstatt ist die auf die Reparaturkosten entfallende Mehrwertsteuer also in jedem Falle zu ersetzen.

Wird der Schadenersatzanspruch »auf Gutachtenbasis« mit dem ersatzpflichtigen Versicherer abgerechnet, kann dies bezüglich der Mehrwertsteuer zu folgenden Auswirkungen führen: BGB § 249 (2) S. 2

- Wird das Fahrzeug nicht repariert, kann nur der durch den Gutachter festgestellte Schadenbetrag ohne Mehrwertsteuer gefordert werden.
- Bei Reparaturen in Eigenregie kann die auf gekaufte Ersatzteile angefallene Mehrwertsteuer gefordert werden.
- Bei einer Ersatzbeschaffung statt Reparatur kann die Mehrwertsteuer aus den fiktiven Reparaturkosten gefordert werden, wenn ein Neufahrzeug gekauft wurde.
- Beim Kauf eines Gebrauchtwagens vom Händler fällt für dessen Kauf die Mehrwertsteuer jedoch nur in Höhe des Unterschieds zwischen Händlereinkaufs- und Verkaufspreis (Händlerspanne) an. Hier muss im Einzelfall die Höhe der ersatzpflichtigen Mehrwertsteuer bestimmt werden.

Ist der Geschädigte gewerbetreibend und damit vorsteuerabzugsberechtigt, erhält er die Mehrwertsteuer nicht ersetzt, da er sie mit der Mehrwertsteuer verrechnen kann, die er seinen Kunden in Rechnung gestellt hat.

---

c) Wertminderung

Ein repariertes Fahrzeug kann im Wert gemindert sein.

- Die Reparatur hat nicht völlig den früheren Zustand herbeiführen können **(sog. technischer Minderwert).**

  Aufgrund der heutigen Reparaturtechnik spielt der technische Minderwert keine Rolle mehr. Er kann in Ausnahmefällen (z. B. bei Rahmenschäden) noch in Betracht kommen.

- Der Verkaufswert ist gemindert, da dem Fahrzeug der Mangel eines Unfallfahrzeuges anhaftet **(sog. merkantiler Minderwert).**

  Unfallschäden, ausgenommen geringfügige, sind einem Kaufinteressenten offen zu legen. Der Käufer eines solchen Fahrzeuges ist regelmäßig nur bereit, das Fahrzeug gegen einen Preisnachlass zu erwerben, da er verborgene Mängel trotz einwandfreier Reparatur befürchtet. Dieser merkantile Minderwert ist dem Geschädigten zu ersetzen.

  Der Minderwert wird in der Regel durch den Sachverständigen geschätzt. Bestimmende Merkmale für die Schätzung sind u. a. das Alter des Kfz, die Fahrleistung und eventuelle Vorschäden.

  Je nach Alter/Fahrleistung des Kfz sind i. d. R. zwischen 10 % und 30 % der Reparaturkosten als Wertminderung zu ersetzen. Bei älteren Fahrzeugen (z. B. älter als 5 Jahre oder bei einer Fahrleistung von mehr als 100 000 km) entfällt eine Wertminderung, ebenso bei Bagatellschäden oder bei erheblichen Vorschäden.

d) Mietwagenkosten

Für die Dauer der Reparatur oder Ersatzbeschaffung kann der Geschädigte einen Mietwagen benutzen und die Kosten hierfür in Rechnung stellen. Er muss sich jedoch die ersparten Eigenbetriebskosten (z. B. für Öl, Reifenverschleiß) anrechnen lassen. Nach der Rechtsprechung kann der Mietkostenersatz daher um 10–15 % gekürzt werden.

Um den Abzug der ersparten **Eigenbetriebskosten** zu vermeiden, hat sich in der Praxis durchgesetzt, ein Fahrzeug einer niedrigeren Fahrzeuggruppe anzumieten. Die VR verzichten für diesen Fall auf den Abzug. Hat der Geschädigte ein **älteres Fahrzeug,** muss er sich ohnehin mit dem Mietfahrzeug aus einer niedrigeren Fahrzeuggruppe begnügen. Der Abzug wegen ersparter Eigenbetriebskosten lässt sich hier vermeiden, wenn ein Fahrzeug aus einer noch niedrigeren Klasse angemietet wird.

Der Geschädigte muss bei einer längeren Anmietung mehrere Angebote einholen und eine preisgünstige Mietwagenfirma wählen, wenn er weitere Abzüge durch den VR vermeiden will. Schließlich sollte er bedenken, dass ein Teil der Mietwagenkosten selbst getragen werden muss, wenn später ein Mitverschulden am Unfall festgestellt wird.

Nach einer Empfehlung des Gesamtverbandes der Versicherungswirtschaft (GDV) sollen die Kfz-Haftpflichtversicherer nur noch pauschale Tagessätze erstatten, da sich im Mietwagengeschäft längst Tages- oder Wochenpauschalpreise mit fester, zum Teil auch unbegrenzter Kilometerzahl durchgesetzt haben.

Aufgrund seiner Schadenminderungspflicht muss der Geschädigte sein Fahrzeug zügig reparieren lassen bzw. Ersatz beschaffen. Das Sachverständigengutachten enthält meistens eine Angabe zur Dauer der Reparatur bzw. Ersatzbeschaffung. Ansonsten geht man bei einer Ersatzbeschaffung von maximal zwei Wochen aus.

e) Nutzungsausfall

Verzichtet der Geschädigte nach einem unverschuldeten Unfall auf das Anmieten eines Ersatzfahrzeuges für die Zeit der Reparatur oder bei einem Totalschaden für die Dauer der Wiederbeschaffung, so kann er zum Ausgleich für die ihm entgangenen Gebrauchsvorteile einen Nutzungsausfall verlangen. Der Nutzungsausfall steht für die Zeit zu, für die ein Mietwagen zugestanden hätte. Die Höhe der Nutzungsausfallentschädigung wird beim Kfz auf der Grundlage von Tabellen in Tagessätzen je nach Wagentyp und Alter berechnet.

Gruppe	pro Tag	Beispiele für Fahrzeugtypen (Alter bis 5 Jahre)
A	27,00 €	Smart fortwoCoupe, Citroen Saxo 1.0, Fiat Cinquecento, Ford Ka (37 kW), Kia Pride
B	29,00 €	Opel Corsa, Ford Fiesta, Mazda 121 LX, Nissan Micra, Peugeot 106, Renault Clio
C	35,00 €	Ford Fiesta 1.3 Ghia, Renault Twingo 1.5 dCi, Ford Focus, Opel Astra, VW Golf (74 kW)
D	38,00 €	Ford Fusion 1.4, VW Polo 1.4 TDI, Nissan Primera 1.6, Toyota Corolla 2.0, VW Golf Variant (74 kW)
E	43,00 €	Audi A3, BMW 316i, Mazda 626, Opel Vectra, Peugeot 406, Toyota Carina 1.8
F	50,00 €	Audi A4 1.8 T, BMW 318, Z3 Roadster 2.0, Mercedes C 180, VW Sharan
G	59,00 €	Audi A6 1.9 TDI, BMW 323, Mazda 626 V6, Mercedes C 230
H	65,00 €	Audi A4 Avant 2.0 TDI DPF quattro, Mercedes C 220 CDI, BMW 318 Touring, Opel Calibra
I	79,00 €	Mercedes E 280, BMW 525i, Audi S6, Lexus GS 300, Porsche Boxster
K	91,00 €	Audi A8, BMW 740, Jaguar XJR, Mercedes E 420, S 320, Porsche 911
L	99,00 €	BMW 750, Mercedes SL 600 , Porsche 911 Carrera

Bei größeren Schäden eines unverschuldeten Unfalls übernimmt die gegnerische Versicherung die angemessenen Kosten für die Schadenbegutachtung durch einen Kfz-Sachverständigen.

f) Weitere Schadenersatzansprüche

Als weitere Schadenersatzansprüche können infrage kommen: Abschlepp-, Bergungs-, Verschrottungs-, Finanzierungs- und Sachverständigenkosten, Gebühren für die Ab- und Anmeldung, Kosten für Nummernschilder, Gebühren eines Rechtsanwaltes oder Rechtsbeistandes, Auslagenpauschale für Telefon, Porto, Fahrtkosten.

Sachverständigenkosten werden erst ab einer bestimmten Schadenshöhe (i. d. R. mindestens 1 000,00 €) erstattet. Diese Begrenzung gilt nicht für das Beweissicherungsgutachten.

4.3.2.2 Personenschäden

BGB § 842 ff.

a) Ansprüche des Verletzten

StVG § 10 f.

- **Heilbehandlungskosten**

  Hierzu zählen: Arztkosten, Krankenhauskosten, Kosten für Arzneien, Kosten einer notwendigen Kur oder kosmetischen Operation.

  Kosten des Krankenhausaufenthaltes werden nach den persönlichen Verhältnissen erstattet. Hätte der Geschädigte beispielsweise in sonstigen Fällen ein Einbettzimmer in Anspruch genommen, ist der VR in diesem Rahmen ersatzpflichtig. Zur Vorteilsausgleichung (vgl. B 4.3.3) werden ersparte Verpflegungskosten mit einem bestimmten Tagessatz in Abzug gebracht.

  Ist der Geschädigte Mitglied einer Krankenkasse, tritt diese in Vorleistung. Der Ersatzanspruch des Geschädigten gegen den VR geht insoweit auf die Krankenkasse über. SGB X § 116

- **Rente**

  Eine Rente kommt infrage, wenn der Geschädigte aufgrund der Unfallfolgen teilweise oder vollständig invalide ist.

- **Sonstige Kosten aufgrund vermehrter Bedürfnisse**

  Es handelt sich um Kosten infolge einer Verletzung mit Dauerfolgen, wie z. B. für Pflegepersonal, Gymnastik, Massagen, regelmäßige Kuren, orthopädische Hilfsmittel.

- **Verdienstausfall**

  Der Verdienstausfall durch Minderung der Erwerbsfähigkeit ist zu ersetzen.

  Ist der Verletzte Arbeitnehmer, entsteht ihm zunächst kein Verdienstausfall, da der Arbeitgeber verpflichtet ist, die Bezüge für einen bestimmten Zeitraum weiterzuzahlen. Erst mit Fortfall oder Minderung der Leistungen (z. B. Krankengeld) entsteht ein eigener Verdienstausfall. EntgFG § 4

  Nach dem Entgeltfortzahlungsgesetz geht der Anspruch des Geschädigten insoweit auf den Arbeitgeber über, als er das Arbeitsentgelt fortgezahlt und darauf entfallende Arbeitgeberanteile an Sozialversicherungsträger sowie Einrichtungen der zusätzlichen Alters- und Hinterbliebenenversorgung abgeführt hat.

- **Schmerzensgeld**

  Die Kfz-Haftpflichtversicherer orientieren sich regelmäßig an Vergleichsfällen, die von Gerichten entschieden und in Schmerzensgeldtabellen erfasst sind. Diese werden ständig aktualisiert.

  Beispiele für die Schmerzensgeldbeträge, die auf gerichtlichen Entscheidungen beruhen, sind auf der folgenden Seite dargestellt.

Verletzung	Betrag in €	Dauer der Behandlung und Arbeitsunfähigkeit	Person des Verletzten	Besondere Umstände, die für die Entscheidung maßgebend waren	Gericht, Datum der Entscheidung, Az.
Schlüsselbeinfraktur, Schulterprellung, Hautabschürfungen	250 €	4 Wochen ambulante Behandlung	Junge	Kein hohes Verschulden des Beklagten aus Verletzung der Verkehrssicherungspflicht. Im Wesentlichen nur Ausgleichsfunktion.	AG Brühl 11. Nov. 1989 2a C 461/88
Schlüsselbeinfraktur links, HWS-Distorsion 2. Grades, Kopfplatzwunde	3 750 € + immaterieller Vorbehalt	11 Tage Krankenhaus mit operativer Versorgung der Schlüsselbeinfraktur; Kopfplatzwunde musste genäht werden; Minderung der Erwerbsfähigkeit: 5½ Wochen 100 %, 12 Tage 50 %	Mann	Mehrere Monate deutliche Schmerzen im Schulterbereich; nicht ausgeschlossen, dass die bei der Operation angebrachte Cerclage noch entfernt werden muss; infolge Mithaftung von ⅔ wurde lediglich ein Betrag von 2 500,00 DM (1 250,00 €) zuerkannt.	OLG Hamm 8. Juni 2000 27 U 29/00
Amputation beider Unterschenkel, Rippenserienfraktur links, Schlüsselbeinfraktur links, schädelfraktur, Hirnquetschung	85 000 € und 50 € Rente monatlich + immaterieller Vorbehalt	Mehrmonatige Klinikaufenthalt mit mehreren operativen Eingriffen; anschließend Prothesenerstversorgung und Gangschulung	7½-jähr. Schülerin	Verletzung der Verkehrssicherungspflicht an einem gefährlichen Bahnübergang. Aufgrund von Wachstumsproblemen nicht mehr mit Prothesen versorgbar, dadurch längere Zeit auf Rollstuhl angewiesen. Persönlichkeitsveränderungen (ängstlich, angespannt, unsicher, konzentrationslabil) mit reaktivem, depressiven, posttraumatischen Verstimmungszustand verbunden mit Leistungsabfall und Somatisierungstendenzen. Verminderung der Heiratsaussichten und der Ausübung von Hobby und Sport, Beeinflussung der Sexualität. Klägerin musste nach Bluttransfusion zeitweise HIV-Infektion befürchten. Mit weiteren Unfallfolgen ist zu rechnen.	OLG Frankfurt/M. 4. Mai 1994

b) Ansprüche von Angehörigen

Führt die Unfallverletzung zum Tod, stehen den Hinterbliebenen eigene Schadenersatzansprüche zu. Hierzu zählen vor allen Dingen die Beerdigungskosten und Unterhaltsansprüche.

Ein Schmerzensgeld können die Hinterbliebenen als mittelbar Geschädigte in der Regel nicht geltend machen. Ausnahmsweise kann ein Schmerzensgeld zugestanden werden, wenn das unmittelbare Miterleben des Unfalls zu nachhaltigen seelischen Störungen geführt hat.

Bei Verletzung oder Tötung einer **Hausfrau** richtet sich die Entschädigung danach, ob und in welchem Umfang eine Hilfskraft verpflichtet werden muss. Die Höhe der Ersatzleistung wird von vielen Faktoren bestimmt, wie beispielsweise Zahl der Familienmitglieder, Vorhandensein betreuungsbedürftiger Kinder, Umfang der anfallenden Arbeiten.

4.3.3 Leistungsfreiheit im Innenverhältnis

Die Nichterfüllung der Rechtspflichten bzw. Obliegenheiten aus dem Versicherungsvertrag kann im Innenverhältnis, also im Verhältnis des VN (bzw. der mitversicherten Personen) zum VR, zum teilweisen oder vollständigen Verlust des Versicherungsschutzes (Deckungsanspruches) aus der Kfz-Haftpflichtversicherung führen.

Gegenüber dem geschädigten Dritten kann der VR jedoch eintrittspflichtig sein (vgl. C 2.2). Inwieweit der VR daraufhin zum Regress berechtigt ist, ist in D 3.3.1 dargestellt.

a) Verstoß gegen eine Rechtspflicht

Beispiel:

Dem VN wurde für die Zulassung seines Kraftfahrzeuges eine Versicherungsbestätigung ausgehändigt. Bei dieser Gelegenheit wurde auch der Antrag für den Abschluss der notwenigen Kfz-Haftpflichtversicherung (sog. Hauptvertrag) aufgenommen. Die im VVG vorgesehen Informationspflichten wurden dabei erfüllt.

Eine Woche später erhält der VN neben der Aufforderung zur Zahlung der Erstprämie den Versicherungsschein, der einen auffälligen Hinweis zu den Rechtsfolgen bei Nichtzahlung oder verspäteter Zahlung der Prämie trägt. Der VN versäumt schuldhaft, die Prämie innerhalb der vorgesehenen Frist zu zahlen.

Hat der VN die nicht rechtzeitige Zahlung zu vertreten, **tritt der vorläufige Versicherungsschutz** nach den AKB 2008 **rückwirkend außer Kraft.** Es besteht dann von Anfang an kein Versicherungsschutz (siehe auch C 3.3.2). AKB 2008 B.2.5

Gegenüber einer mitversicherten Person (z. B. einem berechtigten Fahrer) bleibt der VR im Innenverhältnis leistungspflichtig, soweit die mitversicherte Person die Umstände für die Leistungsfreiheit nicht zu vertreten hat und sie ihr weder bekannt noch grob fahrlässig nicht bekannt waren. VVG § 123 AKB 2008 F.3

b) Verstoß gegen eine vertragliche Obliegenheit

Grundsätzlich gilt nach dem VVG bei Verletzung einer vertraglichen Obliegenheit: VVG § 28 (2) – (4)

- Bei **vorsätzlicher Obliegenheitsverletzung** ist der VR von der Verpflichtung zur Leistung frei.

  Eine **Ausnahme** gilt für den Bereich der **Kfz-Haftpflichtversicherung** bei Verletzung einer **Obliegenheit im Versicherungsfall** (siehe weiter unten).

- Bei **grob fahrlässiger Obliegenheitsverletzung** ist der VR berechtigt, seine Leistung in einem der Schwere des Verschuldens des VN entsprechenden Verhältnis zu kürzen.

  Nach § 28 (3) VVG und auch nach D.3.2 AKB 2008 bleibt die Leistungspflicht allerdings bestehen, wenn die Pflichtverletzung weder für den Eintritt des Versicherungsfalls noch für den Umfang der Leistungspflicht ursächlich ist.

  Für den Bereich der **Kfz-Haftpflichtversicherung** gelten weiterhin bestimmte Beschränkungen der Leistungsfreiheit (vgl. weiter unten).

- **Einfache Fahrlässigkeit** berechtigt nicht zur Leistungskürzung.

Weitere Einzelheiten, die bei einer Obliegenheitsverletzung **vor** bzw. **im** Versicherungsfall nach dem VVG, der KfzPflVV und den AKB 2008 zu beachten sind, sind in den nachstehenden Ausführungen an entsprechender Stelle berücksichtigt.

➤ Verstoß gegen eine Obliegenheit vor dem Versicherungsfall (Verletzung einer Pflicht beim Gebrauch des Fahrzeuges)

Zu den Obliegenheiten, die vor Eintritt des Versicherungsfalles zu erfüllen sind, sei auch auf die Ausführungen in C 4.2.5.2 hingewiesen.

Beispiel:
Der VN hat Übungsfahrten eines Freundes im öffentlichen Verkehrsraum zur Vorbereitung auf die Fahrprüfung zugelassen. Dabei kommt es zu einem Unfall mit schwerer Gesundheitsschädigung eines Dritten. Der VR wird den Schaden des Dritten decken und dann bei dem VN und dem Fahrer Regress im Rahmen seiner Leistungsfreiheit (bis max. 5 000,00 € sowohl beim VN als auch beim Fahrer) nehmen.

AKB D.1.4

Das Verhalten stellt einen Verstoß gegen die Führerscheinklausel dar. Die Obliegenheitsverletzung ist als grob fahrlässig verschuldet und die Schädigung als kausal anzusehen, sodass den VN und auch den Fahrer die Folgen dieser Obliegenheitsverletzung treffen.

In diesem Zusammenhang ist für die Kfz-Haftpflichtversicherung nach den AKB 2008 i. V. m. der KfzPflVV jedoch zu beachten:

AKB 2008 D.3.4 KfzPflVV § 5 (2)

1. Gegenüber dem VN, dem Halter oder dem Eigentümer ist der VR bei Verletzung der Schwarzfahrerklausel, der Führerscheinklausel und der Trunkenheitsklausel nur dann von der Leistungspflicht befreit, wenn der VN, der Halter oder der Eigentümer die Obliegenheitsverletzung selbst begangen oder schuldhaft ermöglicht hat.

AKB 2008 D.3.3 KfzPflVV § 5 (3)

2. Bei **Gefahrerhöhung** (die Rechtsfolgen sind grundsätzlich im VVG geregelt) oder Verletzung der vorgenannten **vertraglichen Obliegenheiten,** die vor **Eintritt des Versicherungsfalles** zu erfüllen sind, ist die Leistungsfreiheit in der Kfz-Haftpflichtversicherung gegenüber dem VN und den mitversicherten Personen **auf den Betrag von höchstens je 5 000,00** € beschränkt.
   Die Beschränkung auf 5 000,00 € gilt nicht für die Schwarzfahrt, wenn der Fahrer das Fahrzeug durch eine strafbare Handlung (z. B. Diebstahl) erworben hat.

Da der VR in der Regel dem geschädigten Dritten gegenüber leistungspflichtig ist (vgl. C 2.2), wird er den Betrag, bis zu dem er im Innenverhältnis leistungsfrei ist im Wege des Rückgriffs (**Regress**, vgl. D 3.3.1) zurückverlangen.

Verstoß gegen eine Obliegenheit im Versicherungsfall

Beispiel:
Nach einem verschuldeten Unfall begeht der Versicherte Fahrerflucht, um sich einer Bestrafung zu entziehen. Aufgrund von Zeugenbeobachtungen kann er ermittelt und zur Verantwortung gezogen werden.

Bei Verletzung von Obliegenheiten im Versicherungsfall richtet sich der Umfang der Leistungsfreiheit im Innenverhältnis nach den Bestimmungen der AKB 2008 in Verbindung mit der KfzPflVV.

AKB 2008 E.7 E.7.3 E.7.4 KfzPflVV § 6

Die Leistungsfreiheit ist in der Kfz-Haftpflichtversicherung auf 2500,00 € begrenzt, wenn die vertragliche Obliegenheit **vorsätzlich** oder **grob fahrlässig** verletzt wurde. Sie erhöht sich auf 5000,00 €, wenn die **Aufklärungspflicht** (z.B. durch Unfallflucht) oder **Schadenminderungspflicht** (z.B. durch unterlassene Hilfeleistung) vorsätzlich und besonders schwerwiegend verletzt wird.

Bei einem vorsätzlichen Verstoß gegen die Aufklärungspflicht durch **falsche Angaben** kann der VR nur dann Leistungsfreiheit geltend machen, wenn er den Versicherten hierauf ausdrücklich, z.B. durch hervorgehobenen Druck auf dem Formular für die Schadenanzeige, hingewiesen hat.

VVG § 28 (4)

Der VR bleibt bei grob fahrlässiger Verletzung einer Obliegenheit insoweit leistungspflichtig, als die Verletzung weder Einfluss auf die Feststellung des Versicherungsfalles noch auf die Feststellung oder den Umfang der dem VR obliegenden Leistung gehabt hat **(Kausalitätsprinzip).**

§ 28 (3)

Wird die Obliegenheitsverletzung in der Absicht begangen, sich einen rechtswidrigen Vermögensvorteil zu verschaffen, ist die Leistungsfreiheit insoweit unbeschränkt. Dies gilt auch für den erlangten Mehrbetrag aufgrund einer rechtskräftigen gerichtlichen Entscheidung, wenn diese wegen der vorsätzlichen oder grob fahrlässigen Obliegenheitsverletzung auf falschen Voraussetzungen beruht.

AKB 2008 E.7.5

Hinweis: Regress des Kfz-Haftpflichtversicherers

Der Regress in der Kraftfahrzeug-Haftpflichtversicherung ist in Abschnitt D 3.3.1 im Zusammenhang mit dem Übergang von Ersatzansprüchen dargestellt.

Zusammenfassung und Übersicht

Der Versicherungsfall in der Kfz-Haftpflichtversicherung

Obliegenheiten im Versicherungsfall

- **Anzeigepflichten**
  - Schadenanzeige
  - Polizeiliche und gerichtliche Maßnahmen
  - Haftungsverlangen des Geschädigten
  - Zivilrechtliche Maßnahmen des Geschädigten
- **Aufklärungs- und Schadenminderungspflicht**

Leistungen an den Geschädigten

- **Sachschäden**
  technischer Totalschaden:
  - Wiederbeschaffungswert

  wirtschaftlicher Totalschaden:
  - Regulierungskosten bis 130 % des Wiederbeschaffungswertes, ansonsten Wiederbeschaffungswert

  unechter Totalschaden:
  - Entschädigung auf Neuwagenbasis

  Reparatur:
  - Reparaturkosten einschl. MwSt

  keine Reparatur:
  - ermittelte Reparaturkosten ohne MwSt
- **Folgekosten**
  - Mietwagenkosten oder Nutzungsausfall
  - sonstige Kosten (z.B. Abschleppkosten)
- **Personenschäden**
  Ansprüche des Verletzten:
  - Kosten der Heilbehandlung
  - Kosten vermehrter Bedürfnisse
  - Verdienstausfall
  - Schmerzensgeld

  Ansprüche von Angehörigen:
  - Beerdigungskosten
  - Unterhaltsansprüche

	Rechtspflichten aus dem Vertrag	Pflichten beim Gebrauch des Fahrzeugs		Obliegenheiten im Versicherungsfall	
Rechtsfolgen der Verletzung von:	durch VN	durch VN	durch Versicherten	durch grobe Fahrlässigkeit	vorsätzlich od. schwerwiegend
	VR ist gegenüber dem VN: leistungsfrei	VR ist gegenüber dem VN: beschränkt leistungsfrei	Deckungsanspruch des VN bleibt unberührt	Leistungsfreiheit im Innenverhältnis: bis 2 500 €	Leistungsfreiheit im Innenverhältnis: bis 5 000 €
	dem Mitversicherten aber ggf. deckungspflichtig	dem Mitversicherten aber ggf. deckungspflichtig			
Direktanspruch des Geschädigten:	Gegenüber dem geschädigten Dritten bleibt der Versicherer nach den Vorschriften zum Schutze des Verkehrsopfers leistungspflichtig.				
Regress des VR (vgl. D 3.3.1):	in unbegrenzter Höhe gegen VN	bis 5 000 €	bis 5 000 €	bis 2 500 €	bis 5 000 €

Lernkontrollen zu C 4

Rechtsgrundlagen für den Schadenersatz

1 Sie sind Mitarbeiter in der Kraftfahrt-Schadenabteilung der Proximus Versicherung AG und erhalten des folgende Schreiben Ihres VN Heribert Herten:

> Sehr geehrte Damen und Herren,
>
> Sie haben meinen Auffahrunfall mit 350,00 € reguliert und bieten mir an, Ihren Schadenaufwand zu ersetzen, damit mein Vertrag weiter als schadenfrei geführt werden kann und ich nicht im kommenden Jahr zurückgestuft werde.
>
> Hierzu möchte ich bemerken, dass der Auffahrunfall ohne mein Verschulden entstanden ist. Bereits in meiner Schadenmeldung habe ich darauf hingewiesen, dass meine Bremsen durch eine technische Störung versagt haben. Unmittelbar vor dem Auffahrunfall bin ich in ein Schlagloch geraten und dabei ist die Bremsleitung angerissen, ohne dass ich dies bemerkt habe. Als ich dann vor einem Kreuzungsbereich anhalten musste, konnte ich das Fahrzeug trotz Sicherheitsabstands zum Vordermann nicht mehr vollständig abbremsen.
>
> Bei dieser Sachlage halte ich die Rückstufung mangels eigenen Verschuldens nicht für angemessen.
>
> Ich bitte daher, den Vertrag in der bisherigen Schadenfreiheitsklasse fortzuführen.
>
> Mit freundlichen Grüßen
>
> *Heribert Herten*

- **Arbeitsauftrag**
  Erläutern Sie dem VN die Rechtsgrundlage für den Schadenersatz und nehmen Sie zu seinem Begehren Stellung.

2 Stellen Sie fest, ob und ggf. aufgrund welcher Rechtsgrundlage der Geschädigte Schadenersatz verlangen kann.

a) A muss verkehrsbedingt stark abbremsen. Da die Straße nass und glitschig ist, rutscht er auf das Fahrzeug des Vordermannes.

b) Z fährt mit mäßiger Geschwindigkeit und großer Umsicht über eine unbefestigte Straße. Durch die Erschütterungen des Fahrzeugs löst sich eine Auspuffschelle, die dann später auf freier Strecke abfällt und die Windschutzscheibe des nachfolgenden Fahrzeugs zerstört.

c) Frau S fährt vorschriftsmäßig auf ihrer rechten Fahrbahnseite. Ein entgegenkommendes Fahrzeug, das weder zugelassen noch versichert ist, gerät ins Schleudern, rammt das Fahrzeug der S und drückt dieses in einen Kleingarten.
Der Kleingartenbesitzer verlangt Schadenersatz von Frau S aus Betriebsgefahr.

d) A reißt das Lenkrad seines Fahrzeuges herum, als ein großer Hund plötzlich auf die Straße läuft. Sein Nachbar, den er aus Gefälligkeit mitgenommen hat, stößt mit dem Kopf gegen den Seitenholm und zieht sich eine Platzwunde zu, die ärztlich behandelt werden muss.

e) Wie Fall d), jedoch reißt A das Lenkrad nicht wegen eines Hundes, sondern eines Blitzes, der vor ihm in ein Fahrzeug einschlägt, herum.

f) Zwei junge Autofahrer A und B liefern sich auf einer innerstädtischen Straße ein »Privatrennen«. Sie geraten mit ihren Fahrzeugen aneinander, wodurch A die

Kontrolle verliert und gegen eine Hauswand fährt. Da gerade dieses Fahrzeug nicht versichert ist, möchte der Geschädigte von B den Schaden ersetzt bekommen.

g) Der Geschäftsmann Erwin Klein parkt seinen Anhänger mit Firmenaufschrift häufig zu Werbezwecken an verschiedenen Orten im Stadtgebiet. Kinder machen sich an dem Hänger, der auf einer leicht abschüssigen Straße steht, zu schaffen und lösen schließlich die Bremse. Der Anhänger rollt in den fließenden Verkehr und beschädigt das Auto der Frau Klement. Die Kinder können unerkannt entkommen.

h) Im dichten Nebel fahren 70 Fahrzeuge ineinander. Mehrere Beteiligte wenden ein, vorschriftsmäßig gefahren und auf den Vordermann geschoben worden zu sein.

Nehmen Sie auch zur Regulierungspraxis Stellung.

3 Auf einer schmalen Straße kommen sich zwei Fahrzeuge entgegen und berühren sich beim Vorbeifahren. Jeder der Beteiligten nimmt für sich in Anspruch, auf seiner Fahrbahnseite gefahren zu sein. Fahrspuren sind nicht erkennbar und Zeugen haben den Vorgang nicht beobachtet.

Wie ist die Rechtslage, wenn sich die Beteiligten gegenseitig in Anspruch nehmen?

Deckungsanspruch aus der Kfz-Haftpflichtversicherung

Abgrenzung zum Haftungsanspruch

4 Erläutern Sie an einem Beispiel

a) Haftungsanspruch,

b) Deckungsanspruch,

c) Direktanspruch.

5 Was versteht man unter dem Trennungsprinzip?

6 Ein Element der Kfz-Haftpflichversicherung wird auch als »passive Rechtsschutzversicherung« bezeichnet. Was ist damit gemeint?

Gebrauch des Fahrzeuges als Schadenursache

7 Entscheiden Sie, ob der Kfz-Haftpflichtversicherer für den Schaden zuständig ist (mit Begründung):

a) Herr X hat beim Ausladen sperriger Güter aus seinem Pkw das daneben abgestellte Fahrzeug des N beschädigt.

b) Herr B ist Autobastler. Durch unsachgemäße Ausführung von Schweißarbeiten am Kfz des Arbeitskollegen K gerät dieses in Brand. Die Hitzeeinwirkung beschädigt das in unmittelbarer Nähe abgestellte Fahrzeug des Arbeitskollegen A. A verlangt vom VR des K Schadenersatz.

c) Achtlos wird von der Beifahrerin ein Zigarettenrest aus dem Autofenster geworfen, während sie auf den Fahrer wartet. Die Glut setzt ein Waldstück in Brand.

d) Ein Autofahrer verlässt sein Fahrzeug, bemerkt aber nicht, dass die Handbremse nicht fest genug angezogen ist. Der Wagen setzt sich später in Bewegung und prallt gegen ein anderes Fahrzeug.

8 Sie sind Mitarbeiter/-in in der Kraftfahrt-Schadenabteilung der Proximus Versicherung AG und erhalten die folgende Schadenschilderung Ihrer Versicherungsnehmerin Karin Kleffmann:

> Sehr geehrte Damen und Herren,
>
> ich war meiner Nachbarin beim Einkauf von Mitnahmemöbeln mit meinem Kombi behilflich und dabei sind folgende Schäden passiert:
>
> Die Mitnahmemöbel haben wir gemeinsam verladen, konnten aber wegen der Überlänge eines Paketes den Kofferraumdeckel nicht mehr schließen, sondern nur mit einem Band befestigen.
>
> Auf dem Heimweg habe ich dann einen Traktor auf der Landstraße überholt und dabei so forsch Gas gegeben, dass ein Paket aus dem Fahrzeug rutschte. Ausgerechnet war es eine der Schranktüren und die Türverglasung wurde durch den Aufprall auf der Straße zertrümmert.
>
> Beim Entladen vor der Haustür bin ich dann mit einem der Pakete versehentlich gegen die Motorhaube eines anderen Autos gestoßen, die eine Beule davongetragen hat.
>
> Schließlich ist mir dann noch ein Paket im Hausflur aus der Hand gerutscht und die Treppe hinabgefallen. Die Wand und der Packungsinhalt wurden beschädigt.
>
> Bitte teilen Sie mir mit, ob meine Kfz-Haftpflichtversicherung für die entstandenen Schäden aufkommt.
>
> Mit freundlichen Grüßen
>
> *Karin Kleffmann*

● **Arbeitsauftrag**

Prüfen Sie den Deckungsanspruch und antworten Sie der Versicherungsnehmerin sachgerecht.

Art der gedeckten Schäden und versicherte Personen

9 Erklären Sie den Umfang des Versicherungsschutzes der Kfz-Haftpflichtversicherung nach AKB 2008

a) hinsichtlich des versicherten Personenkreises,

b) hinsichtlich der ersatzpflichtigen Schäden.

10 Infolge eines Verkehrsunfalles wird die Straßenbahn auf dem Weg zum Hauptbahnhof für ca. eine halbe Stunde an der Weiterfahrt gehindert. Dadurch verpasst ein Fahrgast den Zug. Er benutzt deshalb ein Taxi und möchte die Fahrtkosten von 150,00 € vom Unfallverursacher ersetzt haben.

a) Welche Schadenart liegt vor?

b) Hat der Unfallverursacher einen Deckungsanspruch gegen seinen VR und worin wird diese Deckung ggf. bestehen?

11 H fährt mit seinem PKW, für den eine Kfz-Haftpflichtversicherung besteht, in Urlaub. Er wird von seinem Bekannten B begleitet, der ihn beim Fahren ablöst. B verursacht grob fahrlässig einen Verkehrsunfall, bei dem H und ein anderer Autofahrer verletzt und beide Autos schwer beschädigt werden. Außerdem ist die Brille des H zerbrochen.

a) Mit welchen Schadenersatzansprüchen muss der Ersatzpflichtige rechnen?

b) Kann H Ansprüche gegenüber seinem eigenen Kfz-Haftpflichtversicherer wegen des erlittenen Personen- und Sachschadens stellen?

12 Sie sind Mitarbeiter/-in in einer Agentur der Proximus Versicherung AG und erhalten die folgende Schadenschilderung Ihres VN Arndt Kunold:

> Sehr geehrte Damen und Herren,
>
> auf dem Weg zu meiner Arbeitsstelle in Düsseldorf ist in einer lang gezogenen Kurve kurz vor der Josef-Kardinal-Frings-Brücke mein rechter Vorderreifen geplatzt. Ich konnte den Wagen nicht mehr abfangen und bin erst links und dann rechts gegen die Leitplanken in dieser Kurve geprallt.
>
> Mein Arbeitskollege, den ich täglich mit nach Düsseldorf nehme, wurde beim ersten Anprall gegen den Innenspiegel und beim zweiten Anprall gegen die Seitenscheibe geschleudert. Er hat eine Platzwunde davongetragen. Seine Brille ist zerbrochen und seine Kleidung durch die blutende Kopfwunde erheblich verschmutzt worden.
>
> Bitte teilen Sie mir vorab mit, ob meine Kfz-Haftpflichtversicherung für den Personenschaden und die Sachschäden meines Arbeitskollegen und auch für die beschädigten Leitplanken eintritt. Mein Kollege hat einen Arzt aufgesucht und will auch Schmerzensgeldansprüche stellen.
>
> Mit freundlichen Grüßen
>
> *Arndt Kunold*

- **Arbeitsauftrag**

  Prüfen Sie den Haftungs- und Deckungsanspruch und antworten Sie dem VN sachgerecht.

13 Otto Müller sieht seinen Nachbarn mit mehreren Einkaufstüten an der Bushaltestelle stehen. Er hält an, um ihn gefälligkeitshalber mitzunehmen. Auf dem Heimweg verursacht er durch Vorfahrtsverletzung einen Zusammenstoß. Diverse Artikel in den Einkaufstüten und die Brille des Nachbarn werden durch den Aufprall beschädigt.

Muss der Kfz-Haftpflichtversicherer von Otto Müller Schadenersatz für die beschädigten Sachen leisten?

Einschränkungen des Versicherungsschutzes

14 Welche Obliegenheiten sind in der Kfz-Haftpflichtversicherung vor dem Versicherungsfall zu beachten und wie wirkt sich ihre Verletzung ggf. aus?

15 Entscheiden Sie, ob in den folgenden Fällen für den Fahrer und ggf. für mitversicherte Personen uneingeschränkter Versicherungsschutz aus der Kfz-Haftpflichtversicherung besteht.

a) Mark-Alexander hat zwei Tage vor seinem Geburtstag die Führerscheinprüfung erfolgreich abgelegt. Am 18. Geburtstag soll er seinen Führerschein beim Straßenverkehrsamt abholen. Auf dem Weg zum Straßenverkehrsamt verursacht er mit dem Auto seines Vaters, das dieser ihm für die Abholung des Führerscheins geliehen hat, einen Auffahrunfall.

b) Wie wäre der Fall zu entscheiden, wenn Mark-Alexander den Wagen seines Vaters heimlich genommen hätte?

c) Wie wäre folgende Fallvariation zu entscheiden? Der immer großzügig gewesene Patenonkel von Mark-Alexander erscheint am 18. Geburtstag, um zu gratulieren. Als Geburtstagsgeschenk will er ihm einen Gebrauchtwagen kaufen. Beim Gebrauchtwagenhändler macht Mark-Alexander eine Probefahrt und es kommt zu einem Auffahrunfall. Der Führerschein ist noch nicht abgeholt, was weder der Patenonkel noch der Gebrauchtwagenhändler wissen.

d) Heinz Krause vermietet gelegentlich seinen Pkw an Arbeitskollegen, da er wegen eines Verkehrsvergehens seinen Führerschein vorübergehend entzogen bekommen hat. Ein Arbeitskollege verursacht schuldhaft einen Verkehrsunfall.

Abwicklung eines Versicherungsfalles

Obliegenheiten im Versicherungsfall

16 Welche Obliegenheiten hat der VN in der Kraftfahrtversicherung im Versicherungsfall zu beachten?

17 Der VN beschädigt mit seinem Fahrzeug beim Zurücksetzen aus einer Parklücke den neben ihm stehenden PKW. Geschätzter Sachschaden ca. 150,00 €.

a) Wie hat sich der VN zu verhalten, wenn der Geschädigte nicht anwesend ist?

b) Ist der VN verpflichtet, den Schaden seinem VR anzuzeigen, auch wenn er ihn selbst regulieren möchte?

c) Angenommen, der VN habe den Schaden selbst reguliert. Verzichtet er damit grundsätzlich auf eine Erstattung durch den VR?

Leistungen an den Geschädigten

18 Ein Kfz-Sachverständiger stellt als Zeitwert eines Fahrzeuges im Unfallzeitpunkt den Betrag von 5 000,00 € fest. Die Reparaturkosten sollen sich auf 5 500,00 € ohne MwSt belaufen.

a) Der VR möchte nur den Zeitwert erstatten, während der Geschädigte Ersatz in Höhe der geschätzten Reparaturkosten ohne Reparaturnachweis verlangt.

Wie ist die Rechtslage?

b) Angenommen, es würde sich bei der Reparatur herausstellen, dass der Schaden die geschätzten Reparaturkosten um 1 500,00 € übersteigt. Wer muss diesen Mehrbetrag bezahlen?

19 Was versteht man unter dem merkantilen Minderwert?

20 Unser VN stößt auf einer Kreuzung infolge Unachtsamkeit mit einem anderen Pkw der Mittelklasse zusammen. Das Fahrzeug des Geschädigten muss abgeschleppt werden. Der Sachverständige stellt einen wirtschaftlichen Totalschaden fest (Reparaturkosten 5 000,00 €, Zeitwert 3 000,00 €, Restwert 250,00 €) und setzt die Dauer für die Wiederbeschaffung eines gleichwertigen gebrauchten Fahrzeuges mit 7 Tagen an. Ein Personenschaden ist nicht entstanden.

Welche Ansprüche kann der Geschädigte gegenüber dem VR des Schädigers geltend machen?

21 Heinz Welter ist unverschuldet in einen Verkehrsunfall geraten und sein Wagen wurde erheblich beschädigt. Der Sachverständige ermittelt Reparaturkosten ohne Mehrwertsteuer in Höhe von 5 000,00 €.

Der Geschädigte ist unschlüssig, ob er

- den Wagen reparieren lassen soll,
- einen neuen Wagen kaufen soll,
- einen Gebrauchtwagen kaufen soll,
- auf Gutachtenbasis abrechnen soll.

Stellen Sie für die genannten Fälle fest, ob und inwieweit die Mehrwertsteuer bei der Entschädigungsberechnung zu berücksichtigen ist.

Leistungsfreiheit im Innenverhältnis

22 Ein Vater überlässt seinem Sohn, der zur Zeit die Fahrschule besucht, auf einer wenig befahrenen Landstraße das Steuer seines Autos. Durch eine ungeschickte Lenkbewegung rammt der Sohn eine entgegenkommende Luxuslimousine, wobei ein Sachschaden am fremden Fahrzeug in Höhe von 12 900,00 € entsteht.

a) Prüfen Sie, ob der Sohn als Fahrer Versicherungsschutz aus der KH-Versicherung genießt, wenn sich der Geschädigte direkt an diesen zwecks Schadenersatz wendet.

b) Hat der Vater Versicherungsschutz, wenn er als Halter in Anspruch genommen wird?

23 Herr Meier vermietet gelegentlich seinen Pkw. Der Pkw ist nur für Eigenverwendung versichert. Hat ein Mieter, der hiervon nichts weiß, Versicherungsschutz nach einem verschuldeten Unfall?

24 Sie sind in der Kraftfahrt-Schadenabteilung der Proximus Versicherung AG tätig. Ihnen liegt folgender Schadenbericht vor:

Der angestellte Kraftfahrer K war auf Weisung des Kraftfahrzeughalters H mit dessen Lkw wegen verölter Vorderbremsen auf dem Weg zur Werkstatt. Da K den Mangel kannte, hielt er einen besonders großen Sicherheitsabstand zu den vorausfahrenden Fahrzeugen. Auf einer leicht abschüssigen Straße musste der vorausfahrende Pkw-Fahrer C verkehrsbedingt bremsen. Trotz großem Sicherheitsabstand reichte der Bremsweg für K nicht aus und er fuhr auf das Fahrzeug des F, wodurch ein Sachschaden in Höhe von 3 150,00 € entstand. C erlitt ein Schleudertrauma und verlangt 300,00 € Schmerzensgeld sowie Erstattung der nachgewiesenen Arztkosten in Höhe von 145,00 €. Ein Insasse auf dem Rücksitz wurde erheblich verletzt und muss für mehrere Wochen in stationäre Behandlung. An Behandlungs- und Krankenhauskosten werden nach ersten Schätzungen 5 250,00 € anfallen.

Die Geschädigten haben ihre Ansprüche unmittelbar beim VR geltend gemacht und der VN hat im Zusammenwirken mit seinem angestellten Kraftfahrer den Schaden rechtzeitig gemeldet.

- **Arbeitsauftrag**

  Sie sollen prüfen, ob und inwieweit der VN und der angestellte Kraftfahrer einen Deckungsanspruch aus der Kfz-Haftpflichtversicherung haben.

5 Umfang des Versicherungsschutzes in der Kaskoversicherung

Die **Kaskoversicherung** ist eine Sparte der **Sachversicherung**, die dem VN finanziellen Schutz für Schadenfälle aufgrund der versicherten Gefahren bietet. Sie wird in der Form der **Teilkasko**versicherung und der **Vollkasko**versicherung angeboten. Im Gegensatz zur Kfz-Haftpflichtversicherung gibt es keine mitversicherten Personen, wie etwa den Fahrer, da sie vom Sachschaden nicht betroffen sind.

Die Kaskoversicherung kann aber als Versicherung für fremde Rechnung genommen sein. Das ist beispielsweise der Fall, wenn zur Sicherung einer Kauffinanzierung das Eigentum auf den Kreditgeber übertragen wurde (sog. **Sicherungsübereignung**) und der VN die Versicherung für Rechnung des Eigentümers abschließt. Dann kann der Kreditgeber bis zum Fortfall des Sicherungsrechts über die Rechte aus dem Versicherungsvertrag verfügen und insbesondere die Entschädigung annehmen, was ihm in einem vom VR ausgefertigten **Sicherungsschein** bestätigt wird.

5.1 Umfang der Versicherung

Die **Kaskoversicherung** bietet, je nach vereinbarter Vertragsform, Versicherungsschutz bei **Beschädigung, Zerstörung** oder **Verlust** des Fahrzeugs und der mitversicherten Teile infolge eines in der **Teilkaskoversicherung** oder **Vollkaskoversicherung** versicherten Ereignisses. AKB 2008 A.2.1.1

- **Beschädigung** bedeutet, dass das bisher vorhandene Maß an Unversehrtheit durch eine Einwirkung gemindert wurde.
- **Zerstörung** liegt vor, wenn die Beschädigung einen Grad erreicht hat, der eine Wiederherstellung oder Wiederbenutzung des Fahrzeuges ausschließt.
- **Verlust** bedeutet jede Art des Abhandenkommens, nicht jedoch das reine Verlieren im Sinne des allgemeinen Sprachgebrauches (z. B. Verlieren des Dachträgers).
- **Teile** des Fahrzeuges sind in der Regel alle Teile, die zur **serienmäßigen** Ausrüstung gehören und ohne die ein vollständiges Fahrzeug nicht vorhanden wäre.

a) Fahrzeug und mitversicherte Teile

Während das versicherte Fahrzeug im Versicherungsschein bezeichnet und damit unstrittig ist, mussten in den AKB 2008 eindeutige Regelungen zu den mitversicherten Teilen getroffen werden.

Grundsätzlich gilt hierbei:

- Sie müssen straßenverkehrsrechtlich zugelassen sein.
- Sie sind am Fahrzeug befestigt oder unter Verschluss verwahrt.

b) Fahrzeugteile und Fahrzeugzubehör

Ein **Fahrzeugteil** (z. B. Kotflügel) ist immer Stück eines Ganzen und deshalb nach den AKB 2008 in jedem Falle versichert.

Zubehör (z. B. ein Kotflügel-Schmutzfänger) ist immer ein zusätzliches Stück.

➤ Ohne Beitragszuschlag mitversicherte Teile

AKB 2008 A.2.1.2

Nach den AKB 2008 sind folgende Teile **ohne Beitragszuschlag** mitversichert:

- Werksseitig in das Fahrzeug eingebaute oder werksseitig mit diesem durch entsprechende Halterungen fest verbundene Teile, soweit es sich dabei nicht um Spezialaufbauten/-ausrüstungen handelt.
- Teile, die aufgrund gesetzlicher Bestimmungen mitgeführt werden müssen (z. B. Verbandskasten)
- Zubehör, dass der Pannenhilfe oder ausschließlich der Unfallaufnahme dient

➤ Bis 5 000,00 € ohne Beitragszuschlag mitversicherte Teile

A.2.1.3

Mitversichert **bis 5 000,00 € ohne Beitragszuschlag** sind:

- Spezialaufbauten (z. B. Ladeeinrichtungen) und Spezialausrüstungen (z. B. für Behinderte)
- nachträglich eingebaute oder durch entsprechende Halterungen fest verbundene Fahrzeug- und Zubehörteile

Durch entsprechende Vereinbarung kann ein höherer Betrag (sog. **Mehrwert**) versichert werden.

Übersteigt der Wert der vorgenannten Teile die Entschädigungsgrenze von 5 000,00 € verzichten viele VR in ihren AKB 2008 auf eine Kürzung der Entschädigung wegen **Unterversicherung,** wenn der Mehrwert nicht versichert wurde.

➤ Nicht versicherbare Gegenstände

Nicht versicherbar sind Teile, die nicht als Fahrzeug- oder Zubehörteile gelten (z. B. Reisegepäck, mobile Navigationsgeräte).

Hinweis:

Die AKB 2008 im Bedingungswerk 2 »Proximus Versicherung« enthalten noch eine Liste der mitversicherten Fahrzeug- und Zubehörteile. Viele VR verzichten bei ihren AKB 2008 auf diese Liste. Sie haben stattdessen die Bestimmungen zu den mitversicherten Fahrzeug- und Zubehörteilen in den Versicherungsbedingungen ausführlicher gestaltet:

Beispiel (aus den AKB 2008 eines Versicherers):

f) folgende außerhalb des Fahrzeugs unter Verschluss gehaltene Teile:

- ein zusätzlicher Satz Räder mit Winter- oder Sommerbereifung,
- Dach-/Heckständer, Hardtop, Schneeketten und Kindersitze,

...

5.1.1 Teilkasko

Übersicht

AKB 2008 A.2.2

Die Teilkasko umfasst folgende Gefahren bzw. Schäden:

- **Brand** und **Explosion**
- **Entwendung** (insbesondere Diebstahl, unbefugter Gebrauch durch betriebsfremde Personen), **Raub** und **Unterschlagung**
- **Einwirkung von Elementarereignissen** (Sturm, Hagel, Blitzschlag, Überschwemmung)
- **Zusammenstoß mit Tieren (Haarwild, Pferden, Rindern, Ziegen** und **Schafen)**
- **Glasbruch**
- **Kurzschlussschäden an der Verkabelung**
- **Marderbiss**

a) Brand

Als Brandursachen kommen in erster Linie Selbsterhitzung (z. B. Heißlaufen) mit anschließender Selbstentzündung und Kurzschluss in Betracht. Die Brandursache kann aber auch außerhalb des Fahrzeuges liegen. Versicherungsschutz ist dann gegeben, wenn das Fahrzeug von einem Feuer **mit Flammenbildung** erfasst oder unmittelbar durch seine Einwirkung beschädigt wird. Reine Seng- und Schmorschäden fallen nicht unter den Brandbegriff. A.2.2.1

b) Explosion

Denkbar ist die Explosion des Fahrzeugtanks, während eine Motorexplosion praktisch nicht vorkommen kann. Die Zertrümmerung des Motorgehäuses nach Abriss eines Pleuels infolge Lagerschadens stellt einen **Betriebsschaden** und keine Explosion dar. A.2.2.1

c) Entwendung

Entwendung liegt vor bei **Gewahrsamsbruch** und **Herstellung fremden Gewahrsams.** Hauptfälle sind der **Diebstahl** und der **unbefugte Gebrauch**. Die Ersatzpflicht des Versicherers tritt schon ein, wenn das Fahrzeug bzw. ein Fahrzeugteil beim Versuch des Diebstahls beschädigt wird. Der VN hat zu beweisen, dass die Beschädigung durch einen in der Teilkaskoversicherung gedeckten Diebstahlsversuch und nicht durch die nur in der Vollkaskoversicherung gedeckte mut- oder böswillige Handlung einer betriebsfremden Person entstanden ist. A.2.2.2

Exkurs: Beweis des Diebstahlschadens

Der Beweis, dass es sich um einen Diebstahlschaden handelt, ist manchmal schwer zu führen, wenn es keine Zeugen gibt. Der BGH hat deshalb ein **Zweistufenmodell** von Beweisregeln entwickelt: BGH 1995

In der **ersten Stufe** muss der VN nur Tatsachen darlegen, die nach der Lebenserfahrung allgemein auf einen Diebstahlschaden schließen lassen.

Beispiel:

Der VN sagt aus, dass er sein Fahrzeug vor dem Hotel, wo er übernachtet hat, am Abend verschlossen abgestellt hat. Am nächsten Morgen war es verschwunden und nicht mehr auffindbar. Den Fahrzeugschlüssel kann er vorweisen.

In der **zweiten Stufe** kann der VR jetzt Tatsachen beweisen, die die Merkmale der möglichen Vortäuschung einer Straftat durch den VN tragen. Dass der VN tatsächlich betrügen wollte, muss der VR nicht darlegen.

Beispiel:

Der VN kann den serienmäßigen Zweitschlüssel des Fahrzeugs nicht vorlegen, so dass auch angenommen werden darf, dass Fahrzeug sei mit Kenntnis des VN durch einen Dritten entfernt worden.

Jetzt muss der VN den Beweis dafür erbringen, dass tatsächlich ein Diebstahl vorliegt, um die Leistung des VR zu erhalten.

Der **unbefugte Gebrauch** des Fahrzeugs bedeutet eine **Schwarzfahrt**, d.h. eine Fahrt durch eine betriebsfremde Person, ohne dass sie hierzu berechtigt ist.

Hierzu zählt auch der **Gebrauchsdiebstahl**.

StGB § 248 b

Beispiel:

Ein aus Gefälligkeit mitgenommener Anhalter bemächtigt sich des Fahrzeugs und beschädigt dieses. Neben dem unbefugten Gebrauch durch eine betriebsfremde Person ist der Tatbestand des Gebrauchsdiebstahls erfüllt. Es besteht Versicherungsschutz, soweit der unbefugte Gebrauch nicht grob fahrlässig ermöglicht wurde (siehe weiter unten).

AKB 2008 A.2.2.2 S. 5

Es besteht jedoch auch **kein Versicherungsschutz**, wenn der Täter in einem **Näheverhältnis zu dem Verfügungsberechtigten** steht.

Beispiele:

- Der angestellte Chauffeur benutzt den Wagen für private Zwecke, obgleich ihm dies ausdrücklich verboten wurde. Es liegt zwar eine Schwarzfahrt vor. Der Chauffeur ist aber nicht als betriebsfremde Person anzusehen, sodass bei einer Beschädigung des Fahrzeuges kein Versicherungsschutz besteht. Der Halter trägt die Verantwortung dafür, dass er nur solche Personen an das Fahrzeug heranlässt, auf die er vertrauen kann.
- Der minderjährige Sohn des VN unternimmt nachts eine heimliche Spritztour, wobei das Fahrzeug beschädigt wird. Durch diesen Ausschluss verhindern die AKB 2008, dass der Schaden über die Teilkaskoversicherung abgerechnet werden kann.

d) Raub und Unterschlagung

- **Raub** ist Diebstahl mit Gewalt gegen eine Person oder unter Anwendung von Drohungen mit gegenwärtiger Gefahr für Leib oder Leben. StGB § 249
- **Unterschlagung** ist die rechtswidrige Zueignung einer fremden beweglichen Sache, die der Täter in Besitz oder Gewahrsam hat. § 246

Nicht versichert nach den AKB 2008 ist eine Unterschlagung AKB 2008 A.2.2.2

- durch den Käufer, der das Fahrzeug unter Eigentumsvorbehalt erworben hat,
- durch eine Person (z.B. Mieter), der das Fahrzeug zum Gebrauch überlassen wurde,
- durch eine Person (z.B. Vermittler), die das Fahrzeug für den Eigentümer veräußern soll.

Insoweit handelt es sich um eine **echte Risikoausschlussklausel.**

Beispiele:

Dem angestellten Fahrer wird das Fahrzeug für eine Urlaubsfahrt überlassen. Anstatt es zurückzugeben, täuscht er einen Diebstahl vor.

Der Verkäufer eines Autohauses verschwindet mit einem wertvollen Fahrzeug unter dem Vorwand, es einem interessierten Kunden vorführen zu wollen.

In beiden Fällen besteht kein Versicherungsschutz, da das Fahrzeug zum Gebrauch bzw. zur Veräußerung überlassen wurde.

Hätte der Verkäufer im zweiten Beispiel das Dienstverhältnis zum Autohaus nur begründet, um an das wertvolle Fahrzeug zu gelangen, läge Betrug vor. Betrug ist aber weder Entwendung noch Unterschlagung und daher nicht gedeckt.

Auch der **Trickdiebstahl** kann sich als nicht gedeckter Unterschlagungsschaden darstellen.

Beispiel:

An einer Tankstelle übergibt der VN einem Unbekannten den Schlüssel, nachdem dieser vorgetäuscht hat, das Fahrzeug würde im Rahmen einer Werbeaktion kostenlos gewaschen. Tatsächlich fährt der Unbekannte mit dem Fahrzeug davon.

Es liegt eine Entwendung nach AKB 2008 vor, da eine widerrechtliche Sachentziehung stattfindet. Dieser Trickdiebstahl ist jedoch nicht versichert, da der VN dem Unbekannten eine Gebrauchsmöglichkeit der in A. 2.2.2 S. 2 AKB 2008 genannten Art eingeräumt hat.

e) Einwirkung von Elementarereignissen

Versichert sind die Schäden durch **unmittelbare Einwirkung** von Sturm, Hagel, Blitzschlag oder Überschwemmung auf das Fahrzeug. Als Sturm gilt eine wetterbedingte Luftbewegung von mindestens Windstärke 8. Schäden, die dadurch entstehen, dass durch diese Naturgewalten Gegenstände auf oder gegen das Fahrzeug geworfen werden, sind eingeschlossen. Führt das **Verhalten des Fahrers** anlässlich der Naturgewalten zu einem Schaden, besteht jedoch **kein Versicherungsschutz.** A.2.2.3

Beispiele:

- Ein morscher Baum wird vom Sturm umgerissen und stürzt auf ein vorbeifahrendes Auto. Es besteht Versicherungsschutz, da eine unmittelbare adäquate Verursachung durch die Naturgewalt Sturm vorliegt. Dass der Baum morsch war, ist unerheblich, da es ausschließlich auf die unmittelbare Einwirkung des Sturmes ankommt.
- Würde der Fahrer gegen den gerade vom Sturm umgeworfenen Baum fahren statt auszuweichen, beruht der Schaden auf dem nicht versicherten Verhalten des Fahrers. Das gilt jedoch nicht, wenn der Baum so plötzlich vor das Fahrzeug geworfen wird, dass es nicht mehr abgebremst werden kann. Hier ist unmittelbare Sturmeinwirkung anzunehmen.

f) Zusammenstoß mit Tieren (Haarwild, Pferden, Rindern, Ziegen und Schafen)

AKB 2008 A.2.2.4

Voraussetzung für den Versicherungsschutz nach AKB 2008 ist, dass sich das Fahrzeug beim Zusammenstoß mit den genannten Tieren noch **in Bewegung** befindet. Schäden, die bei einem geglückten Brems- oder Ausweichmanöver entstehen (z. B. Schleudern, Abkommen von der Fahrbahn), werden danach nicht ersetzt.

BGH 1991

Nach einem Urteil des BGH im Zusammenhang mit einem Haarwildunfall können Schäden durch Ausweichen als Rettungsaufwand jedoch gedeckt sein, wenn der Zusammenstoß unmittelbar bevorstand. Die Leistungspflicht wird damit begründet, dass die Rettungspflicht des kaskoversicherten Autofahrers zur Minderung des Schadens nach § 82 VVG bereits bei drohendem Zusammenstoß mit dem Haarwild entsteht und nicht erst nach dem Zusammenstoß einsetzt (sog. **Vorerstreckungstheorie**). Diese Vorerstreckungstheorie gilt seit der VVG-Reform gem. § 90 VVG jetzt für die gesamte Schadenversicherung. Um dem Missbrauch vorzubeugen, stellt die Rechtsprechung strenge Anforderungen an den Ersatz des Rettungsaufwandes.

g) Bruchschäden an der Verglasung des Fahrzeuges

AKB 2008 A.2.2.5

Bruchschäden an der Verglasung sind gedeckt, auch wenn sie durch einen Betriebs- oder Bremsschaden entstanden sind. Ein Kratzer ist kein Bruchschaden. Bei einem Reparaturschaden werden neben dem reinen Glaspreis die Einbaukosten ersetzt, nicht aber etwaige Reinigungskosten.

h) Kurzschlussschäden an der Verkabelung

A.2.2.6

Kabelschäden sind in der Regel Schmorschäden, d. h., es findet ein Zersetzungsprozess infolge Wärmeeinwirkung statt, ohne dass es zur Flammenbildung kommt. Solche Schäden sind mitversichert, soweit sie durch Kurzschluss entstanden sind. Der Versicherungsschutz erstreckt sich nicht auf angrenzende Aggregate (z. B. Lichtmaschine, elektronische Steuergeräte).

i) Schäden durch Marderbiss

A.2.2.7

Der Versicherungsschutz umfasst die durch Marderbiss unmittelbar verursachten Schäden an den Kabeln, Schläuchen und Leitungen.
Folgeschäden aller Art, insbesondere weitergehende Schäden am Fahrzeug selbst, sind vom Versicherungsschutz ausgeschlossen.

5.1.2 Vollkasko

Übersicht AKB 2008 A.2.3

Die Vollkasko umfasst
● alle versicherten **Gefahren und Schäden der Teilkasko,**
● die **Unfallgefahr,**
● **mut- oder böswillige Handlungen** betriebsfremder Personen.

a) Unfallgefahr

Ein **Unfall** im Sinne der Vollversicherung setzt ein **unmittelbar von außen plötzlich** mit **mechanischer Gewalt** einwirkendes Ereignis auf das Fahrzeug voraus.

»**Unmittelbar**« bedeutet, dass das Schadenereignis eine direkte Einwirkung auf das Fahrzeug selbst hat.

Beispiele:

- Ein Stein schleudert gegen den Kühler eines Fahrzeuges und beschädigt diesen. Hier liegt Unmittelbarkeit vor.
- Wird der Kühler anschließend nicht sorgfältig repariert und entsteht infolge des allmählichen Wasserverlustes ein Motorschaden, besteht kein Versicherungsschutz. Die Reparatur ist zwar eine Folge des Unfallereignisses, der Motorschaden steht aber nicht mehr in ursächlichem Zusammenhang mit dem Unfallereignis.

Um Unklarheiten vorzubeugen, nennen die AKB 2008 eine Reihe von Ereignissen, die nicht unter den Versicherungsschutz fallen. A.2.3.2

Beispiele:

- Schäden zwischen ziehendem und gezogenen Fahrzeug
- Schäden aufgrund eines Brems- oder Betriebsvorganges
- Schäden am Fahrzeug durch rutschende Ladung

»**Von außen**« stellt an sich im Rahmen der Definition klar, dass Schäden aufgrund innerer Betriebsvorgänge nicht Gegenstand der Versicherung sind.

Verunfallt das Fahrzeug infolge eines vorausgegangenen Betriebsschadens, kann der Unfallschaden versichert sein.

Beispiel:

Versagt beim Fahrzeugbetrieb die Lenkung (z. B. nach Abriss eines Lenkhebels), liegt noch keine Einwirkung von außen, sondern ein Bruch- bzw. Betriebsschaden vor.

Steuert das Fahrzeug jetzt wegen der defekten Lenkung gegen ein Hindernis, wirkt dieses unmittelbar von außen ein. Galt das Fahrzeug vor dem Unfall als betriebsfähig, besteht Deckungspflicht, mit Ausnahme des Schadens an der Lenkung.

»**Mechanische Gewalt**« wirkt bei Aufprall oder Zusammenstoß. Gerät ein Fahrzeug beim Abbremsen ins Schleudern und stürzt um, ist der auf das Fahrzeug einwirkende Boden als mechanische Gewalt anzusehen. Der Begriff »mechanisch« schließt elektrische und chemische Einwirkung aus.

b) Mut- oder böswillige Handlungen betriebsfremder Personen

AKB 2008 A.2.3.3 Sie beruhen auf Vorsatz, wobei die Beschädigung das wesentliche Motiv des Handelns darstellt.

Beispiel:
In den Fahrzeugtank wird Zucker eingefüllt, der zur Beschädigung des Kraftstoff- und Einspritzsystems führt.

Stellt die Tat nur einen dummen Streich dar, ist sie **mutwillig**. Empfindet der Täter dabei heimliche Freude, ist sie **böswillig**. In beiden Fällen besteht Versicherungsschutz.

Wurde die Tat beispielsweise von einem angestellten Fahrer begangen, um den Arbeitgeber zu schädigen, besteht kein Versicherungsschutz, da der angestellte Fahrer zum Betrieb des Kfz befugt ist.

A.2.19.4 Die Zerstörung oder Beschädigung der **Bereifung** wird nur ersetzt, wenn sie durch ein Ereignis erfolgt, das gleichzeitig auch andere versicherungsschutzpflichtige Schäden an dem Fahrzeug verursacht hat. Verschleiß und Abnutzung sind in keinem Falle gedeckt.

Beispiel:
Ein Fahrzeug wird mutwillig zerkratzt und die Bereifung zerstochen.

Der Reifenschaden ist in diesem Falle versichert, da man das böswillige Verhalten des Schuldigen als einheitliche Handlung betrachten muss. Wären nur die Reifen zerstochen worden, bestünde kein Versicherungsschutz.

Im Rahmen einer speziellen Reifen- und Räderversicherung können Pkw-Reifen insbesondere gegen mutwillige Zerstörung sowie die Räder gegen Diebstahl versichert werden. Verschleiß und Abnutzung sind auch hier nicht gedeckt.

5.2 Ersatzleistung

5.2.1 Obliegenheiten im Versicherungsfall

E.1 Auch für die Kaskoversicherung gelten die bereits in C 4.3.1 betrachtete Anzeige-, Aufklärungs- und Schadenminderungspflicht.

- Entwendungs- und Brandschäden sowie Wildschäden, die den Betrag von 250,00 € übersteigen, sind der Polizeibehörde unverzüglich anzuzeigen.

Zusätzlich sind für den Bereich der **Kaskoversicherung** zu beachten:

E.3.1
- Die Entwendung eines Fahrzeugs ist dem VR unverzüglich in **Schriftform** anzuzeigen. Die Schadenanzeige muss vom VN unterschrieben sein.

E.3.2
- Vor Beginn der Verwertung oder Reparatur ist die Weisung des VR einzuholen, soweit die Umstände es gestatten.
- Soweit zumutbar, ist die Weisung des VR zu befolgen.

5.2.2 Selbstbeteiligung

In der Kaskoversicherung kann eine Selbstbeteiligung pro Schadensfall vereinbart werden, die je nach gewählter Höhe zu einer entsprechenden Beitragsersparnis führt.

Der Tarif für PKW in Eigenverwendung im Bedingungswerk 2 »Proximus Versicherung« kennt folgende Varianten:

- Vollkasko mit wahlweiser Selbstbeteiligung von 150 €, 300 €, 500 €, 1 000 € einschließlich Teilkasko ohne Selbstbeteiligung
- Vollkasko mit wahlweiser Selbstbeteiligung von 150 €, 300 €, 500 €, 1 000 € einschließlich Teilkasko mit 150 € Selbstbeteiligung
- Vollkasko und Teilkasko mit wahlweise jeweils 500 €, 1 000 €, 2 500 €, 5 000 € Selbstbeteiligung.

Bei einer Beitragserhöhung infolge Erhöhung des Tarifbeitrages kann der VN in der Fahrzeugversicherung verlangen, dass der Versicherungsvertrag zukünftig mit einer Selbstbeteiligung bzw. erhöhter Selbstbeteiligung fortgeführt wird, wodurch er die Beitragserhöhung ganz bzw. teilweise auffangen kann. AKB 2008 G.2.8 S. 2

Im Schadensfall ist hinsichtlich der Selbstbeteiligung zu differenzieren, ob es sich um einen ersatzpflichtigen Schaden aus der Teilkasko- oder Vollkaskoversicherung handelt.

Beispiel:
Der VN hat Vollkasko mit 500,00 € Selbstbeteiligung vereinbart. Für die Teilkasko im Rahmen der Vollkaskoversicherung gilt der Selbstbehalt von 150,00 €.

Beruht der Schaden auf einer versicherten Gefahr der Teilkasko, ersetzt der VR den über 150,00 € Selbstbeteiligung hinausgehenden Schaden, ansonsten den über 500,00 € Selbstbeteiligung hinausgehenden Schaden.

Beispiel:
Die Reparaturkosten für ein beschädigtes Fahrzeug belaufen sich auf 2 500,00 €. Beruht die Beschädigung z. B. auf einer unmittelbaren Sturmeinwirkung (versicherte Gefahr in der Teilkaskoversicherung), ersetzt der VR 2 350,00 € (2 500,00 € abzüglich 150,00 € bedingungsgemäß vorgesehene Selbstbeteiligung). Liegt z. B. mutwillige Beschädigung vor (versicherte Gefahr in der Vollkaskoversicherung), ersetzt der VR 2 000,00 € (2 500,00 € abzüglich 500,00 € vereinbarte Selbstbeteiligung).

5.2.3 Leistung bei Totalschaden, Zerstörung oder Verlust des Fahrzeuges

- **Totalschaden** liegt vor, wenn die erforderlichen Reparaturkosten den Wiederbeschaffungswert des Fahrzeuges übersteigen. A.2.7.2
- **Wiederbeschaffungswert** ist der Preis, den der VN am Tag des Schadenereignisses für ein gleichwertiges gebrauchtes Fahrzeug bezahlen müsste. A.2.7.3
- **Restwert** ist der Veräußerungswert des Fahrzeuges im beschädigten oder zerstörten Zustand. A.2.7.4

➤ Wiederbeschaffungswert und Leistungsobergrenze

AKB 2008 A.2.7.1 Bei Totalschaden, Zerstörung oder Verlust gewährt der VR als **Höchstentschädigung** den Wiederbeschaffungswert unter Abzug eines vorhandenen Restwertes.

> ► Wiederbeschaffungswert ist der Preis, den der VN am Tag des Schadenereignisses bezahlen muss für ein **gleichwertiges gebrauchtes Fahrzeug.**

A.2.14 **Leistungsobergrenze** ist in jedem Falle der vom Hersteller unverbindlich empfohlene **Preis am Tage des Schadenereignisses.**

➤ Neupreisentschädigung nach den AKB 2008 im Bedingungswerk 2 »Proximus Versicherung«

A.2.10 Bei Pkw erstattet der VR den Neupreis des Fahrzeuges, wenn

- der Schaden in den ersten 6 Monaten nach Erstzulassung des Fahrzeuges eingetreten ist,
- sich das Fahrzeug bei Eintritt des Versicherungsfalles im Eigentum dessen befindet, der es als Neufahrzeug unmittelbar vom Kfz-Händler oder -hersteller erworben hat und
- die erforderlichen Kosten der Wiederherstellung 80 % des Neupreises erreichen oder übersteigen.

Manche VR kennen in ihren AKB 2008 die sog. **Reinvestitionsklausel,** wonach die Differenz zwischen Wiederbeschaffungswert (bzw. Wiederherstellungskosten) und Neupreis nur gezahlt wird, wenn der VN die Wiederbeschaffung (bzw. Wiederherstellung) innerhalb eines fest bestimmten Zeitraumes nachweist.

➤ Rest- und Altteile, Mehrwertsteuer, Selbstbeteiligung

A.2.16.2 **Rest- und Altteile** verbleiben dem VN. Sie werden zum **Veräußerungswert** auf die Ersatzleistung angerechnet.

A.2.15 Eine vereinbarte **Selbstbeteiligung** in der Teil- oder Vollkasko wird von der ermittelten Entschädigung abgezogen.

Beispiel:

Bei Schneeglätte verliert Herr Winter auf einer abschüssigen Straße die Kontrolle über sein Fahrzeug und fährt den Abhang hinunter. Der Wagen bleibt mit Totalschaden liegen.

Lt. Gutachten beträgt der Wiederbeschaffungswert 12 500,00 € einschließlich Mehrwertsteuer. Die noch verwertbaren Rest- und Altteile werden mit 2 000,00 € beziffert.

Herr Winter hat eine Vollkaskoversicherung mit 1 000,00 € Selbstbeteiligung.

Es ergibt sich folgende Entschädigungsberechnung, wenn Herr Winter das Fahrzeug wiederbeschafft:

Wiederbeschaffungswert	12 500,00 €
abzüglich Wert der Rest- und Altteile	2 000,00 €
abzüglich Selbstbeteiligung	1 000,00 €
Ersatzleistung	9 500,00 €

Wird auf Gutachtenbasis abgerechnet, das Fahrzeug also nicht wiederbeschafft, ersetzt der VR die im Wiederbeschaffungswert enthaltene **Mehrwertsteuer** nicht. Zum Ersatz der Mehrwertsteuer, vgl. C 4.3.2.1 b).

➤ Besonderheiten bei der Diebstahlentschädigung

Bei einem **Entwendungsschaden** muss der VN das Fahrzeug wieder zurücknehmen, wenn es innerhalb eines Monats nach Eingang der Schadenanzeige aufgefunden wird. Danach geht es in das Eigentum des Versicherers über. AKB 2008 A.2.13.1 A.2.13.3

Der VR ersetzt:

- Kosten der Fahrzeugabholung, wenn das Fahrzeug in mehr als 50 Kilometer Entfernung von seinem regelmäßigen Standort aufgefunden wird, in Höhe einer Bahnfahrkarte 2. Klasse (Hin- und Rückfahrt) vom regelmäßigen Standort zum Fundort, maximal bis zu einer Höchstentfernung des Fundortes von 1 500 Bahnkilometern. A.2.13.2
- Schäden am Fahrzeug im Rahmen der Ersatzleistung für beschädigte Fahrzeuge.

Manche VR haben die Erstattung der Kosten einer Eisenbahnfahrkarte zum Fundort aus ihren AKB gestrichen.

Im Falle der Entwendung wird die Entschädigung nicht vor Ablauf der Frist von einem Monat, ansonsten innerhalb zweier Wochen nach ihrer Feststellung gezahlt. A.2.17.4 A.2.17.1

Im Totalschadensfall (Wagniswegfall) gebührt dem VR nur der auf die Zeit des Versicherungsschutzes entfallende anteilige Beitrag. G.8

Besonderheit: GAP-Versicherung bei Leasingfahrzeugen

Bei Totalschaden oder Diebstahl eines PKW ersetzt der VR, wie aufgezeigt, den Wiederbeschaffungswert als oberste Leistungsgrenze. Für Halter von Leasingfahrzeugen kann sich eine Lücke (engl. gap) bei dieser Deckung ergeben, da nach dem Leasingvertrag in den genannten Fällen der Leasingrestbetrag fällig ist. Dieser ist in den ersten zwei Jahren regelmäßig höher als der Wiederbeschaffungswert, da Fahrzeuge besonders in der ersten beiden Jahren an Wert verlieren.

Der Leasingrestbetrag ist die Summe aus ausstehenden abgezinsten Leasingraten, anteiliger Restrate, abgezinstem Leasingrestwert und noch nicht verbrauchter Mietvorauszahlung. Für die Berechnung werden marktübliche Zinsen zugrunde gelegt. A.2.8.2

Beispiel:

Anschaffungswert des Fahrzeuges	35 000,00 €
Laufzeit des Leasingvertrages	36 Monate
Restwert	15 000,00 €
monatliche Rate	739,90 €
Vereinbarte Selbstbeteiligung im Rahmen der Fahrzeugversicherung	500,00 €

Totalschaden im Laufe des 14. Monats

Ausstehende Raten abgezinst	15 455,02 €
+ abgezinster Restwert	13 441,20 €
= Leasing-Restbetrag	28 896,22 €
– Verkaufserlös des Fahrzeugs lt. Gutachten	3 000,00 €
– Wiederbeschaffungswert als Leistungsobergrenze	19 250,00 €
– vereinbarte Selbstbeteiligung bei der Fahrzeugversicherung	500,00 €
= Lücke (GAP) in der Deckung	6 146,22 €

AKB 2008 A.2.8 Diese Lücke wird bei Leasing-Pkw durch die GAP-Versicherung nach AKB 2008 geschlossen werden.

5.2.4 Leistung bei Beschädigung des Fahrzeuges

A.2.9.1 Bei Beschädigung des Fahrzeuges ersetzt der VR die **erforderlichen Kosten** für die Reparatur, wobei Rest- und Altteile zum Veräußerungswert auf die Ersatzleistung angerechnet werden.

Bis zum Nachweis der vollständigen Reparatur in einer Fachwerkstatt beschränkt sich die Höchstentschädigung auf die Differenz zwischen Wiederbeschaffungswert und Restwert.

Im Einzelnen gilt:

- A.2.9.1 a Wird das Fahrzeug vollständig und fachgerecht repariert, zahlt der VR gegen Vorlage der Rechnung die Kosten bis zur Höhe des Wiederbeschaffungswertes.
- A.2.9.1 b Wird das Fahrzeug nicht, nicht vollständig oder nicht fachgerecht repariert, zahlt der VR die erforderlichen Kosten einer Reparatur auf Basis von regionalen Stundenverrechnungssätzen. Obergrenze ist der Wiederbeschaffungswert abzüglich des Restwerts.
- A.2.9.2 Unter bestimmten Voraussetzungen übernimmt der VR auch die Abschleppkosten zur nächsten geeigneten Werkstatt. Gezahlte Abschleppkosten werden bei der Ermittlung der Obergrenze für die Gesamtentschädigung mit berücksichtigt.
- A.2.9.3 Bei Pkw wird kein Abzug »neu für alt« vorgenommen.
  Bei den übrigen Fahrzeugen wird ab dem vierten Jahr nach der Erstzulassung von den Kosten neuer **Ersatzteile** und den Kosten für die **Lackierung** ein dem Alter und der Abnutzung entsprechender **Abzug »neu für alt«** gemacht.
- Mehrwertsteuer wird nur erstattet, soweit sie tatsächlich angefallen ist.
  Zum Ersatz der Mehrwersteuer und der Problematik der anrechenbaren Mehrwertsteuer aufgrund der Händlerspanne vgl. Ausführungen in C 4.3.2.1 b.

Beispiel:

Herr Dengler hatte einen selbst verschuldeten Unfall und bittet um Schadenersatz aus seiner Vollkaskoversicherung mit 1 000,00 € Selbstbeteiligung. Der vom VR beauftragte Sachverständige stellt fest:

Wiederbeschaffungswert eines gleichwertigen Gebrauchtfahrzeuges ohne MwSt	9700,00 €
Mehrwertsteueranteil auf Händlerspanne (geschätzt)	700,00 €
Wiederbeschaffungswert einschl. MwSt-Anteil	9700,00 €
Restwert	4000,00 €
Reparaturkosten (einschl. MwSt)	8330,00 €
Mehrwertsteueranteil	1330,00 €

Da die Reparaturkosten den Wiederbeschaffungswert nicht übersteigen, lohnt die Reparatur.

Im Falle der Reparatur durch eine Fachwerkstatt werden entschädigt:

Reparaturkosten	8330,00 €
abzüglich Selbstbeteiligung	1000,00 €
Ersatzleistung	7330,00 €
Bis zum Nachweis der Reparatur würde nur entschädigt:	
Wiederbeschaffungswert ohne MwSt	9000,00 €
abzüglich Restwert	4000,00 €
abzüglich Selbstbeteiligung	1000,00 €
Ersatzleistung	4000,00 €

Nicht ersetzt werden Wertminderungen, Nutzungsausfall, Kosten eines Ersatzwagens, Überführungs- und Zulassungskosten, Veränderungen, Verbesserungen, Verschleißreparaturen, wohl aber durch Rechnung nachgewiesene Entsorgungs- und Verbringungskosten. AKB 2008 A.2.9.1 c

Hinweis: Entschädigungsberechnungen in der Kaskoversicherung

Die Entschädigungsberechnung zur Kaskoversicherung und ihre Besonderheiten sind in den Abschnitten D 2.5.4 und D 2.5.5 dargestellt.

5.2.5 Entschädigung für mitversicherte Teile

Bei Beschädigung, Zerstörung und Verlust von mitversicherten Teilen gelten die gleichen Entschädigungsregeln wie bei Beschädigung, Zerstörung und Verlust des versicherten Fahrzeugs. Es ist jedoch zu beachten, dass ggf. die Entschädigungsgrenze von 5 000,00 € zur Anwendung gelangt (vgl. C 5.1). A.2.21

5.2.6 Nicht ersatzpflichtige Schäden

a) Vorsatz und grobe Fahrlässigkeit

VVG § 81

Die Kaskoversicherung deckt auch solche Schäden nicht, die durch **Vorsatz** herbeigeführt worden sind. Beruht der Versicherungsfall auf einem grob fahrlässigem Verhalten, ist der VR berechtigt, seine Leistung in einem der Schwere des Verschuldens entsprechenden Verhältnis zu kürzen (**Quotelung**).

Beispiel:

(1) Der VN nähert sich einer Ampel, die bereits Gelb zeigt. Obwohl er sein Fahrzeug noch problemlos abbremsen und zum Stillstand bringen könnte, entschließt er sich, den Kreuzungsbereich bei inzwischen roter Ampel zu überfahren. Das Verhalten ist vorsätzlich und der VR ist leistungsfrei, wenn es dadurch zu einem Verkehrsunfall kommt.

(2) Der VN fährt bei Nebel mit nicht angepasster Geschwindigkeit. Kommt es dabei zu einem Unfall, wird der VR den Schaden am Fahrzeug des VN nur teilweise ersetzen.

► **Grobe Fahrlässigkeit** ist nach der Rechtsprechung gegeben,

- wenn die im Verkehr erforderliche Sorgfalt in besonders schwerem Maße verletzt wird;
- wenn schon einfachste nahe liegende Überlegungen nicht angestellt werden und Maßnahmen nicht ergriffen werden, die jedem einleuchten müssen.

Die grobe Fahrlässigkeit erfordert einmal einen Verstoß gegen die im Verkehr erforderliche Sorgfalt, wobei der Verstoß **objektiv** über ein normales Maß hinausgehen muss. Schließlich muss noch die **subjektive** Vorwerfbarkeit hinzutreten.

Beispiel:

Ein VN überholt trotz Überholverbots in einer Kurve, um schneller ans Ziel zu gelangen. Dabei stößt er mit einem entgegenkommenden Fahrzeug zusammen.

Der Überholvorgang im Überholverbot ist **objektiv** ein Verstoß, der über das normale Maß hinausgeht, und auch **subjektiv** vorwerfbar, da er bewusst erfolgte.

Nachstehend ist eine **Auswahl von Fällen** wiedergegeben, in denen die Rechtsprechung **grobe Fahrlässigkeit** bejaht.

Leichtfertiges Fahren:

- Anzünden einer Zigarette am Steuer während der Fahrt
- Rauchen am Steuer
- Aufheben einer herabgefallenen Zigarette während der Fahrt
- Überhöhte Geschwindigkeit auf Autobahnen
- Beibehaltung einer Geschwindigkeit von 120 km/h bei Nebel
- Überholen einer Fahrzeugkolonne mit hoher Geschwindigkeit
- Einschlafen am Steuer infolge Übermüdung
- Überfahren einer roten Ampel

Mangelnde Sicherung des Fahrzeuges:

- Zündschlüssel im Handschuhfach
- Verlassen des Fahrzeuges ohne Abschließen der Tür
- Keine Verriegelung der Ausstellfenster
- Steckenlassen des Zündschlüssels in einer Sammelgarage

Alkohol am Steuer:

- Blutalkoholkonzentration von 1,1 ‰ oder mehr

Liegt der Blutalkoholgehalt zwischen 0,8 und 1,1 ‰, ergeben sich Folgen für den VN, wenn der VR nachweisen kann, dass der VN das Fahrzeug gelenkt und die Alkoholisierung für den Schaden ursächlich war.

Hat nicht der VN, sondern ein Dritter das Fahrzeug gelenkt und sich vorsätzlich oder grob fahrlässig verhalten, muss sich der VN dieses Verhalten nur dann zurechnen lassen, wenn er als sein **Repräsentant** zu gelten hat.
Als Repräsentant gilt eine Person, wenn sie aufgrund eines Vertretungs- oder ähnlichen Verhältnisses für den VN handelt und dabei dessen Rechte und Pflichten wahrnimmt.

Besonderheit: Verzicht auf den Einwand der groben Fahrlässigkeit in der Kaskoversicherung

Die AKB 2008 einiger Kfz-Haftpflichtversicherer sehen vor, dass die Herbeiführung des Versicherungsfalls durch grobe Fahrlässiglkeit gedeckt ist; denn es ist für viele VN häufig nicht einsichtig, warum ihr grob fahrlässiges Verhalten nicht von ihrer Kfz-Haftpflichtversicherung, wohl aber von ihrer Kaskoversicherung durch Leistungskürzung geahndet wird.

Der Verzicht auf eine Leistungskürzung bei grober Fahrlässigkeit gilt nicht

- bei einer Fahrt mit Alkohol oder anderen berauschenden Mitteln,
- bei grob fahrlässiger Herbeiführung der Entwendung des Fahrzeugs oder seiner Teile.

Auch im Bedingungswerk 2 »Proximus Versicherung« findet sich der dargestellte Verzicht auf den Einwand der groben Fahrlässigkeit. AKB 2008 A.2.19.2

---

b) Weitere Ausschlüsse inder Kaskoversicherung

A.2.19.3 – A.2.19.6

Der Vollständigkeit halber seien erwähnt:

- **Rennen**

Im Gegensatz zur Kfz-Haftpflichtversicherung, die nur genehmigte Rennen ausschließt, gilt der Ausschluss für jede Art von Rennen (z. B. Privatrennen auf der Autobahn).

- **Reifenschäden**

Ausgeschlossen sind nur die **reinen Reifenschäden** infolge Beschädigung und Zerstörung. Steht die Reifenbeschädigung bzw. -zerstörung jedoch im Zusammenhang mit einem anderen versicherten Ereignis der Kaskoversicherung, besteht Versicherungsschutz (vgl. C 5.1.2 b).

- **Erdbeben, Kriegsereignisse, innere Unruhen, Maßnahmen der Staatsgewalt**

- **Schäden durch Kernenergie**

5.3 Leistungserweiterungen durch Vereinbarung von KaskoPlus

5.3.1 Voraussetzungen für den Abschluss von KaskoPlus

AKB 2008 A.2.4.1 – A.2.4.3

Unter folgenden Voraussetzungen kann der Leistungsumfang einer Vollkasko- bzw. Teilkaskoversicherung durch Abschluss einer VollkaskoPlus bzw. TeilkaskoPlus erweitert werden:

- Die Versicherung bezieht sich auf einen Pkw.
- Für VollkaskoPlus muss der Vollkasko-Versicherungsvertrag mindestens in SF 5 eingestuft sein.
- Bestand bisher keine Kaskoversicherung oder eine Teilkaskoversicherung muss die Kfz-Haftpflichtversicherung mindestens in SF 5 eingestuft sein.
- Es darf im laufenden Kalenderjahr kein Kaskoschaden gemeldet sein, der zu einer Rückstufung in eine andere SF-Klasse führt.

5.3.2 Leistungserweiterungen durch TeilkaskoPlus

A.2.4.4 – A.2.4.8

Folgende Leistungserweiterungen werden geboten:

- Erhöhung der Entschädigungsgrenze auf 10 000,00 € für Spezialaufbauten/-ausrüstungen sowie nachträglich eingebaute bzw. durch Halterungen mit dem Fahrzeug verbundene Fahrzeug- und Zubehörteile
- Erweiterung der Elementarschadendeckung um Lawinen und Erdrutsch
- Ausdehnung auf den Zusammenstoß mit Tieren aller Art

  Lackierungskosten werden nur ersetzt, wenn bei dem Zusammenstoß auch andere Schäden am Fahrzeug entstanden sind.
- Folgeschäden aufgrund von Marderbiss bis 3 000,00 €
- Ausdehnung der Neupreisentschädigung von 6 auf 12 Monate nach Erstzulassung des Fahrzeugs
- Entsorgungskosten für das Fahrzeug, wenn ein Veräußerungswert nicht mehr zu erzielen ist
- Erstattung der Zulassungskosten für ein Ersatzfahrzeug, wenn zum Neupreis entschädigt wird und kein Versichererwechsel stattfindet

5.3.3 Leistungserweiterungen durch VollkaskoPlus

A.2.4.9 – A.2.4.11

VollkaskoPlus bietet die Leistungen von TeilkaskoPlus, ferner:

- Ersatz gegenseitiger Schäden beim ziehenden oder gezogenen Fahrzeug oder Anhänger ohne Einwirkung von außen
- Rabattschutz gem. I.3.6 AKB 2008

Lernkontrollen zu C 5

Umfang der Kaskoversicherung

1 Begründen Sie, warum die Kaskoversicherung im Rahmen der Kraftfahrtversicherung zur Sachversicherung und nicht zur Vermögensversicherung zählt.

2 Erläutern Sie

a) Beschädigung,

b) Zerstörung

und bilden Sie jeweils ein Beispiel.

Teilkasko

3 Welche Gefahren und welche Schäden sind Gegenstand der Teilkasko?

4 Prüfen Sie, ob das folgende Zubehör versichert ist, wenn der verschlossene Pkw aufgebrochen wurde. Verwenden Sie für die Lösung auch die den AKB 2008 beigefügte Liste der mitversicherten Fahrzeug- und Zubehörteile.

a) Autoradio b) Feuerlöscher c) Autotelefon

d) Autokarten e) Ersatzteile

5 Stellen Sie die Ersatzpflicht des Versicherers fest.

a) Das verschlossene Fahrzeug wurde entwendet und einige Tage später ohne Motor, Leichtmetallräder und die nachträglich montierte Kotflügelverbreiterung aufgefunden.

b) Durch Kurzschluss verschmort ein Kabelstrang. Auch der Bordcomputer muss ausgetauscht werden, da die Elektronik in Mitleidenschaft gezogen wurde.

c) Von der Bauschuttladung eines entgegenkommenden Lkw fliegt ein Stein in die Seitenscheibe. Die Reparaturwerkstatt stellt neben dem Preis der Scheibe die Einbaukosten und die Kosten für die Beseitigung der Glassplitter aus dem Fahrzeuginnenraum in Rechnung.

d) Ein Angestellter, der gerade von seinem Arbeitgeber die Kündigung zum Quartalsende erhalten hat, verbeult aus spontaner Verärgerung dessen Autodach.

e) Ein angestellter Kraftfahrer soll eine Ladung wertvoller Geräte der Unterhaltungselektronik transportieren. Er setzt sich mit dem Lkw und der gesamten Ladung ab.

f) Vom Sturm wurde ein Dachziegel gelöst, der in der Dachrinne hängen blieb. Am nächsten Tag wird dieser Ziegel durch einen heftigen Regen aus der Dachrinne gespült und fällt auf das geparkte Auto des VN.

g) Wegen schlechter Motorleistung gibt der VN seinen Pkw in die Werkstatt. Dort wird festgestellt, dass ein Kühlerwasserschlauch durch Marderbiss undicht geworden ist. Infolge des Wasserverlustes konnte der Motor überhitzen und die Zylinderkopfdichtung durchbrennen. Im Gegensatz zum Austausch des Kühlwasserschlauchs ist die Reparatur der Zylinderkopfdichtung aufwändig und kostenträchtig.

6 Sie sind Mitarbeiter/-in in einer Agentur der Proximus Versicherung AG. Ihr Kunde Heinz Garz besucht Sie, um den Versicherungsschutz aus seiner Teilkaskoversicherung überprüfen zu lassen.

Er berichtet, dass in seinen Pkw folgende Teile neu eingebaut wurden:

- Wertvolle Radioanlage mit DVD-Player 1 200,00 €
- Autotelefon 1 250,00 €

Ferner möchte er wissen, ob folgende, zur Serienausstattung zählende Teile versichert sind:

- Klimaanlage
- Katalysator
- Bordcomputer

Schließlich interessiert ihn noch, ob auch das Spezialwerkzeug, welches er sich gekauft hat, und der Handsender für sein elektrisches Garagentor versichert sind, wenn diese Teile aus dem Auto gestohlen werden.

- **Auszug aus dem Vertragsspiegel**

Fahrzeugdaten: Mercedes-Benz C 180, Herstellernummer 0708, Typschlüsselnummer 491

Versicherungsarten:

Kfz-Haftpflichtversicherung mit unbegrenzter Deckung

Teilkaskoversicherung mit 150,00 € Selbstbeteiligung

Besondere Vereinbarungen: keine

- **Arbeitsauftrag**

Beraten Sie den Kunden hinsichtlich des Versicherungsschutzes für die Sonderausstattungen und was er ggf. noch unternehmen muss, damit er im Versicherungsfall keine Enttäuschung erlebt.

7 Der VN lässt sich auf einem Rastplatz von einem Unbekannten, der sich für sein Auto interessiert, in ein Gespräch verwickeln. Der Zündschlüssel steckt auf dem Fahrzeug.

Besteht Versicherungsschutz in folgenden Fällen?

a) Plötzlich springt der Unbekannte in das Fahrzeug, startet den Wagen und braust davon.

b) Der VN bietet dem Unbekannten an, den Wagen einmal fahren zu dürfen. Noch während er um den Wagen herumgeht, um auf dem Beifahrersitz Platz zu nehmen, braust der Unbekannte davon.

c) Der VN sitzt auf dem Beifahrersitz, während der Unbekannte mit Willen des VN den Wagen steuert. Unterwegs wird der VN gezwungen, den Wagen zu verlassen.

8 Der VN hat sein Fahrzeug wegen einer Reifenpanne in eine ihm unbekannte Werkstatt gegeben. Dort wird der geregelte Katalysator gegen einen normalen Schalldämpfer ausgetauscht, was der VN erst Wochen später bemerkt. Der Werkstattinhaber ist zwischenzeitlich untergetaucht.

9 Der VN hat sein Fahrzeug unter Eigentumsvorbehalt veräußert, da der Käufer nur eine Anzahlung geleistet hat. Einige Tage später muss er feststellen, dass der Käufer falsche Papiere vorgelegt hat und wegen diverser Strafdelikte gesucht wird.

10 Frau Krull verlangt Schadenersatz wegen eines Wildschadens an ihrem Pkw. Unter welchen Voraussetzungen ist der VR nach AKB ersatzpflichtig?

11 Sie sind Mitarbeiter/-in in einer Agentur der Proximus Versicherung AG. Ihr VN Günter Kogge ruft an und schildert, dass er sein auf der Straße ordnungsgemäß geparktes Fahrzeug am frühen Morgen aufgebrochen vorgefunden habe.

Die Antenne wurde abmontiert und mitgenommen.

Der am Vorabend für eine Urlaubsreise auf dem Autodach montierte Skikoffer wurde ebenfalls abmontiert und samt Inhalt (Skier, Skischuhe) entwendet.

Mit einem spitzen Gegenstand ist die Fahrerseite auf der ganzen Länge zerkratzt und das Glas des Außenspiegels eingedrückt worden.

Herr Kogge möchte wissen, ob die Schäden gedeckt sind.

- **Auszug aus dem Vertragsspiegel**

Kfz-Haftpflichtversicherung mit 100 Mio. € Deckung

Teilkaskoversicherung mit 300,00 € Selbstbeteiligung

Besondere Vereinbarungen: keine

- **Arbeitsauftrag**

Schildern Sie dem VN, inwieweit die Schäden gedeckt sind.

Vollkasko

12 Welche Merkmale muss ein Unfall aufweisen, um im Rahmen der Vollkasko versichert zu sein?

13 Prüfen Sie, ob und inwieweit Versicherungsschutz in der Vollkasko besteht.

a) Herr Müller streift infolge einer kurzen Unaufmerksamkeit die Leitplanke.

b) Der Schalldämpfer eines Auspuffes löst sich während der Fahrt vom Auspuffrohr und beschädigt den Wagenunterboden erheblich.

c) Unbekannte besprühen das Fahrzeug mit einer Farbspraydose.

d) Ein Angetrunkener bricht die Autoantenne ab und zersticht einen Reifen.

e) Bei einer verkehrsbedingt notwendig gewordenen Vollbremsung werden Teile der Ladung in einem Kombi gegen das Armaturenbrett auf der Beifahrerseite geschleudert und zertrümmern die Verkleidung.

f) Beim Durchfahren einer Wasseransammlung, deren Tiefe der Fahrer unterschätzt hat, wird Wasser vom Motor über den Luftfilter angesaugt und gelangt in die Motorzylinder. Der Motor erleidet einen sog. Wasserschlag und muss ausgetauscht werden.

g) Die Motorhaube wurde bei der letzten Ölkontrolle versehentlich nicht richtig geschlossen und springt nun während der Fahrt auf. Sie schlägt gegen die Windschutzscheibe und wird zerbeult. Die Windschutzscheibe zeigt einen deutlichen Riss.

Ersatzleistung

14 Welche Entschädigungsregelung kennt die Vollkaskoversicherung

a) bei Zerstörung oder Verlust eines Pkw,

b) bei Beschädigung eines Pkw?

15 Was versteht man unter dem Abzug »neu für alt« und wann wird er vorgenommen?

16

Sie sind Mitarbeiter/-in in einer Agentur der Proximus Versicherung AG. Ein Mitarbeiter der Antragsabteilung hat während der Mittagspause den Anruf der Kundin Annette Kählich entgegengenommen und legt Ihnen die folgende Telefonnotiz vor:

Einbruch in das Fahrzeug der Versicherungsnehmerin

- Seitenscheibe eingeschlagen
- Autoradio entwendet
- Fahrersitz aufgeschlitzt
- Schaden wurde der Polizei gemeldet

Die Kundin bittet um Rückruf, ob der Schaden versichert ist und was sie bezüglich der Schadenregulierung unternehmen muss.

- **Auszug aus dem Vertragsspiegel**

Kfz-Haftpflichtversicherung mit gesetzlichen Deckungssummen

Teilkaskoversicherung mit 150,00 € Selbstbeteiligung

Versichertes Fahrzeug: Opel Corsa, Fahrzeugalter 5 Jahre

Besondere Vereinbarungen: keine

- **Arbeitsauftrag**

Stellen Sie stichwortartig zusammen, was Sie der Kundin bei Ihrem telefonischen Rückruf sagen werden.

17

Sie sind Mitarbeiter/-in in einer Agentur der Proximus Versicherung AG und nehmen am heutigen Tag, dem 15. Oktober d. J., den Anruf des Kunden Horst Gerlach entgegen.

Herr Gerlach hat vor kurzem angezeigt, dass sein Pkw gestohlen wurde. Da er dringend einen neuen Wagen braucht, hat er folgende Fragen zur Schadenregulierung:

- Wann wird die Entschädigung gezahlt und in welcher Höhe wird entschädigt?
- Was passiert, wenn ich mir jetzt einen neuen Wagen kaufe und dann das alte Fahrzeug wieder gefunden wird?
- Muss das alte Fahrzeug in jedem Falle zurückgenommen werden, wenn es aufgefunden wird, und wer trägt dann die Kosten der Abholung vom Fundort?

- **Auszug aus dem Vertragsspiegel**

Kfz-Haftpflichtversicherung mit 100 Mio. € Deckung

Teilkasko mit 150,00 € Selbstbeteiligung

Versichertes Fahrzeug: VW Golf VI, Erstzulassung am 12. Febr. des letzten Jahres

Gegen Beitragszuschlag versicherte Fahrzeugteile: keine

Anzeige des Fahrzeugdiebstahls am 09. Oktober d.J.

- **Arbeitsauftrag**

Beantworten Sie Herrn Gerlach die Fragen sachgerecht.

18 Sie sind Mitarbeiter/-in in einer Agentur der Proximus Versicherung AG und nehmen den Anruf von Frau Helga Grebert entgegen.

Frau Grebert berichtet, dass sie in der letzten Nacht auf der Landstraße kurz vor ihrem Wohnort mit einem Reh kollidiert sei. Das Tier sei plötzlich in ihrem Scheinwerferlicht aufgetaucht. Sie habe eine Vollbremsung gemacht, den Wagen aber nicht mehr vollständig abbremsen können. Nach dem Zusammenstoß habe sich das Reh in die Dunkelheit fortgeschleppt. Aus Angst sei sie nicht ausgestiegen, sondern habe ihren Ehemann geholt. Gemeinsam hätten sie dann das Gelände mit einer Taschenlampe abgesucht, das verletzte Tier aber nicht mehr gefunden.

Da der Kühlergrill ihres Fahrzeuges eingedrückt sei, möchte sie nun wissen, ob der Schaden ersetzt wird und was sie hierfür unternehmen muss.

- **Auszug aus dem Vertragsspiegel**

Kfz-Haftpflichtversicherung mit 100 Mio. € Deckung

Vollkasko mit 500,00 € Selbstbeteiligung einschließlich Teilkasko mit 150,00 € Selbstbeteiligung

- **Arbeitsauftrag**

Beraten Sie die Kundin sachgerecht.

Nicht ersatzpflichtige Schäden

19 Prüfen Sie, ob die Vollkaskoversicherung für die Fahrzeugbeschädigung aufkommt, wenn folgende Ereignisse zu einem Auffahrunfall führen.

a) Dem VN ist die Glut der Zigarette in den Schoß gefallen, sodass er einen Moment abgelenkt war.

b) Der VN sucht einen freien Parkplatz und übersieht daher, dass die Ampel auf Rot gewechselt hat.

c) Der VN beachtet spielende Kinder am Straßenrand und übersieht, dass der vorausfahrende Wagen abgebremst hat.

d) Der VN prallt auf der linken Fahrspur mit unverminderter Geschwindigkeit auf ein Fahrzeug auf, das aus einer Fahrzeugkolonne ausschert, die sich vor einer Autobahnausfahrt gebildet hat.

20 Nehmen Sie zum Versicherungsschutz aus der Vollkasko Stellung, wenn der VN Alkohol getrunken hat und in einen Unfall verwickelt wird.

6 Verkehrsserviceversicherung in Form des Autoschutzbriefes (AutoPlus)

Situation

Heinz Hellmann ist mit seiner Familie (Ehefrau Isolde, Kinder Nadja und Sven) im Auto mit angehängten Wohnwagen auf dem Wege nach Ungarn zu einem Campingurlaub. Am Abend des ersten Reisetages beschließt man, auf dem Parkplatz an einer ungarischen Landstraße im Wohnwagen zu übernachten.

Kurz nach Mitternacht hört Heinz Hellmann im Halbschlaf, wie Unbekannte seinen Wohnwagen aufbrechen. Um die Familie zu schützen, stellt er sich den Eindringlingen in den Weg. Diese stoßen den Familienvater jedoch rabiat beiseite, wobei Heinz Hellmann einen Leberriss erleidet. Dann verlangen sie die Herausgabe der Autoschlüssel und der Brieftasche, in dem sich neben dem Bargeld auch sämtliche Reisedokumente befinden. Sie kuppeln den Pkw der Familie vom Wohnwagen ab, ohne die elektrische Verbindung zwischen Auto und Wohnwagen zu lösen und brausen dann mit dem Pkw davon. Dabei wird der Stecker des Wohnwagenverbindungskabels abgerissen.

Für die Familie, die ihren geplanten Urlaub abbrechen muss, ergibt sich folgende Situation:

- Die Verletzung des Vaters muss voraussichtlich drei Wochen stationär behandelt werden.
- Aufgrund der Umstände und auch der Tatsache, dass der Wohnwagen nicht mehr mit Strom versorgt ist, müssen Frau Hellmann und die beiden Kinder für den Rest der Nacht in ein Hotel einquartiert werden. Neue Zahlungsmittel und auch die Reisedokumente müssen beschafft werden, ehe man die Heimreise antreten kann.
- Der Rücktransport des Wohnwagens zum Heimatort muss organisiert werden.
- Die ungarischen Behörden verlangen, dass der durch den Diebstahl nach Ungarn »importierte« Pkw verzollt wird.
- Frau Hellmann möchte ihren Gatten später gerne einmal im ungarischen Krankenhaus besuchen.

Vor Reiseantritt hat Herr Hellman seine Kfz-Versicherung um den Baustein »Autoschutzbrief« erweitert. Die Familie darf deshalb in der jetzigen Situation mit Serviceleistungen und Kostenersatz im Rahmen der Versicherungsbedingungen durch den Versicherer rechnen.

6.1 Versicherte Personen, versicherte Fahrzeuge und versicherte Ereignisse

Der Autoschutzbrief im Rahmen der Kfz-Versicherung ergänzt nicht nur die im Rahmen der Kaskoversicherung versicherten Leistungen bei Beschädigung, Zerstörung und Verlust des Fahrzeuges, sondern bietet den versicherten Personen darüber hinaus weitere **Ersatzleistungen** und **Serviceleistungen**, die bei Fahrten mit dem versicherten Fahrzeug oder für bestimmte versicherte Personen auf sonstigen Reisen entstehen können.

AKB 2008 A.3.3.1 Der Schutzbrief kann nur in Verbindung mit einer Haftpflichtversicherung für dasselbe Fahrzeug abgeschlossen werden, wobei nur PKW und bestimmte Fahrzeuge in Frage kommen.

Die in der Autoschutzbriefversicherung versicherten Personen und Fahrzeuge können aus der Übersicht entnommen werden.

Übersicht AKB 2008 A.3.2 A.3.3

Versicherungsschutz besteht für	
● den Versicherungsnehmer ● den berechtigten Fahrer ● den berechtigten Insassen ● bei sonstigen Reisen – für den VN, – dessen Ehe-/Lebenspartner in häuslicher Gemeinschaft, – deren minderjährige Kinder	● Pkw (in Eigenverwendung) ● Campingfahrzeuge/**bis 4 t Gesamtgewicht** ● Krafträder ● Leichtkrafträder/-roller (mehr als 80 km/h) ● Mitgeführte Wohnwagen-, Boots- und Gepäckanhänger

Die als **Versicherungsfall** geltenden Ereignisse müssen bei

- einem Unfall,
- einer Panne,
- einer Reise

eintreten, um die Leistungspflicht des VR auszulösen.

➤ Unfall

Die Merkmale des Unfallereignisses entsprechen denen in der Kaskoversicherung (vgl. C 5.1.2 a)), d. h. unter den Voraussetzungen, unter denen die Kaskoversicherung eintrittspflichtig wird, entsteht auch die Eintrittspflicht des VR im Rahmen der Autoschutzbriefversicherung. A.3.5.1

➤ Panne

Unter Panne wird jeder Brems-, Betriebs- oder Bruchschaden verstanden. A.3.5.1

Beispiele:

1. Durch eine undicht gewordene Bremsleitung ist Bremsflüssigkeit ausgetreten und der Bremsdruck verloren gegangen. Das Fahrzeug kann nicht mehr ordnungsgemäß abgebremst werden.
2. Während der Fahrt setzt der Motor infolge eines Defekts in der Motorelektronik aus.
3. Die Antriebswelle bricht bei einer Bergauffahrt infolge Materialermüdung.

Kommt es aufgrund des Brems-, Betriebs- oder Bruchschadens zu einem Unfall, würde auch Versicherungsschutz infolge des versicherten Ereignisses Unfall bestehen.

➤ Reise

Als Reise bezeichnen die Versicherungsbedingungen jede Abwesenheit vom ständigen Wohnsitz bis zu einer Höchstdauer von fortlaufend sechs Wochen, wobei als ständiger Wohnsitz der inländische Ort gilt, an dem der VN behördlich gemeldet ist und sich überwiegend aufhält. A.3.7.1

6.2 Leistungsumfang

Übersicht

Fahrzeug bezogene Leistungen	Reise bezogene Leistungen
• Wiederherstellung der Fahrbereitschaft • Abschleppen des Fahrzeugs nach Panne oder Unfall • Bergen des Fahrzeugs • Weiter- oder Rückfahrt bei Fahrzeugausfall • Übernachtung bei Fahrzeugausfall • Pick-Up-Service • Mietwagen bei Fahrzeugausfall • Hilfe bei Werkstattsuche • Ersatzteilversand • Fahrzeugtransport nach Fahrzeugausfall • Fahrzeugunterstellung nach Fahrzeugausfall oder Wiederauffinden bei Fahrzeugdiebstahl • Fahrzeugverzollung und -verschrottung • Fahrzeugschlüsselservice	**bei einer Reise mit dem Fahrzeug** • Fahrzeugabholung nach Fahrerausfall **bei einer Reise mit oder ohne Fahrzeug** • Ersatz von Reisedokumenten im Ausland • Ersatz von Zahlungsmitteln im Ausland • Vermittlung ärztlicher Betreuung im Ausland • Arzneimittelversand ins Ausland • Kosten für Krankenbesuch • Krankenrücktransport • Rückholung von Kindern • Heimtransport von Haustieren • Hilfe bei Todesfall im Ausland • Kostenerstattung bei Abbruch einer Auslandreise in bestimmten Fällen (z. B. Tod eines nahen Verwandten) • Benachrichtigungsservice • Reiserückrufservice • Hilfeleistung in besonderen Notfällen • bestimmte Telefonkosten

Die **Fahrzeug bezogene Leistung** setzt voraus, dass das Fahrzeug zum Einsatz gekommen sein muss, wenn der Versicherungsfall eintritt. Die Versicherungsbedingungen sprechen nämlich davon, dass infolge Panne oder Unfall die Fahrt nicht fortgesetzt werden kann. Alle anschließenden Leistungen (z. B. Übernachtung bei Fahrzeugausfall) bauen auf dieser Voraussetzung auf. Ein Versicherungsfall ist also nicht gegeben, wenn die Fahrt vom ständigen Wohnsitz aus angetreten werden soll und das Fahrzeug sich nicht starten lässt.

AKB 2008 A.3.7

Für eine **Reise bezogene Leistung** ist Voraussetzung, dass der Anspruchsteller sich auf einer Reise im Sinne der Versicherungsbedingungen befindet.

AKB 2008 A.3.4.1 A.3.4.2

Der Autoschutzbrief bietet, wie auch die übrigen Arten der Kfz-Versicherung, Versicherungsschutz in Europa und in der EU. Darüber hinaus besteht aber auch Versicherungsschutz in den außereuropäischen Ländern, für die der VR durch Ausstellung einer

Internationalen Versicherungskarte (Grüne Karte) den Versicherungsschutz in der Kfz-Haftpflichtversicherung bestätigt hat. Die **Ausland bezogenen Leistungen** werden also nur dann gewährt, wenn das Ereignis (Panne, Unfall, Reise) im vorbeschriebenen Geltungsbereich eingetreten ist.

Die Leistung selbst besteht, wie bereits eingangs festgestellt, im **Ersatz von Kosten** oder in einer **Serviceleistung**.

Dabei können bestimmte Voraussetzungen oder Leistungsbegrenzungen vorgesehen sein.

Beispiele:

- Für eine Pannen- und Unfallhilfe am Schadenort werden max. 100,00 € erstattet. A.3.5.2
- Das notwendige Abschleppen des Fahrzeuges nach Panne oder Unfall ist mit max. 150,00 € gedeckt. A.3.5.3
- Schadenbedingte Übernachtungskoten nach Fahrzeugpanne, -unfall oder -diebstahl werden für höchstens drei Nächte erstattet, wobei ein Höchstbetrag von 60,00 € je Übernachtung und Person gilt. A.3.6.2
- Der Krankenhausaufenthalt des VN muss länger als zwei Wochen sein, um Anspruch auf den Kostenersatz eines Krankenbesuches durch eine nahe stehende Person zu bekommen, wobei die Obergrenze 500,00 € je Schadenfall beträgt. A.3.7.4
- Das versicherte Ereignis muss mindestens 50 km Luftlinie vom ständigen Wohnsitz des VN entfernt eintreten (Ausnahme: Pannen- und Unfallhilfe am Schadenort, Bergen und Abschleppen des Fahrzeuges nach Panne oder Unfall), sofern es nicht schon von vorneherein auf das Ausland beschränkt ist. A.3.6

Die **Leistungen** aus dem Autoschutzbrief sind **nachrangig**, d.h. wenn der Schadenersatz von einem Dritten verlangt werden kann, geht diese Leistungsverpflichtung vor. A.3.11.1

Beispiel:

Durch die Schuld eines anderen Verkehrsteilnehmers wird das Fahrzeug des VN im Ausland derart beschädigt, dass es nicht mehr fahrbereit ist. Der VN nimmt einen Mietwagen und kann die Kosten vom Unfallverursacher ersetzt verlangen.

Meldet der VN den Schaden bei seinem Autoschutzbrief-VR an, ist dieser allerdings vorleistungspflichtig. A.3.11.2

Neben den üblichen **Ausschlüssen** in der Kfz-Versicherung sind noch folgende **Ereignisse,** die für den Schadenfall ursächlich sein müssen, vom Versicherungsschutz **ausgeschlossen:** A.3.9 A.3.7 S. 2

- Erkrankung, die innerhalb von 6 Wochen vor Beginn der Reise mit dem versicherten Fahrzeug erstmalig oder zum wiederholten Male auftritt. A.3.7 S. 2
- Der Schadenort liegt weniger als 50 km vom ständigen Wohnsitz des VN (ausgenommen hiervon bleiben Pannen- und Unfallhilfe sowie Bergen und Abschleppen nach diesen Ereignissen). A.3.7 S. 1

Lernkontrollen zu C 6

Verkehrsserviceversicherung

1 Prüfen Sie mit Hilfe der AKB 2008 im Bedingungswerk 2 »Proximus Versicherung«, ob und ggf. bis zu welcher Höhe eine Leistung aus dem Autoschutzbrief erbracht wird.

a) Der VN bleibt mit defekter Wasserpumpe auf einer belgischen Autobahn liegen. Der Pannenservice stellt 120,00 € an Reparaturkosten und 150,00 € für die neue Wasserpumpe in Rechnung.

b) Das Fahrzeug des VN hatte in Rom/Italien einen Motorschaden erlitten. Da die Reparaturdauer wegen der Ersatzbeschaffung mit einer Woche angesetzt wurde, ist der VN mit seiner Ehefrau per Flugzeug nach Hamburg an den ständigen Wohnsitz zurückgekehrt. Für die Abholung des Wagens hat er abermals ein Flugticket gebucht. An Taxikosten vom und zum jeweiligen Flughafen sind vier Mal ca. 60,00 € an Kosten angefallen.

c) Dem in Berlin wohnenden VN ist beim Umsteigen im Hauptbahnhof Frankfurt/Main die Brieftasche mit Bargeld und allen Reisedokumenten gestohlen worden.

d) Dem VN ist das Fahrzeug in Polen gestohlen worden. Bei seiner Rückkehr macht er aus diesem Grund die Kosten für einen Mietwagen in Höhe von 450,00 € und zwei Übernachtungen in einem Hotel (70,00 € pro Nacht) geltend.

e) Die Lichtmaschine im Fahrzeug des VN hat ihren Dienst versagt. Da das Ersatzteil im Urlaubsland nicht zur Verfügung steht, wird es aus Deutschland angefordert. Es entstehen nicht unbeträchtliche Versandkosten.

2 Die Ehefrau des VN Dieter Hellmich ruft aus Griechenland an und berichtet, dass ihr Ehemann am Urlaubsort schwer erkrankt ist. Er sei momentan nicht transportfähig und müsse voraussichtlich zunächst für vier Wochen in einem Athener Krankenhaus stationär behandelt werden, ehe an einen evtl. Rücktransport nach Deutschland zur Weiterbehandlung gedacht werden könne. Sie selbst sei nicht in der Lage, das Wohnmobil nach Deutschland zurück zu führen. Wegen des kritischen Zustandes möchte sie zunächst bei ihrem Mann bleiben. Aus diesem Grunde müsse auch die 5-jährige Tochter sowie der Familienhund Barko durch Dritte nach Deutschland zurück gebracht werden.

Frau Hellmich möchte wissen, welche Kostenerstattungen bzw. Leistungen aus dem Autoschutzbrief erbracht werden.

Arbeitsauftrag

Beschreiben Sie der Ehefrau des VN die in diesem Zusammenhang versicherten Leistungen und Leistungsgrenzen sachgerecht.

3 Der VN hat seine Fahrzeugschlüssel bei einer Dienstreise in Spanien verloren und seinen Autoversicherer um Hilfe bei der Ersatzbeschaffung gebeten. Da er bis zum Eintreffen der Autoschlüssel auf ein Fahrzeug angewiesen ist, hat er bei einer Autovermietung einen Pkw angemietet.

Er will wissen, ob die Kosten für den Ersatzschlüssel und den Versand sowie die Mietwagenkosten aus dem Autoschutzbrief gedeckt sind.

7 Kfz-Unfallversicherung

7.1 Gegenstand der Versicherung

Die Versicherung bezieht sich auf **Unfälle,** die in **unmittelbarem Zusammenhang** mit dem **Gebrauch des Fahrzeuges** oder eines damit verbundenen **Anhängers** stehen. Zum Fahrzeuggebrauch gehört nicht nur der Betrieb sondern auch z. B. das Ein- und Aussteigen (vgl. C 4.2.2). AKB 2008 A.4.1.1

»Ein Unfall liegt vor, wenn der Versicherte durch ein plötzlich von außen auf seinen Körper wirkendes Ereignis (Unfallereignis) unfreiwillig eine Gesundheitsschädigung erleidet.« A.4.1.2

Der **Unfallbegriff** in den AKB 2008 stimmt mit dem Unfallbegriff in den AUB 2008 überein (vgl. Band 2, D 7.3).

In Angleichung an die AUB 2008 fallen nach den AKB 2008 auch A.4.1.3

- Verrenkungen eines Gelenkes,
- Zerrungen und Zerreißungen von Muskeln, Sehnen, Bändern oder Kapseln

unter den Versicherungsschutz, wenn sie durch eine erhöhte Kraftanstrengung des Versicherten hervorgerufen wurden.

► Die Kfz-Haftpflichtversicherer sind bestrebt, die Bedingungen zur Kfz-Unfallversicherung jeweils anzupassen, wenn die AUB eine Änderung erfahren, damit die Unfallversicherung einheitlich gehandhabt wird.

Die **Leistung des Versicherers** richtet sich nach den Versicherungssummen, die im Vertrag A.4.4

- für den Invaliditätsfall,
- als Krankenhaustagegeld mit Genesungsgeld,
- für den Fall des Todes

vereinbart sind.

Die AKB kennen darüber hinaus noch ein Krankenhaustagegeld bei Unfällen mit angelegtem Sicherheitsgurt (sog. Gurtgeld); siehe hierzu C 7.2.2 c) A.4.7.5

7.2 Versicherungsarten und versicherbare Leistungen

AKB 2008 A.4.2.1 A.5

Übersicht: Arten der Kfz-Unfallversicherung

- Insassenversicherung nach dem Pauschalsystem
- FahrerPlus-Versicherung
- InsassenPlus-Versicherung*

* Die Regelungen zur InsassenPlus-Versicherung sind im Bedingungswerk 2 »Proximus Versicherung« nicht abgedruckt.

Gegenstand der nachstehenden Betrachtung ist die **Insassenversicherung nach dem Pauschalsystem**.

7.2.1 Insassenversicherung nach dem Pauschalsystem

a) Wesen des Pauschalsystems

A.4.2.1 A.4.2.2 Bei dieser Vertragsform ist für jede Leistungsart eine VS vereinbart. Im Versicherungsfall wird die jeweilige VS durch die Anzahl der sich im Fahrzeug befindenden Personen geteilt. Haben sich zwei und mehr Insassen im Fahrzeug befunden, werden die vereinbarten Versicherungssummen zuvor um 50 % erhöht.

Beispiel:

Im Fahrzeug befinden sich 2 Insassen.

Versicherte Leistungen	Versicherungssumme €	50 % Erhöhung €	Erhöhte VS €	Summe pro Insasse €
Tod	30 000,00	15 000,00	45 000,00	22 500,00
Invalidität	60 000,00	30 000,00	90 000,00	45 000,00
KHT*	60,00	30,00	90,00	45,00

* Krankenhaustagegeld

Befindet sich nur eine Person im Fahrzeug, entfällt auf sie die zu den jeweiligen Leistungsarten vereinbarte VS.

b) Versicherte Personen

A.4.2.1 A.4.2.3 In der Insassenversicherung sind alle berechtigten Insassen des im Versicherungsvertrag bezeichneten Fahrzeugs versichert, ausgenommen Berufsfahrer. Berechtigte Insassen sind Personen, die sich mit Wissen und Willen der über die Verwendung des Fahrzeugs Verfügungsberechtigten in oder auf dem versicherten Fahrzeug befinden oder in ursächlichem Zusammenhang mit ihrer Beförderung beim Gebrauch tätig werden.

Beispiel:

Ein Anhalter gilt als berechtigter Insasse, wenn er aus Gefälligkeit mitgenommen wird.

7.2.2 Umfang der Leistungspflicht

Die Bestimmungen zur Kfz-Unfallversicherung in den AKB 2008 decken sich auch hinsichtlich der Leistungspflicht weitgehend mit den Bestimmungen in den AUB 2008 (vgl. Band 2, D 7.5).

a) Leistungsarten

Tod	Todesfallentschädigung
Vorübergehende Unfallfolgen	Krankenhaustagegeld und Genesungsgeld
	Krankenhaustagegeld bei angelegtem Sicherheitsgurt
Dauernde Unfallfolgen	Invaliditätsentschädigung

b) Todesfall

- Der Tod muss die Folge des Unfalls sein. AKB 2008 A.4.6.1
- Der Tod muss innerhalb eines Jahres eingetreten sein.
- Die Frist wird vom Unfalltag an gerechnet.
- Todesfallentschädigung und Invaliditätsentschädigung aufgrund desselben Ereignisses schließen einander aus.
- Haben bestehende Krankheiten oder Gebrechen den Unfalltod mitbewirkt (sog. Mitwirkungsanteil), wird die Leistung bei einem Mitwirkungsanteil ab 25 % entsprechend gekürzt. A.4.8

Beispiel:

2 Erwachsene im Unfallfahrzeug, davon einer mit einem Gebrechen. Infolge des Unfallereignisses und gleichzeitiger Mitwirkung des Gebrechens wird diese Person getötet.

Versicherte Todesfallsumme nach dem Pauschalsystem: 40 000,00 €

Der die Todesursache feststellende Arzt beziffert den Mitwirkungsanteil auf 40 %.

Ermittlung der Todesfallleistung des Versicherers:

Versicherungssumme für den Todesfall	40 000,00 €
Summenerhöhung um 50 % nach A.4.2.2 AKB 2008	20 000,00 €
Erhöhte Versicherungssumme für den Todesfall	60 000,00 €
Versicherungssumme pro Insasse	30 000,00 €

Leistung für den Todesfall der gebrechlichen Person:

60 % von 30 000,00 € = 18 000,00 €

c) Vorübergehende Unfallfolgen

➤ Krankenhaustagegeld mit Genesungsgeld A.4.7

- Das Krankenhaustagegeld wird bei vollstationärer Heilbehandlung gezahlt.
- Es wird längstens für 2 Jahre gewährt.

- Der Anspruch auf Genesungsgeld entsteht mit der Entlassung aus dem Krankenhaus.
- Dauer und Höhe des Genesungsgeldes sind bei den Versicherern verschieden. Zur Dauer und Höhe des Genesungsgeldes im Bedingungswerk 2 »Proximus Versicherung«, siehe A.4.7.4 AKB 2008.

AKB 2008 A.4.7.5

➤ Krankenhaustagegeld bei angelegtem Sicherheitsgurt (sog. Gurtgeld)

- Der Anspruchsberechtigte erleidet als Insasse eines Pkws, Taxis, Mietwagens oder Selbstfahrervermiet-Pkws einen Unfall, der eine vollstationäre Heilbehandlung von mehr als zwei Kalendertagen erfordert.
- Der Insasse muss zum Unfallzeitpunkt angegurtet gewesen sein.
- Die Leistungspflicht für das Krankenhaustagegeld entsteht bei notwendigem Krankenhausaufenthalt ab dem dritten Kalendertag.
- Es beträgt ⅓ Promille der zusammengerechneten Versicherungssummen für den Fall dauernder Unfallfolgen (Invalidität) und den Fall des Todes, max. 50,00 € pro Tag.
- Es wird längstens für ein Jahr gezahlt.

A.4.5

d) Dauernde Unfallfolgen (Invalidität)

- Die Invalidität muss die Folge des Unfalls sein.
- Die Invalidität muss innerhalb eines Jahres eingetreten und spätestens vor Ablauf einer Frist von weiteren drei Monaten ärztlich festgestellt und geltend gemacht sein.
- Die Frist wird vom Unfalltag an gerechnet.
- Die Höhe der Leistung richtet sich nach der Invalidität.
- Sie wird nach der Gliedertaxe oder, soweit diese nicht anwendbar ist, nach der Beeinträchtigung der körperlichen oder geistigen Leistungsfähigkeit unter medizinischen Gesichtspunkten bestimmt.
- Bei unfallbedingtem Tod innerhalb eines Jahres nach dem Unfall besteht kein Anspruch auf Invaliditätsleistung.
- A.4.8 Haben Krankheiten oder Gebrechen mitgewirkt, wird bei einem Mitwirkungsanteil ab 25 % die Leistung entsprechend gekürzt.

e) Besondere Risikoausschlüsse in der Kfz-Unfallversicherung

VVG § 183 AKB 2008 A.4.10.1 A.4.10.2

Nicht gedeckt sind Unfälle,

- die der **Versicherte vorsätzlich herbeigeführt** hat;
- die der Versicherte bei Versuch oder Ausführung einer **Straftat** erleidet;
- bei **Fahrten,** die **ohne Wissen und Willen der Verfügungsberechtigten** über das Fahrzeug (Schwarzfahrt) vorbereitet, ausgeführt oder ausgedehnt werden;
- A.4.10.3 die der Versicherte durch **Geistes- oder Bewusstseinsstörungen,** auch infolge **Trunkenheit,** ferner durch **Schlaganfälle, epileptische Anfälle** oder andere **Krampfanfälle,** die den ganzen Körper ergreifen, erleidet.

Lernkontrollen zu C 7

Gegenstand der Versicherung

1 Welche Leistungen können im Rahmen einer Insassen-Unfallversicherung versichert werden?

2 Was versteht man unter einem »berechtigten Insassen«?

3 Stellen Sie fest, ob die nachstehend genannten Personen »berechtigte Insassen« in der Insassen-Unfallversicherung sind:

a) der Ehemann als Kraftfahrzeughalter

b) die Ehefrau auf dem Beifahrersitz

c) der volljährige Sohn, der heimlich eine Spritztour macht

d) der angestellte Chauffeur des Kraftfahrzeughalters

e) der Kfz-Meister der Vertragswerkstatt bei einer Inspektionsfahrt

Umfang der Leistungspflicht

4 Es besteht eine Insassen-Unfallversicherung nach dem Pauschalsystem mit folgenden Summen:

Tod	40 000,00 €
Invalidität	80 000,00 €

Wie hoch ist die Leistung?

a) Tod des einzigen Fahrzeuginsassen

b) 3 Insassen: A = tödlich verletzt; B = Vollinvalide; C = unverletzt

c) 3 Insassen, die alle getötet werden. Bei einem der Insassen hat eine Krankheit zu 30 % mitgewirkt.

5 Der sich allein im Pkw befindende Fahrzeughalter wird bei einem Unfall trotz angelegten Sicherheitsgurtes verletzt und muss für 14 Tage stationär behandelt werden.

Wie hoch ist das Krankenhaustagegeld, wenn die in Aufgabe 4 genannten Summen vereinbart sind?

Lernsituationen zu Lernfeld 11:	Kunden beim Abschluss von Kraftfahrtversicherungen beraten und Verträge bearbeiten

Lernsituation 1:

»Gibt es eine preiswerte Variante?«

Antje Kirberg (19 Jahre), wohnhaft in Leverkusen, hat gerade ihr Abitur bestanden und möchte jetzt Kunst an der Kunstakademie in Düsseldorf studieren. Dort studiert schon seit einem Semester ihre Freundin Katja, die täglich sehr zeitaufwändig von Leverkusen nach Düsseldorf mit Bahn und Bus pendelt; denn ihr sind die Mieten in Düsseldorf zu hoch. Auch Antje kommt schnell zu der Erkenntnis, dass ihr finanzielles Budget mit einem Zimmer am Studienort stark strapaziert würde. Ihre Sorge schildert sie ihren Großeltern, als diese zu Besuch weilen. Der Großvater überlegt kurz und hat dann folgende Idee:

»Mein liebes Kind, ich trage mich schon länger mit dem Gedanken, meinen Führerschein abzugeben; denn der Straßenverkehr ist für mich zu hektisch geworden. Du kannst dann mein Auto, den BMW Mini, von mir geschenkt haben und damit täglich nach Düsseldorf fahren. Der ist erst gerade mal 5 Jahre alt, hat noch keine 20 000 Kilometer gelaufen und meistens in der Garage gestanden. Und die Autoversicherung brauche ich ja auch nicht mehr. Die könntest Du auch übernehmen. Ich fahre schon seit 30 Jahren unfallfrei und habe gehört, dass man den Rabatt übertragen kann.« Antje ist sofort begeistert; denn dann könnte sie ihre Freundin mitnehmen und sie könnten sich die Kosten teilen. Nur Antjes Mutter hat große Bedenken. »Und was ist, wenn Du einen Unfall machst? Und dann auch noch Katja im Auto.... Da müssen wir womöglich ein Leben lang für Euch beide bezahlen. Ich finde die Idee nicht toll.« Nach längerer Diskussion über das Für und Wider schlägt der Vater von Katja vor, die Proximus Agentur Günther Klein zu besuchen, die ihn in allen Versicherungsfragen betreut, um sich unverbindlich beraten zu lassen. Das wird dann auch so beschlossen.

Am nächsten Tag erscheint Katja mit ihren Eltern und dem Großvater in der Agentur Günther Klein. Sie werden von der Sekretärin Helga Weinheimer empfangen, die sie nach Ihrem Anliegen fragt, um sie dann entsprechend weiterleiten zu können. Als die Sekretärin erfährt, dass Antje gerade erst den Führerschein gemacht hat und jetzt ein Fahrzeug auf sich zulassen will, macht sie leider die unbedachte Bemerkung »Oh, das wird aber teuer.« Antje sieht alle ihre Hoffnungen schwinden und fragt sofort »Gibt es auch eine preiswerte Variante?«

Mit diesem und den weiteren Anliegen werden die Erschienen an Sie zur Beratung weitergeleitet.

● Arbeitsauftrag

1. Planen und skizzieren Sie zunächst den Ablauf des Beratungsgespräches. Überlegen Sie hierfür, welche Informationen Sie noch erfragen wollen und welche Inhalte das Beratungsgespräch enthalten soll. Der Großvater hat die Zulassungsbescheinigung Teil 1 (Fahrzeugschein) zur Hand (s. Abbildung auf der nächsten Seite).
2. Führen Sie dann nach Möglichkeit den Ablauf des Beratungsgespräches als Rollenspiel durch und machen Sie ein Versicherungsschutzangebot mit Beitragsberechnung.
3. Beachten Sie während des Beratungsgespräches auch die gesetzlich vorgesehenen Beratungs- und Dokumentationspflichten.

Hilfsmittel

Lehrbuch, Bedingungswerk 2 »Proximus Versicherung«, Auszug aus der Zulassungsbescheinigung Teil 1 (Fahrzeugschein)

B		2. 1.	0005	2. 2.	718 00B 9
J			4		
E				3	
D. 1					
	R50				
D. 2					
D. 3	MINI 1.6				
2	BAYER. MOT. WERKE-BMW				

Lernsituation 2:

»Und was ist mit meiner Kraftfahrzeugversicherung?«

Sie sind Mitarbeiter/-in in der Proximus Agentur Hilmar Krause und erhalten das folgende Schreiben zur Bearbeitung:

Renate Gillmeister
Titiseestr. 22
79856 Hinterzarten

Hinterzarten, dem 15. Januar 20..

Proximus Agentur
Hilmar Krause
Bergstr. 8
79254 Oberried

Sehr geehrte Damen und Herren,

meine Tochter Carolin wird ab 1. April d. J. ihr Studium, dass sie vor einem Jahr in Marburg begonnen hat, an der Universität Växjö, Schweden, für zwei Jahre fortsetzen. In diesem Zusammenhang habe ich folgende Fragen bzw. Anliegen:

1. Ich werde meine Tochter mit meinem Pkw nach Schweden bringen. Habe ich dafür Versicherungsschutz? Brauche ich besondere Formulare? Wie muss ich mich verhalten, wenn ich unverschuldet durch einen schwedischen Autofahrer in einen Unfall verwickelt werde?

2. Der auf mich zugelassene, aber nur von meiner Tochter gefahrene VW-Lupo wird im Moment nicht mehr benötigt. Ich denke, dass eine Kündigung dieser Versicherung für mich die beste Lösung ist. Welchen Beitragsanteil bekomme ich dann erstattet?

3. Wenn meine Tochter nach 2 Jahren von Schweden zurückkehrt, soll der Wagen wieder zugelassen werden. In welche Schadenfreiheitsklasse wird er dann eingestuft, wenn die Zulassung zum 1. April des entsprechenden Jahres erfolgen soll?

Gerne höre ich Ihre Rückantwort.

Mit freundlichen Grüßen

Renate Gillmeister

- **Arbeitsauftrag**

1. Strukturieren und skizzieren Sie die Inhalte für das Antwortschreiben an Frau Gillmeister unter besonderer Berücksichtigung der Kunden- und Vertriebsorientierung.
2. Berücksichtigen und begründen Sie den Kosten/Nutzen-Aspekt für den Kunden und die Proximus Versicherung AG bei den von Ihnen vorgeschlagenen Lösungen.

- **Hilfsmittel**

Lehrbuch, Bedingungswerk 2 »Proximus Versicherung«, Vertragsdaten (Kundenspiegel)

Versicherungsnehmerin:	Renate Gillmeister, Titiseestr. 22, 79856 Hinterzarten
Versicherte Fahrzeuge:	VW Passat Variant, 59 kW, 1589 ccm, Erstzulassung: 02.10.2008, amtliches Kennzeichen FR-RG 433, nur private Nutzung, Garage, bis 9 000 km jährliche Fahrleistung. VW Lupo 1.4 (6X), 44 kW, 1389 ccm, Erstzulassung: 02.10.2009, amtliches Kennzeichen FR-CG 100, Nutzung durch Tochter Carolin, geb. 15. Nov. 1989 keine Garage, bis 9 000 km jährliche Fahrleistung.
Versicherungsperiode:	01. Jan. – 01. Jan. (für beide Fahrzeuge)
Zahlungsweise:	jährlich
Versicherungsumfang:	Kfz-Haftpflichtversicherung für beide Fahrzeuge unbegrenzte Deckung (ohne AutoPlus) Kaskoversicherungen: VW Passat: Vollkasko mit 500 € SB Teilkasko ohne SB VW Lupo: Teilkasko mit 150 € SB
Beitragssätze:	VW Passat SF 8 in KH und Vollkasko VW Lupo SF 4 in KH
Schäden im letzten Kalenderjahr:	keine

D Schaden- und Leistungsmanagement

Lernfeld 15: Schaden- und Leistungsmanagement durchführen

Ziel:

Die Schülerinnen und Schüler informieren Kunden über häufige Schadenursachen in ausgewählten Sparten und erörtern geeignete Maßnahmen zur Schadenminderung und Schadenverhütung. An konkreten Schaden- und Leistungsfällen prüfen sie die formelle und materielle Deckung, veranlassen die Bildung von Schadenrückstellungen und berechnen die Leistung unter Beachtung der rechtlichen Vorschriften. Sie berücksichtigen Neben- und Doppelversicherung. Sie verdeutlichen dem Kunden die Gründe für eine Ablehnung oder Kürzung einer Leistung und beraten ihn über mögliche Anpassungen des Versicherungsschutzes. Sie beurteilen Maßnahmen der Schadenabwicklung unter dem Gesichtspunkt der Kundenbindung und Kostenreduzierung. Zur Risikoverteilung begründen sie die Notwendigkeit der Mit- und Rückversicherung.

1 Risk Management

Situationsbeispiel

Ist dieses Wetter noch normal?

Bis zu 107 Liter Regen fielen pro Quadratmeter in NRW – mehr als normalerweise im gesamten August. Experten halten das nicht für ungewöhnlich. Das Umweltministerium rechnet dagegen bereits mit dem zehnfachen Hochwasserrisiko.

Düsseldorf (RP) Die heftigsten Unwetter seit Monaten haben in der Nacht zum Freitag zahlreiche Keller und Straßen in NRW überflutet. In Arnsberg im Hochsauerlandkreis wurde ein 61-Jähriger in seinem Keller von eindringendem Hochwasser überrascht. Der Mann habe wegen der einströmenden Wassermassen den Keller nicht mehr verlassen und nur noch tot geborgen werden können, so die Polizei. Zwölf weitere Menschen wurden durch Blitzeinschläge oder herabstürzende Äste verletzt.

In Mönchengladbach stand das Wasser kniehoch in den Straßen und behinderte Hilfsaktionen. Ein 81-jähriger Gladbacher starb, als er mit einer elektrischen Pumpe seinen überfluteten Keller trocken legen wollte. Anders als zunächst angenommen, erlag er allerdings nicht einem Stromschlag, sondern starb eines natürlichen Todes.

Im Regierungsbezirk Arnsberg musste die Feuerwehr mehr als 1500 Mal ausrücken, um Keller leer zu pumpen oder Straßen von umgestürzten Bäumen zu befreien. In Delbrück bei Paderborn fielen innerhalb weniger Stunden 107 Liter Regen pro Quadratmeter, so der Deutsche Wetterdienst (DWD) in Essen.

Normal ist das nicht mehr: Denn damit fiel bereits bis jetzt mehr Regenwasser als sonst während des gesamten August üblich. Gleichwohl kommentiert DWD-Experte Uwe Kisch die Werte gelassen: »Das gibt es immer wieder. Wir sind in den vergangenen Jahren durch die tollen Sommer auch ein wenig verwöhnt worden«. Tatsächlich sind bereits Anfang des vergangenen Jahrhunderts Niederschlagswerte von 126 Litern pro Quadratmeter in nur acht Minuten gemessen worden, und zwar in Füssen. Der 24-Stundenrekord liegt sogar bei 312 Litern. Sie fielen 2002 im Osterzgebirge.

Seit der Jahrhundert-Flut an der Elbe vor fünf Jahren hätten die Länder viel zu wenig für den Hochwasserschutz getan, rügte Umwelt-Staatssekretär Michael Müller unserer Zeitung. »Wir müssen lernen zu handeln, bevor eine Katastrophe eingetreten ist. Wir müssen mehr für den Gebirgsschutz tun, wir müssen aufhören Flüsse zu begradigen, und wir müssen viel mehr für den Klimaschutz machen«, so Müller.

(Quelle: Rheinische Post vom 11. Aug. 2007)

1.1 Gefahren und wirtschaftliche Folgen

Bedrohungen durch Gefahren

Übersicht

Gefahren		
für Personen	**für Sachen**	**für Vermögen**
Beispiele: ● Krankheit ● Berufs- bzw. Erwerbsunfähigkeit ● Unfall ● Tod	Beispiele: ● Brand ● Sturm und andere Elementargewalten ● Leitungswasser	Beispiele: ● Schadenersatzleistungen nach Haftpflichtfall ● Rechtsanwalts- und Gerichtskosten bei einem Prozess ● Entgehender Gewinn bei einer Betriebsunterbrechung, z.B. infolge von Brand

Die ständige Gefährdung gehört zum Wesen der menschlichen Existenz. **Diebstahl, Feuer** und **andere Ereignisse,** in denen sich die Gefahren konkretisieren können, **verursachen** mehr oder minder **große Verluste an Hab und Gut.**

Es geht aber nicht nur um den möglichen **Verlust von Sachwerten** und um **Schadenersatzverpflichtungen**, sondern auch der Mensch als solcher ist bedroht: **Krankheit** und **Unfälle gefährden** seine **Gesundheit** und **Arbeitskraft**. Sie führen zu Einkommensverlusten und unerwarteten Ausgaben, die sowohl den Betroffenen selbst als auch die von ihm abhängigen Angehörigen in **materielle Not** stürzen können.

Auch die z. B. unbeabsichtigte Falschberatung durch einen Rechtsanwalt stellt für den Mandanten eine Gefahr dar, da sie für ihn zu einem wirtschaftlichen Verlust führen kann.

Im allgemeinen Sprachgebrauch wird als synonyme Bezeichnung für die Gefahr auch der Begriff **Risiko** verwendet. Die Versicherungslehre versteht unter Risiko die Möglichkeit des Schadeneintritts durch Verwirklichung einer versicherten Gefahr. Das von einer versicherten Gefahr bedrohte versicherte Objekt wird deshalb auch als versichertes Risiko bezeichnet.

Schadenarten

Übersicht

Personenschäden	Sachschäden	Reine Vermögensschäden
Vermögensnachteile infolge ● Verletzung ● Gesundheitsschädigung ● Tod	Vermögensnachteile infolge ● Beschädigung ● Zerstörung ● Abhandenkommen (Verlust)	Vermögensschäden, die nicht Folge eines Personen- oder Sachschadens sind. Beispiel: ● Verlorener Prozess infolge Falschberatung durch Rechtsanwalt

Jeder Personen-, Sach- oder Vermögensschaden bedeutet einen finanziellen Verlust. Man spricht in diesem Zusammenhang auch vom sog. **materiellen Schaden.** Daneben gibt es aber auch Schäden, die nicht in Geld messbar sind, wie der körperliche oder seelische Schmerz **(immaterieller Schaden)**. Vor allem im Zusammenhang mit der Entschädigung nach Kraftfahrzeugunfällen hat die Regulierung von immateriellen Schäden in Form des **Schmerzensgeldes** eine große Bedeutung.

1.2 Möglichkeiten zur Risikoabschätzung und Risikobewältigung

Übersicht: Phasen des Risikomanagemtns

● Risikoidentifikation und Risikoanalyse	**Beispiele:** – Sichtprüfung – Klimaveränderungen
● Risikobewertung	– Auswertung von Statistiken und Daten – Ermittlung von Eintrittswahrscheinlichkeiten – Bestimmung der Akzeptabilität eines Risikos
● Risikobewältigung	– Schadenverhütung – Schadenbegrenzung während und nach der Gefahrenverwirklichung

1.2.1 Risikoidentifikation und Risikoanalyse

➤ Objektives und subjektives Risiko

Übersicht

Objektive Risikomerkmale	Subjektive Risikomerkmale
Beispiele: Feuerversicherung ● Bauartklasse ● Betriebsart ● Brandschutzanlagen Lebensversicherung ● Alter ● Geschlecht ● Gesundheitszustand ● Vorerkrankungen	Beispiele: Feuerversicherung ● Leichtsinniger Umgang mit offenem Feuer ● Nachlässige Wartung von Sicherheitseinrichtungen Lebensversicherung ● Arztfeindliche Einstellung ● Übermäßiger Alkohol- oder Zigarettenkonsum

Alle Gefahrenmerkmale, die den versicherten Personen oder Sachen erkennbar innewohnen und die zum Schaden führen können, bezeichnet man als **objektives Risiko.**

Der mögliche Schadeneintritt und sein Umfang wird jedoch häufig nicht nur durch das objektive Risiko, sondern auch durch das Verhalten des Versicherten **(subjektives Risiko)** bestimmt.

➤ Risikoanalyse und Risikobewältigung

Es ist eine der wichtigsten Aufgaben des modernen Wirtschaftsleben, den Eintritt von Schäden zu vermeiden oder zumindest das Risiko zu begrenzen und Vorsorge zu treffen.

Um sich der möglichen Risiken bewusst zu werden und entsprechende Vorsorge treffen zu können, bedarf es einer gründlichen Risikoanalyse.

Es gilt:

- Mögliche Risiken sind zu erkennen.

> **Beispiel:**
> Betriebsbesichtigung durch Fachleute der Feuerwehr.

- Es ist nach den Ursachen der erkannten Risiken zu forschen.

> **Beispiel:**
> Bei der Benutzung eines Kfz wird das Unfallrisiko z. B. durch die Motorstärke, die Verkehrsdichte der Region (sog. **objektive Risikomerkmale**), aber auch durch das Fahrverhalten und die Fahrtüchtigkeit des Fahrers (sog. **subjektive Risikomerkmale**) bestimmt.

- Die Auswirkung des Risiko ist zu bestimmen **(Quantifizierung des Risikos).**

Es muss herausgefunden werden, welche Schäden und in welcher Höhe eintreten können und wie durch sie der Ablauf gestört sein kann.

Erst diese Risikoanalyse gestattet es, entsprechende Sicherungsmaßnahmen zu planen und zu ergreifen.

Soll das Risiko durch eine Versicherung gedeckt werden, hat die Risikoanalyse folgende Funktion:

- Aus Sicht des VN darf keine Deckungslücke entstehen. Er soll sich ausreichend abgesichert wissen, wenn es zu einem Schaden kommt.
- Aus Sicht des VR ist sie insbesondere Grundlage für die richtige Beratung, um die möglichen Risiken zu decken und den Versicherungsbeitrag zu berechnen.

Die Planung und Durchführung von Sicherungsmaßnahmen im Anschluss an eine Risikoanalyse sowie die Kontrolle von Veränderungen im Zeitablauf, die es ständig zu beobachten gilt, und die Anpassung der Sicherungsmaßnahmen an Veränderungen bezeichnet man als **Risk Management**.

1.2.2 Risikobewertung

Situationsbeispiel (1. Fortsetzung)

»Von Überschwemmungen kann nahezu jeder betroffen werden. Sei es als Hausbesitzer, Mieter oder Autofahrer. Denn nicht nur in bestimmten flussnahen Gegenden tritt von Zeit zu Zeit das Wasser über die Ufer, auch durch plötzlichen Starkregen, der erst die Kanalisation und dann die Keller flutet, werden auch Orte abseits von Gewässern in Mitleidenschaft gezogen. Welche verheerenden Schäden die Wassermassen anrichten können, haben die Überschwemmungen der letzten Jahre gezeigt.«

Quelle: GDV, Broschüre »Land unter...«

Die Risikobewertung besteht im Wesentlichen aus der **Risikoabschätzung** und der **Bestimmung der Akzeptabilität** eines Risikos.

➤ Risikoabschätzung

Die beiden zentralen Komponenten der Risikoabschätzung sind

- die Schadeneintrittswahrscheinlichkeit,
- das mögliche Schadenausmaß.

Sie werden durch die Auswertung statistischer Daten unter Beachtung des Gesetzes der großen Zahl gewonnen (vgl. Band 2, Abschnitt B 3.2).

Die Wahrscheinlichkeit ergibt sich aus dem Verhältnis der vermuteten Schadenfälle zu den insgesamt möglichen Fällen.

Die Einheit des Schadenausmaßes hängt vom jeweiligen Sachgebiet ab. Es können finanzielle Werte sein (€), aber auch Tote oder der Totalverlust eines Schiffes/Flugzeuges.

Hochwassergefahr steigt

Düsseldorf (jis) Die massiven Niederschläge der vergangenen Tage bleiben kein Ausnahme-Ereignis, warnen Meteorologen. Künftig müsse häufiger mit extremen Wetterlagen gerechnet werden. Rund 30 bis 40 Prozent mehr Niederschlag sei zu erwarten, vor allem im Winter. Dazu kommen weniger Schnee-Tage. Schnee aber bindet Wasser. Die Folgen: »Sowohl das Ausmaß als auch die Häufigkeit von Hochwasser werden stark zunehmen«, sagt Dirk Jansen vom Bund für Umwelt und Naturschutz (BUND) NRW. Jansen warnt: »NRW ist auf ein dramatisches Hochwasser nicht vorbereitet.« Der Umweltexperte entwirft ein düsteres Szenario. Bei einem Zweihundertjahreshochwasser ständen 25 Prozent von Düsseldorf unter Wasser, dazu seien viele rheinnahe Chemiebetriebe gefährdet. »Das Schadenspotenzial ist gigantisch«, so Jansen. Selbst eine radikale Reduzierung der Treibhausgase reiche nicht aus, das Problem zu lösen. Laut BUND müsse darauf geachtet werden, weniger Flächen zu versiegeln, dazu den Wald, der als wichtiger Wasserspeicher fungiert, zu schützen. »Außerdem sollte man Flüsse langsamer machen, indem man ihnen mehr Raum gibt.«

(Quelle: Rheinische Post vom 11. Aug. 2007)

Bei der im Beispielsfall betrachteten Naturkatastrophe Überschwemmung ist eine Zunahme der Eintrittswahrscheinlichkeit zu beobachten. Prognosen gehen davon aus, dass infolge des Klimawandels zukünftig mit noch häufigeren Überschwemmungen gerechnet werden muss, wobei auch das Schadenausmaß beträchlich steigen soll.

Exkurs: Geo-Informationssystem »ZÜRS Geo«: Zonierungssystem für Überschwemmungsrisiko und Einschätzung von Umweltrisiken)

Zwei klassische Anwendungsgebiete geographischer Informationssysteme (GIS) sind die Elementarschadensversicherung von Gebäuden und die Umweltschadensversicherung. ZÜRS Geo hilft bei der Beantwortung folgender Fragen: Welches Gebäude ist in welchem Ausmaß hochwassergefährdet? Welches Umgebungsrisiko ergibt sich aus dem Standort, beispielsweise eines Gewerbebetriebes für eine Umweltschadensversicherung? Welche Gebiete sind risikofrei? Zur Beantwortung dieser Fragen hat der Gesamtverband der deutschen Versicherungswirtschaft das geographische Zonierungssystem ZÜRS Geo entwickelt.

Überschwemmungsrisiko

Im Rahmen der erweiterten Elementarschadensversicherung ist es seit 1994 grundsätzlich möglich, sich gegen Überschwemmungen zu versichern. Doch besonders gefährdete Gebiete blieben häufig außen vor und die Versicherungen hatten keine Möglichkeit, einen Überblick über die Gesamtgefährdung (Kumulrisiko) über alle Versicherten zu erhalten. Um die Überschwemmungen von Flüssen und Gewässern risikogerecht kalkulieren zu können, haben die deutschen Versicherer ein Zonierungssystem (ZÜRS) entwickelt. Im Jahre 2001 wurde die erste ZÜRS-Version fertig gestellt. Im Laufe der Jahre wurde ZÜRS regelmäßig weiterentwickelt und aktualisiert: Insgesamt wurden über 16 Millionen Adresskoordinaten in das System eingespeist, Überschwemmungsdaten bei über 200 Wasserwirtschaftsämtern gesammelt und rund 200 000 Fließgewässer in das System integriert. Heute kann nahezu jedes Gebäude einer der insgesamt vier Gefährdungsklassen zugeordnet werden:

Gefährdungsklasse 4: statistisch 1 mal in 10 Jahren ein Hochwasser
Gefährdungsklasse 3: statistisch 1 mal in 10–50 Jahren ein Hochwasser
Gefährdungsklasse 2: statistisch 1 mal in 50–200 Jahren ein Hochwasser
Gefährdungsklasse 1: statistisch seltener als einmal alle 200 Jahre ein Hochwasser

In der Zone 2 liegen etwa 10 bis 12 Prozent der Gebäude. Etwa 3 Prozent der Gebäude liegen in den Zonen 3 und 4. Außerdem kennt ZÜRS zusätzlich eine Bachzone: Das Flussnetz wurde um kleine Gewässer erweitert, um die eine Pufferzone von jeweils 100 Metern pro Seite gelegt wurde. Liegt ein Haus innerhalb dieser Zone, also nicht mehr als 100 Meter vom Bach entfernt, gibt ZÜRS diese Bachinformation zusätzlich zur Gefährdungsklasse an. Dies ist insbesondere für Risiken in der Gefährdungsklasse 1 eine wichtige Zusatzinformation, da bei größeren Ereignissen ein erheblicher Anteil der Schäden in der Gefährdungsklasse 1 liegt. Zudem kann abgelesen werden, ob ein Risiko auf einer Nord- oder Ostseeinsel liegt. Die Zonierung der einzelnen Gebäude kann sowohl über eine Postadresse als auch über Eingabe einer Geokoordinate erfolgen.

Überschwemmungsrisiko am Deutschen Eck, Koblenz

Quelle: GDV 7. Aug. 2008

Akzeptabilität eines Risikos

Für die Beurteilung der Frage, inwieweit ein Risiko akzeptiert wird, eignet sich das sog. **Ampelmodell**. Es beruht auf den drei Bewertungskategorien Normalbereich, Grenzbereich und inakzeptabler Bereich, wobei natürlich persönliche Wertvorstellungen und Risikobereitschaft eine große Rolle spielen.

Beispiel:

Der Käufer eines Neuwagens wird eine leichte Beschädigung seines Fahrzeugs vermutlich als inakzeptabel bewerten, während er eine gleichartige Beschädigung zwei Jahre später vielleicht schon als Grenzbereich einstuft. Für den Käufer eines älteren Gebrauchtwagens wird eine leichte Beschädigung vielleicht als normal erachtet.

Auf die verschiedenen Akzeptanzbereiche könnte im Beispielsfall wie folgt reagiert werden:

- Vollkaskoversicherung ohne Selbstbeteiligung bei Neukauf des Fahrzeuges,
- Vereinbarung einer Selbstbeteiligung in späteren Jahren,
- Verzicht auf Vollkaskoversicherung, wenn das Fahrzeug ein bestimmtes Alter erreicht hat.

1.2.3 Risikobewältigung

a) Grundsätzliche Möglichkeiten der Risikobewältigung

Grundsätzlich können folgende Maßnahmen unterschieden werden:

➤ Gefahrenumgehung

Einer möglichen Gefahr wird sich erst gar nicht ausgesetzt.

Beispiel:
Der Hausherr verzichtet auf den Einbau eines offenen Kamins, um die mögliche Brandgefahr aus dieser Einrichtung erst gar nicht zu schaffen.

➤ Gefahrenabwehr

Beispiel:
Blitzableiter auf dem Haus

➤ Schadenminderung

Maßnahmen zur Schadenminderung können während und auch nach der Wirksamkeit eines schadenverursachenden Ereignisses (z. B. Brand) ergriffen werden.

Beispiele:
(1) Als in der Küche ein Brand ausbricht, alarmiert der Wohnungsinhaber noch vor einem eigenen Löschversuch sofort die Feuerwehr.
(2) Nach einem Dachstuhlbrand wird eine Plane aufgezogen, um das Hausinnere vor möglichem Regenwasser zu schützen.

➤ Finanzielle Vorsorge

Beispiele:
Rücklagenbildung, Abschluss entsprechender Versicherungsverträge

In Wirtschaftsunternehmen bezieht sich das **Risikomanagement** häufig auf Teilbereiche; das risikopolitische Instrumentarium besteht hier u. a. aus

- **Risikoabwälzung:**

  So kann z. B. der Versender einer Ware u. U. das Transportrisiko auf den Frachtführer abwälzen. Durch vertragliche Abmachung wird hier versucht, selber so wenig wie möglich des insgesamt gegebenen Risikos zu tragen.

- **Risikoteilung:**
  Ein risikoreiches Bauvorhaben im Ausland (Termine und Gewährleistung) kann z.B. auf eine größere Gruppe von Bauunternehmern so aufgeteilt werden, dass der einzelne Partner nicht über die Grenzen seiner Leistungsfähigkeit hinaus in Anspruch genommen werden kann.

- **Risikostreuung:**
  Eine Bank kann z.B. mögliche Kreditverluste in der Weise eingrenzen, dass statt weniger großer Kredite viele kleine Kredite, und zwar an Unternehmen verschiedener Wirtschaftszweige, gewährt werden.

b) Risikobewältigung am Beispiel der Gefahr Überschwemmung

Situationsbeispiel (2. Fortsetzung)

Hans Müller möchte ein Einfamilienhaus bauen und hat zwei Grundstücke zur Wahl. Ein Freund rät ihm, bei seiner Auswahlentscheidung auch die Möglichkeit einer Überschwemmung mit einzubeziehen, nachdem er eine solche selber erfahren musste.

➤ Risikoeinschätzung beim Grundstücks- bzw. Hauskauf

Wer ein Grundstück/Haus anschafft, sollte sich bei der zuständigen Behörde nach früheren Überschwemmungen und dem bekannten bzw. erwarteten Grundwasserstand informieren. Einen bedeutenden Anhaltspunkt liefert auch die ZÜRS-Tabelle (vgl. Exkurs in D 1.2.2).

Auch sollte man die jeweiligen Geländehöhen und die Geländebeschaffenheit untersuchen, um festzustellen, ob das Grundstück bei Starkregen durch Oberflächenwasser überschwemmt werden kann.

➤ Vorbeugende Baumaßnahmen

Bei großer Überschwemmungsgefahr sollte man ggf. auf den Bau eines Kellers verzichten und den Baukörper erhöht aufbauen.

Starkregen überlastet häufig die Kanalisation und verursacht einen Rückstau, wodurch Kellerräume überflutet werden können. Eine **Rückstausicherung** im Abflussrohr kann hier Abhilfe schaffen. Teilweise ist eine solche Sicherung gesetzlich vorgeschrieben.

Ein **Heizöltank** und die zugehörigen Rohrleitungen sollten gegen Aufschwimmen und das Eindringen von Wasser gesichert werden.

Vor allen Dingen in überschwemmungsgefährdeten Gebieten sollten **mobile Schutzsysteme** geplant werden, mit denen Türen, Fenster, Lichtschächte und Keller schnell verschlossen werden können.

➤ Einrichtungsüberlegungen

In überschwemmungsgefährdeten Gebieten sollte auf die hochwertige Ausstattung bedrohter Räume verzichtet werden. Wassergefährdende Stoffe, z.B. Lacke, aber auch wichtige Dokumente, sollten nicht im Keller aufbewahrt werden. Elektrische Versorgungseinrichtungen sollten ebenfalls in höher gelegenen Bereichen installiert sein.

➤ Abschluss einer Elementarschadenversicherung

Im Rahmen der Elementarschadenversicherung, die sowohl als Ergänzung zur Wohngebäude-, als auch zur Hausratversicherung abgeschlossen werden kann, ist das Überschwemmungsrisiko mitversichert (vgl. Band 2, B 2.7.1 und C 2.6.1).

Notfallplan

Ein Notfallplan sollte vor einer möglichen Überschwemmung ausgearbeitet werden, damit man in der zu erwartenden Hektik nicht die Übersicht verliert.

Hierzu zählt:

- eine Liste der Telefonnummern und Anschriften von Rettungsdiensten, Ärzten, Angehörigen,
- eine Grundausstattung an Lebensmitteln und Medikamenten, die griffbereit zur Verfügung steht,
- ein Maßnahmenplan, der wie folgt aussehen könnte:
  - Alarmieren und evakuieren gefährdeter Personen
  - Strom bzw. elektrische Geräte in bedrohten Räumen abschalten
  - Wertgegenstände und Dokumente sichern
  - Fenster, Türen usw. abdichten
  - gefährdete Räume entleeren
  - Auto aus der Gefahrenzone fahren

Wasser übt einen enormen Druck auf das Mauerwerk aus. Ggf. muss die Flutung des Kellers geplant werden, um Gebäudeschäden vorzubeugen.

Verhalten nach der Überschwemmung

Nach einer Überschwemmung lässt sich das Schadenausmaß ggf. noch begrenzen.

Rasches Abpumpen des Wassers sowie Trocknung des Gebäudes und der durchnässten Einrichtung sind erste Maßnahmen in diesem Sinne.

Elektrische Geräte sollten nicht ohne vorherige Prüfung in Betrieb genommen werden. Bei ausgelaufenen Schadstoffen ist die Feuerwehr zu verständigen.

Sofern eine Elementarschadenversicherung besteht, muss der VN den VR unverzüglich informieren und die Weisungen zur Schadenminderung einholen. Unabhängig davon empfiehlt es sich, die erreichten Wasserstände und die Schäden zu dokumentieren.

Lernkontrollen zu D 1

Gefahren und wirtschaftliche Folgen

1 Grenzen Sie die Begriffe Gefahr und Risiko an einem selbst gewählten Beispiel voneinander ab.

2 a) Was versteht man im Sprachgebrauch der Versicherungen unter Risiko und Schaden?

b) Worin unterscheiden sich in diesem Zusammenhang »objektives« und »subjektives« Risiko? Verdeutlichen Sie Ihre Aussagen durch je ein Beispiel für objektives und subjektives Risiko aus der Feuer-, Kraftfahrt- und Lebensversicherung.

Risikoanalyse und Risikobewältigung

3 VR und VN (Vertragspartner eines Versicherungsvertrages) haben gleichermaßen ein Interesse an der Risikoanalyse. Versetzen Sie sich in die Rolle der Vertragspartner und zählen Sie Argumente für eine Risikoanalyse auf.

4 Sie werden vom Kunden Jan Mühlhaus besucht. Herr Mühlhaus schildert Ihnen, dass er ein Haus kaufen will. Seine Bank gewährt ihm ein Hypothekendarlehen, wenn er das Bestehen einer Gebäude-Feuerversicherung nachweist. Er bittet deshalb, ihm ein Angebot für eine reine Gebäude-Feuerversicherung zu unterbreiten. Auf eine Hausratversicherung glaubt er zunächst gänzlich verzichten zu können.

Überzeugen Sie Herrn Mühlhaus mit Hilfe der Tabelle auf der nächsten Seite aus dem Geschäftsbericht 2009 des GDV davon, dass es sinnvoll ist, auch die Deckung weiterer Gefahren in die Wohngebäudeversicherung einzubeziehen und eine Hausratversicherung abzuschließen.

Schäden je Gefahr in der Verbundenen Hausrat- und Wohngebäudeversicherung

	Zahl der Schäden in 1000			Schadenaufwand in Mio. EUR			Schadendurchschnitt in EUR		
	2006	2007	2008	2006	2007	2008	2006	2007	2008
Verbundene Hausratversicherung (VHV)									
gesamt	1303	1329	1199	1153	1146	1148	884	862	958
Feuer	520	480	440	450	420	420	862	884	957
Einbruchdiebstahl	410	400	390	410	410	420	1018	1060	1103
Leitungswasser	240	220	210	210	190	190	885	906	883
Sturm	80	180	90	40	60	50	408	333	447
Glas	30	30	20	10	10	10	267	262	289
Elementar	10	10	20	10	20	30	1298	1764	1787
Verbundene Wohngebäudeversicherung (VGV)									
gesamt	1923	3592	2317	3165	4539	3711	1646	1264	1603
Feuer	190	190	190	740	640	750	3384	3287	3750
Leitungswasser	1140	980	1040	1710	1530	1710	1411	1514	1526
Sturm	610	2390	1050	610	2240	1080	868	885	971
Elementar	20	20	20	50	50	60	2358	2692	3406

Quelle: GDV Jahrbuch 2009

5 Ermitteln Sie die häufigsten Schadenursachen bei Wohnungsbränden.

Informieren Sie sich in einschlägigen Publikationen oder durch Recherche im Internet (Stichwort: Brandursachen-Statistik).

6 Welche Maßnahmen kann ein VN zur Schadenverhütung ergreifen

a) in der Feuerversicherung,

b) in der Sturmversicherung?

Informieren Sie sich anhand von Prospektmaterial Ihrer Versicherungsgesellschaft und/oder durch Recherche im Internet.

2 Geschäftsprozesse im Schaden- und Leistungsmanagement

2.1 Prozessbeispiele

2.1.1 Meldung eines Kleinschadens bei der Versicherungsagentur

Beispiel:
Der Versicherungsvertreter Hilmar Krause hat sehr guten persönlichen Kontakt zu den meisten betreuten Kunden. Am Morgen erscheint die langjährige Kundin Eva Meinert in der Agentur und berichtet, dass ihre Haushaltsleiter beim Putzen versehentlich umgefallen sei und eine Scheibe der Glasvitrine zerstört habe. Die Rechnung über die Reparaturkosten in Höhe von 165,90 € hat sie gleich mitgebracht. Hilmar Krause stellt am Computer fest, dass Versicherungsschutz besteht und bestätigt daraufhin Frau Meinert, dass sie die Entschädigung in Form eines Verrechnungsschecks gleich mitnehmen kann. Frau Meinert ist erfreut, dass die Schadenabwicklung so problemlos erfolgt.

Viele VN wenden sich im Schadensfall direkt an ihre betreuende Agentur und nicht an das Service-Center der Direktion. Damit dem Kunden ein bestmöglicher Service geboten werden kann, haben viele Agenturen von ihrer Direktion die Vollmacht erhalten, Schäden bis zu einem gewissen Betrag selbst zu regulieren. Voraussetzung hierfür ist die technische Unterstützung durch ein computergesteuertes Schadensystem. In den am Bildschirm angezeigten Erfassungsmasken werden die relevanten Daten (Versicherungsscheinnummer, Schadenbeschreibung usw.) erfasst. Das System führt automatisch die formelle und materielle Deckungsprüfung durch (vgl. D 3.1.2), prüft auf Doppelanlage des Schadens und bestätigt oder verweigert den Versicherungsschutz. Kann der Schaden reguliert werden, erfasst der Versicherungsvertreter die Ausgabe des Verrechnungsschecks oder die Durchführung einer Überweisung an den Geschädigten im System. Die Rechnung wird an die Direktion weitergeleitet, dort eingescannt und archiviert, womit die Schadenbearbeitung für diesen Fall abgeschlossen ist.

2.1.2 Schadenmeldung über die Schadenhotline

Beispiel:
Heike Esser ist Mitarbeiterin in der Kraftfahrt-Schadenhotline eines Kfz-Versicherers. Sie nimmt soeben den Anruf von Herrn Coenen entgegen, der gerade einen Unfall verschuldet hat und noch vom Unfallort aus anruft. Im Computersystem findet Heike Esser anhand des Kfz-Kennzeichens die aktuelle Vertragsversion des Kunden und beginnt unmittelbar mit der Anlage des Schadens am Computer. Nachdem sie sämtliche Auskünfte zum Schadenverlauf und den Schadenbeteiligten von Herrn Coenen erfragt und parallel erfasst hat, teilt sie Herrn Coenen die Schadennummer mit und weist darauf hin, dass die weitere Schadenbearbeitung durch die Schadenabteilung erfolgt.

Als weiteren Service bietet sie Herrn Coenen ihre Unterstützung bei der Beauftragung einer Werkstatt und der Beschaffung eines Mietwagens an. Macht Herr Coenen von diesem Angebot Gebrauch, werden diese Dienstleistungen über das Computersystem automatisch generiert und Herr Coenen darf damit rechnen, dass schon in Kürze diese Dienstleistungen am Unfallort bereitstehen.

Immer häufiger nutzen Kunden das Angebot ihres Versicherers, bei einem Unfall die Schadenhotline anzurufen. Bei einem Straßenverkehrsunfall werden in der Regel die persönlichen Daten und Vertragsdaten der Beteiligten anhand der Kfz-Kennzeichen ermittelt. Schon bei der Erfassung des Schadens führt das Computersystem eine formelle Deckungsprüfung und auch die Prüfung auf Doppelanlage des Schadens durch. Sollten dabei Auffälligkeiten durch das System gemeldet werden, könnten sofort weitere Schritte veranlasst werden.

Die erfassten Daten werden automatisch per Workflowsteuerung an den Sachbearbeiter weitergeleitet, zu dessen Aufgabengebiet oder Fähigkeit (sog. **Skill-based Routing**) die jeweilige Schadensituation zählt. Von dort aus werden die weiteren Phasen der Schadenbearbeitung eingeleitet (vgl. D 2.2).

2.1.3 Schadenbearbeitung durch einen Schadensachbearbeiter

Beispiel

Petra Humpert arbeitet in der Schadenabteilung eines Kfz-Versicherers. Bei Arbeitsbeginn prüft sie ihren elektronischen Posteingang (Business Workplace-Inbox) auf Termine, Aufgaben, Dokumenteneingang zu bereits angelegten Schäden und Schadenmeldungen, die sie noch anlegen muss.

Zum Kraftfahrzeug-Haftpflichtschaden, den Herr Coenen über die Schadenhotline gemeldet hat, liegt der durch eine Reparaturwerkstatt erstellte Kostenvoranschlag über 5 000,00 € des Unfallgegners und Anspruchstellers vor. Petra Humpert legt sofort eine Schadenreserve an, wobei sie auch eine mögliche Wertminderung des geschädigten Fahrzeugs sowie die Forderung nach Nutzungsausfall oder Ersatz von Mietwagenkosten berücksichtigt. Aufgrund der Schadenhöhe veranlasst sie über das System die Begutachtung des Schadens durch einen Sachverständigen, veranlasst einen Zwischenbescheid an den Anspruchsteller und vermerkt einen Termin zur Wiedervorlage, ehe sie sich der nächsten Aufgabe zuwendet.

Die Schadenarbeitung in der Direktion erfolgt in der Regel computergestützt. Schadenmeldungen gelangen entweder direkt über die elektronische Erfassung (z. B. Schadenhotline) oder durch Eingabe bzw. Einscannen von Meldungen, die über andere Kommunikationskanäle (z. B. Telefon, Brief, Rechnungen, Fax) eingegangen sind, in das System. Sie werden von dort nach dem **Workflow-Prinzip** an die zuständige Stelle in der Schadenabteilung weitergeleitet. Die Zuständigkeit regelt sich dabei nach dem Aufgabengebiet oder der Fähigkeit des Mitarbeiters (sog. **Skill-based Routing**). Der Schadenbearbeiter kann nun sämtliche Details zum Schadenhergang, zum Schadensort und zur Beschädigungen studieren, um die notwendigen Arbeiten (z. B. Reservesetzung) einzuleiten. Hierfür wird im System die jeweilige Aufgabe angeklickt und per Navigation wird an die Stelle des Systems geführt, an der die Aufgabe ausgeführt werden kann. Die durchgeführte Arbeit wird mit einem entsprechenden Eintrag des Bearbeiternamens, dem Tagesdatum und der Uhrzeit vermerkt. Im Falle von Urlaub oder Krankheit des Schadenbearbeiters kann ein Kollege problemlos den Stand der Bearbeitung erkennen und die weitere Bearbeitung durchführen.

2.2 Phasen der Schadenbearbeitung

Übersicht:

Geschäftsprozesse im Schadenmanagement

Schadenanlage
- Aufnahme der Schadenmeldung
- Anlage einer Schadenakte
- Deckungs- und Haftungsprüfung
- Reservensetzung

Schadenbearbeitung
- Sachstandsermittlung
- Betrugsprüfung
- Schadenbeurteilung
- Entschädigungsberechnung

Schadenregulierung
- Info an Versicherten/Anspruchsteller
- Auszahlung
- Regress

Jede Schadenbearbeitung wird durch die vorgenannten Prozesse bestimmt, wobei infolge der Computerunterstützung bestimmte Phasen, wie z. B. die Deckungsprüfung, häufig automatisch ablaufen.

2.3 Schadenanlage

2.3.1 Konventionelle bzw. elektronische Schadenakte

Früher wurde für jede Schadenmeldung zunächst eine Schadenakte in konventioneller Form angelegt. Bei Schäden, die mit großem Prozessrisiko belastet sind, ist dies heute noch neben der elektronischen Erfassung (elektronische Schadenakte) vielfach üblich.

In der Praxis dominiert heute die elektronische Schadenakte, bei der nicht nur die persönlichen Daten und der Schadenhergang, sondern auch sämtliche anfallenden Dokumente (Korrespondenz, Fotos, Rechnungen, Gutachten, Zeugenaussagen, Filme usw.) durch Einscannen und Ablegen erfasst werden. Dies hat den Vorteil, dass jede berechtigte Person Einblick in alle Daten und Unterlagen zu einem Schaden hat und Auskunft geben oder den Schaden ggf. weiter bearbeiten kann.

Hinweis: Obliegenheiten des VN im Versicherungsfall

Bei einem Versicherungsfall treffen den VN bestimmte Obliegenheiten.

Hierzu zählen insbesondere:

- die Schadenminderungspflicht,
- die Anzeigepflicht,
- die Auskunfts- und Belegpflicht.

Nähere Einzelheiten unter Berücksichtigung der Besonderheiten des jeweiligen Versicherungszweiges sind dargestellt:

- zur Verbundenen Hausratversicherung in Band 2, Abschn. B 5.1,
- zur Verbundenen Wohngebäudeversicherung in Band 2, Abschn. C 2.8.2,
- zur Unfallversicherung in Band 2, Abschn. E 6.2,
- zur Haftpflichtversicherung in Abschn. B 5.7.1 dieses Bandes,
- zur Kraftfahrtversicherung in Abschn. C 4.3.1 dieses Bandes.

2.3.2 Deckungs- und Haftungsprüfung

Es wird geprüft, ob für ein gemeldetes Schadenereignis Versicherungsschutz besteht und ob bzw. inwieweit der Schaden ersatzpflichtig ist.

➤ Formelle Deckungsprüfung

Die formelle Deckungsprüfung untersucht, ob

- ein Vertrag besteht,

> **Beispiel:**
> Der VN hatte vor Schadeneintritt seine Vertragserklärung nach § 8 VVG widerrufen.

- Versicherungsschutz besteht,

> **Beispiel:**
> Der VN meldet einen Glasbruchschaden an einer Vitrine, hat aber keine Haushaltsglasversicherung zur Hausratversicherung vereinbart.

- ein leistungsfreier Zeitraum aufgrund nicht rechtzeitiger Beitragszahlung besteht.

> **Beispiel:**
> Der VN hat eine Folgeprämie nicht rechtzeitig gezahlt und die vom VR nach § 38 VVG gesetzte Zahlungsfrist unbeachtet verstreichen lassen. Nach Ablauf der Zahlungsfrist tritt der Schaden ein.

Diese Prüfungen kann das System bei einer elektronischen Schadenakte regelmäßig automatisch durchführen. Gleichwohl wird dem Schadenbearbeiter das Ergebnis durch Anzeige der aktuellen Vertragsversion aus dem Bestandssystem zur Ansicht gebracht.

➤ Materielle Deckungsprüfung

Die materielle Deckungsprüfung (auch Haftungsprüfung genannt) untersucht zunächst, ob

- Risikoausschlüsse vorliegen,

> **Beispiel:**
> Der VN wird als Mieter vom Vermieter wegen der starken Abnutzung der Türen in Anspruch genommen. Der Mieter möchte die Kosten von seiner Privat-Haftpflichtversicherung ersetzt bekommen. Dieser Haftpflichtanspruch ist nach den RBE-Privat, Teil A, Ziffer 3.5.1 vom Versicherungsschutz ausgeschlossen.

Im Rahmen der weiteren Schadensbearbeitung (siehe D 2.4) wird dann geprüft, ob

- Verletzungen von Obliegenheiten vorliegen,

Beispiele:
Verletzung der vorvertraglichen Anzeigepflicht
Verletzung der Gefahrstandspflicht
Verletzung der Aufklärungspflicht

- Übereinstimmung zwischen versicherten und geschädigten Personen bzw. Sachen besteht,
- eine Schadenteilung möglich ist (vgl. D 2.5.2, D 3.3.2, D 4.2),

Beispiele:
Schadenteilungsabkommen zwischen den KH-Versicherern und Sozialversicherungsträgern
Nebenversicherung bzw. Mehrfache Versicherung

- Regressmöglichkciten bestehen. (vgl. D 3.4).

2.3.3 Bildung einer Schadenrückstellung (Reservensetzung)

a) Wesen der Schadenrückstellung

HGB § 341 g

Schadenrückstellungen sind für **zukünftige Zahlungsverpflichtungen** aus Versicherungsfällen des Geschäftsjahres und der Vorjahre zu bilden.

Gemeldete und noch nicht abgewickelte Versicherungsfälle sind hinsichtlich der Rückstellungsbildung grundsätzlich einzeln und nach dem **Grundsatz der Vorsicht** zu bewerten. Die Bewertung umfasst die zu erwartende Schadenzahlung und die zu erwartenden Schadenregulierungsaufwendungen.

Am Abschlussstichtag bereits eingetretene, aber noch nicht gemeldete Schäden (unbekannte Spätschäden) dürfen pauschal bewertet werden.

b) Reservensetzung bei der Schadenbearbeitung

Beim Anlegen eines Schadens erfasst der Schadenbearbeiter eine Entschädigungsreserve in der voraussichtlichen Schadenhöhe, die sich aus der Schadenmeldung ergibt. Bei Personenschäden ist ggf. eine Rente einzukalkulieren. Bei der elektronischen Schadenbearbeitung kann der Schadenbearbeiter hierbei auf ein Regelwerk im System zurückgreifen, um die Reserve zu bestimmen (sog. **statistische Reservensetzung**).

Zeigt sich später, dass eine gesetzte Reserve nicht ausreicht, wird die Reserve entsprechend angepasst.

Jede Auszahlung führt zu einer entsprechenden Reduzierung der zuvor gesetzten Reserve. Die Reserveinformationen werden an ein nachgelagertes finanztechnisches System für den Jahresabschluss übergeben.

Beispiel: Auszug aus dem Anhang der Bilanz eines Schadenversicherers

»Die Rückstellungen für noch nicht abgewickelte Versicherungsfälle im selbst abgeschlossenen Geschäft wurden einzeln in Höhe des voraussichtlichen Bedarfs ermittelt, die darin enthaltenen Rentendeckungsrückstellungen nach versicherungsmathematischen Grundsätzen errechnet. Saldiert wurden die zweifelsfrei zu erwartenden Erträge aus Regressen, Provenues und Teilungsabkommen in Höhe der zu erwartenden Zahlungseingänge. Für am Bilanzstichtag noch nicht bekannte Schadenfälle stellten wir eine nach Erfahrung der Vorjahre ermittelte Spätschadenrückstellung ein.«

Unter **Provenues** versteht man den Erlös aus der Verwertung von Gegenständen, für die der VR eine Entschädigung erbracht hat und die in sein Eigentum übergegangen sind.

2.4 Schadensbearbeitung

2.4.1 Sachstandsermittlung und Anspruchserfassung

Für die **Sachstandsermittlung** werden zunächst die Aussagen des VN, von Geschädigten, Zeugen, sowie ggf. die polizeilichen Ermittlungen ausgewertet. Bei Bedarf werden zusätzliche Sachverständigengutachten eingeholt, ärztliche Berichte erbeten und ggf. die staatsanwaltlichen Akten zur Einsicht angefordert.

Häufig wird ein Schadenregulierer der Versicherungsgesellschaft beauftragt, der vor Ort eine Schadenbesichtigung durchführt und die Schadenhöhe ermittelt.

Bei der elektronischen **Anspruchserfassung** geht es darum, die detaillierten Einzelforderungen eines Anspruchstellers oder Dienstleisters den jeweiligen Anspruchsposten, die nach der Leistungsart klassifiziert sind, zuzuordnen und zu bewerten.

Beispiel:

Der VN einer Hausratversicherung macht nach einem Einbruchdiebstahlschaden geltend:

Verlust eines Notebooks 1 250,00 €

Verlust einer Briefmarkensammlung 6 000,00 €

Verlust von Bargeld 2 100,00 €

Beseitigung von Graffitischmierereien im Hausflur vor der Mietwohnung 500,00 €

Der Schadenbearbeiter wird die Ansprüche zunächst in folgenden Anspruchspositionen erfassen:

Anspruchsposition Verlust durch ED-Diebstahl	1 250,00 €
Anspruchsposition Wertsachen nach § 13 Nr. 1 a) cc VHB 2008	6 000,00 €
Anspruchsposition Bargeld nach § 13 Nr. 1 a) aa VHB 2008	2 100,00 €
Anspruchsposition Vandalismusschäden	500,00 €

Die Frage, ob die Anspruchsposition tatsächlich versichert ist, wird im Rahmen der Beurteilung des Schadens (vgl. D 2.4.3) geprüft.

Die Berechnung der Entschädigungshöhe zu den Anspruchspositionen wird, wenn der jeweilige Anspruch als solcher anerkannt wird, später vom System automatisch unter Beachtung der Entschädigungsgrenzen für Wertsachen sowie Anrechnung einer evtl. bestehenden Unterversicherung vorgenommen (vgl. D 2.4.3)

2.4.2 Betrugsprüfung

Es ist zu unterscheiden zwischen Versicherungsbetrug und Versicherungsmissbrauch.

Versicherungsbetrug

StGB § 263 Betrug ist die Absicht, durch Vorspiegelung falscher oder durch Entstellung oder Unterdrückung wahrer Tatsachen zulasten eines anderen einen rechtswidrigen Vermögensvorteil zu erlangen. Versicherungsbetrug liegt dann vor, wenn der VN oder ein Anspruchsteller in betrügerischer Absicht eine unberechtigte Geld- oder Sachleistung von einer Versicherungsgesellschaft erlangen will.

Beispiele:

- Einer Versicherungsgesellschaft werden bedeutende Daten zur Feststellung des Versicherungswertes vorenthalten bzw. bewusst falsch angegeben. Es liegt eine arglistige Täuschung in betrügerischer Absicht vor.
- Der Versicherungsgesellschaft wird ein Schaden, der nicht eingetreten ist, mit dem Ziel gemeldet, eine Geldleistung zu erhalten. Es handelt sich hierbei um die Vortäuschung einer Straftat in Tateinheit mit der Irreführung von Behörden.
- Ein vorsätzlich herbeigeführtes Schadenereignis wird als Unfall dargestellt und daraufhin Ansprüche an den VR gestellt.

Versicherungsmissbrauch

§ 265 »Wer eine gegen Untergang, Beschädigung, Beeinträchtigung der Brauchbarkeit, Verlust oder Diebstahl versicherte Sache beschädigt, zerstört, in ihrer Brauchbarkeit beeinträchtigt, beiseite schafft oder einem anderen überlässt, um sich oder einem Dritten Leistungen aus der Versicherung zu verschaffen, wird mit Freiheitsstrafe bis zu drei Jahren oder mit Geldstrafe bestraft, wenn die Tat nicht in § 263 mit Strafe bedroht ist.«

Im Gegensatz zum Versicherungsbetrug stellt der Versicherungsmissbrauch bereits die Vorbereitungshandlung zum Betrug unter Strafe. Voraussetzung für die Anwendung der Strafvorschrift ist, dass ein Versicherungsvertrag über die betroffene Sache besteht. Es kommt nicht darauf an, ob der VR leistet oder nicht. Wer irrig annimmt, die Sache sei versichert, begeht einen versuchten Versicherungsmissbrauch, der ebenfalls strafbar ist.

Maßnahmen der Versicherer zur Betrugsabwehr

Die Spurensuche ist in Massensparten wie der Kfz-Versicherung, in der jährlich mehr als sieben Millionen Schäden gemeldet werden, nicht unproblematisch. Die VR erfassen auffällige Schäden und jeden Diebstahl im 8,5 Millionen Datensätze starken brancheninternen **Hinweis- und Informationssystem (HIS)**. Betreiber ist die informa Insurance Risk and Fraud Prevention GmbH in Baden-Baden (IIRFP). So lassen sich beispielsweise Crash-Wagen anhand der Fahrgestellnummer identifizieren.

Im Jahr 1999 hat Eberhard Fähnrich vom Rückversicherer Gen Re eine **ISP-Software** (ISP = Internet-Service-Provider) zur Betrugserkennung entwickelt. Sie wird in der Kfz-Haftpflichtversicherung von mehreren deutschen Versicherungskonzernen genutzt. Die Software rastert jede Schadenmeldung und trifft in 90 Prozent der Fälle blitzschnell die Entscheidung, wie sie auch ein erfahrener Schadenbearbeiter, aber erst nach aufwändigen Recherchen, getroffen hätte.

In bestimmten Versicherungszweigen werden die Einschaltung der Polizei (z. B. bei einem ED-Schaden in der Hausratversicherung) und ein exaktes Verzeichnis der betroffenen Sachen (z. B. Stehlgutliste) sowie Anschaffungsbelege oder Nachweise, dass die Sache tatsächlich zum Besitz zählt, verlangt.

In der Praxis helfen oft auch schon einfache Mittel: So fordern manche Gesellschaften grundsätzlich, dass die als beschädigt oder zerstört gemeldete Sache (z. B. ein Brillengestell) vorzulegen ist. Sehr häufig meldet sich der Anspruchsteller dann nicht mehr.

Bei begründetem Tatverdacht stellt der VR eine Strafanzeige. Er hat dann allerdings das Beweisrisiko für einen Versicherungsbetrug.

2.4.3 Beurteilung des Schadens und Entschädigungsberechnung

Zu den Kernaufgaben der Schadenbearbeitung gehört die Beurteilung des Schadens. Hierfür sind die im Rahmen der Sachstands- und der Anspruchsermittlung festgehaltenen Daten auszuwerten und es ist zu prüfen, ob eine Entschädigungspflicht gegeben ist oder ob die Leistung gekürzt bzw. abgelehnt werden kann.

Beispiel:
Der Schadenbearbeiter wird den geltend gemachten Vandalismusschaden über 500,00 € im Hausflur vor der Mietwohnung (vgl. Beispiel in D 2.4.1) bei den Anspruchpositionen als nicht versichert kennzeichnen und aus einer Textdatei die Nummer des Textbausteins auswählen, mit dem die Ablehnung später im Brief an den Anspruchsteller begründet wird.

Die Entschädigungsberechnung wird in der Praxis aufgrund der erfassten Daten und der Vorgaben bei der Schadenprüfung durch den Computer automatisch durchgeführt, wodurch der Schadenbearbeiter erheblich entlastet wird und sich auf die eigentliche Schadenprüfung konzentrieren kann.

Beispiel:
Bei der Erfassung der Anspruchspositionen wurden u. a. erfasst (vgl. Beispiel in D 2.4.1):

Wertsachen nach § 13 Nr. 1 a) cc VHB 2008	6 000,00 €
Bargeld nach § 13 Nr. 1 a) aa VHB 2008	2 100,00 €

Das System erkennt automatisch, dass Bargeld nach § 13 Nr. 2 b) aa VHB 2008 nur bis 1 500,00 € versichert ist (betragsmäßig näher bestimmte Entschädigungsgrenze für Wertsachen) und wird auch prüfen, ob die Summe der Entschädigung für Wertsachen die besondere (prozentuale) Entschädigungsgrenze von 20 % der VS nach § 13 Nr. 2 a) VHB 2008 übersteigt und ggf. hier korrigierend einwirken.

Sofern eine **Unterversicherung** besteht und der Schadenbearbeiter die entsprechenden Eingaben ins System vorgenommen hat, wird die Kürzung nach der Unterversicherungsformel ebenfalls automatisch berechnet.

2.5 Besonderheiten bei der Leistungsermittlung in der Sach-, Kraftfahrt- und Unfallversicherung

Vorbemerkung:

Die Grundlagen der Leistungsermittlung im Versicherungsfall sind dargestellt

- zur Verbundenen Hausratversicherung in Band 2, Abschnitt B 5.2
- zur Verbundenen Wohngebäudeversicherung in Band 2, Abschnitt C 2.8
- zur Kfz-Versicherung in den Abschnitten C 4.3.2, C 5.2 und C 7.2.2 dieses Bandes
- zur Unfallversicherung in Band 2, Abschnitt E 6.4

In der Abschlussprüfung »Kaufmann/Kauffrau für Versicherungen und Finanzen« sind im Prüfungsteil »Schaden- und Leistungsmanagement« der Fachrichtung Versicherung Aufgaben aus dem Prüfungsgebiet »Leistungsfeststellung und Schadenregulierung« zu bearbeiten, und zwar aus der Sparte, die man bei der Anmeldung zur Prüfung gewählt hat. Dabei hat der Prüfungsteilnehmer die Möglichkeit, vertiefte Fertigkeiten und Kenntnisse nachzuweisen.

Die nachstehenden Ausführungen dienen dieser Kenntnisvertiefung, wobei sich an den Sparten orientiert wurde, die der Rahmenlehrplan für den Unterricht in der Schule zu Lernfeld 15 »Schaden- und Leistungsmanagement« ausdrücklich nennt.

2.5.1 Sachversicherung: Abgrenzung Hausrat/Gebäude bei der Leistungspflicht

Häufig ist bei Mietverhältnissen und bei der Nutzung eines Gebäudes durch den Eigentümer strittig, ob eine Sache zur Hausrat- oder zur Wohngebäudeversicherung zählt.

VHB 2008 § 6 VGB 2008 § 5

Die versicherten Sachen der beiden Versicherungszweige sind grundsätzlich in den jeweiligen AVB geregelt, wobei auch Abgrenzungen zwischen der Wohngebäude- und der Hausratversicherung existieren (vgl. hierzu Band 2, Abschnitte B 2.3 und C 2.3). Wegen der bestehenden Unsicherheiten bei der Zuordnung hat der GDV im Handbuch der Sachversicherung, Band 1, eine Vorschlag zur Abgrenzung gemacht:

a) Abgrenzung Hausrat/Gebäude bei Mietverhältnissen

Zur **Hausratversicherung** zählen **vom Mieter** eingebrachte Sachen (z. B. Bodenbeläge, Holzdecken, Tapeten, **Einbau**möbel), soweit diese nicht Eigentum des Gebäudeeigentümers, z. B. durch eine entsprechende Vereinbarung im Mietvertrag, geworden sind.

Werden Sachen, die ursprünglich vom Eigentümer eingebracht wurden oder in dessen Eigentum übergegangen sind, vom Mieter ersetzt (sog. **Surrogat**, auch wenn höher- oder geringerwertig), fallen diese Surrogate weiterhin unter die Gebäudeversicherung.

Beispiel:
Der Mieter ersetzt ein vom Vermieter ursprünglich eingebrachtes Porzellanwaschbecken durch ein Marmorwaschbecken.

Zur Hausratversicherung des Mieters zählen auch die vom Gebäudeeigentümer eingebrachten **Anbau**möbel/-küchen.

Zur **Gebäudeversicherung** zählen die **vom Gebäudeeigentümer** eingebrachten Sachen (z. B. Bodenbeläge, Holzdecken, Tapeten, **Einbau**möbel).

b) Abgrenzung Hausrat/Gebäude, wenn das Gebäude/die Wohnung durch den Eigentümer genutzt wird

Zum Gebäude zählen die **erste** Wand- und Deckenverkleidung sowie der Bodenbelag.

Lose verlegter Bodenbelag auf bewohnbarem Unterboden gilt als Hausrat. Dies gilt auch für Wand- und Deckenverkleidungen sowie fest verlegtem Bodenbelag auf bewohnbarem Untergrund, wenn deren Entfernung ohne Zerstörung der ursprünglich vorhandenen Verkleidungen bzw. des Untergrundes möglich ist.

Kann ein weiterer aufgebrachter Bodenbelag nicht von dem darunter befindlichen Bodenbelag getrennt werden, gilt er als Gebäudebestandteil. Der untere Bodenbelag wird im Falle eines Schadens maximal als Dämm- oder Isolierschicht bewertet und entsprechend entschädigt.

Einbaumöbel/-küchen zählen zum Gebäude, wenn sie entweder in die Bauplanung des Gebäudes einbezogen oder aus nicht industriell vorgefertigten Teilen raumspezifisch angefertigt wurden.

Anbaumöbel/-küchen werden serienmäßig produziert und nicht individuell für das Gebäude gefertigt. Sie zählen zum Hausrat, auch wenn sie mit einem gewisser Einbauaufwand an die Gebäudeverhältnisse angepasst worden sind.

2.5.2 Sachversicherung: Zusammentreffen von Hausrat- und Wohngebäudeversicherung bei bestimmten Nässeschäden

Nässeschäden an **Bodenbelägen, Innenanstrichen oder Tapeten** infolge bestimmungswidrigen Austritts von Leitungswasser sind **unter folgenden Voraussetzungen** sowohl in der Hausratversicherung als auch in der Wohngebäudeversicherung versichert:

- Der Wohnungsinhaber ist Mieter bzw. Sondereigentümer einer Wohnung (Wohnungseigentümer). Für diesen Fall sind die erforderlichen Reparaturkosten als sog. **Reparaturkosten für Nässeschäden** in seiner **Hausratversicherung** versichert. VHB 2008 § 8 Nr. 1 h
- Bodenbelag, Innenanstrich und Tapeten wurden nicht vom Mieter bzw. Wohnungseigentümer auf seine Kosten und Gefahr erstmalig eingebracht sondern allenfalls nur ersetzt. Sie zählen dann auch zu den versicherten Sachen der **Wohngebäudeversicherung,** die der Vermieter bzw. die Wohnungseigentümergemeinschaft abgeschlossen hat. VGB 2008 § 5 Nr. 3 b

Beispiel:

(1) In der Wohnung des Mieters platzt ein Wasserschlauch. Das austretende Wasser beschädigt den vom Vermieter eingebrachten Bodenbelag.

(2) Wie Fall (1), der Bodenbelag wurde jedoch vom Mieter auf dem vorhandenen PVC-Boden eingebracht.

Im **Beispiel 1** ist sowohl die Hausratversicherung des Mieters (Reparaturkosten für Nässeschäden) als auch die Wohngebäudeversicherung des Vermieters (Beschädigung einer versicherten Sache nach VGB 2008) eintrittspflichtig.

Im **Beispiel 2** besteht nur Versicherungsschutz über die Hausratversicherung des Mieters, da der Mieter den Bodenbelag auf den vorhandenen Bodenbelag auf seine Gefahr und Kosten eingebracht hat, der Bodenbelag also nicht zu den versicherten Sachen der

Wohngebäudeversicherung des Vermieters zählt. Hätte der Vermieter den Bodenbelag nur ersetzt, wäre auch die Wohngebäudeversicherung zusätzlich eintrittspflichtig.

Zur Vereinfachung der Schadenregulierung empfiehlt der GDV seinen Mitgliedern folgenden **Teilung zwischen Hausrat- und Gebäudeversicherer:**

- Beträgt der Gebäudeschaden bis 1 000,00 €, reguliert und entschädigt der allein in Anspruch genommene VR. Werden beide VR in Anspruch genommen, reguliert und entschädigt der Gebäude-VR (ohne internen Ausgleich).
- Bei einem Gebäudeschaden über 1 000,00 € erfolgt die Aufteilung nach § 78 Abs. 2 VVG (vgl. D 4.2).

2.5.3 Sachversicherung: Versicherungswert und Entschädigung von Wertsachen in der Hausratversicherung

a) Ermittlung des Versicherungswertes von Wertsachen

Aufgrund der Entschädigungsgrenzen bei Wertsachen ist der VW von Wertsachen im Leistungsfall getrennt vom übrigen Hausrat zu ermitteln.

Dabei ist Folgendes zu beachten:

1. **Liegt der Wert von Wertsachen unter den Entschädigungsgrenzen, so ist ihr voller Wert als VW anzusetzen.**

Beispiel:

Neuwert des Hausrates ohne Wertsachen	50 000,00 €	
Wert der Briefmarkensammlung	10 000,00 €	
Versicherungswert des Hausrates (ohne Wertsachen)	50 000,00 €	①
Versicherungswert der Wertsachen	10 000,00 €	②
Die VS wurde mit 60 000,00 € festgelegt.		

Erläuterungen:

① Der Neuwert ist bekanntlich als VW anzusetzen.

② Der Wert der Wertsachen liegt unter der betragsmäßig näher bestimmten Entschädigungsgrenze (hier: 20 000,00 €) und unter der besonderen (prozentualen) Entschädigungsgrenze (20 % von der VS einschließlich 10 % Vorsorgebetrag, also 20 % von 66 000,00 € = 13 200,00 €), sodass ihr voller Wert als VW angesetzt wird.

VHB 2008 § 9 Nr. 1 d

2. **Liegt der Wert von Wertsachen über den Entschädigungsgrenzen, so sind bei der Ermittlung des VW höchstens diese Beträge zu berücksichtigen.**

Beispiel:

Neuwert des Hausrates ohne Wertsachen	125 000,00 €	
Wert von Schmuck und Briefmarkensammlung	25 000,00 €	
Versicherungswert des Hausrates (ohne Wertsachen)	125 000,00 €	①
Versicherungswert der Wertsachen	20 000,00 €	②
Die VS wurde mit 145 000,00 € festgelegt.		③

Erläuterungen:

① Der Neuwert ist bekanntlich als VW anzusetzen.

② Der Wert der Wertsachen liegt über der betragsmäßig näher bestimmten Entschädigungsgrenze (hier: 20 000,00 €), sodass 20 000,00 € als VW anzusetzen sind. Die besondere (prozentuale) Entschädigungsgrenze (20 % von der VS einschließlich 10 % Vorsorgebetrag, also 20 % von 159 500,00 € = 31 900,00 €), kommt hier nicht zum Tragen.

Anmerkung:

Hätte es sich bei den Wertsachen um solche gehandelt, für die keine betragsmäßig näher bestimmte Entschädigungsgrenze existiert (wie z. B. für Antiquitäten) und läge ihr Wert über dem genannten Betrag, wäre ggf. eine Erhöhung der besonderen (prozentualen) Entschädigungsgrenze auf z. B. 30 % zu vereinbaren.

③ Der VN ist nicht unterversichert, da nur bis zu den Entschädigungsgrenzen entschädigt wird.

b) Entschädigung von Wertsachen bei Unterversicherung

► Die Entschädigungsberechnung vollzieht sich wie folgt:
- Zunächst ist die Höhe des Schadens an den Wertsachen festzustellen.
- Ferner wird der VW der Wertsachen benötigt.
- Anschließend wird für jede Wertsachengruppe die Berechnung mit Hilfe der Unterversicherungsformel durchgeführt.
- Die Ergebnisse werden mit den Entschädigungsgrenzen verglichen. Sofern sie größer sind, wird maximal bis zu den Entschädigungsgrenzen geleistet.

Beispiel:

VS einschließlich Vorsorgebetrag		110 000,00 €
VW Hausrat ohne Wertsachen		100 000,00 €
Wertsachen		
– Bargeld	1 900,00 €	
– Sparbücher	3 150,00 €	
– Münzen	25 000,00 €	
– Kunstgegenstände	10 850,00 €	
insgesamt	40 900,00 €	

Bei einem Einbruch werden entwendet:

Bargeld	1 700,00 €
Sparbücher	3 150,00 €
Münzen	25 000,00 €

Lösung:

- **Ermittlung des anzusetzenden Versicherungswertes:**

Hausrat ohne Wertsachen	100 000,00 €	
Wertsachen (20 % von 110 000,00 € VS einschließlich Vorsorgebetrag)	22 000,00 €	
Anzusetzender VW	122 000,00 €	①

- **Ermittlung der Unterversicherung für jede Wertsachenposition und Vergleich mit den besonderen Entschädigungsgrenzen:**

Bargeld	= $\frac{1700 \cdot 110000}{122000}$	= 1532,79; max.	1500,00€	②
Sparbücher	= $\frac{3150 \cdot 110000}{122000}$	=	2840,16€	②
Münzen	= $\frac{25000 \cdot 110000}{122000}$	= 22540,98 max.	20000,00€	②
Summe			24340,16€	

- **Prüfung hinsichtlich der allgemeinen Entschädigungsgrenze**
  Entschädigung maximal (20 % von 110000,00€) 22000,00€ ③

Erläuterungen:

① Dieser Wert ist anzusetzen, da der VR auch nur bis zu dieser betragsmäßig bestimmten Höhe haften würde.

② Der bei Unterversicherung nur teilweise zu ersetzende Betrag wird nach § 9 Nr. 1 d VHB 2008 zunächst ohne Rücksicht auf Entschädigungsgrenzen ermittelt. Entschädigt wird jedoch maximal nur bis zur Höhe der betragsmäßig näher bestimmten Entschädigungsgrenze.

③ Der trotz Beachtung der Unterversicherung errechnete Betrag von 24 340,16€ liegt noch über der besonderen (prozentualen) Entschädigungsgrenze von 20 % der VS, sodass maximal 22000,00€ für die Wertsachen entschädigt werden.

2.5.4 Kraftfahrtversicherung: Entschädigungsberechnung in der Kaskoversicherung

Vorbemerkung:

Die nachstehenden Beispiele gehen davon aus, dass die Wiederbeschaffung bei einem Fahrzeughändler bzw. die Reparatur in einer Fachwerkstatt unmittelbar erfolgen, da ansonsten der **Mehrwertsteueranteil** nicht ersetzt wird.

a) Entschädigung bei Vollversicherung

Beispiel: Fahrzeugzerstörung

Der VN Axel Bodewig ist auf der Deutschen Alpenhochstraße unterwegs. In einer Kehre gerät er zu weit nach rechts und kommt deshalb von der Fahrbahn ab. Das Fahrzeug stürzt den Hang hinab und wird derart zertrümmert, dass eine Reparatur nicht mehr infrage kommt. Wie durch ein Wunder bleibt Axel Bodewig unverletzt.

Aus dem Sachverständigengutachten ergeben sich folgende Werte:

Neupreis des Pkw	27 000,00 €
Wiederbeschaffungswert	11 250,00 €
Restwerte	1 000,00 €

Welchen Entschädigungsanspruch hat der VN gemäß AKB 2008, wenn eine Vollkaskoversicherung mit 500,00 € Selbstbeteiligung besteht?

Lösung:

Wiederbeschaffungswert	11 250,00 €	①
abzüglich Restwert	1 000,00 €	②
abzüglich Selbstbeteiligung Vollkasko	500,00 €	③
Ersatzleistung	9 750,00 €	

Erläuterungen:

① Der VR ersetzt bei Fahrzeugzerstörung den Wiederbeschaffungswert.

② Rest- und Altteile werden angerechnet.

③ Die vereinbarte Selbstbeteiligung wird abgezogen.

Beispiel: Fahrzeugbeschädigung

Die Versicherungsnehmerin Rita Alt verursacht ohne Fremdbeteiligung am 13. April d.J. mit ihrem Pkw einen Unfall. Ihr Fahrzeug wird dabei schwer beschädigt. Die Versicherungsnehmerin hatte das Fahrzeug erst vor 5 Monaten neu gekauft und mit 300,00 € Selbstbeteiligung vollkaskoversichert.

Aus dem Sachverständigengutachten ergeben sich folgende Werte:

Reparaturkosten	12 800,00 €
Neupreis des Pkw	15 500,00 €
Wiederbeschaffungswert	14 750,00 €
Restwerte	4 000,00 €

Welchen Entschädigungsanspruch hat die Versicherungsnehmerin?

Lösung:

Neupreis	15 500,00 €	①
abzüglich Restwert	4 000,00 €	②
abzüglich Selbstbeteiligung Vollkasko	300,00 €	③
Ersatzleistung	11 200,00 €	④

Erläuterungen:

① Es ist der Neupreis nach A.2.10 AKB 2008 anzusetzen, da
- der Schaden in den ersten 6 Monaten nach Erstzulassung eingetreten ist,
- sich das Fahrzeug noch im Erstbesitz befindet,
- die erforderlichen Kosten der Wiederherstellung 80 % des Neupreises übersteigen.

② Rest- und Altteile werden angerechnet.

③ Die vereinbarte Selbstbeteiligung wird abgezogen.

④ Addiert man zur Ersatzleistung von 11 200,00 € noch die Selbstbeteiligung von 300,00 € und den Restwert von 4 000,00 €, der bei Veräußerung erwartet werden darf, ist der Neupreis finanziert.

Beispielvariation: Fahrzeugbeschädigung

Wie wird entschädigt, wenn das Fahrzeug 7 Monate alt ist und im Übrigen die angegeben Daten gelten sollen?

Lösung:

Reparaturkosten	12 800,00 €	①
abzüglich Selbstbeteiligung Vollkasko	300,00 €	
Ersatzleistung	12 500,00 €	

Erläuterungen:

① Die Reparaturkosten liegen unter dem Wiederbeschaffungswert, so dass diese anzusetzen sind. Eine Neupreisentschädigung scheidet aus, da das Fahrzeug älter als 6 Monate ist.

Anmerkung: Würde der VN die Reparatur nicht durchführen lassen und auch kein Ersatzfahrzeug kaufen, stünde ihm nur die Differenz zwischen den Reparaturkosten ohne Mehrwertsteuer und dem Restwert als Ersatzleistung zu.

b) Entschädigung bei Teilkasko

Beispiel: Entwendungsschaden

Der VN Wolfgang Schnittler hat am 02. November 2004 neben der Kfz-Haftpflichtversicherung eine Vollkaskoversicherung mit 500,00 € Selbstbeteiligung (einschließlich Teilkasko mit 150,00 € Selbstbeteiligung) abgeschlossen.

Im April d. J. wird der Pkw, der nicht mit einer anerkannten Diebstahlsicherung ausgerüstet war, während des Urlaubs am Bodensee gestohlen.

Der Neupreis betrug bei Anschaffung 27 450,00 €.

Der Wiederbeschaffungspreis am Schadentag wird mit 9 350,00 € festgestellt.

Welche Entschädigung leistet der Versicherer, wenn 10 % Abschlag wegen nicht vorhandener Diebstahlsicherung vereinbart sind?*

Lösung:

Wiederbeschaffungswert	9 350,00 €	①
abzüglich 10 % Abschlag	935,00 €	②
abzüglich Selbstbeteiligung	150,00 €	③
Ersatzleistung	8 265,00 €	

Erläuterungen:

① Die Höchstentschädigung ist auf den Wiederbeschaffungswert begrenzt.

② Der Wiederbeschaffungswert ist um den vereinbarten Abschlag wegen Fehlens einer anerkannten Diebstahlsicherung zu kürzen.

③ Bei Teilkaskoschäden wird die vereinbarte Selbstbeteiligung abgezogen.

* Anmerkung: Neufahrzeuge sind heute serienmäßig mit einer anerkannten Diebstahlsicherung ausgerüstet, sodass die Vereinbarung eines Abschlages an Bedeutung verloren hat.

2.5.5 Kraftfahrtversicherung: Zusammentreffen von Schadenersatzansprüchen bei Kfz-Haftpflicht- und Kaskoversicherung

Beispiel:

Die Versicherungsnehmerin Alice Merkel prallt mit einem Fahrzeug, das aus einer nicht vorfahrtsberechtigten Seitenstraße kam, zusammen. Bei der Unfallaufnahme wurde festgestellt, dass Frau Merkel zu schnell gefahren war. Sie muss sich deshalb eine Mitschuld von 30 % anlasten lassen.

Der Fahrzeugschaden am Pkw von Frau Merkel beträgt 6 000,00 €. Darüber hinaus kann Frau Merkel nachweislich geltend machen:

- Abschleppkosten 150,00 €
- Sachverständigenkosten 130,00 €
- Wertminderung 250,00 €
- Rechtsanwaltskosten 350,00 €
- Kostenpauschale 20,00 €

Frau Merkel hat eine Vollkaskoversicherung mit 300,00 € Selbstbeteiligung vereinbart.

Vorbemerkung:

Nach einem BGH-Urteil kann der Geschädigte verlangen, dass die Entschädigung des leistungspflichtigen Kfz-Haftpflichtversicherers und des leistungspflichtigen Kaskoversicherers zusammen bei folgenden Positionen zu einer Gesamtentschädigung in voller Höhe führt:

- Fahrzeugschaden (Ersatz für Beschädigung bzw. Zerstörung)
- Abschleppkosten
- Sachverständigenkosten
- Wertminderung

Diese sowohl vom Kfz-Haftpflichtversicherer als auch vom Kaskoversicherer zu berücksichtigenden **Positionen** werden als **deckungsgleich** (kongruent) bezeichnet.

Der Kasko-VR muss jedoch niemals mehr als seine bedingungsgemäße Leistung abzüglich einer vereinbarten Selbstbeteiligung erbringen.

Beispielfortsetzung:

a) Welche Leistung erbringt der Kfz-Haftpflichtversicherer des Unfallgegners, wenn Frau Merkel diesen zunächst in Anspruch nimmt, und welche Leistung kann sie anschließend noch von ihrem Kaskoversicherer erwarten?

Lösung:

Abrechnung des Kfz-Haftpflichtversicherers

Reparaturkosten	6 000,00 €	
Abschleppkosten	150,00 €	
Sachverständigenkosten	130,00 €	
Wertminderung	250,00 €	
Rechtsanwaltskosten	350,00 €	
Kostenpauschale	20,00 €	
	6 900,00 €	
abzüglich Mithaftung 30 %	2 070,00 €	①
Ersatzleistung	4 830,00 €	

Abrechnung des Kaskoversicherers	*Deckungsgleiche Positionen*	
Reparaturkosten	6 000,00 €	
Abschleppkosten	150,00 €	
Sachverständigenkosten	130,00 €	
Wertminderung	250,00 €	
	6 530,00 €	
davon 30 %	1 959,00 €	②
abzüglich Selbstbeteiligung	0,00 €	③
Ersatzleistung	1 959,00 €	

Erläuterungen:

① Wegen Mitverschuldens wird die Entschädigung des Gesamtschadens um 30 % gekürzt.

Der Kaskoversicherer ersetzt die wegen Mitverschuldens (hier: 30 %) vom Kfz-Haftpflichtversicherer nicht geleistete Differenz zu den deckungsgleichen Positionen, die laut BGH-Urteil zu berücksichtigen sind.

② Die Rechtsanwaltskosten und die Kostenpauschale im Beispielsfall sind in der Kaskoversicherung nicht zu beachten.

③ Die vereinbarte Selbstbeteiligung wird bei den »deckungsgleichen« Positionen aufgrund des BGH-Urteils nicht abgezogen, zumal die errechnete Entschädigung die bedingungsgemäß zu leistende Entschädigung abzüglich einer vereinbarten Selbstbeteiligung unterschreitet.

Beispielfortsetzung:

b) Welche Leistung erbringt der Kaskoversicherer, wenn sich Frau Merkel zunächst an diesen wendet, und welchen Betrag kann von Frau Merkel dann noch ggf. vom Kfz-Haftpflichtversicherer des Unfallgegners erwarten?

Lösung:

Abrechnung des Kaskoversicherers

Reparaturkosten	6 000,00 €	
Abschleppkosten	150,00 €	①
	6 150,00 €	
abzüglich Selbstbeteiligung	300,00 €	②
Ersatzleistung	5 850,00 €	

Abrechnung des Kfz-Haftpflichtversicherers

	Deckungsgleiche Positionen ③	*Entschädigung*	
Reparaturkosten	6 000,00 €		
Abschleppkosten	150,00 €		
Sachverständigenkosten	130,00 €		
Wertminderung	250,00 €		
	6 530,00 €		
abzüglich Vollkasko-Entschädigung	5 850,00 €	680,00 €	④
	Nicht deckungsgleiche Positionen		
Rechtsanwaltskosten	350,00 €		
Kostenpauschale	20,00 €		
	370,00 €		
abzüglich 30 % wegen Mitverschuldens	111,00 €	259,00 €	⑤
Ersatzleistung		939,00 €	

Erläuterungen:

① Der zuerst in Anspruch genommene Kasko-VR rechnet mit dem VN ab, als ob kein Anspruch gegen einen Kfz-Haftpflichtversicherer bestehen würde. Gedeckt sind danach nur die Reparatur- und die Abschleppkosten. Der Kasko-VR kann allerdings beim ersatzpflichtigen Kfz-Haftpflichtversicherer Regress nehmen (Übergang von Ersatzansprüchen nach § 86 VVG).

② Die vereinbarte Selbstbeteiligung ist abzuziehen.

③ Diese Positionen hätte auch der Kasko-VR lt. BGH-Urteil bei seiner Entschädigungsberechnung berücksichtigen müssen, wenn er als Erster in Anspruch genommen worden wäre.

④ Von den laut BGH-Urteil durch die Kfz-Haftpflicht- und Kaskoversicherung voll zu entschädigenden Positionen wird die vertraglich bereits erbrachte Entschädigungsleistung des Kasko-VR abgezogen.

⑤ Die übrigen Positionen werden hinsichtlich der Entschädigung um den Mitwirkungsanteil (hier 30 %) gekürzt.

2.5.6 Unfallversicherung: Mitwirkungsanteil und Vorinvalidität als Einflussfaktoren auf die Leistungshöhe

Bei der Leistungsermittlung zur Unfallversicherung sind folgende Besonderheiten lt. AUB 2008 zu beachten:

a) Berücksichtigung einer Vorinvalidität bei der Feststellung des Invaliditätsgrades

AUB 2008 Ziff. 2.1.2.2.3

Wird durch den Unfall eine körperliche oder geistige **Funktion** betroffen, die **schon vorher dauernd beeinträchtigt** war, so wird ein Abzug in Höhe dieser Vorinvalidität vom jetzigen Invaliditätsgrad vorgenommen.

Beispiel:

Bei einem Unfall erleidet der VN folgende Gesundheitsschäden:

Verlust des Gehörs auf einem Ohr (Invaliditätsgrad laut Gliedertaxe 30 %),

60 %ige Beeinträchtigung eines Beines (Invaliditätsgrad laut Gliedertaxe 70 %),

Verlust der rechten Hand (Invaliditätsgrad 55 %). Der Daumen der rechten Hand wurde bei einem früheren Unfall verloren (Invaliditätsgrad 20 %).

Wie hoch ist der für die Leistungsberechnung anzusetzende Invaliditätsgrad?

Lösung:

Gehör auf einem Ohr	30 %	①
+ Bein (60 % von 70 %)	42 %	②
+ Rechte Hand (55 %–20 %)	35 %	③
= Invaliditätsgrad (max. 100 % nach Additionsklausel)	100 %	④

Erläuterungen:

① Die 100 %ige Beeinträchtigung des Gehörs auf einem Ohr bedeutet 30 % Gesamtinvalidität laut Gliedertaxe.

② Infolge der »nur« 60 %igen Beeinträchtigung ist der vorgesehene Invaliditätsgrad von 70 % bei einer 100 %igen Beeinträchtigung des Beines entsprechend zu kürzen.

③ Die Vorinvalidität von 20 % aufgrund des früheren Daumenverlustes ist von dem Invaliditätsgrad bei Verlust einer Hand abzuziehen.
Wäre im Beispielsfall nicht die rechte, sondern die linke Hand vorgeschädigt gewesen, bleibt diese Vorinvalidität unberücksichtigt, da der linke Arm durch den jetzigen Unfall nicht beeinträchtigt wurde.

④ Die für die betroffenen Körperteile und Sinnesorgane festgestellten Invaliditätsgrade werden bis zu max. 100 % addiert.

b) Berücksichtigung eines Mitwirkungsanteils

Ziff. 3

Haben bei den Unfallfolgen Krankheiten oder Gebrechen mitgewirkt, so wird der entsprechende Mitwirkungsanteil wie folgt berücksichtigt, wenn er mindestens 25 % beträgt:

- Im Falle einer Invalidität wird der festgestellte Invaliditätsgrad entsprechend dem Mitwirkungsanteil prozentual gekürzt.
- Im Todesfall und, soweit nichts anderes bestimmt ist, in allen anderen Fällen wird die hierfür vorgesehene Leistung entsprechend dem Anteil der Krankheit oder des Gebrechens gekürzt.

Beispiel:

Durch Unfall wird die Gebrauchsfähigkeit eines Armes vollständig beeinträchtigt (Invaliditätsgrad laut Gliedertaxe 70 %). Laut ärztlichem Gutachten ist die Beeinträchtigung zu 40 % auf Durchblutungsstörungen zurückzuführen, die schon vor dem Unfall bestanden.

Wie hoch ist der für die Leistungsberechnung anzusetzende Invaliditätsgrad?

Lösung:

Berechnung des Mitwirkungsanteils:	40 % von 70 %	= 28 %	
Berechnung des Invaliditätsgrades:	70 % – 28 %	= 42 %	①

Erläuterung:

①

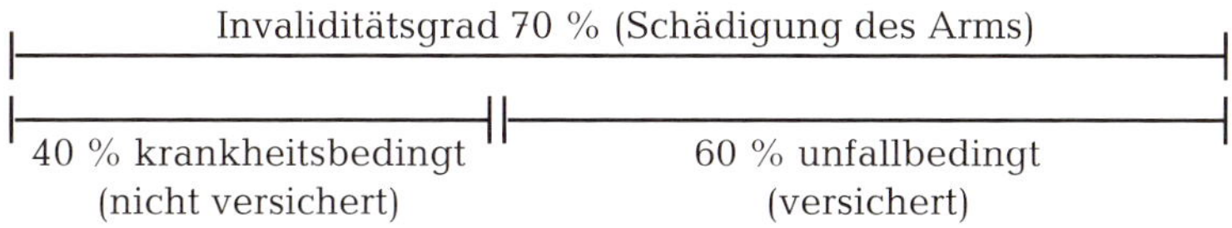

Der nicht versicherte Anteil, nämlich 40 % von 70 % = 28 %, ist vom Invaliditätsgrad laut Gliedertaxe abzuziehen.

2.6 Schadenregulierung

2.6.1 Information des Versicherten bzw. Anspruchstellers und Fälligkeit der Leistung

In der Verbundenen Hausrat- und in der Verbundenen Wohngebäudeversicherung ist die Entschädigung fällig, wenn die Feststellungen des Versicherers zum Grunde und zur Höhe des Anspruchs abgeschlossen sind. VHB 2008 VGB 2008 § 14

Der VN kann einen Monat nach Meldung des Schadens den Betrag als Abschlagszahlung beanspruchen, der voraussichtlich mindestens zu zahlen ist.

In der **Unfallversicherung** hat sich der VR **innerhalb eines Monats** zu erklären, ob und in welcher Höhe er den Anspruch anerkennt, nachdem ihm alle notwendigen Unterlagen zur Feststellung des Unfallhergangs und der Unfallfolgen zugegangen ind. AUB 2008 Ziff. 9.1

Wird eine **Invaliditätsleistung** geltend gemacht beträgt die Frist **drei Monate**.

Hinweis: Fälligkeit der Versicherungsleistung und Verzinsung der Entschädigung

Nähere Einzelheiten zur Fälligkeit der Versicherungsleistung und Verzinsung der Entschädigung sind dargestellt:

- zur Verbundenen Hausratversicherung in Band 2, B 5.2.6,
- zur Verbundenen Wohngebäudeversicherung in Band 2, C 2.8.6,
- zur Unfallversicherung in Band 2, E 6.5.

Die Fälligkeit der Versicherungsleistung zu einer **Haftpflichtversicherung** ist im VVG geregelt. Danach hat der VR den VN innerhalb von zwei Wochen vom Anspruch des Dritten freizustellen. Die Frist läuft von dem Zeitpunkt an, zu dem der Anspruch des Dritten mit bindender Wirkung für den VR durch rechtskräftiges Urteil, Anerkenntnis oder Vergleich festgestellt worden ist. VVG § 106

Soweit der VN eine Entschädigungsleistung an den Dritten mit bindender Wirkung für den VN erbracht hat, muss der VR die Entschädigung innerhalb von zwei Wochen an den VN zahlen, gerechnet ab dem Zeitpunkt, zu dem der VN an den Dritten geleistet hat.

AKB 2008 A. 2.17 In der **Kaskoversicherung** wird die Entschädigung innerhalb zweier Wochen nach ihrer Feststellung gezahlt, im Falle der Entwendung jedoch nicht vor Ablauf der Frist von einem Monat.

2.6.2 Sachverständigenverfahren

Ein Sachverständigenverfahren kann nach einem Versicherungsfall infrage kommen, wenn die Voraussetzungen des Anspruchs aus der Versicherung oder die Höhe des Anspruchs festgestellt werden sollen.

a) Regelungen nach dem VVG

VVG § 84 (1) Das VVG enthält zum Sachverständigenverfahren insbesondere folgende Regelungen:

- Weicht die durch den Sachverständigen getroffene Feststellung von der wirklichen Sachlage erheblich ab, ist die Feststellung nicht verbindlich. Die Feststellung erfolgt dann durch gerichtliche Entscheidung.
- (2) Sieht der Vertrag vor, dass die Sachverständigen durch Gericht zu ernennen sind und haben die Beteiligten kein Amtsgericht als zuständig begründet, ist für die Ernennung das Amtsgericht zuständig, in dessen Bezirk der Schaden entstanden ist.

b) Regelungen zum Sachverständigenverfahren in den VHB 2008

➤ Einleitung des Sachverständigenverfahrens

VHB 2008 § 15 Nr. 1 Der VN kann nach Eintritt des Versicherungsfalles durch einseitige Erklärung verlangen, dass die Schadenhöhe durch einen Sachverständigen festgestellt wird. Das Verfahren kann aber auch zwischen VN und VR vereinbart und auf weitere Feststellungen im Zusammenhang mit dem Versicherungsfall (z. B. Ermittlung des Versicherungswertes) ausgedehnt werden.

Nr. 3 a

➤ Bestellung der Sachverständigen und eines Obmanns

Jede Partei benennt in Textform einen Sachverständigen. Benennt eine Partei trotz Aufforderung in Textform durch die andere Partei keinen Sachverständigen, kann der Auffordernde nach Ablauf von zwei Wochen seit der Aufforderung einen Sachverständigen durch das Amtsgericht ernennen lassen.

Nr. 3 c Beide Sachverständige benennen in Textform vor Aufnahme ihrer Feststellungen einen dritten Sachverständigen als Obmann, wobei das Amtsgericht eingeschaltet wird, wenn keine Einigung über den Obmann erzielt werden kann.

➤ Feststellungen der Sachverständigen und Rolle des Obmanns

Nr. 5 Die Sachverständigen übermitteln den Parteien gleichzeitig ihre Feststellungen gem. § 15 Nr. 4 VHB 2008. Weichen diese voneinander ab, schaltet der VR den Obmann ein, der über die strittigen Punkte entscheidet. Die Feststellungen der Sachverständigen oder des Obmannes sind für den VN und den VR verbindliche Grundlage der Entschädigungsberechnung.

Sofern der Nachweis geführt werden kann, dass die Feststellungen von der wirklichen Sachlage erheblich abweichen, gelten die Bestimmungen des VVG (siehe oben unter a)).

Kosten des Sachverständigenverfahrens

Jede Partei trägt die Kosten ihres Sachverständigen. Die Kosten des Obmanns tragen beide Parteien je zur Hälfte. VHB 2008 Nr. 6

c) Sachverständigenverfahren nach VGB 2008

Das Sachverständigenverfahren nach VGB 2008 deckt sich inhaltlich mit dem Sachverständigenverfahren nach den VHB 2008, so dass auf die vorstehenden Ausführungen verwiesen werden kann. VGB 2008 § 15

Lernkontrollen zu D 2

Schadenanlage

1 Der VN ist verpflichtet, im Versicherungsfall bestimmte Obliegenheiten zu erfüllen.

Stellen Sie diese Obliegenheiten stichwortartig dar für die

- Verbundene Hausratversicherung,
- Verbundene Wohngebäudeversicherung,
- Unfallversicherung,
- Kraftfahrtversicherung.

Besonderheiten bei der Leistungsermittlung

Sachversicherung: Abgrenzung Hausrat/Wohngebäude

2 Prüfen Sie, ob die nachstehend genannten Sachen in der Verbundenen Wohngebäudeversicherung oder in der Verbundenen Hausratversicherung versichert sind:

a) Mieter Kunz hat die Duschabtrennung aus Kunststoff im Bad beschädigt und tauscht sie jetzt gegen eine Glas-Duschabtrennung aus.

b) Der Wohnungseigentümer verlegt einen Teppichboden ohne Verklebung auf den vorhandenen PVC-Boden.

c) Vor Erstbezug lässt der Vermieter Küchenmöbel, die serienmäßig produziert wurden, in den Küchenraum einbauen.

d) Der Wohnungseigentümer einer Wohnungseigentümergemeinschaft lässt in seiner Wohnung Holzdecken einbringen.

e) Ein anderer Wohnungseigentümer im selben Haus lässt an einer Wand Holzpaneele anbringen, die zwischen Boden und Decke eingespannt und bei Bedarf entfernt werden können.

Sachversicherung: Zusammentreffen von Hausrat- und Wohngebäudeversicherung bei bestimmten Nässeschäden

3 In der Wohnung des Mieters Alex Heubert ist ein Wasserrohr in der Wand gebrochen. Das ausströmende Wasser hat den eingeklebten Teppichboden und die Rauhfasertapete mit aufgebrachtem Innenanstrich derart in Mitleidenschaft gezogen, dass beides neu eingebracht werden muss. Die Kosten hierfür belaufen sich auf 4 300,00 €.

Herr Heubert zeigt den Schaden seiner Hausratversicherung an, während der Vermieter seine Wohngebäudeversicherung informiert, da der jetzt auszutauschende Teppichboden und die Rauhfasertapeten seinerzeit von ihm eingebracht wurden.

Beschreiben Sie, welche Regelung das vom GDV vorgeschlagene Teilungsabkommen für die Entschädigungsleistungen des Hausrat- und Wohngebäudeversicherers vorsieht.

Sachversicherung: Versicherungswert und Entschädigung von Wertsachen in der Hausratversicherung

4 Auf dem Weg zum Banktresor wird der VN überfallen und beraubt.

– Bargeld	1 800,00 €
– Schmuck	5 000,00 €
– Briefmarken	3 500,00 €

Die VS des erst kürzlich abgeschlossenen Vertrages ohne Selbstbeteiligung im Schadensfall beträgt lt. Versicherungsschein 40 000,00 €.

a) Wie hoch ist die Entschädigung?

b) Wie hoch würde entschädigt, wenn die Beraubung in der Wohnung des VN stattgefunden hätte?

c) Berechnen Sie den Entschädigungsbetrag, wenn der VR feststellt, dass der Wert des Hausrates ohne Wertsachen 45 000,00 € beträgt und die Wertsachen einen Gesamtwert von 25 000,00 € haben, der sich wie folgt zusammensetzt:

– Bargeld	1 800,00 €
– Sparbücher	4 500,00 €
– Schmuck	5 000,00 €
– Briefmarken	3 500,00 €
– handgeknüpfte Teppiche	10 200,00 €

5 Der VN zeigt einen Brandschaden in Höhe von 18 750,00 € an und weist an Aufräumungskosten 800,00 € nach. Im Rahmen der Schadenbesichtigung wird festgestellt, dass die VS ohne Vorsorgebetrag um 25 000,00 € unter dem Versicherungswert von 80 000,00 € liegt. Im vorgenannten VW sind Antiquitäten im Wert von 20 000,00 € enthalten.

a) Welcher VW ist für die Entschädigungsberechnung anzusetzen?

b) Wie hoch wird entschädigt, wenn die Wertsachen nicht vom Schaden betroffen sind?

Kraftfahrtversicherung: Besonderheiten der Entschädigungsberechnung in der Kaskoversicherung

6 Der VN hat eine Vollkaskoversicherung mit 500,00 € Selbstbeteiligung (Selbstbeteiligung bei Teilkaskoschäden 150,00 €) abgeschlossen. Im Urlaub wird der erst 8 Monate alte Pkw gestohlen. Der Neupreis bei Anschaffung betrug 17 800,00 €. Am Tag des Schadens beträgt der Neupreis infolge einer zwischenzeitlich eingetretenen Preiserhöhung 18 300,00 €, während ein gleichwertiges Fahrzeug in gebrauchtem Zustand für 16 500,00 € erworben werden kann. Der VN hat ein Neufahrzeug gekauft.

a) Wie hoch wird entschädigt?

b) Wann ist die Entschädigung zu zahlen?

7 Das 15 Monate alte Fahrzeug des VN wird bei einem Unfall schwer beschädigt. Die nachgewiesenen Reparaturkosten einschließlich MwSt belaufen sich auf 12 500,00 €. Das Fahrzeug wurde seinerzeit für 16 000,00 € angeschafft und würde jetzt 17 000,00 € kosten. Ein gleichwertiges Fahrzeug in gebrauchtem Zustand hat einen Marktpreis von 13 000,00 €.

Der Restwert des beschädigten Fahrzeuges wird mit 3 500,00 € durch einen Sachverständigen ermittelt.

Wie hoch ist die Entschädigung aus einer Vollkaskoversicherung mit 500,00 € Selbstbeteiligung?

Kraftfahrtversicherung: Zusammentreffen von Schadenersatzansprüchen bei Kfz-Haftpflicht- und Kaskoversicherung

8 Sie sind Mitarbeiter/-in in einer Agentur der Proximus Versicherung AG und werden vom Kunden Peter Schnock aufgesucht.

Herr Schnock ist an einer nicht beschilderten Kreuzung mit einem anderen Verkehrsteilnehmer zusammengestoßen. Nach seiner Ansicht hatte er Vorfahrt, da er von rechts kam.

Die gegnerische Versicherung wendet ein, dass ihn eine Mitschuld von 40 % träfe, da er sich nicht davon überzeugt hat, dass man seine Vorfahrt beachtet.

Herr Schnock hat zwischenzeitlich seinen Wagen reparieren lassen und folgende Aufwendungen gehabt:

Reparaturkosten	3 150,00 €
Abschleppkosten	130,00 €
Sachverständigenkosten	160,00 €
Mietwagenkosten	240,00 €
Sonstige Kosten (pauschal)	20,00 €

Herr Schnock möchte wissen, welche Leistung er noch aus seiner Kaskoversicherung erwarten kann, wenn die gegnerische Kfz-Haftpflichtversicherung tatsächlich bei ihrer Schadenregulierung ein Mitverschulden von 40 % berücksichtigt.

- **Auszug aus dem Vertragsspiegel**

Kfz-Haftpflichtversicherung mit gesetzlichen Deckungssummen
Vollkasko mit 300,00 € Selbstbeteiligung

- **Arbeitsauftrag**

Berechnen Sie zunächst die voraussichtliche Schadenersatzleistung des gegnerischen Kfz-Haftpflichtversicherers und stellen Sie dann fest, welche Leistung die Kaskoversicherung des Herrn Schnock noch erbringen muss.

9 Führen Sie die Berechnungen mit den Angaben zu Aufgabe 8 für den Fall durch, dass sich Herr Schnock bezüglich der Ersatzleistung zunächst an seinen Kasko-VR und dann an die gegnerische Kfz-Haftpflichtversicherung wendet.

Unfallversicherung: Vorinvalidität und Mitwirkungsanteil als Einflussfaktoren auf die Leistungshöhe

10 Durch einen Unfall wird die Gebrauchsfähigkeit der linken Hand ab dem Handgelenk zu 100 % eingeschränkt. Ferner wird die Sehkraft des linken Auges um 80 % vermindert. Beim Verlust der Sehkraft hat ein im Unfallzeitpunkt bestehendes Leiden zu 40 % mitgewirkt.

a) Berechnen Sie den Invaliditätsgrad.

b) Wie hoch ist die Kapitalleistung durch den VR, wenn der VN mit einer Invaliditätssumme von 75 000,00 € versichert ist?

c) Welche Kapitalleistung wird erbracht, wenn die progressiver Invaliditätsstaffel Modell 500 vereinbart ist?

11 Auf dem Fußgängerüberweg wird ein VN überfahren und schwer verletzt. Der VN hat eine Unfallversicherung mit einer Invaliditätssumme von 60 000,00 €. Der behandelnde Arzt stellt folgende Dauerschäden fest: Einschränkung der Gebrauchsfähigkeit des rechten Beines um 40 % und des rechten Armes um 30 %.

a) Wie hoch ist die Kapitalleistung durch den VR?

b) Zwei Jahre später rutscht der VN im Treppenhaus aus und verletzt sich so schwer, dass das rechte Bein nur noch zu 20 % funktionsfähig ist. Außerdem wird die Gebrauchsfähigkeit der linken Hand durch den Sturz um 20 % eingeschränkt. Berechnen Sie die Höhe der Entschädigung.

Schadenbearbeitung und -regulierung

12 Sie erhalten das folgende Schreiben Ihres VN Uwe Bauer:

»Über meiner gemieteten Wohnung wohnt die Rentnerin Frau Irmgard Baumbach. Sie ist eine alleinstehende ältere Dame. Mir ist in letzter Zeit aufgefallen, dass sie zusehends vergesslicher wird. Gestern Nachmittag hat sie das Badewasser einlaufen lassen, später aber vergessen, den Hahn wieder zuzudrehen. Als ich von der Arbeit nach Hause kam, stand das Wasser schon 3 cm hoch in meiner Wohnung. Frau Baumbach hatte den Schaden zu diesem Zeitpunkt noch nicht bemerkt, da sie sich für einen Nachmittagsschlaf ins Bett gelegt hatte.

An meiner Wohnung und an der Einrichtung sind erhebliche Wasserschäden entstanden. Die von mir eingebrachte Holzdecke zeigt große Wasserflecken. Der eingeklebte Teppichboden muss ebenfalls erneuert werden. Die Schränke im Wohnzimmer, Schlafzimmer und der Küche sind im Sockelbereich aufgequollen. Ebenfalls sind die Tapeten an den Stellen voller Flecken, wo das Wasser von oben nach unten gelaufen ist.

Ich weiß zwar, dass Frau Baumbach grundsätzlich für den Schaden verantwortlich ist, gehe aber davon aus, dass sie als Rentnerin nicht in der Lage ist, den Schaden zu ersetzen, zumal sie nach eigenem Bekunden auch keine Haftpflichtversicherung hat.

Bitte teilen Sie mir deshalb mit, ob meine Hausratversicherung den Schaden ersetzt und was ich hierfür unternehmen muss.

Auszug aus dem Vertragsspiegel

Hausratversicherung nach VHB 2008
VN: Uwe Bauer, 33330 Gütersloh, Bachstr. 124
Beruf: Kaufmännischer Angestellter
VS: 36 000,00 €
Versicherte Gefahren: F, ED, Lw, St/H
Besondere Vereinbarungen: Überspannungschäden bis 5 % der VS sind mitversichert
Versicherungsperiode: 01. Jan.–01. Jan.
Beitragssatz für die Grunddeckung: 2,00 ‰
Tarifzone: H II
Zuschlag für die Zusatzdeckung: 0,35 ‰

Arbeitsauftrag

Antworten Sie Herrn Bauer, indem Sie ihm mitteilen, inwieweit er mit einem Schadenersatz aus seiner Hausratversicherung grundsätzlich rechnen kann und welche Informationen bzw. Unterlagen Sie für die Schadenregulierung noch benötigen.

13 Die folgende Schadenmeldung Ihres VN Ernst Sachs steht zur Bearbeitung an, nachdem der Schadenbesichtiger seinen Bericht angefertigt hat:

»In der letzten Nacht fegte ein gewaltiger Sturm über unsere Gemeinde. Die Windböen waren so heftig, dass sogar der Hahn auf dem Kirchturm umgeknickt ist. An meinem Haus sind folgende Schäden entstanden:

– Die Satellitenschüssel ist abgebrochen	Kosten ca. 400,00 €
– 3 Dachziegel sind vom Dach gefallen	Kosten ca. 125,00 €
– Einer der Dachziegel hat die frei stehende Gartenlampe beschädigt	Kosten ca. 100,00 €
– Der zweite Dachziegel ist durch das Glas des Wintergartens gefallen	Kosten ca. 300,00 €
– Im Wintergarten wurde dadurch der Tisch schwer beschädigt	Kosten ca. 170,00 €
– Eine Bodenfliese ist gebrochen	Kosten ca. 50,00 €
– Ein Fenster, das in Kippstellung stand, ist aus der Halterung gerissen und zerstört worden	Kosten ca. 450,00 €
– Die Gardine ist zerrissen	Kosten ca. 80,00 €
– Durch einen Lüftungsschacht wurde Regen ins Hausinnere gedrückt. Die Wand hat hässliche Wasserflecken davongetragen.	Kosten ca. 140,00 €

Bitte regulieren Sie die Schäden.«

- **Auszug aus dem Bericht des Schadenbesichtigers**

  Die angegebenen Schäden sind zutreffend und die angegebenen Kosten entsprechen auch der jeweiligen Schadenhöhe. Der Wert des gesamten Hausrats wurde mit 60 000,00 € und die Wohnfläche mit 105 m² festgestellt.

  Der VN hat den Wintergarten Anfang des Jahres 2009 anbauen lassen. Der VW 1914 des gesamten Hauses beträgt dadurch 20 000,00 M.

  Bei den durch die grobe Fahrlässigkeit des VN eingetretenen Schäden ist eine Mitschuld des VN von 50 % zu berücksichtigen.

- **Auszug aus dem Vertragsspiegel.**

VN: Ernst Sachs, 17179 Repnitz, Weidestr. 234

- Wohngebäudeversicherung (gleitende Neuwertvers. nach VGB 2008)
  Objekt: Einfamilienhaus, zweigeschossig, ausgebauter Keller, ausgebautes Satteldach. 1 Garage (BAK I)
  VS 1914: 19 000,00 M
  Versicherte Gefahren: F, Lw, St/H
  Besondere Vereinbarungen: keine
- Hausratversicherung (VHB 2008)
  VS 48 000,00 € (100 m² Wohnfläche)
  Versicherte Gefahren: F, ED, Lw, St/H
  Besondere Vereinbarungen: keine

- **Arbeitsauftrag**

  Zeigen Sie dem VN auf, ob und inwieweit der Schaden versichert ist, und berechnen Sie die voraussichtliche Höhe der Entschädigung.
  Beraten Sie den VN auch dahingehend, was er unternehmen sollte, um zukünftig einen ausreichenden Versicherungsschutz zu haben.

14 Die folgende Schadenmeldung Ihres VN Franz Kolbe steht zur Bearbeitung an.

Sehr geehrte Damen und Herren,

am 14. Oktober des Jahres habe ich den Dachdeckermeister Eder aus Mönchengladbach-Rheydt damit beauftragt, das Dach meines Einfamilienhauses zu prüfen und ggf. erforderliche Reparaturen auszuführen. Der Dachdeckermeister Eder hat seinen Gesellen Hans Rupp, der schon lange für den Betrieb tätig ist, mit der Durchführung beauftragt.

Aufgrund einer Unachtsamkeit des Gesellen sind drei Dachziegel auf das vor dem Haus parkende Auto meines Bruders gefallen, der gerade zu Besuch war. Dabei sind die Dachziegel zersplittert. Herumfliegende Splitter haben einen ahnungslosen Passanten getroffen, der daraufhin im Krankenhaus ambulant behandelt werden musste.

Der Passant hat sich mit seiner Schadenersatzforderung an mich gewendet. Er begründet dies damit, dass der Geselle, wie sich später herausgestellt hat, noch vom Vortrag leicht angetrunken war und ich zugelassen hätte, dass er in diesem Zustand auf meinem Dach arbeitete. Hierzu möchte ich bemerken, dass ich seinen Trunkenheitszustand überhaupt nicht wahrgenommen habe. Er hat nach der Ankunft sofort mit den Arbeiten auf dem Dach begonnen.

Ich möchte Sie bitten, diesen Fall für mich zu übernehmen. Auch mein Bruder möchte wissen, ob er seine Ansprüche über Sie geltend machen kann, da er ja bei mir zu Besuch war.

Mit freundlichen Grüßen

R. Zimmermann

- **Auszug aus dem Vertragsspiegel**

Privat- und Sporthaftpflichtversicherung

Versicherungsnehmer: Franz Kolbe
Holunderweg 5
41199 Mönchengladbach

Deckungssumme: 2 Mio. € pauschal

Jahresbeitrag ohne VersSt: 98,00 €

Zusatzdeckungen: keine

Anzahl der bisherigen Schäden: keine

- **Arbeitsauftrag**

Sie erhalten den Auftrag, vorab eine Deckungs- und Haftungsprüfung vorzunehmen und stichwortartig aufzuzeichnen, ehe dem Kunden geantwortet wird.

3 Regress

3.1 Übergang von Ersatzansprüchen nach den Bestimmungen des VVG

VVG § 86

➤ Regelung nach § 86 Abs. 1, Satz 1 VVG

Steht dem VN ein Anspruch auf Ersatz des Schadens gegen einen **Dritten** (Schädiger) zu, so geht dieser Anspruch in der **Schadenversicherung** kraft Gesetzes auf den VR über, soweit dieser den Schaden aufgrund des Versicherungsvertrages ersetzt hat. Es bedarf keines Abtretungsvertrages.

Der Übergang von Ersatzansprüchen bewirkt, dass

- der Dritte als Schadenverursacher nicht von der Haftung befreit wird;
- der VN nicht bereichert wird, in dem er aus einem Schadenereignis die doppelte Leistung erhält;
- der VR in die Lage versetzt wird, den Dritten – den eigentlichen Schadenverursacher – in Regress zu nehmen.

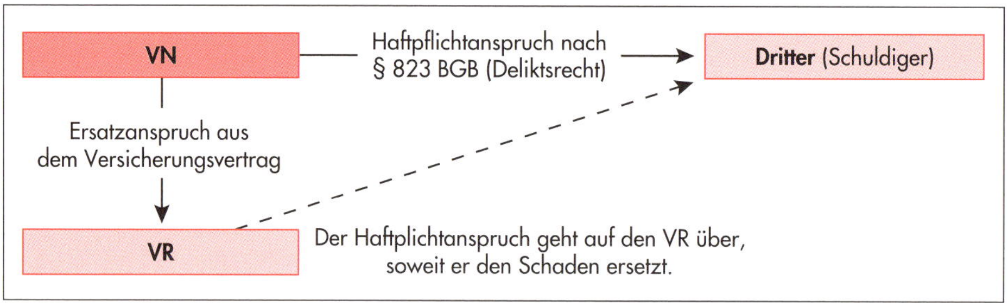

Beispiel:
Ein VN hat sein Haus mit 100 000,00 € zum Neuwert (Zeitwertanteil = 80 000,00 € Neuwertanteil = 20 000,00 €) versichert. Das Haus brennt ab. Ein Dritter ist für den Totalschaden verantwortlich.

Der VR zahlt eine Entschädigung in Höhe von 100 000,00 € an den VN und nimmt nach § 86 VVG Regress bei dem Dritten in Höhe von 80 000,00 €. Bezüglich des Neuwertanteils von 20 000,00 € kann kein Regress genommen werden, weil »**nur**« **der Anspruch** des VN **nach §§ 823 Abs. 1, 249 BGB** gegen den Dritten **auf den VR übergeht**. Das BGB kennt als Sachschaden den Wiederbeschaffungspreis, das ist nach BGB-Recht der Zeitwert, nicht der Neuwert.

➤ Regelung nach § 86 Abs. 1, Satz 2 VVG (Schutz des VN)

Der Übergang kann **nicht zum Nachteil** des VN geltend gemacht werden. Dies bedeutet, dass der VR erst zum Zuge kommt, **nachdem** der VN seinen Schaden voll ersetzt erhalten hat.

Beispiel:

Der VN hat sein Haus, das einen Zeitwert von 80 000,00 € besitzt, nur mit 60 000,00 € versichert. Zwei Jahre später wird das Haus durch das Verschulden eines Dritten (Gebäudebrand) vollständig zerstört. Der VR ersetzt dem VN nach § 13 Nr. 9 VGB 2008 nur 60 000,00 € weil eine Unterversicherung von 25 % vorliegt. Nur in dieser Höhe geht der dem VN gegen den Dritten zustehende Schadenersatzanspruch auf den VR über, in Höhe von 20 000,00 € verbleibt er dem geschädigten VN. Reicht das Vermögen des Dritten für beide Teilansprüche allerdings nicht aus, hat der Teilanspruch des VN Vorrang.

In der Zwangsvollstreckung darf der VR deshalb nur auf den Teil des Vermögens des haftpflichtigen Dritten zurückgreifen, den der VN nicht zum Ausgleich seines Schadens benötigt und zwar unabhängig davon, aus welchem Grund die Entschädigung des VR hinter dem Schaden zurückbleibt.

Besonderheit: Quotenvorrecht

Das Quotenvorrecht kommt beim Regress zum Tragen, wenn nicht nur die Versicherungsleistung, sondern auch der Haftpflichtanspruch des VN gegen den Dritten – z. B. wegen Mitverschuldens – geringer ist als der Schaden.

Beispiel:

Der VN erleidet unfallbedingt einen Kfz-Schaden in Höhe von 6 000,00 €. Von seinem Fahrzeugversicherer werden ihm daraufhin nur 5 000,00 € (vereinbarter Selbstbehalt: 1 000,00 €) ersetzt. Gleichzeitig ist sein Haftpflichtanspruch gegen den Dritten als Unfallverursacher wegen Mitverschuldens (§ 254 BGB) auf 3 000,00 € begrenzt. Auf den VR geht hier nur der Haftpflichtanspruch über, der nach voller Befriedigung des VN verbleibt, also nur ein Anspruch in Höhe von 2 000,00 € (3 000,00 € Haftpflichtanspruch – 1 000,00 € Selbstbeteiligung).

Grundsätzlich gilt: Der **Haftpflichtanspruch** bleibt beim VN, soweit sein Schaden nicht vom VR gedeckt wird.

Im Beispielsfall bedeutet dies: Der Haftpflichtanspruch (begrenzt auf 3 000,00 € wegen Mitverschuldens) bleibt beim VN, soweit der Gesamtschaden (6 000,00 €) nicht vom VR gedeckt wird (»**Differenztheorie**«). Diese günstige Stellung des VN wird als »**Quotenvorrecht**« des VN bezeichnet.

➤ Anspruchswahrung durch den VN nach § 86 Abs. 2 VVG

Durch § 86 Abs. 2 Satz 1 VVG wird dem VN die Obliegenheit auferlegt, einen Ersatzanspruch gegen einen Dritten oder ein zur Sicherung dieses Anspruchs dienendes Recht zu wahren und dabei bestehende Formerfordernisse oder Fristen zu beachten. Auch hat der VN bei der Durchsetzung der Ansprüche durch den VR mitzuwirken.

Beispiel:

Der VN ist von einem Radfahrer angefahren worden. Er wurde verletzt und seine Kleidung erheblich beschädigt. Seinem Krankenversicherer legt er die Arztrechnungen zur Erstattung vor. Im Haftpflichtprozess, den der VN gegen den Radfahrer angestrengt und über den er den VR nicht informiert hat, erscheint er nicht zum Gerichtstermin, da er seine Freundin treffen will. Darauf ergeht gegen ihn ein Versäumnisurteil und er verliert den Schadenersatzanspruch gegen den Radfahrer.

Durch dieses Verhalten verliert der Krankenversicherer seinen möglichen Regressanspruch gegen den Radfahrer. Der VR ist daher gegenüber dem VN leistungsfrei, da die Obliegenheitsverletzung dafür ursächlich ist, dass der VR von dem Dritten (hier: dem Radfahrer) keinen Ersatz erlangen kann.

Die vollständige Leistungsfreiheit des VR setzt eine vorsätzliche Obliegenheitsverletzung des VN voraus; bei grober Fahrlässigkeit, deren Vorliegen vom VN zu beweisen ist, tritt nur eine quotale Leistungsbefreiung ein.

➤ Regressausschluss gegen Personen, die in einer häuslichen Gemeinschaft mit dem VN leben

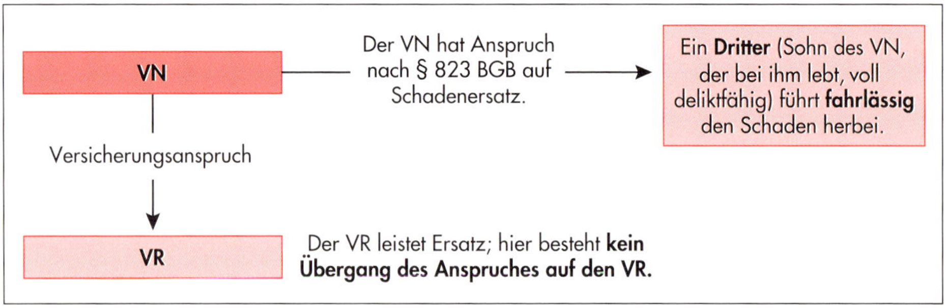

VVG § 86 (3) Richtet sich der Ersatzanspruch des Versicherungsnehmers gegen eine bei Eintritt des Schadens mit ihm **in häuslicher Gemeinschaft lebende Person** (z. B. Ehepartner, Lebenspartner, Kind), so ist der Übergang auf den VR ausgeschlossen. Der Anspruch geht nur über, wenn diese Person den Schaden **vorsätzlich** verursacht hat.

Diese Regelung soll den Versicherten davor schützen, dass sein Versicherungsschutz mittelbar über den Regress des VR entwertet wird. Denn Personen, die in »häuslicher Gemeinschaft« leben, verzichten i. d. R. auf die Durchsetzung bestehender Schadenersatzansprüche untereinander. Weil man eine Wirtschaftseinheit bildet, wird jeder durch finanzielle Belastungen des anderen mitbetroffen. Eine Anspruchsdurchsetzung wäre deshalb unsinnig. Außerdem gilt es den häuslichen Frieden zu wahren.

Eine »**häusliche Gemeinschaft**« setzt eine Gemeinschaft der Wirtschaftsführung voraus, die aber nicht notwendig umfassend sein muss. Sie wird durch die nur vorübergehende Abwesenheit eines Familienangehörigen – beispielsweise während eines Auslandssemesters eines ansonsten noch zu Hause wohnenden Studenten – nicht aufgehoben.

3.2 Regress in der Sachversicherung

3.2.1 Regress beim Mieter bzw. Wohnungseigentümer

➤ Regress beim Mieter

BGH 1995 Nach der Rechtsprechung des BGH ist es grundsätzlich möglich, den Mieter einer versicherten Sache, z. B. eines Gebäudes, in eine reine Sachversicherung einzubeziehen. Dies geschieht in der Praxis regelmäßig dadurch, dass der Vermieter aufgrund des Mietvertrages die Versicherungsbeiträge auf den Mieter abwälzt. Als Gegenleistung ist der Mieter wie der VN zu behandeln, bei dem beispielsweise Schäden durch einfache Fahrlässigkeit als versichert gelten.

Beispiel:
Der Mieter des Hauses stößt versehentlich eine brennende Kerze vom Tisch, die eine Gardine in Brand setzt. Das Feuer hinterlässt große Brandflecken an der Holzdecke. Im Mietvertrag ist geregelt, dass die Beiträge für die Gebäude-Feuerversicherung auf den Mieter abgewälzt werden und dass der Mieter für Schäden, die durch schuldhafte Verletzung der ihm obliegenden Sorgfaltspflichten entstehen, haftet.

Das Verhalten des Mieters ist als **einfache Fahrlässigkeit** einzustufen. Nach § 823 BGB ist er grundsätzlich ersatzpflichtig (Verschuldenshaftung). Der VR, der den Gebäudeschaden dem VN ersetzt, kann aber keinen Regress beim Mieter nehmen, da er in die Versicherung als einbezogen gilt. Schäden durch einfache Fahrlässigkeit des Mieters sind danach den Schäden durch einfache Fahrlässigkeit des VN gleichgestellt, soweit diese in der Sachversicherung grundsätzlich versichert sind.

Bei grober Fahrlässigkeit bestimmt sich die Regressmöglichkeit nach dem Grad des Verschuldens (Quotelung). Nur bei Vorsatz besteht volle Regressmöglichkeit.

In einer späteren Rechtsprechung hat der BGH diese haftungsrechtliche Lösung durch eine versicherungsrechtliche Lösung erweitert, die berücksichtigt, dass der VN als Vermieter im Einzelfall ein besonderes Interesse an einem Schadensausgleich durch den Mieter haben kann.

➤ Regress bei einem Wohnungseigentümer

Sind die Miteigentümer einer Wohnungseigentümergemeinschaft gemeinsam VN einer Verbundenen Wohngebäudeversicherung, ist ein Regress des VR bei **einfacher Fahrlässigkeit** gegen einen Miteigentümer nicht möglich ist.

Hat der Miteigentümer gegen eine **Obliegenheit** verstoßen oder den Schaden **grob fahrlässig** oder **vorsätzlich** herbeigeführt und ist der VR deshalb teilweise oder vollständig leistungsfrei, kann er sich hierauf gegenüber den übrigen Wohnungseigentümern nicht berufen. Die übrigen Wohnungseigentümer können vielmehr verlangen, dass der VR sie auch insoweit entschädigt, als er gegenüber einzelnen Miteigentümern leistungsfrei ist, sofern diese zusätzliche Entschädigung zur Wiederherstellung des gemeinschaftlichen Eigentums verwendet wird.

Beispiel:
Miteigentümer Schulz zündet bei einem Streit mit seiner Ehefrau die gemeinsame Wohnung an. Die Aussenfassade des Hauses der Eigentümergemeinschaft trägt schwere Brandschäden davon und muss erneuert werden

Gegenüber dem Miteigentümer Schulz ist der VR aufgrund dessen vorsätzlichen Handelns in jedem Falle leistungsfrei. Die übrigen Miteigentümer können jedoch verlangen, dass der VR auch den leistungsfreien Teil der Entschädigung insoweit leistet, als er für die Wiederherstellung der Fassade (gemeinschaftliches Eigentum) benötigt wird. Diesen Mehraufwand wird der VR im Wege des Regresses vom Schadenverursacher zurück verlangen.

3.2.2 Regressverzichtsabkommen der Feuerversicherer

Es handelt sich hierbei um einen Vertrag zwischen den deutschen Feuerversicherern, wonach sie bei übergreifenden Schadenereignissen unter folgenden Voraussetzungen auf den möglichen Rückgriff beim Schadenverursacher verzichten wollen:

- Der Schaden, auf dem der Regressanspruch beruht, muss durch ein Ereignis bewirkt sein, das für den Regressschuldner einen Versicherungsfall der Feuerversicherung darstellt.
- Der VR muss im Rahmen dieser Feuerversicherung ersatzpflichtig sein.
- Das Schadenereignis muss von dem Versicherungsort dieser Feuerversicherung aus auf die versicherten Gegenstände übergegriffen haben.
- Die Feuerversicherung muss bei einem Unternehmen bestehen, das dem Abkommen beigetreten ist.

Es wird zwischen dem sog. **Grundverzicht** und dem sog. **erweiterten Verzicht** unterschieden. Nach dem Grundverzicht verzichten die Feuerversicherer unentgeltlich auf Regressansprüche ab 150 000,00 € (untere Grenze) bis zu 600 000,00 € (obere Grenze).

Beispiel:

X hat sein Mehrfamilienhaus bei VR A feuerversichert. Sein Nachbar Y ist bei VR B versichert. Bei X bricht infolge leichter Fahrlässigkeit ein Brand aus, der auf das Mehrfamilienhaus des Y übergreift. Schaden bei Y 675 000,00 €.

Der Geschädigte Y hat einen gesetzlichen Haftpflichtanspruch aus § 823 BGB gegen den Schädiger X und einen Deckungsanspruch gegen seinen VR B.

Soweit VR B Ersatz an Y leistet, geht der Anspruch des Y gegen X auf VR B über (Übergang von Ersatzansprüchen nach § 86 VVG).

VR B wird aufgrund des Regressverzichtsabkommens für den Schadenbetrag, der zwischen 150 000,00 € und 600 000,00 € liegt, jedoch keinen Regress beim Schädiger X nehmen, sondern nur 225 000,00 € fordern (150 000,00 € und die Differenz zwischen 600 000,00 € und 675 000,00 €).

Auf Regressforderungen unter 150 000,00 € verzichten die Abkommensunternehmen nicht, da der VN sich durch den Abschluss einer Haftpflichtversicherung gegen Forderungen bis zu dieser Höhe schützen kann.

Die untere Grenze entfällt, wenn eine bestehende Haftpflichtversicherung keine Deckung bietet.

Das Regressverzichtsabkommen kann von folgender Internetadresse aus als pdf-Datei heruntergeladen werden:

http://www.gdv.de/Publikationen/versicherungsbedingungen/Schaden und Unfallversicherung/Sachversicherung/Regressverzichtsabkommen/avbinhalt.html

Der Schadenstifter hat die Möglichkeit, sich auch gegen Regressansprüche zu schützen, die über der Grenze von 600 000,00 € liegen, indem er eine Regressverzichtsurkunde der Feuerversicherer beim GDV erwirbt. Als Höchstgrenze für den entgeltpflichtigen Regressverzicht gilt dann der in der Urkunde vereinbarte Betrag. Alternativ käme der Abschluss einer Feuerhaftungsversicherung infrage.

Exkurs: Feuerhaftungsversicherung

Die Feuerhaftungsversichung wird auf der Grundlage der »Bedingungen für die Feuerhaftungsversicherung« **(FHB)** vereinbart.

FHB § 2

Sie gewährt unter folgenden Voraussetzungen dem VN Versicherungsschutz:

- Auf dem Versicherungsgrundstück des VN ist ein nach den AFB versichertes Schadenereignis eingetreten.

- Infolge dieses Schadenereignisses sind die Sachen eines Dritten zerstört oder beschädigt worden oder abhanden gekommen.
- Der VN wird aufgrund gesetzlicher Haftpflichtbestimmungen privatrechtlichen Inhalts von dem Dritten in Anspruch genommen.

Die Feuerhaftungsversicherung haftet nur **subsidiär**, d. h., andere Versicherungen des VN, die eintrittspflichtig sind, sowie Haftungs-, Ersatz- oder Regressverzichtserklärungen des geschädigten Dritten oder dessen VR gehen der Feuerhaftungsversicherung vor. FHB § 3

3.3 Regress in der Kraftfahrtversicherung

3.3.1 Regress in der Kfz-Haftpflichtversicherung

Ist der VR im Innenverhältnis leistungsfrei, kann er zum Rückgriff berechtigt sein, soweit eine Leistung an den geschädigten Dritten erbracht werden musste.

➤ Regress im Zusammenhang mit dem Verstoß gegen eine Rechtspflicht

War der VR zur Leistung im Innenverhältnis nicht mehr verpflichtet, kann er **Rückgriff beim VN** oder **bei einer mitversicherten Person** hinsichtlich der erbrachten Leistungen an den geschädigten Dritten nehmen.

Der **Rückgriff gegen eine mitversicherte Person** ist ausgeschlossen, soweit die der Leistungsfreiheit zugrundeliegenden Umstände nicht in dieser Person lagen und ihr weder bekannt noch grob fahrlässig nicht bekannt waren **(Regressverbot).** VVG § 123

Beispiel:
Der VN gestattet die Nutzung des noch ordnungsgemäß zugelassenen Fahrzeuges durch einen Bekannten und händigt ihm den Fahrzeugschein aus. Der Bekannte darf aufgrund der äußeren Umstände darauf vertrauen, dass zumindest Versicherungsschutz im Rahmen der Pflichtversicherung gegeben ist. Besteht der Versicherungsschutz nicht und kommt es zu einem ersatzpflichtigen Schaden, ist der Rückgriff gegen den Fahrer ausgeschlossen.

Der Versicherte braucht auch nicht mit dem Rückgriff eines Sozialversicherungsträgers oder anderen Schadensversicherers zu rechnen, da § 117 Abs. 3, Satz 2 gem. § 123 Abs. 2 VVG im beschriebenen Fall keine Anwendung findet.

➤ Regress im Zusammenhang mit dem Verstoß gegen eine Obliegenheit vor dem Versicherungsfall (Verletzung einer Pflicht bei Gebrauch des Fahrzeugs)

Für den Fall, dass eine Obliegenheit vor dem Versicherungsfall verletzt oder eine Gefahrerhöhung vorgenommen wurde, ist der VR nach der KfzPflVV dem VN und den mitversicherten Personen gegenüber bis zu je 5 000,00 € von der Leistungspflicht befreit. Die VR haben von diesem Recht in ihren AKB Gebrauch gemacht und sehen den Rückgriff in dieser Höhe beim VN bzw. den mitversicherten Personen vor, soweit sie dem geschädigten Dritten gegenüber leistungspflichtig sind. Der Regress trifft aber immer nur denjenigen, der die Obliegenheitsverletzung zu vertreten hat. Hat ein Mitversicherter eine ihn treffende Obliegenheit verletzt, bleibt der Deckungsanspruch für den VN unberührt. KfzPflVV § 5 (3) AKB 2008 D. 3.3 D. 3.4

Beispiel:
Der Halter hat sein Fahrzeug einem Arbeitskollegen geliehen. Auf dem Heimweg kehrt der Arbeitskollege noch in seiner Stammkneipe ein, wo er Freunde trifft und sich zu einigen Glas Bier überreden lässt. Er fühlt sich dennoch fahrtüchtig und fährt nach Hause, wobei er einen schweren Unfall mit einem Sachschaden von über 10 000,00 € verursacht.

Der Kfz-Haftpflichtversicherer wird für die an den Geschädigten geleisteten Zahlungen beim Unfallverursacher Regress bis 5 000,00 € nehmen. Hätte der Halter der Fahrt unter Alkoholeinfluss zugestimmt, könnte der VR auch bei ihm Regress bis 5 000,00 € nehmen, sodass insgesamt 10 000,00 € der Entschädigung im Regresswege zurückgefordert würden.

➤ **Regress im Zusammenhang mit dem Verstoß gegen eine Obliegenheit im Versicherungsfall**

AKB 2008 E. 7.3 – E. 7.5 KfzPflVV §§ 6, 7

Da die Leistungsfreiheit im Innenverhältnis auf 2 500,00 € bzw. 5 000,00 € beschränkt ist, kann ein Rückgriff auch nur bis zu dieser Höhe erfolgen, soweit der VR Leistungen an den geschädigten Dritten erbringen musste. Ein weiter gehender Rückgriff ist möglich, wenn sich z. B. durch die Obliegenheitsverletzung ein rechtswidriger Vermögensvorteil verschafft werden sollte.

3.3.2 Teilungsabkommen für bestimmte Kraftfahrzeug-Haftpflichtschäden

Bei einer Vielzahl von Kfz-Haftpflichtschäden können andere Versicherungsunternehmen oder Sozialversicherungsträger neben den Geschädigten als Anspruchsteller auftreten.

Beispiel:
Die gesetzliche Krankenkasse hat die Kosten für die Heilbehandlung nach einem Verkehrsunfall gezahlt und kann als berechtigter Dritter hierfür die Kfz-Haftpflichtversicherung des Unfallverursachers in Anspruch nehmen.

Um die Schadenabwicklung zu vereinfachen, haben die Beteiligten sog. **Schadenteilungsabkommen** geschlossen. Es sind Rahmenverträge, die auf dem Grundgedanken beruhen, dass sich nach dem Gesetz der großen Zahl die Vor- und Nachteile für jedes einzelne Unternehmen bei der Menge der Schadenfälle ausgleichen. Als Rationalisierungsmaßnahme helfen sie, Rechtsstreitigkeiten zu vermeiden und Kosten zu sparen.

Als wichtigstes Teilungsabkommen ist das Musterabkommen des Gesamtverbandes der Versicherungswirtschaft (GDV) mit den Krankenkassen zu nennen.

3.3.3 Regress des Kaskoversicherers

Ein Regress des Versicherers kann dann infrage kommen, wenn nicht der VN, sondern ein Dritter den Fahrzeugschaden verursacht hat und der VR dem VN gegenüber leistungspflichtig ist.

a) Regress gegenüber dem berechtigten Fahrer, Mieter oder Entleiher

Beispiel:
Ein Bekannter des VN, der dessen Fahrzeug ausgeliehen hat, fährt mit überhöhter Geschwindigkeit in eine Autobahnausfahrt, verliert die Kontrolle über das Fahrzeug und schleudert gegen eine Leitplanke.

Grundsätzlich kann der VN den entstandenen Schaden vom Fahrer nach den Vorschriften über die Deliktshaftung ersetzt verlangen. Wendet sich der VN für die Schadenregulierung an den VR, so ist dieser ihm gegenüber leistungspflichtig. Soweit der VR den Schaden reguliert, geht der Haftpflichtanspruch des VN auf den VR kraft Gesetzes über und bildet die rechtliche Grundlage für den evtl. möglichen Regress. VVG § 86

Regressansprüche des Versicherers können üblicherweise nach dem AKB 2008 gegen den berechtigten Fahrer und andere in der Haftpflichtversicherung mitversicherte Personen sowie gegen den Mieter oder Entleiher aber nur geltend gemacht werden, wenn von ihnen der Versicherungsfall **vorsätzlich** oder **grob fahrlässig** herbeigeführt worden ist.

Die Regressmöglichkeit ist nicht gegeben, wenn der berechtigte Fahrer den Schaden durch einfache Fahrlässigkeit herbeigeführt hat, da die einfache Fahrlässigkeit vom Versicherungsschutz erfasst wird. Auch gegenüber Personen, mit denen der VN, in häuslicher Gemeinschaft lebt, besteht keine Regressmöglichkeit, es sei denn, diese Person hat den Schaden vorsätzlich verursacht.

Hinweis: Regressverzicht im Bedingungswerk 2 »Proximus Versicherung« in der Kaskoversicherung bei grob fahrlässiger Fahrlässigkeit von mitversicherten Personen

Das vorgenannte Bedingungswerk kennt nach A.2.19.2 AKB 2008 den Verzicht auf Leistungskürzung in der Kaskoversicherung bei grober Fahrlässigkeit, ausgenommen in bestimmten Fällen (Zu Einzelheiten, vgl. C 5.2.6 a).

Dieser Verzicht gilt auch für die mitversicherten Personen, so dass bei diesen kein Regress genommen werden kann, wenn die Verzichtsvoraussetzungen erfüllt sind.

---

b) Regress gegenüber anderen Dritten

Beispiel:
Das Fahrzeug des VN wird durch eine mutwillige Handlung beschädigt. Der Verursacher kann ermittelt werden.

Der Regressanspruch des ersatzpflichtigen Versicherers gegenüber dem Täter richtet sich ausschließlich nach den Bestimmungen des VVG (Übergang von Ersatzansprüchen) und nicht nach den AKB 2008, da ein außen stehender Dritter für den Schaden verantwortlich ist. Hierzu zählt auch der Unfallgegner oder der unberechtigte Fahrer (Dieb, Schwarzfahrer), da Letzterer keinen Versicherungsschutz aus der Kaskoversicherung genießt. § 86

Lernkontrollen zu D 3

Regress

Übergang von Ersatzansprüchen nach dem VVG

1 F ist als Fußgänger von Radfahrer R angefahren worden und dabei so unglücklich gestürzt, dass sein Arm gebrochen ist. Die Behandlungskosten belaufen sich auf insgesamt 800,00 €.

F wendet sich an seinen Krankenversicherer, der vertraglich 50 % aufgrund des vereinbarten Quotentarifs erstattet.

a) Stellen Sie die Rechtslage nach § 86 Abs. 1 VVG dar.

b) Wie ist der Fall zu beurteilen, wenn der den Unfall verursachende Radfahrer der mit F in häuslicher Gemeinschaft lebende Sohn ist?

Regressverzichtsabkommen und Feuerhaftungsversicherung

2 Die deutschen Feuerversicherer haben durch einen Vertrag das »Regressverzichtsabkommen« vereinbart.

Erläutern Sie anhand des folgenden Sachverhaltes dieses Abkommen: »Der VN A verursacht fahrlässig ein Schadenfeuer. Dieses greift auf das Gebäude des B über. Das Gebäude des B ist beim VR D versichert. Der VR D nimmt bei A Regress.«

3 Unter welchen Voraussetzungen besteht für den VN Versicherungsschutz aus der Feuerhaftungsversicherung?

Regress in der Kfz-Versicherung

4 Herr Meier vermietet gelegentlich seinen Pkw. Der Pkw ist nur für Eigenverwendung versichert. Hat ein Mieter, der hiervon nichts weiß, Versicherungsschutz nach einem verschuldeten Unfall?

4 Mehrfache Versicherung durch den Versicherungsnehmer

4.1 Anzeigepflicht

»Wer bei mehreren Versicherern ein Interesse gegen dieselbe Gefahr versichert, ist verpflichtet, jedem Versicherer die andere Versicherung unverzüglich mitzuteilen. In der Mitteilung sind der andere Versicherer und die Versicherungssumme anzugeben.« VVG § 77 (1)

Die im VVG vorgesehene Anzeigepflicht ist eine Obliegenheit des VN, für deren Verletzung jedoch keine Rechtsfolgen benannt sind.

Auch bei der **Mitversicherung** (vgl. D 5.1) sind mehrere VR beteiligt, wobei die Initiative hierzu jedoch von einem VR ausgeht.

4.2 Haftung bei Mehrfachversicherung

Eine Mehrfachversicherung liegt in folgenden Fällen vor: § 78

- Das Interesse ist gegen dieselbe Gefahr bei mehreren Versicherern versichert, und
- die Versicherungssummen übersteigen zusammen den Versicherungswert, oder
- die Summe der durch die VR zu leistenden Entschädigungen übersteigt den Gesamtschaden.

Grundsätzlich sind drei Fälle zu unterscheiden:

- Bekanntwerden der Mehrfachversicherung nach Eintritt des Versicherungsfalles
- Bekanntwerden der Mehrfachversicherung vor Eintritt des Versicherungsfalles
- Bewusste Mehrfachversicherung in betrügerischer Absicht

a) Bekanntwerden der Mehrfachversicherung nach Eintritt des Versicherungsfalles

Die VR werden im Falle einer Mehrfachversicherung aus dem Versicherungsfall wie folgt verpflichtet:

- Im **Außenverhältnis**, d.h. im Verhältnis zum VN, haften die VR als **Gesamtschuldner**, wobei jeder VR den **nach dem Vertrag zu leistenden Betrag** zu zahlen hat, der VN aber **nicht mehr als den Betrag des Schadens** verlangen kann. § 78 (1)

  »**Gesamtschuldner**« heißt: Der zuerst in Anspruch genommene VR muss für die Entschädigungspflicht (die gesamte Schuld) einstehen.

  »**...nach dem Vertrag zu leistenden Betrag**« heißt: Der in Anspruch genommene VR darf die Entschädigung auf der Basis des bei ihm bestehenden Vertrages ermitteln und muss maximal in dieser Höhe an den VN leisten. Dadurch verbleibt in der Regel ein ungedeckter Rest.

Wendet sich jetzt der VN bezüglich des ungedeckten Restes an den nächsten VR, so ermäßigt sich der Anspruch gegen diesen VR in der Weise, dass die Entschädigung aus allen Verträgen nicht höher sein darf als der Schaden.

Der VN kann also im Ganzen, d. h. von allen Versicherern zusammen, **nicht mehr als den Betrag des Schadens** verlangen.

VVG § 78 (2)

- Im **Innenverhältnis**, d. h. im Verhältnis der VR untereinander, sind sie nur zu einer anteilmäßigen Zahlung verpflichtet und können daher einen Ausgleich verlangen, wenn sie aufgrund der gesamtschuldnerischen Haftung einen höheren Betrag an den VN erbracht haben.

VHB 2008 VGB 2008 § 29

Die Mehrfachversicherung ist auch in den VHB 2008 und den VGB 2008 geregelt.

Beispiel:

Bernd Schroeder hat von seinem verstorbenen Onkel ein Einfamilienhaus geerbt und die vorgefundene Wohngebäudeversicherung beim VR A über 15 000,00 M VS 1914 sofort auf 20 000,00 M angepasst, da er das Gebäude aufgrund von Anbaumaßnahmen seines Onkels, die dieser dem VR A nicht angezeigt hat, für nicht ausreichend versichert hält. Die exakte VS 1914 will er erst ermitteln und versichern, wenn seine Umbaupläne abgeschlossen sind.

Schon kurz nach Vertragserhöhung kommt es zu einem Sturmschaden von 50 000,00 €. Bei der Gelegenheit wird nicht nur der VW 1914 mit 25 000,00 M festgestellt, sondern auch ermittelt, dass der verstorbene Onkel wegen der Anbaumaßnahmen noch eine weitere Wohngebäudeversicherung über 10 000,00 M VS 1914 beim VR B unterhalten hat, wobei die VS nicht nach einer der für den Unterversicherungsverzicht notwendigen Methoden bestimmt wurde. Durch die vorsorgliche Summenerhöhung des Neffen ist also eine unbewusste Mehrfachversicherung entstanden.

Der Neffe wendet sich zwecks Schadenregulierung zunächst an den VR A und dann an den VR B.

Lösung:

Abrechnung im Außenverhältnis

Leistung des VR A an den VN:

$$\text{Entschädigung} = \frac{50\,000{,}00\text{ €} \cdot 20\,000{,}00\text{ M}}{25\,000{,}00\text{ M}} \qquad 40\,000{,}00\text{ €} \quad ①$$

Leistung des VR B an den VN:

$$\text{Entschädigung} = \frac{50\,000{,}00\text{ €} \cdot 10\,000{,}00\text{ M}}{25\,000{,}00\text{ M}} = 20\,000{,}00\text{ €, max.:} \qquad 10\,000{,}00\text{ €} \quad ②$$

Gesamtentschädigung: 50 000,00 €

Abrechnung im Innenverhältnis

VR	Verteilungsgrundlage	Verteilungsschlüssel	Schadenanteil	
A	40 000,00 €	4 Anteile (kurz: 2)	33 333,33 €	③
B	20 000,00 €	2 Anteile (kurz: 1)	16 666,67 €	③
			50 000,00 €	

Ausgleich der VR untereinander

VR B muss an VR A im Innenverhältnis 6 666,67 € zahlen. ④

Erläuterungen:

① VR A haftet für die Schuld der beiden VR (als Gesamtschuldner), allerdings nur bis zu dem Betrag, den er nach seinem Vertrag zu zahlen hätte. Danach ist der VN bei ihm unterversichert und entsprechend rechnet VR A ab.

② VR B hätte im Rahmen der Haftung als Gesamtschuldner nach Maßgabe seines Vertrages wegen Unterversicherung nur 20 000,00 € zahlen müssen, zahlt tatsächlich aber nur den noch nicht entschädigten Teil von 10 000,00 €, da der VN nicht mehr als den Gesamtschaden verlangen kann.

③ Aus den Beträgen, die die VR **vertragsmäßig** an den VN zu leisten hätten (also nicht aus den tatsächlich nur an den VN gezahlten Beträgen), wird ein Verteilungsschlüssel errechnet und der Schaden von 50 000,00 € anteilsmäßig aufgeteilt.

Anmerkung: Obgleich das VVG die vertragsmäßig zu leistenden Beträge als Grundlage für die Verteilung vorsieht, werden in der Praxis bei der Vollwertversicherung häufig auch die Versicherungssummen als Verteilungsschlüssel verwendet.

④ Aufgrund der Haftung als Gesamtschuldner hat VR A zunächst 6 666,67 € zu viel (nämlich 40 000,00 € statt nur 33 333,33 €) und VR B entsprechend diesen Betrag zu wenig (nämlich 10 000,00 € statt 16 666,67 €) gezahlt. VR B muss diesen zu wenig gezahlten Betrag an VR A zum Ausgleich zahlen.

Hinweis:

VHB 2008 § 8 Nr. 1 h
VGB 2008 § 4 Nr. 2

Bei Leitungswasserschäden an Bodenbelägen, Innenanstrichen oder Tapeten **(sog. Nässeschäden)** von vermieteten Wohnungen treffen häufig die Leistungspflicht des Wohngebäudeversicherers und des Hausratversicherers aufeinander. Der Schadenausgleich zwischen beiden Versicherern wird dann bei Reparaturkosten über 1 000,00 € aufgrund des Teilungsabkommens zwischen Hausrat- und Gebäudeversicherer vorgenommen (vgl. hierzu Exkurs auch in Band 2, B 2.1.6 und D 2.5.2 in diesem Band).

---

b) Bekanntwerden der Mehrfachversicherung vor Eintritt des Versicherungsfalles

Wurde der Vertrag, durch welchen die Mehrfachversicherung entstanden ist, ohne Kenntnis vom Entstehen der Mehrfachversicherung geschlossen, kann der VN verlangen, dass der später geschlossene Vertrag aufgehoben oder dessen VS unter entsprechender Minderung des Beitrages auf den Teilbetrag herabgesetzt wird, der durch die frühere Versicherung nicht gedeckt ist. VVG § 79 (1)

Beispiel:
Legt man die Daten des vorangegangenen Beispiels zugrunde, könnte der Neffe verlangen, dass der Vertrag über die nach dem Erbfall bei VR A vorgenommene Summenanpassung von 15 000,00 M auf 20 000,00 M wieder aufgehoben und die Versicherung in der ursprünglichen Form weitergeführt wird.

Die Aufhebung oder Herabsetzung wird erst zum Ablauf der Versicherungsperiode wirksam, in der sie verlangt wird. Der VN muss sein Aufhebungs- bzw. Herabsetzungsrecht unverzüglich nach Kenntniserlangung von der Mehrfachversicherung geltend machen, da es ansonsten erlischt.

c) Bewusste Mehrfachversicherung in betrügerischer Absicht

Jeder in dieser Absicht geschlossene Vertrag ist nichtig. Dem VR gebührt der Beitrag bis zu dem Zeitpunkt, zu dem er von den die Nichtigkeit begründenden Umständen Kenntnis erlangt. § 78 (3)

4.3 Nebenversicherung

Hat der VN sein Interesse bei mehreren Versicherern versichert und übersteigen die von den beteiligten Versicherern insgesamt zu zahlenden Entschädigungen nicht den Schaden, spricht man in der Praxis von einer Nebenversicherung.

Beispiel:
Der VN hat seinen Hausrat mit einem VW von 100 000,00 € bei VR A mit 60 000,00 € VS und bei VR B mit 40 000,00 € VS versichert. Bei Totalschaden sind diese VS Grundlage für die Entschädigungsleistung.

Lernkontrollen zu D 4

Haftung bei Mehrfachversicherung

1 Eine Erbengemeinschaft beschließt, das geerbte Mehrfamilienhaus gemeinsam weiter zu führen. Man vereinbart eine Wohngebäudeversicherung mit einer VS 1914 von 40 000,00 M bei der Proximus Versicherung AG, da keinerlei Versicherungsunterlagen beim Erblasser gefunden wurden. Die richtige Höhe der VS 1914 wird bei Antragsaufnahme mit dem Summenermittlungsbogen berechnet.

Schon bald nach Vertragsabschluss geht der Erbengemeinschaft eine von der Südstern Versicherung an den Erblasser adressierte Beitragsrechnung zu. Ein telefonischer Anruf beim Vertreter der Südstern Versicherung ergibt, dass die betreffende Wohngebäudeversicherung mit einer VS »Wert 1914« von 30 000,00 M und einer Laufzeit von 3 Jahren vor 2 Jahren durch den Erblasser abgeschlossen wurde. Die Erbengemeinschaft berät daraufhin, wie zu verfahren sei.

Der wortreichste der Erben schlägt vor, die Beitragsrechnung einfach an die Südstern Versicherung mit dem Vermerk »Kündigung! Wir sind jetzt bei der Proximus Versicherung AG versichert« und der Unterschrift aller Erben zurückzuschicken. Nachdem er letzte Zweifel an diesem Vorgehen mit der Bemerkung »Lasst doch mal abwarten, was passiert!« ausgeräumt hat, wird schließlich so verfahren.

- **Arbeitsauftrag**

  Sie erhalten als Sachbearbeiter der Südstern Versicherung dieses Kündigungsschreiben und lassen sich von der Proximus Versicherung AG die neuen Vertragsdaten geben. Prüfen Sie die Rechtslage und antworten Sie anschließend den Erben.

2 Ein VN hat ein Mietswohnhaus (VW 1,5 Mio. €) bei VR A mit 1,25 Mio. € und VR B mit 1 Mio. € zum Neuwert versichert. Die Mehrfachversicherung ist aufgrund der Vielzahl von Mietswohnhäusern, die der VN besitzt, versehentlich entstanden. Durch eine Explosion entsteht ein Schaden am Gebäude in Höhe von 750 000,00 €.

a) Mit welchem Betrag haften die VR jeweils als Gesamtschuldner gegenüber dem VN nach Maßgabe ihrer Verträge?

b) VR A hat an den VN den Betrag überwiesen, mit dem er gemäß Vertrag höchstens haftet. Welche Beträge muss VR B an den VN und an den VR A zahlen?

3 Ein VN hat ein älteres Stadtwohnhaus bei der Gesellschaft A mit 500 000,00 € zum Zeitwert versichert. Durch Brand entsteht ein Schaden in Höhe von 275 000,00 €.

VR A erfährt, dass das Wohnhaus auch bei VR B mit 600 000,00 € ohne betrügerische Absicht durch den VN zum Zeitwert versichert wurde.

Es wird ein VW von 800 000,00 € ermittelt.

a) Mit welchem Betrag haftet VR A als Gesamtschuldner?

b) Mit welchem Betrag haftet VR B als Gesamtschuldner?

c) VR A hat an den VN den Betrag gezahlt, mit dem er gemäß Vertrag höchstens haftet. Welche Beträge muss VR B an den VN und an VR A überweisen?

4 Ein Ferienhaus ist bei VR A und VR B zum Neuwert versichert worden, wobei der VW versehentlich zu hoch eingeschätzt wurde, sodass aus der gewollten Neben- eine ungewollte Mehrfachversicherung entstanden ist. An einem Brandschaden in Höhe von 30 000,00 € muss sich VR B (VS 90 000,00 €) im Innenverhältnis mit 18 000,00 € beteiligen.

Wie hoch ist die VS bei VR A?

5 Ein VN hat zwei Krankheitskostenvollversicherungen. Bei VR A besteht ein Quotentarif mit 50 % Erstattungsquote, bei VR B ein Summentarif, der eine Jahreshöchstleistung für ambulante Behandlungen von 1 200,00 € vorsieht.

Der VN legt Arztrechnungen seines Hausarztes über insgesamt 840,00 € vor.

a) Wie viel € zahlt VR A als Gesamtschuldner, wenn er vom VN zunächst in Anspruch genommen wird?

b) Wie viel € kann der VN anschließend noch vom VR B verlangen?

c) Berechnen Sie die Anteile der VR im Innenverhältnis und stellen Sie fest, welcher Betrag durch welchen VR an den anderen VR zum Ausgleich zu überweisen ist.

Abrechnung gem. § 78 Abs. 2 VVG beim Zusammentreffen von Hausrat- und Wohngebäudeversicherung wegen versicherter Nässeschäden

6 In Aufgabe 3 der Lernkontrollen zu D 2 war das vom GDV vorgeschlagene Teilungsabkommen darzustellen, wenn Hausrat- und Wohngebäudeversicherung wegen bestimmter Nässeschäden gleichzeitig ersatzpflichtig sind.

Nachstehend ist an Hand des dort geschilderten Falles, der hier noch einmal aufgeführt wird und um notwendige Angaben ergänzt ist, zu berechnen, welche Leistung vom Hausrat- bzw. Wohngebäudeversicherer zu erbringen ist.

In der Wohnung des Mieters Alex Heubert ist ein Wasserrohr in der Wand gebrochen. Das ausströmende Wasser hat den eingeklebten Teppichboden und die Rauhfasertapete mit aufgebrachtem Innenanstrich derart in Mitleidenschaft gezogen, dass beides neu eingebracht werden muss. Die Kosten hierfür belaufen sich auf 4 300,00 €.

Herr Heubert zeigt den Schaden seiner Hausratversicherung an, während der Vermieter seine Wohngebäudeversicherung informiert, da der jetzt auszutauschende Teppichboden und die Rauhfasertapeten seinerzeit von ihm eingebracht wurden. Der Hausratversicherer erkennt seine Leistungspflicht dem Mieter gegenüber grundsätzlich an, stellt aber trotz Berücksichtigung der bedingungsgemäßen Vorsorge-VS noch eine 20 %ige Unterversicherung im Vertrag des Herrn Heubert fest.

Der Vermieter ist richtig versichert, hat jedoch 500,00 € Selbstbeteiligung für jeden Schaden vereinbart.

a) Berechnen Sie zunächst, was jeder VR vertragsmäßig ohne Bestehen der anderen Versicherung zu leisten hätte.

Die Gebäudeversicherung des Vermieters reguliert den Schaden vertragsgemäß durch Zahlung an den Vermieter. Die Hausratversicherung des Mieters zahlt daraufhin die noch nicht gedeckte Differenz der Reparaturkosten für Nässeschäden.

b) Welchen Betrag überweist der Wohngebäudeversicherer an den Vermieter und welchen Betrag überweist die Hausratversicherung an den Mieter?

Wohngebäude- und Hausratversicherer sind übereingekommen, den Schaden gem. der Empfehlung des GDV untereinander aufzuteilen.

c) Welche Betrag müssen Wohngebäude- und Hausratversicherer jeweils vom Gesamtschaden nur übernehmen?

d) Stellen Sie fest, welcher VR noch eine Ausgleichzahlung an den anderen VR leisten muss und wie hoch der Ausgleichsbetrag ist.

5 Risikoverteilung durch Mit- und Rückversicherung

Unterschied: Mitversicherung – Rückversicherung

Mitversicherung	Rückversicherung
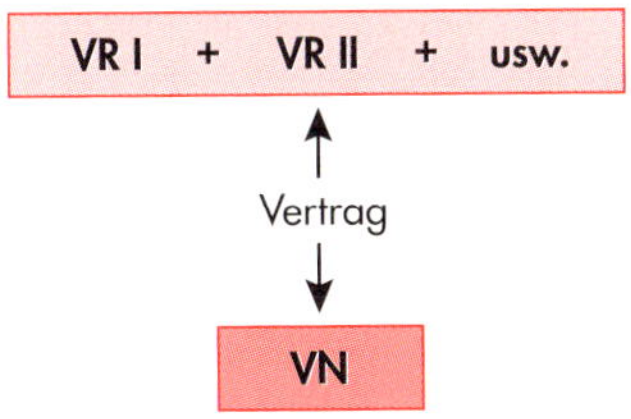	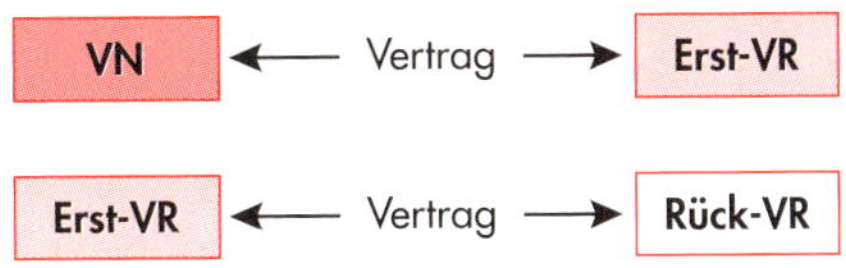
Es handelt sich um eine vertragliche Beziehung zwischen dem VN und mehreren Erstversicherern, von denen jeder bewusst und einverständlich einen vertraglich vereinbarten Anteil des angebotenen Risikos übernimmt. Zur Vereinfachung des Geschäftsverkehrs wird i. d. R. ein »führender VR« bestimmt, der in Abstimmung mit allen beteiligten VR die Vertragsverhandlungen mit dem VN führt, eine Sammelversicherungspolice ausfertigt und den Beitrag einzieht. Dennoch haftet jeder VR nur für seinen Anteil an der Gesamtversicherungssumme **(primäre Risikoteilung).**	Die Rückversicherung erscheint nicht in der Police. **Es gibt zwei** (oder mehr) rechtlich **voneinander unabhängige Verträge,** und zwar jeweils zwischen dem VN und seinem Erst-VR und zwischen dem Erst-VR und dem Rück-VR **(sekundäre Risikoteilung).**

Häufig können Risiken aufgrund ihrer Größe nicht von einem Versicherer getragen werden. Für diesen Fall wird das Risiko auf weitere Versicherer verteilt.

5.1 Mitversicherung

Wird das Risiko durch einen VR oder Makler anteilsmäßig (quotenmäßig) bei mehreren Versicherern platziert, wobei der VN mit jedem der VR eine vertragliche Beziehung eingeht, spricht man von Mitversicherung.

Das Verhältnis der Mitversicherer zum VN wird im Versicherungsschein wie folgt geregelt: »Von der Gesamtversicherungssumme übernehmen pro rata jedes einzelnen Gegenstandes und Wertes die folgenden Gesellschaften die folgenden Versicherungssummen: ...«.

Die **Gesellschaften haften** also nicht als Gesamtschuldner, sondern **anteilig im Verhältnis der von ihnen gezeichneten Summe zur gesamten VS**.

Der VN kennt die beteiligten VR. Er hat im Schadensfall in der Regel einen Anspruch gegen jeden beteiligten VR.

Beispiel:

VR:	Quote: %	VS: €	Beitrag: €
A	66 ⅔	80 000,00	400,00
B	33 ⅓	40 000,00	200,00
Gesamt	100	120 000,00	600,00

Zur Vereinfachung des Geschäftsverkehrs wird eine **führende** Gesellschaft bestimmt; der VN hat nur mit der »Führenden« zu verhandeln, die noch folgende Pflichten übernimmt: Information der beteiligten VR; Abstimmung bei den beteiligten Versicherern; Ausfertigung von Sammelurkunden.

Die Führung erstreckt sich grundsätzlich nicht auf die Schadenregulierung und auf die Entschädigung, obwohl die beteiligten VR auch darin zusammenwirken.

Bei Streitfällen aus dem Versicherungsvertrage macht der VN, wenn die **Prozessführungsklausel** zugrunde liegt, seine Ansprüche nur gegen den führenden VR und nur wegen dessen Anteil geltend. Die beteiligten VR erkennen die Entscheidung, die gegenüber dem führenden VR rechtskräftig geworden ist, auch für sich als verbindlich an.

5.2 Rückversicherung

5.2.1 Wesen der Rückversicherung

- Die Rückversicherung ist die Versicherung der vom (Erst-)VR **(Zedenten)** übernommenen Gefahr durch einen anderen VR (Rück-VR – auch **Zessionar** genannt).

  Die Rückversicherung ist eine betriebliche Maßnahme des Erstversicherers, der damit seinen Versicherungsbestand **risikomäßig ausgeglichener** gestaltet. Sie erlaubt dem Erst-VR, auch hohe Wagnisse zu übernehmen, die an sich die Summe übersteigen, die er nach der Zusammensetzung seines Bestandes für jedes Wagnis »riskieren« kann.

  Durch die Rückversicherung wird das übernommene **Risiko** auf viele Risikoträger **verteilt** (Erst-VR und ein oder mehrere Rück-VR).

  Die Werte der in der heutigen Zeit zu versichernden Objekte werden immer höher (man denke z. B. an Tanker, Flugzeuge, große Industriewerke). Sie könnten vom Erst-VR allein nicht in Deckung genommen werden, ohne dass dessen wirtschaftliche Existenz gefährdet wäre.

- **Beteiligte am Rückversicherungsvertrag**

  Das Rückversicherungsgeschäft kommt durch einen Vertrag zwischen dem **Erst-VR und dem Rück-VR** zustande.

  Beide Beteiligte sind Kaufleute und somit geschäftsverwandt und in der Lage, ihre Interessen selbst zu wahren. Für die Rückversicherung gilt deshalb nicht das VVG. In der Regel ist das Rückversicherungsgeschäft auch nicht aufsichtspflichtig.

  Zwischen dem **Rück-VR** und dem **VN** des Erstversicherers bestehen **keinerlei Rechtsbeziehungen**. Bei einem Schaden haftet ihm gegenüber allein der Erst-VR. Der Rückversicherungsvertrag ist also ein selbstständiger Vertrag zwischen Erst- und Rück-VR, von dem der VN des Erstversicherers gar nichts weiß.

5.2.2 Formen der Rückversicherung

Die Rückversicherungspraxis kennt zwei Grundformen:

a) Obligatorische Rückversicherung

Bei der obligatorischen Rückversicherung verpflichtet sich der Erst-VR, **vom Portefeuille** eines bestimmten Versicherungszweiges **vertraglich festgesetzte Anteile** abzugeben. Der Rück-VR geht seinerseits die Verpflichtung ein, diese Risiken zu übernehmen. Bei der vertraglichen Ausgestaltung hat der Erst-VR die Gewähr, vom Zeitpunkt der Zeichnung des Wagnisses an Rückversicherungsschutz zu genießen.

b) Fakultative Rückversicherung

Von der fakultativen Rückdeckung macht der Erst-VR Gebrauch, wenn es sich um ein schweres oder besonders **großes Risiko** handelt, welches auch die Kapazität eines obligatorischen Vertrages übersteigt. Ein derartiges Risiko wird einem Rück-VR **einzeln** angeboten. Der Erst-VR hat somit **von Fall zu Fall** für ein einzelnes Wagnis zu entscheiden, in welcher Höhe und bei welchem Rück-VR das Risiko abgedeckt werden soll. Dem Rück-VR steht es frei, das betreffende Angebot anzunehmen oder es abzulehnen.

Mischformen:

- Bei der **fakultativ-obligatorischen Rück**versicherung ist es dem Zedenten freigestellt, ob er rückversichern will. Der Rück-VR muss hingegen das Risiko im Rahmen des Vertrags übernehmen.
- Bei der **obligatorisch-fakultativen Rück**versicherung ist es umgekehrt. Der Zedent muss dem Zessionar das Risiko zur Rückdeckung anbieten, der es aber nicht zu übernehmen braucht.

5.2.3 Arten der Rückversicherung

5.2.3.1 Rückdeckung auf der Basis der Versicherungssumme (Summenrückversicherung)

Wird das Risiko auf der **Grundlage der VS** sowohl von der Beitrags- als auch von der Schadeneite her nach einem **festen Prozentsatz** zwischen Erst- und Rück-VR aufgeteilt, liegt eine **Summenrückversicherung** vor.

Beteiligt sich der Rück-VR z. B. mit 30 % an der gezeichneten Erstversicherungssumme, wird er im Schadensfall mit 30 % der anfallenden Schäden belastet, erhält aber auch 30 % des Beitrages. Hiervon zahlt er jedoch wieder eine Rückversicherungsprovision an den Erst-VR (siehe nachstehend unter a)). Da hier **Beitrag und VS im gleichen Verhältnis für die Abrechnung aufgeteilt** werden, spricht man auch von **proportionaler Rückversicherung**.

Die Summenrückversicherung kann sich auf die Abgabe einer »**Quote**« und/oder der »**Spitzen**« bestimmter Risiken beziehen.

Die Summenrückversicherung findet auch in der Lebensversicherung – also nicht nur in der Schadenversicherung – Anwendung.

a) Quotenrückversicherungsvertrag (»Quotenabgabe«)

Der Rück-VR beteiligt sich mit einem bestimmten Prozentsatz (Quote) an **allen** – vom Erst-VR – gezeichneten Risiken eines Versicherungszweiges.

Beispiel:
Ein Erst-VR hat im Rahmen seines »einfachen Geschäfts« eine Quote von 60 % in Rückdeckung gegeben. Wie hoch ist der Anteil des Rück-VR an Beitrag und Schaden zu folgendem Vertrag?

Geschäftsinhaltsversicherung für einen Handelsbetrieb

VS 350 000,00 €, Beitragssatz 2,4 ‰, Schaden 65 890,00 €

Lösung:

	Quote	Beitrag	Schaden
Anteil des Erst-VR	40 %	336,00 €	26 356,00 €
Anteil des Rück-VR	60 %	504,00 €	39 534,00 €
	100 %	840,00 €	65 890,00 €

Gewährt der Rück-VR dem Erst-VR eine **Rückversicherungsprovision**, ist der Beitrag für den Rück-VR um diese Provision zu kürzen.

Die Provision wird vom Beitragsanteil, der dem Rück-VR zusteht, berechnet. Sie stellt einen Ausgleich dafür dar,

- dass der Erst-VR mit der anteiligen Weitergabe des Beitrages an den Rück-VR nicht nur den kalkulierten Risikobeitrag, sondern auch den kalkulierten Anteil zur Deckung seiner Kosten (Kostenanteil) weitergibt;
- dass der Erst-VR aufgrund des Rückversicherungsgeschäftes einen zusätzlichen Verwaltungsaufwand hat.

Bei der vertraglichen Festlegung des Quotenanteils wird weder die Höhe noch die Gefährlichkeit des einzelnen Risikos berücksichtigt.

Wegen der starren Quotenabgabe für alle Risiken ist dieser Vertragstyp zwar einfach und daher Kosten sparend in der Handhabung, findet aber meistens nur dort Anwendung (z. B. in der Allgemeinen Haftpflichtversicherung), wo bereits vom Wesen des rückzuversichernden Zweiges her eine gewisse Gleichheit der Risiken und Begrenzung der Versicherungssummen gegeben ist.

b) Summenexzedentenvertrag (»Spitzenabgabe«)

Anders verhält es sich, wenn sich der Bestand des Erstversicherers aus Risiken zusammensetzt, die ihrer Natur nach ungleich sind, ihr Haftungsumfang also unterschiedliche Grenzen aufweist. Dies gilt z. B. für den Feuerbestand eines Erstversicherers, der sich aus Wohngebäuden unterschiedlicher Größenordnung oder aus Industrierisiken verschiedener Art zusammensetzt.

Hier wird der Erst-VR **bei jedem einzelnen Risiko** zu **prüfen** haben, **welchen Teil der VS er maximal** für eigene Rechnung **zu übernehmen bereit ist.** Dabei richtet sich die **Höhe des jeweiligen Selbstbehalts** nach bestimmten Gesichtspunkten, insbesondere **nach dem Gefährdungsgrad des einzelnen Risikos,** aber auch nach der Größe des Versicherungsbestandes und der wirtschaftlichen Stärke und Erfahrung des VU.

Die ermittelten Selbstbehalte, auch **Maxima** genannt, werden in einer dem Rahmenrückversicherungsvertrag beigefügten »Maximaltabelle« für die einzelnen Risikoklassen aufgeführt. Dabei fällt der **Selbstbehalt** in der Regel **umso niedriger** aus, **je höher** der **Gefährdungsgrad der einzelnen Risikoklasse** ist.

Es ist auch möglich, die Maximaltabelle statt nach Risikoklassen nach Beitragssätzen auszurichten, wie sie z. B. in den Büchern des Industrie-Feuertarifs aufgeführt sind. Bei hohen Beitragssätzen sind die Selbstbehalte dann relativ klein, bei niedrigen Beitragssätzen entsprechend groß.

Auf diese Weise sichert die Summenexzedentrückversicherung wohl am wirkungsvollsten die Nivellierung eines unausgeglichenen Versicherungsbestandes.

Nur der Teil der VS (Exzedent), der den Selbstbehalt übersteigt, wird rückversichert. Der Rück-VR wird also nur an diesen »Spitzenrisiken« beteiligt.

Allerdings ist auch die Deckungskapazität des **Rückversicherers** begrenzt, und zwar meist in der Weise, dass er höchstens ein bestimmtes Vielfaches des Selbstbehalts des Erstversicherers übernimmt (z. B. 20 Maxima).

Wird dieses Übernahmemaximum bei einer Zeichnungssumme des Erstversicherers überschritten, ist für den übersteigenden Betrag, soweit der Erst-VR ihn nicht zusätzlich – neben dem Selbstbehalt – tragen will, ein zweiter Summenexzedentenvertrag oder eine fakultative Rückversicherung abzuschließen.

Beispiel:

Der Erst-VR hat mit dem Rück-VR einen Summenexzedentenvertrag vereinbart. Der Selbstbehalt des Erst-VR beträgt für die in Rückdeckung gegebene Risikoklasse 40 000,00 € (= 1 Maximum) laut Maximaltabelle. Der Rück-VR übernimmt 4 Maxima.

Wie hoch sind die Anteile des Erst-VR und des Rück-VR an der VS, am Beitrag (Beitragssatz 2,6 ‰) und an einem Schaden (Schaden 40 000,00 €), wenn alternativ folgende VS durch den Erst-VR gezeichnet werden?

200 000,00 €; b) 160 000,00 €; c) 240 000,00 €; d) 240 000,00 €.

Lösung:

Die Kapazität (Zeichnungsgrenze, die durch Selbstbehalt und Rückversicherung gedeckt ist) beträgt 200 000,00 €.

a)

	Anteile	VS	Beitrag	Schaden	
Erst-VR	1	40 000,00 €	104,00 €	8 000,00 €	
Rück-VR	4	160 000,00 €	416,00 €	32 000,00 €	①

b)

	Anteile	VS	Beitrag	Schaden	
Erst-VR	1	40 000,00 €	104,00 €	10 000,00 €	
Rück-VR	3	120 000,00 €	312,00 €	30 000,00 €	②

c)

	Anteile	VS	Beitrag	Schaden	
Erst-VR	1	40 000,00 €	104,00 €	40 000,00 €	
Rück-VR	–	–	–	–	③

d)

	Anteile	VS	Beitrag	Schaden	
Erst-VR	2	80 000,00 €	208,00 €	13 333,33 €	
Rück-VR	4	160 000,00 €	416,00 €	26 666,67 €	④

Erläuterungen:

① Selbstbehalt und rückgedeckte Maxima entsprechen genau der VS, sodass sie als Verteilungsschlüssel für Beitrag und Schaden dienen können.

② Die VS liegt unter der Zeichnungsgrenze, aber über dem Selbstbehalt des Erst-VR. Aus den übernommenen Summenanteilen wird der Verteilungsschlüssel für Beitrag und Schaden errechnet.

③ Die VS überschreitet nicht den Selbstbehalt des Erst-VR. Der Rück-VR ist in diesem Fall nicht beteiligt.

④ Die gezeichnete VS übersteigt die Zeichnungsgrenze von 200 000,00 €. Der Rück-VR übernimmt maximal 4 Maxima, der Erst-VR muss neben seinem Selbstbehalt von 40 000,00 € den die Kapazität von 200 000,00 € übersteigenden Teil der VS (also weitere 40 000,00 €) übernehmen. Sofern dies nicht gewollt ist, muss er für diesen Teil eine fakultative Rückversicherung abschließen. Der Verteilungsschlüssel für Beitrag und Schaden wird aus den übernommenen Summenanteilen berechnet.

Häufig kann davon ausgegangen werden, dass kein Totalschaden (Schadenquote 100 %) eintritt, sondern der **wahrscheinliche Höchstschaden** – je nach Bauart – also **nur einen Teil der VS ausmacht** (z. B. 50 %). Der Erst-VR kann dann einen entsprechend höheren Selbstbehalt riskieren (bei 50 % Schadenquote den doppelten Betrag), auch seine Zeichnungskapazität erhöht sich entsprechend.

c) Quotenexzedentenvertrag

Kombiniert der Erst-VR den Quoten- mit dem Exzedentenvertrag, so entsteht ein **Quotenexzedentenvertrag.** Der Erst-VR hat bei dieser Vertragsart die Gewähr, einen **größtmöglichen Ausgleich innerhalb seines Bestandes** zu erzielen. Auch der **Rück-VR** erhält ein ausgeglicheneres Portefeuille, weil er **nicht ausschließlich an Spitzenrisiken,** sondern durch die quotenmäßige Rückdeckung an sämtlichen Wagnissen **beteiligt** ist.

Beispiel:

Zwischen dem Erst-VR und dem Rück-VR wurde folgender Quotenexzedentenvertrag vereinbart: Quote des Erst-VR 80 %, Quote des Rück-VR 20 %. Von seiner Quote behält der Erst-VR einen Selbstbehalt laut Maximaltabelle von 60 000,00 € (= 1 Maximum). Für weitere 3 Maxima ist wiederum Rückdeckung vereinbart.

a) Wie hoch ist die Zeichnungsgrenze des Erst-VR?

b) Welche Anteile übernehmen Erst-VR und Rück-VR zu folgendem Vertrag: VS 160 000,00 €, Beitragssatz 1,8 ‰, Schaden 80 000,00 €

Lösung:

a) Berechnung der Kapazität (Zeichnungsgrenze):

Selbstbehalt + 3 Maxima = 240 000,00 € (= 4 · 60 000,00 €)

80 % Quotenanteil des Erst-VR entspricht		240 000,00 €
20 % Quotenanteil des Rück-VR entspricht		60 000,00 €
100 %	Zeichnungsgrenze	300 000,00 €

b) Aufteilung der VS und Berechnung des Verteilungsschlüssels:

		Erst-VR	Rück-VR
1.	Aufteilung der VS von 160 000,00 € gemäß **Quotenvertrag** (80 %/20 %)	128 000,00 €	32000,00 €
2.	Aufteilung des Erst-VR-Anteils von von 128 000,00 € gemäß **Summenexzedentenvertrag**	60 000,00 €	68 000,00 €
	Übernommene Summenanteile	**60 000,00 €**	**100 000,00 €**
	Verteilungsschlüssel	60 (kurz: 3)	100 (kurz: 5)

3. Verteilung

Anteile		VS	Beitrag	Schaden
Erst-VR	3	60 000,00 €	108,00 €	30 000,00 €
Rück-VR	5	100 000,00 €	180,00 €	50 000,00 €
		160 000,00 €	288,00 €	80 000,00 €

5.2.3.2 Rückdeckung auf der Basis des Schadens (Schadenrückversicherung)

Das Wesen dieser Rückversicherungsform liegt darin, dass der Selbstbehalt des Erstversicherers und die Leistung des Rückversicherers ausschließlich von der Schadenseite her bestimmt werden, d. h., ein **Schadenüberschuss wird rückgedeckt** und nicht irgendein Überschuss der VS.

Die Schadenrückversicherung kann sich auf **Einzelschäden** oder auf die Masse der gesamten **Jahresschäden** beziehen.

Weil hier Beiträge und Schäden nicht im gleichen Verhältnis aufgeteilt werden, bezeichnet man die Schadenrückversicherung auch als **nichtproportionale Versicherung**. Das Rückversicherungsentgelt kann deshalb nur nach der individuellen Schadenvergangenheit des Erstversicherers ermittelt werden, und zwar aus dem Verhältnis der Schäden, die die Priorität überschritten haben, zum Jahresbeitrag des Erstversicherers (Zeitraum 5–10 Jahre).

a) Einzelschaden-Exzedentenvertrag (Excess of Loss)

Die Haftung des Rückversicherers beschränkt sich auf ein **einzelnes** Schadenereignis. Wird der Schadenselbstbehalt des Erstversicherers **(Priorität)** durch einen Schaden überschritten, übernimmt der Rück-VR den übersteigenden Betrag **(Schadenexzedent)**, und zwar bis zu der vertraglich vereinbarten Höchstsumme **(Haftstrecke).** Der Erst-VR trägt demnach jeden Schaden bis zum Schadenselbstbehalt ganz, sodass der **Rück-VR an kleinen Schäden** selbst gar **nicht beteiligt** ist.

Häufig wird vereinbart, dass der Erst-VR über die Priorität hinaus mit einem bestimmten Prozentsatz am Schadenexzedenten beteiligt ist.

Beispiel:

Der Erst-VR hat eine Priorität von 60 000,00 €. Vom Rück-VR wurden 140 000,00 € als maximaler Schadenexzedent übernommen.

a) Wie hoch ist die Zeichnungsgrenze des Erst-VR, wenn die Schadenquote mit 50 % angenommen wird?

b) Welchen Anteil übernimmt der Rück-VR an einem Schaden von 140 000,00 €, wenn der Erst-VR vertraglich mit 10 % am Schadenexzedenten beteiligt ist?

Lösung:

a)	Schadendeckung (Priorität und Exzedent)	200 000,00 €	
	Zeichnungsgrenze bei einer Schadenquote von 50 %	400 000,00 €	①
b)	Schaden 140 000,00 €		
	abzüglich Priorität des Erst-VR	60 000,00 €	
		80 000,00 €	
	abzüglich 10 % Beteiligung am Schadenexzedenten	8 000,00 €	
	Anteil des Rück-VR am Schaden	72 000,00 €	②

Erläuterungen:

① Die Schadenquote drückt den voraussichtlichen Höchstschaden (Probable Maximum Loss) bei dem zu versichernden Objekt aus. Im Beispielsfall können 400 000,00 € VS gezeichnet werden, wenn die Schadenquote 50 % (= 200 000,00 €) beträgt, da für diesen Betrag entsprechende Schadendeckung besteht.

② Der Rück-VR ist im vertraglichen Umfang am Schaden beteiligt.

Der Beitrag für die Rückversicherung wird zwischen dem Erst- und Rückversicherer frei vereinbart, wobei sich die Beitragshöhe insbesondere nach dem bisherigen Schadenverlauf im rückversicherten Bestand des Erstversicherers bestimmt.

Der Einzelschaden-Exzedentenvertrag findet überall dort Anwendung, wo hohe Schadenausschläge möglich sind. Das sind vor allem Zweige, die – wie die Feuerversicherung – schon aus ihrem Wesen heraus ungleich hohe Versicherungssummen vorweisen. Sie wird aber auch in Zweigen eingesetzt, wo bereits nivellierte Versicherungssummen für eine gewisse Homogenität sorgen (z. B. Pauschaldeckungen in der Kraftfahrt-Haftpflichtversicherung), in denen aber innerhalb dieser Grenzen noch hohe Schäden anfallen können.

b) Jahresschaden-Exzedentenvertrag (Stop-Loss)

Der Stop-Loss-Vertrag stellt auf den Schadenaufwand eines Jahres ab, der in einem bestimmten Versicherungszweig anfällt. Die Haftung der Rück-VR setzt also erst ein, wenn der Jahresschadenaufwand des Erstversicherers die vorauskalkulierte Höhe (Priorität) überschreitet.

Priorität und Haftstrecke sind hier also Schadenquoten, und zwar das Verhältnis der jeweils zu tragenden Schäden zu den Beitragseinnahmen eines Jahres.

Beispiel:

Der Erst-VR hat einen Schadenbedarf von 80 % der Beitragseinnahmen kalkuliert. Vorsorglich gibt er 40 % der Beitragseinnahmen als möglichen Jahresüberschadenexzedenten in Rückdeckung.

Welchen Anteil übernimmt der Rück-VR, wenn das Jahresbeitragsaufkommen 70 340 000,00 € betrug und für Schäden 81 480 000,00 € geleistet werden mussten?

Lösung:

Schadenselbstbehalt (80 % von 70 340 000)	56 272 000,00 €	
Rückversicherter Jahresüberschadenexzedent (40 % von 70 340 000)	28 136 000,00 €	
Jahresüberschaden (81 480 000–56 272 000)	25 208 000,00 €	①

Erläuterung:

① Der Jahresüberschaden von 25 208 000,00 € ist durch den rückversicherten Jahresüberschadenexzedenten von 28 136 000,00 € gedeckt und ist daher in vollem Umfange vom Rück-VR zu tragen.

Die Jahresschadenexzedentenversicherung eignet sich vor allem für Versicherungszweige, die ihrer Natur nach starken Schwankungen ausgesetzt sind. Dies gilt vor allem für die Sturm- und Hagelversicherung (Elementar-Risiko), denn hier treten in Abständen von mehreren Jahren immer wieder Kumulschäden auf (Anhäufung von kleineren und mittleren Schäden), die das Jahresergebnis eines VU insgesamt gesehen erheblich belasten können. Dagegen würde die Einzelschadenexzedentenversicherung hier kaum alternativ Schutz bieten können, weil sie für Schadenfälle unterhalb der Priorität keine Deckung gewährt.

5.3 Sonderformen

a) Versicherungspool (Pool [engl.]: Vereinigung, Ring, Topf)

Einer besonderen Art der Risikoverteilung dient der Versicherungspool. Es handelt sich dabei um den Zusammenschluss mehrerer VU (Erst- oder Rück-VR) zur gemeinsamen Deckung großer und risikoreicher Versicherungszweige oder Wagnisse, z. B. im Bereich der Luftfahrtversicherung der »Deutsche Luftpool«. Juristisch gesehen stellt der Pool eine Gesellschaft des bürgerlichen Rechts dar. Die durch die VU gezeichneten Risiken werden nach Maßgabe des Poolvertrages in den Pool eingebracht, ebenso die Beitragseinnahmen. Das einbringende VU erhält i. d.R. eine **Einbringungsprovision.** Die Schäden werden aus den eingebrachten Beiträgen bezahlt. An den Überschüssen oder Verlusten des Pools werden die Poolmitglieder quotenmäßig beteiligt.

b) Weiterrückversicherung (Retrozession)

Der Rück-VR wird hauptsächlich am risikoreichen Geschäft beteiligt. Er ist der Gefahr der Wagnishäufung **(Kumulierung)** ausgesetzt. Er muss daher seinerseits versuchen, den notwendigen Ausgleich innerhalb seines Versicherungsbestandes herbeizuführen. Wenn der Rück-VR hinreichende Angaben erhält, kann er seinerseits einen Selbstbehalt je Wagnis bilden **(Exzedentenretrozession)**. Meist wird er jedoch Quotenabgaben vornehmen, die sich nach der Höhe seiner Anteile und nach den übernommenen Gefahren bestimmen.

Die wirtschaftliche Bedeutung der Retrozession ergibt sich aus der durch sie erzielten Aufspaltung auch größter Risiken in viele kleinere und damit tragbare Teile **(Atomisierung)**. Diese Verteilung muss auf breiter, internationaler Basis geschehen, wenn sie Erfolg haben soll, und führt dann im Zusammenhang mit der Übernahme von Rückversicherungsgeschäften aus anderen Ländern zu einer engen Verflechtung der internationalen Versicherungsmärkte, die schließlich einen weltweiten Ausgleich, auch bei Versicherungsobjekten im Wert von vielen Millionen, möglich macht.

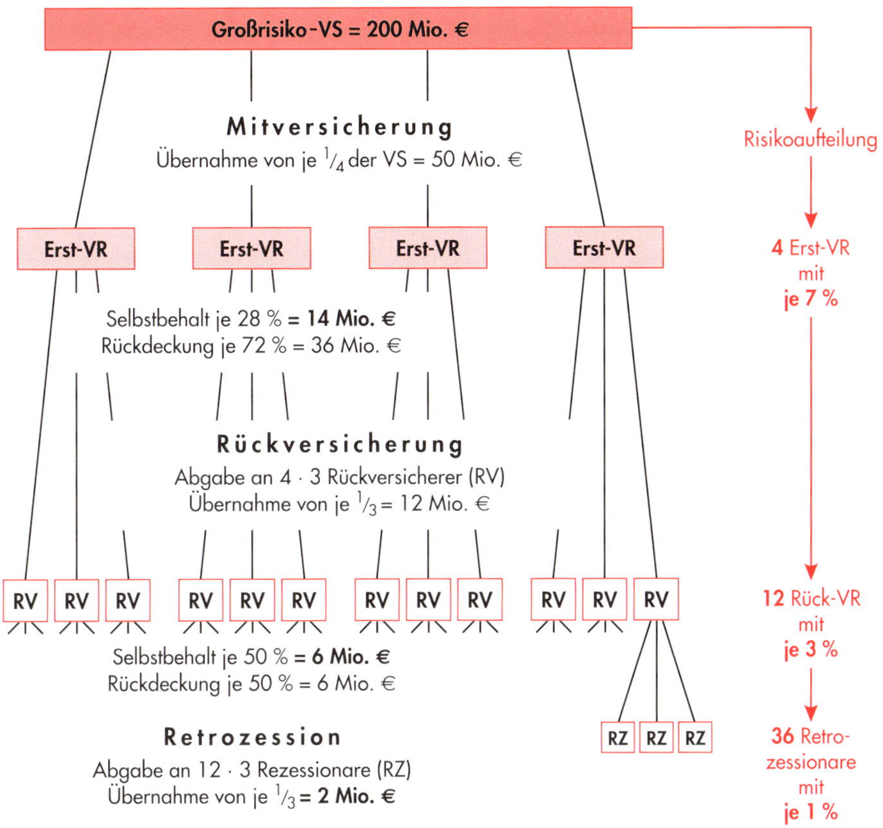

Lernkontrollen zu D 5

Mitversicherung

1 Aufgrund der Vermittlung eines Versicherungsmaklers kommt für die Versicherung eines Transportes das folgende Mitversicherungsgeschäft zustande:

VS 3 900 000,00 €, Beitragssatz 2,3 ‰, VersSt 19 %.

Anteile der Mitversicherer:

VR A 25 %, VR B 18 %, VR C 12 %, VR D (führende Gesellschaft) 40 %, VR E 5 %.

a) Stellen Sie den Verteilungsplan für die VS und den Beitrag einschließlich VersSt auf.

b) Der Makler erhält 3 % des Beitrages ohne VersSt als Vermittlungsprovision. Die führende Gesellschaft D erhält eine Führungsprovision von 2,1 % der Beitragsanteile ohne VersSt der beteiligten Gesellschaften.

Berechnen Sie, mit welchem Provisionsanteil die führende Gesellschaft die den beteiligten Gesellschaften zustehenden Beiträge jeweils belastet.

c) Ein Schaden von 780 000,00 € wird in Absprache mit den beteiligten Gesellschaften von der führenden Gesellschaft reguliert. Dabei wird festgestellt, dass der VN die VS um 600 000,00 € zu niedrig bemessen hat.

Berechnen Sie die Anteile der beteiligten VR am Schaden.

Rückversicherung

2 Worin besteht das Wesen der Rückversicherung?

3 Wodurch unterscheidet sich die Rückversicherung von der Mitversicherung?

Summenrückversicherung

4 Der Erst-VR hat einen Versicherungszweig mit einer Quote von 45 % rückgedeckt.

Berechnen Sie die Anteile des Erst- und Rück-VR an Beitrag und Schaden zu folgenden Verträgen:

	VS	Beitragssatz	Schaden
a)	280 000,00 €	1,95 ‰	45 800,00 €;
b)	170 400,00 €	2,34 ‰	6 950,00 €;
c)	98 000,00 €	1,32 ‰	79 420,00 €.

5 Ein Erst-VR hat ein Maximum laut Maximaltabelle von 75 000,00 € und 6 weitere Maxima in Rückdeckung gegeben. Verteilen Sie folgende VS und Schäden:

	VS	Schaden
a)	350 000,00 €	260 400,00 €;
b)	60 000,00 €	27 600,00 €;
c)	570 000,00 €	480 700,00 €.

6 Ein VR hat sich im Rahmen eines Mitversicherungsgeschäftes mit 12,5 % am Gesamtrisiko beteiligen können, da sein Maximum laut Maximaltabelle 40 000,00 € beträgt und für weitere 6 Maxima eine Rückdeckung besteht.

a) Mit welcher VS ist der Erst-VR beteiligt?

b) Wie hoch ist die VS des Gesamtrisikos?

c) Mit welchem Betrag wird der VR bei einem Schaden von 900 000,00 € im Rahmen des Mitversicherungsgeschäftes durch die führende Gesellschaft belastet?

d) Welcher Anteil wird ihm von seinem Rück-VR erstattet?

7 Gemäß Rückversicherungsvertrag übernimmt der Rück-VR vom Gesamtrisiko zunächst eine Quote von 20 %. Darüber hinaus hat er den Selbstbehalt des Erst-VR von 60 000,00 € laut dessen Maximaltabelle noch einmal 5fach rückgedeckt.

a) Welche VS kann der Erst-VR maximal zeichnen, wenn er nicht mehr als seinen Selbstbehalt von 60 000,00 € im Schadensfall tragen will?

b) Berechnen Sie den Anteil des Erst- und Rück-VR an einer VS von 320 000,00 €.

c) Wie hoch wären im Fall b) die Anteile von Erst- und Rück-VR an einem Schaden von 96 000,00 €?

Schadenrückversicherung

8 Zwischen dem Erst-VR und Rück-VR wurde folgender Einzelschaden-Exzedentenvertrag geschlossen:

Selbstbehalt (Priorität) des Erst-VR 120 000,00 €;

rückversicherter Schadenexzedent 480 000,00 €.

a) Wie hoch ist die Zeichnungsgrenze des Erst-VR, wenn die Schadenquote mit 30 % angegeben wird?

b) Welchen Anteil übernimmt der Rück-VR an einem Schaden von 320 000,00 €, wenn der Erst-VR vertraglich am Schadenexzedenten mit 10 % beteiligt ist?

9 Ein VR will sich im Rahmen eines Mitversicherungsgeschäftes an einem Risiko von 4 500 000,00 € beteiligen.

Wie viel Prozent des Gesamtrisikos kann der VR unter folgenden Voraussetzungen zeichnen:

Selbstbehalt (Priorität) 90 000,00 €;

rückversicherter Schadenexzedent 360 000,00 €.

Die führende Gesellschaft gibt die Schadenquote aufgrund des Besichtigungsberichtes mit 40 % an.

10 Eine Jahresüberschadenrückversicherung wurde wie folgt vereinbart:

Die Priorität des Erst-VR beträgt 75 % der jährlichen Beitragseinnahmen.

Der rückversicherte Jahresüberschadenexzedent beträgt 45 % der jährlichen Beitragseinnahmen.

Die Beitragseinnahmen eines Jahres beliefen sich auf 120 570 000,00 €.

Wie viel DM trägt der Rück-VR, wenn alternativ folgender Jahresschadenaufwand entstanden ist?

a) 185 430 000,00 €; b) 114 310 780,00 €; c) 152 684 000,00 €.

Sonderformen

11 Was versteht man unter »Retrozession«?

12 Erläutern Sie die Aufgaben und die Funktionsweise des Rückversicherungspools.

Lernsituationen zu Lernfeld 15: Schaden- und Leistungsmanagement durchführen

Lernsituation 1:

»Vorbeugen ist besser als ...«

Vierfache Mutter stirbt im Feuer

Ratingen Fassungslos schauen Anwohner auf das Fenster, aus dem dichter Rauch nach außen dringt. Es ist kurz vor 13 Uhr, als die Ratinger Feuerwehr zu einem Hochhaus im Stadtteil Tiefenbroich ausrückt. Die Einsatzkräfte finden in einer Wohnung im vierten Obergeschoss die Leiche einer 34-jährigen Frau. Wie sich später herausstellt, hinterlässt die Deutsche vier Kinder: Zwillinge im Alter von 15 Jahren, ein elf- sowie ein vierjähriges Kind.

Insgesamt werden acht Personen in nahe liegende Krankenhäuser gebracht. Ein Notfallseelsorger nimmt sich der Kinder an, die noch nicht wissen, dass ihre Mutter tot ist. Ratingens Bürgermeister Harald Birkenkamp eilt an den Einsatzort und verspricht, dass sich Mitarbeiter des Jugendamtes um die Kinder kümmern werden. Sie werden im Klinikum Niederberg medizinisch versorgt", meint der Bürgermeister am Abend.

Die vierfache Mutter lebte alleine in der Wohnung, war vom Vater der Kinder geschieden worden. Die Polizei nahm Kontakt zu dem Mann auf, der nicht in Ratingen lebt.

Wie es zu dem Feuer kommen konnte, war bis gestern Abend unklar. Fest steht: Eine Anwohnerin hatte Rauch im Treppenhaus bemerkt und daraufhin die Feuerwehr alarmiert. Als die Wehr eintrifft, steht die Wohnung der 34-jährigen toten Mieterin in Flammen. Anwohnerin Magdalena W., die das Feuer bemerkt hat, ist froh, dass „wir rechtzeitig aus dem Haus gekommen sind".

Bereits im vergangenen Jahr hatte es ein folgenreiches Feuer in einem Ratinger Hochhaus gegeben, damals brannte es im Stadtteil West. Dort waren zwei Frauen an Rauchvergiftung gestorben. Die Feuerwehr fand die Leichen im Flur und auf dem Balkon.

Rheinische Post 21. Aug. 2007

Arbeitsauftrag

1. Stellen Sie zunächst fest, von welchen Gefahren Einzelpersonen, Familien und Haushalte grundsätzlich bedroht sind.
2. In dem jährlich erscheinenden Jahrbuch des Gesamtverbandes der deutschen Versicherungswirtschaft (GDV) finden sich u. a. Tabellen und Zahlenmaterial über die Schadenentwicklung und den Schadenbedarf in der Schadens-, Vermögens- und Kraftfahrtversicherung. Das Jahrbuch kann kostenlos im Internet heruntergeladen werden (www.gdv.de).

Ermitteln Sie anhand der Angaben im GDV zur Schadenversicherung

a) bei welcher versicherten Gefahr die meisten Schäden eintreten,

b) bei welcher Gefahr der Schadenaufwand pro Schadenfall am höchsten ist.

3. Die Gefahr Feuer hat seit jeher den Menschen und sein Eigentum bedroht und Vorsorge ist deshalb angezeigt. Im Internet gibt es hierzu eine Vielzahl von Informationen. Unten ist eine kleine Auswahl wiedergegeben. Recherchieren Sie nach weiteren Adressen für Informationen im Internet und bearbeiten Sie dann die nachstehenden Aufgaben:

   a) Ermitteln Sie die häufigsten Schadenursachen bei Wohnungsbränden.

   b) Jährlich kommen bei Wohnungsbränden in der Bundesrepublik Deutschland ca. 800 Menschen ums Leben. Es wird deshalb dringend zur Anschaffung von Rauchmeldern geraten. Stellen Sie fest, woran die meisten Menschen bei Bränden sterben und warum Rauchmelder Leben retten können.

   c) Welche Maßnahmen kann jede Privatperson grundsätzlich zur Verhütung von Brandschäden treffen?

   d) Erstellen Sie ein Merkblatt, wie sich eine Privatperson, auch unter dem Gesichtspunkt der Schadenminderung, im Brandfall verhalten sollte.

- **Hilfmittel**

  Lehrbuch, Proximus Versicherungsbedingungen, Recherchen im Internet

- **Ausgewählte Internetadressen**

  http://www.gdv.de

  http://www.feuerwehr-verden.de/sicherheitstipps/verhaltenimbrandfall/index.html

  http://www.berliner-feuerwehr.de/verhalten_im_brandfa.html

Lernsituation 2:

»Wer muss das bezahlen.........?«

Familie Bernhardt wohnt in 33739 Bielefeld, Goethestr. 25 im Erdgeschoss des eigenen Zweifamilienhauses. Im Obergeschoss wohnt die betagte Schwiegermutter von Herrn Bernhardt, Frau Else Prumbaum als Mieterin. Während eines Familieneinkaufbummels dringen plötzlich große Wassermengen aus der Wohnung von Frau Prumbaum in die Wohnung von Familie Bernhardt ein. Frau Prumbaum wollte baden und hatte deshalb den Wasserhahn der Badewanne aufgedreht. Durch einen Telefonanruf ihrer Freundin, die sich mit ihr zum Cafébesuch verabreden will, hat sie an die Badewanne im Moment nicht mehr gedacht. Das überlaufende Wasser verursacht umfangreiche Hausrat- und Gebäudeschäden.

Familie Bernhardt hat eine Wohngebäude- und eine Hausratversicherung bei der Proximus Versicherung AG.

Frau Prumbaum hat ihren Hausrat ebenfalls bei der Proximus Versicherung AG versichert. Ferner unterhält sie eine Privat-Haftpflichtversicherung bei der EuroStar Versicherung.

Familie Bernhardt und Frau Prumbaum bitten Sie, den Schaden zu besichtigen und Sie über die Entschädigung aufzuklären.

Sie stellen folgende Schäden fest:

Wohnbereich der Familie Bernhardt

- Das Wasser ist durch die Decke ins Erdgeschoss eingedrungen und hat den Personalcomputer im ausschließlich beruflich genutzten Arbeitszimmer von Herrn Bernhardt zerstört (Neuwert: 1 000,00 €).
- Im Wandschrank des Schlafzimmers sind Kleider durchnässt und dadurch teilweise verfärbt worden (Schaden 300,00 €).
- Das Holz des Kleiderschrankes ist teilweise aufgequollen. Der Schrank muss durch einen Tischler repariert werden (geschätzte Kosten ca. 400,00 €).
- Ein wertvolles Ölgemälde, dass an der Wand hing, wird zerstört, ebenso ein daneben hängendes Aquarell, das ein Freund ausgeliehen hatte (Schaden 35 000,00 €).
- Die Briefmarkensammlung von Herrn Bernhardt wird größtenteils zerstört (Schaden 2 000,00 €).
- Wasser ist auch bis in den Keller vorgedrungen und hat die Steuerungsanlage der Heizung zerstört (Schaden: 2 000,00 €).

Wohnbereich von Frau Prumbaum

- Das Wasser hat einen Kurzschluss am Fernsehgerät im Schlafzimmer verursacht, da die Kabel bis zum Boden reichten. Das Gerät ist nicht mehr reparabel (Schaden 800,00 €).
- Der Parkettboden im Schlafzimmer, das direkt neben dem Bad liegt, ist aufgequollen. Die Tapete im Schlafzimmer hat sich im Sockelbereich gelöst und verfärbt. Die Tür zum Bad ist ebenfalls unten aufgequollen.

● **Auszug aus dem Vertragsspiegel der Familie Bernhardt**

Hausratversicherung nach VHB 2008

Versicherungsnehmer:	Werner Bernhardt, Goethestr. 25, 33739 Bielefeld
Versicherungssumme:	65 000,00 € (100 qm Wohnfläche)
Versicherte Gefahren:	F, ED, LW, St/H
Besondere Vereinbarungen:	Unterversicherungsverzichtsklausel PK 7712

Wohngebäudeversicherung nach VGB 2008

Versicherungsnehmer:	Werner Bernhardt, Goethestr. 25, 33739 Bielefeld
Versicherungssumme 1914:	20 000,00 M
Versicherte Gefahren:	F, LW, St/H
Besondere Vereinbarungen:	keine

Auszug aus dem Vertragsspiegel von Frau Prumbaum

Hausratversicherung nach VHB 2008

Versicherungsnehmerin:	Else Prumbaum, Goethestr. 25, 33739 Bielefeld
Versicherungssumme:	35 000,00 € (100 qm Wohnfläche)
Versicherte Gefahren:	F, ED, LW, St/H
Besondere Vereinbarungen:	keine

Die Besichtigung ergab, dass Frau Prumbaum diverse teure Möbel von ihrer Schwester geerbt hat. Der Gesamtwert des Hausrats beträgt schätzungsweise 50 000,00 €.

Arbeitsauftrag

Prüfen Sie, ob für die Schäden Versicherungsschutz besteht und stellen Sie auch die voraussichtliche Entschädigungshöhe fest.

Begründen Sie den Kunden gegenüber Ihre Feststellungen und stellen Sie das weitere Regulierungsverfahren auch unter Berücksichtigung der Kundenbindung dar.

Hilfmittel

Lehrbuch, Bedingungswerk 2 »Proximus Versicherung«

E Finanzprodukte

Abschnitte 1–5: Konto, Zahlungsverkehr und Geldanlagen

Lernfeld 14: (Fachrichtung Versicherung) Kunden über Finanzprodukte informieren

Ziel:

Die Schülerinnen und Schüler informieren Privatkunden über ausgewählte Finanzprodukte. Sie erkennen Bedarfssignale, ermitteln gemeinsam mit dem Kunden den individuellen Bedarf und unterbreiten entsprechend der finanziellen Situation und den Motiven des Kunden Lösungsvorschläge. Die Schülerinnen und Schüler beschreiben Vor- und Nachteile unterschiedlicher Anlageformen für den Kunden und bieten verschiedene Möglichkeiten der Zahlungsabwicklung an. Sie setzen Informations- und Kommunikationssysteme ein und präsentieren ihre Ergebnisse.

Anmerkung: Der Erwerb von **Grundkenntnissen zu Verbraucherdarlehen** (siehe E 6) zählt ebenfalls noch zum Lernfeld 14 (Fachrichtung Versicherung)

Lernfeld 15: (Fachrichtung Finanzen) Kunden über Finanzprodukte beraten

Ziel:

Die Schülerinnen und Schüler beraten Privatkunden über ausgewählte Finanzprodukte. Sie ermitteln den individuellen Anlagebedarf und das Risikoprofil des Kunden. Sie unterbreiten entsprechend der finanziellen Situation und den Motiven des Kunden Lösungsvorschläge. Die Schülerinnen und Schüler bewerten Chancen und Risiken für den Kunden, die aus unterschiedlichen Anlageentscheidungen entstehen können. Sie nehmen Wertpapieraufträge entgegen und informieren den Kunden über die Möglichkeiten der Zahlungsabwicklung sowie die steuerliche Behandlung von Wertpapieren. Sie setzen Informations- und Kommunikationssysteme ein und präsentieren ihre Ergebnisse.

1 Geldanlageberatung

Situation

Klaus Meier (28 Jahre) arbeitet als technischer Angestellter bei der Maschinenbau AG. Von seiner Großmutter hat er 30 000,00 € geerbt. Den größten Teil der Summe möchte er anlegen und wünscht deshalb eine Anlageberatung. Er denkt dabei auch an seine Altersvorsorge. Da er keine Erfahrung mit Finanzprodukten hat, weiss er nicht, worauf er achten muss und sucht Sie deshalb zwecks Beratung auf.

1.1 Anlagemotive, Anlageformen, Besteuerung von Kapitalerträgen

1.1.1 Anlageziele

Jeder Anleger verfolgt mit seiner Geldanlage bestimmte Anlageziele. Die individuellen Anlageziele hängen wesentlich mit der Ausgangssituation des Anlegers zusammen. Es gilt also zunächst, möglichst viel über den Anleger zu wissen, um seine Anlageziele genauer einzugrenzen und ihn auf dieser Grundlage adäquat zu beraten.

Die Anlageziele lassen sich anhand des so genannten »**magischen Dreiecks**« beschreiben.

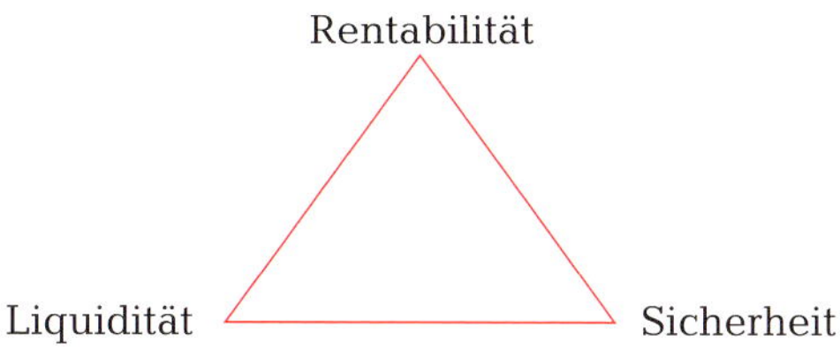

Gelegentlich wird auch vom »magischen Viereck« gesprochen. Beim Viereck wird die vierte Ecke mit der Bezeichnung »niedrige Besteuerung« versehen, beim Dreieck kann die niedrige Besteuerung im Zusammenhang mit der Rentabilität erläutert werden.

a) Rentabilität

Rentabilität bezeichnet den finanziellen Erfolg einer Anlage. Der Erfolg ergibt sich aus den Erträgen unter Berücksichtigung der Kosten und der Steuern.

- Erträge sind z. B. Zinsen, Dividenden, Kursgewinne, staatliche Prämien.

  Maßzahl ist die **Rendite** oder **ROI (Return On Investment)**. Sie gibt das prozentuale Verhältnis von Erträgen zum eingesetzten Kapital nach Abzug der Kosten und Steuern an.

- Kosten können z. B. Verwaltungskosten oder Kontoführungsgebühren sein.
- Steuerliche Gesichtspunkte sind:
  - die Ausnutzung von Freibeträgen,
  - die unterschiedliche Besteuerung von bestimmten Erträgen,
  - Steuervorteile bestimmter Anlageformen.

b) Sicherheit

Sicherheit bedeutet Erhaltung des angelegten Vermögens. Die Sicherheit einer Geld- und Vermögensanlage richtet sich nach den Risiken, denen sie unterworfen ist. Als Risiken gelten in der Zukunft liegende Unsicherheiten, Unwägbarkeiten und Gefahren.

Klassische Risiken sind:

- Emittenten- oder Ausfallrisiko,
- Konjunkturrisiko,
- Zinsänderungsrisiko,
- Kurs- oder Preisrisiko,
- Liquiditätsrisiko,
- Währungsrisiko,
- Inflationsrisiko,
- Politisches Risiko.

➤ Emittenten- oder Ausfallrisiko

Geben Marktteilnehmer Aktien oder Schuldverschreibungen heraus, so nehmen sie das Kapital für eine festgelegte Zeit (Schuldverschreibungen) oder unbegrenzte Zeit (Aktien) auf. Die Herausgeber von Aktien und Schuldverschreibungen werden als Emittenten der Wertpapiere bezeichnet (Zu Einzelheiten, vgl. Abschn. E 4). Die Erwerber der Wertpapiere (Anleger) bekommen Zinsen beziehungsweise Dividenden. Am Ende der Laufzeit von Schuldverschreibungen wird das Kapital in der Regel zurück gezahlt. Sollte ein Emittent während der Laufzeit in wirtschaftliche Schwierigkeiten geraten, sind die Zins- beziehungsweise Rückzahlungen oder aber die Dividendenzahlungen bei Aktien gefährdet. Je länger die Laufzeit eines Wertpapiers, desto schwieriger ist es für den Anleger, die Wahrscheinlichkeit eines Zahlungsausfalls einzuschätzen.

Exkurs: Rating

Private Rating-Agenturen wie die in den USA ansässigen Unternehmen Moody's und Standard and Poor's haben es sich u. a. zur Aufgabe gemacht, die Ausfallwahrscheinlichkeit von Schuldverschreibungen einzuschätzen. Die Rating-Agenturen bewerten sowohl Anleihen von Ländern als auch von Unternehmen. Die Vorgehensweise ist dabei unterschiedlich. Während bei der Ermittlung der Länderrisiken vor allem die politische und wirtschaftliche Situation eingehend beleuchtet wird, werden bei Unternehmen andere Kriterien bewertet. Zuerst werden die letzten Jahresabschlüsse auf Herz und Nieren geprüft. Als herausragende Punkte sind vor allem die Eigenkapitalausstattung und die Finanzplanung zu nennen. Daneben werden die Konkurrenzsituation des Unternehmens und die Entwicklungsmöglichkeiten der Branche und der Gesellschaft eingehend untersucht. Ein für den Erfolg des Unternehmens wichtiges, aber nur schwer zu quantifizierendes Erfolgskriterium ist die Qualität des Managements.

Das Rating wird regelmäßig, meist jährlich, aufgrund einer neuen Analyse aktualisiert. Die Einstufung durch die Rating-Agenturen hat auch Auswirkungen auf die Finanzierungskosten der Emittenten. Ein schlechtes Ratingergebnis kostet einen höheren Zinssatz, um die Schuldverschreibung am Markt zu platzieren.
Vom Rating ist das sog. **Ranking** zu unterschieden. Hierbei wird eine Reihenfolge (Platzierung) bestimmt.

Ratingtabelle nach Standard & Poor's und Moody's

Die Ratingagenturen Standard & Poor's und Moody's bewerten Wertpapiere und erteilen folgende Bonitätsurteile:

Standard & Poor's	Moody's	Beschreibung
AAA	Aaa	Beste Qualität. Papiere sind faktisch mündelsicher.
AA (AA+ bis AA–)	Aa1 bis Aa3*)	Hohe Schuldnerqualität; gute Langzeitsicherheit der Anleihe.
A	A1 bis A3	Obere Mittelklasse; langfristige Risiken.
BBB (BBB+ bis BBB–)	Baa1 bis Baa3	Mittelklasse; Tilgungsfähigkeit des Schuldners ist noch adäquat. Langfristiger Schutz der Anleihe bleibt sicher.
BB (BB+ bis BB–)	Ba1 bis Ba3	Von dieser Kategorie abwärts gelten Wertpapiere als »spekulativ«. Schuldenbedienung nur bei sich besserndem konjunkturellen Umfeld gesichert.
B (B+ bis B–)	B1 bis B3	Anleihe für dauerhaftes Investment ungeeignet. Langfristige Schuldenbedienung zweifelhaft.
CCC	Caa	Zinszahlungen und Tilgungen können nur mit Mühe geleistet werden.
CC	Ca	Anleihen dieser Kategorie sind »hoch spekulativ«.
C	C	Äußerst geringe Wahrscheinlichkeit einer Schuldentilgung.
D	D	Notleidend

*) Aa1 hat höhere Bonität als Aa2

➤ Konjunkturrisiko

Unter Konjunkturrisiko wird die Gefahr von Kursverlusten verstanden, die dadurch entstehen, dass der Anleger die Konjunkturentwicklung nicht oder unzutreffend bei seiner Anlageentscheidung berücksichtigt und dadurch zum falschen Zeitpunkt eine Wertpapieranlage tätigt oder Wertpapiere in einer ungünstigen Konjunkturphase hält.

➤ Zinsänderung

Jeder Inhaber von Schuldverschreibungen geht das Risiko ein, dass sich der Marktzins verändert. Änderungen des Marktzinses haben folgenden Einfluss auf die eigene Position:

- Steigt das Zinsniveau, fallen die Kurse des eigenen Wertpapiers und umgekehrt.
- Die Kursbewegung ist umso stärker, je länger die Restlaufzeit der Anlage ist.

Dieses Risiko wird für den privaten Anleger deutlich, wenn er die Papiere vor Fälligkeit verkaufen will.

➤ Kurs- oder Preisrisiko

Unter Preisrisiko versteht man allgemein die Gefahr sich ändernder Preise. Dies gilt für alle börsennotierten Produkte, aber auch für die Währungen, Immobilien und Rohstoffe.

Preisbestimmend ist das Verhältnis von Angebot und Nachfrage. Bei dem Zustandekommen von Angebot oder Nachfrage spielen Kosten, Gewinnvorstellungen, individuelle Bedürfnisse und Erwartungen eine Rolle. Findet sich kaum oder keine Nachfrage für das Anlageprodukt, so muss der Anbieter seine Preisvorstellung möglicherweise nach unten korrigieren und damit erneut an den Markt gehen. Bei einer Auflösung seiner Anlage zu einem nicht aufschiebbaren Zeitpunkt kann es deshalb zu Verlusten kommen.

➤ Liquiditätsrisiko

Die Liquidität einer Kapitalanlage beschreibt die Möglichkeit für den Anleger, seine Vermögenswerte jederzeit zu marktgerechten Preisen zu verkaufen. Dies ist üblicherweise dann der Fall, wenn ein Anleger seine Wertpapiere verkaufen kann, ohne dass schon ein (gemessen am marktüblichen Umsatzvolumen) durchschnittlich großer Verkaufsauftrag zu spürbaren Kursschwankungen führt und nur auf deutlich niedrigerem Kursniveau abgewickelt werden kann.

➤ Währungsrisiko

Dem Währungsrisiko unterliegen Wertpapiere, deren Zinsen und Rückzahlung in einer anderen Währung geleistet werden. Verliert der US-Dollar gegenüber dem Euro an Wert, so sinkt der Wert einer Dollaranleihe im Besitz eines Deutschen umgerechnet in Euro.

➤ Inflationsrisiko

Unter Inflationsrisiko versteht man die Tatsache, dass insbesondere festverzinsliche Anlagen real dadurch entwertet werden, dass die Preissteigerungsrate während der Laufzeit des Papiers ansteigt und dadurch die Kaufkraft zurückgeht. Bei Rückzahlung des Anlagebetrages kann der Anleger dann für sein Geld weniger kaufen, als zum Zeitpunkt der Geldanlage.

➤ Politisches Risiko

Souveräne Staaten können aus verschiedenen Gründen Maßnahmen treffen, die sich zum Nachteil des ausländischen Anlegers auswirken. So kann es sein, dass durch Kapitalverkehrsbeschränkungen der Transfer von Anlagegeldern nicht mehr gewährleistet werden kann. In extremen Fällen kann es zu Enteignungen ausländischer Guthaben kommen.

c) Liquidität

Unter Liquidität versteht man die Möglichkeit, Anlagen in Bargeld umzuwandeln. Dabei ist eine Anlage umso liquider, je schneller und einfacher sie in liquide Mittel umgewandelt werden kann. Zu berücksichtigen ist hier jedoch die Liquidierung zu fairen Preisen. Das Kriterium der Liquidität wird vor allem von börsennotierten Anlageprodukten erfüllt.

d) Zielkonflikte

Die beschriebenen Anlageziele stehen in Konkurrenz zueinander. Es gibt also **Zielkonflikte**:

- Hohe Rentabilität ist in der Regel mit hohen Risiken verbunden. Sicherheit muss mit Abstrichen an der Rendite erkauft werden.
- Liquide Geldanlagen erbringen in der Regel niedrigere Renditen als langfristige Anlagen.

Die Darstellung der Anlageziele Rentabilität, Sicherheit, Liquidität als Dreieck soll das Spannungsverhältnis zwischen diesen Zielen symbolisieren.

1.1.2 Anlageformen

Übersicht

Wertpapiere in der Kapitalmarktstatistik der Deutschen Bundesbank

Festverzinsliche Wertpapiere

- **Inländische Rentenwerte** / **Ausländische Rentenwerte**
  - Bankschuldverschreibung
    - Hypothekenpfandbriefe
    - Öffentliche Pfandbriefe
    - Schuldverschreibungen von Spezialkreditinstituten
    - Sonstige Bankschuldverschreibungen
  - Industrieobligationen
  - Anleihen der öffentlichen Hand

Aktien

- **Inländische Aktien** / **Ausländische Aktien**

Investmentzertifikate

- **Inländische Fonds** / **Ausländische Fonds**
  - Publikumsfonds
    - Geldmarktfonds
    - Wertpapierfonds
    - Offene Immobilienfonds
  - Spezialfonds

Anlageangebote der Kreditinstitute bzw. Versicherungsgesellschaften	Liquiditätsstufe
● Bargeld ● Sichteinlagen (Guthaben auf Kontokorrentkonten) ● Termineinlagen ● Spareinlagen mit vereinbarter Kündigungsfrist von drei Monaten	1 (sehr liquide)
● Festverzinsliche Wertpapiere ● Aktien ● Investmentzertifikate ● Optionen ● Spareinlagen mit vereinbarter Kündigungsfrist von mehr als drei Monaten	2
● Sparbriefe ● Börsenmäßig nicht gehandelte Wertpapiere	3

Anlageangebote der Kreditinstitute bzw. Versicherungsgesellschaften	Liquiditätsstufe
● Kapitallebensversicherungen ● Beteiligungen an geschlossenen Immobilienfonds	4
● Beteiligungen an nicht börsennotierten Unternehmen ● Steuerbegünstigte Anlagen ● Immobilien	5

1.1.3 Besteuerung von Kapitalerträgen (Abgeltungsteuer)

Kapitalerträge sind als sog. Einkünfte aus Kapitalvermögen steuerpflichtig und für die Anlageentscheidung spielt dieser Gesichtspunkt eine wichtige Rolle.

Zum 1. Januar 2009 **änderte** sich die Besteuerung von realisierten Kapitalerträgen in Deutschland grundlegend. Laufende Erträge und realisierte Kursgewinne werden **seitdem** pauschal mit 25 % Einkommensteuer zuzüglich 5,5 % Solidaritätszuschlag (und wenn der Kunde den Auftrag erteilt mit Kirchensteuer) besteuert, wenn diese den Sparerpauschbetrag von 801,00 € (gemeinsam Veranlagte: 1602,00 €) übersteigen.

Der **Steuerabzug** bei Kapitalerträgen hat **abgeltende Wirkung,** das heißt es besteht grundsätzlich keine Pflicht mehr, diese Erträge in der Einkommensteuererklärung anzugeben. Rechtstechnisch heißt diese Art der Steuererhebung zwar **Kapitalertragsteuer,** wegen der abgeltenden Wirkung spricht man aber allgemein von der **Abgeltungsteuer.**

Vor Einführung der Abgeltungsteuer waren Kapitalerträge im Rahmen der Einkommensteuererklärung anzugeben. Sie wurden dann unter Berücksichtigung individueller Gegebenheiten (z. B. Werbungskosten, bereits einbehaltene Zinsabschlagsteuer, persönlicher Steuersatz) besteuert.

a) Steuerpflichtige Kapitalerträge

- Zinsen aus Kontoguthaben und Wertpapieren (z. B. Schuldverschreibungen)
- Dividenden aus Beteiligungen an Körperschaften (Aktiengesellschaft, GmbH und Genossenschaft)
- Verkaufserlös aus zugeteilten Bezugsrechten
- Ausschüttungen und thesaurierte Erträge von Investmentfonds
- Erhaltene Stillhalterprämien (abzüglich gezahlter Prämie bei Glattstellung) bei Optionsgeschäften
- Veräußerungsgewinne bei Wertpapieren, Optionen und Termingeschäften (unabhängig von der Besitzdauer), sofern die Papiere bzw. Rechte nach dem 31. Dez. 2008 erworben wurden.
- Erträge aus nicht steuerbegünstigten privaten Kapitallebens- und Rentenversicherungen mit Kapitalauszahlung (Vertragsabschluss ab 2005)

EStG § 20 (9)

Werbungskosten können steuerlich **nicht** geltend gemacht werden.

b) Ausnahmen von der Abgeltungsteuer

Folgende Kapitalanlageformen werden nicht von der Abgeltungsteuer sondern ggf. von anderen Besteuerungsformen erfasst:

- **Riester- und Rürup-Verträge**

  Leistungen aus diesen Verträgen unterliegen der **nachgelagerten Besteuerung** mit dem individuellen Steuersatz im Rahmen der Einkunftsart **Sonstige Einkünfte** (vgl. Band 2, Abschn. D 3.2.3).

- **Private Rentenversicherungen ohne Kapitalwahlrecht**

  Die Rentenleistungen sind mit dem sog. **Ertragsanteil** zu besteuern (vgl. Band 2, Abschn. E 5.4).

- **Private Kapitallebensversicherungen** und **Rentenversicherungen mit Kapitalauszahlung**
  - **Kapitallebensversicherungen,** die **vor dem Jahr 2005** abgeschlossen wurden (sog. **Altverträge**), sind weiterhin steuerfrei, soweit bestimmte Voraussetzungen schon bei Vertragsabschluss erfüllt wurden (vgl. Band 2, Abschn. E 5.2 a).
  - **Kapitallebensversicherungen,** die **nach dem 01. Januar 2005** (sog. **Neuverträge**) abgeschlossen wurden, werden unter der Voraussetzung, dass die Mindestlaufzeit des Vertrages 12 Jahre beträgt und die Auszahlung der Versicherungsleistung erst nach dem 60. Lebensjahr erfolgt, wie folgt besteuert:

    Der Unterschiedsbetrag (Versicherungsleistung minus Beitragssumme) wird zur Hälfte als Kapitalertrag im Rahmen der Einkommensteuer mit dem persönlichen Steuersatz versteuert (**Halbeinkünfteverfahren;** vgl. Band 2, Abschn. E 5.3 b).

    Als Vorauszahlung auf diese Steuerschuld behält der Versicherer bei Fälligkeit der Leistung 25 % Kapitalertragsteuer ein und führt diese an das Finanzamt ab.

- **Veräußerungsgewinne** aus Immobilien und anderen Wirtschaftsgütern als Kapitalanlagen (z. B. Edelmetalle, Kunstgegenstände) EStG § 23

  Die Besteuerung erfolgt wie bisher als **Sonstige Einkünfte,** wobei die Spekulationsfrist von 10 Jahren bei Immobilien und von einem Jahr bei anderen Wirtschaftsgütern zu beachten ist. Gewinne bis einschließlich 599,99 € (Freigrenze) bleiben steuerfrei.

c) Erhebung der Abgeltungsteuer

Die Abgeltungsteuer wird

- von der die Zahlung schuldenden Körperschaft (inländische Dividende),
- der gutschreibenden Bank (Zinsen, Veräußerungsgewinne und ausländische Dividende) bzw.
- Kapitalanlagegesellschaft (Ausschüttungen von Investmentfonds, Rückgabe von Fondsanteilen an die KAG)

einbehalten und anonym und direkt an das Finanzamt abgeführt. § 43 (5)
Die Steuerschuld ist damit abgegolten, die Angabe in der Einkommensteuererklärung kann entfallen.

Ausnahmen:

EStG § 32 (6) d § 32 a

- Anleger mit niedrigerem Grenzsteuersatz als 25 % können ihre Kapitalerträge weiter in der Einkommensteuererklärung angeben und in die Berechnung der normalen tariflichen Einkommensteuerschuld einbeziehen lassen. Dabei erfolgt dann automatisch eine **Günstigerprüfung.**
- Mit einer **Nichtveranlagungsbescheinigung** oder mit einem **Freistellungsauftrag** (in Höhe des Sparerpauschbetrages) kann der Abzug der Kapitalertragsteuer in Form der Abgeltungsteuer ganz oder teilweise vermieden werden. Der steuerfreie **Sparerpauschbetrag** beträgt 801,00 € bei Einzelveranlagung und 1 602,00 € bei Zusammenveranlagung, die von Eheleuten gewählt werden kann.
- Ausländische Kapitalerträge müssen (soweit nicht über inländische Kreditinstitute erzielt) zur Belastung mit der Abgeltungsteuer in der Einkommensteuererklärung angegeben werden.

d) Besonderheiten im Zusammenhang mit der Abgeltungsteuer

Verluste aus Kapitalerträgen (Kursverluste bei Anleihen, gezahlte Stückzinsen, Verluste aus Termingeschäften, Veräußerungsverluste aus GmbH- bzw. Genossenschaftsanteilen können unbegrenzt mit positiven Kapitalerträgen verrechnet werden.

§ 20 (6) Dabei dürfen **Verluste aus Aktienverkäufen** nur mit **Aktienveräußerungsgewinnen verrechnet** werden (gesonderte Kapitalertragsteuernebenrechnung – **Aktienverlustverrechnungstopf,** auch **Aktienverlustverrechnungsdatei** genannt**).**

Negative Einkünfte aus Kapitalvermögen können **nicht** mit **positiven Einkünften** aus **anderen Einkunftsarten** (z. B. aus Vermietung und Verpachtung) **verrechnet** werden.

§§ 20 (6), 43 a (3) Folgende **Möglichkeiten** bestehen allerdings:

- Es ist ein Vortrag auf das nächste Jahr in der **Kapitalertragsteuernebenrechnung** der Bank (**Verlustverrechnungsdatei** und/oder **Aktienverlustverrechnungsdatei**) möglich

  oder

- auf Antrag Ausstellung einer **Verlustbescheinigung** und **Verrechnung** in der Einkommensteuererklärung **mit anderen positiven Kapitalerträgen**).

Wenn ein Steuerpflichtiger bei mehreren Kreditinstituten Konten und Depots unterhält, erfolgt zwischen den Banken keine Verrechnung der positiven und negativen Kapitalerträge. Diese kann aber im Rahmen der Einkommensteuererklärung vorgenommen werden. Dazu benötigt der Steuerpflichtige von den Kreditinstituten eine Steuerbescheinigung und eine Verlustbescheinigung. Wenn ein Kreditinstitut auf Antrag eines Steuerpflichtigen eine Verlustbescheinigung ausstellt, verfallen die Beträge in den Verlustverrechnungsdateien und werden nicht mehr in das nächste Jahr übertragen.

Auf den folgenden 4 Seiten sind die beschriebenen Möglichkeiten beispielhaft dargestellt:

Beispiel für die Berechnung der Abgeltungsteuer (Kapitalertragsteuer) unter Berücksichtigung von Veräußerungen, Stückzinsen (Verlustverrechnungsdateien) und Sparerpauschbetrag

- Die untenstehenden drei Dateien sind eine reine Nebenrechnung der Bank zur Berechnung bzw. Vermeidung des Abgeltungsteuer-Abzugs.
- Die Verlustverrechnungsdateien beginnen jedes Jahr mit dem Saldo des Vorjahres (soweit nicht der Kunde mit einer Bescheinigung der Bank die Verluste in seiner Einkommensteuererklärung geltend gemacht hat – z.B. für Verrechnung mit Kapitalerträgen bei anderen Banken), die Nebenrechnung zum Sparerpauschbetrag beginnt mit dem vom Kunden gemeldeten Betrag (ein im lfd. Jahr nicht ausgenutzter Betrag verfällt bzw. kann nur im Rahmen einer Einkommensteuererklärung mit Kapitalerträgen bei anderen Banken verrechnet werden).
- Veränderungen der Aktienverlustdatei ergeben sich nur aus Kursgewinnen und Verlusten aus Aktiengeschäften (unabhängig von der Haltedauer). Verbleibende Kursgewinne können aber noch aufgrund eines Guthabens in der allgemeinen Verlustverrechnungsdatei oder freien Sparerpauschbetrages abgeltungsteuerabzugfrei bleiben.
- Zuschreibungen zum allgemeinen Verlustverrechnungstopf erfolgen 1. bei gezahlten Stückzinsen und gezahlten Zwischengewinnen (aus Fondskäufen) und 2. bei Kursverlusten aus Verkäufen und Rückzahlungen anderer Wertpapiere als Aktien.
- Durch Minderung des allgemeinen Verlustverrechnungstopfes oder des Sparerpauschbetrages können alle abgeltungsteuerpflichtigen Wertpapiererträge (auch Kursgewinne oder Zinsen für Kontoguthaben oder Dividenden) abgeltungsteuerfrei gutgeschrieben werden.
- Nicht verrechenbar sind »Tafelgeschäfte« (Wertpapiere nicht im Depot der Bank). Für letztere ist auch der Sparerpauschbetrag nicht anwendbar.
- Da mit der Abgeltungsteuer die Besteuerung der Erträge i.d.R. beendet sein soll, wird im laufenden Kalenderjahr auch bereits einbehaltene Abgeltungsteuer wieder erstattet, wenn verrechenbare Verluste zeitlich erst nach dem besteuerten Ertrag entstehen. (Sonst würden dafür jeweils Einkommensteuererklärungen notwendig.)
- Am Jahresende werden Bestände in den Verlustverrechnungstöpfen i.d.R. in das Folgejahr übertragen. Ein nicht ausgenutzter Sparerpauschbetrag kann nur über die Einkommensteuererklärung für mit Abgeltungsteuer belastete Erträge bei anderen Banken genutzt werden, andernfalls verfällt dieser.

Datum	Geschäftsfall	Aktienverlustverrechnungsdatei in €		Allgemeine Verlustverrechnungsdatei in €		Datei für den Sparerpauschbetrag in €		Abgeltungsteuer (KESt – ohne SolZ) €		Gutschrift	Erläuterungen
		Veränderung	Bestand	Veränderung	Bestand	Veränderung	Bestand	Bemessung	In €	In €	
01.01.	Vortrag aus Vorjahr		**1 000,00**		**0**		801,00				**1**
15.01.	Gezahlte Stückzinsen4 000,00 €	–	1 000,00	+ 4 000,00	4 000,00	–	801,00	–	–	–	**2**

Fortsetzung nächste Seite

Datum	Geschäftsfall	Aktienverlustverrechnungsdatei in €		Allgemeine Verlustverrechnungsdatei in €		Datei für den Sparerpauschbetrag in €		Abgeltungsteuer (KESt – ohne SolZ) €		Gutschrift	Erläuterungen
		Veränderung	Bestand	Veränderung	Bestand	Veränderung	Bestand	Bemessung	In €	In €	
20.02.	Erhaltene Stückzinsen 1 000,00 €	–	1 000,00	- 1 000,00	3 000,00	–	801,00	–	–	1 000,00	**3**
01.03.	Zinsscheingutschrift 2 500,00 €	–	1 000,00	- 2 500,00	500,00	–	801,00	–	–	2 500,00	**4**
30.04.	Festgeldzinsen 800,00 €	–	1 000,00	- 500,00	0	- 300,00	501,00	–	–	800,00	**5**
01.06.	Aktienkauf, 200 Stück zu 15,00 €	–	1 000,00	–	0	–	501,00	–	–	–	**6**
10.06.	Gezahlte Zwischengewinne 150,00 €	–	1 000,00	+ 150,00	150,00	–	501,00	–	–	–	**7**
01.08.	Dividendengutschrift Bruttodividende 2 000,00 €	–	1 000,00	- 150,00	0	- 501,00	0	1 349,00	337,25	1 662,75	**8**
12.08.	Aktienverkauf, obige 200 Stück zu je 30,00 €	- 1 000,00	0	–	0	–	0	2 000,00	500,00	5 500,00 (6 000 – 500)	**9**
01.10.	Erhaltene Stückzinsen 3 500,00 €	–	0	–	0	–	0	3 500,00	875,00	2 625,00	**10**
01.12.	Erhaltene Zwischengewinne 250,00 €	–	0	–	0	–	0	250,00	62,50	187,50	**11**
14.12.	Kursdifferenz Zerobondsverkauf, Verlust 370,00 €	–	0	rückwirkende Verrechnung	0	–	0	–	–	92,50 (Steuererstattung)	**12**
31.12.	Sparkontozinsen 120,00 €	–	0		0	–	0	120,00	30,00	90,00	**13**

Erläuterungen

Zu 1) Die **Aktienverlustverrechnungsdatei** des Vorjahres weist einen Verlust von 1 000,00 € aus, der in die Aktienverlustverrechnungsdatei des laufenden Jahres übernommen wird. Der für das Jahr zustehende steuerfreie Sparerpauschbetrag von 801,00 € wird ebenfalls als »Anfangsbestand« in die entsprechende Spalte übernommen.

Zu 2) Der Anleger kauft festverzinsliche Schuldverschreibungen und zahlt an den Verkäufer anteilige Stückzinsen, die wie negative Kapitalerträge wirken und zur Verrechnung mit späteren Zinszahlungen an den Anleger in der **Allgemeinen Verlustverrechnungsdatei** erfasst werden.

Der Käufer der Schuldverschreibungen erhält zum nachfolgenden Zahlungstermin die Zinsen für ein Jahr rückwirkend. Der Zinsanteil, der der Besitzdauer des Verkäufers seit der letzten Zinszahlung entspricht, wird Stückzinsen genannt (vgl. Beispiel in Abschn. E 4.1.2).

Zu 3) Beim Verkauf von festverzinslichen Schuldverschreibungen erhält der Anleger Stückzinsen. Ein Abzug von Abgeltungsteuer kann unterbleiben. Der Bestand der **Allgemeinen Verlustverrechungsdatei** wird um den Zinsbetrag verringert.

Zu 4) Der Anleger erhält Zinsen für festverzinsliche Schuldverschreibungen. Ein Abzug von Abgeltungsteuer unterbleibt, der Bestand der **Allgemeinen Verlustverrechungsdatei** verringert sich um den Zinsbetrag.

Zu 5) Die Gutschrift der Festgeldzinsen erfolgt ebenfalls ohne Abzug von Abgeltungsteuer. Die über den Bestand in der **Allgemeinen** Verlustverrechnungsdatei hinausgehenden 300,00 € reduzieren den Bestand in der **Datei für den Sparerpauschbetrag.**

Zu 6) Der Kauf der Aktien erfolgt zum Anschaffungswert und löst keinen steuerrelevanten Vorgang aus.

Zu 7) Der Anleger erwirbt Investmentanteile. Der Kaufpreis enthält anteilige Zinserträge des laufenden Geschäftsjahres, die –analog den gezahlten Stückzinsen bei Schuldverschreibungen – als negative Kapitaleinkünfte mit späteren Kapitaleinkünften verrechnet werden können und daher in der **Allgemeinen Verlustverrechnungsdatei** erfasst werden.

Zu 8) Nach Verrechnung der Bruttodividende mit dem Bestand in der **Allgemeinen Verlustverrechnungsdatei** (150,00 €) und dem noch nicht verbrauchten **Sparerpauschbetrag** (501,00 €) werden auf den Betrag von 1 349,00 € 25% Abgeltungsteuer erhoben und dem Anleger 1 662,75 € gutgeschrieben.

Zu 9) Der Anleger veräußert die am 01.06. erworbenen Aktien zum Kurswert von 6 000,00 € und erzielt 3 000,00 € Kursgewinn. Nach Abzug der 1 000,00 € aus der **Aktienverlustverrechnungsdatei** werden von den restlichen 2 000,00 € 25 % Abgeltungsteuer einbehalten. Dem Anleger werden dann 5 500,00 € gutgeschrieben (6 000,00 € abzüglich 500,00 € Abgeltungsteuer).

Zu 10) Stückzinsen sind abgeltungsteuerpflichtig.

Zu 11) Der Anleger verkauft Investmentanteile. Von dem beim Verkauf von Investmentanteilen erzielten Zwischengewinn (= dem Investmentfonds im laufenden Geschäftsjahr gutgeschriebene Zinsen, die noch nicht an die Anteilsinhaber ausgeschüttet wurden und daher im Anteilswert/Verkaufspreis enthalten sind) werden 25 % Abgeltungsteuer berechnet. **Eine Verrechnungsmöglichkeit besteht zu diesem Zeitpunkt nicht.**

Zu 12) Der Kursverlust beim Verkauf der Zerobonds (= abgezinste Schuldverschreibungen) kann grundsätzlich den Bestand der **Allgemeinen Verlustverrechnungsdatei** erhöhen und mit späteren Kapitaleinkünften verrechnet werden. In diesem Fall würden dem Anleger Kapitalerträge in Höhe von 370,00 € ohne Abzug von 25 % (= 92,50 €) Abgeltungsteuer gutgeschrieben. Da die Bank in diesem Jahr bereits Abgeltungsteuer auf Kapitalerträge des Anlegers berechnet und abgeführt hat, werden ihm 92,50 € (= 25 % von 370,00 €) rückerstattet.

Zu 13) Da **keine** Verrechnungsmöglichkeit besteht, werden von den 120,00 € Sparzinsen 25 % Abgeltungsteuer berechnet.

1.2 Rechtliche Aspekte der Anlageberatung und Anlegerschutz

1.2.1 Vorbetrachtung: Märkte für Kapitalanlageprodukte und gesetzliche Neuregelungen

Kapitalmärkte für Finanzdienstleistungen

Weißer Markt	**Grauer Markt**
Kontrollierter Kapitalmarkt durch staatliche Finanzaufsicht (BaFin)	**Weitgehend nicht regulierter Kapitalmarkt** Kontrolle durch die BaFin nur in beschränktem Umfang
Schwerpunkt: Erlaubnispflichtige Finanzdienstleistungen Hierzu zählen u.a.: • Anlageprodukte von Banken, Sparkassen, Versicherungen • Börsengehandelte Wertpapiere	**Schwerpunkt:** Nicht erlaubnispflichtige Finanzdienstleistzungen Hierzu zählen u.a.: • Geschlossene Fonds • Unternehmensbeteiligungen • Genussrechte • Namensschuldverschreibungen • Stille Einlagen
Anbieter • Kreditinstitute • Finanzdienstleistungsinstitute	**Anbieter:** Finanzanlagenvermittler
Beratungs-, Informations- und Dokumentationspflichten nach dem WpHG	**Keine gesetzlich normierten Beratungs-, Informations- und Dokumentationspflichten**
Spezialgesetzliche Prospekthaftung	**Keine spezialgesetzliche Prospekthaftung**, sondern durch Rechtsprechung entwickelte Vertrauenshaftung
Weitere Verbesserungen zum Schutz des Anlegers werden mit dem Anlegerschutz- und Funktionsverbesserungsgesetz vom 5.04.2011 angestrebt (vgl. E 1.2.6)	**Es ist ein Gesetz zur Novellierung des Finanzanlagenvermittler- und Vermögensanlagenrechts in Arbeit. Der Gesetzesentwurf zielt auf den Anlegerschutz auf dem Grauen Markt (vgl. E 1.2.7).**

Zur Stärkung des Anlegerschutzes und Verbesserung der Funktionsfähigkeit des **weißen Kapitalmarktes** ist das Anlegerschutz- und Funktionsverbesserungsgesetz am 5.04.2011 in Kraft getreten. Mit diesem Gesetz wurden u. a. das Wertpapierhandelsgesetz, das Investmentgesetz und die Wertpapierdienstleistungs-Verhaltens- und Organisationsverordnung geändert. Zu Einzelheiten, siehe E 1.2.6.

Der **Graue Kapitalmarkt** unterliegt nicht der umfangreichen staatlichen Finanzaufsicht wie der Weiße Kapitalmarkt. Das Regulierungsniveau des grauen Marktes ist derzeit noch vergleichsweise gering, so dass auf diesem Markt durch unseriöse oder unzureichend qualifizierte Produktvertreiber und deren nicht anlagegerechte Vermittlung oder Beratung finanzielle Schäden drohen. Kapitalanlageprodukte sind, wie auch Versicherungsprodukte, erklärungsbedürftige Produkte, da der Kunde (Interessent) häufig über kein oder nur ein unzureichendes Fachwissen verfügt. Der Kunde ist deshalb in der Regel auf Beratung angewiesen und muss ihr auch vertrauen können. Da diese Voraussetzungen durch den Grauen Kapitalmarkt nicht immer erfüllt wurden, hat der Gesetzgeber am 6. April 2011 einen Gesetzesentwurf vorgelegt, der eine effizientere Regulierung und Beaufsichtigung dieses Marktes vorsieht. Zu Einzelheiten, siehe Abschnitt E 1.2.7.

1.2.2 Pflichten nach dem Wertpapierhandelsgesetz

Grundlage für **Wertpapierberatungen** ist das **Wertpapierhandelsgesetz**.

a) Begriffliche Abgrenzungen

➤ Wertpapiere

WpHG § 2 (1)

Wertpapiere im Sinne des Wertpapierhandelsgesetzes (WpHG) sind:

- Aktien,
- mit Aktien vergleichbare Anlagewerte und Zertifikate, die Aktien vertreten,
- Schuldtitel (z. B. Inhaberschuldverschreibungen, Orderschuldverschreibungen),

soweit sie an einem Markt gehandelt werden.

Zu den Wertpapieren zählen auch Anteile an Investmentvermögen, die von einer Kapitalanlagegesellschaft oder einer ausländischen Investmentgesellschaft ausgegeben werden.

➤ Wertpapiere als Gegenstand von Finanzdienstleistungen

§ 1 (1)

Das WpHG unterscheidet zwischen **Wertpapierdienstleistungen** und **Wertpapiernebendienstleistungen** und fordert, dass die gesetzlichen Bestimmungen u. a. bei der Erbringung solcher Leistungen anzuwenden sind.

Wertpapierdienstleistungen	Wertpapiernebendienstleistungen
● Anschaffung und Veräußerung von Wertpapieren, Geldmarktinstrumenten und Derivaten – im eigenen Namen und für fremde Rechnung, – im Wege des Eigenhandels für andere sowie – im fremden Namen und für fremde Rechnung. ● Vermittlung von Anlagen ● Vermögensverwaltung	Dienstleistungen, die im Zusammenhang mit Wertpapierdienstleistungen erbracht werden, sind insbesondere: ● Verwahrung und Verwaltung für andere, sofern das Depotgesetz keine Anwendung findet, ● Kredit- oder Darlehensgewährung an andere für die Durchführung von Wertpapierdienstleistungen durch das Unternehmen, das den Kredit gewährt hat, ● Anlageberatung im Zusammenhang mit Wertpapieren, Geldmarktinstrumenten und Derivaten.

➤ Anlageberatung gem. § 2 Abs. 3 Nr. 9 WpHG

Eine Anlageberatung ist jede persönliche Empfehlung des Beraters gegenüber einem Kunden, die sich auf Geschäfte mit bestimmten Finanzinstrumenten bezieht, sofern die Empfehlung auf Basis einer Prüfung der persönlichen Umstände des Anlegers erfolgt oder für ihn als geeignet dargestellt wird. Eine Anlageberatung liegt dann nicht vor, wenn die Empfehlung ausschließlich über Informationsverbreitungskanäle oder für die Öffentlichkeit bekannt gegeben wird.

Unter Anlageberatung fallen daher Empfehlungen an einen Kunden zum Kauf, Verkauf, Tausch, Rückkauf, Halten, zur Zeichnung, zur Übernahme eines Finanzinstruments sowie Empfehlungen zur Ausübung/Nichtausübung sich darauf beziehender Rechte.

➤ Finanzdienstleister im Zusammenhang mit Wertpapieren

Wertpapiere zählen nach dem Kreditwesengesetz zu den **Finanzinstrumenten.** Dienstleistungen im Zusammenhang mit so verstandenen Finanzinstrumenten werden nach der Systematik des Kreditwesengesetzes u. a. erbracht durch: KWG § 1

- **Kreditinstitute**
  - Anschaffung und Veräußerung von Finanzinstrumenten im eigenen Namen für fremde Rechnung (**Finanzkommissionsgeschäft**) (1)
  - Verwahrung und Verwaltung von Wertpapieren für andere (**Depotgeschäft**)
- **Finanzdienstleistungsinstitute** (1 a)
  - Vermittlung von Geschäften über die Anschaffung und die Veräußerung von Finanzinstrumenten oder deren Nachweis (**Anlagevermittlung**) (3)
  - Anschaffung und Veräußerung von Finanzinstrumenten im fremden Namen für fremde Rechnung (**Abschlussvermittlung**)

  Sofern sich die Finanzdienstleistung des Unternehmens ausschließlich auf Anteile an Investmentvermögen, die von einer Kapitalanlagegesellschaft ausgegeben werden, oder auf ausländische Investmentanteile, die nach dem Investmentgesetz öffentlich vertrieben werden dürfen, beschränkt und die Unternehmen nicht befugt sind, sich bei der Erbringung dieser Finanzdienstleistungen Eigentum oder Besitz an Geldern oder Anteilen von Kunden zu verschaffen, gelten diese Unternehmen nicht als Finanzdienstleistungsinstitute. § 2 (6)

- **Finanzunternehmen**
  - andere bei der Anlage in Finanzinstrumenten beraten (**Anlageberatung**)

b) Risikoklassen von Wertpapieren

Einige Kreditinstitute teilen die Wertpapiere in Risikoklassen ein, wobei das Risiko von Klasse zu Klasse steigt.

Mögliche Klassifizierungen von Wertpapieren:
- **Klasse 1:** Bundeswertpapiere, Geldmarktfonds, Euro-Anleihen sehr guter Bonität
- **Klasse 2:** Euro-Anleihen guter Bonität, geldmarktnahe Euro-Rentenfonds
- **Klasse 3:** Euro-Rentenfonds, internationale Rentenfonds
- **Klasse 4:** gemischte Fonds (Aktien, Renten), Wandel- und Optionsanleihen, Währungsanleihen mit guter Bonität,
- **Klasse 5:** Euroland-Standardaktien, Euroland-Aktienfonds, internationale Aktienfonds
- **Klasse 6:** Euroland-Aktien Nebenwerte, ausländische Aktien, Regional- und Branchenfonds
- **Klasse 7:** Emerging Markets Fonds, Börsentermingeschäfte

c) Wertpapieranlagenberatung nach dem Wertpapierhandelsgesetz

Ziel des Gesetzes ist es, bei Wertpapierberatungen einen angemessenen, den Belangen des Anlegerschutzes genügenden Ausgleich zwischen Kundeninteressen auf der einen Seite und Beraterinteressen auf der anderen Seite sicherzustellen. Zu diesem Zweck hat der Gesetzgeber Verhaltensregeln definiert.

Die Einhaltung dieser gesetzlichen Verhaltensregeln wird durch die BaFin überwacht.

➤ Allgemeine Verhaltensregeln

WpHG § 31 (1) Ein Wertpapierdienstleistungsunternehmen ist verpflichtet, **Wertpapierdienstleistungen** und **Wertpapiernebendienstleistungen** im Interesse seiner Kunden mit der erforderlichen Sorgfalt, Gewissenhaftigkeit und Sachkenntnis zu erbringen. Dabei hat es sich um die Vermeidung von Interessenkonflikten zu bemühen. Bei unvermeidbaren Interessenkonflikten hat es dafür zu sorgen, dass der Kundenauftrag unter der gebotenen Wahrung des Kundeninteresses ausgeführt wird.

§ 31 (2) Um Leistungen im Zusammenhang mit Wertpapieren im Interesse des Kunden erbringen zu können, ist es erforderlich,
- **kundenrelevante** Daten abzufragen und
- dem Anleger **zweckdienliche Informationen** zu geben.

§ 32 Der Anleger muss über **Chancen und Risiken von Anlageentscheidungen** aufgeklärt werden, damit er die wirtschaftliche Tragweite von Entscheidungen erkennen kann.

Befragen des Kunden	Erteilung zweckdienlicher Informationen
Um den Kunden richtig einschätzen zu können, ist es für den Berater zwingend erforderlich, folgende Auskünfte vom Kunden zu bekommen: ● Anlageziele des Kunden ● Bisherige Erfahrungen mit Wertpapieren ● Angaben über Einkommens- und Vermögensverhältnisse Diese Informationen sind erforderlich, um den Kunden ein für sie geeignetes Finanzintrument oder eine für sie geeignete Wertpapierdienstleistung empfehlen zu können. Die Geeignetheit beurteilt sich danach, ob das konkrete Geschäft, das dem Kunden empfohlen wird oder die konkrete Wertpapierdienstleistung im Rahmen einer Vermögensverwaltung den Anlagezielen des betreffenden Kunden entspricht, die hieraus erwachsenden Anlagerisiken für den Kunden seinen Anlagezielen entsprechend finanziell tragbar sind und der Kunde mit seinen Kenntnissen und Erfahrungen die hieraus erwachsenden Anlagerisiken verstehen kann. (»**Geeignetheitsprüfung**« gemäß § 31 Abs. 4 WpHG). Die mit dem Kunden erarbeiteten Daten werden aufgrund der gesetzlichen Aufzeichnungspflicht in einem Beratungsbogen schriftlich festgehalten und bei Veränderungen auf Kundenseite aktualisiert.	Der Kunde erhält zweckdienliche Informationen sowohl auf dem schriftlichen als auch auf mündlichem Wege. Die Berater händigen den Kunden grundsätzlich beim ersten Kontakt mit Wertpapieranlagen die Broschüre »Basisinformationen über Vermögensanlagen in Wertpapieren« aus. Daneben halten sie weitere Broschüren und Informationsblätter zu speziellen Themen der Geld- und Vermögensanlage bereit. Zweckdienliche Informationen über ein Anlageprodukt sind u. a.: Verfügbarkeit, Risiken, Rentabilität, Kosten, Besteuerung, Auftragslimitierung. Dem Kunden ist ein **Produktinformationsblatt** auszuhändigen (vgl. E 1.2.5 und E 1.2.6).

➤ Insidertatbestand

Nach dem Wertpapierhandelsgesetz ist eine Insiderinformation eine Tatsache, die WpHG § 13 (1)

1. nicht öffentlich bekannt ist und
2. sich auf einen oder mehrere Emittenten von Insiderpapieren oder auf Insiderpapiere selbst bezieht und
3. geeignet ist, im Falle ihres öffentlichen Bekanntwerdens den Kurs der Insiderpapiere erheblich zu beeinflussen.

Insider kann jedermann werden, der Kenntnisse über relevante Informationen erlangt.

»**Primärinsider**« sind alle Personen, die berufsbedingt Insiderinformationen erlangen, z B. Vorstände, Aufsichtsräte, Mitarbeiter in Abteilungen Finanzen, Recht, Controlling, Bankmitarbeiter, Unternehmensberater, Anwälte. Dieser Personengruppe ist es untersagt, einem anderen eine Insidertatsache unbefugt mitzuteilen oder eine Empfehlung zum Kauf- oder Verkauf der betreffenden Wertpapiere zu geben.

»**Sekundärinsider**« sind alle Personen, die zufällig Kenntnis von einer Insiderinformation haben.

WpHG § 38 Beiden Personengruppen ist es verboten, die von der Information betroffenen Insiderpapiere zu kaufen oder zu verkaufen. Ein Verstoß gegen diese Bestimmungen wird mit Geld- oder Freiheitsstrafe geahndet.

Ad-hoc-Publizität

Dem verbotenen Insiderhandeln soll vor allem mit der Ad-hoc-Publizität vorgebeugt werden. Danach hat der Emittent von Wertpapieren Insidertatsachen unverzüglich zu veröffentlichen. Damit verliert die Tatsache ihre Eigenschaft als Insidertatsache und die Chancengleichheit am Wertpapiermarkt wird geschützt. Die BaFin kann den Emittenten allerdings von der Veröffentlichung befreien, wenn die Veröffentlichung der Tatsache geeignet ist, den berechtigten Interessen des Emittenten zu schaden. Eine häufige Ad-hoc-Mitteilung ist z.B. eine »Gewinnwarnung«, d.h. dass der eigentlich erwartete Gewinn im laufenden Jahr nicht erzielt werden kann bzw. sogar ein Verlust zu befürchten ist.

1.2.3 Dokumentation der Beratung

§ 34 (2a), (2b) Über jede Anlageberatung ist vom Berater ein schriftliches Protokoll zu erstellen; unerheblich ist, ob in der Folge ein Geschäft abgeschlossen wird. Das Protokoll ist vom Berater zu unterschreiben und dem Kunden eine Ausfertigung vor Geschäftsabschluss zu übergeben. Bei telefonischer Beratung und Geschäftsabschluss auf Wunsch des Kunden vor Erhalt des Protokolls hat der Kunde bei Fehlern des Protokolls eine Woche lang ein Rücktrittsrecht. Die Frist beginnt mit Erhalt des Protokolls.

Das **Protokoll nach WpHG** ist aufgeteilt in Dokumentation der Kundenangaben sowie Dokumentation des Anlagegesprächs. Bei Neukunden ist immer eine Basisdokumentation einzuholen. Bei jeder Folgeberatung ist die Aktualität der gespeicherten Daten zu überprüfen.

Das Protokoll hat vollständige Angaben zu enthalten, z.B. über

1. den Anlass der Anlageberatung,
2. die Dauer des Beratungsgesprächs,
3. die der Beratung zugrunde liegenden Informationen über die persönliche Situation des Kunden, einschließlich der nach § 31 Abs. 4 WpHG einzuholenden Informationen, sowie über die Finanzinstrumente und Wertpapierdienstleistungen, die Gegenstand der Anlageberatung sind,
4. die vom Kunden im Zusammenhang mit der Anlageberatung geäußerten wesentlichen Anliegen und deren Gewichtung,
5. die im Verlauf des Beratungsgesprächs erteilten Empfehlungen und die für diese Empfehlungen genannten wesentlichen Gründe.

Sofern der Privatkunde Angaben zu seinen finanziellen Verhältnissen oder seiner Risikobereitschaft verweigert, darf grundsätzlich keine Beratung mehr erfolgen, da keine Geeignetheitsprüfung möglich ist (**gesetzliches Beratungsverbot**).

Alle Kundenaufträge sind aufzuzeichnen und mindestens 5 Jahre aufzubewahren (Datum, Uhrzeit, Berater, Auftragsangaben ...).

1.2.4 Beraterhaftung

Wenn ein Vermittler falsch beraten hat, kann der geschädigte Anleger Schadenersatz verlangen. Das kommt nach herrschender Rechtspraxis unter anderem dann infrage, wenn

- der Vermittler den Kunden nicht vollständig und unmissverständlich auf alle wesentlichen Risiken der Anlage hingewiesen hat,
- der Vermittler die Risiken nicht konkret anhand nachvollziehbarer Zahlen dargestellt hat,
- er nicht über in der Branche bekannte Risiken informiert hat,
- der Vermittler Negativinformationen aus Presseberichten verschwiegen hat.

Der Vermittler muss sich davon überzeugen, dass der Anleger alle Risiken genau verstanden hat.

Der Anspruch des Kunden gegen ein Wertpapierdienstleistungsunternehmen auf Schadenersatz wegen Verletzung der Pflicht zur Information und wegen fehlerhafter Beratung im Zusammenhang mit einer Wertpapierdienstleistung oder Wertpapiernebendienstleistung verjährt in drei Jahren von dem Zeitpunkt an, in dem der Kunde Kenntnis von dem Schaden erlangt (spätestens aber nach 10 Jahren ab dem Beratungstag).

1.2.5 Prospektmängel

Prospekte für Anleger, bei denen es sich meist um Laien handelt, dürfen nicht fehlerhaft sein. Laut Bundesgerichtshof (BGH) ist ein Prospekt immer ein Haftungsgrund, auch wenn er nicht der Grund für das Scheitern der Anlage war. Wichtig für Anleger ist, dass der Begriff Prospekt auch Zeitungsanzeigen und andere Werbeschriften umfasst. Für Prospektfehler haften Herausgeber, wenn der Prospekt unter anderem

- Anleger nicht realistisch und vollständig über die wirtschaftlichen Grundlagen, Chancen und Risiken informiert,
- Risikohinweise versteckt oder Risiken relativiert,
- nicht auf einen möglichen Totalverlust zum Beispiel bei Optionen, Futures oder stillen Gesellschaftsbeteiligungen hinweist,
- Renditen bei Immobilienbeteiligungen nicht richtig berechnet,
- mit unrealistischen Renditen wirbt.

Kann der Anleger einen Fehler im Prospekt nachweisen, hat er Anspruch auf Ersatz des »Vertrauensschadens«. Er wird finanziell so gestellt, als hätte er die Anlage gar nicht abgeschlossen.

1.2.6 Anlegerschutz- und Funktionsverbesserungsgesetz für den Weißen Kapitalmarkt

Am 5. April 2011 hat der Bundestag das Gesetz zur Stärkung des Anlegerschutzes und Verbesserung der Funktionsfähigkeit des Kapitalmarktes (Anlegerschutzverbesserungsgesetz) beschlossen.

Das Gesetz verfolgt u. a. folgende **Ziele**:

- **Anleger sollen besser vor falscher Beratung geschützt werden**

  Bei der BaFin wird eine nicht öffentliche Datenbank angelegt, in der die Daten von Anlageberatern, Verantwortlichen für den Vertrieb und sog. Compliance-Beauftragten von Banken und Sparkassen gespeichert werden. Die Finanzunternehmen müssen diese Personen bei der BaFin melden.

  Ein Compliance-Beauftragter soll insbesondere Rechtsverstöße des Unternehmens durch effektive Maßnahmen und Vorgaben vermeiden helfen.

- **Beschwerden von Privatkunden im Bereich Anlageberatung sind der BaFin anzuzeigen**

  Die BaFin kann bei Tatsachen, die die Annahme rechtfertigen, dass der Mitarbeiter die Anforderungen an Sachkunde und Zuverlässigkeit nicht erfüllt oder er wiederholt gegen die Anforderungen an eine ordnungsgemäße Anlageberatung verstoßen hat, diesen verwarnen oder sogar seine Tätigkeit untersagen (§ 34 d WpHG).

- **Finanzprodukte sollen für den Verbraucher durch einen »Beipackzettel« (Produktinformationsblatt) transparenter werden**

  Ab dem 1.07.2011 ist in der Beratung ein zweiseitiges Produktinformationsblatt auszuhändigen. In dem soll der Kunde in kurzer und verständlicher Form u. a. nachlesen können, was das Produkt auszeichnet und welche Risiken, Kosten bei Erwerb, im Bestand und bei Veräußerung und welche Erträge mit dem Produkt verbunden sind.

  Bei Investmentfondsanteilen wird ein dreiseitiges Key Investor Document – KID – notwendig.

- **Offene Immobilienfonds sollen für die Zukunft stabilisiert werden**

  In der letzten Finanzkrise konnten Auszahlungswünsche teilweise nicht bedient werden, da die Immobilienfonds durch langfristige Anlage des Vermögens gebunden waren.

  Vor allem Großanleger hatten damals ihre Bestände innerhalb kürzester Zeit abgezogen. Das hatte die Liquiditätsreserven einzelner Fonds soweit aufgebraucht, dass diese zum Schutz der übrigen Anleger die Rücknahme von Anteilscheinen aussetzen mussten. Diese Fonds wurden zunächst für bis zu 24 Monate geschlossen. Sie müssen durch Immobilienverkäufe oder zusätzliche Anlegergelder erst genügend neue Liquidität aufbauen, um wieder öffnen zu können. Gelingt dies nicht, müssen die Fonds aufgelöst und abgewickelt werden.

Um Liquiditätsengpässe künftig zu vermeiden, wird die börsentägliche Anteilsrücknahme durch die Investmentgesellschaft abweichend von § 37 d (1) InvG für offene Immobilienfonds nicht mehr möglich sein.

Die gesetzliche Neuregelung zur Anteilscheinrücknahme (siehe insbesondere § 80 c InvG) erlangt spätestens ab dem 1. Januar 2013 Gültigkeit. Das sind u. a.

- 12 Monate Kündigungsfrist für Bestands- und Neuanleger,
- 24 Monate Ersthaltefrist für Neuanleger,
- Freibetrag von 30 000,00 Euro pro Kalender-Halbjahr, unabhängig von allen Fristen.

1.2.7 Novellierung des Finanzanlagenvermittler- und Vermögensanlagerechts für den Grauen Kapitalmarkt

Am 6. April 2011 hat das Bundeskabinett den Gesetzentwurf zur Novellierung des Finanzanlagenvermittler- und Vermögensanlagenrechts beschlossen.

Wesentliche Merkmale des Gesetzesentwurfes sind:

- Ausdehnung der Pflichten des regulierten Kapitalmarktes (weißer Markt) auf Vermögensanlagen im bisher nicht regulierten Markt (grauer Markt). Hierzu gehören das aufsichtsrechtliche Gebot, anlegergerecht zu beraten, sowie über Beratungsgespräche ein Protokoll zu führen und dieses dem Anleger zur Verfügung zu stellen (**Beratung und Dokumentation**).
- Strengere Anforderungen an Inhalt und **Prüfung von Verkaufsprospekten** für Vermögensanlagen.

  Bisher hat die BaFin Verkaufsprospekte nur formal auf Vollständigkeit geprüft. Zukünftig sollen auch inhaltliche Widerspruchsfreiheit und Verständlichkeit Gegenstand der Prüfung sein.
- Die Anbieter von Vermögensanlagen werden verpflichtet, Kurzinformationsblätter zu erstellen, in denen der Anleger in kurzer und verständlicher Form über die angebotene Vermögensanlage informiert wird (sog. **Produktinformationsblatt**).
- Die Haftungsvoraussetzungen im Bereich der Prospekthaftung für Vermögensanlagen sollen erleichtert und die kurzen Sonderverjährungsfristen im Prospekthaftungsrecht gestrichen werden.

  Das hat zur Folge, dass die allgemeine Verjährung von bis zu 10 Jahren gilt, wie sie bereits für Falschberatungen bei Wertpapieren geregelt ist.
- Regelungen zur Qualifikation und zu den Pflichten von Finanzvermittlern

  Vermittler von Investmentfonds und Graumarktprodukten müssen künftig
  - ihre Qualifikation durch eine Sachkundeprüfung oder eine gleichgestellte Berufsqualifikation nachweisen,
  - über eine Berufshaftpflichtversicherung verfügen,
  - sich in ein öffentliches Vermittlerregister eintragen lassen,
  - ihre Kunden über ihre Provisionen informieren,
  - anlagegerecht beraten,
  - ein Beratungsprotokoll aushändigen.

Beispiel für ein Produktinformationsblatt (Aktienfonds)

1. Produktbezeichnung	**xxx-Fonds, ISIN: xxxxxxxxxxx**
2. Produktart	**Aktienfonds**
3. Anbieter/ Emittent	xxx (Bank) xxx (Emittent)
4. Produktbeschreibung	Der Aktien-Investmentfonds ist ein Wertpapier-Sondervermögen, das sich aus einer Vielzahl von durch das Fondsmanagement nach dem Prinzip der Risikostreuung ausgewählten in- und ausländischen Aktien zusammensetzt. Anleger erwerben einen Bruchteil am Fondsvermögen, der gemäß dem investierten Kapitalbetrag errechnet wird. Der Fonds hat eine unbegrenzte Laufzeit. Der aktuelle Rücknahmepreis der Fondsanteile wird banktäglich auf der Basis des aktuellen Kurswertes der im Fonds enthaltenen Wertpapiere ermittelt.
5. Risiken	**Kursrisiko/Geschäftsrisiko** Es besteht die Möglichkeit geringer und größerer **Kursverluste** durch schlechte Managementleistungen, die negative Entwicklung einzelner Aktien oder der Aktienmärkte insgesamt. Über den Erwerb der indirekt durch die Fondsanteile verbrieften Aktienanteile geht der Anleger bezogen auf die einzelnen Aktiengesellschaften ein unternehmerisches Risiko bis hin zum Totalverlust ein. Dies kann durch die Steuerung auf viele Aktienwerte abgemildert werden. **Emittentenrisiko/Kreditrisiko** Das Produkt unterliegt **nicht der Einlagensicherung**. Die durch den Fonds erworbenen Wertpapiere bilden ein vom Vermögen der Fondsgesellschaft getrenntes **Sondervermögen**, an dessen Wert der Anleger gemäß der Anzahl der erworbenen Fondsanteile beteiligt ist. Das bedeutet, dass das Anlagekapital als Sondervermögen rechtlich vom Vermögen des Fondsanbieters getrennt ist. Sollte der Fondsanbieter insolvent werden, fließt das Anlagevermögen nicht in die Insolvenzmasse ein. **Fremdwährungsrisiko** Es bestehen Währungsrisiken durch Investitionen in auf andere Währungen lautende Wertpapiere.
6. Rendite	**Laufende Erträge** Der Aktienfonds bietet keine festen Erträge. Die jährliche Ertragsausschüttung ist abhängig von den erzielten Dividenden- und Zinserträgen. **Kursgewinne** Die Investition in den Aktienfonds bietet die Chance auf einen langfristigen Kapitalzuwachs durch eine positive Entwicklung der Kurse der im Fonds enthaltenen Wertpapiere. Erzielte Kursgewinne können durch den Verkauf der Anteile zum gestiegenen Rücknahmepreis realisiert werden.
7. Kosten	**beim Erwerb** • Ausgabeaufschlag: x % (regulär: y %) • Erwerbskosten bei Börsenkauf (Bankprovision und Maklercourtage, Höhe abhängig vom Erwerbsweg) **im Bestand** • Verwaltungsvergütung p.a.: x %, davon Bestandsprovision: x % • Erfolgsabhängige Vergütung: keine • Gesamtkosten (TER) p.a.: x % • Außerdem fallen innerhalb des Fonds Transaktionskosten für den An- und Verkauf von Wertpapieren an. **bei Veräußerung/Kündigung** • Verkaufskosten bei Börsenverkauf (Bankprovision und Maklercourtage, Höhe abhängig vom Veräußerungsweg)
8. Verfügbarkeit	Die Fondsanteile können börsentäglich zum aktuellen Rücknahmepreis an die Fondsgesellschaft zurückgegeben werden. Ein Verkauf über die Börse ist ebenfalls möglich.
9. Besteuerung	Die gutgeschriebenen Zins- und Dividendenerträge sowie realisierte Kursgewinne unterliegen der Abgeltungssteuer. *Hinweis: Zur Klärung steuerlicher Fragen sollte ein/e Steuerexperte/in eingeschaltet werden.*
10. Sonstiges	Ein Nachweis der Termingeschäftsfähigkeit ist nicht erforderlich. Risikomaß: Sharpe-Ratio

Quelle: Website des Bundesministeriums für Ernährung, Landwirtschaft und Verbraucherschutz

1.3 Beratungs- und Verkaufsgespräch

Der Ablauf eines Beratungs- und Verkaufsgespräches lässt sich in einzelne Phasen gliedern. Die Phasen werden in der Praxis und in der Fachliteratur unterschiedlich benannt, der Handlungsablauf ist dabei aber stets gleich. Die KIV-Formel geht von drei Phasen aus:

1. **Kontaktphase:** Begrüßung und Kontaktaufnahme
2. **Informationsphase:** Bedarfsfragen und Analyse der Kundensituation
3. **Verkaufsphase:** Angebot der Produkte und Vertragsabschluss

Bei einem Beratungs- und Verkaufsgespräch werden hohe Anforderungen an die **Fach- und Verhaltenskompetenz** des Beraters gestellt.

Fachkompetenz

Die Fachkompetenz umfasst die Fähigkeit, den Kunden umfassend und richtig zu beraten. Sie zeigt sich insbesondere in der Kenntnis der verschiedenen Anlageformen und -produkte. Es geht hierbei nicht nur um die Kenntnis der wesentlichen Ausstattungsmerkmale, wie z.B. die Verzinsung, die steuerlichen Aspekte, die Laufzeit und die Rückgabe bzw. Verkaufsmöglichkeiten. Der Anlageberater muss die einzelnen Produktmerkmale auch aus der Sicht des jeweiligen Kunden bewerten können. Erst nach der Feststellung des Anlegertyps kann der Berater unter Berücksichtigung der individuellen Rahmenbedingungen des Kunden (Familienverhältnisse, Einkommen, Vermögensverhältnisse, Anlageziele) eine Empfehlung in Bezug auf konkrete Anlageformen oder -produkte machen.

Anlegertyp	Vorherrschende Motive
Konservativ	Der Kunde ist ertragsorientiert. Es geht ihm um den langfristigen Vermögenszuwachs. Hierbei steht die Substanzerhaltung und die Sicherheit der Anlage im Vordergrund. Oft wird eine »bequeme« Anlageform gewünscht.
Dynamisch	Der Kunde ist wachstumsorientiert. Es besteht eine begrenzte Bereitschaft, Verlustrisiken zu übernehmen.
Spekulativ	Der Kunde ist chancenorientiert. Er hat hohe Renditeerwartungen durch Kursgewinne. Es besteht die Bereitschaft, auch hohe Risiken einzugehen. Ein mögliches Anlagemotiv ist auch die Spiellust.

Verhaltenskompetenz

Bei der Verhaltenskompetenz geht es um die Fähigkeit zur kundenorientierten Kommunikation und zum Verkauf von Finanzprodukten. Einzelne Verhaltensaspekte der Anlageberatung sind:

- **Gute Gesprächsstruktur**

  Sie zeigt sich in einem zielgerichteten Aufbau des Gesprächs. Der Berater geht auf die Fragen und Anmerkungen des Kunden ein, ohne dabei den roten Faden zu verlieren.

- **Schaffung einer positiven Gesprächsatmosphäre**

  Die Kontaktphase hat sowohl bei der spontanen Kundenberatung als auch beim angekündigten bzw. fest terminierten Gespräch eine sehr wichtige Bedeutung. Hier finden statt:

- Die Begrüßung (vom Platz aufstehen und die Hand reichen, Kunden mit Namen ansprechen, Platz anbieten)
- Das Ansprechen eines Kontaktthemas (Wetter, Urlaub ...)
- Die Überleitung zum Kundenanliegen (»Was kann ich heute für sie tun?«)

- **Einsatz gezielter Fragetechnik**

  Offene Fragen sind geeignet, um von Kunden umfassende Informationen zu erhalten. So genannte Bedarfsfragen erleichtern die Kundenanalyse:
  - Grundlagenfrage (Welche Anlageformen nutzen Sie bereits?)
  - Mengenfrage (Wie viel können bzw. wollen Sie anlegen?)
  - Zeitfrage (Wie lange möchten Sie das Geld anlegen?)
  - Wunschfrage (Welche Vorstellungen haben Sie?)

  Der Berater sollte die geäußerten Kernaussagen des Kunden (zwischendurch) zusammenfassen bzw. sich bestätigen lassen, um Fehlinterpretationen vorzubeugen, gegebenenfalls Struktur in das Gespräch zu bringen und um den Abschluss zu erleichtern.

- **Überzeugende Argumentation**

  Ziel der Verkaufsphase eines Beratungs- und Verkaufsgespräches ist es, den Kunden von einem bedarfsgerechten Produkt zu überzeugen. Bei der Empfehlung eines Produktes sind nicht nur die Ausstattungsmerkmale (Zinssatz, Laufzeit) anzusprechen, sondern auch die mit dem Produkt verbundenen Vorteile für den Kunden (z.B. die Rückzahlung des Anlagebetrages wird durch eine Bürgschaft des Landes abgesichert). Finanzprodukte sind sehr komplex, beratungsintensiv und in der Regel körperlich nicht vorhanden. Durch den Einsatz von Verkaufshilfen wie Grafiken, Beispielrechnungen oder selbst gefertigter Gesprächsnotizen kann man das Produkt für den Kunden verständlicher machen und ihn von dem persönlichen Nutzen überzeugen.

- **Einsatz von verständlicher Sprache**

  Ein guter Berater drückt sich verständlich und klar aus und vermeidet das so genannte »Fachchinesisch«. Er achtet auf angemessenes Tempo, moduliert die Stimme und verwendet positive Formulierungen. Der gute Berater ist auch ein aktiver Zuhörer. Hierbei setzt er sprachliche (»Ihre Argumente finde ich sehr interessant«.) und nichtsprachliche Signale (z.B. Kopfnicken, Blickkontakt) ein.

Eine **gute Beratung** weist folgende **Merkmale** auf:
- Der Kunde wird **objektiv beraten,** d.h. er wird umfassend über die Vor- und Nachteile der verschiedenen Produkte informiert.
- Der Kunde wird **umfassend beraten,** d.h. er erhält ausführliche Informationen über die jeweiligen Produktmerkmale.
- Der Kunde wird **individuell beraten.** Als Grundlage der Beratung und Empfehlung dient die Ermittlung der Kundenwünsche, der Erfahrung des Kunden mit Finanzprodukten und seiner finanziellen und persönlichen Verhältnisse.

Lernkontrollen zu E 1

Anlageberatung

1 Sie sind Berater in einer Agentur für Versicherungen und Finanzen. In einem Beratungsgespräch interessiert sich ein neuer Kunde für die Anlage von 20 000,00 € in Südafrika, da er in einem Zeitungsartikel gelesen hat, dass dort eine Verzinsung seines Kapitals in Höhe von 12 % möglich ist, wenn er eine unkündbare Laufzeit von 5 Jahren vereinbart.

Informieren Sie den Kunden über eventuelle Währungs- und Liquiditätsrisiken bei einer Anlage in Südafrika.

2 Ein Kunde möchte in einem Beratungsgespräch von Ihnen wissen, warum ein Finanzprodukt mit dem Rating »C« eine höhere Verzinsung erzielt, als ein Finanzprodukt mit dem Rating »A«.

Erklären Sie ihm den Einfluss des Rating auf die Zinssätze bei Finanzprodukten.

3 Ein Kunde arbeitet in der Forschung bei der Pharma AG. Er hat erfahren, dass sein Arbeitgeber ein neues Mittel gegen Krebs erfolgreich getestet hat. Er fragt Sie, ob er aufgrund zu erwartender Kurssteigerungen Aktien der Pharma AG kaufen sollte.

Informieren Sie den Kunden unter Beachtung der rechtlichen Vorschriften.

4 Ein langjähriger Kunde hat vor drei Wochen Aktien der Software AG gekauft. Der Kurs hat sich bisher nicht wesentlich verändert. Am Morgen hat er in einer Nachrichtensendung gehört, dass die Software AG eine »Gewinnwarnung« aufgrund der verschlechterten Konjunkturlage abgegeben hat. Der Reporter sprach in der Sendung von einer »ad-hoc-Mitteilung« der Software AG.

Informieren Sie den Kunden, welche Bedeutung diese Mitteilung für seine Geldanlage haben kann.

Beratungs- und Verkaufsgespräche

5 Sie sind Mitarbeiter in einer Agentur für Versicherungen und Finanzen. Ihr Kollege hat für Sie einen Termin für ein persönliches Beratungsgespräch mit einem jungen Mann verabredet, der sich telefonisch über eine günstige Geldanlage informieren will.

Machen Sie sich Notizen für die Struktur des in einer Stunde stattfindenden Gesprächs.

6 Der Kunde Peter Stiller (60 Jahre alt, Beamter im Finanzamt) hat von Ihnen ein Schreiben erhalten, in dem Sie ihn darüber informiert haben, dass in zwei Wochen die Laufzeit eines Lebensversicherungsvertrages endet. Herr Stiller verfügt dann über einen Betrag von ca. 65 000,00 €. In dem verabredeten Beratungsgespräch interessiert sich Herr Stiller für den Erwerb von sehr rentablen aber auch spekulativen Finanzprodukten. Sie fragen Herrn Stiller nach seinen Vermögensverhältnissen und seinen Erfahrungen mit Finanzprodukten.

Herr Stiller ist überrascht und möchte von Ihnen wissen, warum Sie diese »indiskreten« Fragen stellen. Antworten Sie ihm sachgerecht.

2 Konto und Zahlungsverkehr

Geschäfte zwischen Finanzdienstleistern und ihren Kunden oder vermittelte Geschäfte werden in der Regel über Konten abgewickelt und lösen Zahlungsverkehrsvorgänge aus.

Der Besitz eines Bankkontos ist heute nahezu unerlässlich, da die Zahlung von Gehältern, Renten, Mieten, Strom- und Wasserrechnungen, Versandhauslieferungen, Versicherungsbeiträge usw. in der Regel nur noch in bargeldloser Form erfolgt.

2.1 Kontoarten

Übersicht

Konten für den **Zahlungsverkehr**	Konten für die **Geldanlage**	Konten für das **Kreditgeschäft**	Konten für die **Wertpapier-verwahrung**
– Kontokorrent-konten – Girokonten	– Tagesgeld-konten – Termingeld-konten – Sparkonten	– Kontokorrent-konten – Darlehens-konten	– Depotkonto

a) Konten für den Zahlungsverkehr

➤ Kontokorrentkonten

HGB § 355

Auf dem Kontokorrent werden alle Gutschriften und Belastungen erfasst und täglich saldiert. Es dient der Abwicklung sämtlicher Bankgeschäfte, insbesondere für die Buchung von

- Sichteinlagen (= täglich fällige Kundengelder) und
- Kontokorrentkrediten (= kurzfristige Kredite, die in laufender Rechnung auf Kontokorrentkonten in Anspruch genommen werden – auch **Dispositionskredite** genannt).

In der Regel wird eine monatliche Gebührenpauschale erhoben. Für bestimmte Personengruppen, wie Schüler, Auszubildende und Studenten werden gebührenfreie Konten geführt. Einige Kreditinstitute bieten ein gebührenfreies Konto bei monatlichen Mindesteingängen oder im Zusammenhang mit einem Mindestbestand auf einem Depotkonto.

➤ Girokonten

Girokonten haben bei den Kreditinstituten nach den Allgemeinen Geschäftsbedingungen ebenfalls den rechtlichen Status eines Kontokorrents, da sie der Buchung von Sichteinlagen dienen und Zahlungsverkehrskonten sind.

Exkurs: Pfändungsschutzkonto (P-Konto)

Seit dem 1. Juli 2010 kann jeder Kontoinhaber sein Girokonto in ein so genanntes P-Konto umwandeln lassen.

➤ Automatischer Pfändungsschutz

Ein Kontoguthaben in Höhe des Pfändungsfreibetrages des § 850 c ZPO (1028,89 € ab Juli 2011) wird nicht von einer Pfändung erfasst (»Basispfändungsschutz«). Das bedeutet, dass aus diesem Betrag Überweisungen, Lastschriften, Barabhebungen, Daueraufträge etc. getätigt werden können.

- Der Basisbetrag wird für jeweils einen Kalendermonat gewährt – unabhängig vom Zeitpunkt des Eingangs der Einkünfte. Erstreckt sich die Pfändung auf mehrere Monate, so wird für jeden Monat automatisch der Freibetrag gewährt.
- Auf die Art der Einkünfte kommt es für den Pfändungsschutz nicht mehr an. Damit entfällt auch die Pflicht, die Art der Einkünfte wie Arbeitseinkommen, Sozialleistungen wie Rente, Arbeitslosengeld etc. gegenüber Banken und Gerichten nachzuweisen.

  Das heißt, jegliche Art von Einkünften, also auch die Einkünfte Selbstständiger und freiwillige Leistungen Dritter, werden künftig bei der Kontopfändung geschützt.
- Eine Erhöhung z. B. wegen gesetzlicher Unterhaltspflichten oder eine Herabsetzung des Basispfändungsschutzes ist auf Grund einer gerichtlichen Entscheidung möglich. Daneben kommt in bestimmten Fällen eine Erhöhung des pfändungsfreien Betrages durch bloße Vorlage entsprechender Bescheinigungen von Arbeitgebern und Sozialleistungsträgern (z. B. über Unterhaltspflichten und bestimmte Sozialleistungen) beim Kreditinstitut in Betracht.

➤ Automatischer Pfändungsschutz nur beim Pfändungsschutzkonto (»P-Konto« - § 850k ZPO)

Der automatische Pfändungsschutz kann nur für ein Girokonto gewährt werden. Dieses besondere Konto – »P-Konto« – wird durch eine Vereinbarung zwischen Bank und Kunde festgelegt. Es besteht ein Anspruch auf Umwandlung eines bereits bestehenden Girokontos in ein P-Konto. Ein Anspruch auf die neue Einrichtung eines P-Kontos besteht allerdings nicht. P-Konten können nur als Einzelkonten einer natürlichen Person geführt werden.

➤ Besonderer Schutz für bestimmte Leistungen wie Kindergeld und Sozialleistungen

Kindergeld und Sozialleistungen – etwa nach dem Sozialgesetzbuch II – werden künftig bei ihrer Gutschrift auf dem P-Konto besser geschützt. Wertungswidersprüche zwischen Vollstreckungs-, Steuer- und Sozialrecht werden damit vermieden.

b) Konten für die Geldanlage

➤ Tagesgeldkonten

Das Tagesgeldkonto (auch Geldmarktkonto) dient der verzinslichen Anlage unbefristeter Gelder. Der Kunde kann täglich über sein Guthaben verfügen. Die Verzinsung richtet sich regelmäßig nach den Zinsen auf dem Geldmarkt und der Geschäftspolitik der Kreditinstitute.

➤ Termingeldkonten

Termingeldkonten dienen i. d. R. für befristete Einlagen. Bei den Termineinlagen handelt es sich in der Praxis regelmäßig um Festgeldkonten mit vereinbartem Fälligkeitsdatum und selten um Kündigungsgeldkonten mit vereinbarter Kündigungsfrist. Für jede Termineinlage wird in der Regel ein eigenes Konto geführt. Bei Rückzahlung der Termineinlage erlischt das Termingeldkonto.

➤ Sparkonten

Sparkonten werden für Spareinlagen geführt. Spareinlagen sind unbefristete Kundengelder, die folgende rechtliche Voraussetzungen erfüllen müssen:

- Sie sind durch Ausfertigung einer Urkunde (Sparbuch oder Sparzertifikat) gekennzeichnet.
- Sie dürfen nicht für den Zahlungsverkehr verwendet werden.
- Sie dienen der Ansammlung oder Anlage von Vermögen (Sparcharakter).
- Die Kündigungsfrist beträgt mindestens drei Monate.

Über Spareinlagen kann grundsätzlich nur unter Vorlage der Sparurkunde oder unter Verwendung einer SparCard an entsprechenden Geldautomaten verfügt werden.

c) Konten für das Kreditgeschäft

➤ Kontokorrentkonto

Das Kontokorrentkonto ist, wie bereits unter a) beschrieben, gleichzeitig ein Kreditkonto.

➤ Darlehenskonto

Das Darlehenskonto dient der Erfassung von Krediten, die den Kunden von Kreditinstituten in Form von Darlehen gewährt werden. Sie werden nach Abschluss eines Darlehensvertrages eingerichtet, z. B. für ein Immobilienkredit oder einen Ratenkredit. In dem Darlehenkonto werden zunächst der ausgezahlte Kreditbetrag und in der Folgezeit die Tilgungsleistungen des Kredits erfasst. Nach vollständiger Rückzahlung wird das Darlehenskonto aufgelöst.

d) Konten für die Wertpapierverwahrung

➤ Depotkonten

Depotkonten werden für Kunden geführt, die dem Kreditinstitut ihre Wertpapiere zur Verwahrung und Verwaltung anvertrauen. Im Depotkonto werden Wertpapierbestände des Kunden getrennt erfasst nach

- Wertpapierbezeichnung,
- Nennbetrag oder Stückzahl,
- Verwahrart,
- Lagerort.

Der Kunde erhält diese Informationen u. a. jährlich durch einen Depotauszug.

2.2 Zahlungsverkehr

Situation

Felix Dengler hat sich in einer Proximus-Agentur für Versicherungen und Finanzen beraten lassen und festgestellt, dass das Fondssparen mit frei wählbaren monatlichen Sparleistungen seinen Anlagezielen und finanziellen Möglichkeiten am ehesten gerecht wird.

Da das Fondssparen regelmäßige monatliche Zahlungen von ihm erfordert, möchte er auch beraten werden, welche Zahlungsformen grundsätzlich infrage kommen, ob er eine Zahlung ggf. auch wieder rückgängig machen kann und welche Zahlungsform für ihn am besten geeignet erscheint.

Übersicht: Zahlungsformen

Barzahlung

Zahlung durch formlose Einigung und Übergabe von

- **Banknoten**
- **Münzen**

Erfordert grundsätzlich kein Bankkonto

Halbbare Zahlung

Zahlung erfolgt durch

Bareinzahlung mit

- **Zahlschein**

Voraussetzung ist ein Bankkonto des Empfängers

Barauszahlung mit

- **Barscheck**

Voraussetzung ist ein Bankkonto des Zahlungspflichtigen

Bargeldlose Zahlung

Zahlung erfolgt mittels

- **Überweisung**
- **Verrechnungsscheck**
- **Lastschrift**
- **Kartenzahlung**
- **Netzgeld**

Voraussetzung ist jeweils ein Bankkonto des Zahlungspflichtigen und des Zahlungsempfängers

Ein funktionierender Zahlungsverkehr ist elementare Voraussetzung für eine moderne Volkswirtschaft.

Zahlungen erfolgen durch Übertragung von Zahlungsmitteln. Als **Zahlungsmittel** werden in unserer Volkswirtschaft

- **Geld** (Bargeld, Buchgeld und Elektronisches Geld (E-Geld)) und
- **Geldersatzmittel** (Scheck und Wechsel)

verwendet.

Münzgesetz § 3

Als gesetzliches Zahlungsmittel ist allein Bargeld mit einem Annahmezwang versehen. Bargeld muss von jedermann zur Erfüllung von Geldschulden angenommen werden. Beim Euro ist der Annahmezwang auf maximal 50 Münzen beschränkt.

2.2.1 Rechtliche und organisatorische Grundlagen

Die **Abwicklung des bargeldlosen Zahlungsverkehrs** setzt voraus, dass die Kreditinstitute untereinander direkt oder indirekt über Gironetze und die Deutsche Bundesbank in Kontoverbindung stehen. Eine wichtige Rolle kommt hierbei der Bankleitzahl (BLZ) zu, die der genauen Identifizierung und Adressierung aller Kreditinstitute im inländischen Zahlungsverkehr dient. Die Kontonummer ist das Identifikationsmerkmal eines Kontos bei einem Kreditinstitut.

Im internationalen Zahlungsverkehr erfolgt die eindeutige Identifizierung der Kreditinstitute und der Bankkunden über den BIC (Bank Identifier Code) und die IBAN (International Bank Account Number).

Mit der Einführung des einheitlichen Euro-Zahlungsverkehrsraums (SEPA = Single Euro Payment Area) wurden Änderungen im BGB und in den Zahlungsverkehrsabkommen zwischen den Bankverbänden notwendig.

Seit dem Start von SEPA im Januar 2008 wird in dessen Geltungsbereich nicht mehr zwischen nationalen und grenzüberschreitenden Zahlungen unterschieden. SEPA steht jedem Kreditinstitut, Wirtschaftsunternehmen und Verbraucher in allen Ländern der Europäischen Union (schwerpunktmäßig den Euroländern) sowie in Island, Liechtenstein, Norwegen, Monaco und der Schweiz zur Verfügung.

Nutzer von Zahlungsverkehrsdienstleistungen können mit SEPA bargeldlose Euro-Zahlungen von einem einzigen Konto innerhalb Europas vornehmen und hierbei einheitliche Zahlungsinstrumente (**SEPA-Überweisung**, **SEPA-Lastschrift** und **SEPA-Kartenzahlungen**) ebenso einfach, effizient und sicher nutzen wie die bisherigen Zahlungsinstrumente auf nationaler Ebene.

2.2.2 Bareinzahlung und Geldwäschegesetz

Geldwäsche ist die Einführung illegal erworbener Vermögenswerte, die aus bestimmten Straftaten stammen, in den legalen Finanzkreislauf sowie die gewerbsmäßige oder bandenmäßige Steuerhinterziehung.

Allgemeine Pflichten und identifizierungspflichtige Geschäfte

Pflichten der Kreditinstitute/Versicherungen	Identifizierungspflichtige Geschäfte
• Identifizierungspflicht des Kunden bei bestimmten Geschäften • Feststellung des wirtschaftlich Berechtigten • Aufzeichnung und Aufbewahrung (6 Jahre) der Identifizierungsdaten • Treffen von internen Sicherungsmaßnahmen • Einrichtung zum automatisierten Abruf von Kontoinformationen durch die BaFin • Benennung eines Geldwäschebeauftragten • Anzeigeerstattung bei Verdacht auf Geldwäsche	• Annahme von Bargeld (auch E-Geld), Wertpapieren oder Edelmetallen ab 15 000,00 € (Gegenwert) • Smurfing, d.h. künstliche Aufsplittung einer an sich einheitlichen Transaktion, um den Betrag von 15 000,00 € zu unterschreiten • Der An- und Verkauf (Barumtausch) von Sorten (ausländisches Papiergeld) und Reiseschecks ab 2 500,00 € (Gegenwert), der nicht über ein Kundenkonto abgewickelt wird. • Abschluss von Lebensversicherungs- oder Unfallversicherungsverträgen mit Prämienrückgewähr von über 1 000,00 € pro Jahr oder wenn mehr als 2 500,00 € auf ein Beitragsdepot gezahlt werden • Verdacht auf Geldwäsche oder auf Finanzierung einer terroristischen Vereinigung unabhängig vom Betrag

Ausnahmen von der Identifizierungspflicht

Von der Identifizierung des Kunden kann in folgenden Fällen abgesehen werden:

- persönlich bekannte Kunden, die bereits früher identifiziert wurden
- Einzahlungen an Bareinzahlungsautomaten auf eigene Rechnung des Kunden, wenn er vorab identifiziert wurde
- Nachttresoreinzahlungen auf eigene Rechnung des Kunden
- Mitarbeiter eines gewerblichen Geldbeförderungsunternehmens, deren Name notiert ist
- Inhaber oder Mitarbeiter eines Unternehmens, die regelmäßig Bartransaktionen tätigen und bereits identifiziert wurden

2.2.3 Überweisungen

a) Rechtsbeziehungen im Überweisungsverkehr

Bei der Überweisung wird eine Geldsumme buchmäßig vom Konto des Überweisenden auf das Konto des Zahlungsempfängers übertragen. Die Überweisung wird durch einen **Überweisungsauftrag** des Kunden an sein Kreditinstitut ausgelöst.

Das BGB regelt die Rechtsbeziehungen zwischen den Beteiligten im Überweisungsverkehr durch verschiedene eigenständige Geschäftsbesorgungsverträge.

BGB §§ 675e–z, 676, 676a–c

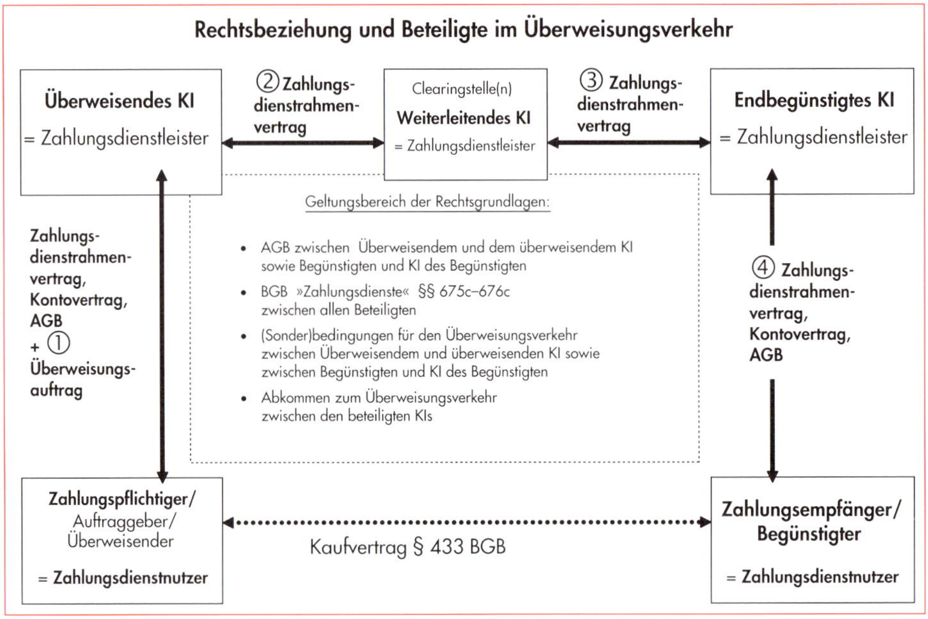

Erläuterungen:

① Der **Überweisungsauftrag** im Rahmen des Zahlungsdienstrahmenvertrags verpflichtet das überweisende Kreditinstitut gegenüber dem Überweisenden (Auftraggeber),

- dem Begünstigten einen bestimmten Geldbetrag zur Gutschrift auf dessen Konto zur Verfügung zu stellen,
- Angaben zur Person des Überweisenden und den genannten Verwendungszweck mitzuteilen und
- den Überweisungsbetrag rechtzeitig und, falls nicht anders vereinbart, ungekürzt dem Kreditinstitut des Begünstigten zu übermitteln.

Die Ausführung von Überweisungsaufträgen erfolgt immer auf elektronischem Weg. Beleghaft erteilte Aufträge müssen nach dem EZÜ-Abkommen in Datensätze umgewandelt werden.

Der Kunde (Überweisende) hat bei der Erstellung von Überweisungsaufträgen auf die Richtigkeit und Vollständigkeit der notwendigen Angaben zu achten: Name, Kontonummer/IBAN und Bankleitzahl/BIC des Begünstigten, Betrag und Währung, Name und Kontonummer/IBAN des Überweisenden, Datum und Unterschrift oder die Legitimations- und Identifikationsmedien bei elektronisch erteilten Aufträgen, z.B. PIN/TAN.

Die **Bedeutung von IBAN und BIC** wird dadurch unterstrichen, dass die Ausführung der Überweisung ausschließlich anhand dieser vom Auftraggeber angegebenen Kundenkennung des Empfängers erfolgt. Für die Kreditinstitute besteht keine Pflicht mehr zum Abgleich von Kontonummer und Namen des Empfängers. Bei einer fehlerhaften Ausführung einer Überweisung aufgrund einer vom Auftraggeber angegebenen fehlerhaften Kundenkennung kann dieser vom Kreditinstitut lediglich verlangen, dass es sich darum bemüht, den Zahlungsbetrag wiederzuerlangen (»Nachforschungspflicht«).

②③Mit einem **Zahlungsdienstrahmenvertrag** verpflichtet sich ein zwischengeschaltetes Kreditinstitut gegenüber dem überweisenden oder einem anderen Kreditinstitut, den Überweisungsbetrag an ein weiteres Kreditinstitut oder an das Kreditinstitut des Begünstigten weiterzuleiten.

④ Der **Zahlungsdienstrahmenvertrag** zwischen dem Kreditinstitut des Begünstigten und dem Empfänger der Überweisung verpflichtet das Kreditinstitut zur Gutschrift eingehender Beträge auf dem vorher eingerichteten Konto. Eingegangene Überweisungsbeträge muss das Kreditinstitut dem Konto des Empfängers unverzüglich mit der Wertstellung/Valuta des Geldeingangstages gutschreiben.

Das BGB enthält auch Bestimmungen zu

- **Ausführungsfristen**

  Die Ausführungsfrist für Euro-Zahlungen innerhalb Deutschlands und den EU-/EWR-Staaten beträgt nur noch einen Geschäftstag.

  Für in Papierform ausgelöste Zahlungsvorgänge kann die Frist um einen Geschäftstag verlängert werden. Bei Fremdwährungszahlungen innerhalb des Europäischen Wirtschaftsraums kann eine Frist von bis zu vier Geschäftstagen vereinbart werden.

  Die Ausführungsfrist beginnt ab dem **Zeitpunkt des Zugangs** des Zahlungsauftrags.

- **Widerruf**

  Der Auftraggeber kann einen Überweisungsauftrag/Zahlungsauftrag nach dem Zugang beim Kreditinstitut nicht mehr widerrufen.

- **Informationspflichten** über Beginn und Dauer der Überweisung, Entgelte, Wertstellung der Belastungsbuchung und ggf. zum Devisenumrechnungskurs.

- **Haftung des überweisenden Kreditinstituts**

  Der Auftraggeber kann bei einer nicht erfolgten oder fehlerhaften Ausführung eines Überweisungsauftrages sowie im Fall einer nicht autorisierten Zahlung die unverzügliche und ungekürzte Erstattung verlangen.

  Ansprüche und Einwendungen des Zahlungsdienstnutzers gegen den Zahlungsdienstleister sind ausgeschlossen, wenn dieser seinen Zahlungsdienstleister nicht spätestens 13 Monate nach dem Tag der Belastung mit einem nicht autorisierten oder fehlerhaft ausgeführten Zahlungsvorgang hiervon unterrichtet hat.

- **Nachweis der Ausführung von Zahlungsvorgängen**

  Ist zwischen dem Zahlungsdienstnutzer und seinem Zahlungsdienstleister streitig, ob der Zahlungsvorgang ordnungsgemäß ausgeführt wurde, muss der Zahlungsdienstleister nachweisen, dass der Zahlungsvorgang ordnungsgemäß aufgezeichnet und verbucht sowie nicht durch eine Störung beeinträchtigt wurde.

b) Grenzüberschreitende Überweisungen in Länder außerhalb des einheitlichen Euro-Zahlungsverkehrsraums

Grenzüberschreitende Überweisungen können veranlasst werden durch:

- Auslands-Überweisung ohne Meldeteil,
- Zahlungsauftrag im Außenwirtschaftsverkehr.

Die **Auslandsüberweisung ohne Meldeteil** kann für grenzüberschreitende Überweisungen bis zu einem Betrag von 12 500,00 € oder entsprechendem Gegenwert in anderer Währung genutzt werden.

Zahlungen über 12 500,00 € muss der Auftraggeber der Deutschen Bundesbank melden.

c) Dauerauftrag

Der Kunde kann seinem Kreditinstitut auch einen Dauerauftrag (Dauerüberweisung) erteilen, bis auf Widerruf

- einen bestimmten Geldbetrag
- zu regelmäßig wiederkehrenden Terminen
- an einen bestimmten Empfänger zu überweisen.

2.2.4 Lastschriften

Die Lastschrift ist ein im Zahlungsverkehr verwendetes Einzugspapier, mit dem der Gläubiger (Zahlungsempfänger) eine fällige Forderung vom Bankkonto des Zahlungspflichtigen abbuchen lässt.

Der Zahlungsempfänger löst den Zahlungsvorgang aus, in dem er die Lastschrift beleglos bei seinem Kreditinstitut (**Inkassostelle**) einreicht. Das Kreditinstitut schreibt ihm den Betrag auf seinem Konto gut und zieht ihn dann vom Kreditinstitut des Zahlungspflichtigen (**Zahlstelle**) ein.

Die Gutschrift erfolgt unter dem Vorbehalt des Einganges des Gegenwertes. Im Fall der Nichteinlösung ist das Kreditinstitut zur Rückbelastung berechtigt.

Der Zahlungsempfänger muss mit seinem Kreditinstitut eine schriftliche Vereinbarung über den Einzug von Forderungen durch Lastschriften abschließen.

In dieser »**Inkassovereinbarung**« sind u. a. geregelt, dass der Zahlungsempfänger

- nur fällige Forderungen durch Lastschrift einziehen lassen darf,
- nur Lastschriften zum Einzug geben darf, wenn ihm eine schriftliche Einzugsermächtigung vorliegt bzw. wenn der Zahlungspflichtige seinem Kreditinstitut (Zahlstelle) einen Abbuchungsauftrag erteilt hat,
- nicht eingelöste Lastschriften, die seinem Konto zurückbelastet wurden, nicht wieder zum Einzug einreichen darf.

Kreditinstitute schließen eine Inkassovereinbarung nur mit Kunden ab, die eine einwandfreie Bonität aufweisen, um die Gefahr des Missbrauchs und ihr eigenes Risiko so gering wie möglich zu halten.

2.2.4.1 Arten der Lastschriftverfahren

Die Kreditinstitute bieten ihren Kunden im inländischen Zahlungsverkehr bisher zwei Arten des Lastschriftverfahrens an:

- Beim **Einzugsermächtigungsverfahren** erteilt der Zahlungspflichtige dem Zahlungsempfänger eine Einzugsermächtigung, d. h. eine schriftliche, jederzeit widerrufliche Ermächtigung, den fälligen Geldbetrag vom Konto des Zahlungspflichtigen einzuziehen. Dieses Verfahren eignet sich insbesondere im Rahmen des Massenzahlungsverkehrs. Die Einzugsermächtigung bleibt beim Zahlungsempfänger, ist aber auf Verlangen dem Kreditinstitut vorzulegen.
- Beim **Abbuchungsauftragsverfahren** erteilt der Zahlungspflichtige seinem Kreditinstitut zugunsten des Zahlungsempfängers einen Abbuchungsauftrag, d. h. einen schriftlichen, jederzeit widerruflichen Auftrag, Lastschriften eines bestimmten Zahlungsempfängers einzulösen. Das Verfahren eignet sich insbesondere für den Einzug von Kaufpreisforderungen zwischen Wirtschaftsunternehmen.

Abgrenzung der Lastschriftverfahren

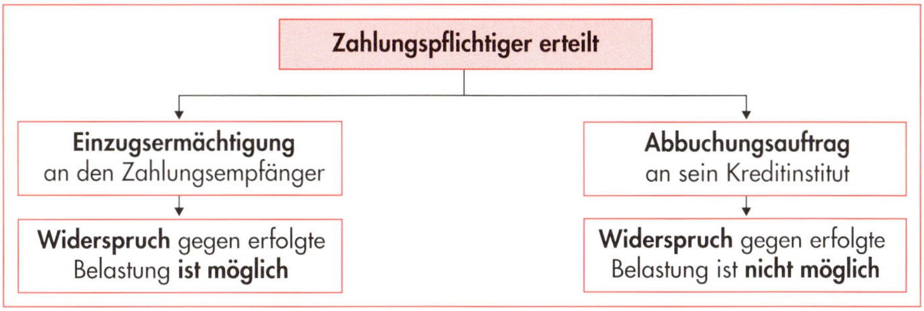

Mit der Einführung des einheitlichen Euro-Zahlungsverkehrsraums (SEPA = Single Euro Payment Area) wurden auch das SEPA-Basis-Lastschriftverfahren und das SEPA-Firmen-Lastschriftverfahren eingeführt.

2.2.4.2 Widerspruch gegen Einzugsermächtigungslastschriften

Der **Widerspruch** des Zahlungspflichtigen gegen Kontobelastungen ist bei Einzugsermächtigungslastschriften ohne Einhaltung einer bestimmten Frist **bis zur Genehmigung** der Belastung zulässig. Die im Lastschriftabkommen geregelte Frist von sechs Wochen wirkt nur zwischen Kreditinstituten.

BGH 6. Juni 2000

Die Widerspruchsmöglichkeit erlischt nicht durch Zeitablauf, da der mit einem Widerspruch geltend gemachte Anspruch auf Kontoberichtigung nicht einer Befristung unterliegt und erst mit Genehmigung entfällt.

Nach den AGB der Kreditinstitute sind die im Saldo des Rechnungsabschlusses enthaltenen Belastungsbuchungen aus Einzugsermächtigungslastschriften spätestens dann endgültig, wenn der Kontoinhaber den Belastungen nicht binnen sechs Wochen nach Zugang des Rechnungsabschlusses widerspricht.

Das Unterlassen rechtzeitiger Einwendungen gilt als Genehmigung der im Rechnungsabschluss enthaltenen Belastungsbuchung.

Der Rückerstattungsanspruch des Kontoinhabers bei nicht erteilten Einzugsermächtigungen gegen die Zahlstelle ist ausgeschlossen, wenn dieser die Zahlstelle nicht spätestens 13 Monate nach dem Tag der Belastung mit einem nicht autorisierten Zahlungsvorgang hiervon unterrichtet hat

2.2.4.3 Rücklastschrift

Unabhängig von einem Widerruf lehnt die Zahlstelle die Einlösung einer Lastschrift aus folgenden Gründen ab:

- Das Konto des Zahlungspflichtigen weist keine Deckung auf.
- Die Lastschrift ist unanbringlich, z. B. unklare Namensangabe, falsche Kontonummer, Angabe eines Sparkontos.
- Bei Abbuchungsauftragslastschriften liegt kein entsprechender Abbuchungsauftrag vor.

Wird eine Lastschrift wegen mangelnder Kontodeckung nicht eingelöst, muss die Zahlstelle den Zahlungspflichtigen unverzüglich informieren.

2.2.5 Schecks

Der Scheck ist eine schriftliche, bei Sicht fällige unbedingte Anweisung eines Kontoinhabers (Scheckaussteller), an sein Kreditinstitut (Bezogener) für seine Rechnung an einen Dritten eine bestimmte Summe zu zahlen.

Übersicht

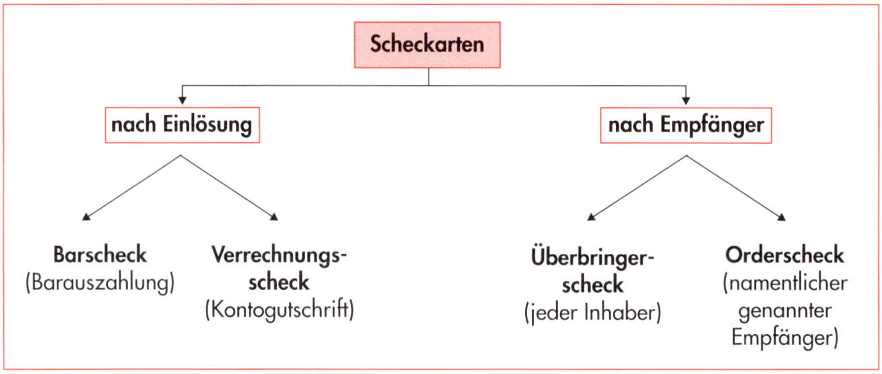

Der Scheck ist ein streng **formgebundenes Wertpapier** (siehe unten). Die Rechte aus dem Scheck (verbriefte Geldforderung) kann nur derjenige geltend machen, der im Besitz der Urkunde ist.

BGB § 364 (2) Der Scheck ist kein gesetzliches Zahlungsmittel. Die Übergabe des Schecks zur Zahlung einer Verbindlichkeit ist lediglich eine Leistung erfüllungshalber. Die Schuld ist erst dann getilgt, wenn das bezogene Kreditinstitut den Scheck eingelöst hat.

- **Barschecks** können durch Barauszahlung bei dem kontoführenden Kreditinstitut an den Vorleger des Schecks eingelöst werden.
- **Verrechnungsschecks** dürfen vom bezogenen Kreditinstitut nur im Wege der Kontogutschrift eingelöst werden.

Der Verrechnungsvermerk kann vom Aussteller und von jedem Inhaber angebracht werden. Kreditinstitute geben auch Vordrucke aus, auf denen der Vermerk »Nur zur Verrechnung« bereits eingedruckt ist.

Die Nichteinlösung eines Schecks aufgrund mangelnder Kontodeckung berechtigt das bezogene Kreditinstitut zu einer Meldung an die SCHUFA und im Wiederholungsfall zur Kündigung der Kontoverbindung, da ein Vertragsbruch des Kunden vorliegt.

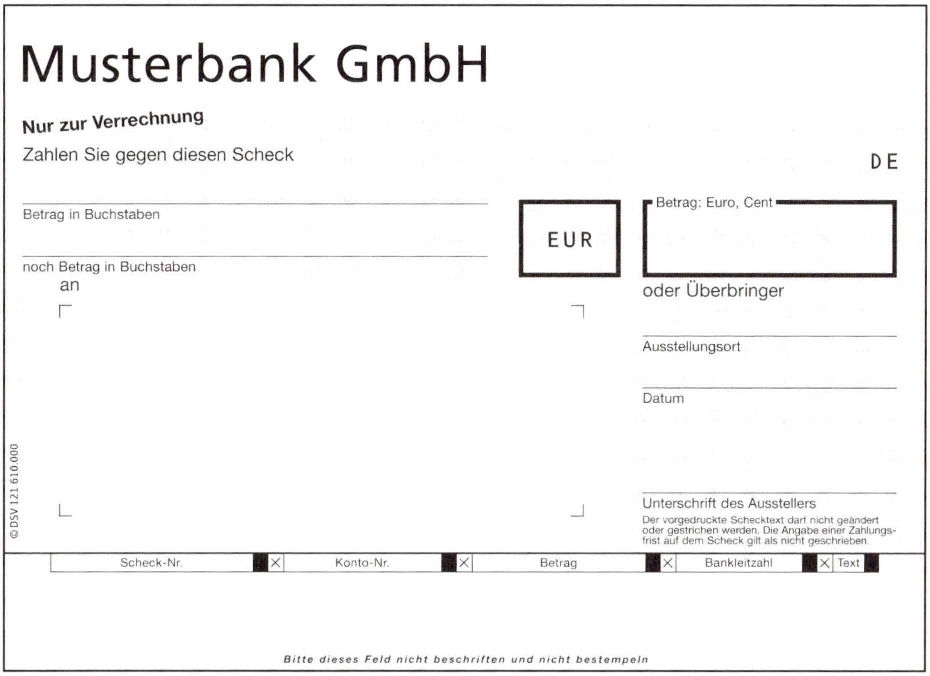

Musterbank GmbH

Nur zur Verrechnung

Zahlen Sie gegen diesen Scheck DE

Betrag in Buchstaben

noch Betrag in Buchstaben

EUR

Betrag: Euro, Cent

an

oder Überbringer

Ausstellungsort

Datum

Unterschrift des Ausstellers

Der vorgedruckte Schecktext darf nicht geändert oder gestrichen werden. Die Angabe einer Zahlungsfrist auf dem Scheck gilt als nicht geschrieben.

© DSV 121 610.000

Scheck-Nr. | Konto-Nr. | Betrag | Bankleitzahl | Text

Bitte dieses Feld nicht beschriften und nicht bestempeln

Bestandteile des Schecks SchG Art. 1

Der Scheck enthält:

1) die Bezeichnung als Scheck im Texte der Urkunde, und zwar in der Sprache, in der sie ausgestellt ist;
2) die unbedingte Anweisung, eine bestimmte Geldsumme zu zahlen;
3) den Namen dessen, der zahlen soll (Bezogener);
4) die Angabe des Zahlungsortes;
5) die Angabe des Tages und des Ortes der Ausstellung;
6) die Unterschrift des Ausstellers.

2.2.6 Kartenzahlungen

Kartenzahlungen sind in dieser Darstellung Zahlungsverfahren, bei denen kontogebundene und kontoungebundene Zahlungskarten eingesetzt werden. Die wichtigsten Kartensysteme funktionieren auf Basis der **Debitkarten,** der **Geldkarten** und der **Kreditkarten**.

2.2.6.1 Debitkarten

a) Wesen

Debitkarten sind Zahlungskarten, mit denen die Kreditinstitute ihren Kunden Verfügungs- und Informationsmöglichkeiten über ihre Konten einräumen.

Der Leistungsumfang dieser Karten wird vom ausgebenden Kreditinstitut festgelegt (Einsatzbereiche, siehe unter b).

Der Begriff **Debitkarte** bringt zum Ausdruck, dass die Verfügungen dem entsprechenden Konto sofort belastet werden. Aus Sicherheitsgründen identifiziert sich der Kunde bei einem Bezahlvorgang mittels **Persönlicher Identifikationsnummer (PIN).**

Die unterschiedlichen Bezeichnungen (ec-Karte, BankCard, SparkassenCard, VR-BankCard, MaestroCard, Girocard) werden vom kartenausgebenden Kreditinstitut geprägt und ergeben sich aus dem Namen der Bank, der Historie (eurocheque-Karte) oder den Logos, die auf der Karte abgebildet sind (z. B. maestro).

b) Einsatzbereiche für Debitkarten

➤ Internationales Geldautomatensystem

Überall wo Sie diese Akzeptanzlogo finden, können Sie mit Ihrer Karte Bargeld in Landeswährung an Geldautomaten beziehen oder an automatisierten Kassen bargeldlos bezahlen.

Geldautomaten (GA) sind Terminals mit folgenden möglichen Funktionen:

- Barabhebungen mittels Debitkarten, Kreditkarten und SparCards
- Aufladung von Geldkarten
- Aufladung von Mobilfunk-Prepaid-Konten (XtraCash) bei Volks- und Raiffeisenbanken und Sparkassen.

➤ Point of Sale

Für das bargeldlose Bezahlen mittels einer Debitkarte direkt am Verkaufsort (Point of Sale (POS)) gibt es zwei Verfahren:

(1) Im Inland: electronic-cash / im Ausland: edc/maestro

(2) Elektronisches Lastschriftverfahren (ELV), Online-Lastschriftverfahren (OLV)

Um Kartenzahlungen akzeptieren zu können, schließt der Händler/Dienstleister mit seinem Kreditinstitut oder einem Karteneinreicherinstitut (Acquirer) einen Servicevertrag zur Kartenakzeptanz und beschafft sich ein entsprechendes POS-Terminal.

Zu (1) Electronic-cash/edc/maestro

Im inländischen electronic-cash- bzw. internationalen edc/ maestro-Verfahren kann der Karteninhaber an den entsprechenden Terminals in Verbindung mit der PIN und / oder dem Chip bargeldlos bezahlen.

Bei Euroverfügungen an Geldautomaten und Maestro-Verfügungen in anderen EU-EWR-Ländern dürfen keine höheren Kosten als bei Verfügungen im Inland in Rechnung gestellt werden.

Zu (2) Elektronisches Lastschriftverfahren (ELV) und Online-Lastschriftverfahren (OLV)

Sie können deutschlandweit in Geschäften, Restaurants oder an Tankstellen bargeldlos bezahlen: An Kassen mit dem Lastschriftzeichen können Sie per Lastschrift-Einzugsermächtigung bezahlen. Sie unterschreiben auf dem Kassenbeleg, der alle wichtigen Daten über den Zahlungsvorgang ausweist, eine Lastschrift-Einzugsermächtigung.

ELV ist ein vom Handel entwickeltes elektronisches Lastschriftverfahren.

Im ELV wird an den entsprechenden Terminals mittels der im Magnetstreifen gespeicherten Daten eine Lastschrift erstellt, die nach Einholung der Einzugsermächtigung des Karteninhabers zur Einlösung vorgelegt wird.

Einige Unternehmen haben interne Hausdateien eingerichtet, mit denen geprüft werden kann, ob hinsichtlich des Karteninhabers Negativmerkmale, wie Lastschriftrückgaben in der Vergangenheit, gespeichert sind. Dieses Verfahren wird **Online-Lastschriftverfahren (OLV)** genannt.

c) Haftung bei missbräuchlichem Einsatz von BankCard/Girocard

Der Karteninhaber hat besondere Sorgfalts- und Mitwirkungspflichten zu beachten (siehe E 2.2.6.3 b).

<table>
<tr><td colspan="6">Haftung des Kontoinhabers für nicht autorisierte Kartenverfügungen/Debitkarten (Girocard)
(z. B. Abhebung von Bargeld an einem Geldautomaten, Verwendung der Karte an automatisierten Kassen von Handels- und Dienstleistungsunternehmen, Aufladung der GeldKarte, Verwendung der Karte zum Aufladen eines Prepaid-Mobilfunk-Kontos)</td></tr>
<tr><td>Grundsatz:</td><td colspan="5">Missbräuchliche Verfügung</td></tr>
<tr><td></td><td colspan="4">Vor der Kartensperre</td><td>Nach der Kartensperre</td></tr>
<tr><td rowspan="4">Im Fall eines nicht autorisierten Zahlungsvorgangs hat der Zahlungsdienstleister des Zahlers gegen diesen keinen Anspruch auf Erstattung seiner Aufwendungen.
(§ 675 u BGB)
Ist die Autorisierung eines ausgeführten Zahlungsvorgangs streitig, hat der Zahlungsdienstleister nachzuweisen, dass eine Authentifizierung erfolgt ist.
(§ 675 w BGB)
Zur Auslegung dieser Regelung (d. h. ob z. B. der Anscheinsbeweis … bei PIN-Nutzung noch gilt) haben die einschlägigen Kommentare noch nicht Stellung bezogen.
Ansprüche und Einwendungen des Zahlungsdienstnutzers gegen den Zahlungsdienstleister nach diesem Unterkapitel sind ausgeschlossen, wenn dieser seinen Zahlungsdienstleister nicht spätestens 13 Monate nach dem Tag der Belastung mit einem nicht autorisierten oder fehlerhaft ausgeführten Zahlungsvorgang hiervon unterrichtet hat.
(§ 676 b BGB)</td><td>Nach Verlust, Diebstahl oder sonst wie abhanden gekommener Karte oder PIN.</td><td colspan="2">Ohne dass ein Verlust, Diebstahl oder ein sonstiges Abhandenkommen der Karte oder PIN vorliegt.</td><td>Unabhängig von Verlust, Diebstahl etc.</td><td rowspan="4">Grundsatz:
Sobald der Bank oder dem Zentralen Sperrannahmedienst der Verlust oder Diebstahl der Karte, die missbräuchliche Verwendung oder eine sonstige nicht autorisierte Nutzung von Karte oder PIN angezeigt wurde, übernimmt die Bank alle danach durch Verfügungen entstehenden Schäden.
Ausnahme:
Handelt der Karteninhaber in betrügerischer Absicht, trägt der Kontoinhaber auch die nach der Sperranzeige entstehenden Schäden.</td></tr>
<tr><td><u>Karteninhaber trifft kein Verschulden</u></td><td>Karteninhaber hat seine Pflicht zur sicheren Aufbewahrung von Karte oder PIN <u>schuldhaft verletzt*</u>
(*so bei Deutsche Bank … / bei Sparkassen und Genossenschaftsbanken: <u>fahrlässig verletzt</u>.
U. E. ist hier jeweils nur »leichte Fahrlässigkeit« gemeint.)</td><td>Karteninhaber trifft <u>kein Verschulden.</u></td><td>Karteninhaber hat seine Sorgfaltspflichten vorsätzlich oder grob fahrlässig verletzt oder in betrügerischer Absicht gehandelt.</td></tr>
<tr><td><u>Verschuldensunabhängige</u> Haftung des Kontoinhabers bis max. 150 €.</td><td>Haftung des Kontoinhabers bis zu max. 150 Euro</td><td><u>Keine Haftung</u> des Kontoinhabers.</td><td rowspan="2">Kontoinhaber trägt den hierdurch entstandenen Schaden in vollem Umfang, (begrenzt durch den zeitlichen Verfügungsrahmen).</td></tr>
<tr><td colspan="2">Die Sparkassen und die Genossenschaftsbanken verzichten auf die Schadensbeteiligung durch den Kontoinhaber in Höhe von maximal 150 € und übernehmen alle Schäden, die durch nicht autorisierte Zahlungsvorgänge bis zum Eingang der Sperranzeige entstanden sind, wenn der Karteninhaber seine ihm gemäß Abschnitt A.II. Ziffer 6 obliegenden Sorgfalts- und Mitwirkungspflichten nicht grob fahrlässig verletzt hat. [Sonderbed. VR-BankCard Nr. 13.1 (4), SparkassenCard Nr. 12.1 (4)] <u>bei Sparkassen zusätzlich geregelt:</u> »Wird die Karte missbräuchlich im Rahmen des internationalen Maestro-Verfahrens ohne persönliche Geheimzahl nur mit Unterschrift verwendet, so erstatten die Sparkassen diese Schäden in voller Höhe. Eine Übernahme des vom Kontoinhaber zu tragenden Schadens durch die Sparkassen erfolgt nur, wenn der Kontoinhaber die Voraussetzungen der Haftungsentlastung glaubhaft darlegt und Anzeige bei der Polizei erstattet.«</td><td></td></tr>
</table>

Zahlen Kunden im Rahmen des ELV-Verfahrens, erfolgt die Legitimation durch die Unterschrift. Die Unterschriftskontrolle mit der Unterschrift auf der Karte wird oft sehr oberflächlich vorgenommen, selten unter Nutzung des Ausweises. Deshalb ist gerade bei diesem Verfahren der Missbrauch von gestohlenen oder abhanden gekommenen Karten sehr häufig. Der Karteninhaber kann einer ELV-Lastschrift bei einem Missbrauch der Karte gemäß den AGB unmittelbar nach Kenntnisnahme, spätestens bis 6 Wochen nach Rechnungsabschluss, widersprechen. Die Bank wird dem Kunden den Betrag wieder gutschreiben. Nun muss der Kunde gegenüber dem Händler nachweisen, dass die entsprechende Einzugsermächtigung nicht von ihm erteilt wurde, sondern die Unterschrift gefälscht wurde. Kommt es zu einem Gerichtsverfahren, ist es oft von Bedeutung, wann der Kunde den Verlust seiner Karte bemerkt und wann er ihn dann gemeldet hat.

2.2.6.2 Geldkarte

Ist Ihnen das Zahlen mit Kleingeld lästig? Haben Sie manchmal nicht das passende Kleingeld für Automaten? Die Lösung ist das Zahlen mit der GeldKarte! Dazu laden Sie einfach den Chip Ihrer Karte auf. Sie können bis zu 200 €, aber auch kleinere Beträge laden. Überall wo das GeldKarte-Logo auf Automaten oder Kassen gezeigt wird, können Sie dann einfach mit Ihrer Chipkarte bezahlen.

Die Geldkarte ist eine »Geldbörse« in Chipform. Der Chip kann am Geldautomaten oder an speziellen Ladeterminals mit bis zu 200,00 € online unter Eingabe der PIN oder gegen Barzahlung aufgeladen werden. Die Geldkarte dient damit vorrangig als Kleingeldersatz. Bezahlt werden kann unter anderem an Parkscheinautomaten, im öffentlichen Personennahverkehr, an Zigarettenautomaten und im ausgewählten Einzelhandel.

2.2.6.3 Kreditkarte

Die Bezeichnung Kreditkarte ist darauf zurückzuführen, dass solche i.d.R. als sog. Charge-Karten ausgegeben werden, d. h die Verfügung wird nicht sofort sondern erst später (z.B. einmal monatlich) dem Konto des Karteninhabers belastet. Der Karteninhaber nimmt also einen zinslosen Kredit bis zur Abbuchung in Anspruch.

a) Leistungen einer Kreditkarte

- Bargeldloses Bezahlen und Barverfügungen am Geldautomaten
- Spezielle Versicherungsleistungen je nach Kartentyp (Classic, Gold, Premium), wie z.B. Kfz-Zusatzhaftpflichtversicherung für Mietwagen, Auslandskrankenversicherung.
- Besondere Nicht-Bankenleistungen im Rahmen von Co-Branding, wie z.B. Platzreservierung im Flugzeug, Sondertarife bei Hotels und Mietwagen.

b) Sorgfaltspflichten des Karteninhabers und Haftung

Mitwirkungs-, Sorgfalts- und Anzeigepflichten

- Unterschrift auf der Rückseite der Karte sofort nach Erhalt.
- Sorgfältige Aufbewahrung der Karte, um zu verhindern, dass sie abhanden kommt und missbräuchlich verwendet wird.
- Geheimhaltung der PIN. Die PIN darf insbesondere nicht auf der Karte vermerkt oder in anderer Weise zusammen mit dieser aufbewahrt werden.
- Unverzügliche Anzeige des Verlustes oder einer missbräuchlichen Verwendung.

Haftungsregelungen

An die sorgfältige Aufbewahrung der Karte stellen die Gerichte strenge Anforderungen. Beispielsweise wird es als grob fahrlässig eingestuft, seine Tasche in einem stark frequentierten Geschäft auf dem Tisch abzustellen, anstatt sie am Körper zu tragen oder in der Hand zu behalten oder die Karte während eines längeren Spazierganges im Kofferraum eines Pkw zu lassen.

Die Benachrichtigungsfrist für die Sperre ist sehr kurz, wiederholt haben Richter eine Zeit von 1,5 Stunden nach Bemerken des Verlustes als Pflichtverstoß behandelt.

Hat der Karteninhaber seine o.g. Pflichten grob fahrlässig verletzt, haftet er für den durch den Missbrauch entstandenen Schaden selbst. Hat der Karteninhaber seine Pflichten nur leicht fahrlässig verletzt oder ist ihm keine Pflichtverletzung nachzuweisen, haftet er (verschuldensunabhängig) bis max. 150,00 €. Nach der Verlustmeldung haftet der Karteninhaber für missbräuchliche Umsätze nicht mehr, selbst wenn er sich vorher grob fahrlässig verhalten hat.

c) Haftung bei missbräuchlichem Einsatz der Kreditkarte

Haftung des Kontoinhabers für nicht autorisierte Kreditkartenverfügungen (z.B. in Form der Abhebung von Bargeld oder der Verwendung der Karte bei einem Vertragsunternehmen					
Grundsatz:	**Missbräuchliche Verfügung**				
	Vor der Kartensperre				**Nach der Kartensperre**
Im Fall eines nicht autorisierten Zahlungsvorgangs hat der Zahlungsdienstleister des Zahlers gegen diesen **keinen Anspruch** auf Erstattung seiner Aufwendungen. Ist die Autorisierung eines ausgeführten Zahlungsvorgangs streitig, hat der Zahlungsdienstleister nachzuweisen, dass eine Authentifizierung erfolgt ist. (§ 675 w BGB) **(Zur Auslegung … s.o.)** Ansprüche und Einwendungen des Zahlungsdienstnutzers gegen den Zahlungsdienstleister nach diesem Unterkapitel sind ausgeschlossen, wenn dieser seinen Zahlungsdienstleister nicht **spätestens 13 Monate nach dem Tag der Belastung** mit einem nicht autorisierten oder fehlerhaft ausgeführten Zahlungsvorgang hiervon unterrichtet hat. (§ 676 b BGB)	Nach Verlust, Diebstahl oder sonst wie abhanden gekommener Karte oder PIN.	Ohne dass ein Verlust, Diebstahl oder ein sonstiges Abhandenkommen der Karte oder PIN vorliegt.		Unabhängig von Verlust, Diebstahl etc.	**Grundsatz:** Sobald der Bank oder dem Zentralen Sperrannahmedienst der Verlust oder Diebstahl der Karte, die missbräuchliche Verwendung oder eine sonstige nicht autorisierte Nutzung von Karte oder PIN angezeigt wurde, **übernimmt die Bank alle danach durch Verfügungen entstehenden Schäden.** **Ausnahme:** Handelt der Karteninhaber in **betrügerischer Absicht**, trägt der Kontoinhaber auch die nach der Sperranzeige entstehenden Schäden.
	Karteninhaber trifft kein Verschulden	**Karteninhaber hat seine Pflicht** zur sicheren Aufbewahrung von Karte oder PIN **schuldhaft verletzt** **[mit »schuldhaft« kann u. E. nur »einfache Fahrlässigkeit« gemeint sein].**	**Karteninhaber trifft kein Verschulden.**	**Karteninhaber hat seine Sorgfaltspflichten vorsätzlich oder grob fahrlässig*) verletzt, keine unverzügliche Verlustmeldung erteilt oder in betrügerischer Absicht gehandelt.** **Kontoinhaber trägt den hierdurch entstandenen Schaden in vollem Umfang** (begrenzt durch den zeitlichen Verfügungsrahmen).	
	Haftung des Kontoinhabers bis zu max.150 € (Commerzbank, Berliner Bank) oder bis max. 51,13 € (SEB).	**Haftung des Kontoinhabers bis zu max. 150 € (Commerzbank, Dreba, Berliner Bank) oder bis max. 51,13 € (SEB) oder 50 € (Coba-BusinessCard).**	**Keine Haftung des Kontoinhabers.**		
	Die Sparkassen, die Genossenschaftsbanken **und viele Banken des privaten Bankgewerbes (Deutsche Bank, Postbank, Citibank, …) verzichten** auf die Schadensbeteiligung durch den Kontoinhaber und übernehmen alle Schäden, die durch nicht autorisierte Zahlungsvorgänge bis zum Eingang der Sperranzeige entstanden sind, wenn der Karteninhaber seine Sorgfaltspflichten nach diesen Bedingungen nicht vorsätzlich oder grob fahrlässig verletzt oder in betrügerischer Absicht gehandelt hat.				

*) Grobe Fahrlässigkeit des Karteninhabers kann insbesondere vorliegen, wenn er den Verlust der Karte der Landesbank schuldhaft nicht unverzüglich mitgeteilt hat oder er die Karte an eine dritte Person weitergegeben hat oder er die PIN auf der Karte vermerkt oder die PIN zusammen mit der Karte verwahrt war oder er die PIN einer anderen Person mitgeteilt hat.

2.2.7 Online-Banking

2.2.7.1 Verfahren

Online-Banking findet per Datenfernübertragung (z. B. Internet oder Direkteinwahl bei der Bank) statt. Hier sind zwei Verfahren üblich:

- **Browserbasiertes Internetbanking**

  Der Kunde benötigt keine Programmsoftware, sondern kann unabhängig vom Ort innerhalb eines Web-Browsers (direkt auf der Web-Site der Bank) seine Bankgeschäfte erledigen.

  Die Authentifizierung des Kunden erfolgt im PIN/ TAN-Verfahren.

- **Verwendung eines Clientprogramm**

  Der Kunde benötigt eine Programmsoftware (PC-Client), die sich des einheitlichen Standards HBCI/ FinTS als Schnittstelle zwischen Kunde und Bank bedient. Der Kunde bearbeitet seine Aufträge an die Bank offline mithilfe dieser Online-Banking Software. Sind die Aufträge komplett, stellt die Software eine Online-Verbindung her und überträgt die Daten zur Bank.

  HBCI (Home Banking Computer Interface) ist ein offener Standard, der von verschiedenen Bankengruppen entwickelt und vom Zentralen Kreditausschuss (ZKA) beschlossen wurde. Die erste praxistaugliche Version wurde 1998 veröffentlicht. Im Jahr 2002 wurde der Standard erweitert und in **FinTS** (Financial Transaction Services) umbenannt. HBCI unterstützt als Authentifizierungsmöglichkeiten die elektronische Signatur mittels Chipkarte bzw. Schlüsseldiskette, seit der Weiterentwicklung zu FinTS sind auch das PIN/TAN-Verfahren und die Signaturkarte möglich.

2.2.7.2 Authentifizierungsmöglichkeiten (elektronische Unterschriften)

a) PIN/TAN

Die PIN (Persönliche Identifikationsnummer) ist eine Geheimzahl, mit der sich der Kunde beim Anmelden in das Online-Banking gegenüber der Bank legitimiert. Um der Bank Aufträge zu erteilen (Überweisungen, Daueraufträge), ist zusätzlich eine TAN (Transaktionsnummer) erforderlich.

PIN und TAN, die als Listen zu Hause verwahrt werden und im offenen Netz (auf der Website der Bank) eingegeben werden, stellen eine Sicherheitslücke dar, die von Betrügern gezielt durch sog. Phishing-Attacken genutzt werden. **Phishing** ist ein Kunstwort, das für Fischen nach Passworten steht. Angriffsziel ist nicht die Technik, sondern der Mensch, der mit gefälschten E-Mails oder nachgebauten Websites verleitet wird, seine vertraulichen Daten (PIN und TAN) zu übermitteln. Mit den durch Pishing erworbenen Passworten greifen die Betrüger dann auf die Konten zu.

b) Chipkarte/Schlüsseldiskette im HBCI- oder FTAM-Verfahren

Die Authentifizierung erfolgt in diesen Fällen durch eine kontenbezogene elektronische Signatur. Damit wird nicht nur die Identität des Kunden, sondern zusätzlich auch die Integrität der gesendeten Daten gesichert.

Auf der Chipkarte bzw. der Diskette (oder einem anderen Speichermedium, z. B. USB-Stick) befindet sich ein elektronischer Schlüssel, mit dem die zu sendenden Daten verschlüsselt werden.

c) Signaturkarte

Während der elektronische Schlüssel im HBCI-Verfahren kontenbezogen ist, wird mit der Signaturkarte eine personenbezogene qualifizierte elektronische Signatur (digitale Signatur) gemäß dem Signaturgesetz erzeugt.

Das technische Verfahren der digitalen Signatur basiert auf der Verwendung zweier unterschiedlicher elektronischer Schlüssel. Jedes Schlüsselpaar besteht dabei aus einem privaten Schlüssel (Private Key) und einem korrespondierenden öffentlichen Schlüssel (Public Key). Der verwendete mathematische Algorithmus von Rivest, Shamir und Adleman (RSA-Algorithmus) stellt sicher, dass der private Schlüssel auch dann nicht errechnet werden kann, wenn der öffentliche Schlüssel bekannt ist.

Lernkontrollen zu E 2

Kontoarten

1 Erläutern Sie die Bedeutung eines Bankkontos für eine Privatperson.

2 Beschreiben Sie den Unterschied zwischen einem Girokonto im engeren Sinne und einem Kontokorrentkonto.

3 Erklären Sie einem Kunden die Funktion des Depotkontos.

Bareinzahlung und Geldwäschegesetz

4 Ein Kunde hat 30 000,00 € Bargeld zur Verfügung, die er für den Aufbau seiner Altersversorgung in eine entsprechende Rentenversicherung einzahlen möchte. Sie sind verpflichtet, in einer solchen Situation die Bestimmungen des Geldwäschegesetzes zu beachten, die sie dem Kunden erläutern wollen. Welche der Aussagen über das Geldwäschegesetz sind richtig?

a) Das Geldwäschegesetz ist geschaffen worden, um Steuerhinterziehungen auszuschließen.

b) Bei Annahme von Bargeld, Wertpapieren oder Edelmetallen im Wert von insgesamt 15 000,00 € oder mehr muss eine Meldung an die Strafverfolgungsbehörde erfolgen.

c) Bei Verdacht auf Geldwäsche muss unabhängig vom Betrag immer eine Identifizierung des Einzahlenden erfolgen.

d) Die Identifizierung kann durch Personalausweis oder Reisepass erfolgen.

e) Sofern der Kunde nicht identifiziert werden kann, darf die Transaktion nur in Ausnahmefällen durchgeführt werden.

f) Einzahlungen in eine private Rentenversicherung fallen generell nicht unter das Geldwäschegesetz.

Lastschriften

5 Ihr Kundin Frau Meier hat aufgrund ihrer Beratung eine aufgeschobene Rentenversicherung mit monatlicher Beitragszahlung abgeschlossen. Sie möchte nun wissen, wie sie am einfachsten die monatlichen Beiträge bezahlen kann. Sie empfehlen ihr den Beitrag einziehen zu lassen.

a) Welche Vorteile hat der Lastschriftverkehr für den Zahlungspflichtigen und für den Zahlungsempfänger?

b) Erklären Sie Ihrer Kundin, worin die zwei wesentlichen Unterschiede zwischen einer Einzugsermächtigung und einem Abbuchungsauftrag bestehen.

c) Nennen und erläutern Sie Frau Meier, welche Voraussetzungen für den Einzug von Lastschriften im Einzugsermächtigungsverfahren gegeben sein müssen.

d) Nennen Sie Frau Meier Gründe, weshalb eine Lastschrift vom bezogenen Kreditinstitut wieder zurückgegeben werden kann.

Scheck

6 Ein von Ihrem Kunden Klaus Schuster in Hamburg am 8. November d.J. ausgestellter Scheck in Höhe von 500,00 € wird der bezogenen Bank am 19. November d.J. zur Einlösung vorgelegt. Das Kontoguthaben zum Zeitpunkt der Vorlage beträgt 150,00 €.

Welche Aussagen sind richtig?

a) Die bezogene Bank ist gegenüber dem Scheckberechtigten zur Einlösung berechtigt, aber nicht verpflichtet.

b) Die bezogene Bank ist zur Einlösung nur verpflichtet, wenn der Kunde einen Einlösungsauftrag erteilt hat.

c) Die bezogene Bank darf den Scheck nicht einlösen, da die Vorlegungsfrist abgelaufen ist.

d) Die bezogene Bank ist ohne zeitliche Einschränkung gegenüber dem Scheckberechtigten zur Einlösung verpflichtet.

e) Die bezogene Bank muss einen ihr rechtzeitig zugegangenen Widerruf des Schecks beachten und den Scheck nicht einlösen.

Kartenzahlung

7 Welche der folgenden Zahlungsformen liegen in den unten stehenden Geschäftsfällen vor?

Zahlungsformen:

(1) electronic cash

(2) Elektronisches Lastschriftverfahren

(3) Lastschrift

Geschäftsfälle:

a) Herr Grün bezahlt seinen Einkauf im Baumarkt unter Eingabe der PIN.

b) Der Sportverein von Herrn Grün veranlasst monatlich die Abbuchung des Vereinsbeitrags vom Kontokorrentkonto.

c) Eine Lastschrift des Kaufhauses MAXIKAUF musste trotz mangelnder Kontodeckung eingelöst werden.

d) Im Kaufhaus MULTIKAUF bezahlt Herr Grün mit seiner Bankkarte (Maestro-Karte) ohne Einsatz der PIN.

8 Herr Weise hat eine Bankkarte (Maestro-Karte). Prüfen Sie in diesem Zusammenhang die folgenden Aussagen.

a) Herr Weise hat kein Risiko bei Verlust oder Missbrauch seiner Bankkarte, da dieses Risiko von den Händlern getragen wird, die am Kartenzahlungssystem teilnehmen.

b) Die Nutzung der Bankkarte macht Herrn Weise unabhängig von Bargeld, derzeitiger Kontodeckung und Dispositionsrahmen, weil der Rechnungsbetrag immer erst zum Monatsende abgebucht wird.

c) Wenn Herr Weise den PIN-Code vergessen hat, kann er die Bankkarte noch im electronic-cash-Verfahren einsetzen, indem er auf dem Leistungsbeleg des Händlers unterschreibt.

d) Auf den Kontoauszügen werden für die Verfügungen mit der Bankkarte das Kaufdatum, der Rechnungsbetrag und das Konto des Händlers ausgewiesen. Dadurch hat Herr Weise gleichzeitig einen Beleg für Garantieansprüche gegen den Händler.

e) Bei Reisen ins Ausland hat Herr Weise den Vorteil, dass er in allen Ländern an automatisierten Kassen, die mit dem Maestro-Logo gekennzeichnet sind, mit seiner Bankkarte bargeldlos bezahlen kann.

9 Welche der nachstehenden Aussagen treffen zu:

(1) nur auf die Maestro-Karte,

(2) nur auf die Kreditkarte,

(3) sowohl auf die Maestro-Karte als auch auf die Kreditkarte?

Aussagen:

a) Barverfügungen am Geldausgabeautomaten mit PIN sind möglich.

b) Die Kaufhausrechnung kann im ELV-Verfahren bezahlt werden.

c) Der Rechnungsbetrag wird der Akzeptanzstelle (unter Abzug eines Disagios) gutgeschrieben.

d) Mit dieser Karte kann der Karteninhaber am Kontoauszugsdrucker Kontoauszüge ziehen.

e) Bei Verlust der Karte und sofortiger Verlustmeldung hat der Karteneigentümer keinen Schaden.

Online-Banking

10 Welche Funktion hat die persönliche Identifikationsnummer PIN?

a) Sie stellt die Zugangsberechtigung zum Online-Banking-Konto dar.

b) Sie ist eine elektronische Unterschrift bei Zahlungsaufträgen des Kunden im Rahmen des Online-Banking.

c) Sie löst beim Bezahlen mit der Geld-Karte den Bezahlvorgang aus.

d) Sie dient der Identifikation des Karteninhabers, falls seine Unterschrift bei einem ELV-Bezahlvorgang nicht gelesen werden kann.

3 Geldanlagen auf Konten

Situation

Franz Steiner (30 Jahre, ledig) hat 80 000,00 € geerbt. Er möchte bald heiraten und eine Familie gründen. Deshalb ist er im Moment unschlüssig, wie er das Geld langfristig investieren soll. Ein Freund hat ihm geraten, das Geld doch zwischenzeitlich auf einem Konto ertragbringend anzulegen. In dieser Absicht kommt er heute zu Ihnen, um über eine verzinsliche Anlagemöglichkeit beraten zu werden.

Kreditinstitute bieten ihren Kunden Konten an für

- Tagesgeldeinlagen
- Termineinlagen
- Spareinlagen

3.1 Tagesgeldeinlagen

Verfügungsmöglichkeiten

Tagesgeldeinlagen sind Guthaben auf Tagesgeldkonten. Die in der Regel größeren Geldbeträge werden über einen unbestimmten Zeitraum angelegt. Der Kunde kann täglich darauf zurückgreifen. Beim Tagesgeld wird nicht immer eine Mindesteinlagesumme vorausgesetzt. Bei vielen Instituten werden jedoch nur bestimmte Zinssätze offeriert, wenn eine gewisse Einlagenhöhe gewährleistet ist. Sinkt das Ersparte unter einen bestimmten Betrag, muss man mit niedrigeren Zinsen rechnen. Die Zinsen werden entweder monatlich, vierteljährig oder jährlich gut geschrieben.

Abbuchungsvorgänge, wie Lastschriften oder Daueraufträge, können von einem Tagesgeldkonto nicht getätigt werden. Deshalb ist es nicht für den täglichen Zahlungsverkehr gedacht, sondern dient ausschließlich zum Vermögensaufbau bzw. zur Geldanlage. Abhebungen und Überweisungen vom Tagesgeldkonto sind in der Regel nur über ein vorher festgelegtes **Referenzkonto** möglich.

Zinsschwankungen und Einlagensicherheit

Der Zinssatz für Tagesgeldkonten ist, wie bei jeder Geldanlage, den Zinsschwankungen an den Finanzmärkten unterworfen. Die Verzinsung ist i. d. R. deutlich höher als bei einem gewöhnlichen Girokonto. Einige Banken offerieren ihren Kunden eine Zinsgarantie, die für bestimmte Zeiträume gültig ist. Vielfach werden solche Angebote für die Werbung von Neukunden eingesetzt.

Die Tagesgeldeinlage kann als risikolos betrachten werden. Banken mit Sitz in Deutschland schützen die Einlagen auf Konten in unterschiedlicher Höhe, wobei eine Sicherung bis zu 100 Prozent der Geldanlage möglich ist. Bei einigen Kreditinstituten besteht allerdings nur die gesetzliche Mindestsicherung bis zu einem Höchstbetrag von 50 000,00 € (ab 2011 erhöht auf 100 000,00 €).

Steuerliche Regelung für Tagesgeld

Der Kapitalanleger kann durch Erteilung eines Freistellungsauftrages bis zur Höhe des ihm zustehenden Sparerpauschbetrages (von z. Zt. max. 801,00 € bei Alleinveranlagung bzw. 1 602,00 € bei zusammen veranlagten Ehepaaren) den Abzug der Abgeltungsteuer vermeiden.

3.2 Termineinlagen

Termineinlagen sind Guthaben auf Termingeldkonten. Termingeld ist eine Anlageform, bei der vorab ein fester Zinssatz über einen bestimmten Anlagezeitraum – für Privatkunden nicht unter 30 Tagen – vereinbart wird.

Ein Termingeldkonto bietet sich an, wenn ein Kunde für eine bestimmte Zeit Geld fest anlegen möchte und auf den täglichen Zugriff auf sein Konto verzichten kann. Termingelder können in **Festgeld** und **Kündigungsgeld** unterschieden werden.

- **Festgeld** wird für eine zuvor vereinbarte Dauer angelegt. Dabei wird ein vertraglich festgesetzter Zinssatz garantiert, welcher von Schwankungen der Marktzinsen unangetastet bleibt. Je länger man das Geld anlegt, umso höher ist auch der Zinssatz. Im Gegensatz zu einem Tagesgeldkonto ist vorab sicher, mit welcher Auszahlung zu rechnen ist. Nach Fälligkeit nicht abgerufene Festgelder werden als Sichteinlagen behandelt, falls nicht Prolongation vereinbart wurde. Die Wiederanlage erfolgt zum dann aktuellen Zinssatz. Die Zinsen werden bei Fälligkeit des Festgeldes gutgeschrieben.
- Beim **Kündigungsgeld** wird nicht die Anlagedauer, sondern die Kündigungsfrist vorab bestimmt. Wenn der Kontoinhaber die Kündigung ausgesprochen hat, bekommt er sein Geld plus Zinsen erst nach der vereinbarten Frist vom Kreditinstitut ausbezahlt. Meist wird ein Zeitraum von einem Monat festgelegt. Die Zinssätze sind über die Anlagezeit variabel.

Die **steuerliche Behandlung** von Zinsgutschriften entspricht der Regelung bei Tagesgeld.

3.3 Spareinlagen

3.3.1 Rechtsgrundlagen und Merkmale

Als Spareinlagen gelten:

- **unbefristet** angenommene Einlagen (mit Ausnahme von VL-Spareinlagen),
- die **nicht für den Zahlungsverkehr** bestimmt sind.

Über das Guthaben muss eine **Urkunde** (z.B. ein Sparbuch) ausgestellt werden.Weiterhin müssen Spareinlagen eine **Kündigungsfrist von mindestens drei Monaten** aufweisen und nur natürliche Personen, Personenzusammenschlüsse, gemeinnützige, mildtätige, kirchliche Einrichtungen und juristische Personen des öffentlichen Rechts dürfen Gläubiger sein.

3.3.2 Verfügungen über Spareinlagen

- Verfügungen sind nur gegen **Vorlage der Sparurkunde** zulässig (lt. Sparbedingungen).

  Ausnahmen:
  - Dauerauftrag zugunsten eines Sparkontos des Sparers bei derselben Bank.
  - Abbuchung fälliger Forderungen des Kreditinstituts.

  - Nach angezeigtem Verlust der Sparurkunde (evtl. nach Kraftloserklärung des alten Sparbuchs bzw. Haftungserklärung des Kunden).
  - Überweisung an den Sparer, wenn sein Erscheinen und die Buchzusendung z. B. wegen Krankheit nicht zumutbar sind.

- Verfügungen sind nur nach vorheriger **Kündigung und Ablauf der Kündigungsfrist** zulässig
  - Kündigungsfrist mindestens 3 Monate

    Von Sparkonten mit einer Kündigungsfrist von drei Monaten können, soweit keine andere Vereinbarung getroffen ist, innerhalb eines Kalendermonats bis zu 2 000,00 € ohne Kündigung abgehoben werden (Bedingungen für den Sparverkehr).
  - vereinbarte längere Kündigungsfristen und Kündigungssperrfristen sind zulässig

- Vorzeitige **Verfügungen an den Kontoinhaber** bzw. an seinen Vertreter
  - Sie sind in Ausnahmefällen mit Zustimmung des Kreditinstitutes auch über noch nicht oder nicht rechtzeitig gekündigte Beträge möglich (z. B. Wertpapierkauf mit Sperrvermerk im Depot; Übertrag auf Sparkonten beim Kreditinstitut mit mindestens gleicher Kündigungsfrist; Auflösung zugunsten der Erben; Übertrag auf Sparkonto bei Wohnsitzwechsel des Sparers; sparzulagenunschädliche Auflösung eines VL-Vertrages; Verfügung über Zinsen innerhalb von zwei Monaten; wirtschaftliche Notlage des Sparers.)
  - In anderen Fällen berechnet das Kreditinstitut i. d. R. Vorschusszinsen (in unterschiedlicher Höhe, oft ¼ des gültigen Habenzinssatzes).

3.3.3 Sondersparformen

Kreditinstitute bieten ihren Kunden neben der Regelsparform auch besondere Sparverträge für die Anlage von vermögenswirksamen Leistungen an, die für Kunden ohne Anspruch auf die Arbeitnehmersparzulage geeignet sind.

Sondersparformen sind Einmalsparverträge oder Ratensparverträge und zeichnen sich beispielsweise aus durch eine attraktivere Zinsgestaltung und/oder durch besondere Zusatzleistungen.

Sparverträge und Sparpläne mit		
attraktiver Zinsgestaltung	**und/ oder**	**Zusatzleistungen**
Beispiele: ● jährlich steigender Zinssatz ● gestaffelter Zinssatz, von Höhe des Guthabens abhängig ● an Geldmarkt gekoppelter Zinssatz; Referenzzins, z. B. Euribor ● Verdoppelung aller gezahlten Zinsen bei Laufzeitende		Beispiele: ● Bonuszahlung: Grundverzinsung und laufzeitabhängige Bonifizierung der Einzahlungen bei Vertragsende ● Abschluss einer Risikolebensversicherung / Erwerbsunfähigkeitsversicherung, die im Todesfalle die fehlenden Sparraten übernimmt

3.3.4 Verzinsungen von Spareinlagen

Die Verzinsung beginnt i. d. R. mit dem Tage der Einzahlung und endet mit dem der Rückzahlung vorhergehenden Kalendertag (Tage der jeweiligen Wertstellung).

Beispiel:
Einzahlung am 12. Jan. d. J., Zinsberechnung ab dem 12. Jan. d. J.
Auszahlung am 15. März d. J., Zinsberechnung endet am 14. März d. J. = 63 Zinstage.

Die Zinsberechnung erfolgt nach progressiver Postenmethode: Die Zinsen werden im Voraus vom Wertstellungstag bis zum Jahresende berechnet, bei Abhebungen werden Zinsen vom Wertstellungstag zurückgerechnet.

Die Spareinlagen werden einschließlich Cents verzinst.

Die Kapitalisierung der Zinsen (Gutschrift) erfolgt zum Jahresende bzw. bei Auflösung der Spareinlage.

Lernkontrollen zu E 3

Anlage auf Konten

1 Ihr Kunde Dieter Pauli hat in der Zeitung gelesen, dass die Geldanlage auf Tagesgeldkonten sehr gut verzinst wird. Beraten Sie Herrn Pauli über Tagesgeldanlagen.

2 Ihr Kunde Peter Müller möchte 30 000,00 € kurzfristig anlegen. Er wünscht von Ihnen Auskunft über eine Festgeldanlage.

Welche der folgenden Aussagen über das Festgeld ist richtig?

a) Die Konditionen für Festgelder sind an den Kapitalmarktzins gebunden.

b) Mit Anlage des Festgeldes wird ein vorläufiger Zinssatz vereinbart, der von der Bank während der Festlegungsdauer entsprechend der jeweiligen Lage am Geldmarkt angepasst werden kann.

c) Je nach Geldmarktlage können für Festgelder mit kürzerer Laufzeit höhere Zinssätze vereinbart werden als für längerfristige Anlagen.

d) Bei vorzeitiger Verfügung über Festgelder sind Vorschusszinsen zu berechnen.

e) Peter Müller ist berechtigt, jederzeit über die Geldanlage zu verfügen.

3 Ihr Kunde Peter Müller wünscht im Rahmen eines Anlagegespräches Auskunft über die rechtlichen Rahmenbedingungen von Spareinlagen.

Geben Sie an, welche der folgenden Aussagen für Spareinlagen zutreffend sind.

a) Spareinlagen dienen dem halbbaren und bargeldlosen Zahlungsverkehr.

b) Spareinlagen werden Kreditinstituten für befristete Zeiträume zur Verfügung gestellt.

c) Für Spareinlagen können bestimmte Kündigungsfristen zwischen Kreditinstitut und Sparer vereinbart werden.

d) Für Spareinlagen gilt stets die gesetzliche Kündigungsfrist des BGB.

e) Beim Abschluss eines Sparvertrages muss dem Kontoinhaber auch ohne eine erste Einzahlung ein Sparbuch ausgehändigt werden.

f) Bei der ersten Einzahlung einer Spareinlage wird eine Urkunde ausgestellt.

4 Anlage in Wertpapieren

4.1 Schuldverschreibungen

Übersicht

Einteilung von Schuldverschreibungen nach

Emittenten:	– Anleihen der öffentlichen Hand – Bankschuldverschreibungen – Industrieobligationen
Verzinsung:	– festverzinsliche Anleihen – variabel verzinsliche Anleihen – unverzinsliche Anleihen
Laufzeit:	– kurzfristige Anleihen (1 bis 2 Jahre) – mittelfristige Anleihen (>2 bis 5 Jahre) – langfristige Anleihen (<5 Jahre)
Rückzahlung:	– gesamtfällige Anleihen – Tilgungsanleihen – ewige Anleihen
Sitz des Ausstellers:	– Inlandsanleihen – Auslandsanleihen
Währung:	– Euroanleihen – Währungsanleihen
Zusatzrechte:	– Wandelanleihen – Optionsanleihen – Währungswahlrechte – u.a.

Situation

Herbert Schneider, 58 Jahre alt, arbeitet als Autoverkäufer bei einem Autohändler. Er ist verheiratet und hat zwei erwachsene Kinder. Seine Ehefrau ist bereits seit zwei Jahren im Vorruhestand. Herr Schneider erhält in den nächsten Tagen rund 120 000,00 € aus einer fälligen Kapitallebensversicherung ausgezahlt. Er möchte das Geld anlegen und bittet Sie um eine Anlageberatung. Am Telefon hat er bereits erwähnt, dass ihm sichere jährliche Erträge und die Erhaltung des angelegten Geldbetrages sehr wichtig sind. Ein Kollege habe ihm zum Kauf von Wertpapieren, speziell »Rentenwerten«, geraten.

4.1.1 Rechtsnatur von Schuldverschreibungen

Stückelung

Die Bundesrepublik Deutschland, die einzelnen Bundesländer, einige große Städte und große Unternehmen benötigen für geplante Investitionen in der Regel hohe Summen, die sie nicht aus laufenden Einnahmen und Ersparten finanzieren können. Eine kostengünstige Alternative zum Bankdarlehen ist dabei die Herausgabe (Emission) von Schuldverschreibungen. Der Emittent, z.B. die Deutsche Bahn AG, nimmt durch die Ausgabe von Anleihen bzw. Obligationen (was lediglich eine andere Bezeichnung für Schuldverschreibung oder Rentenwert ist) einen Kredit von vielen verschiedenen Anlegern auf. Hierzu ist es notwendig, dass der Geldbetrag, der ausgeliehen werden soll (z.B. 100 Mio. €)

- **gestückelt** wird (z.B. in jeweils 100,00 €),
- auf standardisierte Urkunden übertragen wird **(Verbriefung in Form von Wertpapieren)** und
- dass diese Wertpapiere an **die Anleger verkauft** werden.

> **Ein Wertpapier** ist eine Urkunde, in der ein privates Vermögensrecht so verbrieft ist, dass zur Ausübung des Rechts der Besitz der Urkunde erforderlich ist.

Die aus der Stückelung des Geldbetrages resultierenden Urkunden werden Teilschuldverschreibungen genannt. Sie verbriefen dem Eigentümer ein Gläubigerrecht, d.h., die Käufer haben grundsätzlich unabhängig vom Erfolg oder Misserfolg des Unternehmens (Emittenten) einen Anspruch auf die vereinbarte Zinszahlung und die Rückzahlung des Nominalwertes. Schuldverschreibungen sind üblicherweise börsennotierte **Inhaberpapiere**. Durch die Organisation des Kaufs und Verkaufs über die Wertpapierbörsen wird eine einfache Übertragungsmöglichkeit gewährleistet, die es dem Anleger möglich macht, sich jederzeit durch einen Verkauf vor Ende der Laufzeit Liquidität zu beschaffen.

Die Höhe des Kurses/Preises wird bei Ausgabe und während der Laufzeit bestimmt durch:

- den Nominalzins der Anleihe,
- die Laufzeit,
- die Bonität des Emittenten und
- das Marktzinsniveau.

Als Käufer von Schuldverschreibungen treten neben Privatpersonen Großanleger wie Banken, Versicherungen und insbesondere Investmentfonds auf.

Ausgestaltung der Anleihen

Die jeweilige Ausgestaltung der Anleihen legt der Emittent in den Emissionsbedingungen fest und veröffentlicht sie in einem so genannten **Prospekt**. Grundsätzlich sind die Ausstattungsmerkmale zwischen dem Emittenten und dem Anleger frei verhandelbar. Die Vielzahl der Anleger und die üblicherweise erfolgende Börsennotierung der Schuldverschreibungen erfordert jedoch eine gewisse Standardisierung. Dem Emittenten bleiben trotzdem noch viele Variationsmöglichkeiten der jeweiligen Ausstattungsmerkmale, um die konkrete Schuldverschreibung für einen speziellen Markt bzw. ein entsprechendes Anlegerinteresse auszurichten.

Merkmale	Bundesschatzbriefe	Finanzierungsschätze	Bundesobligationen	Bundesanleihen	Bundesschatzanweisungen
Nennwert	0,01 €	0,01 €	0,01 €	0,01 €	0,01 €
Mindestauftrag	50 € 52 € Direkterwerb Deutsche Finanzagentur*	500 €	Börse: kein Mindestauftrag 110 € Direkterwerb Deutsche Finanzagentur*1) (Tenderverfahren: Mindestgebot 1 Mio €)	Börse: kein Mindestauftrag (Tenderverfahren: Mindestgebot 1 Mio €)	Börse: kein Mindestauftrag (Tenderverfahren: Mindestgebot 1 Mio €)
Anlagehöchstbetrag	unbeschränkt	250.000 € je Person und Geschäftstag	unbeschränkt; bei Direkterwerb Deutsche Finanzagentur*1) 250.000 € je Person und Geschäftstag ohne Wiederanlage und Umtausch	unbeschränkt	unbeschränkt
Zinszahlung	Typ A: jährlich Typ B: Zinsansammlung (Auszahlung der Zinsen mit Zinseszinsen bei Rückzahlung des Kapitals)	Abzinsung (Nennwert - Zinsen = Kaufpreis)	jährlich	jährlich	jährlich
Zinsberechnungsmethode	actual/actual (taggenau)	actual/actual	actual/actual	actual/actual	actual/actual
Laufzeit	Typ A: 6 Jahre Typ B: 7 Jahre	1 Jahr und 2 Jahre	5 Jahre.	ca. 10 Jahre bzw. ca. 30 Jahre	2 Jahre
Rückzahlung	Typ A zum Nennwert Typ B zum Rückzahlungswert (=Nennwert+Zinsen)	zum Nennwert	zum Nennwert	zum Nennwert	zum Nennwert
Erwerber	nur natürliche Personen, sowie gebietsansässige Einrichtungen die gemeinnützigen, mildtätigen oder kirchlichen Zwecken dienen.	jedermann außer Kreditinstitute	jedermann Direkterwerb Deutsche Finanzagentur* zu bestimmten Bedingungen 4)	jedermann	jedermann
Verkauf bzw. vorzeitige Rückgabe	Ausgaben, die bis zum 31.12.01 emittiert wurden, können jederzeit nach dem ersten Laufzeitjahr bis zu insgesamt 10.000 DM und Ausgaben, die ab dem 01.01.02 emittiert wurden, bis zu 5.000 € je Gläubiger innerhalb 30 Zinstagen zurückgegeben werden	nicht möglich	nach Börseneinführung täglicher Verkauf zum aktuellen Kurs möglich bei Verkauf über Deutsche Finanzagentur*3): zum Einheitspreis der Frankfurter Wertpapierbörse als Festpreis	nach Börseneinführung täglicher Verkauf zum aktuellen Kurs möglich bei Verkauf über die Deutsche Finanzagentur*2): zum Einheitspreis der Frankfurter Wertpapierbörse als Festpreis	nach Börseneinführung täglicher Verkauf zum aktuellen Kurs möglich bei Verkauf über Deutsche Finanzagentur*2): zum Einheitspreis der Frankfurter Wertpapierbörse als Festpreis
Übertragbarkeit auf Dritte	jederzeit auf Erwerbsberechtigte2)	jederzeit auf Erwerbsberechtigte2)	jederzeit4)	jederzeit3)	jederzeit3)
Verkaufsstellen	Bundesrepublik Deutschland – Finanzagentur GmbH*1) und Kreditinstitute			Kreditinstitute	
Lieferung	Wertrechte (= Anteile an einer Sammelschuldbuchforderung oder Einzelschuldbuchforderung), keine effektiven Stücke				
Verwahrung/Verwaltung	Banken, Sparkassen, Kreditgenossenschaften sowie Deutsche Finanzagentur				
Kosten und Gebühren Erwerb	gebührenfrei	gebührenfrei	übliche Bankprovision; gebührenfrei bei Direkterwerb Deutsche Finanzagentur*1)	übliche Bankprovision	übliche Bankprovision
Einlösung bei Fälligkeit	gebührenfrei	gebührenfrei	gebührenfrei bei Deutsche Finanzagentur*, übliche Bankprovision	gebührenfrei bei Deutsche Finanzagentur*, übliche Bankprovision	gebührenfrei bei Deutsche Finanzagentur*; übliche Bankprovision
Verwaltung durch Kreditinstitute	Depotgebühren	Depotgebühren	Depotgebühren	Depotgebühren	Depotgebühren
Deutsche Finanzagentur*	gebührenfrei	gebührenfrei	gebührenfrei	gebührenfrei	gebührenfrei

Ausstattungsmerkmale von Schuldverschreibungen	
Laufzeit	● Zeitraum zwischen dem in den Anleihebedingungen genannten Verzinsungsbeginn und der Fälligkeit der Anleihe (Rückzahlung).
Verzinsung	● Anleihen mit Zinsscheinen – mit festem gleich bleibendem Nominalzins (Straight Bonds), – mit fest stehendem während der Laufzeit steigenden oder fallenden Zinsen, – mit veränderlichem Nominalzins (Floating Rate Notes), eventuell mit Zinsbegrenzung (Caps, Floors, Collars). Sie orientieren sich an einem Referenzzinssatz, z. B. dem EURIBOR. Der Zinssatz gilt für eine vorher bestimmte Zinsperiode. ● Anleihen ohne Zinsschein (Null-Kupon-Anleihen = Zero Bonds). Wertpapiere, bei denen zum Erwerbszeitpunkt die für die gesamte Laufzeit zu entrichtenden Zinsen vom zu zahlenden Preis abgezogen werden.
Zinszahlung	● Jährlich nachträglich ● Zinsansammlung: Auszahlung der Zinsen incl. Zinseszinsen bei Rückzahlung des Kapitals ● Abzinsung: Nennwert minus Zinsen = Kaufpreis
Rückzahlung (Tilgung)	● Gesamtfällige Anleihen (werden am Ende der Laufzeit in einer Summe zurückgezahlt) ● Tilgungsanleihen (Die Tilgung erfolgt in Raten über die Jahre der Laufzeit der Anleihe verteilt. Dem Erwerber ist der jeweilige Rückzahlungszeitpunkt nicht bekannt, da die Anleihen für die vorgesehene Tilgung ausgelost werden.) ● Ewige Anleihen (Sie müssen nicht zurückgezahlt werden und sind in Deutschland nicht vertreten.)
Sicherheit	● Hierunter ist die Sicherstellung der Rückzahlung und der vereinbarten Zinszahlungen durch den Emittenten zu verstehen. ● Sie hängt von der Bonität des Emittenten ab. ● Bei Industrie- und Bankschuldverschreibungen können besondere Sicherheiten gestellt werden, z. B. Grundschulden. ● Gelegentlich enthalten die Anleihebedingungen auch eine Negativerklärung, durch die sich der Emittent verpflichtet, die aktuelle Anleihe hinsichtlich der Besicherung gegenüber früheren und künftigen Emissionen mindestens gleichzustellen.
Übertragung der Rechte	● **Inhaberschuldverschreibungen** Die Übertragung vom Verkäufer auf den Käufer erfolgt durch Einigung und Übergabe. ● **Orderschuldverschreibungen** Neben der Einigung und der Übergabe ist ein Indossament vom Verkäufer auf der Rückseite der Urkunde anzubringen.

Zusatzrechte	• **Gewinnschuldverschreibungen** Sie verbriefen statt des Zinsanspruchs oder zusätzlich zum Zinsanspruch einen Anspruch auf Anteil am Gewinn der ausgebenden Gesellschaft. • **Wandelanleihen** Sie können innerhalb einer bestimmten Frist unter festgelegten Bedingungen in Aktien der ausgebenden Gesellschaft umgetauscht werden. • **Optionsanleihen** Der Inhaber hat innerhalb einer festgesetzten Frist ein in einem mitgelieferten Optionsschein verbrieftes Recht auf Bezug von Aktien oder festverzinslichen Wertpapieren in einem bestimmten, vor Ausgabe der Optionsanleihe festgelegten Verhältnis zum Nennwert der Schuldverschreibung. • **Aktienanleihen** Die Aktienanleihe funktioniert genau umgekehrt wie die Wandelanleihe. Nicht der Anleger erhält ein Recht zum Bezug von Aktien, vielmehr hat der Emittent unter bestimmten Voraussetzungen das Recht, anstelle der Rückzahlung des Nominalbetrags eine im Vorhinein festgelegte Anzahl von Aktien zu liefern. Aktienanleihen sind mit einem üblicherweise hohen, über dem Marktzinsniveau liegenden Zinssatz ausgestattet. • **Anleihen mit indexorientierter Verzinsung** Es handelt sich um Wertpapiere mit fester Laufzeit, deren Wertentwicklung von einem bestimmten Index (z. B. aus der DAX- oder Euro-Stoxx-Familie) abhängt. Die Rückzahlungsbedingungen sehen zum Laufzeitende die Zahlung einer bestimmten Quote vor, die auch unter dem Nominalbetrag liegen kann. Die Nominalverzinsung liegt üblicherweise unter dem Marktzinsniveau. Sie ist variabel und orientiert sich an der Entwicklung des festgelegten Index. • **Wahlrechte** Weitere typische Zusatzrechte sind Wahlrechte bezüglich der Währung, in der die Tilgungs- und/oder Zinszahlungen geleistet werden sollen.

Unter diversen Bezeichnungen geben Kreditinstitute seit einigen Jahren **Zertifikate** (rechtlich gesehen handelt es sich um Inhaberschuldverschreibungen) heraus. Zertifikate sind als eigenständige Wertpapiere an der Börse handelbar. Der Emittent knüpft seine Rückzahlung an verschiedene Bedingungen, wie sich der Basiswert des Zertifikats innerhalb einer bestimmten Zeit verhalten soll. Basiswerte können einzelne Aktien, Indizes, Aktienkörbe, Währungen oder Rohstoffe sein.

4.1.2 Kauf und Verkauf von Schuldverschreibungen

Der **Nennwert** (Nominalwert) ist der auf dem Wertpapier aufgedruckte Währungsbetrag. Er gibt bei Schuldverschreibungen die Höhe der Forderung an.

Der **Kurswert** ist der Preis, der sich an der Börse durch Angebot und Nachfrage für Wertpapiere bildet. Der **Kurs** von Schuldverschreibungen wird in Prozent des Nennwertes notiert.

In der Praxis werden Wertpapiergeschäfte meist durch Banken vermittelt und über einen Makler an der Börse abgewickelt. Dafür werden **Spesen** (Bankprovision und Maklergebühr) berechnet.

In der Praxis sind folgende **Spesensätze** üblich:

Bankprovision	0,5 % vom Kurswert, mindestens jedoch vom Nennwert
Maklergebühr	0,75 ‰ vom Nennwert (bis 25 000,00 € nominal; bei höheren Beträgen Staffelung)

► Die Spesen werden sowohl dem Käufer als auch dem Verkäufer in Rechnung gestellt.

Beispiel:
Ein Börsenmakler vermittelt den Umsatz von nominal 10 000,00 € Bundesanleihen von 2009 (Rückzahlung 2019) zum Kurs von 97 % (Wertstellung zum 01.Okt. 2009). Der Nominalzinssatz beträgt 5 %. Da der Käufer am 01. Jan. 2010 die Zinsen für das gesamte abgelaufene Jahr 2009 erhält, muss er dem Verkäufer den Zinsanteil zahlen, der seiner Besitzdauer (01. Jan. 2009–01.Okt. 2009) entspricht. Diese Zinsen werden Stückzinsen genannt.

Abrechnung für den Käufer:

Kurswert (97 % von 10 000,00 €)	9 700,00 €
+ Stückzinsen für 9 Monate	375,00 €
= Zwischensumme	10 075,00 €
+ Bankprovision (0,5 % von 10 000,00 €)	50,00 €
+ Maklerprovision (0,75 ‰ von 10 000,00 €)	7,50 €
vom Käufer zu zahlen	**10 132,50 €**

Abrechnung für den Verkäufer:

Kurswert (97 % von 10 000,00 €)	9 700,00 €
+ Stückzinsen für 9 Monate	375,00 €
= Zwischensumme (Verkaufserlös)	10 075,00 €
– Bankprovision (0,5 % von 10 000,00 €)	50,00 €
– Maklerprovision (0,75 ‰ von 10 000,00 €)	7,50 €
an den Verkäufer auszubezahlen	**10 017,50 €**

Erläuterungen:

Die Spesen erhöhen beim Käufer den Kaufpreis und mindern beim Verkäufer den Verkaufserlös. Die Buchung der Gutschrift auf dem Konto des Verkäufers (hier 10 017,50 €) und der Lastschrift auf dem Konto des Käufers (hier 10 132,50 €) erfolgt zwei Börsentage nach dem Tag, an dem das Wertpapiergeschäft abgeschlossen wurde **(= Wertstellung)**.

Das Datum der Wertstellung muss für die Ermittlung der Anlagedauer, die Einfluss auf die Rendite einer Wertpapieranlage hat, zugrunde gelegt werden (vgl. nachfolgend Abschn. E 4.1.3).

4.1.3 Rendite von Schuldverschreibungen

Der wirtschaftliche Ertrag eines Anlegers besteht bei Schuldverschreibungen aus zwei wesentlichen Komponenten: den **Zinserträgen** und den **Kursveränderungen**; bei Fremdwährungsanleihen kommen zudem noch Währungsgewinne bzw. -verluste hinzu. Einkünfte aus Kapitalvermögen sind steuerpflichtig, so dass auch die **steuerliche Belastung** bei einer Gesamtbetrachtung zu berücksichtigen ist.

Um die Erträge verschiedener Schuldverschreibungen miteinander vergleichbar zu machen, wird die jährliche **Rendite** der Papiere ermittelt. Die Rendite ist der jährliche Ertrag einer Investition bezogen auf das eingesetzte Kapital.

An dieser Stelle werden unterschieden:

- Laufende Verzinsung
- Effektivverzinsung ohne Berücksichtigung von Steuern (Bruttorendite)
- Effektivverzinsung unter Berücksichtigung von Steuern (Nettorendite)

In der Praxis existieren unterschiedliche finanzmathematische Formeln zur Renditeberechnung. Diese Berechnungen erfordern den Einsatz eines Computers oder eines programmierbaren Taschenrechners. Daher bietet sich zur **überschlagsartigen Berechnung der Rendite** einer endfälligen Anleihe die Verwendung einer vereinfachten Renditeformel bzw. die Zinsformel an.

a) Laufende Verzinsung von festverzinslichen Wertpapieren

Bei festverzinslichen Wertpapieren wird die Höhe der jährlichen Zinszahlungen durch den angegebenen Nominalzinssatz bestimmt. Der Nominalzinssatz bezieht sich immer auf 100,00 € Nennwert. Demnach betragen beispielsweise die jährlichen Zinsen für die 5 %ige Bundesanleihe (vgl. Beispiel in Abschn. E 4.1.2) 5,00 € pro 100,00 € Nennwert (= Nominalverzinsung).

Wird der jährliche Zinsertrag auf das eingesetzte Kapital (=Ankaufskurs) bezogen, ergibt sich die laufende Verzinsung. Die laufende Verzinsung von festverzinslichen Wertpapieren entspricht somit dem jährlichen Zinsertrag, ausgedrückt in Prozent des Ankaufskurses.

$$\textbf{Laufende Verzinsung von festverzinslichen Wertpapieren} = \frac{\textbf{Nominalzins (€)} \cdot \textbf{100}}{\textbf{Ankaufskurs}}$$

Beispiel:

Ermitteln Sie die laufende Verzinsung der folgenden Wertpapiere:

1. Bundesanleihe 5 %, Kurs 97 %
2. Pfandbrief der Deutschen Pfandbriefanstalt 7,0 %, Kurs 109,00 %

Lösung:

$$\text{Laufende Verzinsung der Bundesanleihe} = \frac{5 \cdot 100}{97{,}00} = 5{,}15\ \%\ \textit{(kaufm. gerundet)}$$

$$\text{Laufende Verzinsung des Pfandbriefs} = \frac{7{,}0 \cdot 100}{109{,}00} = 6{,}42\ \%$$

Die laufende Verzinsung des Pfandbriefes ist um 1,27 Prozentpunkte höher als die der Bundesobligation.

Beträgt der Ankaufskurs

- weniger als 100 %, ist die laufende Verzinsung höher als die Nominalverzinsung,
- mehr als 100 %, ist die laufende Verzinsung niedriger als die Nominalverzinsung,
- genau 100 %, entspricht die laufende Verzinsung der Nominalverzinsung,

b) Effektiverzinsung festverzinslicher Wertpapiere (gesamtfällige Anleihen) ohne Berücksichtigung von Steuern

Beispiel:

Die mit Wertstellung 01. Oktober 2009 zum Kurs von 97 % erworbene 5 %ige Bundesanleihe über nominal 10 000,00 € wird durch den Anleger zum Kurs von 99 % (Wertstellung 01. Dezember 2010) verkauft.

Kosten bei Kauf und Verkauf : 0,5 % Bankprovision von 10 000,00 € und 0,75 ‰ Maklergebühr von 10 000,00.

Wie hoch ist die Effektivverzinsung, wenn zusätzlich Depotgebühren von jährlich 1 ‰ vom Nennwert zu berücksichtigen sind?

Lösung:

Anlagedauer

01.Okt. 2009 bis 01.Dezember 2010 = 420 Zinstage (taggenau 426)

Kapitaleinsatz

Kurswert (nominal 10 000,00 € zum Kurs von 97 %)	9 700,00 €
+ Kaufspesen (0,5 % und 0,75 ‰ von 10 000,00 €)	57,50 €
Eingesetztes Kapital	9 757,50 €

Verkaufserlös

Kurswert (nominal 10 000,00 € zum Kurs von 99 %)	9 900,00 €
– Kaufspesen (0,5 % und 0,75 ‰ von 10 000,00 €)	57,50 €
= Kapitalrückzahlung	9 842,50 €

Kursgewinn/Kursverlust während der Anlagedauer

Kapitalrückzahlung	9 842,50 €
– Kapitaleinsatz	9 757,50 €
= Kursgewinn für 420 Zinstage (Kaufmännische Zinsrechnung)	85,00 €

Durchschnittlicher Kursgewinn/Kursverlust pro Jahr

420 Zinstage ≙ 85,00 € Kursgewinn

360 Zinstage ≙ x € Kursgewinn

x = 85,00 · 360/420 =	72,86 €

Laufender Jahresertrag

Zinsen (5 % aus 10 000,00 €)	500,00 €
– Depotgebühr (1 ‰ aus 10 000,00 €)	10,00 €
= laufender Jahresertrag	490,00 €

Durchschnittlicher Jahresertrag

Laufender Jahresertrag	490,00 €
+ durchschnittlicher Kursgewinn pro Jahr	72,86 €
= durchschnittlicher Jahresertrag	562,86 €

Anwendung der Renditeformel

$$\text{Rendite (Effektivverzinsung)} = \frac{\text{Jahresertrag} \cdot 100}{\text{eingesetztes Kapital}} = \frac{562{,}86 \cdot 100}{9\,757{,}50} = \mathbf{5{,}77\ \%}$$

Die Effektivverzinsung der Wertpapieranlage beträgt 5,77 %

Statt der Renditeformel kann auch die **Zinsformel** angewandt werden:

Zinsen während der Anlagedauer $Z = \frac{10000 \cdot 5 \cdot 420}{100 \cdot 360} =$	583,33 €
– Depotgebühren während der Anlagedauer (10 · 420/360)	11,67 €
+ Kursgewinn während der Anlagedauer	85,00 €
= Gesamtertrag während der Anlagedauer	656,66 €

Anwendung der Zinsformel zur Berechnung des Zinssatzes

$$P = \frac{\text{Zinsen (Z)} \cdot 100 \cdot 360}{\text{Kapital (K)} \cdot \text{Tage (t)}}$$

$$\text{Rendite} = \frac{\text{Gesamtbetrag während der Anlagedauer} \cdot 100 \cdot 360}{\text{Kapitaleinsatz} \cdot \text{Anlagedauer (Tage)}}$$

$$\text{Rendite (Effektivverzinsung)} = \frac{656{,}66 \cdot 100 \cdot 360}{9\,757{,}50 \cdot 420} = \mathbf{5{,}77\ \%}$$

Hinweis:
In der Praxis werden die Tage nach der englischen Zinsmethode berechnet (das Jahr mit 365 Tagen, für die Monate die tatsächlichen Kalendertage).

Die so berechnete Rendite wird als **Bruttorendite** bezeichnet, da ein weiterer für die Renditebetrachtung wesentlicher Faktor, die Einkommensteuer, noch nicht berücksichtigt wurde.

c) Renditeberechnung mit Berücksichtigung von Steuern

► Schuldverschreibungen mit jährlicher Zinszahlung

Zinsen und erhaltene Stückzinsen, Rückzahlungs- bzw. Tilgungsgewinne und Kursgewinne bei Verkauf der Schuldverschreibungen werden als Kapitalerträge pauschal mit 25% Abgeltungsteuer zuzüglich Solidaritätszuschlag (und ggf. Kirchensteuer) besteuert.

Beispiel:

Durchschnittlicher Jahresertrag vor Steuern:	562,86 €
– 25% Abgeltungsteuer	140,72 €
– 5,5% Solidaritätszuschlag von der Abgeltungsteuer	7,74 €
– (evtl. Kirchensteuer, die hier unberücksichtigt bleibt)	
Durchschnittlicher Jahresertrag nach Steuern	414,40 €
Rendite nach Steuern = 414,40 · 100 / 9 757,50 =	4,25%

► Abgezinste Sparbriefe und Finanzierungsschätze, Bundesschatzbriefe Typ B (mit Zinsansammlung)

Die gesamten Zinsen werden im Jahr der Fälligkeit bzw. des Verkaufs als Kapitalerträge pauschal mit 25% Abgeltungsteuer zuzüglich Solidaritätszuschlag (und ggf. Kirchensteuer) besteuert. Rückzahlungs- und Kursgewinne entstehen bei diesen Wertpapieren nicht.

4.1.4 Spezielle Risiken von Schuldverschreibungen

Schuldverschreibungen gelten im Allgemeinen als relativ sichere Anlagen, da sie dem Gläubiger »unabhängig« vom geschäftlichen Erfolg oder Misserfolg des Emittenten einen Anspruch auf Rückzahlung und Zinszahlung garantieren. Sie weisen aber dennoch – je nach konkreter Ausgestaltung des jeweiligen Wertpapiers – einige Risiken auf, die einem Anleger bekannt sein sollten.

► Bonitätsrisiko

Es besteht die Gefahr der Zahlungsunfähigkeit des Schuldners. Ratings zeigen die Bonität des Schuldners an, z. B. bedeutet AAA einwandfreie Bonität von höchster Qualität.

► Zins(änderungs)risiko

Käufer von variabel verzinslichen Papieren tragen das Risiko, dass der Zinssatz während der Anlagedauer sinkt. Bei festverzinslichen Papieren kann eine Erhöhung des allgemeinen Zinsniveaus zum Kursverlust führen.

► Kündigungsrisiko

Ein Anleger leidet unter der Kündigung der Anlage besonders, wenn es sich um ein hochverzinsliches Papier handelt.

► Auslosungsrisiko

Für den Anleger ist die Laufzeit unsicher, wenn die vom Emittenten ausgegebene Anleihe (z. B. 100 Mio. € gestückelt in 1 000,00 € Teilschuldverschreibungen) in Raten getilgt wird. Kurz vor der Rückzahlung einer Rate (z. B. 10 Mio. €) werden die dann fällig werdenden Teilschuldverschreibungen (hier 10000 Stück zu jeweils 1 000,00 €) ausgelost und bekannt gegeben. Der Anleger leidet – wie beim Kündigungsrisiko – besonders, wenn es sich um ein hochverzinsliches Papier handelt.

Sonderrisiken

Sie bestehen z.B. bei Wandelanleihen. Fällt der Aktienkurs des Emittenten während der Umtauschfrist der Anleihe, so wird der Eigentümer die Wandelanleihe nicht in Aktien tauschen. Die Anleihe wird dann am Ende der Laufzeit zurückgezahlt. Aufgrund des niedrigeren Nominalzinssatzes gegenüber »normalen« Schuldverschreibungen erleidet der Anleger einen Zinsverlust.

Lernkontrollen zu E 4.1

Verwenden Sie bei den nachfolgenden Aufgaben die Spesensätze aus der Tabelle in Abschnitt E 4.1.2, soweit dies erforderlich und nichts anderes angegeben ist.

Rechtsnatur von Schuldverschreibungen

1 Auf welche Wertpapiere treffen die nachstehenden Aussagen jeweils zu?

a) Die Zinsen werden rückwirkend in gleich bleibender Höhe zu festen Terminen gezahlt.

b) Die Zinsen werden jährlich rückwirkend gezahlt, wobei sich der Zinssatz bei fortschreitender Laufzeit erhöht.

c) Die Zinsen werden im Voraus vom Nennwert abgezogen.

d) Die Zinsen werden dem Kapital zugeschlagen, wobei sich der Zinssatz für Kapital und Zinseszinsen bei fortschreitender Laufzeit erhöht.

2 In einem Anlagegespräch stellt ein Kunde einige Behauptungen zu Bundesanleihen auf. Gehen Sie auf die Äußerungen des Kunden ein und stellen Sie falsche Aussagen richtig.

1. Wenn der Kurs einer Bundesanleihe steigt, so steigt automatisch auch die Nominalverzinsung.
2. Bei Fälligkeit zahlt der Emittent in der Regel den Nennwert der Bundesanleihe zurück.
3. Eine kostenlose Verwahrung und Verwaltung ist für den Anleger nicht möglich.
4. Steigt der Kurs einer Bundesanleihe, so steigt auch die Rendite für den Inhaber.
5. Sinkt der Marktzins unter den Nominalzins der Bundesanleihe, so steigt der Kurs der Anleihe.

3 Ihre Kundin Vera Schulze erteilt Ihnen den Auftrag, für sie nominal 25 000,00 € Bundesschatzbriefe vom Typ A, Ausgabe 2009/14 (Zinslauf ab 01. Febr. 2009) zu erwerben.

a) Der Erwerb findet am 08. Febr. 2009 statt. Wann kann die Kundin, die ihr Geld wieder benötigt, die Bundesschaftzbriefe frühestens wieder zurückgeben?

b) Wie unterscheidet sich der Bundesschatzbrief Typ A vom Typ B?

Rendite von Schuldverschreibungen (ohne Berücksichtigung von Steuern)

4 Ihr Kunde Stefan Runiger plant 15 000,00 € in Pfandbriefen der Berlin-Hannoverschen Pfandbriefbank AG anzulegen. Er möchte sich über die Höhe der Effektivverzinsung (Rendite) des folgenden Pfandbriefes informieren. Berechnen Sie die Rendite.

Nominalwert: 15 000,00 €

Zinssatz: 4,625 % p.a.

Ankaufskurs: 97,50 %

Restlaufzeit: 6 Jahre

Kosten und steuerliche Aspekte bleiben unberücksichtigt.

5 Ihre Kundin Eva Habermann (55 Jahre alt, Witwe) möchte beraten und informiert werden.

a) Bisher hatte sie 10 000,00 € als Festgeld zu 2,5 % Zinsen p. a. angelegt. Sie möchte von Ihnen einige Informationen zur Verzinsung, Zeitpunkt der Zinszahlung, Laufzeit und Börsenhandel von Bundesanleihen, Bundesobligationen und Bundesschatzbriefen vom Typ B erhalten.

b) Frau Habermann hat sich für die Bundesanleihe entschieden. Der Kaufkurs der Anleihe mit einer Restlaufzeit von genau 4 Jahren und einem Zinssatz von 6 % beträgt 104 %. Die Bank verkauft die Anleihe aus eigenem Bestand und berechnet daher keine Spesen. Der Kapitaleinsatz beträgt 10 400,00 €. Die anteilige Depotgebühr beträgt 1 ‰ des Nennwertes. Berechnen Sie für diese Bundesanleihe die Rendite.

c) Frau Habermann möchte von Ihnen wissen, welche Bedeutung für den Privatanleger die Tatsache hat, dass ein Wertpapier zum Börsenhandel zugelassen ist. Informieren Sie Frau Habermann über die Vorteile des Börsenhandels.

6 Ein Kapitalanleger kauft mit Wert 25. Jan. d. J. 8,5 % Anleihen (Nennwert 100) zum Kurs von 97 %. Mit Wert 16. Mai des nächsten Jahres verkauft er sie zum Kurs von 101 %. Es werden die üblichen Spesen berechnet.

Berechnen Sie die Effektivverzinsung der Kapitalanlage.

7 Ein Kapitalanleger kaufte mit Wert 18. April 2005 nominal 10 000 € 7,5 %-Pfandbriefe zum Kurs von 98 %. Zu welchem Kurs müssten die Papiere mit Wert 10. Juli 2010 mindestens verkauft werden, wenn eine Effektivverzinsung von 9,0 % erreicht werden soll? (Spesen bleiben unberücksichtigt.)

Rendite von Schuldverschreibungen (mit Berücksichtigung von Steuern)

8 Ein Anleger kauft im Jahr 2009 nominal 10 000,00 € 6 %-Pfandbriefe (Wert 15. Jan.) zum Kurs von 96 %. Der Verkauf erfolgt mit Wertstellung 10. Dezember 2009 zu 98 %. Beim Verkauf erhält er entsprechend der Anlagedauer für 325 Tage Stückzinsen vom Erwerber. Der Anleger hat keinen Freistellungsauftrag erteilt. Der »Verlustverrechnungstopf« ist leer.

a) Wie hoch ist der Kapitaleinsatz unter Berücksichtigung der üblichen Spesen beim Ankauf?

b) Wie hoch ist die Rendite der Kapitalanlage unter Berücksichtigung der Abgeltungsteuer?

Spezielle Risiken von Schuldverschreibungen

9 Ihr Kunde Helge Busch (25 Jahre, Automechaniker) hat vor ein paar Wochen Bundesobligationen mit einem Zinssatz von 3,25 % gekauft. Jetzt hat er in der Zeitung gelesen, dass Anleihen des Landes Argentinien mit 10 % verzinst werden. Die Anleihen kosten zurzeit 75 US-Dollar bei einem Nennwert von 100 US-Dollar. Er möchte von Ihnen beraten werden, ob er die Bundesobligationen verkaufen und für das Geld Argentinien-Anleihen erwerben soll.

4.2 Aktien

Situation

Paul Werner (50 Jahre alt, ledig) hat sich als Web-Designer selbstständig gemacht. Er hat von seinem ehemaligen Arbeitgeber eine Abfindung in Höhe von 100000,00 € erhalten. In der Tageszeitung hat er gelesen, dass die Anlage in Aktien die größten Gewinnchancen bietet und einige Anleger ihr Vermögen in einem Jahr verdoppelt haben. Er bittet Sie um Anlageempfehlungen.

Unternehmen nutzen den Wertpapiermarkt, indem sie sich zum Beispiel mit Eigen- und Fremdkapital versorgen. Die Herausgabe von Unternehmensanleihen stellt für ein Unternehmen Fremdkapital dar. Die Unternehmen sind in einer Schuldnerposition. Die Käufer von Unternehmensanleihen sind Gläubiger. Mit der Ausgabe von Aktien hingegen beschaffen sich Unternehmen Eigenkapital.

4.2.1 Rechtsnatur und Arten von Aktien

Übersicht

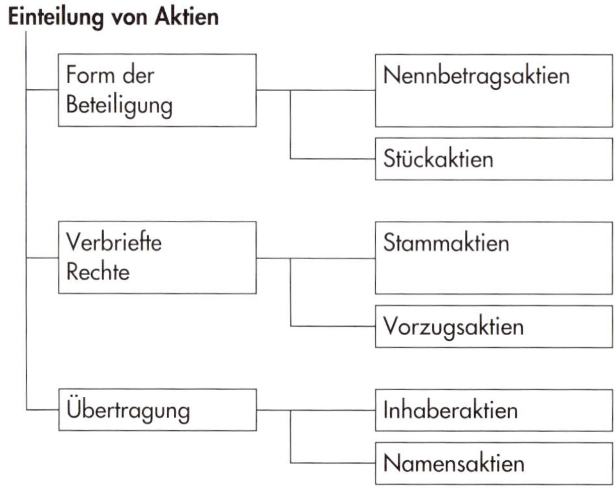

Die Aktie ist ein **Wertpapier**, das der Beteiligungsfinanzierung dient und das **Mitgliedschaftsrechte** (Teilhaberrecht, Anteilsrecht) des Aktionärs an einer Aktiengesellschaft verbrieft. Die Verbriefung der Aktionärsrechte in Aktien dient der leichteren Übertragung der Mitgliedschaft und damit dem Aktienhandel.

AktG § 1 (2), § 6

Die Aktie ist ein **Bruchteil des Grundkapitals** einer Aktiengesellschaft. Jede Aktie repräsentiert einen in Euro ausgedrückten, nach der Gesamtzahl der ausgegebenen Aktien berechneten Bruchteil des Grundkapitals. Das deutsche Aktienrecht kennt Aktien mit einem Nennwert **(Nennwertaktien)** und Aktien ohne Nennwert **(Stückaktien)**.

a) Form der Beteiligung

➤ Nennwertaktien

Der in der Satzung festzulegende **Mindestnennbetrag** darf 1,00 € nicht unterschreiten. Die Ausgabe von Aktien verschiedener Nennwerte ist zulässig. Die Ausgabe von Aktien unter dem Nennwert ist unzulässig. AktG § 23 (3) Nr.4 § 8

➤ Stückaktien

Auch eine Stückaktie repräsentiert einen bestimmten Anteil des in der Satzung festgelegten Grundkapitals. Im Gegensatz zur Nennwertaktie wird der Anteil jedoch nicht in einem Geldbetrag ausgedrückt; die Aktienurkunden lauten vielmehr auf eine bestimmte Stückzahl von Aktien, zum Beispiel 10 oder 1 000 Stück Aktien. Die Beteiligungsquote des einzelnen Aktionärs und damit der Umfang seiner Rechte ergibt sich aus dem Verhältnis der von ihm gehaltenen Aktienstückzahl zu der insgesamt ausgegebenen Aktienstückzahl. Der auf die einzelne Aktie anfallende anteilige Betrag des Grundkapitals muss mindestens 1,00 € betragen.

Die Preisfeststellung an der Börse erfolgt in Euro je Stück, wobei jeweils die kleinste Stückelung einer Aktiengattung zugrunde gelegt wird.

b) Verbriefte Rechte

➤ Stammaktien

Die in der Aktie verkörperte Mitgliedschaft umfasst die Rechte und Pflichten des Aktionärs.

Rechte des Aktionärs sind:

- **Beteiligung am Gewinn** (Dividendenrecht, wenn die Hauptversammlung eine Ausschüttung beschließt) § 58 (4) § 60 (1)
- **Teilnahme an der Hauptversammlung** § 175 (1)
- **Auskunftsrecht** des Aktionärs in der Hauptversammlung § 131
- **Bezug junger Aktien,** Wandelschuldverschreibungen, Optionsanleihen, Gewinnschuldverschreibungen und Genussscheine § 186, § 221 (4)
- **Anteil am Liquidationserlös** § 271
- **Stimmrecht in der Hauptversammlung,** namentlich über § 134
  1. die Bestellung der Mitglieder des Aufsichtsrates, soweit sie nicht in den Aufsichtsrat zu entsenden oder als Aufsichtsratsmitglieder der Arbeitnehmer nach dem Mitbestimmungsgesetz, dem Mitbestimmungsergänzungsgesetz oder dem Drittelbeteiligungsgesetz (vgl. Band 1, Abschn. A 1.8.5) zu wählen sind,
  2. die Verwendung des Gewinns,
  3. die Entlastung der Mitglieder des Vorstands und des Aufsichtsrates,
  4. die Bestellung des Abschlussprüfers,
  5. Satzungsänderungen,
  6. Maßnahmen der Kapitalbeschaffung und der Kapitalherabsetzung,
  7. die Bestellung von Prüfern zur Prüfung von Vorgängen bei der Gründung oder der Geschäftsführung,
  8. die Auflösung der Gesellschaft.

Das Stimmrecht wird nach Aktiennennbeträgen ausgeübt. Es gilt der Grundsatz der einfachen Stimmenmehrheit. § 134 (1)

Besonderheit: Bezugsrecht auf neuen Aktien

AktG § 55

Die Hauptversammlung einer Aktiengesellschaft kann zur Erhöhung des Eigenkapitals **(Eigenfinanzierung)** eine Erhöhung des Grundkapitals durch Ausgabe neuer Aktien gegen Bezahlung des Ausgabepreises (ordentliche Kapitalerhöhung) beschließen. Mit der Eintragung ihrer Durchführung in das Handelsregister ist das Grundkapital erhöht.

Der Ausgabepreis der neuen Aktien liegt über dem Nennwert einer Aktie (bei Stückaktien über dem rechnerischen Anteil am Grundkapital). Das Aufgeld (Agio) erhöht die Kapitalrücklagen als Bestandteil des Eigenkapitals.

Da der Ausgabepreis in der Regel auch niedriger als der Börsenkurs der alten Aktien ist, wird deren Wert nach der Aktienausgabe sinken. Dieser Kursverlust der alten Aktien wird auch **Bezugsrechtsabschlag** genannt und entspricht dem rechnerischen Wert des Bezugsrechts.

Dieser lässt sich ermitteln, in dem man aus dem Kurswert der zum Bezug benötigten alten Aktien und dem Ausgabepreis der darauf entfallenden neuen Aktien den **Durchschnittskurs** ermittelt und diesen vom Kurs der alten Aktien subtrahiert.

Jede alte Aktie repräsentiert ein **Bezugsrecht**. Die benötigte Anzahl Bezugsrechte zum Bezug einer neuen Aktie ergibt sich aus dem Verhältnis der Grundkapitalerhöhung zum Grundkapital vor der Erhöhung.

Beispiel:

Grundkapital vor der Erhöhung (**m**): 100 Mio.

Kapitalerhöhung (**n**): 25 Mio.

m : n = 4 : 1 (=Bezugsverhältnis)

Der Altaktionär benötigt **4 Bezugsrechte** für den Erwerb von **1 neuen Aktie**.

Der bezugsberechtigte Aktionär hat die Möglichkeit entsprechend seinem Aktienbestand und entsprechend dem Bezugsverhältnis zum Zweck des Spitzenausgleichs

- fehlende Bezugsrechte zu kaufen oder
- überschüssige zu verkaufen.

Er kann allerdings auch alle Bezugsrechte an der Börse verkaufen.

Beispiel: Ermittlung des rechnerischen Wertes der Bezugsrechte

Die AG hat ihr Grundkapital durch Ausgabe neuer Aktien um 25 Mio. auf 125 Mio. € erhöht. Der Ausgabepreis für die neuen Aktien im Nennwert von 1,00 € beträgt 30,00 €. Die alten Aktien haben vor Beginn der Bezugsfrist einen Börsenkurs von 40,00 €.

Die Ermittlung des rechnerischen Wertes des Bezugsrechts erfolgt mit Hilfe der **Bezugsrechtsformel**, die sich aus der oben beschriebenen Durchschnittsrechnung ableiten lässt.

BR: Wert des Bezugsrechts

Ka: Börsenkurs der alten Aktien

Kn: Ausgabepreis der neuen Aktien

m/n: Bezugsverhältnis

$$BR = \frac{Ka - Kn}{m/n + 1}$$

$$BR = \frac{40 - 30}{\frac{4}{1} + 1}$$

4 alte Aktien zu 40,00 € ≙ 160,00 €
1 neue Aktie zu 30,00 € ≙ 30,00 €

5 Aktien 190,00 € : 5 = 38,00 €
= rechnerischer Aktienkurs nach der Kapitalerhöhung

Börsenkurs der alten Aktien	40,00 €
– rechnerischer Aktienkurs nach Kapitalerhöhung	38,00 €
= rechnerischer Wert des Bezugsrechts	**2,00 €**

Der Wertverlust von 4 alten Aktien (4 · 2 = 8,00 €) wird durch 4 Bezugsrechte im Wert von 8,00 € ausgeglichen.

➤ Vorzugsaktien

Den Aktien können verschiedene Sonderrechte, namentlich bei der Verteilung des Gewinns und des Geschäftsvermögens zugeteilt werden. AktG § 11

Bei **Vorzugsaktien** unterscheidet man **zwei Gattungen**:

I. Vorzugsaktien ohne Stimmrecht
II. Vorzugsaktien mit mehrfachem Stimmrecht.

Mehrstimmrechtsaktien gibt es nur mit Ausnahmegenehmigung des Wirtschaftsministeriums. Sie stellen die Ausnahme dar.

Die **Vorzugsaktie ohne Stimmrecht** verbrieft Mitgliedschaftsrechte an einer Aktiengesellschaft.

Im Gegensatz dazu verbriefen **Genussscheine**, die in der Ausgestaltung der Vorzugsaktie ähneln können, Gläubigerrechte. Genussscheine können auch von anderen Gesellschaftsformen ausgegeben werden.

Der Stimmrechtsausschluss der Vorzugsaktie verlangt einen Vorzug bei der Verteilung des Bilanzgewinnes gegenüber den Stammaktien. Die **Vorzugsdividende** muss vorrangig berücksichtigt werden (im Gegensatz dazu sind Genussscheine immer nachrangig). § 139 (1)

Die vorrangige Vorzugsdividende allein rechtfertigt den Ausschluss des Stimmrechtes. Alle übrigen Mitgliedschaftsrechte an der AG bleiben dem Vorzugsaktionär erhalten, wie z.B. Teilnahme an der Hauptversammlung (HV), Auskunftsrecht, Recht auf Bezug junger Aktien, Anteil am Liquidationserlös.

Wird der Dividendenvorzug wegen mangelnden Bilanzgewinns nicht innerhalb zweier Geschäftsjahre nachbezahlt, so lebt das Stimmrecht der Vorzugsaktie in vollem Umfang auf.

Folgende **Rangfolge** ist beim Nachzahlen des **Gewinnvorzugs** zu beachten:

1. Begleichung der älteren vor den jüngeren Vorzugsdividenden-Rückständen,
2. Zahlung der laufenden Vorzugsdividende,
3. Dividendenzahlung auf Stammaktien.

Keine Satzung kann diese Reihenfolge ändern.

Vorteile für Emittenten	Vorteile für den Vorzugsaktionär
Die Eigenfinanzierung der AG wird wesentlich erleichtert: a) Im Gegensatz zu der Ausgabe von Obligationen werden die Vorzugsaktien aus dem Bilanzgewinn bedient. Die Gewinn- und Verlust-Rechnung wird nicht durch Zinsen auf das Fremdkapital belastet. b) Das Stimmrecht in der HV wird, so lange die Vorzugsdividende bezahlt wird, nicht verändert. Dies ist wichtig bei Familienunternehmen und bei der Ausgabe von Belegschaftsaktien. c) Da das Verhältnis der Stimmrechte der Stammaktionäre gleich bleibt, sind Übernahmeängste der Altaktionäre unberechtigt.	a) Die Vorzugsaktien haben immer einen niedrigeren Kurs als die Stammaktien, da ihnen das Stimmrecht fehlt. Die Rendite ist deshalb höher als die der Stammaktien. Wenn die Vorzüge nicht mehr bedient werden können, lebt das Stimmrecht wieder auf, und der Vorzugsaktionär kann die Geschicke der Aktiengesellschaft mitbestimmen. b) Kursgewinne der Vorzugsaktien entsprechen i. d. R. denen der Stammaktien.

c) Übertragung von Aktien

Je nach **Übertragung** vom Verkäufer auf den Käufer werden Aktien in Inhaber- und Namensaktien unterschieden.

➤ Inhaberaktien

Inhaberpapiere, zu denen auch Inhaberaktien zählen, sind dadurch gekennzeichnet, dass sie durch Einigung und Übergabe von einem Aktionär auf den anderen übertragen werden können. Inhaberaktien können somit – genau wie ein Geldschein – ohne weitere Formalitäten übertragen werden. Damit Unternehmen ihre Aktien als Inhaberaktien ausgeben dürfen, muss lediglich die Voraussetzung erfüllt sein, dass der Nennbetrag voll eingezahlt worden ist.

➤ Namensaktien

Im Gegensatz zu Inhaberaktien werden Namensaktien auf den Namen des Aktionärs ausgestellt, d.h., dieser wird in das Aktienbuch der Gesellschaft eingetragen. Hierdurch kennt die Aktiengesellschaft genau den Personenkreis ihrer Aktionäre. Um Namensaktien übertragen zu können, ist es erforderlich, dass neben der Übergabe der Aktie eine Abtretungserklärung (Indossament) des bisherigen Aktionärs auf der Rückseite der Namensaktie erfolgt.

Eine Besonderheit stellt **die vinkulierte Namensaktie** dar. Sie kann nur mit Zustimmung der AG (Vorstand) übertragen werden. Dadurch soll z. B. sichergestellt werden, dass bei noch ausstehender Einlage die Aktien nur durch zahlungsfähige Personen erworben werden.

4.2.2 Kauf und Verkauf von Aktien

Beim üblicherweise von Banken vermittelten Kauf oder Verkauf von Aktien werden Spesen in Rechnung gestellt.

In der Praxis sind folgende **Spesensätze** üblich:

Bankprovision	i.d.R. 1 % vom Kurswert
Maklergebühr	0,8 ‰ vom Kurswert

Die Maklergebühr entfällt, wenn die Aktien an der Computerbörse »Xetra« gehandelt werden.

Beispiel:
Ein Börsenmakler vermittelt den Umsatz von 100 Aktien der Pharma AG zum Kurs von 180,00 € je Stück.

Abrechnung für der Verkäufer

Kurswert (100 × 180)	18 000,00 €
– Spesen 1,08 % vom Kurswert (1 % Provision + 0,8 ‰ Maklergebühr)	194,40 €
= Verkaufserlös	17 805,60 €

Abrechnung für der Käufer

Kurswert (100 × 180)	18 000,00 €
+ Spesen 1,08 % vom Kurswert (1 % Provision + 0,8 ‰ Maklergebühr)	194,40 €
= Kaufpreis	18 194,40 €

4.2.3 Renditeberechnung bei Aktien

a) ohne Berücksichtigung von Steuern

Der Gesamtertrag einer Aktienanlage, auch als **Performance** bezeichnet, ergibt sich aus zwei wesentlichen Komponenten: der ausgeschütteten **Dividende** (zuzüglich etwaiger Zahlungen wie Sonderausschüttungen oder Bezugsrechte) und der **Kursveränderung** der Aktien.

Beide Ertragsbestandteile stehen erst nach einem Aktienverkauf fest. Daher ist die Performanceberechnung stets nur für einen Vergangenheitszeitraum möglich. Renditeberechnungen, die bereits im Kaufzeitpunkt angestellt werden, basieren lediglich auf Erwartungen und können durch die tatsächliche Marktentwicklung völlig anders ausfallen.

Ebenso wie bei den Schuldverschreibungen ergibt sich die Rendite aus dem durch das eingesetzte Kapital (Kaufkurs zuzüglich Transaktionskosten, wie Provision und Maklergebühr) bezogenen Gesamtertrag. Dieser ergibt sich wiederum aus der Differenz zwischen Verkaufserlös und Kaufkosten zuzüglich der sonstigen Erträge aus dem Besitz der Aktie (Dividende etc.).

Formal lässt sich das wie folgt darstellen:

$$\textbf{Effektivverzinsung von Aktien (Anlagerendite)} = \frac{\textbf{Jahresertrag}}{\textbf{eingesetztes Kapital}}$$

Beispiel:

Ein Anleger hat 60 Aktien der Pharma AG zum Kurs von 180,00 € je Stück mit Wertstellung zum 15. Februar 2007 erworben. In den Jahren 2007 und 2008 erzielte er eine Bruttodividende von je 5,71 € und in den Jahren 2009 und 2010 von je 7,14 € je Aktie. Die Kosten des Erwerbs (Kaufspesen) betrugen 1,08 % vom Kurswert. Die anteiligen Depotgebühren beliefen sich während der Anlagedauer auf insgesamt 25,00 €. Der Anleger möchte wissen, wie sich die Aktienanlage rentiert hat, wenn er die Papiere mit Wertstellung 31. März 2011 zum Kurs von 264,00 € je Stück verkaufen würde. Die Verkaufsspesen betragen 1,08 % vom Kurswert.

Lösung:

Anlagedauer

15. Februar 2007–31. März 2011 = 1485 Tage (1 505 Tage genau)

Ankaufspreis (Kapitaleinsatz)

Kurswert (60 Aktien zum Kurs von 180,00 €/Stück)	10 800,00 €
+ Kaufspesen	116,64 €
= Kapitaleinsatz	10 916,64 €

Verkaufspreis

Kurswert (60 Aktien zum Kurs von 264,00 €/Stück)	15 840,00 €
– Verkaufsspesen	171,07 €
= Verkaufserlös	15 668,93 €

Kursgewinn während der Anlagedauer

Verkaufserlös	15 668,93 €
– Kapitaleinsatz	10 916,64 €
= Kursgewinn für 1485 Tage	4 752,29 €

Dividendenerträge während der Anlagedauer

Bruttodividende 2007 bis 2011	
60 × (5,71 € + 5,71 € + 7,14 € + 7,14 €)	1 542,00 €

Gesamtertrag während der Anlagedauer

Kursgewinn	4 752,29 €
+ Bruttodividende	1 542,00 €
– Depotgebühren	25,00 €
= Gesamtertrag in 1485 Zinstagen Anlagedauer	6 269,29 €

Durchschnittlicher Jahresertrag

1 485 Tage ≙ 6269,29 € Ertrag

360 Tage ≙ x € Ertrag

$$x = \frac{6\,269{,}29 \cdot 360}{1485} = 1\,519{,}83 \text{ € (ger.)}$$

Anwendung der Renditeformel

$$\text{Rendite (Effektivverzinsung)} = \frac{\text{Jahresertrag} \cdot 100}{\text{eingesetzten Kapital}} = \frac{1519{,}83 \cdot 100}{10\,916{,}64} = 13{,}92\,\%$$

Die Effektivverzinsung der Aktienanlage beträgt **13,92 %.**

Statt der Renditeformel kann auch die **Zinsformel** für die Berechnung des Zinssatzes angewendet werden:

$$P = \frac{\text{Zinsen (Z)} \cdot 100 \cdot 360}{\text{Kapital (K)} \cdot \text{Tage (t)}}$$

$$\text{Rendite} = \frac{\text{Gesamtertrag während der Anlagedauer} \cdot 100 \cdot 360}{\text{Kapitaleinsatz} \cdot \text{Anlagedauer (Tage)}}$$

$$\textbf{Rendite}\ \text{(Effektivverzinsung)} = \frac{6\,269{,}29 \cdot 100 \cdot 360}{10\,916{,}64 \cdot 1\,485} = \mathbf{13{,}92\ \%}$$

b) Einfluss von Steuern auf die Rendite

Übersicht

- **Versteuerung durch die Aktiengesellschaft**

Gewinn **(Rohdividende vor Steuern)**
abzüglich 15 % Körperschaftsteuer zuzüglich 5,5 SolZ von der KSt
= Gewinn, über dessen Verwendung die Hauptversammlung entscheidet
Bruttodividende
(= Gewinnanteil, der gem. HV-Beschluss zur Ausschüttung gelangt) abzüglich 25 % Abgeltungsteuer zuzüglich 5,5 % SolZ von der Abgeltungsteuer
= Nettodividende (die an den jeweiligen Aktionär zur Auszahlung gelangt)

- **Versteuerung durch den Aktionär**

Mit den von der AG abgeführten 25 % Abgeltungsteuer (zuzgl. 5,5 % SolZ und evtl. Kirchensteuer) auf die Bruttodividende ist die Besteuerung der Dividende beendet. (Ausnahme: Antragsveranlagung durch den Aktionär, wenn der persönliche Einkommensteuersatz unter 25% liegt).

Vom Jahresüberschuss (Gewinn bzw. Rohdividende) einer Aktiengesellschaft sind unabhängig von der Gewinnverwendung (Thesaurierung oder Ausschüttung) 15% Körperschaftsteuer (KSt) zuzgl. 5,5% Solidaritätszuschlag (SolZ) auf den Betrag der KSt abzuführen.

Die von der Aktiengesellschaft gezahlte KSt und der SolZ sind nicht auf die Abschlagsteuer-/Einkommensteuerschuld der Aktionäre anrechenbar.

Die auf die Bruttodividende berechnete Abschlagsteuer und der hierauf berechnete SolZ werden ebenfalls von der AG an das Finanzamt abgeführt.

Damit beträgt die gesamte Steuerbelastung auf die Rohdividende 38,026 % ohne Berücksichtigung einer evtl. noch anfallenden Kirchensteuer.

Den unbeschränkt einkommensteuerpflichtigen Aktionären, die ihrer Depotbank eine **Nichtveranlagungsbescheinigung** ihres Wohnsitzfinanzamts vorgelegt haben, wird die Bruttodividende (ohne Steuerabzug) ausgezahlt. Das gleiche gilt für Aktionäre, die bei ihrer Depotbank einen Freistellungsauftrag eingereicht haben, soweit das in diesem Auftrag genannte Freistellungsvolumen nicht durch andere Erträge aus Kapitalvermögen bereits aufgebraucht ist. Ein ausreichender Betrag in der Allgemeinen Verlustverrechnungsdatei hätte die gleiche Wirkung wie ein unverbrauchtes Freistellungsvolumen.

Zu den steuerpflichtigen Kapitalerträgen zählen auch **Veräußerungsgewinne** bei Aktien. Ausgenommen sind Veräußerungsgewinne, wenn die Aktien vor dem 1. Jan. 2009 erworben wurden.

Der Veräußerungsgewinn bei einzelnen Aktien ist nach der FIFO-Methode (first in – first out) zu ermitteln.

Veräußerungsgewinne können mit Veräußerungsverlusten aus der Aktienverlustverrechungsdatei und nachfolgend mit vorhandenen Beträgen in der Allgemeinen Verlustverrechnungsdatei und mit einem unverbrauchten Freistellungsvolumen verrechnet werden. Veräußerungsverluste aus Aktienverkäufen können nur mit Gewinnen aus Aktienverkäufen im gleichen Jahr oder in folgenden Jahren verrechnet werden (vgl. Abschn. E 1.1.3 d).

4.2.4 Spezielle Risiken bei Aktien

Prägend für das spezielle Risikoprofil der Aktie als Anlageform ist, dass ihre Preisbildung in starkem Maße auch von Einflussfaktoren abhängt, die sich einer rationalen Kalkulation entziehen.

➤ Unternehmerisches Risiko

Als Käufer von Aktien ist der Aktionär Eigenkapitalgeber und damit Mitinhaber der Aktiengesellschaft. Mit Aktien beteiligt er sich an der wirtschaftlichen Entwicklung der Gesellschaft. Im Extremfall, d.h. bei Insolvenz des Unternehmens, kann ein Aktieninvestment einen vollständigen Verlust des Anlagebetrages bedeuten, zumal die Aktionäre im Insolvenzfall am Liquidationserlös erst nach Befriedigung aller Gläubigeransprüche beteiligt werden.

➤ Kursänderungsrisiko

Aktienkurse weisen unvorhersehbare Schwankungen auf. Langfristig sind die Kursbewegungen durch die Ertragslage der Unternehmen bestimmt, die ihrerseits durch die Entwicklung der Gesamtwirtschaft und der politischen Rahmenbedingungen beeinflusst werden. Mittelfristig überlagern sich Einflüsse aus dem Bereich der Wirtschafts-, Währungs- und Geldpolitik. Kurzfristig können aktuelle, zeitlich begrenzte Ereignisse wie Auseinandersetzungen zwischen den Tarifparteien oder auch internationale Krisen Einfluss auf die Kursentwicklung nehmen.

➤ Dividendenrisiko

Die Dividende richtet sich maßgeblich nach dem erzielten Gewinn der Aktiengesellschaft. Bei niedrigen Gewinnen oder bei Verlustsituationen der Gesellschaft kann die Dividende gekürzt werden oder sogar ausfallen.

➤ Psychologie der Marktteilnehmer

Steigende oder fallende Kurse am Aktienmarkt bzw. bei einzelnen Aktien sind von Einschätzungen der Marktteilnehmer und damit von deren Anlageverhalten abhängig. Neben objektiven Faktoren und rationalen Überlegungen wird die Entscheidung zum Kauf oder Verkauf von Wertpapieren auch durch irrationale Meinungen und massenpsychologisches Verhalten beeinflusst. So reflektieren die Aktienkurse auch Hoffnungen von Käufern und Verkäufern. Die Börse ist ein Markt von Erwartungen, auf dem die Grenze zwischen einer sachlich begründeten und einer eher emotionalen Verhaltensweise nicht eindeutig zu ziehen ist.

➤ Risiko der Kursprognose

Bei Aktienkäufen und -verkäufen ist der richtige Zeitpunkt der entscheidende Faktor für die Höhe des Anlageerfolgs. Zahlreiche Analysemethoden, wie z.B. die Fundamentalanalyse und die Chartanalyse, versuchen die Vielzahl der markt- und kursbeeinflussenden Aussagen zu bündeln und einen Anhaltspunkt für eine erfolgreiche Anlageentscheidung zu geben. Bei Kaufentscheidungen geht es (einfach ausgedrückt) um die Auswahl der Aktien, die z. Zt. »unterbewertet« bzw. billig zu haben sind, aber für die Zukunft Kurszuwächse und Ertragszuwächse erwarten lassen.

Bei Verkaufsentscheidungen geht es um z. Zt. hoch bewertete Aktien, bei denen zu mindest kurzfristig kein Wertzuwachs zu erwarten ist. Die Empfehlung lautet »Gewinnmitnahme« durch Verkauf.

Die **Fundamentalanalyse** basiert grundsätzlich auf den jeweils aktuell verfügbaren Informationen über das Unternehmen, die Branche, die Konjunktur etc. und entwickelt daraus Prognosen über die zukünftige Entwicklung. Diese Schlussfolgerungen müssen sich hinterher nicht immer als richtig erweisen.

Die **Chartanalyse** geht von der Hypothese aus, dass der Kursverlauf von Aktien bestimmte Muster bildet, die sich über die Zeit in ähnlicher Weise wiederholen und sich daher – einmal erkannt – zur Prognose voraussichtlicher Kursentwicklungen eignen.

Bei der Chartanalyse ist zu berücksichtigen, dass Charts subjektiv interpretierbar sind und Aussagen aus einem Chart immer nur einen gewissen Wahrscheinlichkeitsgrad haben, aber nie als Gewissheit angesehen werden können.

Exkurs: Fundamentale Beurteilung einzelner Aktien

Wenn der Anleger weiß, in welcher Großwetterlage sich die Konjunktur und die Börse befinden und er zu der Überzeugung gelangt ist, dass der Zeitpunkt für einen Einstieg günstig ist, setzt die Einzelwertanalyse ein. Die Entscheidung für bestimmte Aktien ist zu treffen. Hierzu wird der Anleger sein Augenmerk auf den inneren Wert des Unternehmens und damit der Aktie richten.

Grundsätzlich gibt es zwei verschiedene Ansätze, den Wert eines Unternehmens bzw. seiner Anteile zu ermitteln. Der eine Ansatz zielt auf den **Ertragswert**, der andere auf den **Substanzwert** ab.

➤ Ertragswert

Wer in ein Unternehmen einsteigen möchte, wird vor allem an den künftigen Gewinnen interessiert sein. Damit ist der Ertragswert eines Unternehmens angesprochen. Er ist definiert als der heutige Wert oder Barwert aller für die Zukunft erwarteten Auszahlungen. Um den Barwert zu ermitteln, müssen die zukünftigen Ergebnisse geschätzt und abgezinst werden. Die zeitnahen Erträge werden höher bewertet als die Erträge, die man in späteren Jahren erhält, weil die früheren Erträge länger zinsbringend angelegt werden können als die späteren. Aufgrund der Abzinsung der zukünftigen Ergebnisse wird der heutige Barwert niedriger ausfallen als die Summe der zukünftigen Einnahmen. Die Abzinsung erfolgt mit dem so genannten marktüblichen Zins. In diesem Zinssatz ist auch eine Risikoprämie enthalten, deren Höhe wiederum von der persönlichen Einschätzung des Anlegers abhängig ist.

Der unter Berücksichtigung der individuellen Ertragserwartungen des jeweiligen Kaufinteressenten ermittelte Ertragswert einer Aktie ist gleichzeitig auch der maximale Preis/Kurs, zu dem dieser Anleger kaufen »darf«, und bestimmt somit sein Kauflimit.

Beispiel:

Der Kunde wünscht eine Aktienrendite von 8 % p.a.. Der von der XY-AG bekannt gegebene erwartete Gewinn beträgt in diesem Geschäftsjahr 3,20 € pro Aktie. Der Kunde sollte daher als Höchstpreis/Kauflimit 40,00 € festlegen.

(3,20 € entsprechen 8 %, dann sind 100 % 40,00 €.) Beträgt der Kaufkurs der Aktien für unseren Kunden 38,00 € (oder 42,00 €), dann erzielt bei einem Gewinn pro Aktie von 3,20 € eine Rendite von 8,42 % (oder 7,62 %). Der Ertragswert ist daher hilfreich bei der Bestimmung eines Kauflimits.

➤ Substanzwert

Der Substanzwert gibt die Summe aller aktuellen Vermögensbestandteile eines Unternehmens an, bewertet zu Marktpreisen und verringert um die Schulden.

In der vereinfachten Form lässt sich der Substanzwert je Aktie über den Bilanzkurs ermitteln. Dieser wird definiert als Eigenkapital (gezeichnetes Kapital und offene Rücklagen), dividiert durch die Anzahl der Aktien.

Der Bilanzkurs ist eine wichtige Orientierungshilfe, weil er bei gesunden Unternehmen und in normalen Börsenzeiten den möglichen Tiefstkurs angibt, also Aufschlüsse über das Kursrisiko gibt. Sinkt der Börsenkurs eines grundsätzlich gesunden Unternehmens in Baissezeiten oder nach Börsencrashs unter den Bilanzkurs, sollte man die Aktie auf jeden Fall halten, eventuell sogar zukaufen.

Zwei weitere wichtige Kennzahlen für die Aktienanalyse sind das **Kurs-Gewinn-Verhältnis** (KGV) und die **Dividendenrendite**.

➤ Kurs-Gewinn-Verhältnis (Ergebnis je Aktie)

Indem man den Gewinn je Aktie zum Börsenkurs der Aktie ins Verhältnis setzt, erhält man die gebrauchsüblichste und beliebteste Kennziffer der Finanzanalyse, das KGV (Kurs-Gewinn-Verhältnis). Diese Kennziffer sagt aus, mit welchem Vielfachen ihres Ergebnisses eine Aktie an der Börse z. Zt. bewertet wird.

Kurs-Gewinn-Verhältnis = Aktienkurs/Gewinn je Aktie

Um zu beurteilen, ob die Börse die Aktie nach diesem Maßstab relativ hoch oder relativ niedrig einstuft, die Aktie also relativ teuer oder relativ billig ist, kann der Anleger zum Vergleich das aktuelle durchschnittliche Kurs-Gewinn-Verhältnis von Aktien derselben Branche oder auch aller an den deutschen Börsen notierten Aktien heranziehen.

➤ Dividendenrendite

Für den Anleger ist auch wichtig, wie sich der Wert der Ausschüttung zum aktuellen Aktienkurs verhält. Hierüber gibt die Dividendenrendite Auskunft. Da in der Dividende aber der Kursgewinn – als zweiter Bestandteil der Rendite – noch nicht enthalten ist, darf sie nicht isoliert mit der Verzinsung z. B. von festverzinslichen Wertpapieren verglichen werden.

➤ Total Return

Wenn neben der Dividende auch der Kursgewinn in die Beurteilung einer Aktie einfließt, gelangt man zur Ermittlung des **Total Return**. Er ist definiert als die Summe von Dividende und Kursgewinn (oder -verlust), dividiert durch den Aktienkurs am Beginn des betrachteten Zeitraums.

Dividendenrendite in % = Dividende/Aktienkurs · 100

(Dividende + Kursgewinn)/Anfangskurs · 100

Lernkontrollen zu E 4.2

Rechtsnatur und Arten von Aktien

1 Beschreiben Sie den Unterschied zwischen Nennwert- und Stückaktien.

2 Erläutern Sie die Sonderrechte von Vorzugsaktien.

3 Grenzen Sie Inhaber- und Namensaktien hinsichtlich der Übertragung voneinander ab.

Rendite von Aktien (ohne Berücksichtigung von Steuern)

4 Ihre Kundin Eva Kurrle besitzt 570 Aktien der Energie AG. Heute möchte sie von Ihnen wissen, welche Dividendenzahlung ihr auf Grund der nebenstehenden Dividendenbekanntmachung in Euro gutgeschrieben wird. Frau Kurrle hat einen Freistellungsauftrag in Höhe des Sparerpauschbetrages von 801,00 € erteilt.

Ermitteln Sie den Gutschriftsbetrag in Euro.

Energie AG

Dividendenbekanntmachung – Wertpapier-Kenn-Nummer ......

Die ordentliche Hauptversammlung vom 27. April 2010 hat beschlossen, für das Geschäftsjahr vom 1. April 2009 bis 31. März 2010 eine Dividende von 1,40 € je Stückaktie auszuschütten.

Die Dividende wird vom 8. Mai 2010 an gegen Einreichung des Gewinnanteilscheins Nr. 2 unter Abzug von 25 % Abgeltungsteuer sowie 5,5 % Solidaritätszuschlag auf die Abgeltungsteuer ausgezahlt.

Zahlstellen sind die nachstehend aufgeführten Banken.

Deutsche Bank Aktiengesellschaft, Dresdner Bank Aktiengesellschaft, Bayerische Landesbank Girozentrale, Bayerische Hypo- und Vereinsbank Aktiengesellschaft, DG BANK Deutsche Genossenschaftsbank Aktiengesellschaft, Merck Finck & Co.

Den unbeschränkt steuerpflichtigen Aktionären, die ihrer Depotbank eine Nichtveranlagungs-Bescheinigung ihres Wohnsitzfinanzamts vorgelegt haben, wird die Dividende ohne Abzug von Abgeltungsteuer ausgezahlt. Das gleiche gilt für Aktionäre, die bei ihrer Depotbank einen Freistellungsauftrag eingereicht haben, soweit das in diesem Auftrag genannte Freistellungsvolumen noch nicht durch Erträge aus Kapitalvermögen aufgebraucht ist.

Neumarkt, im April 2008

Der Vorstand

5 Ein Aktionär kauft 100 Stück Chemie-Aktien zum Kurs von 530,00 €/Stück. Nach genau einem Jahr verkauft er die Aktien zum Kurs von 570,00 €/Stück. Während der Anlagedauer hat er eine Bardividende von 12,00 € je Aktie erhalten.

Wie hoch war die Effektivverzinsung der Aktienanlage unter Berücksichtigung der An- und Verkaufsspesen? (Spesentabelle, siehe Abschn. E 4.2.2)

6 Berechnen Sie die Effektivverzinsung der nachstehend aufgeführten Aktienanlagen. Legen Sie beim Kauf und Verkauf jeweils Spesen in Höhe von 1,08 % des Kurswertes zugrunde.

Nr.	Stück	Kaufkurs in €	Wert	Verkaufskurs in €	Wert	Bardividenden in €	Depotgebühr insgesamt in €
a)	30	87,00	05. Sept. 07	98,00	21. Juni 10	5,00; 4,00	20,00
b)	5	512,00	12. Febr. 08	487,00	16. Aug. 10	12,00; 12,00	8,00

7 Ein Anleger kauft mit Wert 15. Febr. 2008 120 Aktien zum Kurs von 128,00 €/Stück. Mit Wert 05. Dez. 2010 verkauft er sie wieder zu einem Kurs von 132,00 €/Stück. Die Bank berechnet für die Anlagedauer Depotgebühren in Höhe von 50,00 €. Wie hoch war die Effektivverzinsung dieser Kapitalanlage unter Berücksichtigung der Spesen (1,08 %), wenn die Bruttodividende in allen drei Jahren jeweils 12,00 € je Aktie betrug?

8 Ein Anleger beauftragt seine Bank, 20 Chemie-Aktien zum Kurs von 230,00 €/Stück zu kaufen.

a) Erstellen Sie die Kaufabrechnung (Wert 10. April d. J.), wobei 1,08 % des Kurswertes als Spesen anzusetzen sind.

b) Welchen Betrag erhält der Kunde von seiner Bank gutgeschrieben, wenn er die Aktien zum Kurs von 239,00 €/Stück (Wert 17. Juli d. J.) verkauft (Spesen 1,08 % vom Kurswert)?

c) Wie hoch war der Kapitalzuwachs in Prozent?

d) Wie hoch war die Rendite dieser Anlage?

e) Zu welchem Kurs hätten die Aktien verkauft werden müssen, wenn der Anleger durch die Anlage einen Gewinn von 200,00 € erzielen wollte?

9 Eine Anlegerin kauft mit Wert 20. Mai d.J. 500 Aktien zum Kurs von 180,00 €/Stück. Während der Anlagedauer beträgt die Bruttodividende 7,00 € pro Aktie. Die Anlegerin will die Aktie nach einem Jahr verkaufen, wenn aufgrund der Dividendenzahlung und des dann gültigen Börsenkurses eine Rendite von mindestens 8 % erzielt wird.

Zu welchem Kurs müssen die Aktien am geplanten Verkaufstag an der Börse mindestens notiert sein, wenn unter Berücksichtigung der An- und Verkaufskosten (1,08 % vom Kurswert) die angestrebte Rendite von mindestens 8 % erzielt werden soll?

Rendite von Aktien (mit Berücksichtigung von Steuern)

10 Auf der Hauptversammlung der Auto AG wurde gestern die Ausschüttung einer Bruttodividende von 1,30 € je Aktie beschlossen. Ihr Kunde Jens Carstens bittet Sie, ihm die Höhe seiner Gutschrift nach Abzug aller Steuern zu ermitteln. In seinem Depot befinden sich noch 1 100 Stammaktien der Auto AG. Sie stellen fest, dass sein Freistellungsauftrag durch andere Kapitalerträge bereits bis auf 200,00 € ausgeschöpft ist.

11 Berechnen Sie die Effektivverzinsung folgender Aktienanlage nach Steuern. Berücksichtigen Sie beim Kauf und Verkauf die üblichen Spesen von 1,08% vom Kurswert. Der Sparerfreibetrag wurde bereits ausgeschöpft. Keine Beträge in der Allgemeinen Verlustverrechnungsdatei und in der Aktienverlustverrechnungsdatei. Verkauf von 10 Porsche-Aktien am 5. Nov. 2010 zu 1 452,00 €. Erwerb der Aktien am 5. Jan. 2009 zu 1 132,00 €. Bruttodividende in 2009 11,50 € je Aktie und in 2010 12,50 €.

12 Ein Anleger möchte wissen, ob die Aktie der Bio-Tec AG bei einem Börsenkurs von 22,00 € vom Markt unterbewertet wird und der Kauf weiterer Aktien günstig ist. Die Bilanz der Bio-Tec AG weist bei Verbindlichkeiten von 300 Mio. € ein Vermögen von 800 Mio. € aus. Die AG hat 20 Mio. Aktien mit einem Nennwert von 5,00 € pro Aktie ausgegeben. Im Anlagevermögen werden 50 Mio. € stille Reserven errechnet (der Marktpreis der Vermögensteile liegt entsprechend über dem Bilanzwert). Der erwartete Jahresgewinn pro Aktie beträgt 2,50 €. Die Dividende soll wie bisher 1,00 € betragen.
Die langfristige durchschnittliche Rendite von Aktien beträgt 8%.

Berechnen Sie den Bilanzkurs, den Substanzwert und den Ertragswert der Aktie und stellen Sie fest, ob die Aktie am Markt unter- oder überbewertet wird.

Spezielle Risiken bei Aktien

13 Die Analysten der Proximus Finanzgruppe prognostizieren für die Chemie AG folgende Daten für das nächste Jahr:

- Gesamtertrag je Aktie: 2,60 €
- Gesamtausschüttung (vor Steuern) je Aktie: 1,00 €

Der aktuelle Kurs beträgt: 45,00 €

Berechnen Sie aus den obigen Zahlen für den Käufer der Aktie

a) die Dividendenrendite,

b) das Kurs-Gewinn-Verhältnis (KGV).

c) Erläutern Sie kurz, wodurch der Unterschied zwischen Gesamtertrag pro Aktie und Gesamtausschüttung je Aktie zu erklären ist.

14 Ihre Kundin Sabine Ellerbeck hat in der Zeitung gelesen, dass deutsche Aktien derzeit ein niedriges Kurs-Gewinn-Verhältnis aufweisen und eine relativ hohe Dividendenrendite erzielen. Da sie die mittelfristigen Perspektiven der Pharmabranche positiv einschätzt, erwägt sie, Aktien entweder der Vital AG oder der Medika AG zu erwerben.

Zeitungsauszug:

	Vital AG	Medika AG
Kurs der Aktie	63,60 €	67,60 €
Erwartete Dividendenrendite 2010	2,80 €	1,86 €
Erwarteter Gewinn je Aktie für 2010	6,26 €	5,62 €

a) Ermitteln Sie für Frau Ellerbeck das Kurs-Gewinn-Verhältnis für 2010 jeweils für die Aktie der

a1) Vital AG,

a2) Medika AG.

(Ergebnis auf eine Stelle nach dem Komma runden)

b) Welche der beiden Aktien würden Sie Frau Ellerbeck aufgrund Ihrer berechneten Ergebnisse empfehlen?

c) Frau Ellerbeck wünscht bei Anlage in Aktien eine Rendite von 10 %. Ermitteln Sie das maximale Kauflimit für die beiden Aktien.

4.3 Handel mit Wertpapieren

4.3.1 Merkmale und Aufgaben der Wertpapierbörsen

Börsen sind öffentlich-rechtliche Anstalten. Als Dienstleistungsunternehmen bieten sie einen organisatorischen, technischen und rechtlichen Rahmen für die Ausgabe (Primärmarkt) und den Handel (Sekundärmarkt) von vertretbaren Kapitalwertpapieren (z. B. Aktien, Schuldverschreibungen, Investmentzertifikate), Geldmarktinstrumenten und Derivaten.

a) Merkmale von Effektenbörsen sind:

- räumlich und zeitlich konzentrierte Märkte,
- mit festen Regeln (Geschäftsbedingungen),
- z.T. unter staatlicher Aufsicht,
- mit begrenztem Teilnehmerkreis,
- gehandelte Werte sind nicht körperlich vorhanden (es wird nur das Verpflichtungsgeschäft abgeschlossen),
- nur vertretbare (fungible) Sachen/Rechte werden gehandelt.

b) Funktionen der Effektenbörsen:

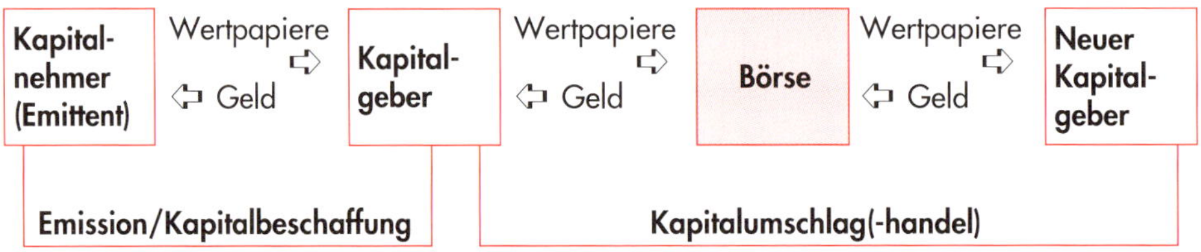

- Vermittlung des Kapitalumschlags (Angebot und Nachfrage zusammenführen)
- Preisbildung (»objektive« Kapitalbewertung und Preisveröffentlichung)
- indirekt: Erleichterung der Kapitalbeschaffung (der Emittent findet leichter Kapitalgeber, wenn später die Wertpapiere an einer Börse gehandelt werden)
- Oft wird die Börse auch als »Wirtschaftsbarometer« bezeichnet.

<table>
<tr><th colspan="4">Zum Börsenbesuch zugelassene Personen (und deren Aufgaben)
Zulassung durch die Börsengeschäftsführung</th></tr>
<tr><td colspan="3">Mit Genehmigung zum Handel in Wertpapieren</td><td rowspan="3">Ohne Genehmigung zum Handel in Wertpapieren
↓</td></tr>
<tr><td>Skontroführer</td><td>Makler</td><td>Gewerbsmäßige Händler (Kreditinstitute und deren Angestellte)</td></tr>
<tr><td colspan="3">Aufgaben</td></tr>
<tr><td>– Vermittlung von Geschäften in zugewiesenen Wertpapieren
– Feststellung der Börsenpreise im amtl. und geregelten Markt</td><td>– Eigengeschäfte und Vermittlung von Geschäften
– Feststellung der Börsenpreise im Freiverkehr</td><td>– Abschluss von Kunden- und Eigengeschäften durch Vermittlung der Skontroführer/Makler (selten direkt untereinander)</td><td>– Hilfspersonen (Angestellte)
– Vertreter der Medien
– Besucher (Gäste)</td></tr>
</table>

An den **Präsenzbörsen** und im **Xetra-Handel** (Computerbörse der Deutsche Börse AG, Frankfurt) findet nur »**Kassahandel**« statt (d.h. Erfüllung des Börsengeschäfts zwei Börsentage nach dem Abschluss an der Börse). Beim Terminhandel an der Eurex erfolgt die Erfüllung zu einem späteren Termin.

Der Emittent entscheidet, ob seine Wertpapiere

- im **regulierten Markt** (hierfür ist ein Antrag an die Börse notwendig) oder im **Freiverkehr** (hier ist nur seine Zustimmung notwendig) gehandelt werden;
- an welchem/welchen Börsenort/en die Wertpapiere gehandelt werden sollen. Wertpapiere großer Emittenten werden an vielen/allen Börsenorten gehandelt. Das ist auch eine Kostenfrage, da jeweils Zulassungsgebühren anfallen.

c) Börsenindizes

Börsenindizes bilden die Kursentwicklung bestimmter Wertpapiere ab. Ein Index bezieht sich auf einen festen Ausgangspunkt und eine feste Basis. Dies erleichtert die Vergleichbarkeit der Indizes untereinander. Ein bedeutender Index ist der Deutsche Aktienindex (DAX). Am Basisdatum (z.B. DAX 31. Dez. 1987) wird der Wert der im Index zusammengefassten Wertpapiere auf eine feste Basis (z.B. 1 000 beim DAX) gesetzt. Die im Index enthaltenen Wertpapiere, ihre Gewichtung im Index, die Berechnungsart sowie die Regeln für den Austausch von Wertpapieren innerhalb des Index werden vom jeweiligen Indexanbieter festgelegt. Für die Verwendung (z.B. in Indexprodukten, wie bei einigen Investmentfonds) erhalten die Indexanbieter Lizenzgebühren, da es sich um geschützte Warenzeichen handelt.

Führende Indexanbieter an den internationalen Kapitalmärkten sind:

- Die Deutsche Börse AG
- Dow Jones & Company Ltd. (z.B. Dow Jones Industrial Average Index)
- STOXX Ltd. (z.B. Dow Jones EURO STOXX 50 Index)
- Morgan Stanley Capital International (z.B. MSCI-World Index)

Indizes erfüllen insbesondere folgende Funktionen:
- Informationsfunktion (Überblick über das Marktgeschehen)
- Benchmarkfunktion (Vergleichmaßstab für den Erfolg von Wertpapieranlagen)
- Produktinformation (Nachbildung eines Index mit einem Produkt, z. B. DAX-Fonds oder DAX-Zertifikate).

Alle von der Deutschen Börse AG ermittelten Indizes sind sogenannte »Performance-Indizes«, d. h. die für die Indexermittlung genommenen Tageskurse der entsprechenden Wertpapiere werden um kursverändernde Faktoren (wie Dividenden-, Bezugsrechts- oder Berichtigungsabschläge) bereinigt (d. h. es wird Wiederanlage der entsprechenden Erträge unterstellt). Damit ist der Index besser als Vergleichsmaßstab für ein individuelles Depot oder ein Fondsvermögen geeignet als ein reiner »Preisindex«.

d) Merkmale der Handelssegmente an deutschen Börsen

	Präsenzbörsen		Computerbörsen	
	Regulierter Markt	Freiverkehr OPEN Market	Xetra	Eurex
Preisbildung durch	bestellte Skontroführer	Makler	Computerprogramme	
Art der Preisbildung	– aufgrund elektronisch/schriftlich/mündlich erhaltener Aufträge – »gerechnete« Börsenpreise aufgrund vieler Aufträge (Eröffnungs-, Einheits- und Schlusspreise) – »variable« Notierungen (Preise) aufgrund von Einzelabschlüssen		Aufgrund Ordereingabe über angeschlossene Terminals je nach Wertpapierart – Auktionen – fortlaufender Handel	
Preise sind	Börsenpreise			

4.3.2 Preisbildung an Wertpapierbörsen

Im Parkett- oder Präsenzhandel sowie im Xetra treffen Angebot und Nachfrage nach Aktien (aber auch nach anderen gehandelten Wertpapieren) innerhalb der Handelszeit konzentriert aufeinander.

4.3.2.1 Präsenzhandel

Im **Präsenzhandel** vermitteln Skontroführer die Geschäfte zwischen den zugelassenen Börsenhändlern.

a) Einheitspreisfeststellung (gerechnete Preise)

Bei der **Einheitspreisfeststellung** registrieren die Skontroführer zunächst sämtliche Kauf- und Verkaufswünsche und errechnen hierbei, bei welchem Preis/Kurs der größte Umsatz zustande kommt. Dieses **Auktionsprinzip** genannte Verfahren wird grundsätzlich auch beim Xetra-Handel (siehe unter b) angewandt.

Beispiel:
Vier Käufer interessieren sich für eine Aktie des gleichen Unternehmens und vier Inhaber dieser Aktie wollen sie verkaufen, haben aber nach untenstehender Tabelle unterschiedliche Preisvorstellungen:

Anbieter einer Aktie

Name	Mindestkurs in €	Stückzahl
X	Bestens	10
A	110	3
B	120	5
C	140	4

Nachfrager einer Aktie

Name	Höchstkurs in €	Stückzahl
Y	Billigst	10
D	130	2
E	120	6
F	100	8

Stellt man nun Angebot und Nachfrage bei bestimmten Preisen gegenüber so entsteht folgendes Bild, wobei zu beachten ist, dass ein Höchstkurs besagt, dass auch zu jedem niedrigeren Kurs gekauft wird, bzw. der Mindestkurs besagt, dass auch zu einem höheren Kurs verkauft werden kann. Die Billigst-Nachfrage bedeutet, dass zu jedem Preis gekauft wird. Umgekehrt bedeutet ein Bestens-Verkaufsangebot, dass zu jedem Kurs verkauft wird. Diese Angebote werden zuerst berücksichtigt.

Kurs in €	Angebot	Nachfrage	Käufer	Verkäufer	Gehandelte Stücke
100	10	26	X+D+E+F	Y	10
110	13	18	X+D+E	Y+A	13
120	18	18	X+D+E	Y+A+B	18
130	18	12	X+D	Y+A+B	12
140	22	10		Y+A+B+C	10

Der gerechnete **Einheitspreis** beträgt in diesem Fall **120,00 €**.

Bedingungen für die Festsetzung der Einheitskurse (Kassakurs) sind in der Börsenordnung festgeschrieben:

1. Zum Einheitskurs muss der **größtmögliche Umsatz** zustande kommen.
2. Alle Bestens- und Billigstaufträge müssen ausgeführt werden können.
3. Alle über dem Einheitskurs limitierten Kaufaufträge und alle unter dem Einheitskurs limitierten Verkaufsaufträge werden ausgeführt.
4. Zum Einheitskurs limitierte Kauf- und Verkaufsaufträge müssen wenigstens teilweise ausgeführt werden.

Kurszusätze

Wenn bei der Kursfeststellung Angebot und Nachfrage nicht 100 %ig in Einklang zu bringen sind, wird der Kurs mit einem Zusatz versehen, der das Verhältnis zwischen Angebot und Nachfrage angibt, z. B. 100,50bG.

Kurszusätze und Hinweise sind eine ergänzende Erläuterung zu den entsprechenden Preisen/Kursen. Sie lassen u. a. erkennen, ob und wie die Wertpapieraufträge ausgeführt wurden und vermitteln Informationen über die Marktlage.

»Brief« steht für das Angebot von Wertpapieren, »Geld« für die Nachfrage

Wichtige Kurszusätze	**Bedeutung**	**Erklärung**
b (oder Kurs ohne Zusatz)	bezahlt	Alle zu diesem Kurs möglichen Aufträge wurden ausgeführt.
bG	bezahlt Geld	Die zum festgestellten Kurs limitierten Kaufaufträge müssen nicht vollständig ausgeführt sein; es bestand weitere Nachfrage.
bB	bezahlt Brief	Die zum festgestellten Kurs limitierten Verkaufsaufträge müssen nicht vollständig ausgeführt sein; es bestand weiteres Angebot.
ratB	rationiert Brief	Die zum Kurs und niedriger limitierten sowie die unlimitierten Verkaufsaufträge konnten nur beschränkt ausgeführt werden.
ratG	rationiert Geld	Die zum Kurs und darüber limitierten sowie die unlimitierten Kaufaufträge konnten nur beschränkt ausgeführt werden.
Wichtige Hinweise:		
Wichtige Kurszusätze	**Bedeutung**	**Erklärung**
G	Geld	Es fand kein Umsatz statt, zu diesem Preis bestand nur Nachfrage.
B	Brief	Es fand kein Umsatz statt, zu diesem Preis bestand nur Angebot.
–	gestrichen	Ein Kurs konnte nicht festgestellt werden. Es kamen keine Abschlüssse zustande, da keine Aufträge vorlagen.
ex D	nach Dividende	Erste Notiz unter Abschlag der Dividende.
ex BR	nach Bezugsrecht	Erste Notiz unter Abschlag des Bezugsrechts.
ex BA	nach Berichtigungsaktien	Erste Notiz nach Umstellung des Kurses auf das aus Gesellschaftsmitteln berichtigte (erhöhte) Aktienkapital.

Ablauf der Preisfeststellungen (für nur zum Einheitspreis gehandelte Wertpapiere)

Handelsbeginn	**Börsenzeit**	**Handelsende**
Eröffnung und Entgegennahme von Auträgen durch die Skontroführer	**Ermittlung des Einheitspreises** gemäß Börsenordnung nacheinander für alle entsprechenden Wertpapiere – oft auch „Kassakurs" genannt (i. d. R. ab ca. 12:00 – 13:00 Uhr)	Erstellung der Schlussnoten und Abrechnungen

Vorteil: Eindeutiger und einheitlicher Abrechnungspreis für alle Bankkunden an diesem Tag.

b) Preisfeststellung im variablen Handel

Voraussetzungen für den variablen (fortlaufenden) Handel von Wertpapieren ist eine besondere Zulassung durch die Börsengeschäftsführung. Es werden nur Wertpapiere zugelassen, bei denen regelmäßig größere Umsätze an der Börse stattfinden.

Ablauf der Preisfeststellungen in variabel gehandelten Effekten			
Handelsbeginn	**Börsenzeit**	**Handelsende**	
Eröffnungspreis im variablen Handel (Ermittlung wie Einheitspreis aus allen bei Börsenbeginn vorliegenden variabel handelbaren Aufträgen)	In der Zeit zwischen Eröffnungs- und Schlusspreis **fortlaufende Notierungen**, d. h. Einzelabschlüsse zwischen Händlern und/oder Maklern werden vom Skontroführer bestätigt und der Preis notiert.	**Schlusspreis** im variablen Handel (wie Einheitspreis, aus noch offenen variabel handelbaren Aufträgen – oft keine ausführbaren Aufträge mehr und Notiz »–« bzw. »B« oder »G«)	Erstellung der Schlussnoten und Abrechnungen

Vorteile: Variabler Handel

- ermöglicht Auftragsvergabe bzw. -änderung während der Börsenzeit,
- ermöglicht Arbitragegeschäfte zwischen den Börsenplätzen (Ausnutzen von Preisdifferenzen).

4.3.2.2 Xetra-Handel

Xetra (Exchange Electronic Trading) ist ein vollelektronisches System für den Handel mit Wertpapieren. Es wurde 1997 an der Frankfurter Wertpapierbörse eingeführt und mittlerweile werden in diesem System die meisten Umsätze in Deutschland getätigt.

Nach der Börsenzulassung und der Einrichtung eines Terminals haben alle Marktteilnehmer einen gleichberechtigten, standortunabhängigen Zugang zu dieser Handelsplattform. Die Börsenhändler der Kreditinstitute geben die Kauf- und Verkaufsaufträge am Bildschirm in das System ein. Mit der Zusammenführung passender Orders durch den Zentralrechner (Matching) ist das Börsengeschäft geschlossen.

Besondere Orderarten im Xetra-Handel	
Gültigkeit der Order	– Good-for-day: nur für einen Tag – Good-till-date: bis zu einem bestimmten Datum – Good-till-cancelled: bis zur Rücknahme der Order
Ausführung der Order	– Auction only (A): nur im Auktionshandel – Opening Auction only (OA): nur in der Eröffnungsauktion – Closing Auction only (CA): nur in der Schlussauktion – Fill-or-Kill: Kann die Order nicht sofort vollständig ausgeführt werden, verfällt die Order. – Immediate-or-Cancel: Kann die Order nicht sofort vollständig oder teilweise ausgeführt werden, verfällt die Order.

Die Preisbildung im Xetra-Handelssystem erfolgt

- in **Auktionen** und
- im **fortlaufenden Handel.**

Xetra Handelsphasen				
Vorhandel	**Haupthandelsphase** (9.00 Uhr bis 17.30 Uhr)			**Nachhandel**
(vor 9.00 Uhr)	**Eröffnungs-auktion**	**Fortlaufender Handel**	**Schlussauktion**	(nach 17.30 Uhr)
– Eingabe/ Ändern/ Löschen von Orders – Order Confir-mation – Orderbuch geschlossen	– Aufrufphase mit zufälligem Ende – alle Orders außer »CA only« – teilweise geschlossenes Orderbuch – Preisausfüh-rung nach Meistausfüh-rungsprinzip	– alle Orders außer »OA, CA, A only« – Preis-/ Zeit-priorität – offenes Order-buch	– Aufrufphase mit zufälligem Ende – alle Orders-außer »OA only« – teilweise-geschlossenes O-buch – Preisermitt-lung nach Meistausfüh-rungsprinzip	– Eingabe/ Ändern/ Löschen von Orders – Bearbeitung der Tradecon-firmations – Order Confir-mation – Orderbuch geschlossen

a) Preisbildung durch Auktionen

Für alle in Xetra gehandelten Wertpapiere gibt es täglich mindestens eine Auktion. Bei umsatzschwachen Werten gibt es als Handelsform nur die Auktion. In der Auktion werden alle vorliegenden Orders der Händler und die Quotes der Designated Sponsors[1] berücksichtigt.

[1] Für weniger liquide Wertpapiere (mit geringeren Umsätzen) können »Designated Sponsors« eingesetzt sein, die unter bestimmten Voraussetzungen zur Stellung von »Geld-» oder »Brief-order« verpflichtet sind. Sie haben die Aufgabe, die Marktliquidität der Papiere zu sichern, also tägliche Umsätze möglich zu machen.

Die Auktion umfasst drei Phasen:

– **Aufrufphase**

Die Auktion beginnt mit der Aufrufphase. In dieser Phase können die Teilnehmer Orders und Quotes eingeben sowie bestehende Orders und Quotes ändern oder löschen. Dabei sind sie jederzeit über die aktuelle Ordersituation informiert. Die Aufrufphase hat ein zufälliges Ende, um Preisbeeinflussung zu vermeiden.

– **Preisermittlungsphase**

Auf der Basis der Orderbuchlage zum Ende der Aufrufphase wird binnen weniger Sekunden der Auktionspreis nach Meistausführungsprinzip ermittelt.

Stehen sich nur Marketorders gegenüber, werden diese zum Referenzpreis ausgeführt.

Der **Referenzpreis** ist der zuletzt in einem Wertpapier ermittelte Preis entweder aus einer Auktion oder aus dem fortlaufenden Handel. Unmittelbar nach der Auktionspreisermittlung erhalten alle Kontrahenten eine Ausführungsbestätigung über die zustande gekommenen Abschlüsse. Diese Bestätigungen informieren über Ausführungspreis, -zeit und -volumen.

– **Marktausgleichsphase**

Die Marktausgleichsphase wird nur durchgeführt, wenn ein Überhang vorhanden ist, d.h. ein Teil der ausführbaren Orders in der Preisermittlungsphase nicht aus-geführt werden konnte.

b) Fortlaufender Handel

Im fortlaufenden Handel kann der Händler sich jederzeit die Limits und die je Limit kumulierten Ordervolumina anzeigen lassen (offenes Orderbuch). Sobald eine neue Order oder ein neuer Quote erteilt wird, überprüft das System sofort die Ausführbarkeit mit den Orders auf der gegenüberliegenden Seite des Orderbuchs. Bei größeren Orders ist eine Teilausführung möglich. Über jede dieser Teilausführungen erhält der Verkäufer eine separate Abrechnung.

Das »**Matching**« (Zusammenführung von Kauf und Verkaufsaufträgen) erfolgt nach folgenden Kriterien:

- **Preispriorität** (primäres Kriterium)

  Kauforders mit einem höheren bzw. Verkaufsorders mit einem niedrigeren Limit haben Vorrang. Nicht limitierte Orders (Bestens-/Billigst-Orders) haben Priorität vor Limit-Orders.

- **Zeitpriorität** (sekundäres Kriterium)

  Nur bei Orders mit gleicher Limitierung hat die zuerst eingegebene Order Vorrang. Auch zwischen nicht limitierten Aufträgen (Market Orders) gilt die zeitliche Priorität.

Nicht limitierte Orders (Market Orders) werden zum höchsten Kauf- bzw. niedrigsten Verkaufslimit ausgeführt, der aufgrund der Marktlage möglich ist. Die Ausführung einer Order kann in einem oder mehreren Schritten, teilweise oder gar nicht erfolgen. Demnach können entweder kein, ein oder mehrere Abschlüsse durch eine Xetra-Order generiert werden. Die nicht ausgeführten Orders bzw. Teile werden dann ins Orderbuch gestellt und nach der Preis-/Zeitpriorität sortiert.

Lernkontrollen zu E 4.3

Kursfeststellung an der Wertpapierbörse

1 Ihr Kunde Klaus Wunderlich hat einen Auftrag zum Kauf von 100 Stück Maschinenbau AG-Aktien erteilt. Er möchte höchstens 96,00 € pro Aktie ausgeben und wünscht den Kauf zum Einheitspreis an der Frankfurter Börse.

Dem Skontroführer für VW-Aktien liegen an diesem Börsentag folgende Aufträge vor:

Kaufaufträge	Verkaufsaufträge
Unlimitiert Stück 250	Unlimitiert Stück 125
Limit 94 € Stück 230	Limit 96 € Stück 190
Limit 95 € Stück 100	Limit 95 € Stück 265
Limit 96 € Stück 60	Limit 94 € Stück 80
Limit 97 € Stück 80	Limit 93 € Stück 120

a) Ermitteln Sie den Einheitskurs für diese Aktie aufgrund der Auftragslage.

b) Erstellen Sie die Abrechnung für Herrn Wunderlich. Sie berechnen 1,08 % Kaufspesen.

2 Ihre Kundin Eva Meyerdirks hat Ihnen gestern einen Kaufauftrag über 30 Stück Aktien der Vita-AG mit einem Limit von 131,00 € erteilt. Der Auftrag sollte zum Einheitspreis an der Frankfurter Börse ausgeführt werden. Der festgestellte Einheitspreis beträgt 130 bG. Frau Meyerdirks bittet Sie heute telefonisch um Auskunft, zu welchem Kurs ihr Kaufauftrag ausgeführt wurde.

4.4 Abwicklung von Kundenaufträgen

Im Anschluss an eine Anlageberatung erfolgt i. d. R.

- die Auftragserteilung,
- die Auftragsausführung,
- die Abrechnung des Kundenauftrages,
- die Auftragserfüllung.

a) Auftragserteilung

Der Effektenkauf- oder -verkaufsauftrag muss alle erforderlichen Daten enthalten:

- Persönliche Angaben zum Kunden (Name, Depotnummer, Verrechungskonto usw.)
- Art des Auftrags (Kauf oder Verkauf)
- Wertpapierkennnummer und Wertpapierbezeichnung
- Umfang des Auftrags (Stückzahl der Aktien bzw. Nominalwert der Schuldverschreibungen)
- Angaben zum Kurs (z. B. preislich unlimitiert)
- Gültigkeit des Auftrags (z. B. für einen Tag)
- Ausführungsplatz (Präsenzhandel, elektronischer Handel, Inland, Ausland, außerbörslicher Handel)
- Datum und Uhrzeit der Auftragserteilung und Unterschrift

b) Auftragsausführung

Bevor der Auftrag ausgeführt werden kann, muss eine Deckungsprüfung erfolgen (Kontodeckung beim Kaufauftrag, Depotbestandsprüfung beim Verkaufsauftrag).

Im Anschluss wird das Kreditinstitut den Auftrag online an die Börse weiter leiten.

<table>
<tr><td colspan="2">Das Kreditinstitut kauft oder verkauft die Wertpapiere als Kommissionär, d. h. im eigenen Namen für fremde Rechnung.
Der Kommissionsvertrag beinhaltet für das Kreditinstitut folgende</td></tr>
<tr><td>Pflichten:
– das Geschäft mit kaufmännischer Sorgfalt ausführen,
– die Weisungen des Kunden befolgen,
– das Interesse des Kunden wahren,
– Rechenschaft über das Ausführungsgeschäft geben, Abschluss anzeigen,
– das Erlangte herausgeben.</td><td>Rechte:
– auf Zahlung des Kaufpreises bzw. auf Herausgabe der Wertpapiere,
– auf Aufwendungsersatz und vereinbarte Provision.</td></tr>
</table>

Kommt über die Börse kein Ausführungsgeschäft zustande, so entfällt auch die Erfüllung des Kommissionsvertrages.

c) Abrechnung des Kundenauftrages

Die Auftragsabrechnung erfolgt wertstellungsmäßig am zweiten Börsentag nach Abschluss des Börsengeschäftes.

d) Auftragserfüllung

Am zweiten Börsentag nach dem Tag des Geschäftsabschlusses an der Börse sind die Geschäfte durch Zahlung des Kaufpreises und Übertragung des Eigentums an den Wertpapieren zu erfüllen.

5 Fondssparen

Situation

Brigitte Adam (33 Jahre alt, ledig) arbeitet als kaufmännische Angestellte bei einem Zeitungsverlag. Künftig möchte sie ca. 250,00 € monatlich anlegen. Sie ist nach einem Gespräch mit Freunden von den mittel- bis langfristigen Perspektiven einer Fondsanlage, insbesondere für ihre Altersvorsorge, überzeugt. Sie bittet um eine Beratung über die Möglichkeiten des Fondssparens.

5.1 Das Fondsprinzip

Übersicht: »Investmentfondsidee«

Geldanlagekriterien

Rentabilität — **Liquidität**

Sicherheit

↓

Spannungsverhältnis lösen durch

↓

breite Streuung der Geldanlage

↓

Dies erfordert:
- eine hohe Anlagesumme
- genügendes Fachwissen
- Zeit für ständige Aktualisierung der Auswahl

↓

Lösungen:

↓

- Vermögensverwaltung durch Banken (...) oder
- gemeinsame Anlage der Gelder vieler Anleger durch eine dritte Person

↓

= Investmentfondsidee

Die Geldanlagekriterien **Rentabilität, Sicherheit** und **Liquidität** stehen in einem Spannungsverhältnis und sind nicht ohne Kompromisse miteinander vereinbar.

- Zum einen besteht ein Spannungsverhältnis zwischen Sicherheit und Rendite. Denn zur Erzielung eines möglichst hohen Grades an Sicherheit muss eine tendenziell niedrigere Rendite in Kauf genommen werden. Umgekehrt sind überdurchschnittliche Renditen durchweg mit erhöhten Risiken verbunden.
- Zum anderen kann ein Zielkonflikt zwischen Liquidität und Rentabilität bestehen, da liquidere Anlagen oft mit Renditenachteilen verbunden sind.

Dieses Spannungsverhältnis lässt sich durch eine breite Streuung der Geldanlage lösen. Ausgehend von der Risikobereitschaft kann für den Kunden eine Anlagestrategie entwickelt werden, bei der eine Aufteilung der Vermögenswerte auf die verschiedenen Anlageformen (z.B. Anlage auf Konten, Schuldverschreibungen, Aktien, Immobilien) erfolgt.

Beispiele:

	Konservatives Depot	Risikobewusstes Depot	Spekulatives Depot
Liquidität	10%	10%	10%
EUR-Anleihen	50%	30%	10%
Währungs-Anleihen	20%	20%	
»Euroland«-Aktien	15%	30%	30%
Internationale Aktien	5%	10%	50%

Eine entsprechende Aufteilung der Geldanlage erfordert

- eine »hohe« Anlagesumme,
- genügend Fachwissen und
- Zeit für ständige Aktualisierung der Auswahl der Anlageprodukte.

Als mögliche Lösungen kommen in Frage:

- Die Vermögensverwaltung durch Kreditinstitute. Sie wird in der Regel aber erst ab einem Mindestvermögen, z.B. 100000,00 € angeboten.
- Die gemeinsame Anlage der Gelder vieler Anleger durch eine dritte Person, z.B. durch eine Investmentgesellschaft.

In einem **Investmentfonds** bündelt eine Kapitalanlagegesellschaft die Gelder vieler Anleger, um sie nach dem Prinzip der Risikomischung in verschiedenen Vermögenswerten (Wertpapiere, Geldmarktinstrumente, Immobilien, stille Beteiligungen) anzulegen und fachmännisch zu verwalten. »Investmentfonds« (bzw. Sondervermögen) ist damit die Bezeichnung für die Gesamtheit der von Anlegern eingezahlten Gelder und der hierfür angeschafften Vermögenswerte. Über die konkrete Anlagepolitik eines einzelnen Fonds geben die jeweiligen Verkaufsprospekte und die Vertragsbedingungen verbindliche Auskunft.

Entwicklung der Investmentfonds in Deutschland:

	1970	2010
Publikumsfonds davon	4,9 Mrd. €	651,6 Mrd. €
Aktienfonds	3,2 Mrd. €	197,7 Mrd. €
Rentenfonds	1,4 Mrd. €	149,7 Mrd. €
Mischfonds und sonstige Investmentfonds		131,3 Mrd. €
Wertgesicherte Investmentfonds		34,6 Mrd. €
Geldmarktfonds		51,2 Mrd. €
Offene Immobilienfonds	0,3 Mrd. €	87 Mrd. €
Spezialfonds	0,5 Mrd. €	325,5 Mrd. €
Zahl der Riester-Verträge mit Investmentfonds		2,6 Mio.
Zahl der Investmentfonds-Sparpläne mit vermögenswirksamen Leistungen		3,5 Mio.
Zahl der Investmentfonds	172	10 377
Publikumsfonds	60	6 477
Spezialfonds	112	3 900
Investmentvermögen pro Kopf der Bevölkerung	89 €	7 946 €

5.2 Gesetzliche Regelungen

Gesetzliche Regelungen zu Fonds finden sich in erster Linie im **Investmentgesetz (InvG)**.

5.2.1 Bestimmungen über die Kapitalanlagegesellschaft

InvG §§ 2, 6, 7, 11, 33

Kapitalanlagegesellschaften (KAG) sind Unternehmen, deren Geschäftsbetrieb darauf gerichtet ist, bei ihnen eingelegtes Geld im eigenen Namen für gemeinschaftliche Rechnung der Einleger (Anteilinhaber) nach dem Grundsatz der Risikomischung in den nach diesem Gesetz zugelassenen Vermögensgegenständen gesondert vom eigenen Vermögen in Form von **Sondervermögen** anzulegen und über die hieraus sich ergebenden Rechte der Anteilinhaber Urkunden **(Anteilscheine)** auszustellen.

Sie dürfen nur in der Rechtsform der AG oder GmbH betrieben werden und benötigen eine Erlaubnis durch die BaFin. Das Mindest-Eigenkapital beträgt bei Gründung 300 000,00 € (bei Erbringung von Nebenleistungen im Sinne von § 7 Abs. 2 Nr. 4 InvG oder wenn sie Immobilien-Sondervermögen verwaltet, muss sie mit einem Anfangskapital von mind. 2,5 Mio. € ausgestattet sein).

Das Sondervermögen haftet nicht für die Verbindlichkeiten der KAG.

InvG § 31 Die KAG ist über die Sondervermögen verfügungsberechtigt (Kauf oder Verkauf, Stimmrecht aus Aktien wahrnehmen).

§ 32 Die KAG hat Anspruch auf Kostenerstattung und eine Vergütung für ihre Tätigkeit (gemäß Vertragsbedingungen) aus dem Sondervermögen.

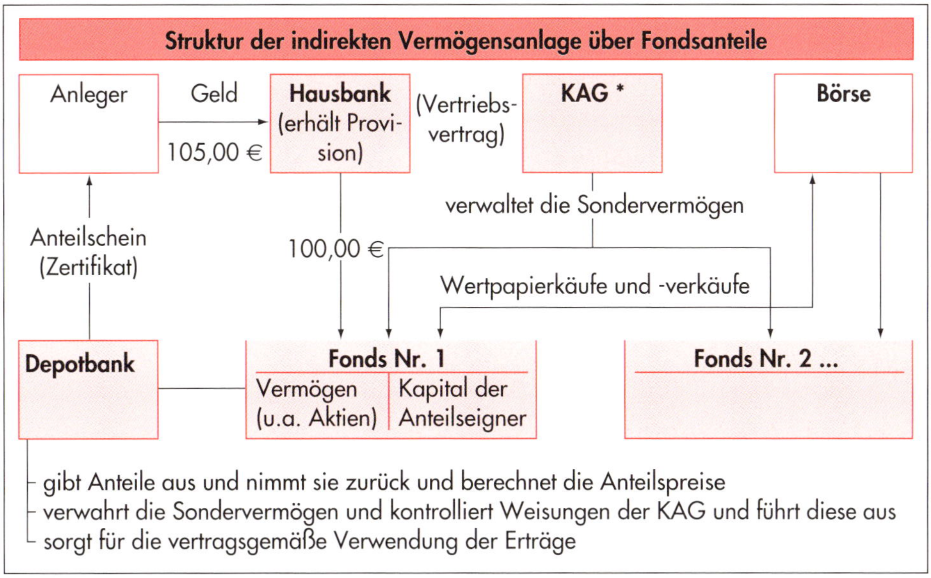

* oft eine Tochtergesellschaft der Depotbank

Exkurs: Anteilsschein (Zertifikat)

= Wertpapier (Einzelurkunde über ein/mehrere Anteile oder Miteigentum an einer Globalurkunde)

Verbrieft wird u.a.:

- das (eingeschränkte) Miteigentumsrecht am Sondervermögen (Miteigentum an jeder Aktie ... anteilig entsprechend Zahl eigener Anteile zu Gesamtzahl der Anteile; eingeschränkt, da nur die KAG über die Aktien ... verfügen kann, das Stimmrecht ausübt ...),
- das Recht auf vertragsgemäße Verwaltung durch die KAG,
- Recht auf regelmäßige Information (Vertragsbedingungen und Rechenschaftsberichte mit Inventar und GuV-Rechnung des Sondervermögens),
- das Recht auf Anteilsrücknahme,
- das Recht auf Ertragsbeteiligung (Auszahlung, soweit in den Vertragsbedingungen vorgesehen),
- Verwahrung der Anteilscheine i. d. R. im Depot bei der Hausbank oder auch bei der KAG.

Nur bei Verwahrung bei der KAG sind i. d. R. Fondssparpläne möglich.

5.2.2 Rechte des Anteilsinhabers (Käufers)

InvG § 30 Das bei der KAG eingelegte Geld und die damit angeschafften Vermögensgegenstände bilden ein Sondervermögen. Die zum Sondervermögen gehörenden Gegenstände können nach Maßgabe der Vertragsbedingungen im Eigentum der KAG oder im **Miteigentum der Anteilinhaber** (Normalfall) stehen. Das Sondervermögen ist von dem eigenen Vermögen der KAG getrennt zu halten.

Die KAG darf mehrere Sondervermögen bilden.

§ 12 Der Käufer muss die **Vertragsbedingungen** des Fonds und einen **Verkaufsprospekt** (mit Angaben über die KAG sowie den letzten Rechenschaftsbericht des Fonds mit Inventar und GuV-Rechnung) angeboten werden.

§ 127 Für die Angaben im Verkaufsprospekt haften die KAG und die die Anteile verkaufende Bank max. drei Jahre ab Kauf (Rücknahmepflicht bzw. Schadenersatz).

§ 126 Bei Vertragsabschluss außerhalb der Geschäftsräume des Verkäufers hat der Käufer zwei Wochen Rücktrittsrecht **(Haustürgeschäft)**.

§ 41 Der Käufer muss über die Kostenrechnung und die Gesamtkostenquote (einzelne Kosten eines Fonds im Verhältnis zum durchschnittlichen Fondsvermögen) informiert werden.

§ 37 Der Käufer hat ein Recht auf Rückgabe des Anteils an die KAG (Rückzahlung zum Rücknahmepreis aus dem Fondsvermögen).

In den vergangenen Jahren haben Fondsgesellschaften die zeitweise Aussetzung der Anteilsrücknahme bei offenen Investmentfonds verfügt. Das heißt: Für einen begrenzten Zeitraum (in der Regel zwischen drei Monaten und maximal zwei Jahren) ist es Anlegern nicht möglich, ihre Fondsanteile an die Fondsgesellschaft zurückzugeben.

Davon betroffen waren in den vergangenen Jahren vor allem die Inhaber von Anteilen an **offenen Immobilienfonds**, die durch die Finanzkrise ins Trudeln geraten waren und über zu wenig Mittel zur Rückzahlung verfügten, nachdem sich viele Anleger gleichzeitig Ihre Anteile auszahlen lassen wollten. Der Gesetzgeber hat deshalb zur Stabilisierung dieses Marktes u. a. die Anteilscheinrücknahme neu geregelt (vgl. E 1.2.6 und E 5.3.a).

§ 39 Er hat ferner Anspruch auf anteiligen Liquidationserlös bei Auflösung des Fonds und Anspruch auf Ausschüttung von Erträgen, soweit letzteres in den Vertragsbedingungen vorgesehen ist.

5.2.3 Aufgaben der Depotbank

§ 20, § 21, § 24, §§ 25–27 Das Sondervermögen muss von einer anderen Bank in gesperrten Konten und Depots verwahrt werden, die gewählte Depotbank muss der BaFin gemeldet werden (Widerspruchsrecht).

§ 23 Die Depotbank führt die Weisungen der KAG aus und prüft deren Übereinstimmung mit dem Gesetz über Kapitalanlagengesellschaften (KAGG) und den Vertragsbedingungen.

Die Depotbank übernimmt die Ausgabe und Rücknahme der Anteilscheine.

§ 27, §§ 23, 36 Die Depotbank kontrolliert die börsentägliche Ermittlung der Ausgabe- und Rücknahmepreise der Anteilscheine.

Der Rücknahmepreis ist i. d. R. der Inventarwert, der Ausgabepreis ist i. d. R. der Rücknahmepreis zuzüglich eines »Ausgabeaufschlags«. Der Inventarwert des Anteils ist das Vermögen des Fonds geteilt durch die Anzahl der ausgegebenen Anteile.

5.3 Fondsarten

Übersicht:

<table>
<tr><td colspan="7">Fondsarten (gemäß dem Investmentgesetz) ohne Investmentaktiengesellschaften</td><td>Sonstige Fonds</td></tr>
<tr><td colspan="4">Spezialsondervermögen (-fonds)
(§§ 2 Abs. 3 und 91–95 InvG)</td><td colspan="3">Offene Publikumsfonds</td><td>Geschlossene Fonds</td></tr>
<tr><td colspan="4">Als Anleger nur nicht-natürliche Personen = Vermögensverwaltung für Unternehmen</td><td colspan="3">Anzahl der Anleger und Anzahl der auszugebenden Anteile ist unbegrenzt - i.d.R. werden laufend neue Anteile verkauft</td><td rowspan="4">Anzahl der auszugebenden Anteile ist durch den Fondszweck begrenzt, z.B. Finanzierung eines
– Schiffes,
– Gebäudes,
– Flugzeugs,
– Filmes, ...
(i.d.R. in der Rechtsform der KG oder GbR, oft als »Steuersparmodell« konzipiert).</td></tr>
<tr><td colspan="7">Beispiele für Fondsarten offener Publikumsfonds (gem. InvG)
– mit (Garantiefonds § 7 Abs. 2 Nr. 6a) oder ohne Zusage eines festen Rückzahlungsbetrages
– als aktiv gemanagte Fonds oder Indexfonds (§§ 63–65)</td></tr>
<tr><td>Richtlinienkonforme Fonds (§ 46–65)
(Anlage in Wertpapieren, Geldmarktinstrumenten, Bankguthaben und Fondsanteilen zulässig)
Wertpapierfonds | Geldmarktfonds | Dachfonds
Mischfonds</td><td>Immobiliensondervermögen (-fonds) (§§ 66–82)</td><td>Gemischte Sondervermögen (Wertpapier- und Grundstücksfonds) (§§ 83–86)</td><td>Altersvorsorgesondervermögen (-fonds) (§§ 87–90)</td><td>Sondervermögen mit zusätzlichen Risiken Hedgefonds (Dach- und Single-Hedge–fonds)</td><td>Infrastruktursondervermögen (-fonds – seit 2008 Anlage in Beteiligungen an ÖPP-Gesellschaften (§§ 90a–f)</td><td>Sonstige Sondervermögen – seit 2008 Anlage auch in Edelmetallen, unverbrieften Darlehen, Unternehmensbeteiligungen, Hedgefonds (§§ 90g–k)</td></tr>
<tr><td colspan="7">Nur für offene richtlinienkonforme Fonds (Wertpapier-, Geldmarkt-, Dach- und Mischfonds), Grundstücks-, Altersvorsorge-, gemischte Wertpapier- und Grundstücksfonds sowie seit 2004 Dach-Hedgefonds als Publikumsfonds und seit 2008 für Infrastruktur- und Sonstige Sondervermögen gilt das Investmentgesetz mit seinen Schutzvorschriften vollständig. Außerdem regelt das Investmentgesetz seit 2004 Investmentaktiengesellschaften. Da in der Praxis die Bezeichnungen von Fonds als Wertpapier-Aktienfonds (51 %), Wertpapier-Rentenfonds (51 %), Geldmarktfonds (85 % Bankguthaben und Geldmarktinstrumente) und Indexfonds (95 %) üblich sind, hat die BaFin obige Prozentsätze als Mindestgrenze für die entsprechende Fondszusammensetzung in einer Richtlinie geregelt.</td></tr>
</table>

a) Offene Publikumsfonds

Publikumsfonds in Form von offenen Fonds sind die übliche Anlageform für den privaten Anleger. Bei offenen Fonds ist die Zahl der Anteile (und damit der Teilhaber) von vornherein unbestimmt. Die Fondsgesellschaft gibt je nach Bedarf neue Anteile aus und nimmt ausgegebene Anteile zurück. Die Fondsgesellschaft hat aber die Möglichkeit, die Ausgabe von Fondsanteilen zeitweise zu beschränken, auszusetzen oder endgültig einzustellen.

Unter den **offenen Publikumsfonds** haben die Anleger die Auswahl unter einer Vielzahl von Angeboten:

- **Offene Immobilienfonds** investieren die zufließenden Gelder nach dem Grundsatz der Risikomischung in überwiegend gewerblich genutzte Grundstücke oder Gebäude und halten daneben liquide Finanzanlagen wie Wertpapiere und Bankguthaben. Die liquiden Mittel dienen u. a. dazu, Rücknahmen von Anteilscheinen zu gewährleisten.

  Die Anteilscheinrücknahme bei offenen Immobilienfonds wurde neu geregelt (vgl. E 1.2.6) und erlangt spätestens ab dem 1. Januar 2013 Gültigkeit. Das sind u. a.

  - 12 Monte Kündigungsfrist für Bestands- und Neuanleger
  - 24 Monate Ersthaltefrist für Neuanleger
  - Freibetrag von 30 000,00 Euro pro Kalender-Halbjahr, unabhängig von allen Fristen.

Beispiel:

1. Bestandsanleger– Entnahmebeispiel für eine angenommene Anlagesumme von 100 000,00 €					
	1. Januar – 30. Juni 2013	1. Juli – 31. Dezember 2013	1. Januar – 30. Juni 2014	1. Juli – 31. Dezember 2014	
Kündigung im Januar 2013, Kündigungsfrist 12 Monate	Auszahlung max. 30 000 €	Auszahlung max. 30 000 €	Auszahlung von 40 000 € im Januar 2014		
2. Neuanleger – Entnahmebeispiel für eine angenommene Anlagesumme von 100 000 €					
2.1 Ersthaltefrist nach Kauf: 24 Monate					
	1. Januar – 30. Juni 2013	1. Juli – 31. Dezember 2013	1. Januar – 30. Juni 2014	1. Juli – 31. Dezember 2014	
	Auszahlung max. 30 000 €	Auszahlung max. 30 000 €	Auszahlung max. 30 000 €	Auszahlung max. 30 000 €	
2.2 Ersthaltefrist nach Kauf: 24 Monate					
			1. Januar – 30. Juni 2014	1. Juli – 31. Dezember 2014	
Kündigung im Januar 2014, Kündigungsfrist 12 Monate			Auszahlung max. 30 000 €	Auszahlung max. 30 000 €	Auszahlung 40 000 € im Januar 2015

- **Offene Wertpapierfonds** legen das übertragene Kapital in Wertpapieren an. Das Spektrum der einbezogenen Papiere und der Anlageschwerpunkt sind in den jeweiligen Vertragsbedingungen geregelt.
- **Geldmarktfonds** legen das ihnen übertragene Anlagekapital in Tages- und Termingeldern sowie in Geldmarktpapiere (z. B. Schatzwechsel, Schuldverschreibungen und Einlagenzertifikate mit einer Restlaufzeit von bis zu einem Jahr) an.
- **Altersvorsorge-Sondervermögen** legen das bei ihnen eingelegte Geld mindestens zur Hälfte in sachwertbezogene Anlagen, d. h. Aktien, Grundstücke oder Anteilscheinen an Immobilien-Sondervermögen an. Der Anleger hat die Möglichkeit,

einen Vertrag mit einer Laufzeit von mindestens 18 Jahren oder mit einer Laufzeit bis mindestens zur Vollendung seines 60. Lebensjahres abzuschließen. Er verpflichtet sich dadurch, während der Vertragslaufzeit in regelmäßigen Abständen Geld bei der Kapitalanlagegesellschaft zum Bezug weiterer Anteilscheine einzuzahlen **(Altersvorsorge-Sparplan)**.

- **Gemischte Wertpapier- und Grundstücksfonds** legen das bei ihnen eingelegte Geld in Wertpapiere und Grundstücke oder Anteilen an Grundstücks-Sondervermögen an. Weitere Einzelheiten zu den Vermögensgegenständen und dem Anlageschwerpunkt sind den jeweiligen Vertragsbedingungen zu entnehmen.
- **Dachfonds** legen das bei ihnen eingelegte Geld in Anteilen anderer deutscher Fonds oder in ausländischen Investmentanteilen an. Dachfonds werden häufig zur Vermögensverwaltung kleiner und mittlerer Vermögen eingesetzt. Anlageschwerpunkte sind den jeweiligen Vertragsbedingungen zu entnehmen.

Exkurs: Gestaltungsmöglichkeiten bei offenen Wertpapierfonds

Die offenen Wertpapierfonds können eine vollständig unterschiedliche Charakteristik aufweisen; sie ist abhängig von den jeweiligen Vertragsbedingungen. Die folgenden Kriterien erlauben eine nähere Beschreibung der spezifischen Eigenschaften eines Wertpapier-Sondervermögens:

Schwerpunkt der Zusammensetzung	• **Standard-Aktienfonds** legen in Aktien an, die wegen allgemein anerkannter Qualität als Standardwerte gelten (so genannte »blue chips«). • **Branchenfonds** legen in Aktien bestimmter Industriezweige oder Wirtschaftssektoren an (z. B. Technologie, Energie, Banken und Versicherungen). • **Small Cap-Fonds** legen in Aktien mittlerer und kleiner Unternehmen an. • **Aktien-Indexfonds** bilden einen bestimmten Aktienindex (z. B. DAX) nach. • **Standard-Rentenfonds** investieren in verzinsliche Wertpapiere mit unterschiedlichen Zinssätzen und Laufzeiten, und zwar fast ausschließlich in solche mit guter bis sehr guter Bonität des Emittenten. • **Spezielle Rentenfonds** konzentrieren sich auf bestimmte Ausschnitte des Rentenmarktes, z.B. – niedrig verzinsliche Anleihen, – variabel verzinsliche Anleihen, – hoch verzinsliche Anleihen unterschiedlicher Bonität, – hoch verzinsliche Anleihen mit geringer Bonität (Junk Bonds), – Wertpapiere mit kurzer Restlaufzeit, – Nachbildung eines bestimmten Rentenindex. • **Mischfonds** nutzen sowohl die Instrumente des Aktien- wie des Rentenmarktes. • **Spezialitätenfonds** weisen von der Konzeption her nicht selten ein von vornherein geringes Maß an Risikostreuung auf, indem sie ihre Anlagen auf ganz bestimmte Märkte, Instrumente oder Kombinationen daraus konzentrieren (z. B. Optionsschein-Fonds, Genussschein-Fonds, Futures-Fonds ...).

	● **Strategiefonds** sind Fonds, deren Anlagerichtlinien eine spezielle Strategie widerspiegeln. Eine Untergruppe dieser Fondskategorie sind die sogenannten **Hedgefonds**. Das Investmentgesetz unterscheidet zwischen Single-Hedge-Fonds und Dach-Hedge-Fonds. **Single-Hedge-Fonds** sind Einzelfonds, die gemäß ihrer Anlagestrategie das Fondsvermögen direkt in Finanzinstrumente (z. B. Aktien, Futures, Optionen) anlegen. **Dach-Hedge-Fonds** investieren die Gelder ausschließlich in andere Single-Hedge-Fonds **(Zielfonds)**. Die Anlage in Dach-Hedge-Fonds weist aufgrund der großen Streuung bedeutend niedrigere Risiken auf als die Anlage in Single-Hedge-Fonds. Zum Schutz privater Anleger sind nur Dach-Hedge-Fonds zum öffentlichen Vertrieb zugelassen, während Single-Hedge-Fonds ausschließlich institutionellen Investoren und sehr vermögenden Privatkunden im Wege der Privatplatzierung angeboten werden dürfen. Die Werbung für Single-Hedge-Fonds ist verboten. Mit unterschiedlichen Strategien und Instrumenten kann sowohl auf fallende als auch steigende Marktpreise gesetzt werden.
Geografischer Anlagehorizont	Diese Fonds investieren in Wertpapiere, deren Emittenten in einem bestimmten Land (Länderfonds) oder in einer bestimmten Region ihren Sitz haben.
Zeitlicher Anlagehorizont	Investmentfonds können ohne eine Laufzeitbegrenzung oder als Fonds mit einer festen Laufzeit (Laufzeitfonds) aufgelegt werden. Nach Ablauf einer festen Laufzeit wird das Fondsvermögen im Interesse der Anteilsinhaber verwertet und der Erlös an diese verteilt.
Rückzahlungs- oder Ertragsgarantie	Die Fondsgesellschaft kann Investmentfonds mit und ohne Garantie auflegen. Wird eine Garantie gewährt, so kann sie für eine bestimmte Laufzeit hinsichtlich der Ausschüttung gelten oder auf die Rückzahlung des investierten Kapitals oder auf die Wertentwicklung gerichtet sein.
Ausschüttungsverhalten	● Bei **Ausschüttungsfonds** erhalten die Anteilsinhaber in der Regel jährlich eine Ausschüttung. Oftmals gewähren die Fondsgesellschaften einen sog. **Wiederanlagerabatt**, wenn der Ausschüttungsbetrag innerhalb einer bestimmten Frist nach der Ausschüttung zur Wiederanlage bereitgestellt wird. Der Rabatt entspricht häufig dem Ausgabeaufschlag. ● Bei **thesaurierenden Fonds** werden die Erträge nicht ausgeschüttet. Das Fondsmanagement verwendet sie zum Erwerb weiterer Vermögenswerte.
Mit oder ohne Ausgabeaufschlag	Investmentfondsanteile können mit oder ohne Ausgabeaufschlag angeboten werden. Bei Fonds ohne Ausgabeaufschlag (sog. »No Load Fonds« und »Trading Fonds«) ist die unterjährige Verwaltungsgebühr höher.
Währung	Die Fondsgesellschaften bieten Fondsanteile zu Preisen in unterschiedlicher Währung an.

b) Geschlossene Fonds

Bei geschlossenen Fonds wird nur eine bestimmte Zahl von Anteilen über eine fest begrenzte Anlagesumme ausgegeben. Bei Erreichen des geplanten Volumens wird der Fonds geschlossen, die Ausgabe von Anteilen wird eingestellt. Im Gegensatz zu offenen Fonds besteht keine Verpflichtung der Gesellschaft, Anteile zurückzunehmen. Die Anteile können nur an andere Anleger verkauft werden. Der Preis richtet sich dabei nach Angebot und Nachfrage. Das Investmentgesetz mit seinen Anleger-Schutzvorschriften gilt für die in Deutschland vorherrschenden geschlossenen Immobilienfonds nicht.

5.4 Kosten der Fondsanlage (für Anteilskäufer) und Wertentwicklung

a) Offene Kosten (gemäß Vertragsbedingungen des Fonds):

- i.d.R. Ausgabeaufschlag für Anteilskauf zur Deckung der Vertriebskosten (oft bis 6 % bei Aktienfonds, sonst weniger; verhandelbar)
- Verwaltungsgebühr für die KAG (0,3–2,5 % p. a. vom Fondsvermögen, selten ertragsabhängig)
- Depotbankgebühr (für Aufgaben gemäß InvG, oft 0,1 % vom Fondsvermögen p. a.)
- zusätzlich die Depotgebühr für die Verwahrung der Anteilscheine
- jährliche Rückvergütung (Bestandsprovision) aus den Fondserträgen an die beratende bzw. verkaufende Bank

Manche Fonds berechnen Erfolgsvergütungen, teils auf absoluter (Beteiligung am Gewinn) oder relativer (Beteiligung am Übertreffen einer bestimmten Benchmark) Bemessungsgrundlage.

b) Verdeckte Kosten (Berechnungsgrundlagen werden nicht genannt, nur Abzug in der GuV des Fonds):

- Gebühr der Depotbank für Kauf/Verkauf der Wertpapiere des Fondsvermögens
- Gebühr der Depotbank für die Führung des Depots und der Konten für das Sondervermögen
- Verwaltungskosten der KAG für das Sondervermögen (Prüfung des Rechnungsabschlusses, Veröffentlichungs-, Druck-, Versandkosten ...)

Besonderheit: Spread beim Börsenhandel mit Investmentanteilscheinen

Seit einigen Jahren werden Investmentanteilscheine auch an Wertpapierbörsen gehandelt. Offenbar ist das Geschäft lukrativ, der Kampf um die Gebühren der Privatanleger wird über den Preis und das Fondsangebot geführt. Der häufigste Grund für den Kauf über die Börse ist, den Ausgabeaufschlag zu sparen – der beträgt bei Aktienfonds in der Spitze rund 5 Prozent. Stattdessen werden an der Börse aber Ordergebühren der Bank sowie Maklercourtage fällig. Da Fonds an der Börse zudem mit einer Spanne zwischen An- und Verkaufspreis (**Spread**) gehandelt werden, entsteht ein weiterer Kostenfaktor. Während der Kauf über die Börse in vielen Fällen aus Kostengründen lohnt, ist es ratsam, den Verkauf über die Fondsgesellschaft abzuwickeln. In diesem Fall kostet die Transaktion nämlich nichts, da die Fondsgesellschaft den Anteil unentgeltlich zurücknimmt.

Spread

Beim Fondskauf über die Börse fällt kein Ausgabeaufschlag an, allerdings muss der Spread bezahlt werden. Das ist die Preisdifferenz zwischen An- und Verkaufspreis. Diese Marge variiert je nach Börse und Fonds.

- **Hamburg:** 2 700 Fonds; maximaler Spread 1,5 Prozent.
- **Berlin:** 2 600 Fonds; maximaler Spread 2,0 Prozent.
- **Düsseldorf:** 2 500 Fonds; maximaler Spread 2,0 Prozent.
- **München:** 2 500 Fonds; maximaler Spread 2,5 Prozent.
- **Frankfurt:** 3 100 Fonds; maximaler Spread 2,0 Prozent.

Stand: Juli 2006

Kosten je Order an der Frankfurter Börse

- 0,08 % Provision der Spezialisten
- Individuelle Gebühr der jeweiligen Hausbank
- indirekte Kosten durch Spread

Exkurs: ETF (Exchange Traded Funds)

Dabei handelt es sich um börsengehandelte Investmentfonds, die die Vorzüge von klassischen Indexfonds der ersten Generation und Aktien miteinander kombinieren – ohne deren Nachteile zu besitzen. ETFs werden deshalb auch als die Königsklasse unter den Indexanlagen bezeichnet.

Seit ihrer erstmaligen Notierung im XTF-Segment der Gruppe Deutsche Börse (Xetra-Handelssystem) im April 2000 haben ETFs andere Anlageprodukte deutlich überholt. Das durchschnittliche Handelsvolumen in ETFs liegt nach Angaben der Deutschen Börse in 2010 bei rund elf Milliarden Euro. Die in Deutschland gelisteten ETFs bilden mehr als 400 Indizes ab. Inzwischen gibt es kaum ein Anlageziel, dass man nicht mit ETFs verwirklichen kann.

Der Hauptteil des in ETF investierten Vermögens ist in Aktien-Indizes (50 %) angelegt und knapp 20% in Rentenindizes.

Aufgrund ihrer äußerst geringen Kosten, der exakten Indexnachbildung sowie der hohen Transparenz und Flexibilität steigt der Marktanteil auch unter Privatanlegern von Jahr zu Jahr.

Die Veröffentlichung der Zusammensetzung des Portfolios von ETFs erfolgt auf täglicher Basis. Damit erhalten Anleger fortlaufend einen Überblick über die Gewichtung der einzelnen Aktien im Portfolio auf Basis der Schlusskurse vom Vortag.

Für börsengehandelte Fonds berechnet entweder die Deutsche Börse oder, alternativ ein vom Emittenten beauftragter Dienstleister während der Handelszeit mindestens einmal pro Minute den »indikativen Nettoinventarwert«, kurz iNAV®. Dabei wird das Fondsvermögen in der Regel auf Basis der Kurse der Einzelpositionen im Fonds-Portfolio ermittelt und die Barmittel des Fonds addiert. Das so berechnete Fondsvermögen geteilt durch die Zahl der im Umlauf befindlichen Fondsanteile ergibt den iNAV-Wert, den die Deutsche Börse im Minutentakt wie einen Aktienkurs veröffentlicht.

Exchange Traded Funds sind sehr liquide Finanzinstrumente. Da die mindesthandelbare Menge nur ein Stück beträgt, wird eine ständige Liquidität mit Geld-Brief-Spannen, auch für kleine Mengen, sichergestellt. Die niedrigen Handelsspannen (Spreads) werden unabhängig von der Höhe der Börsenumsätze festgesetzt. Designated Sponsors garantieren bei allen ETFs eine hohe Liquidität, indem sie permanent An- und Verkaufskurse für die Fonds stellen. Für den Anleger bedeutet dies, dass alle Käufe und Verkäufe von ETFs schnell ausgeführt werden können.

Der größte für Privatinvestoren spürbare Unterschied besteht in den Kosten. Der Aufwand, den die auflegende Gesellschaft betreiben muss, ist bei einem aktiv verwalteten Fonds erheblich höher – folglich auch die Managementgebühren, die der Investor trägt. Bei Indexfonds liegen die Managementgebühren im Durchschnitt unter 0,4 Prozent jährlich.

Quelle: Deutsche Börse AG, BVI

c) Durchschnittliche Wertentwicklung der Publikumsfonds

Wertentwicklung auf einen Blick:

Fondsgruppe		1 Jahr	5 Jahre	10 Jahre	20 Jahre	30 Jahre
Aktienfonds Deutschland	kumuliert	54,4	27,9	-19,5	181,5	1 145,0
	p.a.	54,4	5,0	-2,1	5,3	8,8
Aktienfonds International	kumuliert	42,8	11,2	-34,8	194,0	998,0
	p.a.	42,8	2,2	-4,2	5,5	8,3
Aktienfonds Osteuropa	kumuliert	118,1	66,1	139,4	./.	./.
	p.a.	118,1	10,7	9,1	./.	./.
Aktienfonds Emerging Markets	kumuliert	75,5	89,0	20,3	./.	./.
	p.a.	75,5	13,6	1,9	./.	./.
Rentenfonds International Mittelläufer	kumuliert	9,1	16,3	32,2	196,0	645,6
	p.a.	9,1	3,1	2,8	5,6	6,9
Rentenfonds Euro Mittelläufer	kumuliert	8,8	16,8	52,0	220,5	567,6
	p.a.	8,8	3,2	4,3	6,0	6,5
Rentenfonds Emerging Markets	kumuliert	31,1	19,9	77,0	./.	./.
	p.a.	31,1	3,7	5,9	./.	./.
Rentenfonds Corporate Bonds	kumuliert	25,9	14,1	35,8	196,3	./.
	p.a.	25,9	2,7	3,1	5,6	./.
Mischfonds ausgewogen Euro	kumuliert	17,8	21,6	7,6	181,2	661,7
	p.a.	17,8	4,0	0,7	5,3	7,9
Euro-Geldmarktfond, klassisch	kumuliert	1,5	11,6	27,3	122,6	./.
	p.a.	1,5	2,2	2,4	4,1	./.
Offene Immobilienfonds	kumuliert	2,0	22,9	49,1	170,1	404,9
	p.a.	2,0	4,2	4,1	5,1	5,6

Quelle: BVI, Angaben sind Durchschnittswerte der jeweiligen Fondsgruppe in Prozent. Stichtag: 31. März 2010

d) Rendite bei Fonds-Sparplänen

Der BVI hat im Jahr 2009 ausgewertet, wie die beliebtesten Fonds als Sparpläne über Jahre abgeschnitten haben – und zwar bei einer Sparrate von 100 Euro im Monat – und was daraus wurde, nach Abzug aller Kosten der Fondsgesellschaften, und welche durchschnittliche Rendite erzielt wurde.

	Was in 10 Jahren aus 12 000 € wurde	Durchschnittliche Rendite	Was in 20 Jahren aus 24 000 € wurde	Durchschnittliche Rendite	Was in 30 Jahren aus 36 000 € wurde	Durchschnittliche Rendite
Offene Immobilienfonds	13 859 €	2,83 %	35 829 €	3,83 %	77 044 €	4,65 %
Rentenfonds Euroraum	13 784 €	2,72 %	39 585 €	4,74 %	89 098 €	5,47 %
Rentenfonds international	12 946 €	1,50 %	36 250 €	3,93 %	89 255 €	5,48 %
Geldmarktfonds	13 350 €	2,10 %	Nicht vorhanden			
Aktien Deutschland	12 568 €	0,91 %	39 945 €	4,82 %	117 384 €	6,99 %
Aktien Euroraum	10 706 €	- 2,28 %	30 482 €	2,32 %	82 919 €	5,07 %
Aktien international	10 159 €	- 3,34 %	32 987 €	3,06 %	86 093 €	5,28 %

Quelle: BVI, Fondsstatistik Sept. 2009

Exkurs: Wie einen »guten« Fonds finden?

1. **Fondsart** gemäß Risikoneigung auswählen
2. **Fondsratings** auswerten
   - Welchen Anbieter?
   - Nach welchen Kriterien wird geratet?

   Performance-Listen auswerten
   - auf Beurteilungszeitraum achten

am entsprechenden Index messen
   - i.d.R. sind keine Kosten berücksichtigt

3. Fondskosten berücksichtigen
   - kleiner Ausgabeaufschlag
   - feste oder erfolgsabhängige KAG-Vergütung
4. Günstigen Anbieter für gewählten Fonds suchen
   - Anbieter mit Rabatt auf Ausgabeaufschlag
   - niedrige/keine Depotgebühr

5.5 Besteuerung der Erträge aus Investmentanteilen

Die Erträge der Sondervermögen werden beim Anteilsinhaber versteuert, die Sondervermögen sind dagegen von der Besteuerung befreit.

Steuerpflichtige Kapitalerträge des privaten Anteilsinhabers

Mit Abgeltungsteuer von 25% zuzüglich 5,5% Solidaritätszuschlag (und ggf. Kirchensteuer) werden belegt:

- **Ausgeschüttete Erträge** aus dem Sondervermögen, insoweit sie aus **Zinsen, Dividenden, Mieterträgen** und **realisierten Kursgewinnen** (bei Verkauf von nach dem 31. Dez. 2008 erworbenen Fonds-Wertpapieren) bestehen. Grundstücksveräußerungsgewinne sind nur dann steuerpflichtig, wenn das Fonds-Grundstück innerhalb von 10 Jahren wieder veräußert wurde.
- **Thesaurierte Erträge,** soweit sie aus dem Sondervermögen gutgeschriebene **Zinsen, Dividenden** und **Mieterträgen** bestehen.
- **Gewinne aus dem Verkauf des Investmentanteils,** soweit diese Anteile nach dem 31. Dez. 2008 erworben wurden.

Bei **thesaurierenden Fonds** enthält der steuerpflichtige Veräußerungsgewinn auch

- die realisierten Kursgewinne aus Verkäufen der vom Fonds nach dem 31.12.2008 erworbenen Wertpapiere und
- die Gewinne aus Grundstücksveräußerungen innerhalb von 10 Jahren nach Erwerb durch den Fonds.

Verrechnungsmöglichkeiten

Die vom Anteilsinhaber bereits versteuerten thesaurierten Ertragsanteile **mindern** den steuerpflichtigen Veräußerungsgewinn.

Verluste aus dem Verkauf von Investmentanteilen und beim Anteilskauf gezahlte Zwischengewinne werden über die Allgemeinen Verlustverrechnungsdatei mit Kapitalerträgen des laufenden Jahres verrechnet.

5.6 Beurteilung der Anlage in Investmentanteilscheinen

Vorteile	Nachteile	Risiken (Beratung gem. WpHG)
– staatliche Überwachung von KAG und Depotbank – Risikostreuung schon mit kleinen Beträgen (bei Einmalanlage z. T. Mindestbeträge bis 5 000/10 000/20 000 €) (Sparpläne schon ab 50/100 monatlich) – keine eigene Depotüberwachung, Anlage durch Fachleute – jederzeit liquide Anlage wegen gesetzlich vorgeschriebenen Rückgaberechts – einfache Anlage, nur eine Ertragsgutschrift jährlich (Steuererklärung) – einfache Wertberechnung der Anlage (tgl. Preisveröffentlichung) – Wahl zwischen vielen Fondsarten (Anlageschwerpunkten)	– kein direkter Einfluss auf die Anlage, kein Stimmrecht aus Aktien – nur 1/2-jährlich nachträgliche Information über konkrete Anlage – nur durchschnittliche Erträge als Preis für die Risikostreuung – kein fester Ertrag, da abhängig vom Ertrag des Fondsvermögens – schwierige Bewertung des tatsächlichen Anlageerfolgs – meistens liegt der Ertrag der Fonds unter dem Marktdurchschnitt (Index); dabei ist bei der Fondsentwicklung schon der Ausgabeaufschlag nicht berücksichtigt und kostenfreie Ertragswiederanlage unterstellt (Performance entspricht also nicht individuellem Anlageerfolg) – hohe offene und verdeckte Kosten der Fondsanlage (unabhängig vom Ertrag des Fondsvermögens); Fonds muss ertragsarme Liquiditätsreserve halten – höhere Kosten als bei direkter Anlage	– alle Risiken der entsprechenden Wertpapiere (Kurs-, Zinsänderungs-, Währungs-, Bonitätsrisiko) bzw. Immobilien (z. B. Leerstand, Mietverfall) – Risiko von Fehlentscheidungen des Fondsmanagements – allgemeines Markt-/Konjunktur- /Länderrisiko ... je nach Fondsart – Risiko von Fehlentscheidungen aufgrund Fehlinformation durch Performancestatistiken ...

Besonderheit: Vorteil des Cost-averaging-Effekt bei Sparplänen

Der Vorteil besteht darin, dass durch durch regelmäßige Anlage fester Euro-Beträge der Einstandspreis gesenkt werden kann.

Beispiel:

Monat	Anteilspreis €	Kauf 1 Anteil pro Monat		Anlage 100 Euro pro Monat	
		Anteile	Durchschnittspreis €	Anteile	Durchschnittspreis €
1	80	1	80,00	1,250	80,00
2	120	1	100,00	0,833	96,02
3	90	1	96,67	1,111	93,93
4	140	1	107,50	0,714	102,35
usw.					
Berechnung (beispielhaft für Monat 2):			(80 + 120) / (1+1) = 100,00 €	100 / 120 = 0,833	(100 + 100) / (1,250 + 0,833) = 96,02 €

Fazit: Gute Anlage für kleinere und mittlere Beträge mit Risikostreuung (bei Direktanlage würden Mindestgebühren zu höheren Kosten führen).

Anlage auch höherer Summen, wenn dem Anleger die »Bequemlichkeit« die höheren Kosten aufwiegt.

Lernkontrollen zu E 5

Fondsprinzip und Fondsarten

1 Sie sind Finanzberater und haben sich mit dem Ehepaar Klaus und Inge Stamm verabredet. Klaus Stamm (35 Jahre alt) hat am Telefon bereits sein Interesse an Aktienfonds erwähnt.

Das Ehepaar hat noch keine Erfahrung mit Aktienfonds.

a) Erläutern Sie das Grundprinzip des »Fondssparens« (Beteiligte und deren Aufgaben/Pflichten/Rechte).

b) Erläutern Sie Vor- und Nachteile der Geldanlage in Aktienfonds.

c) Das Ehepaar Stamm hat in den Internet-Angeboten zwei Fonds (siehe Tabelle) vorausgewählt und bittet um Auskunft, wie die Preise für Investmentzertifikate ermittelt werden. Erklären Sie ihnen auch die unterschiedliche Behandlung bezüglich der Ausgabe- und Rücknahmepreise und die Ausschüttungsmodalitäten der beiden Fonds.

Fondsdaten	Aktienfonds Europa	Aktienfonds Weltweit
Fondsvolumen	1 155 Mio. €	4 008 Mio. €
Währung	Euro	Euro
Auflegungsdatum	11. Okt. 2000	01. Dez. 1975
Geschäftsjahresende	30. Sept. 2009	30. Sept. 2009
Schwerpunkt	Europa	Weltweit
Ausgabeaufschlag in % des Rücknahmepreises	0 %	5 %
Verwaltungsvergütung in % des Sondervermögens	2 % p.a.	1 % p.a.
Depotbank-Gebühr in % des Sondervermögens	0,1 % p.a.	0,1 % p.a.
Ausschüttung thesaurierend	0,75 €	0,80 €
Risikoklasse	3	3
Ausgabepreis vom 17. März 2009	50,07	56,75
Rücknahmepreis vom 17. März 2009	50.07	54,05
Veränderung zum Vortag	– 0,32 %	– 0,53 %
Wertentwicklung im letzten Jahr	– 5 %	– 1 % *
Wertentwicklung in den letzten 3 Jahren	– 3 %	– 7 % *
Wertentwicklung in den letzten 5 Jahren	+ 10 %	+ 12 % *

* BVI Berechnung = ohne Ausgabeaufschlag und mit Wiederanlage der ausgeschütteten Erträge zum Rücknahmepreis

Rendite von Fonds

2 Die Proximus Finanzgruppe bietet ihren Kunden u. a. folgende Formen von Investmentfonds an:

»InvestaAktieD« Aktienfonds mit 100 % deutschen Aktien

»InvestaRenteD« Rentenfonds mit 100 % deutschen Rentenpapieren

»InvestaImmoD« Offener Immobilienfonds mit 100 inländischen Grundstücken

Die Anteile werden nicht an einer Börse gehandelt.

Ordnen Sie den folgenden Aussagen zum Investmentgeschäft (soweit zutreffend) einen Investmentfonds zu:

A InvestaAktieD

B InvestaRenteD

C InvestaImmoD

D Aussage trifft auf keinen Fonds zu

a) Mit einem Anteilschein wird man Miteigentümer einer Investmentgesellschaft.

b) Bei fallenden Kursen von Gläubigerpapieren errechnet sich ein niedrigerer Wert des Anteilscheins.

c) Bei steigendem Kursniveau fällt grundsätzlich der Wert des Anteilscheins.

d) Die Wertentwicklung eines Anteilscheins ist unabhängig von der Kursentwicklung an der Börse.

e) Bei der Ausschüttung der Erträge wird ein Körperschaftsteuerguthaben ausgewiesen.

f) Der Ertrag aus dem Anteilschein wird thesauriert und ist deshalb nicht einkommensteuerpflichtig.

3 Ihr Kunde Fabian Ernst besitzt 123 Stück Investa-Interfinanz-Anteile. Es liegt ein Freistellungsauftrag von 300,00 € vor. Weitere Verlustverrechnungen sind derzeit nicht möglich. Die Investa-Kapitalanlagegesellschaft mbH gibt folgende Information zur Ausschüttung auf Investa-Interfinanz-Anteile (alle Angaben je Anteil) bekannt:

Bruttozinsen 0,80 €

Bruttodividende 0,36 €

Bezugsrechtserlöse 0,05 €

Realisierte Kursgewinne 0,40 € (veräußerte Wertpapiere in 2009 erworben)

Realisierte Kursgewinne 0,50 € (endfällige Anleihen in 2008 erworben)

Herr Ernst möchte von Ihnen Informationen über die Erträge aus den Fondsanteilen und was er davon versteuern muss. Sein persönlicher Einkommensteuersatz beträgt 35%.

Lernsituationen zu Lernfeld 14:	**Kunden über Finanzprodukte informieren bzw. beraten**

Lernsituation 1:

»Auf die richtige Beratung kommt es an.«

Sie sind Auszubildende/r in einer Proximus-Agentur für Versicherungen und Finanzen. Zu Ihrem Kundenkreis zählt auch ein privater Kegelclub, der aus 6 Ehepaaren besteht. Dieser Club spielt gelegentlich gemeinsam Lotto und hat jetzt 180 000 € gewonnen.

Die Ehepaare haben Ihren Besuch angekündigt und wollen beraten werden, da sie keine Vorkenntnisse bzw. Anlageerfahrungen in Geldanlagen haben.

In den Aufzeichnungen der Agentur zum jeweiligen Kundenprofil finden Sie folgende Angaben:

Ehepaar 1: wenig risikobereit, nur kurzfristige liquide Anlage
Ehepaar 2: wenig risikobereit, mittelfristige Anlage (max. 3–4 Jahre)
Ehepaar 3: wenig risikobereit, langfristige Anlage zur Altersvorsorge
Ehepaar 4: spekulativ eingestellt, nur kurzfristige liquide Anlage
Ehepaar 5: spekulativ eingestellt, mittelfristige Anlage (3–4 Jahre)

- **Arbeitsauftrag**

  Der Ausbildungsbetreuer bittet Sie und die übrigen Auszubildenden, die Anlageberatung unter besonderer Berücksichtigung der unterschiedlichen Anlagementalitäten, -strategien und -dauern bei den Ehepaaren vorzubereiten.

  Grundsätzlich hat er keine Bedenken, wenn Gruppen gebildet werden, die jeweils einen Teil bearbeiten und präsentieren.

  a) Überlegen Sie mit den übrigen Auszubildenden, nach welchen Gesichtspunkten die Gruppen gebildet werden sollen.

  b) Wählen Sie anschließend einen Gruppensprecher, der die Arbeit der Gruppe koordinieren soll.

  c) Bereiten Sie gemeinsam in Ihrer Gruppe die Präsentation unter besonderer Berücksichtigung Ihrer Anlageempfehlungen (mit Begründung) vor.

- **Hilfsmittel**

  – Lehrbuch
  – Druckstücke von Banken, Kapitalanlagegesellschaften usw.
  – Recherchen im Internet

Lernsituation 2:

»Risikostreuung durch richtige Geldanlage«

Der technische Angestellte Peter Meier, 27 Jahre alt, ledig, hat aus einer Erbschaft 50 000 € erhalten. Sie haben mit dem Kunden einen Termin für ein Beratungsgespräch zur Anlage des Geldes vereinbart.

Im heutigen Gespräch teilt Ihnen Herr Meier mit, dass er am Erwerb von Wertpapieren interessiert ist.

Bei Wertpapiergeschäften ist der Finanzberater nach dem Wertpapierhandelsgesetz verpflichtet, umfangreiche Informationen vom Kunden einzuholen und zu erteilen.

Fragestellungen

a) Welche Informationen müssen Sie von dem Kunden einholen?

b) Aufgrund der von Herrn Meier erhaltenen Informationen stellen Sie dem Kunden die Möglichkeit der Anlage in Investmentzertifikaten vor und empfehlen ihm eine Aufteilung des Anlagebetrages in Euro-Renten- und Aktienfonds.

Herr Meier möchte wissen, warum er nicht den Betrag in den Direkterwerb von Aktien investieren soll. Erklären Sie Ihm, welche Vorteile der Erwerb von Investmentanteilen für Herrn Meier haben kann.

c) Herr Meier möchte wissen, ob er bei einer Insolvenz der Investmentgesellschaft (Kapitalanlagegesellschaft) sein Fondsvermögen verlieren kann. Nehmen Sie zu seinen Befürchtungen Stellung.

d) Herr Meier möchte wissen, welche Kosten mit dem Erwerb und dem Besitz von Investmentanteilen verbunden sind. Geben Sie Herrn Meier Auskunft über mögliche Kosten.

e) Die Proximus Finanzgruppe hat folgende nicht börsennotierte Fonds im Angebot:

Fondsname	Fondsart	Verwaltungskosten	Fondstyp	Ausgabepreis	Rücknahmepreis
Investa-Rent	Euro-Rentenfonds	0,50 % p.a.	Ausschüttend	57,94 €	56,25 €
InvestaAkt Typ A	Aktienfonds Europäische Standardwerte	1,00 % p.a.	Ausschüttend	34,02 €	32,40 €
InvestaAkt Typ A	Aktienfonds Europäische Standardwerte	2,25 % p.a.	Thesaurierend	21,84 €	21,84 €
Investa-Global	Dachfonds mit niedrigem Aktienfondsanteil	0,95 % p.a.	Thesaurierend	47,73 €	46,34 €

(Die Fonds InvestaAkt Typ A und Typ O verfolgen die gleiche Anlagestrategie)

Herr Meier wünscht nähere Informationen über die angebotenen Fonds.

e1) Beschreiben Sie ihm die Unterschiede zwischen den Aktienfonds InvestaAkt Typ A und InvestaAkt Typ B.

e2) Erklären Sie ihm, wie die Ausgabe- und Rücknahmepreise ermittelt werden.

f) Herrn Meier fällt es schwer, die vorgeschlagene betragsmäßige Aufteilung in Renten- und Aktienfonds vorzunehmen. Sie weisen den Kunden daher auf den Investa-Global hin. Erläutern Sie ihm die Besonderheiten dieses Fonds im Unterschied zu Aktien- und Rentenfonds.

Abschnitte 6–8: Verbraucherkredite und Immobilienfinanzierung

Lernfeld 15: (Fachrichtung Finanzen) **Kunden über Verbraucherdarlehen und Immobilienfinanzierungen beraten**

Ziel:

Die Schülerinnen und Schüler beraten Privatkunden über Verbraucherdarlehen und Immobilienfinanzierungen. Sie ermitteln gemeinsam mit dem Kunden den individuellen Bedarf und unterbreiten entsprechend der finanziellen Situation des Kunden Lösungsvorschläge. Die Schülerinnen und Schüler beschreiben Vor- und Nachteile für den Kunden, die aus unterschiedlichen Kreditentscheidungen entstehen können. Sie informieren den Kunden bei Finanzierungen über versicherbare Risiken und bieten entsprechende Versicherungsprodukte an. Sie setzen Informations- und Kommunikationssysteme ein und präsentieren ihre Ergebnisse.

6 Verbraucherdarlehen (Verbraucherkredit) und Finanzierungsanlässe

Situation:

Carsten Pohl hat nach Abschluss seiner Ausbildung einen unbefristeten Arbeitsvertrag erhalten. Er möchte ein günstiges Angebot zum Kauf eines VW Golf nutzen und bittet Sie, ihn für eine günstige Finanzierung des Autokaufs zu beraten. Aus Ersparnissen stehen im ca. 5 000,00 € zur Verfügung.

6.1 Grundmerkmale eines Kredits

Der Begriff **Kredit** geht auf das lateinische Wort »credere« zurück. Übersetzt bedeutet »credere« soviel wie Glauben, Vertrauen schenken. Der Kreditgeber setzt Vertrauen in den Kreditnehmer, dass er seinen Schuldverpflichtungen ordnungs- und termingemäß nachkommen wird.

Rechtlich betrachtet ist jeder Kredit, mit dem Buch- oder Bargeld zur Verfügung gestellt wird, ein Darlehen (Gelddarlehen).

BGB §§ 488 ff. Der Darlehensnehmer hat bei einem Gelddarlehen die Verpflichtung zur Zahlung der vereinbarten Zinsen und zur vertragsgemäßen Rückzahlung des Darlehensbetrages übernommen.

§ 675 Gibt ein Kreditinstitut für den Kunden eine Bürgschafts- bzw. Garantieerklärung ab, liegt eine so genannte **Kreditleihe** vor. Dieser Kreditleihe liegt ein Geschäftsbesorgungsvertrag zugrunde, z.B. ein Mietaval. Der Kunde verpflichtet sich hierbei, die vereinbarte Avalprovision zu zahlen und bei Inanspruchnahme des bürgenden Kreditinstituts diesem den entsprechenden Geldbetrag zur Verfügung zu stellen.

Der Kredit lässt sich in verschiedene Kategorien und Gruppen einteilen, z.B. nach der Kreditlaufzeit, der Stellung von Sicherheiten, nach Kreditnehmer und Kreditart.

● **Kreditlaufzeit**	Im Allgemeinen werden drei verschiedene Kreditlaufzeiten unterschieden: – **kurzfristiger Kredit** mit einer Laufzeit von bis zu 12 Monaten; – **mittelfristiger Kredit** zwischen 1 Jahr und 4 Jahren; – **langfristiger Kredit** mit einer Laufzeit von über 4 Jahren.
● **Stellung von Sicherheiten**	– Wird **keine Sicherheit** durch den Kreditgeber verlangt, so spricht man von einem **Blankokredit**. Es wird allein auf die Persönlichkeit des Kreditnehmers und dessen wirtschaftliche Verhältnisse abgestellt. – Bei **gesicherten** Krediten werden besondere ● Personensicherheiten (Bürgschaft, Garantie) oder ● Sachsicherheiten (Sicherungsabtretung, Sicherungsübereignung, Pfandrechte an beweglichen Sachen und Grundpfandrechte) vereinbart.
● **Kreditarten**	Generell lassen sich eine Vielzahl von Krediten unterscheiden. Bei Krediten an Privatpersonen werden in folgende Hauptgruppen unterschieden: – Kontokorrentkredit, – Ratenkredit und – Immobilienkredit.

Bei den privaten Haushalten entsteht Kreditbedarf, wenn Ausgaben anfallen, die aus den laufenden Einkünften oder aus Ersparnissen nicht bezahlt werden können.

- **Lang- und mittelfristige Kredite** dienen der Finanzierung von Gebrauchsgütern (z. B. Personenkraftwagen, Wohnungseinrichtungen und Immobilienkauf oder -bau).
- **Kurzfristige Kredite** dienen vor allem zur Finanzierung von Dienstleistungen und zur Überbrückung von Liquiditätsengpässen.

Privatkredite sind in der großen Masse **standardisierte Kredite**, d.h. der Kundenberater gibt in das Beratungsprogramm lediglich die individuellen Kreditdaten ein: persönliche Angaben zum Kreditnehmer, Kredithöhe, Laufzeit, Kreditkonditionen und soweit erforderlich die Kreditbesicherung. Die Kreditprüfung erfolgt in der Regel durch ein Kreditrating (Scoring) und hat Einfluss auf die Kreditzinsen.

6.2 Privatkredite

Der private Verbraucher kann für seine Finanzierungswünsche im Wesentlichen unter drei Kreditarten wählen, und zwar zwischen dem

- Ratenkredit (auch persönliches Anschaffungsdarlehen genannt),
- Dispositionskredit (Kontokorrentkredit),
- Immobilienfinanzierung (vgl. Abschn. E 8)

6.2.1 Ratenkredit

Ratenkredite sind mittel- bis langfristige Darlehen, die von Privatpersonen in Anspruch genommen werden, um Anschaffungen für den persönlichen Bedarf zu tätigen.

Merkmale des Ratenkredits:

● **Zinsberechnung**	In der Regel Festzinssatz für die gesamte Laufzeit des Kredits. Die Berechnung erfolgt auf der Grundlage – eines festen Jahressatzes vom tatsächlich in Anspruch genommenen Kreditbetrag oder – eines festen Monatssatzes vom ursprünglichen Kreditbetrag im Voraus für die gesamte Laufzeit. Die Preisangabenverordnung verpflichtet die Kreditinstitute, die tatsächliche Verzinsung (effektiver Jahreszinssatz) des Kreditbetrags anzugeben. Dieser Zinssatz gilt als Vergleichsmaßstab für Zinsen und sämtliche Kosten des Kredits.
● **Nebenkosten**	Evtl. einmalige Bearbeitungsgebühr von z. B. 2 % des Darlehensbetrages. Möglicherweise die Kosten einer Restschuldversicherung (vgl. Band 2, Abschn. D 4.3.1.2).
● **Höhe des Kredits**	Bis 25 000,00 € im standardisierten Bereich (kreditinstitutsinterne Regelungen können andere Beträge vorsehen).
● **Laufzeit**	üblich sind 6 bis 72 Monate Laufzeit
● **Rückführung**	in gleich bleibenden monatlichen Raten
● **Besicherung**	– Mitverpflichtung des Ehepartners – Bürgschaft – Abtretung von Lohn- und Gehaltsansprüchen – Restschuldversicherung (Risikoversicherung mit fallender Versicherungssumme) – Abtretung von Ansprüchen aus Lebensversicherungen – Sicherungsübereignung von finanzierten Gegenständen, z. B. Kraftfahrzeugen
● **Kündigungsmöglichkeit des Kunden** (BGB §§ 489, 500, 502)	Jederzeitiges Recht zur teilweisen oder vollständigen vorzeitigen Vertragserfüllung (= Rückzahlung) – gegen Vorfälligkeitsentschädigung vom max. 1 % des vorzeitig gezahlten Betrages (nicht abdingbar). Ausnahme: Immobiliendarlehensverträge

6.2.2 Dispositionskredit

§§ 505, 506

Der Dispositionskredit gestattet dem Kreditnehmer, Verfügungen über sein laufendes Konto (Kontokorrentkonto) bis zur vereinbarten Kreditlinie vorzunehmen. Der Kreditnehmer ist jedoch nicht verpflichtet, die Linie auszunutzen.

Merkmale des Dispositionskredits:

● **Zinsberechnung**	Variable Verzinsung. Die Zinsen werden den jeweiligen Marktverhältnissen angepasst und schwanken sehr stark zwischen den Kreditinstituten. Für die Inanspruchnahme über die vereinbarte Kreditlinie hinaus (Überziehung) wird der Zinssatz für geduldete Überziehungen in Rechnung gestellt, i. d. R. plus 3 – 5 Prozentpunkte.
● **Höhe des Kredits**	Die Höhe richtet sich nach dem Nettoeinkommen beziehungsweise nach den regelmäßigen monatlichen Kontoeingängen des Kreditnehmers. In der Praxis beträgt der Rahmen des Dispositionskredits meist das Dreifache des Nettoeinkommens. Jedes Kreditinstitut legt die Höhe in so genannten Kreditrichtlinien fest.
● **Laufzeit**	Bis auf weiteres. Kreditinstitute legen in ihren institutsinternen Richtlinien meist eine turnusgemäße Überprüfung der Bonität fest. Die Überprüfung erfolgt i. d. R. maschinell.

● **Abschluss**	Vierteljährlich werden die Zinsen kapitalisiert.
● **Verwendungszweck**	Die Rückführung wird nicht fest vereinbart, sondern erfolgt aus laufenden Lohn- und sonstigen Eingängen.
● **Besicherung**	Dispositionskredite werden nicht gesondert besichert, sondern blanko zur Verfügung gestellt und damit auf die Bonität des Kreditnehmers abgestellt.

6.3 Beratungsinhalte beim Kreditgespräch

Im Rahmen der Beratung wird der Kunde informiert und die **Situation des Kunden** erfragt:

- Wer ist Kreditnehmer?
- Wofür wird der Kredit verwendet?
- Wie viel Kredit benötigt der Kreditnehmer?
- Wie lange wird das Geld benötigt?
- Woraus wird der Kredit zurückgezahlt?
- Welche Sicherheiten können gestellt werden?

Der Kunde muss eine schriftliche Einwilligung zur Einholung einer **SCHUFA-Auskunft** erteilen.

Die SCHUFA liefert Antworten auf folgende Fragen:

- Wie viele Girokonten und Kreditkarten hat der Verbraucher?
- Hat er bereits irgendwo einen Kredit?
- Hat er eine Bürgschaft abgegeben?
- Hat er in der Vergangenheit einen Kredit nicht regulär zurückgezahlt oder musste er Privatinsolvenz anmelden.

In der **Selbstauskunft** macht der Kunde Angaben über

- seine persönlichen Daten (Name, Geburtsdatum, Anschrift, Familienstand, Kinder, Beruf und Beschäftigungsdauer),
- Vermögensverhältnisse,
- Monats- bzw. Jahreseinkommen,
- monatliche Ausgaben.

Bei der Beratung ist gemeinsam mit dem Kunden zu ermitteln, ob er nach Abzug aller finanziellen Belastungen in der Lage ist, den gewünschten Kredit zu bedienen (Zinszahlung und Rückzahlungsraten).

Hierfür empfiehlt es sich, eine persönliche **Überschussrechnung/Haushaltsplan** nach folgendem Muster zu erstellen.

Haushaltsüberschussrechnung – zur Ermittlung des monatlichen Einkommens			
		€	€
1. Einkünfte			
Nettoeinkommen:		______	
Sonstige Einkünfte:		______	
Gesamt:			______
2. Ausgaben			
Miete:		______	
Lebenshaltungskosten:		______	
(z. B.:			
erste Person	500,00 €		
zweite Person	300,00 €		
jedes Kind)	200,00 €		
Versicherungsprämien:		______	
Autokosten:			
(Versicherung, Steuer, Benzin oder pauschal 250,00 €)		______	
Hobbys:		______	
Zeitungen …:		______	
Unterhaltszahlungen:		______	
Kredit- oder Sparraten:		______	
Gesamt:			______
Verfügbares Einkommen	(1. abzügl. 2.)		______

Das verfügbare Einkommen stellt regelmäßig die Obergrenze für die monatliche Kreditrate dar.

6.4 Schutzvorschriften beim Verbraucherdarlehen

BGB § 13

Verbraucher ist jede natürliche Person, die ein Rechtsgeschäft zu einem Zweck abschließt, der weder ihrer gewerblichen noch ihrer selbstständigen beruflichen Tätigkeit zugerechnet werden kann.

§§ 491 ff.

Kredite an Verbraucher fallen unter die Vorschriften des BGB zum Verbraucherdarlehen. Diese Bestimmungen sollen sicherstellen, dass der Verbraucher als Kreditnehmer umfassend über seine Vertragspflichten informiert wird und er vor übereilten Entscheidungen geschützt wird.

Verbraucherdarlehen sind Kredite ab 200,00 € für private Zwecke.

Ausnahme: Kredite für Existenzgründungen bis einschließlich 75 000,00 € werden rechtlich als Verbraucherkredite eingestuft.

a) Formvorschriften

Vor Vertragsabschluss ist der Verbraucher in Textform nach einem Muster für »Europäische Standardinformationen für Verbraucherkredite« über alle wichtigen Vertragsinhalte zu informieren. Der Verbraucher kann einen Entwurf des Verbraucherdarlehensvertrages verlangen. Er ist außerdem darüber aufzuklären, ob der Vertrag dem von ihm verfolgten Zweck und insbesondere auch seinen Vermögensverhältnissen gerecht wird.

Sollte der Kreditantrag aufgrund von Informationen einer Auskunftei (z. B. der Schufa) abgelehnt werden, so ist der Verbraucher unverzüglich über den Inhalt der Auskunft zu informieren. BDSG § 29 (7)

Verbraucherdarlehen unterliegen grundsätzlich der **Schriftform**. Der Darlehensvertrag muss dabei zwingend folgende Angaben enthalten:

- Nettokreditbetrag oder Höchstgrenze des Darlehens
- Gesamtkosten aller zu entrichtenden Teilzahlungen (Tilgungen, Zinsen, sämtliche Kosten)
- Zinssatz und (anfänglicher) effektiver Jahreszins, bei variablen Zinsen zusätzlich die Modalitäten, unter denen die Bank berechtigt ist, die Zinsen zu erhöhen, sowie bei Disagiovereinbarungen die Verrechnungszeit des Disagios
- Angaben zu den vom Verbraucher zu tragenden Vermittlungsprovisionen
- Kosten einer Restschuldversicherung oder einer sonstigen, im Zusammenhang mit diesem Darlehen abgeschlossenen Versicherung
- Zu bestellende Sicherheiten

  Das Gesetz schreibt vor, dass die für das Darlehen zu bestellenden Sicherheiten anzugeben sind. Die Sicherheiten sind eindeutig zu beschreiben. Fehlt die Angabe der Sicherheiten bei Verbraucherdarlehen mit einem Nettodarlehensbetrag bis einschließlich 75 000,00 €, können die Sicherheiten nicht nachgefordert werden. Auf bereits bestehende Sicherheiten ist nochmals explizit hinzuweisen.

  Eine kurze Aufführung der Sicherheiten wird als ausreichend angesehen, da die Einzelheiten der Sicherheitenbestellung in den Sicherungsverträgen vereinbart werden.
- Sonstige Angabepflichten: Die Bestimmungen des BGB schreiben vor, dass jedem Darlehensnehmer eine Ausfertigung des Darlehensvertrages auszuhändigen ist. Diese Urkunde muss sämtliche Vereinbarungen über das Darlehen enthalten. Es sollten daher die Allgemeinen Geschäftsbedingungen beigeheftet sein. BGB § 495
- Jeder Vertrag über ein Verbraucherdarlehen kann binnen 14 Tage vom Darlehensnehmer widerrufen werden. Bei mehreren Darlehensnehmern steht jedem dieses Widerrufsrecht zu.

  Der Inhalt der Widerrufsbelehrung ist ausführlich in § 360 BGB geregelt, Art. 246 EG-BGB enthält in Anlage 1 ein Rechtssicherheit gewährendes Muster für das Widerrufsrecht. Die Belehrung ist vom Verbraucher zu unterschreiben.
- Der Kreditgeber kann den Kredit wegen Zahlungsverzugs nur kündigen, wenn der Kreditnehmer mit mind. zwei Raten im Rückstand ist und der rückständige Betrag mind. 10 % (ab 3 Jahren Laufzeit 5 %) des Kreditbetrages ausmacht und nach einer Mahnung mind. zwei Wochen verstrichen sind. § 498

b) Verstoß gegen Formvorschriften bei Verbraucherkrediten.

Bei fehlender Schriftform oder einer fehlenden Angabe ist der gesamte Vertrag nichtig. § 246
Wird der Kredit dennoch in Anspruch genommen und fehlt die Angabe des Zinssatzes, § 494
des Effektivzinses oder des Gesamtkreditbetrages, so ermäßigt sich der Zins auf den gesetzlichen Zinssatz von 4 % und die Kreditraten sind entsprechend neu zu berechnen.

c) Ausnahmeregelungen

Für Hypothekendarlehen gelten die Regelungen über Verzug und Fälligstellung nicht und bei Dispositionskrediten sind einige Formvorschriften nicht erforderlich.

d) Werbung für Verbraucherdarlehen

Wird mit der Angabe von Zinssätzen geworben, müssen in verständlicher und auffälliger Weise der Sollzinssatz, der Nettodarlehensbetrag und der effektive Jahreszins angegeben werden. Bei den Zinssätzen ist gegebenenfalls von einem Beispiel auszugehen, das für mindestens zwei Drittel der aufgrund der Werbung abgeschlossenen Verträge zutreffend oder günstiger ist (§ 6a Preisangabeverordnung).

6.5 Kreditsicherheiten

6.5.1 Merkmale und Grundsätze

Für die Rückzahlung eines Kredits haftet der Kreditnehmer als Schuldner zwar mit seinem gesamten persönlichen Vermögen. Oft ist allerdings nicht abzusehen, ob dieses Vermögen hoch genug ist. Ferner können auch andere Gläubiger darauf Zugriff nehmen. Zur Absicherung der Forderung bzw. zur Verminderung des Ausfallrisikos ist die Bestellung von Kreditsicherheiten daher regelmäßig Voraussetzung für die Kreditgewährung.

Die einzelnen Kreditsicherheiten unterliegen einem stetigen Wandel und werden von den Bedürfnissen des Wirtschaftslebens und zunehmend durch die Rechtsprechung geprägt. Dabei stehen sich die Interessen von Sicherungsgeber und Sicherungsnehmer bei einer Inanspruchnahme der Sicherheit gegenüber, wobei die Rechtsprechung bei Konflikten zunehmend das Argument der Schutzwürdigkeit des Sicherungsgebers in den Vordergrund stellt.

Einteilung der Kreditsicherheiten

● Akzessorische Sicherheiten	● Abstrakte Sicherheiten
Akzessorische Sicherheiten sind in ihrem rechtlichen Bestand und Umfang von der gesicherten Forderung abhängig.	Bei den abstrakten Sicherheiten besteht die Sicherheit demgegenüber unabhängig von der besicherten Forderung.
Beispiele: Bürgschaft, Pfandrecht, Hypothek.	**Beispiele:** Sicherungsübereignung und -abtretung, Grundschuld.
Zahlt der Kreditnehmer den verbürgten Kredit zurück, erlischt die Bürgschaft oder das Pfandrecht, ohne dass es einer förmlichen Aufhebung bedarf. Erlischt die gesicherte Forderung, so erlischt die akzessorische Sicherheit kraft Gesetz von selbst; reduziert sich die gesicherte Forderung (z. B. durch Tilgungsleistungen), so reduziert sich die akzessorische Sicherheit in gleichem Maße. Außerdem kann die akzessorische Sicherheit nur gemeinsam mit der zugrunde liegenden Forderung an einen Dritten übertragen werden (§ 401 und § 1153 Abs. 2 BGB).	Entfällt oder reduziert sich die gesicherte Forderung, hat der Sicherungsgeber nur einen Anspruch auf Rückübertragung (auch Rückgewähranspruch genannt) der – fortbestehenden – Sicherheit. Dies ermöglicht es beispielsweise, mit der Sicherheit wechselnde Kredite zu unterlegen. Da die abstrakten Sicherheiten nicht an die Existenz und Höhe der Hauptforderung, die Kreditverbindlichkeit, gebunden sind, erlöschen oder vermindern sie sich nicht automatisch durch die vollständige oder teilweise Rückführung des Kredits.

Um den Kreditnehmer vor einer unrechtmäßigen Verwendung der Sicherheit zu schützen, sind die Kreditinstitute rechtlich verpflichtet, die Interessen des Sicherungsgebers zu berücksichtigen und die zur Besicherung von Krediten nicht mehr benötigten Sicherheiten ganz oder teilweise freizugeben.

6.5.2 Kreditsicherungsvertrag

Kreditsicherheiten werden vom Sicherungsgeber (i. d. R. identisch mit dem Kreditnehmer) gegenüber dem Kreditinstitut als Sicherungsnehmer durch den Abschluss eines Sicherungsvertrages begründet. Darin werden Art, Umfang und Inhalt der Rechte geregelt, die der Sicherungsnehmer am Sicherungsgegenstand (Vermögen des Bürgen, Forderung, Kraftfahrzeug) hat.

Formvorschriften

Formvorschriften enthalten die Gesetze nur für die Bürgschaft (Schriftform) und die Bestellung oder Übertragung von Grundpfandrechten (öffentliche Beglaubigung der Bewilligung zur Eintragung im Grundbuch). BGB § 766

Formfreiheit kennt das HGB, wenn die Bürgschaft für den Bürgen ein Handlungsgeschäft darstellt. HGB § 350

In der Praxis werden Sicherungsverträge aber schon aus Beweisgründen stets schriftlich abgeschlossen.

Sicherungszweck

Zentraler Bestandteil des Sicherungsvertrages ist die Regelung, für welche Kreditforderung die Sicherheit bestellt wird. Die Verbindung zwischen dem Sicherungsrecht und der gesicherten Forderung wird durch eine Vereinbarung über den Sicherungszweck (auch **Zweckbestimmungserklärung** genannt) hergestellt.

Verwertung von Kreditsicherheiten

Die Sicherheit darf erst dann verwertet werden,

- wenn die gesicherte Forderung ganz (durch den Ablauf der Kreditlaufzeit bzw. durch Kündigung) oder teilweise (Zinsen und Tilgungsraten) fällig ist. Ein Verzug des Schuldners ist zwar nach dem Gesetz nur bei Verbraucherkrediten, aber in der Praxis nach den üblicherweise verwandten Formularverträgen erforderlich;
- und wenn der Sicherungsnehmer die Verwertung der Sicherheit ausdrücklich angedroht hat und eine Wartefrist nach der Androhung verstrichen ist. Zwar ist teilweise umstritten, inwieweit dieser für das Pfandrecht in § 1234 BGB geregelte Grundsatz auch auf andere Sicherheiten Anwendung findet. Zur Sicherheit wird aber – wie in den meisten Formularen geregelt – so verfahren, insbesondere bei Drittsicherheiten, um dem Sicherungsgeber eine entsprechende Einflussnahme auf den Schuldner zu ermöglichen.

In welche Weise die Verwertung erfolgt, richtet sich nach der Art der Sicherheit und der hierfür getroffenen Vereinbarung. Allgemein gilt hier Folgendes:

- Die Bank hat nach Ziffer 17 (1) AGB bei der Verwertung unter mehreren Sicherheiten die Wahl, kann also einen liquiden Bürgen vor einer langwierigen Verwertung einer Grundschuld in Anspruch nehmen.
- Da die Bank bei der Verwertung jedoch auf die berechtigten Interessen der Sicherungsgeber Rücksicht nehmen muss, darf sie bei der Auswahl der zunächst zu verwertenden Sicherheiten nicht willkürlich zum Schaden eines Sicherungsgebers handeln. Dieser Grundsatz ist in Ziffer 17 Abs. 1 S. 2 AGB festgelegt.

Besonderheit: Rücksichtnahme auf die Interessen des Sicherungsgebers bei der Sicherungsverwertung

BGH 2000

Bei der Verwertung einer Sicherheit ist auf die berechtigten Interessen des Sicherungsgebers Rücksicht zu nehmen. Der BGH hat in einem Urteil hierzu ausgeführt, dass es sich bei einer Lebensversicherung um eine besonders sensible Kreditsicherheit handelt, da bei einer Verwertung die gesamte Alterssicherung des Sicherungsgebers zerschlagen werden kann und insbesondere auch die über den Rückkaufswert hinausgehenden Gewinnanteile vernichtet werden. Die Verwertung einer abgetretenen Lebensversicherung darf deshalb nur dann erfolgen, wenn der Bank keine anderen Sicherheiten mehr zur Verfügung stehen oder die vorrangige Verwertung solcher anderen Sicherheiten der Bank – etwa wegen der Dauer oder eines unsicheren Erlöses – unzumutbar ist.

6.5.3 Bürgschaft

BGB § 765 (1)

Durch die Bürgschaft verpflichtet sich der Bürge als Sicherungsgeber gegenüber der Bank, für die Erfüllung von Verbindlichkeiten des Kreditnehmers einzustehen. Die Bürgschaft stellt dabei keine einseitige Erklärung des Bürgen dar, sondern kommt durch einen Vertrag zustande.

§ 766

Durch die Bürgschaft erhält die Bank als Sicherungsnehmer einen schuldrechtlichen Anspruch gegen den Bürgen als Sicherungsgeber, für den dieser mit seinem gesamten persönlichen Vermögen haftet. Ist der Bürge kein Kaufmann, muss er die Bürgschaftserklärung schriftlich abgeben.

Die Bürgschaft setzt das Bestehen einer Hauptschuld voraus. Sie ist von der Hauptschuld abhängig (sog. **Akzessorietät**).

Aus der Akzessorietät der Bürgschaft folgt:

● Die Bürgschaft ist wirkungslos, wenn keine Hauptschuld besteht.	§ 765 BGB
● Für die Höhe der Bürgschaft ist der Bestand der Hauptschuld maßgebend. Erhöht sich die Schuld des Kreditnehmers durch Zinsen, so erhöht sich auch die Verbindlichkeit des Bürgen. Verringert sich die Hauptschuld, so verringert sich auch die Bürgschaftsverpflichtung.	§ 767
● Wird der Bürge vom Gläubiger zur Zahlung aufgefordert, so kann der dem Gläubiger gegenüber alle Einreden geltend machen, die auch dem Hauptschuldner zustehen, z. B. die Einrede, dass der Gläubiger die Ansprüche durch Aufrechnung gegen eine fällige Forderungen des Hauptschuldners befriedigen kann.	§ 770
● Die Bürgschaft erlischt, wenn die Hauptschuld nicht mehr besteht. Die Bürgschaft erlischt außerdem, wenn der Gläubiger im Falle einer zeitlich befristeten Bürgschaft den Bürgen nicht unverzüglich nach Zeitablauf in Anspruch nimmt.	§ 777
● Gibt der Gläubiger ein die Hauptschuld zusätzlich sicherndes Recht, z. B. ein Pfandrecht, ohne Zustimmung des Bürgen auf, wird der Bürge insoweit frei, als er aus dem aufgegebenen Recht hätte Ersatz verlangen können.	§ 776
● Soweit der Bürge den Gläubiger befriedigt, geht die Forderung gegen den Hauptschuldner auf ihn über.	§ 774
● Mehrere Bürgen haften als Gesamtschuldner, d. h. jeder haftet für den gesamten Kredit.	§ 769

Arten der Bürgschaft	
Gewöhnliche (BGB-)Bürgschaft	**Selbstschuldnerische Bürgschaft**
Der Bürge hat das Recht, vom Gläubiger die Vorausklage gegen den Hauptschuldner zu verlangen (Einrede der Vorausklage – § 771 BGB).	• Der Bürge hat nicht das Recht, vom Gläubiger die Vorausklage gegen den Hauptschuldner zu verlangen (§ 773) BGB. • Der Bürge ist sofort zur Zahlung verpflichtet, wenn der Hauptschuldner bei Fälligkeit die verbürgte Verbindlichkeit nicht zahlt.

6.5.4 Sicherungsabtretung

➤ Wesen

Bei der **Sicherungsabtretung** wird eine Forderung oder ein Recht durch den Sicherungsvertrag vom bisherigen Gläubiger (Sicherungsgeber) auf das Kreditinstitut als Sicherungsnehmer übertragen, so dass die Bank als neuer Gläubiger an die Stelle des bisherigen Gläubigers tritt. § 398

Beispiel:
Heinz Müller hat eine Lebensversicherung bei der Proxiums Versicherungs-AG, die einen Rückkaufswert von 12 000,00 € hat. Zur Sicherheit für einen durch die Deltabank gewährten Kredit tritt er diese Forderung an die kreditgebende Bank ab.

Die Sicherungsabtretung wird auch als (Sicherungs-) Zession bezeichnet. Der Schuldner der abgetretenen Forderung wird auch Drittschuldner genannt. Die sicherungsweise Abtretung erfolgt nur zur Sicherung der Ansprüche des Kreditinstituts. Daher bleiben sowohl die Forderung der Bank gegenüber dem Kreditnehmer als auch die Forderung des Kreditnehmers (Zedent) gegen seinen Schuldner unabhängig voneinander bestehen. Das Kreditinstitut erwirbt die abgetretene Forderung nur treuhänderisch (fiduziarische Zession).

Der Sicherungsvertrag wird nur zwischen Zedent und Zessionar abgeschlossen. Eine Mitwirkung des Drittschuldners ist für die Wirksamkeit der Sicherungsabtretung nicht erforderlich. Auch die Anzeige der Abtretung an den Drittschuldner ist für die Wirksamkeit der Abtretung nicht notwendig. In diesem Fall handelt es sich dann um eine stille Zession. Nach den AVB der Lebensversicherung muss der VN eine Antretung allerdings dem VR anzeigen.

Hinweis: Die Abtretung bzw. Sicherungsabtretung der Rechte und Ansprüche aus einer Lebensversicherung ist umfassend in Band 2, Abschn. E 4.2.2 dargestellt.

➤ Rechtsfolgen der Sicherungsabtretung

Der Sicherungsnehmer wird im **Außenverhältnis** Vollrechtsinhaber des Sicherungsgutes.

Im **Innenverhältnis** unterliegt der Sicherungsnehmer aber gegenüber dem Sicherungsgeber zahlreichen vertraglich vereinbarten Beschränkungen. Insbesondere erfolgt die Sicherungsabtretung mit der Maßgabe, dass der Sicherungsnehmer das Sicherungsgut nur unter bestimmten Voraussetzungen zur Befriedigung der gesicherten Forderung verwenden darf. Im Insolvenzverfahren des Sicherungsgebers hat das Kreditinstitut ein Absonderungsrecht.

Das Rechtsverhältnis zwischen Sicherungsgeber und Sicherungsnehmer ist ein **Treuhandverhältnis**. Dieses Treuhandverhältnis berechtigt den Sicherungsnehmer als Treuhänder u.a., das Sicherungsgut bei Vorliegen der vertraglich vereinbarten Voraussetzungen zu verwerten, verpflichtet ihn u. a. aber auch, bei Fortfall des Sicherungszwecks das Sicherungsgut auf den Sicherungsgeber zurück zu übertragen.

Besonderheit: Sicherungsabtretung von Ansprüchen auf Arbeitseinkommen

Unter den Begriff des Arbeitseinkommens fallen neben dem eigentlichen Gehalt auch die Ansprüche des Arbeitnehmers auf Pensionsansprüche, Tantiemen und Abfindungen bei Auflösung des Arbeitsverhältnisses.

Beim Abschluss des Sicherungsvertrages ist über die allgemeinen Grundsätze hinaus vor allem zu prüfen, ob die Ansprüche überhaupt abtretbar sind. Nicht abtretbar sind z. Zt. für Alleinstehende 985,15 €, für den ersten Unterhaltsberechtigten 370,76 € und für jede weitere zu berücksichtigende unterhaltsberechtigte Person 206,56 € (bis max. 2 182,56 € pro Monat = Pfändungsschutz gemäß § 850 c ZPO).

Daneben muss für die abgetretenen Ansprüche ein Höchstbetrag vereinbart werden.

Der Höchstbetrag der Abtretung von Ansprüchen auf Lohn und Gehalt darf 120 % des besicherten Kredits nicht übersteigen. Der Aufschlag von 20 % auf den Kreditbetrag (dieser entspricht 100 %) dient der Besicherung der auflaufenden Zinsen und Kosten. Der Höchstbetrag muss in der Sicherungsabtretung ausdrücklich angegeben werden.

6.5.5 Pfandrecht

Wesen

Das Pfandrecht ist ein dingliches Recht an einer beweglichen Sache, einer Forderung oder einem Recht (Pfandgegenstand), das dem Gläubiger das Recht gibt, sich wegen einer Forderung gegen den Schuldner aus dem Pfandgegenstand zu befriedigen.

BGB § 1204 Durch Verpfändung räumt der Verpfänder (Sicherungsgeber) dem Pfandgläubiger (Kreditinstitut als Sicherungsnehmer) ein Verwertungsrecht ein.

Das Pfandrecht gewährt dem Gläubiger ein dingliches Verwertungsrecht. Der Anspruch des Pfandnehmers geht auf Duldung der Zwangsvollstreckung in die Pfandsache. Der Verpfänder haftet nicht persönlich.

Das Pfandrecht ist vom Bestehen einer Forderung abhängig (**Akzessorität**). Bestand und Umfang des Pfandrechts sind – wie bei der Bürgschaft – von der besicherten Hauptschuld unmittelbar abhängig.

Pfandrechte werden entweder durch Vertrag, Gesetz oder Pfändung begründet.

Man unterscheidet daher zwischen
- Vertragspfandrecht (bei der Kreditbesicherung),
- gesetzlichem Pfandrecht (z. B. das Vermieterpfandrecht),
- Pfändungspfandrecht (Erwerb im Wege der Einzelzwangsvollstreckung).

Pfandrecht an beweglichen Sachen

§§ 91 f. Pfandgegenstand können bewegliche Sachen sein, z. B. Münzen, Edelmetalle, Schmuck, Gemälde.

Die **Entstehung** eines Vertragspfandrechts setzt voraus:

1. die **Einigung** über die Entstehung des Pfandrechts, 2. die **Übergabe** der Pfandsache/Anzeige, }	**Bestellung**	(§§ 1205, 1206 BGB)
+ 3. **das Bestehen einer zu sichernden (auch künftigen) Forderung.**		

Verpfänder und Pfandgläubiger müssen sich darüber einigen, dass dem Pfandgläubiger an einer bestimmten Sache des Verpfänders für eine bestimmte Forderung des Pfandgläubigers ein Pfandrecht zustehen soll. Für die Einigung (dinglicher Vertrag) gelten die allgemeinen rechtsgeschäftlichen Vorschriften des BGB.

Durch Erfüllung (Zahlung) der gesicherten Forderung seitens des Schuldners erlöschen die gesicherte Forderung und damit auch das Pfandrecht. Das Pfandrecht erlischt auch durch Aufgabe des Pfandrechts und Rückgabe des Pfandes. § 1252

Die **Verwertung der Pfandsache** erfolgt durch den Pfandverkauf und setzt nach den bankublichen Formularen Verzug mit der fälligen Forderung sowie den Eintritt der **Pfandreife** voraus. BGB § 1228

Der **Verkauf der Pfandsache** muss im Wege der **öffentlichen Versteigerung** erfolgen. **Pfandsachen, die einen Börsen- oder Marktpreis** haben (z.B. Wertpapiere), können aus freier Hand über die Börse zum Tageskurs verkauft werden.

Der Pfandgläubiger muss dem Verpfänder (Eigentümer) den Verkauf unter Bekanntgabe der gesicherten Forderung androhen. Der Pfandverkauf darf i. d. R. frühestens einen Monat nach Zugang der Verkaufsandrohung erfolgen.

➤ Pfandrecht an Forderungen/Rechten

Zur Sicherung einer Forderung können auch Forderungen und Rechte verpfändet werden, z.B. Bankguthaben, Aktien, Wertpapierdepots, GmbH-Anteile, Forderungen, Versicherungsansprüche Zulässig ist die Verpfändung von Rechten und Forderungen, die dem Verpfänder (z.B. Sparbriefinhaber) gegen den Pfandgläubiger (Bank) zustehen (Pfandrecht an einer eigenen Forderung).

Die **Verwertung verpfändeter Forderungen** erfolgt i. d.R. durch Einziehung. Vor Eintritt der Pfandreife kann der Pfandgläubiger die Forderung nur gemeinschaftlich mit dem Verpfänder einziehen. Der Drittschuldner kann mit befreiender Wirkung nur an beide gemeinsam leisten.

Nach Eintritt der Pfandreife ist der Pfandgläubiger allein zur Einziehung der verpfändeten Forderung und zur Einleitung aller notwendigen Maßnahmen im eigenen Namen berechtigt.

Besonderheit: Pfandrecht an Wertpapieren

Für die Verpfändung von Wertpapieren gelten besondere Regelungen:

- Die Verpfändung von Namenspapieren, die im Gesetz nicht ausdrücklich geregelt ist, richtet sich nach den Vorschriften über die Übertragung des Rechts unter Übergabe des Papiers (bzw. Übergabeersatz). Aus Sicherheitsgründen ist eine Anzeige an den Drittschuldner geboten.
- Die Verpfändung von Orderpapieren kann sowohl nach § 1274 BGB als auch durch Einigung, Papierübergabe und Indossament nach § 1292 BGB erfolgen.
  Das Indossament (Übertragungsvermerk auf dem Papier) kann entweder als Pfandindossament oder als Vollindossament erfolgen. Um die börsenmäßige Verwertung von verpfändeten Namensaktien sicherzustellen, ist bei der Verpfändung ein Blankoindossament (besteht aus einer Unterschrift) erforderlich.
- Inhaberpapiere werden dagegen wie bewegliche Sachen verpfändet (§ 1293 BGB).

Hinweis: Die Verpfändung bzw. Pfändung von Ansprüchen aus einer Lebensversicherung ist ausführlich in Band 2, Abschn. E 4.2 bzw. Abschn. E 4.3 dargestellt.

Übersicht: Arten des Pfandrechts

Gesetzliches Pfandrecht	Vertragliches Pfandrecht			Pfändungspfandrecht
● Vermieterpfandrecht §§ 559/580 BGB ● Pächterpfandrecht § 590 BGB ● Pfandrecht des Kommissionärs § 397 HGB ● Pfandrecht des Werkunternehmers § 647 BGB	● **an beweglichen Sachen** **4 denkbare Fälle:** – § 1205 (1) BGB Einigung über die Entstehung des Pfandrechts und Übergabe – § 1205 (1) BGB nur durch Einigung … (wenn Pfandgläubiger bereits Besitzer ist) – § 1205 (2) BGB Einigung … und Einräumung des mittelbaren Besitzes (Abtretung des Herausgabeanspruchs) und Anzeige an den unmittelbaren Besitzer – § 1206 BGB Einigung … und Einräumung des Mitbesitzes (Mitverschluss)	● **an Rechten** Grundsätzlich entsprechend den für die Übertragung des Rechts geltenden Formvorschriften. § 1274 BGB **Geldforderungen** § 1280 BGB Einigung … und Anzeige an den Drittschuldner **Wertpapiere** Wie bewegliche Sachen (Einigung … und Übergabe) (bei Orderpapieren plus Indossament)	● **an Immobilien** Bestellung: Einigung über die Entstehung des Pfandrechts (Auflassung) und Eintragung in das Grundbuch	Pfandrecht im Wege der Zwangsvollstreckung §§ 803 ff. ZPO Klage ↓ Urteil (vollstreckbarer Titel) ↓ Vollstreckung (= Pfändung) **Bewegliche Sachen:** Mitnahme bzw. Versiegelung durch den Gerichtsvollzieher und öffentliche Versteigerung **Forderungen:** Zustellung eines Pfändungs- und Überweisungsbeschusses an den Drittschuldner – binnen 14 Tagen bestätigen – Betrag sperren – überweisen

6.5.6 Sicherungsübereignung

➤ Wesen

Beim Pfandrecht muss der Sicherungsgeber das Pfand dem Sicherungsnehmer übergeben, sodass er es selber nicht mehr nutzen kann. Um diesen Nachteil zu vermeiden, wurde in der Praxis das Institut der Sicherungsübereignung geschaffen. Nach den Vorschriften des BGB ist die Eigentumsverschaffung ohne Übertragung des unmittelbaren Besitzes möglich durch Einigung und Vereinbarung eines Besitzmittlungsverhältnisses (**Besitzkonstitut**). BGB §§ 930 f.

Rechtsverhältnisse bei der Sicherungsübereignung		
Kreditnehmer und Sicherungsgeber	Einigung über die Übereignung ◄──► + ◄──► Einigung über ein Besitzmittlungs-verhältnis (z. B. Leihvertrag)	Kreditgeber und Sicherungsnehmer
bleibt <u>unmittelbarer</u> Besitzer des Fahrzeugs mit Nutzungsrecht.		wird <u>treuhänderischer</u> Eigentümer des Fahrzeugs mit Rechten des mittelbaren Besitzes.

➤ Verwertung der Sicherheit

Voraussetzung für die Verwertung ist, dass **die Bank** vom Sicherungsgeber den **unmittelbaren Besitz am Sicherungsgut erhält**. Gibt der Sicherungsgeber das Sicherungsgut nicht freiwillig heraus, so verbleibt der Bank zunächst nur die Möglichkeit, auf Herausgabe zu klagen und insoweit einen vollstreckbaren Herausgabetitel zu erwirken. Die Vollstreckung des rechtskräftigen Urteils ist dann vom Gerichtsvollzieher zu bewirken.

Ferner setzt die Verwertung voraus, dass **die gesicherte Forderung fällig ist** und sich der Sicherungsgeber im Verzug mit seinen Zahlungsverpflichtungen befindet. Daneben wird die Bank dem Sicherungsgeber regelmäßig die Verwertung unter Fristsetzung androhen, um ihm so die Möglichkeit zu geben, die Verwertung durch Zahlung der fälligen Forderungen abzuwenden. § 1234 (2)

Bei Insolvenz des Kreditnehmers hat das Kreditinstitut ein Recht auf abgesonderter (Vorab-) Befriedigung.

Die Verwertungsrechte der Bank sind in der Praxis vertraglich weitgehend einheitlich geregelt. Nach diesen Vereinbarungen ist die Bank berechtigt, das Sicherungsgut im Wege des freihändigen Verkaufs zu veräußern, also ohne Rücksicht auf die Vorschriften über den Pfandverkauf. Hierbei hat die Bank allerdings auch die berechtigen Interessen des Sicherungsgebers an einer bestmöglichen Verwertung des Sicherungsgutes zu wahren. Sie darf das Sicherungsgut nicht unter den üblicherweise am Markt zu erzielenden Preisen veräußern. Andernfalls besteht die Gefahr, dass sich die Bank gegenüber dem Sicherungsgeber schadensersatzpflichtig macht. §§ 1220 ff.

Wird bei der Verwertung des Sicherungsgutes mehr erzielt als zur Abdeckung der gesicherten Forderungen benötigt wird, so ist der Mehrerlös an den Sicherungsgeber herauszugeben.

Lernkontrollen zu E 6

Privatkredite

1 Ihre Kundin Eva Habermann (25 Jahre, ledig) hat nach Abschluss ihrer kaufmännischen Ausbildung einen unbefristeten Arbeitsvertrag ein einem Kaufhaus unterzeichnet. Ihr Monatsgehalt beträgt netto 1 200,00 €.

Heute möchte Frau Habermann von Ihnen hinsichtlich der Finanzierung einiger Gebrauchsgegenstände und einer kurzfristig anstehenden Urlaubsreise nach Rom beraten werden. Für die Gebrauchsgegenstände benötigt Frau Habermann 2 500 €, für die Reise benötigt sie zusätzlich 500,00 €. Frau Habermann erwähnt am Anfang des Gesprächs den Dispositionskredit und den Ratenkredit.

a) Erläutern Sie die angesprochenen Privatkredite.

Merkmale	Ratenkredit	Dispositionskredit
Höhe		
Laufzeit		
Verwendungszweck		
Kosten		
Rückzahlung		
Besicherung		

b) Erklären Sie Frau Habermann, in welcher Situation Sie einen Dispositionskredit und wann Sie einen Ratenkredit empfehlen, und beschreiben Sie Vorteile und Nachteile.

Kreditvergabe und Kreditvertrag

2 Frau Habermann wünscht einen Ratenkredit.

Die Gewährung eines Ratenkredites setzt eine Prüfung der Kreditfähigkeit und der Kreditwürdigkeit voraus.

a) Erklären Sie Ihrer Kundin Frau Habermann, was unter Kreditfähigkeit und Kreditwürdigkeit zu verstehen ist.

b) Welche Prüfungen erfolgen im Rahmen der materiellen Kreditwürdigkeitsprüfung für einen Ratenkredit an eine Privatperson?

b1) Rechtsfähigkeit

b2) Berufliche Qualifikation

b3) Wert einer Sicherungsübereignung

b4) letzter Steuerbescheid

b5) Gewandtheit im Umgang mit der Bank

b6) Anlagedeckungsgrad

b7) letzter Gehaltsbescheid

b8) Bilanz und Gewinn- und Verlustrechnung des Arbeitgebers

b9) Geschäftsfähigkeit

c) Welche Bedeutung hat die Ermittlung des frei verfügbaren Monatseinkommens bei der Antragstellung für einen Privatkunden-Ratenkredit?

c1) Damit soll eine sparsame Mittelverwendung angeregt werden.

c2) Dadurch wird ermittelt, ob die Kreditraten im Rahmen der zumutbaren Belastung liegen.

c3) Dadurch kann die Bank Anhaltspunkte für die Gestaltung ihrer Kreditkonditionen (Zinsen, Gebühren) ermitteln.

c4) Sie dient der Überprüfung der Ausgabestruktur und Sparsamkeit des Kunden.

c5) Sie dient der Ermittlung der Pfändungsfreigrenze und des pfändbaren Einkommens.

Kreditsicherheiten

3 Herr Robert Müller will für den Kredit seines Sohnes bürgen. Der Kredit beträgt 30 000,00 € und soll in 60 Monatsraten getilgt werden. Der Zinssatz beträgt 8 % und die monatliche Rate 637,41 €.

Beantworten Sie Herrn Müller bei der Vertragsunterzeichnung folgende Fragen:

a) Was bedeutet eigentlich bürgen?

b) Warum verlangt die Bank eine selbstschuldnerische Bürgschaft und warum soll er für 33 000,00 € bürgen?

c) Warum verlangt die Bank von ihm die Erlaubnis zu einer SCHUFA-Anfrage?

4 Herr Robert Müller bittet Sie um nähere Auskünfte zu seiner Bürgschaft. Welche der folgenden Auskünfte geben Sie ihm in diesem Zusammenhang?

a) Als Bürge können wir Sie bei Fälligkeit unserer Forderung unmittelbar in Anspruch nehmen.

b) Als Bürge sind Sie Mitschuldner des Darlehensvertrags und können jederzeit zur Zahlung der Darlehensraten von uns aufgefordert werden.

c) Sie können von uns erst in Anspruch genommen werden, sobald Ihr Sohn mit zwei Darlehensraten in Zahlungsverzug ist und wir ihn erfolglos gemahnt haben.

d) Sobald Sie als Bürge unsere Forderungen aus dem Darlehen vollständig getilgt haben, geht unsere Forderung gegen Ihren Sohn auf Sie über.

e) Als Bürge haben Sie das Recht, die Zahlung zu verweigern, solange wir nicht erfolglos die Zwangsvollstreckung in das Vermögen Ihres Sohnes versucht haben.

f) Wir können Sie als Bürge erst in Anspruch nehmen, wenn wir Ihnen durch Kündigung des Darlehensvertrags nachweisen, dass ein Forderungsausfall entstanden ist.

5 Herr Müller möchte von Ihnen wissen, in welchen Fällen die Bürgschaftsverpflichtung endet.

Welche der folgenden Auskünfte zur Beendigung der Bürgschaftsverpflichtung sind richtig?

Die Bürgschaftsverpflichtung endet, wenn ...

a) Sie als Bürge sterben.

b) Ihr Sohn als Darlehensnehmer verstirbt.

c) Ihr Sohn das Darlehen vollständig zurückgezahlt hat.

d) das Darlehen nachträglich durch weitere Sicherheiten abgesichert wird.

e) Sie arbeitslos werden und Sie ein Viertel des Bürgschaftsbetrags in fünf Jahren durch Ihr zukünftiges Einkommen nicht zurückzahlen können.

f) eine vereinbarte Befristung abläuft.

6 Michael Schröder finanziert einen neuen Pkw mit einem Ratenkredit. Herr Schröder ist kaufmännischer Angestellter bei der Biotec GmbH. Sein Arbeitgeber hat die Abtretung von Gehaltsforderungen nicht ausgeschlossen.

Als Sicherheit wird eine Gehaltsabtretung vereinbart.

Welche der folgenden Aussagen zu einer Lohn- und Gehaltsabtretung ist richtig?

a) Durch die Sicherungsabtretung findet ein Eigentümerwechsel statt. Der Kreditgeber wird dabei neuer Eigentümer und Michael Schröder wird Besitzer der Gehaltsforderung.

b) Wird das Darlehen fällig gestellt und die Abtretung in Anspruch genommen, hat der Kreditgeber einen monatlichen Mindestanspruch in Höhe der Pfändungsfreigrenze nach ZPO, bis das Darlehen getilgt ist.

c) Die Gehaltsabtretung wird erst rechtswirksam durch Anzeige an den Arbeitgeber und dessen Bestätigung.

d) Wird die Gehaltsabtretung dem Arbeitgeber angezeigt, ist die Biotec GmbH verpflichtet, den Kreditgeber zu informieren, sobald der Arbeitsvertrag gekündigt wird.

e) Tritt Herr Schröder sein Gehalt noch ein weiteres Mal an einen anderen Gläubiger ab, so behält der Kreditgeber Rechte an der Forderung.

7 Ihre Kundin Petra Klinger hat für den Kauf einiger Wohnzimmermöbel einen Ratenkredit über 8 000,00 € aufgenommen. Als Sicherheit soll ein neuer VW Polo dienen, den Frau Klinger vor ein paar Wochen gegen Barzahlung erworben hat.

a) Welche Aussagen zu den Besitz- und Eigentumsverhältnissen an dem Volkswagen sind nach der Sicherungsübereignung zutreffend?

a1) Frau Klinger wird mittelbarer Besitzer des Volkswagens.

a2) Die Bank wird Eigentümer und mittelbarer Besitzer des Volkswagens.

a3) Der Volkswagen wird gemeinsames Eigentum der Bank und der Kreditnehmerin.

a4) Frau Klinger bleibt unmittelbare Besitzerin des Volkswagens.

b) Welche der folgenden Aussagen über die Bedeutung der Zulassungsbescheinigung Teil II (Fahrzeugbrief) bei der Sicherungsübereignung sind richtig?

b1) Die Einsicht der Bank in den Fahrzeugbrief des Transporters ist für die Rechtswirksamkeit der Sicherungsübereignung an die Bank ohne Bedeutung.

b2) Der Fahrzeugbrief verbrieft das Eigentum an dem Volkswagen.

b3) Legt Frau Klinger einen auf ihren Namen ausgestellten Fahrzeugbrief der Bank vor, kann die Bank auch gutgläubig Sicherungs-Eigentum am Transporter erwerben, wenn Frau Klinger nicht Eigentümer ist.

b4) Frau Klinger benötigt einen Fahrzeugbrief auf ihren Namen, um trotz Sicherungsübereignung an die Bank das Eigentum an dem Volkswagen an einen Dritten rechtswirksam zu übertragen.

7 Bausparen

Situation

Stefan Auer (25 Jahre alt, verheiratet, 1 Kind) ist als Angestellter in einem pharmazeutischen Unternehmen tätig. Während einer Beratung zur Anlage vermögenswirksamer Leistungen seines Arbeitgebers erfahren Sie, dass Herr Auer in einigen Jahren Wohnungseigentum erwerben möchte. Er fragt sie: »Wie funktioniert Bausparen?«

7.1 Die Idee des Bausparens

Übersicht: Prinzip des Bausparens

- Durch **gemeinsames Sparen** mehrerer Personen, die regelmäßig den Wunsch nach einer Immobilie haben, wird ein Bausparertopf aufgebaut.
- Der Bausparer erwirbt mit dem Sparen die Anwartschaft auf ein **Bauspardarlehen.**
- Nach einer gewissen Wartezeit erhält der bauwillige Bausparer ein Bauspardarlehen aus dem Bauspartopf, der sich neben den Ansparleistungen durch Zinsen, Wohnungsbauprämien und Tilgunsraten zu früheren Bauspardarlehen finanziert.
- Gegenüber dem Einzelsparen verringert sich die Zeit zum Aufbau der Kapitalbasis für das Bauvorhaben durch das Bauspardarlehen um ca. die Hälfte.

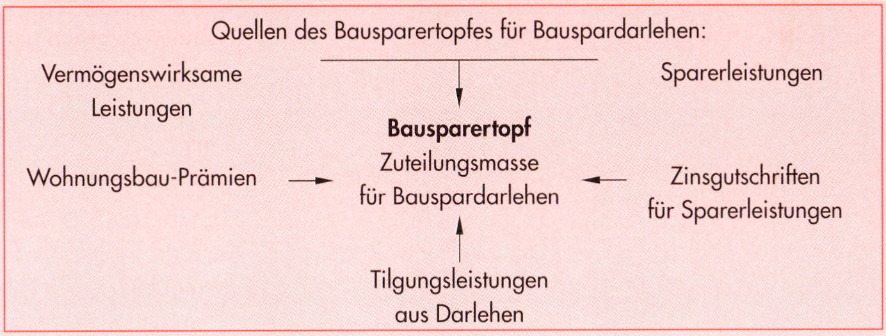

Bausparen ist ein Selbsthilfesystem mit dem Ziel der Wohnungsbaufinanzierung. Es handelt sich um ein geschlossenes System, in dem die Bausparverträge eine Spar-, Zuteilungs- und Darlehensphase durchlaufen. In der **Sparphase** wird eine vereinbarte Guthabensumme angespart. Mit dem angesparten Guthaben erwerben Bausparer den Anspruch auf ihr **Bauspardarlehen**, das sie nach Inanspruchnahme in Zins- und Tilgungsbeiträgen zurückzahlen. Die Sparbeiträge, Guthabenzinsen, staatliche Förderungen und Tilgungsanteile aller Bausparer fließen in einen »Topf«, die so genannte **Zuteilungsmasse**. Aus dieser Zuteilungsmasse werden zugeteilte Bausparsummen und zurückgezahlte Guthaben entnommen. So können Bausparer früher über das benötigte Geld für ihr (Bau-)Vorhaben verfügen, als dies bei alleinigem Ansparen möglich wäre. Die Zuteilung der Bausparverträge erfolgt, wenn die Zuteilungsvoraussetzungen

– vorab definierte Bewertungszahlen und Anspargrade – an bestimmten Stichtagen erreicht werden. Dann erhält der Bausparer sein Guthaben, die Zinsen und Prämien. In der Höhe der Differenz zur Bausparsumme hat er Anspruch auf ein zinsgünstiges Darlehen.

Die erste deutsche »Bausparkasse für jedermann« wurde im Jahre 1885 von Pastor Friedrich von Bodelschwingh gegründet. Ende 2002 gab es in Deutschland insgesamt 32,4 Mio. Bausparverträge mit einer vereinbarten Bausparsumme von 678 Mrd. (Statistisches Bundesamt)

Beispiel:

10 Familien möchten in der Zukunft Wohnungseigentum erwerben.

Der Kaufpreis pro Wohnung beträgt 120 000,00 €.

Sie können jeweils 1 000,00 € im Monat sparen: 12 000,00 € jährlich.

(Zinsen und Preissteigerungen heben sich in diesem Beispiel auf)

Wenn die Familien lediglich sparen und jede andere Finanzierung ablehnen, haben sie in 10 Jahren den Kaufpreis angespart und können ihr Ziel, eine Wohnung zu kaufen, realisieren.

Alternativ können die Familien mit einer Bausparkasse Bausparverträge mit einer Bausparsumme von 120 000,00 € abschließen. Jede Familie zahlt jetzt die 12 000,00 € jährlich in den Zuteilungstopf der Bausparkasse ein und so steht das Kapital für eine Wohnung bereits nach einem Jahr zur Verfügung. Eine der zehn Familien kann mit seinen 12 000,00 € als Eigenkapital und 108 000,00 € als Darlehen also bereits nach einem Jahr seinen Wunsch verwirklichen. Nach dem zweiten Jahr zahlen neun Familien ihren Sparbeitrag in Höhe von 12 000,00 €, die Zehnte tilgt mit 12 000,00 € das beanspruchte Darlehen, so dass wieder 120 000,00 € für ein zweites Bauvorhaben zur Verfügung stehen. Im Topf kommen auf diese Weise jedes Jahr 120 000,00 € zusammen.

	1. Jahr	**2. Jahr**	**3. Jahr**	**10. Jahr**
Sparleistung	10 × 12 000,00 € = 120 000,00 €	9 × 12 000,00 € = 108 000,00 €	8 × 12 000,00 € = 96 000,00 €	1 × 12 000,00 € = 12 000,00 €
Tilgung	0	1 × 12 000,00 € = 12 000,00 €	2 × 12 000,00 € = 24 000,00 €	9 × 12 000,00 € = 108 000,00 €
Summe im Zuteilungstopf	120 000,00 €	120 000,00 €	120 000,00 €	120 000,00 €
	↓ 	↓ 	↓ 	↓ 

Das Ergebnis des kollektiven Bausparens:
Die durchschnittliche Wartezeit sinkt von 10 auf 5,5 Jahre.

Ergänzt man dieses System durch jährliche Neuzugänge von z. B. fünf weiteren Bausparern, so hat die Bausparkasse tatsächlich bereits nach 5 Jahren die Mittel, um den zehn ersten Interessenten die benötigten 120 000,00 € zum gleichen Zeitpunkt auszahlen zu können. Davon sind nun 60 000,00 € Sparguthaben und jeweils 60 000,00 € Darlehen, die in den folgenden Jahren zurückgezahlt werden.

Auch die später hinzugekommenen Bausparer können ihr Darlehen in Höhe von 60 000,00 € bereits erhalten, wenn auch sie nach fünf Jahren 60 000,00 € angespart haben. Erhöht sich die Zahl der Zugänge, so könnten die Darlehen theoretisch auch bereits früher ausgezahlt werden, die Wartezeit würde sich also verkürzen.

7.2 Abschluss eines Bausparvertrages

Beispiel:
Familie Schulze möchte in ein paar Jahren ein Einfamilienhaus bauen. Sie haben im Fernsehen einen Werbespot über Bausparen gesehen und möchten heute eine Beratung in Anspruch nehmen. Sie möchten insbesondere über ihre Rechte und Verpflichtungen informiert werden.

Der Bausparer schließt mit einer Bausparkasse einen Bausparvertrag. Hierbei handelt es sich um einen Sparvertrag mit bedingtem Darlehensanspruch. Bausparverträge dürfen nur von Bausparkassen (= Spezialkreditinstitute) abgeschlossen werden.

Bausparverträge können auch von juristischen Personen abgeschlossen werden.

a) Rechtsgrundlagen des Bausparvertrages

- Bausparkassengesetz
- Allgemeine Bausparbedingungen (einschließlich der Tarifbedingungen)

b) Inhalt des Bausparvertrages

Im Bausparvertrag wird vereinbart (meist aus verschiedenen Tarifen der Bausparkasse wählbar):

- die **Bausparsumme** (maximale Auszahlungssumme bei Zuteilung),
- die normale monatliche **Ansparrate** in Promille der Bausparsumme (oft 4–6 Promille),
- der feste **Guthabenzins** (oft 1,5–3,0 %) und eventuell Zusatzzins bei Darlehensverzicht,
- i.d.R. **Mindestspardauer** (in Monaten, oft 18 Monate) und Mindestguthaben (oft 40–50 % der Bausparsumme) als Mindestzuteilungsvoraussetzungen,
- der feste **Darlehenszins** (oft 4–6 %) und die Darlehenstilgung (monatlich 0,4 bis 0,8 % der Bausparsumme),
- die maximale Darlehenshöhe (i. d. R. Bausparsumme ./. Bausparguthaben),
- die Kosten wie **Abschlussgebühr, Darlehensgebühr, Kontoführungsgebühr,** Tarifwechselgebühr (und evtl. Regelungen über Erstattung der Abschlussgebühr, z. B. bei Abwarten der Zuteilung und mindestens 7 Jahre Vertragslaufzeit und Darlehensverzicht),
- Regelungen über die **Kündigungsfristen** (oft 6 Monate) und Auszahlungstermine (oft nur ein Mal je Quartal oder Monat).

Der Bausparvertrag ist ein **zweiseitig verpflichtender Vertrag**:

c) Pflichten des Bausparers (Rechte der Bausparkasse)

- Zahlung einer **Abschlussgebühr**
  Sie beträgt i. d. R. 1 % der Bausparsumme und wird durch die ersten Sparbeiträge aufgebracht. Verzichtet der Bausparer auf das Darlehen nach Zuteilung, wird sie häufig wieder erstattet.

- Zahlung vereinbarter **Sparbeiträge** (ca. 0,3–0,7 % der Bausparsumme monatlich, i. d. R. sind Sonderzahlungen möglich)
- evtl. Zahlung einer jährlichen **Kontoführungsgebühr**, Bezug einer Kundenzeitschrift.

d) Rechte des Bausparers (Pflichten der Bausparkasse)

- **Verzinsung der Sparbeiträge** (Festzins i. d. R. zwischen 2 und 4 % je nach Tarif und diverse Regelungen über höhere Verzinsung bei Zuteilung und Darlehensverzicht)
- **Recht auf Kündigung** (oft 6 Monate Kündigungsfrist), aber i. d. R. keine Verfügung über Guthabenteile
- **bedingter Anspruch auf ein Bauspardarlehen** (zu niedrigem Festzins, 4,5–6 %, relativ hohe Annuität von monatlich 0,4 bis 0,8 % der Bausparsumme)

7.3 Zeitlicher Ablauf eines Bausparvertrages

Der zeitliche Ablauf ist durch folgende Phasen gekennzeichnet:

Phase 1: Vertragsabschluss über die Zielsumme (Bausparsumme), z. B. 100 000,00 €

Phase 2: Ansparphase mit mtl. Sparbeiträgen (Normaltarif ca. 8 Jahre)

Phase 3: Zuteilung (Bereitstellung) des Bauspardarlehens

Phase 4: Annahme der Zuteilung und Auszahlung der Bausparsumme (d. h. des Bausparguthabens und der Differenz zur Bausparsumme als Bauspardarlehen)

Phase 5: Tilgungsphase des Bauspardarlehens (Normaltarif ca. 11 Jahre)

Zeitlicher Ablauf eines Bausparvertrages über 100 000,00 €, Normaltarif mit 40 % Mindesteinzahlung

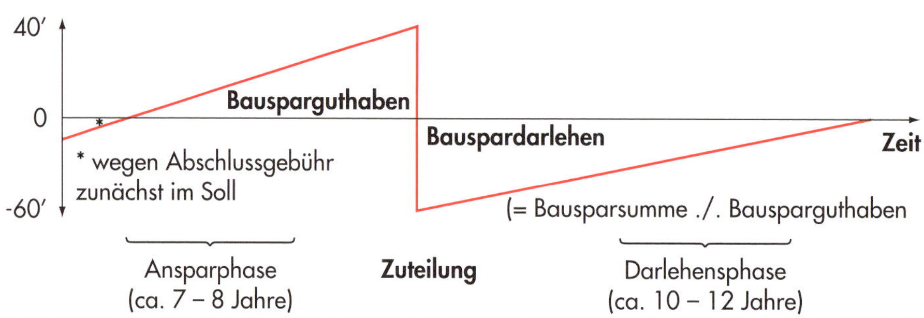

7.4 Zuteilungsvoraussetzungen für ein Bauspardarlehen

Beispiel:

Familie Schulze möchte wissen, warum die Bausparkasse keinen Termin für die Zuteilung machen kann.

Vertragliche Zuteilungsvoraussetzungen sind i.d.R.

- eine **Mindestansparquote**,
- eine **Mindestanspardauer** und
- eine **ausreichende Bewerungszahl**.

In der Regel sind die Auszahlungsansprüche gegen die Bausparkasse aufgrund der erfüllten Voraussetzungen (Mindestansparquote, Mindestanspardauer) größer als die verfügbaren Mittel der Bausparkasse aus dem Bauspargeschäft.

Die zu einem bestimmten Zeitpunkt (monatlicher/vierteljährlicher Zuteilungstermin) verfügbaren Mittel der Bausparkasse (Zuteilungsmasse) sind nicht genau vorhersehbar/planbar.

Die **Zuteilungsmasse** ist abhängig von

- den eingegangenen Sparbeiträgen seit der letzten Zuteilung,
- den Zins- und Tilgungsleistungen der Darlehensnehmer seit der letzten Zuteilung,
- den verbrauchten Verwaltungskosten,
- den Auszahlungsansprüchen aufgrund gekündigter Bausparguthaben,
- den bei früheren Zuteilungen zurückgestellten Zuteilungsansprüchen.

Zusätzliche Mittel, wie Kredite, darf die Bausparkasse nur begrenzt einsetzen.

Das Problem einer gerechten Zuteilung wird durch die Errechnung einer **Bewertungszahl** gelöst. Ist diese erreicht oder überschritten, ist der Bausparvertrag zuteilungsreif.

Für die Gewährung eines Bauspardarlehens (sog. **Zuteilung des Bausparvertrages**) kann und darf die Bausparkasse keinen festen Termin zusagen. Die bei vorhergehenden Terminen für die Zuteilung ausreichende Bewertungszahl kann nur ein Anhaltspunkt für eine Schätzung sein (§ 4 Abs. 5 BausparkG, meist wortgleich in den Allg. Bausparbedingungen).

Beispiel (vereinfacht):

Es existieren 250 Verträge mit je 100 000,00 € Bausparsumme. Sie sind zwischenzeitlich alle zu 40 % eingezahlt. Die Sparleistungen wurden in unterschiedlich langer Ansparzeit und in unterschiedlicher Höhe erbracht.

Jeder Bausparer erwartet neben der Rückzahlung seines Ansparguthabens von 40 000,00 € ein Bauspardarlehen von 60 000,00 €, also 100 000,00 € für sein Bauvorhaben. Bei 250 Verträgen müsste die Bausparkasse 25 Mio. bereitstellen.

Die Bilanz hat folgendes Aussehen:

Aktiva	**Bilanz** Passiva
10 Mio. € Vermögen (Vorhandene Geldmittel aus Sparleistungen)	10 Mio. € Verbindlichkeiten (aus Spareinlagen)

Tatsächlich reicht das vorhandene Vermögen nur aus, an 100 Bausparer jeweils 100 000,00 € (nämlich 40 000,00 € aus Bausparguthaben und 60 000,00 € als Bauspardarlehen) zu zahlen.

Lösung des Zuteilungsproblems:

Alle zuteilungsreifen Bausparverträge werden anhand einer »Bewertungsziffer« in eine Rangfolge gebracht, die i. d. R. die Höhe des Bausparguthabens und die Dauer der Ansparzeit berücksichtigen. Für die Berechnung der Bewertungszahl kennen die Bausparkassen verschiedene Verfahren.

Beispiel (Fortsetzung):

Es stehen 10 Mio. verfügbare Mittel für Auszahlungen zur Verfügung.

Rangfolge	Name	Bewertungszahl	Bausparsumme	
1	Müller	130	100 000,00 €	
2	Schulz	129	100 000,00 €	
...	...	...	...	
100	Meier	100	100 000,00 €	= insgesamt 10 Mio. €
101	Rast	99	100 000,00 €	**Mindestbewertungszahl** 100
...	...	...	...	(ausreichende bzw. Zielbewertungszahl)

Fazit:

- Die notwendige Mindestbewertungszahl ist nicht im Vorhinein festlegbar.
- Eigene Sonderzahlungen können zu einer schnelleren Erhöhung der eigenen Bewertungszahl und damit zum »Überholen« anderer Verträge führen – und umgekehrt.
- Theoretisch kann der Bausparer Rast bis zum nächsten Zuteilungstermin von so vielen Bausparern »überholt« werden, dass er wieder nicht zugeteilt wird.
- In der Praxis versuchen die Bausparkassen, die für die Zuteilung notwendige Bewertungszahl über einen längeren Zeitraum beizubehalten, indem aus der Zuteilungsmasse Beträge zurückgehalten und bei Bedarf zusätzlich eingesetzt werden.
- Dies gelingt vor allem dann leicht, wenn viele neue Bausparverträge zunächst nur angespart werden.

Viele neue Bausparverträge erhöhen die Zuteilungsmasse und damit die Chancen der Altverträge auf Zuteilung. Kurze Wartezeiten erhöhen die Attraktivität der Bausparkasse für Neusparer.

Exkurs: Ermittlung der Bewertungszahl

Beispiel:

Bei der Bausparkasse der Nordost-Finanzgruppe gibt es vier Bewertungsstichtage mit zugehöriger Zuteilungsperiode im Jahr:

31. März	Juli – September
30. Juni	Oktober – Dezember
30. Sept.	Januar – März
31. Dez.	April – Juni

Ein Kunde hat die Tarifvariante S 40 (40 % Ansparleistung) zu seinem Bausparvertrag vereinbart und fragt im November d. J. an, wann sein Bausparvertrag zuteilungsreif ist.

Tarifmerkmale:	Sparzins:	3 %
	Mindest-Bewertungszahl:	**150**
	Zinsfaktor:	14

Anmerkung: Der Zinsfaktor bestimmt sich nach dem gewählten Tarif und ist vertraglich festgelegt.

Kontendaten:	Bausparsumme:	50 000,00 €
	Guthaben:	25 500,00 €
	Kumulierte Zinsen:	3 743,12 €

Zuteilungsvoraussetzungen sind:

- Mindestbausparguthaben von 40 % der Bausparsumme.
- Die Mindestbewertungszahl von 150 muss erreicht sein.

Formel zur Ermittlung der Bewertungszahl:

$$\frac{\text{Kumulierte Zinsen} \times \text{Zinsfaktor} + \text{Guthaben}}{1\,\%\text{ der Bausparsumme}}$$

Ermittlung der BWZ: $\frac{(3743{,}12 \cdot 14) + 25500}{500} = 155{,}81500$

Dieser Bausparvertrag würde am nächsten Bewertungsstichtag (31. Dez.) an der Zuteilungshandlung teilnehmen und in der darauf folgenden Zuteilungsperiode April – Juni auf Antrag ausgezahlt. Ausgezahlt wird jeweils am Monatsende in der Reihenfolge der Höhe der Bewertungszahlen.

Zwischen Bewertungsstichtag und dem Zuteilungstag erhält der Bausparer die Nachricht, dass zugeteilt werden kann. Er benachrichtigt dann die Bausparkasse, ob und wie er die Auszahlung wünscht (vgl. Abschn. E 7.5).

7.5 Verwendung des Bausparvertrages nach Zuteilung

Beispiel:
Da der Zeitpunkt der Zuteilung bei Vertragsabschluss nicht bekannt ist und von vielen Faktoren abhängig ist, möchte Herr Schulze wissen, wie er auf die möglicherweise überraschende Zuteilung reagieren kann.

Nach der Zuteilung hat der Bausparer die Wahl zwischen den nachfolgenden vier Möglichkeiten:

1. Zuteilung annehmen: Guthabenauszahlung; Darlehen beantragen
2. Zuteilung annehmen: Guthabenauszahlung; Darlehensverzicht
3. Zuteilung annehmen: Guthabenauszahlung; Darlehen bis auf weiteres stehen lassen
4. Zuteilung nicht annehmen: Guthaben stehen lassen; als Sparvertrag weiterführen.

7.6 Verfügung über Bausparmittel

a) Der Bausparer beansprucht nur das Bausparguthaben

Hat der Bausparer keine staatliche Förderung in Anspruch genommen (oder ist diese weggefallen bzw. gestrichen worden) kann er grundsätzlich frei über das Bausparguthaben nach Zuteilung oder nach Kündigung des Bausparvertrages verfügen.

Bei Inanspruchnahme staatlicher Förderung kann erst nach Ablauf der entsprechenden Sperrfrist (7 Jahre) frei über das Bausparguthaben und die Förderung (Voraussetzung gemäß Bausparvertrag ist aber Zuteilung oder Kündigung des Bausparvertrages) verfügt werden.

b) Der Bausparer beansprucht die Bausparsumme (Bausparguthaben und Bauspardarlehen)

Es ist nur die Verwendung (nach Zuteilung) für wohnungswirtschaftliche Zwecke möglich (Bau, Kauf, Instandhaltung, Entschuldung von Bauland/Wohneigentum oder Mieterrenovierung).

Die Bausparkasse gewährt das Darlehen erst nach Kreditprüfung und Besicherung (Grundschuld) und kontrolliert die Mittelverwendung.

Für die Zahlung der Arbeitnehmersparzulage und der Wohnungsbauprämie genügt Zuteilung, Darlehensannahme und wohnungswirtschaftliche Verwendung der Bausparsumme.

7.7 Bausparen und staatliche Förderung

Situation:

Herr Schulze arbeitet als kaufmännischer Angestellter und verdient brutto 35 300,00 € im Jahr. Zusätzlich erhält er von seinem Arbeitgeber monatlich 40,00 € vermögenswirksame Leistungen. Seine Ehefrau arbeitet derzeit nicht, da sie die beiden Kinder versorgt. Steuerlich ist das Ehepaar zusammenveranlagt.

Herr Schulze möchte über die staatlichen Förderungen im Zusammenhang mit dem Bausparen informiert werden.

7.7.1 Vermögenswirksame Leistungen (VL)

Der Bausparvertrag zählt zu den zugelassenen Anlagearten für VL nach dem VermBG. Der Staat fördert bestimmte VL mit der Arbeitnehmersparzulage.

Hinweis: Das Wesen der VL, die zugelassenen Anlagearten und die Voraussetzungen für die staatliche Förderung sind ausführlich in Band 1, Abschn. C 5.2.3 dargestellt. Im hier vorliegenden Band 3 sind die relevanten Merkmale in der Übersicht auf der nächsten Seite wiedergegeben.

Übersicht über die staatliche Sparförderung (Stand 2011)

	Wohnungsbauprämiengesetz (Fassung 2009)	**5. Vermögensbildungsgesetz** (Fassung 2009)
Berechtigter Personenkreis	§ 1: jede natürliche unbeschränkt einkommensteuerpflichtige Person (d.h. mit Wohnsitz im Inland, unabhängig von der Staatsangehörigkeit)	§ 1: Arbeitnehmer im Sinne des Gesetzes (d.h. Arbeiter, Angestellte, Beamte Richter, Azubis, Berufs- u. Zeitsoldaten, Heimarbeiter, nicht: freie Berufe, Mitglieder von Vertretungsorganen juristischer Personen
Einkommensgrenze	§ 2a: zu versteuerndes Einkommen max. 25 600/51 200 Euro (ledig/verheiratet) im Jahr der Sparleistung	§ 13 (1): zu versteuerndes Einkommen max. 17 900/35 800 Euro (ledig/verheiratet) 20 000/40 000 € für Beteiligungssparen (Anlageformen 1) im Jahr der Sparleistung
Mögliche Anlageformen	§ 2 (1): Bausparverträge Wohnungsbaugenossenschaftsanteile Wohnungsbausparverträge	§ 2: **1)** GmbH-Anteile des Arbeitgebers, eG-Anteile des Arbeitgebers oder von Banken bzw. Wohnungsbaugenossenschaften, stille Beteiligungen am Arbeitgeberunternehmen, Darlehen an den Arbeitgeber, Genussscheine* u. Wandelschuldverschreibungen, Aktien (des Arbeitgebers oder an inländ. Börse gehandelt), **Aktienfonds (mind. 60 % Aktien)** **2)** Bausparverträge (gemäß WoPG) Erwerb und Entschuldung von Wohneigentum **3)** Kontensparen, Rentenfonds, Anleihen **4)** Kapitallebensversicherungen
geförderter Sparhöchstbetrag jährlich	§ 3 (2): **512/1 024 Euro** (ledig/verheiratet) Kinder ab 16 J. haben einen eigenen Anspruch; Kinder unter 16 J. bilden mit den Eltern eine Höchstbetragsgemeinschaft, den Anlagevertrag kann jedes Mitglied der Höchstbetragsgemeinschaft abschließen	§13 (2) – **400 Euro** für Anlagen nach 1) je Arbeitnehmer und/oder – **470 Euro** für Anlagen nach 2) je Arbeitnehmer
Art der Zahlung des Anlagebetrags	durch den Bausparer an die Bausparkasse	nur direkt aus dem Arbeitslohn über den Arbeitgeber an das anlegende Institut (aus zusätzlicher Leistung des Arbeitgebers und/oder dem normalen Nettolohn des Arbeitnehmers)
Festlegungsfristen (für die Förderung)	§ 2 (2): 7 Jahre ab Vertragsabschluss (i.d.R. Datum der Annahme des Vertrages durch die Bausparkasse)	§§ 4 bis 9: Verträge mit KI: 7 Jahre (ab 1.1. des Jahres der ersten Zahlung) Verträge mit Arbeitgeber: 6 Jahre (ab 1.1. des Jahres der ersten Zahlung) Lebensversicherungen: 12 Jahre (ab Vertragsabschluss) Bausparverträge: 7 Jahre (ab Vertragsabschluss)
Höhe der Förderung	§ 3: **Wohnungsbauprämie** 8,8 % % des Sparbetrages **genau rechnen (zwei Nachkommastellen)**	§ 13 (2): **Arbeitnehmersparzulage** **1)** 20 % des Sparbetrages **2)** 9 % des Sparbetrages **3) +4)** keine Sparzulage **VermbG-DV § 6 (1): auf volle € je Vertrag runden**
Wie erhält der Sparer die Förderung?	§§ 4, 5: Antrag bis 31.12. übernächsten Jahres über die Bausparkasse an das Finanzamt, die gewährte Prämie wird der Bausparkasse mitgeteilt und gegebenenfalls nach Anforderung durch die Bausparkasse mit dem Bausparguthaben ausgezahlt**	§ 14: Antrag bis 31.12. des 4. Jahres nach Sparleistung direkt an das Finanzamt (Einkommensteuererklärung und Bescheinigung des Anlageinstituts) Zahlung durch das Finanzamt nach Ablauf der Sperrfrist an das Anlageinstitut (bzw. vorher auf Antrag des Anlageinstituts bei sparzulagenunschädlicher vorzeitiger Verfügung)
Förderungsunschädliche Verfügung vor Ablauf der Sperrfrist	§ 2 (2): – Zuteilung u. Darlehensannahme und wohnungswirtschaftliche Verwendung – Abtretung/Beleihung und wohnungswirtschaftliche Verwendung – Wechsel der Bausparkasse (WoPG-DV)	§ 4 (4): – Heirat des Sparers und Vertrag läuft 2 Jahre bei Verfügung (ab Sperrfrist 1.1.) – Arbeitnehmer macht sich selbstständig – Übertrag Spar- auf Bausparvertrag/Wertpapieranlage – Umschichtung der Wertpapiere, Wechsel des KI – Entnahme für staatl. geförderte Fortbildung
	– Zuteilung u. Darlehensannahme und wohnungswirtschaftliche Verwendung (nur Bausparvertrag mit VL u. Sparzulage) – Tod oder völlige Erwerbsunfähigkeit des Sparers oder dessen Ehegatten – ein Jahr ununterbrochene Erwerbslosigkeit des Sparers nach Vertragsabschluss	

* wenn von Kreditinstituten emittiert: Förderung nur bei Anlage durch Arbeitnehmer des KI

** Für Verträge ab 2009 wird die Wohnungsbauprämie nur gezahlt, wenn der Sparer das Guthaben auch nach Ablauf der Sperrfrist für wohnungswirtschaftliche Zwecke nutzt (Ausnahme: Sparer ist bei Vertragsabschluss noch nicht 25 Jahre alt).

Situation (1. Fortsetzung)

Herr Schulze könnte seinen Arbeitgeber anweisen, die monatliche vermögenswirksame Leistung auf einen entsprechenden Bausparvertrag zu überweisen. Er hätte dann Anspruch auf die Arbeitnehmersparzulage von 9 % des Sparbeitrages, max. 9 % von 470,00 € = 42,30 € jährlich, da das Bruttoeinkommen unter der Einkommensgrenze (hier für Verheiratete) für die staatliche Förderung liegt.

Die Arbeitnehmersparzulage muss jährlich fristgerecht beim Finanzamt beantragt werden. Sie wird dann bei wohnwirtschaftlicher Verwendung des Bausparvertrages, spätestens nach Ablauf der Sperrfrist vom Finanzamt an das entsprechende Anlageinstitut (z. B. Bausparkasse) überwiesen. Spart der Bausparer über das 7. Jahr hinaus, wird sie in der Folge jährlich ausgezahlt.

7.7.2 Wohnungsbauprämie

Die staatliche Wohnungsbauprämie erhält jeder, dessen zu versteuerndes Einkommen die zulässige Einkommensgrenze nicht überschreitet (Zu den Voraussetzungen für eine Wohnungsbauprämie siehe die Übersicht auf der vorletzten Seite). Anders als bei der Arbeitnehmersparzulage zählen auch Selbstständige, Freiberufler, Rentner und Schüler (ab 16 Jahren) zum berechtigten Personenkreis.

Bei Verträgen, die ab dem Jahr 2009 geschlossen werden, wird die Wohnungsbauprämie jedoch nur noch für wohnwirtschaftliche Zwecke ausgezahlt. Junge Bausparer unter 25 Jahren können weiterhin nach Ablauf der Bindungsfrist frei über den gesparten Betrag verfügen.

Situation (2. Fortsetzung)

Die Eheleute Schulze können jährlich 8,8 % des Sparbetrages, max. von 1 024,00 € pro Jahr, als Wohnungsbauprämie zu einem im Jahr 2009 oder später abgeschlossenen Bausparvertrag beanspruchen, wenn das Sparguthaben für wohnungswirtschaftliche Zwecke verwendet wird. Dieser Bausparvertrag kann aber nicht gleichzeitig als vermögenswirksame Anlageform oder als Altersvorsorgevertrag (siehe Abschn. E 7.7.3) dienen.

Die Wohnungsbauprämie ist jährlich fristgerecht über die Bausparkasse beim zuständigen Finanzamt zu beantragen. Das weitere Verfahren entspricht dem bei der Arbeitsnehmerzulage für vermögenswirksame Leistungen (siehe vorstehender Abschn.).

7.7.3 Förderung nach dem Eigenheimrentengesetz (EigRentG)

Der Bausparvertrag kann seit November 2008 als Altersvorsorgevertrag im Sinne des Altersvorsorge-Zertifizierungsgesetzes (Riester-Rente) dienen, wenn alternativ folgende zertifizierte Vertragsgestaltung gewählt wird:

- Kombination Sparvertrag mit Darlehensoption (»normaler« Bausparvertrag)
- Vorfinanzierungsdarlehen (Kombination Vorfinanzierungsdarlehen/Bausparvertrag)

Er erhält dann die staatliche Förderung (Grundzulage, Kinderzulagen), wenn ein bestimmter Mindesteigenbetrag geleistet wird.

Hinweis: Die Kapitalgedeckte Altersvorsorge (Riester-Rente) sowie die Voraussetzungen und Höhe der staatlichen Förderung sind ausführlich in Band 2, Abschn. D 3.3.1 dargestellt.

Situation (3. Fortsetzung):

Die Eheleute Schulze erfahren, dass sie jährlich die volle Grundzulage von 154,00 € und jeweils 185,00 € für ihre beiden Kinder (für ab 1. Januar 2008 geborene Kinder sogar 300,00 €) an Zulagenförderung erhalten, wenn die jährliche Mindesteigenleistung für einen zertifizierten Bausparvertrag 4 % des rentenversicherungspflichtigen Einkommens einschließlich aller Zulagen beträgt. Bei einem rentenversicherungspflichtigen Einkommen von 35 780,00 € (35 300,00 € + 480,00 € VL) beträgt die Mindesteigenleistung 1 431,20 €. Nach Abzug der Zulagen von insgesamt 524,00 € muss Familie Schulze tatsächlich nur 907,20 € jährlich aufbringen. Allerdings muss das geförderte Kapital wohnungswirtschaftlich verwendet werden.

Als wohnungswirtschaftliche Verwendung gilt die Anschaffung oder Herstellung einer Wohnung im eigenen Haus oder einer Eigentumswohnung innerhalb der EU bzw. des EWR, die zu eigenen Wohnzwecken als Hauptwohnsitz genutzt werden soll. Nach einem Urteil des Europäischen Gerichtshofs (EuGH C-269/07) musste es auch für Immobilien innerhalb des EU/EWR-Auslands eine Riester-Förderung geben.

Das angesparte geförderte Altersvorsorgekapital kann auch noch zu Beginn der Auszahlungsphase für die Entschuldung von selbstgenutztem Wohneigentum eingesetzt werden (sog. Beitrag zum mietfreien Wohnen im Alter).

Sowohl die Sparleistungen als auch die späteren Tilgungsleistungen für das Bauspardarlehen (wohnungswirtschaftliche Verwendung vorausgesetzt) gehören zu den Altersvorsorgebeiträgen im Rahmen der Sonderausgaben (vgl. hierzu Band 2, Abschnitt 3.2.3.2). In der Ansparphase erfolgt somit eine Steuerfreistellung der Beiträge, in der Auszahlungsphase werden die sich aus den Beiträgen, Zulagen und Erträgen ergebenden Leistungen allerdings **nachgelagert besteuert**. Hierfür wird ein fiktives **Wohnförderkonto** geführt.

Der Förderberechtigte hat zu Beginn der Auszahlungsphase ein einmaliges **Wahlrecht** zwischen der

- jährlich nachgelagerten Besteuerung,
- privilegierten Einmalbesteuerung des gesamten in der Immobilie gebundenen geförderten Kapitals.

Das Privileg besteht bei der Einmalbesteuerung darin, dass nur 70 % des in Rede stehenden Kapitals mit dem individuellen Steuersatz besteuert werden.

7.8 Bauspartarife

Beispiel:

Familie Schulze möchte einen Bausparvertrag abschließen und fragt nach dem richtigen Tarif.

Bei den Bausparangeboten wird nach Tarifen unterschieden. Die Tarife richten sich an den Zielen und Anforderungen der Kunden aus. Sie unterscheiden sich z. B. beim Spar- und Darlehenszins, dem Regelsparbeitrag, dem Mindestsparguthaben. Der Bausparer entscheidet sich in einer bestimmten Lebenssituation für das Bausparen, der Kundenberater empfiehlt ihm den Tarif, der bestmöglich zu seinen individuellen Bedürfnissen passt.

Auszug aus den Tarifbedingungen der Proximus Bausparkasse:		
	Tarif A	**Tarif B**
Abschlussgebühr von der Bausparsumme (BS)	1 %	1 %
Guthabenzins/Zinsbonus	1,5 %/2,5 %	1,5 %/–
Darlehenszins	6,5 %	4,25 %
Mindestsparguthaben	50 % der BS	40 % der BS
Mindestansparzeit	48 Monate	18 Monate
Regelsparbeitrag	4 ‰ der BS	8 ‰ der BS
Ansparzeit bei Regelbeitrag	123 Monate	64 Monate
Darlehenslaufzeit bei max. Darlehensanpruch	145 Monate	71 Monate

Der **Zinsbonus** wird gewährt, wenn der Bausparer nach Zuteilung des Vertrages auf das Bauspardarlehen verzichtet.

7.9 Flexibilität des Bausparens

Beispiel:
Nachdem sich das Ehepaar Schulze für den Tarif B und eine Bausparsumme von 50 000,00 € entschieden hat, möchte Frau Schulze noch wissen, ob sie während der Laufzeit des Bausparvertrages den Tarif wechseln und/oder die Bausparsumme verändern können.

Bausparverträge werden häufig über einen längeren Zeitraum abgeschlossen, da der Bausparer zunächst das Guthaben anspart und noch keine konkrete Verwendungsmöglichkeit hat. Im Laufe der Zeit können sich die Ziele und/oder Wünsche des Bausparers ändern.

- Bausparkunden haben die Möglichkeit, die im Vertrag festgelegte Tarifvariante zu wechseln, z. B. wenn anfänglich keine Bauabsicht bestand.
- Die Bausparsumme kann erhöht bzw. gesenkt werden.
- Der Bausparvertrag kann in zwei neue Verträge geteilt werden.
- Zwei oder mehrere Bausparverträge können zu einem zusammengelegt werden.
- Ein Bausparvertrag kann auf andere Personen übertragen werden. Zwischen Eheleuten ist die Übertragung kostenlos und prämienunschädlich, wenn die Voraussetzungen für eine steuerliche Zusammenveranlagung vorliegen.
- Vertragskündigungen aus Kundensicht sind rechtlich möglich.

Mit einigen Tarifen zielen Bausparkassen speziell auf Sparer ab, die lediglich eine rentable Geldanlage suchen und keinen Kredit in Anspruch nehmen wollen. Ein höherer Guthabenzins, verbunden mit den staatlichen Prämien und der Rückzahlung der Abschlussgebühr, ergibt eine wettbewerbsfähige Rendite.

Lernkontrollen zu E 7

Prinzip des Bausparens und Bausparvertrag

1 Sie sind Finanzberater der Proximus Bausparkasse.

Das Ehepaar Mohn hat noch keine Erfahrung mit dem Bausparen.

a) Erläutern Sie das Prinzip des Bausparens (Ablauf, Vertragsinhalt).

b) Gehen Sie besonders auf das Problem »Zuteilung« ein.

2 Carsten Hahn (30 Jahre alt, Industriekaufmann) und seine Ehrefrau Manuela (28 Jahre alt, Bürokauffrau) möchten sich über Bausparen informieren. Sie haben ein gemeinsames Bruttojahreseinkommen in Höhe von 50 000,00 €.

Beantworten Sie dem Ehepaar die folgenden Fragen.

a) Was bedeuten die Begriffe

a1) Bausparsumme,

a2) Bausparguthaben

a3) Bauspardarlehen?

Verwenden Sie ein Zahlenbeispiel.

b) Was bedeutet Zuteilung und wovon ist sie abhängig?

3 Stefan Hirsch (25 Jahre alt, ledig, Chemielaborant) hat während einer Anlageberatung einige Fragen zum Thema Bausparen. Er möchte von Ihnen Auskunft zu folgende Fragen:

a) Welche Phasen durchläuft ein Bausparvertrag?

b) Wie wird die Bausparsumme ermittelt?

c) Welche Kosten fallen bei einem Bausparvertrag an?

d) Was ist ein Regelsparbeitrag?

e) Was ist eine Bewertungszahl?

4 Ihr Kunde Paul Sommer möchte einen Bausparvertrag abschließen und möchte von Ihnen die richtige Bausparsumme erfahren.
Wie wird eine maßgeschneiderte Bausparsumme ermittelt?

Staatliche Förderung

5 Welche der folgenden Anlagemöglichkeiten sind für die Anlage »vermögenswirksamer Leistungen« nach dem 5.VermBG ausgeschlossen?

a) Belegschaftsaktien

b) Investmentanteile an gemischten Wertpapierfonds

c) GmbH-Anteile

d) Haftpflichtversicherungen

e) Darlehensforderungen an den Arbeitgeber

f) stille Beteiligungen

g) Anteile an offenen Immobilienfonds

h) Optionsanleihen

i) Kapitallebensversicherungen

j) Versicherungsaktien

k) Genossenschaftsanteile

l) Kommanditanteile

6 Welche Personen können keine Leistungen nach dem 5. VermBG in Anspruch nehmen? (dgl. nach dem WoPG?)

	5. VermBG	WoPG
a) Arbeiter (ausl. Staatsangehöriger)		
b) selbstständige Einzelhandelskaufleute		
c) Heimarbeiter		
d) Empfänger von Arbeitslosengeld		
e) Rentenempfänger		
f) Vorstandsmitglieder einer AG		
g) Angestellte		
h) Auszubildende		
i) Ehepartner ohne eigenes Einkommen		
j) Beamte und Richter		
k) Prokuristen und Handlungsbevollmächtigte		
l) Berufs- und Zeitsoldaten		
m) Wehrpflichtige		
n) Schüler mit Bafög		
o) OHG-Gesellschafter		

7 Nennen Sie jeweils den maximal geförderten Sparbetrag und die Höhe der Arbeitnehmersparzulage in Prozent gemäß dem 5.VermBG.

	Max. geförderter Sparbetrag	Zulage in %
a) Sparvertrag über Rentenfondsanteile		
b) Bausparvertrag		
c) Darlehen an den Arbeitgeber		
d) Vermögenswirksamer Bonussparvertrag		
e) Stille Beteiligungen		
f) Wandelschuldverschreibungen		
g) Belegschaftsaktien		
h) Kapitallebensversicherung		

8 Wie wird die Arbeitnehmer-Sparzulage gemäß dem 5. VermBG gezahlt?

a) nach Antrag beim zuständigen Finanzamt durch Überweisung zum Ende der Sperrfrist an das Unternehmen, bei dem die Anlage erfolgt

b) auf Antrag vom zuständigen Finanzamt durch Überweisung an den Sparer

c) automatisch mit der Zahlung der vermögenswirksamen Leistung an das Unternehmen, bei dem die Anlage vorgenommen wird

d) automatisch mit der Zahlung der vermögenswirksamen Leistung als Barzahlung oder Überweisung durch den Arbeitgeber an den Arbeitnehmer

e) im Rahmen der Einkommensteuerveranlagung

9 Das Ehepaar Alex Mohn (40 Jahre alt, Angestellter mit 37 000,00 € Jahresbruttogehalt) und Eva Mohn (39 Jahre alt, Hausfrau), 2 Kinder (Peter, 14 Jahre/Schüler, Thomas, 17 Jahre/Auszubildender, 6 000,00 € Jahresbruttogehalt) hat einen Prospekt über die staatliche Sparförderung gelesen.

Sie möchten von Ihnen eine Beratung.

Gehen Sie dabei wie folgt vor:

a) Erstellen Sie für die maximale Ausnutzung der staatlichen Förderung eine Übersicht mit folgenden Angaben:

Gesetz	Anlageform(en)	Anleger/ Voraussetzung	max. geförderter Anlagebetrag in Euro	Einkommensgrenze/ Euro	staatliche Förderung
VermbG	Aktienfonds	Alex Mohn, da Arbeitnehmer			
VermbG	Bausparen	Alex Mohn, da Arbeitnehmer			
VermbG	Aktienfonds	Azubi, da wie AN			
VermbG	Bausparen	Azubi, da wie AN			
WoPG	Bausparen	– Mann – Frau – 14-jähr. Kind, (da alle unbeschränkt ESt-pflichtig)			
WoPG	Bausparen	Azubi, da wie AN			
Summe					

b) Erläutern Sie die jeweiligen Voraussetzungen für die Anlageformen (Vertrag mit ..., Zahlung durch):

b1) VermbG-Fondssparen

b2) VermbG-Bausparen

b3) WoPG-Bausparen

c) Erläutern Sie jeweils Vertragslaufzeit und Verfügungsmöglichkeiten.

c1) VermbG-Fondssparen

c2) VermbG-Bausparen

c3) WoPG-Bausparen

d) Erläutern Sie jeweils Beantragung und Zahlung der Sparförderung.

d1) VermbG-Fondssparen

d2) VermbG-Bausparen

d3) WoPG-Bausparen

10 In welchen Fällen ist bei vorzeitiger Verfügung gemäß dem 5. VermBG die Arbeitnehmer-Sparzulage nicht zurückzuzahlen?

a) längere schwere Krankheit des Arbeitnehmers

b) Tod des Ehegatten

c) Heirat des Arbeitnehmers (Sperrfrist läuft seit 2 Jahren)
d) Scheidung des Arbeitnehmers (Sperrfrist läuft seit 3 Jahren)
e) Verwendung zur Finanzierung der eigenen Berufsausbildung
f) Verwendung zur Finanzierung der Berufsausbildung eines Kindes
g) Aufnahme einer selbstständigen Tätigkeit (vorher Arbeitnehmer)
h) Rückzahlung von Grundschuld- oder Hypothekendarlehen

11 Welche Vorteile bietet ein Bausparvertrag im Rahmen des 5. VermBG?

a) bedingter Anspruch auf Festzins-Baudarlehen
b) Ausnutzung des Förderungshöchstbetrages
c) Anspruch auf den höchsten Sparzulagen-Prozentsatz
d) Anspruch auf den Erwerb öffentlich geförderten Wohneigentums
e) Anspruch auf Wohnungsbauprämie zusätzlich zur Sparzulage (für zusätzlich gezahlte Bausparbeiträge)
f) Anspruch auf Steuervergünstigung zusätzlich zur Sparzulage durch Absetzung der VL-Beträge als Vorsorgeaufwendungen

12 Im entsprechenden Tarifvertrag sind keine vermögenswirksamen Zahlungen des Arbeitgebers vorgesehen. Kann der Arbeitnehmer vermögenswirksam sparen?

13 Welche Verwendung von Bausparmitteln ist nach dem WoPG prämienunschädlich?

a) Verwendung des Bausparguthabens nach Zuteilung (nach 5 Jahren Laufzeit) für eine Ferienreise
b) dgl. zum Kauf eines Hauses
c) Verwendung des Bausparguthabens nach Kündigung des Vertrages (nach 8 Jahren Laufzeit) für eine Ferienreise

14 Für einen ledigen Beamten mit einem Bruttoeinkommen von 38 000,00 € zahlt der Arbeitgeber monatlich 13,00 € vermögenswirksame Leistungen. Kann der Beamte diese für einen Bausparvertrag in Anspruch nehmen?

15 Sie sind als Mitarbeiter/in in der Antragsabteilung der Proximus Bausparkasse AG eingesetzt. Das junge und noch kinderlose Ehepaar Wagner interessiert sich für einen Bausparvertrag. Es will seine vermögenswirksamen Leistungen auf diese Weise anlegen. Bei Herrn Klaus Wagner übernimmt der Arbeitgeber 240,00 €, bei Frau Eva Wagner sind es 480,00 €. Klaus Wagner hat ein Bruttojahreseinkommen von 17 000,00 €, Eva Wagner von 32 000,00 €. Das Ehepaar will die staatliche Förderung höchstmöglich ausschöpfen.

Beraten Sie das Ehepaar Wagner. Informieren Sie dabei auch über die staatlichen Zulagen und die Vorteile, die ein Bausparvertrag beim Erwerb einer Wohnung oder eines Wohnhauses bietet.

8 Finanzierung privater Immobilien

Übersicht

Ablauf einer Baufinanzierung

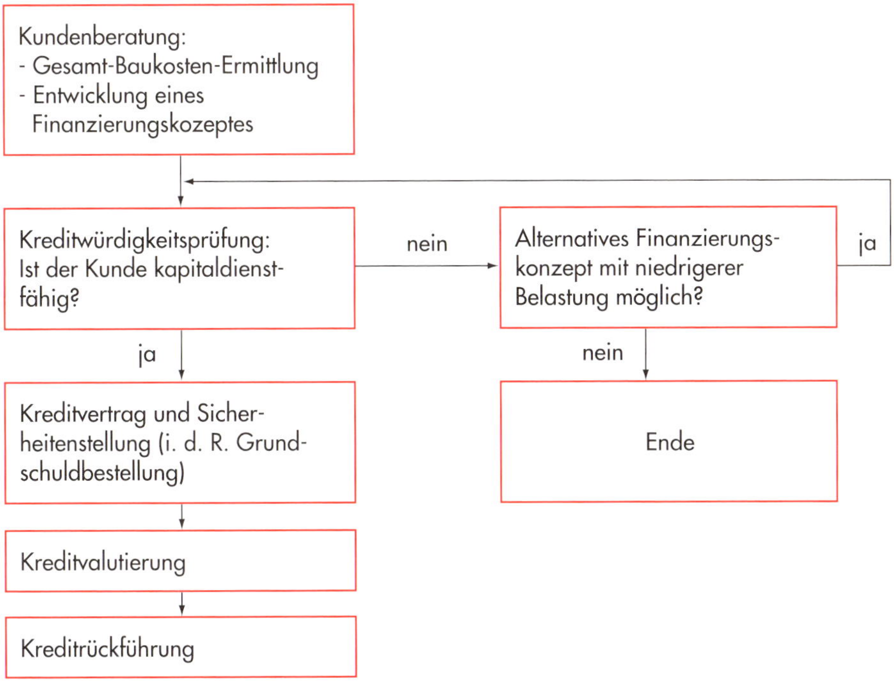

Überschlägige Gesamt-Baukosten-Ermittlung (Berechnungsschema)

	Vorspalte €	€
1. Grundstück zzgl. 3,5 % Grunderwerbsteuer zzgl. 1,5 % Notar- und Gerichtskosten zzgl. bis 6,9 % Maklergebühr		
2. Erschließungskosten z.B. 65,00 pro qm		
3. Hausanschlusskosten Elektro, Wasser, Gas, Abwasser		
4. Baukosten für das Haus Sonderwünsche Materialbedarf für Eigenleistung		
5. Kellergeschoss/Bodenplatte		
6. Garage/Carport		

	Vorspalte €	€
7. Außenanlagen (ca. 5 % der Baukosten) Weg zum Haus, Terrasse, Anlage des Gartens		
8. Architekten- und Ingenieurleistungen 12 %–16 % der Baukosten für Haus (ohne Eigenleistungen)		
9. öffentliche Abgaben/Vermessungskosten		
10. Vor- und Zwischenfinanzierungskosten		
11. Gesamtkosten des Bauvorhabens		

8.1 Argumente für den Erwerb einer Immobilie

Situation

Das Ehepaar Karl und Eva Herrmann (35 und 30 Jahre alt, keine Kinder) träumen seit Jahren vom eigenen Haus. Sie haben vor ein paar Monaten ein unbebautes und unbelastetes Grundstück von den Großeltern Herrn Herrmanns geerbt. Jetzt überlegen sie, eventuell ein Fertighaus auf dem Grundstück zu bauen. Sie haben sich für ein Beratungsgespräch einen Termin geben lassen.

Eine Immobilie zu kaufen oder zu bauen ist oft eine Entscheidung fürs Leben. Schließlich verursachen die hohen Investitionskosten meist einen enormen Schuldenberg, der über viele Jahre abgetragen werden muss. Aufgrund der hohen Kosten fragen sich nicht wenige: Lohnt es sich unterm Strich überhaupt, in ein eigenes Haus zu investieren, wenn die Monatskaltmiete lediglich 600,00 € beträgt?

Argumente für die eigene Immobilie:

- Wohneigentum ist ein sicheres Mittel gegen hohe und steigende Mieten.
- Die ersparte Miete erhöht das Gesamteinkommen des Rentenhaushalts.
- Der finanzielle Vorteil von mietfreiem Wohnen bleibt steuerfrei.
- Als Sachwert ist Wohneigentum von der Inflation nicht betroffen und schützt vor Vermögensverlust.
- Wohneigentum lässt sich im Vergleich zu anderen Vorsorgearten bereits in jungen Jahren nutzen.
- Wohneigentumsbildung wird zur Zeit staatlich gefördert.

So viel Miete zahlen Sie in 30 Jahren				
Miete pro Monat	**Miete pro Monat bei 3 % jährlicher Steigerung**			**Gesamte Miete**
Heute	**In 10 Jahren**	**In 20 Jahren**	**In 30 Jahren**	**In 30 Jahren**
500,00 €	627,00 €	903,00 €	1 214,00 €	285 452,00 €
600,00 €	806,00 €	1 084,00 €	1 456,00 €	342 543,00 €
700,00 €	941,00 €	1 264,00 €	1 699,00 €	399 633,00 €
800,00 €	1 075,00 €	1 445,00 €	1 942,00 €	456 724,00 €
900,00 €	1 210,00 €	1 626,00 €	2 185,00 €	513 814,00 €
1 000,00 €	1 344,00 €	1 806,00 €	2 427,00 €	570 905,00 €

So viel Miete zahlen Sie in 30 Jahren				
Miete pro Monat	Miete pro Monat bei 3 % jährlicher Steigerung			Gesamte Miete
Heute	In 10 Jahren	In 20 Jahren	In 30 Jahren	In 30 Jahren
1 100,00 €	1 478,00 €	1 987,00 €	2 650,00 €	627 995,00 €
1 200,00 €	1 613,00 €	2 167,00 €	2 913,00 €	685 086,00 €
1 300,00 €	1 747,00 €	2 348,00 €	3 155,00 €	742 176,00 €
1 500,00 €	2 016,00 €	2 709,00 €	3 641,00 €	856 857,00 €

Quelle: Deutsche Bank AG

8.2 Gesamtinvestitionskosten bei neu erbauten Immobilien

Situationsfortsetzung 1

Karl und Eva Herrmann haben sich für den Bau eines Einfamilienhauses entschieden. Im Beratungsgespräch über die Finanzierungsmöglichkeiten werden Sie gefragt, auf welche Aufwendungen sie sich beim Bau einer Immobilie grundsätzlich einzustellen haben.

➤ Grundstückskosten

Die Grundstückskosten bestehen aus mehreren Komponenten:

- Kaufpreis von Grund und Boden
- Erschließungskosten
- Erwerbskosten
- Eventuell Abbruchkosten

➤ Baukosten

Bei den Baukosten handelt es sich um die Herstellungskosten eines Gebäudes. Hierzu zählen:

- Kosten des Gebäudes (reine Baukosten)
- Kosten der Sonderausstattungen (z. B. offener Kamin, Wintergarten)
- Kosten der Nebengebäude (Garage, Carport)
- Kosten der Außenanlagen (z. B. Zugangsweg, Terrasse, Gartenanlage, Hausanschlüsse, Gartenzaun ...)
- Baunebenkosten (Architekt, Statiker, Notar- und Behördenkosten, Finanzierungskosten)

➤ Finanzierungskosten

Zu den Finanzierungskosten gehören:

- Bearbeitungsgebühren und Schätzkosten
- Bereitstellungszinsen für den noch nicht in Anspruch genommenen Kreditbetrag
- Etwaige Bürgschaftsgebühren
- Bauzeitzinsen

8.3 Finanzierungsplanung

Situationsfortsetzung 2

Die Eheleute Karl und Eva Herrmann verfügen über folgende Netto-Einkommen:

Karl Herrmann: 2000,00 € pro Monat

Eva Herrmann: 1700,00 € pro Monat

Die Gehälter werden 13-mal im Jahr gezahlt. Über weitere Einkünfte verfügen die Eheleute nicht.

Sie besitzen Sparguthaben in Höhe von 30000,00 € sowie Anteile an einem Geldmarktfonds im Wert von derzeit 5000,00 €. Daneben bestehen noch zwei Lebensversicherungen mit einem Rückkaufswert von insgesamt 5500,00 € (monatliche Beiträge 100,00 €).

Das Grundstück wird von der Bank mit 100000,00 € bewertet.

Die Lebenshaltungskosten betragen derzeit 1000,00 € (ohne Miete von 600,00 €), die Kfz-Kosten sind monatlich mit 300,00 € anzusetzen. Andere Kredite bestehen nicht.

Bei der Gegenüberstellung der Einnahmen und Ausgaben sowie des Vermögens und der Schulden ergibt sich folgendes Bild:

Einnahmen pro Monat:	**Ausgaben pro Monat:**
3 700,00 € Gehalt	1000,00 € Lebenshaltung
	300,00 € Kfz-Kosten
	100,00 € Lebensversicherung
	600,00 € Miete
3 700,00 insgesamt	**2000,00 € insgesamt**

Vermögen:	**Verbindlichkeiten:**
100000,00 € Grundstück	zur Zeit keine Schulden
30000,00 € Sparguthaben	
5000,00 € Geldmarktfonds	
5500,00 € Rückkaufswerte	
140500,00 € insgesamt	...

Der Vermögensüberschuss beträgt 140500,00 €, die verfügbaren Eigenmittel ohne Rückkaufswerte der Lebensversicherungen belaufen sich auf 35000,00 €.

Die Rückkaufswerte der Lebensversicherungen können ggf. im Rahmen von Vorfinanzierungen oder Zwischenfinanzierungen in die Immobilienfinanzierung als Sicherheiten eingebracht werden.

Der Einnahmenüberschuss beträgt 1 700,00 €. Nach der Berücksichtigung von Bewirtschaftungskosten für das neue Haus von 300,00 € und 200,00 € für außergewöhnliche Ausgaben und nach Gegenrechnung der eingesparten Miete von 600,00 € verbleibt ein monatlicher Überschuss von 1 800,00 €. Dieser Betrag kann für Tilgungs- und Zinsdienste aufgewendet werden.

Wie viel darf das Haus der Eheleute Herrmann kosten?

(Anmerkung: Grundstück ist vorhanden)

Annahme: 6 % Nominalzins und 2 % anfängliche Tilgung für ein benötigtes Darlehen

Überschlagsrechnung

Monatlich frei verfügbarer Betrag: 1 800,00 €

Monatlicher Betrag · 12 = Jahresbetrag (1 800,00 € · 12 = 21 600,00 €):

1. Finanzierungsbetrag = $\frac{\text{Jahresbetrag } 21\,600{,}00\text{ €}}{(\text{Nominalzins } 6\,\% + 2\,\% \text{ Tilgung})} \cdot 100 =$	270 000,00 €
2. zuzügl. Eigenkapital ohne Lebensversicherung	35 000,00 €
3. zuzügl. realistische Eigenleistung	5 000,00 €
= Maximale Kosten für das Haus	**310 000,00 €**

8.4 Kreditwürdigkeitsprüfung

Bei der Kreditwürdigkeitsprüfung geht es primär um die Feststellung der tragbaren Belastung der Kunden. Nach Gegenüberstellung der monatlichen Einnahmen und Ausgaben sowie des Vermögens und der Schulden wird festgestellt, ob der Kunde den Zins- und Tilgungsdienst für die Kreditfinanzierung seiner neuen Immobilie leisten kann.

Die Prüfungskriterien sind:

- **Bonität (wirtschaftliche Leistungsfähigkeit):**
  - Einnahmen-Ausgaben-Rechnung
  - Vermögen
  - Schulden
- **Krediterfahrung:**
  - Aktenlage
  - bisherige Kontoführung
  - SCHUFA-Informationen
- **Person:**
  - Familienstand
  - Güterstand
  - Beruf/Beschäftigungsverhältnis

8.5 Staatliche Förderung wohnungswirtschaftlicher Sparformen

Vorrangiges Ziel der staatlichen Wohnbauförderung ist es, die Wohneigentumsquote in der Bundesrepublik Deutschland zu erhöhen. Davon profitiert vor allem das Sparen auf Bausparverträge, das vom Staat in dreifacher Hinsicht gefördert wird, und zwar durch das fünfte Vermögensbildungsgesetz, das Wohnungsbau-Prämiengesetz und dem

Eigenheimrentengesetz (vgl. Abschn. E 7). Die ehemals für selbst genutztes Wohneigentum gewährte Eigenheimzulage wurde mit Wirkung vom 1. Jan. 2006 gestrichen.

Die staatliche Kreditanstalt für Wiederaufbau (KfW) bietet zinsgünstige Kredite für den Immobilienerwerb an. Ferner werden bestimmte energiesparende Baumaßnahmen durch zinsgünstige Kredite gefördert. Die Antragstellung erfolgt über die eigene Hausbank. Informationen über die aktuellen Förderungsmöglichkeiten der KfW finden sich im Internet unter www.kfw-foerderbank.de.

8.6 Beleihungswertermittlungen

Situationsfortsetzung 3

Nach vier Wochen haben Sie einen neuen Gesprächstermin mit den Eheleuten Herrmann. Heute wünschen die Eheleute konkrete Informationen über die Finanzierungsangebote und -möglichkeiten. Das gewünschte Fertighaus hat einen Festpreis von 150 000,00 €. Für alle weiteren Nebenkosten, wie Außenanlagen und Baunebenkosten werden 50 000,00 € angesetzt.

Nach der Prüfung der vorgelegten Unterlagen hält der Berater die Wertangaben für realistisch.

Die Darlehen zur Finanzierung von Immobilieninvestitionen werden in der Regel durch **Grundpfandrechte** gesichert.

Bei der Bewertung von Grundstücken und grundstücksgleichen Rechten sind insbesondere zwei Wertbegriffe zu unterscheiden, nämlich die Begriffe »Verkehrswert« und »Beleihungswert«.

a) Verkehrswert

Die rechtliche Grundlage ist der §194 Baugesetzbuch:

»Der Verkehrswert wird durch den Preis bestimmt, der in dem Zeitpunkt, auf den sich die Ermittlung bezieht, im gewöhnlichen Geschäftsverkehr nach den rechtlichen Gegebenheiten und tatsächlichen Eigenschaften, der sonstigen Beschaffenheit und der Lage des Grundstücks oder des sonstigen Gegenstandes der Wertermittlung ohne Rücksicht auf ungewöhnliche oder persönliche Verhältnisse zu erzielen wäre.«

► Der Verkehrswert ist der aktuelle, stichtagsbezogene Marktwert der Immobilie.

Zuständig für die Ermittlung der Verkehrswerte sind selbstständige Gutachterausschüsse, die bei den kreisfreien Städten und den Landkreisen gebildet werden, und zwar ebenfalls auf Grundlage des Baugesetzbuches.

b) Beleihungswert

Der Beleihungswert ist ein spezifischer Begriff der Kreditwirtschaft. Er ist der Wert, den das Beleihungsobjekt während des gesamten Beleihungszeitraums aller Voraussicht nach verkörpert.

Rechtliche Grundlage der Beleihungswertermittlung ist der § 16 Pfandbriefgesetz in Verbindung mit der Verordnung über die Ermittlung der Beleihungswerte von Grundstücken (Beleihungswertermittlungsverordnung – BelWertV) vom 12. Mai 2007.

§ 16 Pfandbriefgesetz

Beleihungswertermittlung

(1) Die als Grundlage für die Beleihungswertfestsetzung dienende Wertermittlung ist von einem von der Kreditentscheidung unabhängigen Gutachter vorzunehmen, der über die hierzu notwendige Berufserfahrung sowie über die notwendigen Fachkenntnisse für Beleihungswertermittlungen verfügen muss.

(2) Der Beleihungswert darf den Wert nicht überschreiten, der sich im Rahmen einer vorsichtigen Bewertung der zukünftigen Verkäuflichkeit einer Immobilie und unter Berücksichtigung der langfristigen, nachhaltigen Merkmale des Objektes, der normalen regionalen Marktgegebenheiten sowie der derzeitigen und möglichen anderweitigen Nutzungen ergibt. Spekulative Elemente dürfen dabei nicht berücksichtigt werden. Der Beleihungswert darf einen auf transparente Weise und nach einem anerkannten Bewertungsverfahren ermittelten Marktwert nicht übersteigen. Der Marktwert ist der geschätzte Betrag, für welchen ein Beleihungsobjekt am Bewertungsstichtag zwischen einem verkaufsbereiten Verkäufer und einem kaufbereiten Erwerber, nach angemessenem Vermarktungszeitraum, in einer Transaktion im gewöhnlichen Geschäftsverkehr verkauft werden könnte, wobei jede Partei mit Sachkenntnis, Umsicht und ohne Zwang handelt.

Auszug aus der Beleihungswertermittlungsverordnung:

§ 3 Grundsatz der Beleihungswertermittlung

(1) Der Wert, der der Beleihung zugrunde gelegt wird (Beleihungswert), ist der Wert der Immobilie, der erfahrungsgemäß unabhängig von vorübergehenden, etwa konjunkturell bedingten Wertschwankungen am maßgeblichen Grundstücksmarkt und unter Ausschaltung von spekulativen Elementen während der gesamten Dauer der Beleihung bei einer Veräußerung voraussichtlich erzielt werden kann.

(2) Zur Ermittlung des Beleihungswerts ist die zukünftige Verkäuflichkeit der Immobilie unter Berücksichtigung der langfristigen, nachhaltigen Merkmale des Objekts, der normalen regionalen Marktgegebenheiten sowie der derzeitigen und möglichen anderweitigen Nutzungen im Rahmen einer vorsichtigen Bewertung zugrunde zu legen.

§ 4 Verfahren zur Ermittlung des Beleihungswerts

(1) Zur Ermittlung des Beleihungswerts sind der Ertragswert (§§ 8 bis13) und der Sachwert (§§14 bis18) des Beleihungsobjekts getrennt zu ermitteln. …

(3) Maßgeblich für die Ermittlung des Beleihungswerts ist regelmäßig der Ertragswert, der nicht überschritten werden darf. …

(4) Bei Ein- und Zweifamilienhäusern sowie Eigentumswohnungen kann der Beleihungswert am Sachwert orientiert werden und eine Ertragswertermittlung entfallen, wenn das zu bewertende Objekt nach Zuschnitt, Ausstattungsqualität und Lage zweifelsfrei zur Eigennutzung geeignet ist und bei gewöhnlicher Marktentwicklung nach den Umständen des Einzelfalls vorausgesetzt werden kann, dass das Objekt von potenziellen Erwerbern für die eigene Nutzung dauerhaft nachgefragt wird. Der Beleihungswert kann in diesen Fällen auch an einem nach § 19 ermittelten Vergleichswert orientiert werden; neben der Ertragswertermittlung kann hierbei auch die Sachwertermittlung entfallen. …

c) Weitere Wertbegriffe im Zusammenhang mit Beleihung von Immobilien.

➤ Sachwert (Sustanzwert)

Er besteht aus den beiden Werten

- **Bauwert:** Wert der Aufbauten eines Grundstücks,
- **Bodenwert:** Wert der Grundstücksfläche.

  Bei der **Ermittlung des Bodenwertes** ist von den Preisen auszugehen, die für Grundstücke gleicher Art und Lage auf Dauer zu erzielen ist. In vielen Städten und Gemeinden gibt es Bodenrichtwertkarten, die von einem Gutachterausschuss erstellt werden und Auskunft über angemessene Grundstückspreise der jeweiligen Region enthalten.

➤ Ertragswert

Der Ertragswert drückt den kapitalisierten Reinertrag des Beleihungsobjektes aus.

➤ Beleihungsgrenze

Das ist die maximale Kredithöhe, die allein aufgrund dieser Sicherheit vom Kreditgeber gewährt wird.

Folgende Beleihungsgrenzen sind von Bedeutung:

- 60 % des Beleihungswertes bei Realkreditinstituten
- 80 % bei Bausparkassen
- 45 % bzw. 60 % für 1. Rang und 80 % im 2. Rang bei Versicherungen

Private Geschäftsbanken beleihen teilweise bis zu 100 % des Beleihungswertes.

d) Zulässige Berechnungsverfahren des Beleihungswerts nach der Beleihungswertermittlungsverordnung (BelWertV)

Der Beleihungswert ist nach der BelWertV grundsätzlich durch ein **Gutachten** zu ermitteln. Die dafür durch die Bank bestimmten Gutachter müssen entsprechend qualifiziert sein (§§ 5–7). Nur bei einer Gesamtbeleihung (einschl. vorrangiger Darlehen) bis zu insg. 400000 € kann bei wohnwirtschaftlich genutzten Gebäuden eine **vereinfachte Wertermittlung** entsprechend den Vorschriften der BelWertV durch geschulte Personen stattfinden (§ 24). **Grundsätzlich ist in beiden Fällen der Ertragswert und der Sachwert zu ermitteln.**

Verfahren zur Ermittlung des Beleihungswerts (BelWertV § 4)		
Vergleichswertverfahren (19) Zulässig bei Ein- und Zweifamilienhäusern und Eigentumswohnungen anstelle des Sachwert- und Ertragswertverfahrens.	**Ertragswertverfahren (8–13) (Regelverfahren)** Bei Mehrfamilienhäusern und Gewerbegrundstücken darf der Beleihungswert den Ertragswert nicht übersteigen.	**Sachwertverfahren (14–18)** Kann den Beleihungswert bei Ein- und Zweifamilienhäusern und Eigentumswohnungen bestimmen.

Zum Vergleichswertverfahren:
Dieses ist anwendbar, wenn ausreichend tatsächlich gezahlte Kaufpreise für vergleichbare Grundstücke vorliegen (Kaufpreissammlung der Gutachterausschüsse oder andere Marktdatensammlung, für den Verzicht auf das Sach- und Ertragswertverfahren bei Ein- und Zweifamilienhäusern sind mindestens 5 Vergleichspreise notwendig). **Berechnung:** ermittelter durchschnittlicher **Kaufpreis je qm** oder cbm (Vergleichswert) * **entspr. Größe des Objektes** **= Ausgangswert** - mind. 10 % **Sicherheitsabschlag** (§ 19 (1) BelWertV) **= Vergleichswert** (evt. Korrektur um Objektbesonderheiten bzw. veränderte Lage auf dem Grundstücksmarkt)

Zum Ertragswertverfahren: (Ertragswert = kapitalisierter Jahresreinertrag der baulichen Anlage)	
Berechnung: **Rohertrag = Nettokaltjahresmiete** (langfristig realistische Mieteinnahmen ohne Umlagen für Heizung ...) **./. Bewirtschaftungskosten** (Mietausfälle, Steuern, Verwaltung, Instandhaltung, Modernisierungsrisiko ....) (Diese müssen grundsätzlich lt. § 11 BelWertV über eine Einzelkostenanalyse unter Berücksichtigung der Bandbreiten der Anlage 1 der BelWertV ermittelt werden und mind. 15 % der Mieteinnahmen betragen; Banken rechnen oft mit Pauschalen von 20 bis 40 %) **= Jahresreinertrag**	
a) vereinfachter Ertragswert = $\frac{\text{Jahresreinertrag} \cdot 100}{\text{Kapitalisierungszins}^{*}}$	**Dieses Verfahren ist zwar prüfungsrelevant aber lt. BelWertV nicht zulässig.**
b) Das genauere »gespaltene« Ertragswertverfahren berücksichtigt durch eine getrennte Ertragswertberechnung für den Grundstückswert und den Gebäudewert, dass die Gebäude nur eine begrenzte Nutzungsdauer haben. **Berechnung:** **1. Bodenwert** (wie Sachwertverfahren) * **Kapitalisierungszins/100 = anteiliger Bodenertrag** **2. Jahresreinertrag ./. Bodenertrag = Ertragsanteil des Gebäudes** **3. Gebäudeertragsanteil * Vervielfältiger = Gebäudeertragswert** **4. Gebäudeertragswert + Bodenwert = Ertragswert des Grundstücks**	
Vervielfältiger = $\frac{q^n - 1}{q^n\,(q-1)}$ q = 1 + Kapitalisierungszins/100, n = Restnutzungsdauer des Gebäudes Eine Tabelle mit entsprechenden Vervielfältigern enthält Anlage 4 BelWertV *) Der Kapitalisierungszinssatz ist abhängig vom Ertragsrisiko (höheres Risiko = höherer Zins), Vorgaben (Bandbreiten) für den Kapitalisierungszinssatz enthält Anlage 3 BelWertV (bei Gebäuden mit wohnungswirtschaftlichem Zweck nicht unter 5 %, bei gewerblicher Nutzung nicht unter 6 %). Erfahrungssätze für die maximale Nutzungsdauer enthält Anlage 2 BelWertV.	

Zum Sachwertverfahren:
Der Sachwert besteht immer aus dem Bodenwert und dem Gebäudewert.

a) Ermittlung des **Bodenwertes** aufgrund des Vergleichswertverfahrens (§ 15 BelWertV) unter Beachtung von Nutzungsmöglichkeiten, Zuwegung, Erschließung … I.d.R. werden dafür die Bodenrichtwerte der Gutachterausschüsse (§ 186 BauGB) = **Durchschnittspreise für Grundstücke gleicher Lage** genutzt.
Da die Bodenrichtwerte sich grundsätzlich auf erschließungsbeitragsfreie und baureife Grundstücke beziehen (vgl. z. B. die Legende zum Bodenrichtwert des Gutachterausschuss Berlin), sind vom Käufer noch zu zahlende Erschließungsbeiträge bei der Beleihungswertberechnung – im Gegensatz zur Gesamtkostenberechnung – nicht zu berücksichtigen.

Grundstücksfläche * Bodenrichtwert je qm = Bodenwert

Der Begriff »**Erschließungskosten**« (z. T. in Büchern oder IHK-Prüfungsaufgaben benutzt) ist ungenau. Sind damit die Erschließungsbeiträge der Gemeinden für den Anschluss des Grundstücks an die öffentlichen Versorgungseinrichtungen gemeint? Oder die Kosten für den Anschluss des Gebäudes bis zur Grundstücksgrenze?
– Letztere sind sicher Teil der Herstellungskosten und haben bei der Berechnung des Bodenwerts nichts zu suchen.
– Ersteres sind sicher bei dem Bau bzw. Kauf eines Hauses zu berücksichtigende Kosten des Bauherren (und müssen also bei der Finanzierungsplanung berücksichtigt werden). Aber bei der Bodenwertermittlung im Rahmen der Beleihungswertermittlung haben auch diese Kosten nichts verloren.

b) Der Gebäudewert kann nach verschiedenen Verfahren ermittelt werden. Die Beleihungswertverordnung verlangt nur, dass die »**aus Erfahrungssätzen abzuleitenden Herstellungskosten je Raum- oder Flächeneinheit**« zugrunde gelegt werden. In der Praxis finden folgende Verfahren Anwendung:

ba) Indexverfahren Normalherstellungskosten 2000 (NHK 2000)

Feststellung der Normalherstellungskosten 2000 je qm Bruttogrundfläche (BGF) gemäß Gebäudetyp (aus der Anlage 6 zur WertV 2002, einer im Auftrag des Bundesbauministeriums erstellten Veröffentlichung durchschnittlicher Baukosten für verschiedene Gebäudetypen für das Jahr 2000).
Baukosten Basis 2000
*** qm Bruttogrundfläche (BGF)**
= bundesdurchschnittliche Baukosten Stand 2000
evt. * Korrekturfaktoren[1]
= regionalbezogene Baukosten 2000
([1] Berücksichtigung unterschiedlicher Baukosten nach Bundesland, Ortsgröße, Gebäudebesonderheiten; Werte von regionalen Gutachterausschüssen oder aus dem Einführungserlass des BMRBS zu den NHK)
Baukosten 2000
*** Teuerungszuschlag**
(regionaler Baupreisindex Basis 2000 des Statistischen Landesamtes zum Bewertungszeitpunkt)
= aktuelle Neubaukosten

bb) Indexverfahren Baukosten 1913/14[1] (v.a. bei Altbauten, Baukosten sind unbekannt)

Herstellungskosten von 1914 je qm Wohnfläche[2]
(gemäß Gebäudeausstattung und den damaligen staatlich festgestellten Baupreisen – z. B. aus den Unterlagen der Versicherungen zur Ermittlung der Versicherungssumme zu erhalten)
*** cbm Rauminhalt des Gebäudes**
= Baukosten des Gebäudes 1914
*** Teuerungszuschlag**
(Baupreisindex Basis 1914 des Stat. Bundesamt /Stat. Amt des Bundeslandes)
= aktuelle Neubaukosten

[1] Es gibt auch Werte für 1913, die Wertermittlungsrichtlinien des BVR und die Gebäudeversicherungen rechnen allerdings mit den Werten von 1914.
[2] Es gibt auch die Berechnung über den Preis 1914 je cbm Rauminhalt

bc) Abschlagsverfahren
(oft bei Neubauten)

Angemessene aktuelle Herstellungskosten je cbm umbauter Raum bzw. qm Grundfläche[1]
*** Objektgröße** (cbm bzw. qm)
= aktuelle Neubaukosten

[1] Aufgrund der Vielzahl der Beleihungswertermittlungen sind Banken/ Gutachter oft in der Lage, selbst die angemessenen Neubaukosten festzulegen, bei kleineren Summen wird auch oft vom tatsächlichen Bau- bzw. Kaufpreis ausgegangen.

Für die Berücksichtigung weiterer Faktoren gibt die Beleihungswertverordnung eine Reihenfolge der Zu- bzw. Abrechnung und Mindest- bzw. Maximalsätze vor.
Neubaukosten des Gebäudes
./. Wertminderung wegen Alters
(gemäß § 17 BelWertV im Verhältnis der Gesamtnutzungs- zur Restnutzungsdauer)
= Herstellungswert
+ evt. **Zuschlag** für **Außenanlagen** (max. 5 % des Herstellungswertes lt. § 16 BelWertV)
./. Risikoabschlag (mind. 10 % des Herstellungswertes lt. § 16 BelWertV, oft 20 bis 30 %, u. a. für Besonderheiten des Gebäudes)
+ evt. **Zuschlag** für **Baunebenkosten**
(max. 20 % des um den Risikoabschlag verminderten Herstellungswertes lt. § 16 BelWertV)
= Gebäudewert (+ Bodenwert = Sachwert)

Beispiel für die Ermittlung des Beleihungswertes und der Beleihungsgrenze des eigengenutzten Einfamilienhauses (Neubau) der Eheleute Herrmann nach dem Abschlagsverfahren:

1. Ermittlung des Bodenwertes (Vergleichswertverfahren)		
Grundstücksgröße: 1 000 m²		
Angemessener Kaufpreis: 100 €/m² aus		
Bodenrichtwertkarte der Gemeinde		
Bodenwert		**100 000,00 €**
2. Ermittlung des Bauwertes		
umbauter Raum		
Wohnhaus: 300 m³		
Angemessene Baukosten		
Wohnhaus: 500 €/m³		150 000,00 €
Baunebenkosten (ohne Notar-, Behörden- und		
Finanzierungskosten)		15 000,00 €
Angemessene Herstellungskosten = Herstellungswert		165 000,00 €
– Risikoabschlag (10%)		16 500,00 €
= Bauwert		**148 500,00 €**
3. Ermittlung des Sachwertes		
Bodenwert		100 000,00 €
Bauwert		148 500,00 €
Sachwert		**248 500,00 €**
4. Ermittlung des Ertragswertes		
Wohnfläche: 100 m²		
Geschätzter Mietertrag		
Wohnhaus: 10 €/m² im Monat		
Jahresrohertrag (100 m² · 10 €/m² · 12 Monate)	12 000,00 €	
– Bewirtschaftungskosten (30%)	3 600,00 €	
= Jahresreinertrag		8 400,00 €
– Bodenertrag bei einem Kapitalisierungszinssatz: 5 % (von 100 000 €/Divisor: 20)		5 000,00 €
= Ertragsanteil des Gebäudes (Nutzungsdauer 80 Jahre)		3 400,00 €
· Kapitalisierungszinssatz: 5 % (Multiplikator 19,6)		
= Gebäudeertragswert		66 640,00 €
+ Bodenwert (entspr. Bodenrichtwertkarte)		100 000,00 €
= Ertragswert des Grundstücks		**166 640,00 €**
Der Beleihungswert soll sich bei einem Einfamilienhaus am Sachwert orientieren.		**248 500,00 €**
5. Ermittlung der Beleihungsgrenze		
Beleihungsgrenze (60 % des Beleihungswertes, abgerundet)		**149 100,00 €**

Für ein erstrangig besichertes Darlehen liegt die Grenze bei 149 100,00 €. Für die zweite Rangstelle (Bausparkasse oder Geschäftsbank) können weitere 79 520,00 € genutzt werden (nämlich 80% von 248 500,00 € minus 149 100,00 €).

Exkurs: Unterlagenübersicht

Folgende Beleihungsunterlagen sollten u. U. vom Kreditantragsteller eingereicht werden:

Beleihungsunterlagen	Erhältlich bei
Grundbuchauszug	Amtsgericht
Neueste Katasterunterlagen	Vermessungsamt
Erschließungskostenbeitragsbescheinigung	Tiefbauamt
Baubeschreibung	Architekt
Berechnung des umbauten Raumes	Architekt
Wohn-/Nutzflächenberechnung	Architekt
Bauzeichnungen	Architekt
Amtlicher Lageplan	Vermessungsingenieur
Baugenehmigung bei geplanten Bauvorhaben	Architekt
Kaufvertrag für Grundstück/Wohnung	Notar
Ggf. Teilungserklärung bei Wohnungs- oder Teileigentum	Verkäufer
Grundrisszeichnung bei Eigentumswohnungen/ Gebrauchsimmobilien	Verkäufer
Fotos der Gebäude	Verkäufer
Kaufvertrag für Keller, Haus, Garage; bei Fertighäusern zusätzlich Bemusterungsvertrag	Hersteller
Einkommensnachweise, Einkommensteuerbescheid	Arbeitgeber, Steuerberater
Wirtschaftlichkeitsberechnung/Lastenberechnung	Architekt
Forderungsaufstellung für abzulösende Belastungen	Gläubiger
Ertragsaufstellung gemäß Vordruck der Bank	
Kostenanschläge für Modernisierung/Instandsetzung	Ausführende Firma
Kostenermittlung nach DIN 276	Architekt
Valutabescheinigung für vorgehende Grundpfandrechte	Gläubiger
Selbstauskunft gemäß Vordruck der Bank	Bank
Eigenkapitalnachweis	
Aufstellung der Arbeitsleistungen	Eigene Unterlagen
Versicherungsschein für die Gebäudefeuerversicherung	

8.7 Finanzierungskonzepte

Übersicht: Bausteine der Baufinanzierung

1.	**Eigenmittel/Eigenkapital**
	● Barmittel ● Zinslose Verwandtendarlehen ● Eigenleistungen ● Bausparguthaben
2.	**Realkredit/1.Grundschuld**
	● Darlehensgeber: Geschäfts-, Hypothekenbanken, Versicherungen ● Beleihungsgrenzen: 50–60 % des Beleihungswertes ● Laufzeiten: i. d. R. 15–30 Jahre, Zinsfestschreibung 5/10/15 Jahre ● Als Realkredit gilt auch ein zweck- und objektgebundener Kredit gegen Eintragung eines zweitrangigen Grundpfandrechts, wenn er über die Beleihungsgrenze hinaus aber zusätzlich durch eine Bürgschaft der öffentlichen Hand gesichert wird (1 b-Darlehen).
3.	**Bauspardarlehen**
	● Darlehensgeber: Bausparkassen ● Beleihungsgrenze: 80 % des Beleihungswertes ● Laufzeit: 7–15 Jahre
4.	**Nachrangdarlehen**
	● Darlehensgeber: Versicherungen, wenn nachrangige Grundschuld bei 80 % des Beleihungswertes ausläuft Geschäftsbanken/Sparkassen, Arbeitgeber, öffentliche Darlehen: ohne festgelegte Beleihungsgrenze ● Laufzeit: i. d. R. bis 25 Jahre

8.7.1 Darlehensvertrag und Verbraucherschutzvorschriften

Im **Darlehensvetrag** sind alle Darlehensbedingungen enthalten. Dazu zählen: BGB §§ 488 ff.

- Zinsen (in der Höhe insbesondere vom Marktzinsniveau und der Geschäftspolitik abhängig) und anfänglicher effektiver Zinssatz (beinhaltet alle mit dem Kredit verbundenen Kosten).
- Bereitstellungszinsen (für den Zeitraum zwischen Kreditvertragsunterzeichnung und Auszahlung/Inanspruchnahme).
- Bauratenzins (Aufschlag auf normalen Zins bei ratenweiser Darlehensauszahlung).
- Tilgungsvereinbarungen.
- Auszahlungskurs (möglicherweise Abzug von Disagio).
- Zinsbindungsdauer.

- Kündigungsrecht des Gläubigers. Ein außerordentliches Kündigungsrecht hat die Bank gemäß § 490 BGB dann, wenn sich die Vermögensverhältnisse des Darlehensnehmers stark verschlechtern. Außerdem besteht bei Krediten mit fester Laufzeit ein Recht zur Gesamtfälligstellung, wenn der Darlehensnehmer mit mindestens zwei aufeinander folgenden Teilzahlungen ganz oder teilweise und mit BGB § 503 mindestens 2,5 % des Nennbetrags des Darlehens in Verzug geraten ist. Vorher muss dem Darlehensnehmer ein Gesprächsangebot gemacht worden sein und eine zweiwöchige Nachfrist mit Androhung der Fälligstellung gesetzt werden.
- Anpassungsklausel (Bank darf nach Ablauf der Festschreibung einseitig neue Konditionen festlegen, der Kreditnehmer hat nur Widerrufsrecht).
- Kündigungsrecht des Kreditnehmers (gesetzlich 1 Monat vor Ende der Zinsbindungsfrist, gemäß § 489 BGB spätestens nach 10 Jahren mit sechs Monaten Kündigungsfrist. Nach § 490 Abs. 2 BGB hat der Darlehensnehmer ein außerordentliches Kündigungsrecht, »wenn seine berechtigten Interessen dies gebieten«. Ein solches berechtigtes Interesse besteht insbesondere dann, »wenn der Darlehensnehmer ein Bedürfnis nach einer anderweitigen Verwertung der zur Sicherung des Darlehens beliehenen Sache hat«.

Der Kunde hat dann einen Anspruch auf vorzeitige Vertragsauflösung,

1. wenn das Finanzierungsobjekt lastenfrei veräußert werden soll (eine Verweigerung der Aufhebung würde den Kunden nach Ansicht des Bundesgerichtshofes unangemessen in seiner wirtschaftlichen Handlungsfreiheit beschränken); auf den Beweggrund der Veräußerung kommt es dabei nicht an.
2. wenn die als Sicherheit dienende Immobilie für eine von einer anderen Bank zugesagten Darlehensaufstockung, die von der bisher darlehensgebenden Bank abgelehnt wurde, als Sicherheit benötigt wird.

Der bloße Kundenwunsch nach Umschuldung in ein zinsgünstigeres Darlehen, ohne daneben das Kreditvolumen auszudehnen, genügt nicht, um eine Berechtigung zur vorzeitigen Erfüllung des Darlehens zu befürworten. Gemäß § 490 Abs. 2 BGB steht dem Kreditinstitut bei außerordentlicher Kündigung durch den Kunden ein Nachteilsausgleich zu. Dieser Nachteilsausgleich wird als Vorfälligkeitsentschädigung bezeichnet.

§ 309 Ziff. 10 Der Verbraucher hat ein fristloses Kündigungsrecht nach Verkauf des Darlehens durch die Bank (= Wechsel des Vertragspartners), wenn gemäß AGB/dem vorformulierten Kreditvertrag der Bank das Recht zum Verkauf des Darlehens eingeräumt wurde ohne mögliche Käufer dort zu benennen.

Exkurs: Vergleich Raten- (Abzahlungsdarlehen), Annuitäten- und Festdarlehen

Annuitätendarlehen	Abzahlungsdarlehen	Festdarlehen
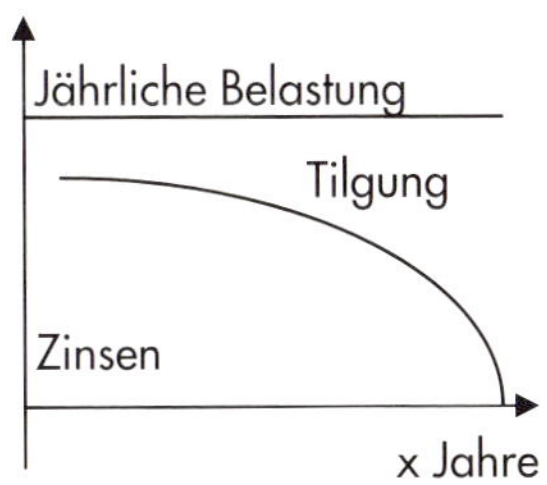	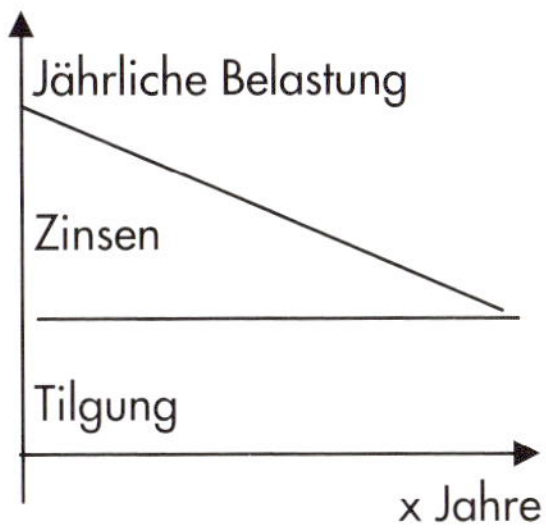	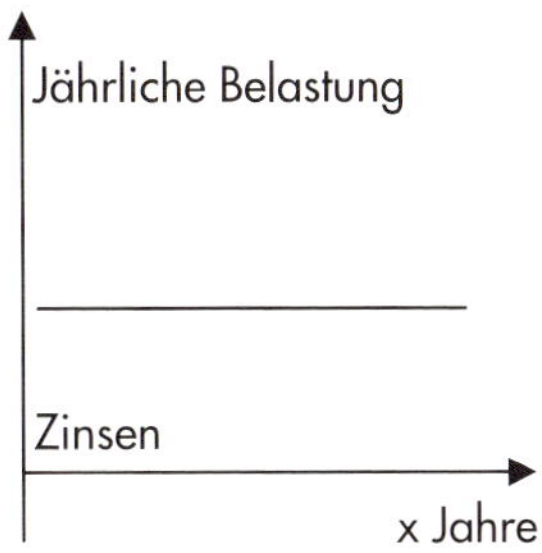
– Die jährliche/monatliche Belastung für den Kunden ist über die gesamte Laufzeit konstant. Annuität p. a. = Kreditsumme · Zins p. a. + Tilgung p. a. in % – Durch die sinkende Zinsbelastung steigt der Tilgungsanteil während der Laufzeit. – Die finanzielle Belastung ist gut einschätzbar.	– Tilgung bleibt über die Laufzeit konstant – Zinsbelastung und damit auch die Gesamtbelastung sinkt mit der Laufzeit – hohe anfängliche Belastung – gut, wenn in der Zukunft weniger Einkommen zur Verfügung steht	– während der Laufzeit werden nur die Zinsen gezahlt – die Tilgung erfolgt endfällig in einer Summe – meist in Verbindung mit einer Kapitallebensversicherung oder einem Fondssparplan – Vorteil der LV: Absicherung im Todesfall

Tilgungsplan für Annuitätendarlehen

Darlehensbetrag 150 000,00 €; 7 % p. a. Zinsen; Auszahlung 100 %; 1 % Tilgung der Darlehenssumme im ersten Jahr zuzüglich der ersparten Zinsen in den Folgejahren; sofortige Tilgungsverrechnung; Effektivzins 7,2 % p.a.; monatliche Ratenzahlung, Bereitstellung des Darlehens am 31. März 20 ...

Ermittlung der Zahlungsraten: 8 % Annuität (7 % p. a. Zinsen + 1 % Tilgung) von 150 000,00 € = 12 000,00 €; monatliche Rate: 12 000,00 € : 12 = 1 000,00 €

Zeitraum	Darlehens-betrag €	7 % Zinsen	1 % Tilgung	Monatsrate €
01.04.20 ...–30.04.20 ...	150 000,00	875,00	125,00	1000,00
01.05.20 ...–31.05.20 ...	149 875,00	874,27	125,73	1000,00
01.06.20 ...–30.06.20 ...	149 749,27	873,54	126,46	1000,00
01.07.20 ...–31.07.20 ...	149 622,81	872,80	127,20	1000,00

Der Tilgungssatz beträgt bei Annuitätendarlehen häufig 1 % der Darlehenssumme jährlich. Dennoch beträgt die Tilgungszeit – wie man vielleicht annehmen könnte – keine 100 Jahre.

Die Tilgungszeit eines Annuitätendarlehens hängt von dem Tilgungssatz und der Höhe der Zinssätze ab. Bei gleich bleibendem Zins während der Gesamtlaufzeit würde ein Darlehen wie folgt getilgt sein:

Nominal-Zinssatz in %	**Tilgungssatz Bei jährlicher Tilgung von**	
	1 %	**2 %**
	Laufzeit in Jahren	
4	41	28
4,5	38,7	26,8
5	36,7	25,7
5,5	35	24,7
6	33,4	23,8
6,5	32	23

8.7.2 Bauspardarlehen

Übersichten:
(1) Ablauf des Bausparens und der Bausparfinanzierung

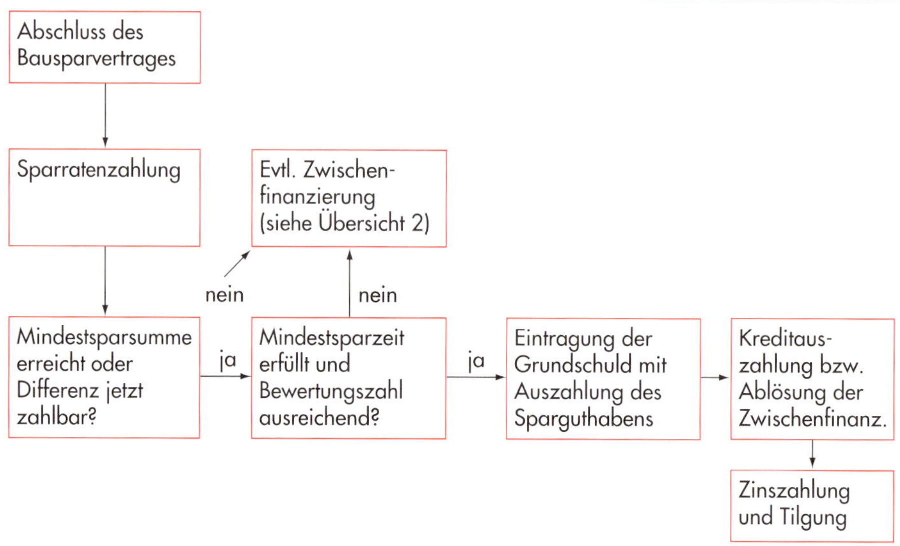

(2) Zwischenfinanzierung bei noch nicht zuteilungsreifen Bausparverträgen

Sollte der Bausparvertrag noch nicht zuteilungsreif sein, jedoch die Mindestsparsumme bereits eingezahlt sein, kann der Kunde über eine Zwischenfinanzierung bereits ein Darlehen bekommen.

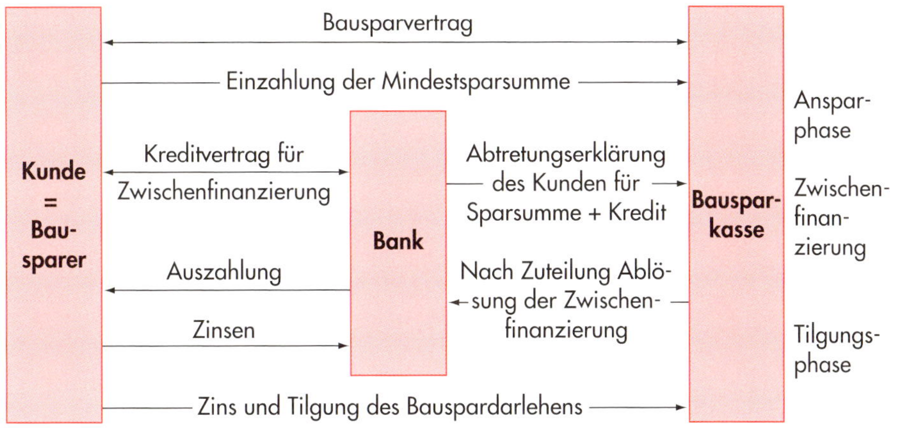

Mit dem Abschluss eines Bausparvertrages erwirbt der Bausparer nach Leistung des Mindestsparguthabens einen bedingten Rechtsanspruch auf ein Bauspardarlehen. Vertragliche Zuteilungsvoraussetzungen sind i.d.R. a) eine Mindestansparquote, b) eine Mindestanspardauer und c) eine **ausreichende Bewertungszahl** (vgl. Abschn. E 7.4).

Weitere Bedingungen für die Inanspruchnahme des Bauspardarlehens sind eine einwandfreie Bonität des Kreditnehmers, die wohnungswirtschaftliche Verwendung des Darlehensbetrages und die Bestellung einer Grundschuld zu Gunsten der Bausparkasse. Das durch die Grundschuld zu sichernde Bauspardarlehen darf zusammen mit vor- und gleichrangigen Belastungen 80 v.H. des von der Bausparkasse ermittelten Beleihungswertes des Pfandobjektes nicht übersteigen.

Für noch nicht zugeteilte Bausparverträge können u.U. Vor- und Zwischenfinanzierungen angeboten werden.

➤ Zwischenkredite

Zwischenkredite geben neben den Geschäftsbanken auch die Bausparkassen. In Höhe des angesparten Guthabens gewähren die Bausparkassen ohne weiteres einen Zwischenkredit, da eine entsprechende Sicherheit vorhanden ist. Auch die gesamte Bausparsumme kann zwischenfinanziert werden. Die meisten Bausparkassen verlangen, dass die für die Zuteilung erforderliche Mindestsparsumme von 40 % oder 50 % angespart ist. Ist das nicht der Fall, wird die Zahlung der Regelsparrate zur Pflicht gemacht, bis die Mindestsparsumme erreicht ist. Die Sicherung des Zwischenkredits erfolgt durch die Abtretung der Rechte und Ansprüche aus dem abgeschlossenen Bausparvertrag. Wird auch das Darlehen zwischenfinanziert, muss zuvor die Sicherstellung des Darlehens durch einen Grundbuchtitel erfolgt sein. Die Rückzahlung des Zwischenkredits erfolgt aus dem zugeteilten Bausparvertrag.

➤ Bankvorausdarlehen

Es wird in Höhe der Summe eines abzuschließenden Bausparvertrages von der Bank bereitgestellt. Während der Laufzeit von 8 bis 9 Jahren sind nur die effektiv anfallenden Kreditzinsen zu zahlen. Gleichzeitig wird der Bausparvertrag, gegebenenfalls unter Inanspruchnahme der staatlichen Vergünstigungen, angespart. Nach Zuteilung des Bauspardarlehens wird das Bankvorausdarlehen mit der Bausparsumme abgelöst.

8.7.3 Einbindung von Kapitallebensversicherungen

Übersichten: Baufinanzierung durch Lebensversicherung

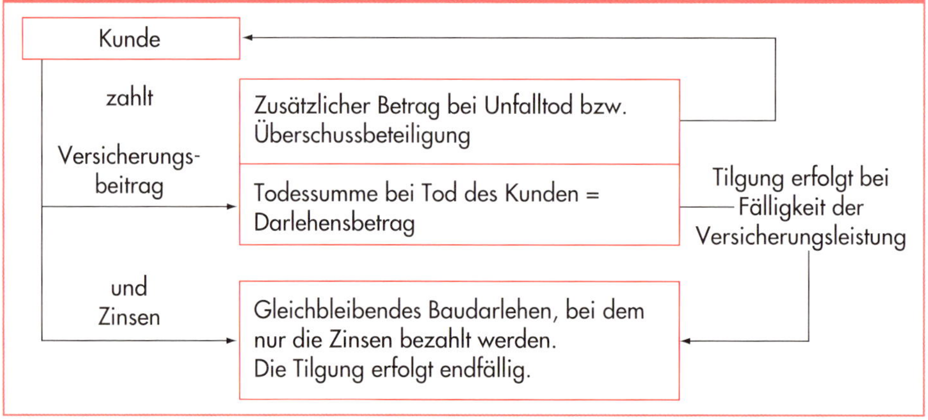

Lebensversicherer legen einen Teil ihrer Versicherungsgelder direkt oder indirekt in Immobilien an. Laut Anlagenverordnung (AnlV) können Versicherungen direkt grundpfandrechtlich gesicherte Darlehen gewähren. Es gelten die Vorschriften des Hypothekenbankgesetzes.

Bei der Gewährung eines Baudarlehens über eine Versicherung wird zusätzlich eine Kapitallebensversicherung abgeschlossen. Diese Kapitallebensversicherung hat eine Laufzeit, die i. d. R. der Endfälligkeit des Darlehens entspricht. Das Darlehen ist während seiner Laufzeit tilgungsfrei und der Zins wird für eine bestimmte Laufzeit, z. B. 4, 5 oder 10 Jahre fest vereinbart.

Folgende Modelle lassen sich unterscheiden:

1. Die Versicherungssumme entspricht der Darlehenssumme bei gleichen Laufzeiten von Versicherungs- und Darlehensvertrag. Die Überschussbeteiligung wird an den Versicherungsnehmer ausgezahlt. Die Todesfallleistung reicht jederzeit aus, um das Darlehen in voller Höhe zu tilgen.
2. Die Versicherungssumme entspricht der Darlehenssumme bei verlängerter Laufzeit des Versicherungsvertrages. Die Überschussbeteiligung dient zur Laufzeitverkürzung, in dem als Laufzeitende der bei Vertragsabschluss nicht genau bestimmbare Zeitpunkt vereinbart wird, in dem die Summe aus Deckungskapital und Überschussguthaben der Versicherungs- bzw. Darlehenssumme entspricht. Im Todesfall reicht die Todesfallleistung jederzeit aus, um das Darlehen in voller Höhe zu tilgen.
3. Die Versicherungssumme entspricht der Darlehenssumme bei gleicher Laufzeit von Versicherungs- und Darlehensvertrag. Die Überschussbeteiligung wird mit den laufenden Beiträgen verrechnet. Die Todesfallleistung reicht jederzeit aus, um das Darlehen in voller Höhe zu tilgen.

4. Die Versicherungssumme ist kleiner als die Darlehenssumme und wird so gewählt, dass die Ablaufleistung ungefähr der Darlehenssumme entspricht. Stirbt die versicherte Person vorzeitig, reicht die Todesfallleistung nicht aus, um das Darlehen in voller Höhe zu tilgen. Das Risiko des zu geringen Todesfallschutzes kann durch die Vereinbarung einer erhöhten Todesfallleistung gegen entsprechende Beitragserhöhung abgedeckt werden.

Einbindung von Kapitallebensversicherungen bei Blockdarlehen	
Vorteile:	**Nachteile:**
– Darlehenszinsen des Blockdarlehens können bei vermieteten Immobilien steuerlich geltend gemacht werden – Absicherung im Todesfall – bestehende Versicherungen können eingebunden werden	– Ablaufleistung unbekannt – Zinsänderungsrisiko nach Ende der Zinsfestschreibung – vorzeitige Kündigung der LV kann für den Kunden Verluste bedeuten

Zusammenfassung:

(1) Gesamtbetrag aller zu entrichtenden Teilzahlungen

Zinsen
\+ Tilgungsleistungen
\+ Kosten für die Gewährung bestimmter Konditionen
\+ voraussichtliche Kosten der Sicherheitenbestellung
\+ Beiträge für eine als Kreditsicherheit dienende Lebensversicherung
\+ Sparbeiträge für als Sicherheit dienende Bausparverträge
\+ eventuelle Vermittlungsprovisionen
\+ Sonstige Kosten (z. B. Schätzkosten für Wertgutachten)
= Gesamtbetrag aller zu entrichtenden Teilzahlungen

(2) Effektivzinssatz

Der Effektivzinssatz ist der vom Kreditgeber verlangte Nominalzinssatz, der sich durch weitere Aufwendungen erhöht. Der Effektivzinssatz drückt die Gesamtbelastung des Darlehensnehmers als Prozentsatz aus und dient bei der Inanspruchnahme von Darlehen für den Verbraucher als maßgebliche Referenzgröße, um die Angebote verschiedener Kreditinstitute und anderer Darlehensgeber vergleichen zu können.

In Deutschland besteht nach geltendem Recht die Verpflichtung eines effektiven Jahreszinses gemäß § 6 Preisangabenverordnung.

8.8 Grundbuch und Grundpfandrechte

Übersicht: Entstehung einer Grundbucheintragung
Beispiel: Grundstückskauf

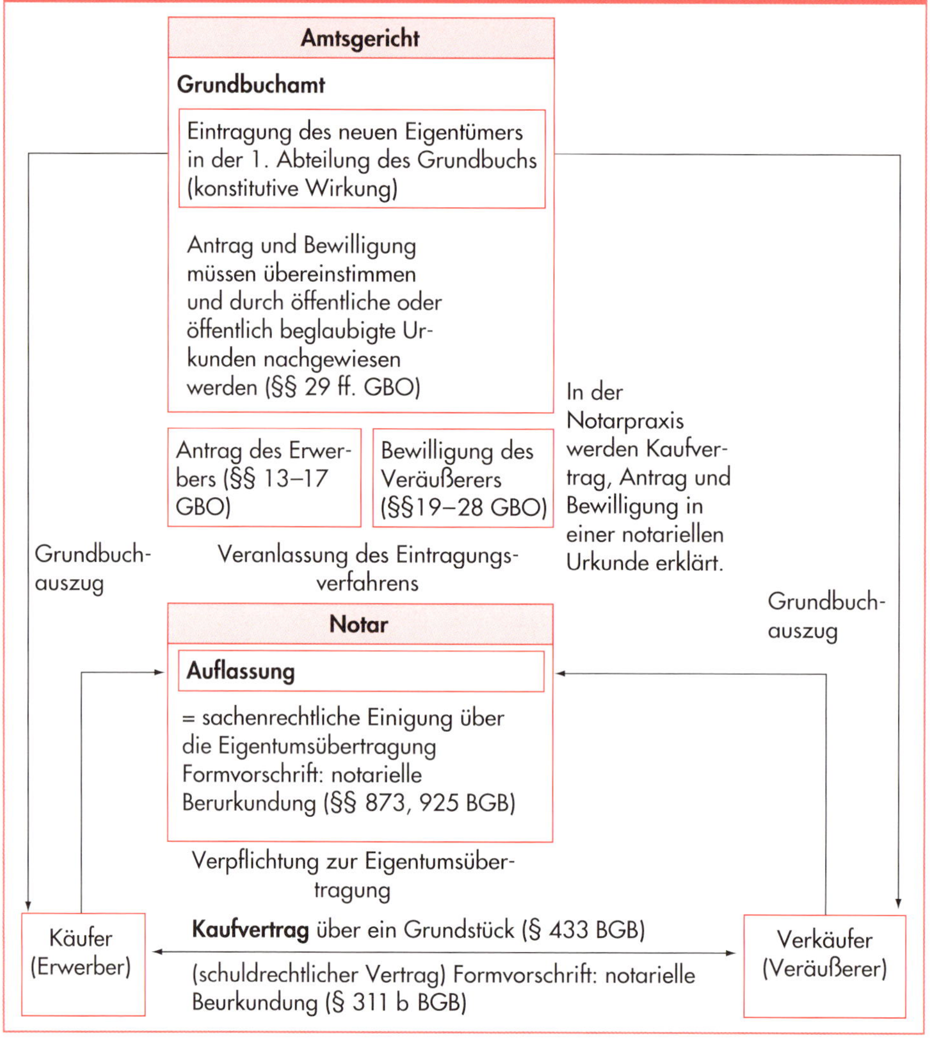

8.8.1 Grundstück und Grundbuch

a) Begriffe Grundstück, Flur, Flurstück, Gemarkung

Zum **Grundstück** gehören das Grundstück selbst, wesentliche Bestandteile und Zubehör. Alle Dinge auf dem Grundstück, die Kontakt zum Boden haben und an denen der Grundstückseigentümer das Eigentum besitzt, gehören zum Grundstück. Erzeugnisse des Grundstückes gehören zum Grundstück. Pachtforderungen/Mietforderungen aus dem Grundstück gehören zum Grundstück.

Grundstück = rechtlicher Begriff

Ein Grundstück ist ein rechtlich abgegrenzter Teil der Erdoberfläche, der im Grundbuch unter einer besonderen Nummer eingetragen ist.

Flurstück (= Parzelle) ist ein vermessungstechnischer Begriff

Ein Flurstück stellt die kleinste vermessungstechnische Einheit dar.

Flur = mehrere Flurstücke; Darstellung in Flurkarte (Katasterhandzeichnung)

Gemarkung = zusammenhängende Fluren

b) Formen des Eigentumsrechts an Grundstücken

- **Grundstückseigentum** (der/ die selbe(n) Eigentümer für Grundstück, Gebäude, ...)
- **Wohnungseigentum** (Sondereigentum/Alleineigentum an einer abgegrenzten Wohnung und Miteigentum am Grundstück und den gemeinsam genutzten Teilen des Gebäudes – wie z. B. Dach, Treppenhaus ...) (Wohnungseigentumsgesetz)
- **Erbbaurecht** (das Recht, auf einem fremden Grundstück ein Gebäude zu unterhalten – i. d. R. für einen bestimmten Zeitraum; für das Erbbaurecht wird ein eigenes Grundbuchblatt angelegt, außerdem wird es in Abt. II des belasteten Grundstücks an 1. Rangstelle eingetragen) (ErbbauVO)

c) Rechte an Grundstücken

Sie umfassen i. d. R. die Hauptsache (das Grundstück) + wesentliche Bestandteile + Zubehör.

- **Wesentliche Bestandteile** sind Bestandteile einer Sache, die von dieser nicht getrennt werden können, ohne dass der eine oder andere Teil zerstört oder in seinem Wesen verändert wird. Wesentliche Bestandteile können nicht Gegenstand besonderer Rechte sein. BGB § 93
- **Zubehör** sind bewegliche Sachen, die, ohne Bestandteile der Hauptsache zu sein, dem wirtschaftlichen Zweck der Hauptsache zu dienen bestimmt sind und zu ihr in einem dieser Bestimmung entsprechenden räumlichen Verhältnis stehen. § 97

Verpflichtet sich jemand zur Veräußerung oder Belastung einer Sache, so erstreckt sich die Verpflichtung im Zweifel auch auf das Zubehör der Sache; d.h., Zubehör kann getrennt werden und einzeln übereignet werden. Zubehör wird vom Erwerber der Hauptsache gutgläubig mit erworben (wenn fremdes Eigentum besteht). § 314 § 926

d) Grundbuch

Grundbücher werden bei den Amtsgerichten geführt. Das Grundbuch ist ein amtliches Verzeichnis aller privaten Grundstücke des Amtsbezirkes. Besondere Grundbücher sind das Wohnungsgrundbuch und das Erbbaugrundbuch.

Grundbücher zeigen die Rechtsverhältnisse eines Grundstückes. Jeder Beteiligte kann Antrag auf Eintragungen stellen. Eintragungen erfolgen durch öffentliche Beglaubigung und Bewilligung des Betroffenen von der Eintragung (z. B. Alteigentümer).

Das Grundbuch besteht aus

d1) der **Grundakte** (gibt Auskunft über die Rechtsgrundlagen von Grundbucheintragungen)

- Urkunden
- Protokolle
- Abschriften des Grundbuchblattes

d2) dem **Grundbuchblatt für ein Grundstück**

1. **Aufschrift (Deckblatt):** Amtsgerichts-Bezirk, Band-Nr., Blatt-Nr.
2. **Bestandsverzeichnis:** Lage, Größe und Art des Grundstücks und die mit dem Grundstückseigentum verbundenen Rechte gegenüber dem jeweiligen Eigentümer eines anderen, hier genannten Grundstücks (z. B. Wegerechte, Untersagungsrechte ...)
3. **Abteilungen I – III**

Die drei Grundbuchabteilungen:

I. Abteilung	II. Abteilung	III. Abteilung
Eigentumsverhältnisse (Alleineigentum oder gemeinschaftliches Eigentum) **Daten aus Kaufvertrag** **Daten aus Auflassung** (Eigentumsübertragung) – Vor Eintragung muss die Kommune über ihr Vorkaufsrecht entscheiden. – Finanzamt muss vor Eintragung die Zahlung der Grunderwerbsteuer bestätigen. – Vor Eintragung kann Auflassungvormerkung in II.Abteilung eingetragen werden.	**Lasten und Beschränkungen** = Belastungen des Grundstücks, Verfügungsbeschränkungen des Eigentümers und Auflassungsvormerkung (siehe Abschn. E 8.8.2).	**Grundpfandrechte** – Grundschuldbriefbestandteile: Grundstück, Höhe der Grundschuld, Datum – Vertragliche Änderung der Rangfolge sind möglich. – Nach Löschung eines Ranges rücken alle nachrangigen Gläubiger auf. – Eintragung eines Zinssatzes, der bei Zwangsversteigerungen oder Grundschuldablösungen maßgeblich ist.

e) Grundbuchordnung

Jedem mit berechtigtem Interesse sollte Einblick ins Grundbuch gewährt werden, z. B. Notaren zur Kaufvertragsvorbereitung oder Kaufinteressenten, sofern sie eine Zustimmung des Eigentümers haben.

f) Öffentlicher Glaube des Grundbuches

- Gilt nicht bei Wissen einer Unrichtigkeit.
- Erstreckt sich nicht auf öffentliche Lasten, Lage, Größe und Nutzungsart.
- Nicht eingetragene oder gelöschte Tatsachen gelten als nicht vorhanden.
- Gutgläubigen Dritten gegenüber gilt das Grundbuch als vollständig und richtig.
- Nicht eingetragene wahre Tatsachen müssen Dritte nicht gegen sich gelten lassen.
- Falsch eingetragene Sachen gelten Dritten gegenüber als richtig.

8.8.2 Lasten, Beschränkungen und Grundpfandrechte

a) Eintragungen in Abt.II des Grundbuchs:

➤ **Beschränkungen (Verfügungsbeschränkungen zu Lasten des Grundstücks)**

1. Vormerkungen	(z.B. Auflassungsvormerkungen, Löschungsvormerkungen)
2. Widersprüche	(z.B. gegen eingetragene Rechte/Eigentümer)
3. Verfügungsverbote	(Zwangsvollstreckungsvermerk, Insolvenzvermerk, Nacherbenvermerk, Vermerk über Nachlassverwaltung)

➤ **Lasten (Belastungen des Grundstücks außer Grundpfandrechten)**

1. Erbbaurechte	Recht für eine andere Person, auf diesem Grundstück ein eigenes Gebäude zu unterhalten – vererblich und veräußerbar.
2. Vorkaufsrecht	Recht einer bestimmten Person, in einen bestehenden Grundstückskaufvertrag über dieses Grundstück zu gleichen Bedingungen einzutreten (hat z.T. die öffentliche Hand ohne Eintragung aufgrund Gesetz).
3. Reallast	Recht einer anderen Person oder des jeweiligen Eigentümers eines anderen Grundstücks, aus diesem Grundstück regelmäßig wiederkehrende Leistungen (Geld- oder Sachleistungen) in bestimmter Höhe zu erhalten.
4. Dienstbarkeit	Recht einer anderen Person oder des jeweiligen Eigentümers eines anderen Grundstücks, dieses Grundstück in bestimmter Hinsicht zu nutzen/benutzen.

Exkurs: Formen der Dienstbarkeit

● **Grunddienstbarkeit** §§ 1018 ff. BGB	besteht zugunsten eines anderen Grundstückseigentümers (sind vererbbar und veräußerlich)
● **beschränkt persönliche Dienstbarkeit** §§ 1090 ff. BGB	besteht zugunsten einer bestimmten Person (sind nicht vererbbar und nicht veräußerlich)
Gilt für Grunddienstbarkeit und beschränkt persönliche Dienstbarkeit: – Recht zur (Be-)nutzung des Grundstücks durch den Begünstigten. – Recht des Begünstigten zur Untersagung bestimmter Handlungen auf dem Grundstück. – Recht des Begünstigten, dass der Eigentümer des Grundstücks bestimmte Handlungen duldet.	
● **Nießbrauch** §§ 1030 ff. BGB	Recht zugunsten einer bestimmten Person (besondere persönliche Dienstbarkeit). Recht, Nutzungen aus dem Grundstück zu ziehen.
● **Dauerwohnrecht** § 31 WEG	Recht zugunsten eines Wohnberechtigten (vererbbar und veräußerlich). Recht zur Bewohnung oder gewerblichen Nutzung des Grundstücks.

b) Eintragungen in Abteilung III des Grundbuchs

	Hypothek (§§ 1113 ff. BGB)	Grundschuld (§§ 1191 ff. BGB)
Art der Belastung	Die Hypothek ist ein Pfandrecht an einem Grundstück zur Sicherung einer bestimmten Forderung. Die Hypothek ist akzessorisch, d. h. sie ist in ihrem Bestand von einer bestimmten Forderung abhängig.	Die Grundschuld (GS) ist ein Pfandrecht an einem Grundstück. Die Grundschuld ist abstrakt, d. h. sie ist in ihrem Bestand von einer gesicherten Forderung unabhängig.
Umfang der Haftung	Der Anspruch aus der Hypothek wird bestimmt durch den Umfang des persönlichen Anspruchs.	Der Anspruch aus der Grundschuld besteht losgelöst von dem Umfang des persönlichen Anspruchs.
Umfang des dinglichen Anspruchs	Im Rahmen des Grundpfandrechts haften: – das Grundstück, – die getrennten Erzeugnisse und die wesentlichen Bestandteile, – Zubehör, soweit im Eigentum des Grundstückseigentümers, – Miet- und Pachtzinsforderungen, – Ansprüche aus wiederkehrenden Leistungen zu Gunsten des Eigentümers des belasteten Grundstücks, – die Versicherungsforderungen.	
Entstehung und Erwerb	**Buchhypothek** – Entstehung: Einigung und Eintragung – Erwerb: Entstehung der Forderung **Briefhypothek** – Entstehung: Einigung und Eintragung – Erwerb: Entstehung der Forderung und Übergabe des Hypothekenbriefes	**Buchgrundschuld** – Entstehung: Einigung und Eintragung – Erwerb: wegen der Abstraktheit der GS erwirbt der GS-Gläubiger die GS bereits mit Eintragung **Briefgrundschuld** – Entstehung: Einigung und Eintragung – Erwerb: Übergabe des Grundschuldbriefes
		Konkretisierung der GS mit der Forderung erfolgt durch Sicherungsabrede (**Sicherungszweckerklärung**), legt Rückübertragung der Grundschuld nach Tilgung des Kredites fest (Fiduziarität der GS, s. Exkurs unten)
Übertragung	Abtretung der Forderung und Eintragung im Grundbuch (GB) (ggf. Übergabe des Briefes)	Abtretung des dinglichen Anspruchs und Eintragung im GB (ggf. Übergabe des Briefes)
	Zwangsvollstreckung mit notarieller Beurkundung. Mit dieser vollstreckbaren Urkunde kann der Gläubiger jederzeit Zwangsvollstreckungsmaßnahmen einleiten.	

Im Bankgeschäft ist die Grundschuld die übliche Sicherheit für ein Baudarlehen.

Exkurs: Fiduziarität der Sicherungsgrundschuld

Im Außenverhältnis ist das Kreditinstitut als Sicherungsnehmer Dritten gegenüber uneingeschränkt Grundschuldgläubiger. Im Innenverhältnis ist die Gläubigerstellung des Kreditinstituts auf den Sicherungszweck beschränkt (»**Sicherungszweckerklärung**«). Das Kreditinstitut darf die Grundschuld nur verwerten, wenn der Sicherungsgeber seinen Kreditverpflichtungen nicht nachkommt.

Das Kreditinstitut ist nach Tilgung der gesicherten Forderung zur Rückübertragung bzw. Löschung der Grundschuld verpflichtet.

---

c) Rangverhältnisse von Grundbucheintragungen

Ist ein Grundstück mit mehreren Rechten belastet, so entscheidet der Rang der einzelnen Rechte über die Rangfolge der Befriedigung bei einer Zwangsvollstreckung.

➤ Gesetzliche Rangfolge BGB § 879

1. Regel: Sind mehrere Rechte in **derselben Abteilung** des Grundbuchs eingetragen, wird der Rang nach der **Reihenfolge der Eintragung** bestimmt.

2. Regel: Bei Rechten, die in **verschiedenen Abteilungen** eingetragen sind, wird die Rangordnung durch das **Datum der Eintragung** festgelegt.

➤ Korrekturen an der gesetzlich bestimmten Rangordnung

Rangvorbehalt: Ein Rangvorbehalt sichert einem Recht von vornherein einen bestimmten Rang und bewirkt dadurch eine vom Gesetz abweichende Rangordnung. § 881

Rangänderung: Eine Rangänderung bewirkt nachträglich eine Änderung der vom Gesetz bestimmten Rangordnung. § 880

8.9 Versicherungsmöglichkeiten während der Bauphase

8.9.1 Bauleistungsversicherung

a) Bauleistungsversicherung

Während des Neubaus, aber auch beim Aus- oder Umbau können unvorhergesehene Beschädigungen oder Zerstörungen am Bauobjekt auftreten.

Unvorhersehbar sind insbesondere

- Schäden durch höhere Gewalt (z. B. Sturm),
- Schäden durch ungewöhnliche Witterungseinflüsse,
- Schäden durch Vandalismus.

Für die Deckung dieser unvorhergesehen eintretenden Schäden bietet sich für den Bauherrn der Abschluss einer **Bauleistungsversicherung nach den Allgemeinen Bedingungen für die Bauwesenversicherung von Gebäudeneubauten durch Auftraggeber (ABN)** an. ABN

Diebstahl von Gebäudebestandteilen, z. B. Entwendung bereits eingebauter Sanitärobjekte, kann zusätzlich eingeschlossen werden.

Für Bauunternehmer wird die **Bauleistungsversicherung nach den Allgemeinen Bedingungen für die Bauwesenversicherung von Unternehmerleistungen (ABU)** angeboten. ABU

Nicht versichert sind in der Bauleistungsversicherung u. a. Mängel an der versicherten Bauleistung und den Baustoffen, Werkzeuge, Baugeräte, Fahrzeuge aller Art, Pläne und Konstruktionszeichnungen.

Die Höhe der VS bestimmt sich nach den Bauleistungen einschließlich aller Baustoffe und Bauteile. Grundstücks- und Erschließungskosten sowie Baunebenkosten, wie z. B. Architektenhonorare, sind nicht zu berücksichtigen.

b) Haftpflichtversicherungen

Hervorzuheben sind hier die Haus- und Grundbesitzer-Haftpflichtversicherung sowie die Gewässerschäden-Haftpflichtversicherung. Nähere Informationen finden sich in Band 3 der Lehrbuchreihe, Hauptabschnitt B.

8.9.2 Bauherren-Haftpflichtversicherung

Die Bauherren-Haftpflichtversicherung deckt das Risiko, wenn gegen den VN als Bauherr gesetzliche Haftpflichtansprüche wegen Verletzung von Verkehrssicherungspflichten (z.B. unvollständige Baustellenabsicherung, schlechte Beleuchtung) während der Bauphase gestellt werden. Der Bauherr ist nämlich verpflichtet, die Baustelle ordnungsgemäß abzusichern, damit niemand dort zu Schaden kommen kann.

RBE-Privat Pos. E Ziff. 1

Der Versicherungsschutz setzt voraus, dass Planung, Bauleitung und Bauausführung an einen Dritten vergeben sind. Gleichwohl haftet der Bauherr für die Überwachung des Bauleiters/Bauunternehmers, sodass er bei Verletzung dieser Überwachungspflicht in Anspruch genommen werden kann.

Nach der Baustellenverordnung muss bei einem Bauprojekt, für das mehrere Unternehmer tätig werden, ein Koordinator, z.B. ein Architekt, eingesetzt werden. Dieser Koordinator hat u. a. die Einhaltung von Arbeitsschutzvorschriften und Gefahrgutvorschriften zu organisieren und zu überwachen. Der Bauherr trägt die Verantwortung für die Einsetzung des Koordinators.

Pos. A Ziff. 3.2 (3)

In der Privat-Haftpflichtversicherung ist das Bauherrenrisiko für Bauarbeiten (z. B. Neubauten, Umbauten, Reparaturen) bis zu einer Bausumme von 50 000,00 € je Bauvorhaben bereits mitversichert. Wird dieser Betrag überschritten, entfällt die Mitversicherung. Der Abschluss einer Bauherren-Haftpflichtversicherung ist dann angezeigt.

8.9.3 Feuer-Rohbauversicherung

Die Feuer-Rohbauversicherung bietet Versicherungsschutz für das im Bau befindliche Gebäude.

Einzelheiten sind in Band 2, Abschn. C 2.6.4 dargestellt.

Lernkontrollen zu E 8

Gesamtinvestitionskosten bei neu erbauten Immobilien

1 Familie Rasch, z. Zt. 2 Erwachsene und 2 Kinder, bewohnt eine Eigentumswohnung. Da ein weiteres Kind erwartet wird und die Eltern von Frau Rasch mit aufgenommen werden sollen, plant die Familie den Kauf oder Bau eines Zweifamilienhauses. Die Familie möchte von Ihnen über eine Baufinanzierung beraten werden.

a) In der Finanzierungsberatung machen die Eheleute Rasch folgende Angaben:

- Eigentumswohnung 80 m², erzielbarer Verkaufspreis 3 000,00 €/m², Restschuld (Hypothekendarlehen) 110 000,00 €,
- Zweifamilienhausangebot: Festpreis des Bauträgers 500 000,00 €, Grundstück 650 m² zu 150,00 €/m², Nebenkosten ca. 80 000,00 €
- Bausparvertrag über 100 000,00 € zu 50 % angespart und bereits zugeteilt
- Baukostenzuschuss der Eltern: 150 000,00 €

Ermitteln Sie

a1) die Gesamtkosten des geplanten Hausbaus,

a2) das vorhandene Eigenkapital,

a3) die Finanzierungslücke, wenn die Wohnung verkauft wird.

b) Wofür entstehen 80 000,00 € Nebenkosten?

Finanzierungsplanung

2 Die an einer Baufinanzierung interessierte Familie Rasch macht im Beratungsgespräch folgende Angaben:

- lfd. Nettoeinkommen monatlich 6 500,00 €,
- geschätzte Betriebskosten des geplanten Hauses 650,00 € monatlich
- Beiträge zu diversen Versicherungen 500,00 € monatlich
- Mietzahlung der Eltern nach Einzug in das Zweifamilienhaus: 600,00 € monatlich.
- Die Eheleute haben zwei Pkw.

Richtlinie der Proximus Finanzgruppe: Privatkredite/Konsumentenkredite (Auszüge)

Die Ermittlung des frei verfügbaren Einkommens und der zumutbaren monatlichen Belastung erfolgt unter Berücksichtigung folgender **Mindestbedarfssätze**:

(1) Lebenshaltungskosten von 400,00 € für jeden Erwachsenen und 200,00 € je Kind.

(2) Kosten je Pkw 200,00 €.

(3) Für unvorhergesehene Ausgaben werden 30 % vom frei verfügbaren Einkommen angesetzt.

Ermitteln Sie überschlägig, wie viel Euro Kredit die Familie Rasch aufgrund der Einnahmen und Ausgaben jetzt finanzieren kann.

Mögliche staatliche Förderung und Steuervorteile sind nicht zu berücksichtigen.

3 Ein Kunde hat nach Aufstellung seiner Einnahmen und Ausgaben monatlich 2 500,00 € zur Bedienung der Darlehen für den Kauf eines Hauses zur Verfügung.

Welcher Darlehensbetrag ist für diesen Kunden finanzierbar, wenn er mit einem langfristigen Zinsniveau von maximal 8 % und mit 1 % anfänglicher Tilgung rechnet?

Kreditwürdigkeitsprüfung

4 Zur Prüfung der Kreditwürdigkeit muss der Antragsteller folgende Unterlagen vorlegen:

(1) drei Gehaltsabrechnungen,

(2) den Arbeitsvertrag,

(3) den Bausparvertrag und den letzten Kontoauszug des Bausparkontos.

Außerdem benötigen Sie eine Auskunft der SCHUFA.

Erläutern Sie dem Kunden, welche Informationen Sie diesen Unterlagen und der Auskunft der SCHUFA entnehmen.

Beleihungswertermittlung

5 Ermitteln Sie aus den folgenden geprüften Angaben eines Kunden den maximalen Betrag für ein Hypothekendarlehen der Bank. Beleihungswert soll der Mittelwert aus dem Sachwert und dem (vereinfachten) Ertragswert sein, die Beleihungsgrenze beträgt 60 %.

- Bodenpreis: 1 000 qm zu 160,00 € pro qm;

- Baukosten: 240 000,00 €, Risikoabschlag 25 %;
- Mieteinnahmen monatlich 1 500,00 €, Abzug für Aufwendungen von 30 %,
- Kapitalisierungsfaktor 5,5 %.

6 Sie sind Finanzberater/in der Proximus Finanzgruppe. Ihr vermögender Kunde Dr. Jens Janssen, 46 Jahre, möchte zur Altersvorsorge ein Mehrfamilienhaus mit sechs Wohnungen erwerben. Das Gebäude wurde 1976 errichtet und befindet sich in einem guten Zustand, da gerade umfangreiche Renovierungsarbeiten abgeschlossen wurden. Mietverhältnisse bestehen z. Zt. nicht. Die Wohnungen sollen komplett neu vermietet werden. Im Grundbuch sind keine Lasten, Beschränkungen oder Grundpfandrechte eingetragen. Der Kaufpreis beträgt 520 000,00 €. Sie ermitteln zum Erwerb der Immobilie einen Gesamtaufwand von circa 570 000,00 €.

Den vom Kunden eingereichten Objektunterlagen entnehmen Sie folgende Informationen:

- Grundstücksgröße 720 m^2
- Umbauter Raum 2 650 m^3
- 4 Wohnungen zu 84 m^2 Wohnfläche
- 2 Wohnungen zu 42 m^2 Wohnfläche
- 4 Garagen

In den Unterlagen zur Beleihungswertermittlung sind folgende Daten verzeichnet:

- Angemessener Grundstückspreis: 240,00 € pro m^2
- Preis des umbautes Raumes: 180,00 € pro m^3
- Ortsübliche monatliche Miete für vergleichbare Wohnungen: 6,50 € pro m^2
- Ortsübliche monatliche Miete für vergleichbare Garagen: 30,00 € pro Monat
- Bewirtschaftungskosten pauschal: 25 % der Miete

Die Proximus Finanzgruppe ermittelt den Beleihungswert für das Objekt nach dem Ertragswertverfahren. Die Kapitalisierung erfolgt zu einem Zinssatz von 5 %.

a) Ermitteln Sie den Beleihungswert nach dem Ertragswertverfahren.

b) Erläutern Sie zwei Risiken, die hinsichtlich des Ertragswertes grundsätzlich bestehen.

Finanzierungskonzepte

7 Sie sind Finanzberater der Proximus Finanzgruppe.

Ihre Kunden Johannes und Andrea Lange (verheiratet, 2 Kinder im Alter von 6 bzw. 9 Jahren) planen den Erwerb eines Einfamilienhauses zur Selbstnutzung. Es handelt sich um ein im Jahr 2001 vollständig modernisiertes Haus (Baujahr 1965). Der Verkäufer Lars Mann fordert einen Kaufpreis von 320 000,00 €. Die Immobilie wird den Eheleuten Lange direkt von Lars Mann angeboten.

Sie haben im Beratungsgespräch folgende Daten ermittelt:

- voraussichtlicher Gesamtaufwand: 350 000,00 €
- frei verfügbare Eigenmittel: 104 000,00 €
- zugeteilter Bausparvertrag über 40 000,00 €, zu 40 % angespart

Der weitere Finanzierungsbedarf soll durch Darlehen der Proximus Finanzgruppe geschlossen werden.

a) Ermitteln Sie die Darlehenssumme der Proximus Finanzgruppe.

b) Die Proximus Finanzgruppe hat einen Beleihungswert von 290 000,00 € ermittelt.

Die Haushaltsrechnung für die Familie Burger hat ein verfügbares Resteinkommen von 1 630,00 € für die Finanzierung ergeben.

Darlehen	Konditionen
Annuitätendarlehen der Proximus Finanzgruppe	Darlehen bis 60 % des Beleihungswertes: – 6,0 % p.a. Zinsen – 1,5 % p.a. anfängliche Tilgung – 10 Jahre Zinsfestschreibung
	Darlehen bis 80 % des Beleihungswertes: – 6,75 % p.a. Zinsen – 1,5 % p.a. anfängliche Tilgung – 10 Jahre Zinsfestschreibung
Bauspardarlehen	– 4,5 % p.a. Zinsen – 6 ‰ monatliche Gesamtleistung von der Bausparsumme (Tilgung)

c) Entscheiden und begründen Sie unter Angabe des Rechenweges, ob die monatliche Gesamtbelastung tragbar ist.

Lernsituationen zu Lernfeld 15 – Kunden über Verbraucherdarlehen und Immobilienfinanzierungen beraten

Lernsituation 1:

»Finanzieren ja, aber wie?«

Sie sind Mitarbeiter/-in in der Proximus Finanzdienstleistung GmbH. Herr Jens Friedrich hat seinen Besuch angekündigt. Er interessiert sich für eine Eigentumswohnung in Hanau (85 m², Festpreis 150 000,00 €) und bittet um eine Finanzierungsberatung. Anbieter der Eigentumswohnungen ist die Heimbau GmbH, die auf einem 10 000 m² großen Grundstück eine Wohnanlage mit 60 Eigentumswohnungen errichtet hat.

Jens Friedrich ist noch nicht als Kunde bei der Proximus Finanzdienstleistung GmbH registriert, so dass Sie keinerlei Daten über ihn haben.

Arbeitsauftrag – Teil 1

Bereiten Sie zunächst stichwortartig vor, was Sie vom Kunden für die Beratung erfragen wollen.

Jens Friedrich erscheint zum Beratungsgespräch. Er teilt u. a. mit, dass er die Wohnung selbst beziehen möchte, Barmittel in Höhe von 50 000,00 € einsetzen kann und über einen Bausparvertrag in Höhe von 40 000,00 € (50 % Tarif) verfügt, auf dem bereits 17 500,00 € angespart sind. Er ist als leitender Angestellter tätig und hat eine Familie mit 2 Kindern. Sein Bruttogehalt beträgt 4 700,00 €. Seine Ehefrau ist nicht berufstätig.

Arbeitsauftrag – Teil 2

Analysieren Sie die Situation und erläutern Sie Herrn Friedrich, wie die Finanzierung grundsätzlich aussehen könnte.

Im Laufe des Beratungsgesprächs verdichtet sich die gewünschte Baufinanzierung auf folgende Konditionen:

- Annuitätendarlehen zu 100 %, Tilgung 1 % zuzüglich ersparter Zinsen, Zinssatz 5,5 % p. a., 10 Jahre fest
- Bausparzwischenfinanzierung: 5,75 % Zins p. a., fest bis zur Zuteilung
- Bauspardarlehen nach Zuteilung: Zins- und Tilgungsrate 6 %

Arbeitsauftrag – Teil 3

a) Berechnen Sie die erforderliche Restfinanzierung durch Bankdarlehen unter Berücksichtigung von 7 500,00 € Anschaffungsnebenkosten und einer Zwischenfinanzierung des Bausparvertrages durch die Bausparkasse.

b) Berechnen Sie die jeweilige monatliche Belastung
   - bis zur Zuteilung des Bausparvertrages und
   - nach Zuteilung des Bausparvertrages.

Lernsituation 2

»Finanzieren durch Beleihen«

Sie haben Kontakt zu Ihrem langjährigen Kunden Peter Müller, der Sie um Hilfe bei einem Immobilienkauf bittet.

Er will ein 1982 gebautes Einfamilienhaus in Berlin, Wohnfläche 144 m², Grundstücksfläche 650 m², voll erschlossen, zur Eigennutzung direkt vom Eigentümer kaufen. Kaufpreis 340 000,00 €. Der Richtwertatlas weist einen Bodenrichtwert von 250,00 €/m² aus.

Am Haus müssen dringend für Substanz erhaltende Maßnahmen 43 000,00 € aufgewendet werden. Ein entsprechender Kostenvoranschlag wurde eingeholt.

Es liegt ein Wertgutachten der zur Proximus Finanzgruppe gehörenden Bank mit einem Verkehrswert des Gebäudes (nach erfolgter Renovierung) von 240 000,00 € vor.

Der Beleihungswert wird von der Proximus Finanzgruppe mit **85 % vom Verkehrswert** des Grundstücks mit Gebäude festgestellt.

Sie können dem Kunden, der über einen Bausparvertrag in Höhe von 100 000,00 € und weiteren 70 000,00 € Barmitteln als Eigengeld verfügt, ein erstrangiges Grundschulddarlehen (bis 50 %) bei 4 % Tilgung zu 5,9 % Zins bei 18-jähriger Zinsfestschreibung und ein zweitrangiges Darlehen (bis 100 %) zu 6,2 % Zins anbieten. Der Tilgungszeitraum wird mit etwa 18 Jahren errechnet. Dieser relativ kurze Tilgungszeitraum ist vom Kunden aufgrund seiner persönlichen Lebensplanung so gewünscht. Von der Bank wird eine Sicherung über eine Risikolebensversicherung verlangt. Sie können nur eine Risikolebensversicherung mit gleich bleibender Summe anbieten, die der Kunde auch gleichzeitig als zusätzliche Hinterbliebenenvorsorge ansieht. Beitrag: 0,9753 ‰ im Monat; Stückkosten im Monat: 2,00 €.

Für den Bausparvertrag ist das Mindestsparguthaben von 40 % noch nicht voll eingezahlt. Eine Zuteilung erfolgt nach heutiger Sachlage in voraussichtlich vier Jahren. Bis dahin wäre die Bausparkasse bereit, zu einem Zins von 4,2 % zwischen zu finanzieren. Nach Zuteilung ergibt sich eine Annuität aus 8 % Tilgung und 2,5 % Darlehenszinsen. Weitere Gebühren (z. B. für Wertgutachten) fallen bei keinem Darlehensgeber an.

Die Proximus Versicherung bietet dem 44jährigen Kunden aber auch eine Tilgungsaussetzung bis zur Fälligkeit der Lebensversicherung in 18 Jahren an. Die Proximus Versicherung geht nach heutiger Performance davon aus, dass nach 18 Jahren etwa 130 % der Versicherungssumme mindestens als Ablaufleistung durch die Gewinnbeteiligung erreicht wird. Versicherungsbeitrag: 4,2804 ‰ im Monat. Stückkosten 2,00 € pro Monat.

Für die Differenz zum Darlehensvertrag verlangt die Versicherung eine Risikolebensversicherung. Beitrag: 0,9753 ‰ im Monat, Stückkosten im Monat: 2,00 €.

Bei dieser Darlehensform wird ein Zinsabschlag von nominal 0,2 % gewährt, d. h. 5,7 % bei einem erstrangigen Darlehen und 6,0 % auf ein nachrangiges Darlehen.

Beratungsauftrag

a) Wie hoch ist der Finanzierungsbedarf des Kunden insgesamt?
Berechnen Sie ebenfalls den Beleihungswert der Immobilie unter zur Hilfenahme der Verkehrswerte. Alle Beteiligten orientieren sich an diesem Beleihungswert.

b) Vergleichen Sie die beiden Produktpakete hinsichtlich des anfänglichen und laufzeitabhängigen Preises für den Kunden miteinander. Zu welchem Produkt werden Sie dem Kunden raten?

c) Die Provision für die Darlehensvermittlung beträgt 0,5 % des Darlehens, die Provision für die Risikolebensversicherung beträgt 70 % des ersten Jahresbeitrags, der für die Kapital bildende Lebensversicherung 30 ‰ der Beitragssumme ohne Maximierung. Wie könnten diese Werte Ihre Beratungsentscheidung beeinflussen?

Anhang

Geplante, praxisorientierte Änderungen im Bedingungswerk 2 „Proximus Versicherung", vorgelegt durch das Berufsbildungswerk der Deutschen Versicherungswirtschaft (BWV) im Juli 2011

1 Synopse Kranken

Proximus 2 (Fassung 2008)	Proximus 2 (Fassung 2011)	Hinweise:
§ 1 (2) MB/KK 2009	**§ 1 (2) MB/KK 2009**	
a) ...Schwangerschaft...	a) ...Schwangerschaft...	Berichtigung der alphabetischen Nummerierung
b) ...ambulante Vorsorgeuntersuchungen...	b) ...ambulante Vorsorgeuntersuchungen...	
ba) ...Versorgung in einem stationären Hospiz...	c) ...Versorgung in einem stationären Hospiz...	
d) Zahnprophylaxe...	d) Zahnprophylaxe...	
§ 8 (7) MB/KK 2009	**§ 8 (7) MB/KK 2009**	
„...die nicht rechtzeitige Zahlung des Erstbeitrages oder eines Folgebeitrages unter den Voraussetzungen der §§ 37, und 38 VVG..."	„...die nicht rechtzeitige Zahlung des Erstbeitrages oder eines Folgebeitrages unter den Voraussetzungen der §§ 37, Abs 1 und 38 VVG..."	Klarstellung, dass beim Erstbeitrag nur § 37 Abs. 1 VVG relevant ist.
§ 4 (10) MB/KT 2009	**§ 4 (10) MB/KT 2009**	
Umwandlung aus älteren Tarifen...	Der Absatz entfällt.	Anpassung an Proximus-Bedingungswerk, das keine älteren Tarife kennt.

2 Synopse Kraftfahrt

Proximus 2 (Fassung 2008)	Proximus 2 (Fassung 2011)	Hinweise:
A.2.3.2 AKB 2008	**A.2.3.2 AKB 2008**	
Nicht als Unfallschäden gelten insbesondere Marderbissschäden, Schäden zwischen ziehendem und gezogenem Fahrzeug	Nicht als Unfallschäden gelten Schäden zwischen ziehendem und gezogenem Fahrzeug	Marderbissschäden sind in Teilkasko versichert. Der Ausschluss (Unfallschaden) in A 2.3.2 AKB 2008 kann entfallen.

B.2.3 AKB 2008	**B.2.3 AKB 2008**	
Sobald Sie den Versicherungsschein erhalten haben, geht der vorläufige in den endgültigen Versicherungsschutz über.	Sobald Sie den ersten oder einmaligen Beitrag nach C.1 gezahlt haben, geht der vorläufige in den endgültigen Versicherungsschutz über.	Anpassung an die Regelung in der Praxis
B.2.4 AKB 2008	**B.2.4 AKB 2008**	
Wir können den Beginn des Versicherungsschutzes und die Erteilung der Versicherungsbestätigung von der Zahlung des Beitrages abhängig machen....	Wir können die Erteilung der Versicherungsbestätigung von der Zahlung des Beitrages abhängig machen....	Mit dem Begriff Versicherungsbestätigung verbindet man üblicherweise die amtliche Bestätigung für die KH-Versicherung, nicht aber für andere Versicherungsarten (z. B. Kasko). Die Ergänzung (Beginn des Versicherungsschutzes) in der Fassung von 2008 ist eindeutiger. Anm. des Verfassers von Teil C dieses Lehrbuches
C.3.1 AKB 2008	**C.3.1 AKB 2008**	
Der im Versicherungsschein genannte erste oder einmalige Beitrag wird – unabhängig vom Bestehen eines Widerrufs- oder Widerspruchsrechts – zu diesem Zeitpunkt des vereinbarten und im Versicherungsschein angegebenen Versicherungsbeginns fällig. Sie haben diesen Beitrag dann unverzüglich (innerhalb von 14 Tagen) zu zahlen.	Der erste oder einmalige Beitrag wird unverzüglich nach Ablauf von zwei Wochen nach Zugang des Versicherungsscheins fällig.	Die Neuregelung entspricht der VVG-Regelung.

3 Synopse Haftpflicht

Proximus 2 (Fassung 2008)	Proximus 2 (Fassung 2011)	Hinweise:
6.5 AHB 2008	**6.5 AHB 2008**	
Die Aufwendungen des Versicherers für Kosten werden auf die Versicherungssumme angerechnet.	Die Aufwendungen des Versicherers für Kosten werden grundsätzlich nicht als Leistung auf die Versicherungssummen angerechnet. Dies gilt nicht bei einer Inanspruchnahme vor Gerichten in den USA/Kanada. Hier erfolgt eine Anrechnung. Kosten sind: Anwalts-, Sachverständigen-, Zeugen- und Gerichtskosten, Aufwendungen zur Abwehr oder Minderung des Schadens bei oder nach Eintritt des Versicherungsfalls sowie Schadenermittlungskosten, auch Reisekosten, die dem Versicherer nicht selbst entstehen. Das gilt auch dann, wenn die Kosten auf Weisung des Versicherers entstanden sind. Vom Versicherungsschutz ausgeschlossen bleiben Ansprüche auf Entschädigung mit Strafcharakter, insbesondere punitive oder exemplary damages.	Anpassung an die Praxis
25.1 AHB 2008	**25.1 AHB 2008**	
Jeder Versicherungsfall ist dem Versicherer **unverzüglich** anzuzeigen, auch wenn noch keine Schadensersatzansprüche erhoben wurden.	Jeder Versicherungsfall ist dem Versicherer innerhalb einer Woche anzuzeigen, auch wenn noch keine Schadensersatzansprüche erhoben wurden.	Zeitraum für die Versicherungsfallmeldung jetzt eindeutiger

29.1 AHB 2008	**29.1 AHB 2008**	
Alle für den Versicherer bestimmten Anzeigen und Erklärungen sollen an die Hauptverwaltung des Versicherers oder an die im Versicherungsschein oder in dessen Nachträgen als zuständig bezeichnete Geschäftsstelle gerichtet werden.	Alle für den Versicherer bestimmten Anzeigen und Erklärungen sollen an die Hauptverwaltung des Versicherers oder an die im Versicherungsschein oder in dessen Nachträgen als zuständig bezeichnete Geschäftsstelle in Textform gerichtet werden.	Mitteilungen in Textform (z. B. Email) sind heute weit verbreitet und bedeuten für den VN eine Vereinfachung im Anzeigenverkehr..
A.3.2 (2) RBE-Privat	**A.3.2 (2) RBE-Privat**	
aus der Vermietung .... einschließlich dazugehöriger Garagen, Carports und Kfz-Stellplätze.	aus der Vermietung .... einschließlich dazugehöriger Garagen, Carports und Kfz-Stellplätze.	Klarstellung, das gewerbliche Objekte nicht unter die Regelung nach A.3.2 (2) RBE-Privat fallen sollen.
	Ausgeschlossen ist die gesetzliche Haftpflicht aus der Vermietung von Wohnungen, Räumen oder Garagen zu gewerblichen Zwecken soweit dies nicht besonders vereinbart ist.	
A.3.7 (1) RBE-Privat	**A.3.7 (1) RBE-Privat**	
Mitversichert ist .... Abhandenkommen von fremden Schlüsseln (auch elektronischen Zugangsberechtigungskarten und elektrischen Türöffnern), die im Rahmen einer ehrenamtlichen Tätigkeit oder privat überlassen wurden........	Mitversichert ist .... Abhandenkommen von fremden Schlüsseln (auch elektronischen Zugangsberechtigungskarten und elektrischen Türöffnern), die im Rahmen einer ehrenamtlichen Tätigkeit, beruflich, dienstlich oder privat überlassen wurden........	Die Überlassung von Schlüsseln im Zusammenhang mit Beruf und Dienst ist gängige Praxis und es besteht ein entsprechendes Versicherungsbedürfnis.
A.4.5.4 RBE-Privat	**A.4.5.4 RBE-Privat**	
Auslandsrisiko	Entfällt A.4.5.5 wird A.4.5.4 A.4.5.6 wird A.4.5.5	Wird jetzt durch die Fassung 2011 zu Ziff. 6.5 AHB erfasst:

B.1.1 RBE-Privat	**B.1.1 RBE-Privat**	
Versichert ist die gesetzliche Haftpflicht des Versicherungsnehmers als Halter von Hunden zu privaten – nicht gewerblichen oder landwirtschaftlichen – Zwecken.	Versichert ist die gesetzliche Haftpflicht des Versicherungsnehmers als Halter von Hunden zu privaten – nicht gewerblichen oder landwirtschaftlichen – Zwecken.	
	Nicht versicherbar sind Hunde die in den einzelnen Landesgesetzen oder Landeshundeverordnungen als „gefährliche Hunde" eingestuft sind.	Klarstellung
G.4 RBE-Privat	**G.4 RBE-Privat**	
Gemäß Ziffer 4. AHB sind Risiken, ...	Gemäß Ziffer 4. AHB sind Risiken, ...(wie bisher)	
Abweichend von	Abweichend von	
– Ziffer 4.2 AHB gelten die im Versicherungsschein genannten Versicherungssummen auch für die Vorsorgeversicherung.	– Ziffer 4.2 AHB gelten die im Versicherungsschein genannten Versicherungssummen auch für die Vorsorgeversicherung.	
– Ziffer 27.1 Satz 2 AHB gelten die Bestimmungen über die Vorsorgeversicherung auch, wenn das neue Risiko nur in der Person eines Mitversicherten gem. Pos. A.1.1 bis 1.5 entsteht.	– Ziffer 27.1 ... (entfällt)	Das angesprochene Risiko ist eine Risikoerweiterung und kein Vorsorgeversicherungsfall.

4 Synopse Rechtsschutz

Proximus 2 (Fassung 2008)	Proximus 2 (Fassung 2011)	Hinweise:
§ 2 e) ARB 2008	**§ 2 e) ARB 2008**	
Steuer-Rechtsschutz .... vor deutschen Finanz- und Verwaltungsgerichten;	Steuer-Rechtsschutz ..... vor deutschen Finanz- und Verwaltungsgerichten **sowie in Ein-/Widerspruchsverfahren, die diesen Gerichtsverfahren vorangehen;**	§ 2 o) ARB 2008 wird dadurch hinfällig

§ 2 f) ARB 2008 Sozial-Rechtsschutz ..... vor deutschen Sozialgerichten;	**§ 2 f) ARB 2008** Sozial-Rechtsschutz ...... vor deutschen Sozialgerichten **sowie in Widerspruchsverfahren, die diesen Gerichtsverfahren vorangehen;**	§ 2 p) ARB 2008 wird dadurch hinfällig
§ 2 g) ARB 2008 Verwaltungs-Rechtsschutz in Verkehrssachen ..... vor Verwaltungsgerichten;	**§ 2 g) ARB 2008** Verwaltungs-Rechtsschutz aa) für die Wahrnehmung rechtlicher Interessen in verkehrsrechtlichen Angelegenheiten ..... vor Verwaltungsgerichten; bb) für die Wahrnehmung rechtlicher Interessen in nicht-verkehrsrechtlichen Angelegenheiten vor deutschen Verwaltungsgerichten und in Widerspruchsverfahren, die diesen Gerichtsverfahren vorangehen, soweit der Versicherungsschutz nicht bereits in den Leistungsarten der Absätze b), c), e) oder h) enthalten ist;i	§ 2 r) ARB 2008 wird dadurch hinfällig
§ 2 k) ARB 2008 Beratungs-Rechtsschutz im Familien-, Lebenspartnerschafts- und Erbrecht......, wenn diese nicht mit einer anderen gebührenpflichtigen Tätigkeit des Rechtsanwaltes zusammenhängen (§ 34 Rechtsanwaltsvergütungsgesetz – RVG);	**§ 2 k) ARB 2008** Beratungs-Rechtsschutz im Familien-, Lebenspartnerschafts- und Erbrecht........, wenn diese nicht mit einer anderen gebührenpflichtigen Tätigkeit des Rechtsanwaltes zusammenhängen (§ 34 Rechtsanwaltsvergütungsgesetz– RVG). **Wird der Rechtsanwalt über die Beratung hinaus außergerichtlich tätig, erstattet die Proximus Versicherung Kosten bis zu 250 Euro je Rechtsschutzfall; dies gilt nicht in unterhaltsrechtlichen Angelegenheiten. Für den Beratungs-Rechtsschutz im Familien-, Lebenspartnerschafts- und Erbrecht gilt keine Selbstbeteiligung.**	§ 2 q) ARB 2008 wird dadurch hinfällig

§ 2 l) ARB 2008	**§ 2 l) ARB 2008**	
Rechtsschutz in Ehesachen	entfällt	Die angesprochene Leistungsart ist marktunüblich.
§ 2 m) ARB 2008	**§ 2 m) ARB 2008**	
Rechtsschutz in Unterhaltssachen.....	entfällt	Die angesprochene Leistungsart ist marktunüblich.
§ 2 s) ARB 2008	**§ 2 o) ARB´2008**	
Datenrechtsschutz.....	Datenrechtsschutz.....	Aus s wird o
§ 4 (1) ARB 2008	**§ 4 (1) ARB 2008**	
b) im Beratungs-Rechtsschutz für Familien-, Lebenspartnerschafts- und Erbrecht gemäß § 2 k), im Rechtsschutz in Ehesachen nach § 2 l) sowie im erweiterten Beratungs-Rechtsschutz für Familien-, Lebenspartnerschafts- und Erbrecht gemäß § 2 q) von dem Ereignis an, das die Änderung der Rechtslage des Versicherungsnehmers oder einer mitversicherten Person zur Folge hat;	b) im Beratungs-Rechtsschutz für Familien-, Lebenspartnerschafts- und Erbrecht gemäß § 2 k) von dem Ereignis an, das die Änderung der Rechtslage des Versicherungsnehmers oder einer mitversicherten Person zur Folge hat;	Der erweiterte Beratungsrechtsschutz wird dem Beratungsrechtsschutz (§ 2 k ARB 2008) zugeordnet. Die Leistungsart Rechtsschutz in Ehesachen entfällt, so dass die „Änderung der Rechtslage" sich nur noch auf den erweiterten Beratungsrechtsschutz bezieht.
Die Voraussetzungen nach a) bis c) müssen nach Beginn des Versicherungsschutzes gemäß § 7 und vor dessen Beendigung eingetreten sein. Für die Leistungsarten nach § 2 b), c) und r) besteht Versicherungsschutz jedoch erst nach Ablauf von drei Monaten nach Versicherungsbeginn (Wartezeit). Für den Rechtsschutz in Ehesachen nach § 2 l) beträgt die Wartezeit drei Jahre, für den Rechtsschutz in Unterhaltssachen nach § 2 m) ein Jahr.	Die Voraussetzungen nach a) bis c) müssen nach Beginn des Versicherungsschutzes gemäß § 7 und vor dessen Beendigung eingetreten sein. Für die Leistungsarten nach § 2 b) und c) besteht Versicherungsschutz jedoch erst nach Ablauf von drei Monaten nach Versicherungsbeginn (Wartezeit).	Anpassung der Wartezeiten an die Praxis.

§ 5 ARB 2008	**§ 5 ARB 2008**	
d) die Gebühren eines Schieds- oder Schlichtungsverfahrens .... erster Instanz entstehen;	d) die Gebühren eines Schieds- oder Schlichtungsverfahrens .... erster Instanz entstehen;	
	die Kosten für Mediationsverfahren richten sich hingegen ausschließlich nach der Sonderbedingung Mediation.	Aufgrund einer EU-Richtlinie ist die Mediation in deutsches Recht umzusetzen.
	Sonderbedingung Mediation zu den ARB 2008:	
	Rechtsschutz für Mediationsverfahren für Nicht-Selbstständige	Die Rechtsschutzversicherung reagiert hierauf durch Gewährung von Kostenschutz beim Mediationsverfahren.
	1) Gegenstand des Rechtsschutzes für Mediationsverfahren	
	Mediation ist ein Verfahren zur freiwilligen, außergerichtlichen Streitbeilegung, bei dem die Parteien mit Hilfe der Moderation eines neutralen Dritten, des Mediators, eine eigenverantwortliche Problemlösung erarbeiten.	
	Proximus vermittelt dem Versicherungsnehmer einen Mediator zur Durchführung des Mediationsverfahrens in Deutschland und trägt dessen Kosten im Umfang des Absatzes 4.	
	(2) Anwendungsbereich	
	Der Rechtsschutz für Mediationsverfahren erstreckt sich auf	
	a) Angelegenheiten im Familien-, Lebenspartnerschafts- und Erbrecht	
	sowie auf folgende Leistungsarten	
	b) Schadenersatz-Rechtsschutz,	
	c) Arbeits- Rechtsschutz,	

d) Wohnung- und Grundstücks- Rechtsschutz,

e) Rechtsschutz im Vertrags- und Sachenrecht, sofern der betroffene Deckungsbereich versichert ist.

Die Risikoausschlüsse nach § 3 ARB 2008 kommen nicht zur Anwendung.

(3) Voraussetzungen für den Anspruch auf Rechtsschutz

Anspruch auf Rechtsschutz besteht nach Eintritt eines Rechtsschutzfalles gemäß § 4 ARB 2008.

Eine Wartezeit besteht nicht.

(4) Leistungsumfang

Kommt mit Hilfe der Proximus ein Mediationsvertrag zustande, trägt die Proximus den auf den Versicherungsnehmer entfallenden Anteil an den Kosten des von der Proximus vermittelten Mediators bis zu 1.500 Euro je Mediation, für alle in einem Kalenderjahr eingeleiteten Mediationen jedoch nicht mehr als 3.000 Euro.

Sind am Mediationsverfahren auch nicht versicherte Personen beteiligt, übernimmt die Proximus die Kosten anteilig im Verhältnis versicherter zu nicht versicherten Personen.

Eine Selbstbeteiligung gilt für diese Leistung nicht.

Für die Tätigkeit des Mediators ist die Proximus nicht verantwortlich.

	(5) Anzuwendende Bestimmungen Soweit vorstehend nicht ausdrücklich etwas anderes vereinbart ist, gelten die Bestimmungen der §§ 1, 7 bis 17 und 20 ARB 2008 entsprechend.	
§ 9 B (1) ARB 2008 Der erste oder einmalige Beitrag wird ......unverzüglich nach Abschluss des Vertrages fällig,.......	**§ 9 B (1) ARB 2008** Der erste oder einmalige Beitrag wird unverzüglich nach Ablauf von zwei Wochen nach Zugang des Versicherungsscheins fällig, ...	Klarstellung
§ 18 Schiedsgutachten bzw. **§ 18 Stichentscheid**	**§ 18 Stichentscheid**	Der Stichentscheid ist marktüblich; das Schiedsgutachten entfällt.
§ 25 (7) ARB 2008 Es kann vereinbart werden, dass	**§ 25 (7) ARB 2008** entfällt	Die Leistungsarten werden nicht angeboten.
§ 26 (4) ARB 2008 Es kann vereinbart werden, dass	**§ 26 (4) ARB 2008** entfällt	Die Leistungsarten werden nicht angeboten.

Abkürzungsverzeichnis

a. F.	alte Fassung
ABN	Allgemeine Bedingungen für die Bauwesenversicherung von Gebäudeneubauten durch Auftraggeber
Abs.	Absatz
ABU	Allgemeine Bedingungen für die Bauwesenversicherung von Unternehmensleistungen
AG	Amtsgericht
AG	Aktiengesellschaft
AGB	Allgemeine Geschäftsbedingungen
AGG	Allgemeines Gleichbehandlungsgesetz
AHB	Allgemeine Versicherungsbedingungen für die Haftpflichtversicherung
AKB	Allgemeine Bedingungen für die Kraftfahrtversicherung
AMNOG	Gesetz zur Neuordnung des Arzneimittelmarktes
AOK	Allgemeine Ortskrankenkasse
ARB	Allgemeine Bedingungen für die Rechtsschutzversicherung
ArchHV	Architekten-Haftpflichtversicherung
AtG	Atomgesetz
AUB	Allgemeine Versicherungsbedingungen für die Unfallversicherung
AuslPflVG	Gesetz über Haftpflichtversicherung für ausländische Kraftfahrzeuge und Kraftfahrzeuganhänger (Ausländer-Pflichtversicherungsgesetz)
AVB	Allgemeine Versicherungsbedingungen
AVB/EPV	siehe AVB und EPV
AVB-RWB	siehe AVB und RWB
AZ	Aktenzeichen
BaFin	Bundesanstalt für Finanzdienstleistungsaufsicht
BauGB	Baugesetzbuch
BausparkG	Bausparkassengesetz
BAV	Bundesaufsichtsamt für das Versicherungswesen (jetzt: BaFin)
BBG	Bundesbeamtengesetz
BBG	Beitragsbemessungsgrenze
BBVerm	Besondere Bedingungen für die Mitversicherung von Vermögensschäden in der Haftpflichtversicherung
BDSG	Bundesdatenschutzgesetz
BelWertV	Beleihungswertermittlungsverordnung
BfA	Bundesversicherungsanstalt für Angestelle (jetzt: Deutsche Rentenversicherung Bund)
BFH	Bundesfinanzhof
BGB	Bürgerliches Gesetzbuch

BGH	Bundesgerichtshof
BGHZ	Sammlung der Entscheidungen des BGH in Zivilsachen
Bhv	Beihilfevorschriften des Bundes
BörsG	Börsengesetz
BJagdG	Bundesjagdgesetz
BLZ	Bankleitzahl
BMF	Bundesfinanzministerium
BpflV	Bundespflegesatzverordnung
BRE	Beitragsrückerstattung
BSG	Bundessozialgericht
BVerfG	Bundesverfassungsgericht
BVerwG	Bundesverwaltungsgericht
BVI	Bundesverband Investment
BwpV	Bundeswertpapierverwaltung
BWZ	Bewertungszahl
bzw.	beziehungsweise
c.i.c.	culpa in contrahendo
ca.	zirka
d.h.	das heißt
d.J.	des Jahres
DAV	Deutscher Aktuarverein
DAX	Deutscher Aktienindex
DBGK	Deutsches Büro Grüne Karte e.V.
DeckRV	Deckungsrückstellungsverordnung
dgl.	dergleichen
DM	Deutsche Mark
Dr.	Doktor
DRG	Diagnostics Related Groups
DV	Durchführungsverordnung
ED	Einbruchdiebstahl
EDV	Elektronische Datenverarbeitung
EG	Europäische Gemeinschaft
EGBGB	Einführungsgesetz zum BGB
EigRentG	Eigenheimrentengesetz
einschl.	einschließlich
ELV	Elektronisches Lastschriftverfahren
EntgFG	Entgeltfortzahlungsgesetz
EPV	Ergänzungsversicherungen zur privaten und zur sozialen Pflegepflichtversicherung
ErbbauVO	Verordnung über das Erbbaurecht
ESt	Einkommensteuer

EStG	Einkommensteuergesetz
EU	Europäische Union
EuGH	Europäischer Gerichtshof
Eurex	European Exchange
EURIBOR	European Interbank Offered Rate
EURO STOXX	Warenzeichen der US-Firma Dow Jones
eVB	elektronische Versicherungsbestätigung
evtl.	eventuell
EWR	Europäischer Wirtschaftsraum
Fass.	Fassung
Ffm	Frankfurt am Main
FinTS	Financial Transaction Services
FPV	Vereinbarung zum Fallpauschalensystem für Krankenhäuser
FTAM	File Transfer and Access Management
FWB	Frankfurter Wertpapierbörse
FZV	Fahrzeug-Zulassungsverordnung
G	Gesetz
GBA	Gemeinsamer Bundesausschuss
GBO	Grundbuchordnung
GbR	Gesellschaft bürgerlichen Rechts
GDV	Gesamtverband der Deutschen Versicherungswirtschaft
GebüH	Gebührenverzeichnis für Heilpraktiker
GfK	Marktforschungsinstitut Growth from Knowledge
GG	Grundgesetz
ggf.	gegebenenfalls
GKV	Gesetzliche Krankenversicherung
GKV-FinG	GKV-Finanzierungsgesetz
GKV-WSG	GKV-Wettbewerbsstärkungsgesetz
GmbH	Gesellschaft mit beschränkter Haftung
GMG	GKV-Modernisierungsgesetz
GOÄ	Gebührenordnung für Ärzte
GOZ	Gebührenordnung für Zahnärzte
GPflV	Gesetzliche Pflegeversicherung
GS	Grundschuld
ha	Hektar
HaftPflG	Haftpflichtgesetz
HBCI	Homebanking Computer Interface
HGB	Handelsgesetzbuch
HIS	Hinweis- und Informationssystem
HUKR	Haftpflicht, Unfall, Kraftfahrt, Rechtsschutz
HV	Haftpflichtversicherung

HWS	Hals-Wirbel-Schleudertrauma
i. S.	im Sinne
i. V. m.	in Verbindung mit
i. d. R.	in der Regel
IHK	Industrie- und Handelskammer
IIRFP	informa Insurance Risk and Fraud Prevention GmbH
inkl.	inklusive (einschließlich)
InvG	Investmentgesetz
ISP	Internet-Service-Provider
JAEG	Jahresarbeitsentgeltgrenze
JGG	Jugendgerichtsgesetz
KAG	Kapitalanlagegesellschaft
KAGG	Gesetz über Kapitalanlagegesellschaften
KalV	Kalkulationsverordnung
KapAusV	Verordnung über die Kapitalausstattung von Versicherungsunternehmen
KESt	Kapitalertragsteuer
KFPV	Verordnung zum Fallpauschalensystem für Krankenhäuser
Kfz	Kraftfahrzeug
KfzPflVV	Kraftfahrzeug-Pflichtversicherungsverordnung
KfzUnfEntschV	Verordnung über den Entschädigungsfonds für Schäden aus Kraftfahrzeugunfällen
KGV	Kurs-Gewinn-Verhältnis
KH	Kraftfahrzeug-Haftpflicht
KHEntG	Krankenhausentgeltgesetz
KHG	Krankenhausfinanzierungsetz
KHT	Krankenhaustagegeld
KH-VR	siehe KH und VR
KI	Kreditinstitut
KiBG	Kinderberücksichtigungsgesetz
KIV	Kontakt-, Informations-, Verkaufsphase
KSB	Krankheitsbezogener Selbstbehalt
KSt	Körperschaftsteuer
KT	Krankentagegeld
KVBEVO	Krankenversicherungsbeitragsanteil-Ermittlungsverordnung
kW	Kilowatt
KWG	Kreditwesengesetz
LG	Landgericht
Lkw	Lastkraftwagen
LSV	Lastschriftverfahren
lt.	laut

LuftVG	Luftverkehrsgesetz
max.	maximal
MB/BT	Musterbedingungen für den Basistarif
MB/KK	Musterbedingungen für die Krankheitskosten- und Krankenhaustagegeldversicherung
MB/KT	Musterbedingungen für die Krankentagegeldversicherung
MB/PPV	Musterbedingungen für die private Pflegepflichtversicherung
MB/ST	Musterbedingungen für den Standardtarif
MDAX	Midcap-Index der Deutschen Börse
Mio.	Millionen
Mrd.	Milliarden
MSCI	Morgan Stanley Capital International
MwSt.	Mehrwertsteuer
n. J.	nächsten Jahres
NJW	Neue Juristische Wochenschrift
Nr.	Nummer
NV	Nichtveranlagung
o. g.	oben genannt
OEG	Opferentschädigungsgesetz
OLG	Oberlandesgericht
OLV	Online-Lastschriftverfahren
OPUV	Obligatorische Passagier-Unfallversicherung
p. a.	pro anno
p. r. t.	pro rata temporis
PC	Personalcomputer
PflegeVG	Pflege-Versicherungsgesetz
PflVG	Pflichtversicherungsgesetz
PIN	Persönliche Identifikationsnummer
PKV	Private Krankenversicherung
Pkw	Personenkraftwagen
Pos.	Position
ProdHaftG	Produkthaftungsgesetz
Prof.	Professor
PS	Pferdestärken
PSKV	Private studentische Krankenversicherung
PVA	Photovoltaikanlage
PVB	Pflegeversicherungstarif für Beihilfeberechtigte
PVN	Pflegeversicherungstarif für Nichtbeihilfeberechtigte
PVV	Positive Vertragsverletzung
RBE	Besondere Bedingungen und Risikobeschreibungen für die Haftpflichtversicherung

ROI	Return On Investment
RS	Rechtsschutz
RVG	Rechtsanwaltsvergütungsgesetz
RVO	Reichsversicherungsordnung
RWB	Rechts- und wirtschaftsberatende Berufe (Haftpflichtversicherung)
s. o.	siehe oben
SchG	Schutzgesetz
SCHUFA	Schutzgemeinschaft für allgemeine Kreditsicherung
SB	Selbstbeteiligung
SE	Societas Europaea (Europäische Gesellschaft)
SF	Schadenfreiheit
SFR	Schadenfreiheitsrabatt
SGB	Sozialgesetzbuch
sog.	so genannt
SolZ	Solidaritätszuschlag
StGB	Strafgesetzbuch
STOXX	Warenzeichen der US-Firma Dow Jones
StVG	Straßenverkehrsgesetz
StVO	Straßenverkehrsordnung
StVZO	Straßenverkehrs-Zulassungs-Ordnung
SV	Sozialversicherung
TAN	Transaktionsnummer
TB	Tarifbestimmungen
Tbc	Tuberkulose
Tsd.	Tausend
u. U.	unter Umständen
u. a.	unter anderem
u. Ä.	und Ähnliches
u. dgl.	und dergleichen
Umwelt-HG	Umwelthaftungsgesetz
USA	Vereinigte Staaten von Amerika
USchadG	Umweltschadengesetz
usw.	und so weiter
UWG	Gesetz gegen den unlauteren Wettbewerb
VAG	Versicherungsaufsichtsgesetz
VB-Nummer	Versicherungsbestätigungsnummer
VdS	Verband der Schadenversicherer (jetzt: GDV)
VerBAV	Veröffentlichungen des Bundesaufsichtsamtes für das Versicherungswesen (jetzt: Bundesanstalt für Finanzdienstleistungsaufsicht)
VermBG	Vermögensbildungsgesetz
VermBG-DV	Durchführungsverordnung zum VermBG

VersR	Versicherungsrecht
VersSt	Versicherungsteuer
VGB	Allgemeine Wohngebäude-Versicherungsbedingungen
vgl.	vergleiche
VHB	Allgemeine Hausrat-Versicherungsbedingungen
VL	Vermögenswirksame Leistung
VN	Versicherungsnehmer
VO	Verordnung
VR	Versicherer
VS	Versicherungssumme
VU	Versicherungsunternehmen
VVaG	Versicherungsverein auf Gegenseitigkeit
VVG	Gesetz über den Versicherungsvertrag
VVG-Info	VVG-Informationspflichtenverordnung
WEG	Gesetz über das Wohnungseigentum und das Dauerwohnrecht
WettbRili	Wettbewerbsrichtlinien
WHG	Wasserhaushaltsgesetz
WKZ	Wagniskennziffer
WoPG	Wohnungsbauprämiengesetz
WoPG-DV	Durchführungsverordnung zum WoPG
WpHG	Wertpapierhandelsgesetz
Xetra	Elektronisches Börsenhandelssystem
z. T.	zum Teil
z. B.	zum Beispiel
ZASt	Zinsabschlagsteuer
Zeasar	Zentrale Stelle zur Abrechnung von Arzneimittelrabatten GmbH, Köln
Ziff.	Ziffer
ZKA	Zentraler Kreditausschuss
ZPO	Zivilprozessordnung
ZÜRS	Zonierungssystem für Überschwemmung, Rückstau und Starkregen
zzt.	zur Zeit

Sachwortverzeichnis

A

Abbuchungsauftragsverfahren 601
Abgeltungsteuer 572
Abhandenkommen 250
Abmeldung 416
Abschlussvermittlung 581
Absolutes Recht 199
Abstrakte Bedarfsdeckung 52
Abwässerschäden 285
Abwehranspruch 263
Abwehrpflicht 434
Abzug »neu für alt« 240, 474
Adäquanz 429
Adäquate Kausalität 200
Ad-hoc-Publizität 584
Aktien 630
Aktienanleihen 622
Aktien-Indexfonds 661
Aktienverlustverrechnungsdatei 574
Aktienverlustverrechnungstopf 574
Akzessorität 682, 684
Alkoholklausel 442
Allfinanzaufsicht 180
Allgemeiner Beitragssatz 22
Allgemeines Persönlichkeitsrecht 197
Allgemeine Verkehrssicherungspflicht 203
Altersvorsorge-Sondervermögen 660
Alterungsrückstellung 111, 113
Ambulante Ergänzungsversicherung 54
Ambulante Zusatzversicherung 79
Ampelmodell 503
Amtshaftung 220, 293
Anbaumöbel 516, 517
Angehörigenklausel 270
Angriffsnotstand 199
Anlageberatung 579, 582
Anlageformen 567, 571
Anlagemotive 567
Anlagenhaftung 209
Anlagenrisiko 289
Anlagevermittlung 581
Anlageziele 567
Anlegertyp 589
Annahmezwang 371
Annuitätendarlehen 721
Ansprüche Dritter 251
Anspruchgrundlagen 251
Anspruchserfassung 513
Anteilscheine 656
Antragsmodell 94
Anwartschaftsdeckungsverfahren 111
Anwartschaftsversicherung 84
Anzeigefrist 256
Anzeigepflichten 312, 445
Anzeigepflichtverletzung 255
Arbeitgeber 438
Arbeitsgerichtsbarkeit 336
Arbeitsgerichtsprozess 319
Arbeits-Rechtsschutz 335
Arbeitsunfähigkeit 66
Arzneimittel 56
Atomisierung 559
Aufklärungspflicht 445, 455
Auflassung 725
Aufnahmeregelungen 61
Aufrufphase 650
Aufsichtsbereiche 186
Aufsichtspflicht 215
Auftragsausführung 652
Auftragserfüllung 653
Auftragserteilung 652
Auktionsprinzip 646
Ausbauküchen 517
Ausfallrisiko 568
Ausgleichsfunktion 235
Ausgleichspflicht 222
Auskunftsrecht 631
Auskunftsstelle 383
Ausländer-Pflichtversicherungsgesetz 366, 370
Auslandsaufenthalte 289
Auslandsklausel 273
Auslandsreisekrankenversicherung 81
Auslandsschäden 273
Auslosungsrisiko 627
Ausschlüsse 267, 292, 439
Ausschüttungsfonds 662
Außenverhältnis 222, 545, 683
Außerordentliche Kündigung 175
Authentifizierungsmöglichkeiten 610

AutoPlus 484
Autoschutzbrief 365
Autoschutzbriefes 484
Avalprovision 674

B

Bagatellgrenze 432
Bankvorausdarlehen 724
Barscheck 602
Basistarif 61, 118
Baufinanzierung 707
Bauherren-Haftpflichtversicherung 732
Bauleistungsversicherung 731
Baurisiko 340
Bauspardarlehen 691, 722
Bausparen 691
Bausparertopf 691
Bauspartarife 701
Beamtenhaftung 220
Bearbeitungsklausel 271
Bedingte Deliktsfähigkeit 200
Bedingter Vorsatz 195
Beerdigungskosten 234
Befragung 92
Befreiungsanspruch 263, 434
Befriedigungsverbot 313
Begünstigungsverträge 187
Beifahrer 437
Beihilfe 159
Beihilfesätze 160
Beitrag , 108
Beitragsangleichung 307
Beitragsangleichungsklausel 307
Beitragsanpassung 116
Beitragsbemessung 21
Beitragsbemessungsgrenze 22, 40
Beitragsberechnung , 305, 351, 121
Beitragsbestandteile 108, 109
Beitragsentlastungstarif 59, 119
Beitragskalkulation 108, 111
Beitragsklassen 399
Beitragsregulierung 307
Beitragsrückerstattung 100, 120
Beitragsteil 391
Beitragszuschuss 23, 45, 73
Belastungsgrenze 30
Belegärzte 158
Beleihungsgrenze 714
Beleihungswert 712
Beleihungswertermittlungen 712
Benzinklauseln 294
Beraterhaftung 585
Beratung 92
Beratungsgespräch 589, 92
Beratungs-Rechtsschutz 338, 344
Berufliche Tätigkeit 293
Berufs-Rechtsschutz 354
Beschädigung 236, 463, 474
Beschaffenheit 392
Beschränkungen 729
Beschwerden 187
Beschwerdestelle 94
Besitzklausel 271
Besitzkonstitut 687
Beteiligtenhaftung 221
Betriebliche Tätigkeit 292
Betriebsgefahr 429, 430
Betriebs-Haftpflichtversicherung 269
Betrügerische Absicht 547
Betrugsprüfung 514
Beweislast 212
Bewertungszahl 695, 696
Bewusster Vorsatz 195
Bezugsrecht 632
Bezugsrechtsabschlag 632
Bezugsverhältnis 632
Billigkeitshaftung 201
Bonitätsrisiko 627
Börsenindizes 645
Börsentag 653
Branchendurchschnittlicher Schadenaufwand 307
Branchenfonds 661
Brand 465
Bruchschäden 468
Bruttorendite 626
Bundesschatzbriefe 620
Bürgschaft 682
Bußgeld 252

C

Chartanalyse 639
Chipkarte 610
Clientprogramm 610

Computerbörsen 646
Culpa in contrahendo 224

D

Dach-Hedge-Fonds 662
Darlehenskonto 594
Darlehensvertrag 719
Datenveränderung 288
Dauerauftrag 600
Dauerwohnrecht 729
Debitkarten 604
Deckung 243
Deckungsanspruch 243, 428, 433
Deckungskapazität 555
Deckungsprozess 433
Deckungsprüfung 313, 511
Deckungssummen 256, 264, 328, 373
Deliktsfähigkeit 200
Deliktshaftung 193
Deliktsunfähige Kinder 281
Deliktsunfähigkeit 200
Depotbank 658
Depotgeschäft 581
Depotkonten 594
Diebstahlentschädigung 473
Dienstbarkeit 729
Dienstherr 281
Dienstliche Tätigkeit 293
Differenztheorie 537
Direktabrechnung 57
Direktanspruch 375
Dispositionskredit 676
Disziplinar-Rechtsschutz 332
Dividendenrecht 631
Dividendenrendite 640
Dividendenrisiko 638
Dokumentation 584, 92
DRG-Fallpauschalensystem 154
Drittschaden 234
Durchschnittskurs 632

E

Effektenbörsen 644
Ehegatten 278
Ehegattenhöchstbetrag 73
Ehesachen 339
Ehrenamt 293
Eigenfinanzierung 632
Eigenheimrentengesetz 700
Eigenschaden 192
Eigentümer 370, 437
Einbauküchen 517
Einbaumöbel 516, 517
Einbringungsprovision 559
Einheitspreis 647
Einheitspreisfeststellung 646
Einwirkungshaftung 208
Einzelschaden-Exzedentenvertrag 557
Einzugsermächtigungsverfahren 601
Electronic-cash 605
Elektronischer Datenaustausch 288
Elektronisches Lastschriftverfahren 605
Elementarereignisse 467
Elementarschadenversicherung 505
Entgangene Dienste 234
Entgeltfortzahlung 69
Entgeltfortzahlungsgesetz 68
Entlastungsbeweis 217
Entschädigungsberechnung 515
Entschädigungsfonds 378, 384
Entschädigungsstelle 383
Entwendung 465
Entwicklungsrisiken 210
Erbbaurecht 727
Erbbaurechte 729
Erbrecht 339
Erdbeben 477
Ereignistheorie 247
Erfolgsaussicht 328
Erfüllungsausschlussklauseln 267
Erfüllungsgehilfen 225
Ertragswert 639
Erweiterte Einlösungsklausel 305
Erweiterter Verzicht 540
Eurex 646
eVB-Verfahren 373
Excess of Loss 557
Explosion 465
Exzedent 555
Exzedentenretrozession 559

F

Fachkompetenz 589
Fahrer 370, 437
Fahrer-Rechtsschutz 352
Fahrkosten 28

Fahrlässigkeit 196, 429
Fahrzeug-Rechtsschutz 352
Fahrzeugteil 463
Fahrzeugtyp 399
Fahrzeugversicherung 365, 398, 463
Fahrzeugwechsel 409
Fahrzeugzubehör 463
Fakultative Rückversicherung 553
Fälligkeit 527
Familienrecht 338
Familienversicherte 20
Festdarlehen 721
Festgeld 615
Feuerhaftungsversicherung 540
Feuer-Rohbauversicherung 732
Fiduziarität 730
Finanzdienstleister 581
Finanzdienstleistungsinstitute 581
Finanzgerichtsverfahren 337
Finanzierungsanlässe 674
Finanzierungskonzepte 719
Finanzierungskosten 709
Finanzierungsplanung 710
Finanzinstrumente 581
Finanzkommissionsgeschäft 581
Finanzprodukte 566
Finanzunternehmen 582
Fiskalische Tätigkeit 220
Flur 726
Flurstück 726
Fondsarten 659
Fondsprinzip 654
Fondssparen 654
Forderungsausfalldeckung 290
Formelle Deckungsprüfung 511
Freie Hilfürsorge 162
Freihaltungsanspruch 434
Freistellungsansprüche 263
Freistellungsauftrag 574
Freiverkehr 645
Freiwillig Versicherte 20
Freizeit 287
Fremdschädigung 192
Führerscheinklausel 441
Führerscheinregelung 397
Fundamentalanalyse 639

G

GAP-Versicherung 473
Gebäudeteile 213
Gebrauch 294, 434
Gebrauchsdiebstahl 466
Gebührenordnungen 150
Gebührenrahmen 152
Gebührensätze 151
Gebührenverzeichnisse 150
Gedehnter Versicherungsfall 146
Gefährdungshaftung 206, 211, 429
Gefahren 498
Gefahrenabwehr 504
Gefahrenumgehung 504
Gefahrerhöhung 443
Gefälligkeitshandlung 202, 291
Gefälligkeitsklausel 291
Geldanlage 594
Geldanlageberatung 567
Geldkarte 607
Geldmarktfonds 660
Geldrente 233
Geldstrafe 252
Geldwäschegesetz 596
Geltungsbereich , 137
Gemarkung 726
Gemeinsame Haftung 221
Genesungsgeld 491
Genugtuungsfunktion 235
Genussscheine 633
Gerichtsgebühren 325
Gerichtskosten 318, 325
Gerichtskostengesetz 325
Gerichtsvollzieherkosten 326
Gesamtschuldnerische Haftung 222, 229, 429, 432
Geschäftsführung ohne Auftrag 198
Geschäftsprozesse 508
Geschlossene Fonds 663
Gesetzliche Krankenversicherung 18
Gesundheitsfonds 35
Gesundheitsreform 33, 37
Gesundheitsuntersuchung 25
Gewässerschäden 289
Gewinnschuldverschreibungen 622
Gewohnheitsrecht 203
Girokonten 592

Gleichbehandlungsgesetz 110
Grenzversicherungsschein 374
Grobe Fahrlässigkeit 196, 476
Grundbuch 726, 727, 731
Grundbuchordnung 728
Grunddienstbarkeit 729
Grundkapital 630
Grundpfandrechte 726, 729
Grundstücksrechtsschutz 333
Grundversorgung 18
Grundverzicht 540
Gruppenversicherung 85
Günstigerprüfung 574
Gurtgeld 492

H

Haarwild 468
Haftpflichtanspruch 243
Haftpflichtfrage 262, 314
Haftpflichtprozess 433
Haftpflichtrisiko 242
Haftpflichtversicherung 242, 244
Haftstrecke 557
Haftung 243
Haftungsanspruch 428
Haftungsarten 193
Haftungsausschluss 229
Haftungserleichterungen 196, 228
Haftungsprüfung 511
Haftungsquote 431
Haftungsregelungen 608
Halbjahresregelung 397
Halter 370, 436
Harte Tarifmerkmale 391
Hauptpflicht 224
Hauptversammlung 631
Haushaltshilfe 26
Haushaltsplan 678
Häusliche Gemeinschaft 538
Häusliche Krankenpflege 26
Häusliche Pflegehilfe 74
Hausratversicherung 192
Haustürgeschäft 658
Hedgefonds 662
Heilbehandlungskosten 451
Heilkosten 233
Heilmittel 26, 56
Herkunftsmitgliedstaat 183
Herstellungsklausel 273
Hilfsmittel 26, 56
Hinweis- und Informationssystem (HIS) 514
Höchstbeiträge 72
Höchstbeitragsgarantie 59
Höchsthaftungssummen 207
Hoheitliche Tätigkeit 220
Höhere Gewalt 207
Höherer Gewalt 430

I

Immaterieller Schaden 234, 499
Immobilien 707
Immobilienfinanzierung 710
Immobilienfonds 660
Individualvereinbarungen 245
Inflationsrisiko 570
Information 92
Informationspflichten 93
Informationsphase 589
Inhaberaktien 634
Inhaberpapiere 619
Inhaberschuldverschreibungen 621
Inkassostelle 600
Inkassovereinbarung 600
Innenverhältnis 222, 453, 546, 683
innere Unruhen 477
Insassenversicherung 490
Insidertatbestand 583
Instanzen 325
Interessenkollision 263
Internationale Versicherungskarte 374
Internetbanking 610
Internetnutzung 288
Investmentfonds 655
Investmentgesetz 656
Invitatiomodell 94

J

Jahresarbeitsentgelt 41
Jahresarbeitsentgeltgrenze 39
Jahresschaden-Exzedentenvertrag 558

K

Kalkulationsverordnung 109
Kapitalanlagegesellschaft 656
Kapitalertragsteuernebenrechnung 574

Kapitallebensversicherung 724
Karenztage 68
Kartenzahlungen 603
KaskoPlus 478
Kaskoversicherung 520
Kassahandel 645
Kassenwahl 32
Kassenwechsel 32
Kausalereignis 248
Kausalität 200, 429
Kautionen 327
Kernenergie 477
Kinder 278
Kinderschadensklausel 281
Kinderuntersuchung 25
Kleinschaden-Grenze 445
Kölner Systematik 97
Konjunkturrisiko 569
Konkrete Bedarfsdeckung 52
Konkurrierende Ansprüche 218, 227
Kontaktphase 589
Kontoarten 592
Kontokorrentkonten 592, 594
Kontrahierungszwang , 32, 71
Korrespondenzanwalt 324
Kostenerstattungsprinzip 33
Kostenschutz 328
Kostenträger 164
Kraftfahrtunfallversicherung 365, 489
Kraftfahrtversicherung 363
Kraftfahrzeug-Haftpflichtversicherung 365, 428
Kraftfahrzeug-Pflichtversicherungsverordnung 366
Krankenbehandlung 25
Krankengeld 27
Krankenhausbehandlung 26
Krankenhaustagegeld 491
Krankenhaustagegeldversicherung 79, 137
Krankenhaus-Zusatzversicherung 54, 79
Krankentagegeldversicherung 66, 137
Krankentransporte 56
Krankheitskostenversicherung 53, 137
Krankheitsverhütung 24
Kredit 674
Kreditkarte 607
Kreditleihe 674
Kreditsicherheiten 680
Kreditsicherungsvertrag 681
Kreditwürdigkeitsprüfung 711
Kriegsereignisse 477
Kumulierung 559
Kündigung , 175
Kündigungsgeld 615
Kündigungsrisiko 627
Kurs 622
Kursänderungsrisiko 638
Kurs-Gewinn-Verhältnis 640
Kursrisiko 570
Kurswert 622
Kurszusätze 647
Kurversicherung 83
Kurztarif 407
Kurzzeit-Kennzeichen 416
Kurzzeitpflege 74

L

Lasten 729
Lastschriften 600
Lastschriftverfahren 601
Laufende Beaufsichtigung 186
Lebensgefährte 278
Lebensgefährten 278
Lebenspartner 278
Leichte Fahrlässigkeit 196
Leistungsabrechnung 148
Leistungsarten , 55, 73
Leistungsausschlüsse 101
Leistungsberechnung 163
Leistungsobergrenze 472
Leistungspflichten 262
Lieferungsklausel 273
Liquidationserlös 631
Liquidität 570, 654
Liquiditätsrisiko 570
Luxustiere 207

M

Magisches Dreieck 567
Mallorca-Deckung 435
Managed Care 57
Mangelfolgeschäden 224
Manifestationstheorie 249
Marderbiss 468
Marktausgleichsphase 650

Massenunfällen 433
Matching 651
Materielle Deckungsprüfung 511
Materieller Beginn 412
Materieller Schaden 499
Maxima 554
Maximalsystem 65, 100
Maximaltabelle 554
Mechanische Gewalt 469
Mediationsverfahren 329
Mehrfachversicherung 279, 545
Mehrwert 464
Mehrwertsteuer 473
Mehrwertsteuerersatz 448
Merkantiler Minderwert 237, 449
Mietsachschäden 285, 286
Mietwagenkosten 449
Mindestdeckung 373
Mischfonds 661
Missbrauchsaufsicht 180
Miteigentumsanteil 283
Mittäterhaftung 221
Mitverschulden 239
Mitversicherte Personen 270, 277, 436
Mitversicherung 551
Mitwirkendes Verschulden 238
Mitwirkungsanteil 526
Musterbedingungen 132
Mutterschaft 28

N

Nachhaftung 283, 378
Nachhaftungsversicherung 247
Nachlässe 402
Nachrangdarlehen 719
Namensaktien 634
Nässeschäden 517
Nebenpflichten 224
Nebenversicherung 548
Nennwert 622
Nennwertaktien 630, 631
Neu für alt 448
Neupreisentschädigung 472
Nichtveranlagungsbescheinigung 574
Nießbrauch 729
Notfallplan 506
Notwehr 198
Nutztiere 213
Nutzungsausfall 237, 450

O

Obhutsklausel 271
Objektive Risikomerkmale 96
Objektives Risiko 500
Obliegenheiten , 255, 312, 454, 138
Obliegenheitsverletzungen 440
Obligatorische Rückversicherung 553
Obmann 528
Öffentlicher Dienstherr 438
Ombudsmann 94
Omnibusschaffner 438
Online-Banking 610
Online-Lastschriftverfahren 605
Optionsanleihen 622
Optionstarif 59
Ordentliche Kündigung 175
Orderschuldverschreibungen 621
Ordnungswidrigkeiten-Rechtsschutz 332
Ordnungswidrigkeitenverfahren 327
Örtlicher Geltungsbereich 320

P

Panne 485
Passive Rechtsschutzfunktion 434
Passiver Rechtsschutz 263, 330
Passivlegitimation 382
Pauschalsystem 490
Performance 635
Personenfolgeschäden 233
Personenschaden 233, 249, 435, 451
Persönliche Haftpflicht 277
Pfandrecht 684, 685
Pfändungspfandrecht 686
Pflegebedürftigkeit 70
Pflegeberatung 75
Pflegegeld 74
Pflegehilfsmittel 74
Pflegekostenversicherung 81
Pflegepflichtversicherung 52, 138
Pflegestufen 75
Pflegetagegeldversicherung 80
Pflichtversicherte 19
Pflichtversicherungsgesetz 366
Point of Sale 604
Politisches Risiko 570
Pool 558
Portabilität 114
Positive Vertragsverletzung 225

Prämie 305
Präsenzbörsen 645, 646
Präsenzhandel 646
Prävention 24
Preisermittlungsphase 650
Preispriorität 651
Preisrisiko 570
Primäre Risikobegrenzungen 267
Primärinsider 583
Priorität 557
Private Krankenversicherung 17
Private Pflegepflichtversicherung 138
Private Pflegeversicherung 69
Private Pflegezusatzversicherung 80
Private studentische Krankenversicherung 83
Privat-Haftpflichtversicherung 242, 277
Privatkredite 675
Probable Maximum Loss 557
Produkthaftungsgesetz 210
Produktinformationsblatt 93
Prognoserisiko 446
Pro rata temporis 408
Prospekt 619
Prospektmängel 585
Provenues 513
Prozentual-Maximalsystem 66
Prozentualsystem 65, 100
Prozesskosten 265
Publikumsfonds 659

Q

Quotelung 476
Quotenabgabe 553
Quotenexzedentenvertrag 556
Quotenrückversicherungsvertrag 553
Quotentarife 58
Quotenvorrecht 537

R

Rangänderung 731
Rangverhältnisse 731
Rangvorbehalt 731
Ranking 568
Ratendarlehen 721
Ratenkredit 675
Rating 568
Ratingtabelle 569
Raub 467
Rauschmittelklausel 442
Reallast 729
Rechnungsgrundlagen 108, 109
Rechtsanwaltsgebühren 318, 323
Rechtsaufsicht 187
Rechtsgutverletzung 196
Rechtsquellen 245
Rechtsschutzfall 343
Rechtsschutzversicherung 317
Referenzaltermethode 116
Referenzpreis 650
Regionalklassen 405
Regress 538, 541
Regressausschluss 538
Regressmöglichkeiten 314
Regressverbot 541
Regressverzicht 543
Regressverzichtsabkommen 539
Regulierungskosten 265
Rehabilitationsmaßnahmen 27
Reifenschäden 477
Reine Vermögensschäden 207, 237, 250
Reine Verschuldenshaftung 193
Rein vertragliche Haftpflicht 228
Reinvestitionsklausel 472
Reisekosten 327
Reiter 289
Rendite 567, 666
Rennen 477
Rennveranstaltungen 439
Rennveranstaltungsklausel 442
Rentabilität 567, 654
Rente 451
Reparatur 447
Reparaturkosten für Nässeschäden 517
Repräsentanten 269
Reservensetzung 512
Restschuldversicherung 86
Restwert 471
Retrozession 559
Return On Investment 567
Rezidivfrist 97
Risiko 498
Risikoabschätzung 499, 501
Risikoabwälzung 504
Risikoanalyse 17, 499

Risikoarten 349
Risikoausschlüsse 257
Risikoausschlussklausel 467
Risikobegrenzungen 100
Risikobereiche 280
Risikobeschreibung 253
Risikobewältigung 320, 17, 499, 504
Risikobewertung 499, 97
Risikoeinschätzung 505
Risikoerhöhung 254
Risikoerweiterung 254
Risikoidentifikation 499, 500
Risikomerkmale 95
Risikoprüfung 365, 95
Risikostreuung 505
Risikoteilung 505
Risk Management 497, 501, 536
Rückdatierung 397
Rückgriff 541
Rücklastschrift 602
Rückstufung 411
Rückversicherung 552
Rückversicherungsprovision 554
Rückwärtsversicherung 136
Ruhensversicherung 85
Ruheversicherung 416
Ruheversicherungsklausel 442
Rumpfjahr 417

S

Sachleistungsprinzip 33
Sachschaden 236, 249, 435
Sachstandsermittlung 513
Sachverständigenverfahren 528
Sachwert 714
Saisonkennzeichen 415, 416
Säumniszuschlag 147
Schadenakte 510
Schadenanerkenntnisverbot 313
Schadenanlage 510
Schadenarten 249, 499
Schadenbearbeitung 313
Schadenbedarfsindexwert 396
Schadenereignis 247
Schadenereignistheorie 247
Schadenersatz 232
Schadenersatz-Rechtsschutz 331, 344
Schadenexzedent 557
Schadenfreiheitsklasse 400
Schadenfreiheitsrabatt 400
Schadenminderung 504
Schadenminderungspflicht 312, 445, 455
Schadenregulierungsbeauftragter 375
Schadenrepräsentant 375
Schadenrückstellung 512
Schadenrückversicherung 557
Schadensbearbeitung 513
Schadenselbstbehalt 557
Schadenteilungsabkommen 542
Schadenverlauf 396, 400
Schadenversicherung , 52
Scheck 602
Schiedsgutachterverfahren 329
Schlechterfüllung 225
Schlüsseldiskette 610
Schlüsselverlust 286
Schlüsselverlustschäden 250
Schmerzensgeld 234, 451
Schmerzensgeldansprüche 207
SCHUFA 677
Schuldverschreibungen 618
Schutzgesetze 204
Schutzimpfungen 56
Schutzvorschriften 678
Schwangerschaft 28
Schwarzfahrt 441, 466
Sekundäre Risikobegrenzungen 267
Sekundärinsider 584
Selbstauskunft 677
Selbstbehalt 266, 314
Selbstbehaltstarif 58
Selbstbeteiligung 471, 472
Selbstbeteiligungssysteme 65
Selbsthilfe 199
Selbstschuldnerische Bürgschaft 683
Selbstständige Teilversicherung 54
Serienschadenklausel 265
Serviceleistungen 484
Sicherheit 568, 654
Sicherungsabtretung 683
Sicherungsschein 463
Sicherungsübereignung 687
Sicherungsverwertung 682
Sicherungszweckerklärung 730
Signaturkarte 611
Single-Hedge-Fonds 662

Skill-based Routing 509
Small Cap-Fonds 661
Sondereigentum 283
Sonderkündigungsrecht 32
Sonderrisiken 282
Sondersparformen 616
Sondervermögen 656
Sozialgerichtsbarkeit 337
Sozialgerichts-Rechtsschutz 336
Sozial-Rechtsschutz 336
Spareinlagen 615
Sparerpauschbetrages 574
Sparkonten 594
Spartentrennung 185
Spartentrennungsgebot 47
Sparurkunde 615
Spesen 622
Spesensätze 623, 635
Spezialitätenfonds 661
Spezielle Rentenfonds 661
Spitzenabgabe 554
Sport 287
Spread 663
Staatliche Förderung 698
Staatshaftung 220
Stammaktien 631
Standard-Aktienfonds 661
Standard-Rentenfonds 661
Standardtarif 59, 118
Standes-Rechtsschutz 332
Stehlgutliste 515
Steuer-Rechtsschutz 336
Steuerzuschüsse 36
Stichentscheid 329
Stichentscheid-Verfahren 329
Stilllegung 416
Stop-Loss 558
Straffähigkeit 202
Strafprozess 319, 327
Straf-Rechtsschutz 331
Strafverfahren 327
Straßenverkehrsgesetz 208
Strategiefonds 662
Stückaktien 630, 631
Stückelung 619
Subjektive Risikomerkmale 96
Subjektives Risiko 500
Subsidiär 220, 541
Substanzwert 640
Substitutive Krankenversicherung 23, 46, 185
Summenbegrenzung 238
Summenexzedentenvertrag 554
Summenrückversicherung 553
Summenversicherung 52
Surrogat 516
Sustanzwert 714

T

Tagesgeldeinlagen 614
Tagesgeldkonten 594
Tarifformen 57, 68
Tarifgruppe 394
Tarifierung 390
Tarifmerkmale 305, 390
Tarifmerkmalen 391
Tarifstufen 60, 72
Tarifwechsel 119
Tätigkeitsklausel 271
Technischer Minderwert 237, 449
Technischer Totalschaden 446
TeilkaskoPlus 478
Teilstationäre Pflege 74
Teilungsabkommen 314, 542
Teilversicherung 522
Termineinlagen 615
Termingeldkonten 594
Thesaurierender Fonds 662
Tiere 288
Tierhalter 208, 288
Tierhüter 208, 288
Totalschaden 446, 471
Trennungsprinzip 433
Treuhandverhältnis 683
Trickdiebstahl 467
Trunkenheitsklausel 442
Tun 199
Typklassen 399

U

Übergangsregelungen 34
Übermaßvergütung 102
Überschussrechnung 678
Überschussverwendung 116
Überschwemmungsrisiko 502
Übersetzungskosten 327
Überweisungen 598

Überweisungsauftrag 598
Umgekehrte Beweislast 195, 204
Umwelteinwirkung 273
Umwelthaftungsgesetz 209
Umwelt-Nullstellung 273
Umweltschadensgesetz 432
Unabwendbarkeitsnachweis 431
unechter Totalschaden 447
unechte Vermögensschäden 249
Unfall 485
Unfallgefahr 469
Unterhaltsrente 234
Unterhaltssachen 339
Unterjährige Versicherungen 407
Unterlassen 199
Unternehmerisches Risiko 638
Unterschlagung 467
Unterversicherung 515, 519
Ursachenklausel 265

V

VB-Nummer 373
Verantwortlichen Aktuar 112, 185
Verantwortlichkeit 429
Veräußerung 420, 442
Veräußerungswert 472
Verbraucherdarlehen 674
Verbraucherkredit 674
Verbraucherschutzvorschriften 719
Verdienstausfall 233, 66
Verhaltenkompetenz 589
Verjährung 241
Verkaufsgespräch 589
Verkaufsphase 589
Verkaufsprospekt 658
Verkehrsopfer 369
Verkehrsopferhilfe 379
Verkehrs-Rechtsschutz 349
Verkehrsserviceversicherung 484
Verkehrssicherungspflicht 203
Verkehrswert 712
Verlängerungsklausel 417
Verletzungsfolgen 313
Verlustbescheinigung 574
Vermehrte Bedürfnisse 233
Vermieterhaftpflichtrisiko 283
Vermögensfolgeschäden 236, 249
Vermögensschäden 291, 435
Vermögensversicherung 243
Vermögenswirksame Leistungen 698
Vermutetes Verschulden 213
Verrechnungsscheck 602
Verrichtungsgehilfen 217
Verschärfte Haftung 228
Verschuldensarten 195
Verschuldenshaftung 195, 211, 429
Versichererwechsel 409
Versichererwechselbescheinigung 409
Versichertes Risiko 253, 280
Versicherungsarten 52
Versicherungsaufsicht 180
Versicherungsbeginn , 305, 132
Versicherungsberechtigte 20
Versicherungsbestätigung 373, 413
Versicherungsbetrug 514
Versicherungsfall 343, 344, 146
Versicherungsmissbrauch 514
Versicherungsnehmer 436
Versicherungspflicht 369
Versicherungspool 558
Versicherungsverhältnis 21
Versicherungswert 518
Versorgungslücke 67
Verstoßtheorie 248
Verteidigungsnotstand 198
Vertragliche Haftung kraft Gesetzes 194, 224, 429, 432
Vertragsbeendigung 174
Vertragsformen 349
Vertragshaftung 193, 224
Vertragsübergang 280
Vertragsverletzungen 224
Verursachungsvermutung 209
Verwaltungsgerichtsprozess 319
Verwaltungs-Rechtsschutz 333
Verwendungsklausel 441
Verzinsung 527
VollkaskoPlus 478
Vollstationäre Pflege 74
Vollversicherung 521
Vorhaftung 247
Vorinvalidität 526
Vorkaufsrecht 729
Vorläufige Deckung 413
Vorläufige Deckungszusage 373
Vorläufiger Versicherungsschutz 256
Vorsatz 195, 429, 439
Vorsatztaten 201

Vorsorgemöglichkeiten 242
Vorsorgeversicherung 255
Vorsorgezuschlag 110, 118
Vorteilsausgleichung 240
Vorvertragliche Anzeigepflicht 442
Vorzugsaktien 633
Vorzugsdividende 633

W

Wahlleistungen 157
Wahltarife 31
Währungsrisiko 570
Wandelanleihen 622
Warenklausel 265
Wartezeiten 132
Wasserhaushaltsgesetz 208
Wechselmöglichkeiten 62
Weiche Tarifmerkmale 391
Weiterrückversicherung 559
Werbungskosten 572
Wertausgleich 240
Wertminderung 236, 449
Wertpapier 619
Wertpapierbörsen 644
Wertpapierdienstleistungen 580
Wertpapiere 580
Wertpapieren 618
Wertpapierfonds 660
Wertpapierhandelsgesetz 582
Wertpapiernebendienstleistungen 580
Wertpapierverwahrung 594
Wertsachen 518
Wertstellung 623
Wettbewerbsregeln 187
WHG-„Restrisiko" 290
Widerrechtlich 197
Widerrechtlichkeit 429
Widerruf 94
Widerstandsklausel 264
Wiederanlagerabatt 662
Wiederbeschaffungswert 236, 471, 472
Wirtschaftlicher Totalschaden 446
Wohnförderkonto 701
Wohnungsbauprämie 700
Wohnungseigentum 727
Wohnungseigentümergemeinschaft 283
Wohnungsrechtsschutz 333
Workflow-Prinzip 509

X

Xetra 646
Xetra-Handel 645, 649

Z

Zahlstelle 600
Zahlungsanspruch 263
Zahlungsdienstrahmenvertrag 599
Zahlungsverkehr 592, 595
Zahnersatz 28
Zedenten 552
Zeitpriorität 651
Zeitwert 236
Zentrale Malus-Datei 410
Zentralruf 383
Zerstörung 236, 463
Zertifikat 657
Zessionar 552
Zielfonds 662
Zielgruppen 38
Zielkonflikte 571
Zinsänderung 569
Zins(änderungs)risiko 627
Zinsformel 626
Zivilprozess 318, 327
Zivilverfahren 327
Zubehör 463, 727
Zufallsschäden 290
Zukunftssicherung 248
Zulassungsbezirk 396
Zuschläge 401
Zuteilung 695
Zuteilungsmasse 691, 695
Zweistufenmodell 465
Zweitwagenregelung 397
Zwischenkredite 723